世界铁矿资源开发实践

主编　焦玉书
副主编　姜圣才　王靖文

北　京
冶 金 工 业 出 版 社
2013

内容提要

本书的主要内容包括中国铁矿资源战略保障体系的建立与发展，国内外铁矿资源开发战略、最新生产技术成就、科研新成果等，涉及露天采矿、井下采矿、选矿、球团、境外开矿、节能环保、矿山安全、绿色矿山等各个方面，内容全面，技术创新，信息广泛，有实用价值。

本书可供政府领导部门、协会学会、矿山企业、科研院所、高等院校参考使用。

图书在版编目(CIP)数据

世界铁矿资源开发实践／焦玉书主编．—北京：冶金工业出版社，2013.1

ISBN 978-7-5024-6073-0

Ⅰ.①世… Ⅱ.①焦… Ⅲ.①铁矿资源—矿产资源开发—研究—世界 Ⅳ.①F416.1

中国版本图书馆 CIP 数据核字(2012)第 309178 号

出 版 人 谭学余
地　　址 北京北河沿大街嵩祝院北巷 39 号，邮编 100009
电　　话 (010)64027926 电子信箱 yjcbs@cnmip.com.cn
责任编辑 徐银河 美术编辑 李 新 版式设计 孙跃红
责任校对 王贺兰 刘 倩 责任印制 牛晓波
ISBN 978-7-5024-6073-0
冶金工业出版社出版发行；各地新华书店经销；鞍山利迪太平洋印务有限公司印刷
2013 年 1 月第 1 版，2013 年 1 月第 1 次印刷
787mm×1092mm 1/16；57 印张；4 彩页；1383 千字；899 页
180.00 元

冶金工业出版社投稿电话：(010)64027932 投稿信箱：tougao@cnmip.com.cn
冶金工业出版社发行部 电话：(010)64044283 传真：(010)64027893
冶金书店 地址：北京东四西大街 46 号(100010) 电话：(010)65289081(兼传真)
(本书如有印装质量问题，本社发行部负责退换)

《世界铁矿资源开发实践》
编 委 会

中国冶金矿山企业协会常务副会长雷平喜（左一），中国冶金矿山企业协会首席顾问董稼祥（中），中国矿业联合会高级资政、中国冶金矿山企业协会顾问焦玉书（右一）出席2013年会长联席会。

2009年，中国冶金矿山企业协会顾问焦玉书在上海市人民政府、商务部、工业和信息化部主办的第六届中国产业国际竞争力论坛上演讲。

2005年，中国冶金矿山企业协会首席顾问、全国锰业技术委员会主任董稼祥在中国锰业论坛上做报告。

原冶金工业部矿山司副司长董稼祥和夫人在南戴河海边。

中国冶金矿山企业协会顾问焦玉书80寿辰，中国冶金矿山企业协会常务副会长雷平喜（左二），秘书长杨家声（左一），办公室主任杨群（右一）与焦老先生（右二）在一起。

1994—1997年，中（国）巴（西）合资铁矿设计组副组长、总设计师焦玉书在德国古城特里尔市参观马克思故居。

原冶金工业部鞍山冶金设计研究总院院长焦玉书（中）与夫人、儿子在山东蓬莱市海滨“八仙过海”塑像前。

2002年，原冶金工业部鞍山冶金设计研究总院院长焦玉书（右一）与夫人赴美国参加女儿硕士生毕业典礼。

序　言

在中国矿业联合会和中国冶金矿山企业协会的大力支持下，年逾八旬的中国矿业联合会高级资政、中国冶金矿山企业协会顾问焦玉书同志，组织主编了《世界铁矿资源开发实践》，由冶金工业出版社出版。这是我国矿山行业的一件大事。

目前，我国钢年产量达到6.83亿吨，铁矿石产量按原矿计算超过13亿吨，均居世界之冠，我国已成为钢铁和铁矿石生产大国。但是，我们也清醒地认识到，当前我国铁矿资源供应形势依然很严峻，我国铁矿资源储量有744亿吨，基础储量193亿吨，储量只有57亿吨，资源量551亿吨。人均资源储量只有57吨，保证开采年限太短。

我国国产矿自给率低，不得不大量进口铁矿石以补不足。我国境外开矿规模小，权益进口矿占总进口量只有10%左右，而日本权益进口矿占总进口量70%以上。如今国际铁矿石供应商垄断国际铁矿石市场，哄抬矿价，使我国钢铁企业遭受极大损失。

为彻底改变我国铁矿资源供应的被动局面，急需采取新的对策，迎接新的挑战。国务院已部署采取五项措施，建立中国铁矿资源战略保障体系，从根本上解决铁矿石资源供应问题。

（1）加大国产矿勘查力度，2015年增加资源量200亿吨。加大国产矿开发力度，2015年达到年产原矿16亿吨。

（2）加快“走出去”步伐，加大权益进口矿规模，2015年权益进口矿规模要达到两亿吨，年权益进口矿达到1亿吨。

（3）到国外建立钢铁厂，利用境外的铁矿、焦煤及电力资源，减少我国铁矿石和焦煤的进口量，缓解我国铁路运输压力，也减轻环境负担。

（4）发展钢铁新工艺，生产高端钢材产品，延长使用寿命，相对减少铁矿石消耗。

(5) 加大废钢回收力度，降低铁钢比，减少铁矿石用量。进入 2012 年，欧盟各国铁钢比为 0.55，美国为 0.36，日本 0.76，我国高达 0.95，2015 年铁钢比要降到 0.88。

《世界铁矿资源开发实践》正是围绕建立中国铁矿资源战略保障体系大目标进行的专题研究。

本书汇集了资深专家、矿山行业和企业领导、高等院校和设计研究机构著名专家教授撰写的专题论文，内容丰富，覆盖面广，都是有分析、有观点、有创新、有价值的力作。

本书内容涵盖国内外矿业发展战略、国内外矿山最新生产技术成就和科研新成果；全面论述了矿产资源综合利用、节能减排、安全环保和绿色矿山建设的新经验；介绍了河北钢铁集团、鞍钢、首钢、武钢、马钢、鲁中、邯邢矿业和规划院等单位编制的矿山可持续发展战略规划。这些对全国矿山行业和企业的发展具有实际的指导作用。

本书全面系统地介绍了国际现代化生产矿山——澳大利亚恰那铁矿和 FMG 露天矿，全面系统地介绍了正在建设的年产 8400 万吨、规模最大、智能化的澳大利亚中信泰富 SINO 铁矿，中钢集团澳洲中西部公司 Weld Range 露天矿，西非塞拉利昂现代化矿山唐克里里铁矿，并且发表了“走出去”境外开矿指导性文章，对“十二五”期间加大权益进口矿的规模，具有重要的借鉴和指导作用。

本书全面系统地介绍了我国大型露天矿南芬、水厂、司家营露天矿和选矿厂，我国大型井下矿梅山、大红山和镜铁山铁矿的生产系统，全面系统地介绍了正在建设的现代化袁家村露天矿生产系统和准备建设的大台沟铁矿深井开采技术方案。这些对于加大现有矿山的挖潜扩建力度和加快新矿山的兴建速度，确保实现“十二五”规划，都是可供参照的典型案例。

本书将指导性和实用性融为一体，应用价值高，纵观国内外铁矿业可持续发展战略，展现国内外露天矿、井下矿和选矿厂的新风貌，荟萃国内外矿山发展方向，谱写科技兴矿新成果，传递国际矿业信息，总结和指导“走出去”境外开矿的方式、方法、技术路线和办矿经验。一书在手，了解中国，放眼世界，相信此书的出版对促进中国铁矿业发展，对建立中国铁矿资源战略保障体系会起到显著的支撑作用。

希望广大矿业界职工、专家学者共同努力，促进铁矿资源开发，保证我国国民经济平稳发展，使我国早日成为钢铁强国和铁矿石强国。

2012年7月25日

朱训	中国矿业联合会	名誉会长
	俄罗斯自然科学院	名誉院士
	全国政协八届委员会	秘书长
	原地质矿产部	部　长
	全国地学哲学委员会	理事长

目 录

走向辉煌 可持续发展

露天采矿工程

地下采矿工程

选矿球团工程

两种资源　两个市场　境外开矿

综合利用　节能减排　安全环保　绿色矿山

矿山往事 启迪未来

Fe

走向辉煌　可持续发展

ZOUXIANG HUIHUANG
KECHIXU FAZHAN

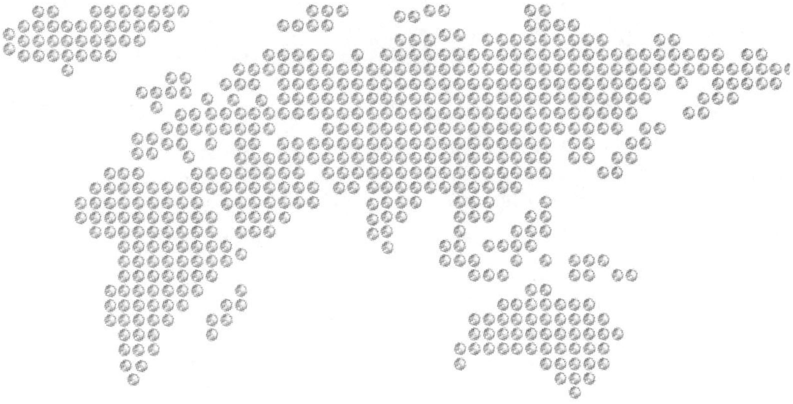

自主创新　跨越发展　引领矿业未来

——中国铁矿资源战略保障体系的建立与发展

雷平喜[1]　焦玉书[2]　姜圣才[3]

(1. 中国冶金矿山企业协会; 2. 鞍山冶金设计研究总院;
3. 中国冶金矿业总公司)

2012 年 9 月 2 日

2010 年，中国铁矿石产量达到 10.7 亿吨，2011 年 13.27 亿吨，产量创历史新高，但仍不能满足钢铁工业快速发展的需求，不得不大量进口铁矿石以补不足。2010 年，中国进口铁矿石 6.18 亿吨，2011 年进口铁矿石 6.86 亿吨。中国进口铁矿石占世界铁矿石海运贸易量近 60%，但由于中国一直对矿价没有取得话语权，而受制于人。

2010 年，中国进口铁矿石平均到岸价 128.38 美元/吨，矿价暴涨，比 2009 年多花了近 300 亿美元；2011 年，进口铁矿石 6.86 亿吨，平均到岸价 163.83 美元/吨，比 2010 年又多花了 242 亿美元。300 亿美元相当于三峡大坝工程款，500 亿美元可以买 F35 先进战机 250 架。

高价进口铁矿石给中国钢铁企业造成重大损失。2010 年，中国钢铁企业全年总利润只有 881.38 亿元，而力拓公司全年利润 143.24 亿美元，折合人民币 945 亿元；中国钢铁企业销售利润率 2.9%，力拓公司销售利润率 42.41%，是中国钢铁企业的 14.6 倍。

为改变中国铁矿资源的被动局面，必须建立中国铁矿资源战略保障体系；必须“走出去”加快境外开矿步伐，加大权益进口矿额度，创建国际铁矿石市场新格局；必须加大国内铁矿资源勘查力度，加大国内铁矿开发利用规模，以抵御进口矿的竞争。

1　“走出去”加快境外开矿步伐，加大权益进口矿规模

首先，分析世界铁矿资源开发利用状况。

1.1　世界铁矿资源储量

美国地质调查局以前公布的数据，世界铁矿资源储量 1900 亿吨，铁金属量 730 亿吨。2012 年 1 月，美国地质调查局矿产品概览（U. S. Geological Survey, Mineral Commodity Summaries, January 2012）公布世界铁矿资源储量 1700 亿吨，铁金属量 800 亿吨，平均品位 TFe47%。世界铁矿石资源量大约 8000 亿吨，铁金属量大约 2300 亿吨，折合平均品位 TFe28.75%。2012 年前及 2012 年 1 月美国地质调查局公布全球铁矿石资源情况见表 1 和表 2。

表1 2012年前美国地质调查局公布全球铁矿石资源情况

国家（地区）	铁矿品位/%	资源储量（含铁量）/亿吨		铁矿石储量/亿吨	
		基础储量	储量	基础储量	储量
巴西	67	140	89	270	160
俄罗斯	56	310	140	560	250
澳大利亚	61	280	100	450	160
乌克兰	30	200	90	680	300
中国	33	150	70	400	210
哈萨克斯坦	40	74	33	190	83
印度	64	62	42	98	66
瑞典	60	50	22	78	35
美国	30	46	21	150	69
委内瑞拉	60	36	24	60	40
加拿大	65	25	11	39	17
南非	65	15	6.5	23	10
伊朗		15	10	25	18
毛里塔尼亚		10	4	15	7
墨西哥		9	4	15	7
其他		170	62	300	110
全球合计		1600	730	3400	1900

表2 2012年1月美国地质调查局公布全球铁矿石资源情况

国家（地区）	原矿/亿吨	铁含量/亿吨	国家（地区）	原矿/亿吨	铁含量/亿吨
美国	69	21	墨西哥	7	4
澳大利亚	350	170	俄罗斯	250	140
巴西	290	160	南非	10	7
加拿大	63	23	瑞典	35	22
中国	230	72	乌克兰	60	21
印度	70	45	委内瑞拉	40	24
伊朗	25	14	其他	120	60
哈萨克斯坦	30	10	世界合计	1700	800
毛里塔尼亚	11	7			

1.1.1 世界铁矿床成因类型

1.1.1.1 受热变质沉积型铁矿床

世界铁矿储量的80%，富铁矿储量的70%，均属此类型铁矿床。巴西、澳大利亚、中国、乌克兰、美国等国铁矿多属于此类型。

巴西米纳斯 - 吉拉斯铁矿区又称铁四角矿区，铁矿资源储量 340 亿吨，铁矿品位 40% ~69%。此矿区高品位富铁矿成因属此类型。巴西卡拉加斯铁矿区在亚马逊河流域，资源储量 180 亿吨，属于与沉积和火山喷发作用有关的受变质沉积铁矿床。

属此类型的大型铁矿床还有澳大利亚哈默斯利铁矿区和乌克兰克里沃罗格铁矿区。澳大利亚哈默斯利铁矿区，在西澳洲皮尔巴拉地区，有 100 多个大型赤铁矿床，全区资源储量约 320 亿吨，铁矿品位 50% ~64%。乌克兰克里沃罗格铁矿区，有 9 个含矿层，矿石工业类型是含铁石英岩，铁矿品位 25% ~43%，赤铁富矿 TFe >50%，拥有资源储量 200 亿吨。

1.1.1.2 岩浆型铁矿床又称钒钛磁铁矿床

此类型铁矿床又分为岩浆晚期分异型和贯入型两亚类，主要分布在乌拉尔、斯堪的纳维亚、加拿大和中国四川，矿石资源储量占世界的 7% ~10%。

著名的矿区南非布什维尔德铁矿区和俄罗斯卡其卡纳尔铁矿区属于此类型。南非布什维尔德铁矿区资源储量 22 亿吨，铁矿品位 55.8% ~57.5%，为大型钒钛磁铁矿床；俄罗斯卡其卡纳尔铁矿区，含矿带由浸染状和条纹状钛磁铁矿组成，长 8.5km，宽 3km，拥有储量 122 亿吨，铁矿品位 14% ~57%。

1.1.1.3 接触交代 - 热液型铁矿床

接触交代又称矽卡岩型铁矿床，是指侵入体与碳酸盐类岩石为主的围岩接触带，以交代、伴生有充填方式产生的铁矿床。据认为，首钢秘鲁矿业公司马科纳铁矿即属于此类型，拥有资源储量 14 亿吨，铁矿品位 TFe 54.1%，Cu 0.21%。

热液型铁矿床又分高温热液磁铁矿床和中低温热液赤铁矿、菱铁矿（褐铁矿）矿床，成矿时期与接触交代铁矿有内在联系，相伴产出。俄罗斯的巴卡尔铁矿区即属于热液型，该区有 200 多个矿体，拥有资源储量 10.5 亿吨，铁矿品位 30.58%，主要是菱铁矿和褐铁矿。

1.1.1.4 火山岩型铁矿床

火山岩型铁矿床是指成矿物质来源于火山作用的铁矿床，最著名的瑞典基律纳铁矿属于此类型。该矿位于北极圈内，其资源储量 34 亿吨，铁矿石 TFe 60% ~70%，矿石属于磁铁矿，但磷含量较高。

属于此类型的哈萨克斯坦索科洛夫 - 萨尔拜铁矿，位于库斯坦奈城西南 45km，1984 年飞机飞越该矿上空时，因磁针强烈偏转而被发现。矿石资源储量估计 142 亿吨，铁矿品位平均 40.6%，矿石资源储量中约一半是 TFe 50% 以上的富矿。

1.1.1.5 沉积型铁矿床

此类矿床由沉积作用形成，分为海相沉积和陆相沉积两类。新西兰塔哈罗尼（Taharoa）铁矿属于沉积型矿床，位于北岛西海岸，为磁铁矿，TFe56.6%，资源储量 3 亿吨。法国洛林铁矿属于沉积型鲕状高磷褐铁矿，资源储量 77 亿吨，铁矿品位 40% ~52%。

1.1.2 世界铁矿资源分布

世界铁矿资源集中在澳大利亚、巴西、俄罗斯、乌克兰、哈萨克斯坦、印度、美国、加拿大、南非等国。世界著名的大型铁矿区见表 3。

表 3 世界铁矿资源主要矿区

国家	矿区	资源储量/亿吨	TFe 品位/%
澳大利亚	哈默斯利	320	57
巴西	铁四角	300	35~69
巴西	卡拉加斯	180	60~67
利比里亚 几内亚	宁巴	20	57~66
俄罗斯	库尔斯克	435	46
乌克兰	克里沃罗格	194	36
玻利维亚 巴西	木通	580	50~53 （交通不便，未开发）
加拿大	拉布拉多	206	36~38
美国	苏必利尔	263	31

1.1.3 世界铁矿资源特点

（1）铁矿资源集中在少数国家和地区，集中度高。

包括俄罗斯、乌克兰、澳大利亚、巴西、哈萨克斯坦和中国在内的 6 个国家的铁矿石储量占世界总储量的 75.6%。

资源集中的地区也正是当今世界铁矿石的集中生产区。如巴西淡水河谷公司、澳大利亚必和必拓公司和力拓公司的铁矿石出口量占世界总出口量的 60% 以上。

（2）受变质沉积型铁矿床居多。

从成因类型上，受变质沉积型铁矿床居多，其他类型铁矿床少，受变质沉积型铁矿床储量估计占总储量的 80%，这与中国的情况一致。

（3）从矿石质量上看南半球富铁矿多，北半球富铁矿少。

巴西、澳大利亚和南非都位于南半球，其铁矿石品位高，质量好。世界铁矿平均品位 TFe 44%，澳大利亚赤铁富矿 TFe 56%~63%，成品矿粉矿一般 TFe 62%，块矿一般能达到 TFe 64%。巴西铁矿平均品位 TFe 53%~57%，成品矿粉矿一般 TFe 65%~66%，块矿 TFe 64%~67%。北半球贫矿多，多需要加工处理。

1.2 世界铁矿石产量

Wood Mackenzic 统计的世界各国铁矿石年产量见表 4，2012 年美国地质调查局公布的数据见表 5。

表 4 Wood Mackenzic 统计的世界各国铁矿石年产量 （百万吨）

国家（地区）	2010 年	2011 年	国家（地区）	2010 年	2011 年
北美	80.78	88.37	俄罗斯及独联体	182.11	188.01
巴西	353.81	396.71	印度	196.47	189.10
拉美其他地区	48.74	53.32	澳大利亚	441.76	474.81
南非	57.60	57.62	中国	1071.56	1326.94
非洲其他地区	13.67	14.62	其他地区	35.36	39.46
欧洲	25.78	31.12	世界合计	2507.63	2860.10

注：中国是原矿产量。

表5 2012年美国地质调查局公布的铁矿石产量 (百万吨)

国家（地区）	2009年	2010年	2011年
美国	27	50	54
澳大利亚	394	433	480
巴西	300	370	390
加拿大	32	37	37
中国	880	1070	1200
印度	245	230	240
伊朗	33	28	30
哈萨克斯坦	22	24	24
毛里塔尼亚	10	11	11
墨西哥	12	14	14
俄罗斯	92	101	100
南非	55	59	55
瑞典	18	25	25
乌克兰	66	78	80
委内瑞拉	15	14	16
其他国家	43	48	50
世界合计	2240	2590	2800

1.2.1 澳大利亚

2011年，澳大利亚生产铁矿石47481万吨。

1.2.1.1 必和必拓（BHP·B）公司

2011年，生产铁矿石16230万吨，主要矿山产量如下：

（1）Mt Newman为其主要矿山，2011年生产铁矿石5980万吨；

（2）Yandi矿在Mt Newman北100km，2011年生产铁矿石5350万吨；

（3）Goldsworthy公司2011年生产铁矿石140万吨；

（4）POSMAC矿2011年生产铁矿石4760万吨；

（5）Wheelarra合资企业矿山，中方马钢占10%股份，唐钢占10%，武钢占10%，沙钢占10%，原合同约定年产1200万吨，实际2008年生产521.5万吨，2009年仅生产373万吨。

2010年和2011年必和必拓公司铁矿石产量见表6。

表6 2010年和2011年必和必拓公司铁矿石产量 (百万吨)

必和必拓	2010年				2011年				2010年合计	2011年合计	年增加
	一季度	二季度	三季度	四季度	一季度	二季度	三季度	四季度			
Newman/G'worthy	9.8	10.5	11.8	13.5	14.4	15.0	15.8	16.0	45.6	61.2	15.6
Area C	11.2	11.5	11.9	11.9	11.2	11.8	12.3	12.3	46.5	47.6	1.1
Yandi	12.4	11.5	10.3	10.7	10.4	11.5	15.0	16.7	44.9	53.6	8.7
合　计	33.4	33.5	34.0	36.1	36.0	38.3	43.1	45.0	137.0	162.4	25.4

1.2.1.2 力拓（Rio Tinto）公司

2011 年，力拓公司铁矿石产量总计 23120 万吨（见表 7）。

表 7 力拓公司 2010 年和 2011 年铁矿石产量 （百万吨）

力拓公司	2010 年				2011 年				2010 年合计	2011 年合计	年增加
	一季度	二季度	三季度	四季度	一季度	二季度	三季度	四季度			
Hamersley	31.3	30.6	34.7	36.3	31.4	36.3	36.3	37.9	132.9	141.9	9.0
Hope Downs	8.1	8.1	7.1	8.4	6.8	8.2	8.5	8.3	31.7	31.7	0.0
Robe River	14.1	14.5	15.0	16.1	12.4	14.5	15.1	15.6	59.6	57.5	-2.1
力拓公司合计	53.5	53.2	56.8	60.8	50.6	59.0	59.9	61.8	224.3	231.2	6.9

力拓公司在西澳洲拥有的哈默斯利公司（Hamersley）2011 年铁矿石产量 12150 万吨，中澳合资恰那铁矿产量 1104 万吨，帕拉布杜东坡铁矿石产量 940 万吨，罗布河公司（Robe River）铁矿石产量 5750 万吨。

隶属于哈默斯利公司的 Hope Down 铁矿，系与 Hancock 公司合营，一期投资 10 亿美元，年生产 2000 万吨，二期投资 3.5 亿美元，生产规模达到 3000 万吨，2011 年实际生产铁矿石 3170 万吨。

在加拿大拥有加拿大铁矿公司（IOC），2011 年生产铁精矿 550 万吨，生产球团矿 1300 万吨。

在巴西拥有克鲁姆巴（Corumba）铁矿，2009 年生产铁矿石 148.2 万吨。

1.2.1.3 Portman 公司

Portman 公司现隶属 Cliffs Asia Pacific Iron ore Holdings，拥有三个矿区：（1）Koolyanobbin；（2）Cockatoo Island；（3）Northern Tenements，产能 800 万吨。Portman 公司铁矿石产量见表 8。

表 8 Portman 公司铁矿石产量 （百万吨）

矿产品	2007 年	2008 年	2009 年	2010 年	2011 年
粉矿	5.4	4.3	4.21	5.09	5.0
块矿	3.61	3.75	4.10	4.16	4.2
合 计	9.01	8.05	8.31	9.25	9.2

1.2.1.4 One Steel

Duke 铁矿储量 2800 万吨，品位 TFe 62%；Magnet 铁矿，品位 TFe 39%。One Steel 公司铁矿石产量见表 9。

表 9 One Steel 公司铁矿石产量 （百万吨）

矿产品	2007 年	2008 年	2009 年	2010 年	2011 年
粉矿	2.56	3.17	3.4	3.3	4.03
块矿	1.71	1.61	2.71	2.3	2.47
球团粉	1.0	1.19	0.09	1.0	1.0
球团矿			1.53	1.6	1.6
合 计	5.27	5.97	7.73	8.2	9.1

1.2.1.5 Mt Gibson

Mt Gibson 公司铁矿石产量见表10。

表10 Mt Gibson 公司铁矿石产量 （百万吨）

矿产品	2007 年	2008 年	2009 年	2010 年	2011 年
粉矿	1.98	3.12	3.55	3.19	3.41
块矿	2.61	2.96	2.81	3.05	3.20
合 计	4.59	6.08	6.36	6.24	6.61

Tallering Reak 年产铁矿石 300 万吨；Koolan Island 年产铁矿石 400 万吨；Extension Hill Heamatite 计划年产铁矿石 300 万吨；Mt Gibson 期望年产铁矿石 1000 万吨。

1.2.1.6 Midwest Corporation Ltd.

Midwest Corporation Ltd. 有五座矿山：（1）Koolanooka/Blue Hills 2008 年 4 季度年产 150 万吨，以后 DSO 矿 200 万吨；（2）Koolanooka Magnetite 工程，年产铁矿石 600 万吨，2011 年起，寿命 20 年；（3）Jack Hills 年产铁矿石 500 万吨，寿命 10 年；（4）Robinson Rang 处于勘探阶段；（5）Weld Rang 计划年产铁矿石 1500 万～2000 万吨，寿命 20 年。Midwest Corporation Ltd. 铁矿石产量见表11。

表11 Midwest Corporation Ltd. 铁矿石产量 （百万吨）

矿产品	2007 年	2008 年	2009 年	2010 年	2011 年
粉矿	0.83	0.9	0	0.78	0.75
块矿		0.1	0		0.08
合 计	0.83	0.9	0	0.78	0.83

1.2.1.7 Fortescue Metals Group Ltd.（FMG）

FMG 是澳大利亚居第三位的大型铁矿石出口企业，拥有 Gloud Break 和 Christmas Creek 两个主要铁矿床，矿石平均品位 TFe58.2%。

2008 年生产铁矿石 1532 万吨，2009 年生产铁矿石 3393 万吨，2010 年生产铁矿石 4389 万吨，2011 年生产铁矿石 5200 万吨。

其他铁矿床还有 Me Lewin、Mt Nicholas、Springe Bore。

FMG 沉积型矿床采用露天开采，类似于采煤用表面采矿机采矿，剥采比 1∶4。FMG 还采用了内排土工艺。

1.2.1.8 Mineralogy Pty

中信泰富与 Mineralogy 公司协议，开发 Balmoral 铁矿床，该矿距海港 80km，计划生产规模 8000 万吨/年，露天开采，TFe30% 左右，MFe20% 左右，年选出铁精矿 2760 万吨，TFe67.5%，这是世界上最大的矿山。预计 2013 年投产。

1.2.1.9 Gindalbie Metals Ltd.

金达必公司与鞍钢按股份比例 50%∶50% 开发 Mt Karara 铁矿，年产 2000 万吨原矿，选出铁精矿 800 万吨。

1.2.1.10 Atlas Iron

矿山 Pardoo 距 Hed land 港仅 75km，为 DSO 矿，年产铁矿石 100 万吨，块矿占 40%，粉矿占 60%，2009 年开始生产。该矿正在与中方五矿集团洽谈合作，扩大开发规模。2009 年生产铁矿石 80 万吨，2010 年生产铁矿石 220 万吨，2011 年生产铁矿石 540 万吨。

1.2.1.11 Savage River

位于塔斯马尼亚州，矿山年产原矿 500 万吨，铁精矿 250 万吨，球团矿 250 万吨，这是一座老矿山，露天开采，再过几年露天采场将结束，要转入坑内开采。中国沙钢取得了该矿的经营权。

1.2.1.12 Grange Resources

Grange Resources 公司 Southdown 磁铁矿床，拥有 16 亿吨资源量，年产 1000 万吨精矿，通过 100km 管道送到 Albany 港，再船运至马来西亚 Kemaman 港，年产 680 万吨球团矿。

1.2.1.13 Hancock Prospecting

Hancock Prospecting 公司 Hope Down 铁矿已经与力拓公司按 50%：50% 股份比例合资开发。另一个 Roy Hill 铁矿，距海德兰港（Headland）277km，拥有 16 亿吨资源量，至少 10.2 亿吨的铁矿品位为 TFe 58.7%，此乃澳大利亚待开发的最大铁矿床。

1.2.1.14 Territory Resources

Territory Resources 公司 Frances Creek 铁矿年产铁矿石 150 万吨，计划扩大到 300 万吨。另一座 Mt Bundey 铁矿，正申请采矿权。该公司 2010 年生产铁矿石 220 万吨，2011 年生产铁矿石 250 万吨。

1.2.1.15 Cape Lambert

矿山靠近海港，推断的资源量 15.6 亿吨，为磁铁矿，TFe 31.2%，MFe 25%～26%，2008 年 2 月中国中冶集团出资 4 亿澳元，折合 2.8 亿美元取得 Cape Lambert 开发权，计划投资 22 亿美元，年产原矿 4800 万吨，1500 万吨精矿。

澳大利亚铁矿分布如图 1 所示。

1.2.2 巴西

2011 年，巴西生产铁矿石 39671 万吨。

1.2.2.1 淡水河谷（Vale）公司

（1）南部系统有 MBR 公司和 Minas do Oeste Mines。

MBR 公司过去属于 Caemi，现在是 Vale 全资子公司。MBR 由 Vargem Grande 和 Paraopeba Complexes 组成。矿山都在 Minas Gerais 州境内的铁四角地区。南部系统拥有 45 亿吨储量，年生产能力为 1.7 亿吨，2011 年实际生产铁矿石 7630 万吨。

（2）东南部系统主要是伊塔比拉（Itabira）矿、Mariana 和 Minas Centrais Complexex。东南部系统 2011 年生产 12020 万吨。中国宝钢与 Vale 合资开发（50%：50%）的 Agua Limpa 铁矿即在 Minas Centrais Complexes，年产 800 万吨，至少 600 万吨供给中国，向中国供矿 20 年。

（3）北部系统由卡拉加斯的 Serra Norte 和 Serra Leste 铁矿区组成，卡拉加斯地区铁

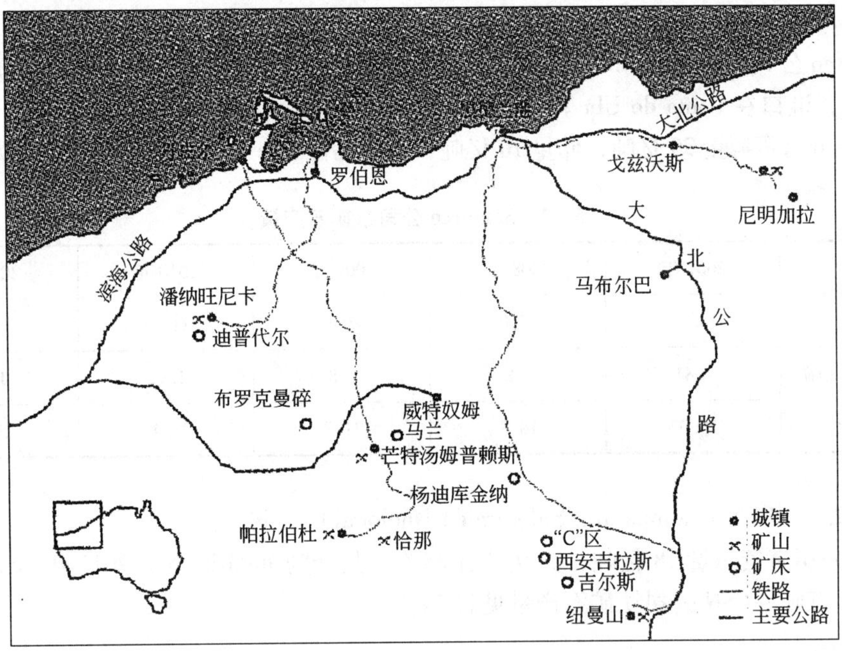

图 1　澳大利亚铁矿分布

矿储量 160 亿吨，年产能 1 亿吨，生产球团粉矿、烧结粉矿和球团矿三种产品，北部系统 2011 年实际生产 10980 万吨。

（4）球团系统。

维多利亚（Vitoria）港区有 7 座球团厂，年产能 2500 万吨球团矿，其中：两座属于 Vale，称 CVRD Ⅰ和 CVRD Ⅱ，另五座为合资企业，有日本、西班牙、意大利和韩国。Vale 公司另在 Fabrica 有 400 万吨球团厂，在圣露易斯（Sao Livs）有 600 万吨球团厂。

2011 年球团矿产量 5885.9 万吨，其中：CVRD Ⅰ和 CVRD Ⅱ 580 万吨，Fabrica 400 万吨，Sao Live 490 万吨，Vargem Grande 215.9 万吨，Nibrasco 930 万吨，Kobrasco 450 万吨，Hispanobras 220 万吨，Itabrasco 400 万吨，Samarco 2200 万吨。

Vale 公司 2010 年和 2011 年铁矿石产量见表 12。

表 12　Vale 公司 2010 年和 2011 年铁矿石产量　（百万吨）

淡水河谷公司	2010 年				2011 年				2010 年合计	2011 年合计	年增加
	一季度	二季度	三季度	四季度	一季度	二季度	三季度	四季度			
Southeastern System	25.4	30.0	31.5	30.0	28.7	30.5	31.3	29.6	116.9	120.1	3.2
Midwestern System	0.8	1.0	1.1	1.3	0.9	1.4	1.6	1.6	4.2	5.6	1.4
Southern System	16.4	19.8	20.3	18.2	16.8	19.5	21.2	18.8	74.7	76.3	1.6
Northern System	23.9	22.3	27.0	28.0	22.7	26.0	30.9	30.2	101.2	109.8	8.6
合　计	66.5	73.2	79.9	77.5	69.0	77.5	85.0	80.3	297.0	311.8	14.8

1.2.2.2 Samarco 公司

Samarco 公司 Vale 控股 50%，BHP · Billton 控股 50%，有三座球团厂，年产铁矿石 2160 万吨，港口在 Ponta do Ubu。

Samarco 有资源量 25 亿吨，储量 10 亿吨，平均品位 TFe 43.7%，铁矿石产量见表 13。

表 13 Samarco 公司铁矿石产量 （百万吨）

矿产品	2007 年	2008 年	2009 年	2010 年	2011 年
球团矿	14.26	17.0	20.0	21.51	22.00
球团和烧结粉矿	1.81	1.8	1.8	1.92	1.94
合 计	16.07	18.8	21.8	23.43	23.94

1.2.2.3 CSN（Coinpanhia Siderorgica Nacional）公司

CSN 公司有资源量 18 亿吨，赤铁矿占 25%，其余为 Itabirite 矿。2011 年 CSN 生产铁矿石 3560 万吨。CSN 公司铁矿石产量见表 14。

表 14 CSN 公司铁矿石产量 （百万吨）

矿产品	2007 年	2008 年	2009 年	2010 年	2011 年
粉矿	10.0	12.0	11.8	19.29	19.45
块矿	3.8	4.3	5.8	6.8	8.2
球团矿和烧结粉矿	3.8	5.8	5.0	7.41	7.95
合 计	17.6	22.1	22.6	33.5	35.6

1.2.2.4 Riotinto 巴西项目

矿山在 Minas Gerais 州西部，组建 MCR 公司，现年产铁矿石 200 万吨，其中：有 100 万吨块矿运到阿根廷钢厂。MCR 公司中铁矿石产量见表 15。

表 15 MCR 公司铁矿石产量 （百万吨）

矿 产 品	2007 年	2008 年	2009 年
粉矿	0	0	0
块矿	1.8	2.0	2.00
合 计	1.8	2.0	2.00

1.2.2.5 MMX（Mineracao e Metalicos S · A）

公司矿山在巴西西南部，有三座矿山：Corumba 系统、Amapa 系统和 Minas Rio 系统。在未来 5 年争取每年由年产 2000 万吨发展到 3700 万吨，2011 年产铁矿石 1036 万吨。MMX 公司铁矿石产量见表 16。

表 16 MMX 公司铁矿石产量 （百万吨）

矿产品	2007 年	2008 年	2009 年	2010 年	2011 年
粉矿	0.22	1.8	1.11	2.8	5.31
块矿	1.28	2.29	1.98	3.03	3.55
球团烧结粉矿	0	0.9	1.2	1.1	1.5
球团矿	0	0	0	0	0
合 计	1.5	4.99	4.29	6.93	10.36

1.2.2.6 MHAG

矿山位于巴西的东北部，2004 年开始生产，第一船矿 2006 年出口，有 30 万吨出口到巴林，今后目标是中国。2011 年生产铁矿石 235 万吨。MHAG 铁矿石产量见表 17。

表 17 MHAG 铁矿石产量 （百万吨）

矿产品	2007 年	2008 年	2009 年	2010 年	2011 年
块矿	0.1	0.25	0.2	0.5	0.55
球团烧结粉矿	0.79	0.75	0.25	1.2	1.8
合 计	0.89	1.00	0.45	1.7	2.35

1.2.2.7 巴西 Anglo Ferrous 公司

Anglo Ferrous 公司为 Anglo American 公司拥有，在巴西有两个生产系统：（1） Amapa 铁矿，Anglo Ferrous 占股权 69.2%；（2） Minas - Rio 铁矿，Anglo Ferrous 占股权 100%。这两个矿过去是 MMX 的资产。公司铁矿石产量见表 18。

表 18 Anglo Ferrous 公司铁矿石产量 （百万吨）

矿产品	2008 年	2009 年	2010 年	2011 年
粉矿	0.35	0.58	2.14	2.36
球团烧结粉矿	0.85	2.08	1.89	3.96
合 计	1.20	2.66	4.03	6.32

巴西铁矿资源分布见图 2。

1.2.3 印度

2011 年，年产铁矿石 1.891 亿吨，出口 8100 万吨，矿山地址分布如图 3 所示。

1.2.3.1 Essar 钢铁厂

工厂在印度东部，生产直接还原球团，年产 800 万吨，由 15 万吨运矿船由 Visakhapatnam 港输出。

Essar 在 Orissa 邦有一座球团厂，现在每年生产 460 万吨球团矿，将来扩大到 900 万吨。

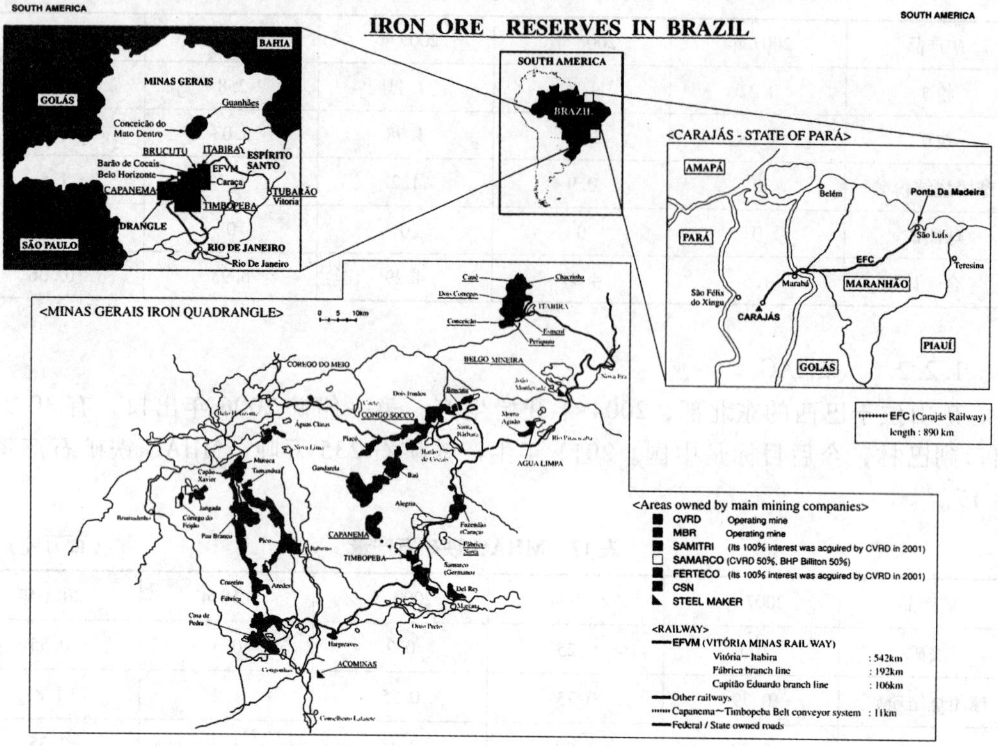

图2 巴西铁矿资源分布

1.2.3.2 Kudremukukh 矿业公司（KIOCL）

中国、日本和伊朗是该公司大用户，该公司年产350万吨球团矿，包括高炉球团和直接还原球团。

1.2.3.3 NMDC（National Mineral Development Corporation）

NMDC公司有5座矿山，在印度的中部和南部，这5座矿山是：Bailadia 14，年产铁矿石200万吨；Bailadia 11C，年产铁矿石500万吨；Bailadia 10，年产铁矿石500万吨；Bailadia 11A，年产铁矿石500万吨；Bailadia 5，年产铁矿石600万吨。NMDC于2010年发展到生产3000万吨铁矿石。

1.2.3.4 Jindal Vijayanagar Steel Ltd.（JVSL）

JVSL公司在Torangallo建有球团厂。2004年生产球团矿400万吨，现增加到500万吨，其中：公司自用球团矿300万吨，其余供出口。该公司计划扩大铁精矿生产，年产能2000万吨，以支撑1000万吨钢的生产。

1.2.3.5 Sesa Goa Ltd.

在印度果阿，Sesa Goa Ltd. 年产铁矿石400万吨，其中80%为粉矿，品位TFe 58%~62%。由河道运到Mormogao港出口。在印度Karnataka、Sesa Goa出口铁矿石，品位TFe 63.5%~64%。在印度Orissa、Sesa Goa生产TFe 63%块矿和TFe 63.5%~64%粉矿。

1.2.3.6 Salgaocar Mining Industries Pvt Ltd.

公司拥有储量3亿吨，生产TFe 58%、61%和63%的粉矿和TFe 60%的块矿四个

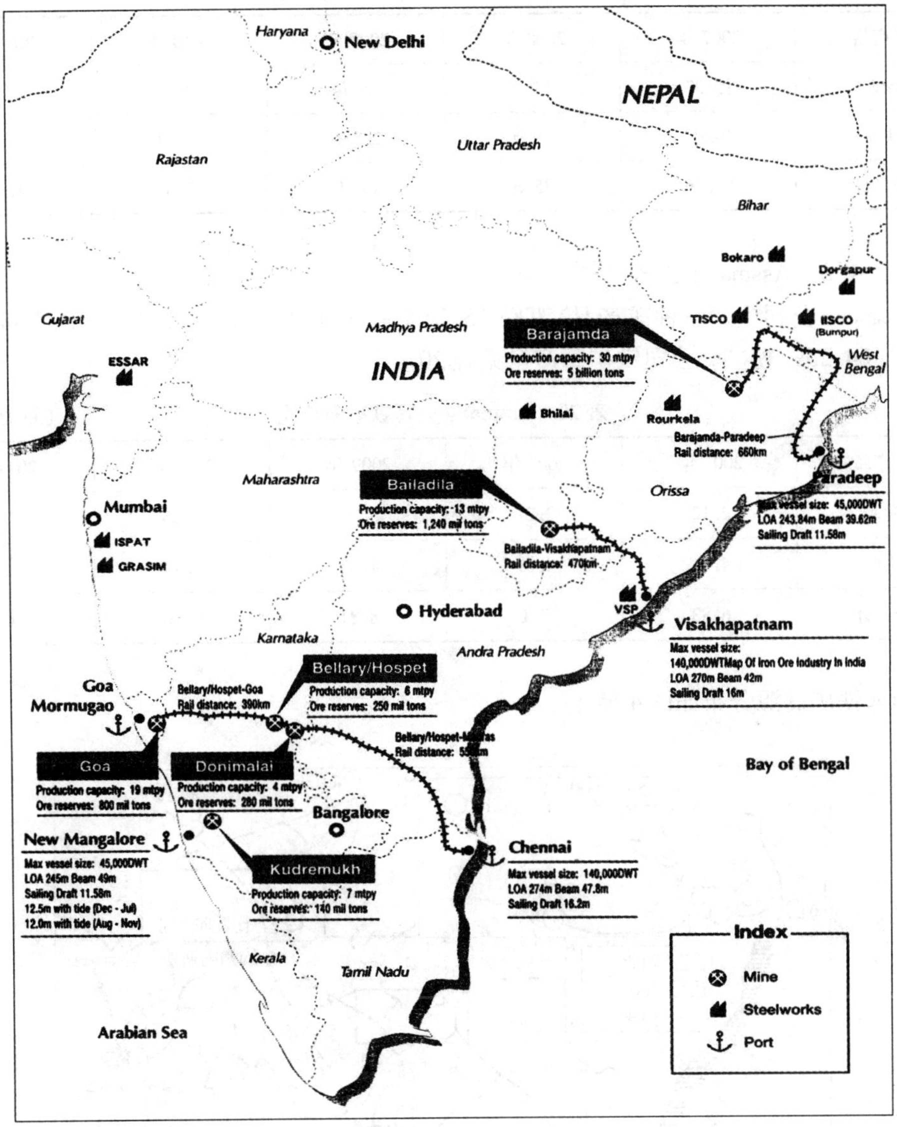

图 3　印度铁矿资源分布

品种。

在 Karnataka 有四个矿业公司，生产品位 TFe 64%、TFe 65%、TFe 66% 粉矿和品位 TFe 65% 块矿，通过果阿西海岸出口。

1.2.4　南非

2011 年南非铁矿石产量 5762 万吨。

1.2.4.1　Kumba Iron Ore

南非最大的铁矿企业，锡兴铁矿（Sishen）露天开采，拥有 10.54 亿吨储量，平均品位 TFe 63.6%，资源量 16.4 亿吨，Sishen 日产 10 万吨，现在年产 2400 万吨铁矿石（见表 19）。

表 19 Kumba 公司铁矿石产量 （百万吨）

矿产品	2007 年	2008 年	2009 年	2010 年	2011 年
粉矿	13.37	14.7	15.74	17.19	17.16
块矿	19.00	20.9	22.36	26.11	24.84
合　计	32.36	35.6	38.1	43.30	42.00

1.2.4.2 Assmang 公司

Assmang 公司生产三种矿产品：TFe 65.25% 高炉矿块；TFe 64.41% DIR 直接还原块矿；TFe 64.25% 粉矿。公司铁矿石产量见表 20。

表 20 Assmang 公司铁矿石产量 （百万吨）

矿产品	2007 年	2008 年	2009 年	2010 年	2011 年
粉矿	2.12	2.21	3.93	4.26	4.5
块矿	4.71	4.89	4.88	5.44	5.5
合　计	6.83	7.1	8.81	9.70	10.0

南非铁矿资源分布如图 4 所示。

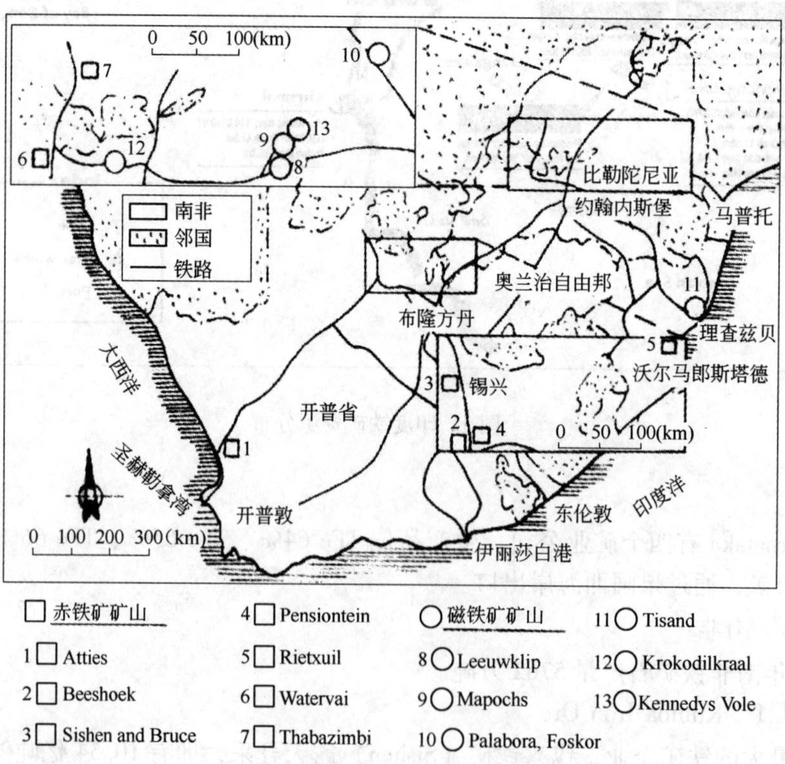

图 4 南非铁矿资源分布

1.2.5 加拿大

1.2.5.1 加拿大铁矿公司（IOC）

加拿大铁矿公司目前股份中力拓公司（Rio Tinto）占58.72%，Mitsubish 占26.18%，Labrador Iron ore Royalty Income Funds 占15.1%。露天矿是卡罗尔湖采场，年产2000万吨原矿，球团厂生产能力1250万吨（见表21）。矿产品通过417km铁路运到七岛港输出。

表21 加拿大铁矿公司（IOC）产量 （百万吨）

矿产品	2007年	2008年	2009年	2010年	2011年
球团矿	11.31	12.64	8.36	12.5	13.0
粉矿	1.92	3.19	5.84	3.1	5.5
合 计	13.23	15.83	14.20	15.6	18.5

1.2.5.2 加拿大魁北克卡蒂尔矿山公司（QCM）

QCM为ArcelorMittal股份占100%的独资公司。QCM每年生产高品位铁精矿1400万～1500万吨，球团矿900万吨。

在Mt Wright矿，铁路和球团厂都实现了高度机械化和计算机控制自动化，球团厂生产四种产品：酸性球团、低硅酸性球团（直接还原）、自熔性球团和低硅自熔性球团。QCM公司铁矿石产量见表22。

表22 QCM公司铁矿石产量 （百万吨）

矿产品	2007年	2008年	2009年	2010年	2011年
球团矿	9.17	9.25	9.40	8.65	9.2
粉矿	4.85	5.0	5.00	5.25	5.2
合 计	14.02	14.25	14.40	13.90	14.4

1.2.5.3 沃布什（Wabush）

Wabush靠近加拿大铁矿公司（IOC），球团生产能力为600万吨/年，该公司股份Stelco占44.6%，Dofasco占28.6%，美国Cleveland Cliffs占26.8%。Wabush公司铁矿石产量见表23。

表23 Wabush公司铁矿石产量 （百万吨）

矿产品	2007年	2008年	2009年	2010年	2011年
粉矿				3.1	4.8
球团矿	4.67	4.27	2.76	3.99	4.5
合 计	4.67	4.27	2.76	7.09	9.3

加拿大铁矿区地理位置如图5所示。

图5 加拿大铁矿区地理位置

1.2.6 瑞典

瑞典LKAB公司拥有基律纳铁矿（Kiruna）和马尔姆贝格铁矿（Malmberget），均为坑内开采。基律纳年产粉矿300万吨，球团矿1250万吨；马尔姆贝格年产440万吨球团矿和360万吨烧结粉矿。

基律纳拥有铁矿储量7.39亿吨，品位TFe 48%，马尔姆贝格储量2.09亿吨，品位TFe 41%。

LKAB公司铁矿石产量见表24，北欧铁矿区分布如图6所示。

表24 LKAB公司铁矿石产量 （百万吨）

矿产品	2007年	2008年	2009年	2010年	2011年
粉矿	5.08	3.06	4.9	3.2	3.0
块矿	0.84	0.91	0		0
球团矿	18.8	19.88	12.9	22.1	23.0
合　计	24.72	23.85	17.8	25.3	26.0

1.3 世界主要铁矿山企业产品质量

世界主要铁矿山企业产品质量见表25～表28。

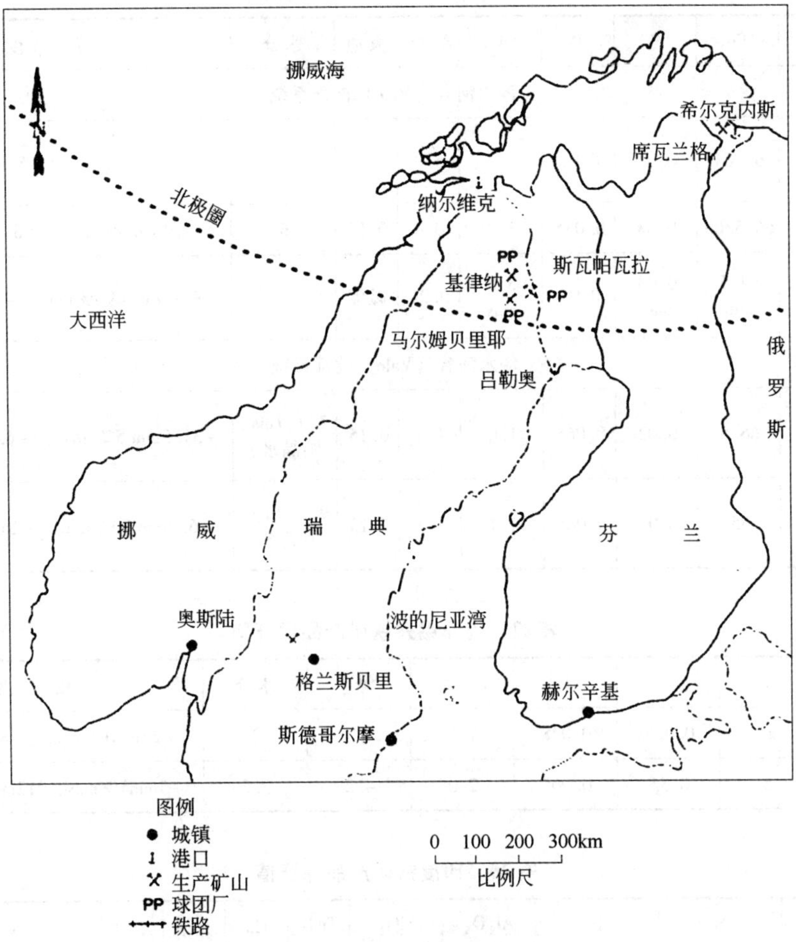

图6　北欧铁矿区地理位置

表25　澳大利亚铁矿产品保证值

矿产品	Fe	P	S	SiO_2	Al_2O_3	Cu	其他	水分	粒　度
力拓公司（Rio Tinto）									
块矿	64/62	0.06	0.05	5.0	2.0	0.05	0.15	3	+31.5mm max，－6.3mm 10.5% max
粉矿	64/61	0.07	0.05	7.0	2.5	0.05	0.15	6	－6.3mm 100%，150micron28% max
必和必拓公司（BHP · BILLITON）									
块矿	64/62	0.06	0.04	5.0	2.0	0.03	0.15	3	+31.5mm max，－6.3mm13% max
粉矿	60/59	0.07	0.06	7.0	3.0	0.04	0.15	6	－6.3mm 100%，－150micron 28% max
罗布河公司（Robe River）									
粉矿	56.5	0.05	0.05	6.0	3.0		0.28TiO_2	8	+9.5mm 5% max，－150micron 12% max
杨迪铁矿（YANDI BHP. B）									
粉矿	58/57	0.05	0.05	5.5	1.5		0.15	11（LOI）	+9.5mm 5% max，－150micron 15%

表 26 巴西铁矿产品保证值

矿产品	Fe	S	P	SiO_2	Al_2O_3	其他	水分	粒 度
淡水河谷（Vale）南部系统								
New Tubarao 块矿	66/64	0.03	0.08		5.0	0.15	6	75mmmax，-12.5mm45% max
烧结粉矿	66.5/65	0.03	0.035	3.8	0.8	0.15	6	-10mm 3% max，+6.3mm13% max
球团矿	64.5 min	0.03 max	0.04	3.5 max	0.04	碱度		8~18mm 90% min，-5mm 4% max
淡水河谷（Vale）北部系统								
块矿	66.5	0.02	0.065	1.0	1.5	0.15	5(1.7max 结晶水)	+31.5mm 5% max，-6.3mm 14% max
粉矿	65	0.02	0.065	1.7	1.7	0.15	9(2.2max 结晶水)	-6.3mm 90% min，-150mm 20% max

表 27 南非锡兴铁矿产品保证值

矿产品	Fe	S	P	Al_2O_3	SiO_2	水分	粒 度
块矿	66	0.025	0.048	1.5	3.7	2	+25mm1% max，-8mm 10% max
精矿	65	0.55	0.065	2.0	4.2	3.5	+5mm5% max，212micron 18% max

表 28 印度铁矿产品保证值

产品	Fe	S	P	Al_2O_3	SiO_2	TiO_2	Cu	其他	水分	粒 度
Bailadila										
块矿	65/63	0.05	0.1	$Al_2O_3+SiO_2=10$			0.05	0.15	7	-10mm20% max +150mm2.5% max
粉矿	65/63	0.05	0.1	5.5			0.05	0.15	10	+10mm5% max -150μm40% max
Kudremukh										
精矿	67	0.04	0.025	0.5	3.5	0.15		0.2	8.5	-150μm95% min
Chowgule										
粉矿	56.5	0.05	0.05	6.0	3.0	0.3	0.05	0.15	10	-150μm30% max +10mm max
SESA GOA										
粉矿	62/63	0.05~0.075	0.07~0.08	2.2	4.0	0.25	0.01	0.15	10	-10mm 100%
块矿	63/58	0.05	0.07	2.2~3.5	2.2~3.5	0.25	0.01	0.15		10~40mm75% min -6.3mm20% max

1.4 国外铁矿生产成本

国外铁矿生产成本一般都比较低，成品矿每吨 F. O. B 离岸成本澳大利亚力拓公司 27 美元/吨，必和必拓公司 28 美元/吨，FMG 公司 40 美元/吨；巴西淡水河谷公司 22 美元/吨；南非矿 32 美元/吨；印度果阿矿 24 美元/吨。

再剖析一个西澳洲 C 铁矿的成本：西澳洲 C 铁矿资源储量 2 亿吨，铁矿石赤铁矿 TFe 62% ~64%，露天开采，年产 1000 万吨，平均剥采比 1.18t/t，该矿为 DSO 矿，不需选矿，矿山包括采场、粗破碎、中破碎、细破碎，装船利用哈默斯利公司的现有设施。生产成本构成如图 7 所示。成本估算见表 29。

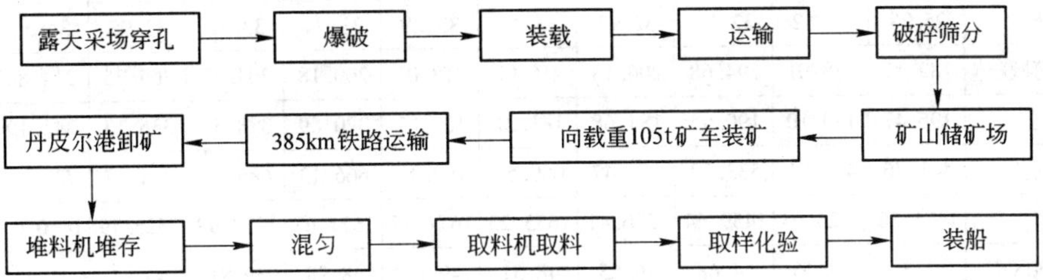

图 7 生产成本构成

表 29 西澳 C 铁矿生产成本估算

序号	项 目	单位成本/美元 · 吨$^{-1}$	序号	项 目	单位成本/美元 · 吨$^{-1}$
1	采矿	4.5	5	铁路运输	12.38
2	中破碎	0.72	6	港口	3.3
3	管理费	1.26	7	资源税	2.4
4	细破碎筛分储存装矿	2.28	8	生产成本（离岸成本）	26.84

年销售收入 11.8 亿美元，成本 2.684 亿美元，毛利 9.116 亿美元。

1.4.1 国外矿成本低

采矿成本低，得益于矿床开采条件好。矿床储量大，适用露天开采，剥采比低（一般为 0.5 ~1.5t/t)，有的矿山如巴西卡拉加斯铁矿矿石松软，不需爆破，可以直接铲装。

1.4.2 国外铁矿富矿多

铁矿富矿称为 DSO 矿，即可直接装船出口的矿石，不需选矿加工，只需破碎和筛分。矿石输出品位高，澳矿一般 TFe 62% ~64%，巴西矿一般 TFe 64% ~66%。

1.4.3 生产工艺机械化自动化水平高

设备大型化机械化向智能化迈进，生产效率高，劳动生产率高。瑞典坑内矿年产 1800 万 ~2200 万吨，坑内作业只有 500 人。

1.5 世界铁矿资源开发新态势

1.5.1 产能扩大——供需矛盾趋于缓和，将呈现供大于求的局面

钢铁工业发展刺激了铁矿增产，据 Wood Mackenzic 公司统计和预测，2010 年世界铁

矿产量25.07亿吨，2012年预测产量31.21亿吨，比2010年增加7.14亿吨。由于金融危机影响，铁矿石呈供大于求态势（见表30）。

表30 2012～2020年世界各国铁矿石年产量 （百万吨）

国家或地区	2010年	2011年	2012年	2013年	2014年	2015年	2016年	2017年	2018年	2019年	2020年
北美	80.78	88.37	97.42	103.52	106.48	110.14	110.12	112.79	116.22	119.16	122.25
巴西	353.81	396.71	435.02	480.67	517.71	556.83	544.94	571.43	587.30	608.23	628.23
拉美其他地区	48.74	53.32	58.06	60.53	63.72	65.98	64.78	67.95	74.23	82.27	92.63
南非	57.60	57.62	59.08	65.64	69.27	72.19	55.93	57.72	60.03	62.31	65.12
非洲其他地区	13.67	14.62	15.98	16.18	16.36	16.55	40.01	45.06	50.17	59.30	76.78
欧洲	25.78	31.12	32.63	32.92	33.18	33.29	33.74	33.36	33.95	34.56	35.06
俄罗斯及独联体	182.11	188.01	194.68	206.18	216.02	218.05	200.18	204.77	209.75	214.84	218.57
印度	196.47	189.10	190.95	184.68	181.21	189.01	320.89	328.55	336.13	342.19	346.18
澳大利亚	441.76	474.81	533.72	588.47	650.57	702.14	666.13	685.25	714.17	738.88	762.11
中国	1071.56	1326.94	1459.64	1576.41	1655.23	1671.78	1621.63	1572.98	1525.79	1480.01	1435.61
其他地区	35.36	39.46	44.68	46.55	48.51	49.61	38.98	39.81	40.64	41.47	41.50
合　计	2507.63	2860.10	3121.86	3361.74	3558.27	3685.56	3697.32	3719.67	3748.38	3783.23	3824.05

注：中国产量为原矿。

1.5.1.1 澳大利亚

2010年生产铁矿石44176万吨，预计2015年将扩大到70214万吨。必和必拓、力拓和FMG铁矿石产量预测见表31。

表31 必和必拓、力拓和FMG铁矿石产量预测

公　司	单　位	2012年产量	2015年产量
BHP. B	万吨	17300	22440
Rio Tinto	万吨	23330	30090
FMG	万吨	6250	10350

1.5.1.2 巴西

巴西2010年产铁矿石35381万吨，预计2015年增加到55683万吨（见表32）。

表32 巴西Vale公司铁矿石产量预测

公　司	单　位	2012年产量	2015年产量
Vale	万吨	32030	41250

1.5.1.3 印度

2010年印度铁矿石产量19647万吨，出口量10800万吨；2011年产量18910万吨，出口量8100万吨；2012年预计产量增加到19095万吨，出口量下降到6500万吨；2015年产量18901万吨，出口量下降到4700万吨。

1.5.1.4 南非

南非铁矿石产量2010年为5760万吨，2012年扩大到5908万吨，2015年增加到7219万吨。

1.5.2 技术创新——矿山由机械化向智能化方向迈进

为适应市场需求，降低成本，提高劳动生产率，大力推行新技术、新设备，国外铁矿山正由机械化向智能化方向迈进。

通过考察国外矿山，印象较深的有以下几方面。

1.5.2.1 矿山实施机械化开采，向智能化方向迈进

A 国外露天铁矿技术装备发展状况

美国矿业工程杂志曾发表文章介绍国外矿山设备发展情况，见表33。

表33 露天铁矿技术发展状况

设备类型	1946（梅萨比矿区）	现在世界矿山设备	增加（倍数）
钢绳式挖掘机	Bucyrus erie 120B（5码^3） Bucyrus erie 170H（6码^3） P&H955（2码^3） Mbrion4161（5码^3）	Bucyrus international 495BJI（50码^3） P&H4100XPB（46码^3）	$x\times10$ $x\times23$
液压挖掘机 前端式装载机		Hitachi 5500（35.5码^3） Liebherr 955（30.0码^3） KomatsuPC4000（29.0码^3） Caterpillar 5230（22.2码^3） O&K－Terex RH400（57.0码^3） Letourneau2350（53码^3） Letourneau L－1800（26码^3） Caterpillar 994D（23码^3） Komatsu WA 1200（26码^3）	
运输汽车	Euclid ld（30t） Mack LMSW（30t） Walter 汽车（侧卸）（40t） Koechring dumptor（9t）	Euclid hitach eh－4500（280t） Caterpillar797（360t） Komatsu930E（320t） Liebherr T282（360t） UnitRig MT5500（360t）	$x\times9.3$
钻机	Bucyrus erie42T（9英寸）（冲击钻机）	Bucyrus Internstions59R（16英寸） P&H120（16英寸） Ingersoll rand 351（16英寸）	$x\times1.7$
履带式推土机	Caterpillar D－8（148马力） Allis chalmera HD14 Int. Harverter TD18	Carerpilla D11R（850hp） Komatsu575（1050hp）	$x\times5.7$
轮胎推土机		Caterpillar 854G（800hp）	
压路机	Caterpillar 12（12英寸）Austin Western 99M	Caterpillar 24H（24英寸） Komatea GD825（16英尺）	$x\times2.0$
机车车头	柴油－电力：Alco 1000hp Baldwin 1000hp	梅萨比矿区已不采用	
胶带输送机	宽800mm	宽1600mm	

B 国外露天矿技术装备实例

以美国明塔克铁矿、南非锡兴铁矿和澳大利亚 FMG 公司为典型，这三座矿山在世界上很有代表性。

（1）美国明塔克铁矿（Minntac）。属于美钢联的铁矿基地，位于美国明尼苏达州梅萨山脉。明塔克铁矿有东采场和西采场，东采场长 4km，宽 1.6km。矿山年采剥总量 8300 万吨，其中：年采原矿 5000 万吨，剥离废石 3300 万吨，日采原矿 13.4 万吨，剥采比 0.59 ~ 0.82t/t。矿石主要是铁燧岩，平均磁性铁含 MFe20%，露天采场段高 12.2m。明塔克精矿在矿山加工成球团矿年生产自熔性球团 1180 万吨，酸性球团 260 万吨，明塔克选矿比 3.3 ~ 3.4t/t。

明塔克铁矿职工总数为 1570 人，包括 193 名管理人员，53 名职员，计时工 1324 名。全员劳动生产率 31847 吨/(人·年)。

穿孔用牙轮钻。配备牙轮钻 8 台，其中：59R 牙轮钻 5 台，P&H120A 牙轮钻 3 台，孔径 406mm（16 英寸），爆破用重铵油和乳化炸药，每次爆破崩下 80 万吨铁燧岩原矿或废石。

装载用电铲。配备 15 台电铲，其中斗容 26.8m^3 P&H2800XPB 电铲 3 台；斗容 21.4m^3 P&H2300XPB 电铲 3 台；斗容 16.06m^3 Cat S230 液压铲两台；Marion 201 型电铲两台；P&H2100 型电铲 5 台；Cat992 前装机 9 台，Cat994 前装机 1 台，WA900 前装机 1 台。

运输用汽车。配备汽车 26 台，都是 Cat793 载重 217t 刚性汽车。

（2）南非锡兴铁矿（Sishen）。锡兴铁矿为库博公司（Kumba Resource）的主要铁矿山，位于南非开普省北部，拥有铁矿石储量 8.77 亿吨，矿石为高品位赤铁矿，1 级 TFe > 60%，2 级 TFe50% ~ 60%，3 级 TFe35% ~ 50%，4 级 TFe < 35%。

矿山用露天开采，采场长 9km，宽 1.5km，段高 12.5m，采场深 350m。矿山规划年产 3300 万吨，现在日产 10 万吨，年产 2700 万吨，剥采比 2.3t/t。

穿孔用牙轮钻 11 台，其中 BE 公司 60R 牙轮钻 6 台，61R 牙轮钻 1 台，G - D120 牙轮钻 4 台。硬岩孔径 310mm，软岩孔径 380mm，硬岩穿孔速度 3 ~ 5m/h，钻头平均寿命 60 ~ 360m。

一般爆破 25 万吨矿岩。1981 年 4 月 8 日，曾单次爆破 720 万吨岩石，创世界纪录。孔网岩石 8.2m × 9.4m，矿石 9.4m × 10.8m。爆破使用铵油炸药和乳化炸药。

装载用电铲和液压铲，矿山拥有 P&H2100 型斗容 11.5m^3 电铲 7 台和 P&H2300 型斗容 15.3m^3 电铲 6 台，DemagH285 斗容 14m^3 液压铲 1 台，H485 斗容 28 ~ 35m^3 液压铲两台。

运输用汽车，矿山配备汽车 68 台，其中 M36 载重 150t 汽车 7 台；M36 载重 170t 汽车 31 台；170D 载重 150t 汽车 19 台；170C 载重 150t 汽车 11 台。

锡兴铁矿设备见表 34。

锡兴铁矿选矿厂采用四段破碎、筛分、洗矿和重介质选矿工艺流程。粗破碎机选用 1.5m × 2.26m 旋回破碎机，排矿粒度 225mm，二段、三段、四段破碎均用西门子圆锥破碎机。重介质选矿用 ϕ3m Wemco 鼓形重介质选矿机。选矿厂一般每年生产成品矿 2700 万吨，其中生产块矿 1630 万吨，粉矿 870 万吨，直接还原块矿 200 万吨。块矿 TFe 66.4%，

表 34 锡兴铁矿设备

设备名称	数量	型 号	设备名称	数量	型 号
电铲	2	H485 型液压铲（28～35m^3）	前装机	4	Cat988（4m^3）
	6	P&H2300（15.3m^3）		3	Cat992（8m^3）
	7	P&H2100（11.5m^3）		1	Cat910（1m^3）
	1	Demag H 285 液压铲（14m^3）	次级汽车	1	Wabco（30t）
牙轮钻机孔径 310mm	2	P&H120		4	Eudid（50t）
	3	G－D120		2	Haulpak（50t）
	5	B－E60R	水车	2	改装的 Endid 车（30t）
	1	B－E61R		4	Eudid（45m^3）
汽车	7	Unit Rig M36（150t）		2	Haulpak（50t）
	31	Unit Rig M36（170t）		1	改装的 Unit Rig M100 90t 汽车
	19	Wabco 170D（150t）	炸药车	3	Amennd－MacKissic
	11	Wabco 170C（150t）	二次牙轮钻机	1	Drill Boss（150mm）
轮式推土机	2	Cat 824		1	Ingersoll Rand T4
	10	Cat 834	75、150 和 165mm	1	Ingersoll Rand T5
	1	Cat988		3	GD Kommando
履带推土机	6	Cat D10N		1	Halco
	5	Cat D9N		1	Pichio
	2	Cat D6	金刚石钻机	1	Longyear 38
	1	Komatsu D375	空压机（0.283 和 0.425m^3/s）	7	Ingersoll Rand 和 Gardner Denver
平路机	10	Cat 16G	移动式采场变压器（11/3.3 和 11/6.6kV）	35	South Wales 和 G－D
落锤吊车	3	B－E	机电柴油－电动发电机	1	Niels Motovator（100kW）

粉矿 TFe 65.56%，直接还原块矿 TFe 66.5%，$SiO_2<3\%$，$Al_2O_3<1.4\%$。锡兴选矿工艺流程如图 8 所示。

（3）西澳洲 FMG 公司露天矿。FMG 在必和必拓（BHP · B）和力拓（Rio Tinto）铁矿石基地的中间，该矿床属于河床沉积类型，适用于用表面采矿机开采，这类似于采煤，与现行的铁矿露天开采工艺不大相同，表面采矿机采矿，覆盖层剥离，仍用电铲铲装汽车运输工艺，但其特点是采用内排土工艺。FMG 资源量见表 35。

表 35 FMG 资源量估算（2008 年 9 月）

种类	资源量/百万吨	品位/%				
		Fe	SiO_2	Al_2O_3	P	LOI
高品位矿	394	60.47	3.26	1.98	0.053	7.13
低品位矿	603	57.48	5.06	2.74	0.055	7.72
合计	997	58.66	4.35	2.44	0.055	7.49

注：资源量包括储量在内。

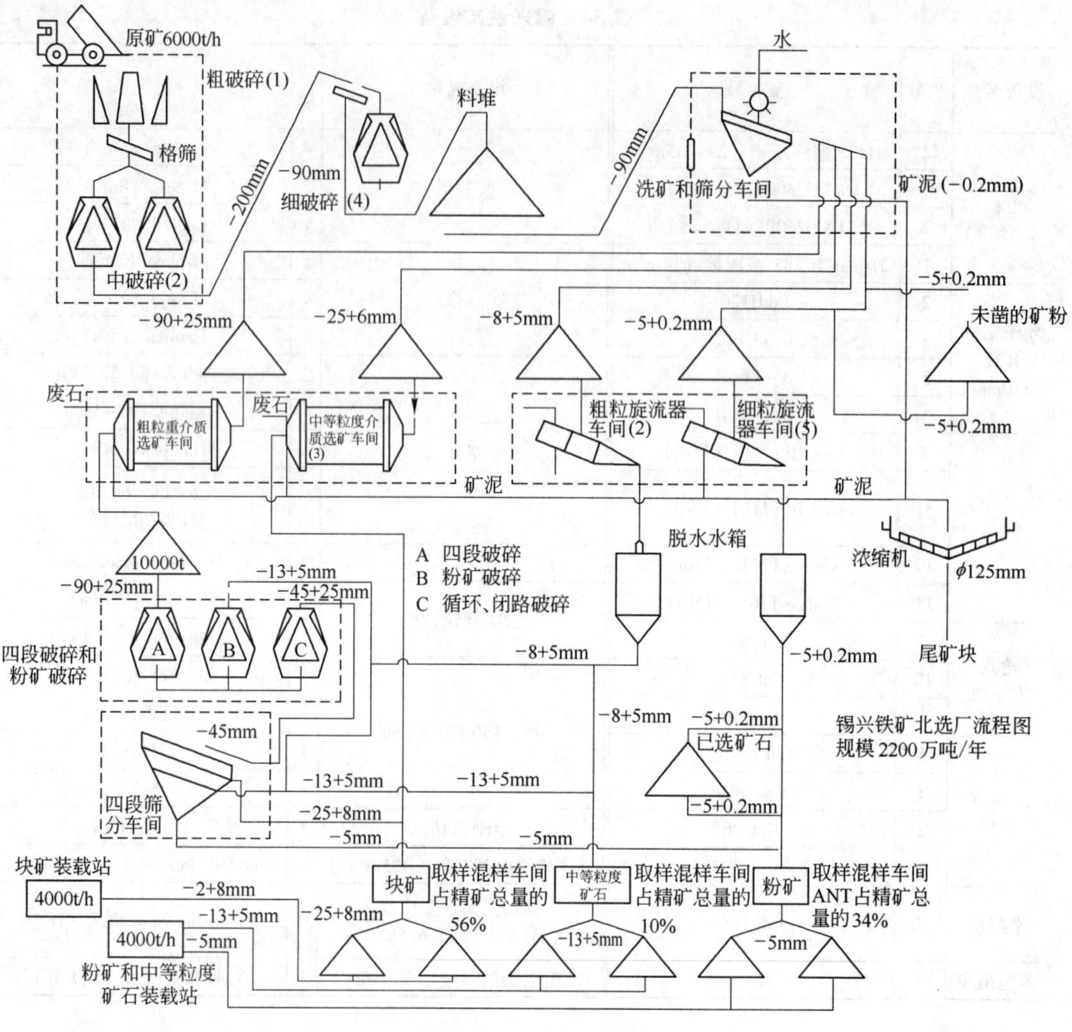

图8 锡兴选矿工艺流程

可自由开采多个埋藏浅而宽的矿体。矿体特征：表层覆盖层易挖掘，剥离成本低；矿床稍有起伏，波浪形－典型的倾角为2°～5°；矿床厚度3～20m；多个工作面同时开采有助于高产量和灵活配矿。生产情况如图9～图13所示。

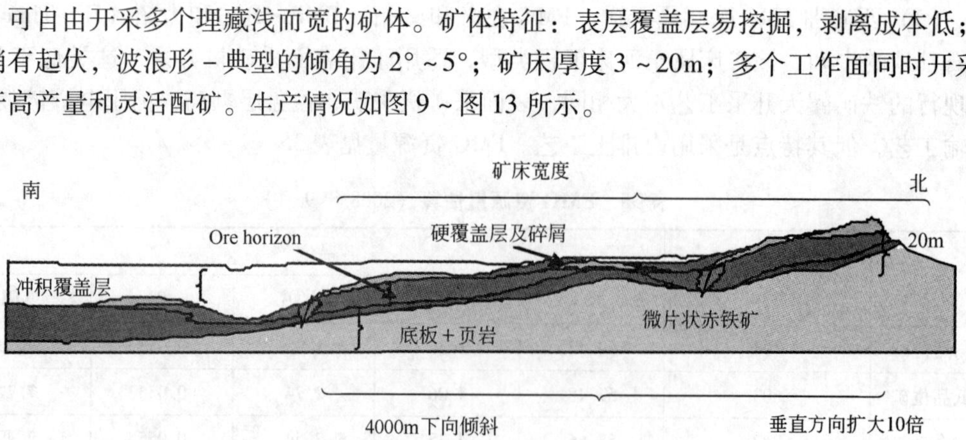

图9 FMG 矿体分布

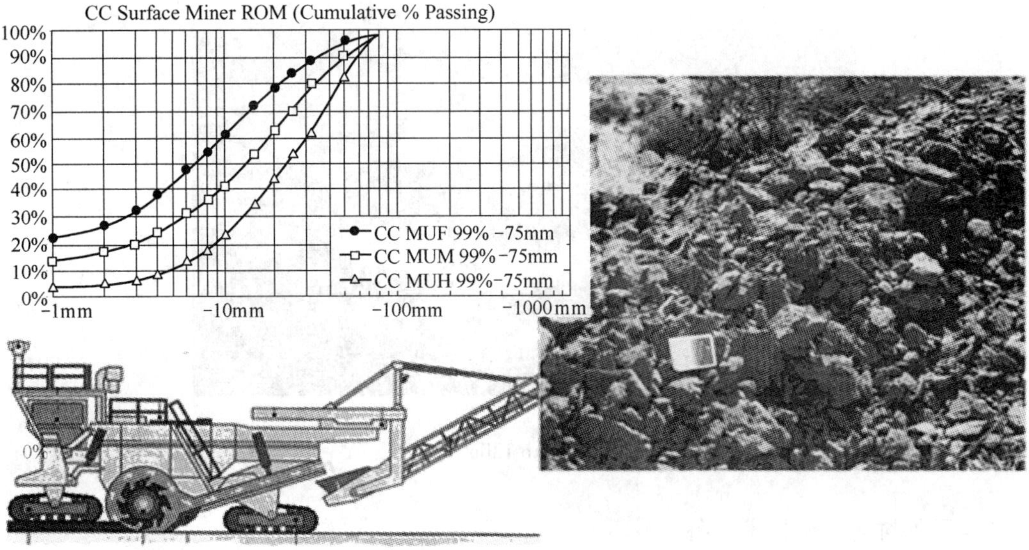

图 10　表面采矿机及产品（原矿粒度分布均匀）

图 11　采矿生产现状

图 12　连接港口的铁路

图 13 Herb Elliot 港口

C 国外坑内铁矿技术装备

国外坑内铁矿以瑞典基律纳铁矿为代表，技术装备实现了无轨化、液压化、自动化。该矿位于北极圈内，矿山设计产量 3000 万吨/年，实际达到 2400 万吨/年，矿山井下作业只有 500 人，其自动化程度非常高，应该说实现了智能采矿。

该矿采用竖井开拓，分段崩落法采矿，段高 270m，主运输水平已延深到 - 1045m。

凿岩：采用 Atlas Copco 公司生产的 Simba W469 型遥控凿岩台车，孔径 115mm，孔深 55m，台车利用激光系统准确三维定位，无人驾驶，24 小时循环作业，年产量 300 万吨。还采用 Wassara 高压水力潜孔冲击式钻机，无油污，环境好，凿岩速度快。孔径 115mm，扇形孔排距 3 ~ 3.5m，一排孔崩矿 10000 ~ 14000t。

装矿：采用 Toro510E 型铲运机，斗容载重 15t，单台效率 320t/h。

新水平 1045m 水平采用 Toro2500E 型铲运机，斗容载重 25t，单台效率 500t/h，铲运机无人驾驶，遥控运行。

运输：1980 年起井下主水平运输已采用无人驾驶的电机车列车运输矿岩。电机车载重 85t，牵引 18 辆载重 25t 的矿车，轨道 50kg/m，轨距 891mm。

竖井提升：用箕斗提升，有 10 套 40t 单箕斗，8 条井安装 3.25 × 6 多绳卷扬，两条竖井安装 25t 双箕斗，2.6 × 6 多绳卷扬。提升能力 3000 万吨/年，全部自动化操纵。如图 14 ~ 图 16 所示。

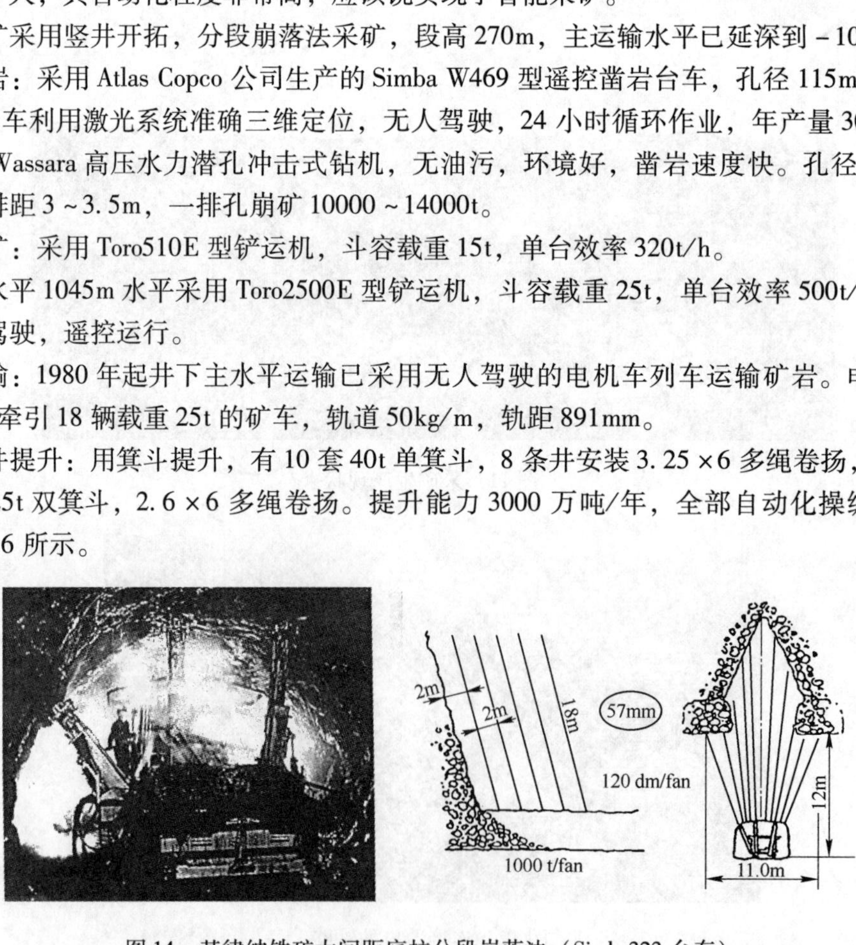

图 14 基律纳铁矿大间距底柱分段崩落法（Simba323 台车）

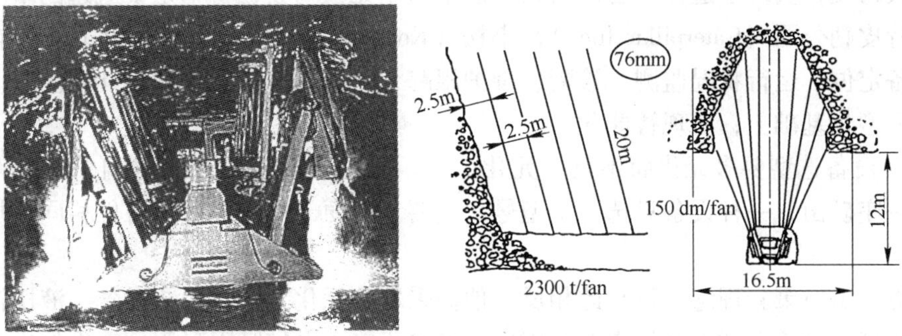

图 15　基律纳铁矿大间距底柱分段崩落法（Simba H222 液压台车）

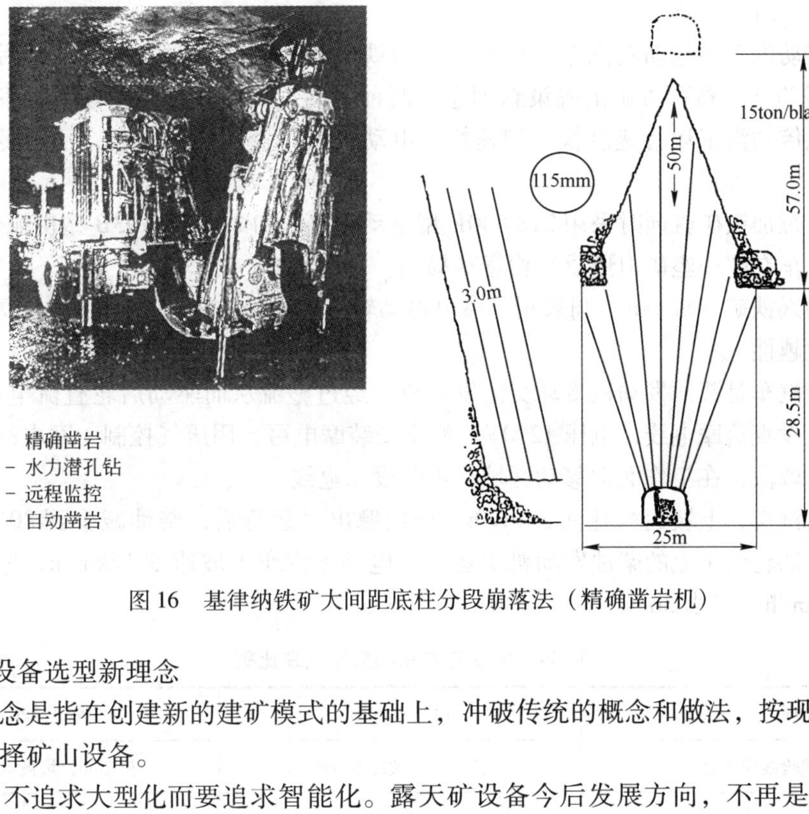

图 16　基律纳铁矿大间距底柱分段崩落法（精确凿岩机）

D　设备选型新理念

新理念是指在创建新的建矿模式的基础上，冲破传统的概念和做法，按现金流采矿的原则，选择矿山设备。

（1）不追求大型化而要追求智能化。露天矿设备今后发展方向，不再是大型化，而是智能化。

设备大型化其优点是产能大、节省人、成本中人工费用低，但直接和间接经营费用大。美国矿业经济专家提出“设备更新更大并非更好”的口号，提出了“今后设备不宜再向大型化发展”。

P&H 公司曾论证：用 3 铲斗装满 218t 汽车，比用 4 铲斗装满 272t 汽车，会减少经营费。因而认定：没有必要用 272t 汽车取代 218t 汽车。

设备智能化：一是设备本身向自动化方向发展；二是操作采用综合信息系统控制。

瑞典基律纳铁矿，1980 年起电机车即已实现了无人驾驶，今天该矿凿岩台车和铲运机已无人驾驶，实现了遥控。看来露天矿矿用汽车无人驾驶也将不是太遥远的事。

卡特皮勒公司（Caterpillar Inc.），小松（Komatso）采矿公司都推出了新的软件，可实现设备定位、运行状况监测、诊断、维护跟踪，还具有全矿管理和设计功能等。

在大型化基础上，实现智能化。

(2) 设备选型要多元化而不是一元化。中国受前苏联传统观念影响，矿山设备类型单一，一座矿山，一种设备只选一个型号，主要考虑便于操作，备品备件相同，加工与供应方便。

西方矿山决策新理念，正与此相反，他们采取多元化方针，采装设备、液压铲和电铲并用，机械传动汽车和电动轮汽车并用发挥各自优势。电铲坚固耐用，工作效率高，推压力大，多用于采装矿石；液压铲结构简单、紧凑、传动平稳，质量轻，挖掘力大，多用于采装岩石；前装机机动灵活，行走速度快，质量轻，便于配矿，西方矿山大多配备前装机。

机械传动汽车和电动轮汽车孰优？齐大山铁矿设计时，对此争论不休，后来选用了30台电动轮汽车。按西方矿山决策新理念，两种不同类型的汽车同时使用，发挥各自的优势。机械传动汽车运行速度快，加速快；电动轮汽车发动机寿命长，油耗低，维修费用省。

巴西卡拉加铁矿就同时采用218t830E型电动轮汽车和218t Cat793B型机械传动汽车，两种类型汽车在同一座矿山形成互相竞赛局面。

南非锡兴铁矿（Sishen）则采用了摩电电动轮汽车。南非电价便宜，油价贵，摩电汽车更具有优越性。

电动轮汽车是柴油发动机带动交流发电机，经过整流从而驱动后轮直流电动机运转。摩电装置是设直流摩电线，电压1200V，汽车安装摩电弓，用压气控制，摩电线安装在水平区段和上坡段，在工作面常移动区域，不装设摩电线。

电动轮汽车，上坡运行耗油320L/h，使用摩电弓运行后，柴油减少到80L/h，装上摩电线，电动轮汽车上的柴油发动机仍运转。电动轮汽车上坡速度12km/h，摩电汽车上坡速度20km/h（见表36）。

表36 电动轮汽车和摩电汽车比较

项　目	电动轮汽车	摩电汽车
试验线路条件	长1km，坡度6.5%	长1km，坡度6.5%
耗油	26.7L/km	4L/km
行驶时间	3分20秒	2分30秒

世界油价攀升，摩电汽车的优越性更显突出，对深凹露天矿来说，它可与汽车皮带运输系统相竞争，南非锡兴铁矿在选厂还应用了陡角皮带，他们称之为“三明治皮带”，非常形象。

1.5.2.2 倡导推广矿浆管道输送技术

矿浆管道输送具备了推广条件，与铁路运输相比，有极大优越性，国外热衷于用管道输送就是最好的佐证。

（1）印度库德雷穆克铁矿（Kudremukh）。年产 750 万吨铁精矿，矿山至 New Mangalore 港 67km，通过矿浆管道将 750 万吨精矿输送到海港。其中：400 万吨送到球团厂加工成球团矿供出口，其余精矿直接出口。

（2）澳大利亚塔斯马尼亚州萨维支河（Savage River）铁矿。年输送 200 万吨铁精矿，由矿山到 Latta 港 85km，铺设一条 ϕ225mm 矿浆管道，1966 年开始运行。精矿到 Latta 港加工成球团矿出口。

（3）巴西 Samarco 公司。年产 1300 万吨精矿，通过一条 ϕ500mm 矿浆管道输送到 Point Ubu 海港，Alegria 铁矿至海港距离 400km，1976 年起运行。

（4）La Perla 铁矿。精矿管道输送，管道直径 ϕ350mm，输送距离 295km，1981 年起运行。

（5）朝鲜茂山铁矿。矿山到清津港 100km，地区冬季寒冷，采用管道输送铁精矿。

（6）俄罗斯列别金铁矿。在高寒地区，有一条 26km 矿浆管道输送铁精矿。

（7）太钢尖山铁矿。太钢尖山铁矿有两条输送管道，年输送 450 万吨铁精矿。其中第一条管道 1997 年 6 月 29 日投入运营，管线长 102km，直径 ϕ229mm，年输送铁精矿 200 万吨，实际可达 220 万吨，起点至终点高差 525m，设一个泵站；第二条矿浆管道直径 ϕ241mm，年输送 250 万吨铁精矿。共投资 6 亿多元，运营成本 0.17 元/(吨·千米)。

（8）云南昆钢大红山铁矿。年输送铁精矿 208 万吨，矿浆管道长 171km，高差近 1300m，设 3 座泵站，4 座中间压力监测站，投资 7.5 亿元，运营成本 0.2 元/(吨·千米)。与公路运输相比，一年节约运费 1.68 亿元。

鉴于矿浆管道输送技术在国内外都有成功的经验，特别是尖山铁矿第二条管道，由中国自主设计施工，此项技术在国内应加以推广。美国 PSI 公司完成的管道工程见表 37。

表 37　美国 PSI 公司完成的管道工程

产品	项目地点	项 目 名 称	长度/km	管径/in	输送量 /百万吨·年$^{-1}$	运行年份
铝土矿	巴西	Mineracao Bauxita Paragominas	344	24	8－13－5	2007
铜精矿	阿根廷	Minera Alumbrera	312	6	9	1997
铜精矿	智利	Minera Collahuasi	203	7	1	1998
铜精矿	智利	Minera Collahuasi 扩建	103	8	15	2004
铜精矿	智利	Minera Escondida	167	4～9	2	1990
铜精矿	印度尼西亚	Batu Hijau	18	6	1.1	1999
铜/锌精矿	秘鲁	Minera Antamina	302	8～10	1.5	2001
铜矿	智利	Minera Disputada	57	20	12	1992
铜矿	智利	Minera Disputada 扩建	57	24	20	2004

续表 37

产品	项目地点	项 目 名 称	长度/km	管径/in	输送量/百万吨·年$^{-1}$	运行年份
铜层矿	智利	Minera Los Pelambres	55	36	36	2007
铁精矿	巴西	Samarco	6	9	1.4	1993
铁精矿	巴西	Samarco 第 2 条管道	400	14/16	8	2007
铁精矿	中国	大红山	171	9	2.3	2007
铁精矿	中国	尖山	102	9	2	1997
铁精矿	印度	Essar Steel	268	14/16	7	2005
红土镍矿	新苏格兰	Tnco Goro	8	20/24/28	6	2007
磷精矿	中国	瓮福	45	9	2	1995

1.5.2.3 尾矿干堆积技术

尾矿干堆技术包钢已经采用，主要是将尾矿浓缩到浓度 70%，用泵输送到尾矿库或排土场堆存。尾矿干堆技术的工艺流程如图 17 所示。

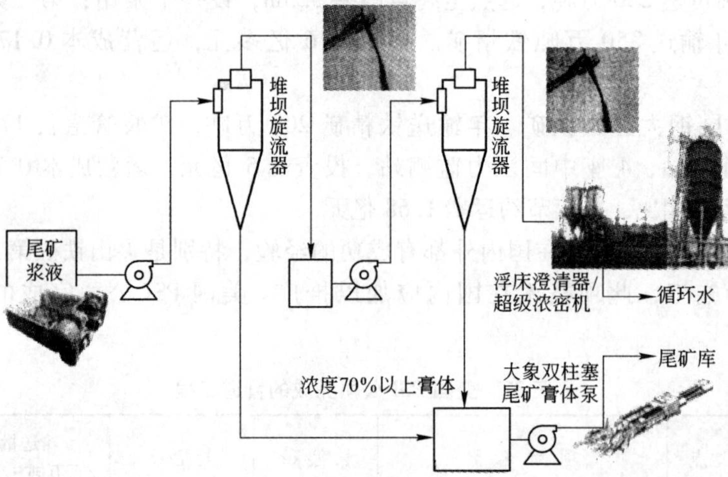

图 17 尾矿膏体制备、输送、循环水处理工艺流程

尾矿膏体干堆技术特点和优势：

（1）安全性高。由于采用干堆方式，没有库容水，所以其安全性毋庸置疑。

（2）环保占地少。膏体干堆方式比上游法可节省大量的土地，同时延长尾矿库的使用寿命，由于膏体尾矿中水分很少，因此无渗漏和地下水污染问题；工艺中可以采用灵活处理方法把堆坝区二次污染降为零；减少需水量。

（3）经济性高。减少征地费用；维护运营费用低廉，就循环水的来回泵送而言，一个大型铁矿每年尾矿库物料泵送节省费用就达上千万元；水资源消耗很少，对矿床资源丰富但水资源极度缺乏的中国北方尤其成果显著；没有因为突发性事故造成农田或环境破坏需要赔偿。

1.5.3　开发利用贫铁矿资源

美国、俄罗斯、乌克兰、中国等北半球国家一直开发贫铁矿，今后，南半球也致力于开发贫铁矿。西澳洲地区正准备开发。

（1）Balmoral 铁路 10 亿吨贫铁矿资源，露天开采包括露天矿、选矿厂、球团厂、海水淡化厂、电厂深水港等项目。

（2）Karara 铁矿 8 亿吨贫铁矿资源初期年产 1000 万吨，以后扩大到 2000 万吨。

（3）Midwest Corp 铁矿开发库拉努卡铁矿 4.3 亿吨，TFe 35%，韦尔德山岭铁矿 1.3 亿吨，TFe 55.6%。

（4）首钢秘鲁铁矿地质资源储量 13.36 亿吨，主要是磁铁矿、假象赤铁矿和赤铁矿，原矿含铁品位 TFe 47% ~58%，精矿品位 TFe 67%，球团矿 TFe 65%，年产 800 万吨精矿。

开发贫矿，精矿成本可能要 40 ~ 50 美元/吨（F. O. B）。

1.5.4　矿产品深加工——兴建球团厂，追求最佳经济效益

2012 年，世界球团矿产量 5.15 亿吨，正在兴建的球团厂生产规模总计超过 1 亿吨。各国球团矿产量见表 38。世界各国正在建设和扩建的球团厂见表 39。

表 38　2007 ~ 2012 年各国氧化焙烧球团矿生产量　（万吨）

国　家	2007 年	2008 年	2009 年	2010 年	2011 年	2012 年	增减
荷兰	440	440	440	440	440	440	0
瑞典	2262	2523	2523	2548	2573	2598	336
土耳其	150	150	150	150	150	150	0
独联体国家	7119	7119	7119	7119	7119	7119	0
加拿大	3140	3140	3140	3140	3163	3186	46
墨西哥	1700	1700	1720	1720	1720	1737	37
美国	5447	5447	5447	5447	5447	5647	200
巴西	5533	5810	6510	6510	6510	6760	1227
智利	462	469	469	476	483	490	28
秘鲁	320	320	325	330	335	340	20
委内瑞拉	1065	1075	1086	1097	1107	1118	53
中国	10168	10871	11493	13039	14076	15664	5496
印度	1830	1950	2190	2900	4440	5340	3510
日本	420	420	420	420	420	420	0
中东国家	1350	1450	1750	2400	3150	3800	2450
澳大利亚	385	385	385	385	385	385	0
合　计	41791	43269	45167	48121	51518	55194	13403

注：2012 年指标为预测值。

表 39 正在建设和扩建的球团厂

国家	公司	产量/万吨·年$^{-1}$	时间
巴西	CSN 球团厂	600	2011 年
巴西	Samarco（球团三厂）	760	2008～2009 年
美国	美钢联球团厂	360	2011 年
加拿大	IOC（球团扩建）	400	2009 年
加拿大	New Mllenium Lab Mag，Labrador	1500	2012 年
瑞典	LKAB 基律纳	500	2008 年
瑞典	Northland Resources Stora Sahava	500	2012 年
乌克兰	Ferrexpo Lavnkovskoys	120	2011 年
俄罗斯	Sverstal（扩建）	100	2008～2009 年
巴林	GIIC 二球	600	2009 年
巴林	GIIC 三球	700	2012 年
印度	Essar Grope Orissa	800	2011 年
印度	Tata Steel Pradesh Jamshedpur	600	2011 年
印度	Stemcor Kalinganagar Orissa	400	2008～2009 年
印度	Xindia Steel	200	2009 年
中国珠海	中巴合资 Vale/Zhuhai	1200	2009 年
中国珠海	Vale/Zhuhai	200	2010 年
马来西亚	Grange Resources	680	2011 年

1.5.5 采用新型建矿模式——合同采矿

合同采矿优点：（1）节省建矿投资；（2）缓解劳资关系；（3）减轻业主生产管理负担。

2005 年，西澳洲已有 1 亿吨铁矿生产规模采用了合同采矿（见表 40）。中国境外开矿，此举值得效仿。

表 40 合同采矿矿山一览表

矿山名称	业主	合同承包商	2005 年产量/百万吨
Area C	BHP Billiton Iron Ore	Henry Walker Eltin	25
Orebody 23/25	BHP Billiton Iron Ore	Henry Walker Eltin	10
Yandi	BHP Billiton Iron Ore	Henry Walker Eltin	40
South Middleback	Onesteel	Henry Walker Eltin	8
Cockatoo Island	Portman	Henry Walker Eltin Joint Venture	2
Koolyanobbing	Portman	Henry Walker Eltin	3
Northern Leases	Portman	Henry Walker Eltin	3
Pannawonica	Robe River	Ngarda Civil and Mining	6
Jimblenica	BHP Billiton Iron Ore	BGC Contracting	7
Yarrie	BHP Billiton Iron Ore	Leighton Contractors	8
Total Contractor Production			112

1.6 铁矿石市场

2011 年，中国进口铁矿石数量及到岸价见表 41。2000 ~ 2011 年，中国进口铁矿石数量及矿价见表 42。

表 41 2011 年中国进口铁矿石数量及到岸价

进口国和地区	进口量/万吨	平均到岸价/美元 · 吨$^{-1}$	占总量的百分比/%
全国进口量	68608.48	163.837	100
澳大利亚	29668.2	167.42	43.24
巴西	14273.5	180.21	20.8
印度	7305.58	132.79	10.65
南非	3615	177.17	5.27
伊朗	1663.36	142.95	2.424
俄罗斯	1561.2	177.28	2.275
加拿大	1208.3	201.09	1.76
印度尼西亚	1187.36	90.51	1.73
秘鲁	966.6	151.72	1.4
乌克兰	1251.1	184.8	1.82
蒙古	549.7	100.6	0.8

表 42 2000 ~ 2011 年中国进口铁矿石数量及价格统计

年份	生铁产量	新增铁矿需求	进口铁矿数量		进口铁矿价格		使用进口矿所占百分比
	万吨	万吨	万吨	增长/%	美元 · 吨$^{-1}$	增长/%	%
2000	13050	826	6997	26.6	27	3.30	33.5
2001	14541	2386	9231	31.9	27	2.10	39.7
2002	16765	3558	11149	20.8	25	-8.40	41.6
2003	20235	5552	14819	32.9	33	32.00	45.8
2004	25166	7890	20807	40.4	61	86.30	51.7
2005	33741	13720	27524	32.3	67	9.00	51.0
2006	40751	11215	32630	18.6	64	-3.70	50.1
2007	46945	9911	38367	17.6	88	37.60	51.1
2008	47067	196	44365	15.6	136	54.40	58.9
2009	54375	11692	62778	41.5	80	-41.40	72.2
2010	59022	7435	61865	-1.5	128	60.70	65.5
2011	62969	6315	68608	10.9	163.84	28	68

1.7 进口矿存在的问题

1.7.1 没有统一完整的战略规划，缺乏统一领导

各企业“走出去”，买矿、开矿都是独立对外，各行其是，互不联合，甚至内斗，秩序混乱，造成严重损失。

一年进口铁矿石6.86亿吨，花费外汇1124亿美元，矿价上涨每年多花300亿美元，对国家来说本是一件大事，但缺少集中统一领导，说起来发改委、工信部、商务部都管，但实际上都不管。中国钢铁工业协会、五矿商会也都管，一家偏重管钢铁企业，一家偏重管铁矿石贸易商，实际上也是都管不起来。过去钢协、五矿商会和金属导报合作一年召开一次国际铁矿石会议，后来分开了，五矿商会和金属导报联合一年召开一次国际铁矿石会议；钢协只好自己单独一年召开一次国际铁矿石会议。两个国际会议内容相同，议题一致，反正中外企业心知肚明，都去参加，凑热闹。

进口矿缺少统一指挥，行动自然分散。以澳洲尤里岗地区为例，中钢集团与澳中西部公司合作开发Weld Range铁矿，鞍钢与金达必公司合作开发卡拉拉铁矿，重钢与吉普山合作开发吉普山铁矿。在同一地区，中钢、鞍钢、重钢三家互不协商，都单独对外，三个矿在同一地区，外部铁路和港口是共用的，但没有统一规划，当然更没有统一行动，结果铁路和港口项目都让日本企业拿走了，中国开矿，日本掌握铁路、港口，将会是什么局面？中钢集团已投入15亿美元，如今听说项目只好暂停了。

1.7.2 权益进口矿比例小，现货贸易比重大

权益进口矿比例小，现货贸易比重大，给印度以及其他供应商有可乘之机，造成混乱。中国进口矿铁矿石6.86亿吨，属于权益进口矿额度只有6000万吨，不到总进口量的10%。而日本权益进口矿占总进口量70%。

前几年现货贸易矿价高，长期合同矿价低，三大公司也陆续采用印度方式，对中国以现货抛售铁矿。由2010年起，年度定价机制改为季度定价，如今走向指数定价，很大原因就是中国现货贸易市场引起的。

1.7.3 国货国运额度小

中国进口矿6.8亿吨，占世界海运贸易量近60%～70%，但大部分都委托外国海洋运输公司运矿，中远公司等中国海洋公司承运额估计也就10%多。

如今按指数定价，都是按到岸价结算，矿石海运费也都让供应商拿走了。

1.7.4 中国与日本进口铁矿石对比

2011年，中国进口铁矿石和日本相比，平均每吨多花13美元，全年多花88.79亿美元。同样进口铁矿石，而且同一地区，目标国相同，为什么中国贵，日本就便宜呢？值得反思（见表43）。

表43 2011年中国与日本进口铁矿石对比

国别	中国			日本		
	到岸价/CFR 美元·吨$^{-1}$	离岸价/FOB 美元·吨$^{-1}$	平均运费/美元·吨$^{-1}$	到岸价/CFR 美元·吨$^{-1}$	离岸价/FOB 美元·吨$^{-1}$	平均运费/美元·吨$^{-1}$
澳大利亚	164.69	151.86	12.83	135.95	123.99	11.96
巴西	173.31	116.41	56.9	164.16	111.4	52.76
印度	126.95	112.66	14.29	130.33	118.4	11.93
南非	181.33	151.98	29.35	170.266	145.0	25.26
其他	151.2			178.21		
合计	159.21			146.12		

1.8　创建国际铁矿石市场新格局的主要措施

1.8.1　借鉴日本经验

日本的经验值得注意，2009 年，日本进口铁矿石 10547 万吨，其中：权益进口矿 7394 万吨，占总进口量的 70.1%。2010 年，日本境外开矿权益进口矿项目见表 44。

表 44　2010 年日本境外开矿权益进口矿项目

矿山或企业	储量/亿吨	TFe 品位/%	2010 年产量/万吨	跨国公司权益/%	日本企业权益/%
澳大利亚					
纽曼（Newman）	11.7	61.8～63	4380	必和必拓 85	伊藤忠商事 8 三井物产 7
Jimblebar （2004 年 3 月合资）	5.06	62.1～62.9		必和必拓 51，中国 4 家钢铁公司（武钢、马钢、沙钢、唐钢）各占 10	伊藤忠商事 4.8 三井物产 4.2
戈德沃斯北采区 （Goldsworthy Northern）	0.22	61.1	171	必和必拓 85	伊藤忠商事 8 三井物产 7
戈德沃斯 C 采区 （Area C）	6.49	61.8～62.2	4651	必和必拓 85	伊藤忠商事 8 三井物产 7
杨迪（Yandi）	9.96	57.1	4492	必和必拓 85	伊藤忠商事 8 三井物产 7
Yandi Western	1.15	57.1		必和必拓 68	JFE 钢铁 20 伊藤忠商事 6.4 三井物产 5.6
罗布河 （Robe River）	5.68 （资源量 27.23）	57.2～61.7	5964	力拓 53	三井物产 33 新日铁 10.5 住友金属 3.5
Jack Hills （2015 年投产）	3.8	62	产能 2500	Murchison Metals 50	三菱商事 50
巴　西					
淡水河谷 （Vale）	161.346 （资源量 335）	56.6	30780		三井物产 5
NIBRASCO			877	Vale51	新日铁 25.4
NAMISA	3.16 （资源量 14.51）	41.5～46.4	1450	CSN60，韩国浦项 6.48	伊藤忠商事 16 新日铁 6.48 JFE 钢铁 6.48 住友金属 2.628 神户制钢 1.232 日新制钢 0.7
J. Mends			370		新日铁 70
Mineracao Usiminas	资源量 24		800	Usiminas 钢铁 70	住友商事 30

续表 44

矿山或企业	储量/亿吨	TFe 品位/%	2010 年产量/万吨	跨国公司权益/%	日本企业权益/%
其他					
IOC（加拿大）	6.38（资源量 23.73）	65	1471	力拓 58.7，the Labrador Iron Ore Royalty Income Fund 15.12	三菱商事 26.18
CMP（智利）			1000	智利钢企 CAP75	三菱商事 25
Assmang（南非）	资源量 7.7		1100	ARM50	住友商事 12.81

资料来源：日本石油天然气金属矿物资源机构（JOGMEC）和各公司年度财报。

1.8.2 已实施的境外开矿项目

中国“走出去”开矿启动很早，但行动迟缓，至今权益进口矿额度已实施的只有6000 万吨，占铁矿石进口总量不足 10%。中国现有境外开矿项目中权益矿额度见表 45。

表 45 中国现有境外开矿项目中权益矿额度

项　　目	生产规模/万吨 · 年$^{-1}$	中方权益矿额度/万吨 · 年$^{-1}$
西澳洲恰那铁矿	1000	1000
宝瑞吉公司帕拉布杜东坡	1000	1000
澳洲威拉拉公司	1200	1200
巴西宝华瑞公司	600	600
沙钢 ABM 公司	200	200
FMG	1000	1000
首钢秘鲁铁矿	750	750
其他	250	250
合　计	6000	6000

1.8.3 “十二五”时期，加快“走出去”步伐

“十二五”时期，要加快“走出去”步伐，计划权益进口矿规模将达到 3 亿吨。主要项目如图 18 ~ 图 20 所示，权益进口矿要占总进口量的 50%。

1.8.4 统一规划，避免多头对外

国家相关职能部门应加强领导，统一规划，避免多头对外，相互竞争。发改委、工信部和商务部应设置专门部门把进口矿事宜管起来，中国钢铁工业协会和五矿化工进出口商会更要协调一致。现在已推出中国铁矿石价格指数（CIOPI），建立了铁矿石现货贸易交易平台，与“普氏能源咨询的普氏指数”、“环球钢讯的 TSI 指数”和“金属导报的 MBIO 指数”相比，当前中国指数虽然还没有被国际贸易市场完全接受，但对建立国际市场新格局，规范国内铁矿石市场秩序将有重要影响。

1.8.5 加大权益进口矿规模，不追求“独资”或“控股”

日本企业在必和必拓公司纽曼山矿股权只有 15%，在戈斯沃斯、杨迪股权也只是

图 18 “十二五”中国在巴西投资项目分布

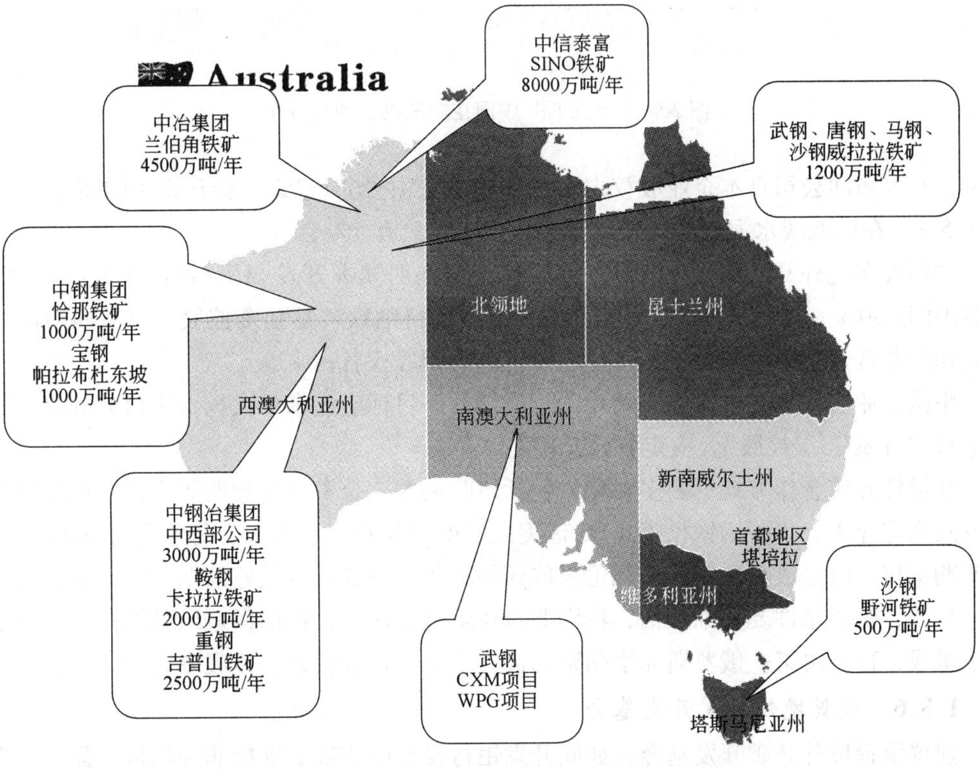

图 19 “十二五”中国在澳大利亚投资项目分布

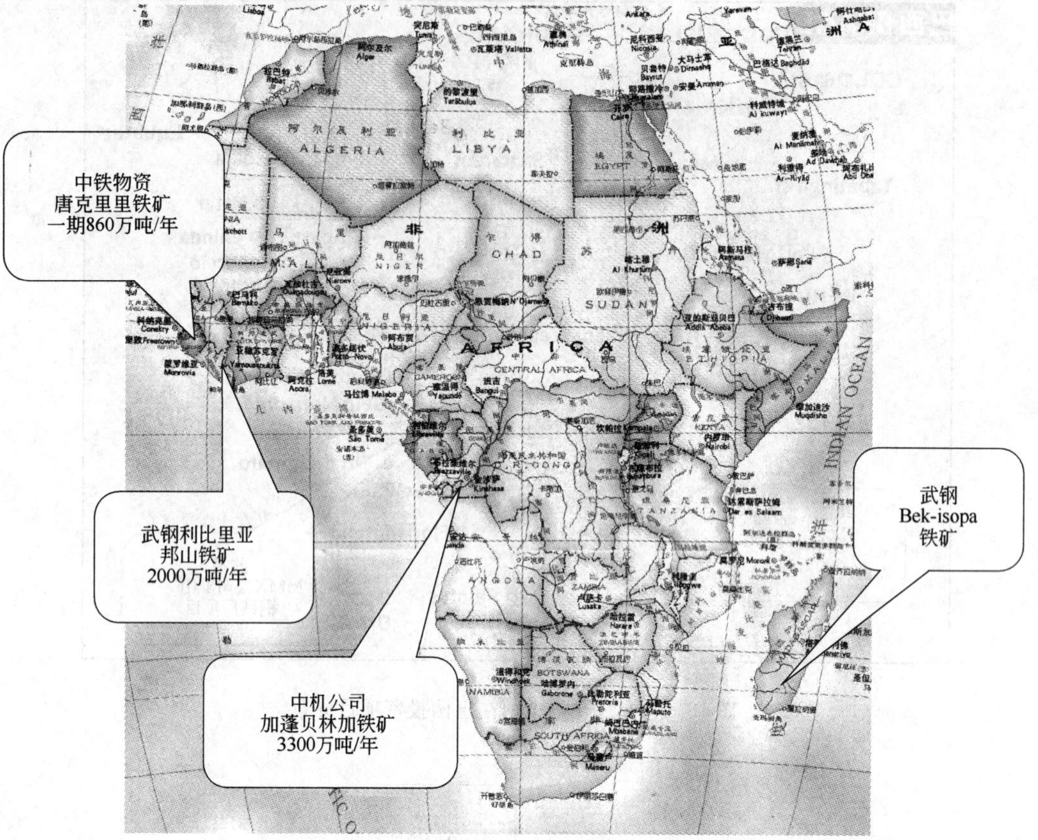

图20　“十二五”中国在非洲投资项目分布

15%，在罗布河公司日本企业股权占47%，其中三井物产33%、新日铁10.5%、住友金属3.5%。在巴西淡水河谷公司日本三井物产股权只有5%。

中国现在境外开矿都是单打独斗，中信泰富在西澳洲开发SINO铁矿中方股权100%（其中中信80%，中冶20%）；首钢在秘鲁开发马科纳铁矿是独资控股，只有西澳洲威拉拉公司是联合开矿，其中唐钢、马钢、沙钢、武钢股权各占10%。

中国企业应该解放思想，更新观念，境外开矿目标应追求加大权益进口矿规模，而不应追求“独资”、“控股”，应走联合开矿之路。

在境外开矿合作方式上要多元化，包括风险勘探、合资开矿和购买生产企业股权等各种方式都应介入。华菱钢铁投资8.26亿美元取得FMG17.4%股权，每年获得1000万吨成品矿购买权，应是成功之例。但无论采取何种方式，都要认真做好前期工作，对合作方国情、矿情、建矿条件要仔细评估，特别要对风险进行评估，提出回避风险的措施，切不可急于求成，盲目决策。俄罗斯赤塔州别列佐夫铁矿项目的教训应该吸取。

1.8.6　设置境外开矿开发基金

建议设置境外开矿开发基金，如同开发银行设置中非基金支持非洲项目一样，也支持境外开发铁矿。

2　加大国内铁矿资源勘查力度，扩大国内铁矿生产规模达到16亿吨/年

2.1　富饶的铁矿资源

2.1.1　中国铁矿资源储量

中国铁矿资源储量居世界前五位之内，属资源大国行列。国土资源部公布，2010 年全国查明资源储量为 726.99 亿吨，其中储量 79 亿吨，基础储量 222.32 亿吨，资源量 504.67 亿吨，大部分为贫矿，富矿只有 9.27 亿吨，占 1.2%。2010 年中国铁矿资源储量和富铁矿资源储量情况见表 46 和表 47。

表 46　2010 年中国铁矿资源储量　（亿吨）

省(市、区)	矿区数	基础储量	储　量	资源量	查明资源储量
全国	3846	222.32	79.00	504.67	726.99
北京	46	0.89	0.85	9.00	9.89
天津	1			0.01	0.01
河北	262	37.49	10.57	50.12	87.61
山西	133	12.13		21.40	33.53
内蒙古	401	12.12	0.15	24.93	37.05
辽宁	332	75.46	28.04	107.84	183.30
吉林	155	2.31	1.33	3.78	6.09
黑龙江	57	0.42	0.19	3.31	3.73
上海	1			0.09	0.09
江苏	30	1.72	0.18	3.04	4.76
浙江	23	0.16	0.02	0.19	0.35
安徽	271	8.19	0.95	39.72	47.91
福建	134	3.54	2.37	2.68	6.22
江西	107	1.91	1.14	5.86	7.77
山东	261	10.31	6.39	36.94	47.25
河南	168	1.65	0.69	14.70	16.35
湖北	196	3.73	0.74	26.26	29.99
湖南	124	1.63	0.73	9.67	11.30
广东	104	1.59	0.40	5.51	7.10
广西	102	1.10	0.01	3.16	4.26
海南	7	1.04	0.57	2.84	3.88
重庆	37	0.01	0.01	2.75	2.76
四川	184	28.73	13.23	68.11	96.84
贵州	183	0.51	0.36	7.57	8.08
云南	121	3.82	2.24	33.50	37.32
西藏	18	0.27		1.91	2.18

续表 46

省(市、区)	矿区数	基础储量	储　量	资源量	查明资源储量
陕西	52	4.04	2.83	3.52	7.56
甘肃	92	3.91	3.03	4.75	8.66
青海	41	0.07	0.03	3.47	3.54
宁夏	11			0.03	0.03
新疆	192	3.57	1.95	8.01	11.58

表 47　2010 年中国富铁矿资源储量　（亿吨）

省(市、区)	基础储量	储　量	资源量	查明资源储量
全国	3.26	1.68	6.01	9.27
河北	0.14	0.08	0.08	0.22
山西			0.60	0.60
内蒙古	0.01		0.20	0.21
辽宁	0.08		0.09	0.17
吉林	0.09	0.07	0.03	0.12
黑龙江	0.07	0.04	0.19	0.26
安徽	0.04	0.02	0.03	0.07
福建	0.07	0.06	0.03	0.10
江西	0.08	0.06	0.15	0.23
山东	0.96	0.57	0.10	1.06
河南			0.01	0.01
湖北	0.03	0.02	1.27	1.30
湖南	0.03	0.03	0.03	0.06
广东	0.05	0.01	0.11	0.16
广西	0.01		0.07	0.08
海南	0.14	0.11	0.42	0.56
四川	0.41	0.12	0.34	0.75
贵州	0.03	0.02	0.23	0.26
云南	0.19	0.01	0.77	0.96
西藏	0.21			0.21
甘肃	0.04		0.10	0.14
青海			0.11	0.11
新疆	0.58	0.46	1.05	1.63

2.1.2　中国铁矿资源分布

中国铁矿资源辽宁省占 25.2%，四川省占 13.32%，河北省占 12.05%，安徽省占 6.59%，山东省占 6.5%，云南省占 5.13%，内蒙古占 5.1%，7 省合计资源储量 537.28

亿吨，占全国73.9%。各省（市、自治区）铁矿资源储量见表46。

已利用矿区的查明资源储量：全国已开发利用的铁矿区1306处，查明资源储量281.09亿吨，主要分布在辽宁、河北、四川、安徽、云南、甘肃等省区。

可规划利用矿区的查明资源储量：全国可规划利用的铁矿区822处，查明资源储量188.97亿吨，主要分布在河北、辽宁、内蒙古、山东、山西、安徽、河南。

暂难利用的查明资源储量：暂难利用的铁矿区962处，查明资源储量143.29亿吨。

2.1.3　中国铁矿床类型

（1）沉积变质型铁矿床。主要分布在鞍山－本溪地区、冀东地区、晋北地区。查明资源储量占全国55.2%。

（2）岩浆型铁矿床。通常称为钒钛磁铁矿床，主要分布在四川攀枝花地区和河北承德地区。查明资源储量占全国15.3%。

（3）接触交代－热液型铁矿床。主要分布在河北邢台地区、湖北大冶、山东莱芜地区等。查明资源储量占全国13.4%。

（4）火山岩型铁矿床。以南京梅山、安徽马鞍山、姑山、云南大红山为代表。查明资源储量占全国3.9%。

（5）沉积型铁矿床。主要分布在河北宣化和湖南湘西地区。查明资源储量占全国9.3%。

（6）风化淋滤型铁矿床。主要分布在广东、广西、福建、贵州、江西等地。查明资源储量占全国1.1%。

（7）其他类型铁矿床。海南石碌铁矿，内蒙古白云鄂博铁矿，查明资源储量占全国1.8%。

2.1.4　中国铁矿工业类型

2006年统计：磁铁矿占50.8%；钒钛磁铁矿占17.3%；红矿（赤铁矿、褐铁矿、菱铁矿、镜铁矿）占29.7%；其他类型占2.2%。

2.1.5　中国铁矿石品位

中国铁矿特点是需选矿加工的贫矿多，占资源储量的98.8%，富矿仅占1.2%，绝大多数矿山铁矿品位在TFe25%～40%之间，如图21所示。

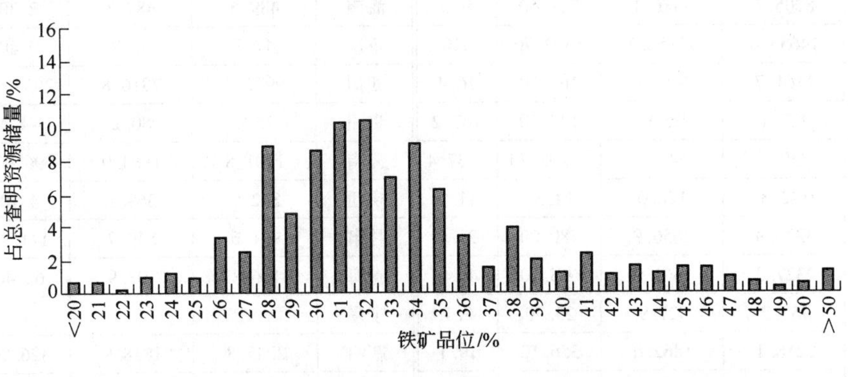

图21　中国铁矿资源品位分布

2.2 惊人的铁矿产量

中国铁矿业发展始于新中国成立，惊人的发展又始于1978年改革开放。1949年，中国铁矿原矿产量仅为59万吨；1969年为4333万吨；1978年突破1亿吨，达到11779万吨；1992年突破2亿吨，达到20976万吨；2004年突破3亿吨，达到33546万吨；2007年达到68248万吨；2008年原矿产量达到82401万吨；2009年原矿产量为88127万吨；2010年突破10亿吨，达到107155万吨，2011年突破13亿吨，达到132694万吨。新中国成立以来中国铁矿原矿产量如图22所示。2010年和2011年铁矿石产量见表48和表49，2011年大中型铁矿山产量见表50。

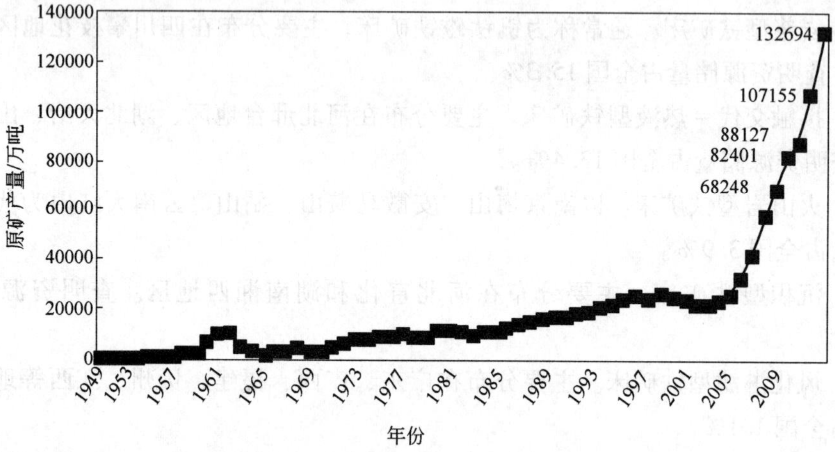

图22 中国铁矿原矿产量

表48 2010年中国铁矿石（原矿）产量统计 （万吨）

省（市、区）	2010年	2009年	同比 增长量	同比 增长/%	省（市、区）	2010年	2009年	同比 增长量	同比 增长/%
总计	107155.5	88127.3	19028.20	21.6	湖北	1528.2	1253.4	274.80	21.9
北京	2041.8	1913.9	127.90	6.7	湖南	451.4	442.3	9.10	2.1
河北	44618.8	35695.6	8923.20	25.0	广东	1726.2	1454.4	271.80	18.7
山西	5506.7	3010.7	2496.00	82.9	广西	262.2	305.8	-43.60	-14.3
内蒙古	8205.7	7486.1	719.60	9.6	海南	489.6	487.3	2.30	0.5
辽宁	14653.0	13350.3	1302.70	9.8	重庆	47.5	46.7	0.80	1.7
吉林	1161.7	998.4	163.30	16.4	四川	9972.7	7916.8	2055.90	26.0
黑龙江	227.1	85.0	142.10	167.2	贵州	75.8	80.2	-4.40	-5.5
江苏	339.7	542.4	-202.70	-37.4	云南	1901.8	1804.9	96.90	5.4
浙江	142.3	128.0	14.30	11.2	陕西	372.9	368.2	4.70	1.3
安徽	3236.9	2656.9	580.00	21.8	甘肃	991.6	849.7	141.90	16.7
福建	2327.3	1661.9	665.40	40.0	青海	166.3	103.9	62.40	60.1
江西	953.2	927.9	25.30	2.7	宁夏				
山东	2218.1	1862.0	356.10	19.1	新疆	2245.8	1818.9	426.90	23.5
河南	1269.2	846.4	422.80	50.0					

表 49　2011 年中国铁矿石（原矿）产量统计　（万吨）

省（市、区）	2011 年产量	同比增减 /%	省（市、区）	2011 年产量	同比增减 /%
合计	132694.2	27.2	河南	1337.1	27.3
北京	2001.6	-2	湖北	1790.8	31.1
河北	59470.9	36.8	湖南	445.5	8.8
山西	7161.4	22.6	广东	2052	22.6
内蒙古	9735.7	14	广西	350	39.7
辽宁	15393	10.1	海南	579.5	18.4
吉林	1666.3	48.3	重庆	1.6	14.3
黑龙江	226.9	3.2	四川	13509.8	38.8
江苏	233.1	3.2	贵州	68	3.5
浙江	142.6	2.6	云南	2201.5	18.2
安徽	3760.1	54.9	陕西	999.3	18.1
福建	2664.3	15.3	甘肃	963.7	3.3
江西	1108.6	17.2	青海	105.5	-36.4
山东	1926.2	3.8	新疆	2732.1	14.9

表 50　2011 年全国大中型铁矿山产品产量　（t）

名称	铁矿石总量	铁精矿总量	铁成品矿	名称	铁矿石总量	铁精矿总量	铁成品矿
全国	1326942000			鲁中	3303794	1578489	1578489
重点	200076816	7657893	79994116	马钢	9903093	2230554	2835166
首钢	11288957	4806616	4806616	武钢	5194178	6112698	612698
河北钢铁	31939321	7072568	7072568	海南钢铁	4778692	475348	3327901
邯邢	7830007	3022800	3022800	攀钢	15299076	8280698	8280698
太钢	13669729	5614683	5614683	酒钢	3834973	3490130	3490130
包钢	13390470	4821858	4842874	浙江漓渚	1057417	774468	774468
鞍钢	47742869	16002862	16002862	密云铁矿	1277695	722797	659759
本钢	22728079	8076903	8076903	通钢板石矿业	2906298	1273505	1273505
上海梅山	3932168	2221996	2221996				

2.3　中国铁矿产品质量

中国铁矿产品化学成分见表 51。

表 51　中国铁矿产品化学成分　（质量分数/%）

矿山名称	TFe	SiO_2	CaO	MgO	Al_2O_3	FeO	S	P_2O_5	TiO_2	MnO	K_2O	Na_2O	备注
首钢水厂	68.54	5.87	0.21	0.44	0.36	18.2	0.043	0.009		0.58	0.012	0.019	
首钢大石河	66.31	6.02	0.33	0.59	0.62	18.68	0.045	0.011		0.066	0.017	0.021	

续表 51

矿山名称	TFe	SiO_2	CaO	MgO	Al_2O_3	FeO	S	P_2O_5	TiO_2	MnO	K_2O	Na_2O	备注
氧化球团矿	64.77	5.49	0.47	0.54	1.12	1.08	0.007	0.023		0.09	0.053	0.07	
本钢南芬	67.06	6.00	0.09	0.46	0.72			P0.0108			0.0111	0.0066	
本钢歪头山	67.00	6.56					0.024	P0.0081					
弓长岭磁铁矿	68.8	4.0											
弓长岭赤铁矿	67.19	4.5											
攀枝花	52.49	3.96	1.17	3.16	4.26		0.642	P0.0064	12.96				
太钢尖山	69.11	3.96					0.097	P0.013					
武钢大冶	65.12	4.41					0.32	0.02					
武钢程潮	66.15	2.67					0.345	0.0046					
武钢金山店	62.72	5.35					0.71						
包钢选矿厂	64.7	4.46				24.2	0.81	P0.051		1.05	0.11	0.25	F0.36 ReO 0.45 Nb_2O_5 0.041
酒钢选矿厂	55.94	10.21	0.52	4.00	0.5	24.55	0.293	P0.024		1.59			BaO 0.86 烧损 2.3

2.4 中国铁矿石企业生产成本

2.4.1 露天铁矿原矿制造成本

露天铁矿原矿制造成本见表 52。

表 52 露天铁矿原矿制造成本

公司名称	生产成本/元·吨$^{-1}$	公司名称	生产成本/元·吨$^{-1}$
攀钢矿业	46.09	密云矿业	100.87
太钢矿业	63.76	鞍钢矿业	71.35
包钢矿业	81.28	本钢矿业	90.56
马钢矿业	71.82	首钢矿业	105.68
海南铁矿	52.68	河钢矿业	63.58

2.4.2 井下铁矿原矿制造成本

井下铁矿原矿制造成本见表53。

表53 井下铁矿原矿制造成本

公 司	生产成本/元·吨$^{-1}$	公 司	生产成本/元·吨$^{-1}$
鞍钢矿业	134.42	马钢矿业	137.13
河钢矿业	118.77	通钢矿业	112.23
武钢矿业	183.96	鲁中铁矿	164.75
梅山矿业	63.74	邯邢	159.01
酒钢矿业	165.74	金岭铁矿	252.04

2.4.3 铁精矿制造成本

铁精矿制造成本见表54。

表54 铁精矿制造成本

公 司	生产成本/元·吨$^{-1}$	公 司	生产成本/元·吨$^{-1}$
全国大型企业平均	421.07	武钢	528.83
鞍钢	380.02	包钢	548.06
本钢	413.85	梅山	339.31
首钢	528.31	马钢	438.96
河钢	398.07	通钢	410.13
攀钢	205.37	鲁中	557.9
太钢	299.73		

2011年，中国铁精矿大中型企业完全成本平均达到620.16元/吨，是巴西淡水河谷、澳大利亚力拓和必和必拓离岸成本的2.5倍。目前，中国有1/3的铁精矿成本高于110美元/吨，与国际铁矿石竞争力弱，是企业面临的较大风险。

2.5 中国铁矿石价格

中国铁矿石价格情况见表55。

表55 2004～2012年中国部分地区铁矿石价格情况 （元/吨）

时 间	2004.10	2005.10	2006.10	2007.10	2008.10	2009.10	2010.10	2011.09	2012.04
辽宁北票66%	555	470	410	890	915	510	910	1060	820
辽宁弓长岭65%	530	470	410	870	893	510	900	1040	820
河北唐山66%	790	720	610	1270	1283	790	995	1140	925
河北邯邢66%	887	765	660	1180	1220	755	1010	1390	1145
山东金岭66%	860	820	705	1295	1332	810	1240	1560	1175
山西代县63%	600	610	520	920	903	550	880	1080	855
安徽繁昌65%	730	740	650	1100	1183	730	890	1430	

续表 55

时 间	2004.10	2005.10	2006.10	2007.10	2008.10	2009.10	2010.10	2011.09	2012.04
江苏镇江 66%		780	700	1230	1227	800			
广东怀集 51%	400	570	700	720	803	530	900		
湖北大冶 63%	700	620	650	1100	1133	650	1140	1350	

2.6 中国铁矿工业积累的矛盾凸显

2.6.1 行业发展不平衡，产业集中度低，生产力总体水平不高

2011 年，中国铁矿企业有 3111 家，平均生产规模 42.6 万吨/年，其中大中型矿石 445 座，平均生产规模 160 万吨/年，小型矿石 2666 座，平均生产规模 23 万吨/年，民营小矿山产能约占 75%，产业集中度 CR5 < 15%，CR10 < 20%。矿点布局分散，市场竞争力弱。

2.6.2 铁矿资源不足

2010 年底中国拥有铁矿储量 79 亿吨，基础储量 222.32 亿吨，资源量 504.67 亿吨，查明资源储量 726.99 亿吨，按人均计只有 54t。

2.6.3 矿山税费负担过重，影响国产铁矿竞争力

目前，中国矿山承担的税金项目 12 项，缴费项目 13 项，详见表 56。中国矿山税费负担过重，影响国产铁矿的竞争力。

表 56 中国矿山税费名录

一、税金项目	二、缴费项目
(1) 增值税	(1) 资源补偿费
(2) 营业税	(2) 水资源费
(3) 所得税	(3) 水土流失补偿费
(4) 资源税	(4) 土地损失补偿费
(5) 土地使用税	(5) 排污费
(6) 车船使用税	(6) 公路建设基金
(7) 房产税	(7) 排水设施费
(8) 印花税	(8) 人防费
(9) 城建税	(9) 占河费
(10) 燃油税	(10) 清淤费
(11) 契税	(11) 养路费
(12) 其他	(12) 教育费附加
	(13) 其他

2.7 我们的任务——建立铁矿资源安全保障供应体系

21 世纪是中国模式发展中国钢铁工业的年代，矿业同仁要有新思维、新理念，要自主创新，跨越发展，引领矿业未来，走在时代的前面，这是历史赋予的光荣使命，要以中

国模式建立铁矿资源安全保障供应体系。

2.7.1 加大对铁矿资源的勘查力度，新增资源量200亿吨

建立中国铁矿资源战略保障体系，首先要加大对铁矿资源的勘查力度。国土资源部已制定今后十年找矿战略路线图，要运用新机制引导社会力量，统筹推进新一轮矿产勘查，实现找矿突破，提出了2011~2013年“333”及以上资源量新增50亿吨，2011~2015年“333”及以上资源量新增200亿吨预期成果目标。

地质部门对中国15个铁矿的主要远景区潜在资源量及其47个铁矿重点找矿区段资源/储量进行具体预测，其结果是：15个铁矿找矿的主要远景区的潜在资源量预测为378亿吨，其中东部地区178亿吨（见表57），西部地区200亿吨（见表58）；47个铁矿重点找矿区段的资源/储量预测为96.56亿吨潜力，其中东部地区40亿吨，西部地区56.56亿吨。

表57 东部地区铁矿找矿远景区及重点找矿区段资源预测

序号	找矿远景区	潜在资源量/亿吨	重点找矿区段	预测资源（储量）/亿吨
1	鞍本	50	鞍山南部亮甲、大牛岭、隆昌	10
			抚南罗卜坎沟－马圈子	
			串连沟－柳木匠沟	
2	辽西	30	新地－建平	5
			东五家子－北广富营子	
			东洼－旧庙	
3	冀东	50	滦县－迁安	10.9
			遵化－宽城	
			滦平	
			密云沙厂－苇子峪	
			怀柔狼虎哨－龙王庙	
4	张宣	8	赤城县摆擦－镇宁堡	1.1
			赤城县青边口－夭子湾	
			赤城县近北庄外围	
			赤城县于家沟	
5	五台－吕梁	30	吕梁袁家村－狐姑山	11
			五台皇家庄－东山	
			五台赵家湾－宽滩－平型关	
			太行阜平	
			太行唐县－曲阳	
			临城－邢台	
6	蒙东	10	克什腾旗黄岗铁矿外围	2
			东乌旗朝不楞－查干敖包	
东部地区合计		178		40

表 58 西部地区铁矿找矿远景区及重点找矿区段资源预测表

序号	找矿远景区	潜在资源量/亿吨	重点找矿区段	预测资源（储量）/亿吨
1	阿尔泰	10	阿尔泰南缘	6.22
			查尔斯克－乔夏哈拉	
2	西昆仑	10	西昆仑山北段	2.17
3	西天山	20	式可布台－查岗诺尔	7.05
			莫托沙拉－乌兰美仁	
4	东天山	32	阿齐山－黑鹰山	26.83
			阿拉塔格－天湖	
			磁海－古堡泉	
			梧桐沟－古堡泉	
5	唐古拉	8	唐古拉	6.09
6	冈底斯	20	冈底斯	3.20
7	蒙中	20	温都尔庙及卡巴－红格尔	5
			白云鄂博－翁公敖包	
			小佘太－西德岭	
8	攀西	70	矿山梁子－白林山	
			通安－淌塘街	
			满银沟－小街	
			白马－米易－红格	
			攀枝花－萝卜地	
			太和－民胜－里庄	
9	滇中	10	迤纳厂－鹅头厂	
			玉溪－峨山	
			鲁奎山－石屏	
			大红山外围	
西部地区合计		200		56.56

这一预测结果与2007年出版的《中国成矿体系与区域成矿评价》（陈毓川等著）一书中关于“铁矿床密集区及铁矿床异常密集区统计预测”结果基本一致。

2.7.2 加大对新矿的开发力度，国产铁矿产能要达到年产原矿16亿吨

按照“十二五”规划，2015年中国粗钢产量8亿吨，铁钢比估计为9.3，生铁产量将达到7.44亿吨，国内铁矿石原矿产量16亿吨，进口铁矿石估计为7.3亿吨（见表59）。

表 59 “十二五”期间中国钢、铁、铁矿石产量与进口铁矿石量

项 目	单位	2008 年	2009 年	2010 年	2015 年
粗钢产量	万吨	50031	56784	62665	80000
生铁产量	万吨	47067	54374	59022	74400
铁矿石产量	万吨	82401	88127	107155	160000
进口铁矿石量	万吨	44356	62778	61865	73000

为保证“十二五”规划的实施，“十二五”期间，将把支持大型铁矿基地建设、培育大型铁矿企业集团、加快老矿山企业挖潜改造作为行业转变发展方式的重点。

“十二五”期间，计划新建1000 万吨级以上铁矿 11 座，500 万吨级以上铁矿 16 座，200 万吨级以上铁矿 36 座，新建大中型矿山新增产能 2 亿吨。培育建成 2 ~ 3 个亿吨级特大型铁矿企业集团，10 个 3000 万吨级以上的大型铁矿企业集团，若干千万吨级铁矿企业。老矿山在实现产能持续稳定的基础上，通过工艺技术和装备升级改造，新增铁矿石产能 7500 万吨（1500 万吨/年），主要技术经济指标有较大改善。保证 45% 的铁矿资源自给率。中国正在建设和拟立项开发的大型铁矿基地见表 60。

表 60 中国正在建设和拟立项开发的大型铁矿基地

项 目	生产规模/万吨 · 年 $^{-1}$	项 目	生产规模/万吨 · 年 $^{-1}$
1000 万吨以上（11 个）			
辽宁大台沟	6000	辽宁齐大山二期	1800
辽宁鞍千二期	1200	河北研山铁矿	1500
河北田兴铁矿	2000	河北马城铁矿	2500
山东济宁铁矿	3500	内蒙古包钢西矿	1500
山西袁家村铁矿	2200	四川白马铁矿扩建	1550
四川红格铁矿扩建	1200		
500 万 ~ 1000 万吨（不含 1000 万吨）矿山（16 个）			
辽宁眼前山转地下	800	辽宁东鞍山二期	700
辽宁西鞍山	600	河北大贾庄铁矿	600
河北常峪铁矿	600	河北独山城铁矿	600
山东上峪铁钛矿	800	安徽李楼和吴集北段	750
安徽张庄铁矿	500	马钢和尚桥铁矿	500
湖南洞口铁矿	600	湖北兴隆观铁矿	500
云南大红山铁矿扩建	800	四川太和铁矿扩建	630
陕西大西沟铁矿扩建	800	福建马坑铁矿	600

续表 60

项　目	生产规模/万吨·年$^{-1}$	项　目	生产规模/万吨·年$^{-1}$
200 万～500 万吨（不含 500 万吨）矿山（36 个）			
黑龙江羊鼻山铁矿	300	吉林塔东铁矿	350
辽宁贾家堡子铁矿	400	辽宁徐家堡子铁矿	400
辽宁棉花堡子铁矿	200	辽宁大孤山二期	350
辽宁井下扩建	220	辽宁独木扩建	220
辽宁西大背铁矿	300	辽宁砬子山铁矿	200
辽宁张家湾铁矿	200	河北中关铁矿	260
山东汶上张庄铁矿	300	山东苍山铁矿	200
山东会宝岭铁矿	300	安徽重新集铁矿	450
安徽周油坊铁矿	450	安徽范桥铁矿	300
安徽付老庄铁矿	200	安徽草楼铁矿扩建	300
马钢罗河铁矿	300	马钢白象山铁矿	200
马钢泥河铁矿	300	首钢杏山铁矿	400
湖南祁东庙冲铁矿	280	湖南通道铁矿	200
湖南大坪铁矿	300	湖南老龙塘铁矿	300
新疆查岗诺尔铁矿	400	新疆备战铁矿	200
新疆智博铁矿	200	新疆迪木那里可铁矿	200
新疆尉犁县铁矿	250	新疆切列克其铁矿	200
甘肃肃北铁矿	400	河南许铁矿	200
200 万吨以下（不含 200 万吨）矿山（1 个）			
辽宁花岭沟铁矿	150		

"十二五"期间探索培育大型铁矿企业集团，规划建立以首钢矿业公司、河北钢铁矿业公司、鞍钢矿业公司、本钢矿业公司、包钢集团、太钢矿业公司、邯邢矿业公司、建龙矿业公司、山东钢铁矿业公司、马钢矿业公司、攀钢矿业公司、昆钢大红山为主体的大型铁矿集团，主导区域铁矿资源开发（见表 61）。国内铁矿资源开发情况如图 23～图 27 所示。

表 61 "十二五"期间拟培育的大型铁矿集团

序号	名　称	产能/万吨	开　发　区　域
1	首钢矿业公司	4000	主导冀东北铁矿资源开发
2	河钢矿业公司	11345	主导冀东南铁矿资源开发
3	鞍钢矿业公司	9200	主导本区域铁矿资源开发
4	本钢矿业公司	9275	主导本区域铁矿资源开发

续表 61

序号	名 称	产能/万吨	开 发 区 域
5	包钢为主体	3000	主导本区域铁矿资源开发
6	太钢矿业公司	4000	主导本区域铁矿资源开发
7	邯邢矿业公司	1000	主导冀南地区铁矿资源开发
8	建龙矿业公司	8000	建设直接面对资本和产品市场，制度健全、机制灵活的跨区域铁矿资源开发主体，为行业的科学发展起到示范作用
9	承德	20000	建设承德地区低品位钒钛磁铁矿综合利用示范区，形成 2 亿吨以上的开发规模
10	山钢矿业公司	4000	主导本区域铁矿资源开发
11	安徽	4000	建设霍邱铁矿资源利用示范区
12	马钢矿业公司	2500	主导宁芜铁矿资源开发
13	湖北	1000	建设鄂西铁矿资源综合开发利用示范区，力争“十二五”形成 1000 万吨开发规模
14	攀钢矿业公司	3500	主导攀西地区铁矿资源开发
15	昆钢大红山	1000	主导本区域铁矿资源开发

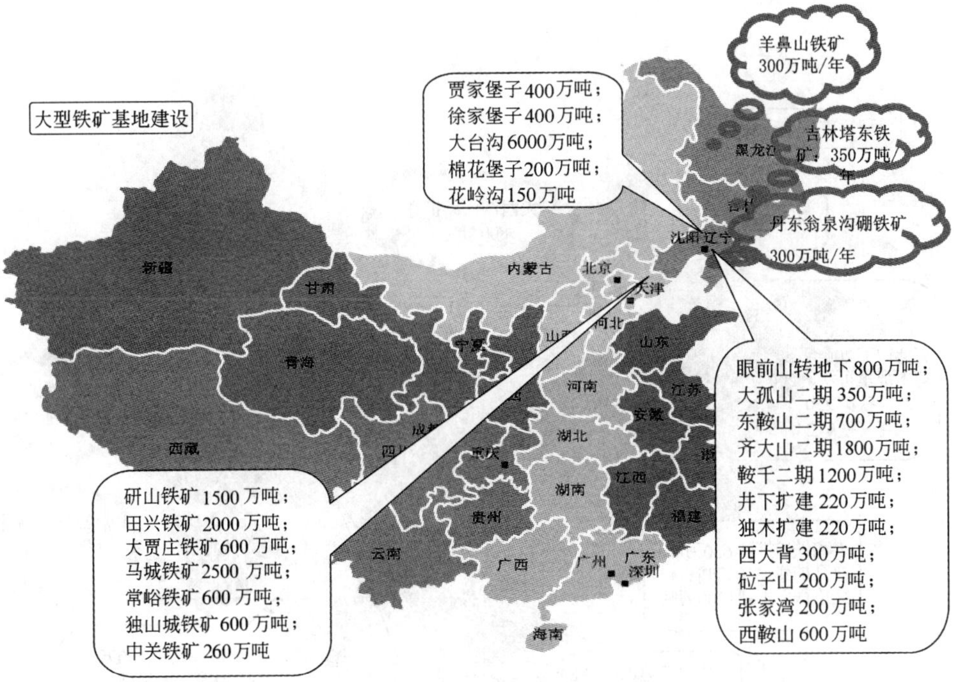

图 23　国内铁矿资源开发情况（1）

2.7.3　设置矿山开发基金，支持新矿山开发

加快新矿山建设，尽快形成生产能力是提高铁矿石资源供给能力的关键环节，需要国

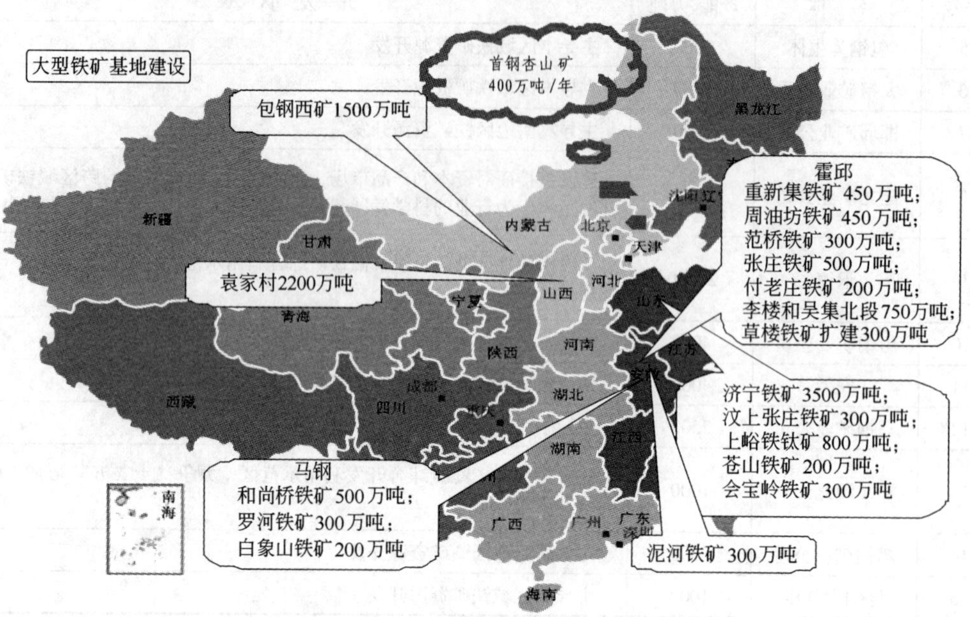

图 24 国内铁矿资源开发情况（2）

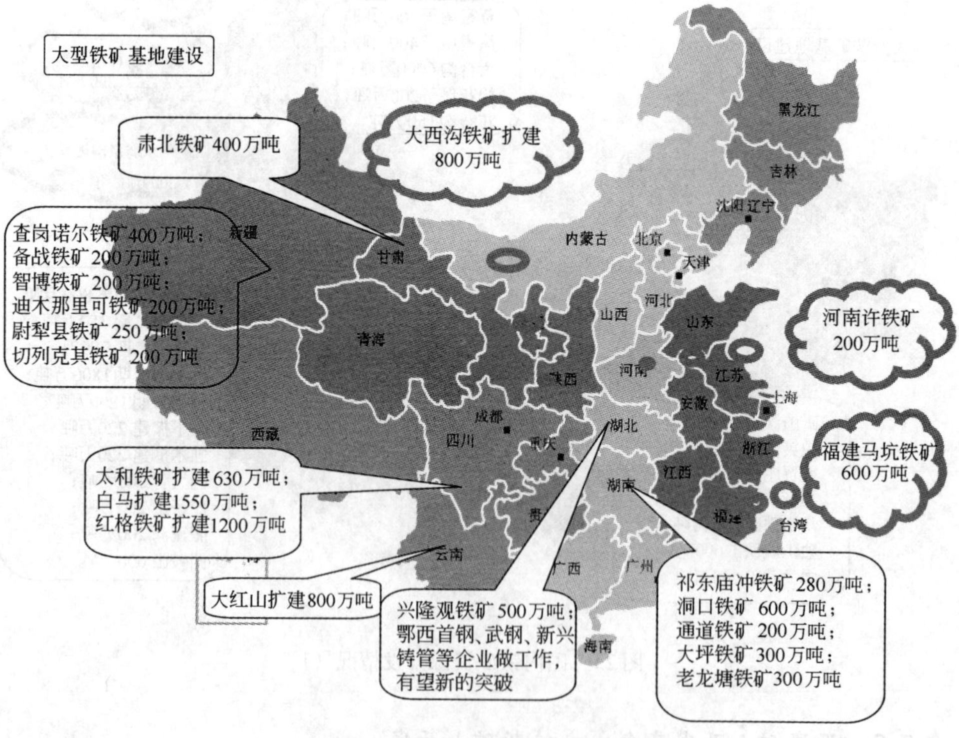

图 25 国内铁矿资源开发情况（3）

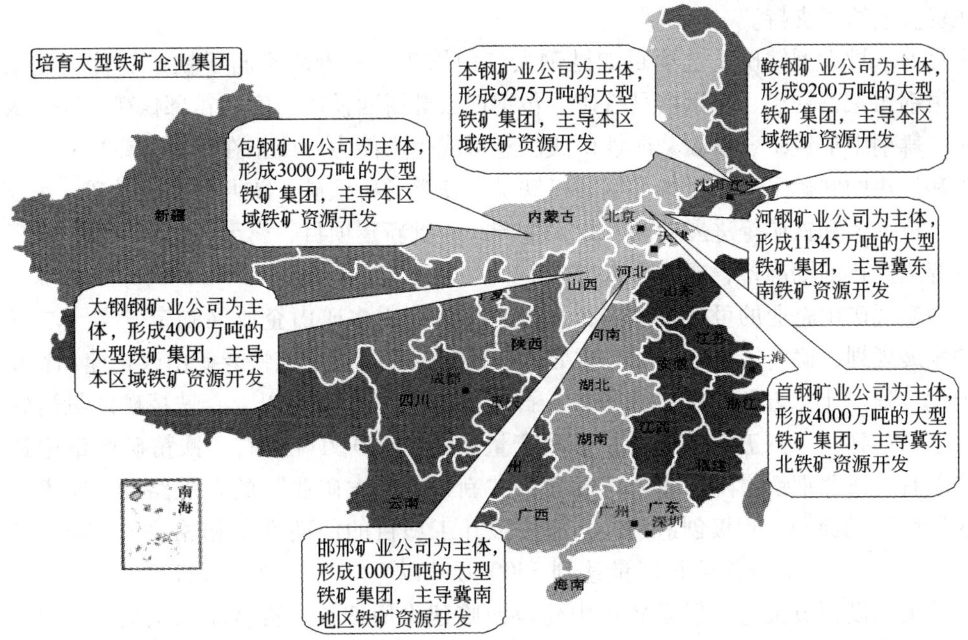

图 26　国内铁矿资源开发情况（4）

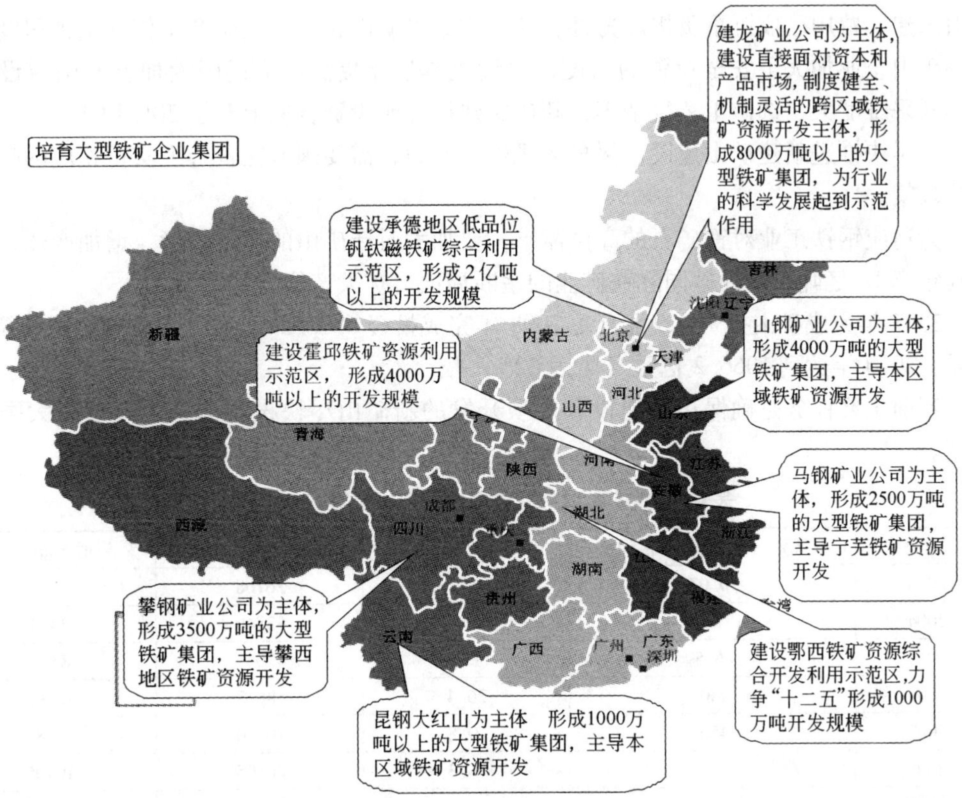

图 27　国内铁矿资源开发情况（5）

家在资金上给予支持。

目前一批大型铁矿采选项目如昆钢大红山铁矿、鞍钢胡家庙子铁矿、首钢孟家沟铁矿、唐钢司家营铁矿、攀钢白马铁矿、包钢白云鄂博西铁矿、安徽霍邱铁矿、陕西大西沟铁矿、舞钢中加铁矿、新疆蒙库铁矿或已经形成生产能力，或正在加紧建设中；一批重点技改和扩建的铁矿采选项目如马钢高村铁矿、安徽龙桥铁矿、陕西杨家坝铁矿、太钢尖山铁矿、重钢太和铁矿等进展顺利，投入生产；一批新建项目、露天转地下项目、深部延伸项目等或进行前期准备，或正在进行之中。

为实现矿山企业的可持续发展，最近一个时期很多矿山企业又制定了“十二五”期间的发展规划，确定了增产目标。譬如，鞍钢矿业公司决定加快老矿山改扩建和新矿山建设步伐，到“十二五”末期，力争铁矿石产量达到6950万吨以上，铁精矿产量达到2300万吨以上；到“十三五”末期，铁矿石产量达到11600万吨左右，铁精矿产量达到3688万吨左右。河北钢铁集团矿业公司确立了“新矿业，大矿业”的发展路径，本着“能快则尽量快”的原则，积极创造条件，加快拟开工项目的前期准备和相关的扩能工作，到“十二五”末期，力争铁矿石产量达到3500万吨以上。为实现这些目标，势必还会有一批新矿山建设积极推进。但是新矿山建设面临建设周期长、资金需求量大、审批环节繁琐、融资难度大等问题。特别是采矿权、土地获取成本的大幅上升，新建矿山投资普遍增加。目前铁矿资源大多从市场竞拍取得，根据矿石品位、地质条件、开采难度等每吨达5～8元。2008年安徽国土资源厅拍卖的周油坊铁矿、重新集铁矿采矿权价款达10元/吨，矿山未建，费用已成沉重负担。另外，随着国家对矿山企业安全生产工作的重视程度的加大，矿山企业加大了安全投资的力度，建设成本逐年提高。上述因素加上矿山建设条件差、开采难度大、选矿工艺复杂等，新矿山建设吨矿投资普遍上升了50%以上。

为尽快推进新建矿山建设，尽早形成生产能力，需要国家在资金上实行相应的鼓励和支持政策。

为适应钢铁工业对铁矿石的高位需求，要加大对新矿山的开发力度，增加产能，确保达到年产16亿吨，以冲破国际铁矿业的垄断局面。扩大产能需要资金。

2007年完成矿山投资427亿元，2008年完成投资681.55亿元，2009年完成投资841亿元，2010年达到1066.2亿元（见表62）。

当前主要任务是确保正在建设和立项开发的新矿山尽快投产运营，逐步加大国产矿规模。

表62 2003年以来完成固定资产投资额与新增产能

年 份	固定资产投资额/亿元	同比增长/%	年产量/万吨	新增产能/万吨
2003	50.07		26108	
2004	132.94	85.7	33546	7438
2005	146.59	112.1	42049	8503
2006	240	26.4	58817	16768
2007	450	19.8	70700	11883
2008	681	59.3	80805	10105
2009	841.39	23.6	88127	7322
2010	1066.22	26.7	107155	19028

2.7.4 开辟审批绿色通道，加快新矿山各环节审批进度

目前正在建设和规划建设的铁矿项目设计规模达到4.8亿吨，但每个项目的审批程序环节多、时间长，影响和制约了新增产能的尽快实现。建议设置审批绿色通道，加快项目推进速度，迅速发挥新增产能的作用。

目前一座新矿山上马，在完成地质详查报告后，要进行资源储量评估，接着编制预可行性研究报告、可行性研究报告，办理采矿权证申请。办理采矿权证，要编制矿山开发利用方案，同时要进行矿山安全评价、环境评价、水土保持研究、矿山水资源评价、地质灾害防治研究、征用土地申请等；先要完成划界批准手续，之后才能申请采矿权证。履行这些手续要向省市行政主管部门分别申请，储量超过5000万吨的铁矿山，要报请国家发改委和国土资源部等有关国家行政主管部门审批。

实际情况是完成地质详查报告后，没有二三年时间办不完上述手续。河北钢铁集团矿业公司矿山企业在规划中就明确提出“进一步加大资源、环保、安全及项目核准等各项手续的跑办落实力度”。鞍钢矿业公司在年度工作计划中也要求“加快已经启动采矿权办理程序的速度，力争在2010年完成张家湾、谷首峪、砬子山3座矿山采矿权的办理工作”。由此可见企业对此项工作的重视和无奈。

为支持国内矿开发，建议政府设立绿色通道，以联合办公方式审批，加快矿山建设速度；或者采取各个项目同时审批的办法，提高各环节的效率，也可缩短审批时间，为矿山企业推进建设项目创造条件。

2.7.5 减免矿山税费，增加国产矿竞争力

根据统计，目前铁矿山企业每年要交纳税费共有25种。2008~2010年平均税费负担率为20.45%，也就是说，每销售一吨铁精粉要缴纳235.18元税费。但是，从国家税务局统计分析，2010年全国采矿行业宏观税负为11.6%，比铁矿山企业低8.85个百分点。这种严重的纳税不公，大大不利于企业之间在市场经济中的平等竞争。为了减轻铁矿山沉重的税费负担，建议国家对以下税费实行减免。

（1）取消增值税或扩大抵扣范围。矿山企业采矿石、卖矿石，根本不像加工行业存在增值的问题，从理论和实践都不存在对矿山企业开征增值税的理由。因此，建议对矿山企业开征产品税，取消增值税，产品税率为5%。如果继续征收增值税，其税率最好控制在10%以内，因为矿山产品没有原材料，抵扣项很少，只有5%，扣除5%的抵扣项，纳税额为5%；或者扩大抵扣范围。只有这样，矿山的增值税的纳税额才能和其他行业持平。

（2）燃油税实行先征后返。矿山生产车辆只在矿区自建道路上行驶，国家历来不向矿山生产车辆征收养路费。开征燃油税后，实行价内税，矿山生产车辆也就缴纳养路费了。这样一来，矿山企业一方面自己修建和维护道路，另一方面还得缴纳燃油税，形成重复开支，极不合理。所以，建议政府对矿山用油支付的燃油税实行先征后返，消除矿山企业的不合理负担。

（3）减免所得税。由于受国际矿价影响，国产矿石的利润率相对很高。为了增加铁矿石产能，建议政府对铁矿山的所得税税率减免10%，用于建立铁矿山发展基金。

3 鼓励在境外投资建设钢铁企业

国务院办公厅在《关于进一步加大节能减排力度加快钢铁工业结构调整的若干意见》中，鼓励有条件的大型钢铁企业到国外建设钢铁厂和钢铁工业园区，努力提高钢铁企业的国际化经营水平。国家发改委在《“十二五”利用外资和境外投资规划》（下称《规划》）中鼓励企业在能源矿产资源丰富、市场空间较大的国家和地区，发展钢铁、有色、炼化等深加工产业，进而带动产品、设备和劳务输出，拓展企业国际发展空间，提高中国钢铁在钢铁国际市场的竞争力。

中国钢铁企业对外投资始于首钢等一批国有钢铁企业的对外投资活动，并以投资海外铁矿石资源为主。在国家相关产业政策支持下，鞍钢、宝钢、首钢、山东钢铁、中钢、中冶、中铝、五矿、河北钢铁等大型冶炼类企业加大了对外投资铁矿石资源的力度。在对外直接投资的区位选择上，中国钢铁企业不仅在澳大利亚、巴西等传统铁矿石资源国家进行投资，同时，还在塞拉利昂、南非、蒙古、哈萨克斯坦、秘鲁等国进行投资。但是，钢铁企业走出去不只是为了铁矿石，还要扩大钢铁合作的层次和范围，合作、合资建设矿山、钢厂、码头、铁路、城市设施，建设钢铁工业园区，实现中国钢铁企业的国际化经营。

目前，中国钢铁企业的国际化经营刚刚起步，钢铁企业需要从未来国际化钢铁生产经营布局结构调整和产业链发展战略上，用国际化的生产经营满足未来国际钢铁需求增长，创造中国大钢铁企业的国际竞争优势。面对发展中国家未来钢铁消费快速增长的大趋势，中国钢铁企业走出去战略如果兼顾铁矿石和钢铁生产两个目标，即可满足国际社会对钢材需求的增长，也能稳定钢材价格，稳定铁矿石价格，减少投资风险。

首钢已着手在马来西亚建设年产300万吨的钢铁厂，宝钢和武钢都已研究部署在巴西建立钢铁厂，巴西铁矿资源丰富，水资源丰富，但缺焦煤。在巴西建钢铁厂可以利用巴西铁矿资源，焦炭可由中国供，或由第三国进口，现中国每年由巴西进口铁矿石，一般都是由 Cape Size 大船运矿，来到中国港口卸下铁矿石，可以装焦炭运回巴西，因此在巴西建厂，由中国供焦炭也是可行的方案。

柬埔寨和老挝与中国合资合作开发铁矿也要求就地进行深加工，要求在其境内建设小型钢铁厂。

将钢铁产业链延伸到海外是一项双赢的选择。积极探索建立海外钢铁生产基地，这是中国钢铁产业今后发展的一个重要方向。有条件的钢铁企业到国外建设钢铁厂，或参与国外钢铁企业的并购重组，通过实施国际化经营，探索在境外建立钢铁生产基地，提高自身的赢利能力和抗风险能力，并在条件允许的情况下逐步提高钢坯从境外的生产回销量，节约中国的铁矿石、煤炭资源，少占土地，减轻环境负担。

在国外建设钢厂有利于缓解中国铁路运输压力。2011年中国进口6.86亿吨铁矿石，2亿吨煤炭，2亿吨石油，5000万吨大豆，1000万吨钾肥，国内铁路运输压力沉重。在国外建设钢厂，可减少铁矿石和煤炭进口量，缓解中国铁路运输负担。

4 大力发展钢铁新工艺及高端节材产品

《钢铁工业“十二五”规划》提出全面推进钢材品种、质量和标准的提升。提高量大面广的钢材产品质量、档次和稳定性，全面提高钢铁产品性能和实物质量，加快标准升级，有效降低生产成本。进一步提升建筑、机械、轻工、造船等行业用钢材的产品质量，增强质量稳定性。加大高强度钢筋的推广应用。围绕高强度螺纹钢筋生产和品种开发实施技术改造，提高产品质量，保障供应能力，完善高强度螺纹钢筋生产及市场配送体系。研究开发高强度螺纹钢筋连接技术，满足高强度螺纹钢筋生产要求。鼓励有实力的钢铁企业开发高端钢材品种，同时防止产品高档次同质化发展，避免投资浪费和高端产品的无序竞争。促进特钢品质全面升级，走“专、精、特、新”的发展道路，大力推进特钢企业技术进步和产品升级换代，开发绿色低碳节能环保型钢材以及装备制造业、航空航天业所需的高性能特钢材料，着重提高轴承钢、齿轮钢、工模具钢、不锈钢、高温合金等特钢产品的质量和性能，特别是延长使用寿命。

《钢铁工业“十二五”规划》还提出下游行业主要用钢材产品升级方向。

（1）建筑业：适应减量化用钢趋势，升级热轧螺纹钢标准，重点发展400MPa及以上高强度螺纹钢筋、抗震钢筋、高强度线材（硬线）；在钢结构建筑领域重点推广高强度、抗震、耐火耐寒钢板和H型钢的应用。

（2）机械行业：重点发展高强度、低合金中厚板和高强度棒材，提高钢材产品质量稳定性。

（3）造船业：重点发展油船用高品质耐蚀船板、大型液化天然气（LNG）运输船用低温压力容器板和高强度船板。

（4）汽车业：重点发展700MPa及以上高强度汽车大梁板，780～1500MPa高强度汽车板，高强、超高强帘线钢等产品。提高产品表面质量和质量稳定性。

（5）家电业：重点发展高强度、薄规格家电钢板，提高板材表面质量、平整度，推广使用钝化或耐指纹膜处理的镀铝锌钢板、热镀锌无铬钝化板、无铬彩涂板、电工钢环保涂层板等绿色环保用材。

（6）电力业：重点发展超临界、超超临界火电机组用大口径耐热、耐高压管，核电机组用高性能铁素体和奥氏体不锈钢、锰镍钼类合金钢管，低铁损、高磁感硅钢，非晶带材。

生产高性能、高质量、长寿、安全的钢材是降低铁矿石消耗量最重要的途径。俗话说：“1吨顶两吨”，即是指1吨高质量钢材可以顶两吨大路货。

以钢筋为例，目前中国年耗钢筋1.2亿吨，大部分是屈服强度小于335MPa的产品，若推广使用屈服强度500MPa的5级钢筋，1吨可以顶1.5吨，则1年可省4000万吨钢筋，当然建筑用钢筋，按其用途并不需要都用500MPa，有些部位335MPa的钢筋即适用。即使如此，保守估计推广500MPa钢筋也可省20%，也就是省2400万吨，即用9600万吨高强度钢筋能顶1.2亿吨用，仅钢筋一项至少可以节省铁矿石3480万吨。

若从提高钢材质量全局估计“一吨顶两吨”，由提高钢材质量而提高钢材使用寿命，延长使用时间，若估算能减少钢材消耗量10%，即可节省钢材5000万～6000万吨，相当于节约铁矿石近1亿吨。

5　提高废钢铁回收供应能力

废钢铁是现代钢铁工业不可缺少的重要炼钢原料，废钢铁回收利用有较高的经济、环保、社会效益。废钢铁产业是以废钢铁回收—采购—加工—贸易—应用构成产业链的主体。

原料社会化收集、采购、专业化生产加工、产品社会化销售、专业化物流配送、定型产品、国家标准、政策法规等构成该产业的基本要素。

以废钢铁加工配送为生产主体，连接上游的废钢铁回收网点、下游的废钢铁应用企业，以及冶金渣、直接还原铁、钢铁尾矿渣、废钢加工设备等衍生产业，集科、工、贸为一体的一个相对独立的企业及科研群体，构成中国废钢铁产业。

“十二五”期间中国将加快产业结构调整，改变发展方式，发展低碳经济、循环经济。建设“资源节约型、环境友好型”社会，提高废钢铁供应能力，减少铁矿石的开采和应用，提高废钢铁消耗比，从资源配置的源头上规避碳排放，有着较高的实用价值和经济发展战略意义。

（1）废钢铁是一种载能资源，应用废钢炼钢可以大幅降低钢铁生产综合能耗。炼钢从工序的角度可分为“长流程”和“短流程”。

长流程：铁矿石—烧结—炼铁—炼钢—轧钢，长流程一般指转炉炼钢，原料以铁矿石（生铁）为主，废钢为辅。

短流程：废钢—炼钢—轧钢，短流程一般指电炉炼钢，原料以废钢为主，生铁为辅。

在大型的钢铁联合企业，从铁矿石进厂到焦化、烧结、炼铁、炼钢，整个工艺流程中能源消耗和污染排放主要集中在炼铁及前工序，一般占综合能耗的60%。用废钢直接炼钢可节约能源60%，其中每多用1t废钢可少用1t生铁，可节约0.4t焦炭或1t左右的原煤。

（2）废钢铁是一种低碳资源，应用废钢炼钢可以大量减少“三废”产生，降低碳排放。短流程和长流程相比可减少炼铁、焦化、烧结等前工序的废水、废渣、废气的产生，在一般钢铁企业可减少排放$CO/CO_2/SO_2$等废气86%，废水76%，废渣72%。若加上铁矿石选矿过程所产生的尾矿、炼焦和烧结过程中产生的粉尘等可减少排放废渣97%。换算成实物量每用1t废钢可减少炼铁渣0.35t，尾渣2.6t，加上烧结焦化产生的粉尘，约减少3t固体废物的排放。

（3）废钢铁是一种无限循环使用的再生资源，发展废钢铁、增加废钢铁供应能力是缓解对铁矿石依赖的重要途径。钢材—设备制造—使用—报废，每8～30年一个轮回，可无限循环反复使用，且自然损坏很低。大量应用废钢铁有利于减少原生资源的开采，有利于生态平衡，有利于人和自然的和谐。每多用1t废钢，可减少1.7t铁精矿的消耗，可以减少4.3t原矿的开采，减少2.6t钢铁尾渣的排出。

（4）废钢铁是一种主要的不可缺少的优质炼钢原料，也是唯一可以逐步替代铁矿石的原料。废钢铁和其他再生资源不同，不会随着循环次数的增加而降低理化性能指标，降低产品质量。炼钢从某种意义上讲就是钢水净化过程，可以“百炼成钢”，其相对原生资源是一种优质的炼钢原料。

“逐渐减少铁矿石比例和增加废钢比重”是中国钢铁产业发展政策的既定方针。中国虽然是世界钢铁大国，但废钢资源不足，钢铁结构不合理，对铁矿石的依赖尤其是对进口铁矿石的过度依存，使得中国钢铁生产原料85%以上靠铁矿石，其中进口铁矿石在铁矿石原料中的比重超过60%。一些国家如美国的废钢比超过60%，欧洲、印度等国家均超过40%。随着全球钢铁积蓄量的不断增加，以及地球原生资源量的急剧减少，实现钢铁物流循环是全钢铁行业的终极目标。随着低碳经济的发展，废钢铁将日益彰显出其资源优势和主导趋向。

加大废钢使用量也是减少铁矿石消耗量的重大举措，钢铁企业多吃废钢，立即能降低铁钢比，中国铁钢比近几年0.94～0.96，2010年为0.9418t/t，即炼1t钢需要0.9418t生铁，而全世界2010年铁钢比为0.7255，扣除中国因素铁钢比为0.559左右，主要原因是西方发达国家废钢使用量大，降低铁钢比，要提高废钢回收能力，2011年全年粗钢产量6.8亿吨，按全国废钢单耗138kg/t钢计算，全年需废钢9100万吨。

2011年，中国钢铁企业废钢产生率5.12%，自产废钢3380万吨；社会废钢采购量5500万吨；全年废钢合计8880万吨。考虑铸造业、重机制造、钢企200万吨废次材销售，全年废钢缺口达1000万吨，需靠进口补充。

若铁钢比由2010年生产粗钢6.216亿吨，铁钢比为0.94，到2015年生产粗钢8亿吨，铁钢比降到0.9，则可少用生铁3200万吨，相当于少用铁矿石5120万吨。

废钢铁是钢铁工业不可缺少的主要炼钢原料，是节能减排的“绿色资源”，是可以无限循环使用的再生物资，在节能、环保、减少原生资源的开采、维护生态平衡方面有着极高的开发利用价值，在发展“绿色钢铁”，发展低碳经济，建设“资源节约型、环境友好型”社会中起着重要的支撑作用。

发展废钢铁产业建议：(1) 统筹研究加大废钢铁回收利用的政策措施，依托国内废钢铁加工配送企业，重点建设一批废钢加工示范基地，加快建立适应中国钢铁工业发展要求的废钢加工配送体系，弥补铁矿石资源不足。(2) 积极研究进口废钢的优惠政策措施，简化废钢进口手续，给予废钢加工配送企业自主进口废钢资格，鼓励放心钢加工配送企业在海外建立废钢回收加工配送基地。

作者简介：

雷平喜，教授级高级工程师，中国冶金矿山企业协会常务副会长。

焦玉书，教授级高级工程师，中国矿业联合会高级资政，中国冶金矿山企业协会顾问，原鞍山冶金设计研究总院院长。

姜圣才，硕士，中国冶金矿业总公司工程师。

中国黑色冶金矿山五十年
——矿业开发与利用两种资源

董稼祥

（中国冶金矿山企业协会）

2000 年 5 月 10 日

新中国成立50年来，特别是改革开放的20年来，黑色冶金矿山得到了很大的发展。截止到1995年底，国家对黑色冶金矿山累计投资200多亿元。目前有41座重点矿山、200多座地方国有矿山、350多座地方乡镇矿山和2300多个私营小矿点，形成了1.8亿吨的铁矿生产能力。重点铁矿和地方骨干铁矿（含选厂）形成固定资产原值356亿元，设备总重约100万吨，从业人员51万人。50年来，累计生产铁矿石49.9亿吨，有力地支持了中国钢铁工业的快速发展和社会主义现代化建设事业，为中国成为世界钢铁大国作出了贡献。

矿山采掘工业，具有与工厂加工工业不同的特点和规律，只有按照矿山的特点和客观规律办事，生产才能发展；反之，就会制约矿山生产的发展，进而影响钢铁工业的发展。

生产与建设

50年来，冶金矿山在曲折中前进，在不断总结经验教训中发展。

矿山建设前期准备工作量大，建设工程量也大，建设周期就长，建成一个矿山一般需4~6年时间。矿山的劳动对象是自然界生成的地下一次性资源，不可再生。由于生产规模受资源条件限制，而且在数量上越采越少，矿山生产能力就逐年自然下降。加之人们对矿产资源的利用一般先易后难、先富后贫，所以剥（掘）采比越来越大，采出品位越来越低，采选生产条件越来越困难，生产成本也越来越高。矿山地处偏僻，工作地点分散，劳动条件差，生活条件艰苦，子女上学、就业困难，职工队伍难以稳定，矿山企业应变能力差。开采矿山必须执行采剥并举、剥离（掘进）先行的技术方针等。这些都是开发矿业的特点和规律。

1 矿山生产与建设的发展历程

旧中国的黑色冶金矿山数量很少，产量也很低，再加上遭受战争的破坏，处于奄奄一息的状态。1949年，全国铁矿石产量只有59万吨。

为了建设新中国，党和政府十分重视钢铁工业的发展，为此，花大力量恢复建设已有的为数不多的矿山。政府派遣的工作人员和矿山广大职工紧密团结，艰苦奋斗，克服种种困难，在很短的时间内，本溪南芬、本钢通远堡、宣化龙烟、鞍钢弓长岭和大孤山、武钢大冶、山东金岭、江苏利国等铁矿陆续恢复了生产。到 1952 年铁矿石产量达到 429 万吨，是 1949 年的 7.27 倍。

在 1953 年开始的国民经济建设第一个五年计划时期，国家对黑色冶金矿山的建设非常重视，投入了大量建设资金。主要项目如本溪南芬露天矿建设，由前苏联设计，规模为年产铁矿石 470 万吨。从前苏联引进了当时的大型 25t 的玛斯 525 载重汽车、$4m^3$ 电铲和钢绳冲击钻机、80t 电机车等，使南芬铁矿从一个当时只开采少量富矿的井下矿山，建成为机械化的大型露天矿。同时，鞍钢的大孤山铁矿、弓长岭铁矿、武钢大冶铁矿等都进行了建设。“一五”期间，包钢白云鄂博铁矿开始了建设，规模为 1200 万吨，成为包钢的矿山基地。经过建设，龙烟铁矿也从年产几万吨矿石发展到年产 80 万吨矿石，成为当时全国最大的坑下铁矿，它是石景山钢铁厂和太钢的矿石供应基地。

到“一五”计划结束的 1957 年，全国铁矿石产量达到 1937 万吨，比 1952 年增加了 3.5 倍。

在第二个五年计划期间，由于“大跃进”的干扰，矿山生产畸形发展，违反客观规律，单纯追求产量，造成矿山能力受损、剥岩欠账严重的不良后果。此后，经过广大矿山职工的努力，在国民经济调整进入关键时期的 1962 年，铁矿石产量达到了 2579 万吨，比 1957 年增加了 33%。

在 1963 ~ 1965 年国民经济调整时期，由于认真贯彻执行中央的“八字方针”，狠抓了矿山整顿，花大力气组织剥岩还欠工作，还清了剥岩欠账 3300 万吨。1965 年，铁矿石产量达到 3149 万吨，比 1962 年增加了 571 万吨。

“文化大革命”期间，国民经济濒临崩溃边缘，矿山工作遭到极大破坏。但广大矿山职工力排干扰，特别是在 1975 年邓小平同志主持国务院工作期间，狠抓了钢铁工业的整顿，执行中央提出的“大打矿山之仗”的方针，矿山生产和建设得到恢复，1975 年铁矿石产量达到 9694 万吨。

改革开放 20 年来，黑色冶金矿山认真贯彻和执行党的路线、方针和政策，坚持“一个中心，两个基本点”，坚持改革开放，积极探索，不断深化矿山内部改革，排除“左”的思想干扰，改变旧的管理模式，转变经营机制，同时加强了矿山基本建设工作。在此期间，新建和扩建的矿山有太钢尖山铁矿（400 万吨/年）、本钢歪头山铁矿马耳岭采场（150 万吨/年）、邯邢局北铭河铁矿（180 万吨/年）、重钢平川铁矿（100 万吨/年）、马钢高村铁矿（200 万吨/年）、武钢程潮西矿区（80 万吨/年）、唐钢豆子沟铁矿（100 万吨/年）、首钢水厂铁矿扩建（1050 万吨/年）、鞍钢齐大山铁矿扩建（新增能力 900 万吨/年）、本钢南芬铁矿扩建（1000 万吨/年）、上海梅山铁矿二期工程（200 万吨/年）、宣钢近北庄扩建（60 万吨/年）等，有的工程已竣工，有的正在建设中。1998 年后全国铁矿产量约在 2.5 亿吨以上，是建国时的 423 倍，是 1976 年后的 2.12 倍。增幅之大，前所未有。

钢铁冶炼用的 8 种辅助原料矿石（锰矿、铬矿、菱镁矿、萤石矿、黏土矿、石灰石矿、白云石矿）产品，50 年来也都有很大发展，从 1949 年的 20 万吨增长到目前的 5000 万吨左右。除锰矿、铬矿由于资源缺乏需要每年进口补充外，其余 6 个品种，都能满足国内钢铁生产需求，还有较大量的出口。特别是进入 20 世纪 80 年代，随着钢铁冶炼新技术的发展和应用、加工技术水平的提高和矿山进行有成效的科研攻关、技术改造，辅助原料矿产品也在向高纯、精料、新品种发展，先后生产出高纯镁砂（包括高纯合成砂）、高纯萤石精粉、高级别的高铝熟料和硬质熟料等新产品，对钢铁冶炼降低炉料消耗、提高产品质量、提高冶炼效率、降低成本、节约能源起到了重要作用，在国际市场上也成为抢手货，每年为国家出口创汇上亿美元。红柱石、蓝晶石、硅线石、蛇纹石、膨润土等品种，也相继得到开发利用和选矿深加工，改变了 8 种辅助矿产品的空白，适应了钢铁冶炼技术发展的需要，为中国钢产量突破 1 亿吨作出了贡献。

2 矿山发展中的经验与教训

2.1 坚持采剥并举、剥离先行的方针，坚持正规采掘

在建国以后的黑色冶金矿山发展史上，曾出现过违反矿山采掘规律的失误，导致矿山生产严重下降，其原因是采剥严重失调。

1958 ~1960 年的“大跃进”期间，为了增矿保铁，矿山追求产量指标，多采少剥或只采不剥，3 年累计亏欠剥岩量 3300 万吨，造成矿山生产能力下降、设备失修的严重局面。1963 ~1965 年，冶金工业部把剥岩还欠作为重点工作来抓，组织了专门的班子对各矿山的年度采掘计划逐项进行审查，部长亲自听取审查情况汇报，职能部门按月调度检查。经过 3 年才调整好，使采掘比例达到正常水平。

“文革”时期，1967 ~1968 年一大批矿山被迫减产或停产，生产能力遭到破坏，铁矿石产量大幅度下降。1968 年，铁矿石产量为 2697 万吨，比 1966 年减少 1/3。到 1971 年末，全国重点露天铁矿再度出现严重采剥失调，剥岩欠账达 3800 多万吨。为解决矿山出现的问题，1971 年国务院提出“大打矿山之仗”，经过努力，情况有所缓解；到 1976 年底，重点露天铁矿仍然亏欠剥岩 3400 万吨。后来各矿山花了很大力气，直到 1985 年才将剥岩欠账还完。

2.2 坚持“两条腿走路”的方针，大力发展地方中小矿山

发展地方中小矿山是符合中国国情的。因为中国铁矿资源分布点多面广，有众多的零星矿点不适于大规模开采。鼓励地方办中小矿山，能充分利用资源，为发展钢铁工业服务；广大农村人多地少，有丰富的劳动力资源，农村富余劳动力可以通过办矿致富，而且办小矿投入少、见效快。冶金工业部一直十分重视和支持发展地方中小矿山，从资金、物资、技术各方面都给予大力帮助。1998 年，中小矿山铁矿石产量发展到 1.47 亿吨，占全国总产量的 58%，为中国钢产量超过 1 亿吨作出了贡献。其中河北、山西、广东、辽宁和四川等省发展较快，所占产量比重大。河北中小矿山的产量在全国居首位，成为钢铁工业的重要原料供应基地。

但是，地方办矿也存在与大矿争资源、乱挖、浪费资源的问题，需要加以引导和管理。为此，冶金工业部多次召开地方矿山会议交流管理好群办矿山的经验，并先后制定颁发了《关于扶植群众办矿的十项措施》和《关于黑色冶金小矿山暂行管理办法》，以保证其健康发展。

2.3 露采坑采结构有新的变化

由于大部分露天矿转入凹陷，产量趋减，井下矿产量比例增加。1998 年，露天矿的比例占 73.48%，井下矿产量已占 26.52%。这是一个新的动向，提示我们应当重视和加强井下矿的工作。

矿业开发科学技术的进步

3 依靠技术改造和科技进步发展矿山

50 年来，很多矿山靠国家支持和自筹资金对自身进行技术改造，以先进技术取代落后技术，扩大了生产能力，提高了产品质量，降低了消耗，提高了装备水平，改进了采选技术或者弥补了生产能力的缺失，成为矿山发展的重要途径。例如马钢凹山选厂通过技术改造，铁精矿品位提高了 0.64%，金属回收率提高了 5.4%；宣钢近北庄铁精矿品位达到 65% ~67%；水钢选厂通过技术改造，年处理能力达到 35 万吨；石人沟铁矿通过尾矿高浓度输送的技术改造，年节电 435 万千瓦·时，节水 199 万$米^3$。据统计，"六五" 计划以来，矿山通过技术改造增加采矿能力 1780 万吨，选矿能力 1320 万吨。老矿山不断进行技术改造，是提高生产能力和技术水平、实现矿山可持续发展的必由之路。

50 年的实践证明，矿山每一项重大科技成果的推广，都对矿山的发展产生巨大的推动作用。20 世纪 70 年代推广牙轮钻机和新型爆破技术，从根本上扭转了穿爆作业长期落后的被动局面。采用选矿细筛再磨工艺技术，使全国铁精矿品位提高 6% 以上，取得了显著的经济效益。

矿山科技工作在实践中总结出了一条很好的经验，这就是科技工作密切结合生产，为生产建设服务。针对生产中的关键问题，采取生产企业、科研设计单位和大专院校三结合，矿山企业领导、矿山职工和科研人员三结合的形式进行技术攻关，通过技术改造，尽快将科研成果转化为生产力。例如在张家洼、西石门、玉石洼 3 个井下铁矿采矿方法的攻关中，在解决了采矿方法的技术难题后，立即转入提高综合生产能力的攻关，结果使西石门铁矿达到 140 万吨/年的核定能力。

通过技术改造和科技进步，在矿石产量大幅度增长的同时，矿石质量也不断提高。特别是成品矿质量，在原矿品位不断降低的情况下，铁精矿品位大幅度提高，达到了国际先进水平。建国初期的 1950 年，原矿品位较高，平均为 40.65%，而选矿铁精矿品位只有 59.97%。而到 1998 年，原矿品位下降到 30% 左右，综合精矿品位达到 63% 以上，其中磁铁精矿品位多年来一直保持在 66% 以上，最好的选厂达到 68.3%。这就为炼铁高炉提高利用系数和降低焦比提供了有利的条件，从而使炼铁成本降低，经济效益增加。

通过技术改造和科技进步，矿山采选技术经济指标也成倍提高，大大提高了矿山企业的经济效益。其中：全员劳动生产率达到 5472 吨/(人·年)（按总量计），井下铁矿为 629 吨/(人·年)，选矿厂为 2598.25 吨/(人·年)，比解放初期的 1950 年分别提高 12.6 倍、3.6 倍和 5.1 倍；而铁矿选厂的球磨机作业率已达到 76.75% ~79%，最高的达到了 87.81%。

4 重点矿山装备水平不断提高，向国际水平靠拢

解放初期，黑色冶金矿山几乎没有什么机械设备，大部分矿山采用手工开采方式，用钢钎、大锤打眼，用耙子、铁锹装矿，用人力推车。到20世纪50年代初，才开始推广使用手持式风动凿岩机（OM－506等），同时推广气腿子湿法凿岩。当时全国铁矿山所有的简易零星设备总重只有3万吨。目前，中国黑色冶金矿山设备总重已达100万吨以上。从装备水平看，露天矿穿孔作业普遍采用了国际通用的孔径250～380mm回转式牙轮钻机（个别矿山根据自身岩矿特性采用150～200mm SQ100J型潜孔钻机），替代了落后的钢绳冲击钻机；装车普遍采用国产或进口的4～16m^3的电铲；矿岩运输采用了40～154t的机械传动或电动轮汽车、自重150t的电机车牵引60～100t翻斗车以及带宽1.4m的皮带运输机；此外还有大型推土机、7～12t的装药车、YL－102工程岩体勘探钻机、2000～3000kg·m液压碎石机、47t振动式遥控压路机以及炮孔堵塞器、平路机、多功能洒水车、轮胎拆装机和润滑车等多种辅助设备。中国自行研制成功年产1000万吨大型露天矿系列设备，获国家科技进步特等奖。在鞍山、大孤山、峨口、尖山和石人沟铁矿，还采用长距离胶带运输机和排土机进行连续排土作业和采场运输。

选矿厂的设备，过去只有单一的带式磁选机和小筒径感应磁选机，现在已普遍应用了大型永磁磁选机、永磁磁滑轮、双立环和平环湿式强磁机、电选机、新型振动细筛、盘式过滤机等。铸石泵管内衬、工程塑料、磁性橡胶衬板、耐磨钢球等新式高效耐用选矿装备和材料，均已得到了广泛的应用。

5 采矿技术进步

5.1 露天矿开采技术

20世纪50～60年代采用大境界、缓帮宽台阶的开采方式，目前则采用分期开采和陡帮组合台阶作业方式，增大边坡角，改进推进方向，提高了生产能力，减少了矿山前期投资，调解和均衡了采剥比，获得了较好的经济效益；矿山运输方式推广了平硐溜井开拓、汽车运输和汽车铁路联合运输，以及深凹露天矿应用“间断—连续”运输工艺、应用皮带排土等，提高了效率，降低了开采成本。

5.2 井下矿山采掘技术

淘汰了解放初期落后的水平充填和浅孔留矿采矿方法。为达到高强度、经济和安全作业，急倾斜厚大矿体普遍推广了无底柱分段崩落法；缓倾斜中厚矿体采用垂直平等密集束状孔阶段强制崩落法；在松软矿岩中采用矿块自然崩落法，都取得了较好效果。在巷道支护、地压控制、采空区处理、多级站通风系统、井下运输、井下通信等方面，也都取得了显著成效，并在生产中得到应用。

5.3 爆破技术与爆破器材

先后研制成功并推广应用了铵油炸药、铵沥蜡炸药、乳化炸药、多孔粒状铵油炸药、

非电导爆管、高精度毫秒电雷管等。在爆破技术上采用了大型区多排孔微差爆破、边坡控制爆破和光面爆破等新技术，效果很好。

6 选矿技术进步

近20年来，中国黑色冶金选矿技术取得重大突破，在新技术的研究与应用、各项技术经济指标上接近了国际水平，而在工艺装备上存在一定差距。

中国已查明的铁矿资源，虽已保有500多亿吨，但特点是贫、杂、细，贫矿占总储量的97%，同时红矿和多金属矿也占有很大比重，这就给选矿带来很大的难度，多年来冶金工业部十分重视难选矿的科研工作。在20世纪50年代末、60年代初，就下大力气组织科研单位和生产企业进行红矿选矿技术攻关，取得了一定成效。以后又多次组织选矿技术攻关，采用多种选矿方法，处理贫、细、杂的红矿和多金属矿。特别是包钢白云鄂博含多种稀土元素的铁矿和攀枝花钒钛磁铁矿的选矿技术攻关，当时的国务院领导和冶金工业部领导都亲自抓，组织全国有关单位大协作，定期布置和检查。到20世纪80年代末和90年代初，经过多年的反复攻关试验，取得了可喜的成果，基本解决了精矿品位、回收率提高的问题以及钒、钛、稀土金属的回收利用问题。包钢选矿试验和技术改造成果，获国家科技进步一等奖、冶金工业部科技进步特等奖。此项攻关的技术负责人余永富被选为中国工程院院士。

20世纪70年代初试验成功并大力推广应用的细筛再磨新工艺，是一个重大突破，使铁精矿的品位由原来设计的60%提高到66%以上，部分选厂已超过68%，达到国际先进水平。

鞍山式红铁矿选矿工艺也有很大突破。解放前，只有一种焙烧竖炉用于处理贫赤铁矿。建国以来，除了对焙烧竖炉进行技术改造以外，还先后试验了浮选、重选、强磁选以及联合流程等。“六五”期间把齐大山、东鞍山、桦树沟、司家营和海南铁矿的贫赤铁矿选矿列为国家科技攻关项目，取得了重大进展。齐大山矿采用“弱磁—强磁—弱酸性正浮选”和“阶段磨矿、重选—磁选—浮选”联合流程，在原矿含铁26.11%~27%的条件下，获得了精矿品位65%、回收率78%以上的效果，比原有生产流程的精矿品位提高7%，回收率提高10%；东鞍山、桦树沟、司家营及海南铁矿的贫赤矿选矿攻关，也都按计划完成了任务。

此外在尾矿高浓度输送、尾矿坝筑坝技术和安全监测管理等方面，都有新的技术突破，取得了良好效果。

7 矿山安全和环保工作有一定进步

多年来，重点矿山进行了岩体力学、爆破安全、粉尘治理、有害气体和噪声控制等方面的研究工作，均取得了显著成果。在岩体力学方面，重点矿山全部进行了地压控制和露天矿边坡稳定性的研究，改善了生产条件和提高了经济效益。在岩体工程地质力学理论和方法、岩体强度和稳定性分析、非电起爆、控制爆破、地震和滑坡加固技术等方面，接近或达到了国际先进水平。此外在新式安全炸药、通风排尘和铲运机废气净化等方面，也取得了重大成果。

体制改革与企业管理

8 矿山行业管理体制的变迁和行业工作

8.1 矿山企业管理体制的变动

黑色冶金矿山的管理体制，50 年来经过了几分几合的多次变动。近几年，钢铁联合企业中的矿山大部分被剥离出来，成为具有独立法人地位的全资子公司，如攀钢矿业公司、鞍钢矿业公司、弓长岭矿山公司、武钢矿业公司、本钢矿业公司、首钢矿业公司、唐钢矿业公司、太钢矿业公司、梅山矿业公司等；独立矿山也有改为集团公司的，如绍兴漓渚铁矿成立了浙江漓铁集团公司，广东大宝山铁矿成立了大宝山矿业公司等。

8.2 积极争取优惠政策，促进矿山发展

一个好的政策出台，往往胜过多少亿元的投资，积极争取有利于矿山的政策非常重要。为了保证矿山生产能力和稳定增长，20 世纪 60 年代初，总结了过去的经验教训，根据矿山的特点，制定了提取矿山维持简单再生产费用的办法。开始时是按矿山企业矿石产量定额提取一部分维简费，后来改为国家按实际产量每年给予一定的维简费补助。这种方法，虽然中间调整了几次提取标准，但一直坚持到现在，维持了矿山生产能力，对矿山生产起了很大作用。在矿石价格放开之前，冶金工业部多次同国家物价局协商，适当地提高了矿产品价格，使矿山经营状况有所改善。1980 年经多次汇报，国务院批准黑色冶金矿山企业实行吨矿工资含量包干办法，对提高矿山企业职工的生产积极性、减人增效、提高劳动生产率起了很大作用。针对矿山企业税费负担过重的情况，冶金工业部有关部门又多次向上级反映，争取到了增值税由 17% 降为 13%、资源税两次降额 60% 的优惠政策，使矿山企业的困难得到一定的缓解。此外，还积极争取到了资源补偿费的部分返还，并正在积极争取闭坑矿山的转产资金等。这些措施都对矿山的发展起到了重要作用。

8.3 不断改善和加强矿山企业的管理

在各个不同历史时期，根据中央的有关方针政策和规定，矿山企业先后实行了计划管理、技术管理（以编制和执行采掘计划为代表）、定额管理，贯彻《工业七十条》、《鞍钢宪法》、工业学大庆和调整方针等，适应了当时的历史环境，也都起了一定作用。改革开放以后，重点抓了企业升级，制定了各类矿山升级考核标准，对部分矿山按标准进行了考核验收，有一部分矿山进入了国家二级企业，少数矿山进入了国家一级企业。冶金工业部按重点铁矿、地方矿山和辅助原料矿山组成 3 个组，分别对矿山企业进行经济剖析活动。在企业自我剖析的基础上，由冶金工业部组织的专家组到矿山企业，采取听汇报、审查报表资料、现场考察、召开职工座谈会等形式，进行以成本分析为核心、按工序的经济剖析，找出薄弱环节，提出整改建议，效果十分明显。此项成果还获得了冶金工业部科技进步奖。

8.4 努力抓好维简工程和设备更新补充

改革开放以来，冶金工业部把矿山维简工程和矿山设备更新补充作为重点来抓，以保持矿山生产能力的持续增长。在每一个五年计划期间都有长远计划和年度安排。通过维简工程，老矿挖潜改造增加了采选能力，如马钢凹山、弓长岭独木采区、石人沟选厂和王村铝土矿深部开拓4项工程完成后，新增采矿能力200万吨、选矿处理能力30万吨；眼前山、歪头山、梅山、桃冲4个铁矿的深部接续工程，总计接续采矿能力1050万吨；梅山铁矿二期工程竣工后，生产能力达到400万吨。

此外，利用维简资金，各矿更新补充了大汽车、井下铲运机等主体设备，保证了生产能力的稳定和扩大。仅“八五”期间，靠维简工程，矿山企业共更新补充各种设备1152台（套），弥补消失的采矿能力1185万吨，增加选矿能力325万吨。首钢矿业公司水厂铁矿，不到3年就还了剥岩欠账3214万吨，原定8年的还账计划6年就完成了。

9 矿山企业管理工作不断加强，管理水平有一定提高

9.1 推进管理现代化和经济效益剖析

黑色冶金矿山企业在“三改一加强”方针的指导下，管理工作不断深化，价值工程、网络技术、量本利分析、预测决策技术、全面质量管理等现代化管理方法已得到推广应用，获得了一定的经济效益。20世纪80年代末、90年代初推行了以成本为主线的矿山经济效益剖析活动，成效显著，仅1990年和1991年两年就取得直接经济效益15500万元。“八五”期间，经济剖析创效益达5亿元。

电子计算机已在矿山推广应用。开始时主要应用在报表统计分析、资金管理、人事档案、备品备件管理和采掘计划编制等工作上，现在已在生产工艺流程上应用。如浓缩池底流浓度控制、磨矿控制、窑炉温度控制、生产调度指挥、地测资料计算及图纸绘制等，已全部应用了计算机技术。

9.2 转换经营机制，学习邯钢经验

改革开放以来，根据中央部署，矿山企业大力开展了“转机制、抓管理、练内功、增效益”活动。贯彻《全民所有制工业企业转变经营机制条例》的精神，出现了多种经营承包责任制的形式，其中有经国务院批准的吨矿工资含量包干、投入产出包干、利税包干、招标抵押承包、租赁承包等。同时进行了劳动、人事制度和分配制度方面的改革。并普遍进行了清产核资和资产界定工作，为实行资产经营责任制打好基础。普遍精简了机构，在减人增效、下岗分流及再就业等方面都有了较大的进展。

各矿山加强管理，学习邯钢经验，普遍开展了模拟市场管理。成立了内部银行，模拟市场结算；设定核算网，强化三级考核；测定和分解落实各项指标，建立模拟市场考核体系，认真实行成本否决；成立组织，制定原则，确定考核指标和考核方式，同时建立模拟市场的法规体系，各矿山都取得了降低成本、增加效益和减少亏损的成果。

9.3 发展多种经营

改革开放以来，矿山企业改变了过去只生产初级矿产品的传统生产方式，充分发挥矿

山的优势，大力发展矿产品深加工和综合利用，在市场的激烈竞争中，逐步走出了一条以矿为主、多种经营的新路子，如邯邢矿山局和梅山铁矿用副产硫精矿生产工业硫酸等。更多的是上了一批经济效益好的“短、平、快”项目。附属设施如机修厂、汽车队、医院、餐厅及幼儿园等向社会开放，不仅获得了经济效益，还安排了分流下岗职工。有的矿山企业多种经营的产值已占整个企业产值的70%。有的矿山企业已兼并了城里的企业。还有的向高科技附加值产品进军，取得了良好的效益。在这方面各矿山企业都创造了很好的经验。

10 加强思想政治工作，狠抓精神文明建设

50年来，黑色冶金矿山广大职工在生产建设中发扬艰苦奋斗精神，创造了许多生产和工作业绩，涌现出了许多英雄模范人物，谱写了许多可歌可泣的动人事迹。在矿山战绩上，各个不同历史时期，都有一大批先进集体和劳动模范，带领矿山广大职工为矿山的发展作出了巨大贡献，功垂矿史。建国初期，龙烟铁矿马万水掘进小组，住的是破庙，吃的是小米，用的是钢钎大锤，发扬艰苦奋斗精神，多次创造全国掘进新纪录。以全国劳模马万水命名的工程队参加了攀枝花、镜铁山铁矿的建设会战，在恶劣的自然环境中，奋力拼搏，为矿山生产建设作出了突出贡献。马万水工程队成员和领导人虽然换了几茬，但他们坚持“传统不变，红旗不倒”，至今仍然活跃在矿山建设战线上。

各矿山企业一直把做好广大职工的思想政治工作为大事来抓，开展创建各种精神文明活动，使广大职工保持和发扬了艰苦奋斗的创业精神。近几年来又大力开展企业文化建设，广大职工以邓小平理论武装头脑，在社会主义市场经济的大潮中奋勇拼搏，为矿山建设作出更大贡献。

合理利用两种资源

11 利用国外矿产资源，加速发展钢铁工业

改革开放以前，在计划经济体制下，中国钢铁工业所需原材料主要靠自力更生解决，只是为维持与邻国的贸易往来，每年从朝鲜进口少量铁精矿。党的十一届三中全会以后，国家提出了利用国内、国外两种资源发展钢铁工业的方针，即在合理开发利用国内资源的基础上，多利用一些进口矿，以满足钢铁生产加速发展的需要。这是发展中国钢铁工业的一条新路子，也是一个符合中国国情的长期战略方针。

在中国已探明的500亿吨铁矿储量中，工业储量仅占有一半，资源特点是先天不足，贫、细、杂。铁矿地质品位平均33%，比世界平均品位低11%。因为矿贫，采出2.5t原矿才能选得1t精矿，采出4t矿石才能炼出1t铁；由于矿石嵌布粒度细，选矿难度大，流程长，因而选矿费用高，金属回收率低；资源中的杂质有两重性，一方面所含元素如包头铁矿中的稀土金属、攀枝花铁矿中的钒钛等有回收利用价值，另一方面增大了铁金属回收的难度，剥采比高，采出更难，费用很高。目前现有的重点铁矿山能维持1.06亿吨的产量，已属不易。而地方中小矿山虽然近几年产量有所增长，但受各种因素和条件的影响，其能力是非常不稳定的。在当前市场经济条件下，矿山绝大部分亏损，贷款利息都无法偿

还，若想争取大量贷款建设新的矿山，可能性很小。所以，按现有国产矿的能力满足不了冶炼的需求，进口国外矿炼铁是适宜的。国外矿品位高、质量好，有利于冶炼技术经济指标的提高。

冶金工业部积极贯彻利用两种资源的方针，在加强国内矿山建设的同时，不断地扩大利用国外矿石的规模。1985年以前，每年只进口几百万吨，1992年进口达到2500万吨，目前已达到每年进口5000万吨以上。除进口矿产品外，还与澳大利亚合资开办了恰那铁矿（规模为1000万吨/年）和库里亚诺宾铁矿（规模为200万吨/年）。首钢还收购了秘鲁铁矿，成立了首钢秘鲁铁矿公司。

利用国外资源，使得宝钢、武钢等大型钢铁企业生产出了具有国际质量水平的优质钢材。利用两种资源，保证了中国钢铁工业的调整发展，使中国成为世界钢铁大国。

利用进口矿也要因地制宜。过去有人说沿海和长江流域钢铁企业可以多用进口矿，其实也不尽然。远在内地的新疆钢铁公司，每年从哈萨克斯坦进口几十万吨球团矿和块矿，情况也很好。

利用两种资源的方针，不是权宜之计，而是具有长远的战略意义。今后的工作应在总结以往经验的基础上，深入研究国际市场，采取多种形式，少花外汇，多进口质量好的矿石。资助相应的海运、装卸转运码头、陆路交通运输等方面配套设施的建设，并采取相应措施，在国外形成比较稳定的矿石供应基地。

除了铁矿石以外，目前冶金工业所用的辅助原料矿中，耐火黏土、菱镁矿、白云石、石灰石、萤石、硅石等，国内储量大，可以满足需要；锰矿储量虽有6亿吨，但也是贫矿，富矿很少，多年来从澳大利亚、南非、越南、印度和缅甸等国每年进口近百万吨矿石，以补充国内生产的不足；而中国铬矿资源很少，目前只有西藏罗布莎、新疆克拉玛依两处生产，量小路远，运输不便，多年来从印度、巴基斯坦、菲律宾、塞浦路斯和南非等国每年进口约60万吨，以供国内铁合金厂的需要。

12 开展矿业国际交流与合作

冶金矿山的国际交流与合作，从20世纪50年代就已开始。有的矿山是由前苏联设计院设计和援建的。苏联向中国派遣了大批专家，较著名的有赫洛莫夫、库克林、奥波伦克等，中国向前苏联和当时的东欧国家派出了留学生和实习生，学习矿山管理和矿山技术，如3～4m^3电铲、矿用载重汽车、电机车等。20世纪60～70年代，中国曾派出专家组援助阿尔巴尼亚和越南的矿山建设。60年代曾向一些西方国家派出过矿山考察团（组），从瑞典引进过井下矿山设备，但限于历史条件，那时的国际交流和合作的范围是很窄的。

大量开展矿业国际交流和合作，还是在改革开放以后。中国多次派代表参加与矿业有关的国际会议，成功地参与主办了在中国召开的国际矿业规划会议（秦皇岛）和第十四届世界采矿大会（北京）；向美国、加拿大、英国、法国、日本、澳大利亚、朝鲜、蒙古、南非、加蓬、土耳其、菲律宾、瑞典、芬兰、墨西哥、巴西、秘鲁、印度、德国、马来西亚、独联体等国家派出了考察团（组），考察矿山管理、矿山技术和装备；与澳大利亚合资办恰那铁矿和向瑞典派出实习人员和培训班学员，学习矿业管理和技术。通过考察与培训，了解了世界矿业发展的趋势，学到了有关国家的先进管理经验，引进了先进的技术和装备，从而择其所长，为我所用。

在对外合作方面，除在澳大利亚合资开矿和首钢在秘鲁开矿外，有些矿山的建设与改造项目还同国外进行合作设计，培养和锻炼了我方人员的管理和技术水平。还引进了国外的牙轮钻机，$8m^3$、$12m^3$、$16.8m^3$ 以上的大电铲、大推土机，100～154t 电动轮汽车及乳化炸药现场混装车等。同时进行了引进技术与装备的消化、吸收，组织了设备国产化攻关，使南芬露天矿和齐大山矿的装备达到了国际水平。井下矿山方面，引进了铲运机、凿岩台车、天井吊罐爬罐，推动了井下采矿方法的变革，实现无轨化，提高了采矿强度和效率，增加了安全性。姑山铁矿从俄罗斯引进了地下钻机，成功地解决了采场涌水疏干问题；此外，武钢程潮铁矿从菲律宾引进技术，对不稳固矿体采用自然崩落法采矿获得成功。

矿山进一步发展面临的问题和对策

建国 50 年来，特别是改革开放 20 年来，黑色冶金矿山取得了很大发展。但由于历史原因及诸多因素的制约和影响，还存在着一些问题和困难，应采取得力措施加以解决。

13　税赋沉重，矿山企业无力承受

1994 年税制改革，原来铁矿山缴纳 3% 的产品税，现在改为 13% 的增值税；资源税原来铁矿平均负担 1.5 元/吨，改制后税率过高，国家进行了两次调整，按原税率的 40% 执行，实际是 15 元/吨，另加销售收入 2% 的资源补偿费。结果使每吨铁精矿负担的税费高达 18%～20%，远远高于钢铁企业 8.81% 和全国工业企业 6.8% 的税费率。矿山企业生产初级原料产品，本来就是微利，过重的税负矿山企业承受不了，几乎全面亏损。

14　历史包袱沉重，社会负担大

重点铁矿离退休人员已达 7 万多人，还在不断增加，与在职职工比例为 1∶2 左右，每年支付的工资和医疗费高达 11 亿多元；由于矿山远离城市，用于自办各类学校、公安保卫、医疗卫生等公共事业费用补贴达 4 亿多元；还要承担矿区交通、道路维护保养、设备维修、水电气以及安置行业人员等，社会负担太重。

15　劳动生产率低，成本高，效益差

矿山就业门路少，劳动力流动性差，重新组合配置十分困难，职工家属及其子女就业靠矿山自己解决，造成职工人数逐年增加，劳动生产率难以提高。产量增长靠大量物力、人力的投入，难以形成集约增长。

矿山的生产对象是自然资源，资源越来越少，生产条件逐渐变差，开采难度不断加大。重点露天矿的剥采比，现在比 1958 年增加了 4 倍多，采场运距增加了 1 倍以上，再加上原材料价格上涨等诸多因素的影响，使矿石成本上升，效益下降，亏损面扩大，亏损额大幅度上升。

16　闭坑矿山逐年增多，转产资金落实困难

重点矿山已有 15 座闭坑，地方骨干矿山已有 23 座闭坑。“九五”计划期间就有 11 个

矿区闭坑，消失能力近600万吨，形成富余人员5万多人（不含集体工）。没有正常的资金渠道实现转产自救和安置富余人员，严重影响职工的生活和矿区的社会稳定。

此外，矿山用地征地费猛增；资金投入不足，生产建设相对滞后；矿山建设模式不合理；中小矿山采矿秩序混乱，资源浪费严重；矿山企业内部在经营机制、增长方式以及思想观念、企业管理、队伍素质等方面，都存在不适应市场经济要求的问题。

针对上述问题，冶金矿山企业要在宏观指导下，深化企业改革，进一步挖掘内部潜力，提高产品质量，提高综合利用水平，降低生产成本，提高劳动生产率，减人增效，更好地为发展钢铁工业服务。同时，要积极争取国家政策支持，合理解决矿山税负过重和社会负担过重等问题，以使冶金矿山企业实现可持续发展。

作者简介：

董稼祥，吉林省临江人，教授级高级工程师。1950年就读于本溪钢铁工业学校采矿专业，1953年毕业后分配到北京中央原重工业部钢铁工业管理局工作，1956年考入北京钢铁学院采矿专业学习，1961年毕业回到冶金工业部工作。历任处长、总工程师、副司长，中国冶金矿业总公司党委书记兼总经理，中国采矿全国委员会委员，中国冶金矿山企业协会理事长，中国金属学会学术委员会委员，中国金属学会采矿学会副理事长，全国锰业技术委员会秘书长、副主任、主任，还曾任世界采矿大会国际组委会委员。现任中国冶金矿山企业协会首席顾问和全国锰矿技术委员会名誉主任。

现代金属矿业的发展主题

古德生 周科平

（中南大学）

2012 年 5 月 30 日

在人类发展的长河中，矿业贯穿于整个历史发展全过程，始终处于工业的基础地位。人类的现代文明源于矿业。

当前，我国正处在工业化的中期阶段，是国家经济的快速发展、人均金属消耗量增长最快的时期。1990～2010 年间，我国人均 GDP 增长 20.8 倍，而在金属消耗量中，钢增长了 8.4 倍，10 种主要有色金属增长了 7.5 倍。事实表明：没有金属矿业的发展，就没有国家的工业化和国防现代化。

由于国家对金属矿物需求量的大幅增长和采选科学技术的进步，我国金属矿床的开采目标正逐步扩大到赋存条件更加复杂的 5 类矿床，即深部矿床、贫矿床、松软破碎矿床、水体下矿床和高寒地区矿床。这一转变给我国采矿科技工作者和采矿工程师们带来了许许多多的科学技术难题。

我国金属矿业 90% 以上采用地下开采。在科学技术飞速发展的今天，我国矿业在生产工艺、机械装备、资源回收、综合利用、数字矿山、矿业信息化等方面，虽然取得了长足进步，但在 9000 多座金属矿山中，真正代表国家金属矿业水平、达到或接近世界先进水平的现代化矿山，还为数不多；相当数量的中型矿山，其装备技术仍处于 20 世纪 70 年代的水平；大量的小型矿山，机械化水平低、管理粗放、安全环境问题突出。

当前金属矿业突显许多矛盾，面临着种种挑战，承受着巨大压力，主要表现在 4 个方面：

（1）国家的工业化、城市化对金属的需求量仍持续大幅攀升；

（2）资源形势严峻，大宗矿产的对外依存度已高达 50% 以上；

（3）由矿产、土地、水体、森林构成的矿区环境系统严重恶化；

（4）矿业科技水平特别是采掘装备与信息化水平相对落后。

世界采矿科学技术与 20 世纪 90 年代相比，已经不可同日而语。新的学术思想、理论、装备、技术与工艺不断涌现，它已突破了传统的学科范畴。我们必须站在世界矿业科技前沿的高度，去审视我国金属矿业的发展状况，思考未来，走向前沿，否则，就会失去发展动力，甚至失去发展先机。为了加速金属矿业现代化，大力提升金属矿业的国际竞争力。依据国情，作者对未来金属矿业提出以下 3 大发展主题：

（1）遵循矿业可持续发展模式——绿色开发；

（2）开拓金属矿业的前沿领域——深部开采；

（3）走向金属矿业的未来目标——智能采矿。

上述 3 大发展主题，将引领金属矿业的发展方向，并影响着未来金属矿业发展的历史轨迹。

1 遵循矿业可持续发展模式——绿色开发

1.1 可持续发展理念的提出

20 世纪是人类生产力发展最快的一百年，也是人类对地球破坏最严重的一百年，它动摇着人类生存的根基，迫使人类不得不重新审视走过的发展道路，为人类带来新的觉醒。

1972 ~ 1987 年间，国际论坛发表了许多具有划时代意义的研究报告，如《增长的极限》、《世界保护策略》、《我们共同的未来》等。报告分析了资源和环境保护与可持续发展之间的相互依存关系，第一次明确提出了可持续发展定义，即“可持续发展是既满足现代人类的需求又不对后代人满足其需求的能力构成危害的发展”。

1972 ~ 2002 年间，举行过 3 次国际会议，通过了 3 个重要文件——《人类环境行动计划》、《21 世纪议程》和《可持续发展世界首脑会议实施计划》。会议彻底否定了工业革命以来那种“高生产、高消费、高污染”的传统发展模式和“先污染、后治理”的发展道路。从此，“可持续发展”成为人类普遍认同的道德规范，成为人类活动的整体效益准则和各国发展的重要议程。这 3 次国际会议是人类转变传统的发展模式和生活方式，走可持续发展道路的里程碑。

1.2 “绿色开发”是可持续发展的理念的延伸

矿业是最早兴起的工业，从 18 世纪中叶产业革命开始，就成为国家经济的基础产业，可谓居功自伟。但是，现代矿业的发展是把双刃剑，在为人类提供大量工业原料的同时，也给人类的生存环境带来了严重破坏，具体表现在以下几个方面：

（1）采矿活动破坏了大量的耕地和生产建设用地；

（2）诱发地质灾害，造成大量人员伤亡和经济损失；

（3）使矿区的水均衡系统遭受破坏，下游水质污染；

（4）开采废渣、废气排放，产生大气污染和酸雨；

（5）采矿破坏村庄和景观，引发的社会纠纷越来越大。

矿业是破坏环境的主要行业之一，我们必须正视这一现实。为了地球和人类，为了使矿业开发“既满足现代人类的需求又不对后代人满足其需求的能力构成危害”，矿业工作者必须认真负起社会责任，彻底否定“大开采、低利用、高排放”的传统矿业发展模式，坚定地走矿区“绿色开发”的道路。否则，未来矿业将会陷入前所未有的麻烦和灾难。

何谓矿区“绿色开发”？把矿区的资源与环境作为一个整体，在充分回收、有效利用矿产资源的同时，协调地开发、利用和保护矿区的土地、水体、森林等各类资源，实现资源 - 经济 - 环境三者统一协调的开发过程，称为绿色开发。

“绿色开发”是可持续发展理念在矿业中的延伸。它阐明了矿床开采的发展模式，指明了金属矿业的发展道路。

1.3　矿区“绿色开发”的科技创新内涵

矿区“绿色开发”就是在为国家建设提供大量的工业原料的同时，还要为人类自己的明天，建设一个与自然结合良好的、具有生态良性循环的人居和生产环境。其科技创新内涵主要有：

（1）矿区资源的绿色开发设计。矿产资源开发过程中，矿区生态环境不可避免会受到破坏，但其破坏程度是可预见的。由于矿区生态环境与矿山的开发设计和生产密切相关，所以，矿区环境保护与生态修复应由过去的“先破坏、后修复”的被动模式，转变为贯穿于矿区开发全过程的动态的、超前的主动发展模式。为此，传统的矿山设计应该转变为矿区资源绿色开发设计（包括矿床开采设计、矿区生态环境设计和矿山闭坑规划设计），使矿山在生产、流通和消费过程中，能更好地推行减量化、资源化和再利用。科技创新需求主要有：

1）矿区资源绿色开发设计；

2）经济－生态－环境统一的开采方法与采掘工艺；

3）矿区循环经济园区规划设计；

4）矿区各类资源的保护与利用规划；

5）矿物资源综合利用与产品高值化。

（2）固体废料产出最小化和资源化。在金属矿物的加工过程中，80%～98%被转化为废料。当前，我国金属矿山的废石、尾砂、废渣等固体废物堆存量已达180多亿吨，每年的采掘矿岩总量还以超过10亿吨的速度在增长。因此，大力开发和推行废石、尾砂回填采空区的工艺技术，推行尾砂、废石延伸产品的规模化加工利用，有相当大的发展空间。

现代矿山的开拓系统与采掘工程设计，在满足生产高度集中、工艺环节少和开采强度大的同时，要从源头上控制废石产出率，采用合理的采矿方法，降低矿石损失贫化，强化露天边坡的管理与控制，减少废石剥离量等，努力去实现废石产出最小化。科技创新需求主要有：

1）矿山无废开采程度的可行性评价；

2）开拓与采矿工程的废石产出最小化；

3）废石、尾砂不出坑的工艺技术创新；

4）深井全尾砂、废石胶结充填设备与工艺；

5）矿区尾矿规模化综合利用技术。

（3）矿产资源的充分开发与回收。矿产资源的主要特征是稀缺性、耗竭性和不可再生性，人类必须十分重视合理开发利用和保护矿产资源。当前，我国露天矿的采矿回收率为80%～90%，而地下矿只有50%～60%。我国金属矿床主要采用地下开采，并大量采用传统的两步骤回采模式，所留矿柱的矿量高达35%～45%；由于矿柱不及时回收，受到破坏，造成资源大量损失的情况，必须根本改变。另外，崩落法的矿石损失也很大，要大力创新采矿技术。科技创新需求主要有：

1）地下大型化智能化无轨采掘设备研制；

2）地下金属矿山连续开采技术；

3）两步骤回采所留矿柱的整体高效回收技术；

4）特大型矿床深部开采综合技术；

5）矿块自然崩落智能采矿技术。

（4）矿产资源有价元素的综合利用。我国金属矿床的贫矿多、富矿少，多金属共生矿多、单一金属矿床少，因此，生产工艺复杂，流程长，采选回收率低（铁矿为65%～70%，有色行业为40%～75%）；废石和尾矿中大量有价元素的利用率也很低，铁矿约为20%，有色金属矿为30%～35%（国外50%以上）。这表明我国资源回收利用的潜力还相当大。提高资源综合利用率是我国建设资源节约型、环境友好型社会的重要战略举措。科技创新需求主要有：

1）复杂难处理矿的高效选别技术；

2）高选择性低毒（无毒）选矿药剂；

3）废石和尾矿中有价元素提取技术；

4）高效、节能和大型化选矿设备研制；

5）选矿在线检测与过程自动控制技术。

（5）矿区水资源的保护、利用与水害防治。采矿过程中，矿岩被采动后所形成的导水裂隙，可能破坏地下含水层，使含水层出现自然疏干过程，致使矿区地下水位发生变化，对地表的生态带来严重影响；在开采过程中，耗水过高，不仅浪费水资源，同时增大了污水排放量和水体污染负荷；水污染使水体丧失或降低了其使用功能，并造成水质性缺水，加剧水资源的短缺。所以，矿区水资源的保护与利用，直接影响人类的健康、安全和生态环境，关系到矿业的发展。科技创新需求主要有：

1）汞、镉、铅、铬、砷等污染水体的防治技术；

2）区域、流域的水污染防治综合技术；

3）废水处理与污水回用技术；

4）不同开采环境的保水技术；

5）矿山地下水污染控制与修复技术。

（6）矿区生态环境建设与复垦。我国的采矿量越来越大，开采品位越来越低，废弃物量越来越大，而国家对生态环境保护的要求越来越高。当前，矿区生态环境建设严重滞后，矿山废弃土地的复垦率只有12%（发达国家高达70%～80%），废弃物中残存大量硫化物氧化所产生的酸性水，夹带大量的重金属离子，严重污染水系和土地。

采矿活动对环境的破坏程度可以预见，所以，人们就可以采取超前防治措施，对矿区生态系统的组成、结构和功能进行积极的调控、恢复和重建，同步开展生态环境修复，去实现整体协调、共生协调和发展协调。科技创新需求主要有：

1）矿山重金属污染土地生物修复；

2）尾矿坝、排土场灾害防治与生态恢复技术；

3）高寒矿区沙地退化植被恢复技术；

4）矿区环境容量评价标准与考核体系；

5）矿区生态化建设程度的评价。

国际潮流要求矿业走“绿色开发”的道路；现实国情迫使矿业走“绿色开发”道路；社会责任需要我们走“绿色开发”的道路。

2 开拓金属矿业的前沿领域——深部开采

2.1 深部开采是矿业发展的必然

何谓深部开采？学术表达为：地应力随开采深度逐步增大，当到达某深度时，岩爆发生频率明显增加，这时定义为进入深部开采。但因矿岩结构复杂，如在构造应力较大的情况下，即使在浅部也可能频繁发生岩爆，所以学术表达有其不确定性，因此，一般界定为金属矿山开采深度达到 800～1000m 时，视为矿山转入了深部开采。

国外有大批金属矿山进入深部开采。据不完全统计，国外金属矿开采深度超过 1000m 的矿山有 80 多座，其中为数最多的是南非。按开采深度划分：深度 1000～2000m 的有 60 多座；2000～3000m 的 12 座；3000m 以上的有 3 座。其中最深的是南非卡里顿维尔金矿，竖井 4164m，开采深度已达 3800m。

我国的金属矿山也有一批进入了深部开采，如夹皮沟金矿 1600m、会泽铅锌矿 1360m、红透山铜矿 1300m、冬瓜山铜矿 1100m、寿王坟铜矿 1000m，还有凡口铅锌矿、金川镍矿、高峰锡矿、湘西金矿、弓长岭铁矿等。在未来的 15～20 年内，我国将有大批金属矿山转入深部开采。

我国过去深部资源勘探不足，主要开采 600m 以上矿床。近 5 年来，实施深部找矿工程，有 160 多个矿山在深部找到了价值超过 1 万多亿元的矿产资源。深部资源潜力很大，深部开采是矿业发展的必然。

2.2 深井特殊开采环境下的矿床开采问题

深部开采是人们涉足较晚的领域，其开采环境与浅部不同，突出表现为“三高”，即高应力、高井温、高井深。这是个特殊的开采环境，导致采矿过程出现种种深井灾害。

（1）关于高应力（40～80MPa）灾害。在高应力环境下，如果采掘空间围岩内形成较大的集中应力和聚集大量的弹性变形能，则变形能可能在某一诱因下突然释放，导致岩石突然从岩体工程壁面弹射、崩出的一种动态破坏现象，即为岩爆。岩爆是以一种突发性的碎岩喷射现象，其猛烈程度足以致人伤亡，甚至造成井下重大事故，如美国某矿，1906 年发生一次岩爆，地震强度达到了里氏 3.6 级，导致铁轨弯曲，还诱发空气爆炸，导致火灾。我国胜利煤矿于 1933 年最早出现岩爆问题，目前，红透山铜矿等 20 多个矿井，也有过发生岩爆的记录。

在深部高应力环境下，围岩受到岩性、水分、温度等因素的影响，可能发生大变形；如果围岩过量变形，就可能出现岩石裂纹，采场片帮、冒落，巷道鼓底、断面收缩等。如果传统采矿工艺和支护技术与深井高应力环境不相适应，必然危及作业安全。

关于高应力灾害，国内外开展过许多研究，主要包括岩爆发生机理、微震监测、岩爆预报、岩爆区的支护体系、岩爆和天然地震信号与核爆信号的差异判别等。

（2）关于高井温（30～60℃）灾害。根据欧洲对 2000m 的钻孔观测，地温梯度大体为每 100m 2.5～3℃。在深部开采的特殊环境下，影响井下温度的因素很多，主要热源有围岩散热、坑内热水放热、矿岩氧化放热、机电设备放热、空气压缩放热和人体放热等。我国冬瓜山铜矿（井深 1100m）开拓范围内的井温为 32～40℃；南非的西部矿（井深

3300m)，井下气温达到50℃；日本丰羽铅锌矿（井深500m)，因受裂隙热水影响，井下气温达到80℃。

深井高温环境对人的生理影响很大，使工伤事故上升，劳动效率大幅下降。根据国外统计资料，当井下温度超过人的体温26℃以后，温度每增1℃，井下工伤事故上升5%～14%，工人劳动生产率下降7%～10%；当井下气温超过35℃时，将威胁人的生命。此外，深井通风和降温费用增加，生产成本大增。

高硫的铁矿、铜矿、铅锌矿、锡矿、金矿大约占各矿种的10%；在深井高温环境下，井下高硫矿石除可能产生结块外，矿石自燃、炸药自爆的危险性也将增大，它给工作面人员带来极大的心理压力，严重威胁作业安全。

我国《煤矿安全规程》规定：井下工作面温度不得超过26℃，超过30℃就必须采取降温措施。南非矿井降温系统的设计井温控制在28℃以内。

在深部开采中，仅靠通风往往达不到降温要求时，需采用制冷降温，一般采用地表集中制冷降温的方法。制冰设备安装在地表，维修容易，预冷塔制冷效率高（一般达到2～4℃)，可提高冷量输送效率。地表制冰破碎后，用管道输送到井下冷库，然后通过热交换系统对空气和水进行冷却。因为井上安装设备、减少井下的泵水量，泵水成本较低。

实例：南非斯坦总统金矿，井深3200m，原岩温度高达63℃，在地表建立7000kW的制冷站，制造100L/s的冷却水，再送井下空气降温，收到很好效果。我国孙村煤矿建立了我国第一个集中制冷站。

（3）关于高井深（1000～5000m）难题。高井深将直接影响矿井提升、通风、充填、排水、供水、供电、信息等各大系统的工程复杂性，增加了系统建设、运行和维护的困难，增大系统的运行成本。

深井通风系统的风流路线长，总风阻大，井下通风降温所需风量大，能耗大。此外，风流沿千米风井垂直下行时，在井筒围岩干燥的情况下，风流的自压缩将成为进风井筒升温的主要热源，它将助升井下热环境。

充填采矿法是深部开采的主要采矿法之一。由于深井垂直高度大，充填砂浆压力过高，易引起充填系统漏浆和管爆；若输送砂浆的流态不稳定，易产生水击现象，也会引发充填爆管事故。此外，充填砂浆在垂直输送的过程中，由于高速运动的砂浆向管壁迁移冲刷，会造成管路高速磨损，如果管段带有倾斜，则磨损更加严重，以致降低充填系统的可靠性。

应该特别指出的是深井提升问题。随着井深增加，提升钢绳的直线质量增大，而提升机的有效提升量（矿石）则显著下降，提升费用大幅增加。如果开采深埋贫矿床，则提升成本将很大程度影响到开采的经济性。

关于深部开采的合理深度问题，国外深井提升一般不超过2000m，当达到2000～4000m井深时，往往采用两段提升。南非德兰士瓦公司在设计矿井时以4000m作为极限开采深度，因为4000m深井的地压大，采矿爆破后可能集中引发岩爆，甚至出现一次能量大释放的地震事故；另外，4000m深处的原岩温度通常达到45～50℃，矿井降温、排水和通风问题更加突出。

深井提升的实例：南非卡里顿维尔矿，主井两座，开拓深4154m，采深3800m，年产量3329万吨，矿井采用两段提升（分别为2300m和2000m)；采用直径6m的滚筒式卷扬机，21t 箕斗；提升速度为 15 ~20m/s。

2.3 深部开采的科学技术问题

深部开采中有许多浅采未曾涉及的问题。未来的采矿科研工作要逐步转向深部开采，这是金属矿业的前沿研究领域。

（1）拓宽深部开采的科研思路。如上所述，“三高”环境孕育着各种灾害，带来许多技术难题。过去的科研工作主要集中在研究岩爆机理、热害防治、提升自动化等方面，这无疑是很重要的研究课题。但是，任何事物都有它的两面性。“三高”环境是致灾因素，但是否也能转化为可以利用的因素呢？是否可突破传统思维，以更宽阔的视野去破解一些更大的科学技术问题呢？比如：

1）高应力，本身就是能量，是否有利于坚硬矿岩的致裂破碎从而提高矿石破碎质量呢？可否用来创造一种高应力诱导致裂的破岩新技术和诱导致裂破碎的连续采矿法呢？

2）高井温，是否有利于深部贫矿原地破碎溶浸采矿呢？是否可用热管技术导出深井高温进行发电呢？是否可将热水输送到地面利用，经地面热交换后再送井下降温呢？

3）高井深，客观上存在高压水头，是否可以作为新的动力源，用于开发水动力采矿设备？是否可利用高压水头实现深井矿物的水力提升或深井高压注浆、水力充填呢？是否促使人们更坚定地走深井废石不出坑的绿色开采道路呢？

（2）深井开采的重要科学问题。近几年来，我国深部开采取得了一些科研成果，积累了一定的经验。但是，在矿床埋藏深、岩温高、岩爆倾向大、品位低、开采强度大的条件下，如何实现安全、经济、高效、清洁生产？许多科学问题有待深入研究：

1）深部开采岩体力学行为与成灾机理。重点研究深井掘进和采矿活动诱致岩爆、突水等的成灾机理，为灾害预防、预测提供理论基础。

2）深井高应力矿岩诱导致裂的研究。重点研究高应力环境下的矿岩诱导致裂机理、工程动力扰动的能量传递、矿岩致裂的临界环境，为寻求坚硬矿岩的致裂方法、创造深部矿岩诱导破碎采矿技术提供科学依据。

3）深部采动围岩二次稳定控制理论。重点研究深部采动围岩应力的时空分布及矿压显现规律，以建立采掘空间、变形破坏自适应控制与支护相互作用的二次稳定性控制理论，开发相关控制技术。

4）深井开采中高温环境控制研究。岩体裂隙介质中多相流耦合作用机制，深井热环境控制方法，深井高温、高湿环境的事故诱发机理等。

5）深井原创性采矿模式研究。重点研究采动围岩结构与采场、巷道动力灾害的关系，揭示高应力岩石破裂演化与岩体分区破碎的机理，为建立诱导破碎连续采矿模式、采矿系统与工程结构等提供科学依据。

在我国，2001 年举办了《深部岩体力学基础研究问题》香山学术会议；2003 年启动了国家自然科学基金《深部岩体力学基础与应用研究》重大项目；2008 年《深部重大工程灾害孕育演化机制与动态调控理论》973 项目立项；此外，还有大量基金项目。

上述科学问题和研究项目，主要涉及深井岩石力学问题。今后的研究在思路与方法上应该有所突破——不要局限于静载环境下的岩石力学研究，要更加重视动、静组合加载环境下的岩石力学问题，因为任何矿岩工程客观上都受到动载荷的作用。现有的岩石力学实验装置也有其局限性，需要创新。要加强深井岩石力学的研究，才能更好地揭示深部岩石力学现象，引导深井采矿工程技术走向科学。

(3) 深部开采的重大工程技术问题。深部开采是一个特殊的作业环境，面临安全、工效、成本、资源回收等新的挑战。采矿科技工作要逐步向深部开采转移，引导深部采矿技术走向前沿。

1) 深井开采对地面环境的影响评价。深井开采对地面建、构筑物安全的影响程度，安全等级的划分与设计理论。

2) 深部矿床开采的组合式开拓方法。实现深井开拓工程最小、提运效率最高、成本最低，推进间断式采矿作业向矿石提运作业连续化发展。

3) 深井连续出矿的工艺系统。提高矿山机械化自动化水平，解决落矿高效率与出矿低效率的问题。

4) 深井环境再造大直径深孔采矿技术。通过采矿环境再造，实现深部松软破碎矿体和缓倾斜厚矿体的高效采矿。

5) 深井高应力矿岩诱导致裂落矿连续采矿技术。研究深井环境下的应力转移可控技术、强制与诱导耦合落矿技术，创造集中强化连续采矿技术。

6) 深井高应力环境下的采矿系统与工程结构。最大限度地减少巷道变形、井筒破裂、采场失稳和冲击地压问题。

7) 深井高浓度浆体和膏体充填技术。研究高浓度浆体和膏体输送技术，深管爆裂、磨损和废石充填注浆技术。

8) 水动力设备研制。以深井高压水头为动力，研发水力钻机、水力支柱、水力通风机、水力降温机等。

9) 深井低品位矿床原地破碎溶浸采矿。重点研究采用小型补偿空间、一次爆破矿岩的致裂技术。

10) 井下选矿、排废与精矿水力提升技术。减少提升投入，废料就地回填，减少深井提升量，大幅降低提升成本。

11) 深井上行开采技术。合理调控工作线长度，减少工程对上部的扰动，实现无(少)废开采。

12) 深井上行与下行协同开采技术。研究深部厚大矿体、极大产能集中强化开采综合技术。

13) 深井开采移动目标跟踪、定位与井下灾害预警。深井采矿作业、环境与采矿设备的动态监测与灾害预警。

14) 远程遥控和自动化采矿示范工程。建设深井开采自动化、信息化、智能化的采矿示范工程。

在我国，深井采矿工程技术研究已经逐步开展，如“九五”开展了《千米深井矿山300万吨级强化开采综合技术》攻关；“十一五”开展了《矿井深部开采安全保障技术及装备开发》、《千米深井地压与高温灾害监控技术与装备》等；在岩爆监控、预测等方面做了大量研究，一些成果在生产实践中得到了应用。

在国外，南非深井采矿技术研究取得了许多创新性成果，如水压支柱、水力钻机、深井制冷降温、采场刮板运输机、快速连续采矿法等；还进行过在井下粗磨－浮选，并将富集的细粒精矿泵送至地表的研究。

3　走向金属矿业的未来目标——智能采矿

用信息技术改造传统产业，是国家经济结构调整和转变经济增长方式的重要任务，矿业也不例外。未来矿山的智能采矿，是21世纪矿业发展的重要方向和前瞻性目标。

3.1　智能采矿的科技内涵

智能采矿，或称智能化采矿，有的又称为自动化采矿。

何谓智能采矿？在矿床开采中，以开采环境数字化、采掘装备智能化、生产过程遥控化、信息传输网络化和经营管理信息化为特质，以实现安全、高效、经济、环保为目标的采矿工艺过程，称为智能采矿。

智能采矿是世界矿业正在生长发展的、富有知识经济时代特点的采矿模式，其科技内涵大致包括：

（1）矿床建模和矿区绿色开发规划与工程设计；

（2）金属矿山智能化采掘、装载、运输设备；

（3）与智能采矿设备相适应的采矿工艺技术；

（4）矿山通信、视频与数据采集的传输网络；

（5）矿山移动设备遥控与生产过程集中控制；

（6）生产辅助系统监测与设备运行智能控制；

（7）矿山生产计划组织与经营管理信息系统等。

智能采矿是21世纪矿业科技创新的重要方向，概括地说，其所追求的综合技术目标是：

（1）大型化智能化的遥控采矿装备和与其相适应的高效率采矿技术；

（2）矿山生产系统集中控制与生产组织经营管理的信息化和科学化。

3.2　国外智能采矿的发展状况

从20世纪90年代开始，芬兰、加拿大、瑞典等国家，先后实施了“智能化矿山”的技术发展规划，并取得采矿工业的技术竞争优势；后来，南非、澳大利亚、智利、印度尼西亚等十多个国家也开展了这项研究。加拿大弗如德·斯大托比（Frood Stobien）镍矿，采用智能采矿已有十多年的历史；智利的埃尔·特尼恩特（er Teniente）铜矿智能采矿的采区生产能力达到1万吨/日。下面举两个实例：

（1）瑞典基鲁纳矿（Kiruna）。早在1970年，主要运输水平的机车运输就实现了在控制室遥控装载与卸载和机车运输无人驾驶自动运行；其后，又实现了在控制中心遥控Simba46W凿岩台车和由机载计算机及导航系统，控制25t斗容的Toro2500Es装载机。

（2）加拿大国际镍公司（Inco）。1996年开始实施了为期5年的采矿自动化计划。其研究内容有5项：

1）先进的地下移动计算机网络；

2）采矿过程监控与遥控软件系统；

3）适合远程遥控采矿的特殊采矿法；

4）先进的智能化采矿设备；

5）地下铲运机的自动定位和导航系统。

到2000年11月，该公司除遥控装药以外，其他研究内容均已完成。应用表明，采矿作业从每天（24h）一个循环提高到3个循环；采矿劳动生产率从2006年的3350吨/(人·年)，提高到2008年的6350吨/(人·年)。

3.3 我国智能采矿取得长足进步

国家“十一五”期间，开展了《地下采矿设备高精度定位和无人操纵铲运机的模型技术研究》、《数字化采矿关键技术与软件开发》、《井下采矿遥控关键技术与装备的开发》、《千米深井地压与高温灾害监控技术与装备》等与智能采矿相关的重点攻关项目；“十二五”又启动了《地下金属矿智能开采技术》863项目等。

我国在智能采矿领域已经取得长足进步。自主研发的数字矿山软件平台（如DIMINE 2010软件）的功能已完全涵盖了矿山生命周期内的技术问题，形成了以地、测、采和生产计划为核心的矿山生产技术与管理软件系统，并在国内大中型矿山企业中得到了前所未有的成功应用。国内一些矿山，已建立了井下光纤主干通信网络；开发了与智能采矿装备相关的无线数字通信技术；开发了井下人员设备的跟踪定位系统和井下地压灾害监控系统；以进口设备为主的遥控铲运机得到了应用等，成绩可人。

实现智能采矿是一个复杂的、高技术的系统工程，面临许多科技难题。在我国，当前最突出的是两大问题：

（1）井下大型采掘设备的制造水平低，缺少成熟的、智能化的凿岩钻车、铲运机和矿用汽车等现代装备，以及井下精确定位导航技术；另外，现有矿山的信息化、自动化水平相对较低。

（2）在采矿生产管控一体化综合信息平台开发方面相对滞后。这导致在资源评价与管理、开采优化设计和生产计划编制等生产技术方面，开采环境监测与安全预警等安全管理方面，以及可视化与智能决策等生产过程管控方面，技术手段落后，信息难以共享，不能为科学决策与管理提供有效的技术支撑。

我国智能采矿研究虽起步较晚，但近年来取得的一些成果，让人清晰地看到了未来矿业的踪影，眼前的现实已经预示了美好的未来。

3.4 实现智能采矿需要多学科交叉

矿床赋存是一个条件复杂、形态多变、信息隐蔽的大系统，而采矿工程是以矿产资源评估、矿床开采技术和现代经营管理为主线的综合性的工程学科。在推进智能采矿的过程中，矿山数字化是基础，它为矿山资源评价、开采设计、生产过程控制与调度自动化、生产安全和管理决策等提供新的技术平台，这需要多目标的科学技术创新；它所涉及的领域非常广泛，因此，需要包括数字、地质学、岩体力学、现代采矿学、信息与系统工程、机器人与自动控制理论、现代工程管理等多学科交叉，以及相关工业部门的密切合作；要有自动化、信息化、智能化等高技术的强力支撑。

在智能采矿实施过程中，矿业工作者一方面要与时俱进，充实、更新知识；另一方面要在新一代信息技术的基础上把握矿山设计、矿山生产和管理的全局，在实现采矿安全、高效、低耗、环保及资源充分回收利用的总体目标中，在多学科、多部门的紧密合作中，要顺势而为，始终处于开发矿业的主导地位。

3.5 智能采矿将给矿业带来深远影响

随着信息技术的飞速发展，智能采矿已经成为世界矿业共同关注和优先发展的技术前沿，它的实现将给矿业带来深远的影响：

（1）实现采矿作业室内化。使大批矿工远离井下工作面，深部开采的工人远离有高温、岩爆危害的恶劣环境。将最大限度地解决矿山井下安全问题。

（2）实现生产过程遥控化。可大幅地减少井下生产人数，降低矿井通风降温费用，全面提高井下的技术装备水平。这对深部开采具有特别重大的意义。

（3）实现矿床开采规模化。智能采矿有利于推进集中强化开采，提高矿山产能，实现矿山规模效益。这有利于使大量低品位金属矿床得以充分地开发利用。

（4）实现技术队伍知识化。传统矿业将向知识型产业过渡，职工素质将大幅提高，工资待遇得到改善。将使矿工这一弱势群体的社会地位得到根本改变。

（5）推动矿业的全面升级。实现矿业的跨越式发展，推动我国从矿业大国向矿业强国过渡。此外，还将带动机械制造与信息技术等产业链的延伸和发展。

3.6 稳步推进金属采矿的智能化

随着微电子技术和卫星通信技术的飞速发展，采矿设备自动化与智能化的进程明显加快，无人驾驶的程式化控制和集中控制的采矿设备，正逐步进入工业应用阶段，它为智能采矿的实现，提供了重要技术条件。

在我国，许多矿山在开采深度增大、开采条件恶化、矿石品位下降、安全环保标准提高、国际金属市场价格波动等情况下，不时陷入困境；针对这种状况，围绕智能采矿开展相关技术研究，转变经济增长方式，逐步提升采矿技术水平，具有重要现实意义。智能采矿是21世纪矿业发展的前瞻性目标，它是个渐进的发展过程，我们首先可在条件较好的大、中型矿山起步，在引进、研发相关智能采矿设备的条件下，开展智能采矿各个专项研究，然后集成已有的研究成果，开辟示范采区，开展综合试验。智能采矿试验可选择采矿工序简单、作业集中、产量大的自然崩落法或采矿工序在不同空间、平行连续进行的连续采矿法，这些方法的作业环境比较适应智能采矿要求，能更好地发挥智能采矿的优越性。

国外开展智能采矿研究已有二十多年的历史，但时至今日尚未成熟。智能采矿是研究成果不断积累、集成的过程，也是各类矿山结合实际应用相关成果、逐步提升采矿水平的过程，要真正实现矿山整体上的智能采矿，有很长的路要走，但时不我待，在世界矿业的竞争中，我们要不失时机，跟踪和超越先进国家，稳步推进我国金属采矿的智能化。

4 结语

世界矿业科技与20世纪90年代相比，已经不可同日而语，已经大大扩展了科学内涵，突破了传统学科范畴。矿业工作者要站在世纪的高度，共同来把握金属矿业的3大发展主题，拓展采矿科技的发展空间，同心协力去推进和实现我国金属矿业的现代化。

参考文献

[1] 中国科学院可持续发展研究组．中国可持续发展战略报告［M］．北京：科学出版社，2003：34～37.

[2] 古德生，李夕兵，等．现代金属矿床开采科学技术［M］．北京：冶金工业出版社，2006：1～7，37～43.

[3] 古德生，吴超，等．我国金属矿山安全与环境科技发展前瞻研究［M］．北京：冶金工业出版社，2011：87～89，198～199.

[4] 王新民，古德生，张钦礼．深井矿山充填理论与管道输送技术［M］．长沙：中南大学出版社，2010：243～248.

[5] 古德生．金属矿床深部开采中的科学问题//香山科学会议，科学前沿与未来（第六集）［C］．北京：中国环境科学出版社，2002：85～89，192～199.

[6] 何满潮，钱七虎，等．深部岩体力学基础［M］．北京：科学出版社，2010：4～10.

[7] 李冬青，王李管，等．深井硬岩大规模开采理论与技术［M］．北京：冶金工业出版社，2009：310～313.

[8] 过江，古德生，罗周全．区域智能采矿构想初探［J］．采矿技术，2006（3）：147～150.

作者简介：

古德生，中国工程院院士，中南大学教授，博士生导师。

周科平，中南大学教授，博士生导师，教育部新世纪优秀人才，湖南省芙蓉学者。

我国难选铁矿石选矿技术及生产实践进展

余永富

（中国工程院）

2012 年 4 月 10 日

新中国成立 60 多年来，我国钢铁工业快速发展，生铁产量从 25 万吨增加到 59621. 8 万吨，粗钢产量从 15. 8 万吨增加到 62665. 4 万吨，分别增长了 2385 倍和 4044 倍。尤其是 2000 年以来，中国的粗钢产量快速增加，2007 年，中国的粗钢产量比日本、美国、俄罗斯、韩国 4 个钢铁大国的总产量 3. 409 亿吨还多 1. 48 亿吨，是这 4 个国家钢产量总和的 1. 4 倍，占世界总产量的 36. 48%。2010 年，中国粗钢产量占世界总产量的 44. 32%。2005 ~ 2007 年，我国钢产量与国外钢产量对比见表 1。

表 1　我国粗钢产量与国外钢产量对比　（万吨）

年　份	中国	日本	美国	日、美、韩、俄合计	世界合计
2005	34936	11247	9789. 9	32016. 2	1112940
2006	41878	11620	9850	33370	123950
2007	48924	12020	9720	34090	134100
2010	62665	10960	80500	31540	141400

我国铁矿资源与国外相比，铁含量低，平均品位仅 33% 左右，铁矿物嵌布粒度细，共生矿多，选矿难度较大。在 2000 年前后，由于铁矿石资源禀赋差及选矿技术水平低，致使我国铁精矿品位一直徘徊在 62% 左右，二氧化硅含量在 8% ~11%，铝、磷、硫等杂质含量较高，致使烧结矿铁品位仅有 53% ~56%，造成高炉炼铁高渣比、高焦比，高炉利用系数仅为 1. 6 ~2t/(m^3 · d)；而国外铁精矿品位多在 66% 以上，二氧化硅含量在 4% 以下，高炉利用系数在 2. 4 ~ 3. 4t/(m^3 · d)。相比之下，我国高炉炼铁效益存在明显差距。国内钢铁企业认识到要提高整体效益，必须提高入炉铁精矿质量。于是，有条件的钢铁企业逐渐加大铁矿石进口量，减少甚至不用国产铁精矿。1995 ~2000 年，国产铁精矿明显滞销，致使国内铁矿山生产萎缩，部分企业减产甚至停产。而进口铁矿急速增长。1990 ~2010 年，我国国产铁矿石、进口铁矿石、生铁及粗钢产量见表 2。

由表 2 可以看出，进口铁矿石占生铁原料用量比例已经由 1990 年的 15. 32% 上升到 2009 年的 66%，我国钢铁产业对进口铁矿石高度依赖。

为了改变铁矿石原料紧缺和铁精矿质量低的局面，从 2000 年起，国内研究单位和矿山企业做了两方面的工作：一方面，全国绝大部分铁矿选矿厂相继开展了“提铁降硅”研究及生产技术改造，使我国铁精矿质量得到了大幅度提高，达到或超过了进口铁矿石的质量，提高了国产铁精矿的竞争力；另一方面，加大技术创新投入，开展菱铁矿、褐铁矿和微细粒铁矿选矿技术研究，以提高我国可利用资源量。本文介绍了近十年来在这两个方面的研究成果。

表 2　近二十年来我国铁矿石、生铁及粗钢产量　（万吨）

名　称	1990 年	1994 年	1995 年	1996 年	2000 年	2001 年	2002 年	2007 年	2008 年	2009 年	2010 年
国产铁矿石	18000	24061	26190	25228	24000	21701	23143	70700	81500	88017	107150
进口铁矿石	1434	3734	4155	4387	6997	9230	11149	38309	44356	62770	61863
生铁	6237	9741	10529	10531	13103	14893	17079	47142	47067	54374	59621.8
粗钢	6535	9261	9536	10124	12850	15163	18225	48924	51234	57356.7	62665.4
进口铁矿石占生铁原料用量比例/%	15.32	25.55	27.43	29.24	34.45	40.05	42.51	52.08	51	66	63

1　鞍山式贫红（磁）铁矿石选矿研究与进展

这项工作是从占我国铁矿石储量 50% 以上的鞍山式贫红、磁铁矿石开始，逐渐扩展到其他矿石类型的。截至 2006 年底，我国铁矿石储量 608 亿吨，鞍山式铁矿石英岩占总储量的 50% 以上，在我国各地分布广泛，北方有鞍、本地区和冀东地区铁矿，西北有山西尖山、袁家村，南方有湖南祁东铁矿等。

1.1　鞍山式贫磁铁矿石

全国的磁铁矿石占我国各类铁矿石资源量近 2/3，这类铁矿石中的磁铁矿物比磁化系数高，磁性强，一般采用弱磁选即可将磁铁矿和脉石分离，得到铁精矿品位可以达到 63% ~67%，但是 SiO_2 含量高（7% ~11%）。如 2000 年，鞍钢弓长岭磁铁矿铁精矿品位 65.5%，含 SiO_2 8.31%；太钢尖山磁铁矿铁精矿品位 65.92%，含 SiO_2 8.50%；本钢南芬磁铁矿铁精矿品位 67.5%，含 SiO_2 6.5% 等，严重影响高炉炼铁效益，经过提铁降硅研究和生产工艺改进后，上述 3 个矿山不仅铁精矿品位分别提高到 68.89%、69.10% 和 69.32%，更重要的是 SiO_2 含量分别降低到 3.62%、3.80%、3.30%，使中国彻底改变了铁精矿质量低的历史。

1.2　鞍山式贫红铁矿石

全国不同地区的铁矿石矿物成分基本相似，铁矿物主要为赤铁矿，其次为磁铁矿，脉石主要为石英，其次为角闪石、透闪石、绿泥石，不同之处主要在于铁矿物及脉石的嵌布粒度差别很大。

鞍山式贫红铁矿石按铁矿物粒度大小可分为 3 种类型，见表 3。

表 3　鞍山式贫红铁矿石 3 种类型

名　称	鞍山（司家营等）地区铁石	山西袁家村铁矿石	湖南祁东地区铁矿石
矿石基本解离细度	-0.075mm 占 80% ~95%	-0.045mm 占 90%	-0.037mm 大于 95%

1.2.1 鞍山地区铁矿石

鞍钢红铁矿石自20世纪50年代初期（建国初期），国家组织对东鞍山等鞍山式铁矿石进行选矿技术攻关以来，历经50多年，经过全国选矿科研、高校、选矿设备研制厂等单位的多次攻关、反复试验研究，以及鞍钢生产单位广大工程技术人员和生产工人的反复多次试验、生产及工艺流程技术改造，终于在2003年前在齐大山选矿厂改造优化建成了阶段磨矿—粗细分级—重选—磁选—阴离子反浮选工艺生产流程，该工艺流程充分体现了鞍山地区红铁矿石铁矿物粗细不均匀嵌布的特点（如连续磨矿则需磨细到-0.074mm占90%），在粗粒磨矿下，经过重选可得到占铁精矿产率50%的合格铁精矿，也可丢掉相当部分的脉石尾矿。阶段磨矿—粗细分级—重选—磁选—阴离子反浮选的工艺生产流程，凝聚了中国选矿界科技人员和技术工人的集体智慧以及几十年来研制成功的技术上最先进、经济上最合理的红铁矿石选矿工艺。对于含铁29.16%的齐大山红铁矿石，经过分选后得到的铁精矿含铁67.67%，SiO_2 3.85%，铁回收率71.65%。鞍钢胡家庙，弓长岭红铁矿选矿厂等都按此工艺建设。唐山司家营红铁矿石虽然铁矿物粒度比鞍山地区较细一些（连续磨矿需磨细到-0.054mm占90%），也按此工艺流程建成选矿厂生产，对含铁29.14%的红铁矿石也能得到铁精矿含铁66.5%，SiO_2 4.5%，铁回收率75%以上的良好技术指标。该工艺流程已成为处理鞍山及唐山地区红铁矿石的一个典型有效的选矿工艺。鞍钢齐大山贫赤铁矿工艺流程如图1所示。

1.2.2 山西袁家村红铁矿石

太钢袁家村红铁矿石储量12亿吨，其铁矿物粒度较鞍山地区更细，需要磨细到-0.045mm 90%以上才能单体解离，由于粒度过细而不能用重选方法得到合格铁精矿，所以不能用处理鞍山地区红铁矿石的典型选矿工艺流程处理。经长沙矿冶研究院研究，2007年制定了阶段磨矿—弱磁—强磁—阴离子反浮选的工艺流程，对于含铁31.72%的原矿经扩大连选试验后得到的铁精矿含铁66.95%，铁回收率72.62%。按照此工艺，太钢在袁家村矿山正在建设年处理原矿石2200万吨的国内最大规模的选矿厂。袁家村铁矿阶段磨矿—弱磁—强磁—浓缩—反浮选扩试工艺流程如图2所示。

1.2.3 湖南祁东铁矿石

祁东铁矿是湖南省最大的铁矿山，储量3.6亿吨，它的铁矿物粒度更细，需要细磨到-0.037mm、大于95%铁矿物才能基本单体解离。2005年以来，经长沙矿冶研究院研究制定了阶段磨矿—絮凝脱泥—阴（阳）离子反浮选工艺，由于铁矿物及脉石嵌布粒度更细，矿石磨细后仅用浮选方法得不到高品位铁精矿，矿泥的存在严重干扰阴离子或阳离子反浮选，因此必须先把微细粒的矿泥脱除干净后才能进行正常的浮选，对于含铁30.83%的原矿石，采用阶段磨矿—絮凝脱泥—反浮选工艺流程，得到精矿含铁64.14%，铁回收率70.67%的扩大连选试验指标。2008年湖南三安公司按此工艺建成30万吨/年的选矿实验厂，选矿厂工业试验经84h运行，对含铁30.70%的原矿石选矿得到铁精矿含铁63.02%，铁回收率65.83%的工业生产指标。由于矿石性质变化对选矿指标有较大影响，目前按铁精矿品位63%～65%，铁回收率65%～70%组织生产。近期按此工艺正在建设年处理铁矿石300万吨的选矿厂，预计2012年初建成。如此细的红铁矿石絮凝脱泥—阴（阳）离子捕收剂反浮选生产技术在国内取得突破性进展，为国内微细粒铁矿石生产奠定

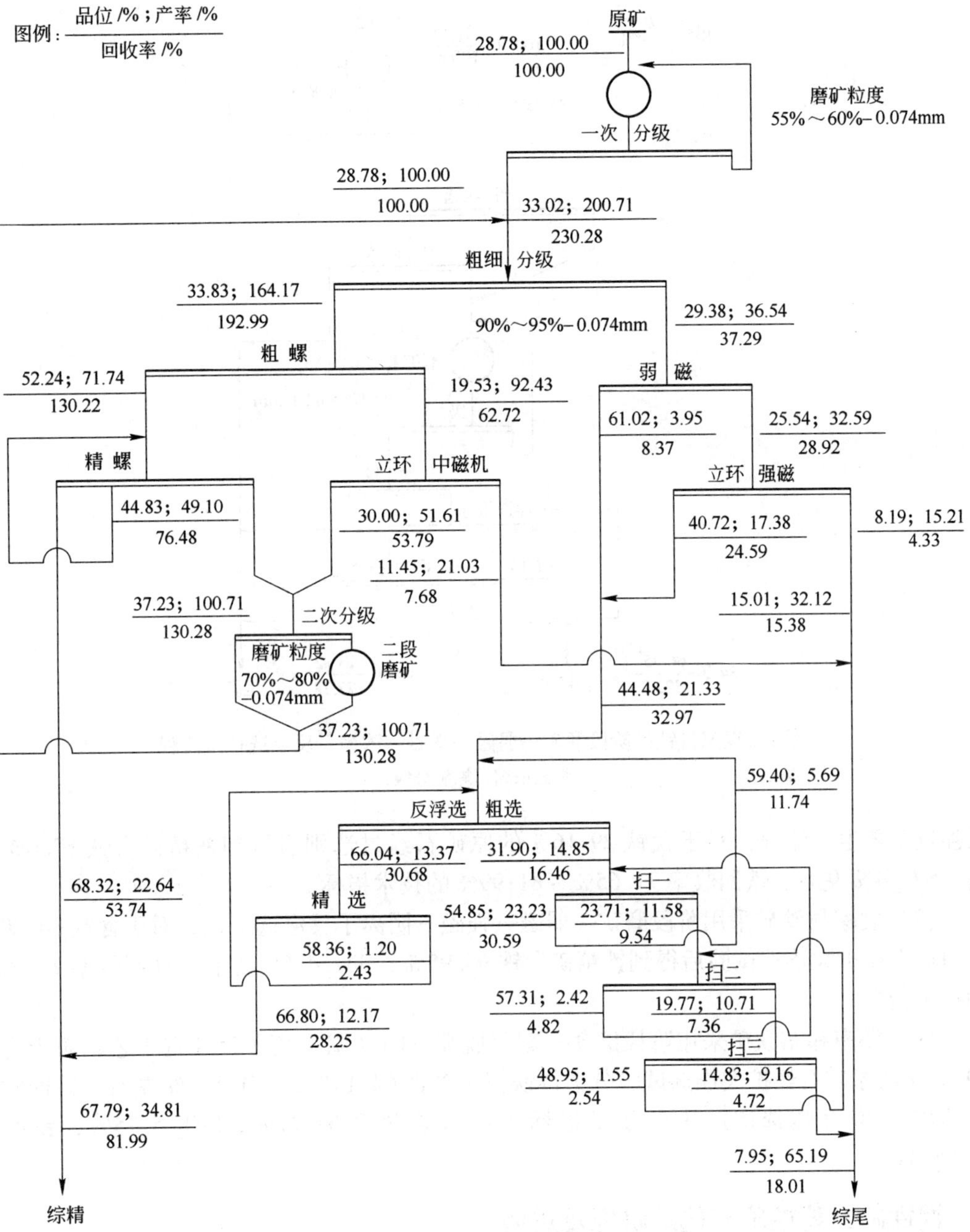

图 1 鞍钢齐大山贫赤铁矿工艺流程

了基础。祁东红铁矿石阶段磨矿—絮凝脱泥—反浮选工业生产工艺流程如图 3 所示。

总之，我国经过长期对鞍山式赤（磁）铁矿石的研究攻关，对以上 3 种不同粗、细粒度的红铁矿石，研制出的 3 种不同的选矿流程，基本解决了鞍山式红（磁）铁矿石的选矿难题。

（1）鞍山地区齐大山及弓长岭铁矿采用阶段磨矿—粗细分级—重选—磁选—阴离子

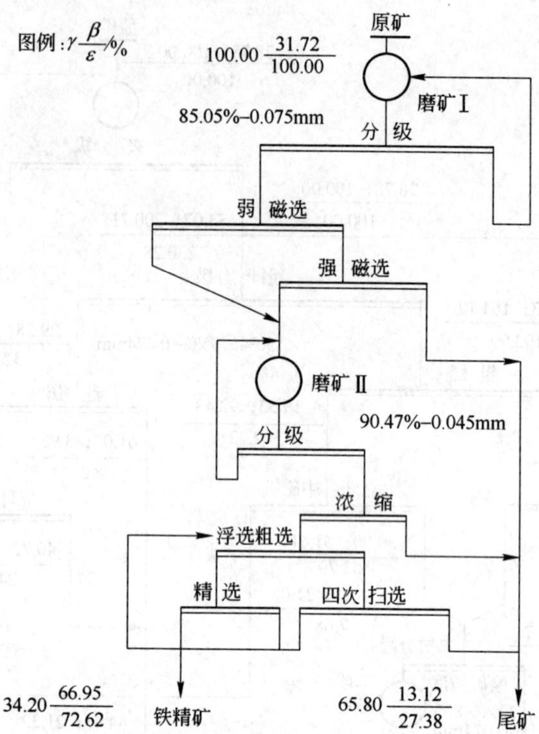

图2 袁家村铁矿阶段磨矿—弱磁—强磁—浓缩—反浮选扩试流程
（强磁浓缩，螺旋分级）

反浮选工艺生产流程，对于含铁29.16%的原矿石经过选别后得到铁精矿含铁67.6%左右、SiO_2 4%左右、铁回收率71.65%～81.99%的技术指标。

（2）袁家村铁矿采用阶段磨矿—弱磁—强磁—阴离子反浮选工艺，对于含铁34.20%的原矿石经扩大连选试验后得到铁精矿含铁66.95%，SiO_2 4.5%左右，铁回收率72.62%的技术指标。

（3）湖南祁东铁矿采用阶段磨矿—絮凝脱泥—阴（阳）离子反浮选工艺，对于含铁30.83%的原矿石经扩大连选试验分选得铁精矿含铁64.14%，SiO_2 5.5%左右，铁回收率70.67%。30万吨选矿厂生产技术指标为铁精矿含铁64.71%，SiO_2 5.75%，铁回收率65.34%。

2 褐铁矿、菱铁矿石选矿研究及进展

褐铁矿大部分都是由菱铁矿及多金属硫化矿经多年风化，淋滤形成的。两种铁矿物都存在比磁化系数低，磁性弱、比重小的问题，难于和共生的脉石分选。特别是近几年来，由于国内铁矿石严重紧缺，许多科研单位和企业都对这两种铁矿石做了大量实验室小型试验研究，采用常规的重选、弱磁选、强磁选及浮选方法分选，所得到的铁精矿不仅品位低（含铁45%～55%），铁的回收率也很低，一般仅40%～60%，分选效果不好。而采用磁化焙烧—磁选小型试验表明：不仅铁精矿品位可以明显提高，而更重要的是铁的回收率可以明显提高（一般70%～85%），分选效果好。目前，能实现大规模工业生产的菱铁矿、

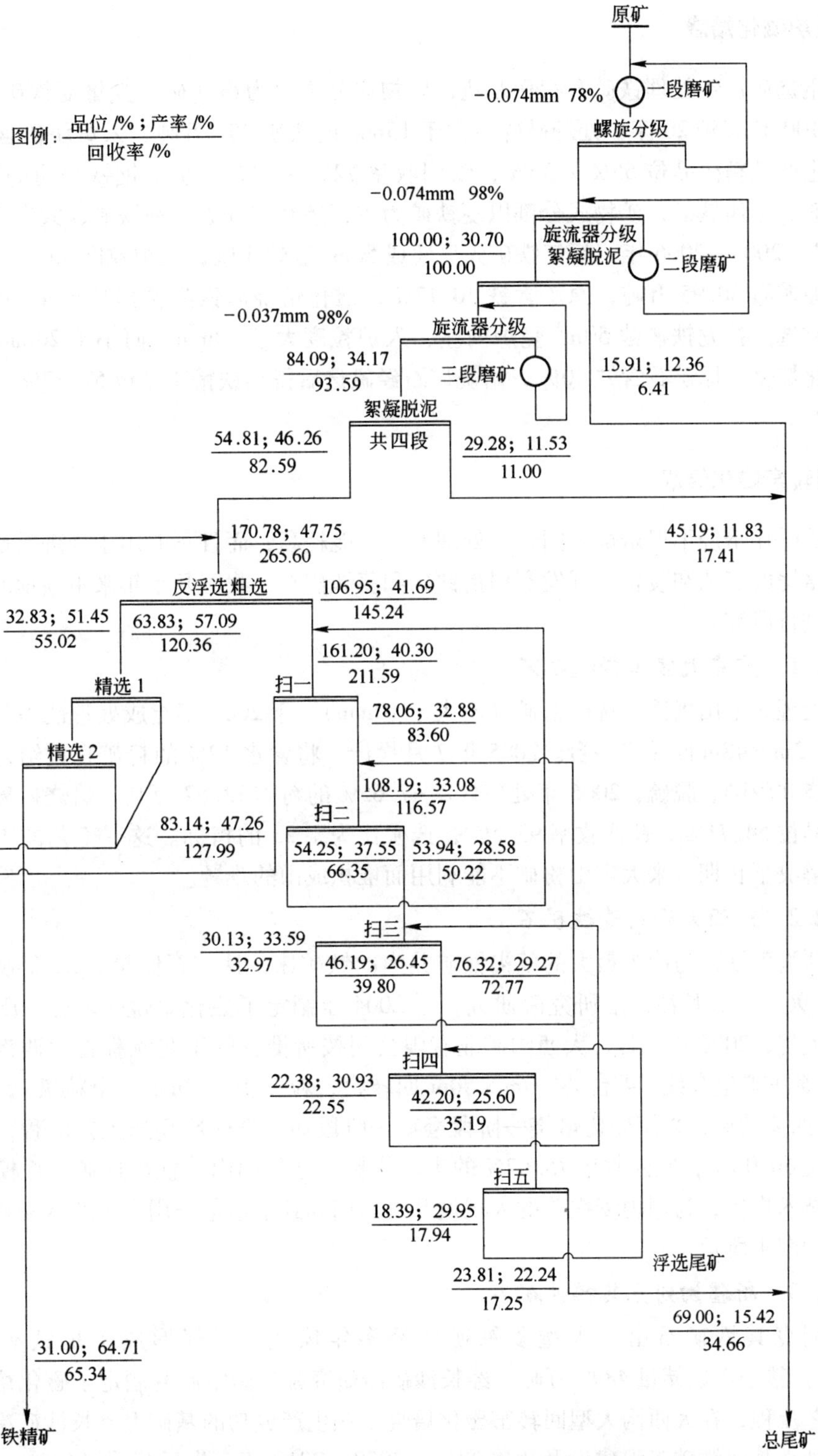

图 3　祁东红铁矿石阶段磨矿—絮凝脱泥—反浮选工业生产原则流程（30 万吨/年）

褐铁矿磁化焙烧方式有竖炉焙烧、回转窑焙烧、闪速磁化焙烧。

2.1 竖炉磁化焙烧

酒钢选矿厂年处理铁矿石650万吨，矿物成分主要为镜铁矿、少量菱铁矿和褐铁矿，目前用100m³ 竖炉20座，处理破碎后大于15mm的块矿350万吨，入炉块矿含铁34% ~35%，生产铁精矿品位55% ~56%，铁回收率72% ~74%。重庆钢铁公司的綦江铁矿、接龙铁矿、篆唐铁矿，矿物成分都以菱铁矿为主，还有部分赤、褐铁矿，共有铁矿石储量1亿多吨。2004 ~2006年，綦江铁矿先后建成50m³ 竖炉5座，入炉粒度50 ~15mm。2007年处理原矿石30.95万吨，原矿含铁40.17%，磁化焙烧后铁品位提高到48.12%，送磁选车间磁选。接龙铁矿建50m³ 竖炉两座，入炉粒度大于20mm，而小于20mm粉矿入斜坡炉磁化焙烧，原矿石含铁40%，焙烧矿石经磁选后得到铁精矿品位57.77%，铁回收率大于70%。

2.2 回转窑磁化焙烧

竖炉磁化焙烧不仅焙烧时间长，处理量小，能耗高，而且不能用于处理粉矿。为了优化磁化焙烧的工艺和装备，开发利用褐铁矿和菱铁矿石，我国几十年来不断地对回转窑磁化焙烧进行研究。

2.2.1 广东大宝山褐铁矿石

为处理大宝山褐铁矿选矿粉矿（不大于10mm），于2004年建成处理能力为25万吨/年的ϕ3.3m×48m回转窑一台。2005年7月投产，将含水12%的粉矿直接给入回转窑干燥、焙烧并脱砷、脱硫，2006年处理含铁47.65%的粉矿12.57万吨，焙烧矿磁选后得到铁精矿品位54.71%，铁回收率93.5%，选矿比为1.23的指标。这一工艺的工业生产成功应用解决了长期以来大宝山粉矿不能利用而堆积成山的难题。

2.2.2 陕西大西沟菱铁矿石

大西沟菱铁矿为国内最大的菱褐铁矿共生的铁矿床，铁矿石储量3.22亿吨，原矿石含铁26.96%。经长沙矿冶研究院研究，于2004年制定了磁化焙烧—弱磁—阳离子反浮选工艺流程，2006年8月，大西沟矿业有限公司按所推荐的工艺流程在大西沟建成两条90万吨菱铁矿生产线，4台ϕ4.0m×50m回转窑，粒度16 ~0mm（全粒级），全铁品位26.96%的菱铁矿，采用磁化焙烧—阶段磨矿—阶段弱磁选—反浮选工艺流程，获得了铁精矿品位60.08%，铁回收率75.62%的生产指标。这是国内菱铁矿选矿大规模工业生产的最佳技术指标，为国内菱铁矿的大规模开发利用起到了示范作用。大西沟菱铁矿生产工艺流程如图4所示。

2.2.3 新疆切列克其褐铁矿石

切列克其铁矿石由一大型菱铁矿床经多年风化，上部形成了褐铁矿石，含铁43.40%。整个矿床储量4899万吨。经长沙矿冶研究院实验室研究制定了磁化焙烧—单一磁选工艺流程，在大西沟大型回转窑磁化焙烧工业生产成功的基础上，长沙矿冶研究院负责对切列克其褐铁矿工程建设及生产调试。2008 ~2010年，先后建成ϕ4.0m×60m回转窑5台，年处理原矿石200万吨。2011年5月，原矿石含铁37.73%，经磁化焙烧磁选后

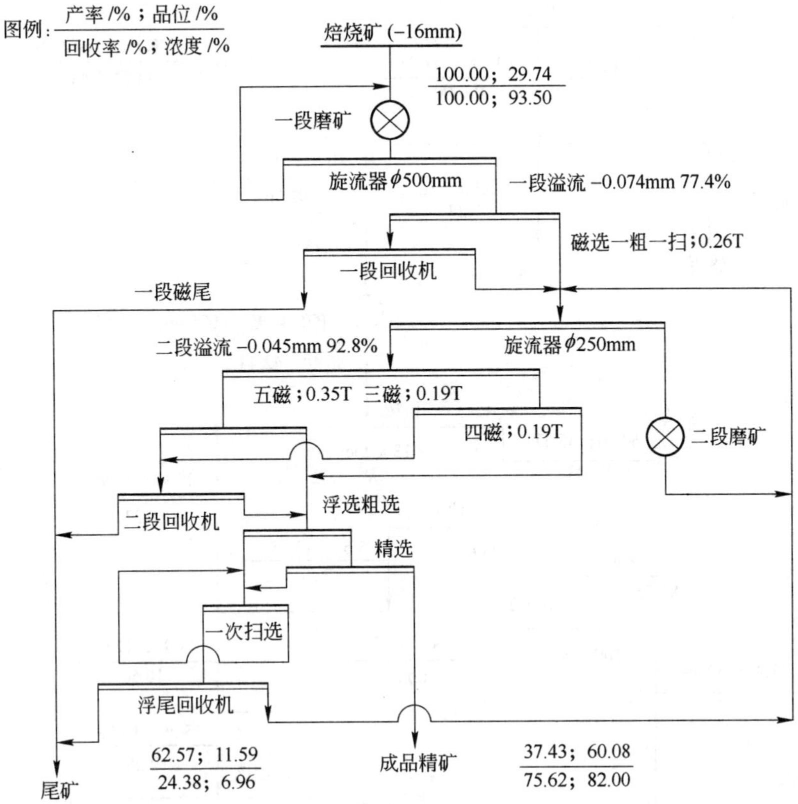

图4 大西沟菱铁矿生产流程

得到铁精矿品位62.39%，铁回收率85.02%的优良技术指标。其生产流程如图5所示。

大西沟及新疆磁化焙烧的工业生产实践说明：开发大型回转窑磁化焙烧技术及装备的研究是成功的，为缓解我国高炉冶炼原料紧张的局面，起到了一定的积极作用。

2.3 多级循环流态化磁化焙烧工艺（简称闪速磁化焙烧）研究与开发

为开发利用褐铁矿、菱铁矿石资源，竖炉磁化焙烧技术及装备虽然比较落后，但因为没有比之更先进的磁化焙烧装备，仍然不得不在工业生产上继续应用。回转窑磁化焙烧，在竖炉焙烧的基础上提高了一大步，实现了全粒级焙烧，入炉矿石粒度小，焙烧时间大大缩短，产量增大，能耗降低，但仍然存在回转窑结圈，焙烧时间长（60min），处理量小等问题。上述问题的存在促使我们开始研究第三代磁化焙烧（闪速磁化焙烧）的技术及装备，该技术装备若能研究成功，将极大地改善和提高磁化焙烧技术和效果，使磁化焙烧技术及装备进一步改进与优化。

闪速磁化焙烧关键技术是将褐铁矿、菱铁矿石及最难分选的鲕状赤铁矿石预先粉磨至0.2mm以下，以流态化的形态分布于还原气氛中，焙烧系统中的传热、传质效果都会大幅度改善，达到磁化还原反应速度快（一般10～60s），处理量大，节能降耗，焙烧矿石的质量提高（不存在块大的矿石表面过还原、内部没烧透、欠还原等问题），而且能提高铁精矿质量，提高回收率，能充分合理回收利用铁矿石资源。如闪速焙烧磁选处理昆钢包

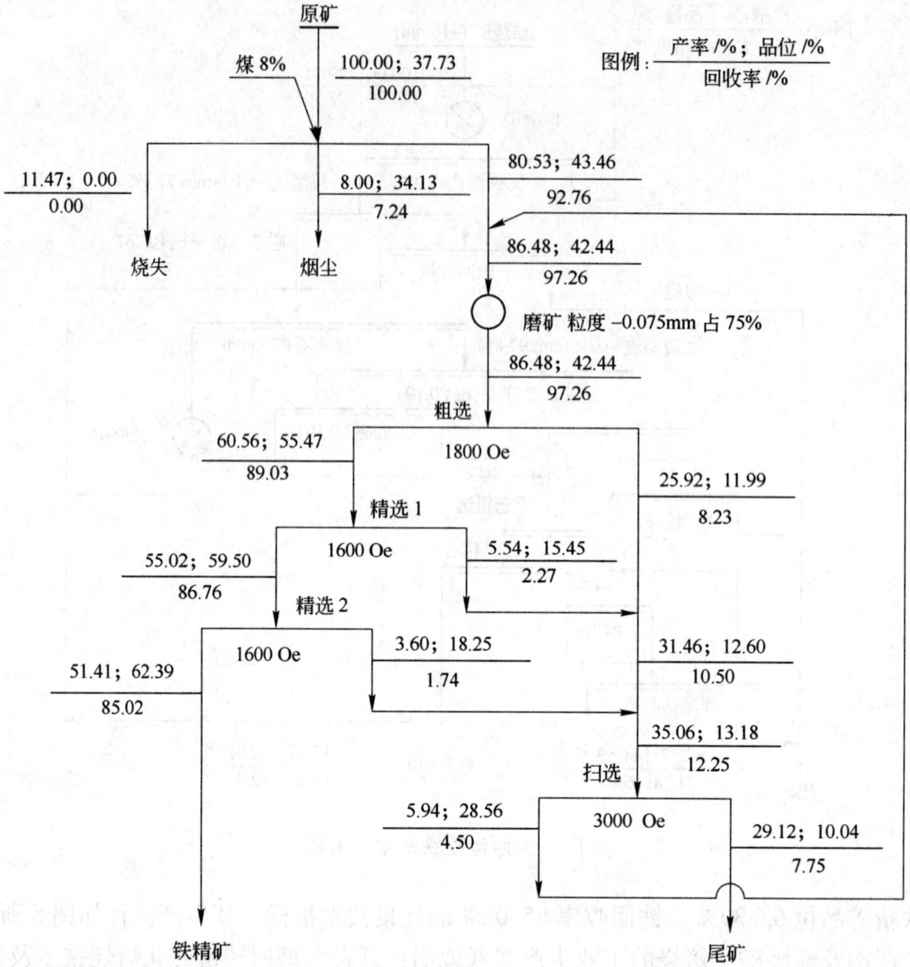

图 5 新疆褐铁矿生产流程

子铺铁矿石，得到铁精矿品位 59. 50%，铁回收率 92. 06% 的技术指标；处理湖北黄梅含铁 30% 的褐铁矿石，得到铁精矿品位 61. 03%，铁回收率 91. 17% 的技术指标，处理最难选的湖北含铁 42% 鄂西鲕状赤铁矿，得到铁精矿品位 58. 32%，铁回收率 81. 15% 的良好技术指标。可见闪速磁化焙烧是分选难选铁矿石的先进装备和工艺。

3 结语

（1）我国鞍山式贫赤（磁）铁矿石 60 年来选矿研究进步巨大，特别是最近十多年来，选矿技术与装备均取得了长足进步，根据铁矿物嵌布粒度大小不同，成功研制了 3 种典型的选矿工艺流程，并在全国该类型矿石分选中推广应用，都获得了优异的分选技术指标，彻底结束了我国铁精矿质量低的历史。

（2）磁化焙烧—弱磁选工艺是处理褐铁矿石、菱铁矿石最合适的选矿方法。在目前情况下大粒度块矿（75 ~ 15mm）用竖炉磁化焙烧—弱磁选工艺，工艺技术成熟。近年来，长沙矿冶研究院在陕西大西沟等地将原矿破碎到不大于 16mm，采用回转窑磁化焙烧—弱磁选—反浮选工艺处理微细粒难选菱褐铁矿，已实现大规模工业生产，技术指标优良，为我国大规模开发利用难选褐铁矿、菱铁矿奠定了技术基础。

（3）闪速磁化焙烧技术具有传质、传热快，焙烧效率高，铁精矿品位和回收率均高的优点，这一工艺若能获得成功，将极大提高我国复杂难处理铁矿石的资源利用率，为难选铁矿石的开发利用及磁化焙烧技术的发展作出重大贡献。

作者简介：

余永富，中国工程院院士，长沙矿冶研究院教授，武汉理工大学名誉院长，博士生导师，中国稀土学会常务理事，中国金属学会选矿学会理事。

中国铜铅锌矿产资源的可持续发展

于润沧[1] 唐 建[2]

（1. 中国工程院；2. 中国恩菲工程技术有限公司）

2012 年 4 月 16 日

进入 21 世纪以来，随着中国工业化、城镇化的快速发展，铜铅锌等有色金属需求大幅增加。2010 年，中国铜消费 680 万吨，铅消费 395 万吨，锌消费 485 万吨，占全球消费量已分别攀升到 36%、44% 和 39%。

近年来，受国内供应能力制约，铜的对外依存度高达 70% 以上，供需矛盾突出；以优势资源著称的铅锌，也呈现对外依存态势，2010 年对外依存度也达到 50% 和 21%。中国铜资源供应面临严峻挑战，铅锌资源的供应也不容乐观。

未来十几年，中国的工业化、城镇化需要多少有色金属矿产资源，中国的铜铅锌矿产资源如何适应可持续发展，我们面临着挑战。

1 中国铜铅锌的供需现状及态势

1.1 中国已进入矿产资源消费的快速增长时期，供需矛盾日益尖锐

21 世纪以来，中国明显进入以基础设施建设为重点、以制造业为核心、以原材料大量消耗为特征的工业化中期高速发展阶段，矿产资源消费需求快速增长。2010 年，铜铅锌消费量为铜 680 万吨、铅 395 万吨、锌 485 万吨，10 种有色金属产量 3136 万吨，分别是 2000 年的 4 倍、6.8 倍、4 倍和 4 倍。虽然同期国内矿山生产有较大增长，但因消费量快速增长供应能力日趋下降，产消间缺口日益增大。矿产品冶炼产能的过快增长，更加加剧了国内资源的消耗和对外的依存程度。2011 年，国内矿山原料生产对冶炼生产的保障能力分别为铜矿 24%、铅矿 50% 和锌矿 82%。铜、铅、锌消费的总对外依存度分别超过 2/3、1/8 和 1/5（见表 1）。未来几年主要矿产品的对外依存度仍将继续增长，资源短缺的程度还可能增加。

表 1 2011 年中国铜铅锌矿产品的生产、消费及对外依存度 （万吨）

品 种	矿山产量	冶炼产量	净进口精金属量	表观消费量	对外依存度/%
铜	126.7	519.7	267.9	753	55 ~ 65
铅	235.8	464.8	0.1	424	12 ~ 17
锌	430.8	522.2	30.2	560	20

注：表观消费量来自有色金属工业“十二五”发展规划；对外依存考虑了再生，为估算值。

1.2 未来十几年中国铜铅锌矿产资源还将维持持续高消费，必须努力转变经济增长方式，坚持走新型工业化道路

根据先期工业化国家的发展经历，大宗矿产品消费量都随时间的增长呈现快速增长到逐步回落保持平稳，甚至后来有所下降的过程。上升阶段与国家城镇化、基础设施建设快速发展对应，当工业化基本完成，第三产业兴起和发展，矿产资源消费达到峰值，保持平稳，增速趋缓，到后工业化阶段，矿产资源消费不再增长，但总量仍会维持在较高水平。各国工业化时间先后不同，存在着一定差异。

未来十余年是我国完成工业化、城镇化、信息化，全面建设小康社会的关键时期。矿产资源消费快速增长的趋势还将延续多长时间，需求有多少？科学地回答这些问题，对正确把握矿产资源的需求与供应态势，引导发展方向，合理配置全球资源，保障经济社会发展目标的顺利实现十分重要。

应贯彻落实科学发展观，走中国特色新型工业化道路，坚持转变发展方式，以科技进步为支撑，立足国内需求，遏制冶炼产能过快扩张，提高资源保障水平，使中国从矿业大国加快转变为矿业强国。

2 中国铜铅锌矿产资源供应面临的挑战

2.1 中国资源储量不足，人均少，保证程度低

中国虽然矿产资源品种全，地质勘探前景较好，但目前一些大宗支柱性矿产储量严重不足。石油、天然气、铁、铜、铝、镍、钾盐等重要矿产已探明储量占世界总储量的比例均小于5%（见图1），铜约为5.5%，优势资源铅锌储量的占比也只分别为世界的15%和16.5%。人均铅储量不到世界平均水平的60%，人均锌储量为世界平均水平的60%（见图2）。

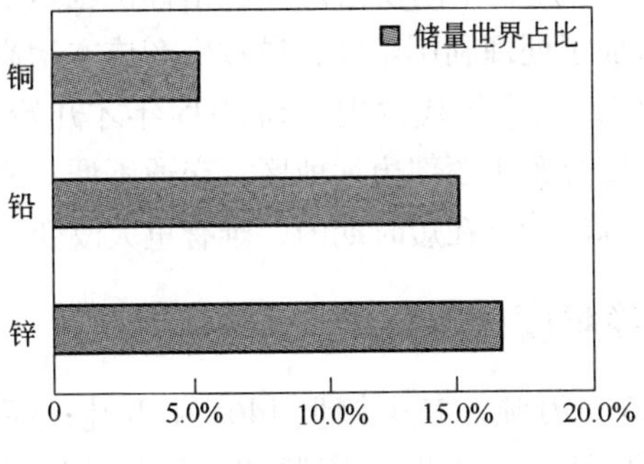

图1 中国铜铅锌储量占世界的比例

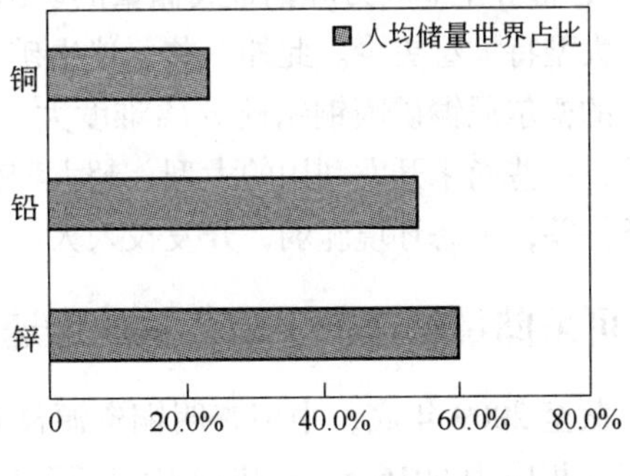

图2 中国铜铅锌人均储量占世界的比例

我国人口占世界的21%，目前，中国主要金属矿产已探明人均储量不足世界人均值的1/4。中国人均铜储量为22kg，不足世界平均水平94kg的1/4（见图3）。

资源保障年限远低于世界平均水平。中国铜、铅、锌资源已生产和可规划利用保有储量的服务年限和保证年限分别只有14年、15年和16年❶。

---

❶ 北京地勘局副局长卫万顺访谈。

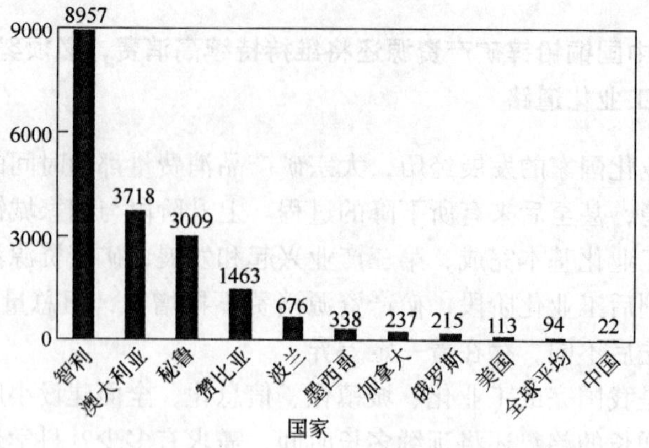

图3 中国人均铜储量与全球主要铜资源国家人均储量对比

2.2 铜铅锌矿产资源禀赋差，暂难改变

贫矿多，富矿少，特大型矿床也少，开发利用难度大，成本高。以铜矿为例，据2003年资料，查明资源总量为6708.73万吨（金属量），其中富铜矿（品位大于1%）查明资源储量2045.11万吨，仅占我国全部铜矿查明资源储量的30.5%。中国铜矿查明资源储量平均品位为0.87%，其中，斑岩型铜矿床的平均品位为0.55%，低于智利、秘鲁的1.0%~1.6%。中国砂页岩型铜矿床的平均品位为0.5%~1.0%，低于刚果（金）、赞比亚、波兰的2.0%~5.0%。中国未利用的铜矿查明资源储量为2759.4万吨，占全部铜矿查明资源储量的41.0%，平均品位仅有0.45%，仅略高于铜矿工业品位；其中品位低于1%的铜矿查明资源储量2079.54万吨，占89.6%❶。铅锌矿铅和锌的品位一般在5%~10%，而国外铅锌矿山的品位多在10%以上。中国迄今发现的铜矿矿产地900个，其中大型矿床仅占2.7%，世界上500万吨铜金属储量的矿山有50~60座，中国仅占两座。铅锌矿也是中小型多，大型特大型更少。此外，共、伴生矿多，增加了处理利用难度，导致生产成本增高，如青海的德尔尼铜矿因铜钴硫分离难度大，20世纪六七十年代发现，到2005年才开始开发。另外，一些尚未开发利用的大型、超大型矿区主要分布于西部边远地区，交通不便，基础设施条件差，生态环境脆弱，开发投入大。这些资源的特点在短时期内，难有重大改变。

3 可采储量增速低于消费量的增速，保障难度日益突出

截至2009年底，中国查明铜资源储量8026.3万吨，其中储量1461.4万吨；而2001年底，相应为6916.84万吨和1941.87万吨（见图4）。查明铜资源储量的年均增长率为1.88%，其中铜储量的年均增长率为-3.5%。

截至2009年底，中国查明铅资源储量4851.1万吨，其中储量642.5万吨；而2001年底，相应为3739.71万吨和712.14万吨（见图5）。查明铅资源储量的年均增长率为3.31%，其中铅储量的年均增长率为-1.28%。

截至2009年底，中国查明锌资源储量10695.3万吨，其中锌储量1922.9万吨；而

❶ 曹新元，王家枢，陈从喜．我国大宗矿产资源利用现状、问题与对策。

2001 年底，相应为 9761.89 万吨和 2381.81 万吨（见图 6）。查明锌资源储量的年均增长率为 1.15%，其中锌储量的年均增长率为 -2.64%。

近十年，中国铜、铅、锌查明资源储量虽然均为正增长，但铜、铅、锌储量均呈现负增长，不难看出储量保障程度在逐年下降。

同期，中国铜、铅、锌金属的消费量年均增速分别为 18.9%、20.5% 和 15.6%，均在 15% 以上，与储量的负增速大相径庭。

而同期，世界铜、铅、锌储量至少保持平稳或略有增长（见图 7），较中国储量负增长有根本性区别。

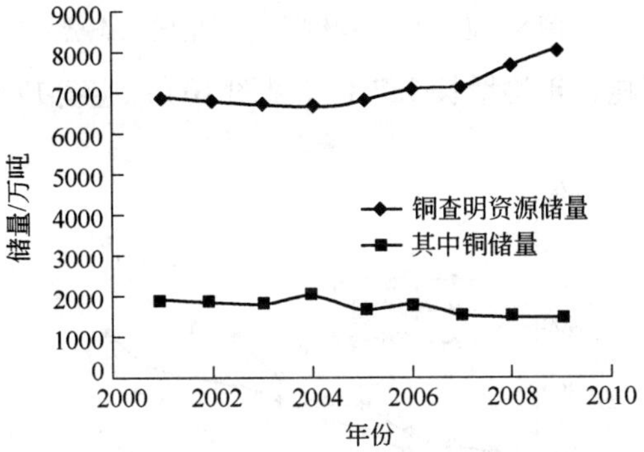

图 4　近年中国铜资源储量的增减态势

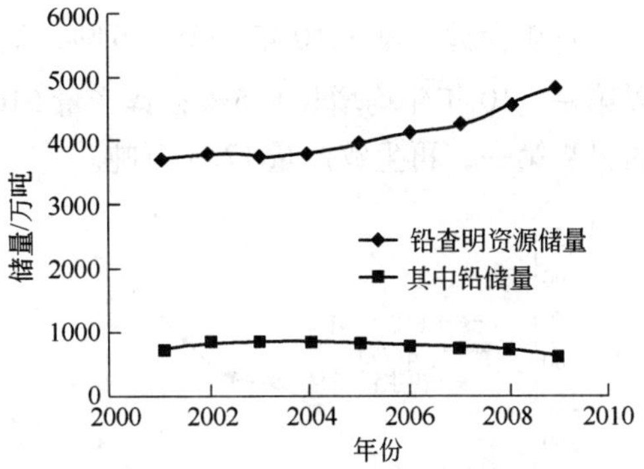

图 5　近年中国铅资源储量的增减态势

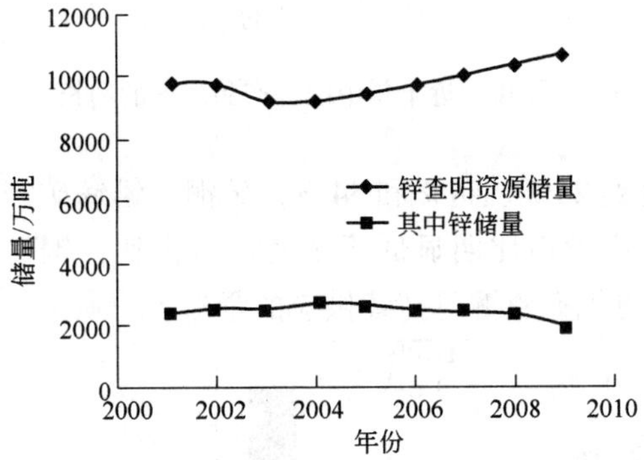

图 6　近年中国锌资源储量的增减态势

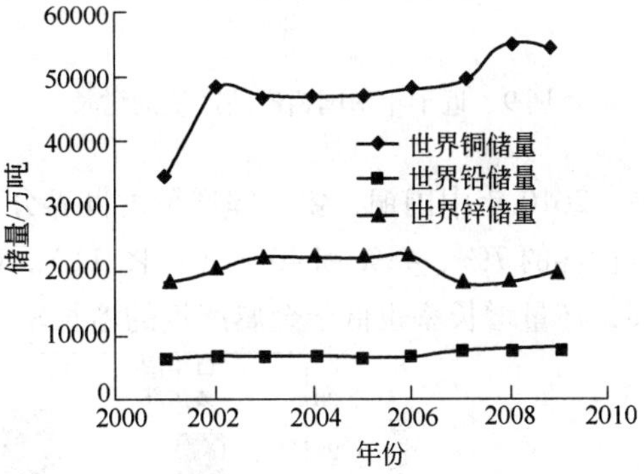

图 7　近年全球铜、铅、锌储量的变化态势

4　中国铜铅锌的生产和贸易

4.1　中国已成为全球最大的铜铅锌生产国

近年来，中国的铜铅锌产量增幅显著，连续多年居世界第一。

2010 年，精炼铜产量 454 万吨，连续 5 年居世界第一，十年来年均增长 11.6%，铜材产量 985 万吨，年均增长 18.2%，而铜矿含铜产量年均增长只 7%；再生铜产量有较快发展，2010 年 162 万吨，年均增幅 23.1%（见图 8）。

铅矿含铅产量2010年为198.1万吨，连续15年居世界第一，十年年均增长11.4%；铅产量426万吨，年均增长13.6%（见图9），连续近20年居世界第一，再生铅产量136万吨，年均增长26.2%，2010年首次高于美国，居世界第一。中国是资深的铅生产大国，是蓄电池的生产大国，其蓄电池产量已占世界的三分之一。在全球原生铅的供应上，中国的供应量达70%~80%。

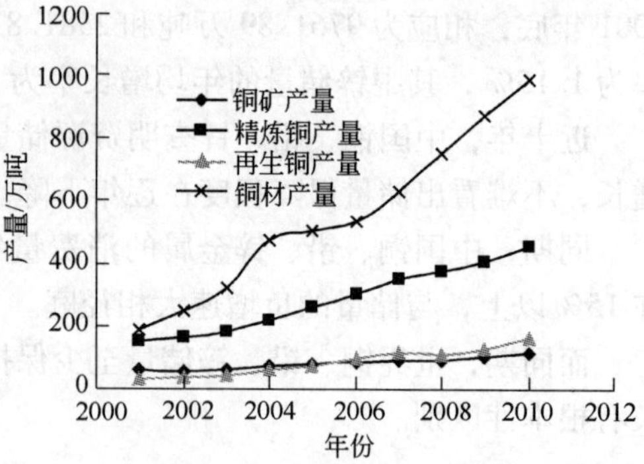

图8 近十年中国铜产品产量增长态势

锌矿含锌产量2010年为384万吨，居世界第一，10年年均增长8.5%；锌产量516万吨，年均增长5.7%（见图10），连续17年居世界第一，再生锌产量17.5万吨。

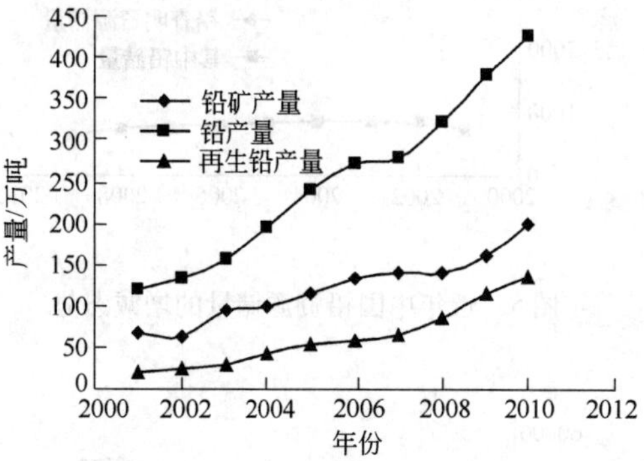

图9 近十年中国铅产品产量的增长

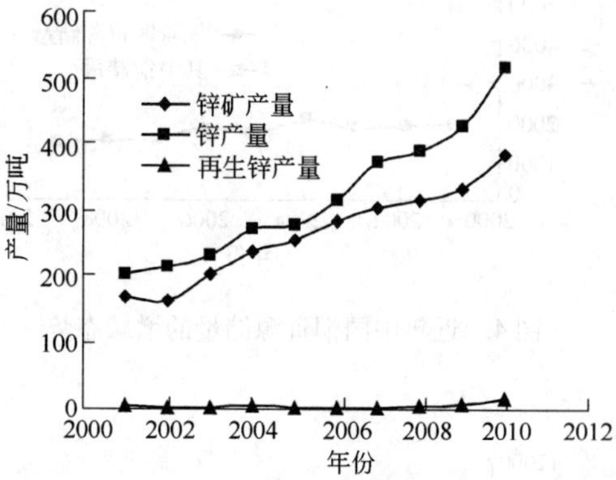

图10 近十年中国锌产品产量的增长

2010年中国铜、铅、锌产量占世界分别达到28%、44%和34%，矿铜、铅锌矿产量占世界的7%、48%和40%（见图11）。矿产产量占比明显低于金属产量占比，铜矿尤甚，产量增长率也低于金属产量的增长率，可见铜矿资源可持续供应的紧迫。

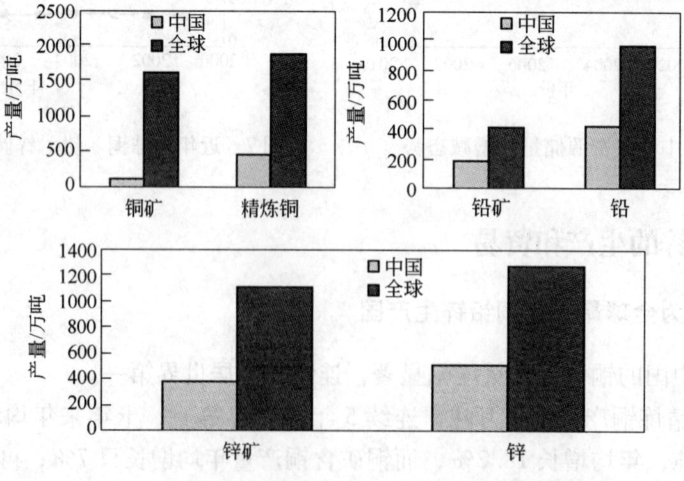

图11 2010年中国铜、铅、锌产量占世界的比例

4.2 铜资源大量进口，铅酸蓄电池大量出口

近年来，中国的铜铅锌贸易份额在国际市场举足轻重，是其主角。进口最抢眼的是铜精矿和铜产品（见图12），一路攀升，且年增速可在一成以上。铜材的净进口对整个铜产品数量的进口态势影响较小，数量不多，整体走势向下，但进口品种近期一般向板带和铜箔高度集中，且增速较大，需求高、精、尖的铜材产品。而出口能够形成规模的也唯有铜材产品。

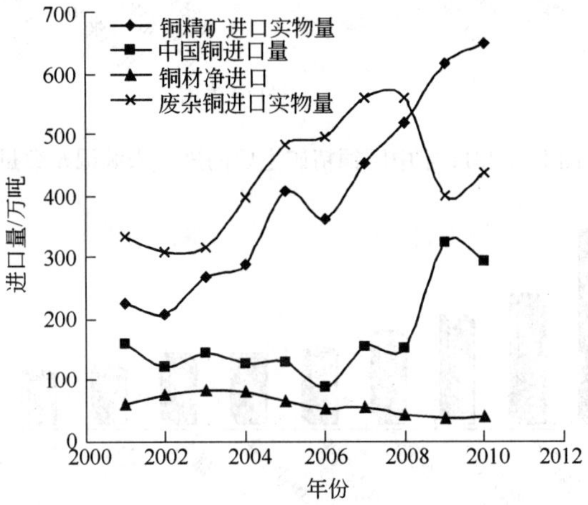

图12 近十年中国铜进口一路攀升

近几年，国内新建、扩建的铜冶炼、精炼产能的持续释放，加大了中国对铜原料的刚性需求，2011年由于全球经济形势动荡低迷、需求不振以及日本大地震的影响，造成国际市场铜精矿供应相对宽松，受铜价大幅震荡的干扰，废杂铜与精铜时常出现价格倒挂，削弱了废杂铜进口的积极性，但整体对铜原料进口的影响量不大，铜原料的出口可忽略不计（见表2）。

表2 2010~2011年中国铜原料的进口实物量 (t)

商品名称		2010年	2011年					
			上半年	同期比/%	下半年	比上半年/%	全年	同比/%
精矿	进口量	6468062	2943948	-11.84	3431552	16.56	6375500	-1.43
	出口量	187	1	-99.21	64	6300.00	65	-64.24
粗铜	进口量	399023	199057	16.14	217276	9.15	416333	4.34
	出口量	506	5	-99.05	22	340.00	27	-94.47
废杂铜	进口量	4364319	2196681	8.16	2490590	13.38	4687271	7.4
	出口量	2242	854	-28.11	701	-17.92	1555	-30.64

多年来，中国铜精矿的进口国大致为智利、蒙古、澳大利亚等国，秘鲁近年来后来居上；废杂铜的进口国或地区为美国、日本、中国香港、比利时、荷兰等，澳大利亚、西班牙等成后起之秀。以2011年为例，秘鲁跃升为第2大铜精矿进口国（见图13），西班牙为第2大废杂铜进口国（见图14）。

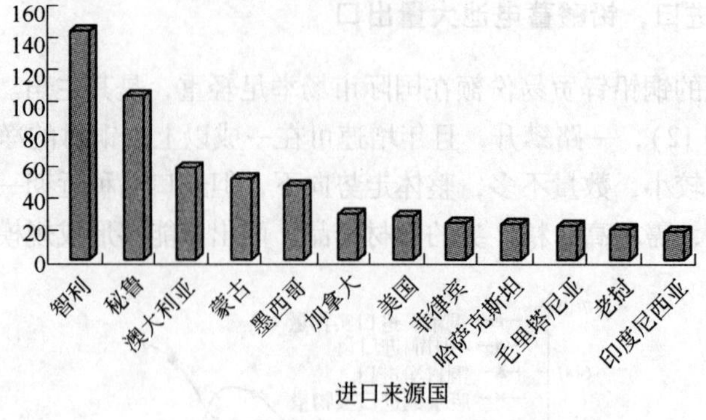

图 13　2011 年中国铜精矿主要的进口来源国及数量

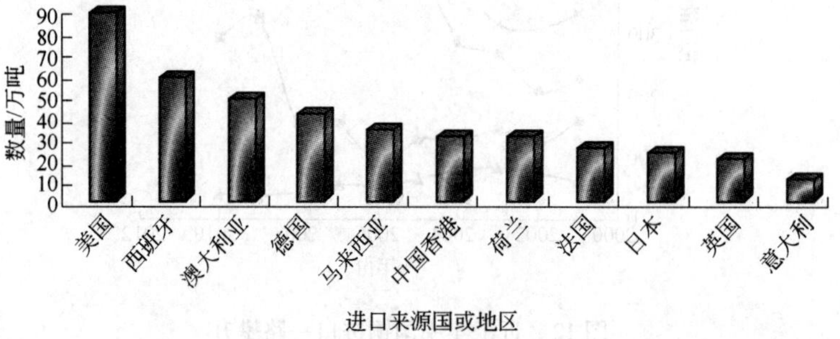

图 14　2011 年中国主要废杂铜的进口来源及数量

铅锌出口的凶猛势头从 2008 年开始得到遏制（见图 15）。由于限制“两高一资”产品出口等一系列政策出台，扭转了低端、资源性和低附加值产品大量流出的局面，但铅酸蓄电池产品出口依然走高，中国已经成为全球最大的铅酸蓄电池出口大国。如果按每 100 只蓄电池 0.3 ~ 0.8t 铅计，每年蓄电池出口带出的铅至少在 35 万吨以上。

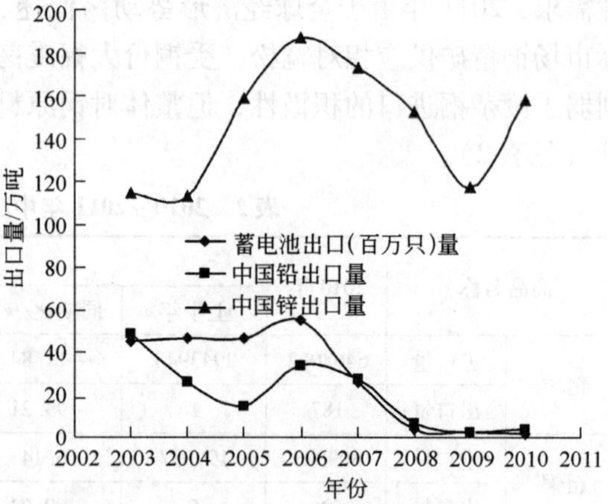

图 15　近十年中国铅锌出口和蓄电池出口态势

近年来，国家政策明确限制铅锌冶炼新增产能，近期密集出台铅锌冶炼工业污染防治技术政策、《重金属污染综合防治“十二五”规划》、工业清洁生产推行“十二五”规划等，强调加快产业结构调整和产品优化升级的力度，合理布局，提高产业集中度，淘汰落后产能，实行产能等量或减量置换。但截至 2010 年底，矿产粗铅生产能力达到 343.9 万吨，较 2009 年 299 万吨仍增长了 15%；精馏锌产能 101.32 万吨，电锌 447.7 万吨，较上年分别增长 12.8% 和 8.8%。由于铅锌产业存在结构性矛盾，冶炼业投资热潮迭起，重心不稳，已有一定的资源供应需要依靠国际市场，表 3 列出了 2007 ~

2010年中国铅精矿的进口量和来源国。进口实物量从126万吨增长到160万吨，美国、秘鲁和澳大利亚是主要进口国。

表3 2007～2010年我国铅矿砂及其精矿进口主要来源

国家/地区	2007年		2008年		2009年		2010年	
	进口量/t	金额/万美元	进口量/t	金额/万美元	进口量/t	金额/万美元	进口量/t	金额/万美元
美国	224003	35834	261884	27406	274711	31059	275418	37506
秘鲁	189671	40083	220130	44774	326514	53695	335856	70024
澳大利亚	130773	18334	129292	12693	148087	10894	205364	38481
韩国	116535	2596	96710	1942	48792	1006	14360	291
俄罗斯	72019	11179	90742	11732	120175	13753	112345	13993
伊朗	39946	5355	44971	4937	38056	3244	31577	4096
德国	33536	4489	41895	4615	40325	2749	48747	4203
其他	458813	48442	559341	57212	608775	63316	580129	70778
合　计	1265296	166312	1444965	165311	1605435	179716	1603796	239372

资料来源：中国海关统计年鉴2006、2007、2009；有色金属统计。

2011年，中国铅锌和铅酸蓄电池的进出口见表4～表6，铅锌金属的出口量几乎可以忽略不计，铅锌精矿进口凸起；铅酸蓄电池的进口可以忽略不计，但出口量令人震惊。

表4 2011年铅产品的进出口量 （万吨）

种类		进口		出口		净进口量	
		数量	同比/%	数量	同比/%	数量	同比/%
未锻轧铅	未锻轧铅	5.24	-15.9	1.22	-52.3	4.02	8.9
	精铅	0.66	-69.3	0.61	-73.4	0.05	
	铅合金	4.58	12.2	0.6	148.6	3.98	3.6
铅材		0.16	91.9	4.24	-14.3	-4.08	-16.2
铅精矿实物量		144.4	-9.96			144.4	-9.96

表5 2011年锌产品的进出口量 （万吨）

种类		进口		出口		净进口量	
		数量	同比/%	数量	同比/%	数量	同比/%
未锻轧锌	未锻轧锌	49.85	4.2	4.84	11.46	45.01	3.6
	非合金锌	34.8	7.53	4.64	7.51	30.16	7.6
	合金锌	15.05	-2.74	0.2		14.85	-3.6
氧化锌		1.72	-20.46	1.76	6.2	-0.04	
立德粉		0.01	39.14	3.32	0.15	-3.31	
锌材		2.55	-23.46	1.03	14.33	1.52	-37.2
锌精矿实物量		293.6	-9.4			293.6	-9.4
锌废碎料		2.79	-18.92	0		2.79	

表6 2011年铅酸蓄电池的进出口量 （只）

种类	2010年净出口	进口		出口		净进、出口量
		数量	同比/%	数量	同比/%	
用于启动活塞式发动机	15,023,572	1,783,588	-34.6	15,470,749	-12.8	13,687,161
其他	135,037,478	3,794,751	-30.6	118,614,448	-15.6	114,819,697
合计	150,061,050	3,878,356		134,085,197		128,506,858

注：2011年二季度因“环保风暴”大量铅酸蓄电池厂停产，到2011年四季度才有企业陆续复产。

有报告分析，2010年中国铅酸蓄电池出口涉及169个国家，总金额达149612.46万美元，数量接近1.6亿只。2009～2010年，出口贸易国前3的市场均是美国、印度和意大利。

西方发达国家早就意识到铅锌冶炼必定有大量排放，这种排放对人类的生存影响巨大，所以典型的如日本等发达国家在工业化兴起时就停止从事铅锌冶炼。尤其是目前，受欧美环保政策缩紧影响，国际铅酸蓄电池生产与销售的重心正日益向中国转移，中国已成为世界上最大的铅酸蓄电池生产和出口国，产量占到全球1/3。国外主要蓄电池生产企业均通过设立合资工厂及其他合作的方式进入中国市场，并逐步将生产重心转移到中国。

4.3 铜铅锌市场与价格

中国铜铅锌市场价格基本与国际接轨，从长尺度看，2005年以来铜铅锌价格均呈现上涨，铜尤为甚（见图16）。2008年全球金融危机致使铜铅锌价格大幅下跌，但是目前铜价格较铅锌略显坚挺，已反弹至危机前的高位，而铅锌反弹后距高位相差较多（见图17）。近1年欧债危机使得全球经济发展不确定性增多，中国宏观经济政策继续延续防通货膨胀的调控方向，2011年上半年国内铜价创新高，三季度以后铜价下跌，上期所3月期货价65757元/吨，铅现货市场均价16337元/吨，较上年略增长1.5%，上期所0号锌年均价比2010年下跌3%，为16876元/吨。

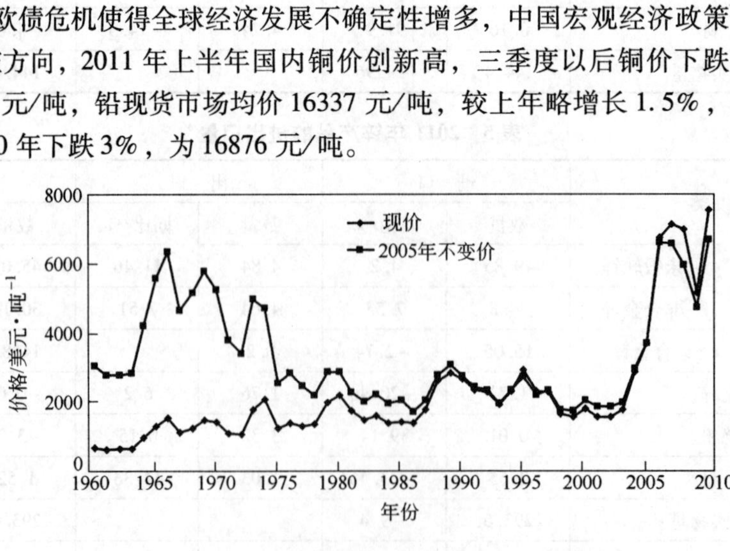

图16 国际铜价变化（据LME）

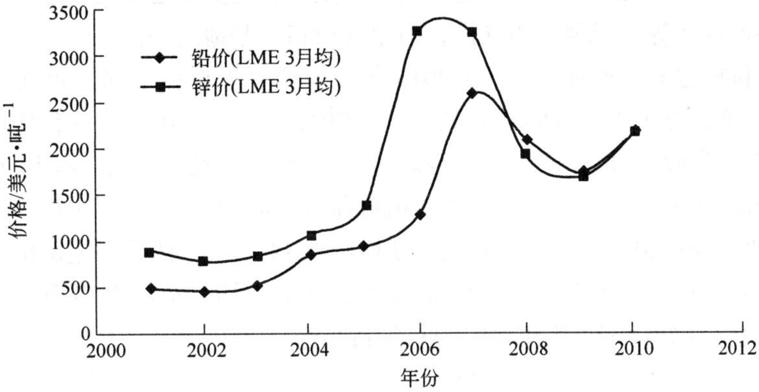

图 17 近十年国际铅锌价格变化

5 铜铅锌矿产资源业未来的发展

5.1 铜铅锌资源有增长的潜力

国土资源部公布的《2010 中国国土资源公报》显示，截至 2010 年底，通过国土资源大调查，累计发现铜铅锌等有色金属矿 370 处。新增矿产资源量铜 3850 万吨；2009 年铅矿资源储量同比增长 6.6%，勘查新增 300 万～340 万吨；锌矿资源储量同比增长 2.9%，勘查新增 450 万～500 万吨。资源量升级为可采储量尚需时日。

据不完全统计，2011 年，全国有色地勘单位新增的铜铅锌矿产资源、储量（金属量）：铜 120 万～130 万吨，铅锌 180 万～200 万吨。涉及甘肃、广东、云南、内蒙古等地铜及多金属项目 10 个，甘肃、广东、内蒙古等地铅锌项目 8 个。

两种资源两种市场的方针在全球资源配置中已发挥了作用。多年来，以有色金属等矿产资源为主的投资领域一直是中国企业海外投资的首选，中国有色企业“走出去”开展矿业并购的交易数量和金额都实现了历史性的突破。中国有色工业协会跟踪数据显示，目前有色金属企业海外开发与合作项目已超过 40 多个，其中 31 个项目已确认铜资源储量 7175 万吨、铅资源储量 910 万吨、锌资源储量 2300 万吨，对于保障实现国家资源战略显示出良好的开端。其中，赞比亚谦比西、卢安夏、阿富汗艾娜克以及巴基斯坦山达克分别以联合开发、投标、租赁、收购等形式获得一定量铜资源，蒙古敖包锌矿、澳大利亚 OZ、加拿大塞尔温铅锌矿等项目以合资、参股、收购等获得一定铅锌资源。但其中也存有变数。

中国近期投产或即将投产的铜矿有：青海赛什塘铜矿、黑龙江铜山矿区、江西富家坞、内蒙古霍各乞铜矿 1 号矿床、西藏江达玉龙铜矿、青海玛沁德尔尼铜矿、黑龙江多宝山铜矿、四川会理拉拉厂铜矿山露天矿外围、江西德兴银山铜铅锌矿、云南迪庆羊拉铜矿、西藏甲玛多金属矿选厂、内蒙古乌努克土山铜矿，产能约为 10 万～15 万吨（金属量）。

已列入近年建设规划的有福建紫金山铜金矿、云南迪庆普朗铜矿、炭窑口 1 号矿床、西藏驱龙铜矿、谢通门雄村铜金矿。

内蒙古拜仁达坝等几座矿山企业近期投产。陕西省定陕县通宝通矿业选厂开工，汉中八一锌业、陕西锌业等以铅硐山为支撑，力争建设铅锌基地之一。

全球铜矿供应也有望增加。2010～2013 年，全球（未包括中国）可建和扩产大型矿山 13 座，可新增产能 174.2 万吨（见表 7）。其中，南美洲 10 座，可新增产能 143.2 万吨；非洲两座，可新增产能 25 万吨；亚洲 1 座，可新增产能 6 万吨。2010 年，全球两座矿山可新增产能 22 万吨；2011 年，3 座矿山可新增产能 51.4 万吨；2012 年，5 座矿山可新增产能 56.8 万吨；2013 年，3 座矿山可新增产能 44 万吨。倘若上述矿山新增产能能够如期达产，今后 3 年中国每年消费量增加 10%，国际市场供应将会出现短缺。而其每年消费量增加控制在 6% 以下，则市场供应将保持平衡。

表 7 2010～2013 年全球铜矿可新增的产能

项目名称	国家	现状	建设时间	开采方式	新增产能铜/万吨 · 年$^{-1}$
Esperanza	智利	预可研	2011 年	露采	19.5
Konkola	赞比亚	预可研	2012 年	坑采	19
Los Bronces	智利	扩产	2011 年	露采	18.9
Caserones	智利	待建	2013 年	露采	18
Antapaccay	秘鲁	待建	2013 年	露采	16
Collahusi	智利	扩产	2010 年	露采	15
Galeno	秘鲁	预可研	2012 年	露采	14.4
Cerro Verde	秘鲁	扩产	2011 年	露采	13
Antamina	秘鲁	扩产	2012 年	露采	11.4
Toquepala	秘鲁	扩产	2013 年	露采	10
Andina	智利	扩产	2010 年	坑采	7
Grasberg	印尼	扩产	2012 年	露采	6
Muliashi North	赞比亚	预可研	2012 年	露采	6
总 计					174.2

资料来源：The Outlook For Copper. Metal Economics Group—Strategic Report，2010，Vol. 23，No. 4.

5.2 未来的需求及金属产量持续增长，短期内结构矛盾会存在或加剧

未来 10 年，中国的铜铅锌需求将仍然呈现增长趋势，到 2015 年后可能会达到峰值。据有色金属工业“十二五”发展规划，2015 年，中国精炼铜和铅锌表观消费预计将达到 970 万吨、620 万吨和 720 万吨。

中国的铜矿生产会有所增长，增速在 10% 以上，到 2015 年预计新增铜精矿产能 130 万吨，但增速远远低于冶炼产能的增长（见表 8）。2012～2013 年，冶炼产能增长约 250 万吨，相当于现有电解产能的 46%，现有粗铜产能的 3/4。

表 8 中国铜冶炼扩建及拟建项目统计 （万吨/年）

公司名称	新增精炼产能	新增后总产能	原料	投产时间
广西有色再生金属	30	30	废杂铜	已投产 20 万吨，2012 年底再投 10 万吨
江西铜业	10	100	铜精矿	挖潜改造，2011 年底基本已完成
铜陵有色	40	125	铜精矿、废杂铜	2012 年 6 月
白银有色	20	40		2012 年
金川集团	40	120	铜精矿、废杂铜	2013 年
大冶有色	12	30	铜精矿	2012 年 10 月
云锡股份	10	10		2012 年 5 万吨投产，2013 年完全投产
内蒙古金同有色工业有限公司（兴安盟乌兰浩特经济开发区）	10	10		2012 年 2 月开工，2013 年底投产
新疆（阜康）五鑫铜业有限责任公司	10	10	铜精矿	2012 年 6 月，环评有问题，但项目在继续
中条山有色	12	20	铜精矿、废杂铜	2011 年 9 月 30 日开工，2013 年投产
富春江冶炼	27	10 +		2012 年
西部矿业天津大通	20	23	废杂铜	2013 年，领导有变化，项目暂停
西部矿业西宁	10	10		2011 年 5 月奠基
东营方圆	20	40	铜精矿	2012 年一季度，目前已部分投产
四川宏达	40			一期 20 万吨，已奠基，预计 2014 年投产
通辽铜业有限公司	25	25	废杂铜	2012 年

根据上市公司年报，目前中国铜上市公司的矿山自给率一般在 20%（见表 9），最高不超过 22%，但冶炼厂产能未来几年增长的数量级却在 10 万吨到几十万吨之间，增速远远超过全国矿铜的增长，有些铜冶炼的建设甚至尚未落实原料或来源。结构性矛盾依然突出。

表 9 2011 年铜上市公司矿山产能、精炼铜及自给率

项目	江西铜业	铜陵有色	云南铜业
矿山产能/万吨	20.2	4.85	6.63
精炼铜/万吨	94	85.44	38.02
自给率/%	21.49	5.68	17.44

中国铅矿产量预计会持续增长，估计超过 10%，到“十二五”末，新增产能 230 万吨；再生铅在铅消费中的比例将会迅速提高。根据《再生有色金属产业发展规划》，到 2015 年中国再生铅产量将达到 250 万吨，占铅产量的 40%。增速超过 10%。蓄电池的产

量在复苏，由汽车、通信基站特别是电动自行车终端产业的带动会有所增长。锌矿产量增长预计低于铅矿，估计在1% ~5%。

根据新近发布《铅锌冶炼工业污染防治技术政策》，加大产业结构调整和产品优化升级力度，淘汰落后产能，实行产能等量置换或减量置换。市场冷淡、“血铅”、涉铅污染事件的影响导致许多企业停产，铅锌冶炼产能增长将急速放缓。根据有色金属“十二五”规划，要求“十二五”期间铅锌产量分别控制在550万吨和720万吨，淘汰落后产能120万吨和40万吨，据此估算，“十二五”期间将分别新增铅锌产能262万吨和266万吨。

再生铅和铅酸蓄电池产业经历了“环保风暴”后，将通过重组整合提高集中度、准入门槛和清洁化生产水平。低水平、小规模的再生铅产能将逐步被淘汰，置换成高水平、单系列大规模的产能，产能利用率提高。按“十二五”规划，再生铅产量占精铅比重将由2010年的不足32%提高到40%，据此估算新增再生铅产能86万吨。铅酸蓄电池的中超级电池等新型电池的产能将有所增长。

铜铅锌产品进出口继续保持近期的态势：铜资源大量进口，铅锌资源小量进口；少量初级铜材出口，大量铅酸蓄电池出口。金属的进口除有需求外，不排除投机、贸易融资和跨市套利的因素影响。

全球铜铅锌需求均会较平稳，增速会大大低于中国。

国际铜研究小组（ICSG）近期称，铜矿产能预计每年平均增长约4.9%，到2014年将达到2410万吨，基于现有的设备及已经宣布的项目发展计划，2014年铜矿产能应较2010年增加约21%，达到410万吨。ICSG称这种增长的71%约300万吨，预期将发生在2013~2014年，其中大多数新矿项目及扩张计划是在巴西、智利、中国、蒙古、秘鲁、美国及赞比亚，约占矿产能计划增幅的76%。智利及秘鲁分别占总增幅的16%和20%。冶炼产能年增长预期将落后于精矿的增长速度，每年平均将增长3%，到2014年达到2060万吨。到2014年，冶炼产能将较2010年增加12%，约230万吨。

国际铅锌研究小组近期的统计，铅市场过剩量在增加，全球铅消费除中国、美国等少数国家和地区高于世界平均水平外，其他地区基本持平或低于平均消费水平。这主要是源自2008年的美国次贷危机以及后来的日本的地震海啸和欧债危机。铅的消费主要领域在汽车。锌市场仍有库存，消费领域的镀锌、镀锌板、钢铁以及钢铁下游的汽车、房地产、机械、造船和家电。

6 中国铜铅锌产业可持续发展的思考

面对工业化城镇化过程中铜铅锌需求量大，矿产资源缺乏、产业结构不合理、环境问题突出，节能减排任务繁重等挑战，产业的持续发展有如下着眼点：

（1）加快转变发展方式，调整产业结构。统筹规划，坚持整合重组和提高产业集中度、淘汰落后冶炼产能，优化有色金属生产力布局。产业布局上，引导中东部向资源相对丰富、环境容量较大的西部地区转移，再生铜铅引导向原生铜铅的大型生产企业转移。产业集中度也将有所提高，由前10家占全国铅锌产量比重的45%提高到60%。

以满足内需为主，严格控制资源、能源、环境容量不具备条件地区的铜铅锌冶炼产能，加大产业两端即资源和深加工的发展。对于“二高一资”的中间产品，如各种低端型材、蓄电池等也应以满足内需为主，不宜继续保持两头在外，甚至一头在外的发展模式。中国的资源、能源、环境和人口红利都难以为继大量出口的经济增长，可考虑通过税收手段提高出口成本，以减少出口。

（2）大力推进清洁生产。推广安全高效、能耗物耗低、环保达标、资源综合利用效果好的先进生产工艺，强化从源头防控重金属污染。依法实施强制性清洁生产审核。加强重金属污染治理设施建设，鼓励企业在达标排放的基础上进行深度处理。实施区域综合整治，推进污染产业密集、历史遗留污染问题突出、风险隐患较大的重金属污染区域综合整治，关闭、转移一定冶炼产能，在境外建设和保持一部分铜铅锌冶炼产能。实施区域产业转型，治理和修复区域生态。

（3）科技创新，研发和推广安全环保节能降耗技术，发展精深加工产业。通过创新或引进再创新，推行铜铅锌矿产资源无废或少废开采，加强地下矿山大规模充填系统的研究和实践，研究地下金属矿山智能化采矿关键技术与装备；加快铜铅锌产业链终端精尖产品制造的研发，如各种特殊性能的铜合金、引线框架、压延铜箔等。高性能锌合金，尽快摆脱高精深加工产品依赖进口局面；研究氧气底吹及侧吹连续炼铜技术、短流程一步炼铜技术、连续炼铜技术，推广富氧底吹熔炼、液态铅渣直接还原炼铅工艺；推广再生金属拆解、回收和生产的先进工艺技术。

（4）加快资源保障基地建设。国内资源保障基地：创新成矿理论研究，进一步加强国内重点成矿地带的普查与勘探，增加资源储量；积极开展现有矿山深部边部找矿，延长矿山服务年限。

境外原料供应：

1）依托大型骨干企业，建立与资源所在国利益共享的资源开发机制，形成一批资源供应基地。应认真总结近年来大企业境外资源开发成功和失败的经验和教训，加强指导和监管，高度重视风险防范，切实进行风险评估，防止投资失误造成国有资产重大损失，同时还应加强境外项目前期运作和生产过程中的管理。特别是国有企业境外投资合作的跟踪、测评、激励、问责，要进一步加强监督，发现失职、懈怠、贿赂甚至腐败的应追究责任，赔偿损失。防范和规避风险。

2）支持民营企业参与境外资源开发，有限度地开放民营、小微企业海外资源开发的信贷限制，通过多种渠道获取资源，这样可规避国企“国家、政府背景”的障碍，提高资源获取的成功率，同时依然应在放开过程中加强监管，防范失误和风险。

3）研究探索运用少参股多包销的日本资源供应经验获取资源。

4）以商业化手段保证资源供应，争夺全球价格话语权，多渠道多方位寻求境外资源的供应。

发展循环经济，促进铜、铅、锌等冶炼企业原料中各种有价元素的回收，冶炼渣综合利用，以及冶炼余热利用。建立完善铜、铅再生资源利用体系，加强再生园区建设，规范回收、拆解，建设一批规模化再生利用示范工程。完善废旧铅酸电池回收利用体系，鼓励将废旧铅酸电池回收利用纳入矿铅生产体系，最大限度地降低重金属污染。迅速提高二次资源的供应量。

（5）政府和相关部门在财政、金融、税收等方面给予支持。调整低端金属型材和蓄电池出口的税收，加大限制出口的力度；循环再生园区企业提升装备水平的鼓励政策；废旧电器回收推行生产、使用、销售三方责任分担，建立生产、销售者责任延伸制度和消费者付费制度。

作者简介：

于润沧，中国工程院院士，中国矿业联合会理事。

唐建，教授级高级工程师，中国恩菲工程技术有限公司。

发展中的中国黄金工业

崔德文

（中国矿业联合会）

2012年4月20日

黄金这两个字，能唤起人们无限遐想。记得有一位学者讲："在人类历史上，恐怕没有另外一样东西，像黄金这样在几千年的社会和经济活动中，扮演着如此重要的角色；也没有哪样东西，在经历了数千年的沧海桑田之后，依然和人类有如此深的情缘。"黄金既是一种广为人知、广为人喜的物品，又是一种有着特别优良物理化学性质的特殊稀有元素。由于黄金的独有自然魅力和永恒社会价值，自古以来就被人类视为"金属之王"。黄金实际上是人类发现的第一种金属，人类的文明历史有多长，黄金的价值历史就有多长。黄金虽然是一种稀有元素，黄金矿产资源在自然界却分布广泛，黄金开采几乎遍及全球各国。由于黄金具有人类非常喜爱的优良特性，在人类发展过程中，全球几乎所有国家、人民不分肤色，不分长幼，不分贫富，不分高下，对黄金都怀有油然而生的喜爱；在全球几乎所有国家、民族的文化和文学作品中，黄金和黄金的衍生词不约而同地形成了无数的黄金比喻、黄金成语、黄金谚语和黄金故事。黄金在全球人类史上享有其他金属无法比拟的精神赞美盛誉和财富崇拜地位。正因为黄金具有这一"王者"地位，自古以来就有黄金就是人类富有和华贵的象征。

近代社会中，黄金被广泛应用于金融储备、通用货币、华贵首饰以及电子工业、牙科医疗等领域。

1 世界黄金工业概况

1.1 资源储量

截至2009年底，全球已查明黄金资源总量约为10万吨，全球黄金储量为4.7万吨，其中15%～20%为其他金属矿床的共伴生资源。其中，南非、中国、澳大利亚、美国、俄罗斯、秘鲁等是世界黄金矿产资源集中的国家。南非是全球最大的黄金资源拥有国，已查明资源储量为3.1万吨。

1.2 存金总量

据最新统计，目前在全球已确认的存有的黄金数量约为16.6万吨，其中8.1万吨是从1966年到现在生产的，约占总量的一半。在全球保有的16.6万吨黄金当中，首饰占用黄金量达到8.37万吨，约占50%，占最大比重；黄金个人持有量达到2.96万吨，约占18%；各国官方黄金储备总量达2.93万吨，约占18%；工业和其他占用金量达到1.98万吨，占12%；其他占用金量2%，约数千吨。

1.3　黄金产量

近年来，世界黄金生产量基本上保持稳定增长。2009 年，世界黄金产量为 2589.5t，2010 年，世界黄金产量为 2688.9t，见表 1。

表 1　2010 年世界黄金产量前 20 名的国家　(t)

排名	国　别	产　量	排名	国　别	产　量
1	中国	340.9	11	巴布亚新几内亚	70.5
2	澳大利亚	260.9	12	墨西哥	69.9
3	美国	233.9	13	巴西	68.3
4	俄罗斯	203.4	14	阿根廷	63.5
5	南非	203.3	15	马里	44.6
6	秘鲁	162.0	16	坦桑尼亚	44.6
7	印度尼西亚	136.6	17	菲律宾	40.8
8	加纳	92.4	18	智利	38.4
9	加拿大	92.2	19	哥伦比亚	33.0
10	乌兹别克斯坦	71.0	20	哈萨克斯坦	26.9

1.4　社会需求

2011 年，包括官方需求在内的全球总黄金需求至 4500 ~ 5000t。全球央行净买入黄金 430t。全球金饰总需求下滑 1.9%，至 1979t；而中国金饰需求可能突破 700t。

1.5　黄金储备

世界黄金协会（WGC）公布最新官方黄金储备排行表。位居前十位的国家、地区和组织依次是美国、德国、国际货币基金组织（IMF）、意大利、法国、中国、瑞士、俄罗斯、日本和荷兰。如图 1 所示。

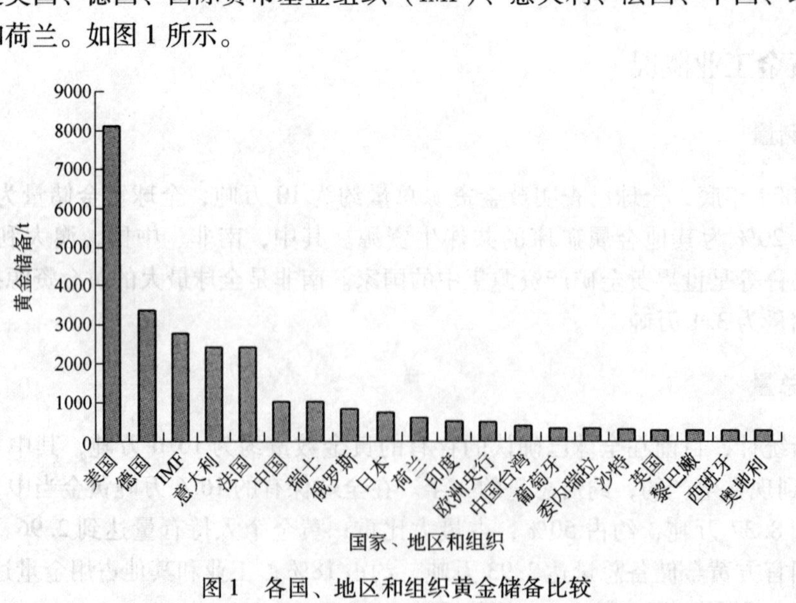

图 1　各国、地区和组织黄金储备比较

当前，黄金在人们生活的各个领域，在物质上、精神上仍然有着财富、尊荣的神话地位，有着任何物品不可替代的作用。

2 中国黄金工业发展历程

中国是一个古老的黄金生产国。中国黄金资源开发源远流长，是世界上发现和开发使用黄金最早的国家之一。大禹时期的《尚书·禹贡》记述了“厥贡唯金三品”。据考证，“金三品”是指金、银、铜。大量的史料和文物记载表明，历史上我国黄金开采遍布长城内外、大江南北。1976 年，在甘肃火烧沟遗址中发掘一批奴隶社会早期墓葬中，发现有金银器和彩陶、石器和铜器共存。其中，男女佩戴的金耳环等金饰品距今已有 4500 年的历史。据《魏晋南北朝史》记载“西汉初时，黄金库存在百万斤以上”。《汉书·王莽传》记载，到王莽末期，宫中还有 70 万斤黄金。据研究，汉代一斤，相当于现在 222.73g。汉代 70 万斤黄金，折合现在相当于 156t。由此可见，秦汉之前，中国采金已有相当大的规模。在过去漫长的黄金生产历史时期中，中国的黄金生产方式和生产工艺都十分原始落后，矿山生产基本上是地表、浅部生产，施工作业靠手工劳动，选矿基本上是重力选矿。19 世纪中叶，鸦片战争后，帝国主义列强开始在中国大肆掠夺煤、铁、有色金属等各种矿藏资源，黄金更是它们掠夺开采的重点矿种。1887 年后就开始掠夺开采了山东省青岛市平度金矿，黑龙江省漠河金矿，吉林省夹皮沟金矿等一批金矿。在茫茫的历史长河中，中国的黄金工业，经历了低迷、徘徊、恢复、发展等几个时期。1949 ~ 2011 年全国黄金产量如图 2 所示。

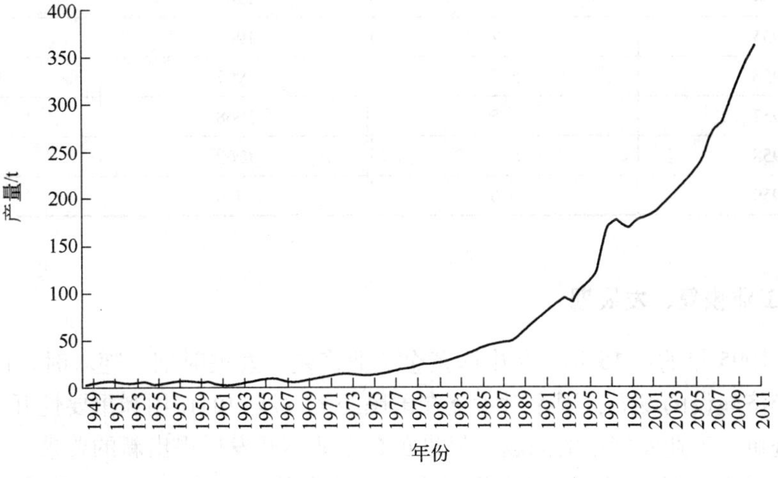

图 2 1949 ~ 2011 年全国黄金产量

2.1 黄金工业低迷、徘徊期

1949 ~ 1969 年的近 20 年，是中国黄金工业低迷、徘徊时期。新中国成立后，我国黄金工业是在旧中国简陋、落后、无序的矿山基础上恢复、改造、建设发展起来的。黄金工业与矿业产业中的煤炭、石油、钢铁、有色、化工、建材、非金属等矿业行业相比，无论是资源占有还是生产规模，无论是工艺装备还是人员技术都相当落后。解放初期，全国只有黑龙江、吉林、辽宁、山东、河北、湖南、广西壮族自治区等几个省（区）生产黄金，全国黄金生产矿山只有23座，当时全国黄金的生产能力非常低下，当时的重点金矿，如夹皮沟金矿、黑河金矿局基本上没有可供开采的黄金储量。全国全年生产黄金仅仅4t。当时，我国黄金工业正在一条艰难的路上徘徊。

由于建国初期，国家实行社会主义计划经济，实行对外贸易主要是和苏联、东欧等社会主义国家易货贸易，外汇和黄金在国民经济中的作用还没有得到充分认识，更没有发挥应有作用。国家没有把黄金当作具有货币职能和功能的特殊产品对待，黄金工业没有纳入国家的重点发展产业。在那个时期，黄金地质勘查工作列不上计划，建设排不上项目，黄金工业长期处于地质资源不清、建设投资不足、技术人员缺乏、设备工艺落后、生产长期低迷的状态。

1949~1969年的近20年，我国黄金年产量在3~9t左右徘徊，产量从没有达到过10t。当时全国黄金产量还没有达到清朝慈禧执政时的黄金产量（1891年慈禧执政期间，黄金产量曾达到48万两，折合15t）。1949~1970年全国黄金产量见表2。

表2 1949~1970年全国黄金产量 (t)

年份	产量	年份	产量
1949	4.0	1960	6.5
1950	6.5	1961	3.7
1951	6.8	1962	3.7
1952	6.4	1963	5.0
1953	5.4	1964	5.9
1954	5.8	1965	7.8
1955	4.7	1966	9.5
1956	5.5	1967	8.8
1957	5.5	1968	5.8
1958	6.9	1969	8.4
1959	6.6	1970	10.5

2.2 黄金工业恢复、发展期

1970~1995年的近15年，是中国黄金工业恢复、发展时期。随着时代的前进和我国社会主义经济建设的发展，国家对黄金在国民经济发展中的作用和重要性开始有了准确认识并对改进黄金工业发展中的问题，促进黄金工业不断发展提出新的要求。

1957年9月4日，国务院发出周恩来总理签发的《关于大力组织群众生产黄金的指示》。国务院指示指出：由于工业生产和对外贸易的发展，国家对黄金的需要日益迫切，但是近年来黄金的生产反而日呈萎缩。1957年的黄金产量尚不及历史最高年产量的1/2。这是我国工业产品至今尚远远落后于历史最高产量的一例。黄金生产之所以萎缩，最主要的原因是我们放松了对这一项生产的组织和领导，没有把它当作一种重要的生产事业来经营。同时收购价格过低和资源不清，也限制了采金事业的发展。国务院指示从把黄金产量列入考核计划指标、群采统收、提高价格、现场收购、奖励探矿、增加投入、免收租金、补贴物资、调剂劳力、设置机构、免除税赋等12项措施，要求各有关省市、自治区必须用极大力量，并且给予一切方便条件，积极组织这种生产。

1959 年 10 月，国家副主席董必武，与冶金工业部负责人谈黄金生产问题时指示：黄金，包括白银，不仅在工业上用量可观，更重要的是在国际市场上，黄金仍是自由外汇，增加黄金生产是扩大积累、扩大进口的一个简捷便宜的办法。各地凡有条件生产黄金的都应积极安排生产。

1964 年 6 月 11 日，毛泽东主席在中央工作会议全体会议上指出：董老提倡挖金子、银子是对的，要多挖金子银子。

1972 年，国家计划经济委员会《计划经济情况简报》第 21 期向国务院作了黄金工业全面遭到破坏的情况报告和改变黄金生产被动局面的若干建议。李先念副总理随即批示："这样搞法行吗？冶金部应予重视，最好召集有关同志一议。"

自中央领导、国务院有关促进黄金工业发展的要求指示下达后，国务院各部门积极行动起来。冶金工业部随即在山东省烟台市召开了全国黄金生产会议，提出了 10 项措施，从实行矿产金外汇分成、群采实物补贴、集体采金生产费用和生活惯用补助、加强勘探和技术革新、加快重点金矿建设、加强科研和设计、改善物资供应和加强组织领导等方面促进黄金工业发展。冶金工业部召开的烟台全国黄金生产会议对一系列促进我国黄金工业发展政策的探讨与初步施行，为我国黄金工业进一步快速发展奠定了基础，对我国黄金工业发展产生了巨大、深远的影响。

1972 年 2 月，周恩来总理嘱托王震副总理："你要把金子抓一抓。"王震副总理主抓黄金工作以来，走遍了全国重点产金地、县，开展了广泛、深入的调查研究，为加强对黄金勘查、生产的领导，督促重点产金区设立黄金管理机构；为加强黄金地质勘查，建议中央成立基建工程兵黄金部队；为保障扶持的兑现，召集有关部门，研究制定促进黄金生产的有关政策。积极鼓励和扶持黄金地质勘探、采选、冶炼，在地质、黄金、银行、地方政府等部门的配合下，黄金生产得到较好的发展。坚强有力的领导和对头实在的政策，开创了我国黄金生产新局面。1977 年，黄金年产量达到 16t，超过了清朝（1891 年）产金 15t 的历史最好水平。

黄金工业恢复发展阶段走过了十几年的历程。建国后，我国黄金生产用了二十年时间，黄金产量从 4t 发展到 10t。1970 年我国黄金年产量达到 10t，上了一个台阶。之后又用了近 10 年的时间，即到 1979 年，我国黄金年产量又翻一番达到 20t，上了第二个台阶。之后只用了 5 年多时间，即到 1985 年，我国黄金年产量再翻一番接近 40t。黄金勘查找矿掀起热潮，形成了中东部以山东、河南、黑龙江、陕西、河北、辽宁、吉林、湖南、福建、江西和中西部以内蒙古、新疆、青海、甘肃等为重点的格局。自 1985 年后，我国黄金产量逐年快速提高，黄金工业发展出现了积极向上的好势头。

20 世纪 80 年代，我国改革开放的势头不断增强，国民经济发展对外汇和黄金的需求进一步加大。为促进黄金工业发展，进一步加大我国黄金工业生产发展力度，国务院分别于 1987 年 1 月 3 日、1991 年 1 月 27 日、1996 年 3 月 16 日召开了 3 次国务院全国黄金工作会议。赵紫阳、李鹏、朱镕基总理，吴邦国、田纪云、王震、方毅、张劲夫、邹家华副总理等国家领导人以及白美清、李贵鲜、刘仲黎等领导，分别在会议或批示中对促进我国黄金工业发展作了重要讲话和指示。他们指出：黄金是特殊的贵重金属，在国民经济中占有重要地位。把黄金生产搞上去，对促进我国经济的发展，有着积极的作用。发展黄金生产可以增加我国的黄金储备，提高我国的经济实力和对外经济交往的信誉，有利于扩大我国对外合作与交流；可以为国家多创外汇，对保障我国进口和实现外汇平衡，将有一定作用；可以改变产金地区经济落后的现状，使广大群众较快地增加收入，走上致富道路，推动地方经济发展；可以满足工业生产和人民生活的需要。

李鹏总理在1991年1月29日接见国务院第二次全国黄金工作会议代表讲话时提出“要努力把黄金生产搞上去，我们希望到‘八五’末期的黄金年产量达到90t，争取达到100t”的目标。

在中央领导的关怀下，1985年8月30日，国务院出台了《国务院关于增产黄金、白银问题的通知》(国发［1985］106号）文件；1986年12月30日出台了《国务院关于加快发展黄金生产的决定》(国发［1986］111号）文件；1988年10月30日出台了《国务院关于对黄金矿产实行保护性开采的通知》(国发［1988］75号）等一系列重要文件。有关部门根据国务院文件精神研究、制订出台了一系列扶持发展黄金工业的法规、政策、规定、办法。专门成立国务院黄金工作领导小组，黄金工作领导小组成员由国务院有关部委负责人组成，国务院第一副秘书长白美清同志任组长；成立国家黄金管理局，从组织上加强对黄金生产的管理；把黄金列为国家“保护性开采的特定矿种”，从资源开始就突现黄金的特殊性；设立黄金地质勘查基金、黄金基本建设专项贷款、矿山技术改造专项发展基金，从资金上为发展提供有力保障。对地方政府和生产企业，调整黄金收购价格、实行黄金价外补贴、外汇分成、物资补助，极大地调动了黄金矿产地和企业发展的积极性；鼓励引进国外先进采矿、选矿新技术、新工艺、新设备和先进管理，企业资源勘查、综合利用、工艺设备、技术管理和效率效益的水平不断提高。经过几代黄金人艰苦卓绝的努力，到1995年，我国黄金产量破天荒地突破100t大关，年产黄金达到了108.4t，实现了李鹏总理在国务院第二次全国黄金工作会议上提出的“到‘八五’末期的黄金年产量达到90t，争取达到100t”的目标。1949~1995年，全国45年累计产金1174t。1971~1995年全国黄金产量见表3。

表3 1971~1995年全国黄金产量 (t)

年 份	产 量	年 份	产 量
1971	11.9	1983	30.6
1972	13.7	1984	33.9
1973	14.7	1985	39.1
1974	12.7	1986	44.4
1975	13.8	1987	47.8
1976	14.7	1988	49.0
1977	16.0	1989	56.4
1978	19.7	1990	66.2
1979	20.9	1991	76.2
1980	24.3	1992	84.0
1981	25.2	1993	94.5
1982	27.3	1994	90.2
1983	30.6	1995	108.4

2.3 黄金工业快速发展期

1995年到现在，是中国黄金工业的快速发展期。国民经济发展对黄金增产的需求，中央领导对加快黄金发展的关怀督促，改革开放的势头不断增强，都为黄金快速发展提供了难得的机遇。1995年以来，我国黄金地质工作实行了以黄金储量承包为核心的地质勘查激励机制即“89·2”计划，地质探明黄金储量不断增加；成立了国家黄金管理局和各省黄金管理机构，黄金管理体系基本形成；设立了黄金地质勘查基金、基建技改等专项贷款黄金发展资金得到保障；自主创新和引进消化新工艺、新技术、新设备，黄金生产工艺装备日趋先进；良好的经济效益反哺矿产地，促进地方发展效果明显，各级政府和部门对促进我国黄金生产的力度大增。可以说我国黄金工业快速发展的基础条件已经具备，我国黄金工业正在步入健康、快速发展的轨道，具体表现为：

（1）以市场为主导的黄金价格形成机制，激发了黄金生产主体主动发展黄金的积极性。改革开放是黄金工业快速发展的动力。黄金工业得到了快速发展的主要动力就是改革开放。随着国家经济体制改革的深化，中国有关黄金工业的政策进行了突破性的调整，符合社会主义市场经济的政策，激励了黄金工业的快速发展。黄金价格形成机制回归市场，是关键性的改革，符合价值规律，体现供求关系的价格，激发了黄金生产主体主动发展黄金的积极性。采取和国际金价接轨的政策，是我国黄金工业政策的一大重点。解放后，国家对黄金一直采取国家统收、专营的封闭式管理政策，黄金价格实行大幅度低于国际金价的价格统一收购。1949～1993年国家对矿产黄金收购价格见表4。

表4 1949～1993年国家对矿产黄金收购价格

序　号	开始执行时间（年月日）	执行价格		调整幅度/%
		元/小两	元/克	
1	1949年末	95～110.25	3.04～3.528	
2	1957年10月1日	130	4.16	18～37
3	1960年7月1日	170	5.44	31
4	1963年1月1日	240	7.68	41
5	1973年6月1日	262.5	8.40	9.4
6	1979年11月1日	390.625	12.50	48.8
7	1980年7月15日	500	16	28
8	1985年2月1日	700	22.4	40
9	1985年9月1日	900	28.8	28.6
10	1986年12月1日	1000	32	11.1
11	1987年11月1日	1100	35.2	10
12	1988年6月1日	1200	38.4	9.1
13	1989年1月1日	1500	48	25
14	1993年5月20日	1600	51.2	6.7
15	1993年9月1日	实行低于国际市场金价10%的水平定价96.46元/克		

注：黄金计量中，1小两=31.25克，一盎司=31.103481克。

偏低的黄金收购价格严重影响黄金工业资源获取、建设规模、生产成本、经营效果。价格成为影响我国黄金工业发展的重要因素。国家认识到这一关键问题，建国后，黄金价格共进行了15次调整。从1949年每克黄金2.04元一直调整到1993年的每克51.2元。到1993年9月1日，中国人民银行根据国务院决定，对国内矿产黄金实行低于国际市场金价10%的水平决定收购价格。当时国际金价每盎司375美元，国家外汇管理局公布的对美元外汇调剂加权平均价为1：8.89换算，当时，把阶段黄金价格定为96.46元/克，合3014元/小两。随着改革开放的深入，为促进黄金工业发展，国务院摈弃了压低黄金收购价格的做法，最终采取了黄金收购价格和国际金价接轨的价格政策。黄金价格回归市场，体现了生产者的真正劳动价值；合理的黄金收购价格扩大了资源利用，也使企业的经营条件得到很大的改善，改变了过去由于黄金收购价格大大低于国际金价，黄金企业大部分处于盈亏边缘的状况。黄金价格形成机制回归市场，大大激发了黄金生产主体主动扩大生产能力，主动发展的积极性。1949～2010年国家收购、交易矿产金价格走势如图3所示。

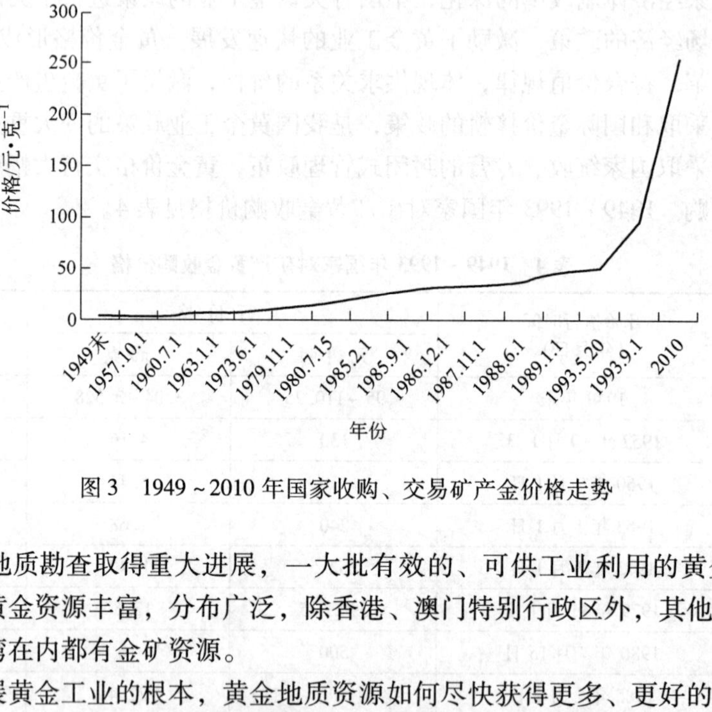

图3　1949～2010年国家收购、交易矿产金价格走势

（2）黄金地质勘查取得重大进展，一大批有效的、可供工业利用的黄金资源正在不断发现。我国黄金资源丰富，分布广泛，除香港、澳门特别行政区外，其他31个省、市、自治区包括台湾在内都有金矿资源。

资源是发展黄金工业的根本，黄金地质资源如何尽快获得更多、更好的有效资源，是黄金工业发展中首要解决的问题。解放初期，我国黄金矿山保有探明储量几乎为零，矿山大都处于“等米下锅或无米下锅”的局面。加上当时经济困难，百废待兴，国家经济建设重点需要钢铁、煤炭、石油、有色金属，地质工作的主要人力、物力、财力投放偏重于以上矿种，黄金勘查工作列不上计划，黄金勘查工作严重滞后。国务院和有关部委理清发展黄金工业的关键在于探明更多的有效黄金地质资源。积极采取了一系列鼓励探矿增储的措施。原地质矿产部抽调精干人员，组织了以部长朱训为组长的“金矿地质领导小组”，开展了发动、组织全国地质勘探队伍勘查金矿资源工作；国务院黄金工作领导小组批准专项资金，委托国家黄金管理局开展以金矿储量承包为核心内容的“89·2”找矿计划；国务院经贸委、发改委设立金矿地质勘查基金；国土资源部设立危机矿山勘查基金等。勘查、开发市场的放开加速了探矿增储，一大批有效的、可供工业利用的黄金资源经过地质队伍、黄金矿山艰苦卓绝的工作，提交到开发队伍的手中。

1995 年以来，我国进一步加大了对黄金地质勘查的投入力度，继续对地质勘探队伍和黄金企业实行黄金地勘专项资金的特别支持；国家安排地质勘查基金用于地质勘探、危机矿山地质勘探；国家、社会对黄金地质勘查投入的大幅增加；企业地质勘探主体意识、自觉意识不断增强；新的找矿理论、找矿方法、找矿技术、找矿设备得到广泛应用；新型地质技术人员队伍不断成长和壮大，有效地促进了黄金地质勘查工作。经过勘探战线、黄金企业全体员工的不懈努力，全国黄金地质找矿不但有所突破，而且取得了一批令人振奋、很有价值的黄金地质勘探成果。“七五”、“八五”期间“89·2 计划”金矿储量承包完成的 2000 多吨黄金地质储量，为以后的发展奠定了良好的基础。重点矿区、大型矿区的找矿工作取得进展。山东、甘肃、海南、新疆、青海、吉林、内蒙古、陕西相继发现一批大型金矿。全国百吨储量以上的独立金矿达十余座，山东省百吨储量大矿约占全国的 1/3。勘查和资源整合等多方面都呈现出良好的运行态势和发展前景。东部烟台等老资源基地深部探矿收获可观，西部新区勘探不断取得突破。2009 年全国各省、市、区已探明黄金资源储量排序见表 5。

表 5　2009 年全国各省、市、区已探明黄金资源储量排序

序号	省、市、区	储量/t	序号	省、市、区	储量/t
1	山东	903.6	16	青海	161.1
2	江西	569.5	17	湖南	156.4
3	甘肃	511.8	18	湖北	143.7
4	云南	377.1	19	广西	132.3
5	河南	369.3	20	新疆	119.7
6	内蒙古	354.4	21	辽宁	118.4
7	黑龙江	323.4	22	广东	88.5
8	四川	311.1	23	山西	83.0
9	陕西	296.7	24	海南	32.5
10	安徽	232.0	25	江苏	26.1
11	贵州	271.9	26	浙江	16.4
12	吉林	229.6	27	北京	6.4
13	河北	168.1	28	宁夏	1.0
14	福建	162.2	29	天津	0.5
15	西藏	131.5	30	上海	0.4

资料来源：中国黄金协会。

专家预测我国黄金远景总储量在 1.5 万 ~ 2.0 万吨。我国目前已探明黄金储量达 6328t，其中：岩金探明黄金储量 4399t，占总储量的 69.52%；砂金探明黄金储量 521t，占总储量的 8.23%；伴生金探明黄金储量 1414t，占总储量的 22.34%。已探明的大型金矿床2000多个，资源储量超过百吨的金资源矿区达十余处，形成胶东、小秦岭、长白山、燕山大青山、赤峰、黑龙江、嘉陵江上游、滇黔贵、豫赣皖、天山、阿尔泰等十大黄金资源基地。至2009年底，我国探明黄金储量最多的省份为：山东省903.6t，江西省569.5t，甘肃省511.8t，云南省377.1t，河南省369.2t。5个重点省合计储量3731.3t，占全国总储量的43.16%。全国已探明黄金资源储量分布如图4所示。

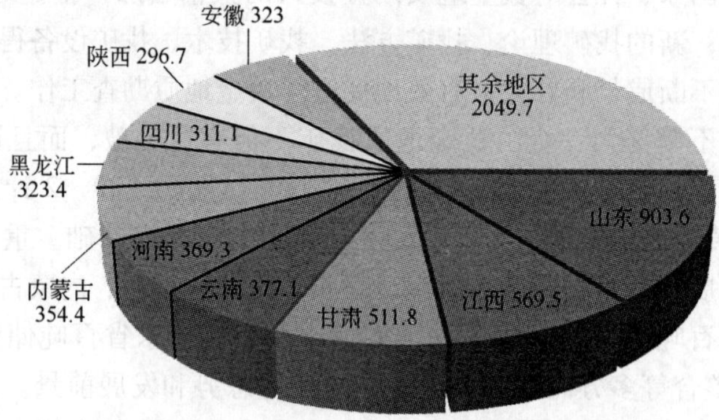

图4　全国已探明黄金资源储量分布（单位：t）

（3）黄金产量大幅增长，发展布局基本形成，黄金工业在国民经济活动中的地位不断提高。在政府权力和市场动力的共同影响下，经过几十年的努力，我国在黄金生产布局上，已形成以中国黄金、山东黄金、紫金矿业、招远黄金、灵宝黄金五大黄金集团公司为骨干的生产主力军；以山东、河南、云南、湖南、江西、福建、内蒙古、湖北、安徽、陕西等10个重点产金省（区）的生产基地，黄金生产发展布局基本形成。产业集中度不断提高，2011年十大黄金公司产量167.7t，占全国的49.19%。其中：

1）中金集团产金32.036t/340.876，占全国9.4%；

2）紫金集团产金29.2t/340.9，占全国8.6%；

3）山金集团产金24.13t/340.9，占全国7.1%；

4）招金集团产金24.8t/340.876，占全国7.3%；

5）灵宝集团产金13.1t/340.9，占全国3.8%；

6）中矿集团产金12.2t/340.9，占全国3.6%；

7）埃尔拉多产金11.2t/340.9，占全国3.3%；

8）金鑫集团产金6.13t/340.8，占全国1.8%；

9）云南黄金产金6.20t/340.9，占全国1.8%；

10）灵宝金源产金3.2t/340.9，占全国0.9%。

全国黄金产量自1968年以来，连续43年持续增长，自2007年以来，中国黄金产量连续五年居世界黄金产量第一。黄金产量是黄金生产发展的标志，我国黄金产量稳定、快速提高，标志着中国黄金生产已进入快速发展阶段。

我国黄金产量1995年达到100t，2004年达到200t，2009年达到300t。我国黄金产量达到100t用了45年，达到200t用了14年，达到300t用了5年。

自1949年起到2011年，我国共生产黄金约4800t。2011年全国生产黄金达到360.9t，比上年增加20t，增幅5.89%。2011年，全国黄金产量相当于建国后1949～1974年25年全国黄金产量的总和。1996～2011年全国黄金产量见表6。

表6 1996～2011年全国黄金产量 (t)

年 份	产 量	年 份	产 量
1996	120.6	2004	212.3
1997	166.4	2005	224.0
1998	177.6	2006	240.1
1999	169.1	2007	270.5
2000	176.9	2008	282.0
2001	181.8	2009	314.0
2002	189.8	2010	340.8
2003	200.6	2011	360.9

黄金产量的增长，使得黄金工业在国民经济活动中的比重不断提高。2001年，黄金工业在国民经济活动中的比重为0.19%，到2010年，黄金工业在国民经济活动中的比重提高到0.58%，提高0.39个百分点。黄金工业在国民经济活动中的比重见表7。

表7 黄金工业在国民经济活动中的比重

年 份	国家GDP/亿元	金产值/亿元	比重/%
2001	109655.2	212.60	0.19
2002	120332.7	246.26	0.20
2003	135822.8	282.10	0.21
2004	159878.3	375.88	0.24
2005	184937.4	394.38	0.21
2006	216314.3	529.18	0.24
2007	265810.3	832.22	0.31
2008	314045.4	1183.01	0.38
2009	304506.9	1375.32	0.40
2010	397983.0	2292.88	0.58

（4）黄金科技进步、管理水平进一步提升。目前，中国黄金生产，在先进技术、工艺设备方面已成为全球黄金矿业先进的国家之一。我国黄金行业的地质、采矿、选矿工艺技术，设备制造，科研设计取得重大成果。各地质勘查局在地质找矿理论，找矿装备的一些领域达到世界先进水平；中国黄金集团、山东黄金集团、紫金矿业集团、招远黄金集团等黄金主力企业在科技进步上不断开创新局面：采矿尾砂胶结充填，崩落采矿法，无底柱分段崩落法，无轨采矿设备及工艺，无废开采，深部开采等采矿新技术、新工艺的推广；具有自主知识产权的生物氧化提金技术已达到国际领先水平；大型球磨机、破碎机、浮选机、凿岩、铲运、装运及无轨运输设备的使用，极大地提高了黄金采选工艺的机械化水平；难选冶黄金资源回收研究取得重大突破；原矿焙烧工艺技术取得重大突破；“破碎—

筛分—洗矿，细粒重选、炭浸，粗粒堆浸”的联合提金工艺，使矿石边界品位从1g/t，下降至现在的0.1g/t。目前我国专门处理难选冶黄金矿的黄金冶炼厂20多座，冶炼厂年产能金属量50余吨。一系列针对低品位、微细粒、难选冶的金矿资源新技术、新工艺、新设备的推广应用，对占全国黄金资源30%左右的难选冶金矿资源得以开发利用，起到了极大的促进作用。

由计算机网络管理的管控一体化数字矿山建设正在展开。在数字化、信息化、虚拟化、智能化、集成化基础上，综合考虑生产、经营、管理、环境、资源、安全和效益等各种因素，使企业实现整体协调优化，在保障企业可持续发展的前提下，不断提高企业整体效益、企业市场竞争力和适应能力。

（5）黄金在中国有着巨大的市场，产品交易市场日趋活跃、成熟。2002年10月30日，上海黄金交易所正式挂牌成立。中国已形成了一个以上海黄金交易所、上海期货交易所和商业银行为主体的黄金市场体系，交易品种日益多样化，交易规模日益扩大，参与者日益增加，发展成为全球重要的新兴黄金市场。其中，上海黄金交易所已成为全球最大的场内实金交易市场，上海期货交易所黄金期货交易量居全球黄金期货交易市场第6位。2011年，中国黄金产品市场交易活跃。上海黄金交易所各类黄金产品共成交7438.463t（相当于23803万两，相当于建国以来63年总产金量的1.5倍），同比增长23.03%；成交额共24772.168亿元，同比增长53.45%。上海期货交易所共成交黄金期货合约1444.352万手，同比增长112.59%；成交额共50976.079亿元，同比增长178.68%。居全球交易市场黄金现货交易第一位。

近十年来，黄金牛市刺激国内黄金消费大幅增长。同时，随着中国居民收入水平以及对投资理财需求的提高，国内黄金珠宝首饰、投资金条市场日益升温，带动了黄金深加工制造业的发展。中国首饰用金2006年超过意大利，居全球第三，2007年又超过土耳其，仅次于印度居第二位，并在这几年进一步缩小了与印度的差距。

回顾中国黄金开采业，这个古老又热门的行业，走过了千年、万年的漫长岁月，经历了兴起、低迷、徘徊、恢复、发展的曲折路程。近几十年来，由于国家领导对发展黄金工业的重视；有关权力机关对改革黄金政策思路决策对头；地质勘探、生产建设、科研设计、金融中介等业界尽心；国际、国内经济环境、形势有利，在各方动力作用下，中国黄金工业产生了一次质的飞跃。中国黄金工业从分散落后的手工业，已发展成保持连续5年世界最高黄金年产量的行业。

3 未来中国黄金工业发展思考

不管政府如何对待黄金，黄金依然不是一种普通的贵金属。黄金的“货币职能”被政府解除，但黄金的天然“货币功能”依然存在。中国黄金工业已经成熟，中国黄金工业已站在世界黄金工业的高点，如何面对今后发展中的机遇和挑战，是我们必须认真思考的问题。

3.1 市场价格是快速发展的难得机遇

价格是黄金产量不断增加的动力。研究我国建国后黄金产量发展变化曲线和黄金收购价格变化曲线，我们发现两者走向极其相近。这说明是黄金收购价格提高，催化了黄金产量的提高。我国黄金收购价格和国际接轨前，国内金价和国际金价相差很大，20世纪90年代初，国际金价在1克人民币100元左右时，黄金收购价格在1克60~70元左右，相差50%上下。当时全国黄金行业总利润极低，大部分企业处于经营盈亏临界点。我国黄金收购价格和国际接轨后，黄金产量提高很快，究其内因：

（1）我国黄金收购价格和国际金价接轨使我国的黄金地质资源勘探可以和国外同业用一样的金价确定勘查矿床的工业指标、经济参数、降低边界品位圈定矿体，扩大矿体的储量、形态、规模，有利于矿山开发的规模化、矿山设备的大型化、集约化。

（2）我国黄金收购价格和国际金价接轨，大幅度提高了黄金企业的销售收入和实现利润，公正体现了黄金矿山企业对国家、投资者的贡献，提高了黄金企业的社会地位，黄金矿山企业提高了改善产地社区环境，促进区域经济发展的能力，提高了员工劳动报酬。

市场决定着价格，价格是发展黄金生产、黄金产量不断增加的动力。

从黄金储备看，中国目前的黄金储备量约为1054t，总价值达300亿~400亿美元，但该数额仅占中国外汇储备2.8万亿美元总资产规模的1.45%，是世界上黄金储备量占外汇储备量比例最低的国家之一，远低于西方发达国家，也大大低于俄罗斯、印度等国家的比例（见表7）。目前，一些专家提出建议，建议国家调整中国黄金储备量在外汇储备中的比例，把中国央行（PBOC）的黄金储备量提高至3000~6000t，即占中国外汇储备4%~8%的建议。目前全球一年的黄金产量在2500t左右，如果中国一段时间内黄金储备量提高到占其外汇总资产规模的3%左右，那么就需要增加1000t黄金储备量。如此巨大的需求，无疑会对黄金市场、黄金价格起到极大的支撑作用。

从黄金饰品消费黄金看，2002年中国黄金市场建立以来，黄金饰品消费黄金实现了发展，到2010年，中国黄金饰品消费黄金总量已达到571.5t，2011年，中国黄金饰品消费黄金总量超过700t。但目前我国黄金人均消费量仅4克多，远低于世界平均水平，国内黄金首饰消费市场还存在巨大的发展潜力。黄金消费在中国有着巨大的市场空间。

综合目前世界经济政治形势看，世界经济复苏缓慢、美元持续贬值、欧债危机不断、全球性通胀以及地缘政治动荡等诸多因素，决定了黄金价格将继续高位震荡。在这种大背景下，如何把握机遇迎接挑战，促进中国黄金工业健康快速发展，是对我们政治家和企业家的严峻考验。

3.2 横向差距，是持续发展的严峻挑战

准确认识世界年产金第一，认真把握中国黄金产量连续5年居世界黄金产量第一大国的内涵，是今后黄金健康、快速发展和“走出去”参与国际黄金开发的必需。自1997年以来，中国黄金产量连续5年居世界黄金产量第一，无疑是中国全体人民，尤其是全体黄金人值得自豪骄傲的。自豪了，但骄傲且慢。中国黄金产量连续5年居世界黄金产量第一这是千真万确的事实，是实实在在的真金。但是，我们5年产金第一，到2011年产金360t，这个数字是当年产金第一，不是世界当年产金历史最高水平。20世纪70年代，南非黄金年产量达到过1000t。当时，南非黄金年产量占到世界黄金产量的70%以上；准确地说，我国黄金生产和其他领域一样，在世界上是产金大国，但还不是黄金生产强国。我国360t黄金是由1000多个黄金、有色矿山产出的，大部分金矿属于中小型，平均每个矿

山产金 0.36t，最大的矿产金不超过 10t。而美国、俄罗斯、南非、加拿大、澳大利亚、南美有一大批年产黄金 10t、几十吨的金矿；矿业行业勘查、采矿、选矿等技术理论；采选工艺流程机械化、自动化、数字化水平；安全环保、环境治理等方面总体上都有一定的差距；矿业法律、法规尚待健全完善。总之，我国黄金工业纵向比历史，有了很大的发展进步，但在横向和发达国家黄金工业相比，在地质资源、技术力量、工艺设备、生产规模、人员使用等方面都有一定差距。在经济全球化的今天，我国黄金工业认真看到和国外黄金生产上的差距，吸收消化先进，发展改革创新，抓住机遇，缩小差距迎头赶上是我国黄金工业发展的关键。

3.3 社会责任，是健康发展的必要条件

发展我国黄金工业，不是一个部门、一个系统可以实现的。要保持我国黄金快速健康发展，必须调动各方面积极性。要按经济规律采取国家、非公、国内外的购买、参股、合作等各种合理方式，让找矿队伍的自身价值得以实现，调动找矿队伍找矿的积极性；要改善融资渠道，加大黄金矿山生产企业上市融资力度；建立金矿勘查项目上市机制，为分散地质找矿风险，资源收益共享开辟道路；建立“发展黄金外汇专项基金”，为企业“走出去”开发金矿提供资金保障。发展中国黄金工业，必须拓宽资金来源多渠道、资金组成多元化的路；要实行合理的税费征管，以保证黄金生产者的合法权益和合理的投资回报；要采取有效的管理，保证矿区的环境保护、灾害治理和社区整体利益的实现等。在我国黄金发展中，要在经济发展中更加重视社会公平正义，更多帮助欠发达地区和困难群体，促进各国人民共享发展的成果。只有调动各方面积极性，才能保证黄金工业发展的健康、和谐、快速。

中国黄金工业已具备了快速发展的基本条件。有资源，黄金探明储量有大幅度增长，新区找矿将有新的突破；有市场，储备和饰品消费需求空间巨大，高位价格支撑产业发展；有资金，企业金融信誉良好，社会融资渠道增加，多元资金投入踊跃；有人才，各类技术、经济复合人才成熟，一批专业人员担当领导重任。

我们可以有把握的预计：2015 年我国黄金产量将超过 500t；到 2020 年我国黄金产量将达到 700 ~ 800t；2030 年，我国黄金产量将达到和超过 1000t 水平，创造世界产金历史最高纪录。

作者简介：

崔德文，中国矿业联合会第五届理事会主席团主席，中国矿业联合会高级资政委员会副主任，中国矿业杂志社社长，教授级高级工程师；曾任中国黄金总公司副经理、国家黄金局副局长，武警黄金部队少将副主任、中国黄金学会理事长、中国矿业联合会专职副会长等。

对我国铁矿资源保障战略的思考

李新创

（冶金工业规划研究院）

2012年4月20日

改革开放30多年来，我国钢铁工业在社会主义市场经济大环境的推动下，解放思想，大力依托科技进步，遵循充分利用国内外两种资源、两个市场的正确方针，取得了举世瞩目的辉煌成就，在国民经济发展的各个阶段都发挥了重要的支柱作用。我国粗钢产量已连续16年居世界第一，2011年粗钢产量68327万吨，生铁产量62969万吨，比改革开放初期的1978年增加了近20倍。粗钢产量占全球产量的44.7%，相当于位于我国之后世界排名16个国家粗钢产量之和，生铁产量占全球产量的54.3%，相当于位于我国之后世界其他国家生铁产量的1.2倍。伴随钢铁工业的发展，我国已成为世界最大的铁矿石消费国，进口铁矿占国际铁矿贸易份额的60%以上，如何更好地保障钢铁生产的大宗铁矿原料供应是钢铁工业当前和今后较长时期面临的重要课题。国家颁布的《钢铁产业发展政策》、《钢铁工业“十二五”规划》均提出了铁矿资源保障的总体要求，明确了利用国内、国外两种资源的工作方向。

事实上，在钢铁工业发展的长期进程中，充分利用国内、国外两种资源形成了我国钢铁工业基本策略相辅相成的两个方面。改革开放以来，利用国际丰富的铁矿资源加快了我国钢铁工业发展进程是被实践证明的成功经验。国内铁矿资源开发在保障国内钢铁工业生产安全运行、抵御市场风险方面也发挥了不可低估的基础作用。关于充分利用国外铁矿资源问题的研究，涉及我国铁矿石需求总量、我国铁矿资源的开发潜力和国外铁矿资源的利用可能性等有关问题。影响我国铁矿石需求总量因素很多，主要有钢材消费总量、我国钢铁工业发展模式（钢材进口国、钢材输出国、钢材产需总量基本平衡）的选择、我国钢铁工业采用的工艺流程（长流程、短流程），以及生铁、钢坯（锭）、废钢进出口量、冶炼尘泥和轧钢皮回收量等。影响我国国内铁矿石产量的主要因素是资源赋存状况、合理开采的技术经济边界条件和资源保护、环境保护、节能减排等政策导向因素。

本文结合我国铁矿资源开发利用的现状及潜力、钢铁工业未来发展对铁矿的需求、世界铁矿资源开发利用的潜力、我国境外铁矿石开发状况等方面的重新审视和分析，提出加强和改进保障我国钢铁工业铁矿资源战略相关建议，旨在研究实现钢铁工业可持续发展方面抛砖引玉，共同探讨。

1 我国铁矿石资源开发利用概况

1.1 资源状况

截至2011年末统计，我国共有铁矿区4011个，铁矿查明资源储量744亿吨，其中，基础储量193亿吨（其中：储量57亿吨），资源量551亿吨。我国铁矿资源具有以下特点：

（1）储量大、品位低、贫矿多。按铁矿资源储量，我国居世界第4位。但矿石含铁品位平均只有33%，贫矿石占全部矿石储量98%，绝大部分铁矿石须经过选矿富集后才能使用。

（2）分布广而又相对集中。全国除天津市等个别地区外，绝大部分省（市、自治区）都或多或少地拥有铁矿储量，但又相对集中于河北、四川和辽宁三省之内，合计占全国总储量的45%。全国有7个储量在10亿吨以上的大矿区：鞍本矿区、冀东矿区、攀西矿区、五台－岚县矿区、白云矿区、宁芜矿区和霍邱矿区，合计储量占全国储量的55%。建国以来，依靠这些矿区为原料基地，我国建设了鞍钢、本钢、首钢、唐钢、攀钢、太钢、包钢、马钢和梅山等一批大型钢铁联合企业。此外，相对比较集中的地区还有云南的安宁－晋宁地区、河北的邯郸和邢台地区、河南的舞阳地区、山东的济南－淄博地区－莱芜地区、湖北的大冶地区、甘肃的酒泉地区、新疆的东疆地区和海南的石碌地区等。

（3）矿床类型多，矿石类型复杂。世界已有的铁矿类型，我国都已发现。具有工业价值的矿床类型主要是鞍山式沉积变质型铁矿、攀枝花式岩浆钒钛磁铁矿、大冶式矽卡岩型铁矿床、梅山式火山岩型铁矿和白云鄂博热液型稀土铁矿。主要矿石类型有：磁铁矿矿石，保有储量占全国总保有储量的55.4%，矿石易选，是目前开采的主要矿石类型；钒钛磁铁矿矿石，保有储量占全国总保有储量的14.1%，成分相对复杂，是目前开采的重要矿石类型之一；“红矿”即赤铁矿、菱铁矿、褐铁矿、镜铁矿及混合矿的统称，这类铁矿石一般难选，目前部分选矿问题有所突破，但总体来说，选别工艺流程复杂，精矿生产成本较高。

（4）多组分共（伴）生铁矿石所占比重大。多组分共（伴）生铁矿石储量约占总储量的三分之一。涉及的大中型铁矿区如攀枝花、大庙、白云鄂博、大冶等矿区，主要共（伴）生组分有钒、钛、稀土、铌等。

1.2 开发利用情况

1.2.1 铁矿资源储量利用现状

我国铁矿石生产基地的形成由来已久，现已发展为十大铁矿石生产基地：鞍山－本溪、西昌－攀枝花、冀东－密云、五台－岚县、包头－白云鄂博、鄂东、宁芜、酒泉、海南石碌、邯郸－邢台地区。我国铁矿资源开发利用程度比较高，全国正式生产和在建矿山约4300多处，保有地质储量约220亿吨，可采储量约80亿吨，其中大型矿山91座、保有地质储量约150亿吨，占全国铁矿已开发利用矿区储量的2/3。全国2011年铁矿石原矿统计生产量为13.2亿吨，成品铁矿石产量约4.3亿吨。

1.2.2 存在的主要问题

可采资源不足，生产能力萎缩。我国铁矿石大规模生产起步于20世纪50年代，经过半个世纪，特别是改革开放以来，铁矿资源的开发利用有了长足进展。随着铁矿生产的发展，可采资源不足的矛盾逐渐显现。多数重点及地方骨干矿山的圈定可采矿量逐渐减少，开始进入生产中后期。规划的后备资源开发缺乏吸引力。有的矿山规划多年不能投入基建，或者大矿小开，在某种程度上也造成资源的浪费。部分民采矿山存在短期行为。由于管理不善带来的乱采滥挖，没有充分发挥资源的潜在生产能力，同时还造成资源的浪费。

1.3 我国铁矿石生产能力预测

1.3.1 现有生产能力分析

中国规模以上铁矿石生产企业有1300多家，占全国铁矿石总产量的近90%，但重点矿山企业产量只占全国总产量的25%左右。其中，铁矿石产量最大的为鞍钢集团矿业公司，其次为本钢矿业公司、攀钢矿业公司、包钢矿业公司、太钢矿业公司、首钢矿业公司和马钢矿业公司等。

全国共有铁矿山4318处，其中，大型铁矿山91处，中型铁矿山212处，小型铁矿山2330处，其余1685处为小型铁矿采点。2011年，中国铁矿石原矿产量达13.3亿吨。

1.3.2 “十二五”期间及以后发展趋势

国内近期实施建设的大型铁矿山有安徽霍邱铁矿区、马钢罗河铁矿、和尚桥铁矿、白象山铁矿、重钢太和铁矿、包钢白云西矿、太钢袁家村铁矿、羊鼻山铁矿、吉林塔东铁矿、丹东翁泉沟硼铁矿、鞍钢砬子山铁矿、河北司家营二期工程、首钢杏山铁矿、山东苍山铁矿和大红山铁矿等，总采选建设规模9750万吨。正在开展前期工作的大型铁矿山项目总采选建设规模在1亿吨以上。地方中小型铁矿新建项目众多，在建总规模在1.5亿吨以上。

综合国内钢铁产业铁矿原料需求、拟建及在建项目情况、矿山开采边际成本和国内及进口矿价格分析等因素，预测2015年国内铁矿石原矿生产量达到18亿吨，成品矿5.5亿吨。2020年，国内铁矿石原矿生产量达到20亿吨，成品矿6亿吨。

2 世界铁矿石资源及开发利用现状

2.1 世界铁矿石资源及分布

世界铁矿石资源非常丰富，据Mineral Commodity Summaries报道，2011年，世界铁矿石储量为1700亿吨，其中含铁量800亿吨。澳大利亚、巴西、俄罗斯、中国、印度、美国、加拿大及乌克兰等是世界铁矿资源大国。铁矿床按成因特点一般分为岩浆型矿床、矽卡岩型矿床、火山岩型矿床、沉积型矿床和沉积－变质型矿床五大类。沉积－变质型矿床和火山岩型矿床是最主要的类型，其中，沉积－变质型矿床的资源量约占90%，而与其有关的富铁矿资源约占世界铁矿总量的70%以上。该种成因类型的铁矿石主要分布在澳大利亚、巴西、俄罗斯、乌克兰、加拿大、印度和美国等，在南非、几内亚、委内瑞拉、中国等也有相当多的分布。这类矿床的特点是规模大、分布集中，常构成几十亿吨的巨型矿床。

2.2 世界铁矿石生产

2011年，世界铁矿石产量约为18亿吨。世界十大铁矿石生产国依次为（按成品矿产量计）澳大利亚、中国、巴西、印度、俄罗斯、乌克兰、南非、加拿大、美国和伊朗，10个国家铁矿石产量占世界铁矿石总产量的90%以上。澳大利亚为世界第一大铁矿石生产国（折成品矿），2011年约生产铁矿石4.55亿吨，约占世界铁矿石产量的25.3%。中国为世界第二大铁矿石生产国，2011 年生产铁矿石 4. 3 亿吨（折成品矿），约占世界铁矿石产量的 24%。巴西为世界第三大铁矿石生产国，2011 年生产铁矿石约 3. 8 亿吨，约占世界铁矿石总产量的 21. 1%。世界前三大铁矿石生产国产量占世界总产量的 70% 以上。

2. 3 世界主要矿业公司概况

世界主要从事用于全球贸易的铁矿石生产公司有力拓、必和必拓和巴西淡水河谷等，这几个公司的主要情况简介如下：

（1）必和必拓公司。必和必拓公司的矿山主要位于澳大利亚西部皮尔巴拉地区，分别是纽曼、扬迪和戈德沃斯，此外必和必拓公司还拥有 Jimblebar 矿和萨曼科公司。必和必拓公司铁矿石总储量约为 55 亿吨，2011 年，必和必拓公司铁矿产量约 1. 62 亿吨。所有生产矿山生产的铁矿石通过长 426km 的铁路线，运输到黑德兰和芬尼康岛的港口混匀，装船外运国际铁矿石市场销售。

（2）力拓公司。力拓公司主要矿山有哈默斯利全资矿、恰那铁矿、东部地区矿、Hope Downs1、4 号矿、加拿大铁矿公司（拥有 59% 股份）和罗布河矿（拥有 53% 股份），其铁矿石储量达 25. 98 亿吨。此外力拓公司还拥有 3 个矿石码头和 1400 多千米的铁路。2011 年，力拓铁矿石产量为 2. 31 亿吨。

（3）FMG 公司。FMG 是澳大利亚第三大铁矿石出口商，公司成立于 2003 年。2008 年 5 月 15 日，FMG 驶出第一船矿石。FMG 公司拥有 Christmas Creek 矿和 Cloudbreak 矿，铁矿储量达 16. 25 亿吨。2011 年，FMG 公司生产铁矿石 4780 万吨。

（4）淡水河谷公司。巴西主要的铁矿石生产公司为淡水河谷公司，该公司铁矿石年产量占巴西铁矿石总产量的 82% 左右，它也是世界第一大铁矿石生产、出口公司。该公司主要矿山公司为 Urucum 和 Samarco。淡水河谷铁矿石储量达 149. 6 亿吨，2011 年，铁矿石产量为 3. 12 亿吨。

2. 4 世界铁矿石国际贸易

2011 年，世界铁矿石总产量约为 18 亿吨，其中国际贸易量约为 11 亿吨，占世界铁矿石总产量的 61%。在主要铁矿石出口国家中，澳大利亚位居第一位，铁矿石出口量为 4. 38 亿吨，占世界铁矿石出口总量 40% 左右；巴西位居第二位，铁矿石出口量为 3. 31 亿吨，占世界铁矿石出口总量 30% 左右；其次是印度，铁矿石出口量为 8100 万吨，占世界铁矿石出口总量的 7. 4%。

中国是世界上铁矿石进口最多的国家，2011 年铁矿石进口量为 6. 86 亿吨，占世界铁矿石总进口量的 60. 2%；第二大铁矿石进口国是日本，2011 年铁矿石进口量为 1. 29 亿吨，占世界铁矿石总进口量的 11. 3%；第三是韩国，2011 年铁矿石进口量为 6490 万吨，占世界铁矿石总进口量的 5. 7%；德国居第四位，2011 年铁矿石进口量为 4060 万吨，占世界铁矿石总进口量的 3. 6%；台湾居第五位，2011 年铁矿石进口量为 2050 万吨，占世界铁矿石总进口量的 1. 8%。

2. 5 价格变化趋势

近年来，随着铁矿石需求的旺盛增长，铁矿石国际贸易价格不断上扬。1990 ~ 2002

年期间，中国进口的铁矿石量低于1亿吨，而这段时间进口铁矿石的到岸价格在25美元/吨左右波动；而在2002年之后，中国进口铁矿石量直线上升，在2011年达到了历史新高6.86亿吨，铁矿石年平均到岸价格在2011年达到了最高的163.8美元/吨。铁矿石进口量和进口价格较2002年之前呈现历史性大幅上涨，而且2003~2011年中国铁矿石进口由于价格上涨多支出3000亿美元。

目前，铁矿石处于高价水平，但长期来看，随着铁矿石主要出口国澳大利亚、巴西等国矿石产量的稳定增长，以及中国海外矿山项目的陆续投产，铁矿石供不应求的局面有所缓解，预计未来几年国际矿石价格难再大幅上涨，并有逐步回落的趋势。

2.6 世界铁矿石供需预测

2.6.1 世界铁矿石需求量预测

从世界范围来看，未来铁矿石的需求仍会缓慢增长。在近期，铁矿石消费增长的大部分将来自亚洲，尤其是中国、印度等国家和地区；中远期，铁矿石消费增长将来自亚洲其他国家、南美洲和非洲等地。

预测2015年全球钢产量将达到18亿吨左右，生铁（包括直接还原铁）产量将达13.7亿吨，铁矿石需求量将达21.8亿吨。

预测2020年全球钢产量将达到21.8亿吨，生铁（包括直接还原铁）产量将增长到14.5亿吨，铁矿石需求量将达23.2亿吨。

2.6.2 世界铁矿石供应量预测

预计未来几年世界主要铁矿石生产情况如下：

2015年，力拓计划将其铁矿石产能增加至3.17亿吨，必和必拓计划增加至2.09亿吨，淡水河谷计划增加至5.58亿吨，FMG计划增加至1.55亿吨，安赛乐米塔尔计划增加至1亿吨，英美资源计划增加至0.94亿吨，中国铁矿石产量预计为5.5亿吨，印度预计为3亿吨，俄罗斯预计为1亿吨，其他国家及铁矿石生产商预计为4亿吨。由上可知，2015年，世界铁矿石产能将达27.8亿吨。考虑到一些不确定性因素和矿山达产周期，预计2015年世界铁矿石产量为22~24亿吨，乐观判断2015年前后全球铁矿石市场总体开始趋向供需平衡的局面，但亚洲等主要铁矿需求地区仍存在供求紧张的局面。

3 我国利用进口铁矿石的现状及预测

3.1 国内利用进口铁矿石的现状

3.1.1 历年进口矿量统计

2000年以来，我国进口矿量和增长率如图1所示。由图1可见近几年我国铁矿石进口量增加很快。

3.1.2 进口国别

我国铁矿石进口主要国家，按数量排序依次为澳大利亚、巴西、印度、南非等国。以2011年为例，我国铁矿石进口主要来自澳大利亚、巴西、印度、南非，进口量分别为29668.2万吨、14273.5万吨、7305.6万吨和3615万吨，合计占总进口量的80%，如图2

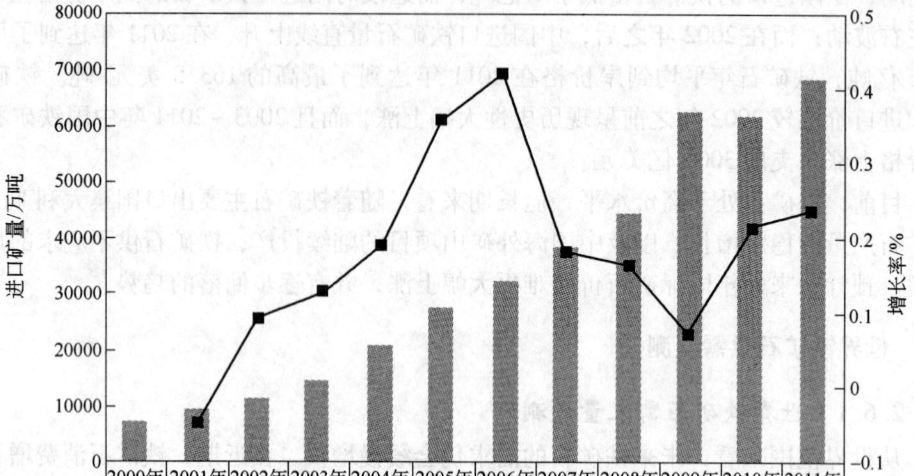

	2000年	2001年	2002年	2003年	2004年	2005年	2006年	2007年	2008年	2009年	2010年	2011年
进口矿量/万吨	7129	9157	11150	14813	20809	27526	32630	38306	44410	62789	61877	68606
增长率/%		-5.00	9.40	12.80	18.80	35.60	42.00	18.40	16.50	6.80	21.70	23.80

图1 2000～2011年进口矿量统计

所示。

我国铁矿石进口来源趋向多元化，但目前依赖澳大利亚、巴西、印度三国的主要格局仍然没有实质性改变。由于印度国内需求增长及铁矿石出口关税的增加，对我国铁矿石出口量大幅下降，我国从印度进口铁矿石量从2010年的9658.5万吨下降到2011年的7305.6万吨，下降了24.4%，占我国总进口量的比重也从2010年的16%下降到了11%，今后随着印度钢铁产量的增长，我国从印度进口铁矿也许会进一步下降。

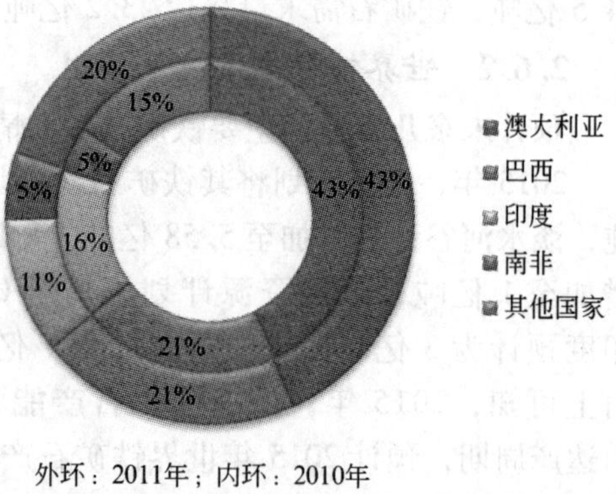

图2 我国主要铁矿石进口来源国占比

3.1.3 进口矿数量地区分布

按地区划分的进口矿统计见表1。

表1 2011年分地区进口矿量统计

地区	华北	东北	华东	中南	西南	西北	合计
进口量/万吨	21776.9	4625.8	31902.5	7622.3	1638.8	1042.1	68608.5
占比/%	31.7	6.7	46.5	11.1	2.4	1.5	100.0

3.2 我国利用进口铁矿石预测

依据我国未来的钢、生铁产量、国内铁矿石产量和质量、进口铁矿石质量情况，来预测我国铁矿石需求量和进口量。预测2015年国内生铁生产规模7.6亿吨，铁矿石消费量12.2亿吨，在理想情况下，如果消耗国内生产成品铁矿石5.5亿吨，进口铁矿石6.7亿吨。国内钢铁工业铁矿原料对外依存度55%。2020年国内生铁生产规模7.9亿吨，铁矿石消费量12.7亿吨。如果消耗国内生产成品铁矿石6亿吨，消耗进口铁矿石6.7亿吨。国内钢铁工业铁矿原料对外依存度52.9%。由此可见，在较长时期内，国内钢铁生产需要进口铁矿量保持在6.5亿吨以上，铁矿原料对外依存度居高的形势将长期存在。

4 我国境外铁矿资源开发状况

我国境外投资铁矿产业可划分3个不同的发展阶段。20世纪80年代至2000年进展相对缓慢，仅成功开展两宗境外铁矿合资开发和收购。2000~2006年，形成了境外铁矿合资开发和收购的第二轮热潮。随着钢铁产能的进一步增长，对原料供应的稳定及市场风险关注程度日益提高，国家《钢铁产业发展政策》的引导作用逐步显现，出现了2008年以来新一轮境外铁矿合资开发和境外矿业公司股份收购热潮。境外铁矿资源掌控和开发以国内大型钢铁生产、贸易企业集团为主导，一些有实力的非钢大型企业集团介入其中也取得了预期成果。截至目前，已明确加大铁矿项目投资的推动，预计能够新形成的合资铁矿权益矿规模超过2亿吨。境外铁矿资源项目的进一步推进，将能够有力地缓解和改善我国钢铁工业铁矿原料保障局面。

5 利用国内国外两种铁矿资源的总体思路建议

我国钢铁工业发展迅速，铁矿石对外依存度仍将长期处于高位。我国铁矿石进口来源主要为澳大利亚、巴西、印度等主要生产国，国际铁矿石贸易市场存在三大矿山高度垄断格局，为应对钢铁工业铁矿依存度过高的事实，综合国内、国外两种资源利用的形势，提出如下几方面的思路建议：

（1）坚持充分而有效地利用国内、国外两种资源仍是保障我国钢铁工业稳定发展的基本战略。受我国铁矿资源禀赋条件限制，决定了国内铁矿石不能完全满足钢铁工业需求，而且我国钢铁产量还将保持一定的增长，并在较长时期维持7亿吨以上的产量水平，相应地将要大量依靠进口铁矿石维持高水平的钢铁生产。因此，充分利用国内、国外两种资源，是保障我国钢铁工业稳定发展的基本战略，也必须长期坚持。同时要加大高水平的国内废钢资源的回收利用。

（2）提高认识，增强国内铁矿资源开发利用的基础产业地位。从战略高度审视，增强国内铁矿资源开发利用的基础产业地位，大幅降低目前国内铁矿过高的不合理税赋，明确国内铁矿资源开发的方向，有利于增强社会经济发展的基础和信心，增强钢铁产业竞争力和抵御外部风险的能力。这对于保持国民经济健康发展、维护我国钢铁工业安全运行具有现实和深远意义。

（3）大力支持企业“走出去”战略，建立境外铁矿资源保障基地。经过近十年的发展，我国海外铁矿资源掌控取得了一定成效，但矿山开发建设期长，多数处于前期工作阶段，还不能有效地解决目前的燃眉之急，截至2011年底，我国海外权益矿量仅5200万吨，占进口铁矿总量不到10%，与日本、韩国等主要产钢国家存在较大差距。因此，要切实大力支持国内企业实施走出去战略，一方面支持企业境外掌控开发资源，不断提高权益矿的比例，力争在海外建立长期有效的多元化多渠道多方式的稳定铁矿石基地，使得海外铁矿权益矿的比例达到我国进口矿比例的50%以上，这是我国获取进口铁矿定价权的最重要最关键的因素；另一方面可考虑支持企业在境外建设钢厂，促使国内钢铁产能转移，既可利用当地资源和市场，还可缓解国内钢铁产能过剩的压力。

（4）完善我国工业布局，合理充分有效利用国内、国外两种铁矿资源。在目前国内钢铁产能已满足我国总体需求的前提下，应结合兼并重组和淘汰落后，在不增加生产能力前提下，统筹考虑市场需求、交通运输、环境容量和原燃料、配套基础设施保障等，优化产业布局，特别是加快沿海钢铁布局，充分有效地利用好国外铁矿资源。

（5）积极应对铁矿石金融化，降低钢铁工业成本波动的影响。继2010年铁矿石长协定价体系崩溃后，2011年以必和必拓为首的铁矿石巨头继续推进铁矿石的现货交易，在新加坡推出现货交易平台——Global Ore，铁矿石协议短期化、定价指数化、交易金融化已成事实。而我国钢铁行业也在积极应对，2011年10月，中国钢铁工业协会发布中国铁矿石价格指数；2012年1月，中国钢铁工业协会、中国五矿化工进出口商会和北京国际矿业权交易所共同发起的中国铁矿石现货交易平台，希望在未来的铁矿石国际贸易定价中寻得主动，积极建立公平公开合理的铁矿石价格机制。

（6）扩大港口接卸能力。经过多年的发展，我国已初步形成了东北、华北、长江流域和华南几大铁矿石主力接卸区域。东北地区以大连、鲅鱼圈港口为主，供应鞍钢、本钢等企业，华北区域以天津、秦皇岛、青岛、曹妃甸港口为主，供应首钢、河北钢铁集团等企业；长江流域以宁波北仑、舟山港口为主，供应宝钢、武钢等企业；华南区域以广州、防城、湛江港口为主，供应韶钢、柳钢，以及西南地区的攀钢、水钢、昆钢等。

但是由于各个港口的矿石接卸能力存在较大差异，目前铁矿石到岸后，仍然部分存在着跨区运输的现象，导致运输距离增加，运输环节增多，运输成本提高，因此，建议结合统筹钢铁行业的整体布局调整，进一步优化港口的接卸能力，力争将铁矿石上岸后的物流成本降至最低。

（7）组建铁矿石运输船队，降低运输成本。我国每年铁矿石进口量占世界贸易量的60%以上，但由于我国铁矿石运输船队的发展起步较晚，从事铁矿石运输的船队规模较小，市场竞争力较弱，铁矿石的运输目前仍主要依靠租用外轮和委托外国船运公司完成，使得铁矿石海运价格长期被国外船东控制，国内企业缺乏话语权，尤其当海运市场风险显现时无应对砝码。因此，建议政府加大对造船业的投入，给予造船业一定的政策和资金支持。同时积极鼓励钢铁企业与航运企业合作，建立利益共同体，由钢铁企业和航运企业共同投资建造专业化船舶，共同消除风险隐患。

（8）改善进口铁矿石陆路运输条件，满足企业发展需要。2011年，全国铁路货运总发送量达39.3亿吨，较2010年增加28992万吨，增长8%。其中煤炭、石油、粮食和化肥等重要物资运量达26亿吨，占到总运量的2/3。相对于铁矿石，上述物资更多地得到铁路运输优先保障，导致用于铁矿石的铁路运力紧张，进口铁矿石常出现港口疏运受阻、铁矿石压港的状况。

建议国家有关管理部门要加强与铁道部门协调，改善铁路运输的薄弱环节，满足作为国民经济支柱的钢铁工业包括进口矿在内的大宗物资的运输需要，切实降低铁矿石运输成本。

作者简介：

李新创，教授级高级工程师，注册咨询工程师（投资），中国钢铁工业协会常务副秘书长，冶金工业规划研究院院长，中国金属学会冶金技术经济分会第六届委员会主任委员。

中国大型矿业公司的发展方向

连民杰

（中国冶金矿山企业协会、中钢矿业开发有限公司）

2012 年 4 月 16 日

1 国外大型矿业公司的基本情况

国外大型矿业公司主要集中在巴西、澳大利亚、南非、美国、俄罗斯、智利。这些地方一是拥有丰富的资源，二是经济比较活跃。国外大型的矿业公司主要经营铁矿、铜矿、铝、镍、钾和石油天然气等大宗的、重要的资源。有数据表明，全球最大的前 10 家矿业公司控制着发达国家及俄罗斯 70.2% 的铁矿石储量、79.3% 的锡储量、74.6% 的铜产量、57.4% 的金产量和 57.1% 的锌产量。另有数据表明，全球三大铁矿巨头控制了约 70% 铁矿贸易；六大铬矿生产巨头年产量占全球总产量的 78.3%；六大锰矿生产巨头年产量占全球总产量的 45%；六大镍矿生产巨头年产量占全球总产量的 67.8%。

1.1 国外三大铁矿石公司的基本情况

世界三大矿业公司即我们熟知的巴西淡水河谷公司（Companhia Vale do Rio Doce, CVRD)、必和必拓公司（BHP Billiton）和力拓矿业公司（Rio Tinto)。这三大公司控制着全球的铁矿石市场。

CVRD 是世界第一大铁矿石生产商和出口商。除经营铁矿砂外，还经营锰矿砂、铝矿、金矿等矿产品及纸浆、港口、铁路和能源。

BHP Billiton 由 BHP 矿业和 BILLITON 矿业公司合并而成，主要产品有铁矿石、煤、铜、铝、镍、石油、液化天然气、镁、钻石等。

Rio Tinto 兼并了数家全球有影响力的矿业公司，成为在勘探、开采和加工矿产资源方面的全球佼佼者，经营铁矿、硼砂、铜矿、海洋运输业等，同时还涉及铝、能源、钻石、黄金等业务。

三大矿业公司 2010 年主要产品产量见表 1 ~ 表 3。

表 1 CVRD 2010 年主要产品产量

种类	铁矿石	球团矿	煤	镍	铜	铝矾土	氧化铝	铝
单位	亿吨	万吨	万吨	万吨	万吨	万吨	万吨	万吨
产量	3.078	4899	689	17.9	20.7	1433	580	4.47

表 2 BHP Billiton 2010 年主要产品产量

种类	铁矿石	冶金煤	锰矿石	镍	阴极铜和精矿含铜	氧化铝	铝
单位	亿吨	万吨	万吨	万吨	万吨	万吨	万吨
产量	1.25	3738.1	612.4	17.62	107.52	384.1	124.1

表 3 Rio Tinto 2010 年主要产品产量

种类	铁矿石	精矿含铜	钼精矿	铀 U_3O_8	金	铝矾土	氧化铝	铝
单位	亿吨	万吨	吨	万磅	万盎司	万吨	万吨	万吨
产量	1.85	67.8	12900	1138	59.6	3344	908.9	379

1.2 国外其他矿业公司的基本情况

英美资源集团（Anglo American plc）及其子公司、合资公司是世界上采矿和自然资源领域的著名公司。它在黄金、白金、钻石、煤等领域都有重要的影响，集团在非洲、欧洲、南美洲、北美洲和澳洲都有业务操作和发展。

斯塔拉塔公司（Xstrata plc）是总部设在瑞士的全球性矿业公司，产品包括铜、炼焦煤、热煤、铁铬合金、镍、钒锌等。公司经营机构和投资项目遍布世界四大洲的 18 个国家，是世界上最大的锌和铁铬合金生产商，全球第二大煤炭出口商。

智利国家铜业公司（Codelco）为智利全资国有企业，由智利政府于 1976 年成立，是一家集铜矿开采、冶炼和铜金属销售的世界级矿业公司，其铜矿储量和电解铜的生产量均为世界第一位，该公司 2011 年铜产量约为 170 万吨。

巴里克黄金公司（Barrick Gold Corporation）是一家跨国的以黄金勘查和开发为主的矿业公司，总部设在多伦多市。该公司全球金保有储量达 2700 多吨，其黄金地质、采矿、选矿、冶炼技术处于世界领先地位。

俄罗斯诺里尔斯克镍业公司（Norilsk Nickel）是全球最大的镍和白金生产集团，该公司所生产的镍占所有镍产量的 20%，预计截至 2012 年底，旗下位于南非的合资企业镍年产量将达 20000t，目前产量为 6000t 左右。

法国埃赫曼集团（Eramet Group）总部设在巴黎，主要生产和销售镍、锰及其化工产品，高性能特殊钢、合金、超合金和高附加值的锻件。该公司是全球锰系化工产品最大的生产商，同时还是世界第二大高品位锰矿生产商。

1.3 世界金属矿业公司十强

世界金属矿业公司十强见表 4。

表 4 世界金属矿业公司十强

序号	名 称	2010 财年净利润/亿美元	所属国家
1	BHP Billiton Group 必和必拓集团	约 170	澳大利亚
2	Cia Vale do Rio Doce 淡水河谷公司	约 170	巴西
3	Anglo American plc 英美资源集团	约 65	南非

续表 4

序号	名 称	2010 财年净利润/亿美元	所属国家
4	Rio Tinto plc 力拓集团	约 60	英国
5	Xstrata plc 斯特拉塔公司	约 45	瑞士
6	Corporation National del Cobre de Chile 智利国家铜业公司	约 40	智利
7	Norilsk Nickel (MMC) JSC 诺里尔斯克镍业公司	约 30	俄罗斯
8	Barrick Gold Corp 巴里克黄金公司	约 30	加拿大
9	Newmont Mining Corp 纽蒙特矿业公司	约 15	美国
10	Group Mexico SA de CV 墨西哥集团	约 12	墨西哥

注：表中数据样本为抽样调查，不是严格排名；净利润为估算数值。

1.4 世界大型矿业公司的特点

通过对国外大型矿业公司，尤其是三大铁矿石集团进行实证分析研究之后，我们发现，这些矿业公司在多国家、多地区进行矿产品的开采、加工和销售，公司的规模都比较大，盈利能力可观，持续发展能力比较强。主要有以下几个特点：

（1）在多地区占有数量庞大、种类丰富的资源。国外大型矿业公司之所以规模大、盈利能力强、实力雄厚，本质原因是通过长期的发展，在多地区占有了数量庞大、种类丰富的资源。这些资源，如铁、石油天然气、铜、铝等，都是重要的、大宗消费矿产。从三大铁矿石供应商的基本情况就能看出，他们占有世界上优质的铁矿石资源，从源头上垄断和控制了铁矿石的开采供应，因此，具有雄厚的谈判实力、盈利水平和抗风险能力。

（2）进行矿产品的加工、贸易等活动，进行多元化经营。大型矿业公司不仅进行矿石开采，很多还拥有自己的冶炼厂，对矿产品进行加工。如必和必拓在氧化铝精炼和金属铝冶炼上拥有很强的实力。除此之外，三大矿业公司积极参与全球矿石贸易，在矿产品定价上起到了决定性作用。

（3）积极推动并购重组、参与资本市场。BHP 矿业和 BILLITON 矿业公司合并而成必和必拓集团、力拓并购加拿大铝业、必和必拓与力拓联合开发澳洲铁矿，瑞士斯特拉塔公司收购加拿大鹰桥矿业，以及现在的嘉能并购斯特拉塔公司，这些案例都说明大型矿业公司积极参与并购重组，有效地进入资本市场进行全球资源配置。

（4）占有或垄断矿产地的基础设施。基础设施是进行矿产品开发和贸易的必要条件之一。大宗矿产品的运输主要依靠铁路、港口、海运。大型矿业公司十分重视对基础设施的建设。三大矿业公司都在自己的矿产地拥有港口或铁路的运营权，而力拓和必和必拓还曾试图说服政府不允许其他公司进入本公司铁路网络。

（5）开展全球化经营。从几大矿业公司的矿产开采分布情况可以发现，这些公司在大的、优质成矿区域都进行资源开发，如澳大利亚、南非、巴西等地，产品销售到世界的多个国家和地区。对于日本、美国这种本身缺少矿产资源的国家，它们通过三井物产、美国铝业公司、菲尔普斯道奇公司等世界级矿业公司，在全球市场内进行资源配置。

2 国内大型矿业公司的基本情况（以冶金矿山为主）

我国矿产地分布范围广泛，20 多万处矿床（点）散布在全国各地。从 20 世纪 90 年代末，国内矿业公司开始蓬勃发展。如今，从事矿业开发的公司几乎遍布各个省市地区。这些矿业公司不仅分布在经济发达的省市，在经济不发达但资源丰富的地方同样具有一定的数量。在全国 2204 个县或县级行政区中，有 2019 个县或县级行政区有矿业开发活动，占全国县或县级行政区总数的 91.6%。

目前比较优秀的矿山企业除了老牌的国有矿山，如鞍钢矿业、攀钢矿业、武钢矿业、马鞍山矿业、包钢矿业、本溪矿业、太钢矿业、梅山矿业、邯邢冶金矿山管理局、鲁中矿业、海南铁矿这些黑色冶金矿山外，还有江西铜业、云南铜业、铜陵矿业、华锡集团、云锡集团等有色矿山，以及紫金矿业、西部矿业这样新兴的民营企业。

2.1 国内几大矿山企业简要情况分析

（1）鞍山矿业公司是鞍钢集团公司全资子公司，是全国最大的冶金矿山企业。探明铁矿石储量 74 亿吨、工业储量 44 亿吨，具备年产铁矿石 4500 万吨、铁精矿 1500 万吨的能力，占全国矿石产量的 6%。其“十二五”规划铁矿石产量将近 3500 万吨。

（2）河北钢铁集团矿业公司是河北钢铁集团的全资子公司，由原唐钢集团和邯钢集团所属矿山整合组建而成，是以铁矿山采选加工为主业的国有大型冶金矿山企业。现有矿石储量 10.37 亿吨，规划铁矿山资源储量 46.26 亿吨。现有大型全资铁矿 4 个、控（参）股铁矿 3 个、正在开发建设铁矿 3 个，另有白云石矿、兆丰冶炼等多个企业。其“十二五”规划铁矿石产量将近 3000 万吨。

（3）中国五矿是中国最大的冶金工业原材料集成供应商，也是中国最大的钢铁贸易企业之一。目前拥有铁矿石储量约 10 亿吨、焦煤储量约 2.5 亿吨，焦炭、煤炭、铁合金、耐火材料等产品的出口量和铁矿砂、废船、废钢、钢坯的进口量居全国前列，年销售钢材 2000 万吨。

在铁矿石生产领域，中国五矿重组了邯邢矿业有限公司、鲁中矿业有限公司。邯邢矿业先后建成 18 座铁矿山、9 座选矿厂，资源控制量已增加至 6 亿吨以上，在安徽霍邱地区已具备千万吨铁矿石生产能力。目前，邯邢矿业拥有铁矿山 10 座、选矿厂 9 座，已建成年产铁矿石 1000 万吨、铁精矿 500 万吨的生产能力。鲁中矿业的铁矿资源总储量 3.3 亿吨，品位在 45.5% 以上，铁矿石年生产能力 400 万吨。

中国五矿收购世界第二大锌公司——澳大利亚 OZ Minerals 公司旗下多个矿产项目，基本上涵盖了 OZ 公司所有的铅锌矿。拥有锌 1820 万吨，铅 260 万吨。

（4）中国有色矿业集团在境外拥有多个已建成、在建和开发的有色矿山，拥有境外有色金属资源量 1000 万吨，铝土矿资源量逾 3 亿吨。在国内，中国有色拥有铜、锌等有色金属生产加工企业以及钽、铌、铍等稀有金属研发、加工科研生产基地。

（5）中钢集团是我国最早走出去从事资源开发的企业。目前，中钢集团拥有 15 个矿山企业，遍布国内 4 个省区及澳大利亚、新西兰、菲律宾、印度尼西亚、南非、津巴布韦、喀麦隆等国家。占有铁、铬、锰、镍、铀、钼、钒、萤石 8 个品种，控制资源量达 30 多亿吨，其中在海外拥有铁矿石储量 20 多亿吨，铬矿石储量两亿多吨。同时，铬矿石在当地进行深加工，并销往世界各地。经过 20 多年的经营，尤其是近 5 年来的快速发展，国内矿石产能已达 1000 多万吨，海外矿石产能已达 2000 多万吨。资源开发作为中钢的三大主业之首，将来定将会有更长足的发展。

近年来，我国经济形势较好，工业发展对矿产资源需求量大，一定程度上促进了矿产行业的快速发展，国内矿山企业投资建设了一批矿山，其中正在投资和即将建设的矿山生产规模达 9000 万吨以上，详见表 5。

表 5 国内近几年投资建设的部分铁矿山

序号	项 目	生产规模/万吨	序号	项 目	生产规模/万吨
1	鞍钢胡家庙子	1000	11	西鞍山	700
2	邯邢矿山局李楼	500	12	攀枝花红格	500
3	云南大红山	400	13	安徽龙桥	100
4	攀钢白马	600	14	陕西柞水	500
5	河北钢铁司家营	700	15	首钢杏山	320
6	马钢高村	700	16	河北钢铁中关	200
7	包钢白云西区	600	17	中钢山东	200
8	马钢白象山	600	18	中钢刘塘坊	150
9	安徽罗河	600	19	中钢富全	120
10	首钢孟家沟	600		合 计	9090

2.2 国内矿业公司的特点

综合分析国内矿业公司的情况，它们显现出以下特点：

（1）国内矿山企业近年来成长快。有些老牌的矿山企业，如鞍钢矿业，尽管从 20 世纪 30 年代就开始开采，但是由于受中国整体政治、经济发展的影响，整个采矿行业真正开始市场化运作和蓬勃发展是在近 30 年改革开放以后。企业的数量、规模、盈利能力得到了跨越式的提升。

（2）某些矿业公司经营的品种单一。有些传统的黑色冶金矿山拥有国内质量比较好、数量可观的铁矿资源，但其没有进行其他矿种的开发，矿产品结构单一。

（3）参与全球资源配置的能力相对比较弱。有些大型的矿山企业在国外没有矿山，或者在一些政治、经济局面不够稳定的地区进行矿山开采。在全球进行资源配置能力还有待提高。

（4）国内矿山企业市场集中度不够，缺少大型矿业集团。目前，我国经营各种矿种的矿山企业遍布各省市，在资源整装勘查、联合开采上缺乏有利条件，因此较难产生规模效应。所以，国内矿山企业需要进行兼并重组，以取得大型跨国矿业集团的优势。

3 国内外矿业公司的发展优劣势分析

国内外矿山企业发展积累程度不同。国外大型矿山企业已经发展了一百多年，而中国发展市场经济也不过 30 年。因此，国外跨国大型矿山基础厚实、规模庞大、经验丰富、运营资金充足，而国内矿山企业与国外大型矿业公司还存在一定差距。

国外大型矿山企业经验丰富。我国的矿山企业想要取得更大发展，应充分借鉴和利用国外大型矿山企业的经验，将他们的企业运作模式、企业价值标准、先进管理手段和方法等与国内的实际情况有机结合起来。

我国矿山企业发展具备一定的有利条件。目前，我国矿业领域已经进行了一定的优化，关闭了一些规模小、效益差、污染严重的小型矿山，对矿产资源开始整装勘查和联合开采。此外，我国是个矿产品消费大国，接下来的城市化进程都需要大量的矿产资源，因此，我国拥有广阔的市场。另外，钨、锡、锑、钼、稀土、萤石等我国传统的优势矿产资源依然在国际市场上占有举足轻重的地位。这些为国内矿山企业的发展提供了有利条件。

4 国内大型矿业公司的发展方向

4.1 通过大量获取资源提高企业核心竞争力

根据行业内的数据分析，2010 年，全球铁矿石消费量为 18.2 亿吨，2011 年约为 19 亿吨，2012 年将进一步增至 19.9 亿吨；2011 年，中国铁矿石产量已经达到 13 亿吨，但对外依存度仍超过 60%；2011 年全球粗钢产量约为 15 亿吨，中国粗钢产量突破 6.8 亿吨。因此，从行业情况判断，市场仍然在相对活跃的状态。资源性企业应当顺应行业的情况，提高自身的资源获取能力、扩大资源的拥有数量和质量，更好地适应市场发展环境。

大量获得优质的矿产资源，积极投身全球范围的矿产资源配置，其途径应当多样化。在申请取得、投标取得、受让取得这些传统资源获取方式的基础上，还可以通过参股、控股、并购、收购等方式获取资源。同时，在现有矿区的基础上，进行深部探矿、外围找矿，提高和扩大可采储量。对周边的矿区和矿山企业进行资源整合，将分散的矿区按照成矿体系科学地结合成统一的大矿区，发挥协同效应和规模效应。此外，加大基础勘查力度，利用风险勘查基金，重视绿地项目，寻找新的大型重要资源。

4.2 多品种发展，多元化经营，增强企业抗风险能力

多元化经营，就是企业尽量增大产品大类和品种，跨行业生产经营多种多样的产品或业务，扩大企业的生产经营范围和市场范围，充分发挥企业特长，充分利用企业的各种资源，提高经营效益，保证企业的长期生存与发展。

资源型企业想要做强做大，开展多元化经营是其重要途径。如冶金金属矿山除了传统的铁和锰之外，可以开发铝、钒、钛、焦炭、镍、稀土等矿产。同时也可以开展货运、贸易、工程设计、装备制造。从单一的生产某种矿产品拓展到生产多种矿产品、从单一的矿产品采掘拓展到矿产品深加工、从单一的生产业务拓展到物流与销售、综合配套服务等，这都是资源型企业进行多元化经营的有效措施。

在多元化经营这方面，国内的矿业公司与国外矿业公司有着明显差距。国内的大型矿山通常品种比较单一，似乎是“非冶金即有色”这样的格局，这种情况的出现与计划经济体制下政府机构设置以及企业长期行政化运作有一定关联，因此，国内大型矿业公司要突破自身行业的圈子，步伐要更大，不仅仅在企业自身传统的优势资源上加大开采力度，同时积极拓展其他矿种的开发力度。不仅仅在采掘上发挥优势、拓展深化，同时也应该进

行冶炼、制造、物流、销售等。

4.3 多区域跨国发展，向国际大型企业集团看齐

矿产的成矿本身就是不规律的，矿产资源并没有在全球均衡共享。因此要获得企业发展的根本助力，就需要在不同区域进行资源开发，尤其是积极参与全球矿产资源配置。

我国的铁矿规模小、品位低、难采难选，而澳洲、巴西、非洲的铁矿规模大、品质高；我国的铬矿矿床规模小、分布零散，且主要为岩浆晚期矿床，而南非集中了世界上80%多的铬矿可采储量；我国的锰矿床规模以中、小型为主，矿石品位也比较低，平均含锰20%～30%，而南非锰矿资源约占世界锰矿资源的77%，乌克兰占10%。从这3个主要的冶金矿产分布就能看出，要想获得优质的、大型矿产资源，需要有全球化的战略眼光，需要在全球范围内进行矿产资源资源配置。因此，我国的矿业公司迫切需要以一个国际型、跨国企业的姿态跻身世界矿业企业之中。

4.4 强化技术支撑，"投"、"产"、"贸"结合，"采"、"选"、"冶"配套

(1) 大型矿业公司必须拥有强大的技术支持。企业应该与相关科研院所、高等学校、技术工人培养学校等进行合作，不仅拥有企业自己的研究开发基地，也应当在研究开发上拓展合作伙伴关系。在地质、测绘、采矿、选矿、工程设计、施工管理、企业运营等方面有技术和人才支持。

(2) 大型矿业公司应当是集团化、集约化、一体化运作模式。从项目的融资、投资、建设，一直到矿产品的生产、深加工、销售、售后服务等环节，环环相扣，环环结合，形成一条运作科学的流水运作模式。

(3) 单一的矿产品开采往往只能停留在简单、粗放的企业运作模式上。要想企业规模上台阶、企业业绩上水平，必须要在矿产品的深加工上下功夫。"采选冶"的一体化，不仅延伸了企业的产业领域，也有利于提高公司的冶炼技术水平和产能，使冶炼产能的提升与资源控制战略保持一致。同时，企业通过提升冶炼规模经济，更能够降低单位产量的原材料消耗、金属损耗、总体能源消费，提高金属回收率，提高成本效益，降低公司收入和利润对基本金属价格波动的敏感性。

4.5 站位要高、视野要宽、眼光要远；思想要解放，行动要积极

大型矿业公司的形成，绝对不是一蹴而就的。这需要一大批企业家、实业家，需要政府政策的支持，需要体制机制的保证，更需要中国矿业企业践行"开拓、实干、发展、创新"的企业理念。

过去的30年，尤其是近十年，资源型企业获得了长足发展，企业数量和规模都得到了巨大提升，中国也出现了一些实力比较雄厚、在国际上享有一定知名度的资源型企业。但是，要想真正掌控关键资源、关键环节、关键技术，真正在国际市场上拥有定价权和话语权，必须要站在更高的位置拥有全球视野。众所周知，采掘业作为工业的重要组成部分，作为给工业提供"粮食"的基础产业，本身就是一个投资大、回收期比较长的行业。因此，我们的企业要把眼光放得更长远些，视野更开阔些。在解放思想的基础上，积极夯实企业的发展基础——获得大量优质资源；积极拓展业务范围——参与全球资源开发；积

极提升企业竞争水平——优化企业运作模式。

相信未来，中国会有一批基础雄厚、特色突出、潜力巨大的大型跨国矿业集团出现。

参 考 文 献

[1] 于润沧．关于我国矿业现代化的战略思考，2011.

[2] 连民杰．创新矿山管理模式　促进矿山可持续发展［J］．采矿技术，2010.

作者简介：

连民杰，工学博士，教授级高级工程师，中钢矿业开发有限公司总经理，西安建筑科技大学博士生导师，山东科技大学特聘教授，中国冶金矿山企业协会会长，中国金属学会采矿分会副主任，中国工程爆破协会副主任委员，国家安全生产专家。

加强地质勘查，夯实铁矿资源资产基础，提高保障程度

邢新田

（中国冶金地质总局）

2012 年 5 月 18 日

1 《加强地质勘查，夯实铁矿资源资产基础，提高保障程度》的概述

这一立题的关键点是夯实铁矿资源资产基础。通常说提高铁矿资源保障程度，这只是讲的问题的现象，要透过现象看到问题的本质，而本质是要提高铁矿资源资产保障程度。因铁矿资源同其他矿产资源一样，资源不等于资产，被矿山企业可持续开发利用的，不是一般的铁矿资源，而是特指有经济可采意义的特定的铁矿资源—铁矿资源资产，即不是铁矿资源量，而是可采储量和预可采储量。铁矿资源转化为其资产，必须同时具备 3 个基本条件：（1）地下有天然存在而未发现的铁矿资源，这是资源转化为资产的基础；（2）通过地质工作者的地质调查研究发现铁矿资源，这是资源转化为资产的关键；（3）在充分的货币资本保障下，在（2）的基础上，提高地质工作程度和可行性评价程度，而认定的有确定存置空间、能被人类控制、能以货币计量、能带来收益、可用现代科技提取的特定的铁矿资源，转化为铁矿资源资产。

由此看来，夯实铁矿资源资产基础是提高铁矿资源保障程度的根本途径；是适应刚性上升的市场需求的正确选择；是遏制铁矿资源可采储量（铁矿资源资产）负增长的首要举措；是发挥国内铁矿资源潜力的重要决断。而加强地质勘查，提高地质工作程度，则是夯实铁矿资源资产基础的必然要求。

2 夯实铁矿资源资产基础，是提高铁矿资源保障程度的根本途径

近期国土资源部徐绍史部长在对 2012 年全国探矿者年会的专门批示中进一步明确提出要“树立资源、资产、资本三位一体的发展理念”，这是市场经济条件下，促进矿业可持续发展的必然要求，实现铁矿业的健康发展也是如此。铁矿资源同其他矿产资源一样是天然形成的，而转化为铁矿资源资产不仅有一个勘查资本和勘查技术长周期的积累过程，从预查到勘探，经过发现到探明，其中有很大的风险性和不确定性，而且还要经过可行性研究或预可行性研究，进而确定为有经济可采意义的铁矿储量，即铁矿资源资产。唯有铁矿资源资产才能作为矿山建设设计依据。因此，首先必须理清铁矿资源与铁矿资源资产的共性和特性及其内在联系，任何事物的本质是由其特殊性决定的。

2.1 关于铁矿资源

资源是资产的来源，是稀缺的。“‘资源’概念预先就意味着某个‘计划管理者’在

评价其环境对于达到一定目的所具有的作用。”因此，作为矿产资源的铁矿资源同其他自然资源一样，必须同时满足两个前提条件：首先，必须有获得和利用它的知识与技术技能的客观环境；其次，必须对其所产生的物质或服务具有达到一定目的的作用。正因为如此，铁矿资源是在长期地质作用下，有用的矿物质聚集在一起，天然形成的赋存于地壳内部或地表，不仅包括已发现的并经过工程控制的经济可采储量（已转化为资产），还包括虽未被发现，但经预测可能存在的铁矿资源。其中，已发现的并经过工程控制的经济可采的那部分铁矿资源，具有获取的客观环境，因为铁矿物质是国家经济建设重要的工业原料。要深入了解铁矿资源的属性，至少应把握以下几个方面。

（1）铁矿资源属于国家所有。根据我国宪法、民法和矿法、物权法、公司法等的规定，“矿产资源属于国家所有，由国务院行使矿产资源的所有权。地表或地下的矿产资源的所有权，不因其所依附的土地所有权或使用权不同而改变”。由于铁矿资源国家所有，国家运用法律、经济和行政的手段，强化铁矿资源管理，以维护国家权益，提高铁矿资源的利用效率和保护生态环境。

（2）称谓铁矿资源是动态的。铁矿资源虽然是天然形成的，是不是被人们所称谓矿产资源却不是由自然来界定的，而是由社会界定的。资源是“文化的一个函数”，伴随社会历史发展，科学技术的进步和管理水平的提升，人们认识水平的提高，对铁矿资源的称谓是不断拓展的。严格说来，称谓铁矿资源是人类千百万年来的科学知识和管理知识的积累，在石器时代和铜器时代，人们对铁矿也不称为资源。今天也是如此，随着科学技术的发展和管理水平的提升，可供开发的铁矿资源的最低工业品位和边界品位在不断降低，例如过去不能圈定铁矿资源储量的品位不足百分之十的地质体，现在也变成了有经济可采意义特定的铁矿资源，正在开采利用。因此，算不算铁矿资源乃至铁矿资源储量的动态变化，是由当时的采、选、冶技术经济条件和管理水平决定的。

（3）铁矿资源具有使用价值和价值的两重性。使用价值即铁矿资源的有用性和财富性，这是显而易见的，是天然禀赋的结果，人类智慧和劳动只能发现它、探明它和利用它，而不能创造它。其价值性是不易理解的，劳动创造价值，因它未经过劳动滤过，何谈价值性呢！根据铁矿资源具有有用性、稀缺性、耗竭性和不可再生性的特点，按照《资本论》关于“每一种商品（因而也包含构成资本的那些商品价值），都不是由这种商品本身包含的必要劳动时间决定的，而是由它的再生产所需要的必要劳动时间决定的”政治经济学理念，因此，铁矿资源本身是有价值的，即净价值。“它的这个价值，不是决定于所取得的可用的矿产资源中已经包含有多少个劳动时间量，而是决定于消耗了重新获得的补偿消耗与同质等量矿产资源所需要的社会必要劳动时间。”铁矿资源本身不仅有价值，而且其价值性还有两个显著的特点：

1）受铁矿资源有用性、稀缺性和不可再生性的影响，有持续保值和不断增值特质；

2）因铁矿资源自身的自然丰度和地理位置不同，造成同一种铁矿资源采、选，产生巨大级差效益，其价值量具有明显差异性。

（4）铁矿资源价值的归属和实现途径。铁矿资源国家所有，毫无疑问其价值是国家权益的体现。我国《民法通则》规定“国家所有的矿藏、水流，国家所有的和法律规定属于集体所有的林地、山岭、草原、荒地、滩涂不得买卖”。为实现铁矿资源的价值，按照《物权法》的规定“所有权人有权在自己的不动产或者动产上设立用益物权和担保物权。用益物权人、担保物权人行使权利，不得损害所有权人的权益”。

1）国家在铁矿资源所有权上设置铁矿资源用益物权，即铁矿矿业权，按法律程序并运用市场机制向矿业权人优化配置矿业权，将铁矿矿业权出让给矿业权人；

2）由于探矿权人智慧和付出，将铁矿资源劳动滤过，将其特定的铁矿资源转化为铁矿资源资产；

3）由采矿权人将铁矿资源资产劳动滤过，将其采选成铁精矿；

4）将铁精矿经市场销售后，由特定铁矿资源（铁矿资源资产）的使用者按照“等价交换”的原则，对矿产开采中的基本要素——特定的铁矿资源的耗减，以法定资源税和矿产资源补偿费的形式，依法给予铁矿资源所有者补偿，这才实现了特定铁矿资源自身净价值，即国家铁矿资源的权益，其理论值则表现为铁矿资源开发后的铁精矿销售形成的绝对收益和级差收益之和。

2.2 关于铁矿资源资产

根据2001年国务院发布的《企业财务会计报告条例》关于“资产，是指过去的交易、事项形成并由企业拥有或控制的资源，该资源预期会给企业带来经济利益”。《国际会计准则》将资产定义为“资产是指作为以往事项的结果而由企业控制的可望向企业流入未来经济利益的资源”。根据国内外对资产的这一基本共识，资产有4个特征。

(1) 资产的由来，资产是由企业在过去发生的交易、事项中获得的；

(2) 资产的掌控，由企业拥有或所控制的；

(3) 资产的作用，可望向企业流入未来经济利益；

(4) 资产是一种特定的资源，而不是一般的资源。

按照“资产”的这一基本属性，我国有关地质勘查经济专家对矿产资源资产进行了专题研究，明确提出了构成矿产资源资产的几个基本要件，即：必须有已知的静态的存置空间，“存要素”；必须是随时处于使用状态，“用要素”；必须能用货币计量，“价值要素”；必须能为国家拥有和控制，“权要素”；必须能为未来经营带来收益，“收益要素”；必须能用现代技术完全取得，“取要素”。

综合上述，铁矿资源资产的定义应是：经过探矿权人的地质勘查活动探明的有确定的存置空间、能被采矿权人控制、可用现代科技提取、能以货币计量、能带来收益的特定的铁矿资源。因此，严格说来，铁矿资源资产远远不是广泛意义上的铁矿资源，而仅仅特指发现后探明的并有经济可采意义的铁矿资源，即铁矿矿产储量。

要深入了解铁矿资源资产的特性，至少应把握以下几个方面：

(1) 铁矿资源资产的形成。铁矿资源资产是铁矿资源所有权同其使用权（探矿权）相结合，互为条件、相互依存，共同形成铁矿资源资产。即探矿权人在依法有偿取得的勘查区块上，首先进行地质预查和普查，发现铁矿资源，使铁矿资源由未知到已知，预测出铁矿资源量（334）、（333），再经过地质详查或勘探工作和进行预可行性研究或可行性研究，由铁矿资源量转化为铁矿资源预可采储量（122）、（121）或可采储量（111），这特定部分的铁矿资源才转化为铁矿资源资产。铁矿资源转化为铁矿资源资产后，使探矿权增值为采矿权，将勘查区块增值为特定的可供开采的矿产地。这完全符合“资产”的一般定义，即由过去事项形成并由铁矿矿山企业控制作为矿山建设设计的依据，使这特定部分的铁矿资源（铁矿资源资产）可望向矿山企业流入未来经济利益。

（2）铁矿资源资产的价值。其价值由两部分组成，一部分是前述的铁矿资源净价值，另一部分是探矿权的价值。探矿权人在特定的勘查区块上，渗透了足够的地质勘查技术和物化劳动，其中包括探矿权人运用地质勘查技术所创造的价值，以及勘查资本在此地质勘查活动中，自身价值的转移与增值。因此，铁矿资源资产价值是铁矿资源净价值增值并向资产化和资本化迈进的过程，是铁矿资源所有权价值溢出的过程，是铁矿资源所有者权益价值和探矿权人权益价值之和。需要明确的是在铁矿资源资产的价值形成过程中，固然铁矿资源是前提，但从事矿产资源所耗费的勘查技术与物化劳动量及其勘查效率，对形成矿产资源资产也是至关重要的，这是市场经济价值规律决定的。因为在市场经济条件下，“取得矿床使用价值所需时间等于或小于社会必要劳动时间，矿床有价值和价值大，反之没有价值”，也就是说，从事铁矿资源的勘查技术和资本的全部耗费能通过所获效用得以补偿，才去进行地质勘查活动，才有可能产出铁矿资源资产。否则，即便铁矿找矿潜力大，不能寻找、发现和探明，铁矿资源也转化不成铁矿资源资产。

（3）铁矿资源资产所有权仍属国家所有。虽然铁矿资源资产是铁矿资源所有权同其使用权（探矿权）相结合的结果，其价值凝结着铁矿资源自身价值和探矿权价值，但铁矿资源国家所有的属性不能改变。因为探矿权的属性是用益物权，探矿权的价值依托的是铁矿资源所有权的权益，而且铁矿资源资产虽是特定的铁矿资源，但毕竟是铁矿资源，是专属于国家所有的不动产。《物权法》规定“法律规定专属于国家所有的不动产和动产，任何单位和个人不能取得所有权”，因此，国家必须在铁矿资源资产上设置采矿权，采矿权人依法取得采矿权，获得特定铁矿资源使用权，即开采铁矿资源和获得收益的权利，在此过程中，必须按法定程序办事和体现国家意志。国家对铁矿资源资产的管理是运用经济和法律手段的、辅以必要的行政手段，主要进行实物（储量）价值和产权管理，确保铁矿资源资产国家所有权益，保证国有资产的保值、增值等。

（4）铁矿资源资产的资本属性。因为资本是剩余劳动的特殊形式，是财富，是在运动中“带来剩余价值的价值”。铁矿资源资产是探矿权人依托铁矿资源所获勘查技术成果的表现形式，已使其探矿权增值为采矿权，经过生产或流通，随时会给矿山企业带来预期经济利益，既可以由探矿权人依法优先取得采矿权后，以生产资本形态依法开采，生产出铁精矿，经市场销售而受益；也可以将其依法流通，即市场转让，给探矿权人带来预期经济效益。无论是以生产资本的形态也好，还是将其市场交易也好，都会给探矿权人乃至采矿权人“带来剩余价值的价值”。因此，铁矿资源资产已具备了资本的基本属性，关键是如何运作问题。

2.3 关于铁矿资源与铁矿资源资产的关系

由上所述，铁矿资源与铁矿资源资产虽然有别，但两者密不可分，有共同内在“基因”和外在经济渊源。

（1）两者物质成分相同，只不过铁矿资源资产是发现后查明的有经济可采意义的特定的铁矿资源。

（2）天然的铁矿资源是形成铁矿资源资产的物质基础，铁矿资源资产不仅取决于铁矿资源的自然丰度，而且凝结着探矿权人投入的技术与经济丰度，是特定铁矿资源增值的产物。

(3) 依托铁矿资源的铁矿资源资产才是铁矿矿山建设设计的依据，是生产铁精矿的客体，是铁矿矿业可持续发展的物质保障。

由此看来，铁矿资源资产假如离开铁矿资源就成了“无根之木”和“无源之水”，铁矿资源假如离开铁矿资源资产，铁矿资源的有用性和财富性也就无从谈起。因此，我们不仅要重视发现铁矿资源，更要重视加大地质勘查投入，查明有经济可采意义的铁矿资源。

由上看出，唯有夯实铁矿资源资产基础，才是提高铁矿资源保障程度的根本途径。

3 夯实铁矿资源资产基础，是坚持以刚性上升的市场需求为导向的正确选择

近期国土资源部汪民副部长在2012年全国探矿者年会上的讲话中指出：“经过几十年的改革开放，经济规模明显增大，经济实力明显增强，巨大的内在市场需求正在不断地释放，世界经济的变化正在进一步促进中国经济加快从外需拉动型走向内需拉动型。随着我国工业化、城镇化和农业现代化进程的持续快速推进，资源需求在相当长的一段时间内仍将刚性上升。……像我们中国这样一个13亿人口的大国，解决矿产资源工业问题，必须坚持国内国外‘两种资源、两个市场’并举，首先立足国内，必须坚持开源节流并举，……坚定不移地走绿色发展道路。”因此，铁矿资源作为钢铁工业生产的主要原料，作为支撑国家现代化建设的重要矿产，更有刚性的市场需求。国内铁矿石的产量由2005年的42049万吨到2010年达到107155万吨，2010年与2005年相比，增加了1.55倍，年递增率为20.57%。尽管国内铁矿石产量以百分之二十的速度直线上升，但远远满足不了国内钢铁工业强劲发展的需求，进口铁矿石量也大幅度提高，由2005年的27526万吨提高到2010年的61864万吨，2010年与2005年相比，增加了1.25倍，年递增率为17.58%。因此，对进口铁矿石的依存度逐年提高，由2005年对进口矿的依存度51.51%提高到2010年的61.31%，2010年进口的铁矿石占全球铁矿石贸易量的55.9%，极大地拉动了全球铁矿石需求，加上国际铁矿石供应商的寡头垄断，价格飞涨，使我国付出了严重的经济代价。有资料显示，2010年进口的铁矿石平均到岸价同比由79.87美元涨到128.38美元，增长60.73%，按全年进口铁矿石涨价部分计算，多支付折合人民币1950亿元，相当于我国钢铁企业全年利润的2.2倍。随着国家“十二五”规划的实施，工业化和城镇化步伐加快，全面建设小康社会宏伟目标的实现，对铁矿石的市场需求仍会刚性上升，特别应该指出的是由于受国际金融危机等因素的影响，我国单位GDP增长对钢材的消费需求2010年为1935吨/亿元，还低于2005年的2006吨/亿元的水平。有的专家预测由于我国工业化程度的提高和经济增长速度的放缓，对钢材的需求即将出现拐点，但也指出达到拐点后，对钢材需求将会维持7~10年的平台期。因此，国内经济社会可持续发展对铁矿资源需求仍然是刚性的。而且在市场驱动下加强铁矿地质勘查，一是既能提高国内铁矿资源保障程度，维护国家经济安全，与此同时，也有利于提高我国铁矿地质找矿的理论水平和勘查关键技术创新能力，提高我国地勘队伍矿产勘查的国际竞争力；二是有利于提高我国在国际铁矿石市场上，铁矿石定价的话语权，以打破国际铁矿石供应商的寡头垄断，减少我国进口铁矿石的经济损失；三是有利于提高我国就业率和增加国家财政税费收入，有的资料显示，少进口1000万吨富铁矿，我国可多生产2600万吨原铁矿石，可增

加5万名矿工就业，财政可增加5.2亿元的税费收入等。

综合上述，夯实铁矿资源资产基础，是坚持以市场需求为导向的正确选择。

4 夯实铁矿资源资产基础，是遏制铁矿资源可采储量负增长的首要举措

《国务院关于加强地质工作的决定》明确指出："矿产资源勘查滞后，重要资源可采储量下降，难以满足现代化建设的需要。"铁矿资源可采储量也是如此，虽查明的铁矿资源量在增加，而可供开采利用的可采储量在下降。有关资料显示，2002年，全国查明的铁矿资源储量为578.72亿吨，其中：基础储量213.57亿吨、而储量118.36亿吨；2005年，全国查明的铁矿资源储量为593.85亿吨，其中：基础储量216.4亿吨、而储量112.9亿吨；2010年，全国查明的铁矿资源储量为727亿吨，其中：基础储量222亿吨、而储量79亿吨。从上述铁矿资源储量变化趋势看出，全国查明的铁矿资源储量在逐年递增，2010年相对于2002年年递增率为2.9%，"十二五"期间递增率为4.13%；基础储量基本维持稳定；问题在于，查明的铁矿储量在逐年减少，呈负增长，2010年相对于2002年年递减率为4.9%，"十二五"期间递减率为6.9%，而且更为严重的铁矿储量递减率呈上升趋势。铁矿基础储量虽较为稳定，但要使基础储量中边际经济基础储量（2M11、2M21、2M22）转化为可采和预开采储量（111、121、122），必须改善其技术经济条件，因此，有很大的不确定性。铁矿资源量（2S11、2S21、2S22、331、332、333）虽呈上升趋势，这只能为今后提供有经济可采意义的矿产地的地质勘查靶区和方向，要使其转化为可采和预开采储量（111、121、122），不仅要提高勘查程度，使333资源量转化为331、332资源量，而且还要大幅度地降低采选成本或待市场能大幅度地提高精铁矿销售价格时，才能使其提升为经济的可采储量（111、121、122），因此，有较大的周期性、风险性和不确定性。

由此看来，在铁矿地质找矿的全过程中首先要发现铁矿新的矿床，实现铁矿找矿重大突破，提供找矿靶区，同时，也重视提高勘查程度，做好可行性评价工作，使铁矿资源转化为铁矿资源资产，提高铁矿资源保障程度。而夯实铁矿资源资产基础，是遏制经济可采储量负增长的首要举措。

5 夯实铁矿资源资产基础，是发挥我国铁矿找矿潜力的重要决断

夯实铁矿资源资产基础必须坚持统筹需要与可能的思维方法，根据前述，实践告诉我们，国家经济社会可持续发展和遏制铁矿可采储量负增长都亟待需要夯实铁矿资源资产基础，这是问题的一个方面；问题的另一个方面还取决于我国铁矿找矿潜力如何，有无可能夯实铁矿资源资产基础。下面主要回答这一问题：铁矿是在不同的地质－地球化学环境中形成的，我国幅员辽阔，地质构造条件复杂多样；发育着不同时代、各种构造运动，形成了不同的大地构造体系和各种构造形式；分布有从超基性－基性－中性－酸性－碱性各时代的各类岩浆（喷发）岩；沉积了从太古代到第四纪各个地质时代的地层，包括各种沉积岩系、火山沉积岩系和沉积变质岩系等，这都为形成不同类型铁矿创造了条件。因此，我国铁矿资源蕴藏丰富，潜力很大，是世界铁矿资源大国，加强地质勘查，夯实铁矿资源资产基础，是有铁矿成矿天然地质条件的，只要措施得当，是完全可能的。下面将我国铁矿床成因类型、铁矿资源特征和远景潜力作如下简述。

5.1 铁矿床成因类型

根据国土资源部2002年12月17日发布的中华人民共和国地质矿产行业标准D2/T0200—2002《铁、锰、铬地质勘查规范》，同时根据矿床生成方式或含矿岩石建造对其中部分类型进一步的划分（亚类），将我国铁矿床分为7种类型，其中4类铁矿各包含两个亚类。岩浆晚期铁矿床（岩浆晚期分异－分凝铁矿床、岩浆晚期分异－贯入铁矿床），如四川攀枝花铁矿和河北大庙铁矿；接触交代铁矿床，如湖北大冶铁矿；与侵入－火山活动有关的铁矿床（与陆相侵入－火山活动有关的铁矿床、与海相侵入－火山活动有关的铁矿床），如南京－芜湖一带的铁矿床和云南大红山铁矿；沉积铁矿床（浅海相沉积铁矿床、海陆交替－湖相沉积铁矿床），如河北宣化－龙关一带的铁矿床，四川綦江、贵州北部一带铁矿床和广东龙门、福建厦门一带砂铁矿床；沉积－变质铁矿床（硅铁建造型沉积－变质铁矿床、碎屑－碳酸盐岩型沉积－变质铁矿床），如河北水厂铁矿、山西袁家村铁矿和吉林大栗子铁矿；风化淋滤型铁矿床，如广东大宝山铁矿；其他类型铁矿床，如海南石碌铁矿和白云鄂博铌、稀土－铁矿等。

5.2 铁矿资源特征

（1）时空分布。我国从太古代至新生代均有铁矿形成，在不同的地质时期，在类似的地质条件下可以形成同类型的铁矿床，但在不同的地质时期，占主导地位的铁矿床类型则是不同的，显示了铁矿床形成随地壳发展而演化的特点。

1）太古代：以受变质沉积型铁硅质建造矿床为主，常称“鞍山式”铁矿，产于原地槽区，组成断续分布的巨型成矿带，为条带状磁铁矿、假象赤铁矿，主要分布于鞍山－本溪成矿带、冀东－北京密云成矿带和五台－吕梁成矿带。

2）早元古代：仍以受变质沉积型铁矿为主，既有火山－沉积铁矿床，也有陆源沉积铁矿床，通常成矿带产于地槽区，普遍伴随有海相火山岩及碳酸盐岩，如大红山等铁矿。

3）晚元古代（包括北方震旦纪）：以浅海－滨海相沉积赤铁矿－菱铁矿矿床为主，常分布于基底变质岩系盖层底部，如宣化庞家堡铁矿，此外还有大庙岩浆晚期钒钛磁铁矿也属于此时代成矿。

4）古生代：产于此时代的铁矿类型较多，以沉积型和岩浆晚期型为主，分布于地槽区的海相火山沉积型；分布于地台区的陆相沉积型铁矿；隆起边缘深断裂带及其附近的岩浆型、接触交代－热液型，如沉积型铁矿，分布于我国南方“宁乡式”、“黄梅式”；岩浆晚期型攀枝花钒钛磁铁矿床；接触交代－热液型的利国铁矿等。

5）中生代：以陆相火山－侵入活动有关的铁矿床为主，如宁芜－庐枞地区的“宁芜式”铁矿；还有接触交代－热液型铁矿，如鄂东“大冶式”、“邯邢式”及闽南等铁矿，陆相沉积的铁矿；如“綦江式”铁矿。

6）新生代：以风化淋滤及残、坡积铁矿为主，次为陆相沉积的菱铁矿、沼铁矿，还有滨海砂铁矿床等。

（2）地区分布广泛但又相对集中。

1）中小型铁矿分布遍及全国，但又以大型（1～10亿吨）、“特大型”（大于10亿吨）矿床为集中区成群成带产出，我国有齐大山铁矿、司家营铁矿、白云鄂博铁矿、攀枝花铁矿等十大“特大型”铁矿床，据有关资料统计“特大型”和大型铁矿床的资源/储量占已探明铁矿资源/储量总量的71.86%。

2）按产地集中程度可划分出十大成矿区：①鞍山－本溪成矿区；②冀东－北京密云成矿区；③攀枝花－西昌成矿区；④五台－吕梁成矿区；⑤宁芜－庐枞成矿区；⑥包头－白云鄂博成矿区；⑦鲁中成矿区；⑧邯郸－邢台成矿区；⑨鄂东成矿区；⑩海南成矿区。据有关资料统计10个大成矿集中区资源/储量占已探明铁矿资源/储量总量的64.3%。

3）根据2010年《全国矿产资源储量通报》，查明铁矿资源储量727亿吨，虽遍布于全国各省区，但大于10亿吨和接近10亿吨的省份仅有13个，占全国已探明铁矿资源/储量总量的89.4%，其中辽、冀、川3个省份探明的铁矿资源储量占全国已探明铁矿资源/储量总量的50.58%。

4）已探明各类型铁矿储量在全国铁矿总储量中所占的比例分别是：沉积－变质铁矿床占57.10%；接触交代－热液铁矿床占12.70%；岩浆晚期铁矿床占11.60%；与侵入－火山活动有关的矿床占8.66%；沉积铁矿床占4.74%；沉积变质－热液改造型铁矿床占3.40%；风化淋滤型铁矿床占1.09%。各类铁矿被开发利用的数量和规模大致也是按相同的顺序排列的。

（3）成因类型多样。我国地域辽阔，地质条件复杂，形成了不同时代不同类型的铁矿，国外不同成因类型的铁矿在我国均有不同程度的发现。主要特征是：沉积变质型铁矿床（鞍山式铁矿）：围岩为变质岩（花岗片麻岩、角闪片麻岩、绢云母片岩及混合岩等），以磁铁矿为主，铁含量20%～40%；晚期岩浆分异型铁矿床（攀枝花式铁矿）：围岩为基性－超基性岩，以磁铁矿、钛磁铁矿为主，含铁量为20%～45%，$TiO_2$3%～16%；接触交代型铁矿床（大冶式和邯邢式铁矿）：围岩为中酸性花岗闪长岩类与石灰岩接触形成的矽卡岩，主要为磁铁矿，铁含量30%～70%，中国的富铁矿主要产于此类型铁矿中；其他类型铁矿床（白云鄂博式和石碌式铁矿）：围岩为碎屑岩和碳酸盐岩，受热液改造形成以磁铁矿和镜铁矿为主的铁矿床，并有一定数量的菱铁矿，此类型铁矿以富矿为主，铁含量31%～51%，与之共生的有铌稀土和铜钴矿床；与陆相火山－侵入活动有关的铁矿床（梅山式玢岩型铁矿）：围岩为陆相火山岩和次火山岩，以磁铁矿为主，铁含量35%～60%，富矿占一半；沉积型铁矿床（宣龙式和宁乡式铁矿）：围岩为沉积砂页岩、页岩、灰岩等，以赤铁矿为主，含铁量30%～50%，含磷高，难利用；与海相火山－侵入活动有关的铁矿床（大红山式和蒙库式铁矿）：围岩为火山岩、沉积岩，以磁铁矿为主，铁含量35%～60%等。

（4）贫矿多、富矿少。我国平炉富矿（炼钢）和高炉富矿（炼铁）探明资源/储量仅占全国总探明储量的2.8%，在已勘查出的富矿中除石碌、弓长岭铁矿外，绝大部分富矿赋存于贫矿中的个别地段，不能单独开采。

（5）共（伴）生组分多。据2000年储量套改结果，2034个矿区中单一铁矿1588处，以铁为主的矿区280处，共伴生铁矿区166处。随着分离和应用技术的提高，这些共伴生组分可得到较好的综合利用，使一矿变多矿，从而提高经济效益。

（6）铁矿石类型主要有磁铁矿型、赤铁矿型、菱铁矿型、钒钛磁铁矿型、镜铁矿型、混合矿型和褐铁矿型，据有关资料分析，各类铁矿石资源储量占全国铁矿石总资源储量的比例依序分别为55.40%，18.10%，14.40%，5.30%，3.40%，2.30%和1.10%。

（7）与世界铁矿床类型比较：根据国内著名地质专家的成矿系列分类，把世界铁矿床分为受变质沉积铁矿床、岩浆型铁矿床、接触交代－热液型铁矿床、火山成因铁矿床和沉积型铁矿床5个成因类型；国外分类中也有将风化淋滤型铁矿床自成一类的，但其主要的是由受变质沉积铁矿床经外生作用形成的，而国内有的地质专家仍把它归入受变质沉积铁矿床。此外如红土型铁矿、残破积铁矿等，因其规模较小，未单独分出，归入沉积型铁矿床。由此看来，世界铁矿类型与我国铁矿类型基本雷同。据有关资料分析，我国铁矿石平均品位为33%，而世界铁矿资源储量大国铁矿石平均品位在34.3%～61.8%之间，算术平均值为50.61%；我国富铁矿主要产在接触交代型铁矿床中，次为岩浆型铁矿床和火山成因铁矿床中，充其量富矿比例15%左右，而世界富铁矿主要分布在受变质沉积铁矿床中，其中富矿占世界富矿总量的80%以上，而我国的沉积变质铁矿床中基本没有富矿，我国富矿很少，世界铁矿床粗略估计富矿的比例占50%～60%等；在矿床规模方面，我国储量超过10亿吨的铁矿有10处，最大储量17.28亿吨，占全国总储量的26.58%，而世界上超过20亿吨的铁矿15个，占世界总储量的89%，其中最大的达435亿吨（前苏联库尔斯克），可见我国铁矿床总体规模小而相对分散；在铁矿床成因类型方面，无论在世界上，还是在中国，受变质沉积铁矿都是排在首位的重要类型，其所占储量的比例是，中国57.10%，世界约65%，是目前和今后很长一段时间内铁矿找矿的主攻类型和工业用铁矿石的主要来源，排在第二、第三位的，在中国是接触交代－热液型铁矿床和岩浆型铁矿床，在世界是火山成因铁矿和岩浆型铁矿，随着我国西部找矿的进展，这种排序很可能与世界趋同。

5.3 远景潜力分析

由于市场刚性需求和国家高度重视，在20世纪对铁矿资源远景预测和潜力分析的基础上，进入21世纪以来，国家组织了多次对铁矿资源远景潜力分析和研究，因研究的时间和把握资料不同，尽管预测结果不一，但都说明铁矿找矿是有很大潜力的。

（1）根据中国冶金地质总局2004年完成的中国工程院《中国可持续发展矿产资源战略研究》重大咨询项目中的《黑色金属矿产资源课题》子项目：《我国铁锰铬矿产资源勘探现状、潜力及可供性分析》，对我国铁矿找矿主要远景区和重点找矿区段的重点预测。

主要通过以往资料的分析研究，从理论和实践结合上，依据铁矿成矿地质背景、成矿条件、成矿模式和找矿潜力，对我国15个铁矿的主要远景区潜在资源量及其47个铁矿重点找矿区段资源/储量进行重点预测。其结果是：15个铁矿找矿的主要远景区潜在资源量预测为378亿吨，东部地区178亿吨，西部地区200亿吨；其中47个铁矿重点找矿区段潜在资源/储量预测为96.56亿吨潜力，东部地区40亿吨，西部地区56.56亿吨。

（2）根据2007年出版的《中国成矿体系与区域成矿评价》（陈毓川等著）一书中对“铁矿床密集区及铁矿床异常密集区统计预测”。该书指出“从全国铁矿床分布图看，铁矿床的区域分布是相当集中的。即以铁矿床密集区的形式分布”，“预测超大型铁矿床密集区为28个单元，大型铁矿床密集区为42个单元，中型铁矿床密集区54个单元”，“铁矿床查明资源储量578.72亿吨，预测矿产资源量942.04亿吨，铁矿资源潜力363.32亿吨。”

（3）根据中国冶金地质总局2007年铁矿找矿潜力专题研究成果报告的系统预测意

见。中国冶金地质总局2007年承担了国土资源部《金土工程一期建设方案》（我国石油、煤炭铁矿和钾盐矿产资源潜力数据库建设）分项目：《我国铁矿矿产资源潜力数据库建设》。本项目坚持以最新的地质理论为指导，以已往的预测评价成果和近年来危机矿山接替资源勘查与全国铁矿勘查的最新成果为基础，对全国已查明的储量及相应的地理位置、矿床类型、储量、开采情况、共伴生矿产情况、矿体地质、开采利用和远景潜力等进行了全面分析，以铁矿成矿区带划分为主线，按成矿域、成矿省、三级成矿区、四级成矿区带、铁矿区，对我国铁矿资源潜力进行系统预测资源储量潜力为618.89亿吨。

（4）根据中国冶金地质总局有关地质专家2009年铁矿专题研究的总体预测意见。有关专家参加了中国工程院关于“中国可持续发展矿产资源战略研究”重大咨询项目，并开展了“我国大中型铁矿山资源潜力调查评估”和以大中型铁矿山为重点的“我国铁矿资源潜力数据库建设”等项目工作，在此基础上，对我国铁矿资源状况进行了总体预测。主要是从大中型铁矿深、边部的铁矿资源潜力和铁矿主要工业类型的找矿潜力等两个方面，进行总体预测，认为有1000亿吨资源量远景潜力。

（5）根据2010年末国家全面完成的全国铁矿资源潜力评价工作对铁矿资源的预测。全国铁矿资源潜力评价工作预测，中国待查明的铁矿资源量巨大，至少是查明资源储量的2～3倍。共圈定了6081个铁矿找矿预测靶区，预测2000m以浅铁矿资源总量2642亿吨，其中未查明资源量1927亿吨，探明率为27%。待查明的铁矿资源集中分布在辽宁鞍山－本溪、河北冀东、四川攀枝花等地区。

综合上述，我国有天然的铁矿成矿的地质条件，铁矿蕴藏量丰富，因此，加强地质勘查，夯实铁矿资源资产基础，是发挥我国铁矿找矿潜力的重要决断。

6 综合上述，加强地质勘查，提高地质工作程度，则是夯实铁矿资源资产基础的必然要求

由上分析，发挥我国铁矿找矿潜力，夯实铁矿资源资产基础，其重大意义是不言而喻的。要将夯实铁矿资源资产基础变为现实，也不是一件易事，则必须加强地质勘查，提高地质工作程度，再无其他路可走。现就如何加强地质勘查，提高地质工作程度，提出5点意见。

（1）坚持我国的制度特色优势，加强地质勘查，提高地质工作程度。

国家对包括铁矿找矿在内的地质找矿工作历来是高度重视的，这是我国社会主义制度的性质决定的。在20世纪50年代毛泽东主席明确指出“地质工作搞不好，一马挡路，万马不能前行”，新中国成立初，20世纪50年代，国家建立了国家地质高等院校，组建了一支国有地质勘查队伍，后来发展成全国百万地质大军，其中有一支国有冶金地质勘查队伍，是专门以寻找铁矿资源为主的地质勘查力量。国家当时特别注重钢铁工业发展，因此，对铁矿地质勘查尤为重视，正是在国家政策有力的支持下，在20世纪六七十年代，冶金工业部精心组织了鞍本、冀东、白云等地区全国性的铁矿地质找矿大会战，无论是对铁矿资源储量的增加，还是对铁矿找矿地质研究成果都取得突破性进展。不仅取得了铁矿资源赋存的重要信息成果和铁矿找矿理论研究成果，而且还在铁矿找矿理论和实践结合上，造就了一大批铁矿找矿技术人才。这已成为今天加强铁矿勘查，夯实铁矿资源资产基础重要的物质、理论、人力财富。应指出的是今天辽宁本溪大台沟铁矿区和南芬区思山岭

铁矿区铁矿找矿的重大突破，也是对20世纪铁矿找矿发现的找矿信息的深入研究和进行深部验证的结果。在20世纪90年代，冶金工业部地质勘查总局精心组织全国冶金地质行业知名专家，撰写了一部全面、系统反映我国铁矿勘查和科研工作实践经验与理论认识，我国铁矿资源状况，开发历史与现状的志书——《中国铁矿志》，这对今天加强铁矿地质勘查仍有重要指导意义。进入21世纪以来，国家高举建设中国特色社会主义的伟大旗帜，坚持充分发挥市场配置资源的基础性作用，进一步加强了对包括铁矿找矿在内的地质找矿的统一领导。2004年国务院第63次常务会议审议通过了《危机矿山接替资源找矿规划纲要（2004~2010年)》，累计安排资金36亿元，加强了矿产勘查工作，完成了包括铁矿在内的30个矿种1010座大中型矿山资源潜力调查工作，其中探获铁矿资源储量9亿吨，促进了矿业振兴和可持续发展。国家从立足国内，提高矿产资源保障程度，保障国家经济安全的大局出发，2006年国务院出台了《国务院关于加强地质工作的决定》（国办发［2006］4号)。地质找矿进入了新的黄金时期，国家建立了《中央地质勘查基金》，以拉动商业性矿产勘查工作。中央地勘资金从2006年投入18.46亿元到2010年增加到76.43亿元；这不仅稳定和加强了地质找矿工作，而且带动了地方财政的投入和拉动了社会资金的参与矿产勘查，全国地勘资金总投入由2006年133.25亿元到2010年增加为407.11亿元；完成的钻探工程量由2006年的806万米到2010年增加到2089万米。为全面掌握、科学评估中国矿产资源潜力，加强矿产资源管理的基础建设，国土资源部于2006年起在全国范围内组织开展25个重要矿产资源潜力评价工作，现已全面完成了铁矿、铝土矿两个矿种的资源潜力评价工作。由于国家经济社会可持续的强劲发展，矿产资源匮乏的态势在我国愈发显现，在45种主要矿产中有11种国民经济支柱性矿产出现严重短缺趋势，其中石油、铁矿石、铜、钾的对外依存度已超过50%，如不加强地质勘查和加快转变经济发展方式，矿产资源对经济发展的支撑力和承载力将面临很大挑战，必将成为制约经济可持续发展的关键因素，实现地质找矿新突破已迫在眉睫。因此，国家因势利导，审时度势，2011年10月19日国务院常务会议及时讨论通过了《找矿突破战略行动纲要（2011~2020年)》，这意味着新一轮地质找矿热潮将蓬勃掀起。温家宝总理明确要求：“统筹利用国际国内两个市场、两种资源，坚持立足国内，夯实资源保障基础。加快实施找矿突破战略，形成能源资源战略接续区，积极参与矿产资源国际合作。”国家把找矿突破提升为国家战略，制定了“358”地质找矿的宏伟目标。国土资源部根据找矿突破战略行动总体部署，在全国设立了首批47片找矿突破战略行动整装勘查区，其中铁矿找矿突破战略行动整装勘查区15片。中国地质科学院提交了《中国钢铁需求展望报告》，对钢铁工业的发展及其对铁矿资源的需求作出了科学预测等等。以上国家作出的重大举措，都充分体现了国家对地质找矿的高度重视，这是我国制度特色决定的，是我们加强地质找矿最大优势。

我们应该切实坚持我国特色社会主义制度的优势，在国家强有力的宏观调控下，充分发挥市场配置资源的基础性作用，加强地质勘查，夯实铁矿资源资产基础。为此，提出以下3点建议，以进一步加强国家对铁矿找矿政策支持。

1）运用市场机制，积极探索国家财政资金对铁矿深部找矿支持力度，建立加强深部探矿工程的运作的激励机制。

因为要尽快夯实铁矿资源资产基础，在很大程度上要依靠在大中型铁矿山深部和外围找矿，实践证明，这既有可能，也有利于提高现有铁矿山的生产能力，实现铁矿开发的规模发展。因此，加强现有大中型铁矿山深部钻探工程是夯实铁矿资源资产的第一需要。根据1953～2000年的统计，铁矿勘查深度多为300～600m，累计探明铁矿资源储量544.28亿吨（地质工作程度以详查和勘探为主），累计完成钻探工作量3172.77万米。探求1亿吨以详查和勘探为主的铁矿资源储量，则约需要6万米钻探工程量，现在要探求1000～2000m的铁矿资源储量，据推测则需要10万米以上的钻探工程量。根据以往推算，钻探成本占地质勘查总成本的60%左右，而现在主要探求深部的铁矿资源储量，钻探成本更高，并且从普查到详查乃至勘探还要有一定的风险投入。因此，当前要夯实铁矿资源资产基础，则需要充分的货币资本保障。这正是多年来由于深部探矿资金不到位，地质勘查程度低，导致铁矿资源量虽正增长，但铁矿储量加速负增长的症结所在。

由上所述，为彻底扭转铁矿储量负增长的局面，夯实铁矿资源资产基础，必须从资金保障上，加强铁矿深部钻探工作。因此，特建议国家运用市场机制，而不能照搬过去计划经济的做法，应积极探索国家财政资金加大对铁矿深部找矿支持力度，建立按地质勘查规范要求加强深部探矿工程运作的激励机制，以拉动矿山企业资金和社会资金投入铁矿深部找矿，夯实铁矿资源资产基础。

2）运用市场机制，积极探索国家财政资金对铁矿深部找矿的理论研究和关键技术创新的支持力度，增强铁矿找矿理论和关键技术创新能力。

因为地质工作本身就是高风险的工作，经过60年来的铁矿地质勘查工作，因露头或浅部铁矿已基本全部勘探，目前只能寻找隐伏矿体和深部矿体，铁矿找矿难度加大，更需要铁矿成矿理论、新的找矿方法和深部勘查关键技术的支撑。因此，《国务院关于加强地质工作的决定》明确要求："积极开展重大地质问题科技攻关，突出重点矿种和重点成矿区带地质问题研究，大力推进成矿理论、找矿方法和勘查开发关键技术的自主创新。"如铁矿深部找矿的预测理论的研究，以航空重力、航空电磁和大深度地面数组电磁等技术及深部铁矿资源物理探测高新技术的研发和应用，从航空、地面到地下的立体探测技术体系研制和建立，适应我国铁矿覆盖地层和深部找矿复杂地质条件下及特殊地质环境下的立体勘查技术体系开发和应用，铁矿深部钻进关键技术和测井技术综合研究，地、物、化、遥、探、测、分析测试等新型仪器和装备研制开发和推广应用等等。这都需要充分的货币资金保障，仅仅依靠地勘单位显然是力不从心的。

因此，特建议国家运用市场机制，而不能照搬过去计划经济的做法，积极探索国家财政资金对铁矿深部找矿的理论研究和关键技术创新的支持力度，以促进地勘单位、矿山企业、科研院所、高等院校等有关单位联合开展铁矿深部找矿的理论研究和关键技术科技攻关，增强铁矿找矿理论和关键技术创新能力，加快科技成果转化应用，加强铁矿勘查，提高铁矿找矿效率和效果。

3）建议国家财政制定铁矿地质勘查引进境外技术装备支持的政策，提升我国铁矿勘查仪器和技术装备水平。

为提高铁矿找矿成果和找矿效率，紧密结合寻找隐伏铁矿和深部铁矿的实践，要切实增强铁矿勘查核心技术与关键仪器、装备的自主研究和开发能力，应积极引进境外地、物、化、遥、探、测及分析测试等高新仪器和设备，加以解剖研究、消化吸收、洋为中用、研制创新。为此，特建议国家财政资金给以补贴并免征进口税等。鼓励铁矿地质勘查积极引进境外相关高新仪器和技术装备，并作好自主开发和创新工作，提升我国铁矿勘查仪器和技术装备水平。

（2）充分发挥我国铁矿勘查生产能力，加强地质勘查，提高地质工作程度。

加强铁矿勘查，夯实铁矿资源资产基础，主要取决于铁矿勘查生产能力的有力发挥。铁矿勘查生产能力主要由3个生产要素构成，即铁矿资源潜力、铁矿勘查资本、铁矿勘查技术（智力劳动）。在这3个主要生产要素中，铁矿勘查技术（智力劳动）生产要素是劳动生产要素，特别是由于铁矿勘查属于知识密集型产业，是知识生产，铁矿勘查技术能力的能动性和创造性对提高铁矿找矿效果起着主导作用。经前分析，铁矿资源潜力巨大，铁矿勘查资本在矿业市场强劲需求驱动下和中央地勘基金的拉动下，地方财政、矿山企业、社会资金积极涌入铁矿勘查业，因此，前两个生产要素是完全具备的。那么铁矿勘查技术（智力劳动）生产要素又如何呢，前述，我们深感欣慰的是国家有一支有60多年优良传统的国有地质勘查单位，其中冶金地质勘查单位是一支很有实力的主要从事铁矿找矿的技术力量。这支队伍是新中国成立后，党和国家组建和培养起来的，已与日月同行走过了60年地质勘查的辉煌历程，这是我国的制度特色，也是我国加强地质勘查智力劳动生产能力的充分体现，“养兵千日，用兵一时”。国有地质勘查队伍特别是冶金地质勘查队伍凝聚着全国铁矿勘查的技术人才和积累了60年铁矿找矿的实战经验；拥有地学多学科综合和多工种找矿技术集成配套及野外地质勘查与室内科学研究融为一体的技术力量；总结和创建了铁硅建造型铁矿的向斜控矿等铁矿成矿理论和成矿模式；条理清晰地存放着堆积如山的可用于再研究和再开发的铁矿地质勘查资料；它们在漫长的地质勘查实践中，造就和继承了地质勘查“三光荣”传统和“三特别”精神。这都已成为今天铁矿地质勘查不可多得和不可取代的物质财富和精神财富，过去他们为我国成为世界钢铁大国和铁矿资源大国作出了历史性的、不可磨灭的重大贡献，今天他们仍然是加强铁矿地质勘查的主力军。问题是如何充分发挥他们的铁矿找矿的生产能力，这里特提出3点建议。

1）完善国家矿业法规，明确规定拥有相应地质勘查资质并有相当资金能力的法人单位共同作为铁矿勘查的探矿权人。

目前的矿业法规把出资人作为探矿权人。这实际上将地质勘查者作为出资人的“打工仔”和资本的“雇佣者”。使地质勘查者听命于货币资本，成为资本的奴隶，其主观能动性和创造性自然消失了，因此，铁矿勘查质量下降，其找矿效果必然也大打折扣。这一现状应及早纠正，正如国土资源部汪民副部长近期指出的“最好的办法就是矿山企业和地勘单位结合成立，形成利益共同体，下游知道上游，资本加技术形成一个共同体，才能很好地促进地质找矿”。

因此，完善国家矿业法规，明确规定拥有相应地质勘查资质并有相当资金能力的法人单位共同作为铁矿勘查的探矿权人，真正实现勘查资本和勘查技术有机融合，充分调动铁矿地质勘查者的主观能动性和创造性，使勘查者由出资人的“打工仔”转化为探矿财产权的法人，充分发挥国有地质勘查队伍铁矿找矿中的主力军作用。

2）遵循地质工作规律和市场经济规律，规范铁矿探矿权出让方式，保障“探者有其权”。

对铁矿探矿权出让同其他矿种探矿权出让一样，应慎用以拍卖为主的出让方式，严禁仅以“价高者”竞得探矿权。应严格按国家矿业法规规定，对于空白地探矿权，应严格按照申请在先的原则，经依法批准，逐年缴纳探矿权使用费并有资金能力按国家相关要求开展地质勘查工作而出让探矿权；对于非空白地探矿权，即由国家出资经过预查以上的地质工作并获得有价值的找矿信息（非公益性信息）的探矿权，可以通过招标投标的方式有偿取得，并由登记管理机关组织评标，综合考虑探矿权申请人的资金能力、资质等级、技术实力、勘查方案和业绩信誉等条件，择优出让探矿权，确定中标人。在铁矿探矿权出让中，应切实坚持《国土资源部关于进一步完善矿业权管理促进整装勘查的通知》关于“对高风险勘查，坚持申请在先的探矿权出让管理制度，进一步强化勘查实施方案审查”和“发挥国有地勘单位地质找矿主力军作用。……在符合矿业权设置方案的前提下，根据技术能力、勘查力量和找矿业绩，为国有地勘单位合理配置高风险空白区的探矿权，调动其找矿积极性，鼓励走探采一体化道路”。

因此，要按照地质工作规律和市场经济规律，理性出让探矿权，保障国有地勘单位“探者有其权”，为充分发挥其铁矿勘查能力，提供铁矿勘查区块的制度保障。

3）依法维护铁矿勘查探矿权人的合法权益，调动探矿权人加强铁矿地质勘查积极性。

“每一个社会的经济关系首先是作为利益表现出来”。要明确规定探矿权价款是矿产资源的经济丰度，而不是矿产资源的自然丰度，是探矿权勘查者和出资者的合法权益。因此凡是非国家出资形成的探矿权收益，归探矿权人所有，地方政府不能以任何名义再收取价款和出让金，切实维护探矿权人的合法权益，最大限度调动其主观能动性。其权益由探矿权人支配，或在矿业权市场上，向矿业企业一次性转让，转化为货币资金获取增值收益；或自行依法开采获取增值收益；或按《公司法》第二十七条，比照土地使用权可以作价出资的规定，将探矿权增值的采矿权评估后以股权出资，与矿山企业合资开采，或分红，或依法转让股权收益；或以探矿权增值的采矿权与矿山企业签订协定，从矿产品销售收入中，探矿主体享有应有收益等。以“采矿反哺勘查”、“下游反哺上游”，激励探矿主体提交更多的有商业价值的矿产地。

根据政治经济学原理，剩余价值 m 是所耗总资本 c + v 的一个价值的增加额。因此，铁矿探矿权的权益是铁矿地质勘查者和出资者的共同成果。至于地质勘查者与出资者的利益分割问题，由双方协议商定，注重维护各自的合法权益，可参照目前技术参股以5% ~25%的通行做法，充分考虑铁矿找矿高风险、长周期和高效益的特点，其探矿技术可占总收益的10% ~30%左右。再根据铁矿地质勘查项目的具体找矿难度、勘查程度和矿床规模等因素，由双方协商确定，以充分调动铁矿地质勘查者和出资者两个积极性。

为有效发挥地质勘查者和出资者从事铁矿勘查的积极性和主观能动性，依法维护其合法权益是至关重要的，这一点应充分引起各级政府的重视，以建立铁矿找矿的长效机制。

（3）坚持地质找矿新机制，充分借鉴“泥河模式”，加强地质勘查，提高地质工作程度。

国土资源部在2009年地质找矿改革发展大讨论的基础上，2010年颁发了《关于构建地质找矿新机制的若干意见》（国土资发［2010］第59号），明确提出“为适应社会主义市场经济规律和地质工作规律的要求，建立中央和地方政府及其企业相互联动，公益地质工作、地质勘查基金与商业性矿产勘查有机衔接，地质找矿与矿产开发紧密结合，地质找矿与矿业权管理及地质勘查单位改革发展协调配合的地质找矿新机制”。要“按照‘公益先行，商业跟进，基金衔接，整装勘查，快速突破’的总体思路”有机衔接多元资金投入地质找矿工作。这为加强地质勘查，快速实现找矿突破，处理好中央和地方、政府和市场、地勘单位与矿山企业、勘查技术与勘查资本的经济关系，从完善地质找矿机制上，提供了制度保障。地质找矿新机制这一概述，充分显示了在地质找矿发展中的社会主义市场经济特色和价值创造中的社会生产关系，新的社会生产关系的确立，必将大大反作用于地质找矿生产力的发展，必将有利于快速创造地质找矿新成果。这就是政治经济学中的价值与使用价值的辩证关系，在社会主义市场经济条件下地质找矿中的现实体现。徐绍史部长在2011年全国国土资源工作会议上把推进地质找矿新机制作为高举的着力提升能源资源保障能力的两面旗帜之一，并对“全面推进地质找矿新机制”提出了重要指导意见。

因此，加强铁矿勘查，提高地质工作程度，必须坚持这一新机制，为加快探明更多的有经济开采意义的铁矿储量提供运作机制保障。而且在铁矿找矿的实践中，运用这一新机制已创造了铁矿地质勘查的“泥河模式”和“泥河速度”，我们应认真消化，结合各自实际，有利于维护自身权益，加以借鉴。“泥河模式”的内涵可以理解为：政府指导、公商结合、探采一体、企业运作。在国土资源部的指导下，经安徽省人民政府同意，为加快庐枞地区整体勘查步伐，实现庐枞地区铁矿深部找矿的重大突破，中国地质调查局、安徽省国土资源厅、安徽省地质矿产勘查局、中国五矿集团公司在北京签署加快推进安徽省庐枞地区铁矿矿产勘查工作合作协议。该协议的签订，开创了由公益性、基础性地质勘查成果直接转为商业性勘查开发的新的勘查工作机制，体现了国土资源部一贯倡导的中央、地方、企业联动，公益性地质工作和商业性地质工作合理分工、相互促进，勘查与开发紧密衔接以及地质找矿、地勘单位改革和矿业权市场建设密切结合的地质勘查新机制。“泥河模式”的表现形式是“四方协议”，使协议四方建立了较为合理的利益分配机制和“肝胆相照”的和谐关系，它深层次地体现了国家公益性地质工作、地方矿政管理、行业单位改革、商业资本投资的无缝对接，进一步解放和发展了地质找矿生产力，创造了“泥河速度”。泥河铁矿勘查与过去勘探的同类矿床相比，大大缩短了勘查时间。以相邻地区的罗河铁矿为例，同样是大型磁铁矿床，罗河铁矿从1966年发现，1978年会战结束，1983年提交勘探报告，周期达18年之久；而泥河大型磁铁矿埋藏更深、钻探难度更大，从发现到提交报告只用3年。这一找矿速度是空前的、惊人的，这就是新机制的魅力所在，这对全国地质找矿具有重要的示范性意义。

坚持地质找矿新机制，借鉴“泥河模式”，加强地质勘查，提高地质工作程度，应按照《国土资源部关于进一步完善矿业权管理促进整装勘查的通知》要求，在铁矿探矿权配置上，应鼓励加大铁矿找矿投入，勇于进行铁矿深部钻探验证；鼓励国有地勘单位和社会资本联合成立企业，实行资本和找矿技术相结合；鼓励勘查单位和矿山企业联合成立企业，实行探采一体化。

概言之，加强地质勘查，提高地质工作程度，必须遵循地质工作规律和市场经济规律，坚持地质找矿新机制，借鉴“泥河模式”，建立社会主义市场经济条件下，新型的生产关系，促进勘查技术与勘查资本有机结合，调动一切积极因素，化消极因素为积极因素，解放和发展铁矿地质勘查生产力。

（4）要选定好找矿靶区和主攻方向，加强地质勘查，提高地质工作程度。

只有选定好找矿靶区和主攻方向，才能事半功倍，提高铁矿找矿效率和找矿效果，才能使加强地质勘查，提高地质工作程度化为现实。特提出以下5点建议。

1）根据全国地质矿产调查提供的铁矿找矿重要信息，优选找矿靶区，特别是高度重视国家已完成的全国铁矿资源潜力评价工作圈定的6081个铁矿找矿预测靶区，明确指出待查明铁矿资源集中分布在辽宁鞍山－本溪、河北冀东、四川攀枝花等地区。这应作为进一步加强铁矿地质勘查的首选地区。

2）根据《国土资源部关于首批找矿突破战略行动整装勘查区的公告》设立的47片首批找矿突破战略行动整装勘查区中的铁矿整装勘查区，应首先集中力量作好辽宁鞍山－本溪地区、河北滦南－遵化地区、山东单县－河南商丘地区、河南舞阳－新蔡地区、新疆西天山地区、四川攀西地区、甘肃北山应营毛沱－玉石山地区、云南牟定安益地区、江西赣中地区、福建龙岩马坑－大田汤泉地区、安徽庐枞地区、新疆祁浸塔格地区、新疆西昆仑地区、山西五台－恒山地区、青海祁曼塔格地区等铁矿整装勘查区的铁矿找矿工作，快速实现铁矿找矿的重大突破，提交更多的铁矿可采储量。这应是近期切实集中力量、强化领导、完善措施、认真总结经验的铁矿勘查的主攻地区。

3）根据过去开展的多次的铁矿成矿预测和近来铁矿找矿实践分析，在铁矿找矿部署上，应把鞍本铁矿成矿区、冀东铁矿成矿区、攀西铁矿成矿区、宁芜－庐枞铁矿成矿区、鄂东铁矿成矿区、鲁中和邯邢铁矿成矿区以及西部新区等区域，作为我国新一轮铁矿地质勘查的重点靶区。

4）根据我国铁矿床成因类型分析，应首先把“鞍山式”的沉积变质型铁矿，其次是“攀枝花式”岩浆型钒钛磁铁矿、“大冶式”和“邯邢式”接触交代型铁矿、“梅山式”玢岩型铁矿等，作为新一轮铁矿地质勘查的主要方向。

5）在铁矿找矿区域上，虽然我国中东部地质工作程度较高，但勘查深度普遍较浅，通常不超过500m，近年来在成矿理论的指导下，已在大中型铁矿区深部、外围以及周边的有望矿点和磁异常区带上，取得了突破性进展，已成为铁矿找矿的“第二空间”。如海南石碌铁矿深部、边部，净增1亿多吨富铁矿，辽宁弓长岭铁矿深部新发现大矿体，新增铁矿石量12020万吨，其中7381万吨是富矿，湖北大冶矽卡岩型铁矿深部发现新矿体，新增富铁矿石量2000多万吨。在我国中东部的空白区找矿也相继取得突破。如新发现安徽泥河铁矿床，品位大于40%的铁矿石资源量超过2亿吨。我国西部区广阔，地质历史漫长，构造演化复杂，岩浆活动强烈，铁矿成矿地质条件有利，形成了不同时代、不同类型的铁矿床。尽管总体研究和勘查程度较低，但近年来的勘查成果显示出巨大的找矿潜力。如在新疆阿尔泰蒙库铁矿深部和外围新增富铁矿石达上亿吨，西天山阿吾拉勒铁矿带的资源潜力有望达15亿吨，西藏冈底斯成矿带的尼雄铁矿床的资源潜力有望超过10亿吨等创造出有宏观影响的铁矿找矿重大成果。

由此看来，我国中东部已知铁矿床的深部、边部和空白区，以及西部地区都具有很好的铁矿找矿远景，应切实认真加以部署。利用最新的成矿理论和勘查技术，加强地质勘查，实现铁矿找矿突破，提高地质工作程度。为遏制铁矿可采储量负增长，应特别重视中东部地区深部铁矿找矿工作，以尽快增加铁矿储量和提交一批新的铁矿资源资产基地。

（5）要创新和运用铁矿找矿理论与找矿技术方法，加强地质勘查，提高地质工作程度。

国内外研究证明，合理的成矿模式与有效的技术方法相结合，是快速探明铁矿资源的有效途径。如我国近年来，大冶铁矿深部找到的大矿体，就是根据接触带控矿理论并结合大比例尺高精度磁测研究发现的；安徽泥河铁矿也是在玢岩铁矿模式的指导下，对低缓磁异常的综合解释研究发现的。在新一轮铁矿找矿中应特别要重视通过半个多世纪来，铁矿找矿由实践到理论，总结的成熟的铁矿成矿地质理论，主要是铁硅建造型铁矿的向斜控矿理论，接触交代型铁矿受成矿母岩、接触围岩、接触带构造三大因素制约的认识，陆相火山－侵入岩型铁矿的“玢岩成矿”模式，与基性－超基性岩有关的铁矿床成因新说等。这是今天铁矿勘查的宝贵财富，要在今天的铁矿找矿实践中，加以运用，使其进一步完善、创新和发展，以充分发挥铁矿成矿理论对铁矿找矿实践的指导作用。

要充分运用现代地质找矿工作中 3G（地质学、地球化学、地球物理学）和 3S（RS、GPS、GIS）即遥感技术、全球定位系统、地理信息系统等新技术和新方法，加强地质勘查工作。特别要重视物探方法的高精度－弱信息技术的研究和应用，即航空物探和地面高精度磁测技术、重磁联合反演技术，以及低缓磁异常、复杂磁异常弱信息提取技术等的集成和应用，尤其是空（航空）地（面）井（测井）联合反演技术的实践应用。当前，低缓磁异常和弱信息的评价以及矿致异常判别，是寻找隐伏铁矿找矿勘查的重点和前沿。因此，对那些特征不明显的低缓磁异常的查证是下一步铁矿找矿工作的重点。在异常查证过程中，在圈定隐伏矿体方面，要特别重视高精度地面磁测数据处理和精细定量反演解释方法的使用。目前，可控源音频大地电磁法、瞬变电磁法和激电法技术等多种方法技术的有机结合为识别隐伏的大型铁矿体提供了有力工具。

有机地运用铁矿成矿理论，针对弱磁异常，结合重力、电法、地球化学方法及遥感等辅助手段，开展矿致异常的识别，是大型铁矿和富铁矿找矿预测的关键。今后在区域上，应以低缓异常为目标，结合各类地质要素及其他方法，开展矿致异常的筛选和战略性靶区的圈定；在矿集区内，尤其是矿山的深部和外围，在矿田构造研究和控矿要素准确厘定的基础上，开展大比例尺高精度地球物理探测，采用重磁联合定量精细解释等新技术对深部富矿、大矿的弱异常进行准确识别。由于各类地学数据的获取手段日益多样化，精度越来越高，信息量越来越大，这就需要引入新理论和新思维，研发先进有效的多源数据和信息挖掘、融合、综合和提取技术。要运用空间独立成分分析、非负矩阵分解、整数小波、人工神经网络、证据加权和粗糙集理论等新技术和新方法加强矿产综合预测。运用地质模型、低缓航磁异常和其他技术的有效集成，提高铁矿找矿预测和找矿效果。

总之，坚持运用和创新铁矿找矿理论与找矿技术方法，为加强地质勘查，提高找矿效率和找矿成果，提高地质工作程度，提供有力的成矿理论指导和新的技术方法支撑。

参 考 文 献

[1] 姚培慧. 中国铁矿志［M］. 北京：冶金工业出版社，1993.

[2] 中国工程院. 中国可持续发展矿产资源战略研究（黑色金属卷）［M］. 北京：科学出版社，2006.

[3] 陈毓川，等. 中国成矿体系与区域成矿评价［M］. 北京：地质出版社，2007.

[4] 骆华宝，王永基，等. 我国铁矿资源状况［J］. 地质论评，2009，55（6）.

[5] 王四光，赖文生，等. 矿产资源资产管理概论［M］. 北京：中国大地出版社，2011.

[6] 中华人民共和国国土资源部. 中国矿产资源报告（2011）［M］. 北京：地质出版社，2011.

[7] 张招崇．富铁矿，立足国内寻求大突破［OL］．中国国土资源网，2012.

作者简介：

邢新田，教授级高级工程师，中国冶金地质总局原局长，中国矿业联合会高级资政，中国冶金矿山企业协会顾问。

鞍钢矿业铁矿资源发展战略的实践与思考

邵安林

（鞍钢集团矿业公司）

2012 年 4 月 10 日

鞍钢矿业公司是鞍钢集团的全资子公司和主要矿石原料生产基地，是集探矿，采矿、选矿、烧结、球团生产，采选工艺研发设计，工程技术输出为一体的大型冶金矿山企业。公司现有 7 座铁矿山、6 个选矿厂、3 个球团厂、1 个烧结厂、4 座辅料矿山。主要产品的年生产能力为：铁矿石 5000 万吨、铁精矿 1600 万吨、烧结矿 380 万吨、球团矿 800 万吨、石灰石 600 万吨。

作为国内最大的冶金矿山企业，“十五”以来，面对钢铁原料供需矛盾异常突出的形势，鞍钢矿业公司从服务鞍钢大局、引领行业发展两个要求出发，从选矿技术攻关入手，大力推进科技创新，着力提升资源掌控、开发水平以及矿产资源的高效利用，矿山工艺技术特别是选矿技术实现了历史性突破，形成了一批以贫赤铁矿选矿工艺技术为代表的具有自主知识产权的核心技术，这将对未来“十二五”的发展战略实施提供强有力的技术支撑。

下面针对鞍钢矿业“十二五”发展规划，围绕资源掌控、进一步提升核心技术创新能力、推进资源高效开发利用、循环经济以及绿色生态矿山建设等方面谈几点认识。

1　进一步扩大铁矿资源的掌控优势，提高企业发展战略安全保障能力

为了满足鞍钢集团未来可持续发展的需求，鞍钢矿业“十二五”期间将在已探明 88.03 亿吨铁矿资源储量的基础上，继续围绕占有资源、开发资源、经营资源等方面，加快资源的重组速度，加大资源的掌控量，进一步放大资源优势，争取在“十二五”期间增加控制资源量 200 亿吨，提高企业铁矿资源的战略安全保障能力。

1.1　占有资源，形成优势

在拥有已探明资源量的基础上，加快资源的重组速度，加大资源掌控力度。2010 年，鞍钢矿业公司已完成了弓矿地区两个矿的收购，至此，鞍山、辽阳两地的大规模矿体已全部列入集团公司控制范围。攀钢矿业也在加快资源手续办理进度，大鞍钢集团的资源整合将取得新的突破。

同时，依托国家政策，继续扩大资源勘查和找矿力度。国土资源部将在 2011 年正式启动“358”全国地质找矿计划，目标是 3 年有进展，5 年有突破，8 年重塑矿产开发格局。为实现这一目标，国家拟投资 300 亿元用于找矿勘探。鞍钢矿业将抓住这一有利时机，充分利用已取得的勘探资质，与地勘部门联合开展勘查找矿工作，积极查找新的后备

资源，进行战略性储备。

1.2 开发资源，扩大优势

通过全面落实铁矿山建设规划，到“十二五”末期，鞍钢矿业公司铁矿石产量将达到6200万吨，铁精矿产量达到1800万吨；到“十三五”末期，铁矿石产量将达到1亿吨以上，铁精矿达到3000万吨以上，实现产量规模的扩张，将资源优势充分转化成效益优势。

1.3 经营资源，形成产业

利用鞍钢矿业的能力和技术优势，实施产业化发展，形成完整的矿业产业链。在扩大生产规模的前提下，实现产品对外输出，提高盈利能力，增强外部市场影响力。利用资源的巨大价值作为融资平台，以资源优势和产品市场控制能力作为企业重组的手段，实现资源效益最大化。

2 提升核心技术创新能力 推进资源高效开发利用

国土资源部日前发布的《矿产资源节约与综合利用“十二五”规划》显示，“十二五”时期，我国将全面提高矿产资源高效开发和节约利用水平。到2015年，大中型重点矿山开发效率保持在较高水平，小型矿山的开采回采率、选矿回收率在现状基础上平均提高3至5个百分点。2015年与2010年相比，在动用相同资源储量的情况下，多回收资源5%。建设60个以上矿产资源综合利用示范基地，实施600个左右示范工程，带动矿产资源节约与综合利用水平整体提高。要实现这些目标，必须依靠核心技术创新能力的提升及资源高效开发利用的推进，原因如下。

2.1 选矿技术是冶金矿山行业发展的核心问题，持续推进选矿技术创新，是提高国内贫铁矿资源利用水平的关键

这一观点是根据我国铁矿资源的禀赋特点得出的。

2.1.1 我国铁矿资源具有“贫、细、杂、散”的特点，开发利用难度大、成本高

我国铁矿资源储量较为丰富，资料显示，截至2009年底，已查明保有资源储量646亿吨，预计潜在储量超过2000亿吨，居世界第三位。但与主要铁矿资源大国相比，我国铁矿资源禀赋差，开发利用难度大。主要表现为：“贫、细、杂、散”。“贫”：即贫矿多，富矿少。我国铁矿保有储量中贫矿占97%以上，富矿仅占2.7%，平均品位仅33%，比世界平均品位低11个百分点，比澳大利亚、巴西等主要矿石生产国平均品位低20多个百分点。“细”：即矿物结晶粒度细，复杂难选。我国难选赤铁矿储量占总储量的1/3，有100多亿吨的复杂难选赤铁矿由于技术限制难以实现工业利用。其中，微细粒嵌布的鞍山式贫赤（磁）铁矿石储量约30亿吨，极细粒鲕状赤铁矿约30亿～40亿吨，难选菱铁矿约30亿吨，难选褐铁矿约20亿吨。“杂”：即多组分共（伴）生矿多，综合利用难度大。在全国已探明的铁矿中，由多种组分构成的铁矿床约占22%，由于选冶技术条件差，相当一部分铁矿未开发利用或综合利用水平低。“散”：即中小型矿床多，分布相对分散。在我国已探明的2034处铁矿产地中，储量大于10亿吨的超大型矿床仅10处，多数为中

小型矿床。矿床分布散不仅制约了开发利用规模，而且造成矿石类型复杂多样。

我国铁矿资源“贫、细、杂、散”的特点，对选矿工艺技术提出了极高的要求。长期以来，受选矿技术制约，铁精矿品位一直在63%～65%左右徘徊，且选矿成本居高不下，严重制约了国内资源的开发利用，甚至一度威胁到行业的生存和发展。

2.1.2 鞍钢矿业选矿“提铁降硅”的深远意义

“十五”以来，在业内同仁的共同努力下，我国铁矿选矿技术取得了快速发展，特别是在余永富院士的倡导下，掀起了一场“提铁降硅”选矿技术革命，铁精矿品位达到了67%以上的世界一流水平，这使冶金矿山行业焕发了新的生机。

鞍山地区有着丰富的铁矿资源和悠久的冶炼历史，鞍钢选矿技术的实践也是国内选矿技术发展的一个缩影。建国以来的40多年间，经多次技术攻关，鞍钢的选矿技术虽然取得了很大进步，但始终没有突破性进展，2000年以前，一直沿用焙烧磁选和单一正浮选工艺，铁精矿品位一直在63%左右徘徊。由于铁精矿品位低，杂质含量高，冶金性能差，炼铁厂更青睐于吃进口矿。从2000年开始，鞍钢矿业在国内率先开展了“提铁降硅”攻关。针对鞍山地区铁矿物含铁成分复杂（既有磁铁矿、赤铁矿，又有氧化矿、半氧化矿，同时还有少量的褐铁矿、碳酸铁、硅酸铁等），而杂质成分比较单一（以二氧化硅为主）的特点，采取“逆向思维”，由“选铁提铁”转为“选硅提铁”，最终开发出了阶段磨矿、粗细分选、重选—磁选—阴离子反浮选工艺流程，从而实现了“提铁降硅”的目标。应用这一具有自主知识产权的新技术，鞍钢在“十五”以来完成了全部老选厂改造，改造后，铁精矿品位提高到67.5%以上，超过了进口富矿的品位，从而使鞍钢真正拥有了高品质的原料生产基地。

继“提铁降硅”改造之后，“十一五”期间鞍钢矿业在选矿技术优化上又进行了深入研究攻关，并取得了一系列成果。其中，《鞍山式含碳酸盐铁矿石高效浮选技术研究》是近年来取得的又一项关键核心技术。该项目是鞍钢“十一五”重大科研项目，也是国家中长期科学技术发展规划的重点方向和优先课题。该技术通过“分步浮选”工艺，成功解决了碳酸铁矿石对选矿工艺的影响，每年多入选碳酸铁矿石150万吨，年创效2.25亿元。该技术成果达到了国际领先水平，为国内大量（其中鞍山地区10亿吨）含碳酸铁难选矿石的回收利用提供了技术支持。

冶金矿山企业“提铁降硅”的实践具有3个方面重要意义：

（1）为国内贫铁矿资源的开发利用提供了技术上的支撑。20世纪90年代以来，国内钢铁工业的高速发展拉动了铁矿石原料需求的大幅度增加，但国内资源的开发一直受选矿技术的制约。鞍钢贫赤（磁）铁矿选矿新工艺、新药剂、新设备研究及工业应用技术成果，有效突破了技术上的制约，解决了国内贫铁矿资源工业利用难的问题，意义重大。正是基于这一点，这一技术成果被称为国内选矿领域的一场技术革命，并获得了国家科技进步奖等诸多奖项。

（2）实现了炼铁除渣前移，大幅降低了铁前成本。鞍钢提铁降硅新工艺的一个重要创新点，就是将选矿—炼铁作为一个整体加以研究，把矿山作为炼铁的一个工序来考虑，通过选矿过程中的降硅，大幅度减少高炉炉料中的SiO_2含量，实现了炼铁除渣工序前移，从而为高炉降低焦比、提高铁产量创造了有利条件。这样，虽然选矿成本有所上升，但精矿质量提高后高炉技术经济指标大大改善，从整个钢铁流程来看，效益巨大。“提铁降硅”工艺应用以来，鞍钢铁精矿品位提高了3.06个百分点，铁精矿 SiO_2 含量下降4.5个百分点，入炉矿品位提高5.4个百分点，高炉利用系数提高了0.35t/(m^3·d)，矿耗下降了190kg/t，综合焦比下降了54kg/t，每年为鞍钢创造的综合效益高达28.7亿元。

（3）提高了选矿金属回收率和资源利用效率。随着新工艺、新设备的大量应用，大大提高了分选效率，促进了金属回收率的提升，减少了金属流失。选矿技术改造全部完成后，鞍钢矿业选矿金属回收率达到了87.05%，比2000年提高了5.8个百分点，相当于每年少消耗矿石约300万吨。另外，铁精矿品位提高后炼铁入炉矿品位也相应提高，高炉矿耗下降，使得鞍钢炼铁每年少消耗原矿900万吨。两项总计相当于每年少消耗原矿1200万吨，相当于一座特大型铁矿山的产量。

总之，“十五”以来冶金矿山企业“提铁降硅”的实践，成果突出，意义重大。可以说，没有前些年的“提铁降硅”攻关，就没有目前冶金矿山行业的繁荣发展，鉴于国内铁矿石资源的特点，“十二五”规划中选矿技术攻关仍将是鞍钢矿业一个需要持续研究的关键性课题。

2.2 加强资源综合利用，提高资源利用效率，是矿山企业未来发展的一个根本性问题

《矿产资源节约与综合利用“十二五”规划》中明确了“十二五”时期，我国将全面提高矿产资源高效开发和节约利用水平。我国是世界第一大钢铁生产国和铁矿石消耗国，随着经济的持续快速发展，资源短缺问题日益凸显。目前，2/3的铁矿石需要进口。但另一方面，却存在着资源利用效率不高（不到70%）、浪费严重的问题。因此，加强资源综合利用，提高资源利用效率刻不容缓。

近年来，围绕提高资源利用效率，鞍钢矿业公司在加强选矿技术攻关的同时，在优化采矿工艺、回收利用低品位矿石资源和开发利用铁尾矿资源等方面也进行了积极探索。

2.2.1 优化采矿工艺，提高矿石回采率

采矿是资源开发利用的第一道工序，提高矿石回采率是有效利用资源的首要环节。为有效提高回采率，降低损失贫化，我们主要采取了3个方面的措施：

（1）优化采掘设计。如通过开展急倾斜中厚矿体无底柱分段崩落法低贫损开采模式研究，设计了以中深孔落矿、端部控制出矿为特征的空场崩落组合法开采方案，解决了急倾斜矿体崩落法的损失贫化控制问题。特别是在矿岩交接部位采用先进的爆破技术，实行矿岩分穿、分爆、分装、分运，有效降低了矿石的损失贫化。

（2）严格采掘技术管理。在矿山生产中，严格按照工艺技术规程的要求实施正规采掘，坚持贫富、大小、厚薄、难易四个兼采的原则，使大量的残矿、挂帮矿和难采薄矿体得到了充分回收利用。同时，认真开展矿中挑岩、岩中挑矿和综合配矿工作，有效降低了损失贫化，提高了矿石回采率。

（3）加强自动化、信息化建设，提高智能化、精准化采矿水平。“十一五”期间，鞍钢矿业在各大矿山广泛采用了GIS地质信息系统和GPS调度管理系统进行采掘管理。在对各矿区进行详细勘探，取得详实地质资料，摸清资源储量、矿体赋存状况、矿物类型及其物理化学特性的基础上，引进先进的大型矿山工程软件，建立了三维实体资源模型和地质数据库，自主研发了矿山生产计划编制与优化、爆破设计与优化、采掘计划执行情况自动验收与检查等数字化管理系统，并全面推广应用了GPS调度管理系统，实现了采矿生

产和资源管理的数字化，提高了生产效率和资源回采率。

“十一五”时期，鞍钢矿业露采回采率达到了97%以上，地采回采率达到了88%以上，居国内同行业领先水平。

2.2.2 加强低品位矿石资源的回收利用

我国铁矿资源中低品位矿数量巨大，开展低品位铁矿开发工艺及装备的研究，将低品位、极低品位资源转化为工业可利用资源，对于应对铁矿石供需矛盾突出的局面十分必要。鞍钢矿业的弓长岭、眼前山、鞍千等矿区有数千万吨低品位矿没有充分利用，其中鞍千贮矿场贮存的极贫矿达950万吨，现有开拓水平以上还有1703万吨的未采矿量，品位在17%左右。过去，受选矿工艺技术落后和加工利用成本高等因素的制约，这些资源都作为岩石舍弃。随着选矿技术的突破和铁矿石价格的提高，鞍钢矿业加大了这部分资源的回收利用力度。

（1）回收入选废弃极贫矿。充分利用具有自主知识产权的选矿工艺技术成果，对以往当作岩石排弃的品位在15%～20%的极贫矿进行了回收利用，每年回收利用量达到140万吨。

（2）在铁矿山排岩系统中回收磁铁矿资源。针对排岩过程中夹带矿石的问题，鞍钢矿业将先进的干式磁选设备应用于大型磁铁矿山的皮带排岩生产系统，在大孤山铁矿、弓长岭露天矿等矿山的排岩场建设了资源节约型的破碎——岩石干选工艺系统，实现了从岩石中在线回收铁矿石，年回收矿石量达200万吨以上。

虽然回收利用低品位矿石资源的成本相对高一些，但在国际铁矿石价格不断上涨的情况下，对增加国产矿供应量、降低对进口矿依存度及提高资源利用率既有现实意义，又有深远的战略意义。

3 发展循环经济，强化节能减排，是矿山企业实现可持续发展的必由之路

近年来，随着我国工业化、城镇化进程的不断加快，“电荒”、“水荒”、环境污染、水土流失等一系列资源、环境问题日渐凸显，高耗能、高污染已经成为困扰中国经济发展的瓶颈，改变粗放式的经济增长方式，发展循环经济，成为一项十分紧迫的任务。作为资源型行业，我们只有发展循环经济，走资源节约型、环境友好型发展道路，才能确保可持续发展。在这方面，“十五”以来鞍钢矿业一直在进行不懈努力和积极探索。

3.1 采用短流程工艺和大型化、现代化装备降低能耗

“十五”以来，鞍钢矿业结合老企业改造和新矿山建设，淘汰了一大批低效率、高耗能的落后生产工艺，采用了进口高效破碎机、大型球磨机等大型现代化设备，提高了生产效率，降低了能源消耗。如鞍千选厂800万吨的原矿处理量只配置了两台中破机、3台细破机和6台球磨机；大孤山选矿厂改造后，900万吨的原矿处理量只配置了1台粗破机、两台中破机和4台细破机。再如，国内选矿厂过滤后的铁精矿水分普遍为9%～10.5%，而球团矿生产过程中制粒、造球要求的铁精矿水分是8.5%左右，铁精矿运到球团厂后还需要进行干燥，不仅需要投资建设干燥窑，而且烘干过程中还要消耗大量煤气、天然气和煤炭，并伴生一定的环境污染。为降低能耗，鞍钢矿业在新建大孤山球团厂的过程中，把球团和选矿工艺作为一个整体进行优化，将球团干燥环节的建设投资用到选矿厂的过滤环

节上去，在选矿脱水环节就将水分降至球团造球要求的指标，从而取消了球团生产中的干燥工艺环节，不仅降低了能源消耗，而且减少了环境污染，经济效益和社会效益都十分明显。

3.2 推进尾矿资源的开发利用

矿山企业选矿之后每年要排放大量的尾矿。据测算，我国目前约有 90 亿吨尾矿，并在以每年 4 亿吨左右的速度递增，不仅大量占用土地，而且严重污染环境，如能加以有效利用，可产生显著的经济效益和社会效益。

鞍钢矿山各大尾矿库累积的尾矿多达 6 亿吨，每年还在以 3500 万吨左右的量排放。“十一五”时期鞍钢矿业在尾矿的综合利用技术上进行了深入研究，研究项目被列入中央企业重大技术创新项目，获得国家财政部专项资金支持。截至 2011 年已取得多项成果，形成专利 9 项，专有技术 12 项。如在利用铁尾矿提取河沙和生产轻质保温墙体材料方面的技术已经成熟，即将进入产业化生产。还开展了尾矿再选工艺技术研究，经试验，红矿选矿工艺的浮选尾矿经弱磁、强磁选别获得的粗精矿再磨后，再经弱磁、强磁－反浮选流程选别，浮选尾矿品位可以降低 6 个百分点以上。该技术推广应用后，每年可回收铁精矿 20 万吨，创效 8000 多万元。此外，还研发了利用铁尾矿生产干粉砂浆、利用铁尾矿生产高强度结构材料、利用铁尾矿生产泡沫陶瓷、利用铁尾矿生产微晶玻璃和利用铁尾矿制备土壤改良剂等技术。鞍钢矿业“十二五”的目标是，到 2015 年，尾矿综合利用率达到 10% 以上。

3.3 实施水资源的循环利用

我国是一个水资源相当贫乏的国家，而选矿生产对水资源的消耗非常大，选厂排放的污水还会对环境造成污染。因此，实施水资源的循环利用，是矿山企业发展循环经济的一个重要环节。近年来，鞍钢矿业结合技术改造，在各大选矿厂建立起了完备的污水处理系统，用净化环水代替新水，实现了生产用水厂内循环利用，污水实现“零排放”，节约了大量水资源，降低了生产成本，改善了周边环境。“十一五”末，鞍钢矿业水资源的循环利用率达到了 96% 以上，选矿水耗由“十五”初期的 2.16m^3/t 降至“十一五”末的 0.85m^3/t，每年减少新水消耗 6400 多万立方米。此外，还通过实施尾矿和精矿的高浓度输送来降低水、电消耗。如东鞍山烧结厂选矿车间尾矿输送系统通过改造，采用先进的隔膜泵技术对尾矿实施高浓度输送，尾矿输送浓度由 17% 提高到 44%，生产用水比改造前节省 60%，电力消耗比改造前降低 50%。

4 注重绿色矿山生态建设，积极推进矿山复垦绿化和生态恢复

长期以来，由于观念、法制、管理等多方面的原因，我国矿山生产对环境破坏严重，生态恢复滞后。矿山开采形成的废弃物是形成二次扬尘的主要污染源，成为影响经济发展和社会稳定的重要因素。以鞍山为例，由于近百年的矿山开采活动，在鞍山市城市周边形成了占地 2094 万平方米的废弃排岩场和 1669 万平方米的废弃尾矿库，成为一个个重大污染源。从“十五”开始，鞍钢矿业本着“复垦造林，美化矿山，造福后代”的精神，按照经济效益、生态效益和社会效益相统一的方针，采取立项研究、总体规划、分步实施的

办法，有计划、分步骤地对废弃的尾矿库、排岩场等重点部位进行了复垦绿化和生态恢复，成功进行了矿区的生态环境修复关键技术研究。截至2010年，公司累计投入2.6亿元，完成生态恢复面积1559万平方米，矿山复垦绿化率达到43%以上，有效地促进了周边环境的改善，社会效益和生态效益明显。经过“十五”以来的不懈努力，鞍山周边矿区的生态环境发生了巨大变化，扬尘污染大大减少，市区环境明显改善，初步实现了经济效益与资源环境的协调发展。鞍钢为此先后被国家绿化委员会评为“全国绿化先进单位”，被辽宁省评为“花园式工厂”。曾经沙尘飞扬的尾矿库变成今天的花果园。

5 实现未来发展战略目标，提升原料保障能力，必须坚持以科技为引领和支撑

“十五”以来，正是依托技术创新，冶金矿山企业的资源开发利用水平得到了显著提升，实现了跨越式发展。据统计，2010年，国内铁矿石产量达到10.72亿吨（成品矿4.53亿吨），是“十五”初的3.3倍，对钢铁行业的原料保障能力有了显著提升，矿山企业的经营状况也明显改善。这是全行业共同努力的结果，也是鞍钢矿业持续推进技术创新的结果。

随着中国经济和钢铁工业的持续发展，对铁矿石原料的需求还将进一步增长，尤其是在钢铁原料对外依存度高达60%以上，严重受制于人的情况下，冶金矿山企业面临的原料保障任务依然十分艰巨。同时，这也是全行业面临的一个重大发展机遇。面对良好机遇，各大矿山企业都在积极谋划，制定了宏伟发展蓝图。实现未来发展战略目标，科技创新依然是关键。

鞍钢是共和国钢铁工业的长子，在完成与攀钢的重组之后，制定了新时期发展战略，明确提出到2015年，年产钢进入世界钢铁行业前5位，成为最具国际竞争力、能够引领世界钢铁工业发展的特大型跨国集团。按照鞍钢集团总体发展战略要求，鞍钢矿业公司也制定了未来一个时期的总体发展战略及一系列中长期发展规划。2010年，鞍钢矿业的铁矿山建设规划先后得到国家工信部和发改委的批复，为公司推进总体发展战略提供了有力支持。“十二五”及以后时期，鞍钢矿业将加快落实各项中长期发展规划，确保实现“两步跨越”，引领世界冶金矿山行业发展战略目标的实现。第一步，到2015年，铁矿石产量达到6200万吨以上，铁精矿产量达到1800万吨以上，成为全面领先于国内同行业的龙头企业；第二步，到2020年，铁矿石产量达到1亿吨以上，铁精矿产量达到3000万吨以上，成为最具国际竞争力、能够引领世界冶金矿山行业发展的矿山企业。战略核心是实现资源优势的最大化。就是按照鞍钢关于“构筑资源优势”的战略要求，加大资源开发力度，将鞍钢的资源优势充分转化为发展优势、效益优势和竞争优势。战略路径是推进“四个转变”。即按照鞍钢“四个转变”总体战略要求，努力从单一的原料生产基地向产业化经营的方向转变；从单纯立足于自有矿山的开发利用向国际化经营的方向转变；从单一的铁矿生产向多角化经营的方向转变；从单一的产品输出向产品、技术和管理全面输出的方向转变。

围绕上述发展战略及目标，鞍钢矿业结合国内外冶金矿山行业的科技发展趋势，制定了科技创新中长期工作规划。总的目标是：通过提高自主创新能力，占领行业科技制高点，使鞍钢矿业成为世界冶金矿山行业的技术领跑企业，引领世界冶金矿山行业发展。

“十二五”及“十三五”时期，鞍钢矿业将紧紧围绕采、选、烧（球）三大领域的关键技术难题开展进一步的研究攻关，为提高资源开发利用水平提供技术支撑。

（1）要加快前瞻性关键技术的研究攻关步伐，力求取得新的突破性进展，确保鞍钢矿业在核心技术方面的领跑地位。

（2）加快信息技术的推广应用，以 ERP 建设为核心，推进数字化、信息化、自动控制技术在矿山的应用研究，推动企业管理的全面升级。

（3）加快推进科技成果产业化，包括加快科技成果的转化推广步伐，加大工程技术输出力度等。

（4）完善科技创新体系，形成产学研相结合，有利于调动科技人员创新积极性的长效机制。

（5）加快科技人才队伍和科研手段建设，注重多渠道培养和引进技术人才，建立起具有较高水准的国家工程实验室，不断提升科技创新能力和水平。

“十五”以来，中国冶金矿山行业的繁荣发展得益于持久深入的科技创新。在中国工业化、城镇化进程不断加快的形势下，作为国民经济基础产业的冶金矿山行业面临着良好发展机遇，持续深入地开展科技创新活动，提升核心技术创新能力和资源开发利用水平，是我们抓住发展机遇、实现可持续发展的关键，也是冶金矿山企业共同的责任。作为冶金矿山行业一分子，鞍钢矿业愿与国内同仁一道，在“十二五”时期加快矿山技术攻关步伐，为推动我国冶金矿山行业的发展作出应有的贡献！

作者简介：

邵安林，博士，教授级高级工程师，鞍钢矿业公司总经理，中国冶金矿山企业协会副会长。

铁矿石深部开采技术的研发应用前景

王运敏

（中钢集团马鞍山矿山研究院有限公司）

2012 年 5 月 30 日

1　我国铁矿石资源开采逐步向深部发展

我国是铁矿石资源人均占有量较低的国家，已探明铁矿资源的基本特点是：分布广泛又相对集中；矿床类型多，成矿条件复杂；中、小型矿床多，超大型矿床少；贫矿多，富矿少，矿石类型及赋存状态复杂，伴（共）生组分多、嵌布粒度细等特点。

国土资源部下属国家地质调查局发布《2009 年矿产资源调查评价工作重要成果报告》，目前我国已圈定铁矿找矿远景区 112 处，预测潜在铁矿资源量 2000 亿吨以上。《报告》显示，预测资源量在 100 亿吨以上的远景区两处，50 亿至 100 亿吨的两处，30 亿至 50 亿吨的两处，10 亿至 30 亿吨的 16 处。主要分布在辽宁鞍本、冀东、四川攀枝花、鲁西、闽西南、河南舞阳－新蔡、安徽庐枞、新疆天山等地区。其中，辽宁鞍本地区已探明铁矿资源储量 146 亿吨，铁矿资源潜力大的预测区主要为台沟、齐大山大孤山、张台子、南芬、长岭等；河北冀东地区已探明铁矿资源储量 62 亿吨，预测潜在资源量 202 亿吨；四川攀西地区已探明铁矿资源储量 101 亿吨，圈出 19 个预测区，预测新增资源量 194 亿吨。

特别是近 5 年来，我国实施“深部找矿工程”的 215 个矿山中，有 166 个矿山已为国家找到了价值超过 1 万亿元的矿产资源。目前新发现的典型深部铁矿资源主要有辽宁大台沟铁矿、辽宁本溪思山岭特大型矿床、山东济宁铁矿床、河南新蔡铁矿床等。

自 20 世纪五六十年代，我国先后建立了一大批铁矿矿山，经过长期大规模开采，这些矿山的资源已接近枯竭。目前，大型的露天矿已进入中晚期，许多地下矿山也逐渐进入深部开采。据不完全统计，有 3/5 的矿山因资源枯竭而接近尾声或已闭坑，其余 2/5 的矿山将陆续转入深部开采。例如，近些年来国内开采深度 600～800m 的铁矿山有辽宁弓长岭铁矿、山东张家洼铁矿、湖北程潮铁矿、安徽罗河铁矿、龙桥铁矿、云南大红山铁矿等；其中辽宁弓长岭铁矿新建箕斗提升竖井井深 1022m，程潮铁矿新主井井深 1135m。此外，在近期新建的矿山中，大部分设计开采深度均在 600～800m，如河北中关铁矿、马钢张庄铁矿、杨庄铁矿等；辽宁本溪思山岭铁矿、山东济宁铁矿更是超过 1000m。

2　铁矿石深部开采存在的难点及研发现状

随着开采深度的不断增加，地质条件复杂，地应力增大，涌水量加大，地温升高，带来了深部地压、提升能力、作业环境恶化、通风降温和生产成本急剧增加等一系列问题。最显著的变化是显现“高应力、高温、高孔隙水压、井深”的“三高一深”特性：

（1）高应力（40～80MPa）可能诱发岩爆、导致冒顶，危及作业安全等；如红透山铜矿目前开采已进入 900～1100m 深度，在 1999 年发生的一次中等程度的岩爆，即导致近 100m 长的斜坡道一次性崩塌报废和部分采场停产。

（2）高井温（30～60℃），人的生理难以承受，还可能导致矿石自燃、炸药自爆；如冬瓜山铜矿矿体标高原岩温度为 30～39.8℃，平均地温梯度为每 100m 2.1℃。

（3）由于不可预测的岩石裂隙及岩层移动，深部开采中，常伴有突发大量涌出压力水的危险。如冬瓜山主井在－899m 和西风井在－790m 的回风道就出现过很大的涌水。

（4）井深导致提升、通风、排水、充填等效率降低，费用增大等。

为此，我国早在 20 世纪 80 年代就投入科技力量对深井开采技术难题进行攻关研究；各个已进入深部开采的矿山也针对出现不同的问题委托研究机构进行研究，前后分别取得较大成果。

在 80 年代中后期国内科研院所及大专院校在浅、中部矿床中（即矿体埋藏在 100～500m 之间）对矿床开采及地压方面进行了较为系统的研究，而对于深部矿床开采技术只进行了前期探索性的研究，积累了一定的理论基础，进一步加深了深部矿床开采应解决的一些关键技术问题的认识。

“九五”期间，“千米深井矿山 300 万吨级强化开采综合技术”项目，针对深部开采所面临的问题，从系统集成角度，对深部矿床开采时灾害的形成机理、发生规律、监控网络、数据可视化分析模型、预警与控制技术、紧急撤退等方面进行研究。

“难处理（采、选、冶）金矿资源开发利用技术研究——湘西金矿深井开采综合技术研究”项目，通过对湘西金矿深井采矿工艺技术及设备研究，旨在创造出 3 种新型的高强度的采矿工艺及技术。采用水力支撑器临时护顶、高水速凝全尾砂胶结充填采矿方法，融汇了国内外缓倾斜薄矿脉开采过程中采场顶板临时支护及采空区处理方面的先进技术。

由北京科技大学主持完成的国家黄金局重点项目“玲珑金矿深部岩石力学与采矿方法”。该项目进行了大规模的地应力现场测试，对深部开采过程中的地压活动规律和岩爆发生机理进行了系统分析和研究，预测该矿山深部开采将有强岩爆的倾向，提出了防治岩爆的措施，包括采矿方法和开采顺序的合理选择与设计等。

“十五”期间，国家科技攻关课题“复杂难采深部铜矿床安全高效开采关键技术”（2004BA615A－04）在冬瓜山铜矿进行了深入系统的研究。特别对深井大规模开采的安全高效采矿方法工艺技术、深井开采地压监测和控制技术、深井围岩应力分布状态的特征即变化形式、深井巷道的高效掘进与支护技术及装备、极细粒级的全尾砂高浓度充填工艺、开采信息的可视化集成、深部采准巷道总体开采布局的优化和深井开采降温与节能控制技术等与其相适应的采矿工艺配套关键技术进行了研究。

2001 年，举办了“深部岩体力学基础研究问题”香山学术会议。

2003 年，启动了国家自然科学基金《深部岩体力学基础与应用研究》重大项目、2008 年《深部重大工程灾害孕育演化机制与动态调控理论》973 项目立项。我国在岩爆预测、监控等方面做了大量研究；一些成果在工程中得到了应用。

3 铁矿石深部开采技术研究

深部开采工作面是个特殊的作业环境，有许多浅部开采未涉及的问题需要研究。近年来，我国在深部开采的科研中取得了一些成果，积累了一定的经验。但是，在矿床埋藏深、岩温高、岩爆倾向大、品位低、开采强度大的条件下，如何实现安全、经济、高效、清洁生产，有许多关键技术有待开展深入系统研究。

3.1 深井矿床开采工艺的研究

目前我国新发现的深部铁矿床品位均较上部低，从市场竞争的角度，开采强度要求大；从现代矿山企业的理念出发，综观国内外深井开采的研究现状和发展趋势，如何实现深井矿床安全、经济、高效开采，其核心问题就是新的采矿方法问题。

3.2 高应力矿岩的岩爆研究

鉴于岩爆发生机理与诱发因素的复杂性和岩爆显现的突发性及随机性，岩爆预测与控制的研究还远不能满足深部资源安全开采的要求，因此，应在现有工作积累的基础上，从以下方面展开研究：

(1) 高应力环境下的矿岩致裂诱变机理、矿岩致裂的临界环境、致裂方法、坚硬矿岩工程动力扰动的能量传递等。

(2) 矿山深部矿段的工程地质条件评价、深部矿区地压显现特征、岩爆诱发的内在机制及物理实质等。

(3) 深部采场地压与岩爆监测预报技术研究。包括现场岩体声发射特征的实验；岩爆及采场地压岩体声发射监测预报方法；地压与岩移联合监测技术与分析方法；通过研究建立多通道矿山微震监测系统及相关数据获取技术。

(4) 岩爆防治措施研究。包括岩爆倾向性的数值模拟；采场布置方式与开采顺序优化；采矿方法优选和采场结构参数优化；局部高应力区岩爆的防治措施。

3.3 深井开采中高温环境控制研究

随着开采深度的增加，井下高温热害问题会越来越严重，导致温度变化的主要因素是地热、空气压缩热、爆热和氧化反应热等。由于我国较晚进入深井开采，对热环境问题的研究起步晚，工作做得甚少。为此，应在以下方面展开研究：

(1) 矿岩及其爆堆中的不稳定传热特性、井下风流的热力学参数变化规律研究。

(2) 高温环境控制研究。包括深井排热通风系统优化、低温预冷入风流技术、局部降温技术、通风自动监控技术等。

(3) 集中制冷将是我国未来深井金属矿山不得不面对的问题。因此，应提前开展这方面的研究。

3.4 深井矿山管道输送系统减压措施的研究

在深部矿床开采中，由于“三高”、岩爆等问题，充填采矿法是一种不可替代的方法。深部矿床充填具有充填高差大、充填倍线小、流速大、料浆压力大等特点。因此，一般应对输送系统进行减压。

从输送系统入内，采用满管流输送技术，是一个较好的减压输送系统，其原理是将垂直管道中的一部分静压头消耗在垂直小管径管道的摩擦阻力损失方面，使料浆到达垂直管的底部时的压力减小。但是在矿山实际生产过程中，完全实现满管流很困难，因此研究其他的减压方法和措施，对于指导充填系统的设计显得尤为重要。应从系统的角度入手，在分析管道磨损的主要因素的基础上，探讨了几种实用的充填系统减压技术，为充填系统的设计提供了重要的理论依据。

3.5 高应力围岩变形与支护的研究

随着开采深度的增加，地应力随之增大。因此，深部巷道与采场的维护原理与浅部有十分明显的区别，这种区别的根源在于岩石所处的应力环境的区别以及由此导致的岩体力学性质的区别。应加强岩爆巷道支护与采场岩层控制技术的研究。包括岩爆巷道破坏机制与支护机理研究；岩爆巷道支护结构与支护材料性质研究；支护结构参数优化与支护效果的检测；钢纤维喷射混凝土作为新型抗岩爆支护材料及支护方式的研究。

3.6 其他技术研究

（1）深井矿石提升及排水困难及人的心理、生理承受力脆弱而产生死亡等，也将是深井开采所面对的重大问题。

（2）无爆破岩石破碎技术，利用深部岩体高压力进行工作面碎裂和高应力开采。

（3）矿山地震灾害预防及控制技术研究。大面积冒顶，顶板突然来压以及大爆破造成的空气冲击波都可以引起矿山地震。国外对深井开采地震的实践和理论研究表明，随着采矿作业的进行，沿着采矿工程的强烈震动会重复发生，且开采深度越深，地震的活动越频繁。

（4）深井水力提升碎矿技术——利用深井排水的动力来提升碎矿，解决深井提升量大、提升成本高的问题。

（5）井下选矿、排废技术。减少提升投入，废料就地回填，减少提升量，大幅降低提升成本。

4 深部开采技术研发应用前景

及早开展铁矿石深部开采技术的研究具有广阔的应用前景。理由是：

（1）我国正处于发展经济的高潮之中，经济建设的发展对资源的需求也不断增加，虽然一部分可以通过进口来解决，但对于我们这样一个资源需求大国来说，主要还要依靠发展自己的采矿工业来满足经济建设的需要。因此，采矿工业的发展是必需的、肯定的。

（2）我国大多数铁矿山浅部资源已开采殆尽或已接近枯竭，现有矿山近 2/5 陆续转入深部开采，新探明或发现的铁矿石资源多半为深部矿床。

（3）深部开采存在着高地应力、高井温、高水压、高井深等特殊的开采技术条件，可能存在采场冒顶坍塌、巷道失稳和岩爆灾害、高温热害、通风困难等问题，导致提升、通风、排水、充填等效率降低，开采成本急剧增大，矿山企业也亟需开展深部开采技术的研究。

（4）深入地开展铁矿山深部资源关键开采技术研究，将为我国越来越多的铁矿山进入深部开采提供技术支撑，有利于扩大铁矿石资源可采储量，将对提高我国铁矿石的自给保证程度和提高铁矿石资源回收率发挥重要作用。

参考文献

[1] 李夕兵，古德生．深井坚硬矿岩开采中高应力的灾害控制与碎裂诱变．科学前沿与未来（第六集）[C]．北京：中国环境科学出版社，2002

[2] 谢和平，孙连英，何满朝．深部开采基础理论与工程实践 [M]．北京：科学技术出版社，2006.

[3] 王宁，等．有色金属矿山深井采矿技术研究 [J]．采矿技术，2003，3（2）.

[4] 董陇军，等．深井开采灾害应对决策技术综述 [J]．有色金属，2009，61（1）.

[5] 胡国斌，等，冬瓜山铜矿床1000米深井开采技术问题的思考 [J]．采矿技术，2004，4（3）.

[6] 张维滨，等．中国金属矿山深井通风技术研究现状综述 [J]．黄金，2009，9（30）.

[7] 周爱民，等．深部难采矿床开采技术 [J]．矿业快报，2006（6）.

作者简介：

王运敏，教授级高级工程师，中钢集团马鞍山矿山研究院院长，金属矿山安全与健康国家重点实验室主任，冶金矿产资源高效开发利用产业技术创新战略联盟理事长。

大台沟铁矿超深地下开采的战略思考

李伟波

（本溪大台沟矿业有限公司）

2012年4月16日

大台沟铁矿是本溪大台沟矿业有限公司（以下简称“大台沟矿业”）的主体矿山，是目前世界上最大的单体铁矿山，已探明铁资源储量34亿吨，远景储量在100亿吨以上，本溪大台沟矿业有限公司由深圳市亿众鑫矿业投资有限公司（万利加集团下属公司）、辽宁省地质矿产调查研究院联合组建。

大台沟铁矿位于辽宁省鞍山－本溪铁矿成矿带东部，并推断矿体埋深在地表下800m左右，1960～1980年开展磁法普查工作，并施工了3个钻孔，均没有找到矿体。

大台沟矿业以“第二找矿带”找矿思路为指导，并充分利用已有的资料，在2008～2009年对大台沟矿区的4～15线地段进行钻探，共施工21个钻孔，总进尺38640m，查明大台沟铁矿为一厚度巨大、急倾斜板状矿体，控制矿体走向长度2000m，平均宽度870m。

大台沟铁矿储量大、埋藏深、开采难度大、技术含量高，须按当前世界先进水平进行规划、设计，引进国际优秀设计团队，应用国际先进的设计理念，采用最新的矿山生产工艺、设备，建设成为国际一流水平的绿色、环保矿山，对我国采矿业的发展、对国内建设特大型矿山具有重大的示范作用。

为了促进我国钢铁行业的健康发展，解决我国铁矿资源的供应能力不足的不利局面，2011年5月国务院决定建立中国铁矿资源战略保障体系，重点在于增加铁矿石的供应能力，要求“十二五”期间，国产铁矿石产量从10亿吨/年增加到16亿吨/年。因此，大台沟铁矿的开发完全符合国家矿业发展的大方向。

在当前国际矿石垄断集团控制矿价的形势下，大台沟铁矿的发现对中国的矿业具有十分重要的战略意义，开发大台沟铁矿，对缓解国内矿产品供需矛盾、减少矿石进口数量、平抑进口矿石价格将发挥重大作用。

1 大台沟铁矿简介

1.1 地质概况

大台沟铁矿位于辽宁省本溪市平山区桥头镇，距沈阳市南87km，距本溪市16km，沈丹、本辽高速公路、铁路、国道从矿区东部和北部通过，有村镇级柏油公路通往沈丹、本辽高速公路，交通十分便利。如图1所示。

1.1.1 区域地质背景

大台沟铁矿位于华北陆块的北缘，胶辽地块上太子河－浑江台陷的边部，中国鞍山－

图 1　大台沟矿区交通区划图

本溪沉积变质型（BIF）铁矿重要成矿区带上。区内地质构造较复杂，变形变质作用明显。出露地层有太古界鞍山群，下元古界辽河群，上元古界青白口系和震旦系、古生界及新生界地层等。

区内已发现特大型铁矿 6 处，大中型 31 处，约占全国总储量的 1/5，我国著名的鞍山钢铁集团、本溪钢铁集团都坐落在本区之内。

1.1.2　矿区地质特征

区内古老的太古宙结晶基底中的鞍山群是赋存“鞍山式”铁矿的蕴矿地层，主要分布在鞍山、辽阳、本溪一带。它是一套变形较强的变质岩系，呈包体形式赋存在变质深成岩中。鞍本地区鞍山群由 3 个岩组组成，分别为茨沟岩组、大峪沟岩组和樱桃园岩组。茨沟岩组、大峪沟岩组分布在本溪 - 辽阳一带，樱桃园组分布在鞍山地区，“鞍山式”铁矿主要赋存在茨沟岩组和樱桃园岩组中。

矿区内地表没有太古宙鞍山群含铁系出露，出露的地层主要为寒武系、震旦系康家组，青白口系桥头组等。在钻孔中见有寒武系碱厂组、震旦系康家组、青白口系桥头组、钓鱼台组、南芬组，辽河群浪子山岩组，鞍山群樱桃园岩组。覆于樱桃园岩组含铁岩系之上的为辽河群浪子山岩组；二者之间呈角度不整合接触。覆于辽河群之上的沉积盖层产状平缓，总体倾向北西，倾角0°~10°（近水平）。

区域上鞍山群樱桃园岩组仅分布在“鞍山式”附近，其他地区地表没有出露。本溪-辽阳地区分布鞍山群为茨沟岩组、大峪沟岩组。大台沟铁矿床岩石组合特征与区域大型铁矿床对比，与鞍山齐大山铁矿床相似，属樱桃园岩组。樱桃园岩组含铁岩系在本溪地区出现与构造活动有关，构造运动使地壳下降，使樱桃园组隐伏地下，未遭受剥蚀。

岩浆岩：区内地表没有岩浆岩体出露。仅在验证孔中见到闪长岩、闪长玢岩和辉绿岩脉，这些脉岩对岩层及矿体起到一定的破坏和改造作用。

构造：矿区褶皱构造，断裂构造不发育，仅在测区的南部，有一北东向的区域性压性-压扭性断裂构造。

1.1.3 区域航磁异常特征

异常形态呈北西向椭圆状展布，北侧为负异常，南侧为正异常，以1000nT等值线自行封闭，长轴4.5km，短轴3.5km；异常中心明显，$\Delta T>4000$nT。前人通过对异常计算认为，该异常是由铁矿引起，上缘埋深800m±，宽度1600m±。

与邻区的南芬露天铁矿、思山岭铁矿异常对比，异常强度和规模均大于这两个矿床，表明资源潜力巨大。

1.1.4 钻探控制情况

2010年，大台沟矿业递交的《辽宁省本溪市大台沟矿区15-4线铁矿详查报告》通过了辽宁省矿产储量评估专家组评审，并完成了储量认定。辽宁省国土资源厅以辽国土资储备字［2010］358号文对大台沟铁矿15-4线详查报告予以备案，共提交铁矿资源量34.74亿吨，平均品位32.59%。

2011年，在详查基础上增加9个钻孔，至此累计施工35个钻孔，完成进尺6.1万余米，除有3个钻孔未见矿外，其他钻孔均见到铁矿体，见矿深度一般在1100~1400m，终孔深度在1701~2465m，其中有4孔穿透矿体北东边界，其余钻孔均未穿透矿体，估算增加资源储量8亿吨。如图2所示。

大台沟铁矿的北部55-23线间（花红沟勘查区），2009~2011年共施工7个钻孔，均都见矿。控制矿体走向长2800m，水平宽度300~450m。矿体埋深1057.15~1461.50m（标高-920~-1217m），估算铁矿（333）资源量15亿吨。

大台沟-花红沟矿区控制矿体长6000m，远景资源量100多亿吨。

1.1.5 矿体地质特征

大台沟铁矿体为一厚度巨大、陡倾斜的板状体，矿体走向315°，倾向南西，倾角80°~90°，中部隆起，向北西和南东两侧倾伏，推断矿体走向长大于6km，矿体下延大于1.5km。

详查范围为磁异常中心部位15-4线，控制矿体走向长2000m，矿体顶界面埋深1100~1200m（标高-900~-1000m），宽度578~1152m，平均宽度870.68m，控制矿体最大垂直延伸809m，矿体呈单斜层状产出，厚度变化小，变化系数为19.67%。

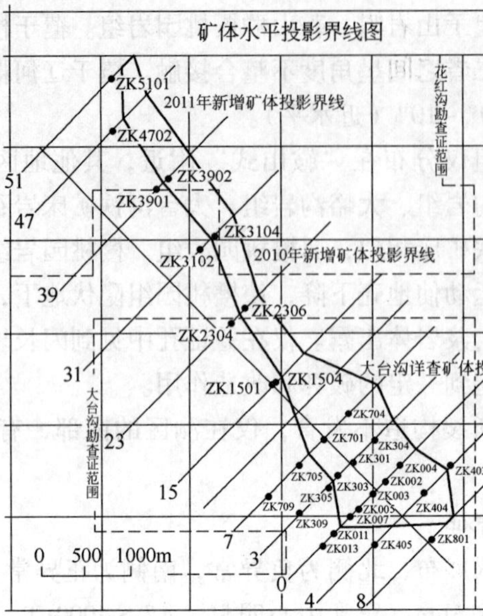

图2　大台沟－花红沟勘查区钻孔分布图

1.1.6　矿石特点

铁矿石中主要含铁矿物有磁铁矿、赤铁矿、假象赤铁矿，以前两种为主。

矿区 TFe 品位一般在 25% ~40% 之间，最高达 62.41%，MFe 最高达 50.63%。全矿床平均品位 32.59%，矿体品位变化系数 20.2%，属均匀型。

1.1.7　环境地质特征

对施工的 9 个钻孔进行了井中温度测量。井中测量温度范围 48 ~61℃，高于正常地温，属正常地热梯度变化范围。

矿区放射性元素测试结果显示，矿区放射性不超标。

1.2　矿山特点

1.2.1　储量大、埋藏深

大台沟铁矿是目前世界上发现的资源量最大的单体铁矿，矿体为一厚度巨大、陡倾斜的板状体，倾角 80° ~90°，中部隆起，向北西和南东两侧倾伏，推断矿体走向长大于 6km，矿体下延大于 1.5km，且走向两端不封闭。

矿体顶界面埋深 1100 ~1200m（标高 －900 ~ －1000m），区内共施工 42 个钻孔终孔深度在 1701 ~2465m，其中只有 4 孔穿透矿体北东边界，其余钻孔均未穿透矿体。

1.2.2　开采难度大

（1）自然条件的挑战。大台沟铁矿属于特大型超深、超厚矿床，矿体为较脆硬的层状岩石，岩石质量、完整性及其稳定性较好，首采区段地压在 35MPa 左右。目前正在进行大台沟铁矿的采选工程的可行性研究，因矿体的埋深较大，又采用无底柱分段崩落法，可能存在岩爆、开采地表塌陷等工程地质灾害问题；在今后井下开采过程中具有岩爆倾向的主要井巷，确保其长期稳定性的支护与防治措施；岩爆突发区的圈定、监测与控制等，是大家密切关注的问题。

矿区含水层主要为第四系孔隙水含水层和基岩裂隙水含水层，盖层岩层产状平缓，主要岩性为泥灰岩、灰岩、页岩、粉砂岩和砂岩弱含水岩层。矿区内地表水系发育，东部有细河由南向北通过，矿区构造发育，其中一条断层穿过细河，是否沟通细河河水尚需进一步查明。

钻孔测量温度范围48～61℃，高于正常地温。对未来矿区通风降温、生产组织、成本控制等造成困难。

矿山建设面临着高地压、顶板含水、高井温的三重自然不利因素的挑战，使得我们必须提前做好准备，积极引进外部力量，同国内外重点科研机构展开合作，防患于未然。

（2）产能提升的挑战。矿山生产能力的确定是矿山设计、建设中最重要的问题，是矿山其他所有系统设计的基础，直接关系到企业投资和经济效益。无底柱分段崩落法由于具有显著优越性，在地下采矿中得到了广泛的应用，特别在大型地下铁矿，占有很大的比重，大台沟铁矿在设计中以最大化生产能力为核心理念，无底柱分段崩落法是最成熟的选择。

任何一种采矿方法，极限产能都受制于作业线长度，大台沟铁矿一期开采区域矿体走向长度约2000m，采取“中间拉开，两侧退采”的开采形式，作业线长度约4000m，与目前世界最大的地下矿山基律纳铁矿类似；基律纳铁矿现有产能为2700万吨/年，大台沟铁矿一期设计年生产能力3000万吨，二期生产能力6000万吨甚至更大，产能突破无疑是该矿建设中遇到的最大挑战，必须采用目前国际最先进的技术与设备，并在此基础之上有所突破。

1.3 大台沟铁矿建设对国际国内的影响

1.3.1 国内外矿业形势

2011年我国钢产量6.8亿吨，铁矿石产量13.3亿吨，均居世界榜首。

近年来，我国铁矿石产量连年大幅度增长，但仍不能满足日益增长的市场需求，不得不大量进口铁矿石，矿石自给率大幅下降，2010年进口铁矿石6.18亿吨，进口矿依存度高达62%。原有的铁矿石供需平衡受到影响，国际铁矿石三大供应巨头趁机扩大产能，垄断市场，哄抬矿价，2010年我国进口6.18亿吨铁矿石，共支付794亿美元，平均到岸价128.38美元/吨，与2009年相比价格上涨60.73%。2011年1～6月，我国进口铁矿石3.34亿吨，平均到岸价160.20美元/吨，又比2010年平均到岸价涨24.78%。现在已涨到180美元/吨。

2010年与2009年比，中国进口铁矿石多花了300亿美元，折合人民币1950亿元，相当于2010年我国钢铁企业利润的2.2倍，损失惨重。

为解决铁矿资源面临的问题，2011年5月国务院要求建立中国铁矿资源战略保障体系，加大国内铁矿石资源的勘探开发力度是重要的一方面。

1.3.2 大台沟在矿业界的重要地位

大台沟铁矿的开发完全符合国家矿业发展的大方向，对中国矿业具有十分重要的战略意义，表明了“第二矿带”找矿的宽广前景，2009年5月18日，国土资源部徐绍史部长到大台沟铁矿视察，称赞大台沟矿业找到了世界上最大的单体铁矿，实现了地质找矿重大突破，创造了奇迹，为辽宁也为国家立了一大功。2009年7月13日，辽宁省副省长刘国强莅临大台沟铁矿视察指导，对大台沟铁矿勘查成果给予充分肯定，并就合作勘查开发做了指示。

大台沟铁矿的发现引起了世界铁矿业的高度关注，同时也受到了温家宝总理、李克强副总理的高度重视，并向辽宁省陈政高省长询问了详细情况。

在当前国际铁矿石市场供应紧张，矿价上涨的形势下，开发利用大台沟铁矿，乃大势所趋，十分必要。大台沟铁矿一期建成以后，可年产铁精矿1000万吨，对缓解国内矿产品供需矛盾和抑制铁矿石进口数量与平抑进口矿价格有着重要作用。

2 地下开采的战略思考

2.1 建矿理念

在当前国际铁矿石市场价格波动、国外三大矿业集团垄断的情况下，作为目前世界上发现的资源量最大的单体铁矿，探索可行的开采技术方案，控制并降低建设和运营的成本是大台沟铁矿开发建设的核心。在充分考虑国内外钢铁市场，并借鉴国内外矿山的成功建设经验基础上，笔者创造性地提出了大台沟“四化”的建矿理念，即“大规模化、大机械化、自动化和数字化”。

2.1.1 大规模化

为降低深部开采成本，追求与矿体赋存条件相符合的生产规模最大化是大台沟铁矿唯一的途径。大台沟铁矿选择了具有大规模生产能力和效率的无底柱分段崩落法，其追求大规模化的理念与采矿方法“两大一高一减少”（大结构参数、大机械设备、高生产效率和减少采准工程量）的发展方向一致。大规模化的前提是结构参数大型化，大台沟铁矿与瑞典基律纳铁矿1365m新水平的结构参数相似（见表1），分段高度28.5m，进路间距25m，崩矿步距3.5m，远远超出国内同类矿山，在世界上也处于领先水平。如图3所示。

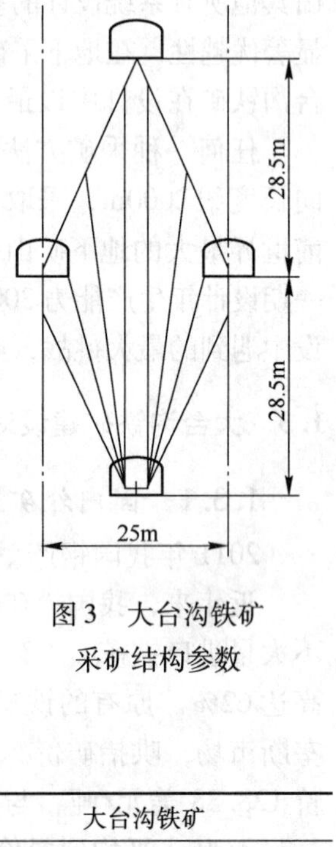

图3 大台沟铁矿采矿结构参数

表1 大台沟铁矿与基律纳采矿结构参数对比

参数名称	基律纳铁矿	大台沟铁矿
分层高度/m	28.75	28.5
进路间距/m	25	25
深孔排距/m	3	3.5
排扇倾角/(°)	80	85
爆破孔孔径/mm	115	115
最大孔深/m	53	55
巷道断面/m×m	7×5.2	7×5.0
一次爆破量/t	约10000	约10000

2.1.2 大机械化

选用与大结构参数配套的大机械化设备，有助于提高生产效率，降低生产成本，保证矿山生产安全。所以在进行大台沟铁矿采矿设计时，主要设备均要选择国际上最先进的大型矿山机械设备。见表2。

表2 大台沟铁矿的大型机械化设备

工 序	设备名称	规格型号	拟选供应商	备 注
采矿凿岩	凿岩台车	SimbaW469C	Atlas	水动力
出矿	铲运机	LH625E	Sandvik	10 立方米电动，专为基律纳研制
		LH621	Sandvik	$8m^3$ 柴油
运输	标准轨电机车		Schalke	110t，专为基律纳 1365m 水平研制
	底卸式矿车			$17m^3$
提升	提升机		Siemag/ABB	
	箕斗			$34m^3$

2.1.3 自动化

为提高生产效率，降低人工成本，改善作业环境，必然要实现以生产过程自动化和集中控制为核心的矿山自动化，为此大台沟矿业与瑞典 ABB 公司签订了相关的战略合作框架协议，内容包含井下提升系统、井下通风控制系统、井下运输控制系统、自动化数字矿山系统、矿物破碎＋磨机、矿物选矿（铁精粉、尾矿库）、输配电系统、矿山整体设备系统的维修及维护服务。

主要采掘设备实现远程控制，生产数据实现自动采集，对铲运机铲斗、溜井放矿、电机车运输及箕斗提升进行自动计量，通过数学模型运算进行品位控制，从而实现自动配矿。如图 4 所示。

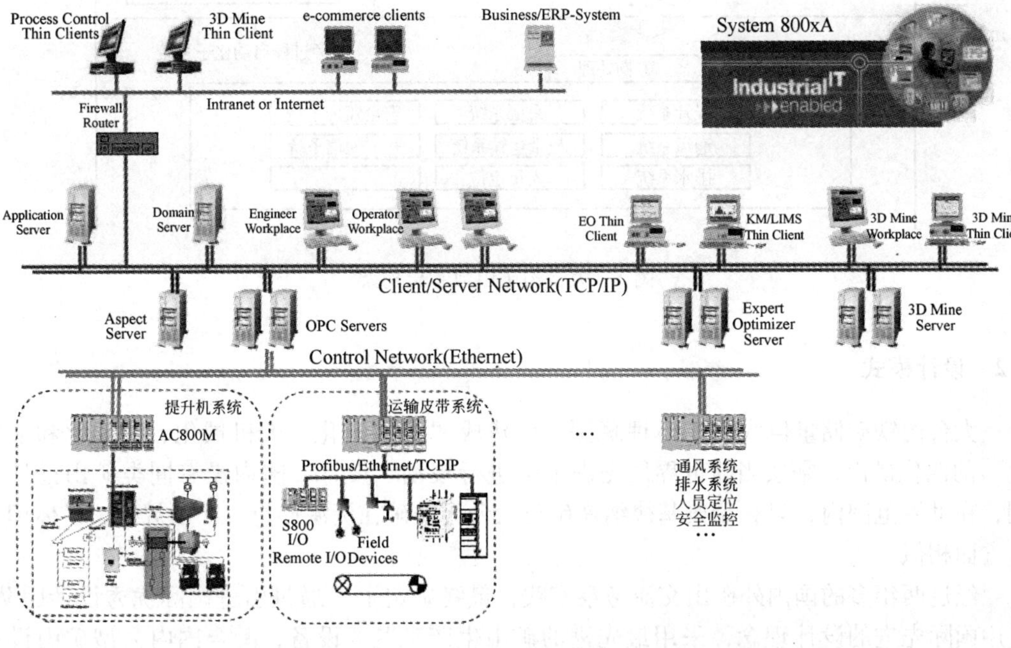

图4 大台沟铁矿拟采用的 800xA 自动控制系统

2.1.4 数字化

“数字化矿山”是对真实矿山整体及其相关现象的统一认识与数字化再现，在统一的时间坐标和空间框架下，科学合理地组织各类矿山信息，将海量异质的矿山信息资源进行全面、高效和有序的管理与整合，形成高效、安全、可靠的现代化矿山系统，已经成为21世纪矿山行业的发展方向。

我国矿山行业在这方面的发展相对滞后，建设总体水平不高，严重地影响了矿山企业的市场竞争力和可持续发展能力。大台沟铁矿作为新建矿山，后发展优势明显，应吸收国内、外矿山的先进理念和装备技术，构建数字化矿山。

大台沟铁矿矿山数字化构架和设想如图5所示。

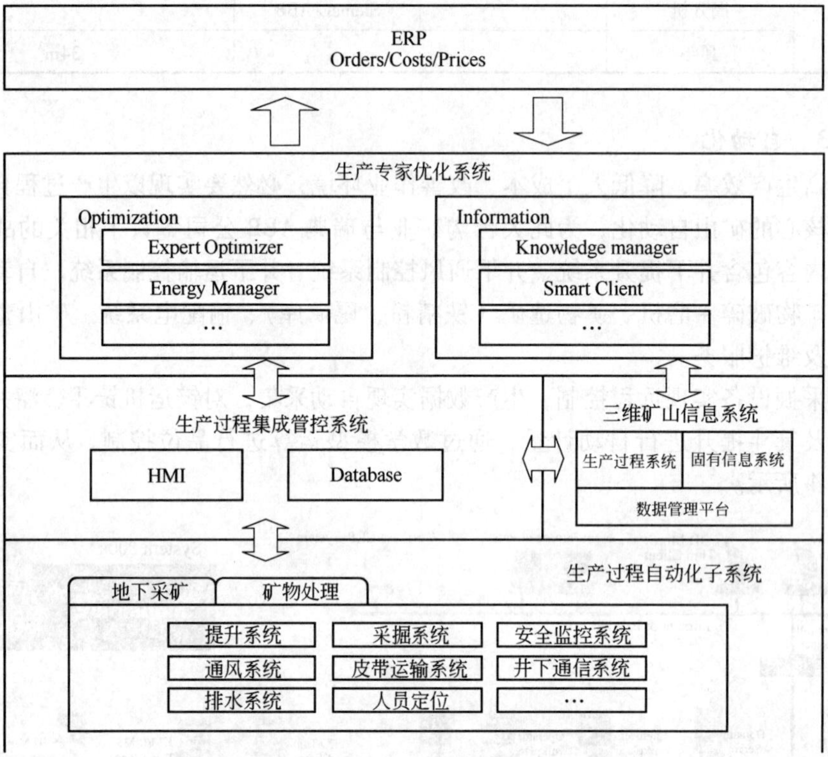

图5 大台沟矿山数字化构架

2.2 设计模式

大台沟铁矿储量巨大、矿体埋藏深，要建成“大规模化、大机械化、自动化和数字化”的四化矿山，须按当前世界最先进水平进行规划、设计。国内没有同类矿山设计先例，在世界范围内，只有瑞典基律纳铁矿与大台沟铁矿在资源储量、矿山规模、矿体埋深等方面相似。

经过两年多的国内外矿山交流考察实践，最终确定了“通过引进国际优秀设计团队，应用国际先进的设计理念，采用最先进的矿山生产工艺、设备，配合国内大型矿山设计院，联合设计”的思想。根据设计定位，大台沟铁矿将建设成为国际一流水平的特大型的绿色、环保矿山，对我国采矿业的发展，对国内建设特大型矿山具有重大的示范作用。

具体实施方法是：由国外具有井下大型矿山设计经验的设计公司承担主体技术设计，同时在提升、运输、爆破、通风、精矿管道输送等工艺均邀请外国公司参与专项设计，再由国内具有井下大型矿山设计经验的设计院承担集成设计。

2.3 国内外交流考察实践

为了更快更好地开发大台沟铁矿，自2008年开始，我们开展了一系列国内外考察，足迹遍及国内外相关典型矿山、设计研究机构和设备供应商，以及矿建施工单位。

2.3.1 国内交流考察

宝钢梅山矿业公司，是国内无底柱分段崩落法应用最成功的地下矿山之一，最早使用掘进台车、凿岩台车和铲运机等进口设备。

安徽铜陵冬瓜山铜矿，大型深井高温矿山，采用充填法盘区采矿。

山西中条山铜矿峪铜矿，国内最早最大的自然崩落法矿山。

昆钢大红山铁矿，近年新建矿模式的大型矿山，设计产量达到800万吨/年。

通过考察，摸透了国内的矿山规模，采矿方法、成本，效率和安全环保等开采实际情况，认识到仅仅依靠国内的设计力量和开发模式建设大台沟铁矿是远远不够的，有必要借助应用国际先进的设计理念，先进的矿山生产工艺、设备，来弥补国内开发建设特大型矿山的不足。

2.3.2 国外交流考察

（1）北欧考察。

实地深入考察了瑞典基律纳铁矿。

参观山特维克（采矿，巷道开拓设备供应商）设在芬兰的生产工厂及研发中心。

参观阿特拉斯（采矿，巷道掘进设备供应商）设在瑞典的生产工厂及研发中心。

参观瑞典ABB（提升设备，工业流程自动化技术公司）研发中心，与ABB签署战略合作协议。

拜访瑞典Lulea大学岩石力学系教授Dr. Erling Nordlund，探讨瑞典在开展岩石力学研究方面的经验。

参观Bombardier，Midroc设在瑞典斯德哥尔摩的研发中心，了解基律纳矿山在地下有轨运输方面的成功经验，尤其是实现高度自动化的控制模式。

在瑞典与WSP矿山设计咨询公司洽谈设计合作。

（2）北美考察。

参观了美国丹佛亨德森钼矿，该矿采用中段高度400m的自然崩落法及井下卡车运输，规模1000万吨/年。

与加拿大Cementation公司探讨关于井建造价，及深井掘进施工方法和设备。

与美国Hatch设计咨询公司达成设计合作，目前已开始参与大台沟铁矿的项目可研设计工作。

（3）澳大利亚。

与Micromine合作进行资源勘探完善和编制基于JORC标准的资源储量报告。

参观考察了中信泰富在西澳建设的 6 个选矿系列，8400 万吨/年选矿厂，学习先进的矿山建设和海外投资经验。

重点与 Orica 公司的全球研发中心的专家们进行了沟通交流，就凿岩爆破、炸药、电子起爆器材及装药设备进行了深入的合作探讨。

与 AMC 矿山设计咨询公司进行技术交流。

通过国外考察，对世界上先进的矿山和设备供应商加深了了解，坚定了开发建设大台沟铁矿的信念，以及与国外合作的必要性。

2.4 全球化战略团队

2.4.1 公司人才战略

构建了有竞争力、结构合理的管理团队和人才梯队。

聘请了国内矿业著名专家组成顾问团队。

派专业技术人员参加中国国际矿业大会，矿业科技大会和各种专业性的全国会议，开阔团队人员视野。

重视使用各种专业软件，先后购买培训了 Gencom、Micromine、Ventsim 等先进软件。

计划与瑞典 Lulea 大学建立优秀员工培训进修机制。

特聘国外专家团队，其中包括：瑞典 Lulea 大学矿山工程学院教授，国际岩石力学会会长兼美国工程院院士，加拿大皇家工程院院士，超过 40 年工作经验的瑞典基律纳矿山采矿专家，前瑞典基律纳矿山矿长，瑞典基律纳矿山自动化专家，瑞典基律纳矿山通风专家。

2.4.2 与国内外顶级公司团队的合作

（1）矿山勘探和资源评估。与澳大利亚 Micromine 公司合作，请其担任国际矿产资源量评估报告咨询顾问，以国际标准规范探矿工作。

（2）岩石力学与地下水防治。与 Itasca 公司通过国际合作建立起大台沟铁矿崩落法开采矿山设计、岩石力学评价及地下水防治的工作流程，确保大台沟铁矿设计和开采实践活动生产流程上的国际化标准。

（3）爆破。与澳大利亚澳瑞凯（Orica）公司就凿岩爆破、炸药、起爆器材及装药设备进行了深入的合作，探讨合作建立散装炸药原料制备站。Orica 将以优质的爆破产品和先进的爆破设计方法配合大台沟铁矿，解决大结构参数的凿岩爆破难题。

（4）矿山设计与咨询。拟聘请 WSP、Hatch、AF、AMC、PSI 等外国矿山设计公司参与大台沟铁矿的技术设计，包括提升、运输、爆破、通风、精矿管道输送等工艺专项设计，最后由国内设计院进行设计转化，形成完整的施工图设计文件。

除此之外，还与长沙矿山研究院、长沙矿冶研究院等国内顶级的专业研究院所和高校合作。

（5）国际一流的供应商团队。大台沟铁矿采矿、提升、运输和通风设备均采用国际一流的装备。拟选择的供应商团队有瑞典 ABB、德国 Siemag、芬兰 Sandvik、瑞典 Atlas、瑞典 GIA、澳大利亚 Orica、德国 Schalke 等。

2.5 超深地下采矿的关键技术

2.5.1 超大结构参数无底柱分段崩落法

大台沟铁矿一期建设计划达到3000万吨/年，二期达到6000万吨/年，这样的产能规模目前在世界范围内的地下矿山是最大的。根据有关资料显示，国内大型地下矿山规模在400~800万吨/年，近几年有在建的矿山达到1500万吨/年或更大。世界范围内的大型地下矿山见表3。

表3 世界范围内大型在产或拟建地下矿山

矿　　山	开采方法	所在地	产量/吨·天$^{-1}$
昆钢大红山铁矿（在建）	分段崩落法	中国云南	24000
亨德森（Henderson）	自然崩落法	美国	36000
河北钢铁司家营铁矿（在建）	充填法	中国河北	45000
马尔姆贝里耶（Malmberget）	分段崩落法	瑞典	45000
安迪那（Andina）	自然崩落法	智利	72000
基律纳（Kiruna）	分段崩落法	瑞典	76000
自由港-DOZ（Freeport-DOZ）	自然崩落法	巴布亚新几内亚	80000
奥尤陶乐盖（Oyu Tolgoi）（在建）	自然崩落法	蒙古	85000
大台沟铁矿一期（设计中）	分段崩落法	中国本溪	90000
山东济宁铁矿（在建）	充填法	中国济宁	100500
丘基卡马塔（Chuquicamata）地下矿（在建）	自然崩落法	智利	120000
特尼恩特（El Teniente）	自然崩落法	智利	130000
自由港-GBC（Freeport-GBC）（在建）	自然崩落法	巴布亚新几内亚	160000
大台沟铁矿二期（拟建）	分段崩落法	中国本溪	180000

目前，崩落采矿方法是世界范围内地下矿山大规模化的主要采矿方法，所以大台沟铁矿选定了自然崩落法和分段崩落法作为备选采矿方法。经过大量的岩石试验和论证，认为大台沟铁矿岩石强度高，完整性好，更适合无底柱分段崩落法。

关于产能验证，根据国内设计院的计算，一期完全可以达到3000万吨/年，还为扩大产能留有余地；国外的设计院和资深专家顾问也认为大台沟铁矿的产能潜力巨大，通过优化设计可以进一步提高产能。

2.5.2 大直径深井与采区斜坡道联合开拓超深矿井

世界上大规模地下深井矿山一般采用竖（斜）井与斜坡道联合开拓方式，这种开拓方式在大台沟铁矿并不适用，因为从地表掘进主斜坡道到达矿体需要15km长，从建设成本到工期都耗费大，但是为了保证大量大型无轨设备的适用，又必须考虑必要的通道，所以考虑使用大直径的副井代替主斜坡道的功能，辅以采区斜坡道联系各采区水平。同时为了减少开拓基建工程量，缩短基建开拓时间，尝试采用国际最先进的设计理念和井建施工设备，通过加大井筒直径、副井通风混合井等方式来实现。

2.5.3 超1500m深矿井地压与岩爆控制

大台沟铁矿矿床赋存超过2000m，一期开采设计到-1280m水平，开拓井筒深度超过1600m，开拓和采矿井巷工程都位于地表1000m以下，如此的深井开采，必须考虑岩爆和地压的问题。根据前期的岩石力学研究和最近的大量试验研究，初步查明了大台沟铁矿开采的岩爆倾向性，并设计了卸压、支护和监测等应对措施。

2.5.4 多组穿脉并列折返式标准轨无人运输系统

按国内传统的地下矿山运输理念，有轨比无轨运输效率高、运行成本低，但国外大规模矿山也有用卡车运输的成功范例。为了既能满足产能要求，又降低成本的考虑，进行了多种运输方式的比较。首先从有轨和无轨运输选择中确定了有轨运输的方式。

关于有轨运输水平的布置，传统的经验认为，大型矿山用环形穿脉运输，中小型矿山用折返式运输巷道布置，但是这一经验在大台沟铁矿并不适用。按传统的环形穿脉运输布置，尽管计算上能满足产能，但存在破碎站布置在矿体内的不稳定因素的缺陷，会给以后的开采带来困难。

受瑞典基律纳铁矿的启示，该矿1045m水平采用窄轨折返式运输达到2700万吨/年的生产能力，而1365m水平在更换为标准轨折返式运输后达到了3500万吨/年的生产能力。但是大台沟矿体远比其厚大，又不能直接套用其模式。经过反复探讨，创造性地提出了“多组穿脉并列折返式标准轨无人运输系统布置”的方案。

2.5.5 深热矿井的通风、降温

根据勘探钻孔资料，大台沟铁矿井下最高温度达到46℃，深井降温是要解决的难题之一，大台沟铁矿矿体厚大，走向长，沿走向两端还未封闭，而且开采时从矿体中间分两部分向上下盘退采，所以通风系统布置难度大。另一方面还要考虑到基建成本，要尽可能减少开拓井巷的工程量。

通过参观考察了国内的梅山铁矿和冬瓜山铜矿，吸取南非的超4000m深井，美国的亨德森钼矿和瑞典基律纳铁矿的通风模式，上下盘分别进回风，采区内划分相对独立的通风单元，在设计上加大通风量，并配合局部降温措施。

2.6 采矿前沿技术和装备

2.6.1 弧形定向扇形中深孔

超大结构参数分段崩落法对落矿块度的要求极高，传统垂直扇形中深孔的布孔方式和液压凿岩机的凿岩精度都无法满足。根据最前沿的研究，配备瑞典Wassara高压水力潜孔冲击式钻机的采矿凿岩台车，可以钻凿弧形定向扇形中深孔，不但凿岩速度快、钻孔非常精准，而且钻凿的弧形定向孔可以使得每一爆破单元中，扇形中深孔（炸药）分布更均匀，从而保证落矿的块度，提高铲运机效率、减少二次破碎和溜井堵塞。如图6所示。

2.6.2 无线电子起爆系统

澳瑞凯的i-kon™系统是市场上最先进的电子起爆系统（EBS），专为地下矿大规模的、高价值及复杂条件下的爆破而设计，该系统由可编程的数字雷管和控制设备，i-kon™编码器、起爆器和附件组成。

该电子起爆系统与传统起爆系统相比较具有以下优势：

（1）高水平的精确度（比传统雷管精确1000倍），可以更好地提高爆破效果，有效降低大块率，减少二次破碎及堵溜井，增加溜井的使用寿命和效率。

（2）大延期时间范围（15000ms）和遥控爆破能力，可以实现精准爆破，有效控制爆破能量，提高爆破作业的安全性。

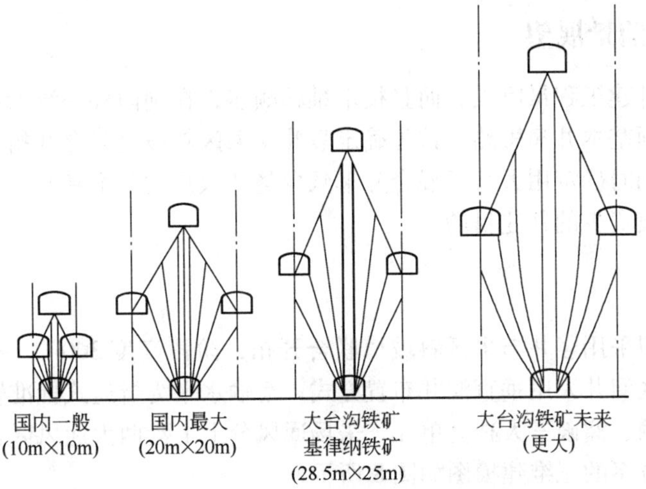

图6 采矿结构参数对比

由于具有以上优势，使用该电子起爆系统可以更好地控制爆破能量，提高生产效率，优化破碎效果、预测爆破振动、扩大爆破规模和提高爆破作业的安全性。

2.6.3 无人开采

大台沟铁矿采用的独立矿块模式，具备应用无人开采的条件。在采区应用无人遥控，180°广角无线视频监控系统技术，铲运机全面自动化、全自动井底车场运输以及矿石提升。

通过实现无人采矿，带来提升矿山本质安全化水平、延长有效作业时间，从而增加产能、降低通风成本等一系列好处。

2.6.4 按需通风（VOD）的多级机站通风

多级机站通风技术是完全不同于传统方式的通风技术，它通过多级、多台风机的串并联，以及井下通风参数控制系统。能对矿井的需风点做到按需通风，有效地控制了系统的漏风，增大了系统的有效风量，从而减少了矿井总风量，而通风系统的能耗与风量的三次方成正比，这样可以大幅度降低矿井通风系统的能耗，是一种高效、节能的通风方式。

2.6.5 垂直式盾构井建

世界矿山露天开采矿山日趋减少，地下矿山开采所占比重越来越大，也将逐步向深井开采发展。为缩短工程时间，加快井下工程建设进度，大台沟矿业拟采用德国海瑞克正在研发中的垂直盾构竖井成井设备。

该公司研制的垂直盾构机，具有两千米以上，小于12m内径，硬岩条件下一次成井能力。实现了地面供应系统机械化、地下钻进无人化，同时也提高打井的安全性，对周围的钻孔、爆破等工程影响较小，与传统凿井工艺相比保证了围岩的稳定，提高了成井的效率，在小于12m内径的条件下能够达到每天10m的成井速度，大大提高井建的速度。如图7所示。

图7 垂直盾构机

3 采矿规划和前景展望

大台沟铁矿井建工程量巨大，而且技术难题颇多，在国内外一流设计机构和专家不断研讨下，确定几项基本井建思路。首先确定竖井+采区斜坡道联合开拓，用大直径副井代替地表斜坡道，同时确定用大直径混合井来减少竖井数量的基本基调，实现了规模大、功能多、工期短、投资少的井建目的。

3.1 开拓

大台沟铁矿拟采用竖井与采区斜坡道联合开拓，阶段高度300m，采区开拓采用大结构参数布置，采区溜井采用垂直溜井布置方式，运输水平为折返式标准轨运输；通风系统划分为采区、运输、溜破三大独立单元，采场通风分上下盘两大通风区，并采用分区通风方式。一期设计方案的三维建模图如图8所示。

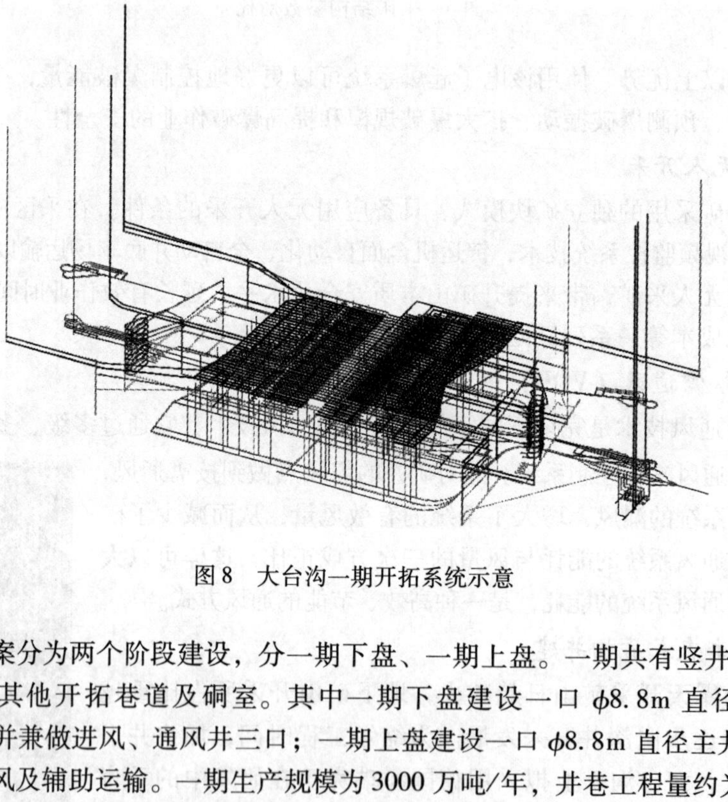

图8 大台沟一期开拓系统示意

该开拓方案分为两个阶段建设，分一期下盘、一期上盘。一期共有竖井10口，两条采区斜坡道及其他开拓巷道及硐室。其中一期下盘建设一口ϕ8.8m直径主井，两口ϕ9.5m副井，并兼做进风、通风井三口；一期上盘建设一口ϕ8.8m直径主井，通风井三口，以满足通风及辅助运输。一期生产规模为3000万吨/年，井巷工程量约为669万立方米，其中基建带矿量421万立方米，折合矿石1439万吨。

3.2 矿石运搬

采场回采的矿石由铲运机装矿，卸入采区溜井，矿石经采区溜井下放到运输水平，装入矿车，由电机车牵引底侧卸式矿车运至卸矿线，卸入卸矿站，空车由电机车经空车线推入穿脉运输巷装矿。

采区溜井集中按组布置，每个采区布置1组溜井，3条溜井为1组，互为备用。根据采区溜井布置特点，穿脉运输巷采用3条为1组，折返车场方案，共布置4组穿脉，车场采用折返式布置，共布置了1条双轨运输石门，3条卸矿线，1条空车返回线，1条机车车辆检修线（包括副井调车线）。部分沿脉运输巷采用双轨布置，便于空、重车错开运行；3条卸矿线互为备用，保证机车运输能力；空车返回线间布置联络道，使空车可以根据需要进入合适的穿脉运输巷装矿，便于机车合理调度。如图9所示。

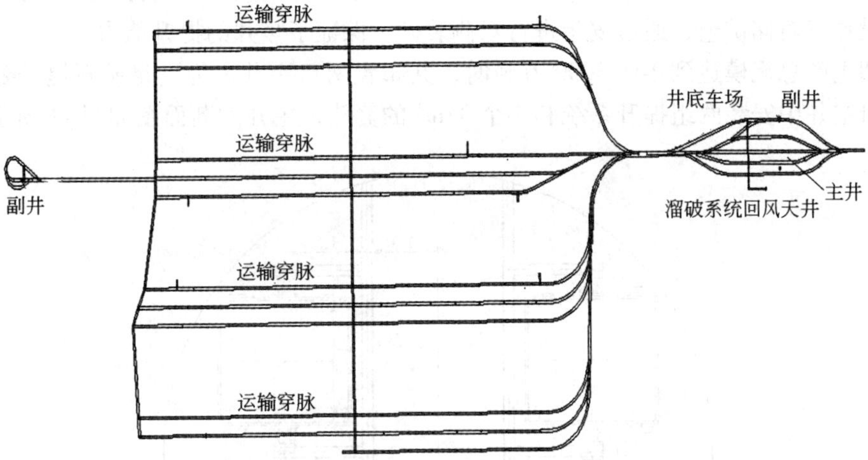

图9　大台沟矿运输系统布置

运输水平标准轨铁路轨距1435mm，轨重70kg/m，1/9道岔，线路坡度4‰，最小拐弯半径150m。配备先进的列车自动调度控制系统，实现井下无人运输。

在-1280m运输水平，除列车装矿采用人工远程遥控装车外，其他的列车运行、卸矿等全部实现自动化，由中央控制室进行监控，各个溜井和破碎系统中的矿石品位实现装矿过程中自动在线检测。

其中运输设备引进德国Schalke公司生产的准轨电机车及自动化控制系统，实现大运量、自动化无人控制。110t电机车牵引21辆17m^3底侧卸式矿车，列车长度93m，每列平均载重650t，设计最大速度25km/h。如图10所示。

图10　大台沟选矿用的运输电机车示意

通过与国际先进矿用电机车生产商德国 Schalke 公司接触，引进与瑞典基律纳矿山 1365 新水平所采用的电机车及自动化控制系统，有效保证了采区运输系统的可靠性和安全性，为满足运量、自动化和高效的运输打下良好基础。

3.3 矿石提升

在主井附近集中设置 3 台旋回破碎机，共建一个破碎硐室，共用行车及检修设施。破碎下部设置三对储矿仓，通过皮带进行双侧装矿，保证了竖井的提升能力。

一期生产总规模达到年产 3000 万吨时，共布置两口主井。为满足矿石提升要求，需要在每口主井中安装两组提升系统和 4 个 $34m^3$ 的箕斗，主井的断面图如图 11 所示。

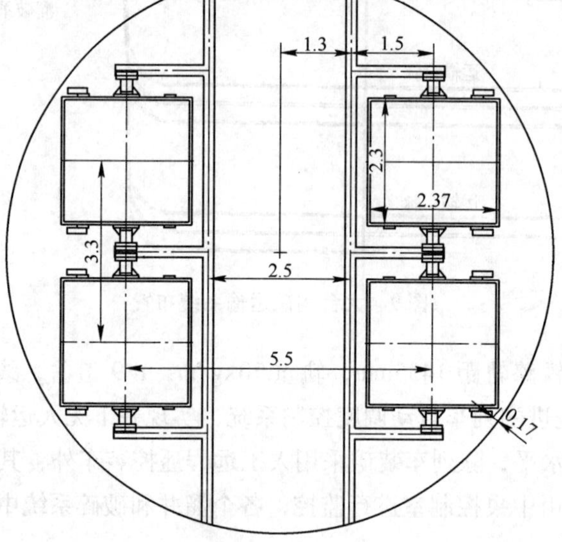

图 11 大台沟铁矿提升井筒断面布置示意

大台沟铁矿生产规模巨大，提升深度深，对提升设备的提升能力和安全性等各项要求较高。一期生产能力约为 90000 吨/日，竖井提升深度为 1630m 左右，如此高的深度和提升量，在国内外矿山企业没有先例。为了满足大台沟铁矿开发建设需要，公司与国际知名先进矿山设备和自动化控制供应商 ABB 展开合作，根据大台沟铁矿的生产计划和条件，ABB 提出应用 10000 千瓦的提升设备技术方案，来满足矿山生产需求。如图 12 所示。

3.4 矿井通风

整个通风系统划分为采场、运输水平、溜破系统 3 个通风区，运输、溜破系统风路独立。新鲜风流由进风井进入，经分风平巷到达各个水平，然后经回风平巷进入回风竖井，排出污风。

采区通风设计采用多级机站通风方式（Ⅳ级），Ⅰ级机站布置在进风井井口，Ⅱ级机站布置在各分段进风巷道内，Ⅲ级机站布置在各分段回风巷道内，Ⅳ级机站布置在回风井地表，进风井、副井进风，回风井回风，矿区上、下盘通风相对独立，形成两个大的供风

图12 大台沟铁矿主井提升图

区。上下盘各布置专用进风井1个，回风井两个，副井作为辅助进风。通过Ventsim通风软件，对部分井巷、硐室供回风进行优化模拟。

4 结语

大台沟铁矿建设要遵循“大规模化、大机械化、自动化、数字化”的四化战略方针，分区分期开发，工程带矿，以矿养矿，滚动发展，充分发挥矿山规模效益。在设计理念上要“立意新、看得远、有前瞻性、瞄准世界一流”，站在采矿技术前沿，大胆引进国际优秀的设计团队，自主创新，跨越发展，引领矿业未来，将大台沟铁矿建设成为世界上生产规模最大的、资源节约型、环境友好型的现代化地下矿山。

作者简介：

李伟波，男，1962年出生于广东省电白县，荣誉博士学位，现任万利加集团董事局主席、本溪大台沟矿业有限公司董事长兼总经理、香港中文大学深圳研究院管理委员会顾问。

继往开来 百年矿业

——首钢矿业公司创新发展的战略思考与实践

郝树华

（首钢矿业公司）

2012 年 4 月 18 日

首钢矿业公司地处冀东山区、滦河岸边，矿区占地面积 56km²，是首钢的主要原料基地。目前，年原矿处理能力 2280 万吨、球团矿生产能力 340 万吨、烧结矿生产能力 1160 万吨。总资产 155 亿元，职工总数 1.35 万人。在过往的岁月里，首钢矿业公司把党的方针、政策与企业生存发展有机结合起来，不断探索与实践，坚定不移地走创新驱动、转型发展之路，不断焕发生机与活力，企业整体实力和综合竞争力持续增强，获得“中国矿业十佳企业”、“全国冶金矿山十佳厂矿”、“全国矿产资源合理开发利用先进矿山企业”、“全国企业信息化建设典型示范单位”、“中国企业信息化百强”、“首都精神文明单位标兵”等荣誉称号。

1 创新发展的战略思考

企业的战略决策，决定企业的前途和命运。希腊伟大的科学家阿基米德说过：“给我一个支点，我就能撬动地球。”可见，杠杆的力量是无限的。创新是推动企业发展的强劲杠杆。

首钢矿业公司作为首钢的重要原料基地，几代矿山人始终牢记自己的使命，50 多年艰苦奋斗，累计采剥矿岩总量 20.34 亿吨，生产铁矿石 5.32 亿吨、精矿粉 1.64 亿吨、烧结矿 1.21 亿吨、球团矿 3750 万吨。但由于持续多年的强化开采，“九五”期间矿业经历了一场“资源危机”的严峻考验。大石河铁矿 7 个采区有 4 个闭坑，剩下 3 个采区进入开采末期，矿石资源接近枯竭；处于主力地位的水厂铁矿形成了 7800 万吨的剥岩欠账，濒临采死。长期计划经济体制下形成的机制不活、成本超高、两万多人同吃矿产主业“大锅饭”等矛盾突出。广大职工为企业的前途和命运十分担忧。矿业公司冷静分析形势，立足自身优势，寻求发展出路，在困境中把握住了发展的方向，通过对生存发展的努力探索，初步摆脱矿产资源接替困难所带来的危机，度过了计划体制向市场体制转型的艰难时期，企业发展有了前景，职工看到了希望。

“十五”初期，国际国内钢铁市场和矿产品市场发生了重大变化，同时首钢也开始了以搬迁为重点的战略性结构调整。面对新机遇、新使命和新挑战，是墨守成规、消极等待，还是锐意进取、主动出击？对此，我们进行了深入的战略思考。

（1）作为一个典型的资源型企业，最根本的是资源问题。而当时水厂铁矿正处于

“剥岩还欠”的恢复期，大石河铁矿原有采区按正常状况应全部闭坑。而且矿山生产有自己的规律，是一个持续的过程，必须科学、合理开采，处理好眼前和长远的关系。因此，提高矿山生产能力要有新的举措，转变资源利用方式要有新的途径。

（2）作为一个因特定区域资源开发而形成的矿山企业，怎么样认识一个地区的资源是有限的，但矿业的市场机遇是无限的，怎么样抓住有利时机，打破地域界限，开发利用新的地域资源，形成新的发展空间，需要进行新的探索和实践。

（3）作为一个传统的老矿山企业，技术经济基础相对薄弱，盈利水平比较低，管理的理念和方式、方法，距现代管理水平还有较大差距。因此，必须坚持新型工业化道路的方针，尽快运用自动化、信息化手段改造和提升传统产业。

（4）作为一个计划经济体制下形成的“大而全、小而全”的矿山企业，随着改革的不断深化，一些深层次的矛盾进一步凸显出来。在企业办社会移交政府无法实行等特殊背景下，创新机制体制，把市场化理念渗透到企业经营管理的方方面面，激发推动企业发展的内在动力，成为深化改革的重要任务。

通过深入学习市场经济理论，我们以“解放思想，寻求发展新途径”为主题，广泛研讨，拓宽思路，坚定意志，确立“市场化、自动化、信息化、国际化、加强管理基础工作”的工作主线，做出了创新驱动、转型发展，建设“一流的矿业、开放的矿山”的战略抉择。

2　创新发展的主要实践

多年来，我们把创新发展有机统一起来，坚持在创新中谋求发展，在发展中推进创新。

2.1　抓住“一个根本”，通过转变办矿模式，提高可持续发展的资源保障能力

资源是企业的命根子。我们把解决资源问题作为关乎企业命运和职工群众根本利益的头等大事来抓。打破多年一贯“靠征地开矿”的老套路，实施了靠市场配置资源，多种模式办矿的创新实践。

面向市场，通过市场方式利用外部资源。将外购矿石与自产矿石合理配比，利用技术先进的选矿工艺设备选别，对购入的低品位矿粉单独进行二次加工，提升矿粉品位和资源价值。

深挖潜力，提升内控资源综合利用效率。将铁矿石入选品位由不小于20%下调到不小于15%，充分利用极贫矿。采用硐采、地采、挂帮矿复采等技术措施，充分回收闭坑采区残留资源。自行研制设备，相继建成15条生产线，干选回收排土场混杂在岩石中的矿石。新建工艺流程，开发铁矿“伴生石”。采用细磨精选技术，对库存的尾矿砂进行再选。实施金属量平衡工程，降低尾矿品位，提高金属回收率。

互利双赢，扩大周边资源掌控范围。以股份合作方式，开发马兰庄铁矿；以劳务、资本、技术、管理输出等多种方式，开发李家沟铁矿、尖山铁矿和孟家沟铁矿。

探矿找矿，增加矿产资源储量。从2006年3月至2009年6月，历时39个月，完成二马和杏山两个资源接替区野外勘查工程并取得重大成果，新增大量铁矿资源。

实施地采，开发利用深部资源。坚持自己打工程，坚持在实践中造就适应地采事业发

展要求的人才队伍，自主设计和实施自动化与信息化相融合的杏山地采项目，2011 年 7 月 29 日重试成功并投入生产，为缓解供矿紧张局面提供了有力保证，采矿生产形成了露天与地下开采并举的新格局。

通过多种方式持续转变办矿模式，提高了可持续发展的资源保障能力。按照目前的生产规模，资源保有储量和可采储量，可持续开采 50 年以上。

2.2 打造“六个矿山”，通过自主创新，构建可持续发展的核心优势

自主创新是创新主体独立地依靠自己的智慧和力量进行的创新。自主创新既是转型发展的重要手段，也是转型发展的重要任务。紧紧抓住“四化一加强”的工作主线，把“建设一流的矿业、开放的矿山”的战略目标，具体化为打造“六个矿山”，不断提升自主创新能力和水平，形成可持续发展的核心力量和优势。

2.2.1 打造高效矿山

实践告诉我们，穿计划经济的老鞋，走不出市场经济的新路。为了医治劳动效率低、经济效益低的病根，主要从两个方面采取措施。

坚持市场化原则，持续深化改革。全面调整内部价格体系，变模拟市场价为市场价，所有物化劳动与社会市场接轨，厂矿、车间、班组发生的经济往来，全部按市场方式结算，公司上下、内外直接面对市场的变化和风险。各厂矿按照“扁平化”原则，以“五科两室一部”为基本模式，调整组织机构，生产一线按照“大岗位、小工种、一专多能”的原则设置定员，实行“作业长制”和“点检定修制”，设备维护检修市场化运作。打破小而全的分散组织方式，整合检修力量、建安队伍和生活服务业务。实施专业化管理、区域化服务、市场化运作。解决简单劳动岗位收入高于市场价位、部分复杂劳动岗位收入低于市场价位的“两个背离”问题，探索形成了以工效挂钩、小指标挂钩分配为主，包保核考核、专业考核、日考核、直观考核和单项奖励为辅的考核分配体系。全公司班组以上机构、管理岗位分别精简了 57.48% 和 62.29%，净减人员 10680 人，主业在岗职工精简了 44.84%。分配看效益，收入凭贡献，使蕴藏在职工群众中的智慧和创造力不断迸发和涌流出来，劳动效率不断提升。2011 年比 2000 年，采剥总量、精矿粉、球团矿、烧结矿实物劳产率分别提高了 1.43 倍、1.76 倍、7.63 倍、5.62 倍，其中水厂铁矿采剥总量劳产率、水选厂精矿粉劳产率创造了中国企业新纪录。

倡导“找差”文化，深入对标挖潜。一是透过全国同行业可比技术经济指标完成情况，找出与先进企业差距较大的指标，认真分析导致指标落后的原因，正视差距，增强危机感和紧迫感，加快指标创一流的步伐，分层级确定了“保持前三、争进前三”的赶超目标，制定措施方案，完善“同行业对标体系”。二是将对标范围由矿产主业拓展到相关产业，对标层次由公司延伸到厂矿、车间、班组、机台，对标内容由主要技术经济指标对比转变为各项指标全面对比，完善“技术经济指标体系”。三是运用因素分解法，筛选出影响成本效益的关键指标、体现各单位核心任务的重点指标、涉及重点难点和薄弱环节的量化指标，逐一确定达标标准和提升目标，完善“小指标升级体系”。运用“目标—动力”机制、“责任—执行”机制、“团队—攻坚”机制、“考核—评价”机制、“挂钩—激励”机制，实施日管控、周分析、月考评，持续推进对标挖潜不断深入，营造了持续创优创效的浓厚氛围。2003 年以来，采矿、选矿、球团、烧结可比技术经济指标 60% 以上

进入国内同行业前三名，其中40%以上排名第一。

2.2.2 打造科技矿山

坚持把科技进步和创新放在提升企业核心竞争力的突出位置，使科学技术真正成为推动企业发展的第一生产力。

建立科技创新体系。全面整合科技队伍，组建下设矿山技术、球烧技术、机电技术、自动化技术、计算机应用技术、重型汽车技术6个研究所的技术发展中心，在各主流程厂矿成立了工程师室，面向采矿、选矿、烧结、球团生产成立中心研究室和地质研究所，实行以技术发展中心为龙头，以各研究所（室）为主体，集中与分散相结合的管理模式，搭建了面向生产的科研平台。建立公司和厂矿分别从产品销售额和生产成本中按比例提取技术开发费制度、公司技术开发费有偿使用制度、科技创新目标责任制度和创新成果表彰奖励制度，为科研开发提供了资金保证，实现了滚动发展，降低了投资风险，提高了科技项目实施的成功率，激发了广大职工积极参与科技创新的主动性和创造性。

持续推进科技创新。以自动化为重点，坚持用先进适用技术改造传统工艺，形成了群众性“双革两化”与科研人员重大技术攻关相结合、消化引进技术与自主开发相结合持续开展科技创新的格局。采矿生产，条形药包爆破机理及在大爆破中的应用研究成果，获北京市科技进步一等奖；采取国际先进的“汽车—破碎—胶带”半连续运输工艺，现代化生产水平不断提升；“大型深凹露天矿安全高效开采关键技术研究”，获得国家科学技术进步二等奖；“露天地下相互协调安全高效采矿工艺技术研究”，获国家冶金科技成果一等奖。选矿生产，采用自主研制的复合闪烁磁场精选机和高频振网筛两项新设备，在选矿工艺升级中发挥了关键性作用，使磨选工艺流程取得新突破。球团生产，在全国率先采用链箅机—回转窑—环冷机新工艺改造传统工艺，规模化生产氧化球团，带动冶金行业的炉料结构发生重大变革，获得国家“球团矿生产大型化和技术普及突出贡献奖”。烧结生产，中国首家将小球团烧结新技术应用于大型烧结机，全面提升了烧结机效率和产品质量。

从2000~2010年的十年间，实施重点科技创新325项；27项科技成果通过鉴定，46项（次）科技成果获首钢、北京市和全国冶金科技进步奖，42项成果申请国家专利；完成6项国家科技支撑项目。

2.2.3 打造数字矿山

管理创新是企业永恒的主题。我们积极践行党的十六大提出的“以信息化带动工业化，以工业化促进信息化的新兴工业化路子”，把管理主题的永恒性和管理实质的创新性集中定位在数字矿山建设上。

构筑硬件平台，配置数字化基础设施。采用14800数字化仪表块，武装采矿、选矿、球团、烧结四大主流程和物料运输的检测、计量系统，为从源头自动采集数据，实现各层面的系统数据接口创造了条件。分三期实施企业网络建设工程，敷设光纤150多千米，建立厂矿级网站45个、车间级网站73个（涵盖300多个班组），联网计算机3000多台，主干带宽1000M、桌面100M、覆盖公司各个单位的高速企业网的建设和运用，培养了职工队伍的数字化思维能力，提高了运用计算机和网络开展工作的水平。20台大型衡器、88台皮带秤计量数据自动采集，640多个点位的风、水、电、气等能源消耗量远程自动抄表，实时传输上网，集中监控和全程管理。

提高自控水平，创新数字化生产流程。引进、消化、应用 Surpac 矿山工程软件，开发应用“露天矿台阶垂直中深孔微差爆破计算机自动设计与模拟系统”、GPS 边坡动态监测系统，自主开发应用矿车自动调度系统，实现了采矿工艺流程的数字化。引进应用球磨自控系统，自主开发“振动筛和精选机自控系统”、选矿全流程监控系统，实现了选矿工艺流程的数字化。自主开发应用球团工艺过程自动化系统和流程监控系统、烧结智能控制系统和流程监控系统，实现了球团、烧结工艺流程的数字化。全公司占设备总数 50% 以上的 500 多条皮带，全部得到远程集中操控，取消了看管性岗位，实现了皮带运输系统的自动化、信息化。

瞄准国际一流水平，实施 ERP 项目。把 ERP 建设作为主动适应现代工业化、变革管理理念和管理方式、提高管理效能的核心步骤。从 2005 年 9 月 12 日开始，经过 230 天的精心组织和艰苦奋战，实施了企业流程再造、功能重组和结构优化，对企业资源进行全面整合，实现了资金流、物流、信息流的“三流合一”。首钢矿业公司 ERP 系统成功上线运行，推动管理发生根本性变革。

自主研发管理信息系统，搭建数字矿山整体架构。按照“计、管、控一体化”思路，陆续自主开发运行了生产、经营、管理等方面软件 136 套，主要有电量平衡信息系统、水量平衡信息管理系统、金属量平衡系统、技术管理系统、物资终身管理与核算系统、办公自动化（OA）系统、数据分析系统，极大地促进了业务流程的优化和管理效率的提升。通过全面集成，搭建了纵向以现场装备数字化、生产过程数字化、生产执行数字化、企业资源计划数字化“四级”为基础，横向以 GIS 地理信息系统、MES 生产执行系统、ERP 企业资源管理系统、OA 信息系统“四块”为重点的数字化矿山框架。在我国矿山行业实现了历史性突破，推动企业管理向国际先进水平迈进。

2.2.4 打造精品矿山

产品质量是企业的生命。加强质量管理是企业稳步发展的必然选择。我们坚持在创新中追求一流，把强化质量管理作为统领全局的重要抓手之一，持续实施“001 质量稳定工程”，探索精细管理的新路子。

确立“无缺陷”质量目标。生产烧结矿、球团矿的原料品种多达 20 余种，生产组织难度很大。充分认识高品质稳定的炉料供应是高炉生产稳定顺行的基础，是降低焦比、提高高炉利用系数的前提条件。越是生产任务重、越是客观条件复杂，就越是要找准在市场中的位置，赢得生存和发展空间。确定“供高炉的球团矿、烧结矿月平均品位波动范围不超过 ±0.01%”的目标，全面实施了“001”质量稳定工程。

在创新中系统推进。将 0.01% 还原成小数则是 0.0001，实施“001”质量稳定工程，实质是牢固树立“用户第一、指标先进、自我超越”的管理理念，以“市场”为导向，密切关注用户之需，以数理统计分析为基础，采取系统思维、因素分解、指标倒排的方法，从源头入手，倡导全员参与、团队合作，推动管理流程的持续改进和创新，提高生产经营过程的精准控制能力，降低操作和管理失误几率，缩小质量波动范围，打造精品，塑造品牌，培育让用户满意的“无缺陷”质量文化，提高经济效益，增强核心竞争力。这项工程涉及采矿、选矿、球团、烧结、物资采购、质量检验、技术和管理等各个方面，是一项庞大的系统工程。我们在实践中通过倡导系统管理思维，构筑了质量控制体系，完善了质量检验体系，建立了质量分析体系、质量保障体系；运用信息化手段，实施了流程化管理、标准化控制。采矿生产组织从源头入手强化矿石质量和供配矿管理；选矿生产组织以球磨机为龙头优化工艺流程；球团、烧结生产组织分别以强化造球管理、改善烧结矿粒级为中心稳定实物质量；设备管理全面推行点检定修、预知维修确保长周期稳定运行；物资采购、供应规范管理当好"后勤"。

在追求中创造卓越。"001"质量稳定工程的持续实施，工序产品质量和供高炉的熟料产品质量全面提升。输出的球团矿、烧结矿的铁元素指标波动范围，不仅月月达到控制目标，而且逐步向旬"001"、周"001"迈进。精矿粉、球团矿、烧结矿均荣获"中国行业质量优秀产品"称号。球团矿、烧结矿质量的稳定水平创出"中国企业新纪录"。首钢矿业公司成为"全国质量守信企业"。

2.2.5 打造绿色矿山

当今世界，营造绿色环境、发展绿色经济，成为众多企业的共同追求。我们积极响应国土资源部、中国矿业联合会的号召，成为《绿色矿业公约》的发起单位之一，在实践中坚持国际化标准，从公司到厂矿形成配套的制度，健全完善评价、考核、激励机制，走"绿色矿山"发展之路，取得显著经济和社会效益。

转变经济增长方式，建设节能环保型矿山。作为能源、水资源消耗大户，采用国际先进技术，实现了球团矿规模、高效、节能、环保生产。坚持高标准全面实施烧结工艺除尘改造和 360m^2 烧结脱硫工程，实现了外排粉尘 50mg/m^3（标态）以下、二氧化硫 100mg/m^3（标态）以下的目标，取得 ISO14001 环境质量体系认证。充分回收利用烧结、球团烟气余热，夏季发电，冬季供暖。采用水源热泵技术，使杏山地采带来的可再生地热能源得到有效利用。投资完善计量设施，建立定额用水奖罚机制，调动各单位和全体职工节约用水的积极性；采取集中控制恒压供水，推广应用节水器具，回收利用采坑废水、尾矿坝排渗水和工业废水等多项措施，实现了废水"零"排放，选矿废水重复利用率达到 91.32%。2011 年比 2000 年，采矿、选矿、烧结、球团工序能耗分别降低了 65.55%、70.68%、27.2%、68.85%，新水消耗降低了 52.89%。

落实循环经济方针，推进固废资源化产业化。在多年的采选生产中，堆积了采矿排土场废石和岩土 20 亿吨，库存选矿尾砂 4 亿吨；随着采矿和选矿生产每年还要增加废石 5800 万吨、尾砂 1000 万吨。经过探索和实践，我们认识到，对矿山排弃的废石和尾矿砂实施综合开发利用，不仅可以回收矿产资源，又可以为建材市场提供替代资源和产品，还能够腾出大量土地，缓解排土场、尾矿库紧张的矛盾。更重要的是，推进废弃资源规模化、产业化发展，可以形成矿山企业的新的产业支撑。基于这样的认识，确定了"整体规划、分步实施、结合市场、有利生产、实现效益"的原则，通过广泛的市场调研，制定了资源综合利用整体规划和产品大纲，建立起从生产组织、质量管理到市场销售的正常运作模式。2011 年销售资源再利用产品 150 万吨，矿山废弃物资源化、产业化综合开发利用格局基本形成。首钢迁安矿区资源综合利用项目，成为国家冀东地区资源综合利用示范基地。

保护生态环境，创建绿色家园。针对矿山生产对自然环境的影响，采取综合治理措施，改善环境，还绿于山，造福于民。设监测点 19 个，及时掌握各排土场的沉降变化情况；投入资金，修筑水厂河西排土场高峪高台子部位的岩石浆砌墙；对采场边坡从爆破、矿岩采装、清理到监测治理，实行全过程控制，对重点部位定期监测；对采区边坡部位进行治理，防止滑坡、崩塌事故。通过技术论证和正规设计，利用废弃的大石河露天采坑，建成了总容积4055万立方米的尾矿库，减少新占土地2.69km^2，避免了农户动迁和生态环境的破坏，实现了无害化处理。复垦绿化排土场、尾矿库3.8km^2。根据沙棘具有抗旱、耐瘠薄、生长快、根系发达的特性，探索了“尾矿库不覆土植被”的经济、可行、快速绿化的新路子。对2005年6月闭库的大石河铁矿孟家冲尾矿库强化治理，“蓝天、绿树、碧水、青山”的亮丽风景，被当地誉为“高原白洋淀”。建设花园式工厂，厂区环境实现四季常青、三季有花，建成7个省级园林式单位、9个市级花园式单位。生活区通过绿化美化，建成了文化活动中心、街心公园、龙山乐园、水厂绿地公园，为职工家属创造了休闲娱乐场所。

2.2.6 打造和谐矿山

企业和谐是社会和谐的基础。我们认真学习和执行《中共中央关于构建社会主义和谐社会若干重大问题的决定》，采取有效措施，致力于和谐矿山建设。

以发展促和谐。紧紧把握加快发展这个“第一要务”，在改革发展的进程中，始终坚持全心全意依靠职工办企业的方针，用发展的眼光、发展的思路、发展的办法解决前进中的问题。在制定企业发展战略，进行劳动用工、人事、分配、住房等涉及职工切身利益的重大改革中，保证职工参与决策；通过落实职工代表大会制度，开展质量效益杯劳动竞赛，推进厂务公开由公司延伸到厂矿、车间、班组，组织职工代表视察等多种方式，尊重职工群众的知情权、参与权、选举权、监督权。创建学习型企业，组织职工开展“十小促十变”活动，即“小教员培训辅导、小问答解疑释惑、小论坛共同提高、小竞赛比学赶帮、小课题群策群力、小练兵切磋技能、小建议持续改进、小窍门开启智慧、小案例示范引路、小园地交流心得；通过‘十小’，促进思想观念变、思维模式变、目标追求变、行为习惯变、知识技能变、管理水平变、作业环境变、产品质量变、工作绩效变、文化氛围变”。形成人人是创新主体、处处有创新课题的全员创新氛围。职工群众的创造推动企业发展，企业的持续发展增强职工的凝聚力。

以公正求和谐。把建立和维护稳定和谐的劳动关系，作为重要工作来抓。通过加强劳动合同管理，规范用工行为。通过建立协调机制，及时调解劳动争议。通过定期开展劳动合同管理大检查，确保依法依规办事。按时缴纳各项社会保险费用，维护职工权益。实施投资发展与经营者团队工程、管理创新与工程师工程、质量效率与技工工程，为职工成长成才和实现自身价值搭建舞台；坚持公开、公正、公平、择优原则，大力实施公开招聘、竞聘上岗，形成人才脱颖而出、人尽其才、才尽其用，事业造就人才、人才成就事业的良好机制和人才环境。贯彻“效率优先、兼顾公平”原则，制定并实施“工资分配指导线”制度，使各层次人员的收入差距始终控制在合理范围之内。

以稳定保和谐。牢固树立稳定是硬任务的思想，正确处理改革、发展、稳定的关系。关心职工生活，着力解决职工最关心、最直接、最现实的利益问题。全面实施“全员健康推进计划”，通过持续开展现场升级、健康知识宣传培训、全员健康体检、推广“三低”食谱、开展控烟工作、群众性健身等一系列活动，倡导健康的生活方式，帮助职工提高健康素质。千方百计创造就业岗位，使终止合同的4000多人实现了再就业。实施“三查一访”制度，建立困难职工档案，完善帮困救助工作责任体系。组织各级领导干部带头捐资助学。采取周密措施，加强重点区域、要害部位、交通安全、食品卫生等工作，保证了安全生产和良好治安秩序。支持街道委工作，共建和谐社区。发挥各级组织的作用，建立责任体系，完善工作机制，做好“大排查、大化解、大稳控”工作，保持矿区和谐稳定局面。

以文化育和谐。先进的企业文化是企业发展的灵魂。培育企业文化，是企业长寿的灵丹妙药。缺乏企业文化，是企业运营的最大危机。文化管理是企业管理的最佳境界。长期以来，首钢矿山人积淀了艰苦创业、求真务实、严格管理、争创一流、团结一致干大事的深厚的文化底蕴，特别是在改革发展的实践中，形成了“守制、诚信、创新、执行”的特色企业文化。“守制”就是严格用法律、法规和企业制度规范企业和职工行为。“诚信”就是对上、对下、对内、对外、对历史、对现在、对将来实事求是、认真负责；对外交往既维护自身利益，又不损害对方利益。“创新”就是坚持决策、管理、执行三个层次的创新相辅相成、相互促进、有机结合，形成强劲的创造力。“执行”就是在全面落实专业责任制和岗位责任制、严格执行决策与制度的过程中，培育严细认真、雷厉风行、只争朝夕、持之以恒的作风，提升整体执行力。连续16年从5月到10月举办首钢矿山文化节，主题鲜明、丰富多彩的文化活动，不仅成为职工家属不可或缺的高品质“文化大餐”，而且成为企业文化建设中一道亮丽的风景线。先进文化的塑造，调整和规范了企业与市场、职工与企业以及人与人之间的关系，广大职工形成共同的价值追求，学习力、创新力、执行力、凝聚力不断增强，促进了企业的和谐发展。

2.3 推进两个转型，通过产业升级，拓展可持续发展的广阔空间

作为传统的矿山企业，调整和优化产业结构、推进产业升级，是拓展生存和可持续发展空间的必然选择。我们主要从两个方面进行探索和实践。

2.3.1 推进企业由单一的矿产品生产向多元经营转型

伴随改革的深化，采取了“四步走”发展战略。第一步，围绕建立现代企业制度，调整组织结构，将在计划经济条件下形成的服务矿产品生产的辅助性单位与矿产品生产单位剥离，区别性质，分别以法人子公司、模拟子公司和独立核算经济实体（简称“独营体”）的形态分灶吃饭，唱响了“美好生活自己创、发展之路自己闯”的“二次创业”主旋律，形成了多元发展非矿产业的雏形。第二步，将全公司分立的5个法人子公司、15家“模拟子公司”、22家“独营体”以及委托经营的资产，按照有所为有所不为的原则进行调整和重组，重点培育支柱项目，促进非矿产业“散、弱、小”问题的解决。第三步，变革产权制度，对与主业联系不紧密的独立法人子公司，采取国有成分完全退出的方式，实现企业所有制性质的根本变革。对于重点发展的相关产业，区分具体情况，采取国有成分相对控股或者参股，吸纳本企业职工、民营企业和其他国有企业的资本、高等院校的技术等方式，实现投资主体多元化。第四步，大力实施“市场经营、产品结构”两个突破，推动非矿产业市场化、规模化发展。

“四步走”战略的实施，使非矿产业得到由小到大、由弱到强的发展和提升，运用矿山长期积累的技术、管理成果，转化为产品，开拓社会市场，形成了矿山装备制造和矿山生产技术服务两大新的产业。2011年非矿产业实现产值22.44亿元，是2000年的3.85倍。

2.3.2 推进企业由自有资源开发向外部资源开发转型

矿业本部转变办矿模式的成功实施，为开发外部资源产业提供了经验和启示。我们确立跨地区、跨行业、跨国界、跨所有制的“四跨”发展战略，进行外部资源产业开发的探索与实践。从劳务输出换取实物资源，到托管经营分享收益，再到股份制合作，不拘一格创新运作模式。通过规范产权关系，健全法人治理结构，形成责权明确、决策科学、监督有力的高效运行机制，外部资源开发项目逐步增加、规模不断扩大、运营质量持续提升。

确立并实施河北承德、辽宁丹东、安徽六安“三大产业基地”发展战略，在河北承德地区形成“五矿一厂”区域优势，在辽宁丹东地区形成硼、铁、铀综合利用格局，成为我国第一批也是辽宁省唯一的国家级资源综合利用示范基地。在安徽六安地区，积极参与国家区域经济发展战略的实施，按照建设“铁、钢、轧、矿山”联合企业的模式，顺利实施霍邱铁矿深加工项目，达到开工建设条件。

外部资源产业的发展，为首钢矿业本部的设备制造、技术服务等非矿产业的发展提供了良好机遇，形成了资源产业与相关产业同步协调发展的良好局面；同时，也促进了当地经济发展。截至2011年底，首钢矿业外部资源产业已形成年产铁精粉350万吨、球团矿400万吨以及磷、钛、硼、铀等产品能力。

目前，首钢矿业公司已转型发展成为以矿业为基础，采矿、选矿、球团、烧结规模化生产，矿山装备制造、矿山市场技术服务产业化发展，集生产、科研、开发、投资为一体的特大型现代化矿山企业。

3 创新发展的下一步思路

海阔凭鱼越，天高任鸟飞。发展不停息，创新无止境。

我们提出了“继往开来、百年矿业”的构想，具体内涵是继承和发扬建矿50年来形成的“永不满足、学习创新，知难而进、追求卓越，科学严谨、精益求精，乐于奉献、顾全大局”矿山精神，发挥50年来积聚的竞争优势，进一步转变发展方式，加快发展速度，提高发展质量，把首钢矿业公司打造成为基业常青的“百年矿业”。

“十二五”期间，是为实现“百年矿业”打基础的关键期。首钢矿业公司“十二五”总体发展思路和目标是适应首钢建设国际一流钢铁企业集团要求，围绕“百年矿业”目标，深化“四化一加强”工作主线，做强迁安地区矿产主业，壮大外部资源产业，提升矿山装备制造业，发展矿山技术服务业。把矿业公司建设成为生产高效、管理一流、科技领先、节能环保、生态文明、具有国际先进水平的特大型联合矿山企业。

“十二五”期间的主要任务是形成“四个支撑”，实现新的跨越：

做强迁安地区矿产主业。围绕矿山资源的全面开发，统一规划，科学利用。抓好现有采区生产，加快接替采区建设，实施废弃资源综合开发利用，形成“百年矿业”核心基础。瞄准一流水平，全面提升综合竞争实力，发挥基地作用，支撑对外资源开发、装备制造、生产技术服务的发展。

壮大外部资源产业。科学筹划，合理布局，以资源综合高效利用和产业延伸为重点，建成河北承德、辽宁丹东、安徽六安三大产业基地，成为首钢主要的盈利经济体。

提升矿山装备制造业。坚持市场化、规模化发展，科学决策、科学定位，提高工艺技术水平和研发制造能力，创新营销服务模式，发展技术前瞻、有发展前景、有批量规模、性价比好、市场容量大的产品，实现市场经营、产品结构的突破，成为矿山的优势产业。

发展矿山生产技术服务业。发挥整体优势，围绕提供矿山解决方案，形成设计、技术、管理、施工、项目总包能力，开展具有首钢特色的服务，成为“百年矿业”新的支撑。

作者简介：

郝树华，博士，教授级高级工程师，首钢集团总公司总经理助理，首钢矿业公司总经理，中国矿业联合会常务理事，中国冶金矿山企业协会副会长，中国汽车工程学会矿用汽车分会理事长。

河北钢铁集团矿业发展战略规划研究

王洪仁 张永坤 南世卿

（河北钢铁集团矿业有限公司）

2012年4月20日

前言

企业发展战略规划是为企业未来长期生存与发展做出的方向性、整体性、全局性规划，并制定出产业定位、发展目标及其相互关联的实施策略。对企业而言，研究制定合理有效的发展战略与规划，是企业可持续发展的必要保证。通过对河北钢铁集团矿业发展战略规划的研究探讨，明确河北钢铁集团矿业公司使命，制定企业总体发展战略和远景目标，确定产业定位，谋划实施支撑战略，创出一条矿山建设跨越式发展的新路子，将河北钢铁集团矿业公司建设成为“国内最大、国际一流”的绿色矿业基地。

1 现状与发展环境

1.1 河北钢铁集团矿业公司概况

河北钢铁集团矿业公司是河北钢铁集团的全资子公司，总部位于河北省唐山市，2008年9月由原唐钢和邯钢集团所属矿山整合组建而成，是以铁矿采选加工为主业的国有大型冶金矿山企业。目前，河北钢铁集团矿业公司在册职工人数13250人，2011年，生产铁精矿710万吨。

截至2011年底，河北钢铁集团矿业公司已取得采矿权属铁矿资源储量28.282亿吨，获得河北省政府、国土资源部批准以协议方式有偿出让，正在申办矿业权的铁矿资源21.86亿吨，铁矿资源掌控超过50亿吨。

按照河北省委、省政府的决策部署和河北钢铁集团的发展规划，加快了对承德钒钛磁铁矿资源和涞源有色金属资源的整合开发步伐，标志着矿业公司开始由黑色金属开采向有色金属开发延伸，由单一铁矿石生产向多矿种综合开发利用的战略转变。公司将以科学发展观为指导，以服务钢铁主业为宗旨，以打造钢铁粮仓为目标，按照集团公司“掌控资源、增产增效、做大做强”的总要求，高起点谋划，高品质打造，高效率推进，加快实施“双一体两翼一补充”（简称双一二一）发展战略。力争到“十二五”末，使铁精矿产能达到3500万吨规模，建成“国内最大、国际一流”的现代化矿业基地。

1.2 发展环境分析

1.2.1 世界矿业环境分析

目前，占世界人口不到1/4的发达国家，消耗着全球3/4的矿产资源，而占全世界人口多达3/4的广大发展中国家占全球矿产消费比例却不到1/4。近年来，以中国和印度为代表的发展中国家，随着工业化进程的加快，矿产资源需求量持续增长。

进入21世纪，随着世界铁产量的不断增长，世界主要铁矿石出口国的铁矿石生产企业通过联合重组逐渐呈现垄断态势，造成世界铁矿石价格连年大幅度上涨，给需要大量进口铁矿石的我国经济安全、稳定地发展钢铁产业带来极大威胁。

1.2.2 我国冶金矿山行业发展环境分析

矿业是国民经济发展中的重要战略产业、基础产业和支撑产业，在我国国民经济中起着十分重要的基础性地位和作用，其健康发展对于国民经济发展和安全有着重要意义。当前国内国外矿业快速持续增长，为积极应对激烈的国际竞争，研究当前世界金融危机带来的机遇和挑战，正确地制定矿业发展战略，保证矿业更好更快地持续发展，使之与国民经济的发展、工业化的进程和科学发展观的要求相适应。

（1）党中央、国务院针对国民经济运行采取的一系列宏观调控政策措施始终对我国钢铁产业健康发展发挥着可靠的保障作用。

（2）我国全面建设小康社会的宏观经济环境、经济发展的基本态势和优势条件继续保持良好，没有发生根本变化。“十二五”期间我国经济社会发展仍处于大有可为的战略机遇期，国民经济形势继续向好的方向转变，国内钢材消费量也将继续稳定在较高的数量上。按照党的十七届五中全会精神和新颁布的国民经济和社会发展第十二个五年规划纲要的要求，钢铁工业必须贯彻科学发展观，以加快转变发展方式为主线谋划“十二五”发展。国内钢铁产能大于市场需求的问题，将通过增加内需、稳定外贸和淘汰落后得到综合治理。

（3）在我国国民经济继续保持对钢铁较高需求的情况下，我国铁矿石供应不足，对外依存度高的状况短时间难以改变。2010年我国进口铁矿石总量6.186亿吨，2011年达到了6.86亿吨，同比增加10.9%。全国铁精矿自给率平均为32.4%。近两年来，世界铁矿资源被国际资本迅速集中，力拓、必和必拓及淡水河谷等国际铁矿业巨头加快收购兼并的步伐，已形成对铁矿石价格的垄断。中国在国际铁矿石长协矿价格的谈判中频频受挫，难以阻挡国际铁矿石价格的凶猛上涨，造成国内钢铁企业产品成本大幅上升，国内钢铁企业产业链安全受到严重威胁。为了保障我国钢铁产业的铁矿石供应安全，我国钢铁产业需要继续坚定不移地实施利用“两种资源”的发展战略。

1.2.3 河北省及周边相关地区铁矿资源开发利用情况分析

我国钢铁工业连年快速发展，铁矿石资源供应偏紧的矛盾凸显，2009年，河北省生产的铁矿产品仅能满足本省钢铁生产需求的36.6%，2010年，全省生铁产量1.371亿吨，铁精矿实际需求量2.125亿吨，而全省生产铁精粉仅为9308万吨，全年进口成品铁矿1.194亿吨，铁矿自给率为43.8%。与河北省钢铁工业发展规模及走势相比，铁矿产能的建设远远赶不上钢铁产能的发展。

（1）矿产资源储量及分布。河北省铁矿资源储量丰富，仅次于辽宁省居全国第二位。铁矿资源分布在唐山、邯郸、邢台、石家庄、保定、张家口、承德、秦皇岛8个设区市所辖46个县，相对集中在唐秦、张承和邯邢3个区域，保有铁矿资源储量合计占全省90%以上。截至2010年底，全省查明铁矿产地269处，累计查明资源储量96.49亿吨，保有资源储量82.96亿吨。

河北省超贫磁铁矿资源丰富，累计查明资源量27亿吨，预测资源量超过100亿吨。主要分布在承德市和张家口市，秦皇岛抚宁县和太行山区也有少量分布。除此之外，冶金辅料溶剂灰岩、白云岩、萤石、石英以及贵金属和有色金属金银铅钼铜也有相当可观的储量。

（2）资源特点。

1）大、中型铁矿资源储量比例高。大型矿床及中型铁矿床95处，合计储量占全省总储量的90%以上。

2）矿石类型以磁铁矿为主，多为贫矿，但易选。

3）河北省承德地区是除四川攀西地区之外的国内第二大钒钛磁铁矿资源分布地区，拥有独特的资源优势。

4）近几年来，随着铁矿产品市场价格等技术经济条件的变化，低于边界品位的部分含铁矿物也已大量得到工业利用，突破了资源划分的现有规范标准，扩大了铁矿资源利用的范围。河北省超贫磁铁矿资源丰富，目前已发现和正在开发的超贫磁铁矿预测资源量超过100亿吨。

（3）资源勘探潜力。在探明矿区的外围和深部，特别是冀东、邯郸、张家口等地区，仍有进一步寻找新矿床或扩大勘探储量的潜力。中国工程院组织完成的《我国矿产资源可持续发展战略研究》预测河北省铁矿资源潜力58亿吨。

（4）铁矿开发利用状况。河北省是我国铁矿石产量最高的省份，铁矿石生产以地方矿山为主。伴随省内钢铁工业的发展，铁矿石生产一直呈现增长态势。近年来，河北省钢铁工业快速发展，同时带动了铁矿石、铁精粉产量快速增长。钢、生铁产量由1999年的1303.89万吨、1464.83万吨，增长到2010年的1.676亿吨、1.371亿吨；带动铁矿石、铁精矿产量也由1999年的5400万吨、2100万吨，增长到2010年的4.217亿吨、9308万吨。钢铁产量已连续11年居全国第一，铁矿石产量从1997年至今已连续15年居全国第一。

（5）周边相关地区铁矿资源开发利用情况。在与承德地区邻近的内蒙古宁城、辽宁省建平、建昌等地区，也分布多处超贫钒钛磁铁矿矿床，目前也部分开采利用。

河北钢铁集团矿业公司在内蒙古宁城县和中冶京唐建设公司共同投资建设，组建宏大矿业有限公司。公司拥有大型、低品位、露天钒钛磁铁矿，总储量1.6亿吨，铁精粉产能60万吨/年。

1.2.4 河北钢铁集团发展需求分析

（1）河北钢铁集团实现由大到强的跨越，必须积极实施利用两种铁矿资源的发展战略。充分整合和利用河北省及周边地区铁矿资源，加快铁矿山，特别是大型铁矿山的建设进程，对落实河北钢铁集团提出的矿山建设发展目标，具有十分重要的现实意义。

（2）为了提高抗风险能力，河北钢铁集团迫切需要在国内扩大铁矿资源控制量，增加铁矿石产量，提高铁矿石自给率。河北钢铁集团“十二五”发展规划明确提出：加快国内铁矿和焦煤资源的掌控、开发步伐，到“十二五”末，形成3500万吨铁精粉产能，国内铁精粉自给率达到40%；抓紧海外资源项目进度，海外铁矿资源掌控量8亿~10亿吨，权益矿比率达到10%。

1.3 存在的主要问题

（1）河北省是冶金矿山大省，年产铁矿石量达3亿吨以上，占全国总产量的1/4多，从事冶金矿山生产的矿山企业有4500余家，个数多、规模小，存在着小、散、乱现象。河北钢铁集团是全国生产规模最大的钢铁集团，旗下绝大多数钢铁企业位于全国铁矿资源最丰富的地区，而河北钢铁集团矿业公司目前实际掌控的铁矿资源量占河北省查明铁矿资源储量的33%。这与国家关于将优势资源配置给优势企业的发展政策存在差距。

（2）2010年，河北钢铁集团矿业公司生产的铁精矿数量仅占河北省铁精矿产量的6%。河北钢铁集团矿业公司的发展严重滞后于河北钢铁集团的发展需要。

（3）2010年，河北钢铁集团矿业公司生产的铁精矿数量仅满足河北钢铁集团9%的需求量，与鞍本钢铁集团超过50%以上的铁矿自给率相比，河北钢铁集团的竞争力和经济效益受到严重影响。

（4）铁矿资源掌控储量大，但不少铁矿床存在勘探程度低的状况，达不到矿山开发阶段的工作要求，一定程度上影响了铁矿开发进程。为保证矿山开发规划实施，矿山地勘工作需要进一步加强。

1.4 发展的有利条件

（1）有大力发展铁矿业的资源条件。河北省铁矿资源丰富，截至2010年底，全省查明资源储量96.49亿吨，保有资源储量82.96亿吨，超贫磁铁矿资源查明资源量27亿吨，预测资源勘探潜力58亿吨，且大、中型铁矿床多，其储量占全省总储量的90%以上。矿石类型以磁铁矿为主易于选别。河北省优越的铁矿资源条件为河北钢铁集团做大做强铁矿业提供了资源保障。

目前，河北钢铁集团矿业公司已取得采矿权属铁矿资源储量28.28亿吨，正在申办矿业权的铁矿资源21.86亿吨，铁矿资源掌控超过了50亿吨，奠定了大发展的资源基础。

（2）有河北省委和省政府的大力支持。支持国有大型钢铁企业联合重组，是河北省由钢铁大省向钢铁强省转变的一项重要举措。为了充分发挥河北钢铁集团的大企业集团优势，增强在河北省钢铁产业中的控制力，提升河北钢铁的国际地位，河北省委和省政府将大力支持把河北省的优势铁矿资源优先配置给河北钢铁集团。

（3）有集团内部强大的需求市场。“十二五”期间，河北钢铁集团年主体产能保持在5000万吨/年，要求到“十二五”末，河北钢铁集团矿业公司形成3500万吨/年铁精粉产能，铁精粉自给率达到40%，比2010年的自给率9%提高31个百分点。

（4）有发展大矿业的综合实力。河北钢铁集团组建后，企业综合实力和影响力稳步提升，企业内部资源得到优化配置。2011年位居中国企业500强的第28位，连续第三年进入世界企业500强，位次由314位前进到279位。河北钢铁集团有条件、有能力集中全集团的力量发展大矿业，创出一条矿山建设跨越式发展的新路子。

综上所述，无论是世界矿业环境、国内冶金矿山行业发展环境、河北省及周边相关地区铁矿资源开发利用情况，还是河北钢铁集团发展需求，都表明河北钢铁集团矿业公司长期发展的有利条件比较突出。同时，公司组建三年来主业生产稳定增长，技术创新能力、企业管理水平、资源掌控能力和融资能力都在稳步提高，产业结构逐步完善，逐渐形成了特有的核心优势，步入了“投资结构逐渐优化、管理水平全面提高、核心竞争力不断增强”的健康发展轨道，具备了可持续发展的良好的内在潜质。因此，公司必须从战略高度谋划发展，建立一套“制定科学、严谨”的发展战略与规划，确保企业长期稳定健康发展。

2 发展战略规划

2.1 使命和愿景

2.1.1 经营理念和价值观

（1）经营理念是企业经营管理活动的根本原则，一切的管理活动都要围绕这一个根本的核心思想进行。河北钢铁集团矿业公司的核心经营理念是：生产高水平、经营高效益、建设高速度、工作高效率、安全高标准。

（2）企业核心价值观：同心同力，共创共享。

1）同心同力。人人要把心思凝聚到河北钢铁集团大局上来，把力量汇聚到集团发展上来，在全集团上下形成共同的发展之愿、强大的团结之力，统一思想，统一目标，统一行动。

2）共创共享。以高度的事业心和责任感，共同担当河北钢铁集团发展的使命，共同创造集团发展的伟业，在推进集团发展的同时，共享物质的丰收，共享精神的快乐。

2.1.2 企业愿景和使命

企业愿景：建设“国内最大、国际一流”的现代化矿业基地。

企业使命：掌控资源，做大做强，打造钢铁粮仓。

2.1.3 建立先进企业文化

企业文化是凝聚和激励全体职工的重要力量，是企业综合实力的重要标志，是现代企业竞争力的核心，建立先进的企业文化对企业发展起到至关重要的作用，优秀的企业文化是企业战略获得成功的重要条件，企业文化建设是战略实施的重要手段，新战略需要新的企业文化建设相互适应和协调。

2.2 企业发展战略规划

2.2.1 总体思路

深入贯彻落实科学发展观，以《钢铁产业发展政策》和《钢铁产业调整和振兴规划》为指导，把矿山发展摆在河北钢铁集团发展总体布局中思考和谋划，积极利用国内外两种资源，通过掌控资源，全力推进重点项目建设，创出一条矿山建设跨越式发展的新路子，将河北钢铁集团矿业公司建设成为“国内最大、国际一流”的绿色矿业基地。

2.2.2 战略目标

（1）生产规模：“十二五”末，铁精矿产能3500万吨/年，有色金属精矿产能达到8.3万吨/年（其中锌精矿2.82万吨，钼精矿0.71万吨，铜精矿4.77万吨）。

（2）经济效益：年营业收入达到355亿元，年税后利润123亿元。

（3）资源掌控量：到“十二五”末掌控铁矿查明资源储量70亿吨。

（4）员工发展：健全与企业发展、效益增长紧密结合的职工收入增长机制，人均年收入达到全国同行业一流水平，持续改善员工成长和工作环境，提高幸福指数，实现全面发展。

2.2.3 主体战略

实施“双一体两翼一补充”战略。即：在产业结构上，以铁矿石采选加工为主体，以有色和钒钛采选加工为两翼，以矿建、矿机、火工品制造和现代物流为补充；在资源布局上，以冀东地区为主体，以张承和邯邢地区为两翼，以开发省外、境外资源和整合民营资源为补充。

2.2.4 支撑战略

（1）资源掌控储备战略。矿产资源是不可再生的，资源储备多少，对矿业企业可持续发展有决定性的作用。在资源掌控上，大力推进河北省“财政投资探明的地质储量规模3000万吨以上的铁矿及有色金属矿产、大型以上储量的贵金属矿产，优先以协议方式配置给省内大中型国有矿山企业开发”的政策，把握好河北省对河北钢铁集团掌控省内金属矿产资源给予强力支持的优势，通过：1）依靠地质勘探技术研究机构，实施风险勘探；2）依托政府支持，增加铁矿资源采（探）矿权；3）依靠政府和市场运作，推动铁矿山企业并购和联合等3个主要途径增加矿产资源掌控量。

（2）“有矿快开、跨越发展”战略。“有矿快开、跨越发展”包含着3层含义，一是客观形势的发展需要。铁矿石市场供不应求，市场形势良好；钢铁产业技术不断革新，短流程研发工艺不断完善，废钢铁利用率不断提高，矿山开发具有紧迫性。二是集团由大到强发展需要打破国外对铁矿石资源供应的垄断，减弱对国外进口矿石的依赖；集团核心竞争力的提升需要矿山加速开发，需要提高铁矿石资源自给率。三是当前有能力实现有矿快开、跨越发展。资源、资金、人才三大支撑为公司有矿快开、跨越发展提供了坚实基础。

在矿山建设上，利用5年时间，完成23项新建和改扩建铁矿采选工程及配套项目，特别是要确保司家营田兴铁矿、大贾庄铁矿、常峪铁矿、马城铁矿、中关铁矿等大型铁矿山按期建成投产。实施涞源有色矿产资源整合开发工程项目，拓展资源开发新领域，培育新的发展增长点。

（3）国外铁矿资源开发战略。在着力国内铁矿资源开发的同时，应积极“走出去”，在世界更广泛的地区和国家，包括澳大利亚、巴西、印度、南非、蒙古、俄罗斯中东部地区、西非地区等，借鉴境外投资及控（参）股海外铁矿产业的成功经验，大力实施国外铁矿资源开发战略。在“十二五”期间，河北钢铁集团矿业公司通过独资、控股、参股等多种方式，建立海外铁矿资源基地。规划合作项目控制的境外铁矿资源量达到8亿~10亿吨，权益矿比率达到10%，奠定河北钢铁集团进一步发展的资源基础。

（4）绿色矿山战略。绿色矿山以节约资源、清洁生产和废弃物多层次循环利用为特征，以满足社会发展需要、提高人类的生活水平为最终目标的现代矿业发展模式。绿色矿山的理念强调生态环境保护、追求生产安全高效、降低资源和能源消耗、减少污染排放、废弃资源最大限度的转化，将绿色生态的理念与实践贯穿于矿产资源开发利用的全过程。

发展绿色矿业、建设绿色矿山，通过五年时间，将司家营矿区建成科技含量高、经济效益好、能源消耗低、矿产资源综合利用程度高、环境污染少、废弃物基本零排放、人力资源优势得到充分发挥的新型工业厂区，成为具有21世纪国际先进水平的节能环保、生态高效型的绿色矿业基地。涞源有色金属公司、中关铁矿达到绿色矿山标准，其他矿山按照绿色矿山条件实现严格规范管理。

（5）创新兴企战略。

1）科技创新：按照“高起点谋划，高品质打造，高效率推进”的企业发展理念，坚持“自主创新，重点跨越，支撑发展，引领未来”的基本方针，加大科技投入，通过五年时间，建立起一个适应矿业公司发展需要、符合科技发展规律的高效技术创新体系，建成一个具有鲜明特点和行业竞争力的矿山设计研究机构，培养一支数量充足、结构合理、素质优良、勇于创新的科技人才队伍，逐步增强公司的自主创新能力，取得一批具有行业先进水平的科技成果，提高公司的核心竞争力。

2）管理创新：创新管理理念、体制、机制，全面提升企业素质，持续改善管理水平，构建与“国内最大、国际一流”硬件实力相适应的创新型管理模式。持续深化全员全方位精细化管理，夯实管理基础，练好企业“内功”；以信息化建设推进管理的扁平化和运营的高效化，建立适应市场、贴近用户的生产经营组织方式，提高对市场的快速反应能力、资源优化配置能力和精益化生产组织能力。

（6）人本强企战略。坚持人力资源是企业第一资源、人才优势是第一优势的理念，创新吸引、培养、选拔、使用人才机制，建立人才成长通道，加快“三支人才队伍”建设，全面提升职工素质，为实现建设“国内最大、国际一流”的现代化矿山提供强有力的人才支撑。

1）紧紧围绕矿业公司生产经营、精细管理和科技创新的需要，培养造就一支具有战略眼光、市场驾驭能力强的经营管理人才队伍，着力提高战略决策能力、经营管理能力、推动企业创新能力和应对复杂局面的能力。

2）以提高专业水平和创新能力为核心，依托科研、建设项目，培养造就掌握核心技术的高层次人才，重视具有市场意识、管理经验、技术创新能力的复合型人才队伍建设，着力打造一支科技水平高，具有较强创新能力，规模较大、门类齐全、结构合理的高素质专业技术人才队伍。

3）培养矿业公司发展需要的技术技能型、知识技能型、复合技能型人才等高技能人才，形成一支门类齐全、技艺精湛的高技能人才队伍。

到2015年，生产经营管理人才达到700人左右，专业技术人才达到1500人左右，操作技能人才达到2000人左右。

3 重点任务

为了实现发展战略规划目标，“十二五”期间公司应完成以下重点任务。

3.1 矿产资源整合

3.1.1 国内矿产资源掌控

（1）“十二五”期间，通过风险勘查、政府配给采（探）矿权、矿山企业并购和联合等方式新增掌控铁矿查明资源储量45.43亿吨，到“十二五”末实现资源掌控量达到70亿吨。

（2）通过对涞源地区有色资源整合开发，到“十二五”末掌控钼金属量30万吨以上，铜金属量75万吨以上，锌金属量70万吨以上。

3.1.2 国外资源开发

在“十二五”期间，通过独资、控股、参股等多种方式，建立海外铁矿资源基地。与加拿大卡帝罗资源公司（Cardero Resource）、南非帕拉博瓦矿业公司（Palabora Mining Company）、巴西奥利昂公司、澳大利亚阿波罗资源公司（Apollo Resource Limited）和福克斯资源公司（Fox Resource Limited）开展双边合作交流，开展项目洽谈以及相关协议签署，进一步合作勘查、开发境外铁矿资源，控制境外铁矿资源量达到8亿吨，控制的权益矿产能达到2000万吨以上。

3.2 铁矿山建设

3.2.1 唐秦地区规划建设项目

（1）司家营研山铁矿扩建、田兴铁矿采选工程。

1）司家营研山铁矿扩建工程：“十二五”期间，研山铁矿在已建成的两个氧化矿系列、矿石处理量600万吨/年的基础上，再扩建两个磁铁矿系列，形成矿石处理能力1600万吨/年、生产铁精矿520万吨/年的规模。

2）田兴铁矿采选工程：2012～2015年建设，采（地下采矿）、选规模2000万吨/年，生产铁精矿645万吨。

（2）大贾庄铁矿。2012～2015年建设，采（地下采矿）、选规模500万吨/年，生产铁精矿170万吨。

（3）常峪铁矿。2012～2015年建设，采（地下采矿）、选规模500万吨/年，生产铁精矿152万吨。

（4）青龙山－庆庄子铁矿。2013～2016年建设，采（地下采矿）、选规模500万吨/年，生产铁精矿160万吨。

（5）马城铁矿。2012～2015年建设，采（地下采矿）、选规模2500万吨/年，生产铁精矿942万吨。

（6）尹峪铁矿。2012～2014年建设，地下开采规模100万吨/年，原矿供司家营研山铁矿选矿厂。

（7）2012～2014年建设石人沟铁矿四期采选工程，地下开采规模150万吨/年，新建配套选矿厂，年处理原矿能力150万吨，生产铁精矿56万吨。

（8）2012～2014年红山铁矿建设，地下开采规模150万吨/年。

（9）2012～2014年庙沟露天转地下采矿工程建设，地下开采规模300万吨/年。

3.2.2 张承地区规划建设项目

（1）近北庄西段矿床地下开采工程，2012～2013年建设，设计生产规模年采原矿120万吨。

（2）陈家窑铁矿开发工程，2013～2014年建设，设计生产规模年产铁矿石60万吨，生产铁精粉30万吨/年。

（3）黑山矿区规划工程，“十二五”末，原矿年生产规模300万吨，年生产钒钛铁精矿93万吨。

（4）柏泉铁矿扩建工程，2012～2014 年建设，采选配套扩建能力达到 600 万吨/年，年生产钒钛铁精矿 40 万吨，磷精矿 23 万吨。

3.2.3 邢台－保定地区规划建设项目

（1）沙河中关铁矿建设工程：建设期为 2009～2014 年，采（地下采矿）、选规模 260 万吨/年，生产铁精矿 160 万吨。

（2）涞源独山城铁矿区整合开发工程：露天开采，采选规模 600 万吨/年，生产铁精矿 120 万吨，2012～2014 年建设。

3.2.4 内蒙古宁城宏大矿业配套改造

超贫钒钛磁铁矿采选能力稳定在 1150 万吨/年，生产钒钛铁精矿 60 万吨。

3.3 有色金属矿山建设

3.3.1 大湾锌钼矿采选工程

采用地下开采，在现有生产系统的基础上，2012～2014 年进行技术改造，达到年开采锌钼矿原矿 379.5 万吨，生产钼精矿 0.59 万吨、锌精矿 2.82 万吨。

3.3.2 木吉村铜钼矿采选工程

采用地下开采，年采、选铜钼原矿 330 万吨，生产钼精矿 0.12 万吨、铜精矿 4.77 万吨。2012～2016 年建设。

3.4 有色金属矿产品冶炼深加工项目建设

基于涞源及周边地区锌、钼、铜有色金属矿产资源的勘探、开发潜力，规划到“十二五”末，在河北涞源建设有色金属矿产品冶炼深加工项目，冶炼能力为：锌 10 万吨/年、铜 10 万吨/年、钼 1 万吨/年。

3.5 矿山炸药生产扩能项目建设

通过对司家营地面制备站扩能改造，使炸药加工能力达到 4.9 万吨；在石人沟矿区新建地面制备站一座，年产乳化炸药 0.4 万吨；在保定涞源矿区新建地面制备站一座，年产各类炸药 0.7 万吨。

3.6 关键技术研发

“十二五”期间重点开展全尾矿胶结充填采矿技术、超细碎磨前预选技术、超贫钒钛磁铁矿综合利用技术、超大能力全尾砂充填采矿技术与装备研究、矿山废弃物综合利用关键技术研发、矿产资源综合利用示范工程建设，完成 1～2 项国家层面的重大科技项目或研究课题，专利产品和具有自主知识产权的科技成果明显提升，为公司的可持续发展提供强有力的技术支持。

3.7 数字化矿山建设

数字化矿山是采用现代信息技术、数据库技术、传感器网络技术和过程智能化控制技术，在矿山企业生产活动的三维尺度范围内，对矿山生产、经营与管理的各个环节与生产要素实现网络化、数字化、模型化、可视化、集成化和科学化管理，使矿山企业生产呈现安全、高效、低耗的局面。

数字化矿山建设计划分为5个步骤实施：

（1）数字矿山建模与GIS平台开发阶段；

（2）数字矿山模型在矿山地质、测量、采矿、计划等方面的应用阶段；

（3）建设、完善矿山综合通信系统阶段；

（4）设备监测、控制和安全预警系统建设阶段；

（5）基于完善的网络系统和先进的生产设备的高度自动化的实时管理阶段。

重点工作安排如下：

（1）2011 ~2012年，矿产资源信息集成管理平台系统的开发，主要开发工作步骤、阶段工作成果，以及各阶段开发工作量。

（2）2012 ~2013年，矿产资源信息集成管理平台系统研发完成之后，以司家营铁矿一期为突破点，搜集资料，建立第二阶段要求的相对完善的数字矿山模型。同时启动后三个阶段的工作。

（3）2013 ~2015年，以司家营一期工程为数字化矿山示范试点工程，在此基础上全面应用推广至矿业公司现有矿山和新建矿山，包括技术人员、软件培训、硬件设施配备等。

4 保障措施

矿业发展战略规划的实施，需要采取强有力的支撑和保障措施。结合河北钢铁集团矿业公司资源掌控进展、拟开发铁矿资源的勘探工作程度、矿山开发前期准备等工作的实际，规划采取以下方面支撑和保障措施：

（1）强化规划实施领导，统一思想认识，统筹协调。强化规划实施领导是指导矿山建设进程、实现规划目标的基本保障，建立统一归口的规划执行机构。充分挖掘矿业发展潜力，按照发展规划的指导思想和发展思路统一认识，围绕实现规划目标，齐心协力，统筹协调矿山生产和发展建设，推动规划各项工作的开展。

（2）落实资源掌控和加强矿床地质勘探，夯实规划实施基础。切实落实全部规划掌控资源，使规划实施具有更稳固的支撑。同时，加强矿床地质勘探，尽快完成部分勘探程度低的矿山的地质补勘工作，达到矿山开发应达到的勘探工作深度，夯实规划实施基础。

（3）开展矿山开发专题研究，提供规划实施技术支撑。依据矿山采选工艺路线、流程，结合规划实施进度，适时开展涉及采矿方法的矿山岩石力学、水文地质、井下充填等专题研究，矿山达到相应勘探阶段应完善的选矿试验专题研究，为矿山建成后采矿、选矿安全和高效生产、优化工艺流程提供符合实际的技术支撑。

（4）创新矿山建设和生产模式，保证规划实施进度。在矿山技术改造以及建设新矿山方面，借鉴国内、国际建设矿山的成功之路，结合规划项目的要求，创新矿山建设模式，加快矿山建设步伐。探索矿山生产经营、管理新模式，推动专业化合同生产经营方式，在一流管理和安全生产的前提下，加快矿山投产、达产进度。

（5）拓宽融资渠道，落实资金保障。积极探讨包括投资主体多元、矿业上市等多种融资方式，拓宽矿山建设融资渠道，优化资本结构，保证资金按规划实施进度投入，使规划实施的资金得到具体落实。

(6) 落实相关规划措施，提高公司科技水平，开展信息化建设，切实加强人才队伍建设。围绕促进矿业发展规划目标，按照科技发展规划、信息化建设规划、人力资源规划的工作内容和任务具体落实，提高公司科技水平，开展信息化建设，切实加强人才队伍建设。

(7) 积极贯彻“走出去”战略，寻找境外矿产资源开发合作机遇。结合河北钢铁集团的总体战略部署和工作要求，按照国家《钢铁产业发展政策》的精神，贯彻“走出去”战略，通过多种渠道，积极主动寻找境外矿产资源开发合作机遇，开创海外矿产资源开发的新局面。

5 结语

(1) 企业发展战略规划的制定已经成为影响企业发展最重要的因素之一，企业管理者日益重视发展战略研究。

(2) 3 年来，在企业可持续发展战略的指引下，河北钢铁集团矿业公司以服务钢铁主业为宗旨，以打造钢铁粮仓为目标，高起点谋划，高品质打造，高效率推进，一手抓组建整合，一手抓生产建设，整合优势逐步显现，矿山生产健康发展，项目建设全面加速，资源掌控硕果累累，降本增效成效显著，逐渐形成了特有的核心优势，步入了“投资结构逐渐优化、管理水平全面提高、核心竞争力不断增强”的健康发展轨道，为实施“十二五”发展规划奠定了良好基础。

参 考 文 献

[1] 魏杰. 中国企业战略创新 [M]. 北京：中国发展出版社，2006.

[2] 赵荣华，彭康，王世明. 中国矿业资源企业的发展战略模式探讨 [J]. 现代矿业，2010 (5)：7～9.

[3] 河北钢铁集团矿业有限公司“十二五”发展规划 [R]. 北京：冶金工业规划研究院，2011.

作者简介：

王洪仁，教授级高级经济师，河北钢铁集团矿业有限公司董事长、总经理，河北经贸大学硕士研究生导师，河北工程大学管理科学与工程专业硕士研究生导师，中国冶金矿山企业协会副会长，河北省矿业协会副会长。

张永坤，教授级高级工程师，河北钢铁集团矿业有限公司副经理。

南世卿，博士，教授级高级工程师，河北钢铁集团矿业有限公司设计院院长。

加快转变发展方式　推进矿业发展升级
努力开创武钢矿山转型发展新局面

尹小鹏

（武钢矿业公司）

2012 年 5 月 10 日

武汉钢铁集团矿业有限责任公司是我国重要的铁矿石开采和加工基地。公司总部位于华中名城武汉，下属鄂州球团厂、大冶铁矿、程潮铁矿、金山店铁矿、灵乡铁矿、乌龙泉矿、焦作矿等直属单位，控股武钢恩施铁矿开发有限公司，并在海外设立了武钢加拿大资源投资有限公司、武钢（澳洲）资源投资有限公司等全资子公司，另有参股企业 7 家。公司总资产和年销售收入均超 100 亿元，现有在岗职工 11000 余人。

武钢矿山是中国近代钢铁工业曲折发展的缩影，文化底蕴深厚。大冶铁矿自三国（公元 226 年）开采迄今，已有 1780 多年的历史。1890 年湖广总督张之洞建成中国第一家用机器开采的大型露天铁矿——大冶铁矿，成为汉冶萍公司的主要组成部分。

建国后，武钢矿山作为武汉钢铁公司的配套工程和原料基地，伴随着新中国兴建的第一个特大型钢铁联合企业的成长而发展壮大。1958 年 9 月 15 日，毛泽东主席视察武钢矿山，大冶铁矿作为毛主席生平视察过的唯一一座铁矿山，1960 年全面达产，成为中国十大铁矿生产基地之一，武钢的主要铁矿石供给基地。

武钢矿山是我国特大型钢铁联合企业中，历史底蕴最为深厚的矿山，也是转型发展最为迫切的矿山。如何结合矿山实际，认真贯彻落实中央关于加快转变发展方式的战略部署，更为有效地服务钢铁主体持续发展，我们对此进行了思索与实践。

1　进一步增强加快转变发展方式的责任感和紧迫感

1.1　加快转变经济发展方式，是我国社会经济转型发展的必然选择

党的十七大和十七届五中全会指出，加快转变经济发展方式，是我国“十一五”和“十二五”时期发展的核心任务。适应后国际金融危机时期世界经济的新变化，保持我国经济持续、稳定和以较快的速度增长，实现国民经济又好又快地发展的战略目标，必须加快经济发展方式的转变，实现经济的整体转型。

1.2　加快转变经济发展方式，是我国钢铁行业发展的客观要求，是武钢推进第三次创业的战略需求

当前，我国钢铁产业已经成为最不赚钱的行业，落后产能过剩、产品结构不合理、资源消耗和环境影响较大等问题十分突出，加快转变发展方式刻不容缓。武钢作为我国钢铁

行业的“国家队”，提出在“十二五”时期加快实现由单纯的生产经营型向质量效益型，由一业为主向一业特强、适度多元化，由内陆发展向沿海、国外发展等“三个转变”。同时，把转变发展方式体现在能源消耗低、资源利用转化高、品种高端、质量满足市场和用户需求、环保节能符合社会要求五大方面。这些目标细化到钢铁相关产业及矿业，就是要求在产业板块上调整优化、适度多元，增加新的利润增长点，就是要求矿业加快转变发展方式，做强做优资源板块，发挥更大的资源保障、成本调节等作用，更好地服务武钢第三次创业。

1.3 加快转变发展方式，是武钢矿业扩宽发展视野，提升发展质量的内在需要

矿业是一个古老而又常青的产业，也是一个需要不断创新进步的行业。经过20世纪末和21世纪初的一系列改革发展，武钢矿业已进入转型发展期，但人多、矿少、负担重的矛盾仍然十分突出，发展依然极不平衡。与此同时，国家一系列新的资源、环境、土地、安全等政策即将或正在出台，武钢矿业只有革新现有产业布局、技术方法、产品流程，加快转变发展方式，不断扩展发展视野，提升发展质量，才能寻求新的发展机遇，也才能实现新的跨越式发展。

2 进一步明确加快转变发展方式的思路与路径选择

转型发展的基本思路是：坚持资源优先、跨国发展战略，紧跟武钢相关产业发展步伐，深度挖掘矿山资源潜力，发挥矿石资源、土地资源、文化资源、人才资源优势，延伸产业链，拓宽产业领域，扩大发展空间，提升资源价值，增创发展新优势。

转型发展的路径选择是：做强矿业主业，做优相关产业，形成“三大基地、五大板块”的发展格局。即做强国内外铁矿资源开发、球团矿加工、熔剂矿生产三大基地，做优资源综合利用与深加工、文化产业、建材原料业、物流贸易业、矿业技术服务五大板块。

3 进一步突出加快转变发展方式的重点和切点

3.1 实现安全环保，是矿山加快转变发展方式的前提条件

实现安全环保，是矿山开展一切工作的前提，也是矿山加快转变发展方式，推进战略转型，实现发展升级的基础。

（1）要在安全理念上毫不动摇。坚持“以安全生产为中心”不动摇，是公司近年来在实践中吸取教训、摸索总结出的“真理”，它对于武钢矿山胜利实现“十一五”规划、推进“资源优先、跨国发展”战略发挥着至关重要的保障作用。在公司加快转变发展方式，推进矿业发展升级中，必须毫不动摇地坚持完善和贯彻落实“以安全生产为中心”的理念，并融入“我的安全我负责”、“保安全就是保底线”、“由不想出事故向不可能出事故转变”等新的思想元素，在加快转变发展方式中进一步丰富武钢矿山安全发展的思想理论体系。

（2）要在资金投入上全力确保。安全投入是最有效益的投入，安全投资是最根本的民生投资。加快转变发展方式，就是要科学有效地转移投资方向和方式，把安全环保建设作为资金投入的重点范畴之一。

1）加大安全标准化投入力度。按照安全标准化一级企业标准，支持班组安全管理、

现场安全设施建设，打牢安全基础，尽快通过安全标准化一级企业认定并有效运行体系。

2）加大本质安全化投入力度。支持安全专项整治投入，积极推进"六大系统"建设，有计划地引进安全高效的大型化设备，提高危险作业、危险区域的安全保障水平，控制乃至杜绝各类事故发生。

3）加大森林化矿山投入力度。积极推进矿山烟气脱硫、废水循环回收等项目建设，减少污染物排放。推进矿山绿化复垦，加大植绿、造绿、护绿力度，进一步提高森林覆盖率，改善职工群众生产生活环境，提高幸福指数。

（3）要在基础管理上整顿规范。要加大领导责任落实力度，认真执行领导人员下井带班制度，强化领导人员对安全隐患整改、安全制度落实等重点工作的督促、协调，严格安全风险抵押承包金的考核管理，充分发挥其激励考核功能。要加大基层安全整顿力度，积极开展班组长、安全员的安全管理知识培训，深入组织全员的事故案例剖析活动，提高班组安全"两会"和"两个五分钟"的质量，增强现场安全预控预防水平。

3.2　推动技术升级，是矿山加快转变发展方式的核心力量

技术升级是优化技术经济指标、发展相关产业、促进内生增长的重要手段。加快转变发展方式，最重要的途径就是要依靠技术升级，提高自主创新能力，全面优化武钢矿业的发展质量。

（1）以充填法采矿为突破，全面带动矿山主体工艺优化。实施充填法采矿是武钢矿山在全面分析当前资源、环境政策，推进矿业可持续发展条件下的重大抉择，将对矿山土地、铁矿、尾砂等资源的综合利用产生积极影响，并在矿山安全生产中发挥重要作用。要总结充填法在大冶铁矿试验运用的各项成果，按照试验先行、重点突出、全面铺开的思路，形成梯次推进格局。2011 年，大冶铁矿形成系统化的充填法采矿流程和作业标准，完成充填作业 20000m^3，实现充填采矿 6 万吨；程潮铁矿要建成充填站并有效运行，回采矿柱 10 万吨；金山店铁矿要完成充填法研究和试采。到 2015 年，整个鄂东矿山要基本实现充填法采矿的工业化生产。

（2）以优化"三率"为重点，有效提升矿山技术经济指标水平。采矿回采率、矿石贫化率、选矿回收率是公司采选作业的最基础性指标，涉及资源利用、成本管理、产品产量等多个方面，是公司核心竞争能力的最根本体现。各单位都要以优化"三率"以及热工炉窑作业率、寿命等指标为重点，自找目标、自查差距，开展对标挖潜活动，并纳入公司年度绩效考核和月度经济分析体系。要结合国家资源有偿化取得等政策调整趋势，大算"资源账"、"成本账"、"环境账"，在生产和科研实践中不断摸索总结新的采选及球团操作工艺，不断提高矿山技术经济指标水平。

（3）以推进"三化"为目标，积极推进矿山现代化建设。采选设备自动化、生产现场清洁化、管理流程信息化是现代化矿山发展的重要方向，也是公司转变发展方式，实现发展升级的重点内容。"十二五"时期，公司将有计划、有步骤地引进一批大型高效的采选设备，提高主体工艺装备的自动化、高效化水平。各单位要切实重视现场管理，积极引进"6S"等一批先进的管理方法，提高现场的净化、亮化、绿化、美化水平。要推进 ERP 系统的应用与整合升级，探索矿山物联网建设，提高办公无纸化、指挥网络化、现场视频化水平。

3.3 综合利用资源，是矿山加快转变发展方式的关键环节

资源是矿山赖以生存的基础，也是矿业持续发展的保障。加快转变发展方式，就是要扩展资源的利用视野，转变资源的利用方式，提高资源的利用效益，把资源文章做好做活。

（1）要抓好衍生资源的利用。衍生资源是指经过演变而产生，从母体资源中得到的新资源。当前，矿山衍生资源主要集中在尾石、尾矿、尾灰等“三尾”资源上。要扩大尾石资源的市场开发容量，扩展与建材等行业客户的对接力度，利用外部资源扩大尾石产品初加工规模，2011 年输出尾石 50 万吨以上。与合作方一道扩展尾砂制砖产品的市场用途，2011 年销售 5000 万块以上，实现项目的滚动发展，为开发利用铁矿尾砂积累经验。积极开展尾灰加工碳酸钙、氢氧化钙等产品的研究与市场开发工作。

（2）要抓好再生资源的循环。重点利用好“三废”物资。要进一步完善主体厂矿现有废水循环系统功能，扩大废水回收范围，有效回收地面汇水、选矿回水、井下抽水和生活污水，广泛用于再生产和矿区保洁绿化。进一步细化废油、废钢、废皮带等废材资源再生计划和利用计划，严格控制资源流向，提高二次利用效益。要在建设烟气脱硫系统中，统筹废气资源的综合利用，推进石膏生产、余热发电等项目投产见效。

（3）要抓好伴生资源的增值。要加大对伴生资源开发的重视程度，积极进行科学研究，摸索适合武钢矿山特点的伴生矿回收技术模型和成本消化模式，进一步增加伴生资源回收效益。要量化金、银、铜等贵金属伴生资源的回收计划，严格奖惩考核，加大计划落实力度。做好市场走势的分析预测，合理确定销售时机，增加副产品收益。要进一步降低生产成本，延长产业链条，扩大销售总量，增加硫酸等二次回收伴生资源的加工销售效益。要深度开发石膏等伴生资源副产品，增加内外市场用量，提高资源开采的总体价值。

（4）要抓好中间资源的开发。鄂西高磷矿在降磷提铁技术突破前，属于烧结冶炼的中间资源。恩施公司、鄂州球团厂等单位要不等不靠，加快其开发利用步伐。一方面要加快“双 50 万吨”工业试验项目选矿设施建设步伐，尽快产出低品位精矿，直接供鄂州球团厂配矿造球，进一步降低球团配矿成本；另一方面，要加大粉矿产品的输出量，直供烧结配矿生产，为集团降低炼铁成本作贡献。

3.4 促进产业升级，是矿山加快转变发展方式的重要内容

适应矿业发展趋势和市场需求结构变化，进一步延伸武钢矿山产业链条，提升产业档次，是矿山加快转变发展方式的攻坚课题。各单位、各部门要按照公司的总体部署，结合自身特点，做优做强资源产业，适度发展相关产业。

（1）推进资源布局的外扩。要按照“资源优先、跨国发展”战略的定位要求，深刻理解“走出去”的内涵，完善“四位一体”的资源开发方针，充分利用好国内和国外两种资源。一方面，要对接集团公司海外铁矿资源开发事业部职能，积极申报成立武钢矿业海外开发管理公司，配合做好加拿大和澳洲项目的股权管理及地质勘探、权益矿回运工作，积极履行其他海外项目的建设、运营职责，积极为武钢海外权益矿增量及钢铁生产保产服务。另一方面，紧跟武钢“中西南”战略步伐，推进沿疆、沿海、沿边资源开发，进军锰、金、铜等其他矿种开采业务。近期，重点推进广西熔剂矿山项目，启动新疆资源考察和勘探，有选择性地获取 1 ~2 个矿权，为大规模开发创造条件。

（2）协调产业板块的发展。适度发展矿业相关产业，对于盘活现有存量，增加资产收益，提高整体抗风险能力，解决人多、矿少、负担重的现实问题，起着积极的促进作用。各单位要按照国家产业政策支持导向，结合地域实际，发挥自身优势，积极推进矿业相关产业的发展。要利用武钢矿山的历史文化积淀和工业基础设施，借鉴北京798艺术区的经验，探索开发文化创意产业，做优做强矿山公园工业旅游项目，实现社会效益与经济效益、文化效应的协调增长。要充分利用农场等资源，借助专业化运作公司的管理优势，开发现代观光休闲农业，既带动富余人员的转岗安置，又加快闲置资源的盘活利用，开辟新的经济增长点，为武钢矿山开发第三产业作出有益探索。

4　进一步营造加快转变发展方式的氛围和环境

4.1　要坚持解放思想

（1）要摒弃“做大做强”的思想，树立“做优做强”的理念。在转变发展方式中，不能单纯追求产能规模的扩张，要更加注重技术经济指标创世界一流、争国内领先，提高发展的内在质量。

（2）要摒弃“同业争抢”的思想，树立“产业衔接”的理念。公司将在项目投资上不搞平衡照顾、平均分配，更加注重对单位优势的挖掘、上下游的协同配合，全力提高投资效率。

（3）要摒弃“生产主导”的思想，树立“效益主导”的理念。各单位在兼顾集团公司保产任务的同时，要注重联系原料供应、球团用户等上下游市场，始终保持敏锐的市场嗅觉和反应，及时捕捉降本增效的机遇、内外拓销的空间，进一步提高生产经营的效益。

4.2　要转变工作方式

加快转变发展方式，首先必须转变工作方式，重点是体现“三个注重”。

（1）注重遵循规律。在转变发展方式中，各项决策、各项工作都要围绕武钢的整体部署和矿业发展的客观规律来展开，摸准经营发展中的本土化、阶段性和长期性特征，确保发展的全面、协调、可持续性。

（2）注重具体运作。加快转变发展方式，重点是抓基层、抓具体、抓落实，找好切入点，把转变发展方式体现在资源综合利用、循环经济发展的各个具体环节和成效上。

（3）注重服务协调。在转变发展方式中，各级领导人员既要对上级组织负责，也要对本单位长远发展、对职工群众根本利益负责。要注重服务，全面协调，多给政策，多给肯定，鼓励探索，鼓励创新。要树立科学的绩效评价观，引导各级领导人员更加注重矿山的综合效益、长远效益、民生效益，引领各单位在更高层次、更广领域科学发展，在加快转变发展方式的同时，全面实现武钢矿业的发展升级。

作者简介：

尹小鹏，硕士，教授级高级工程师，武钢矿业公司执行董事、总经理，中国冶金矿山企业协会副会长。

开启新征程 迎接新挑战

——马钢矿业发展战略

王文潇

（马钢集团矿业公司）

2012年4月16日

矿业是既古老而又常青的产业，现代化进程永远伴随着资源的消耗，也越来越需要更多的矿业提供资源保障。西方发达国家在能源资源处在下行通道的时候，就已经完成了工业化，而中国加速进行工业化时，正值矿业进入第4个周期，能源资源进入了上行通道，此路也异常艰难。特别是在当前世界经济处于曲折、复杂和发展的不平衡中，钢铁产业面临新的挑战和不确定性时，矿业的路如何走，这是摆在当前矿业工作者面前最大的课题。对此，我们马钢矿业公司提出了“深入贯彻落实科学发展观，以《钢铁产业发展政策》和《钢铁产业调整和振兴规划》为指导，积极利用国内外两种资源，全力推进重点矿山项目建设，创出一条矿山建设跨越式发展的新路子，将马钢矿业公司建设成为对马钢集团可持续发展有重要贡献的绿色铁矿基地”的战略思想。干当前，想长远，添后劲，促发展。

1 马钢矿业概况

马钢和国内其他大钢一样，都是以矿山为基础，不断发展壮大起来的，同时也是以钢铁为主的上市公司。矿山在发展过程中都经历了分分合合的过程，马钢矿山从20世纪50年代恢复生产以来，管理体制经过6次较大的变革：从（1956～1974年）初次的矿山处，到（1975～1982年）矿山公司，到（1982～1998年）精简后的矿山公司，到（1998～2002年）矿业管理委员会（下设矿业管理委员会办公室），再到（2002～2011年）产业部矿业处。

为有效增强矿山系统对马钢可持续发展的保障能力，进一步强化矿山系统技术支撑和专业化、集约化管理水平，实现矿山系统资源管理方式的根本转变，促进矿山系统持续健康发展，2011年，马钢集团决定对集团矿业资源实施整合，成立马钢矿业公司。注册资本金为10亿元人民币。公司按《公司法》建立法人治理结构，设立董事会、监事会和经营机构。公司下设办公室（党委办公室）、党群工作部、计划财务部、生产技术部、工程管理部、安全环保部、机动物资部（采购供应中心）、工会8个职能部门。下辖南山、姑山、桃冲3个分公司，并受马钢集团公司委托管理罗河矿、张庄矿、集团设计院，现有职工七千余人。

马钢矿业公司根据集团公司相关决定，承担对各分（子）公司专业管理职能，加强专业管理、服务和监督、检查。通过对矿业资源的合理规划，提高资源的开发、利用、保护水平，优化资源配置，提升矿业生产和管理水平，增强马钢集团矿产资源的保障能力。加强矿业生态环境保护，做强做大矿业资源产业，实现马钢集团矿业健康持续发展。

马钢矿业目前拥有凹山、东山、高村、姑山、和睦山、长龙山6个生产采场，另有和尚桥、白象山、罗河、张庄4个在建矿山，此外，还有生产钢铁辅料的老虎垅石灰石矿、青阳白云石矿。现有铁矿石生产能力为1000余万吨/年，“十二五”期间，马钢矿业公司将着力于现有矿山的挖潜、扩能和新矿山的建设，形成年产原矿3000万吨生产能力。

2 马钢矿业“十二五”发展思路

2.1 发展原则

（1）根据市场经济发展情况，不断提高科学发展观，对现有各矿区进行整合开采，和整体战略规划滚动发展原则，在资源等级利用和生产产能释放上遵循市场原则。

（2）实行管理贯标、质量贯标、安全贯标、环保贯标等整体管理原则。通过整体的管理贯标方法，不断发挥领导的作用，全员参与积极性，运用过程方法和系统方法，使矿山和个人得到进步和发展，提高矿山的整体管理水平，以便企业规避质量风险、安全风险、环保风险和市场风险的能力。

（3）坚持“三个”立足的统筹兼顾原则。即立足当前、立足省内、立足铁矿原则。

（4）坚持掌控资源，大矿大开和可持续发展的原则。

坚持大矿大开的建设原则。为了保障铁矿石供应的安全性和提高抗风险能力，充分利用后备铁矿资源，加快罗河、白象山、和尚桥、张庄等后备矿山建设，按照资源条件设计规模一次规划到位，分步实施，在实际生产时按照市场组织生产，利用矿石等级和能力随市场变动。

坚持资源掌控的发展原则。大力推进将安徽省的优势铁矿资源优先配置给安徽省最大的钢铁企业集团——马钢集团。通过依靠地质勘探技术研究机构，实施风险勘探；依托政府支持，增加铁矿资源采（探）矿权；依靠政府和市场运作，推动铁矿山企业并购和联合。

坚持可持续发展的原则。以循环经济理念为指导，按照“减量、再利用、循环”的方针，加强节能减排，充分、合理利用铁矿资源特别是大量等外资源和固体废弃物，有效控制和消除环境污染，创建可持续发展、和谐、美好的生态绿色矿山。

2.2 发展目标

发展目标：实现绿色矿山、智能矿山、和谐矿山三大目标。

根据马钢集团“十二五”发展战略与规划提出的发展目标，2015年，马钢集团炼铁年生产规模将达到2400万吨，按成品铁矿石平均全铁量（TFe）64%计算，年需要成品铁矿石3563万吨。“十二五”末：马钢矿山铁矿原矿年生产规模3500万吨，铁精矿生产规模1000万吨，铁精矿产能全部达产后，铁矿石自给率上升到30%。新建石灰石矿100万吨，形成石灰石年生产规模160万吨。白云石年生产规模100万吨。

实施绿色矿山主要是从资源利用规模、利用极大化和无废开采、废物排放极小化以及最大可能保护地表和生态3个方面做工作；智能矿山则是从矿山装备技术、采矿技术和自动化水平对矿山整体效率和运行水平加以提升。和谐矿山是从矿山安全、机制体制利益分配和人文矿山等领域开展工作。

在实现上述产能发展目标的同时，绿色矿山、智能矿山、和谐矿山3个方面同步有质的飞跃。

2.3 从矿山到矿业之转变

马钢矿山发展风雨兼程，从过去到现在发生了深刻变化，但要实现以上目标，特别是从矿山到矿业之转变，要实现质的飞跃。

（1）由小到大之转变。如果说过去的十年是我国钢铁行业开展跨区域，跨所有制兼并重组，向规模化迈进；那么后十年就是矿业提高产业集中度，联合重组启程矿山航母之时。据中矿协预测，2010~2015年，中国将初步具备打破国际铁矿石垄断的基础。届时中国自产铁矿石将达11亿~12亿吨，自产铁矿和海外权益矿能满足我国钢铁原料需求的70%左右。在建和规划建设的矿山规模到2015年可形成新增每年3亿~3.5亿吨。在海外资源方面，到2015年中国海外权益矿规模将增加1亿吨左右，将创建国际铁矿石市场新格局，以及铁矿资源安全稳定的供应体系。

就马钢矿山而言，首先在前5年实现铁矿石规模翻一番，即“十二五”期间，通过完成现有后备矿山建设，使铁矿石由现在的1000万吨发展到3000万吨以上，成品矿由现在的400万吨发展到1000万吨；其次在后5年实现铁矿石规模再翻一番，主要通过兼并重组和走出去等方式，建成罗南铁矿区、霍邱铁矿区、宁芜铁矿区等，使马钢铁矿石自给率达到30%。

（2）由矿山生产到生产和资源掌控相结合矿业之转变。充分发挥“两种资源，两个市场”的积极作用，调控内部铁矿资源的开发，合理布局，调整和优化矿业结构，建立铁矿资源长期稳定供应保障体系是长期的战略任务。通过专业管理和优化集中配置，加大矿山资源掌控力度。

（3）由资源开发到资源综合利用之转变。马钢矿山是多年生产的老矿山，已形成了多座尾矿库和排土场及采场中大量低品位矿石；新接替的矿山又多为极贫矿，在生产过程中将产生大量的废石和尾矿。在当时的技术和经济条件下，被抛弃的各类尾矿、废石、废渣、坑水、工艺废水、废气以及压占、扰动和破坏的土地等二次资源，随着技术和经济发展的需要，必然要最大化、最优化地予以利用，使二次资源焕发生机，以建设节约型、环保型矿山。

（4）由简单再生产到高智能矿山之转变。将针对当前面临的主要问题和困难，加大科技攻关力度，改善工艺和装备水平，提高科技进步对生产安全的支持力度。集中技术、资金进行重点科技发展项目，提升矿山整体科技水平、经济技术指标和管理水平。

（5）由传统作业方式到创新管理和责任意识之转变。现在都讲后危机，意味着同危机前不一样的时代来临，那就是一个调整的时代、转型的时代、创新的时代，是新生产力发展、新发明成果密集涌现的时代。就我们矿山而言，创新是一个挑战，也是一种机遇。因为我们矿山正在由粗放型向精细型管理转变，所以，要通过创新，提高劳动生产率，从而为新建矿山提供人员支持；通过创新，掌控和优化生产流程、单元工序和各工序间的物流运行，从而提高生产的组织管理和生产过程控制水平；通过创新，对外提高对市场需求的快速响应能力和客户满意度，对内提高产品质量、降低成本，提高管理效率，实现规范化、精细化管理，进而提高企业核心竞争力。

责任意识是最可贵的意识，作为行业前沿的矿山，更要担当大任。特别是在当前新老矿山接替的情况下，更需要在生产组织、安全管理、产品销售、物资（设备）采购招标、工程招标、资金管理、物资管理等领域增强责任意识。增强责任意识要以人为本，大力实施人才战略，加大经营管理和技术人才的培养力度，建立和完善经营管理和技术人才持续接受教育的机制，结合企业经营管理及采选业的发展趋势，突出做好新知识、新理论、新技术培训，更新知识结构，提升业务技能水平，建设好经营管理、专业技术人才队伍。

3　发展战略措施

主要措施：通过利用国内外两种资源，加快新矿山的开发建设，弥补和扭转矿产资源枯竭和生产能力下降的趋势，不断提高矿产资源的保有量；通过加快发展重点技术工作，实现马钢矿山跨越式发展。

3.1　加快现有铁矿山建设

3.1.1　南山矿区

采矿形成年1700万吨原矿，处理能力形成2200万吨生产规模。南山地区赋有大量的等外资源，含铁12%～18%品位接近现有储量；其中原矿：高村铁矿700万吨、和尚桥铁矿（含和尚桥铁矿东段）800万～1000万吨。等外资源利用约1000万吨，年产铁精矿440万吨。重点加快和尚桥铁矿建设、选矿配套能力和等外矿利用水平。

3.1.2　姑山矿区

采矿形成年产430万吨原矿生产规模。其中，姑山铁矿120万吨、和睦山铁矿110万吨、白象山铁矿200万吨。选矿形成原矿处理能力400万吨，年产成品矿200万吨。重点加快白象山铁矿建设和和睦山铁矿扩能，启动姑山露天转地下和钟山铁矿项目。

3.1.3　桃冲矿区－长龙山铁矿

长龙山铁矿资源储量只剩385.74万吨，年产原矿50万吨，成品矿30万吨；规划2016年采场闭坑。重点是深部和周边探矿。

3.1.4　罗河铁矿

在建的罗河铁矿和选矿厂分两期建设。一期工程为在建工程，预计2012年建成投产；规划二期工程2013～2016年上半年建设，2016年下半年建成投产。地下开采，一期生产规模年产铁矿石300万吨，二期扩建至1000万吨。一期年处理原矿300万吨，年产TFe 65%铁精矿97万吨和硫精矿30万吨。铁矿成品矿量，2018年，铁精矿258万吨，硫精矿80万吨（2018年，原矿达到800万吨），同时进一步加大资源升级和找矿工作。

3.1.5　张庄铁矿

张庄铁矿为在建矿山，预计2016年建成投产，2018年达产。

张庄铁矿资源储量22496.99万吨，地下开采，生产规模年产铁矿石500万吨，采出矿石品位TFe 31.27%。张庄选矿厂年处理原矿规模500万吨，采用三段一闭路破碎流程，磨矿选别工艺采用阶段磨矿阶段选别，年产 TFe 65%铁精矿 171 万吨。

3.2 积极开展省内铁矿资源整合

根据安徽省铁矿资源的状况及勘查潜力，抓住安徽省钢铁产业调整的有利时机，通过依靠地质勘探技术研究机构，重点在庐枞、宁芜、霍邱及皖西北地区实施风险勘查，依托政府支持增加铁矿资源风险勘探和增加铁矿资源采（探）矿权，以及依靠政府和市场运作推动铁矿山企业并购和联合等措施，在“十二五”期间，马钢矿业公司力争新增掌控铁矿资源储量 15 亿吨以上，在省内掌控的铁矿资源总量提高到 30 亿吨，占省内查明铁矿资源量 47.91 亿吨的比例由 2010 年的 32.4%提高到 55%以上。通过增加现有生产矿山后备资源，奠定扩大铁矿资源开发的基础，为实现铁矿资源开发规划目标提供有力保障。

3.3 走出国门开发资源

由于国内新发现的铁矿山受地质条件、埋藏深度、地下暗流、开采价值等多方面条件的制约，开采难度大，成本高，所以，要走出国门，拓展资源储备。结合马钢集团的总体规划发展目标，马钢矿业公司将积极探索开展国内矿开发工作基础上，加大实施海外铁矿资源开发战略的工作力度。

（1）进一步加强与主要铁矿生产出口国的贸易联系。

（2）积极探索海外铁矿资源开发的合作方式。

（3）联合国内有实力的钢铁企业集团，共同实施海外铁矿资源开发。

3.4 加快发展重点技术工作

“十二五”期间，马钢矿业公司将在整体创新上有较大突破，特别是在区域上探索整体采矿、整体选矿等集约化模式；在高压辊、选矿自动化、内排技术、无废开采、预先抛尾等技术上重点突破。

3.4.1 在新建选矿厂中采用高压辊磨机超细碎工艺

马钢南山矿的凹山选矿厂是国内第一次将高压辊磨机在铁矿选矿中进行应用并取得了成功，这为贫磁铁矿及低品位矿石的利用创造了条件，在目前正在建设的和尚桥选矿厂中采用该工艺，使和尚桥铁矿的低品位矿石得到利用，在新建的张庄选矿厂设计中也采用此工艺。

3.4.2 采用先进的大型高效磨矿设备

大型高效磨矿设备可以提高磨矿效率和细度，以满足回收利用低品位矿石的需要，并可降低能耗。因此对建设于 20 世纪 50 年代的凹山选矿厂进行磨矿改造，同时在新建的和尚桥选矿厂、张庄选矿厂、罗河选矿厂等均采用先进的大型磨矿设备。

3.4.3 极贫矿石综合利用

马钢的南山矿区范围内除大量的低品位矿石外，将矿石边界品位继续降低，还可圈出大量的极贫矿，为了提高矿石综合利用水平考虑对其进行利用。首先要确定合理的边界品位指标并对极贫矿进行储量计算，同时要开展极贫矿的研究和试验工作，为今后的利用打好基础。计划建设一座技术先进、工艺成熟，年处理能力 500 万吨的选矿厂，专门处理南山矿的极贫矿石。

3.4.4 采用小型高效穿孔、铲装设备及特殊采矿方法回收露天采场残存矿

马钢的凹山采场、东山采场、姑山采场均为有着50多年开采历史的露天矿山，目前均已进入开采末期，尚有部分残存矿石资源，采用陡帮开采方法进行扩帮开采以及露天转地下开采方法，使部分残存矿石资源得到利用，延长老矿山的服务年限。为适应扩帮开采可选用小型高效的潜孔钻机穿孔，采用小型灵活的液压反铲挖掘机进行铲装。

3.4.5 通过采空区治理、优化采矿方法回收边、难、残矿体

桃冲矿区－长龙山铁矿采用的是地下开采方式，在正常采区边缘部分及空区边缘仍残留有部分品位矿石可供回收。通过增加部分必要的措施工程和采准工程，增置部分采矿设备，将这部分边缘残留矿予以充分回收，进一步延长矿山服务年限。姑山矿的和睦山铁矿采用的也是地下开采方式，由于矿体倾角变化及采切工程的布置，在矿体下盘残留部分矿量，考虑对该部分矿体进行回收，同时调整矿石出矿截止品位，充分回收低品位矿石，提高开采回采率和资源综合利用率。

3.4.6 采用露天采场内排土技术

露天开采需要剥离大量岩石，剥离的岩石排弃到排土场要占用部分土地，采用露天采场内排土技术，可以减少排土场占地，节约土地资源，在姑山采场得到成功应用。第一次在全国露天铁矿中实现规模化内排；第一次提出“采场的空间也是资源”这一理念，引起业内人士对整体采矿学（矿床勘探、开采、排土、复垦等整个采矿过程）尤其是后采矿学的关注和系统思考。在和尚桥铁矿设计中通过对采场采剥工艺的优化可以实现采场内排土，减少排土场占地，提前实现采场复垦绿化。

3.4.7 解决复杂水文地质条件下井巷掘进及采矿方法问题

姑山矿区矿床水文地质条件复杂，属大水矿山，目前正在实施的白象山铁矿采用地下开采方式，竖井开拓，通过与科研院所合作，进行技术攻关，采用地下疏干和井下局部注浆堵水等综合治水方案，实现主要井巷的掘进。采用尾砂充填采矿法，使矿石得到安全回采。

3.4.8 解决深井开采可能出现的岩爆和地热危害，同时综合回收硫资源

罗河铁矿是一个埋藏深，赋存面积大，含硫、磷高的特大型贫铁矿床。通过与科研院所合作，进行技术攻关，采用多级机站通风方式，保证井下采掘工作面通风除尘降温要求。采用先进的监测设备，监测地表变形、地下岩体移动、地下应力变化特征、地下矿体开采位置、地下岩体稳定性和深层岩爆等方面，保证生产安全。选矿工艺采用阶段磨矿—先浮选后磁选流程，综合回收共伴生硫元素，同时保证铁精矿质量要求。

3.4.9 解决第四系覆盖层下井巷掘进及采矿方法问题

张庄铁矿位于霍邱矿区的霍邱县境内，矿床特点是位于淮河平原地区，矿体上部被较厚的第四系覆盖，在霍邱矿区内具有典型特点。通过与科研院所合作，进行技术攻关，在通过第四系覆盖层的井巷掘进时采用冷冻法掘井工艺，保证井巷掘进安全。采矿方法采用尾砂充填采矿法，不但保证了第四系覆盖层下的采矿安全，还可以利用大量尾砂，减少进入尾库的尾砂量，可以节约大量的土地。

3.5 强化能源利用和循环经济管理

能源是经济社会可持续发展的重要物质基础和保障。考虑到资源禀赋、环境承载能力等制约因素，未来矿山发展唯有走建设节约型社会道路。金属矿山及采选企业属高消耗、高能耗型行业，也是对环境污染较严重的行业，因此开展循环经济工作意义重大。“十二五”期间，马钢铁矿资源开发利用将积极推进循环经济，加快能源利用的步伐。

(1) 以循环经济理念为指导，按照“减量、再用、循环”的方针统筹规划，使资源合理、高效利用，有效控制和消除环境污染，提高资源和废弃物的利用率，实现经济效益和环境效益双赢的目标。

(2) 全面推广采用先进的节能、节水、资源回收利用和环保技术，走新型工业化道路，实现“少投入、多产出、低污染、零排放、高效益、可持续发展”的战略目标。增强马钢矿山企业竞争力，创建“两型企业”。

(3) 强化能源与环境的科学管理，贯彻全面、协调、可持续的科学发展观。坚持因地制宜的原则，充分考虑不同矿山尾矿特性、排放条件、储存条件，考虑区域产业结构的合理性与市场需求，实施符合各自企业特点的综合利用方案。

(4) 对新建项目，探索新型的采选工艺，以提高节能减排和资源综合利用水平。

(5) 适宜采用井下充填方法的矿山，井下掘进废石尽可能用于井下充填，不提升到地表，以降低能耗、减少充填成本。

(6) 选矿工艺中，适宜干选抛尾的原矿，尽量采用在破碎工艺环节预抛尾措施，以减少入磨量和提高入磨矿石品位。选矿工艺采用阶段磨矿阶段磁选流程，尽可能减少下段磨选作业处理矿量。

通过减量化和资源化综合再利用措施，马钢全矿区“减量化”和“资源化”水平有明显提高，为马钢和当地社会实施循环经济、实现可持续发展贡献力量。

3.6 加快生态和绿色矿山建设

“十二五”期间，马钢结合在开采期及闭矿后本区域的具体情况，以采场、排土场和尾矿库及矿内运输道路沿线两侧等植被破坏区的绿化及水土保持为修复重点，开展“生态矿山”建设。矿山建设实现矿产资源利用集约化、开采方式科学化、生产工艺环保化、企业管理规范化、闭坑矿区生态化。

加强环境管理，建立健全矿产资源开发利用、环境保护、土地复垦、生态重建、安全生产等规章制度和保障措施，推行企业健康、安全、环保认证和产品质量体系认证，实现矿山管理的科学化、制度化和规范化。

3.7 加快矿山信息化建设

矿山信息化工作是一个长期、综合的系统工程，涉及各个部门以及企业管理工作的各个过程。“十二五”期间，马钢矿业公司本着总体规划、分步实施的原则，根据资金、实施人员、应用的紧迫程度等因素，统一规划、统一部署，加强网络建设，进行全员培训，逐步建成涉及各单位的虚拟网络平台。实现公司生产过程的数字化、管理方式网络化、决策支持智能化和商务运营电子化的信息化建设目标。

总之，“十二五”期间，展示在马钢矿业公司面前的是更加广阔的发展空间，马钢矿业公司将按照上述发展战略，坚持大矿大开，建成一个千万吨级露天矿和一个千万吨级地下矿（即和尚桥铁矿千万吨级露天铁矿，罗河铁矿千万吨级地下铁矿）；马钢矿山铁矿原矿（含等外矿）年生产规模达到3500万吨以上，铁精矿生产规模1000万吨；实现绿色矿山、智能矿山、和谐矿山三大目标。

“十二五”期间，马钢矿业机遇与挑战并存，希望与困难同在。我们将在马钢集团公司的正确领导下，以党的路线、方针、政策为指导，认真学习实践科学发展观，以推进发展目标和发展战略为重点，认真落实工作思路和措施，万众一心，攻坚克难，苦练内功，加快发展，全面实现各项奋斗目标，奋力推进马钢矿业科学发展、和谐发展、又好又快发展。

作者简介：

王文潇，博士，教授级高级工程师，马钢集团矿业公司总经理。

改革开放30年河北铁矿行业发展报告

毕永田 李凤海

（河北省冶金矿山管理办公室）

2012年5月6日

改革开放后，河北省铁矿山受党的好政策的沐浴，如雨后春笋，蓬勃发展。铁矿石产量、企业数量、从业人数、经济效益迅猛增长。不但支撑了占全国总产量1/4强的钢铁大省的崛起，也为全国钢铁工业的发展作出了重大贡献，现已发展成为占全国铁矿石产量1/3强的铁矿石生产第一大省。

1 河北省铁矿行业发展现状

1.1 铁矿资源概况

河北省之所以发展成为全国瞩目的铁矿石生产第一大省，与其丰富的铁矿资源储量和资源赋存特点有着直接的关系。截至2010年底，全省已查明铁矿产地280处（见表1），其中大型15处、中型97处、小型168处。保有资源储量87.61亿吨，保有资源储量占全国查明资源储量的12.05%，居全国第3位。另外，河北省超贫磁铁矿资源丰富，累计查明超贫磁铁矿产地125处，其中大型7处、中型26处、小型92处，保有资源储量37.62亿吨，预测资源量超过100亿吨。在当前的矿价条件下超贫磁铁矿正在大规模开采。

河北省铁矿资源以贫矿为主，品位在25%～48%之间，埋藏较浅，从现在已发现的矿床最大埋深800m，并且多呈鸡窝矿赋存，呈现了点多面广的特点，适宜群众采矿。铁矿石种类齐全，有鞍山式、邯邢式、宣龙式和大庙式4种类型的铁矿床，其中宣龙式铁矿因选矿困难暂停利用。铁矿资源分布在全省8个设区市、46个县（表1中的数据为34个县），形成了以冀东、邯邢、张宣和冀北为骨架的铁矿区开发格局。铁矿石储量分布如图1所示。

表1 河北省铁矿保有资源分区域储藏情况 （kt）

行政区名称	矿区数/个	储 量	基础储量	资 源 量	资源储量
全 省	280	1056824	3749321	5011947	8761268
石家庄市	13	45	5254	20273	25527
唐山市	91	697344	2742677	3999550	6742227
秦皇岛市	20	15406	158733	307875	466608
邯郸市	51	65270	122214	104710	226915
邢台市	30	149358	202110	112505	314615
保定市	17	6781	62395	123697	186092
张家口市	29	105714	251226	114249	365475
承德市	29	16906	204712	229097	433809

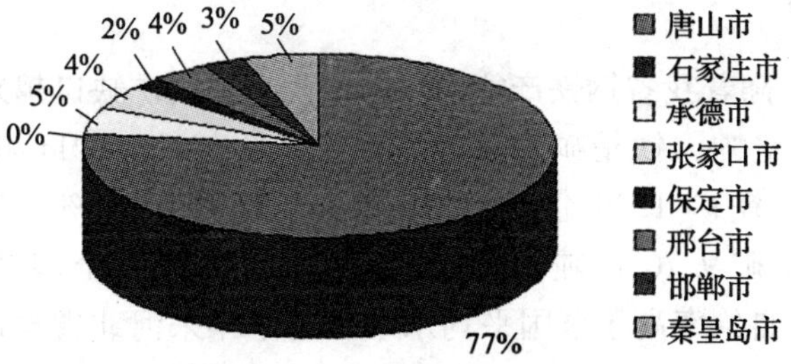

图1 铁矿石储量分布饼状图

1.2 铁矿石生产能力

改革开放后，基于河北省铁矿资源鸡窝矿赋存的特点，又受到“大矿大开、小矿小开、有水快流”政策的鼓励，群众采矿蜂拥而起，铁矿石产量迅猛增长，到1997年底铁矿石产量跃居全国第一，并一直保持至今。2011年，河北省生产铁矿石5.95亿吨，铁精粉9782万吨，占全国铁矿石总产量的44.82%。其中承德市、唐山市产能占全省的60%以上（按2011年铁矿产量分布统计）。在铁精矿的总产量中，超贫矿生产的精矿占25%。全省冶金矿山采选从业人数约25万人。

1.3 铁矿山产业结构

至2010年底，全省共发放铁矿采矿证1098个。在1098个铁矿采矿证中，大型11座、中型45座、小型445座、小矿597座，60万吨以下的中小矿山数占总数的92.4%以上。通过行业调查，目前在工商局注册的铁矿采选企业4206家，其中独立采矿企业849家，独立选矿企业854家，采选配套企业2503家。也就是说全省现有合法铁矿采矿企业3352家，远远超出了1098个采矿证，从而说明一证多矿现象依然严重。在众多的铁矿企业当中，采选规模50万吨以上的企业占总数的10%，产量约占1/4；年采选规模50万吨以下的中小型矿山企业总数占90%，产量约占3/4，企业规模偏小。

1.4 铁矿资源开发利用水平

30年来，随着采矿业新技术、新工艺、新设备的不断开发和研制，河北省铁矿资源开发利用水平总体得到很大提高，国内外先进的高效采矿设备、凿岩设备、破碎设备、磨选设备、盘式过滤机、陶瓷过滤机、节能电机、自动化检测设备等得到广泛应用；尾矿高浓度输送、尾矿干排技术、尾矿充填采矿技术、帷幕注浆防水技术、提铁降硅技术等先进工艺得到推广或正在推广；多金属矿的综合利用得到重视，特别是加大了大庙式钒钛磁铁矿的综合利用力度，对矿石中的钒和钛进行了有效回收；矿石采出品位、采矿回采率、选矿回收率、精矿品位、尾矿品位等质量技术指标均得到优化，完全能够保障钢铁冶炼对铁矿石原料质量的要求。同时，涌现了司家营铁矿、北洺河铁矿、福珍全铁矿等一批现代化绿色矿山，铁矿资源开发利用水平得到大幅提高。

1.5 铁矿产品需求量

“十一五”期间，随着我省钢铁产能的快速增长，省内矿缺口越来越大。2011 年，河北省生铁产量 1.544 亿吨，铁精矿实际需求量 2.393 亿吨。2011 年河北省生产铁精粉 9782 万吨，进口成品铁矿 1.38 亿吨，铁矿自给率为 40.88%。2011 年全国产生铁 62969.3 万吨，需成品矿 9.76 亿吨，其中进口 6.411 亿吨，全国铁精矿自给率平均为 34.32%。河北省铁矿自给率高于全国平均水平。近十年来河北省自产矿石保证程度变化见表 2。

表 2　近十年来河北省自产矿石保证程度变化　（万吨）

年　份	生铁产量	需成品矿	成品矿供应渠道			自产矿保证程度/%
			自产矿	进口矿	外省矿	
2000	1709.23	2649.30	2469.27	549	-368.97	93.20
2001	2177.09	3374.49	2727.13	1048.5	-401.14	80.82
2002	2921.05	4527.63	3164.29	1617.67	-254.33	69.89
2003	4227.34	6552.38	3779.24	2616.53	156.61	57.68
2004	5283.84	8189.95	4587.73	3517	85.22	56.01
2005	6765.61	10486.70	5213.68	4842	431.02	49.71
2006	8583.42	13304.30	7779.53	5832	-307.23	58.47
2007	10483.58	16249.55	8730.61	6607.3	911.64	53.73
2008	11355.66	17601.27	8262.52	7900	1438.75	46.94
2009	13084.86	20281.53	7150.25	12432.52	698.16	35.25
2010	13705.4	21243.37	9308.67	11935.91	1.21	43.81
2011	15442.4	23935.72	9782	13823.05	330.67	40.87

1.6 铁矿行业管理体制

由于河北省铁矿采选业以民采为主，具有点多、量大、企业个数多、从业人员多、技术装备落后、管理水平低的特点，必须有一个专门机构对其从业行为和市场经营进行引导。因此，河北省在冶金矿山行业管理方面一直没有松懈，机构改革后，专门组建了河北省冶金矿山管理办公室对全省冶金矿山实施行业管理，以监管河北省冶金矿山企业的从业行为。目前，河北省在开发冶金矿产资源方面由国土资源部门根据矿产资源总体规划设置矿权、颁发采矿许可证，由冶金矿山行业主管部门监管生产经营秩序，负责矿山设计文件审批、颁发生产许可证和经营资格备案管理。

2 30 年来河北省铁矿行业发展主要成就

30 年来，河北省冶金铁矿山在国家有关部委的支持和帮助下，在河北省委省政府的领导下，本着在开发中保护、在保护中开发的原则，围绕资源开发与管理、安全生产、环境保护做了大量的工作，取得了一定的成就。

2.1 铁矿资源找矿成果明显

1980年，河北省共查明铁矿产地179处，累计查明储量63.81亿吨，保有储量61.22亿吨，到2010年河北省查明铁矿产地总数达280个，增加101处；累计查明储量101.67亿吨，增加37.86亿吨，提高59.33%；保有储量为87.61亿吨，增加26.39亿吨，提高43.11%。另外还增加了保有储量37.62亿吨的超贫磁铁矿资源。在地质专家认为河北地区铁矿找矿潜力不大的情况下，铁矿资源勘查取得巨大成效，有效地保障了河北省铁矿资源需求供应。

2.2 铁矿石产量大幅提升

“六五”期间河北省铁矿石产量累计为5453.67万吨，铁精粉产量为2045.03万吨，至“十一五”期间全省铁矿石产量累计已达17.23亿吨，铁精粉产量达4.1亿吨，分别增长了31.59倍和20.05倍。这是河北省全部工业产品中增长幅度最大的一种，为河北省钢铁工业的快速发展提供了有力支撑（见表3）。“六五”至“十一五”期间河北省铁矿石和铁精粉产量对比如图2所示。

表3 改革开放以来河北省铁矿资源开发分阶段产量 （万吨）

时　期	铁矿石	铁精粉	时　期	铁矿石	铁精粉
六五	5453.67	2045.03	九五	26842.00	11367.00
七五	11164.41	4375.91	十五	54798.00	19472.00
八五	18838.50	8150.30	十一五	172300	41000

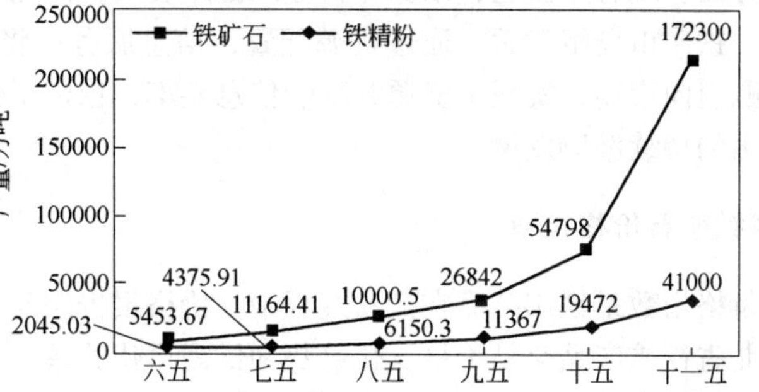

图2 “六五”至“十一五”期间河北省铁矿石和铁精粉产量对比

由图2可以看出，改革开放后河北省对铁矿资源的开采呈高速发展，特别是进入21世纪后，2001~2010年10年的铁矿石产量为22.71亿吨，铁精粉为5.65亿吨，分别是建国后前51年铁矿石和铁精粉产量总和的2.94倍和1.93倍。

2.3 铁矿产品质量技术指标稳定提高

经过30年的发展，矿山的科技进步得到加强，铁矿产品质量技术指标稳定提高。鞍山式磁铁矿、邯邢式磁铁矿精矿品位稳定在66%以上，并且具备了生产68%以上超级铁精粉的能力；提铁降硅技术的应用，使尾矿品位较20年前平均降低了两个百分点，金属回收率提高4%；通过加强管理和改进采矿方法，采矿回收率正在提高，国有大矿露天矿回采率稳定在90%以上，最高达97%，国有大矿地下矿回采率稳定在80%以上，最高达83%；大面积被采死和浪费、破坏矿产资源的现象正在得到遏制。

2.4 铁矿山安全生产和生态环境建设得到加强

近几年来，通过贯彻落实《安全生产法》、《矿山安全法》、《环境保护法》、《河北省冶金矿产品生产经营监督管理条例》等一系列法律法规，冶金铁矿山的安全生产和环境保护工作得到极大改善，全省消灭了独眼井采矿，井下矿山均增建了梯子间，井下作业面均设立了电子监控系统，全省4等以上尾矿库均安装了尾矿库安全监测预警系统，实现了在线监控，所有矿山均按规定配置了安全生产管理机构或专兼职安全员等。在矿山生态环境建设方面，通过大力推进节能减排政策，尾矿砂污染拒马河、滦河、官厅水库等现象得到遏制，尾矿正在通过尾矿制砖、筑路、充填、干堆等技术得到利用和保护，现已建成绿色矿山或准绿色矿山企业近50家。

2.5 建设了河北省铁矿产品批发市场

至20世纪90年代末期，河北省无序的群众采矿到了顶峰，由于当时矿山十分的不景气，又正值政府深化机构改革，行业主管部门撤销或弱化，群众采矿疏于管理，又缺乏凝聚力，出现了生产上乱采滥挖，经营上秩序混乱，恶性竞争，使本来就微利的矿山行业雪上加霜，以至于出现了严重的偷税漏税、剥岩欠账、安全欠账、环保欠账，资源破坏和浪费严重、安全事故倍出。为了改变当时的混乱局面，统筹配置铁矿资源，在矿价方面杜绝恶性竞争，在供需方面实现有序流通，以保障行业的健康发展，河北省率先组建了河北省铁矿产品批发市场。铁矿市场组建后，通过资源配置，信息服务，将小矿山团结在一起，把钢铁企业原料采购引向市场，实现了资源共享、信息共享，稳定了价格，规范了流通秩序，促进了冶金矿山的持续健康发展。

2.6 发布了河北省铁矿石价格指数

河北省铁矿石价格指数是铁矿产品在交易过程中，价格报告期与基准期变化程度的相对数，用以反映河北省铁矿产品交易价格变化趋势和供需量化关系。

（1）通过反映不同时期、不同地区间的铁精矿价格水平和变化趋势，比较纵向指数和与省内外其他资源指数，能够为政府有关部门进行宏观调控提供参考，对引导资源消费和节约型社会建设，保证我国资源安全和国民经济健康稳定发展有着不容忽视的作用。

（2）通过建立铁矿价格指数，明确铁矿价格的参照指标，可以使铁矿供需双方把握铁矿市场的变化规律，对铁矿市场预期走势做出有效反应，保证铁矿产、运、需衔接的合理、和谐，保证铁矿原料供应的稳定。

（3）铁矿价格指数可以作为铁矿供需双方现货交易和签订长期合同时价格谈判的重要参考。以铁矿价格指数为参照，更容易制定一个能为双方所接受的铁矿价格，有助于建立长期稳定的铁矿供应关系。

（4）可以推进铁矿流通体制和市场化改革，进一步推进铁矿交易中心体系建设，逐步发展柜台交易、网上交易、远期合约、期货交易等铁矿交易形式。河北省铁矿石价格指数发布于2009年，以全国第一的身份出现，它的发布把河北省铁矿市场的管理由粗放到集约迈出了一大步。

2.7 冶金矿山行业管理步入法制化管理轨道

国有国情，省有省情。20世纪末，面对众多的群众采矿和蜂窝煤一样的采矿行为，河北省冶金铁矿山不能没有行业管理。可是在市场经济日趋深化的形势下，行业管理没有手段，随着国有企业的不断改制和退出，民营企业的大批涌现，再像过去一样通过管人、管物来实现行业管理肯定已不合时宜。后来经过苦苦思索，并学习了国外管理矿山的经验，认为在新形势下行业管理地位必须靠法制建设来确立，因为市场经济是法制经济。于是开始了长达10年的立法工作，省政府分别于1999年和2003年先后制定了《河北省冶金矿产品经营管理办法》、《河北省冶金和有色矿山生产许可证管理办法》两部政府规章，并于2006年10月河北省将该两个规章合并通过人大立法颁布实施了《河北省冶金矿产品生产经营监督管理条例》，成为全国在冶金矿山领域第一部地方法规，之后，省政府又颁布实施了《河北省冶金矿产品生产经营监督管理办法》（冀政［2011］1号令），将全省冶金矿山的行业管理工作步入法制化管理轨道。

3 铁矿资源开发中存在的主要问题

30年来，河北省铁矿开采和行业管理虽然取得了重大成就，但在矿产资源开发与管理过程中仍暴露出了许多问题。

3.1 后备资源严重不足

21世纪以来，河北省钢铁工业快速发展，铁矿石资源供应日趋紧张，到2005年，铁精矿在流进流出相抵之后，仅能满足我省钢铁需求的50%，较2000年下降了43.2%，至2011年河北省生产的铁精矿自给率仅为40.88%。与河北省钢铁工业发展规模及走势相比，铁矿产能的建设远远赶不上钢铁产能的发展。近几年来，一批原来作为“深、水、杂”的铁矿产地，如滦县司家营铁矿北区、南区、大贾庄矿区、常峪铁矿、滦南县马城铁矿、武安市胡峪东南铁矿、昌黎县坎上铁矿、闫庄铁矿等也被开发利用。全省目前已查明储量的280处产地几乎全部被利用或正在规划利用，铁矿后备产地和后备资源严重不足。

3.2 产业结构不合理

（1）选矿能力大于采矿能力。由于采选能力不配套，选矿产能过剩，导致选矿厂开工严重不足。

（2）矿山生产规模较小且同一矿体多家开采导致露天矿无法实现台阶开采的现象比

较普遍，地下矿山相互越界的现象时有发生。

(3) 大多数小型矿山地质资料不详，矿山保有资源储量不清，导致设计与实际情况不符，以致造成企业盲目生产。

3.3 专业技术人员缺乏

我省矿山数量大，产能高，而采矿、地质、测量、选矿、矿山机械、尾矿库等相关技术人员严重缺乏，为合理开发矿产资源和安全生产带来诸多困难。占铁矿总数90%的小型矿山，几乎没有固定的矿山专业技术人才，尽管中型以上矿山企业近几年也储备了一些关键专业技术人才，但其专业人员人数及覆盖面依然不足。只有为数不多的几个国有矿山企业，矿山专业技术力量比较雄厚，但由于国有企业待遇偏低、人才流失严重，20世纪90年代毕业生存在断层，且技术人员年龄结构不尽合理。

3.4 生产工艺技术和管理水平偏低

河北省冶金矿山企业，多数是在20世纪80~90年代建设的矿山企业，且绝大多数是个体和民营矿山企业，企业管理模式和管理体制落后，矿老板办矿理念落后，从业人员的基本素质和业务水平偏低，多数小型矿山企业的生产工艺简陋，设施、设备老化，资源浪费现象依然严重。

3.5 环境污染、生态破坏现象严重

全省铁选厂大多数为小选厂，尾矿库设施简陋，不安全因素较多。全省每年产生近两亿立方米的尾矿砂，对重点产矿区的环境形成巨大压力，矿山排水及选矿厂的废水严重地破坏了当地水环境，废渣到处堆放，矿坑水乱排，选厂尾水造成水资源浪费和环境污染。据省水利厅调查统计，目前全省近770个中小型矿山、选矿厂没有编制水土保持方案，这些矿山对建设和生产过程中造成的水土流失、环境破坏治理不利，另外，部分临河而建的厂矿没有防护措施，松散的尾矿砂极易被洪水冲走，形成下游河道淤积抬高，影响泄洪。

河北省矿山开采历史较长，且以地下开采为主，其采矿方法以空场法为主。部分地下矿山形成了较大的采空区，如果不能及时进行处理，极易造成地表塌陷，破坏山体植被、破坏耕地林地，破坏地表环境，影响公共安全。一部分小矿山的排岩（土）场和露天采场对矿区植被造成较大的伤害，且不能按有关政策对植被进行恢复，给矿区地质环境、生态环境带来了较大的不利影响。

3.6 非法采矿问题仍较突出

非法采矿现象在全省各产矿地区不同程度存在。在利益的驱使下，非法采矿者以隐蔽和灵活的手段，躲避着政府的整治打击，严重破坏了矿山生产秩序，破坏和浪费矿产资源，存在着较大的安全隐患，破坏当地地质环境和生态环境。尤其是一些未经勘查不成规模的小矿点，非法采矿的问题尤为严重。

3.7 安全生产问题依然严峻

近几年来，随着国家安全生产法的实施和安监机构的日益完善，安全生产监督管理的

力度逐年增大，矿山管理者的安全生产意识和从业人员的安全意识、安全生产技能有了较大的提高，矿山安全生产条件有了极大的改善。但由于河北省冶金矿山绝大多数为地方小矿山，基础条件较差，矿山的安全管理和安全设施水平距国家《金属非金属矿山安全规程》的要求还有一定的差距，距矿山安全生产标准化的标准要求还有较大的差距。2010年，河北省冶金矿山发生安全生产事故28起，死亡人数35人，虽然比过去有所好转，但仍造成了逾千万元的直接经济损失，冶金矿山安全生产形势仍不容乐观。

3.8 行业管理职能得不到有效发挥

河北省是冶金矿山大省，年产铁矿石量达4亿吨以上，占全国总产量的1/3多，从事冶金矿山生产的矿山企业有4206余家。但由于行业管理机构不健全或机构设置不顺，体制不顺，行业管理职能得不到有效发挥，众多冶金矿山企业的生产经营行为难以掌控。至今，一些重点产矿县市仍没有设置专门的职能部门，其矿山的行业职能挂在综合部门或与其他部门合署办公，力量薄弱，对行业法律法规落实不到位。

4 做好矿业开发工作的几点建议

4.1 要高度重视矿业的开发与管理工作

人口、资源、环境早已被定为21世纪发展的主题，但从21世纪已走过的12年，除了从产量上感觉到社会正在大量的掠夺性地开采矿产资源外，在资源开发利用领域似乎没有可持续发展的新政。相反，不择手段地过度开采资源反而使人感觉我国矿业的发展比过去更不可持续。有关部门不要把中央的重视资源开发片面地理解为支持大力开发，重视资源开发是根据国民经济发展和人民群众对资源的需求实施科学的有序开发。而目前的现状是，出于国民对资源日趋紧张的判断，各类企业、各种资金都在想方设法地抢资源，犹如圈地运动，取得矿权后能采则采，不采再卖，有资质的企业拿不到资源，没有资质的单位和个人凭借关系占有资源，致使矿业开发领域乌烟瘴气。十年来，矿业界涌现了大量的亿元以上的暴发户，他们既不是社会认可的高技术人才，也不是有素质的高端管理人才，财富却在一夜之间向他们集中，不能不说我们的政策出现了问题。而留给我们的却是需要常年治理的安全隐患和生态污染。因此，要研究政策，采取措施，把高度重视矿业开发的好思想付诸于实际。

4.2 改革现行矿业管理体制

矿业乱主要根源是矿业管理体制，立法、监督、管理全都是一个部门，缺乏制约。《矿产资源法》实际上成了部门法，是在维护部门条块的利益。对我们这样的一个资源大国，应当成立矿业部，国土部负责监督，矿业部负责管理，矿权设立相互监督，矿业部由专业人才组成，可根据不同矿种设专业司局，如煤炭局、非煤矿产司、黄金司等，矿业的安全和环保工作也可以由矿业部负责，安监部门和环保部门负责监督，形成互相依赖又互相制约的矿业管理新体制，势必会形成矿权取得透明，矿山建设透明，生产经营透明的矿业管理的新局面，保证矿产资源开发领域的可持续健康发展，从而促进整个国民经济的健康发展。

4.3 提高矿业开发的准入门槛

采矿业是一个大专业行业，必须有资质才能从事这项工作。现在是只要有钱就能取得矿权，就可以采矿。试想非建筑专业设计和非专业建筑施工队伍盖的大楼我们敢住吗？一个道理，采矿虽然不属于高尖端技术，但也是一门学问，必须对从业队伍设立资质，并提高资质门槛，加强管理。

4.4 合理确定矿山税费标准

当前，矿山税费是最高的一个产业。如果税费过高，矿山企业自然就会转嫁给安全和环保，甚至剥岩欠账。矿山企业应和其他企业一样正常的缴纳营业税和其他应缴税种，资源税应当进一步细化，因为同一矿种的不同矿山企业矿石质量和开采条件差异很大，应当有区别。建议取消资源补偿费，要么降低资源补偿费并入资源税。资源补偿费征收多年，在征收和用途上与初衷有为，多出腐败，弊大于利。

作者简介：

毕永田，河北省冶金矿山管理办公室主任。

李凤海，教授级高级工程师，河北省冶金矿山管理办公室副主任。

科学建立铁矿资源保障体系
支撑钢铁工业持续健康发展

牛京考

（中国钢铁工业协会）

2012 年 5 月 4 日

钢铁工业是国民经济的支柱行业和实现新型工业化的支撑产业，具有国家重要的经济结构地位和独特的基础作用。铁矿石是钢铁工业主要的基本原材料，其生产流程是钢铁产业链中的重要环节，必须以全球的视野，以需求为牵引，以市场为导向，以科技为支撑，以人才为基点，以管理为手段，全面科学地建立铁矿资源保障体系，有效推动钢铁工业持续健康地发展。

1　加快建立铁矿资源保障体系势在必行

1.1　国家持续发展的刚性需求

作为国民经济支柱产业的钢铁工业，其产品的供给与国家经济的发展紧密相关，依托于国家持续发展的刚性需求：

（1）国家已经确立 2020 年全面实现小康社会、GDP 翻两番的发展目标。

（2）我国 2011 年 GDP 总量达 471564 亿元人民币，同比增长 9.2%，自 2010 年已超日本成为世界第二大经济体，人均 GDP 排世界第 94 位，已达约 4382 美元（29940 元人民币）；“十二五”期间预计年均增长 7%，2012 年确定经济增长 7.5%。

（3）目前国家正处于工业化中期发展和城镇化快速推进时期，工业化是人类生产力迅速提高、社会财富不断积累、大量消耗矿产资源的过程，2011 年城镇化率在 2010 年 49.68% 基础上提高到 51.27%，“十二五”期间将年均增长约一个百分点。

上述目标和阶段性的特征决定着需要大规模的基础设施建设、加工制造业的规模发展和大幅提高国内消费需求，我国单位（每万亿美元）GDP 消费钢材量已达 1207kg，远大于美国（93kg）、日本（136kg）等国，这些都必将驱动钢铁的高位消费量，需要产业链较长的钢铁支柱产业持续发展。

1.2　钢铁工业的长流程生产工艺决定未来一定时期内铁矿资源仍是主原料

目前钢铁冶炼仍是以铁矿石—高炉—转炉长流程为主，生铁产量是衡量铁矿石需求的一个重要标志，我国重点企业生铁产量占到 90% 以上。2011 年，我国全行业铁钢比达 0.9216t/t，其中重点企业铁钢比为 0.9488t/t，而世界平均是 0.7266t/t，要扣除中国因素的铁钢比仅 0.5615t/t，这就决定了我国钢铁工业必须使用大量铁矿石的发展态势。而目前全球铁矿石市场供应的格局在短期内不会发生根本转变。主要原因：

（1）我国近期需求仍将保持高位波动，随着我国工业化、城镇化的不断深入发展，对钢材的需求仍将保持较为旺盛的水平，在未来较长一段时间内，我国铁矿石对外依存度还将维持在一定水平。

（2）三大矿商竞争优势犹存，其产量占全球铁矿石贸易的一半以上，且掌控了约2/3的海运贸易量，构成以其铁矿石产量和贸易量来影响铁矿石价格。

（3）价格下跌空间有限，三大矿商拥有世界最好的铁矿石资源，其开采成本远低于国内企业，具有明显的价格竞争优势。

（4）国内铁矿可采资源增量滞后，我国铁矿石资源品位在30%左右甚至更低，新开发铁矿资源又大多为地下开采并须进行大选比选矿，且产能的形成需要一段时间，国内铁矿短期内难以完全取代进口矿。

随着我国经济发展和国家财力的增强，资源约束正替代资本约束逐步上升为经济发展中的主要矛盾，我国铁矿供应不足已成为制约经济发展的“瓶颈”，甚至成为伴随工业化、城镇化和现代化全过程的一个重大现实问题。必须加快建立我国铁矿资源保障体系。

2 建立资源保障体系的基本要素

建立铁矿资源保障体系，必须坚持利用两种资源、两个市场的方针，以加大国内铁矿资源的勘探开发力度、提高资源综合回收利用水平为重点，鼓励国内现有铁矿山资源的整合，提高产业集中度，并规范国内铁矿石市场秩序，积极优化铁矿资源全球配置，增强资源保障能力，强化铁矿石资源保障体系的科学建设。

2.1 提高钢材产品性能，减量用钢

发展钢铁的根本目的是以最少的资源和最低的环境代价向用户提供满意的、优质性能的足量钢材。钢材仍是目前不可完全替代的高能耗产品，而提高钢材质量，实现减量用钢，大幅节约能源和资源，是经济社会发展的紧迫要求，是发展低碳经济最重要的途径。如依靠科技在钢铁企业研发并推广应用新技术和新产品：工程建设460MPa以上的高强度钢板、400MPa以上热轧带肋钢筋在占消费量35%的基础上在2015年达到80%以上，可节约钢材14%～20%，年减少用钢约3000万吨，减少铁精矿约4800万吨。我国乘用汽车用高强度钢比例仅占21%，而国际平均水平为40%～50%，欧洲先进水平可达47%～80%。我国由于多用钢材，乘用车自重比国际平均水平要重10%以上，平均百公里耗油8.13L，比欧洲（为6.6L）高23.2%，比日本（为5.9L）高37.8%；船载每吨平均耗钢比日本的230kg要高36%，也同样要增加油耗；以脚手架用高强度钢替代普通焊管，可节约30%～50%；以输电铁塔用高强度钢取代普通钢，可节材10%以上。2011年，钢铁生产中的连铸比为98.6%（其中重点企业达99.41%），成材率为96.41%，重点应提高尤其是中小钢铁企业的连铸比和成材率，在同质同用条件下可减少钢材产量和生产过程中带来的环境污染和资源能源的消耗。

2.2 平衡区域供需，提高产业集中度

2011年，我国产粗钢68326.5万吨，同比增长8.89%，钢产量超过排在2～20名国

家的总和，占全球的45.85%。2011年我国生铁产量62969.3万吨，同比增长8.43%，其中重点企业占比86.13%。主要集中在河北、山东、辽宁、江苏和山西五省，其中，河北占全国生铁产量的21.75%，河北、辽宁、江苏和湖北各重点企业占全省比例分别为93.66%、87.12%、92.88%和90.67%，均高于全国重点企业占比，说明上述四个产钢大省是以国有大中型钢铁企业为主的，安徽、四川、内蒙古其次。但这些主要产铁省的区域铁矿石配置却不均，河北、四川、山东、内蒙古铁矿石供应较为充裕，山西和江苏供应不足，而辽宁和安徽供需基本平衡下略有不足。必须在钢铁厂新建和改扩建以及技术改造时充分考虑下游钢铁产品的用户群和上游原料如铁矿和煤炭、电力资源的有效配置，实现区域原料和产品供需基本平衡，可以减少原料和产品的物流消耗，避免产能闲置或盲目重复建设，有利于降低成本，提高企业国际核心竞争能力。2011年，前十家钢企产量占全国产量的49%，要完成国家规定2015年达60%的目标尚需更大努力。2011年重点矿山企业产量仅占15.1%，“十二五”期间，将把支持大型铁矿基地建设、培育大型铁矿企业集团、加快老矿山企业挖潜改造作为行业转变发展方式的重点。提高产业集中度，可优化配置资源，统筹品种开发，适应区域需求，主导价格走向。

2.3　大力发展国内铁矿业，提高铁矿自给率

我国铁精矿产量从2001～2010年的10年间增长了209.2%，是全球增长幅度最大的国家，而全球平均只增长了95.9%（源自联合国与贸易发展会议）。2011年，全国粗钢、生铁产量只分别增长8.95%和8.43%，而国产铁矿原矿却增长了27.15%，达13.26942亿吨，对外依存度降低到60%左右，促进了铁矿石价格的理性回归和相对稳定，有力地支撑了国家经济建设和钢铁工业的发展。目前，我国是世界上最大的铁矿石进口国，2011年我国累计进口铁矿石68608万吨，同比增长了10.9%，进口铁精矿平均价格1264.78元/吨，其中钢铁生产企业进口约占2/3，贸易企业进口约占1/3。如图1所示。

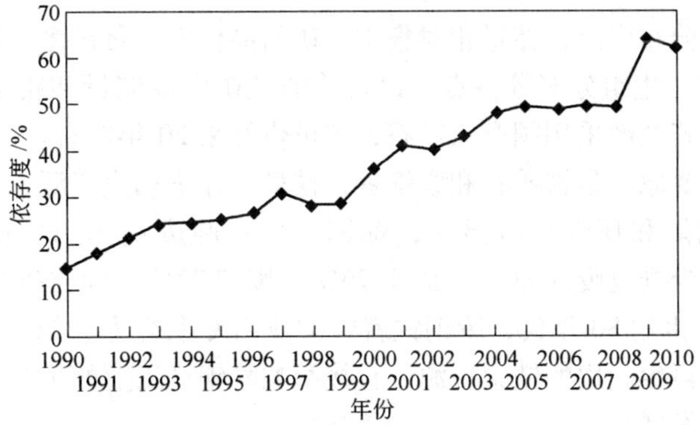

图1　1990～2010年我国钢铁工业铁矿石对外依存度变化图

2.4　创新发展先进适用采选技术，强化行业科技支撑

我国资源的禀赋条件和需求，决定了必须发展先进适用的铁矿采选技术，改善主要技术经济指标，提高铁矿资源综合利用率。2011年，钢铁行业全年亏损企业户数比2010年

同比增长60%，虽然产品销售收入同比增长18.65%，但实现利税同比减少2.08%，利润总额更是同比减少4.51%，产品销售利润率仅为2.42%，亏损企业亏损额同比增长97.43%，究其原因主要反映在原燃料尤其是铁矿石的采购成本上，约占总增加成本的2/3，同时财务费用、管理费用和工资总额也占一定比重。

截至2010年底，全国累计查明铁矿资源储量726.99亿吨，其中基础储量222.32亿吨，资源量504.67亿吨，居世界前五位之内，属铁矿资源大国行列。虽然“十一五”期间我国共新增查明铁矿资源储量164亿吨，但其主要特点是贫矿多，约占资源储量的98.4%，目前绝大多数矿山铁矿品位在TFe30%左右，有的开采矿山甚至降到15%～20%，2011年全国选矿比2.93，其中重点矿山企业选矿比2.61。如图2所示。

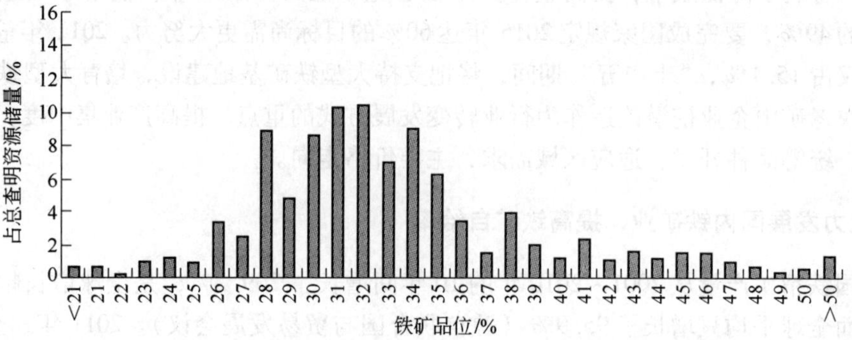

图2 我国铁矿资源吨位－品位分布

这就要求在采矿、选矿和冶炼生产中注重提高采矿回采率和选冶回收率，使资源得到有效回收和综合利用，同时要实现循环经济、环境保护和生态效应。

2.5 必须重视和发展废钢产业，整体提高冶金渣利用水平

我国铁矿具有分布广泛，储量相对集中，矿石品位低，贫矿多，富矿少，矿床类型齐全但复杂，伴（共）生组分多等特点。以目前的铁矿资源储量和粗钢产量及钢铁现有长流程生产工艺计，若全部采用国产铁矿石，仅可供开采20年左右。

钢铁生产的主要原料是铁矿石和废钢铁，铁矿石作为初生资源，储量有限。而废钢铁是再生资源，其载能和环保功效显著，炼钢多用一吨废钢比用生铁可节省60%能源、40%的新水，可减少排放废气86%、废水76%、废渣72%、固体排放物（含矿山的废石和尾矿）97%。20世纪80年代，废钢铁就曾被业内专家誉为“第二矿业”，废钢铁作为一种可以无限循环再生利用的铁素资源，直接影响着钢铁工业的生产工艺结构，关系到钢铁工业的持续健康发展。

我国废钢铁资源主要由3部分组成：

（1）钢铁企业自产废钢铁：钢铁生产过程中各工序产生的渣钢、中间包、注余、切头、边角料、废次材、报废设备、零部件等。随着钢铁生产技术水平的提高，自产废钢率正在呈逐年下降趋势。

（2）社会产生废钢铁：城乡报废的各种车辆、农机具、家电、器具等生活废钢铁；设备制造业、加工业、建筑业、运输业等生产过程中产生的报废设备、零部件、边角余料

等工业废钢铁；军工业淘汰的武器、弹药、装备、设施等军事废钢铁。由于我国钢铁积蓄量的快速增加和逐步释放，社会产生的废钢铁正在呈逐年上升趋势。

（3）国外进口废钢铁：我国从1984年恢复进口废钢以来，受国际市场影响及我国缺乏进口废钢的鼓励政策，每年的进口数量极不稳定。与我国铁矿石进口量约占世界贸易总量的2/3相比，废钢铁的进口量仅占世界贸易总量的不足1/10（全球废钢资源量已超过5亿吨，贸易量约8000万吨）。

废钢应用目前存在的主要问题是：供需矛盾突出；自产废钢在减少，约占1/3，产生率约为5%；社会采购废钢约占60%，但难以规模化利用；国内废钢蓄积量由于进入工业化时间较短尚未达到一定规模数量，我国废钢比仅为世界其他国家平均废钢比的1/4，综合吨钢废钢消耗只140kg左右；2011年进口废钢676.6851万吨，同比增加15.7%，进口废钢价格高位看涨；加工处理技术装备水平还有待提升；废钢铁产业发展还需规范；国家政策支持力度不够。各方面原因造成废钢应用发展速度缓慢，要大力提高废钢回收能力和应用范围。

2010年比2005年钢铁行业产渣总量逐渐增加，但吨钢产渣量在减少，利用率在逐步提高。“十一五”期间钢铁行业冶炼渣平均增加53.96%，其中钢渣增加14.6%，高炉渣增加71.54%，但累计贮存量同比仅增加19.20%。其中2010年钢渣综合利用率为21%，高炉渣综合利用率达76%。“十二五”期间行业发展目标为固废综合利用率要求达72%，冶金渣利用率力争达73%，其中钢渣利用率达64%，高炉渣利用率达86%以上（源自冶金渣资源综合利用技术研讨会）。

加快建立适应我国钢铁工业发展要求的资源保障体系，废钢循环利用体系是其重要的组成部分。依托符合环保要求的国内废钢加工配送企业，重点建设一批废钢加工示范基地，完善加工回收配送产业链，提高废钢加工技术装备水平和废钢产品质量，积极研究制定进口废钢的优惠政策措施，鼓励在海外建立废钢回收加工配送基地，实现废钢工程产业化，支撑钢铁行业资源保障体系建设和持续健康发展。

2.6　加大地质勘查力度，增加可采经济资源储量

2006年以来我国铁矿勘查投入快速增长。2006~2007年，年均超过10亿元，2008~2009年均超过20亿元。近年来，新发现并探明的大型铁矿主要包括：冶金地质部门在冀东地区司马长铁矿成矿带上相继取得了闫庄、常峪、马城、长凝等大型铁矿的找矿突破，其中马城铁矿通过详查提交资源量10.4亿吨。通过国家项目支持的危机矿山接替资源勘查，在一些大中型生产铁矿山的深、边部增加了约8.7亿吨资源储量，延长了矿山服务年限。

目前我国铁矿找矿领域已大为拓宽，地质与物探相结合的综合技术手段也得到进一步完善，物探磁法勘查技术已日趋成熟，对低缓异常、叠加异常及剩余异常的分析和解释水平得到较大提高，对复杂磁异常的研究和解释也逐步达到一个较高的水平。在铁矿勘查技术发展的进程中，对异常的解释和判别技术，如重磁联合反演等技术，基本与国外技术发展同步。

从保有可采储量少、勘查进展与我国钢铁工业高速增长对铁矿资源需求持续大幅度增加不相适应、且单位消耗降低幅度太小的情况分析，我国在今后相当长一段时期，将要加大地质勘查投入，重点放到勘查出国内可供经济有效开发利用的铁矿资源储量，并建立和强化与用好国外铁矿资源保障机制尤为重要。

3 铁矿石保障体系建设的科技支撑

3.1 综合集成先进适用的地质勘查技术装备，增加可采经济资源储量

我国铁矿资源与国外勘查技术发展的差距主要体现在综合地球物理勘查和探测深度以及新区的快速高效评价等方面。要将地质、物化探、遥感方法综合集成，加强成矿预测，查明深部成矿条件，从发展趋势来看，成矿理论对隐伏矿找矿的指导作用将越显突出；矿产勘查和开采的深度将从目前的平均500m向不断下延拓到1000～1500m，为我国矿产资源勘查开采提供了全新的研发方向。

积极探索研发弱信号的剥离与提取、磁梯度信息改善数据处理、重磁异常三维反演和海底锰铁结核矿产勘探等关键技术装备，并加快工程化实施。推广应用磁法测量三维联合反演、重磁联合反演、铁矿深部三维定位预测、三维磁总场梯度综合测量、航空重力梯度测量、钻孔定向位钻进和航空磁法、重力测量等关键技术。

3.2 解决行业采、选矿共性关键技术问题，有效提高铁矿资源综合利用率

加快实施深部铁矿安全高效开采、复杂水体矿床开采特别是突水机理及防治、充填法采矿岩移规律与地质灾害监测及防控、无轨采矿等综合技术和破岩新技术装备研制以及矿山自动化信息控制系统开发与智能化矿山建设的工程化的关键技术，积极探索研发氧化铁、锰矿还原焙烧设备及技术；微细粒矿物选矿装备及技术；低品位、复杂共伴生矿综合提取利用技术；复合型多功能选矿药剂研制技术；尾矿生产建筑材料和农用技术；超导磁选设备及技术；生物选矿技术；海洋锰铁结核开采产业化技术与装备的研制和太空采矿技术前瞻性研究开发等前沿技术。

3.3 加快废钢工程产业化，优化钢铁生产铁素原料结构

积极开发多元含铁原料以及二次资源高效回收利用技术（包括钢铁渣、尘泥、尾矿、废石等），加强综合开发利用新技术、加工设备研制和产业化的整合、提升和推广应用；制定相关法规明确固废资源开发利用要求和政策支持，以实现“十二五”提高冶炼渣（钢渣和高炉渣）综合利用率、尾矿利用率等目标。建立废钢加工示范基地，形成社会良性大循环。

积极研发超大超厚型废钢加工解体设备技术、报废汽车的先进拆解加工装备与技术、废钢高纯度破碎生产线的研发与制造、废钢中爆炸物的自动识别、分拣技术、废合金钢简便、快速分析仪器、废钢铁尾渣所含有色金属（如金、银、铜、镍等）提选技术及自动分离技术和钢渣高效宽带磁选设备等。

作者简介：

牛京考，工学博士，教授级高级工程师，中国钢铁工业协会冶金科技发展中心总工程师，中国稀土学会副秘书长、中国金属学会采矿分会副主任委员、中国工程爆破协会常务理事、全国国土资源标准化技术委员会委员。

建国60年我国采矿科学技术进步与展望

焦玉书[1] 牛京考[2] 蔡鸿起[3]

(1. 鞍山冶金设计研究总院；2. 中国钢铁工业协会；3. 马鞍山矿山研究院)

2009年10月12日

1 我国采矿科学技术的发展

1.1 我国计划经济时期采矿科学技术的调整发展

我国计划经济时期（1949~1978年）经历了包括建国初期、三年恢复时期和以后的几个五年计划建设期。建国前，我国矿山数量少，处境困难，1949年全国铁矿石产量只有59万吨。

新中国成立后，党和政府十分重视钢铁工业的发展，恢复建设已有为数不多的矿山，在三年恢复期的很短时间内，鞍钢弓长岭铁矿和大孤山铁矿、本钢南芬铁矿、宣钢龙烟铁矿、山东金岭铁矿、江苏利国铁矿和武钢大冶铁矿等矿山陆续恢复了生产，到1952年铁矿石产量达到429万吨，为1949年的7.27倍。

1953年开始实施第一个五年计划，1953~1957年的"一五"计划结合原苏联援助的156项工程，由原苏联设计扩建和新建了一批铁矿山，包括鞍钢大孤山、东鞍山和弓长岭铁矿、本钢南芬铁矿、包钢白云鄂博铁矿、武钢大冶铁矿、承钢大庙铁矿和黑山铁矿等，宣钢龙烟铁矿和烟筒山铁矿也在苏联专家指导下进行了扩建。"一五"计划结束的1957年全国铁矿石产量达到1937万吨，比1952年增加了3.5倍。

第二个五年计划（1958~1962年），由于"大跃进"干扰，矿山生产违反客观规律，单纯追求产量，造成剥离欠账的严重后果。此后经过广大矿山职工的努力，逐步进入调整期，到"二五"计划结束的1962年，铁矿石产量达到2578万吨，比1957年只增加33%。

1963~1965年国家进入国民经济调整期，贯彻中央"调整、巩固、充实、提高"的八字方针，狠抓整顿工作，加大力度组织原剥岩欠账的还欠工作，还清剥岩欠账3300万吨，到1965年铁矿石产量达到3149万吨，比1962年增加了571万吨。

"文化大革命"期间，国民经济濒临崩溃边缘，矿山工作遭到极大破坏。但广大矿山职工力排干扰，特别是1975年邓小平同志主持国务院工作期间，狠抓了钢铁工业的整顿，执行中央提出的"大打矿山之仗"的方针，矿山生产和建设得到快速恢复，1975年铁矿石产量分别达到9694万吨，1978年我国年产铁矿石突破1亿吨，达到11779万吨。

1949~1978年各年铁矿石产量见表1。

1949~1978年计划经济时期，按原苏联设计采用苏联产设备装备了几座矿山，后来我国自行设计又建设了首钢大石河铁矿、水厂铁矿、攀钢公司朱家包包铁矿、兰尖铁矿、酒钢镜铁山铁矿、武钢程潮铁矿、太钢峨口铁矿等大中型露天矿和坑内矿。解放初期，我

表1 1949~1978年生铁、粗钢、铁矿石产量变化 (万吨)

年 份	生 铁	粗 钢	铁矿石
1949	25.2	15.8	59.0
1950	98.0	61.0	235.0
1951	145.0	90.0	270.0
1952	192.9	134.9	429.0
1953	223.0	177.0	582.0
1954	311.0	223.0	723.0
1955	387.0	285.0	960.0
1956	483.0	447.0	1548.0
1957	593.6	535.0	1937.0
1958	1369.0	800.0	7500.0
1959	2191.0	1387.0	9659.0
1960	2716.0	1866.2	11279.0
1961	1281.0	870.0	5159.0
1962	805.1	667.2	2578.0
1963	741.0	762.0	2422.0
1964	902.0	964.0	2674.0
1965	1076.7	1223.0	3149.0
1966	1334.0	1532.0	3929.0
1967	963.0	1029.0	2962.0
1968	857.0	904.0	2679.0
1969	1280.0	1333.0	4333.0
1970	1705.5	1778.6	6422.0
1971	2100.3	2131.7	8146.0
1972	2355.2	2338.3	8460.0
1973	2489.7	2521.9	9164.0
1974	2062.0	2111.9	8681.0
1975	2449.0	2390.3	9694.0
1976	2233.4	2045.9	8970.0
1977	2505.3	2374.0	9384.0
1978	3478.6	3178.0	11779.0

国黑色冶金矿山几乎没有什么机械设备，大部分矿山采用手工开采方式，用钢钎、大锤打眼，用耙子、铁锹装矿，用人力推车。到20世纪50年代初，才开始使用手持式风动凿岩机（OM－506）等，同时推广使用气腿子湿法凿岩。当时全国铁矿山所保有的简易零星设备总重只有3万吨，后来矿山装备水平才逐步得到改善。计划经济时期矿山科技水平主要体现在装备水平的不断提高。

1.1.1 露天矿以大孤山、南芬铁矿为代表

露天矿穿孔、爆破、装载、运输设备与20世纪50年代相比更新很快，达到一定的技术装备水平。

（1）穿孔爆破方面。20世纪50年代，露天矿穿孔都采用BC－1型和BY－20－2型钢绳冲击式钻机，穿孔效率一般为4000～6000m/(台·年)，这些钻机比较落后，辅助作业复杂，因此一直是露天矿生产的薄弱环节。60年代开始在中小型露天矿推广使用YQ－150型潜孔钻机，孔径150mm，70年代我国已形成孔径80mm、100mm、150mm、200mm和250mm的各类型潜孔钻机系列，并在露天矿全面推广应用，从而使我国成为世界上使用潜孔钻机最多的国家之一。潜孔钻机穿孔效率一般为9000～23000m/(台·年)。1975年在弓长岭铁矿成功地制造了KQG－250型高钻架长钻杆潜孔钻机，可以不需接杆钻凿15m深的炮孔，更加提高了钻机的穿孔效率。70年代我国大型露天矿开始使用牙轮钻机。第一台国产HYZ－250B型牙轮钻机，于1958年开始研制，1973年在大孤山铁矿进行了试验和鉴定，以后改制成HYZ－250C型牙轮钻机，在首钢矿山公司试验，平均月进尺2516m，相当于钢绳冲击钻机生产效率的4.2倍。1975年在弓长岭铁矿又试验了KY－310型牙轮钻机，孔径310mm，月进尺3500m以上。70年代初我国还从美国B.E.公司引进了60R和45R型牙轮钻机。目前大型露天矿使用的牙轮钻机主要是60R、45R和HYZ－250型三种。穿孔效率一般均在25000m/(台·年）以上，牙轮钻机的应用，彻底改变了露天矿穿孔落后的状况。现计划经济时期露天矿使用的钻机，从爆破量看，牙轮钻机已占主要地位，钢绳冲击钻机已被淘汰，潜孔钻机在某些矿山还在使用，如马钢姑山铁矿的潜孔钻机效果很好，但从全国来看已为数不多。

（2）装载方面。大型露天矿采装矿岩多用单斗电铲。20世纪50年代露天矿使用原苏联制造的铲斗容积为$1m^3$和$3m^3$电铲，60年代和70年代，我国经过多年的研制，形成了自己的电铲系列，铲斗容积为$1m^3$、$2m^3$、$4m^3$、$4.6m^3$、$5m^3$、$10m^3$。现已定型的有：铲斗容积为$1m^3$的W－1002型电铲；$2m^3$WK－2型电铲；$4m^3$W－4型电铲；$4.6m^3$WK－4型电铲。为满足矿山需要，1977年太原重型机器厂生产了WK－10型电铲，铲斗容积为8～$12m^3$；抚顺挖掘机厂制造了WD－1200型电铲，铲斗容积为10～$15m^3$。国产的各类型电铲已在露天矿广泛应用。在70年代初我国还从美国引进几台大型电铲。现在露天矿使用的电铲，以铲斗容积3～$4.6m^3$的电铲居多，占电铲总数的60%，铲斗容积为5.6～$8m^3$的电铲只在少数矿山使用，数量只占2%。中小型露天矿多使用1～$2m^3$电铲。电铲采装效率一般都不太高，3～$4.6m^3$电铲台年采装效率平均为100万吨左右。较先进的在用铁路运输时台年采装效率可达150万吨左右；用汽车运输时台年采装效率达200多万吨。

我国露天矿已普遍注意到前端式装载机和推土机在露天开采工艺中的重要作用。1964年开始研制液压传动的前端式装载机，到1977年对Z－470型和QJ－5型前端式装载机进行了试验，后来我们已能批量生产$5m^3$前端式装载机，并能制造大马力推土机。为了提

高深凹露天矿的掘沟速度，有的矿山使用了长臂铲，铲斗容积 3 ~ 6m^3，国产的 WP - 4 型长臂铲铲斗容积为 4m^3，这种长臂铲可以在掘沟中铲取矿岩，并能向上个台阶的运输车辆卸载。

(3) 运输方面。我国露天矿在 20 世纪 50 年代以采用铁路运输为主，以后随着石油工业和汽车制造工业的发展，汽车运输逐步得到了广泛应用，有色金属露天矿使用汽车运输的比重更大些。我国自行研制重型矿用汽车始于 60 年代，1964 年试制成功了 15t 矿用自卸汽车，1965 年制造 25t 矿用汽车，1969 年生产了 32t 汽车，1970 年制造的第一台 60t 自卸汽车在南芬铁矿进行了试验，1977 年开始试制 100t 电动轮汽车。计划经济时期我国已能成批生产 10t、15t、20t、32t 矿用自卸汽车。70 年代初还从美国引进了 120C 型 100t 电动轮汽车。目前矿用汽车绝大多数是引进的，主要型号是苏联贝拉斯 - 540 型、MA_3 - 525 型汽车、意大利的 T - 20 型汽车、捷克斯洛伐克的太脱拉 138 型和 148 型汽车。

铁路运输设备主要是 80t、100t 和 150t 电机车和载重 60t、100t 自翻车。目前露天矿采用比较多的是铁路和公路联合运输，老矿山原采用铁路运输为主的矿山，也大都配备了汽车开拓延深或铁 - 汽联合运输。

1.1.2 坑内矿以镜铁山铁矿为代表

该矿 1964 年设计，用1000 万美元全套引进瑞典矿山设备，之后全部设备国产化，从而使我国坑内铁矿设备得以更新换代并逐步走向无轨化。

凿岩：过去用手持式气腿凿岩机和向上式凿岩机打眼，后来用 Simbar - 11 型单机凿岩台车，孔径 25mm，凿岩速度 1 ~ 2m/h。

爆破：过去用人工装药，进而改用装药机。

装载：过去用 0.3 ~ 0.5m^3 电耙耙矿，进而改用 T4G 型气动装运机，台年装矿 10 万吨。

运输：主水平运输过去用 7 吨电机车牵引 0.5 ~ 0.75m^3 翻斗矿车，进而用 2 ~ 4m^3 底卸式矿车或侧卸式矿车，用 7 ~ 20t 电机车牵引。

支护：采用锚杆等四级支护体系。

天井掘进：过去天井施工采用人工搭台板，从下往上分层凿岩浅孔爆破法施工，进而采用爬罐法掘天井。

提升：过去只用单绳缠绕式提升机进而竖井提升改用多绳摩擦轮式提升机。鲁中矿业集团小官庄铁矿采用滚筒直径 4m × 6 多绳摩擦轮式提升机，电机功率 3200kW。

压气：过去只用活塞式压缩机，进而在镜铁山铁矿采用了螺杆式压缩机，排气量 100m^3/min，电机功率 566kW。

1.2 我国改革开放三十年采矿科学技术得到迅猛发展

1979 ~ 2008 年改革开放的 30 年，国民经济处于快速健康发展时期，带动了我国铁矿工业的崛起，1978 年我国铁矿石产量原矿突破 1 亿吨达到 11779 万吨后，从 1 亿吨级到 1992 年突破两亿吨达到 20926 万吨用了 14 年，到 2004 年突破 3 亿吨达到 33546 万吨用了 12 年，到 2005 年突破 4 亿吨达到 42019 万吨，到 2006 年突破 5 亿吨达到 58817 万吨，到 2007 年突破 6 亿吨达到 68247 万吨都只用了 1 年时间，而到 2008 年这一年猛增到 82401 万吨，突破 8 亿吨大关。目前按成品矿计算，我国铁矿石产量与钢、生铁产量同样均居世界第一位。

1979~2008年我国铁矿石产量见表2。

表2 1979~2008年生铁、粗钢、铁矿石产量变化 （万吨）

年 份	生 铁	粗 钢	铁矿石
1979	3673.0	3448.4	11876.0
1980	3802.4	3712.1	11258.0
1981	3416.6	3560.3	10459.0
1982	3550.0	3715.9	10732.0
1983	3738.0	4002.1	11339.0
1984	4001.1	4347.5	12671.0
1981	3416.6	3560.3	10459.0
1985	4384.0	4679.0	13783.0
1986	5064.0	5221.0	14945.0
1987	5503.0	5628.0	16143.0
1988	5704.0	5943.0	16770.0
1989	5820.0	6159.0	17185.0
1990	6237.0	6535.0	17934.0
1991	6765.0	7100.0	19056.0
1992	7589.3	8093.5	20976.0
1993	8737.7	8953.9	22635.0
1994	9741.0	9262.0	25070.0
1995	10529.0	9536.0	26192.0
1996	10721.0	10124.0	25228.0
1997	11511.0	10891.0	26861.0
1998	11852.0	11459.0	24689.0
1999	12533.0	12395.0	23723.0
2000	13101.0	12850.0	22256.0
2001	14654.0	15103.0	21701.0
2002	17079.0	18225.0	23262.0
2003	21367.0	22234.0	26272.0
2004	25775.4	28048.6	33546.0
2005	33040.5	34936.2	42049.27
2006	40416.7	41878.2	58817.0
2007	46945.0	48949.0	68248.0
2008	47067.41	50048.8	82401.1

改革开放，我国采矿科学技术飞跃发展。

1.2.1 露天矿技术创新

(1) 目前我国已拥有一大批骨干矿山，见表3～表5。

表3 中国露天铁矿情况

矿山名称	设计产量/万吨		设计采场尺寸/m			露天坑形态	现有边坡垂高/m	台阶高度/m	现有运输方式
	矿石量	矿岩总量	长	宽	高				
大孤山铁矿	600	2300	1620	1200	492	深凹	250	12	铁－汽、汽－破－胶
东鞍山铁矿	700	2100	2200	720	247	深凹	140	12～13	铁路、汽－破－胶、局部汽车
眼前山铁矿	300	1000	1380	714	218	深凹	230	12	铁－汽
弓长岭铁矿	450	1500	1700	300～820	288	独木、深凹	288	12	铁－汽
大冶铁矿	340	1400	2250	1000	396	深凹	396	12～15	铁－汽
水厂铁矿	1800	7200	3800	1600	400～600	深凹	177	12～15	铁－汽、汽－破－胶
大石河铁矿	1040	3500	1550	300	132	深凹	132	12	铁－汽
歪头山铁矿	500	2680	2280	1200	214	深凹	168	12	铁－汽
南芬铁矿	1000	5300	3300	1900	600	山坡、深凹	374	12	铁－汽、汽车、汽－破－胶
白云鄂博铁矿	1200	4305	主矿 1620 东矿 1400	1260 1020	480 376	凹陷 深凹	126 179	12～14	铁－汽
朱家包包铁矿	700	2100	2860	600	240	凹陷	119	15	铁－汽
兰尖铁矿	650	1700	980	950	460	凹陷	195	15	铁－汽
齐大山铁矿	1700	5100	4000	800～1000	396	凹陷	186	12～15	铁－汽
南山铁矿	500	1500	1040	840	350	深凹	260	14～15	铁－汽
海南铁矿	460	1430	1600	1000	500	深凹	368	12	铁－汽
峨口铁矿	480	1320	2260	1440	528	山坡、凹陷	360	12	汽－溜井、井－胶－汽－箕斗
尖山铁矿	400	1300	1570	740	516	山坡	200	12	汽－溜井－胶

表4 中国主要铁矿基本情况

项　目	单位	齐大山露天铁矿	水厂露天铁矿	南芬露天铁矿	镜铁山地下矿	梅山地下矿
矿石类型		磁铁矿	磁铁矿	磁铁矿	镜铁矿 菱铁矿	磁铁矿 假象赤铁矿
生产规模	万吨/年	2000	900	1274	356	350
剥采比	t/t	2.58	5.59	4.11		
员工人数	人	370	129	640	1047	1008
劳动生产率	万吨/人数	4.59	6.97	1.87	0.34	0.347

表5 中国铁矿主要生产要素和装备

项目	单位	水厂露天矿	齐大山露天矿	南芬露天矿
段高	m	12	12	12
生产规模	万吨/年	900	2000	1274
剥采比	t/t	5.59	2.58	4.11
穿孔设备		45R牙轮钻 YZ-55型牙轮钻	45R、60R牙轮钻 YZ-55型牙轮钻	45R、60R牙轮钻 YZ-55型牙轮钻和YZ-35型牙轮钻
采装设备		W-4和D-4型电铲 WK-10型电铲 P&h2300xp型电铲 P&h2300电铲	$4m^3$ 电铲 $16.8m^3$ 电铲	WK-4和WD-4型电铲 WK-10型电铲 195B电铲 295B电铲 WK-10电铲
运输设备		载重32t汽车 42t汽车 77t汽车35台 85t汽车 130t汽车	EH3500型190t电动轮 Mt3600型电动轮 R-170型154t电动轮	3311e型85t汽车 325m型85t汽车 MK-36型154t Tr-100型汽车

（2）露天矿装备水平大幅提高。现在生产规模2000万吨/年的露天矿采装运设备我国都可以自行加工制造。

1）穿孔设备。现在我国露天矿多采用牙轮钻和潜孔钻穿孔，孔径310～380mm。牙轮钻钻头全部国产化并对外出口。国产牙轮钻见表6，穿孔效率见表7。

表6 国产牙轮钻机技术性能参数

型　号	YZ-35D	YZ-55A	KY-250B	KY-310	KY-250C	KY-310	KY-380
孔径/mm	250	310～380	250	310	250	310	380
一次钻孔深/m	18.5	19	18	17.5	18	17.5	17.0
轴压力/kN	350	600	580	490	400	500	550
钻进速度/m·min^{-1}	0～1.33	0～1.98	0～2	0～4.5	0～2.5	0～4.5	0～8.8
装机容量/kW	470	560	390	394	500	405	630
机重/t	95	150	105	150	105	123	125
生产厂	衡阳重型机械有限公司		南昌凯马有限采矿机械分公司		洛阳矿山机器厂		

表7 我国露天铁矿牙轮钻穿孔效率

矿山名称	牙轮钻效率/m·(台·年)$^{-1}$			
	国产直径250mm牙轮钻	国产直径310mm牙轮钻	进口直径250mm牙轮钻	进口直径310mm牙轮钻
重点企业平均	36705	35345	47289	35633
首钢矿山	53065		65369	
本钢矿山	32324	40956	35577	35633
鞍钢矿山	43117	48057	50997	
包钢矿山	33226	33104		

2）采装设备。现在我国露天矿多用电铲采装，铲斗容积4～16.8m³。国产电铲见表8，电铲效率见表9。

表8　国产机械式单斗挖掘机技术参数

型　号	WK－4	WK－10	WD－1200	WK－12	WK－20	WK－27	WK－35	195B	P&H 2300XP	P&H 2800XP
斗容/m^3	4	10	12	12	20	27	35	12.9	16	23
理论生产率/$m^3 \cdot h^{-1}$	570	1230	1290	1540	3000	3030	4080	1400	1800	3200
最大挖掘高度/m	10.1	13.6	13.5	13.6	14.4	16.3	16.2	12.7	15.5	18.2
最大推压力/kN	340	617	690	617	1120	790	850	710	950	1300
主电机功率/kW	250	750	760	2×800	2×800	2×900	2×1000	448	700	2700
机重/t	190	440	465	485	731	915	1035	344	621	851
生产厂	太重 抚挖	太重	抚挖	太重	太重	太重	太重	衡阳冶金机械厂	太重 一重	太重 一重

表9　单斗挖掘机生产效率

矿山名称	电铲效率/万吨·(台·年)$^{-1}$			
	斗容4m³、4.6m³	斗容7.6m³、8m³	斗容10m³	斗容16.8m³
重点企业平均	144.2		387.34	607.22
首钢矿山	212.54		524.76	939.33
包钢矿山	68.84		308.48	
鞍钢矿山	157.73		363.44	574.7
本钢矿山	131.75	126.49	392.62	582.36

3）运输设备。目前我国露天铁矿运输主要是汽车运输、铁路运输、汽车－铁路联合运输、汽车－胶带联合运输。

我国已能自行制造载重20～360t各类型汽车。目前中国矿用大型汽车生产厂家主要有：内蒙古北方重型汽车股份有限公司与TEREX合作生产TEREX系列矿用汽车，刚性车系列：载重25t/32t/45t/55t/91t，电动轮系列：载重70t/190t/260t/360t；中环动力重型汽车有限公司，矿用车系列：载重20t/25t/32t/52t；湘电重型装备股份有限公司，电动轮系列：载重108t/154t/220t；北京首钢重型汽车制造有限责任公司，刚性汽车系列：载重32t/45t；上海三一矿机有限公司，刚性车系列：载重33t/45t/55t/91t，电动轮系列：载重180t/230t/280t/360t；本溪北方机械重汽有限责任公司，刚性矿车系列：载重22t/55t/85t。其主要产品技术性能见表10，生产效率见表11。

表 10 中国主要矿用汽车性能

型号	MT4400	MT3700	SF3261	SF32220	TR100	BZKD52	BZQ3630	SGA3722	SGA3550	SRT95	SRT45
额定载重/t	326	236	154	120	91	52	35	45	32	95	45
车型	电动轮	电动轮	电动轮	电动轮	刚性	刚性	刚性	刚性	刚性	刚性	刚性
发动机额定功率/$kW \cdot h^{-1}$	2014 2723 2445	1865	1343	915	783	447	361.8	391	261	783	292
车速/$km \cdot h^{-1}$	64	59	54	50	65	54	57.3	54	50	48	65
自重/t		174	106	102	68.6	40	31.38	27	23	65	34
制造厂	北方股份	北方股份	湘潭电机	湘潭电机	北方股份	中环动力	本溪北方重汽	首钢重汽	首钢重汽	上海三一	上海三一

表 11 中国露天铁矿汽车效率

矿山企业	40~42 吨位		77 吨位		85 吨位		90~108 吨位		130 吨位		154 吨位以上	
	万吨/(台·年)	万 tkm/(台·年)	万吨/(台·年)	万 tkm/(台·年)	万吨/(台·年)	万 tkm/(台·年)	万吨/(台·年)	万 tkm/(台·年)	万吨/(台·年)	万 tkm/(台·年)	万吨/(台·年)	万 tkm/(台·年)
首钢矿山	68.86	149.51	110.96	321.25	148.09	347.53			226.24	510.05		
太钢矿山	64.8	68.71										
包钢矿山			68.88	185.97			99.74	269.29			286.95	774.77
鞍钢矿山			82.19	164.07	96.46	172.6	100.36	188.67			116.48	292.13
本钢矿山	36.48	80.66			76.58	207.47	99.36	298.06			108.55	388.66

(3) 露天矿开采工艺更加成熟，运输方式多样化、高效化。

1) 露天矿分期开采技术。分期开采系是相对于全境界开采而言。分期开采即当第一期矿石快采完时，相应要完成第二期扩帮，第二期矿石快采完时，相应完成第三期扩帮，分期开采的优点是投资省、见效快。我国大型急倾斜矿体露天开采，成功实行了分期过渡开采，实质是在露天矿最终境界内划定一个或几个中间开采境界，目的在于由小到大滚动发展，实现现金流采矿，由小境界向大境界过渡。以南芬铁矿为例，第一期露天开采境界，露天底标高+466m，生产规模470万吨/年；第二期露天开采境界，露天底标高+190m，生产规模1000万吨/年；第三期露天底标高+70m，生产规模仍为1000万吨/年，南芬铁矿设计分期开采与全境界开采比较，生产剥采比降低21%，分期开采前20年推迟剥岩两亿吨，每年少剥岩 900 ~ 1200 万吨，南芬铁矿分期开采充分体现了分期过渡开采的优越性。

我国齐大山铁矿、大孤山铁矿、水厂铁矿、海南铁矿、朱家包包铁矿和大冶铁矿等许多矿山都采用了分期过渡开采技术。

2）间断连续运输系统。我国深凹露天矿成功应用了间断连续生产工艺，或简称破碎——胶带机生产系统。间断连续运输系统由两部分组成，间断运输部分指汽车或机车运输，连续运输部分指破碎机胶带机和排土机。该运输系统的关键是胶带运输机。

根据中国的经验，对于储量大、开采深度超过 150m 的露天矿，应适时改用汽车运输，但当对于深露天矿，生产规模大，露天采场深，汽车运距超过 3km 时，则应考虑在露天坑设移动或半固定式破碎机，采用胶带机提升运输的间断—连续生产工艺。

现在齐大山、水厂、东鞍山、大孤山、南芬铁矿均已采用间断—连续运输系统，如齐大山铁矿，该矿建二套破碎—胶带机运输系统，采用 60 × 89 型破碎机，矿石胶带机带宽 1400mm，带速 4m/s，设计能力 1700 万吨/年，岩石胶带机带宽 1600mm，带速 4m/s，设计能力 2550 万吨/年。

3）汽车—转载站—铁路联合运输。我国露天矿 20 世纪 50 年代多为山坡露天矿，当时沿用原苏联的经验，大都采用铁路运输。经过几十年开采，矿山转为深凹开采，随着露天采场延深，铁路运输已不适应深凹开采，故从 20 世纪 70 年代起又借鉴西方的经验使用汽车运输，但考虑现有铁路运输系统已经形成，故仍继续使用，从而形成采场下部用汽车运输，而上部仍用铁路运输，运矿汽车将矿石通过转载站或电铲倒装向铁路车辆转载矿石，矿石铁路列车用电机车牵引运至选矿厂。这样的运输方式扬长避短地发挥了汽车和铁路各自的优越性。

汽车铁路联合运输系统关键是转载设施。1995 年眼前山铁矿首先采用了振动放矿机转载矿槽，此项工程由鞍山冶金设计研究总院设计，一次投产成功，振动放矿机转载矿槽可转载粒度为 1m 的大块，生产能力 450 万 ~ 600 万吨/年，总装机容量 80kW，转载效率 4234t/h。与电铲转载相比，经营费为电铲转载的 20%，具有投资少，成本低，能耗少，占地面积小的优点，振动放矿转载成功，为汽车—铁路联合运输工艺的推广应用创造了条件，居世界先进水平。

4）数字化矿山得到发展。以首钢矿山公司为例，该矿通过信息化与自动化的融合，搭建了覆盖企业生产经营管理各个环节的集中集成的信息管理系统，实现了物流、资金流、信息流三流合一，实现了财务与业务的集成，可动态地及时获知工序成本和产品成本，真实地反映当期的产品成本的完成情况，为管理决策提供可靠的数据。财务管理施行一级集中核算，减少了管理层，提高了财务决策的效率，加强了固定资产管理，信息化带来了显著的经济效益。首钢矿业公司有五百多条皮带，占设备总数的 50% 以上，涉及 80% 的工作区域，每年的运转量达到 7000 多万吨，是矿业公司生产流程的主要环节。通过落实以自动化、信息化为重点的系统推进工程，皮带全部实现远程集中操控，取消了看管性岗位，皮带系统的服务人员由 2000 年底的 977 人降低到 2007 年底的 271 人。GPS 矿车智能调度系统，使电铲效率提高 7.08%，汽车运输效率提高 7.06%（国外汽车调度系统使汽车效率提高 10% ~20%），借助信息化平台，实施了“001”质量稳定工程（球团矿、烧结矿月平均品位波动范围控制在目标值的 ±0.01% 以内），大大提升了质量管控水平。

1.2.2 坑内矿技术创新

（1）目前我国已拥有一大批坑内骨干矿山。

矿山名称	年产量/万吨
弓长岭井下矿	160
宝钢集团梅山铁矿	340
鲁中矿山公司	167
武钢大冶铁矿	124
武钢程潮铁矿	162
武钢金山店铁矿	160
酒钢镜铁山铁矿	264
通钢板石沟铁矿	108
山东金岭铁矿	142
云南大红山铁矿	350
邯郸局西石门铁矿	197
邯郸局北洺河铁矿	222

（2）坑内矿装备水平大幅提高。坑内矿设备发展历程：

我国坑内铁矿生产作业起点低。20世纪50年代坑内主要采用充填法、空场法、分段法回采，基本是手工作业和小型机械化。有一个时期还使用干式凿岩、穿孔用24kg小型手持凿岩机，出矿人工装车或用电耙，劳动生产率人均一天1t。

到60年代，以开发酒钢镜铁山矿为契机，花1000多万美元由瑞典引进了全套坑内矿设备，包括：Simba－11凿岩台车、T4G装运机、自翻式坑内矿车、天井掘进机、螺杆压气机、多绳摩擦轮提升机。使我国坑内矿技术装备实现了一次更新换代。

进入70～80年代，以建设鲁中公司小官庄铁矿、西石门铁矿、梅山铁矿、扩建弓长岭井下矿、程潮铁矿为目标，加上引进消化，我国坑内矿设备包括凿岩、装运、提升以及压气等设备又更上一层楼。

1）采矿钻车。20世纪90年代天水风动工具厂曾加工类似瑞典Simba－H252型采矿钻车，后停产。现在南京风动公司生产CTC14AJ1和CTC－14B型轮胎式气动采矿钻车，配YGZ－90凿岩机，孔径50～80mm，孔深30m，行走速度510m/h是主型设备之一。

2）装运设备。主要是铲运机。我国经历了引进、自主开发、创新三个阶段。1975年曾由波兰引进105台斗容2m^3内燃铲运机，逐步取代了气动T4G装运机，之后陆续由芬兰、德国、法国引进不同斗容的电动和柴油铲运机234台。

20世纪70年代中期，我国矿山研究院和制造厂合作自主研发，并予以创新，现在已有多家制造厂生产铲运机。

衡阳力达铲运机公司生产斗容0.75～6m^3电动和柴油铲运机；南昌通用机械公司生产斗容0.8～8m^3电动和柴油铲运机；北京安期生产技术公司起步晚但发展快，现生产斗容4.5～14m^3柴油铲运机，也生产电动铲运机；山东金兴黄金设备公司生产0.75～4m^3电动和柴油铲运机；铜陵金湘重型机械公司生产的铲运机接近国际先进水平。主要铲运机性能见表12，生产效率见表13。

表12 中国生产的坑内矿铲运机性能

型号	CYZA CYEZ	CY4 CYE4	WJD WJ2	WJD WJ4	ACY-3	ACY-6	JXCY 0.75	JXCY2	TCY3	TCY2
斗容/m^3	2	4	2	4	3	6	0.75	2	3	2
额定载重/t	4	9.5	4	8	6.5	14	1.5	4	6	4
发动机电动机功率/kW	88.75	170	75(电) 86(柴)	132	102	204	42		136	65
机重/t	13	23	14(电) 7.7(柴)	24.4	16.93	34.45	6.5	11.6		
制造厂	衡阳力达	衡阳力达	南昌通用	南昌通用	北京安期	北京安期	山东金兴黄金	山东金兴黄金	铜陵金湘	铜陵金湘

表13 主要地下铁矿设备效率

矿山企业名称	采矿台车			掘进台车			铲运机		
	设备型号	生产效率/m·(台·年)$^{-1}$	作业率/%	设备型号	生产效率/m·(台·年)$^{-1}$	作业率/%	设备型号	生产效率/万吨·(台·年)$^{-1}$	作业率/%
梅山铁矿	Simba-H252 Simba-H254	50011	51.9	Rocket Boomer-281	1836	77.84	TORO400E TORO1400E ST1020 TORO007	48.7	75.67
镜铁山铁矿	Simba-H252	31922	48.33	Rocket Boomer-282	353.99	61.81	EST-5C EST-6C TORO400E	18.08	56.9
程潮铁矿	Simba-H252 CZZ-700	76710	58.81	Rocket Boomer-281			ST-2D TORO151E	14.95	69.64

(3) 坑内矿开采工艺技术创新。中国坑内铁矿大都采用竖井开拓，应用无底柱分段崩落采矿法，凿岩采用凿岩台车、装运采用电动或柴油铲运机，主平巷运输采用电机车运输。

近年来，坑内采矿技术有多项创新：开拓运输新理念；采矿方法新思维。

1）开拓运输新理念。以大红山铁矿为例，该矿采用斜井胶带机开拓运输，取代竖井提升。胶带斜井倾角14°，包括井底平直段在内，胶带总长1847m，带宽1200mm，采用高强度钢芯胶带机，年运量400万吨/年，与胶带斜井提升矿石配合，设置了无轨辅助斜坡道和盲竖井，运输人员、材料和废石，兼作入风井。

该矿用斜井胶带机与箕斗相比基建投资少12%，年经营费少29%，大红山铁矿斜井胶带机—无轨斜坡道—盲竖井联合开拓方式具有创新性，达到国际先进水平。

2）采矿方法新思维。20世纪60年代由瑞典引进端部放矿无底分段崩落采矿法，经70年代推广，80年代提高，到90年代取得突破。

一是加大了阶段高度。我国梅山铁矿阶段高132m，程潮铁矿140m，镜铁山铁矿120m，与过去相比，加高一倍以上。

二是加大了分段高度和进路间距。梅山由过去的10m×10m扩大到15m×20m。

除无底柱分段崩落法外，坑内铁矿开始采用填充法。莱芜矿业公司在马庄和业庄坑内矿使用了上向分层进路充填采矿法，段高50m，充填料取自尾砂。

马庄铁矿采用充填法，回采率达到85%，贫化率降到10%。充填法有效保护了地表不塌陷，环境效益突出，且产生的尾矿又送回坑内用于充填，使矿山逐步走向无废开采之路。

3）多级机站通风技术。80年初冶金工业部组织专家考察瑞典基律纳铁矿，之后结合我国矿山情况，在坑内矿学习基律纳经验开发了多级机站通风技术，从而对过去坑内矿采用的传统的主扇通风方式进行了革新。在此之前，我国坑内矿通风一直沿用前苏联的做法。在出风井口设大功率主扇，昼夜运行，耗电大，改用多级机站通风，用几个小型风机，并联运行，矿山设几个通风机站，井下爆破时多个风机同时运行，爆破后所需风量降低，相应关闭一些风机，此方式其优点是风量利用率多，有效风量大，节约能源，多级机站通风已成为坑内矿最理想的通风方式。

现在梅山铁矿、小官庄铁矿、程潮铁矿等坑内矿都采用了多级机站通风技术，收效极为显著。

4）坑内矿数字矿山取得新进展。以梅山铁矿为代表。2009年6月5日，宝钢集团梅山矿业有限公司的“数字梅山矿业生产管控一体化系统开发与应用”通过了中国冶金矿山企业协会组织的科技成果鉴定，认定该成果达到了国际先进水平。该成果包括地测信息图数一体化管理系统、井下数据自动采集和传输系统、选矿状态数据、管理信息化和决策智能化闭环决策支持系统。数字梅山矿业的建立，突破了传统矿山生产管理方式，实现了远程管理、可视化监控、数字化决策。项目实施后，日产铁精矿8300t的占有率由2006年的63.9%，提高到2008年的82.51%。

2 我国铁矿采矿科学技术的展望

按照我国建设小康社会，国民经济GDP翻两番的伟大目标，钢铁工业将适度发展，我国铁矿业发展目标是2015年产原矿11亿吨，保证自给率维持在50%。

采矿科学技术要对实现年产11亿吨目标在技术上给予支撑，主要研究内容包括：

（1）露天矿深部开采联合运输工艺系统完善与创新；

（2）矿山现代化信息系统；

（3）露天开采向地下开采过渡技术；

（4）坑内矿现代化高强度开采工艺技术与装备；

（5）复杂难采矿床坑内开采技术；

（6）矿山生态环境保护与恢复；

（7）金属矿山地质灾害控制技术；

（8）海洋采矿；

（9）智能化矿山相关技术；

（10）破岩新方法。

2.1 露天矿深部开采联合运输系统完善与创新

要提高露天矿开采和设备全系统的作业效率，要掌握设备保持良好状态的关键技术，对设备进行实时状态监测，严格实施维修保养计划。

2.2 矿山现代化信息系统

要扩大信息系统范围，除调度系统外，还要矿山地质可视化系统；资源储量估算与经济评价系统；矿床开采智能优化与快速评价系统；生产调度指挥与控制技术；生产调度优化系统开发；安全预警与灾害控制技术研究等。

目标：实现金属矿山基础信息采集、传输、存储和表述的数字化；地质测量过程可视化、数字化；开采设计、生产计划编制的数字化和生产经营参数的最优化；生产调度指挥的数字化、三维虚拟现实可视化。

2.3 露天开采向地下开采过渡技术

主要研究内容：露天地下联合开采合理范围确定；露天地下联合开采工艺的确定；露天地下联合开采采场稳定性研究，露天地下联合开采的岩体破坏模式，开发一系列适用于露天地下联合开采稳定性分析的软件系统和采场应力/应变和微震监测系统。

目标：建立一套露天地下联合开采的技术体系，使采矿成本降低5%～10%，投资降低20%。

2.4 坑内矿现代化高强度开采工艺技术与装备

研发创造超级采场下诱导冒落崩落等现代化高强度坑内开采新工艺，实现地下矿年产1000万吨以上，接近国际大型坑内矿第一位的瑞典基律纳铁矿生产水平（年产1800万～2300万吨）。要推出属于我们自己的新一代井下采掘设备，要配套完整，能体现高质量、高性能和高科技的特点，在国际上能享有盛誉，具有国际核心竞争力。

2.5 复杂难采矿床坑内开采技术

2.5.1 深井开采技术

主要研究内容：采深1200～2000m深部高温、高压、高应力（三高）条件下矿床开采致灾机理研究；深部矿床致灾监测传感器网络集成技术研究；深部矿床开采灾害可视化分析模型与预警技术研究；深部矿床开采灾害大规模并行可视化分析模型与预测技术研究；深部矿床开采移动目标跟踪、定位与紧急撤退系统研究。

目标：建立深部岩体在“三高”和开采扰动环境下的机理分析模型；形成深部开采的大规模并行计算分析系统并用于矿山动力灾害的预测分析；建立震波特征数据库及震源类型模糊识别模型；开发适合深部矿床复杂环境条件下的高性能、低成本、远距离、低能耗、便携式的人员和设备跟踪定位装置；研发适用于深部矿床开采的新型防自爆炸药配方；建立一套完备的通风管理方案，并研发具有高度敏感的设备对井下实施监测；解决深部矿床开采中存在的地压灾害、岩爆与岩层控制、采矿方法、高效无轨设备运用及矿山科学管理等关键技术问题，研究开发具有自主知识产权的成果，实现深井矿床的安全、高效、低成本开采，提高矿山经济效益，保证实现安全、高效的开采。

2.5.2 有地表保护目标的坑内开采

所谓三下（河流下、铁路下和建筑物下）开采即属此例。

研究三下开采的关键技术，开展地质力学、岩石力学、开采工艺、监测技术和工程治理等多方面学科为基础的综合性研究工作，开展岩层移动和地表变形的综合研究和构造应力条件下地表移动规律研究，同时进行监测方法和网络以及若干技术措施研究。

2.5.3 具有水害危险的矿床开采

研究防治水患的办法，堵水建筑防渗层，在含水带与采区之间，构建隔水构筑物或注浆封堵或采用帷幕。

疏干：掌握岩石渗透性、涌水量和可能的地下水位下降强度，采用矿体疏干工艺。

大水矿床开采面临诸多领域，诸多学科，没有统一模式，要因地制宜，不同矿山，不同条件，区别对待，研究有效的防水方法。

2.6 贫铁矿床充填法采矿关键技术研究

通过采动围岩损伤演化机理与岩体渗流规律预测、阶段嗣后充填法开采灾变失稳预测与控制、低成本新型胶结材料研发与高浓度料浆自流输送等关键技术攻关，解决大型铁矿床规模化采矿的阶段嗣后充填法采矿的超大采场安全、充填体稳定性、充填法采矿岩移规律与地质灾害监测及防控等问题。同时，研究开发低成本、高浓度胶结充填材料和自流充填工艺与技术，降低充填成本，提高采矿效益；建立废石不出坑、尾砂不入库、废水不外流的绿色矿山。既开发利用贫铁矿资源，又实现难采资源的安全、环保和高效的开发和利用。

研究内容：大型贫铁矿复杂工程地质条件与赋存环境研究、嗣后充填采矿超大采场灾变监测与优化控制、阶段嗣后充填法采矿岩移规律与灾害控制、低成本高强度新型充填料研发与充填料配比优化、高浓度泡沫砂浆充填料浆特性与自流输送工艺研究。

2.7 金属矿山大规模、高效、智能化开采关键设备研究

通过高效率电传动地下运输车、地下大型低污染铲运机、井下设备智能化操控系统、高效多功能锚杆钻装车、高效深孔凿岩设备、地下矿山安全环保型炸药及地下中深孔乳化炸药装药车工艺设备的研制，生产具备新型驱动技术且载重吨位35～40t的井下自卸车样车，可提高爬坡能力10%；运输效率提高10%～15%；斗容6～8m^3的地下大型低污染铲运机，工作效率提高7%～10%，爬坡能力达25%；锚杆钻装车钻孔速度比现有锚杆钻凿设备提高一倍；高效深孔凿岩设备钻孔直径、钻速、台班效率均可实现现有气动凿岩设备的约两倍；乳胶基质安全指标、性能指标合格，炮孔利用率高，实现全方位装填，返药率低。基本建立井下设备智能化操控应用系统，排放达到国际地下非公路车标准要求。

2.8 采矿节能降耗关键技术研究与示范

通过基于爆破能量消耗的爆破块度预测与控制、多形式运输系统联合开拓节能、基于按需通风、动态适应调节的通风系统节能、矿山系统能耗优化综合控制等关键技术攻关，形成冶金矿山采矿主体工序能量合理分布优化技术、矿山设备能耗高效利用技术，力争降

低采矿工序能耗10%～15%。

2.9 矿山生态环境保护及恢复

主要研究内容：矿区破坏土地合理利用技术模式研究与工程示范；露天闭坑采场建尾矿库的关键技术研究；矿山酸性废水处理及资源化关键技术与装备的研究；排土场重金属污染土壤生物修复技术研究及示范；排土场重金属迁移控制技术与封隔拦挡新材料研究。

目标：通过矿区土地利用技术模式的示范应用，土地恢复治理率提高20%；建立露天闭坑采场建尾矿库工程示范，年排放尾矿量不小于400万吨；开发出矿山酸性废水净化及资源化关键技术及装备，矿山酸性废水经处理后的资源化率大于90%，水处理工程运行费降低20%；建立矿区土壤重金属污染微生物—植物联合修复技术示范，植被复垦率提高20%以上；开发出控制地下水中重金属迁移新技术及封隔拦挡新材料。

2.10 金属矿山地质灾害控制技术

研究的课题包括：露天矿边坡的滑坡控制技术；排土场滑坡及泥石流防治技术；矿山地质灾害控制技术。

防治地质灾害是一项长期任务，虽然我们积累了一些防治经验，但有一定的局限性和时效性，还应从理论到实践广泛开展此项有效的防治技术措施。

2.11 海洋采矿

国际上海洋采矿主要有连续链斗（CLB）采矿方法、海底遥控车采矿方法和流体提升采矿方法，都处于试验阶段，我国开展此项研究晚了一点，借鉴国外经验，拟采用“集矿机—泵提升”的流体提升方式采矿方法，要开展基础研究与试验，要建立大洋采矿试验室，制订海上中间试验方案。

海底采矿研究要与经济目标紧密相连。

2.12 智能化矿山相关技术研究

智能矿山是矿山企业信息化的发展方向，也是矿山企业信息化的最高阶段。智能矿山建设是一项复杂的系统工程，涉及现代信息技术、自动控制技术、可视化技术、虚拟现实技术和采矿科学、地质科学等学科。

主要研究内容：智能矿山建设的主要内容有数字开采系统、数字选矿系统、矿区地理信息系统和矿山管理信息系统等，通过信息采集与传输技术研究；矿床三维建模与可视化技术研究；虚拟条件下矿山模拟开采技术研究；矿床开采优化与辅助设计技术研究；生产调度指挥与控制技术研究；生产管理决策支持技术研究，矿山生产过程管控一体化研究。

目标：实现矿山生产经营过程的信息化、数字化、智能化，促进我国矿山企业管理体制、管理模式的现代化。同时，通过具有自主知识产权的商品化软件的研究开发，带动整个矿业IT产业的形成，促进民族矿用专业软件业的发展。

2.13 破岩新方法

对坑内开采矿山，期望地下开采技术能有新突破，主要是贯彻连续采矿新理念，连续开采要研究连续（机械辊式切割和冲击式）采矿机和高压水射流技术，实现井下少人甚至无人采矿，这属于前瞻性技术，我国应列入国家专项计划，确定专题开展专项研究。

作者简介：

焦玉书，教授级高级工程师，鞍山冶金设计研究总院。

牛京考，教授级高级工程师，中国钢铁工业协会。

蔡鸿起，教授级高级工程师，马鞍山矿山研究院。

中国铁矿增产技术与途径[1]

焦玉书

（鞍山冶金设计研究总院）

（1992 年 4 月 16 日）

1 形势与任务

中国在第七个五年计划期间（1986～1990 年），铁矿工业获得很大发展。1990 年，全国铁矿石产量达到 17934 万吨，与 1985 年相比，增加了 4198 万吨，为钢铁工业发展打下了良好基础。

近年来，中国的采矿技术有很大的进步，一些露天矿采用了分期开采和陡帮开采技术，获得了较好的经济效益。对深凹露天矿已开始应用间断连续运输工艺，地下矿改进了无底柱分段崩落采矿法，并按不同的地质矿床埋藏条件，试验研究了有底柱分段崩落法、深孔阶段崩落法、自然崩落法等，都取得了成功。

中国目前已能自行制造大型矿山设备，如露天矿用的孔径 310～380mm 牙轮钻机，斗容 8～18m^3 电铲，载重 109～154t 电动轮汽车和宽 1.2～2m 胶带运输机，以及地下矿用的凿岩台车、天井钻机、斗容 2～4m^3 铲运机等主体设备以及相应的矿用辅助设备。

但是，中国的铁矿工业正面临着十分严峻的形势。矿山建设严重滞后，采矿能力远远落后于冶炼能力。因此，近十年不得不进口一部分高品位富铁矿作为调剂使用。采矿能力没有与钢铁冶炼能力同步增长，主要原因是矿山投入少了，没有新建、扩建大型骨干矿山。

现有生产矿山开采条件逐渐恶化，生产能力自然衰减。随着露天采场延深，排土场加高，地下矿井筒延深，开采条件越来越恶化，加上有些地方中小矿山生产设施不配套，辅助设施不完善，也影响了生产能力，预计“八五”期间（1991～1995 年）矿山生产能力自然衰减达到 1828 万吨。

新建矿山矿床开采难度越来越大。中国铁矿资源的特点是品位低、贫矿多、富矿少、露天矿剥采比大；地下矿埋藏较深、涌水量大。因而矿山建设周期相对较长，矿山建设需要的投资相对较多。同样采出 1t 铁的金属量，与其他国家相比耗用的实物工程量大。

尽管如此，为了确保“八五”期间计划钢年产量达到 7200 万吨，“九五”计划（1996～2000 年）钢年产量达到 8000 万吨，铁矿工业必须尽快搞上去，以期与钢铁工业同步发展。为此，1995 年铁矿石产量必须达到 1.85 亿吨，2000 年必须达到 2 亿吨，自给率要达到 75%。

---

[1] 本文是焦玉书在西班牙马德里市召开的第十五届世界采矿大会上所作的报告，刊登在第十五届世界采矿大会论文集（World Mining Congress “The Mining Out Look”），1992 年 5 月。

2 增产技术与途径

矿山增产一靠老矿挖潜，通过技术改造保持和扩大现有的生产规模；二靠完善地方中小矿山的生产设施，稳住现有中小矿山的生产水平；三靠增加投入，新建扩建一批大型骨干矿山，新增矿山生产能力。

2.1 老矿挖潜，通过技术改造，保持和扩大现有矿山的生产规模

在今后一个时期内，中国铁矿增产的技术与途径，主要靠老矿挖潜，通过技术改造，提高装备水平，改变落后工艺，解决深凹露天开采的技术难题，对没有达到设计规模的矿山搞好填平补齐配套工作，提高综合生产能力。

2.1.1 积极改进露天开采工艺

2.1.1.1 采用陡帮开采和分期开采技术

中国露天矿长期以来通常用缓帮开采，工作帮坡角 8°~12°，因而初期剥采比大，基建工程量多，影响矿山初期经济效益。今后要实行陡帮开采，工作帮坡角可达到 20°~25°，南芬铁矿这样做了，生产剥采比由 2.7t/t 降到 2.4t/t，成本降低了 2.63%。

采用陡帮作业的同时，对厚大、埋深的矿体，一般采用分期开采的方法，分期开采就得考虑分期过渡，在过渡时期要扩帮，我们从现在开始，已经对分期开采的大型深凹采场安排了过渡的衔接，可以保证过渡期能获得较好的经济效益。

2.1.1.2 适当加大台阶高度

我国现有露天矿台阶高度一般为 12m，个别矿山台阶高度略高一些，台阶高度普遍偏低。国内外的经验都表明，露天矿实行高台阶开采，可以增加分层矿量，加快下降速度，相应提高露天矿生产能力；减少剥岩工作水平数，有利于集中作业，减少采场内运输线路的修筑和维护工作量，同时还可以减少爆破次数，提高爆破质量，提高穿孔和装矿的效率。

根据我国的露天矿已采用大型牙轮钻机和大型电铲的条件，台阶高度要逐步过渡到 15m，并进行 18m 段高的试验。

2.1.1.3 积极发展联合运输

中国露天采场的特点是短而深，一般设计深度 300~500m，露天境界长 1~2km，宽 0.7~1.2km，目前很多露天采场深度已达 150m，今后为提高露天采场生产能力，要大力发展联合运输。

首先是在深凹采场，采用间断-连续生产工艺，使用胶带运输机运输矿岩，在采场内设半固定破碎站，中国的大孤山铁矿、东鞍山铁矿和石人沟铁矿已先后建成 4 套岩矿胶带运输系统，发挥了重要作用。

其次，现在使用铁路运输的采场，随着采场延深至 100~150m 以下，要采用铁路和汽车联合运输，在采场适宜位置设转载站。

对于采用单一汽车运输的采场，当延深高差大，运量多时，也要考虑汽车-胶带联合运输工艺。

2.1.1.4 提高最终边坡角

中国露天采场最终边坡角一般均小于 45°，比国外同类型矿山小 5°左右。今后要加陡

最终边坡，对峨口、大冶和大孤山铁矿要把边坡角提高1°~3°，峨口铁矿边坡提高1°，可减少剥岩量5684万吨，效益非常显著。

2.1.2 加快进行地下矿的改造

首先要推广先进的采矿方法。对分段崩落法，要加大分段高度和进路间距，同时要根据不同的矿体情况，分别采用矿块崩落法、自然崩落法以及有底柱的阶段崩落法，在采场推广自行的装运设备，提高采矿强度。

其次，要改革开拓系统。加大阶段高度，由50~70m加大到90~140m。

还要推广多级机站通风系统，改善地下作业环境，并能达到节约能耗的目标。

2.2 完善地方中小矿山的生产设施，坚决稳住现有的生产水平

1990年，中国地方中小铁矿产量已占全国矿石总产量的38.56%，中小矿山的发展，不但对中国钢铁工业的发展起了重要作用，而且促进了乡镇经济的繁荣和发展。但是，中小矿山目前生产也存在一些问题，主要是地质工作跟不上；矿山不同程度地存在采剥失调、消耗高和效率低的问题；有些矿山开采条件逐渐恶化，需要技术改造。针对上述情况，“八五”期间必须采取坚决措施，稳住地方中小矿山生产水平，当前要做好以下几项工作。

（1）千方百计多方筹集资金，增加对地方中小矿山的投入。资金渠道：1）依靠国家给予低利率的优惠贷款。2）建立矿山发展基金，由各钢铁企业和地方政府支持部分资金。3）推广联合办矿，千方百计为地方中小矿山集资，同时要用好矿山维检费。

（2）要进行总体规划，加强设计和技术指导，搞好行业管理，要加强地质勘探工作。提高采区储量级别，要完善尾矿库、机修、汽修等生产设施，搞好采矿与选矿配套，确保地方中小矿山的综合生产能力。要贯彻矿产资源法，严禁乱采乱挖，使采掘作业逐步科学化、规范化。

（3）要加强企业管理。挖掘内部潜力，提高地方中小矿山的经济效益。要建立健全各项制度，使企业管理达到一个新水平。

（4）狠抓教育培训，下大力气提高职工的素质和技术水平。

2.3 新建扩建一批大型骨干矿山，增加矿山生产能力

“八五”期间计划（1991~1995年）要增加矿山投入，使矿山投资比重由“七五”期间的4%，提高到占钢铁工业投资的10%。按计划要新建尖山、马耳岭、北洺河、平川、高村、豆子沟、程潮西区和莱园子8个矿山，扩建水厂、白云主矿体、近北庄、太和、南芬和梅山二期等7个矿山，这些矿山资源条件好，水、电、运输等条件比较优越。

对于新建、扩建的这一批大型骨干矿山均要采用新工艺、新技术，注重加快建设速度，提高经济效益。具体内容如下：

（1）采用高效率大型采、装、运矿山设备。露天矿采用大孔径、单钻杆钻进的牙轮钻，大斗容电铲或液压挖掘机和前装机、大吨位电动轮汽车。地下矿采用双机凿岩台车、柴油或电动铲运机，以保证有较高的劳动生产率。

（2）辅助作业实现机械化，包括矿山装药、爆破、二次破碎、公路洒水、铁路移道、废石场作业以及地下矿喷锚支护。矿山设备日常维修等都要实现机械化作业。

（3）深凹露天矿采用联合运输方式。条件适宜的矿山采用间断连续工艺，用胶带机运矿运岩，采场设破碎站或转载站。地下矿主要运输水平用重轨铺路，用大吨位电机车牵引大容积矿车。

（4）采用自动调度系统广泛应用计算机技术，露天矿要以运输为中心组织生产，充分发挥设备效率。

我们相信，在“八五”和“九五”期间，通过采用上述增产措施，中国的铁矿工业肯定会有较大的发展。

作者简介：

焦玉书，教授级高级工程师，原冶金工业部鞍山黑色冶金矿山设计院院长，中国金属学会常务理事，采矿分会副理事长。

登月——到月球去采矿

焦玉书

（鞍山冶金设计研究总院）

2012 年 7 月 8 日

2003 年 10 月 15 日 9 时，宇航员杨利伟乘坐中国“神舟 5 号”航天飞船升空，在飞行 21 小时之后，于 6 月 16 日 6 时 38 分在内蒙古平稳安全着陆，从而使我国继前苏联和美国之后成为第三个能独立开展载人飞行的国家，举国欢呼，引世人关注。

“神舟 5 号”发射成功之后，我国相继于 2005 年 10 月 12 日 9 时“神舟 6 号”飞船成功发射。2008 年 9 月 25 日 21 时“神舟 7 号”飞船成功发射，翟志刚、刘伯明和景海鹏三名宇航员实现了出舱活动。2011 年 11 月 1 日 5 时“神舟 8 号”飞船成功发射，与之前发射的“天宫一号”空间交会对接，虽是无人飞行，但有形体假人随之上天。

2012 年 6 月 16 日 18 时 37 分“神舟 9 号”飞船升空，6 月 18 日刘旺、景海鹏与刘洋三名宇航员完成“神舟 9 号”飞船与“天宫一号”自动对接，6 月 24 日又完成手控交会对接和空间试验任务，6 月 29 日胜利返回地面，这标志着中国航天技术进一步成熟，我国计划 2020 年将建成自己的太空家园。

我们在欢庆我国航天事业取得巨大成功之际，矿业界的同仁应该设想和研究到月球上去采矿的课题了。月球上有着丰富的资源，这些资源按照联合国宪章原则，归属世界人民所共有。当然，谁先登上月球，谁就占有了资源，就有权优先开发。

月球上赋存有宇宙燃料^{3}H，估计有 100 万吨。日本人曾经测算过，1t^{3}H 与重氢核聚变反应产生的能量为 6×10^{17}J，如果有 6t^{3}H 就可以满足日本一年的电耗。

我国的能源特别是石油资源短缺。现在我国每年进口石油 20000 万吨，今后我国将成为世界第一大石油进口国。我国人口占世界总量的 21%，但石油资源却只占世界总量的 2.3%；消费量占 6%，目前每年还在以 4% 的速度增长，能源将成为我国国民经济发展的瓶颈。将来如果我们登上月球，去月球回采^{3}H 为我所用，一切便迎刃而解。现在世界能源总需求量达 3.3×10^{20}J，其中 90% 来自碳素燃料，每年生成 CO_2 高达 180 亿吨，从而招致地球变暖及酸雨等环境问题。将来石油资源也会枯竭，如果人类能够实现去月球回采^{3}H，人间何愁能源罄。

到月球去采矿难度很大，需要高科技。月球在夜间或阴影地区的温度为 −170℃，白天为 110℃，温差极大，且灰尘阻挡视线，此外低重力引起的稳定性和附着摩擦力也需注意。在月球上采矿，设备不能太重，用人不能太多，以减轻航天飞船运载的负担。因此，自动化、遥控等高科技技术是绝对需要采用的。

国外航天专家曾设想在月球采用露天开采和坑内开采，回采^{3}H 带回地球做能源。回采月球上钛铁矿能获取氧，回采月球风化的表土层能获取氢，从而得到在月球上维持生命的元素——空气、水和燃料，如果在月球采矿作业获得成功，在月球上的人会越来越多，需要考虑人如何在月球上停留较长的时间……将来还要进一步实现由月球再登上火星。

到月球采矿，使用露天开采方法有3种可行方案：

（1）用铲运机配松土器，松动土壤或用炸药爆破；

（2）用反铲配汽车；

（3）用移动式挖掘装载机和独立的运输汽车。

但无论运用哪种设备，都需要解决以下问题：

（1）注意做好微陨石碰撞的防护；

（2）充分考虑低重力下的稳定性；

（3）在月球上就地取材制造炸药；

（4）有关设备必须能够实现自动化遥控并能用机器人操作；

（5）设备要用高强度和高耐久性的材料制造，可以在真空或低温条件下工作；

（6）能源可考虑采用蓄电池、燃料电池或辐射能源。

到月球去采矿，使用地下开采方法，也有3种设想方案：

（1）机械式岩石挖掘；

（2）凿岩爆破；

（3）岩石热力破碎。其中，凿岩破碎可用冲击锤、连续采矿机、巷道掘进机、螺旋钻、微波破碎和超声振动等。

对于地下开采设备，其要求与露天开采设备相同。现在地球上使用的采矿设备不适用于月球采矿，如同研制航天器设备一样，月球采矿设备也需要重新开发研制。

在月球上实行地下开采法比露天开采法优点多：人在坑内作业，可以防止陨石袭击、防止辐射，减少真空和温度的影响，采矿作业结束后，可用微波熔化和化学涂层的方式，将坑道密封，并把坑道改成居住场所、工作站或维修站。

以前一提到去月球上采矿，人们总认为是太遥远的事情，是畅想。但如今，随着我国“神舟9号”载人飞船的成功发射升空和顺利返回地球，我们应该对去月球采矿有新的认识，应将月球采矿提上议事日程，列入“十二五”及下一个五年科技攻关计划，并组织专家进行攻关。

让我们大家共同期待着——到月球上去采矿的设想早日实现！

作者简介：

焦玉书，中国矿业联合会高级资政，中国冶金矿山企业协会顾问，鞍山冶金设计研究总院教授级高级工程师。

铁矿石产品质量评定基础❶

焦玉书

（鞍山冶金设计研究总院）

2005 年 4 月 25 日

1 铁矿床成因类型及铁矿石工业类型

1.1 铁矿床成因类型

（1）沉积变质型铁矿床（条带状硅铁建造）。

巴西铁四角地区：资源储量 340 亿吨，TFe 40% ~69%；

巴西卡拉加斯地区：资源储量 180 亿吨；

澳大利亚哈默斯利铁矿区：资源储量 320 亿吨，TFe 30% ~64%；

乌克兰克里沃格铁矿区：资源储量 200 亿吨，TFe 25% ~43%，赤铁富矿 TFe >50%；

中国鞍本地区、冀东地区：资源储量 290 亿吨，TFe 20% ~40%。

（2）沉积型铁矿床。

新西兰塔哈密瓜罗亚铁矿：资源储量 3 亿吨，TFe 56.6%；

法国洛林矿区：资源储量 77 亿吨，TFe 40% ~52%；

中国宣龙式铁矿、鄂西铁矿区：资源储量 47 亿吨，TFe 30% ~50%。

（3）接触交代 - 热液型铁矿床（又称矽卡岩型铁矿床）。

秘鲁马科纳铁矿：资源储量 14 亿吨，TFe 54%，Cu 0.21%；

中国邯郸、晋南、长江中下游：资源储量 50 亿吨，TFe 30% ~70%。

（4）热液型铁矿床（又称高温热液磁铁矿床）。

俄罗斯巴卡尔矿区：资源储量 10.5 亿吨，TFe 30.58%；

中国白云鄂博、海南石碌矿区：资源储量 30 亿吨，TFe 31% ~51%。

（5）火山岩型铁矿床。

瑞典基律纳铁矿：资源储量 34 亿吨，TFe 60% ~70%；

哈萨克斯坦索科洛夫 - 萨尔拜矿区：资源储量 14.2 亿吨，TFe 40.6%，TFe >50% 富矿占一半；

中国云南大红山铁矿、新疆蒙库矿区：资源储量 17 亿吨，TFe 35% ~60%；

中国南京梅山铁矿（玢岩型）：资源储量 16 亿吨，TFe 35% ~57%。

（6）岩浆型铁矿床（又称钒钛磁铁矿床）。

俄罗斯卡奇卡纳尔铁矿区：资源储量 122 亿吨，TFe 14% ~57%；

---

❶ 本文系 2005 年 4 月 25 日焦玉书为北京铁矿石贸易公司所作的知识讲座讲稿。

南非布什维尔德铁矿区：资源储量22亿吨，TFe 55% ~57%；

中国攀枝花矿区：资源储量63亿吨，TFe 20% ~45%，TiO_2 3% ~16%，V_2O_5 0.15% ~0.5%。

（7）风化淋滤型铁矿床。

大宝山铁矿，TFe 35% ~60%。

1.2 铁矿石工业类型

1.2.1 主要铁矿物类型

（1）磁铁矿（Fe_3O_4）：颜色呈黑色，有磁性，结构致密坚硬，还原性差（钒钛磁铁矿）。

（2）赤铁矿（Fe_2O_3）：颜色呈红色，暗红色，还原性较好。

（3）褐铁矿（$Fe_2O_3 \cdot nH_2O$）：颜色呈黄褐色，吸湿性强，烧失量高，孔隙率大，还原性能好。

（4）菱铁矿（$FeCO_3$）：颜色呈灰色，经焙烧后呈多孔状结构，易破碎，还原性能好。

（5）钛铁矿（$FeTiO_3$）：菱面体结晶，铁黑色，出现在超基性岩、碱性岩及变质岩中。

1.2.2 铁矿石工业类型

铁矿石工业类型以磁铁性（mFe）与全铁（TFe）比值划分：

（1）磁铁矿石：mFe/TFe≥85%；

（2）混合矿石：mFe/TFe 15% ~85%；

（3）赤铁矿石：mFe/TFe≤15%。

1.2.3 中国铁矿石工业品位标准

需选铁矿石最低工业品位汇总见表1。

表1 需选铁矿石最低工业品位汇总

矿石工业类型	边界品位/%	工业品位/%
磁铁矿石	TFe≥20 mFe≥15	TFe≥25 mFe≥20
赤铁矿	TFe≥25	TFe≥28 ~30
菱铁矿	TFe≥20	TFe≥25
褐铁矿	TFe≥25	TFe≥30

1.3 世界大型铁矿区主要分布

世界大型铁矿区分布汇总见表2。

表2 世界大型铁矿区分布汇总

国 家	矿区名称	资源储量/亿吨	TFe 品位/%	占本国资源储量/%	相关著名铁矿企业
澳大利亚	哈默斯利	320	57	91	哈默斯利、BHP、罗布河
巴 西	铁四角	300	35 ~69	65	淡水河谷、MBR

续表2

国家	矿区名称	资源储量/亿吨	TFe品位/%	占本国资源储量/%	相关著名铁矿企业
巴西	卡拉加斯	180	60~67	35	淡水河谷
玻利维亚 巴西	木通（玻） 乌鲁库姆（巴）	580	50~53		交通不便未开发
印度	比哈尔·奥里萨	67	>60	29	MMTC
加拿大	拉布拉多	206	36~38	51	加拿大铁矿公司、魁北克卡蒂尔矿山公司
美国	苏必利尔	163	31	94	明塔克、帝国铁矿、希宾、蒂尔登等
俄罗斯	库尔斯克	435	46	38（占独联体）	列别金、米哈依洛夫、斯托依连
俄罗斯	卡奇卡纳尔	140		12（占独联体）	卡奇卡纳尔公司
乌克兰	克里沃罗格	194	36	17（占独联体）	英古列茨、南部、北部、中部采选公司
法国	洛林	77	33	95	
瑞典	基律纳	34	58~68	66	LKAB
委内瑞拉	玻利瓦尔	20	45~69	99	C. V. G. Ferrominera Orinoco. C. A
利比里亚 几内亚	宁巴矿区	20	57~60		

1.4 中国大型铁矿床分布

中国大型铁矿床分布汇总见表3。

表3 中国大型铁矿床分布汇总

矿山名称	矿床类型	资源储量/亿吨
辽宁齐大山铁矿	“鞍山式”沉积变质型铁矿	16.4
辽宁胡家庙子铁矿	“鞍山式”沉积变质型铁矿	11.3
辽宁东鞍山铁矿	“鞍山式”沉积变质型铁矿	12.6
辽宁西鞍山铁矿	“鞍山式”沉积变质型铁矿	17.28
辽宁南芬铁矿	“鞍山式”沉积变质型铁矿	12.89
河北司家营铁矿	“鞍山式”沉积变质型铁矿	17.02
内蒙古白云鄂博铁矿	“白云鄂博式”沉积变质构造铁矿	13.89
四川攀枝花铁矿	“攀枝花式”岩浆分异型铁矿	10.83
四川红格铁矿	“攀枝花式”岩浆分异型铁矿	18.35
云南惠民铁矿	火山沉积变质型铁矿	11.27
资源储量总计		141.12

2 铁矿石产品类型

2.1 块矿

粒度31.5~6.3mm；巴西CVRD公司NTA块矿（New Tubarao A）粒度75~12.5mm。

2.2 粉矿

粉矿一般指粒度小于6.3mm，又分烧结粉矿、球团粉矿。

2.3 球团矿

球团矿在进口矿中称已烧结矿，含铁高，还原性能好。

球团矿粒度：巴西(8~18mm)>90%；印度9~16mm。

3 铁矿石产品化学成分、粒度组成和物理性能

3.1 中国铁矿石产品质量标准

中国铁精矿质量标准见表4。

表4 中国铁精矿质量标准汇总表 （%）

化学成分		磁铁矿为主铁精矿	赤铁矿为主铁精矿	攀西式钒钛磁铁矿	包头多金属铁矿	水分
TFe		≥7 ≥65 ≥63 ≥60（波动范围±0.5）	≥65 ≥62 ≥59 ≥55（波动范围±0.5）	51.5（波动范围±0.5）	≥57（波动范围±0.5）	
SiO_2	Ⅰ类	≤3 ≤4 ≤5 ≤7	≤12 ≤12 ≤12 ≤12			
	Ⅱ类	≤6 ≤8 ≤10 ≤13	≤8 ≤10 ≤13 ≤15			
S		Ⅰ级≤0.10~0.19 Ⅱ级≤0.20~0.40	Ⅰ级≤0.10~0.19 Ⅱ级≤0.20~0.40	<0.60	<0.50	磁铁矿为主铁精矿： Ⅰ级≤10 Ⅱ级≤11
P		Ⅰ级≤0.05~0.09 Ⅱ级≤0.10~0.20	Ⅰ级≤0.08~0.19 Ⅱ级≤0.20~0.40		<0.30	赤铁矿为主铁精矿： Ⅰ级≤10 Ⅱ级≤11
Cu		≤0.10~0.20	≤0.10~0.20			攀西式钒钛矿≤10
Pb		≤0.10	≤0.10			包头式多金属矿≤11
Zn		≤0.10~0.20	≤0.10~0.20			
Sn		≤0.08	≤0.08			
As		≤0.04~0.07	≤0.04~0.07			
K_2O+Na_2O		≤0.25	≤0.25		≤0.25	

3.2 铁品位

铁矿石中的含铁量，以 TFe（%）表示，精料方针，铁品位要高，一般经验：铁品位提高1%，焦比下降1.5%，高炉产量提高2.5%。炼铁行业认为 TFe 小于50%的铁矿入炉无冶金价值。非自熔性铁矿石冶金价值见表5，自熔性铁矿石冶金价值见表6。

表5 非自熔性铁矿石冶金价值

TFe 品位/%	燃料比/$kg \cdot t^{-1}$	高炉渣量/$kg \cdot t^{-1}$
40	1570	2688
50	1063	1470
60	717	644
65	585	325

表6 自熔性铁矿石冶金价值

TFe 品位/%	燃料比/$kg \cdot t^{-1}$	高炉渣量/$kg \cdot t^{-1}$
40	749	1249
50	621	692
60	526	301
65	496	162

3.3 有害杂质

有害杂质包括硫、磷、铅、锌、砷、铜等，铁矿石中有害杂质含量越高，其冶炼价值越低。所以，必须严格控制有害杂质，才能满足冶炼要求。

硫使钢材具有热脆性，虽然铁矿石中有90%以上的硫可在冶炼中除去，但需增加熔剂的用量，引起渣量增加，产量减低，所以，要求铁矿石中硫的含量越低越好，一般应小于0.2%。

磷使钢材具有冷脆性，在选矿和烧结中磷均不能去除，在炼铁中磷全部还原进入生铁，冶炼要求铁矿石中磷含量越低越好，一般可根据规定的生铁含磷量，计算出矿石中允许的含磷量，一般应小于0.1%。

铅在冶炼中不断沉积于炉内，渗入砖缝而损坏炉衬，冶炼中要求铅含量应小于0.1%。

锌在冶炼中被还原后会引起炉衬膨胀和炉壳破坏，冶炼中要求锌含量应小于0.1%。

砷使钢材冷脆性增加，焊接性能降低，要求砷含量小于0.07%。

铜在冶炼中易还原且全部进入生铁，继而进入钢材，若含铜量大于0.30%，钢材焊接性能降低，热脆性能增加，一般要求铜含量小于0.2%，这样可增加钢材的抗腐蚀性能。

3.4 有益元素

锰在冶炼中还原进入生铁，能降低生铁的含硫量，同时增加生铁和钢的硬度和强度。

镍是钢铁的合金元素，在冶炼时镍全部还原进入生铁，进而使钢性能提高。

铬是钢铁的合金元素，在冶炼时铬大部分还原进入生铁，增加钢的抗腐蚀能力和强度。

3.5 造渣组分

铁矿石中除铁氧化物以外的物质统称为脉石。脉石数量取决于矿石品位，品位越高，脉石越少。当铁矿石中的脉石为酸性物质 SiO_2 时，其含量越高，在冶炼中需加入的熔剂量（石灰石等）越高，从而引起渣量增加，产量降低。若脉石为碱性物质 CaO、MgO 时，生产中可不加或少加熔剂，这样渣量减少，有利于改善生产指标。从冶炼角度来讲，当矿石品位相同时，SiO_2 含量越低越好，CaO 含量越高越好，且含一定数量碱性脉石的铁矿石，即使含铁量较低，仍然有较高的冶炼价值。

SiO_2、Al_2O_3、MgO 和 CaO 在炼铁过程是造渣来源，1kg 的 SiO_2 在高炉内要形成 2kg 炉渣，每吨生铁消耗的含铁矿石中，每增加 1% 的 SiO_2 将使渣量增加 35 ~ 40kg，这不仅使焦比增大，还降低透气性和透液性，影响高炉顺行。过高的 Al_2O_3 影响炉渣流动性，现代高炉渣中 Al_2O_3 含量不宜超过 15% ~ 16%。矿石中 MgO 和 CaO 含量高将提高使用价值，按炉渣酸碱度来划分：

碱性矿石：$(MgO + CaO)/(SiO_2 + Al_2O_3) > 1.2$；

自熔性矿石：$(MgO + CaO)/(SiO_2 + Al_2O_3) = 0.8 \sim 1.2$；

半自熔性矿石：$(MgO + CaO)/(SiO_2 + Al_2O_3) = 0.5 \sim 0.8$；

酸性矿石：$(MgO + CaO)/(SiO_2 + Al_2O_3) < 0.5$。

3.6 2000 年全国炼铁会议提出高炉精料标准

高炉精料标准见表 7。

表 7 高炉精料标准

种 类	成 分				波 动	
	品位/%	SiO_2/%	FeO/%	碱 度	含铁量/%	碱 度
烧结矿	>58	<5	6 ~ 8	>1.7	±0.1 ~ 0.3	±0.03 ~ 0.05
球团矿	>64.5	<5	<1.0			

种 类	粒度组成/%			球团单个抗压/N · 球$^{-1}$
	>50mm	<10mm	<5mm	
烧结矿 球团矿	<10	<30	<5	>2000

3.7 国外铁矿化学成分和粒度

（1）巴西（CVRD）南部矿山保证标准见表 8。

表 8 巴西南部矿山保证标准 （%）

矿石种类	Fe	S	P	SiO_2	Al_2O_3	其他	水分	粒 度
NTA 块矿	66/64	0.03	0.08	$SiO_2 + Al_2O_3 < 5$		0.15	6	≤75mm -12.5mm≤45
烧结粉矿	66.5/65	0.03	0.035	3.8	0.8	0.15	6	+10mm≤3 +6.3mm≤13 -150μm≤42
球团矿	≥64.4	≤0.03	≤0.04	≤3.5	≤1.0	碱度 1 ~ 1.2		8 ~ 18mm≥90 -5mm≤4
	物理性能：冷压强度≥2450N，破碎后抗压强度≥440N，还原度≥60，膨胀系数≤16，转鼓系数 0.5mm≤4.9							

（2）巴西（CVRD）北部矿山保证标准见表9。

表9 巴西北部矿山保证标准 （%）

矿石种类	Fe	Al_2O_3	SiO_2	S	P	Mn	其他	水分	结晶水	粒 度
粉矿	65	1.7	1.7	0.02	0.065	0.8	0.15	9	≤2.2	-6.3mm >90 -150μm <20
块矿	66.5	1.5	1	0.02	0.065	0.5	0.15	5	≤1.7	+31.5mm <5 -6.3mm <14

（3）澳大利亚 BHP. B 公司保证标准见表10。

表10 澳大利亚 BHP. B 公司保证标准 （%）

矿石种类	Fe	S	P	SiO_2	Al_2O_3	其他	水分	粒 度
粉矿	62/60	0.06	0.07	7	3	0.15	6	-6.3mm =100 -150μm <28
块矿	64/62	0.04	0.06	5	2	0.15	3	+31.5mm <5 -6.3mm <13

（4）澳大利亚罗布河公司保证标准见表11。

表11 澳大利亚罗布河公司保证标准 （%）

矿石种类	Fe	Al_2O_3	SiO_2	S	P	TiO_2	烧损	水分	粒 度
粉矿	56.5	3	6	0.05	0.05	0.28	0.15	8	不等于9.5mm -150μm <12

（5）澳大利亚杨迪矿（BHP. B）保证标准见表12。

表12 澳大利亚杨迪矿保证标准 （%）

矿石种类	Fe	Al_2O_3	SiO_2	S	P	其他	水分	粒 度
粉矿	58/57	1.5	5.5	0.05	0.05	0.15	7.5	+9mm ≤5 -150μm <15

（6）印度 Kudremuk 铁矿保证标准见表13。

表13 印度 Kudremuk 铁矿保证标准 （%）

矿石种类	Fe	Al_2O_3	SiO_2	S	P	TiO_2	其他	烧损	水分	粒 度
精矿	67	0.5	3.5	0.04	0.025	0.15	0.2	1.5	8.5	-150μm >95
高硅	64/63.5	0.6	6	0.04	0.05	0.15	0.2	1.5	9.0	-150μm >95 -40μm >60

（7）印度果阿 DEMPO 铁矿保证标准见表14。

表 14 印度果阿 DEMPO 铁矿保证标准 （%）

矿石种类	Fe	Al_2O_3	SiO_2	S	P	TiO_2	其他	水分	粒度
块矿	60/59	3	4	0.05	0.08	0.25	0.15	10	（6～80mm）>80
粉矿	63	2.1	4	0.05	0.1	0.25	0.15	10	≤10mm

（8）南非 Kumba 锡兴铁矿保证标准见表 15。

表 15 南非锡兴铁矿保证标准 （%）

矿石种类	Fe	S	P	SiO_2	Al_2O_3	水分	粒度
块矿	≥66	≤0.025	≤0.048	≤3.7	≤1.5	≤2	+25mm≤1 -8mm≤10
粉矿	≥65	≤0.055	≤0.065	≤4.2	≤2.0	≤3.5	+5mm≤5 212μm≤18

3.8 直接还原块矿和球团矿标准化学成分及物理性能

直接还原块矿和球团矿标准化学成分及物理性能见表 16 和表 17。

表 16 直接还原块矿和球团矿标准化学成分

化学成分/%	块矿			球团矿			
	印度 BAIADIL	巴西 MBR	巴西 SAMITRI	巴西 CRVD	巴林 GIIC	加拿大 QCM	巴西 SAMARCO
Fe	67.5	68.62	68	68.12	67.5	67.9	67.72
SiO_2	1.2	0.78	1.2	1.07	1.75	1.7	1.68
Al_2O_3	1.5	0.47	0.5	0.49	0.45	0.35	0.48
P	0.04	0.035	0.035	0.022	0.022	0.008	0.038
S	0.008	0.003	0.004	0.002	0.006	0.002	0.003
CaO	0.4	0.13	0.03	0.067	1.53	0.45	0.68
MgO	0.6	0.07	0.03	0.21	0.35	0.3	0.1

表 17 直接还原块矿和球团矿物理性能

性能		可接受的标准		理想的标准	
		块矿	球团矿	块矿	球团矿
标准粒度/mm		5～50	5～18	10～35	6～16
10～35mm		>70%		>85%	
9～16mm			>85%		>95%
转鼓指数	+6.73mm	>85%	>92%	>90%	>95%
	-0.595mm	≤10%	≤6%	≤7%	≤4%
抗压强度	平均/kg		≥150		≥250
	<50kg		≤5%		≤2%

3.9 中国铁矿产品化学成分

中国部分铁矿产品主要化学成分见表18。

表18 中国部分铁矿产品主要化学成分

矿山名称	TFe	SiO_2	CaO	MgO	Al_2O_3	FeO	S	P_2O_5	TiO_2	MnO	K_2O	Na_2O
首钢水厂	68.54	5.87	0.21	0.44	0.36	18.2	0.043	0.009		0.58	0.012	0.019
首钢大石河	66.31	6.02	0.33	0.59	0.62	18.68	0.045	0.011		0.066	0.017	0.021
氧化球团矿	64.77	5.49	0.47	0.54	1.12	1.08	0.007	0.023		0.09	0.053	0.07
本钢南芬	67.06	6.00	0.09	0.46	0.72		0.052	P0.0108			0.0111	0.0066
本钢歪头山	67.00	6.56					0.024	P0.0081				
弓长岭磁铁矿	68.8	4.0										
弓长岭赤铁矿	67.19	4.5										
攀枝花	52.49	3.96	1.17	3.16	4.26		0.642	P0.0064	12.96			
太钢尖山	69.11	3.96					0.097	P0.013				
武钢大冶	65.12	4.41					0.32	0.02				
武钢程潮	66.15	2.67					0.345	0.0046				
武钢金山店	62.72	5.35					0.71					
包钢选矿厂	64.7	4.46				24.2	0.81	P0.051		1.05	0.11	0.25
酒钢选矿厂	55.94	10.21	0.52	4.00	0.5	24.55	0.293	P0.024		1.59		

3.10 铁矿石产品物理性能

（1）水分。湿度损失指矿石加热105℃时的水分损失。块矿不超过3%，粉矿不超过5%。结晶水指矿石在900℃时挥发的质量数，LOI烧损包括结晶水。

（2）块矿、粉矿、球团矿粒度指数。

$$粒度指数 = 100 \times (m_1/m_2)$$

式中 m_1——粒度质量；

m_2——试样质量。

（3）球团矿抗压强度。球抗压强度用（N/球）平均值表示。

巴西球抗压强度：3939N/球；

印度抗压强度：2387N/球；

加拿大抗压强度：2891N/球；

秘鲁抗压强度：2275N/球。

大于1000m^3 高炉，要求球团矿抗压强度应大于2000N/球。

（4）球团矿转鼓指数。转鼓指数反映球团矿的抗冲击性能和抗摩擦性能。

ASTM（美国材料试验协会）规定：用11.3kg，粒度大于6.3mm球团矿，转鼓内径914mm，长475mm，转速25rpm，旋转200圈后，测定大于6.3mm粒度的百分比为转鼓指数。

日本、德国、加拿大和我国球团质量标准见表19～表22。

表 19 日本球团矿质量标准

项 目	指标	项 目	指标
单球抗压强度	平均 2450N	JIS 膨胀指数	≤14%
单球最小抗压强度（<784N 所占百分比）	≤5%	还原后抗压强度	单球平均 441N
JIS 转鼓指数（<1mm 所占百分比）	≤4.5%	还原度	≥60%
粒度范围（9～15mm）	≥85%		

表 20 德国球团矿质量标准

项 目	指标	项 目	指标
单球抗压强度	≥1960N	ISO 膨胀指数（1000℃）	≤20%
ISO 转鼓指数（<0.5mm）	≤5%	荷重还原压降（1000℃）	≤196Pa
粒度（10～16mm）	>85%	还原度 40%（950℃）/min	≥0.5%
粒度（<5mm）	≤1%		

表 21 加拿大球团矿质量标准

项 目	指标	项 目	指标
单球抗压强度	>1999N	转鼓指数（<6.35mm）	>95%
粒度（9.5～15.9mm）	>95%	碱金属（K_2O 和 N_2O）	<0.13%
粒度（<5mm）	≤1%		

表 22 我国某公司球团矿质量标准

项 目	指标	项 目	指标
单球抗压强度	>2000N	荷重软化开始温度	1152℃
还原膨胀率	<14%	低温还原粉化率	<14%
转鼓指数（>5mm）	≥96%	900℃还原度	>70%

3.11 合同赏罚条款

3.11.1 标准合同条款

五矿商会标准合同条款见表 23。

表 23 五矿商会标准合同条款 （%）

项 目	指 标	项 目	指 标
Fe	63.5，基准≥63	S	≤0.02
SiO_2	≤3.5	水分（105℃）	≤8
Al_2O_3	≤3.5	粒度 +10mm	≤10
P	≤0.06		

3.11.2 赏罚条例

（1）SiO_2 超标：SiO_2 在3.5%基础上，每增加1%，罚____美分/吨矿。

（2）Al_2O_3 超标：Al_2O_3 在3.5%基础上，每增加1%，罚____美分/吨矿。

（3）S超标：S在0.02%基础上，每增加0.01%，罚____美分/吨矿。

（4）P超标：P在0.06%基础上，每增加0.01%，罚____美分/吨矿。

（5）粒度：以+10mm粒度含量10%为基础，每增加一个百分点，增加____美元/吨矿；以-0.15mm粒度含量30%为基础，每增加一个百分点，罚____美元/吨矿。

3.11.3 铁矿石主要成分超标的经济损失

铁矿石主要成分超标的经济损失见附件1：铁矿石产品质量评定实例；附件2：关于块矿中粉矿量超标问题处理实例。

4 铁矿石冶金性能

4.1 还原性能（RI）

铁矿石还原是指矿石中的 Fe_2O_3、Fe_3O_4、FeO 在高温条件下，被还原为金属铁（Fe），还原性即指还原的程度。一般说来，Fe_2O_3 易还原，Fe_3O_4 难还原。褐铁矿还原性能好，赤铁矿次之，磁铁矿难还原。

4.2 低温还原粉化率（RDI）

高炉原料（烧结矿、球团矿、天然块矿）在高炉上部低温区（400～600℃）还原时会严重破裂、粉化，使料柱空隙度降低，透气性变差。

RDI值与矿石性质有关，Fe_2O_3 富粉矿生产的烧结矿，RDI值偏高，用磁铁精矿生产的烧结矿RDI值低。

4.3 矿石荷重软化性能

矿石荷重软化性能指在小于900℃、荷重0.5～2kg/cm^2 条件下，开始收缩率在3%～4%之间的温度。

炼铁希望铁矿石软化温度高、软熔区间窄、煤气通过软熔带阻力小。这样可以实现高产、优质、低耗目标。

4.4 熔滴性

熔滴性指铁矿石在高炉内开始还原熔化的温度，炼铁希望熔滴温度要高、区间窄、流动性能好。

4.5 热爆裂性

铁矿石在高炉内（>900℃）会产生爆裂。测定方法，将一定粒度矿石，从常温加热到700℃恒温40min，其产生小于5mm矿石所占百分比来表示。

4.6 球团矿还原膨胀性能

球团矿在高炉内还原过程中其体积膨胀，此对高炉运行不利。

球团矿还原膨胀性能是指在900℃还原过程中自由膨胀，还原前后体积增长的相对值。一般要求，还原膨胀率小于20%。

附件1：铁矿石产品质量评定案例

案例一：铁矿石 TFe 品位提高获得的效益计算

我们提倡精料方针，铁精矿品位已升至 TFe 品位68%，同时SiO_2由8%降至4%；原来选别磁铁矿通过单一磁选工艺，入选 TFe 品位30%，获得铁精矿 TFe 品位65%，SiO_2 8%；现通过反浮选工艺提铁降硅，深选之后获得铁精矿 TFe 品位68%，SiO_2 4%。

铁精矿生产成本：TFe 品位65%，SiO_2 8%，400 元/吨精矿；TFe 品位68%，SiO_2 4%，440 元/吨精矿，增加成本40 元/吨精矿。

估算用高品位铁精矿炼铁一吨生铁带来什么效益。如高炉利用系数能提到多少？对焦比、综合燃料能耗降低多少？按现行价一吨生铁生产成本可降低多少元？分析上述问题是为了解铁矿石深加工取得的效果。

按照实际生产经验计算：矿石中含铁品位提高1%，焦比降低1.5%，产量提高2.5%。按冶炼 TFe 品位65%的铁精矿消耗焦炭450kg/t 铁计算，原料含铁品位由65%提高到68%，焦比降低$450\times(3\times1.5\%)=20.25$kg/t(铁)，产量增加$1000\times(3\times2.5\%)=75$kg/t(铁)。

按现行价格计算：焦炭2000 元/吨，生铁3800 元/吨，原料含铁品位由65%提高到68%，炼1t 铁降低生产成本$3800\times0.075+2000\times0.02025-40=285+40.5-40=285.5$元/吨(铁)。

按物料平衡和热平衡计算：假设生铁中含 Fe94.6%，因为焦炭及废铁带入的铁量较少，进入渣中和炉尘中的铁也较少，所以本计算忽略这些因素。

当铁精矿 TFe 品位65%、SiO_2 含量8%时，冶炼1t 铁消耗铁精矿量W_1：$W_1=1000\times94.6\%/65\%=1455.39$kg，即冶炼1t 铁需要消耗 TFe 品位65%的铁精矿1455.39kg；同时，冶炼1t 铁，铁精矿带入的SiO_2为$1455.39\times8\%=116.43$kg。

当铁精矿 TFe 品位68%、SiO_2 含量4%时，冶炼1t 铁消耗铁精矿量W_2：$W_2=1000\times94.6\%/68\%=1391.18$kg，即冶炼1t 铁需要消耗 TFe 品位68%的铁精矿1391.18kg；同时，冶炼1t 铁，铁精矿带入的SiO_2为$1391.18\times4\%=55.65$kg。

铁精矿消耗量减少$W_1-W_2=1455.39-1391.18=64.21$kg。

铁精矿带入的SiO_2降低$116.43-55.65=60.78$kg。

若高炉渣碱度为1.05，需要多加入 CaO 63.82kg，则增加渣量$60.78+63.82=124.6$kg。

查热焓表可知：炉渣焓为1946kJ/kg，而每千克 CaO 成渣放热1130.49kJ/kg，所以，渣量增加需要消耗的热量为$124.6\times1946-63.82\times1130.49=242471.6-72147.87=170323.73$kJ。

炭素放热 9797kJ/kg，所以，渣量增加需要多消耗炭素为 170323.73/9797 = 17.39kg。

按焦炭固定碳含量 85% 计算，多增加焦炭 17.39/85% = 20.46kg。

假设高炉使用高品位铁精矿和低品位铁精矿的生产矿批次相同，则冶炼每吨生铁，增加产量（1000/1391.18 - 1000/1455.39）× 1455.39 = 46.14kg。

按现行价格焦炭 2000 元/吨，生铁 3800 元/吨计算吨铁成本，成本降低：0.02046 × 2000 + 0.04614 × 3800 - 40 = 40.92 + 175.33 - 40 = 176.25 元/吨(铁)

即当铁精矿 TFe 品位由 65% 升至 68%，SiO_2 由 8% 降至 4% 时，冶炼每吨铁可节省焦炭 20.46kg，吨铁产量增加 46.14kg，吨铁成本降低 176.25 元。

案例二：铁矿石中 SiO_2 含量升高后，增加的焦炭费用计算

进口铁矿石合同规定：粉矿 TFe 品位 62%，SiO_2 5%；实际到货粉矿 TFe 品位 62%，SiO_2 10%，作为卖方应该为 SiO_2 的升高承担多少损失？估算 1t 矿石赔付多少元？或者降价多少元？（焦炭、石灰石、生铁按现行价）

当矿石 TFe 品位 62%，SiO_2 5% 时，计算冶炼 1t 铁消耗矿石量 W：

W = 1000 × 94.6%/62% = 1525.81kg

同时，冶炼 1t 铁，矿石带入的 SiO_2 为 1525.81 × 5% = 76.29kg。

当矿石 SiO_2 含量为 10% 时，冶炼 1t 铁，矿石带入的 SiO_2 为 1525.81 × 10% = 152.58kg，带入的 SiO_2 差值为 152.58 - 76.29 = 76.29kg。

若高炉渣碱度为 1.05，需要多加入 CaO 80.1kg，则增加渣量 76.29 + 80.1 = 156.39kg。

查热焓表可知：炉渣焓为 1946kJ/kg，而每千克 CaO 成渣放热 1130.49kJ/kg，所以，渣量增加需要消耗的热量为 156.39 × 1946 - 80.1 × 1130.49 = 304334.94 - 90552.25 = 213782.69kJ。

炭素放热 9797kJ/kg，所以，渣量增加需要多消耗炭素为 213782.69/9797 = 21.82kg。

按焦炭固定碳含量 85% 计算，多增加焦炭 21.82/85% = 25.67kg。

根据市场价格焦炭 2000 元/吨估算，成本提高 2000 × 0.02567 = 51.34 元。

即 SiO_2 含量由 5% 升至 10% 时，冶炼 1t 铁需多消耗焦炭 25.67kg，成本提高 51.34 元。

附件 2：关于块矿中粉矿量超标的处理案例

1 问题的提出

厦门国贸集团股份有限公司于 2006 年 1 月 10 日致函中国冶金矿山企业协会咨询有关块矿粒度超标相关问题。

按合同规定，块矿合同量 30000t。其中：

粒度保证值：+50mm 含量不大于 50%；

粒度保证值：-6.3mm 含量不大于 15%。

实际到货，经国家商检证实，块矿中 -6.3mm 粉矿量占 19%，按 -6.3mm 粒度保证值 15% 计，超标 4 个百分点，此问题应如何处理？要求给予帮助，提出建议。

合同规定：块矿价675.5元/吨（含13%增值税）；粉矿价640.5元/吨（含13%增值税）。

2 对相关问题的咨询意见

历史上老祖宗炼铁全部使用块矿，现在炼铁使用块矿、球团矿和烧结矿。对于炉料结构，各国情况不同，炉料也各异，有的高炉不用块矿，有的高炉球团矿用量比例大，有的高炉烧结矿用量比例大，见表24。

表24 当前国内外高炉炼铁炉料结构变化

国　别	高炉号	高炉容量/m^3	炉料结构/%		
			天然块矿	球团矿	烧结矿
美国	格里13号	2834	0	59.9	40.1
日本	加古川3号	4500	20.8	29.2	50
俄罗斯	马钢	2014	9	37.5	53.5
荷兰	艾莫依登7号	4470	7.9	52.3	39.8
法国	索尔梅2号	2175	8	17	75
英国	雷德卡1号	1573	0	35	65
中国	宝钢2号	4063	18.2	6.6	75.2
中国	武钢5号	3200	12.7	17.5	69.8
中国	唐钢3号	2560	17.28	10.71	72.01
中国	凌源4号	380	1.3	40.2	58.5
中国	杭钢1号	450	0	67.57	32.43

（1）块矿的界定。块矿按矿石类型、物理性能和冶金性能区分质量好坏，宝钢曾进口一批巴西块矿（Rio Doce）和澳大利亚杨迪（Yan di）块矿，由于强度差、易碎及热爆裂严重，不能直接入炉冶炼，只好破碎后做烧结原料。

日本认为球团矿价格贵，故加大了块矿的用量。

对于块矿粒度，炼铁要求小而均匀，济南铁厂进行过不同粒度天然块矿的冶炼试验，全部使用粒度20～25mm的中块代替35～50mm的大块时，焦比降低51kg/t，而全部使用粒度8～20mm的小块代替中块时，焦比降低130kg/t。为此，我国炼铁专家推荐，大高炉适宜粒度为8～25mm，小高炉适宜粒度为5～20mm，小于5mm粉末含量都应小于5%。

（2）块矿保证条件。国外铁矿供应商，根据用户要求，对块矿一般保证条件如下：

澳大利亚哈默斯利公司：

TFe品位62%～64%，块矿粒度最大31.5mm，−6.3mm含量不大于10.5%。

澳大利亚BHP. Billiton公司纽曼铁矿：

TFe品位62%～64%，块矿粒度最大31.5mm，−6.3mm含量不大于13%。

澳大利亚 BHP. Billiton 公司戈斯沃斯铁矿：

TFe 品位 62% ~64%，块矿粒度最大 31.5mm，-6.3mm 含量不大于 11%。

巴西 CVRD 公司卡拉加斯铁矿：

TFe 品位 65%，块矿粒度 +31.5mm 不大于 5%，-6.3mm 含量不大于 14%。

巴西 CVRD 公司南部系统：

TFe 品位 64%~66%，NTA 块矿（New Tubarao A）粒度最大 75mm，-12.5mm 含量不大于 45%。

TFe 品位 64% ~65%，卡帕玛块矿粒度最大 31.5mm，-6.3mm 含量不大于 10%。

巴西联合矿业公司（MBR）：

TFe 品位 66%，块矿粒度 +50mm 不大于 5%，-6.3mm 含量不大于 11%。

委内瑞拉：

TFe 品位 64.4%，块矿粒度 +45mm 不大于 14%，-6.3mm 含量不大于 15%。

印度希萨铁矿：

TFe 品位 62%，块矿粒度最大 50mm，-6.3mm 含量不大于 10%。

印度乔古利铁矿：

TFe 品位 59% ~60%，块矿粒度最大 50mm，-6.3mm 含量不大于 25%。

可以看出，国际商品块矿粒度通常为 31.5 ~6.3mm，上限也有达 50mm 规格的。

3 块矿中粉矿含量超标的处理

3.1 一般合同规定

公司企业由国外进口铁矿或由国外进口铁矿后将此批货又转卖给国内其他用户，在合同中都应写明赏罚条件。对铁矿石化学成分、有益有害成分的保证值规定要明确，没达到保证值或超过保证值都要具体规定每公吨（干吨）赏罚多少美元。

对于铁矿的物理性能，包括粒度组成也要明确规定赏罚条款。

例如，块矿中粒度小于 6.3mm 的在允许值内超过保证值每吨罚多少美元，超过了多少拒收。一般合同规定，超过保证值罚 0.5 美元/吨。

由于双方缺少商务经验，在合同中没有规定超标罚款条款，而又发生了块矿中粉矿量超过保证值 4 个百分点，只有通过协商处理。

3.2 处理的建议

（1）按块矿与粉矿价格差值对超标部分进行降价。

一船块矿 30000t，粉矿超标量 4% 即为 1200t，块矿价 675.5 元/吨，粉矿价 640.5 元/吨，每吨价差 35 元，卖方需向买方支付 1200 ×35 =42000 元价差。

（2）按一般合同规定块矿中粉矿超过保证值，每公吨罚 0.5 美元，卖方需向买方支付 1200 ×0.5 =600 美元罚款。

我们经向中钢集团、首钢集团咨询，一般出现合同保证值超标，买卖双方都是通过友好协商，采用降价赔偿来处理。

当然，买方若以合同规定块矿中粉矿量只允许 15%，如今达到了 19%，尽管超标实际影响不太大，而仍坚持拒收，也没问题。实际上，这种情况很少发生。我们建议买卖双方应以大局为重，和解为上，但卖方应按市场规定对买方给予适当补偿。

作者简介：

焦玉书，教授级高级工程师，原冶金工业部鞍山黑色冶金矿山设计院院长，中国金属学会常务理事，采矿分会副理事长。

铁矿资源/储量评定基础[1]

焦玉书

（鞍山冶金设计研究总院）

2005 年 4 月 20 日

对铁矿资源/储量评定应以国家标准为基础依据。1999 年 12 月 1 日，国家质量技术监督局公布了《固体矿产资源/储量分类》（GB/T 1766—1999）从而取代了旧规范《固体矿产地质勘探规范总则》（GB 13908—1992），过去按旧规范编制的地质勘探总结报告，对于储量级别必须按新规范进行套改。

1 矿产资源/储量旧规范标准

1.1 固体矿产储量的分类

根据我国当前的技术经济条件和现行法规的规定，并考虑远景发展的需要，将固体矿产储量分为两大类：

（1）能利用（表内）储量。此类储量按矿床内、外部技术经济条件又分为两个亚类：

1）a 亚类是符合当前的采、选、冶、加工技术条件，符合当前的工业指标要求，符合当前的矿山建设的内、外部经济条件，国家现行法规允许开发利用的储量；

2）b 亚类是符合当前的采、选、冶、加工技术条件，符合当前的工业指标要求，符合矿山建设的内部经济条件，但交通、供水或能源等矿山建设的外部经济条件差，改善经济条件后即能利用，国家现行法规允许开发利用的储量。

（2）尚难利用（表外）储量。由于有用组分含量低，矿体厚度薄、埋藏深，矿床水文地质、工程地质、环境地质等开采条件特别复杂，或对矿石的选、冶、加工技术方法尚未解决，或位于自然保护区、名胜古迹、重要建筑物、交通干线之下和有争议的国境线附近，受国家法规限制，当前尚难利用的储量。

1.2 固体矿产储量分级

在勘探阶段或矿山开发过程中，用工程取样揭露了工业矿体的厚度和位置、测定了矿石的质量、符合工业指标要求，根据地质条件计算的储量，按地质勘探研究可靠程度依次分为 A、B、C、D、E 五级。

（1）A 级储量，其条件是：

1）准确控制矿体（层）的产状、形态和空间位置；

2）准确控制影响采切、运输的褶皱、断裂、破碎带及破坏矿体的岩浆岩夹石、无矿

---

[1] 本文是 2005 年 4 月焦玉书为北京铁矿石贸易公司所作的知识讲座讲稿。

带岩石的岩性、产状及分布范围；

3）准确查明影响矿石综合回收技术经济效果的有用有害组分，赋存状态和矿石类型、品级、比例及其分布变化规律；在需要分采和地质条件可能的情况下，对分采的矿石类型和品级进行准确圈定。

（2）B级储量，其条件是：

1）详细控制矿体（层）的产状、形态和空间位置；

2）详细控制影响中段（或水平）采准的较大褶皱、断层、破碎带的性质、产状和分布范围；基本控制主要岩浆岩、含矿岩系、夹石、无矿带岩石的岩性、产状及其分布变化规律；

3）详细查明影响矿石综合回收技术经济效果的有用有害组分，赋存状态和矿石类型、品级、比例及其变化规律；在需要分采和地质条件可能的情况下，对分采的矿石类型和品级进行详细固定。

（3）C级储量，其条件是：

1）基本控制矿体（层）的产状、形态和空间位置；

2）基本控制控矿和破坏、影响中段（或水平）开拓的较大褶皱、断裂、破碎带的性质、产状和分布范围；初步控制主要岩浆岩、含矿岩系、夹石、无矿带岩石的岩性、产状及其分布变化规律；

3）基本查明影响矿石综合回收技术经济效果的有用有害组分、赋存状态和矿石类型、品级、比例及其分布变化规律；在需要分采和地质条件可能的情况下，对分采的矿石类型和品级进行基本圈定。

（4）D级储量，其条件是：

1）初步控制矿体（层）的总体产状、形态和空间位置；

2）初步控制控矿和破坏矿体的较大褶皱、断裂、破碎带的性质、产状和分布范围；大致控制主要岩浆岩、含矿岩系、夹石、无矿带岩石的岩性、产状及其分布变化规律；

3）初步查明影响矿石综合回收技术经济效果的有用有害组分，赋存状态和矿石类型、品级、比例及其分布变化规律。

（5）E级储量：经探矿工程证实矿体（层）存在，但达不到D级储量条件的为E级储量，是矿区远景储量，不参加矿山建设设计储量比例计算，不作为矿山建设设计依据的储量。

1.3 固体矿产各级储量用途

对金属和非金属一般大、中型矿床各级储量用途，分别确定为：A级是矿山编制采掘计划依据的储量；B、C、D级分别是矿山建设设计首期、中期、后期开采依据的储量。

对金属和非金属小型或复杂的大、中型矿床，探求的C和D级储量，其中C级是矿山建设设计首期和中期开采依据的储量；D级是矿山建设设计后期开采依据的储量。

对金属和非金属小而复杂的矿床，探求的D级储量，供矿山进行边探边采。

高一级的储量，有验证低一级储量的作用。

1.4 勘探储量比例

在勘探范围内各级储量应有一定比例。合理的储量比例，应按照“保证首期，准备中期，储备后期”的原则，结合矿床的规模和复杂程度制定。

金属和非金属矿床在其勘探范围内大、中型矿床，一般 B 级储量占 B + C + D 级储量的 5% ~20%；B + C 级储量占 B + C + D 级储量的 40% ~60%；D 级储量占 B + C + D 级储量的 40% ~60%。小型和复杂的大、中型矿床只求 C + D 级储量，其中 C 级占 30% ~60%。复杂的小型矿床，经用较密工程仍探求不到 C 级储量时，可探求到 D 级储量，提交工业部门边探边采。各矿种的储量比例在分矿种规范中具体确定。

1.5 储量计算

勘探储量是矿山建设设计的主要依据。所计算的储量，应保证其可靠。

应有勘探单位推荐，省级以上工业主管部门论证下达的储量计算正式工业指标。如勘探单位和工业主管部门在正式工业指标方面有争议，应由国家矿产储量管理局仲裁下达。

矿床中的储量，应按矿体（矿层、煤层）、级别、块段分别计算，必要时还按矿石类型、品级计算。

参与储量计算的各项工程和工作的质量，应符合各有关规范、规程和规定的要求。

储量计算是计算原地的储量，不扣除采、选、冶和加工的损失，但应扣除截止野外施工结束时采空区的储量。

对有工业价值的共生和伴生矿产，在计算主矿产的同时应分别计算共生和伴生矿产的储量。

能利用和尚难利用储量应分别计算。

储量计算参数的确定：一般包括矿体（层）圈定的面积、品位、厚度、体重等。其值应根据实际测定的数据确定，在计算平均值时，应采用符合矿体（层）实际的方法，使其具有代表性。

2 矿产资源/储量新规范标准

《固体矿产资源/储量分类》（GB 1766—1999）新规范是参照《联合国国际储量/资源分类框架》和美国矿山局、地质调查局编制的《1980 年矿产资源和储量的分类原则》制订的，旧规范没有与国际接轨，西方国家地质人员一般不予认可，新规范是国际上公认的分类标准，完全适用于国际交流。

新规范资源/储量要考虑 3 个因素：地质、经济和可行性，而旧规范则侧重于地质因素。

新规范主要内容分述如下。

2.1 定义

2.1.1 固体矿产资源

在地壳内或地表由地质作用形成具有经济意义的固体自然富集物，根据产出形式、数量和质量可以预期最终开采是技术上可行、经济上合理的。其位置、数量、品位/质量、地质特征是根据特定的地质依据和地质知识计算和估算的。按照地质可靠程度，可分为查明矿产资源和潜在矿产资源。

查明矿产资源，是指经勘查工作已发现的固体矿产资源的总和。依据其地质可靠程度和可行性评价所获得的不同结果可分为：储量、基础储量和资源量 3 类。

潜在矿产资源，是指根据地质依据和物化探异常预测而未经查证的那部分固体矿产资源。

2.1.2 矿产勘查工作

预查。依据区域地质和（或）物化探异常研究结果、初步野外观测、极少量工程验证结果，与地质特征相似的已知矿床类比、预测，提出可供普查的矿化潜力较大地区。有足够依据时可估算出预测的资源量，属于潜在矿产资源。

普查。对可供普查的矿化潜力较大的地区、物化探异常区，采用露头检查、地质填图、数量有限的取样工程及物化探方法，大致查明普查区内地质、构造概况；大致掌握矿体（层）的形态、产状、质量特征；大致了解矿床开采技术条件；矿产的加工、选冶性能已进行了类比研究。最终应提出是否有进一步详查的价值，或圈定出详查区范围。

详查。对普查圈出的详查区通过大比例尺地质填图及各种勘查方法和手段，比普查阶段密的系统取样，基本查明地质、构造、主要矿体形态、产状、大小和矿石质量，基本确定矿体的连续性，基本查明矿床开采技术条件，对矿石的加工、选冶性能进行类比或实验室流程试验研究，做出是否具有工业价值的评价。必要时圈出勘探范围，并可供预可行性研究、矿山总体规划和作矿山项目建议书使用。对直接提供开发利用的矿区，其加工、选冶性能试验程度，应达到可供矿山建设设计的要求。

勘探。对已知具有工业价值的矿床或经详查圈出的勘探区，通过加密各种采样工程，其间距足以肯定矿体（层）的连续性，详细查明矿床地质特征，确定矿体的形态、产状、大小、空间位置和矿石质量特征，详细查明矿床开采技术条件，对矿产的加工、选冶性能进行实验室流程试验或实验室扩大连续试验，必要时应进行半工业试验，为可行性研究或矿山建设设计提供依据。

2.1.3 地质可靠程度

预测的。指对具有矿化潜力较大地区经过预查得出的结果。在有足够的数据并能与地质特征相似的已知矿床类比时，才能估算出预测的资源量。

推断的。指对普查区按照普查的精度大致查明矿产的地质特征以及矿体的展布特征、品位、质量，也包括那些由地质可靠程度的基础储量或资源量外推部分。矿产资源数量估算数据有限，可信度较低。

控制的。指在矿区的一定范围，依照详查的精度基本查明了矿床的主要地质特征、矿体形态、产状、规模、矿石质量、品位及开采技术条件，矿产资源数量估算数据较多，可信度较高。

探明的。指在矿区的勘探范围，依照勘探的精度详细查明了矿床主要地质特征、矿体形态、产状、规模、矿石质量、品位及开采条件，矿体连续性已经确定矿产资源数量估算数据详尽，可信度高。

2.1.4 可行性评价

概略研究。指对矿床开发经济意义的概略评价，其目的是为了由此确定投资机会，所估算的资源量只具有内蕴经济意义。

预可行性研究。指对矿床开发经济意义的初步评价，其结果可以为该矿床是否进行勘探或可行性研究提供决策依据。进行此类研究，通常应有详查或勘探后采用参考工业指标求得的矿产资源/储量数，实验室规模的加工、选冶试验资料，以及通过价目表或类似矿山开采对比所获数据估算的成本。

可行性研究。指对矿床开发经济意义的详细评价，其结果可以详细评价拟建项目的技术经济可靠性，作为投资决策的依据。所采用的成本数据精度高，通常依据勘探所获取的储量数及相应的加工、选冶性能试验结果，其成本和设备报价所需各项参数是当时的市场价格，并充分考虑了地质、工程、环保、法律和政府的经济政策等各因素影响，具有很强的时效性。

2.1.5　经济意义

对地质可靠程度不同的查明矿产资源经过不同阶段的可行性评价，按照评价当时经济上的合理性可以划分为经济的、边际经济的、次边际经济的和内蕴经济的。

经济的。其数据和质量是依据符合市场价格确定的生产指标计算的。在可行性研究或预可行性研究当时的市场条件下开采、技术上可行、经济上合理、环境等其他条件允许，即每年开采矿产品的平均价值能足以满足投资回报的要求，或在政府补贴和（或）其他扶持措施条件下，开发是可能的。

边际经济的。在可行性研究或预可行性研究当中，其开采是不经济的，但接近于盈亏边界，只有在将来由于技术、经济、环境等条件的改善或政府给予其他扶持的条件下可变成经济的。

次边际经济的。在可行性研究或预可行性研究当时，开采是不经济的或技术上不可行的，需大幅度提高矿产品价格或技术进步，使成本降低后方能变为经济的。

内蕴经济的。仅通过概略研究作了相应的投资机会评价，未作预可行性研究或可行性研究。由于不确定因素多，无法区分其是经济的、边际经济的，还是次边际经济的。

2.2　分类及编码

2.2.1　分类依据

矿产资源经过矿产勘查所获得的不同地质可靠程度和经相应的可行性评价所获不同的经济意义，是固体矿产资源/储量分类的主要依据。据此，固体矿产资源/储量可分为储量、基础储量、资源量三大类 16 种类型，分别用三维形式（见图 1）和矩阵形式（见表 1）。

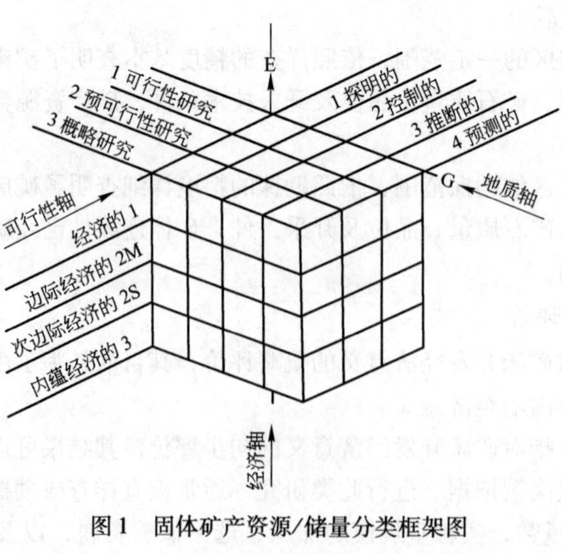

图 1　固体矿产资源/储量分类框架图

表 1　固体矿产资源/储量分类

经济意义	查明矿产资源			潜在矿产资源
	探明的	控制的	推测的	预测的
经济的	可采储量（111） 基础储量（111b） 预可采储量（121） 基础储量（121b）	预可采储量（122） 基础储量（122b）		
边际经济的	基础储量（2M11） 基础储量（2M21）	基础储量（2M22）		
次边际经济的	资源量（2S11） 资源量（2S21）	资源量（2S22）		
内蕴经济的	资源量（331）	资源量（332）	资源量（333）	资源量（334）

注：表中所用编码（111－334），第 1 位数表示经济意义：1＝经济的，2M＝边际经济的，2S＝次经济的，3＝内蕴经济的，?＝经济意义未定的；第 2 位数表示可行性评价阶段：1＝可行性研究，2＝预可行性研究，3＝概略研究；第 3 位数表示地质可靠程度：1＝探明的，2＝控制的，3＝推断的，4＝预测的。b 表示未扣除设计、采矿损失的可采储量。

2.2.2　分类

储量。指基础储量中的经济可采部分。在预可行性研究或可行性研究或编制年度采掘计划当时，经过了对经济、开采、选冶、环境、法律、市场、社会和政府等诸因素的研究及相应修改，结果表明在当时是经济可采或已经开采的部分。用扣除了设计、采矿损失的可实际开采数量表述，依据地质可靠程度和可行性评价阶段不同，又可分为可采储量和预可采储量。

基础储量。查明矿产资源的一部分。它能满足现行采矿和生产所需的指标要求（包括品位、质量、厚度、开采技术条件等），是经详查、勘探所获控制的、探明的并通过预可行性研究认为属于经济的、边际经济的部分，用未扣除设计、采矿损失的数量表述。

资源量。指查明矿产资源中的一部分和潜在矿产资源。包括经可行性研究或预可行性研究证实为次边际经济的矿产资源以及经过勘查而未进行可行性研究或预可行性研究的内蕴经济的矿产资源，以及经过预查后预测的矿产资源。

国内外矿产资源主要分类概略对比见表 2。

表 2　国内外矿产资源主要分类概略对比

<table>
<tr><td>标准名称</td><td colspan="5">分　类　对　比</td></tr>
<tr><td rowspan="3">《固体矿产资源/储量分类》（GB 1766—1999）</td><td>储　量</td><td colspan="3">查　明　矿　产　资　源</td><td>潜在矿产资源</td></tr>
<tr><td>可采储量</td><td colspan="2">基础储量</td><td>资源量</td><td rowspan="2">预测的资源量</td></tr>
<tr><td>预可采储量</td><td>经济基础储量</td><td>边际经济基础储量</td><td>次边际经济资源量、内蕴经济资源量</td></tr>
<tr><td rowspan="2">《固体矿产地质勘探规范总则》（GB 13908—1992）</td><td rowspan="2"></td><td colspan="3">能利用储量</td><td rowspan="2"></td></tr>
<tr><td>a 亚类</td><td>b 亚类</td><td>尚难利用储量</td></tr>
</table>

续表 2

标准名称	分类对比				
《联合国国际储量/资源分类框架》（1997）		矿产资源总量			
	证实的矿产储量 概略的矿产储量	可行性矿产资源 预可行性矿产资源 确定的矿资源		推定的矿产资源 推测的矿产资源	踏勘矿产资源
CMMI 系统（1997）	证实的矿产储量 概略的矿产储量	确定的矿产资源	推定的矿产资源	推测的矿产资源	矿产潜力
矿产资源和储量分类原则（美国地质调查局，1980）	经济储量 边际经济储量	查明资源			未经发现资源 假定资源 假想资源
		经济－边际经济储量基础		次经济资源	

2.2.3 编码

采用（EFG）三维编码，E、F、G 分别代表经济轴、可行性轴、地质轴（见图 1）。

编码的第 1 位数表示经济意义：1 代表经济的，2M 代表边际经济的，2S 代表次边际经济的，3 代表内蕴经济的；第 2 位数表示可行性评价阶段：1 代表可行性研究，2 代表预可行性研究，3 代表概略研究；第 3 位数表示地质可靠程度：1 代表探明的，2 代表控制的，3 代表推测的，4 代表预测的。变成可采储量的那部分基础储量，在其编码后加英文字母“b”以示区别于可采储量。

2.2.4 类型及编码

依据地质可靠程度和经济意义可进一步将可采储量、基础储量和资源量分为 16 种类型（见表 1）。

2.2.4.1 储量

储量指基础储量中的经济可采部分，在预可研、可研或编制年度采掘计划时，经过了对经济、开采、选冶、环境、法律、市场、社会和政府诸因素的研究及相应修改，结果表明在当时是经济可采或已经开采部分。用扣除了设计、采矿损失的可实际开采数量表述，依据地质可靠程度和可行性评价阶段不同，又可分为可采储量和预可采储量。

（1）可采储量代码（111）。探明的经济基础储量的可采部分，是指在已按勘探阶段要求加密工程的地段，在三维空间上详细圈定了矿体，肯定了矿体的连续性，详细查明了矿床地质特征、矿石质量和开采技术条件，并有相应的矿石加工、选冶试验成果，已进行了可行性研究，包括对开采、选冶、经济、市场、法律、环境、社会和政府因素的研究及相应的修改，证实其在计算的当时开采是经济的。计算的可采储量及可行性评价结果的可信度高。

（2）预可采储量（探明的）代码（121）。探明的经济基础储量的可采部分，是指在已达到勘探阶段加密工程的地段，在三维空间上详细圈定了矿体，肯定了矿体连续性，详细查明了矿床地质特征、矿石质量和开采技术条件，并有相应的矿石加工、选冶试验成果，但只进行了预可行性研究，表明当时开采是经济的。计算的可采储量可信度高，可行性评价结果的可信度一般。

（3）预可采储量（控制的）代码（122）。控制的经济基础储量的可采部分，是指在已达到详查阶段工作程度要求的地段，基本圈定了矿体三维形态，能够较有把握地确定矿体连续性的地段，基本查明了矿床地质特征、矿石质量、开采技术条件，提供了矿石加工、选冶性能条件试验的成果。对于工艺流程成熟的易选矿石，也可利用同类型矿产的试验成果。预可行性研究结果表明开采是经济的，计算的储量可信度较高，可行性评价结果的可信度一般。

2.2.4.2 基础储量

(1) 探明的（可研）经济基础储量（111b）；

(2) 探明的（预可研）经济基础储量（121b）；

(3) 控制的经济基础储量（122b）；

(4) 探明的（可研）边际经济基础储量（2M11）；

(5) 探明的（预可研）边际经济基础储量（2M21）；

(6) 控制的边际经济基础储量（2M22）。

2.2.4.3 资源量

(1) 探明的（可研）次边际经济资源量（2S11）：是指在勘查工作程度已达到勘探阶段要求的地段，地质可靠程度为探明的，可行性研究结果表明，在确定当时开采是不经济的，必须大幅度提高矿产品价格或大幅度降低成本后，才能变成经济的、计算的资源量和可行性评价结果的可信度高。

(2) 探明的（预可研）次边际经济资源量（2S21）：是指在勘查工作程度已达到勘探阶段要求的地段，地质可靠程度为探明的，预可行性研究结果表明，在确定当时，开采是不经济的，需要大幅度提高矿产品价格或大幅度降低成本后，才能变成经济的。计算的资源量可信度高，可行性评价结果的可信度一般。

(3) 控制的次边际经济资源量（2S22）：是指在勘查工作程度已达到详查阶段要求的地段，地质可靠程度为控制的，预可行性研究结果表明，在确定当时，开采是不经济的，需大幅度提高矿产品价格或大幅度降低成本后，才能变成经济的。计算的资源量可信度较高，可行性评价结果的可信度一般。

(4) 探明的内蕴经济资源量（331）：是指在勘查工作程度已达到勘探阶段要求的地段，地质可靠程度为探明的，但未做可行性研究或预可行性研究，仅作了概略研究，经济意义介于经济的—次边际经济的范围内，计算的资源量可信度高，可行性评价可信度低。

(5) 控制的内蕴经济资源量（332）：是指在勘查工作程度已达到详查阶段要求的地段，地质可靠程度为控制的，可行性评价仅做了概略研究，经济意义介于经济的—次边际经济的范围内，计算的资源量可信度较高，可行性评价可信度低。

(6) 推断的内蕴经济资源量（333）：是指在勘查工作程度只达到普查阶段要求的地段，地质可靠程度为推断的，资源量只根据有限的数据计算的，其可信度低。可行性评价仅做了概略研究，经济意义介于经济的—次边际经济的范围内，可行性评价可信度低。

(7) 预测的资源量（334）：依据区域地质研究成果、航空、遥感、地球物理、地球化学等异常及极少量工程资料，确定具有矿化潜力地区，并和已知矿床类比估计的资源量，属于潜在矿产资源，有无经济意义尚不确定。

2.3 我国需选铁矿石工业指标

我国需选铁矿石工业指标见表3。

表3 我国需选铁矿石工业指标

矿石类型	w(TFe)/%	
	边界品位	工业品位
磁铁矿石	不小于20；w(mFe) 不小于15	不小于25；w(mFe) 不小于20
赤铁矿	不小于25	28~30
菱铁矿石	不小于20	不小于25
褐铁矿石	不小于25	不小于30

2.4 矿床开采技术指标

矿床开采技术指标见表4。

表4 矿床开采技术指标

矿床开采技术指标	露天矿	坑内矿
最小可采厚度/m	2~4	1~2
夹石剔除厚度/m	1~2	1

2.5 勘查控制程度要求

2.5.1 勘查类型

第Ⅰ勘查类型：简单型，矿体规模为大型，矿体形态和构造变化均简单，矿石有用组分分布均匀，例如南芬铁矿、庞家堡铁矿。

第Ⅱ勘查类型：中等型，矿体规模中型，矿体形态和构造变化中等，矿石有用组分分布较均匀，例如梅山铁矿、白云鄂博铁矿。

第Ⅲ勘查类型：复杂型，矿体规模小型，矿体形态和构造变化复杂，矿石有用组分分布不均匀，例如大冶铁矿、大庙铁矿。

勘查工程间距见表5。

表5 勘查工程间距 (m)

勘查类型	控 制 的	
	沿走向	沿倾向
Ⅰ	400	200~400
Ⅱ	200	100~200
Ⅲ	100	50~100

2.5.2 矿山建设对地质资料的要求

区域远景规划宏观决策。需要预查阶段成果，包括区域性地质、物探、化探成果，初步圈定矿化地段，估算预测的矿产资源（344），作为区域远景规划的宏观决策依据。

矿山远景规划。需要普查阶段成果，已发现的矿化地段要有1~3条主干地质、物探、化探剖面控制，主干剖面应布置取样工程，大致圈定矿体展布空间，估算推断的矿产资源量（333），作为矿山远景规划的依据。

矿山总体规划和矿山项目建议书。需要详查阶段的成果，要基本查明矿区、矿床、矿体的地质特征，矿石质量和加工技术性能，以及主要开采技术条件，在此基础上圈定矿体，估算控制的矿产资源/储量，作为矿山总体规划和矿山项目建议书使用。

矿山设计。需要勘探阶段的成果，要详细查明矿区、矿床、矿体地质特征、矿石质量和技术加工性能以及开采技术条件，在此基础上进一步固定矿体，估算探明的矿产资源/储量，其中可采储量部分应满足矿山首期建设设计的要求。

矿山建设对矿产资源/储量的要求（见表6）。

表6 矿山建设对矿产资源/储量的要求

矿山生产规模	年生产能力/万吨·年$^{-1}$	服务年限/年	相当储量/万吨
大型	>100	>30	>3000
中型	30~100	20~30	600~3000
小型	<30	<20	<600

3 旧规范标准与新规范标准矿产资源/储量套改

国土资源部在颁发《固体矿产资源/储量分类》（GB 1766—1999）新规范之后，对过去按旧规范标准计算的储量，要求按新规范标准进行套改。例如，正在开采矿区已利用的经勘探获得的A+B级储量，可按新规范套改为（111）或（111b），旧规范储量与新规范储量套改参见表7。

表7 固定矿产资源储量套改表

<table>
<tr><th rowspan="2">储 量 种 类
（利用情况）</th><th rowspan="2">以利用情况确定头二位编码</th><th colspan="2">地质勘查程度</th><th rowspan="2">套改编码</th><th rowspan="2">归类编码</th></tr>
<tr><th>储量级别</th><th>勘查程度</th></tr>
<tr><td rowspan="4">正在开采、基建矿区的单一、主要矿产储量及其已（能）综合回收利用的共、伴生矿产储量以及因国家宏观经济政策调整而停采的矿产储量</td><td rowspan="4">正在利用的含量（经济的、可研的）编码头二位套为“11”</td><td>A+B</td><td>勘探</td><td>111
111b</td><td>111
111b</td></tr>
<tr><td rowspan="2">C</td><td>勘探</td><td>（112）
（112b）</td><td>111
111b</td></tr>
<tr><td>详查</td><td>（112）
（112b）</td><td>122
122b</td></tr>
<tr><td>D</td><td>勘探、详查、普查</td><td>（113）
（113b）</td><td>122
122b</td></tr>
<tr><td rowspan="3">计划近期利用、推荐近期利用、可供边探边采矿区单一、主要矿产储量及其综合回收利用的共、伴生矿产储量及1993年10月1日以后提交的勘探报告中属能利用（表内）a亚类矿产储量</td><td rowspan="3">当前能利用的储量（经济的、预可研的）编码头二位套为“12”</td><td>A+B</td><td rowspan="2">勘探
详查</td><td>121
121b</td><td>121
121b</td></tr>
<tr><td>C</td><td>122
122b</td><td>122
122b</td></tr>
<tr><td>D</td><td>普查</td><td>（123）
（123b）</td><td>122
122b</td></tr>
</table>

续表 7

储量种类 (利用情况)	以利用情况确定头二位编码	地质勘查程度		套改编码	归类编码
		储量级别	勘查程度		
因经济效益差、矿产品无销路、污染环境等而停采，待将来技术、经济及污染等条件改善后可能再建采矿区单一、主要矿产储量及其已（能）综合回收的共、伴生矿产储量	因外部原因停止利用的储量（边际经济的、可研的）头二位套为“2M1”	A+B C D	普查	2M11 (2M12) (2M13) (2M13)	2M11 2M22 2M22 2M22
因交通或供水、供电等矿山建设的外部经济条件差确定为近期难以利用、近期不宜进一步工作，但改善条件后即能利用的矿区的单一、主要矿产储量及其能综合回收的共、伴生矿产储量（含部分表外储量）	因外部原因未利用的储量（边际经济的、预可研的）头二位编码套为“2M2”	A+B C D	勘探 详查 普查	2M21 2M22 (2M23) (2M23)	2M21 2M22 2M22 2M22
由于有用组分含量低、或有害组分含量高、或矿层（煤层）薄、或矿体埋藏深、或矿床水文地质条件复杂等而停建、停采的矿区的单一、主要矿产储量及其他已（能）综合回收的共、伴生矿产资源及闭坑矿区储量	因内部原因停止利用的储量（次边际经济的、可研的）头二位编码套为“2S1”	A+B C D	勘探 详查 普查	2S11 (2S12) (2S13)	2S11 2S22 2S22
由于有用组分含量低、或有害组分含量高、或矿层（煤层）薄、或矿体埋藏深、或矿床水文地质条件复杂等酌定为近期难以利用和近期不宜工作矿区的单一、主要矿产储量及其能综合回收的共、伴生矿产储量及不能综合回收的共、伴生矿产的储量及表外储量	因内部原因停止利用的储量（次边际经济的、可研的）头二位编码套为“2S2”	A+B C D	勘探 详查 普查	2S21 2S22 (2S23)	2S21 2S22 2S22
未能按上述要求确定编码的矿产资源储量	如利用情况不明的普查、详查、勘探的储量且未作可行性研究及可供进一步工作矿区储量（内蕴经济的、概略研究的）暂列为资源量，编码确定为“33”。开发前进行可行性研究，以可行性论证结果确定其经济意义后再行归类	A+B C D	勘探 详查 普查	331 332 333 334	331 332 333 334

作者简介：

焦玉书，教授级高级工程师，原冶金工业部鞍山黑色冶金矿山设计院院长，中国金属学会常务理事，采矿分会副理事长。

Fe

露天采矿工程

LUTIAN CAIKUANG GONGCHENG

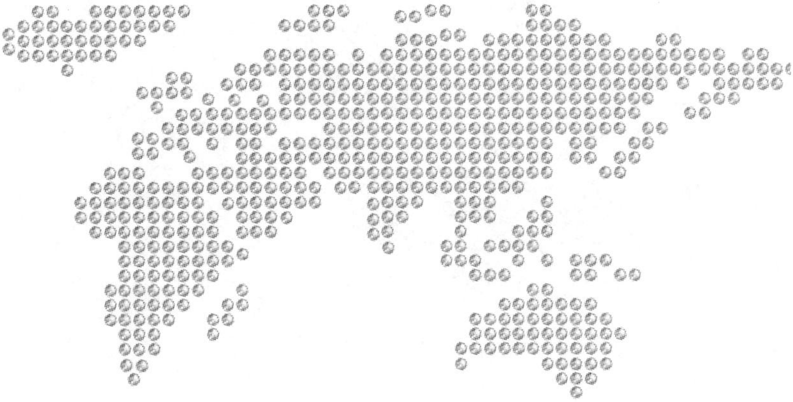

首钢水厂铁矿采选生产技术创新与应用

齐宝军

（首钢矿业公司）

2012年4月18日

1 引言

首钢水厂铁矿是首钢的主要原料基地之一，为采选联合生产的矿山。矿区位于河北省迁安市境内，西至北京200km，西南至唐山80km，东南至迁安市20km，矿区交通方便。铁矿于1968年建成投产，矿石生产规模1100万吨/年，截至2011年底，累计采出矿石3.21亿吨、岩石11.86亿吨。

首钢水厂铁矿从地形最高的开采标高+310m下降到-155m，已转为深凹露天开采。随着开采深度不断增加，露天采场边坡越来越高，生产安全问题日益突出；采场空间越来越窄，运距大幅增加，设备效率不断降低，矿山生产能力不断下降；矿石成本显著增加，这是露天深凹采矿生产普遍存在的客观规律。但从采矿生产技术角度分析，几年来，我们在采矿方面从采场边坡角和运输工艺方式的选择以及生产组织运行控制方式等多方面入手，通过采取一系列技术创新手段，有效克服了上述不利影响，提高了企业的经济效益；在选矿方面从分析制约影响生产、充分回收资源、提高设备效率的关键环节、关键因素出发，通过改进工艺流程，尾矿品位降到了6%以下，流程效率提高14%，全流程实现了自动监控，自动程度极大地得到提高，改善了文明生产环境。

2 水厂铁矿现状

2.1 采矿

水厂铁矿有南、北两个采场，两个采场在+34m以上连通，+34m以下形成两个独立境界。由于外部原因，目前南采场生产受影响，只有北采场正常生产。

北采场呈狭谷形开采状态，南北向长约2500m，东西向宽约500m。采场边坡最高标高为310m，最低开采标高-350m，采场封闭圈标高+80m，采场总体边坡角41°~46°，台阶坡面角65°。目前采场最高开采水平205m，最低-140m，采场北帮-34m、上盘-34m，水平基本已开采到界。

矿山生产采用45-R和YZ-55牙轮钻机穿孔，铵油和乳化油炸药爆破，$10m^3$和$16.8m^3$电铲装车，130t、150t和170t矿用卡车运输。

采场内采用汽车胶带半连续开拓运输方式，一条矿石胶带运输系统，两条岩石系统。岩石运输胶带机带宽1.6m，矿石带宽1.2m，采场内共有两台可移式破碎机、一台半固定破碎机。河东、河西排土场各配备同一型号（奥钢联）排岩机1台。水厂铁矿采场现状如图 1 所示。

图 1　水厂铁矿采场现状

2.2　选矿

2.2.1　矿石性质特征

水厂铁矿属于鞍山式沉积变质矿床，主要出露地层为太古界，其次为上元古界和新生界地层。矿石按矿物组成的不同可划分为四个类型：磁铁石英岩、辉石－磁铁石英岩、赤铁－磁铁石英岩和赤铁石英岩，其中以磁铁石英岩最多。

矿石中主要金属矿物为磁铁矿，其次为少量的赤铁矿、菱铁矿和黄铁矿；脉石矿物主要为石英，其次为辉石、角闪石、碳酸盐类和云母等。

铁矿物以中粗粒结构为主，一般粒度为 0.5mm 左右。磁铁矿一般呈他形晶粒状集合体与辉石嵌镶组成深色条带；另有一部分自形晶程度较好的细粒磁铁矿分布在以石英岩为主的浅色条带中。矿石中被氧化的假象赤铁矿多在地表氧化带沿磁铁矿的解离裂隙发育或在矿体的断层带附近，并由地表到深部逐渐减少。石英粒度 0.2 ~ 0.5mm，呈犬牙交错嵌镶组成定向排列的浅色条带。透深辉石 0.15 ~ 0.5mm，呈半自形板状晶体定向排列，与紫苏辉石、磁铁矿嵌镶组成深色条带。紫苏辉石粒度细的为 0.3 ~ 0.5mm，粗的为 2 ~ 3mm。矿石的构造以条带状及粗条纹为主，其次是片麻状和条纹状，还有少量的块状及细条纹状。

该矿区矿石品位较低，矿石抗压强度为 117 ~ 137MPa，普氏硬度为 12 ~ 14，密度为 $3.2g/cm^3$。

2.2.2　选矿工艺及选厂布置

水厂铁矿有两个选矿厂。老厂于 1971 年建成投产，后又扩建 4 个系列，共有 12 个磨选系列；新厂于 1992 年建成投产，有 7 个磨选系列。两个选矿厂的原矿处理能力合计为 1800 万吨/年，但由于资源紧张，目前年处理原矿量仅为 1100 万吨左右，年生产精矿粉 300 万吨左右。设计原矿品位为 27.53%，精矿品位为 68% 左右。

两个选矿厂的破碎系统均采用“三段一闭路”工艺流程。粗破为两个系统共用，有两台，其中 1 台安装在选厂，采用 PX－1400/170 型液压旋回破碎机，另 1 台安装在采厂内，采用克虏伯生产的 KB－6375 型液压旋回破碎机；中碎采用 PYB－2200 型标准圆锥破碎机，新、老厂各3台；细碎采用PYD－2200型短头圆锥破碎机，老厂安装8台，新厂安装10台；筛分采用SZZ1800×3600mm自定中心振动筛，每两台振动筛对应于1台细破机，与细破机形成闭路。破碎的最终产品粒度为0～12mm。

磨矿采用二段闭路流程。一段磨矿采用格子型球磨机与螺旋分级机组成闭路，老厂球磨机型号为ϕ2700mm×3600mm，分级机型号为2FLG－2000×8200mm，新厂球磨机型号为ϕ3600mm×4500mm，分级机型号为2FLG－3000×12000mm；二段磨矿采用溢流型球磨机与高频振动细筛构成闭路，老厂球磨机采用ϕ2700mm×3600mm型，高频振动细筛采用MVS2020型，每系列配置4台，新厂球磨机采用ϕ3600mm×4500mm型，高频振动细筛采用MVS2020型，每系列配置10台。最终精矿产品细度－0.074mm占80%以上。

选矿流程为阶段磨矿、阶段选别，细碎后的原矿在进入磨选作业前，先进行磁滑轮干式抛尾，以提高入磨矿石的品位，降低磨选消耗。一段磨矿分级后的合格产品由一段筒式磁选机选别，尾矿自流入浓缩池，精矿自流入二段磨机，经二段磨矿后的产品由二段筒式磁选机选别，尾矿自流入浓缩池，精矿由高频振动细筛进行筛分，筛上物经筒式磁选机浓缩后返回二段磨机再磨，筛下物经精选机（磁选柱）选别，精矿再由三段筒式磁选机选别后给入过滤作业（见图2）。

根据厂区地形特点，粗碎、中碎、细碎厂房、主厂房、浓缩池依地形而建，老厂在平面上呈“L”形布置，新厂在平面上呈“Z”形布置。

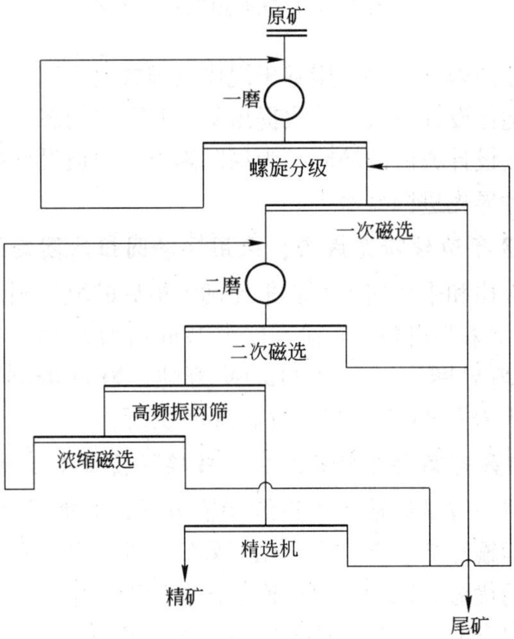

图2 水厂铁矿选矿工艺流程

3 采选工艺生产技术创新

3.1 采场境界优化

水厂铁矿从1968年开始建设以来，先后进行了5次修改设计。目前执行的采场境界优化相比以前取得了以下突破。

3.1.1 对露天边坡角各区优化较原设计平均提高了3°~4°

水厂铁矿在2003年的采场修改设计时，首先进行了合理边坡角研究这项工作。通过补充勘探，在北采范围内水厂铁矿与北京科技大学合作进行了项目研究工作。分区情况如图3所示。

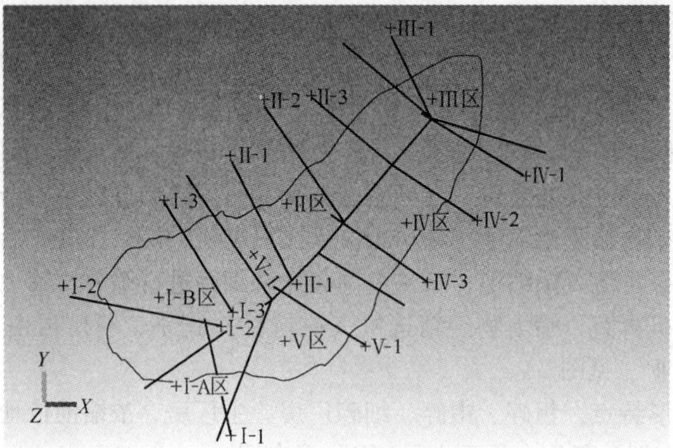

图3 水厂铁矿边坡新分区图

这次边坡研究，在国内外首次采用基于现代三维数值模拟与三维极限平衡分析相结合的边坡稳定性分析和优化设计方法，首次提出基于GIS的动态三维极限平衡分析方法。这种方法克服了传统边坡设计方法的缺陷，为深凹露天矿边坡设计提供了科学的方法，使水厂铁矿边坡设计达到世界先进国家水平。

3.1.2 根据2003年边坡研究成果，采用浮动圆锥法圈定采场最终境界

主要根据增量剥采比和采场内平均剥采比确定最后的境界剥采比，水厂铁矿境界剥采比为$8m^3/m^3$。采用大型采装设备，台阶高度由12m增加到15m，同时采取两台阶一并段的形式，修改后露天境界圈定矿石21115.69万吨，岩石48037.69万吨，平均剥采比2.27t/t。较原设计减少岩石3467万吨，效益2605万元。

3.1.3 选用深凹露天高效开采的汽车—破碎—胶带半连续运输工艺

采用汽车—破碎机—胶带运输机半连续运输方式，既能够充分发挥汽车运输机动灵活、适应性强、短途运输经济、有利于强化开采的长处，又可发挥胶带机运输能力大，爬坡能力强，运营费低的优势，同时配合以连续作业的高效率排土机，解决用地及提高排土效率，这种运输方式组合能够达到最佳的经济效益。采场内布置3条胶带系统，东帮布置一条矿石胶带，矿石系统运输能力为1100万吨/年。另一条为岩石胶带，东部排岩系统排岩量1900~2100万吨/年。矿、岩破碎分别选用两台可移式破碎机；西帮布置一条岩石胶带，西部排岩系统排岩量1600~1800万吨/年，岩石破碎选用固定破碎站。西排系统，由1座60×89旋回式破碎站、3条固定式胶带机、1条移置机胶带、1条筑路式胶带机和电控系统组成（2003年排岩机投入替代了临时使用的筑路机）；2006年3月份投入生产运行的东部排岩系统，由一座克虏伯公司KB63－75液压旋回可移动式破碎站、4条固定式

胶带机、1条移置机胶带机和奥钢联设备技术的排岩机组成；2006年8月矿石胶带运输系统建成投产，由一座克虏伯公司KB63－75液压旋回可移动式破碎站、两条固定式胶带机和电控系统组成。随着矿石胶带运行的正式投入运行，首钢水厂铁矿半连续开采工艺设计的3条胶带运输系统全面投入运行，形成了“一体两翼”的现代化露天矿山开采格局，采矿工艺水平得到了进一步提升，矿车出采场直接排往最终卸点的运输方式成为了历史。

3.1.4 汽车—胶带半连续运输系统实施技术攻关

汽车—胶带半连续运输系统技术含量高，在随后的具体实施研究过程中，解决了金属露天矿汽车—胶带半连续运输系统设计、施工和运行过程中的一系列关键技术问题，系统生产效率和作业率在国内达到最高。

包括：系统各环节之间的最佳衔接与配合技术；半移动式破碎站整体优化技术；胶带机高技术含量设备（装置）系统集成技术；胶带系统自动控制及安全运行保障技术；胶带排土工艺及参数优化；采场内半动式破碎站合理移动步距优化。

其中：提出的半移动式破碎站整体优化技术；取消重型板式给料机和大型钢矿仓，矿车通过钢结构栈桥直接向破碎机受料槽翻卸物料，减少了设备数量和故障点；钢支撑结构简化并模块化，便于搬迁；采用大型汽车吊和平板拖车配合迁移，节省进口专用履带驮车的巨额费用；在满足生产能力的前提下，旋回式破碎机由60″×89″型改为63″×75″型，扩大了入料口尺寸，有利于生产使用并减轻了主机质量。

这种国内外独树一帜的半移动式破碎站，单台设备总质量由原设计方案的1800t降到1000t左右，投资（合同价）折合人民币比原方案节省约50%，走出了一条具有系统效率高、设备质量轻、投资省且投资效益好的我国建设新路子。

实施的胶带机高技术含量设备（装置）的系统集成，采用了美国罗克维尔公司的CST可控软启停装置、中国矿业大学的液压张紧装置、美国朗艾道公司特制注油托辊、内置金属网的抗撕裂型胶带、多种保护警报装置以及PLC自动控制系统等一系列先进技术和装备，提升了全系统的安全性和运行的经济性。

提出的胶带排土工艺及参数优化，在确保安全的前提下，优化了排土场境界和标高，加大了排土高度，减少了排土占地。

选取的运输工艺实施效果：与工程投入运行前相比，半连续开采工艺在降低运营费用上创造了可观的经济效益。3条胶带运输系统投入运行后，运行西排方向的汽车爬升高度降低了103m，东排方向高度降低了200m，矿石运输方向高度降低了134m。由于汽车爬升高度降低、平均运距缩短，经测算，矿岩通过胶带运输与矿车直排运输相比，可降低综合物耗成本1.04元/吨，年创经济效益5700万元。

采场内半动式破碎站合理移动步距优化：建立了半连续皮带运输成本模型，按成本最优的原则确定了矿岩破碎站合理移动步距。

3.1.5 首次进行单线陡坡联络路研究

随着胶带运输系统的不断建成，汽车运输仅服务于采场工作面与破碎站之间，因此，自采场出入沟至最终破碎站之间的运输公路的等级标准不必设计过高，可以打破传统设计的双行路宽、平缓纵坡的技术要求。首次提出了单线陡坡联络路研究成果，即单车线运输平台宽度取18m，较原设计27m减少9m；单坡段纵坡取9%，较原设计8%提高1%；中间错车区设置在两坡段间的缓冲平台为止，缓坡段长50m，公路调整范围为出入沟104m

至最终破碎站 -200m 之间。

运输坡道加陡可减少剥岩量 827 万立方米，效益 1.33 亿元。此项研究技术取得了国家专利。

3.2 开采方法研究

针对不同部位采用缓帮与陡帮开采相结合的方式，满足矿山日常持续稳定生产的需求。

北采场南部由于受外界客观因素影响推进缓慢，采用组合台阶式的陡帮开采，其余为缓帮开采。组合台阶的主要参数为：4 个台阶为一组，每组中有一个工作台阶和 3 个临时非工作台阶，工作台阶的平台宽度为 50 ~ 70m，临时非工作台阶平台宽度 20m 左右，组合台阶的工作帮坡角为 20° ~ 25°，每组台阶的一次推进宽度 50 ~ 70m。

3.3 数字采矿建设

利用 Surpac 三维工程软件以及与其他软件、系统相结合，优化了日常工作过程，实现了资源共享（测量、地质、采矿技术人员在一个交互平台上进行工作），日常的技术工作全部利用软件进行，极大地提高了技术方案的科学性、准确性以及工作效率。

3.3.1 测量、地质、采矿技术

2004 年初引进澳大利亚 Surpac 矿山工程软件，经过一段时间的研究摸索，于 2006 年正式应用于日常技术工作之中。利用这个软件，建立了数字三维空间地质数据库，矿体实体、块体模型，实现采矿优化设计和采掘计划编制的自动化。通过这一软件的应用，取得了以下效果：

在修图方面：将技术人员从繁琐的图纸修改、手工绘制中解脱出来。

在算量方面：无论是地质矿量计算，还是采场验收算量、采场设计算量等工作在数分钟内即可准确完成，尤其在大范围、多约束算量时利用软件计算优势更加明显，是传统手工算量无法比拟的。

在设计方面：使得采场技术工作更加直观化、科学化，在大型采场优化境界方案比较时，运用这个软件 10min 即可完成一个方案，相当于按以前人工的设计方式，至少 1 人两个月所能完成的工作量，大大提高了工作效率。

通过工艺流程分析，利用专业知识和软件的融合将原来的一个个信息孤岛，一步步实现了无缝链接，方便了日常工作使用，提高了工作效率（见图 4 和图 5）。

3.3.2 爆破工艺技术

露天矿台阶垂直中深孔微差爆破计算机自动设计与模拟系统与 Surpac 软件相结合，根据 Surpac 软件提供的地形和地质数据库、爆破分区条件及爆破工程要求，在爆破模拟系统中相应确定爆破设计中的各种参数，自动生成完整的爆破设计文件，并将设计结果上传至牙轮钻 GPS 定位穿孔系统。

通过自主研制的牙轮钻机厘米级高精度定位穿孔系统的实施，实现了计算机爆破设计结果传至 GPS 钻机定位穿孔系统，直接定位穿孔作业，取消了原来的返点、放点、测量孔位等测量环节，提高了穿孔工作自动化控制水平和精度，减轻了测量工作强度，达到管理过程精细化、控制过程数字化（见图 6 和图 7）。

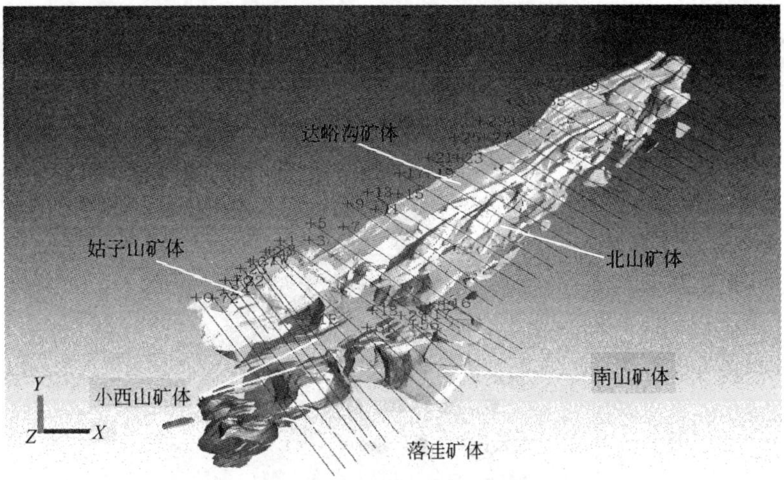

图4 水厂铁矿地质模型

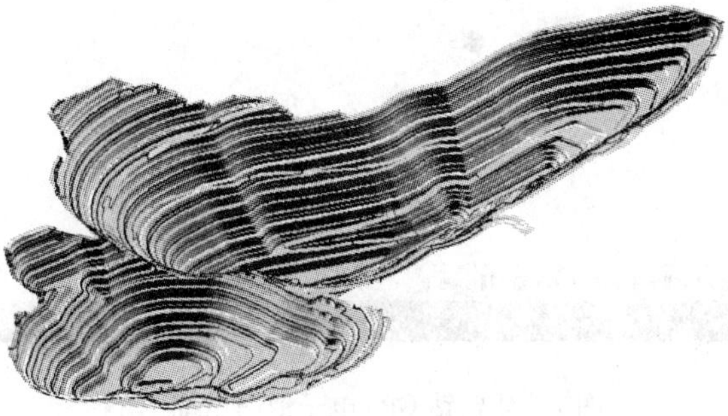

图5 水厂铁矿采场境界

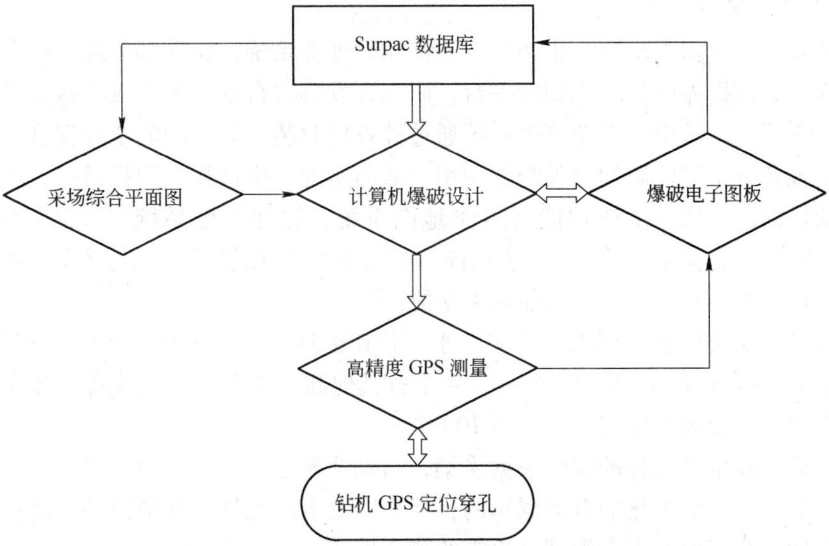

图6 牙轮钻 GPS 穿孔爆破工艺技术流程

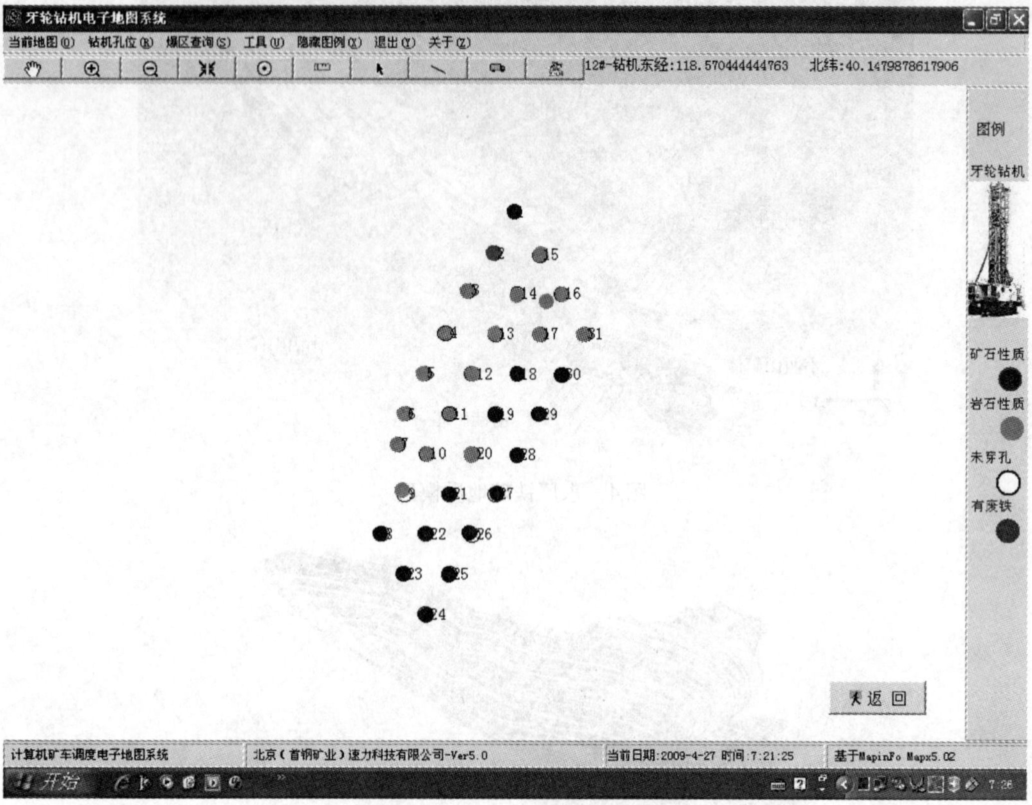

图7 牙轮钻 GPS 电子地图系统

3.4 露天矿车计算机自动调度系统

自主开发了大型露天矿自动化调度智能终端软硬件系统，建立基于地理信息系统的以电子地图为基础数据库的自动化调度平台，研制开发具有自主知识产权的露天矿自动化调度模型和软件系统。其中，自动调度系统通过计算机对装、运、卸的全过程进行控制与管理，自动实现各种生产资源的合理配置利用，从而实现效率最高，消耗最低，产量最大的智能派车的目标。包括：生产功能（电子地图系统、智能调度系统、多品种动态配矿、生产数据实时采集、设备点检）、安全功能（防碰撞安全预警等五项内容）、系统维护功能、数据统计、查询功能、扩展功能六大功能。

该系统已成功应用于首钢水厂铁矿，水厂铁矿采区作业面长约 3.8km，宽约 1.7km。采区共有电铲 10 台；矿车 38 台；破碎站 4 个；其他卸车地点 9 个；道路网络节点数约 40 个；合计需要进行管理和控制的点位为 100 个。

对装、运、卸生产过程的实时数据采集，自动实现各种生产资源的合理配置、利用，实现消耗最低，产量最大化的自动派车的目标，以及生产人员与移动设备自动化定位、跟踪及生产调度，全面提升生产管理与决策的科学性。

通过采矿自动调度系统的实施，实现两个提高两个降低。

(1)（提高生产效率）系统自动优化车、铲配比，达到车不等铲，铲不待车，车辆运距最短的效果，从而实现整体生产能力的提高。据测算采矿综合效率提高8%～20%。

(2)（提高管理水平）系统提供了设备在采场中的动态位置，实时采集生产过程中的原始数据，提高管理水平。

(3)（降低安全事故）安全防碰撞预警系统，有效地避免交通事故的发生。

(4)（降低管理成本）数据的网络化，实现远程监控管理，消除由于地理位置带来的管理不便，减少了现场管理人员，降低管理成本。

水厂铁矿实际应用自主研制的露天矿自动化生产管理和调度信息系统，彻底改变了以往人工调度的生产组织运行控制方式，大大提高了生产效率（见图8）。

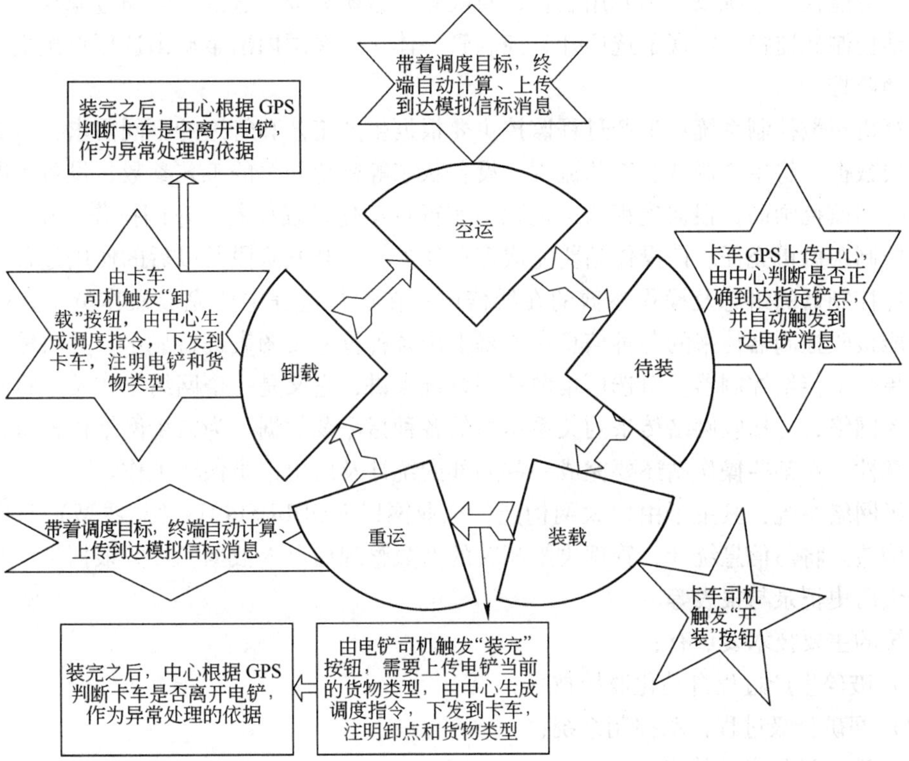

图8 卡车自动调度系统工作流程

3.5 选矿降低尾矿排放品位

不断采取措施降低尾矿品位，逐个工序进行技术攻关与改造，提升选矿工艺水平。自主创新与引进技术相结合，研究应用尾矿复合再选新工艺，采用新型磁选机、应用高频振网筛、自行研制复合闪烁磁场精选机，对选厂尾矿实施强化再选回收。

磁滑轮尾矿的回收：在磁滑轮尾矿皮带上安装干选磁滚筒，对磁性物实施回收，同时，通过振动筛收回尾矿中的细粒部分。该工程分别于2000年、2003年在老厂、新厂实施。每年可收回20.54万吨矿石，品位在18%以上。

湿式尾矿的回收：为充分回收利用资源，在尾矿输送之前建立一座回收厂房，安装16台磁选机，磁场强度为500mT，尾矿品位降低了1.5个百分点左右，每年可收回铁精矿 30.31 万吨。

提高磁场强度，有效降低尾矿品位：为确保各磁选工序尾矿品位的达标，对两个选厂一段磁选机的磁场强度由 180mT 升级到 400mT，并对老厂二段磁选机进行换型改造，尾矿品位降到了 6% 以下。

3.6 选矿过程自动监控与矿山生产信息系统

水厂铁矿根据选矿工艺流程特点，建立了“过程→车间→全厂”三级计算机集散控制及“车间→全厂”两级管理网络系统。研制出具有自主知识产权的破碎控制、磨矿控制、选别智能控制系统及矿山专用装备，对破碎、磨矿分级、选别、浓缩过滤与尾矿输送实施自动控制和监控，实现了选厂计、控、管一体化，在国内冶金矿山选厂首次实现了全流程自动监控。

计算机集散控制系统：生产过程监控主要根据生产工艺和管理的不同需求，分类采集整理底层数据，将生产调度、工艺流程、设备状态等密切相关的工艺参数、设备工况等转化为实时的监控画面，根据流程的工艺状态实行自动化过程控制；车间操作站由 PC 兼容的工业控制级微机充任。该操作站要完成多项任务，在开发阶段及以后的使用过程中，要完成下挂控制器的组态及操作参数的在线修改；在运行过程中要完成操作员工作站的功能，即能接收控制器传来的各种信息在屏幕上用各种符号及图表进行显示，并将输入的各种操作指令下传给控制器。对选厂集散控制系统来讲，它又是一个网络工作站，将本站的信息送入网络，并接收网络传来的关系本站的各种指令及数据。为减少网络传输量，提高系统可靠性，在某些操作站还要完成一些局部的统计及历史记录保存工作。

厂级网络系统：其主干由以太网构造，工业网以 MODBUSPLUS（总线型）与以太网相结合构造。将与信息统计、管理决策相关的参数整理后存入数据库，并根据生产与管理需要提供历史记录与报表等。

系统的主要技术要点有：

（1）破碎生产过程自动化监控技术；

（2）磨矿分级过程自动控制系统；

（3）选别过程自控技术；

（4）过滤过程及主厂房自动监控系统；

（5）尾矿浓缩与输送控制系统；

（6）选厂网络系统研究及信息集成；

（7）形成集中化的自动化与信息化集中控制中心。

3.7 依靠管理和科技创新，多途径回收利用矿产资源

3.7.1 *采矿工序生产过程中充分回收矿石资源*

利用大矿块分选技术，在采矿皮带运输过程中将混入岩石中的矿石在流入排土场之前，提前干选回收，充分利用不可再生的矿产资源。在 2006 年 12 月开始实施至 2011 年 12 月末，西排 H2 皮带、东排 DS 皮带累计回收矿石量 632.4692 万吨，选比按 7.45 倍计算，生产精矿粉为 84.90 万吨。

3.7.2 对已形成的排土场进行干选回收

水厂铁矿建矿以来，共排弃到河东、河西、印子峪等排土场的岩石量达9.4亿吨，这些废石中混杂了可供回收利用的矿石约0.47亿吨。

2007年起先后建成投产5条粗选、1条精选生产线。截至2011年末，累计废石处理量为8270万吨，累计干选回收矿石413.7377万吨，按4.17选比计算，生产精矿粉99.23万吨。

3.7.3 停用尾矿库的尾矿实施再回收

新水尾矿库位于与尹庄尾矿库毗邻，于1971年建成投产，由原冶金工业部鞍山矿山设计研究院设计，由新水村主坝、高峪副坝和磨石庵副坝组成。1995年6月暂停使用，平均坝高230m，累计储存尾矿量约1.026亿吨。

利用2008年新水尾矿库尾砂砂质勘查成果及研究，最终圈定开采境界内可开采尾砂量约为5464万吨。

工艺流程设计确定采用阶段磨矿、浓缩磁选—磁选选别流程。在尾砂最终磨矿细度为-0.074mm 90%的条件下进行了磁选。

2005年12月30日，尾砂再选系统建成投产，开始了对新水尾矿库尾砂的开采，截止到2011年12月末，已累计开采尾砂量为4660万吨，生产精矿粉为145.8567万吨，结存可采尾砂量为804万吨。

3.8 利用尾矿生产建筑砂石

尾矿为固体废弃物，充分利用其潜在价值，既可以变废为宝，产生经济效益，又可以减少土地占用，建设绿色矿山。根据其特点，水厂铁矿对其进行了综合利用。

3.8.1 磁滑轮尾矿的利用

采用圆振筛对磁滑轮选别后的尾矿进行筛分，粗粒经水洗除去其粉状物后可作为合格的建筑混凝土骨料，年产量在55万吨以上。

3.8.2 尾矿砂的利用

在新厂采用直线振动筛对一段磁选后的尾矿进行筛分，除去其中的泥化物，可获取合格的建筑混凝土用砂，年产量在10万吨以上；同时，对浓缩后的尾矿采用水力旋流器进行分级，每年可获取合格建筑用砂15万吨以上。

通过采取以上技术创新，有效回收资源，减少了废弃物的排放，逐步把水厂铁矿建设成资源节约型、环境友好型的绿色矿山。

4 结论

水厂铁矿通过多年来采选技术创新，并将研究成果运用于实际生产系统，巩固和提高了首钢水厂铁矿核心竞争力，是矿山降成本增效益、实现可持续发展的重要举措。从实践来看，取得了巨大的经济效益和社会效益，为类似矿山建设提供借鉴参考。

作者简介：

齐宝军，硕士，教授级高级工程师，首钢矿业公司副总经理。

内蒙古草原奇葩的绽放
——记白云鄂博西矿建设历程

杨占峰[1] 闫常陆[2]

(1. 包头稀土研究院；2. 包钢集团巴润矿业公司)

2012 年 4 月 20 日

白云鄂博是位于内蒙古北部边陲乌兰察布大草原上一座大山的蒙语名字，用汉语讲就是美丽富饶的宝山。随着地质人员对这座宝山的不断勘探与研究，确认它是一座巨大的稀土、铌、铁等多金属共生矿床。凭借它丰富的铁及稀土资源优势，本着协调发展、资源综合利用的原则，建立了包头钢铁和包钢稀土两大行业巨头。

白云鄂博矿床分主矿、东矿和西矿 3 个主要矿体，建国以来，一直以开采主矿和东矿为主。在 21 世纪初，由于铁原料需求量加大和稀土资源保护这两大因素的凸显，开采西矿已成为必然。2005 年以来，包钢对西矿进行了采矿、选矿和输送一系列的工程建设，并于 2010 年底全部建成并达产。

本文主要记述西矿开发的有关工艺技术路线及建设历程，望与同行共勉。

1 地理与经济

1.1 地理位置和气候

国家为了开发白云鄂博矿床在当地设立了白云鄂博矿区（县级），矿区隶属包头市管辖，东距达茂旗约 45km，南距包头市区约 150km，有包（头）—白（云）公路、铁路直达包头，距自治区首府呼和浩特 210km。区内地形平坦，绝对标高在 1500～1700m，以白云鄂博山为最高，其绝对标高为 1783.9m。矿区内外道路畅通，交通较为方便（见图 1）。

白云鄂博矿区气候属高原大陆性气候类型，空气干燥，年降雨量在 97.7～381.6mm，蒸发量年平均 2754.3mm，夏季短、冬季长，昼夜和四季温差都大，结冻期自十月至翌年的四月，冻土深度达 2.30～2.60m。冬春多风，风向多变，风速较大。

1.2 社会经济

矿区总面积 303km^2，人口 2.2 万。为使脆弱的半荒漠化草原不再恶化，现政府已全面禁垦禁牧，地方经济也相对落后。地方工业以矿产品的开采加工为主，现开采的矿种主要有铁矿和稀土矿。

矿区周围无大的河流，艾不盖河和白云布拉格间歇式内陆河由于多年的开采已不能满足当地居民基本生活及生产用水。

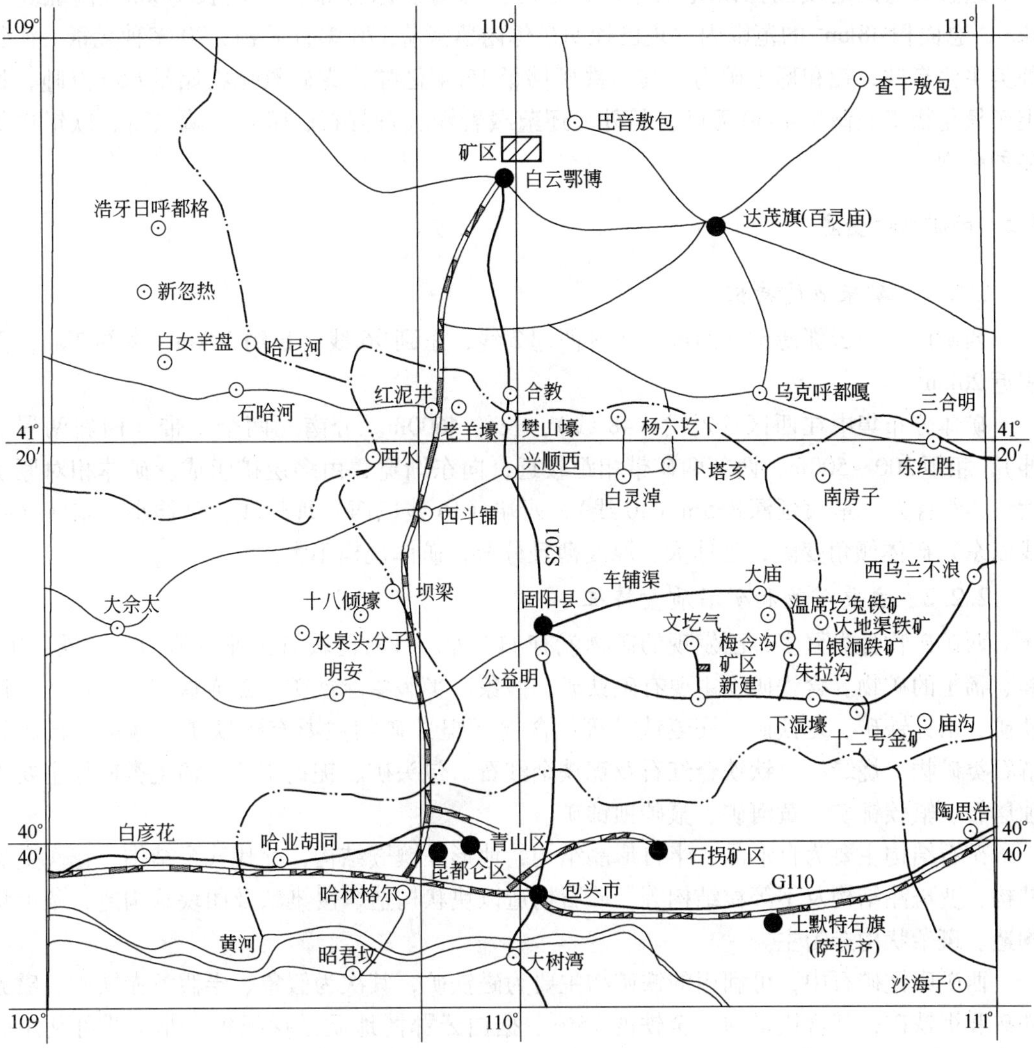

图 1 矿区交通位置图

2 地质资源

2.1 矿床勘探及资源储量

白云鄂博矿区自 1950 年起，先后有华北地质局 241 队、原包钢 541 队、中苏科学院合作地质队、中国科学院地质研究所及贵阳地化所、地质部 105 队、内蒙古自治区地质局第一区域地质测量队、包钢勘探队等单位对白云鄂博投入了大量的地质勘探和地质研究工作。

1978 ~1980 年，白云地区冶金地质会战指挥部组织内蒙古、燕郊、陕西、天津地调所等 12 个单位，对西矿的中区（16 ~48 勘探线）进行了勘探，西区（2 ~16 勘探线）进行了详查，东区（48 ~96 勘探线）进行了普查。

通过大量的地质勘探研究工作，确定白云鄂博矿床分布在东西长18km，南北宽约3km，总面积48km^2 的范围内。现已探明矿体内蕴藏着170多种矿物，70多种元素。矿物种类主要有铁、铌和稀土矿物，其中铁矿储量15.4亿吨，铌矿氧化物储量660万吨，稀土矿氧化物工业储量4350万吨。另外，还蕴藏着铜、石英石、萤石、磷灰石、软锰矿等多种矿物。

2.2 西矿地质资源

2.2.1 矿床地质特征

西矿位于白云鄂博矿床西部，矿区西起2线，东到96线，长约10km，宽约2km，面积近20km^2。

矿体分布集中在西区（2线～48线），长约4600m。分南北两个矿带（向斜两翼延伸），相距200～500m，西部两矿带相距较近，向东渐宽，由多层矿组成。矿体相对厚度大，连续性好，最大延深855m（40线）；西端（16线以西）埋藏浅，延伸小。东区（48线以东）矿体倾角变陡，延伸大，厚度薄且分散，矿体规模不大。

2.2.2 主要矿物和矿石质量特征

西矿矿物种类繁多，已发现的矿物就有112种，目前比较有工业价值的是含铁、铌、钽、稀土的矿物。含铁矿物主要有磁铁矿、假象、半假象赤铁矿、磁赤铁矿、褐铁矿、针铁矿、水针铁矿、菱铁矿、镁菱铁矿等；含铌（钽）矿物主要有铌铁矿、锰铌铁矿、易解石类矿物、烧绿石、钛铁金红石及铌铁金红石、包头矿、铌钙矿等；稀土类矿物主要为独居石、氟碳铈矿、黄河矿、氟碳钡铈矿。

矿石结构主要为自形晶、半自形晶结构，他形晶镶嵌结构，交代残余结构，花岗变晶结构，变斑晶结构及不等粒结构等。矿石构造以块状构造、浸染状及团块状构造、条带状构造、斑杂状构造为主。

西矿床铁矿石中，可利用的铁矿物主要为磁铁矿，其次为假象、半假象赤铁矿、磁赤铁矿和褐铁矿，其含铁量约占全铁的75%。据白云鄂博地质勘探报告，非工业可利用的铁约占25%，主要是含铁碳酸盐、含铁硅酸盐及铁的硫化物。

西矿床铁矿石全铁含量一般在30%～35%之间，沿矿体走向和倾向均比较稳定，各矿体间差别也不大。

铁矿石自然类型分两种，一种为白云石型铁矿石，约占全部铁矿石的80%，以磁铁矿为主，磁铁矿中铁的占有率为72.57%，其次为碳酸铁，约占15%；另一种为云母闪石型铁矿石，约占全部铁矿石的20%，也以磁铁矿为主，磁铁矿中铁的占有率为74.77%，其次为硅酸铁，约占11%。两种类型矿石的选矿指标接近。

铁矿石工业类型：地质报告报道按 mFe/TFe＜67%划分氧化矿，计算的氧化矿石占全区总储量的4.4%。

2.2.3 矿石资源/储量

地质报告将铁矿石分为表内铁矿（TFe≥28%）和表外铁矿（23%～28%）资源/储量进行了估算。

西区2～48线地质报告中提交并批准的铁矿石资源/储量为X0743.56万吨，其中表内矿 X1328.65 万吨，矿石平均品位 TFe33.35%。表外矿 X414.91 万吨，平均品位 TFe 24.94%。

在采矿登记范围内 2～48 线，1210m 标高以上，核实保有资源/储量为 X7728.26 万吨，其中表内铁矿石为 X0268.51 万吨，表外铁矿石为 X459.76 万吨。

3 采矿工艺

3.1 开采方式及开采规模

根据矿区资源条件和开采技术条件，2～48 勘探线采矿登记范围内大部分矿体适合露天开采。

2～48 线采矿范围内，初步设计所确定的露天开采境界底部标高 1152m，境界内矿石量（表内＋表外）43861 万吨，矿石平均品位 TFe 32.26%，MFe23.92%，岩石量 185982 万吨，平均剥采比 4.24t/t。露天开采生产规模为矿石 1500 万吨/年，采剥总量 11250 万吨/年，开采年限 34 年。

露天开采境界外矿石 X6710 万吨，拟全部采用地下开采，其中 1152m 标高以上绝大部分赋存在东采场下部和东西采场之间，边帮矿回采规划在露天开采后期陆续实施；1152m 标高以下可采矿量规划在露天开采结束后采用地下开采。

3.2 露天境界和开拓运输

3.2.1 露天开采境界圈定

设计采用境界剥采比（浮锥剥采比）不大于经济合理剥采比（$9m^3/m^3$）的原则，圈定了露天开采终了境界，圈定结果，在 2～48 勘探线开采范围内形成一个大型露天采场，长 4700m，宽 1100m。1536m 标高以下以 26～28 勘探线为界分为东、西两个露天采场，东采场露天底标高 1212m，西采场露天底标高 1152m。地形标高 1620～1668m，封闭圈以下深 456m（见图 2）。

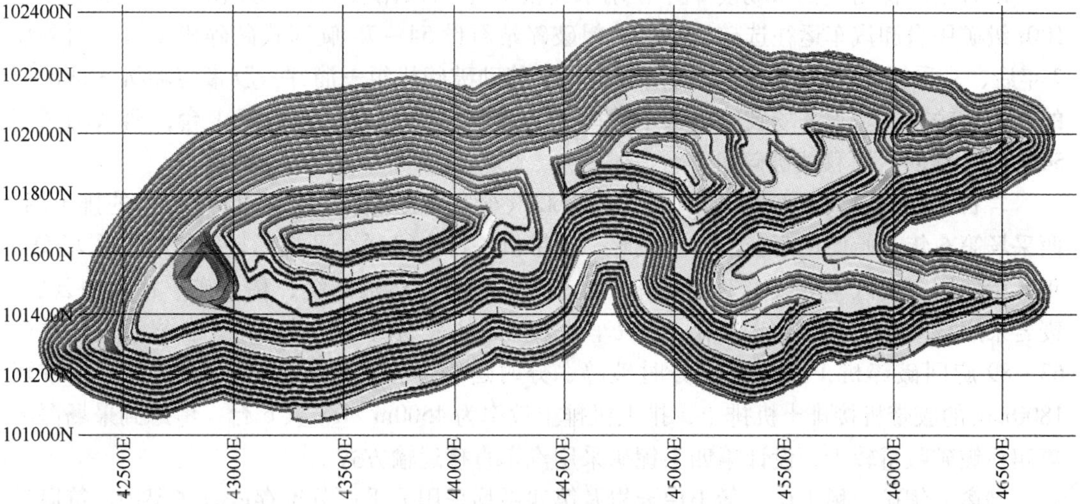

图 2 露天矿终了平面图

3.2.2 开拓系统

露天矿主要技术参数见表1。

表1 露天矿主要技术参数表

指标名称		单位	东采场	西采场	合计
开采最高标高		m	1632	1668	1668
封闭圈标高		m	1620	1620	1620
露天底标高		m	1212	1152	
地表尺寸（长×宽）		m	2200×1100	2500×1050	4700×1100
露天底尺寸（长×宽）		m	220×60	500×100	
开采阶段高度		m	12	12	
最终并段高度		m	24	24	
平台宽度		m		7~9（第四系7.5）	
运输平台（双车道/单车道）		m		30/20	
阶段坡面角：	工作时	（°）		75	
	终了时	（°）		65（第四系45）	
最终边坡角		（°）		44~46	
境界内矿量		万吨	16223	27638	43861
其中	氧化矿	万吨	2399	4857	7256
	混合矿	万吨	13824	22781	36605
境界内岩量		万吨	72790	113192	185982
平均剥采比		t/t	4.49	4.10	4.24

矿石生产初期（西采场前5年，东采场前6年）采用公路汽车开拓方式，采用载重100t级矿用自卸汽车运往选矿厂。矿石粗破碎站石设54~75旋回式破碎机1台。西采场7年后、东采场8年后，采用采场内汽车—半移动破碎机组—溜井—胶带运输机—选矿厂的开拓运输方式。东采场破碎机选用进口1216（颚式）可移式破碎机1台，西采场选用54~75（旋回）可移式破碎机1台。

岩石初期采用载重172~223t级矿用自卸汽车直接运往露天采场100m以外的排土场。西采场第6年开始使用两套汽车—破碎—胶带机—排土机联合开拓运输系统；东采场第9年开始使用1套汽车—破碎—胶带机—排土机联合开拓运输系统；稀土矿、稀土白云岩、废岩采用载重172~223t级矿用自卸汽车从采场运往采场内岩石破碎站。各岩石破碎站设63~89旋回破碎机1台，采用分时破碎、分时运输、分别堆存，破碎后的岩石经带宽1800mm的胶带机接排土机排土，排土机排土效率为$4500m^3/h$，共6台。考虑到采场深部第四系铌矿数量较少，设计第四系铌矿采用汽车直接运输方式。

剥离的铌矿、稀土矿、稀土白云岩及第四系均采用分采、分堆存放方式保护，待以后开发利用。

3.3 采矿方法

矿山露天开采采剥工艺为牙轮钻机穿凿中深孔，炸药爆破崩落矿岩，单斗挖掘机装载自卸汽车。

采场划分水平台阶，由上向下逐层开采，由于地质条件复杂，矿体多而薄，矿岩品种多，均需分采，采用开采台阶高度12m；推进至终了境界时每两个台阶并段为24m；采、剥工作面沿矿体走向方向（东西方向）布置，向南北两侧推进。

为了有效均衡生产剥采比，采用组合台阶和倾斜分条（临时非工作帮）的陡帮开采工艺，生产剥采比为最大为6.5t/t。

3.4 采矿主要设备

露天开采主要设备见表2。

表2 露天采矿主要设备

序号	设备名称	设备数量/台
1	16~27m^3 铲	11
2	8~10m^3 铲	8
3	310mm 型牙轮钻	21
4	潜孔钻机	4
5	CAT98XX 型 5~7.5m^3 前装机	4
6	470HP/351kW 推土机	19
7	BCRH-15 乳化油炸药混装车	4
8	BCLH-15 铵油炸药混装车	9
9	液压碎石机	4
10	载重 223.3t 的电动轮式矿用自卸汽车	52
11	载重 108t 的电动轮式矿用自卸汽车	26

3.5 排土场

设计位置在露天采矿场的北部和西侧，汽车排土场与排土机作业排土场均根据岩石性质的不同设置不同的排土场。开采境界外100m以外设置汽车排土场，以接纳第四系、铌矿与前期以汽车直排方式排弃的稀土、白云岩及废岩。在汽车排土场以外设置排土机排土场，根据岩石性质分别堆存稀土白云岩与废石。

采场内剥离的稀土、白云岩、废岩、铌矿及第四系均采用分别堆存的方式排弃到相应的排土场。

采场初期浅部的稀土、白云岩、废岩及全采场的铌矿、第四系采用电动轮式矿用自卸汽车运输、推土机推排的排土工艺，由电动轮式自卸汽车运到相应的汽车排土场内的排土工作平台卸载后，根据需要采用推土机将遗留在工作平台残余的剥离物推向阶段边帮。

采场后期深部剥离的稀土、白云岩及废岩采用汽车—破碎机—边帮胶带机联合运输方式运输至排土机排土场，按稀土白云岩、废岩排土场进行分别排弃（见图3）。

图3　采矿工艺

3.6　采矿工程建设

2004年12月10日西矿采场开始基建剥岩。随着包钢发展对铁原料需求量的不断加大，白云鄂博西矿在建设过程中先后四次修改开采规模：即300万吨/年→600万吨/年→1000万吨/年→1500万吨/年。在最终确定1500万吨矿石/年规模的设计中，采用先进的采矿方法（陡帮剥岩，缓帮采矿的采矿方法，长段沟纵向采剥）和采用大型采掘设备，确保经济合理开采。前期采用单一汽车开拓运输，为节约成本，后期采用汽车—破碎—胶带联合开拓运输。

1500万吨/年的采矿工程在初期设备能力不足、人员缺乏、资金有限的情况下与多家民营单位合作，通过订立合同的采矿方式，加快了工程进度。与此同时，自有采矿队伍也不断发展壮大。目前采场投入使用的采矿设备有ϕ310mm牙轮钻机，R9350E全液压挖掘机、WK-10/20/27电铲，2830E、MT3700B/4400AC，SF31904电动自卸车等先进的设备。截至2009年底，采场空间已完全具备1500万吨/年的生产能力，采场形成了完善的初始矿岩运输系统和排岩线初始路堤，有效提高了汽车运行效率。2012年计划采剥总量13460万吨，出矿1628万吨。

4　选矿工艺

4.1　建设规模与产品方案

4.1.1　供矿条件

年生产原矿1500万吨，其中：500万吨为氧化矿，1000万吨为混合矿（磁性率≥67%）。500万吨氧化矿直接输往民营选矿厂进行带料加工，1000万吨混合矿由巴润矿业公司选矿厂处理。

原矿性质：原矿粒度1200 ~ 0mm，原矿品位TFe = 31.01%，密度$3.65t/m^3$，围岩品位TFe = 7%，松散系数1.6，硬度系数（普氏）f = 6 ~ 12，废石混入率7%。

4.1.2 产品方案

1000万吨混合矿选别要求铁精矿品位TFe≥67.5%，有害杂质SiO_2含量 < 4.0%，$K_2O + Na_2O$含量 < 0.40%，F含量 < 0.50%，P含量 < 0.10%，S含量 < 0.18%。

磨矿细度为 -0.044mm≥75%。

铁精矿产量304.58万吨/年。

4.2 主要工艺流程

4.2.1 选矿

4.2.1.1 破碎、磨选工艺流程

（1）破碎采用三段一闭路碎矿流程，最终产品粒度为P95≥（12 ~ 0mm），在中碎工序之后设干选作业。原矿由东西采场通过汽车运到粗破碎（开采一段时间后粗破碎在采场进行，粗碎后的产品通过皮带运送到选厂），主体设备粗破碎采用的是Superior MK - Ⅱ54 - 75旋回破碎机1台，中碎采用了CH880MC圆锥破碎机两台，干选采用CTDG1214N永磁干式磁选机4台，筛分采用LF2460D双层直线振动筛8台，细碎采用CH8800EFX圆锥破碎机3台，细碎与筛分形成闭路，流程如图4所示。

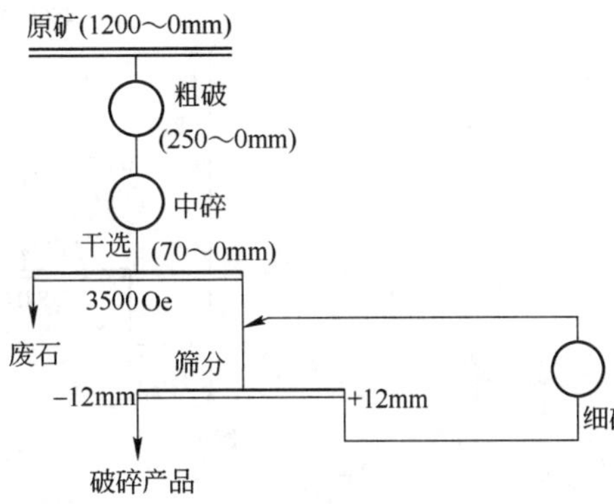

图4 破碎流程

（2）磨选系统。磨矿流程采用三段闭路磨矿，最终的矿石磨矿粒度为 -0.074mm占98%。-0.044mm占80%；选别流程采用阶段磨矿阶段选别流程，选别流程为四段弱磁选。为保证精矿产品硫含量，设有反浮选脱硫工艺。经一粗、二精选别后，铁精矿含硫控制在0.18%左右（见图5）。

图5 磨矿生产线

磨选共分四个系列，主体设备配置情况：一段、二段球磨机采用 5.03m×6.4m 球磨机 8 台，三段采用 4.3m×6.1m 球磨机 4 台；磁选机采用湿式永磁筒式弱磁选 CTB1230（44 台），中磁选 CTN－1230（16 台），浓缩磁选 NCT－1230（12 台）；一、二段分级旋流器采用 ϕ610×6、ϕ350×8 旋流器组（各 8 台套）；三段闭路采用德瑞克五路重叠高频细筛（20 台）；浮选机采用 BF－T20 浮选机（34 台）。流程如图 6 所示。

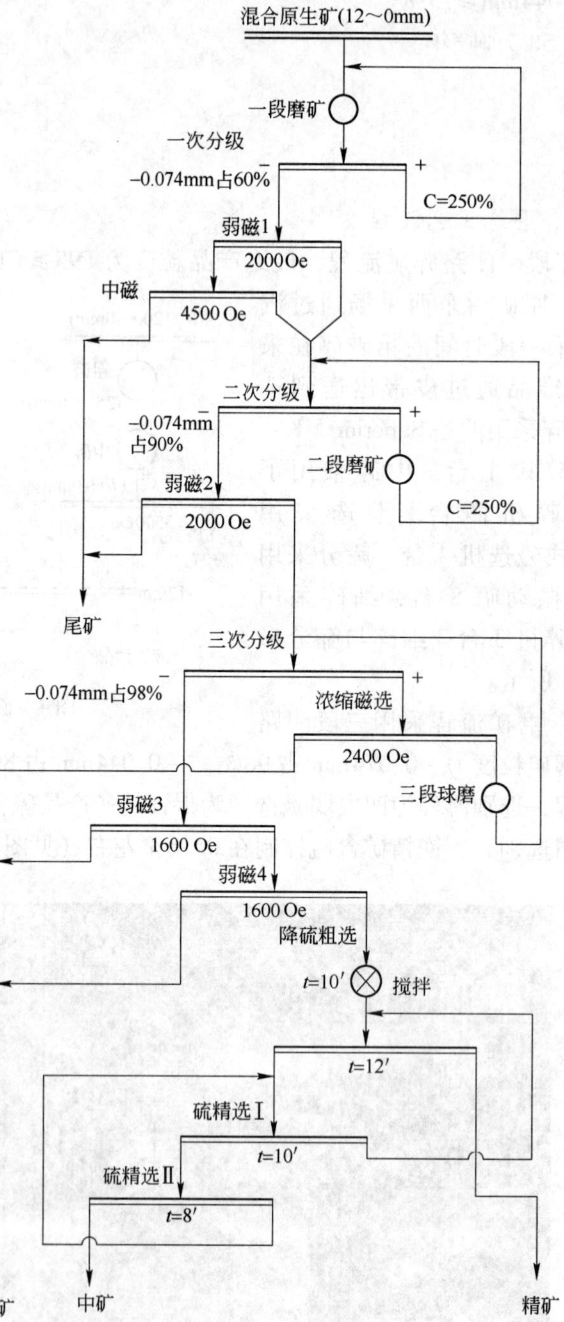

图 6 磨选工艺流程

4.2.1.2 工艺设备选择

破碎设备、筛分、给矿、磨矿、分级、磁选等工艺设备均为经过生产检验的定型产品，质量可靠，能满足生产和工艺要求。

中细碎设备，根据国内大型选矿厂使用经验，选用山特维克 CH880 破碎机。磨矿设备选用国产的 5.03m ×6.40m 球磨机和 4.27m ×6.10m 球磨机。主要设备见表 3。

表 3 主要设备一览表

序号	设 备 名 称	单位	数量	备 注
1	Superior MK－Ⅱ54－75 旋回破碎机	台	1	粗破碎
2	CH880MC 型圆锥破碎机	台	2	中碎
3	CTDG1214N 永磁干式大块磁选机	台	4	干选
4	LF2460D 圆振筛	台	8	筛分
5	CH880EXF 型圆锥破碎机	台	3	细碎
6	ϕ610 ×6 旋流器组	组	8	一段分级
7	ϕ5.03 ×6.4 湿式溢流型球磨机	台	8	一、二段磨矿
8	ϕ4.27 ×6.1 湿式溢流型球磨机	台	4	三段磨矿
9	ϕ350 ×8 旋流器组	组	8	二段分级
10	CTB－1230 湿式永磁筒式磁选机（Ⅰ、Ⅱ磁）	台	28	弱一、弱二
11	CTN－1230 湿式永磁筒式磁选机	台	16	中磁
12	NCT－1230 湿式永磁筒式磁选机	台	12	浓缩磁选
13	LCTJ－1230 湿式永磁筒式磁选机（Ⅲ、Ⅳ磁）	台	16	弱三、弱四
14	德瑞克 5 路重叠高频细筛	台	20	与三段磨矿闭路
15	ϕ3500 ×3500 搅拌槽	台	6	浮选前搅拌
16	BF－T20 浮选机	台	34	反浮选脱硫

4.2.2 尾矿排放工艺

尾矿采用高浓度堆放工艺，年处理尾矿量 700 万吨（干矿），尾矿库区设计使用寿命 13 年，整体工艺分一次浓缩、二次浓缩两个阶段，最终设计排尾浓度 73%。

4.2.2.1 采用该工艺的原因

白云鄂博西矿选矿厂尾矿库区原计划位置由于受到地方风力发电公司的影响，堆放场区面积由 4km^2，减少到约 2.7km^2，原规划尾矿堆高从标高 1630m 下降到 1615m。库区容量减少到原来的 1/3。如果按照常规浓度尾矿堆放场设计，尾矿堆放场服务年限只有不到 4 年。其次，白云地区平均年蒸发量为 2754mm，如尾矿采用常规浓度排放，尾矿库区表面水域面积在 2km^2，尾矿堆放场澄清水年蒸发量至少在 3×10^6m^3。

考虑到水源来之不易，选厂设计时考虑了尽最大可能回水利用。

选矿产出的浓度为 9.5% 的尾矿，在一次浓缩区域，经 48m 的中心传动高效浓缩机加絮凝剂浓缩处理后，浓度达到 45% ~50%；之后由 2.7km 的矿浆输送管道输送到二次浓缩泵站，经 20 ×18 深锥浓缩机，处理后浓度达 70%。浓缩后的尾矿由隔膜泵加压输送至尾矿坝进行排放，尾矿坝设有集水池对渗透水进行回收利用，目前生产中排放浓度能够达到69%~71%之间（见图7）。

图7 尾矿坝排放

4.2.2.2 一次浓缩工艺简介

尾矿一次浓缩位于选矿厂主厂房南侧150m，给矿浓度9.54%，通过ϕ48m高效浓缩机将尾矿浓缩至45%~55%，现浓缩机的实际处理能力13t/(m^2·d)（设计处理能力11.6t/(m^2·d)）浓缩的尾矿通过渣浆泵泵至二次浓缩。通过添加絮凝剂的方式加速尾矿沉降，浓缩大井溢流浊度小于1×10^{-4}。

4.2.2.3 二次浓缩简介

尾矿二次浓缩采用（2台20×18m一用一备）深锥浓缩机，添加絮凝剂加速尾矿沉降，通过3台隔膜泵（两用一备）把尾矿输送到尾矿堆放场。浓缩尾矿堆放初期从北坝坝顶向堆放场内排放，尾矿向南（下游）流动，最远输送距离为6km。主泵出口压力80kg/m^3。

（1）二次浓缩浓密机。二次浓缩机选用20×18m深锥浓缩机，为实现高浓度底流，生产过程中，泥床的控制、浓缩机运行频率的控制、絮凝剂添加量的控制、稀释水量的控制、喂料泵出口流量的控制等控制因素对底流浓度有着很大影响。目前，底流浓度实现了69%~71%的稳定运行，距设计浓度大于73%存在一定差距，仍在进行相关调整（见图8）。

图8 20×18m深锥浓缩机

（2）二次浓缩絮凝剂系统。二次浓缩絮凝剂添加系统采用1套（30立制备罐、60立储存罐）絮凝剂制备装置，以实现浓缩过程中絮凝剂的添加，此套系统避免了药剂溶剂性差等一次浓缩絮凝剂添加系统的一些缺点。目前，实现了小于20g/t干矿的絮凝剂添加量，浓缩大井溢流水浊度小于1×10^{-4}（见图9）。

（3）尾矿回水、冲洗水系统。一次浓缩的

回水直接溢流至浊环水池，进行回水再利用，每小时回水 8400m³ 左右。二次浓缩的回水设计有溢流槽，通过 3 台回水泵（两用一备），输送至主厂区的浊环水池。目前的回水量在 500～600m³。在一、二次浓缩分别设有冲洗水系统，利用回水作为冲洗水，对底流管路及矿浆输送管路进行冲洗（见图 10）。

图 9　絮凝剂制备装置

图 10　二次浓缩回水泵房

（4）尾矿堆场。

尾矿坝：环绕尾矿堆，由废石填筑而成。

排洪管：一条内径 1.2m 预制混凝土管，由北向南铺设，横穿北坝及南坝用于排出来自尾矿堆放场上游民营选厂的洪水。

集水池：位于尾矿堆放场下游，用于收集尾矿渗滤水和堆放场内降雨。

尾矿排放管道：位于北坝坝体。

4.2.3　自动化控制技术的应用

选矿自动化控制系统通过各种在线仪表，自动调节设备和计算机，对选矿过程中的指定参数、机组进行检测，数据传输到控制系统的中心——选矿中控室，在中控室对破碎和磨选两个区域的设备（除破碎机和球磨机）进行远程操作控制，而且能够根据收集到的各种数据对整个工艺流程进行优化和调整。

采用全流程自动化控制预实现的目标：

（1）实现生产过程的远程顺序控制；

（2）实现生产的安全监控；

（3）实现生产过程的检测、控制、优化。

全流程自动控制其范围包括：

（1）破碎控制系统；

（2）一段磨矿分级控制系统；

（3）二段磨矿分级控制系统；

（4）三段磨矿分级控制系统；

（5）浮选控制系统；

（6）水平衡控制系统；

（7）视频监控系统。给矿控制系统如图 11 所示。

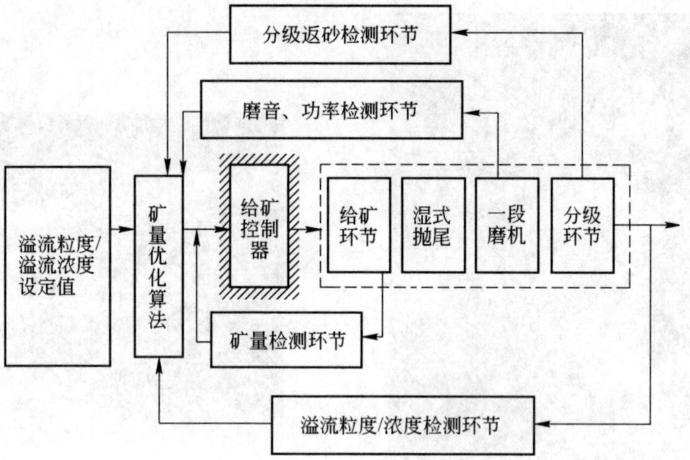

图 11　给矿控制系统图

以一段磨矿分级闭环系统为例介绍主要检测控制内容：一段磨机给矿量检测与控制；一段磨机给矿水量检测与控制；一段磨机排矿水量检测与控制；一段磨机频谱检测；一段磨机功率检测；一段旋流器溢流粒度检测与控制；一段旋流器给矿泵池液位检测与控制；一段旋流器给矿浓度检测；一段旋流器给矿量检测；一段旋流器给矿压力检测与控制；一段磨机磨矿浓度控制—一段磨机自动加球控制；一段旋流器沉砂浓度控制；一段旋流器给矿泵变频控制。一段球磨磨矿浓度调节系统如图 12 所示。

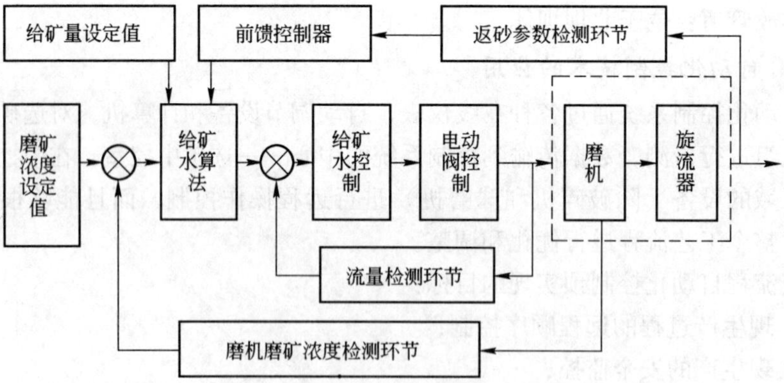

图 12　一段球磨磨矿浓度调节系统图

全流程自动控制系统在白云鄂博西矿选矿厂的成功应用，不仅提高了选矿厂生产效率、产品质量，而且达到了节能降耗的目的，为提高选矿厂现代化科学管理和数字化管理发挥了重要作用，带来显著的经济与社会效益。

4.3 供电及给排水

4.3.1 供电

随选厂建设同期新建1座110kV总降压变电所，安装两台50000kV·A变压器，保证选矿厂及精矿输送泵站的电力需求。

主要用电设备及照明设备均为二级供电负荷，其他生产用电设备为三级供电负荷。110kV总降压变电所下设6个10kV高压配电室，每座高压配电室两路电源进线，电源分别引自厂110kV变电站10kV的Ⅰ、Ⅱ母线段。

4.3.2 供配电电压

根据工艺设备，按照用电设备的技术要求及有关规程规定，全厂采用下列电压：

（1）变压器、高压电机为10kV；

（2）低压配电采用交流380V/220V中性点接地系统；

（3）建筑物一般照明采用220V，检修照明采用36V。

目前用电负荷为40000kW·h，满足300万吨选矿厂及精矿、尾矿泵站用电需要。

4.3.3 给排水

选矿厂生产用水水源取至包钢黄河水源地生产用水，经130km管道输送到白云鄂博西矿选矿厂，最终将水送至两座20000m^{3}高位水池。

初期生产时精矿为批量输送，生产总用水量9563m^3/h，其中，生产新水700m^3/h，精矿批量输送补充流量535m^3/h，选厂环水8328m^3/h。

后期生产时精矿为连续输送，生产总用水量8665m^3/h，其中，生产新水535m^3/h，选厂环水8130m^3/h。

给排水在满足工艺指标的前提下，最大限度地利用循环水，减少生产新水用量，将富余的浊环水、各车间不能进入选矿工艺系统的废水和二级处理后的生活污水、雨水等全部收集起来，进行净化处理后作为净水用于选矿工艺，并在选矿厂南部设1座5000m^{3}生产事故池，收集储存全厂各种水池在生产用水不平衡时的溢流水和停产时供水系统的溢流水，以保证全厂废水零排放的节水要求和环保要求（见图13）。

图13 总供水泵站

给水系统包括生产、生活、消防供水系统和厂区循环水系统。

排水系统设有生产废水排水系统和生活污水排水系统。

选矿厂水分类：浊环水、净水、新水3类。其中浊环水来源是尾矿、精矿的回水，主要使用在磨矿分级、弱磁①、弱磁②、弱磁③的底箱冲散水，矿浆池的补加水、地坪冲洗水等。净水来源是经过处理后的生产杂水，主要使用在弱磁③的卸矿水、弱磁④、浮选用水及各类泵水封水。新水来自高位水池，主要用作冷却水、除尘水、浮选冲洗水。水系统示意图如图14所示。

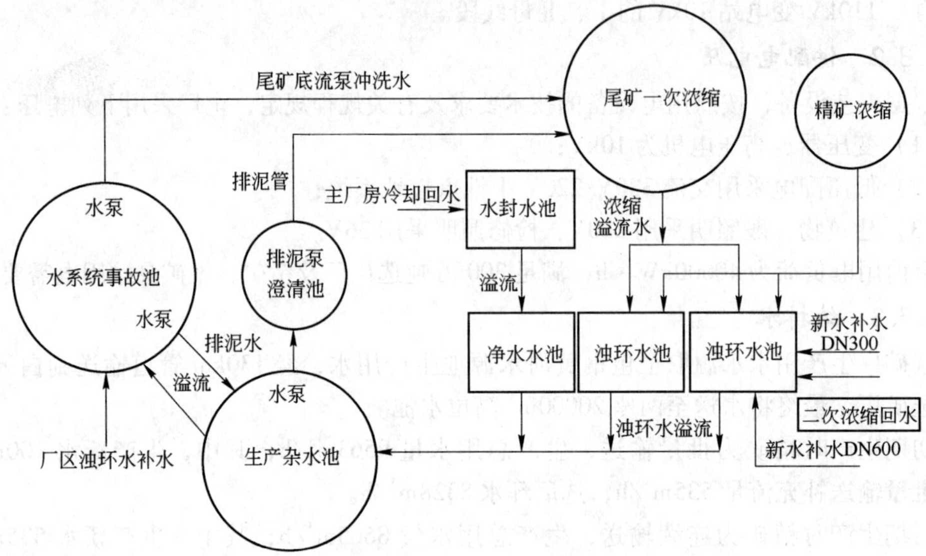

图14 水系统示意图

4.4 主要技术经济指标

主要选矿指标和技术经济指标见表4和表5。

表4 主要选矿指标

指 标	产率/%	品位 TFe/%	S 品位/%	回收率/%	产量/万吨·年$^{-1}$
原矿	100.0	31.01	2.05	100.0	1000
干选废石	8.00	13.00		3.35	80
入磨原矿	92.00	32.58		96.65	920
精矿	30.40	67.50	0.18	66.17	304
尾矿	61.60	14.50	2.76	28.29	605
选矿比			3.29		

表5 主要技术经济指标

序号	指 标 名 称	单位	数量	备 注
1	选矿工艺主要指标			
1.1	原矿处理规模	万吨	1000	其中粗破碎处理规模为1500万吨/年

续表5

序号	指标名称	单位	数量	备注
1.2	原矿品位 TFe	%	31.01	
1.3	金属回收率	%	66.17	
1.4	精矿品位	%	67.50	
1.5	精矿产量	万吨	304	
1.6	选矿比	倍	3.29	
2	供电			
2.1	设备安装容量	kW	61120	
2.2	设备工作容量	kW	54886	
2.3	计算负荷有功功率	kW	46144	
	无功功率	kVar	-850	
	视在功率	kV·A	46151	
2.4	年总耗电量	万千瓦时	15868.2	
2.5	单位耗电量	kW·h/t(矿石)	15.9	
3	生产耗水量	m^3/h	9500	后期 8665m^3/h
	其中耗新水量	m^3/h	700	后期 535m^3/h
	生活水耗水量	m^3/h	44.3	
4	设备质量	t	8488.4	
5	选矿厂占地	平方米	47.44×10^4	
6	全员劳动生产率	t(矿石)/(人·年)	25300	
7	生产工人劳动生产率	t(矿石)/(人·年)	28100	
8	产品成本			
8.1	选矿加工费	元/吨(原矿)	40.86	
8.2	采矿矿石成本	元/吨(原矿)	85.75	
8.3	铁精矿成本	元/吨	434.63	

4.5 建设历程

4.5.1 选矿主体

确定适宜的工艺流程，委托长沙矿冶研究院进行选矿试验研究，于2007年2月提交了《白云鄂博西矿混合矿选矿试验报告》。8月通过了初步设计审查；开始主体设备的订购，施工图设计；后经历了从200~300万吨/年。生产铁精矿能力的变更设计，于2008年4月份完成了施工设计，2008年6月开始建设，分破碎、磨选、公辅三大区域，从2008年6月破土动工至2009年11月底基本建成，其中2008年12月至2009年2月25日为基建冬休期。14个月的建设期内完成：挖方32.1万立方米，填方33.81万立方米，建筑面积9.6万平方米（体积101万立方米）；厂区占地面积47.44万平方米（见图15）。

图15　原矿储矿仓建设工地

4.5.2　设备安装

2009年5月13日开始球磨机安装，2009年11月30日开始粗破碎系统的负荷试车，历时6个月完成安装设备总质量8488.4t（见图16）。非标件制作安装3000t。

2009年10月开始单体设备空负荷试车，11月30日粗破碎开始下矿，同时磨选系统、尾矿系统开始带水试车；12月29日全线带料重负荷试车。2010年1月3日开始输送矿浆，1月4日铁精粉通过管道输送在包头落地过滤。2010年5月巴润选矿厂实现基本顺产，7月选矿厂实现了达产、稳产。试车期间铁精矿生产情况如图17所示。

图16　磨料间安装现场

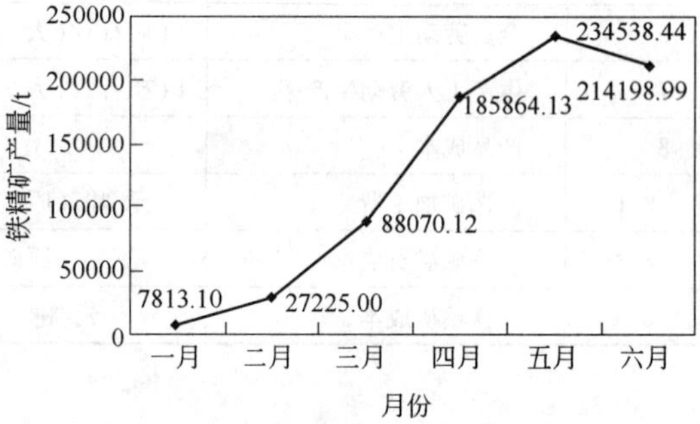

图17　试车期间铁精矿生产情况

4.5.3　尾矿工程

尾矿高浓度堆放工程2008年4月开始前期规划、可研。2009年4月完成设计，2009年6月工程破土动工，2010年1月一次浓缩随选矿工程同步试车，随后转入生产阶段。二次浓缩于2010年7月设备单体试车开始负荷试车，2010年12月达产排放。现在尾矿浓度可稳定在69%～71%浓度间运行，正常地排放到尾矿库区。

4.5.4　人员结构

选厂全部作业人员248人，分布在破碎、磨选、尾矿三个区域及中控室。其人员构成：2008 年毕业的本专科毕业生 31 人；2009 年 10 月后陆续招聘往届毕业的派遣工 72 人；2009 毕业的本专科毕业生 45 人；2010 年毕业的专科生 95 人；管理人员 5 名（其中，2008 届本科毕业生 3 名，2009 届本科毕业生 1 名）。

5 管道输送

矿浆输送管道工程，包括一条铁精矿矿浆输送管道（起点在白云鄂博西矿选厂精矿泵站，终点在包头市包钢厂区包钢选矿厂终端阀门孔板站，全长 145km），和一条供水管道（起点高压水泵站，终点在白云鄂博西矿选厂高位水池，全长 130km）。铁精矿浆是从白云鄂博西矿通过一条直径为 ϕ355.6mm 直埋管道输送到包钢厂区，供水是从高压水泵站通过一条直径为 ϕ920mm 直埋管道输送到白云鄂博西矿。矿浆管道年输送能力 550 万吨，供水管道年输送水 2000 万立方米。项目使用寿命 30 年，管道输送铁精矿的成本为 30 元/吨，高程自 1624m 至 1948m，落差 324m。

5.1 主要系统简介

5.1.1 矿浆管道系统

管道从矿山的泵站开始，最后到包钢现有选厂终端阀门孔板站。管道采用高强度的钢管，按美国石油协会标准生产的 APT－5L－X65 的钢管，钢管的壁厚沿着线路变化，在保证压力的条件下可节省钢材。选用钢管的外径是 14in，材质都是 API－5L－X65，壁厚范围从 0.610～0.433in。管道外防腐采用 3 层高密度聚氯乙烯 3PE（见图 18）。

图 18 矿浆输送高压泵站

5.1.2 防腐蚀剂系统

防腐蚀剂系统包括两个子系统，分别是 pH 值控制系统和除氧系统。两个系统都安装在矿区的 1 号泵站。pH 值控制系统中，石灰乳加入到浓密机底流泵的上游矿浆中，使矿浆 pH 值保持在 10.5～11 之间。除氧系统控制冲洗水的氧气含量。亚硫酸钠加入到水中除去溶解氧。用于监测瞬间腐蚀率的仪器安装在 pH 值测定仪电极旁，数据自动输入到 SCADA 系统作为历史记录。输送能力见表 6。

表6 输送能力（年运行8000h）

项目	管线年均/万吨	每日/t	每小时/t	流量/$m^3 \cdot h^{-1}$
矿浆	550	16500	687.5	509.9
供水	2000	60000	2500	2500

5.2 经济效益分析

包钢厂区距离白云鄂博西矿原有铁路、公路151km，矿浆管线建成之前，主要依靠铁路运输为主、汽车运输为辅的方式。2009年前，巴润公司（白云鄂博西矿）生产的铁精矿111万吨，其中铁路输出45.11万吨，公路输出65.89万吨，随巴润矿业公司选矿厂的投产2010年，新增铁精矿232万吨，全部通过矿浆管线运输。2011年实现总产量430万吨，其中308万吨由管道输送完成。各种运输方式的比较见表7。

表7 包钢各种运输方式的比较

运输方式	平均费用/元·吨$^{-1}$	运输能力/万吨·年$^{-1}$	年运输费用/万元
铁路	52.65	300	15795
汽运	130.00	100	13000
管线	29.22	550	16071

5.3 管道线路设计

由南向北，管线先后通过城市市区（11km）、山区和隧道（18km）、农田（9km）、河床（4km）、丘陵（102km），总计穿越6座大山、3条河流、11道河谷、1条地震带。隧道长1698m，高程从1048m到1624m，落差576m。

5.4 管道工程建设

工程于2005年开始规划、进行可行性研究，2007年底开工，2009年10月18日，供水管道成功向白云鄂博西矿选矿厂供水，12月25日矿浆管道打水下山成功，标志着精矿泵站具备矿浆输送条件，2010年1月3日白云鄂博西矿铁精矿矿浆管道正式开始输送矿浆，1月4日首批精矿落地包头。矿浆管道输送工程很大程度上减少了人力、物力、财力，同时也对减少尾矿包头市污染有着重大意义。引水入白使得在白云鄂博严重缺水的地区建设选矿厂变为现实。目前管道系统各项技术参数运行正常。

6 总结与回顾

2004年8月开始筹备建设，于2009年10月采场的空间具备1500万吨/年的采矿能力，2010年7月巴润选矿厂达产。工程历时6年，总投资概算近70亿元。至此白云鄂博西矿资源开发利用系列工程实现了全面达产（见图19～图24），为系统地回顾这一历程，做如下小结。

6.1 背景和机遇

白云鄂博西矿三大工程大规模建设是2008年的6月全面拉开帷幕，当时恰逢国际金

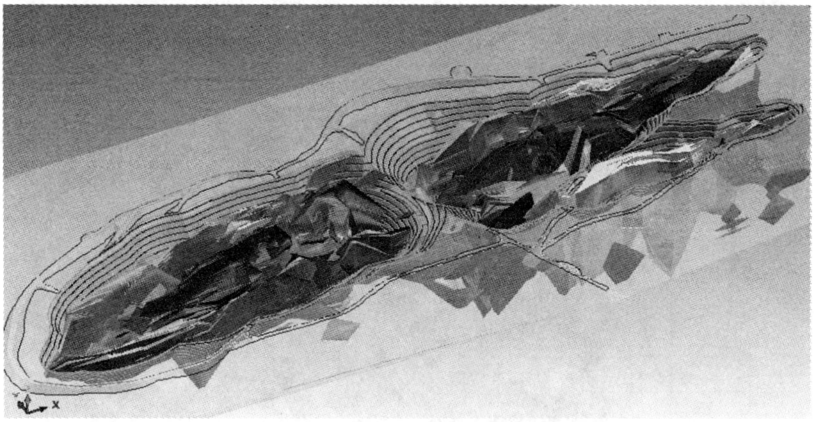

图 19　西矿体三维视图

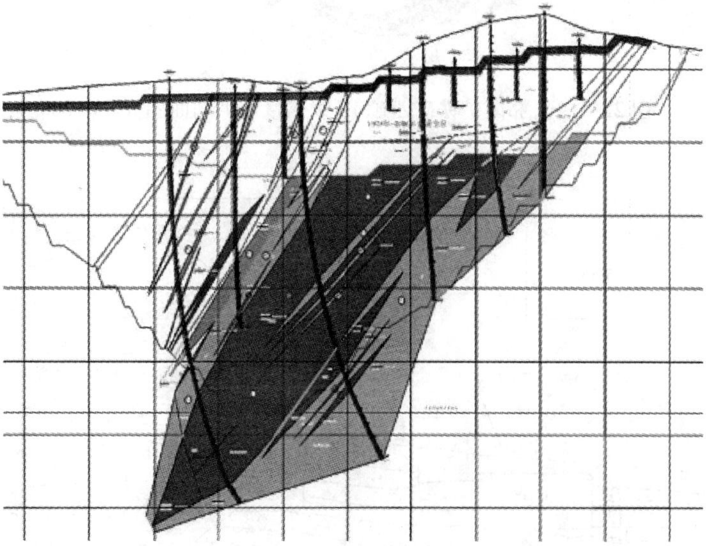

图 20　白云鄂博主矿铁、稀土、铌矿 8 勘探线资源储量估算剖面图

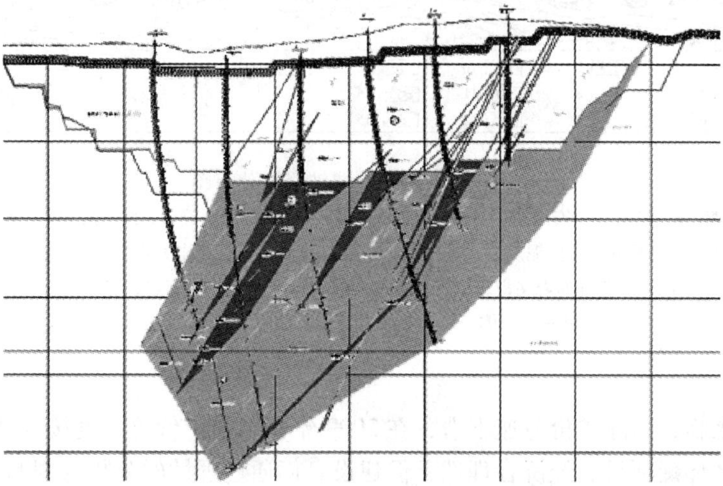

图 21　白云鄂博矿区东矿铁、稀土、铌矿 21 勘探线资源储量估算剖面图

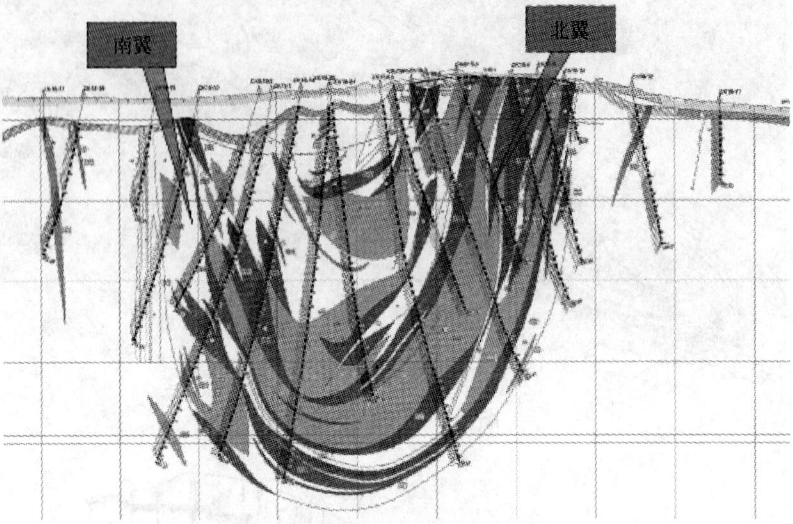

图 22　白云鄂博矿铁矿西矿 18 线储量计算剖面图（1∶1000）

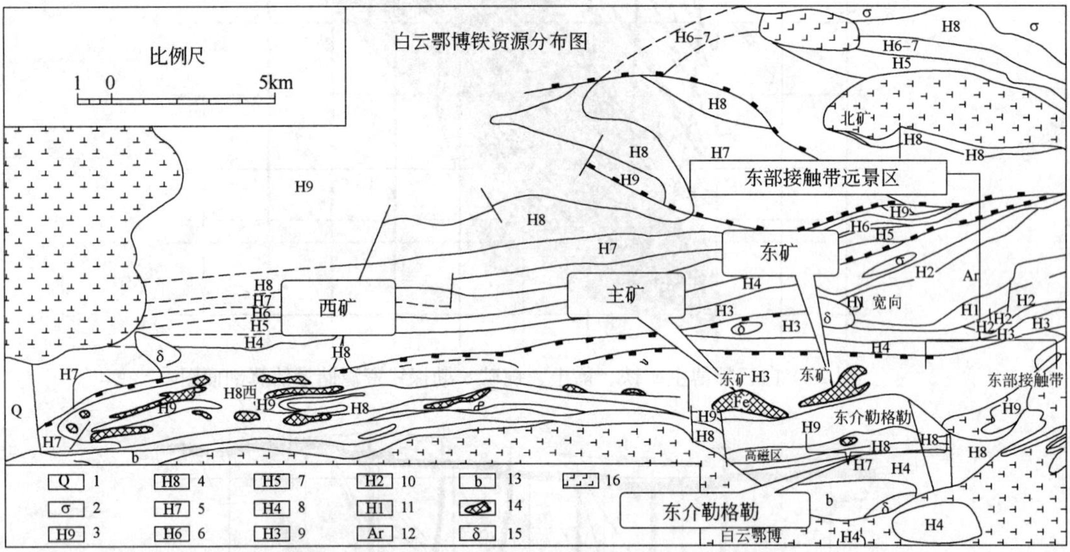

图 23　白云鄂博铁资源分布图

1—第四系冲积层；2—安山岩；3—板岩夹石英岩；4—白云岩石英岩；5—硅质灰岩夹石英砂岩；6—浅色石英砂岩夹泥灰岩；7—板岩夹石英砂岩；8—石英岩夹板岩；9—炭质板岩；10—浅色石英岩夹板岩；11—石英砂岩；12—片岩，片麻岩；13—混合岩；14—铁矿体；15—辉长岩，辉长闪长岩；16—花岗岩

融危机即将来临，国际矿价急速下滑，在 2009 年初国内矿价曾一度接近开采成本的边缘，许多人士曾经怀疑项目的经济合理性，但建设者们通过理性的分析与判断，坚信项目决策的科学性，说服了各种不同声音，不仅没有放慢或停顿建设步伐，而是坚定不移地利用金

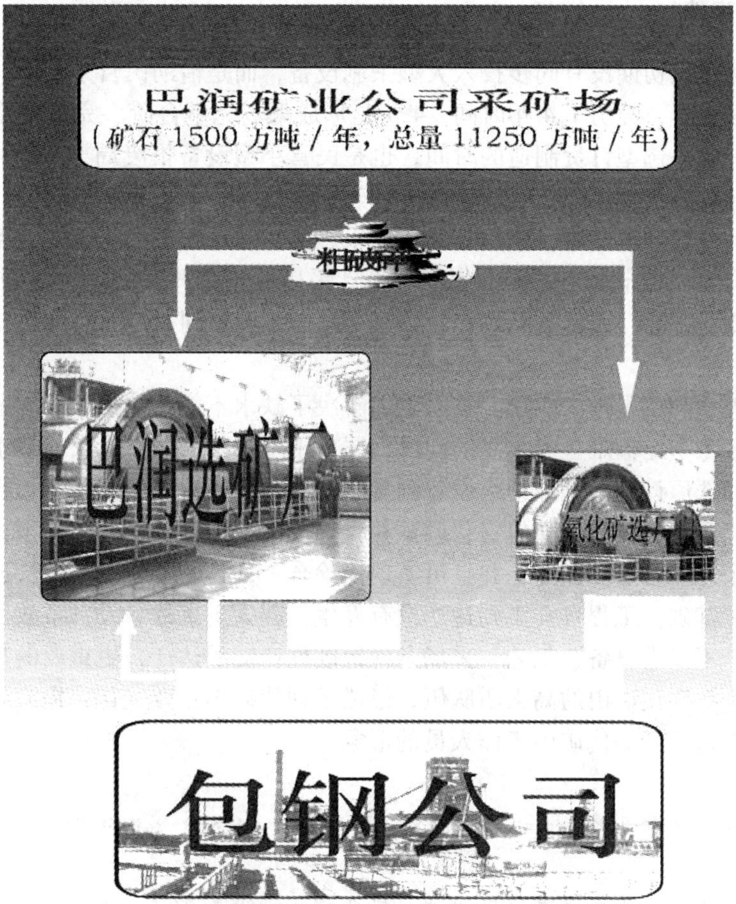

图 24　巴润矿业公司工艺流程示意图

融危机期间物价低、人工费用低、施工队伍稳定等机遇快速建设，投产之时即是矿价达到顶峰之际，可谓不失时机，抓住了机遇。

包钢是一个内陆钢企，铁原料除白云鄂博主东矿自给外主要靠周边 500km 范围内的小矿山供给，包钢扩大钢铁产能如果自给矿比例不足必然难以控制当地铁矿石市场价格。白云鄂博西矿投产前曾一度购买过辽西、河北、山西等地铁矿粉，这样包头矿价应该是外地矿价格加运费，对包钢降低铁前成本极为不利。自从西矿达产以后，优质的铁精矿源源不断地输往包钢，不仅提高了入炉铁料的质量，更重要的是当地铁矿石市场完全是包钢的买方市场，甚至包钢有时向外出售西矿矿粉，完全控制了当地的铁矿石市场价格；可以肯定地说，截至目前西矿生产为包钢所带来的经济效益和社会效益已远超出对西矿的投资。

白云鄂博是稀土、铁和铌共生的多金属矿，曾因保护稀土许多专家学者呼吁减少主东矿的开采量。然而，如果在没有替代矿山补充的前提下减少开采量，就意味着包钢产能缩减或增加外购高价矿石量，这是包钢不愿看到的。西矿是低稀土、低磷、低氟矿质，大规模开采有利于置换主东矿的产能，符合保护稀土资源的倡导。

6.2 创新和突破

西矿采场建设初期没有同步投入大型采剥设备，而是借助民营小装备，恰好符合当时的不规则山坡地形，经历了4年时间。4年是形成采场完整台阶、完整道路、完整排场的时间，是自有设备选型订货制造的时间，也是民营小型设备报废周期。4年基建剥离过程中附带采出的矿石全部供应包钢，缓解了基建资金投入，节省了基建时间，利公利民。

西矿矿体分散、覆盖厚，采用集约化开采思路，引进先进大型工艺装备，按传统的境界圈定方法会出现若干个小采场，然而本设计采用集约化开采的思路，剥采比为6.5t/t，采剥总量11250万吨，大装备高效作业，完全采矿成本不到85元/吨（包括资源税和维简费）。

先进的理念和技术推广应用。输水上山解决了缺水不能建选矿厂的问题，矿浆输送解决了寒冷地区冬季运输难且成本高的问题；尾矿干堆解决了蒸发量大与节水的矛盾。

当采场和选厂订购的世界顶级设备到货时，大胆启用青年知识分子担当重任，公司启用新毕业的优秀本科大学生随机安装调试并直接上岗操作，使得原来需很长时间学徒的工种在这里几个月即可熟练操作，并且可实现操检合一，为装备、工艺的快速投产和高效稳定运行打下了基础。工程自开工到达产没有发生一起人生事故、设备事故及质量事故。工程的快速达产不仅是设备、工艺、采场条件等硬件产能的达产，更重要的是培养锻炼了一支可操纵这个数字化矿山的高素质队伍，形成了现代矿山企业文化，提升了矿山工作的环境与条件，塑造了新一代矿山工作人员的形象。

作者简介：

杨占峰，博士，教授级高级工程师，包头稀土研究院院长，中国稀土学会副理事长，中国稀土协会常务理事。

闫常陆，硕士，高级工程师，包钢集团巴润矿业公司选矿部部长。

以创新促发展　全力打造现代化新矿山

——本钢南芬露天铁矿采矿技术成果综述

辛明印

（本钢矿业公司南芬露天铁矿）

2012 年 5 月 30 日

1　引言

本钢南芬露天铁矿是本钢的主要原料基地，矿区位于辽宁省本溪市南 25km 处，距本溪市南芬区南芬镇 7.5km，距南芬选矿厂 6.5km，有铁路专用线与矿区相连接。行政区划隶属本溪市南芬区管辖。沈阳－丹东铁路从南芬镇通过，沈阳－丹东高速公路从矿山西面 3.5km 处通过，有柏油公路直通矿区，交通十分方便。

南芬露天铁矿开采历史悠久，具有一百多年开采历史，早在 1823 年就有山东封建把头采过矿石，1911 年，日本资本家大仓喜八郎以中日合办为名，到庙儿沟开矿，始建“庙儿沟”铁矿。1931 年，日本侵占东北后，将中日合办的本溪煤铁公司改名为“株式会社”本溪煤铁有限公司，在庙儿沟进行掠夺式开采，直到 1945 年东北光复。1949 年 5 月 1 日正式恢复生产，1956 年全面进入机械化开采阶段。

2　南芬露天铁矿现状

南芬露天铁矿有着得天独厚的资源优势。矿床类型属大型鞍山式沉积变质铁矿床，由Ⅰ、Ⅱ、Ⅲ层铁矿体组成，走向北西，倾向南西，倾角 40°～50°，工业矿段总长约 3000m，三层铁矿体总厚度约 120m，矿石类型主要为磁铁石英岩、赤铁石英岩、透闪石磁铁石英岩，磁铁贫矿占总储量 94%，赤铁贫矿占 4%。矿石体重 $3.39t/m^3$，普氏硬度系数 $f=14\sim18$，全铁品位是 31.82%，铁矿石含磷（0.06%）、含硫（0.38%）极低，易采、易选、易冶炼，用其冶炼的生铁素有“人参铁”的美誉。南芬露天铁矿的采剥工作线沿矿体走向布置，垂直矿体走向移动，即沿矿体走向在上盘岩石中掘开段沟，向两侧横向推进，形成上下盘工作台阶。南芬矿主要生产流程包括穿孔、爆破、采装、运输、发矿、排岩、排水等环节。矿石运输采用汽车—矿石倒装站（矿石破碎站）—准轨铁路联合运输，由电机车牵引 10 节 60t 自卸矿车组成的列车，运往选矿厂；岩石运输采用汽车直排和间断连续运输系统（汽车—破碎机—胶带机—排岩机）排到 2 号、3 号、4 号、5 号排土场。

南芬露天铁矿主体设备包括：穿凿设备为牙轮钻机 11 台，铲装设备为电铲 13 台，运输设备为汽车 50 台。生产车间：穿凿、爆破、电铲、运矿、运岩、排土、排岩、碎矿、动力。管理科室：安全、生产、机动、计划、财务、劳资、技术、办公室、工会、政工部、保卫、福利、配餐中心、地质测量大队。目前，全矿职工总数 2877 人，其中：生产工人 2377 人、工程技术人员 88 人、管理人员 173 人、其他人员 239 人。2011 年，生产铁矿石 1327 万吨，采剥总量完成 10211 万吨，突破 1 亿吨。

3 采矿工艺技术创新

3.1 分期开采技术

南芬露天铁矿是一个多分期分区开采的大型单体矿山，1953 年进行第一期开采设计，规模年产铁矿石 470 万吨，采剥总量 1040 万吨；1966～1969 年进行扩产设计，设计规模年产铁矿石 700 万吨，采剥总量 2500 万吨，1970 年矿石达产 700 万吨；1974 年进行第二次扩建初步设计，设计规模年产铁矿石 1000 万吨，采剥总量 3700 万吨；其后又经过多次改扩建（1980 年补充修改设计、1989 年二次扩帮设计、1994～1996 年调整下盘、上盘局部境界设计、2001 年本钢院境界修改初步设计、2004 年 1250 万吨扩建设计），2004 年铁矿石产量突破 1000 万吨。南芬露天矿 2009 年进入四期露天开采扩产过渡，最终实现年产铁矿石 1500 万吨。四期露天开采境界的境界底标高为由 +70m 下降到 -62m，境界内矿石量 4.5 亿吨，岩石量 15.7 亿吨，平均剥采比 3.47t/t，生产剥采比 5.6t/t，矿山服务年限 33 年，稳产 20 年，扩帮过渡期 21 年。

3.2 陡帮开采技术

国家“七五”科技攻关项目之一的汽车运输大型露天矿陡帮开采工艺技术研究项目在南芬露天铁矿试验成功，较全面系统地研究了陡帮开采技术，揭示了陡帮开采的特点和内在规律，为南芬露天铁矿二次扩帮采用陡帮开采提供了成熟的经验。

矿山二期扩帮期间，在上盘扩帮主山头采用了组合台阶的方式加陡了扩帮工作帮坡角，在上盘矽石山扩帮采用了倾斜分条的方式加陡了扩帮工作帮坡角，并与主山头扩帮台阶顺利衔接，推迟了露天开采的剥离峰期，降低了峰值，均衡了矿山生产剥采比，并且加快了扩帮的下降速度，及早条带式揭露出矿体，实现矿石产量达产 1000 万吨/年的目标。应用实践证明陡帮开采是一种技术可行、经济效益高的露天开采新工艺。

3.3 高台阶开采技术

高台阶开采工艺是国家“八五”科技攻关课题《高台阶开采技术研究》中的一项专题，项目在南芬露天铁矿开展了 18m 台阶开采工艺的现场工业实验，取得了大量数据和实践经验；系统地研究了高台阶开采工艺参数、安全措施及有关开采工艺技术，为深露天矿维持矿山正常生产能力，降低采矿成本，提供了一条新途径，为新、改扩建矿山采用高台阶开采技术，提供了实践经验和理论依据。

2009 年，南芬露天铁矿开展了 3 次扩帮四期开采境界设计，总计剥岩量 15.7 亿吨，其中 286m 以上剥岩量 7.7 亿吨，占总剥岩量的 49%，是推迟剥岩峰期、降低峰值、加快台阶下降速度，实现均衡矿山生产剥采比和顺利达产的首要标高区段。因矿体下盘扩帮条带狭窄和矿体倾角较缓，缺少均衡矿山剥采比的条件，所以只能在上盘开展均衡矿山生产剥采比的工作。经结合矿山上盘扩帮剥岩现状，认真分析和研究高台阶开采工艺，该工艺对矿山286m以上的剥岩条件比较适应，解决了矿山既要加快扩帮下降速度又要均衡剥采比的问题。因此，矿山上盘扩帮286m以上采用了18m高台阶，下盘扩帮和生产区仍采用12m高台阶。

3.4　采场境界优化

随着我国钢铁行业产量的增加，对铁矿石的需求越来越大，而进口铁矿石价格一路飙升，为了保证我国钢铁企业的利润和竞争力，必须增加国内矿石的产量。根据本钢目前的生产能力，亟需加大本企业的矿石自给量，尽可能地使矿山延长服务年限，充分发挥特大型矿山的能力。按照2004年1250万吨扩建设计（三期开采设计），南芬露天矿服务年限为25年，2006年，达到设计规模1250万吨，稳产17年，扩帮过渡9年。这期设计现已不能完全满足本钢的发展需要。2007年，本钢集团公司提出了南芬露天矿铁矿石产量达到1500万吨的要求，并委托本钢设计院进行第四期开采设计。

境界是整个开采设计的重中之重，如何使境界达到最优是一个复杂的过程。南芬露天矿的矿区山高沟深地形复杂，岩石量分布变化大，矿体围岩种类较多。按照保勘所1985年完成的《本钢南芬铁矿深部开采边坡稳定性研究报告》，把边坡分8个区，给出了每个分区最终边坡角的建议值，相差较大，相邻分区的最终边坡需要合理过渡，加之矿体开采深度较大、设计工期限制，按传统经验比较一、二个不同的境界剥采比的设计方案后选择其一，确定矿山第四期开采境界势必误差较大。为了科学合理设计矿山第四期开采境界，应用SmartMiner露天开采设计软件系统，快速圈出多个露天开采境界，并应用该系统以编排采剥进度计划为核心进行验证，开展多方案优化。

本次露天矿第四期开采境界优化，应用了软件系统的经济合理剥采比自动圈出开采境界和人工编排采剥进度计划自动计算的功能。系统从矿山钻孔取样或分层平面图开始，以台阶参数、地表地形图、钻孔数据为基础建立了矿床品位模型、地表地形模型。以此为条件开展圈开采境界工作。圈开采境界所需的数据除矿床品位模型、地表地形模型外，还需要开采境界边坡角和开采境界剥采比。软件系统提供了灵活的开采境界边坡角表达方式，依据南芬露天矿矿体围岩的8个分区，对最终边坡进行分区，每一分区的不同方位上具有不同的边坡角。依据开采境界剥采比不大于经济合理剥采比8.0t/t的原则，选择的开采境界剥采比有：8.0t/t、7.5t/t、7.0t/t、6.5t/t、6.0t/t、5.5t/t、5.0t/t等。应用SmartMiner软件系统的改进浮锥法，逐个圈出相应边坡角和境界剥采比的开采境界，并对圈出的开采境界进行分析，最终确定6.5t/t境界剥采比圈的开采境界最为合理，开采境界内矿量4.52亿吨，岩石量15.67亿吨，平均剥采比3.47t/t，露天底比第三期开采境界延深132m。

3.5　开拓运输系统优化

露天矿原有的矿石开拓运输方式为汽车—溜井—平硐—铁路开拓，在下盘第三层矿体中布置3条矿石溜井，由南至北分别为3号、1号、2号溜井，溜井下方为底标高为290m的平硐，平硐净宽5.5m，净高5m，总长2360m，主硐直达3号溜井，1号、2号溜井分设两条支线，内设准轨铁路。溜井平硐开拓方式的最大优点是矿石运距短，节约运输成本。原有岩石开拓运输方式为汽车—公路—排土场—推土机排岩。

随着采场的逐年延深，按设计平硐溜井矿石运输系统在矿山开采至346m水平时将报废，而岩石运输系统面临着汽车直排到土场的运距太大、汽车能力不足、经济上不合理等问题。根据露天矿实际情况，从近期和长期考虑逐步解决运输系统问题，使之达到经济、合理、高效。

2002年，在采场北端部新建1000万吨倒装矿槽和矿石破碎站，形成两套新的矿石开拓运输系统，即汽车—倒装矿槽—铁路和汽车—破碎站—胶带—铁路开拓方式。随着四期开采采场坑底标高的下降，原有矿石运输系统又将面临运距增加超出汽车运输合理范围的问题，因此计划在2017年开始启用新的矿石运输系统，在采场内新建成的矿石地下破碎站，在采场内设两条直径为6m的溜矿井，每个溜井各设1个破碎站，溜井间距为100m，溜井上口卸矿标高为178m，破碎站地坪标高为 -62m。在下盘北端231m设地下转运站，在地面307m设转载站，破碎站、转运站、转载站及圆筒仓均由皮带连接，最终形成汽车—溜井—地下破碎—斜井皮带—铁路开拓系统。

2004年，在上盘至2号排土场间建成1号岩石胶带运输系统，岩石由汽车运输到382m水平破碎站破碎后，经1000m长的斜井胶带运输到2号排土场，再由排岩机排到土场，排岩机设定能力为1800万吨/年。随着采场的逐年下降，采场内的岩石到382m水平破碎站运距逐渐变大，运输成本逐年增加，而且382m水平破碎站位于扩帮区，计划2012年末在采场北端部外建成310m水平破碎站，以减小岩石运距。310m破碎站的胶带与原382m破碎站的2号胶带相连，共用一个排岩机，新建胶带长1300m。310m破碎站建成后，三期内北部的大部分岩石可经过310m破碎站排到2号排土场，四期北部的大部分岩石可经过382m破碎站排到2号排土场。为了减小四期上、下盘南部及三期南部岩石的运距，计划在采场南端帮建设346m固定破碎站及4号排土场胶带运输系统，采用排岩机排岩。同时，将346m固定破碎站功能延伸，在上盘262m及214m设移动破碎站。最终岩石开拓运输系统将形成汽车—固定破碎站（或移动破碎站）—胶带—排岩机和汽车直排相结合的联合的运输方式，除了生产能力小的5号排土场主要靠汽车直排外，2号、4号排土场都以排岩机排土为主，汽车直排为辅，大大增加了岩石运输系统的效率，大幅度地减小了运输成本。

3.6 设备大型化

随着露天矿产量的大幅度增加，而采场作业面积逐渐减小及扩帮滞后的情况下，在设备更新及补充时应考虑设备大型化，提高单个设备的作业效率，减小管理难度和人工成本。同时，随着国内外采矿技术的发展，设备大型化也是必然趋势。

露天矿原有的穿孔设备以直径250mm的45R钻机和直径310mm的60R钻机为主，单台设备年效率在30000 ~ 40000m之间，近几年陆续用YZ35和YZ55代替，单台设备年效率在50000 ~ 60000m之间，同时还在2010年进口了一台PV351液压钻机，设备年效率在80000 ~ 100000m之间。

露天矿原有的铲装设备以4m^{3}电铲为主，单台设备年效率在150万吨左右。现有铲装设备共13台，所有铲装设备年效率总和约7300万吨，其中WK10B电铲7台，单台年效率300万吨；295B电铲3台，单台年效率900万吨；WK20电铲两台，单台年效率700万吨；R9350E液压电铲1台，单台年效率600万吨。

露天矿原有的运输设备以325M、TR100、MK36为主，325M效率为200×10^4t·km/(台·年)，TR100效率为300×10^4t·km/(台·年)，MK36效率为300×10^4t·km/(台·年)。现有运输设备共50台，所有运输设备效率总和约28000×10^4t·km/(台·年)，其中CAT789C汽车9台，单台设备效率730×10^4t·km/(台·年)；MT3700B汽车17台，单台设备效率725×10^4t·km/(台·年)；MT3600B汽车6台，单台设备效率720×10^4t·km/(台·年)。

3.7 充分合理回收利用矿产资源

南芬露天矿是大型露天矿山，年采剥总量9000多万吨，生产效率高，采出矿石时都使用大型挖掘设备，在采掘矿岩交界处或含有少量矿石的部位时，对矿岩分采的难度较大，一般都将这部分矿岩混合的资源直接运到土场，再进行二次回收。同时，还有一部分低于边界品位矿石不能满足配矿要求，也需要运到土场进行二次分选。南芬露天矿现有两套大型干选系统、一套小型干选系统对含矿岩石进行二次分选回收，年回收矿石60万吨以上。另外，露天矿正在积极筹建土场矿石精选系统，对二次分选后的矿石进行精选，精选后的矿石品位较高，不需要利用采场高品位矿石配矿就可以直接发出到选矿厂。

南芬露天矿在原有碎石加工系统的基础上又新建了一套碎石系统，对采场内的部分岩石进行破碎，碎石主要用于采场路面维护，并可作为建筑材料对外销售。

通过对土场矿石和部分岩石的综合利用，大大节约了资源，同时为企业创造了一定的经济效益。

4 数字化矿山建设

近年来，随着计算机技术在采矿业的不断应用，采矿业正由经验型、传统型向科学型、定量分析与处理、自动化方向发展，最终完全实现数字化、现代化。数字化矿山是采用现代信息技术、数据库技术、传感器网络技术和过程智能化控制技术，在矿山企业生产活动的三维尺度范围内，对矿山生产、经营与管理的各个环节与生产要素实现网络化、数字化、模型化、可视化、集成化和科学化管理，使矿山企业生产呈现安全、高效、低耗的良好局面。

南芬露天铁矿借鉴国内外数字化矿山建设的成功经验，结合自身生产的实际情况及数字化矿山特点，制订了整体规划方案，详细情况如图1所示。

数字化矿山建设规划基本框架是：

（1）以地质信息为基础，建立地质模型，开发包括地质、测量、采矿规划、境界优化、爆破设计、边坡控制等内容的GIS信息系统。

（2）以提高自动化水平为目标建立生产过程控制系统，覆盖采矿、生产、安全的GPS智能调度系统、边坡监测系统、采场监控系统等。

（3）以企业资源计划（ERP）为核心，变革管理，整合资源。在财务、物资、设备、人力资源等方面，实现物流、资金流、信息流集成共享，建立先进的经营管理信息系统。

（4）以内部网站为依托，OA办公自动化为核心，科室车间信息化为基本单元，开发成本管理系统、生产查询系统等管理软件，实现全矿山网络化管理。

为使各系统融合为一体，而不是成为信息孤岛，各种系统提供必备的接口实现数据交

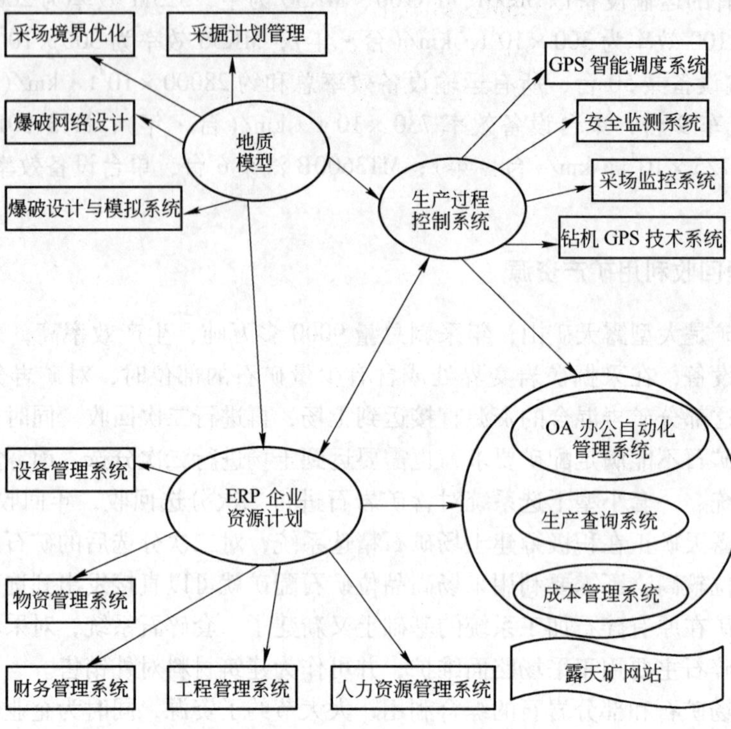

图 1　南芬露天矿数字化矿山规划方案

换，各系统最终形成的报表都在露天矿内部网站显现，露天矿内的任何计算机，只要通过局域网，都可以使用挂靠在网站上的系统管理软件，查询相关数据，实现信息共享，提高露天矿信息化管理水平。

4.1　组建覆盖全矿区的计算机网络

2007 年，南芬露天矿组建了机关办公楼局域网，并架设了山上调度、地测科监量班与机关办公楼的无线局域网。添置了专业的服务器、路由器和交换机等设备，成立了一个数字化的绘图室。配备了一台数字化仪、五台图形工作站、一台 HP 绘图仪。

2009 年，集团公司为南芬露天矿组建了通向各车间的 ERP 光纤网络。南芬露天矿自己铺设的局域网并入到公司 ERP 网络中，这样南芬露天矿的计算机网络覆盖了全矿区，为南芬露天矿数字化矿山建设奠定了硬件基础。

4.2　建立数字地质模型

矿山地质数据库是矿山资源评估和采矿设计的基础，是矿山生产管理的重点。地质数据库的完备性和可靠性，直接影响一个矿山的生产经营和决策。主要通过钻探、坑探、槽探、日常生产地质 4 种方式获取矿山地质数据，它们是孤立的、缺乏联系的，还必须经过进一步的归纳、整理、分析、对比，找出内在联系，使之系统化和规律化，建立地质模型，地质模型的建立是数字矿山建设的关键。根据南芬露天矿矿床的特色和特点，建立南芬露天矿地质模型，详细情况如图 2 所示。

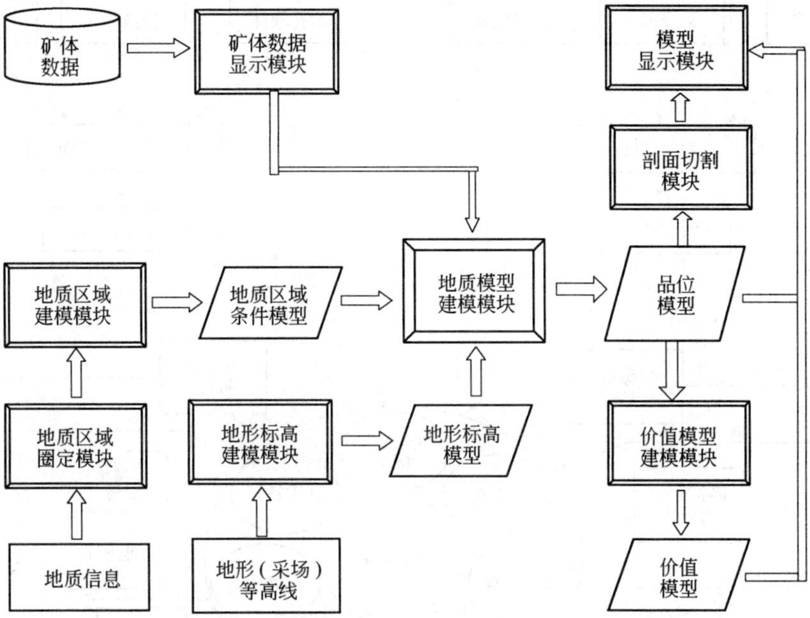

图2　矿床地质模型系统主体功能模块及其关系

4.3　引进 SmartMiner 矿山地质、测量、采矿管理系统软件

根据南芬露天矿地质模型，2007 年委托东北大学为南芬露天矿编制了一套 SmartMiner 露天开采系统软件。此系统把分散的地质信息、测量信息及采矿信息整合在一起，可全面掌握矿床中有用元素在空间的分布情况及岩层分布、岩体质量、构造特征等影响矿床开采的技术条件，为数字化矿山建设提供基础平台。SmartMiner 软件固化了地质、测量、采矿管理系统。利用这套软件，可以完成原始地质编录数据、测量数据的录入与编辑、地质资料综合编录及图形编辑和绘制、矿石质量管理及资源储量管理等日常的地质、测量工作；矿山开采的短期和远景规划，实现矿山的地质、测量、采矿工作的计算机化。系统结构如图 3 所示。

4.4　爆破设计与模拟系统软件

在台阶爆破方面，我们已经拥有了 ORICA 的爆破网络设计软件，专门用于爆破网络设计，功能单一，2009 年，委托北京科技大学开发一套爆破设计与模拟系统软件，系统功能如图 4 所示。此软件与《露天矿优化开采与设计系统》实现无缝链接。

4.5　边坡安全监测预警系统

矿山安全监测与预警系统，是一种集科学计算可视化、资源信息与开采信息互相融合，实时自动监测、网络远程监控为一体的综合管理信息系统。它以矿床资源信息、开采工程信息、应力与变形监测信息等数据共享为核心，以实体数字地质模型为基础，通过可视化、网络化及实时动态监测等技术手段来实现矿床开采的安全监测与安全预警。

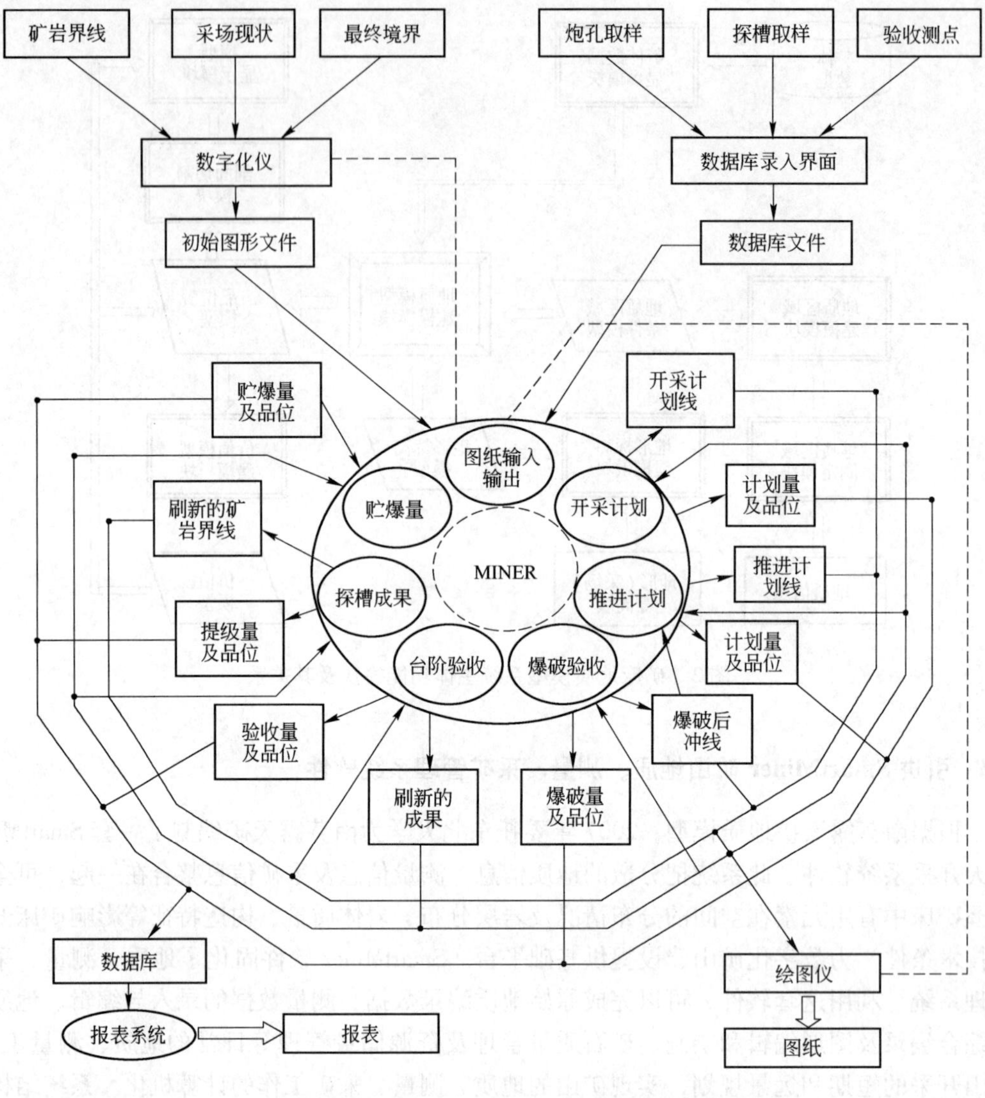

图3 计算机计划、设计系统主体功能模块及其关系

随着南芬露天铁矿边坡不断加高变陡，边坡稳定状态发生质的变化，滑坡灾害日益突出，严重威胁着露天矿山的可持续安全生产，需对边坡进行实时监测，以便及时发现边坡滑动迹象，采取应对措施。2010 年上半年，我们与中国矿业大学合作，投资 400 万元组建了边坡监测与预警系统，它由 3 个系统组成。分别是应力监测系统、位移监测系统、视频监控系统。

（1）应力远程监测预警系统。在滑坡发生之前和发生的过程中，岩体中的应力首先发生变化，边坡岩体滑动力与抗滑力之间（岩体滑动面强度）平衡不断被打破，不断形成新平衡的过程中，边坡产生变形和位移。当岩体有明显变形时，边坡已经发生了一定程度的滑动破坏，应力监测系统可以捕捉边坡滑动面上下滑力的变化特征，超前于地表位移判断边坡的稳态趋势，在边坡上布设一定的应力监测点，可对边坡进行实时智能监测与预警，为南芬露天铁矿潜在滑坡区边坡稳定性监测与安全评价提供科学依据，确保人员、设备的安全。应力监测原理示意图如图5所示。

（2）位移监测系统。应力变化，最终引起地表位移变化，互相比对，可以更加准确

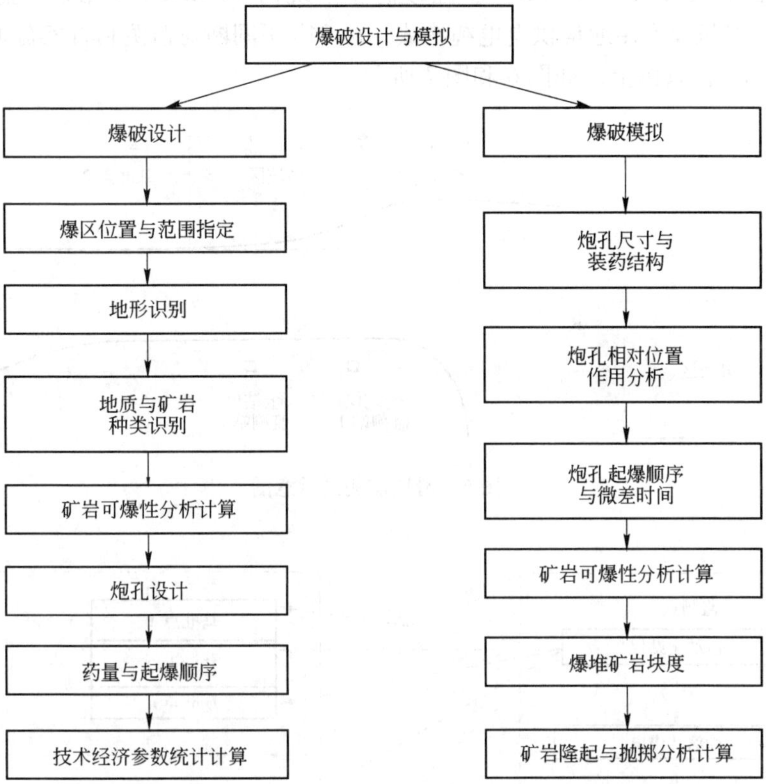

图4　爆破设计、模拟系统总体结构及其基本功能

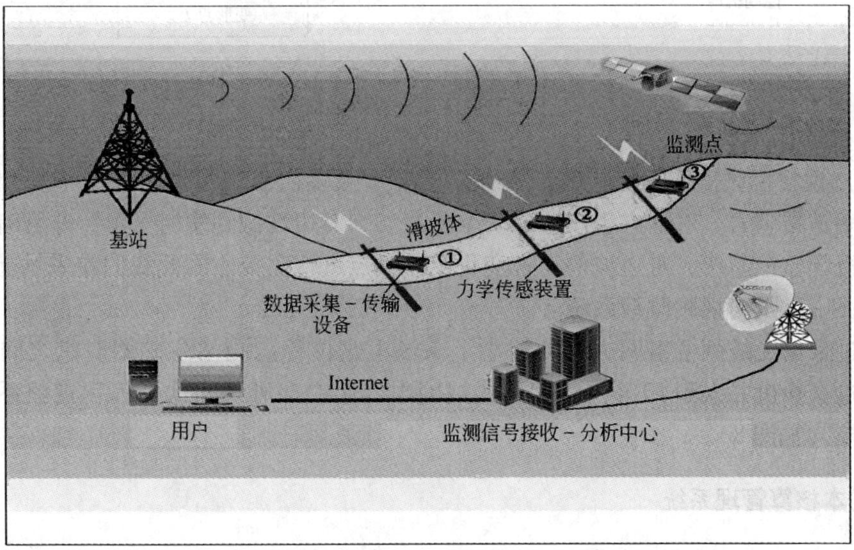

图5　应力监测原理示意图

预警，因此南芬露天矿建立了位移监测系统，监测仪器采用莱卡全自动全站仪 TCA2003，它可以自动识辨目标、精确瞄准目标、自动正倒镜测量、自动完成数据采录，其测角精度为0.5″，测距精度 1mm + 1×10^{-6}。位移监测系统由 TCA2003 全站仪、监测分析软件 GEOMOS、计算机及专用通信供电电缆构成，可 24h 不间断对监测目标实施测量，测量结果显示在时间—位移图上，如图 6 和图 7 所示。

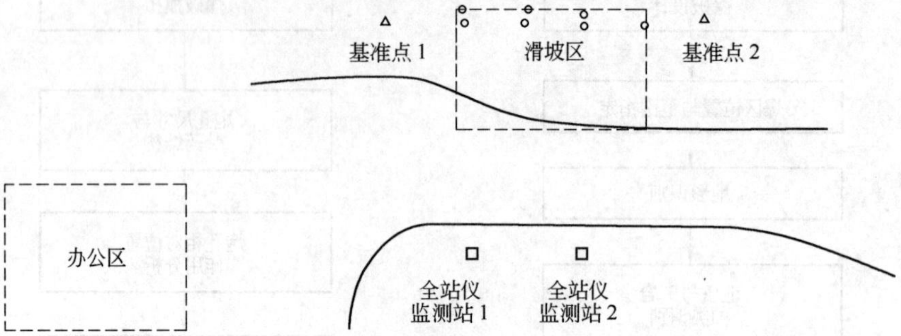

图 6　滑坡监测区示意图

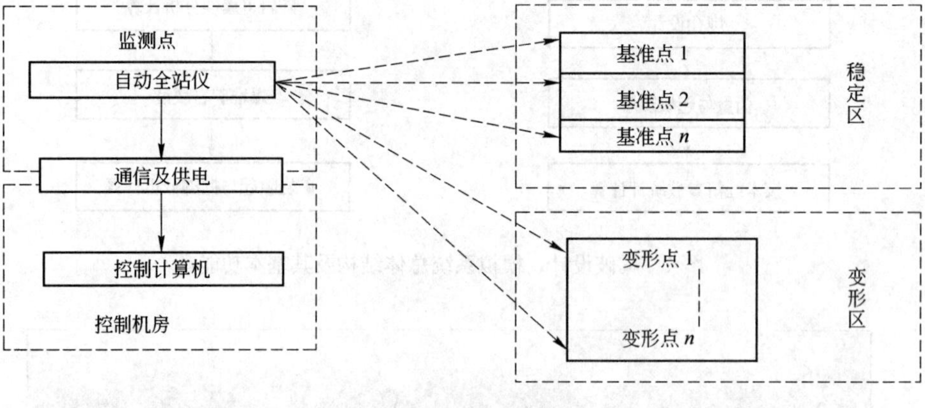

图 7　自动化监测系统

（3）远程视频监控系统。由于南芬露天矿边坡多次出现滑坡，处于不安全状态，特别是四期扩帮剥岩，对下方生产造成安全隐患。为对边坡做到实时了解，非常有必要上一套远程视频监控系统，对边坡的宏观变化及监测点进行监控。因此我们在采场上盘位移监测站架设了远距离视频监控系统。

通过采用无线网桥组网方式，建立了采场上盘位移监测站与矿调度室之间的无线网络，通过交换机并入到 ERP 网络中，局域网内的用户都可访问这套远程视频系统，实现远程监控（见图 8）。

4.6　成本核算管理系统

由于公司 ERP 系统只考虑上层的需求，采集的数据不全，无法为我矿日结日清的成本核算工作提供准确详细的数据。为此，2010 年我们自己开发一个成本核算系统，它是

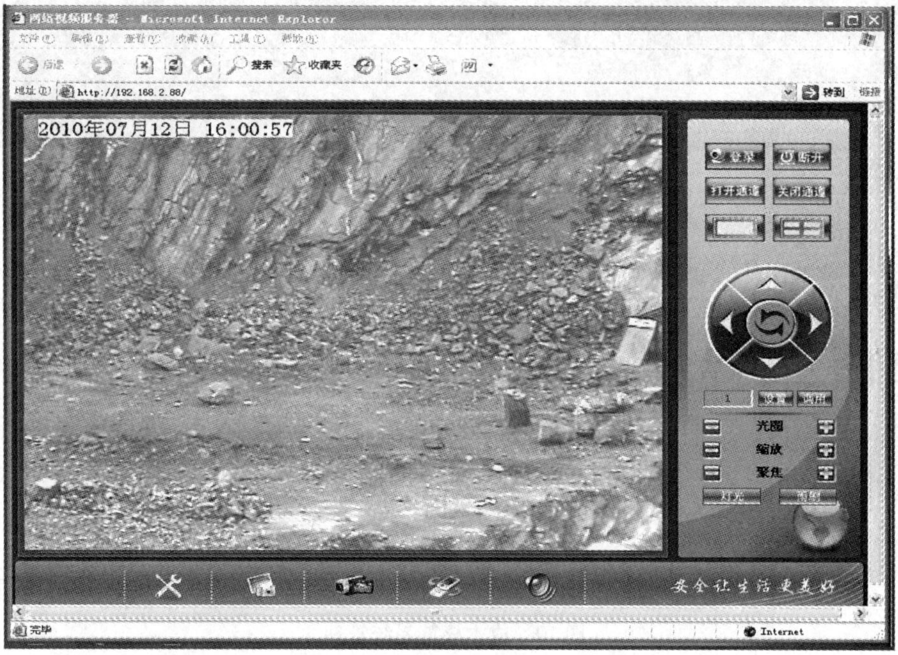

图 8 远程视频监控系统图

一个综合系统。包括生产统计管理系统、备件管理系统、材料管理系统、工资管理系统等，成本核算系统构成图如图 9 所示，成本核算系统管理图如图 10 所示。

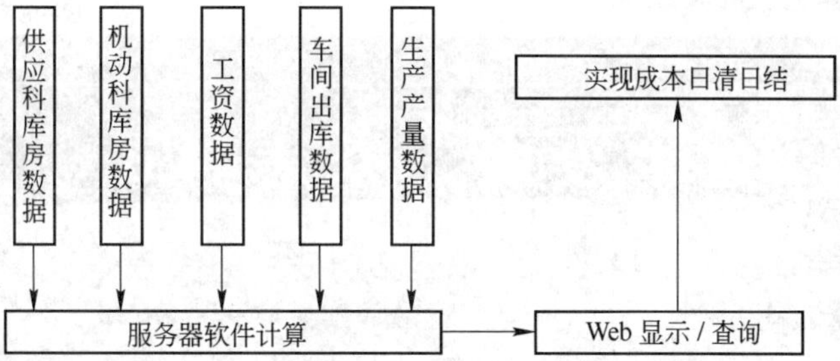

图 9 成本核算系统构成图

应用成本核算系统后，每天成本核算的数据都能收集齐全，进而实现日结日清。每日成本报表都在电子显示屏上显示，通过以领代耗计算的成本同实际消耗发生的成本进行比对，进而发现管理中的漏洞，提高管理和决策水平。

4.7 露天矿内部网站建设

2010 年，南芬露天矿充分发挥工程技术人员技术能力，独立自主组建了南芬露天矿内部网站，并逐步把露天矿网站建设成为信息之家，加载了公司 ERP 和 OA 系统；露天矿自主开发的生产管理系统、成本管理系统、边坡监测管理系统软件。建立了两个 FTP 服务器，方便传输生产数据和下载相关资料、软件。网站开辟了八大模块和十二个板块，

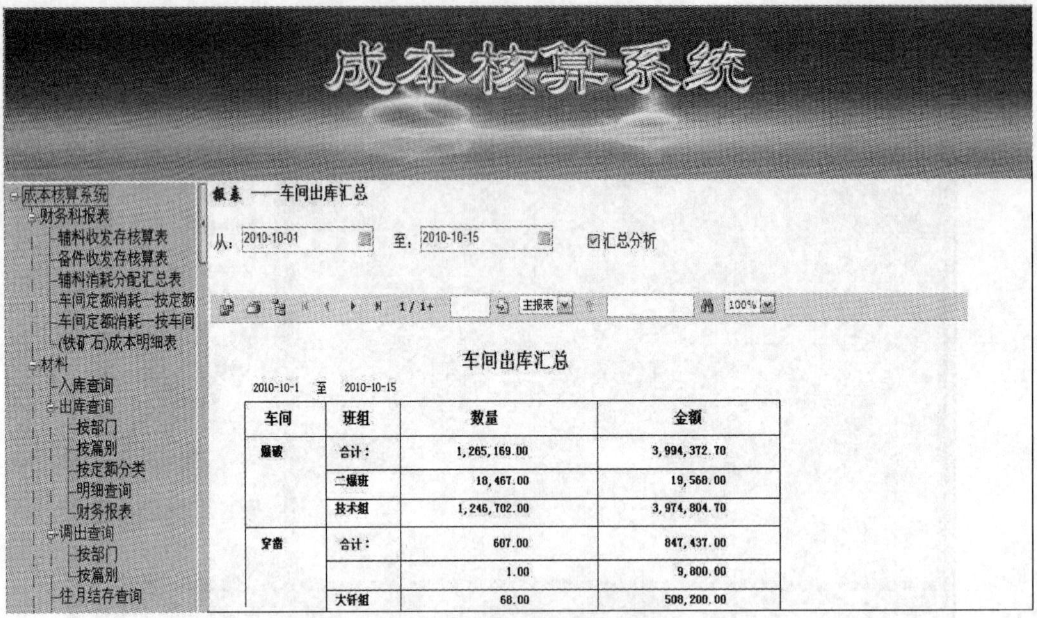

图 10 成本核算系统管理图

涵盖了露天矿的整个生产经营活动，实现信息共享。极大地提高工作效率，降低办公成本，网站主页面如图 11 所示。

图 11 露天矿内部网站

4.8 GPS 智能调度系统

生产调度系统是矿山安全生产管理中的重要手段之一，在生产中发挥着非常重要的作用。建立 GPS 智能调度系统，可以对生产移动设备及生产现场进行实时监控。GPS 车辆调度系统强调的是运输设备的系统性、调度的最优化和智能性、信息交流的交互性以及服务的广泛性。通过对装、运、卸生产过程的实时数据采集、判断、显示、控制与管理，实时自动实现各种生产资源的合理配置利用，从而实现消耗最低。

基于以上众多优点，集团公司对南芬露天矿上 GPS 智能调度系统给予大力支持，2010 年委托丹东东方测控公司开发这套系统，投资 650 万元。该系统于 2010 年 10 月正式运行。系统组成如图 12 和图 13 所示。

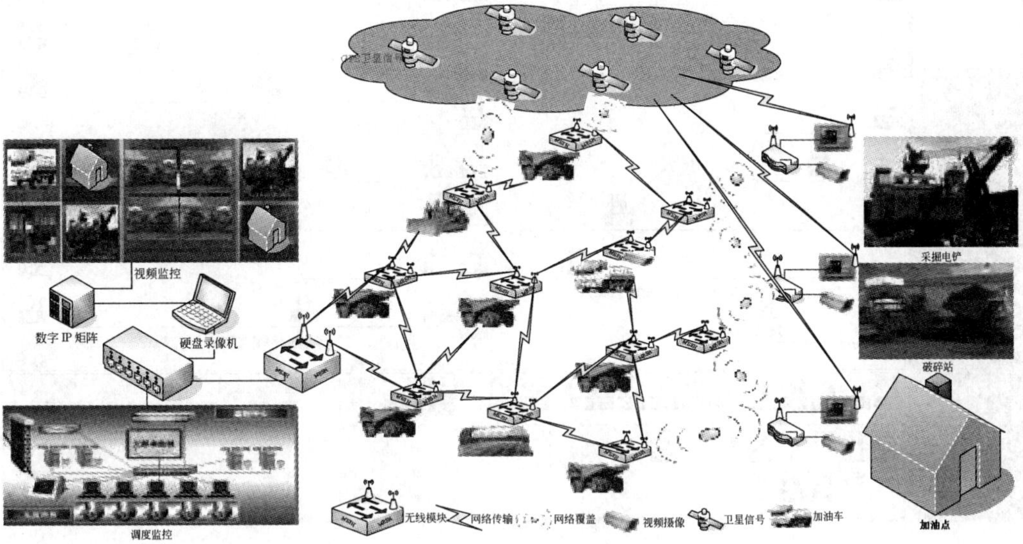

图 12　GPS 调度系统组成图

GPS 卡车调度系统主要功能：实现电铲、卡车自动调度，优化铲车配比，降低总运输功和采装与运输设备的等待时间，有效提高采装与运输效率，并能实现合理、均衡配矿，提高资源利用率。经过对 GPS 卡车调度系统的研究和不断改进，以及对生产操作人员的系统培训，生产操作强化，初步取得以下成效：

（1）最优的配车方案优化车铲配比，提高当班的卡车和电铲的作业效率。

（2）对于要求的产量，客观地减少所需要的卡车和电铲的数量。

（3）合理布置铲位完成配矿目标，实现对质量的控制。

（4）优化的运输路径，减少了轮胎磨损及油耗。

（5）对设备的生产等作业工作进行合理的安排，提高工作效率。

（6）车辆状态自动监控跟踪，杜绝偷懒等现象，提高了司机作业积极性。

（7）优化生产、智能调度，减少车铲相互等待，减少错误行驶，减少调度人员。

（8）自动实时统计矿岩产量，便于管理者掌握生产。

（9）故障及时通报，调度及时安排维修和采取措施保障生产，提高设备利用率。

（10）实时跟踪车铲等设备行驶路线，若错误行驶、越界行驶，系统会报警。

（11）帮助管理者进行科学、合理的生产决策，使得矿山企业生产管理和决策水平显著提高。

（12）统计管理和共享各种生产数据，实现无纸化办公。

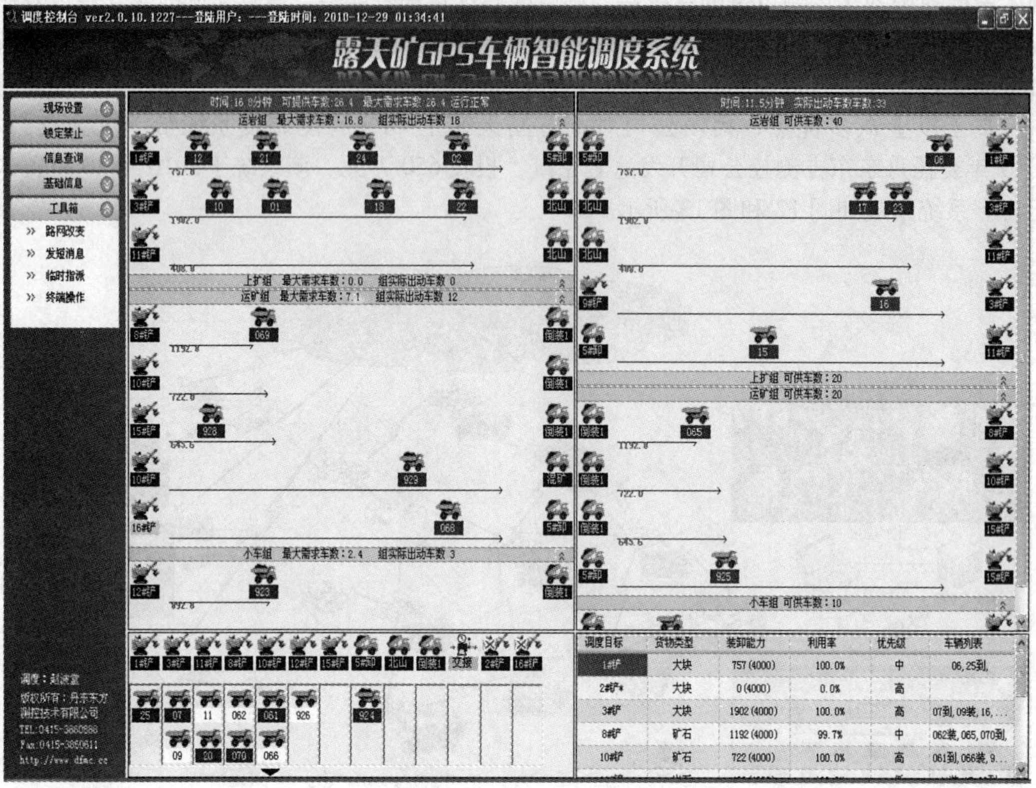

图 13　GPS 智能调度系统实现车铲配套示意图

（13）提高采矿生产率，显著提高管理水平。

5　结论

南芬露天矿结合自身的特点，依靠科技创新，合理利用国内外先进的采矿技术，不断地向企业注入新鲜血液，提高了工作效率，提升了管理水平，创造了可观的经济效益，使矿山管理向科学化、数字化大幅度迈进，提高了矿山在市场经济中的竞争力。

参 考 文 献

[1] 李宝祥．采矿手册（第三卷）[M]．北京：冶金工业出版社，1999.

[2] 本钢设计研究院．本钢南芬露天矿 1500 万 t/a 扩产工程初步设计说明书 [R]．2009.

[3] 鞍山黑色冶金矿山设计研究院．本钢南芬铁矿扩帮过渡工程初步设计 [R]．1989.

[4] 高台阶开采工艺研究．“八五”国家科技攻关项目鉴定资料 [R]．1997.

[5] 确定合理台阶高度的研究．“八五”国家科技攻关项目鉴定资料 [R]．1997.

[6] 大型露天铁矿陡帮开采工艺研究．“七五”国家科技攻关项目鉴定资料 [R]．1990.

作者简介：

辛明印，教授级高级工程师，南芬露天铁矿矿长。

创新企业管理模式　打造科学发展示范矿山

田志云

（河北钢铁集团矿业有限公司）

2012 年 4 月 10 日

司家营铁矿隶属于河北钢铁集团矿业公司，位于河北省唐山市滦县境内。2004 年注册成立，矿山设计规模为年采选矿石 750 万吨，生产铁精粉 255 万吨，采用露天和井下分区开采方式，项目总投资 19.27 亿元。主要经营范围是铁矿石采选加工、物流、造地及金属制品生产。2007 年 10 月建成投入试生产。从 2008 年开始，积极探索实践大型冶金矿山管理现代化创新模式，以精细化管理和人本管理为核心，以创建绿色矿山、和谐矿山和精锐矿山为目标，大力推进科学发展示范矿山建设，成功实现矿山转型发展、跨越提升，赢得经济效益与社会效益的双丰收。先后荣获“河北省园林式单位”、“河北省百强纳税企业”、“河北省工业旅游示范点”、“河北省绿色矿山企业”、第四届全国冶金矿山“十佳厂矿”及第二批“国家级绿色矿山试点单位”等荣誉称号。《司家营铁矿整体开发方案优化研究》荣获中国钢铁工业协会、中国金属学会冶金科学技术二等奖。

1　创新企业管理模式的背景

司家营铁矿建矿伊始，就面临“新工艺、新装备、新人员”的现实挑战和严重设计缺陷所带来的工艺先天不足的严峻考验。在工艺上，采用国际领先的“阶段磨矿、粗细分级、粗粒重选 - 细粒磁选 - 阴离子反浮选”氧化矿选矿新工艺；在装备上，大量使用国内外冶金矿山一流设备，国内冶金矿山第一台 $20m^3$ 液压铲，载重 130t、180t 别拉斯电动轮矿用汽车，ϕ310 牙轮钻机，16.8m^3 电铲，HP500 圆锥破碎机，ϕ3.6m × 6.0m 大型球磨机等均已采用；在人员上，以从原唐钢矿山系统抽调的不到 300 名骨干为班底，接收吸纳 2000 多名新职工，其中大部分为没有工作经历的占地村招工、复员军人和大中专毕业生。这种“三新”的要素特点，给建矿初期的生产调试带来了相当大的困难。同时，投产初期又暴露出严重的设计缺陷，矿山浮选能力、过滤能力严重不足，水处理达不到工艺要求，水平衡设计在理念上不符合科学发展的要求，尾矿泵选型失误导致尾矿输送不能维持正常生产运行，这些因素使各工序之间不匹配，无法稳定生产，跑、冒、滴、漏现象严重，工作现场条件差，工人劳动强度大，技术经济指标起伏大，生产成本高。矿山上下因此承受着巨大压力。在集团的坚强领导下，经过近一年时间的艰苦努力，矿山在完成十多项大型技术改造和数百项工艺消缺完善整改之后，工艺流程方得以初步理顺，技术经济指标开始逐步稳定。

工艺流程的理顺为技术经济指标的稳定创造了条件，但技术经济指标的提升最终还得依靠管理水平的提升来支撑。而就在矿山刚刚从设计缺陷的困境中走出来时，又恰逢全球性金融危机的爆发，钢材需求大幅下滑，铁精矿价格犹如“过山车”，短短几个月的时间便由1680元/吨迅速下挫到680元/吨，已低于当时成本线。矿山马上就面临着生存考验。

在这危急时刻，河北钢铁集团矿业公司成功组建。组建伊始，公司便高标准谋划，做出了创建科学发展示范企业的决定，全力推动矿山管理创新，并提出了建设“管理一流，队伍一流，产品一流，环境一流”的现代化矿山企业的总要求，提出用“强管理、降成本”来打赢企业“争生存、求发展”的保卫战，应对金融危机的冲击。按照公司的统一部署，司家营铁矿制定了创建科学发展示范矿山的实施方案，提出了“管理精细、质量稳定、队伍一流、资源节约、环境友好”的创建标准，并高度重视顶层设计和谋划，确立了管理精细型精锐矿山、质量稳定型高效矿山、人文和谐型民主矿山、资源节约型生态矿山、环境友好型优美矿山、本质安全型安全矿山的“六型”矿山发展定位。

2 创新企业管理模式打造科学发展示范矿山的内涵和具体做法

“六型”矿山的发展定位是司家营铁矿打造科学发展示范矿山的核心，是对“管理精细、质量稳定、队伍一流、资源节约、环境友好”创建标准的细化，为矿山创新企业管理模式描绘了具体的实施路线。

2.1 以精细化管理打造管理精细型精锐矿山

突破传统矿山管理模式，实施全员、全方位精细化管理。注重管理规划的顶层设计，以“精干的队伍、精美的环境、精实的体系、精良的业绩、精深的文化”为标准，“细分目标、细分职责、细化标准、细化流程、细严考核”，实现生产经营各项工作“制度化、标准化、程序化、信息化”。形成了安全管理、现场管理、设备管理、职工管理、生产管理、成本管理“六大模块”管理体系，有效地促进了矿山管理水平的提升。

职工管理模块突出“准军事化”管理特色。建矿初期，新招录的职工不守规矩，尤其是占地村工人小农意识强，丢失修理工具的现象时有发生，皮卡车司机甚至会把车开回家，抽出半桶油。为此我们严格厂规厂纪，修订职工行为规范，厂区设定人行路，要求职工列队行走，统一工装与胸卡，甚至统一背包，还定期组织军事化训练。起初，干部职工不理解，认为过于形式化，矿领导班子成员带头执行，准军事化管理强行推进了半年时间，干部职工的服从意识逐渐加强，执行力大大提升，为管理创新提供了强有力的思想保障。

现场管理模块强化“6S”管理标准。现场物、区、场、所实现可视化，办公设施定置化，物品摆放有序化，资料整顿清晰化。走在车间厂房，你会发现任何一件物品都会有标识，小到一块玻璃，大到主体设备，都会有明确的责任人负责日常维护；车间工人随身携带抹布，随时擦拭设备，矿用汽车油箱外壳干净亮泽，不见半点油渍；生产车间自制专用工具车、工具箱，统一管理公用工具，采用形迹管理方法，职工使用工具实行借具卡制度，改进以来从未丢失任何工具。我们的职工甚至把精细化管理的理念带回家，将家中物品摆放得井井有条。可见，精细化管理已经成为了职工习惯，成为了企业文化的一部分。

成本管理模块秉承“效益优先”理念。学习邯钢模拟市场核算、成本否决的经营机制，规范细化指标分解模式。健全了指标分解体系，对全矿120余个生产作业，制作了85张表格，对1654个指标进行分解。认真开展“对标挖潜、指标创优、目标升级”工作，持续优化指标。实施成本指标的动态跟踪管理，严格指标考核，传递成本压力，有针对性地制定挖潜增效措施并严格落实，创造了巨大的经济效益。

2.2 以科学管理、技术创新打造质量稳定型高效矿山

坚持规模化、集约化的绿色发展思路，发挥科技引领作用，优化生产组织管理，大力节能降耗，实现矿山高效率、高质量运行。

大力实施科技兴企战略，实现持续节能降耗。致力于科学技术向生产力的转化，大力开展技术革新与技术升级。通过调整充实科技创新体系，建立科技创新的“领导层”、“核心层”和“紧密层”三级机构，形成了“统领全局、带动全员”的科技创新组织保障体系；加强科技创新与管理，实施技术中心建设，推动企业技术水平全面提升；充分利用“产、学、研”合作平台，加强与科研院所合作，推动国际合作，积极引入先进技术。高浓度浮选，常温浮选药剂的使用和高泥氧化矿微细粒级产品回收等取得可喜进展。

建立科学的生产组织体系，实现生产高效率。长期开展质量管理工作，摸索建立了矿石可选性数据库和平面分布图，形成了供配矿预警机制与氧化矿指标跟踪机制，动态掌控选矿指标，使高泥氧化矿金属回收率增至75%以上。开展TPM全员设备管理工作，设备使用实现标准化操作，设备维修走上“医治未病”之路，在设备日常保养维护同时加强点检定修工作，建立起设备隐患和故障预防体系。应用Surpac软件建立矿山地质数据库，引进露天采运GPS自动调度系统和磨选自动化控制系统，使用ERP管理软件，实现了矿山管控数字化。

2.3 以民生工程打造人文和谐型民主矿山

坚持以人为本、唱响民生、和谐建矿的理念，用职工队伍的高素质，汇聚企业发展的内生动力。同时，发挥企业文化建设特有的培育忠诚、凝聚人心、鼓舞士气、推动创新的作用。

打造“五型”精品班组，推动精品车间、精锐矿山建设。在全矿范围内推行“效益型、学习型、创新型、管理型、和谐型”五型精品班组建设，提高了班组建设和班组管理水平，培育了高素质、高技能职工队伍。在和谐型班组建设中，主推“职工思想24小时掌控”。车间一线班组长掌握着职工班中、班前、班后的思想动态，尤其对深受家事烦扰的职工进行重点帮扶。在管理型班组建设中，我们还推进“合同式管理”的模式，在修订企业各项规章制度的时候，职工成为制度设计主体，逐项讨论修订各项规程，最终经职代会讨论通过，合同式的管理制度让职工心悦诚服，实现了民主管理、制度管理的有机结合。

培育优秀企业文化。高度重视企业文化建设，结合实际，传承创新，整合提炼，打造出了包含企业目标、企业精神、企业使命、企业核心价值观为内容的“四位一体”的企业文化体系。秉承“科学发展、追求卓越”的企业精神，矢志不渝提升企业管理水平，同心同力，共创共享，致力建设“管理一流，队伍一流，产品一流，环境一流”的科学发展示范企业。活跃职工文化生活，积极推进企业文化阵地建设，健全了各种文化娱乐场馆，实现了职工乐有所去。开展丰富多彩的文体活动，丰富了职工日常文化生活。搭建党群“连心桥”，建立了群众工作室，组织开展了“大病互助”工程，实现了企业和谐健康

发展。积极承担社会责任，为国办矿，开矿兴钢，企地共赢。四年累计实现利税 50 亿元，为企业和地方经济发展作出了积极贡献。

创建学习型企业，创新选人用人机制。启动了学习型组织创建，通过营造学习环境，搭建学习平台，建立教育培训、拓展训练、人才实践“三大培训”基地，持续开展“每日实用教学”、“岗位技术比武”、“名师带高徒”、“三学（学知识、学技术、学文化）”等活动，提升职工的文化素质、安全素质和业务技能。建立青年人才库，率先在河北省国有企业推进“公推直选”党支部书记、公开招聘青年干部，变伯乐选马为赛场选马。

2.4 以循环经济发展模式打造资源节约型生态矿山

坚持以经济效益和社会效益并重，采矿与造地并举，节能与环保并行，最大限度地实现了土地和矿产资源的科学循环利用，以循环经济的发展模式创造了循环效益。

用剥离岩土填海造地。充分利用曹妃甸大港建设的有利条件，打破传统依矿建设排土场模式，制定了剥离岩土填海造地的方案。投资 16765 万元建设剥离岩土专运线——司曹铁路，4 年时间外运岩土 1.2 亿吨用来建设曹妃甸大港，填海造地近 2.49 万亩，实现隐形效益近 5 亿元。未来 15 年，司家营铁矿 17 亿吨采矿剥离岩土将全部用于曹妃甸 310km^2 填海造地计划。

用采煤塌陷坑做尾矿库，实现废地造良田。坚持减少土地占用，保护周边环境的原则，充分利用距矿山 28km 处的古冶煤矿塌陷坑作为尾矿库址，有效解决尾矿库占用耕地的难题。1.76km^2 尾矿库的围坝是用 200 万吨废弃的煤矸石筑成的，仅此就腾出耕地 200 余亩。待尾矿库闭库后，原有塌陷坑将会变成 2640 亩良田。

综合利用采场排水及尾矿回水，减少新水用量，实现了水资源的循环利用，选厂新水消耗指标位居同行业之首；科学合理建设热电厂，实现热电联产；建设小破碎站，在回收采场低品位矿石的同时，还生产建筑所用毛石等。

延长产业链，挖掘多元化潜力。与安徽凤形金属制品公司进行技术合作，组建金属制品公司，利用废钢生产的高铬球填补了唐山地区该类产品的空白，降低了原材料成本，增强了抵抗市场风险能力，也为公司“十二五”发展规划提供了原材料战略支撑。

2.5 以绿色矿山品牌工程打造环境友好型优美矿山

针对矿山开采对自然环境的影响，采取不同的治理方式，进行水土保持、节约用地、复垦绿化等综合治理，改善环境，还绿于山，造福于民。

以绿色矿山为依托，发展工业旅游产业。突出矿山设备大型化、管控体系精细化、工艺流程现代化，努力打造工业旅游示范企业，被河北省旅游局、国资委联合命名为首批工业旅游示范点，成功衔接“钢铁是怎样炼成的”工业旅游主题，打造了“乌砂变金”旅游线路。每年接待各类参观团队一百多次，多达 5000 人次。

以农村集约用地建设新农村为基本思路，妥善解决拆迁安置问题，构建和谐企地关系。在项目建设过程中，搬迁 8 个自然村，2200 户村民。投入 3.8 亿元集约建设拆迁新村，相应辅助设施医院、学校、公园、娱乐活动场所应有尽有。除按相关规定给予一次性经济补偿外，安置 1500 人就业，给适龄人员交纳养老保险。拆迁村民安居乐业，其乐融融。拆迁新村成为当地集约发展的典范，到处洋溢着和谐美满。

结合矿山特点，实施绿化美化工程。先后投资6553.46万元，种植各类乔灌木十万余株，复垦绿化面积共计640.49万平方米，达到厂区总面积的38%以上，占可绿化面积95%以上，恢复了生态环境，抑制了二次扬尘，防止了水土流失。实施生活区绿化美化工程，建设了多功能娱乐室、文化活动中心、塑胶篮球场等；厂区建成绿地花园200多万平方米，实现了三季有花，四季有绿，成为矿区一道亮丽的风景线。

2.6　以安全标准化创建工程打造本质安全型安全矿山

坚持以人为本，用煤矿的安全管理理念与力度管理冶金矿山，一手抓安全标准化矿山建设，一手加大科技投入，实现了矿山本质安全。

以安全标准化矿山建设为契机，健全各项安全规章制度并实施动态管理。制定完善了92项安全生产规章制度，其中包括生产安全事故综合应急预案、专项预案及现场处置方案40项、重大危险源风险评估表50张和作业指导书33本，还制定了三大类综合安全检查表，20余种专项安全检查表等。形成了“全员参与、全过程控制、全方位管控”的“三全”安全管理模式。

利用新理念、新方法、新技术，提升矿山安全管理水平。深入推行“333”（第一个“3”是实施了班前礼仪、井口或进入厂房、机台、设备前和工作现场3个地方的安全确认；第二个“3”实施了班前、班中、班后3个时段的安全确认；第三个“3”实施了集体岗、零散岗和特殊岗3种岗位的安全确认）安全确认制。加大安全投入，努力创造安全生产条件。先后投入3000多万元，建立了井下矿人员定位系统、重点部位视频监控系统、通信联络系统、紧急避险系统、供水施救系统、压风自救系统，成为河北省第一家“六大”系统完善的冶金矿山企业；投资100万元建设河北省冶金矿山尚属首个井下餐厅，日常供职工用餐，紧急时刻用于避险；投入1000多万元实施露天矿东帮削坡工程，为深部矿山安全生产做到未雨绸缪；投入100多万元完善破碎除尘系统，改善作业环境，从根本上保障了职工身心健康。严格落实安全设计防护设施，加强日常监管和维护，始终保持安全设施完好、运转正常。

3　创新企业管理模式所取得的效果

3.1　生产经营健康快速发展，产量利润连创新高，技经指标持续向好

铁精粉成本持续下降，2011年铁精粉全成本较2008年降低33.09%，四年累计实现利税总额50亿元。产品产量逐年提高，2009年实现达产，2010年精粉产量突破256万吨，2011年生产精粉258万吨，再超设计能力3万吨。采选主体设备完好率、作业率保持领先，其中球磨机作业率始终保持在96.5%以上，柴油单耗、新水用量等指标位居行业前列。高泥氧化矿金属回收率连年提高，由投产初期60%左右逐渐提高到75%以上。

3.2　科技创新硕果累累，经济效益显著

先后完成浮选、过滤扩能，三段球磨“二对一”改造等十多项大的技术改造和数百项工艺流程消缺完善，有8项成果获得省级二等奖以上荣誉，1项成果获国家级二等奖，3项成果获得国家发明专利，32篇学术论文在省级以上出版物发表。成功研发了高泥氧化

矿高浓度浮选技术，申请国家专利，该成果获省冶金科学技术二等奖。推广应用常温浮选药剂，年节能60万吉焦。与俄罗斯乌拉尔机械加工股份公司联合研发的微细粒复杂铁矿高效回收关键技术项目获国家科技部批准，技术成果应用到生产实践，将攻克微细粒级氧化矿回收难关。科研成果用于生产实践，每年直接创效9640万元以上。

3.3 循环经济发展模式助推企业科学发展，综合效益日益凸显

剥离岩土填海造地、尾砂充填采煤沉陷坑方案的实施，节约矿区周边占地达2万亩。而且剥离岩土填海造地项目的实施，既解决了曹妃甸大港建设填海料源问题，又每年可创造隐形效益高达1.2亿元以上。水资源循环利用项目，年可节省新水800万立方米以上，低品位矿石回收系统年可回收矿石30万吨。取得巨大经济效益的同时，还获得良好的生态效益及社会效益，司家营铁矿资源节约与综合利用项目荣获国土资源部2011年度特等奖2000万元。司家营低品位铁矿资源综合回收利用项目成功获批冀东资源综合利用示范基地建设项目，得到国家专项资金近亿元。

3.4 矿山管理全面加强，职工素质显著提升

全覆盖式的“六大模块”精细化管理，实现了生产管理标准化、设备管理全员化、成本管理精益化、职工管理军事化，成为河北钢铁集团精细化管理示范单位。创建安全标准化示范矿山，实现了矿山本质安全。建矿以来从未发生一起伤亡事故。职工成长成才速度加快，有近60人次荣获省级及以上荣誉称号，近200人次荣获市级荣誉表彰，还培养出近600人生产和技术骨干支援公司其他矿山建设。

4 结语

（1）司家营铁矿结合自身实际，按照科学发展观的总要求，确立的“六型”矿山发展路径，是在当前资源和环境刚性约束条件下，建设绿色矿山、和谐矿山、精锐矿山的必然要求，有着显著的经济效益和社会效益。

（2）作为国有特大型矿山，司家营铁矿始终牢记神圣的社会责任和半个多世纪期盼司家营矿山开发的矿山老一辈矿山人的嘱托，坚持高起点谋划、高品质打造、高效率推进，成功进行了现代化矿山模式的探索与实践，走出了一条符合矿山实际和时代特点的新型矿山发展之路，具有典型的示范作用。

（3）“十二五”期间，司家营铁矿将继续沿着“六型”矿山发展路径，不断创新和强化企业管理，为公司“十二五”战略规划实施提供人才支撑、效益支撑和典型引领作用。深化调结构、转方式成果，以填海造地助力曹妃甸大港建设为契机，发展物流与造地产业，努力打造以矿山采选为主，集工业旅游、物流、造地、耐磨金属制品研发为一体的新型现代化矿山企业，为打造钢铁粮仓、建设“国内最大、国际一流”的矿业基地作出自己应有的贡献。

参考文献

[1] 张永坤．科学规划分步实施努力建成节能环保型的世界一流矿山［C］．2007中国钢铁年会论文集，北京：冶金工业出版社，2007.

[2] 张永坤，田志云，邹正勤．司家营铁矿整体开发方案优化研究与实践［C］．第八届全国采矿学术会议论文集，安徽：《金属矿山》编辑部，2009.
[3] 王洪仁等．河北钢铁集团矿山无废开采方式的探索与实践［J］．金属矿山，2011（10）.

作者简介：

田志云，高级工程师，第四届全国冶金矿山“十佳厂矿长”，河北钢铁集团矿业有限公司总经理助理兼司家营铁矿总经理。

司家营铁矿项目建设及采选生产系统

田志云

（河北钢铁集团矿业有限公司）

2012 年 5 月 10 日

1　自然概况

1.1　地理位置

司家营铁矿地处燕山南麓滦河西岸，河北省滦县境内，距滦县县城 10km。矿区交通条件十分便利，往北 9km 是京山铁路滦县车站。西距北京 220km，距唐山 42km，西南距天津 136km，往西 7km，是迁曹铁路柏庄站，已经建成排岩专线与其相连，紧邻矿区有平青大公路从西侧通过，可以方便到达京沈高速和唐港高速。其交通位置如图 1 所示。

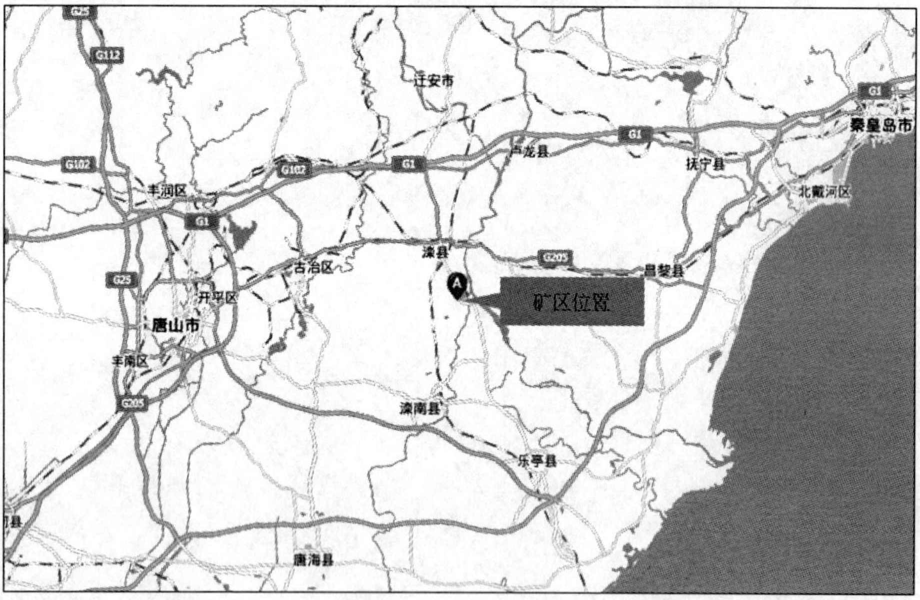

图 1　司家营铁矿交通位置图

1.2　矿区资源

司家营铁矿是冀东铁矿区的重要组成部分，属鞍山式沉积变质铁矿床。矿区占地 36km²，南北长 10km，以 S6 勘探线（平青大）为界被分为南北两区，南区长 6km，北区长 4km。根据目前已经提交的地质勘探报告，矿区资源保有储量 23 亿吨（北区 8.9 亿吨、南区 14 亿吨)，其中上部氧化矿 3.2 亿吨，深部磁铁矿 20 亿吨（见图 2)。司家营矿区以南还有滦南县马城铁矿、长凝铁矿和湛店子铁矿等。整个司家营矿区和司南铁矿区铁矿石资源总储量超过 36 亿吨，占河北省已经探明铁矿资源总储量的一半以上。

图 2　司家营铁矿地质剖面图

矿区内矿体绝大部分赋存于当地侵蚀基准面以下，除在铁石山、蘑菇山等处有零星露头外，大部分隐伏于第四系与震旦系地层之下，第四系覆盖层厚度约 20 ~ 30m，最厚达 70m。区内矿体由东向西共分布有 4 个矿体，平行带状排列。Ⅰ号矿体位于矿区东侧，纵贯北中南三区，全长 8350m，平均厚度 60m。Ⅱ号矿体位于矿区中部，矿体全长约 900m，平均厚度 45m，矿体延深较大，最大控制斜深已达 680m，虽有变薄趋势，但并未尖灭。Ⅲ号矿体位于矿区中部和北部，全长约 2800m，一般厚度 100 ~ 200m，矿体延深较大，局部控制最深处已达 1600m，仍未有变薄尖灭趋势。Ⅳ号矿体全部被第四系和震旦系地层覆盖，分布于矿区中北部，全长 1600m。矿区内矿石以磁铁矿为主，浅部以赤铁矿为主。矿石的矿物成分较为简单，主要为磁铁矿、假象赤铁矿，次为赤铁矿，脉石矿物以石英为主，其次为阳起石、透闪石及少量的角闪石和辉石等。

2　司家营铁矿项目建设及采选工艺

2.1　司家营铁矿的历史情况

司家营铁矿的地质普查勘探工作历史悠久，最早可追溯到 1914 年，就有外国学者先后对矿区做过调查，但是他们认为矿石品位低，规模小，没有经济价值。解放后从 1955 年开始，国家有关部门组织了对司家营铁矿更为细致的地质调查工作，并先后于 1958 年、1974 年和 1978 年，分别提交了司家营地质勘探报告。司家营铁矿的开发和试验研究工作，经历了漫长的探索时期。1958 年，唐钢就在司家营矿区，建立了矿山开发筹建处和试验厂，半个多世纪以来，几代矿山专业技术人员和有关科研院所，为司家营铁矿的开发进行了大量的试验研究，直到20世纪80年代初期，司家营铁矿的开发被列为国家重点攻关项目，但由于受氧化矿选矿、排放岩土处置和拆迁工作量大三大难题的制约，仍没有进行规模开采。20世纪90年代后期，随着一批选矿新设备和新药剂的使用，氧化矿选矿取得重大突破，铁精矿品位、金属回收率等经济指标获得重大突破。2003年9月，对司家营铁矿北区氧化矿选矿的试验研究获得重大成功，选用阶段磨矿—粗细分级—重选—强磁阴离子反浮选的工艺流程，能够获得精矿品位66%，回收率80%以上的技术指标，多年来一直困扰着司家营铁矿开发的选矿技术难题终于得到解决。2004年1月，唐钢滦县司家营矿业有限责任公司成立，拉开了司家营铁矿开发建设的序幕。

2.2 司家营铁矿规划建设情况

按照“总体规划，分步实施，滚动发展，争创一流”的建矿思想，司家营铁矿开发建设分四期进行：

（1）司家营矿区北区一期工程，即河北钢铁集团滦县司家营铁矿有限公司（简称司家营铁矿），设计规模为年采选矿石750万吨，生产铁精粉255万吨，概算总投资19.27亿元。于2005年3月动工，2006年7月开始大规模建设，2007年10月正式投产，2009年5月实现达产，2010年生产铁精粉256万吨，2011年生产铁精粉258万吨。

（2）司家营铁矿北区二期工程，即河北钢铁集团司家营研山铁矿（简称研山铁矿），项目总投资65亿元，设计建设规模为年采选铁矿石1500万吨，拟扩能为采选铁矿石1600万吨，该矿于2009年开始大规模建设，2011年7月开始试生产，达产后年产铁精粉520万吨。

（3）司家营铁矿三期工程（即司家营铁矿田兴铁矿），开发S38线以北资源，建设规模为年采选铁矿石2000万吨，全部为地下采矿。达产后将年产铁精矿粉645万吨。三期建成后将为国内最大的地下铁矿山，并且将是世界上最大的采用充填法采矿的矿山，能够较好地保护矿区周边的生态环境。

（4）司家营铁矿四期工程（即大贾庄铁矿），开发S38线以南大贾庄矿段，设计建设规模为年采选铁矿石600万吨，达产后年产铁精矿200万吨。

2.3 司家营铁矿的采矿工艺

司家营铁矿年采选矿石750万吨，采用露天和井下分区采矿方式，露天采矿年出矿石600万吨，井下采矿年产矿石150万吨。司家营铁矿露天采矿采用陡帮开采和高台阶开采，主体采矿设备采用ϕ310牙轮钻机、10m^{3}电铲和130t电动轮汽车，运输方式上浅部采用了公路运输—地表破碎站—胶带运输方式，深部采用汽车运输——移动式破碎站和胶带运输方式，以达到大规模、高效率和低成本的目的（见图3）。使用了GPS卡调系统，使车铲调度智能化，提高了工作效率。

2.4 司家营铁矿的选矿工艺

（1）司家营铁矿氧化矿选矿工艺试验研究，进行了两种工艺对比试验。其一采用阶段磨矿、粗细分级、重选—强磁—阴离子反浮选，其二采用阶段磨矿、强磁、粗细分级、重选—强磁—阴离子反浮选，试验表明前者选矿指标优于后者，且从投资和运行成本上前

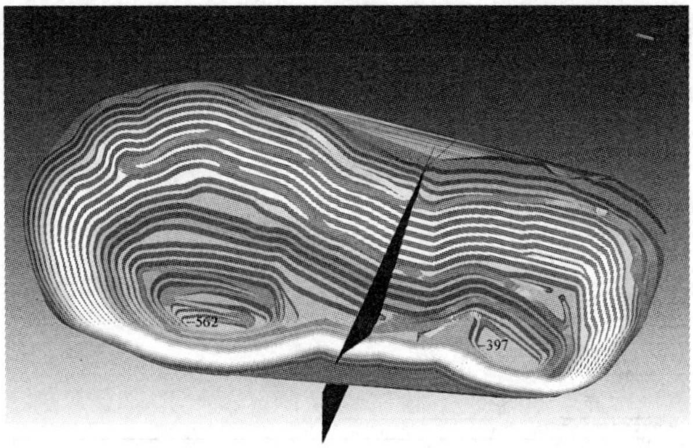

图3 司家营铁矿露天矿开拓终了图

者也优于后者，故司家营铁矿氧化矿工艺确定为阶段磨矿、粗细分级、重选—强磁—阴离子反浮选。

(2) 氧化矿选矿工艺流程：破碎采用三段一闭路流程，磨矿选别流程采用阶段磨矿、粗细分级、粗粒重选—细粒磁选—阴离子反浮选的选别流程。磨矿、重选、浓缩磁选系统4个系列，浓缩浮选系统两个系列。磨矿仓贮存的矿石经皮带机给入第一段 $\phi3.6\times5.0$m 格子型球磨机，分级设备为 $\phi3$m 双螺旋分级机；第二段磨机为 $\phi3.6\times5.0$ 溢流型球磨机，分级设备为 $\phi500\times8$ 水力旋流器组。经过两段连续磨矿后，再用 $\phi500\times10$ 水力旋流器组分级，粗粒经过 $\phi1.5$m 螺旋溜槽粗选和精选产生重选精矿，螺旋溜槽粗选尾矿进入 Slon－1750 中磁机磁选，中磁机尾矿为最终尾矿，螺旋溜槽精选中矿自循环，螺旋溜槽精选尾矿和中磁机磁选精矿合并进入第三段磨矿分级回路。第三段磨机为 $\phi3.6\times6.0$m 溢流型球磨机，闭路分级设备为 $\phi500\times6$ 水力旋流器组，第三段分级溢流流入重选前的粗细分级。重选前分级溢流粒度为 －0.074mm 95%，进入 CTB1230 弱磁机磁选，弱磁机尾矿进入 $\phi50$m 强磁前浓缩机，浓缩后再经过圆筒筛除渣，进入 Slon－1750 强磁机磁选，强磁选尾矿为最终尾矿。弱磁机和强磁机精矿一起进入 $\phi50$m 浮选前浓缩机，浓缩后进入浮选作业，经过一粗一精产生最终浮选精矿，浮精选尾矿返回到浮粗选作业，浮粗选尾矿经过二次扫选产生最终尾矿。主要选矿指标为原矿品位 TFe 30.44%，精矿品位 TFe 66%；回收率 80%；选矿比 2.71。综合精矿粒度为 －0.074mm 占 85% 左右（见表1）。

表1 综合精矿多元素分析结果表

元　素	TFe	FeO	SiO_2	CaO	MgO
含量/%	66.57	8.89	4.55	0.17	0.40
元　素	Al_2O_3	MnO	In	S	P
含量/%	0.33	0.017	0.34	0.012	0.025

因为设计缺陷及节能减排的需要，氧化矿选矿工艺流程在投产初期即进行了上百小项的消缺改造，及数十大项的工艺流程改造，大的工艺流程改造有：新建浮选厂房并增加新

型浮选设备；过滤设备扩容、改型；中强磁前弱磁设备提高场强；增加强磁设备；重选增加扫选和重精控制筛分；三段磨矿“二对一”改造；循环水净化处理；沉降池改造；浮选药剂制度优化等。司家营铁矿氧化矿现行工艺流程如图4所示。

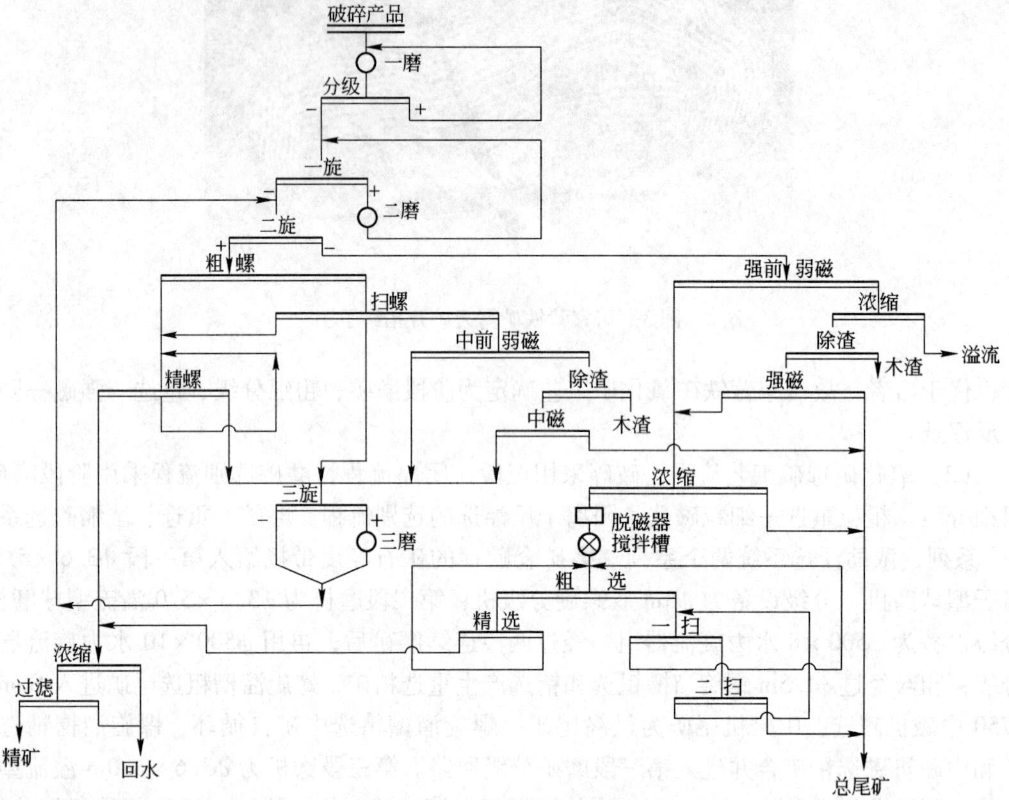

图4 氧化矿现行工艺流程

（3）原生矿工艺为：破碎采用三段一闭路破碎流程，磨矿选别流程采用阶段磨矿、单一磁选的选别流程。磨矿仓贮存的矿石经皮带机给入到第一段 $\phi3.6\times5$m 格子型球磨机，分级机为 $\phi3$m 双螺旋分级机，粒度达到 -0.074mm 50% 的产品进入 CTB1230 磁选机进行弱磁粗选（一磁），丢掉合格尾矿，粗选精矿进入二段球磨分级。第二段分级设备为 MVS2020 高频振网细筛，筛上产品经过 CTB1230 磁选机浓缩后进入 $\phi3.6\times5$m 溢流型球磨机进行二段磨矿，二段磨机排矿进入磁选甩掉部分合格尾矿，磁选精矿返回细筛，筛下产品粒度 -0.074mm 80% 进入二磁（CTB1230 磁选机），甩掉部分合格尾矿，二磁精矿进入三段球磨分级。第三段分级设备为 $\phi500$ 水力旋流器组，旋流器沉砂进入 $\phi3.6\times6$m 溢流型球磨机进行三段磨矿，磨机排矿返回旋流器。旋流器溢流 -0.065mm 90% 进入三磁（CTB1230 磁选机）进行选别，甩掉合格尾矿，精矿进 CXZ60 磁选柱精选，产生磁选精矿，磁选柱尾矿返到二段磨矿前的浓缩磁选。主要选矿指标为原矿品位 TFe 26.67%；精矿品位 TFe 66%；回收率 81%；选矿比 3.06。

因为设计缺陷及增产增效的需要，对原生矿选矿工艺也进行了改造，具体改造项目有：磁选柱尾矿返回位置优化；增加尾矿回收系统；原生矿主体设备挖潜改造及磨前预选，提高入选品位，以其达到增产减排的目标。原生矿现在使用的选矿工艺流程图如图5所示。

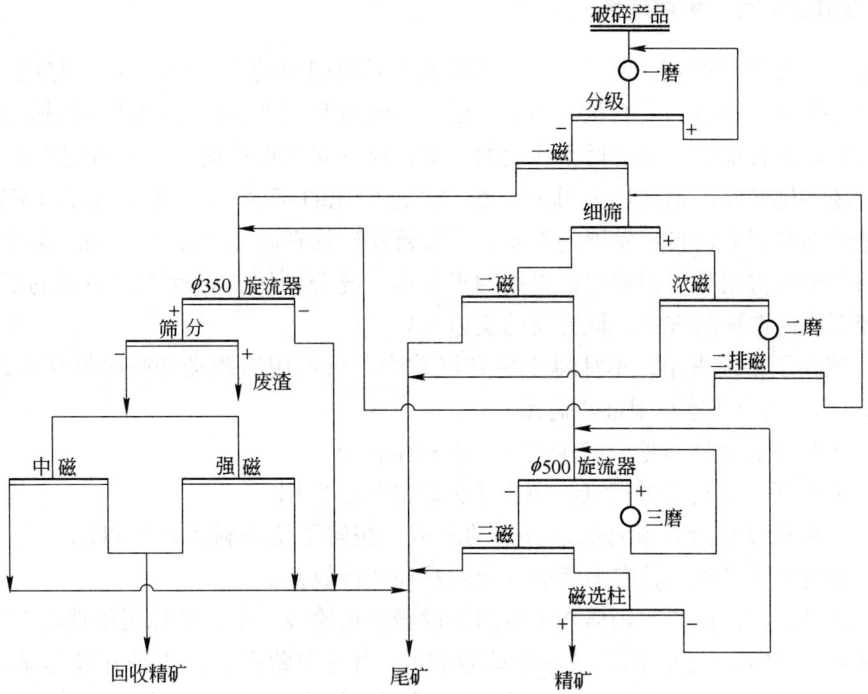

图5　原生矿现行工艺流程

3　司家营铁矿配套公辅设施

3.1　供电

司家营铁矿采选工程由两路110kV电源供电，电源引自220kV区域变电站110kV侧，供电距离约为7km，总负荷约为6万千伏·安。

3.2　供水

司家营铁矿总用水量约为9000m^3/h，其中生产新水用水量约为140m^3/h，生活用水量约为43m^3/h。为保证采矿场及选矿厂区生产、生活及消防水量，在选矿厂区附近的山坡上建容积为1000m^3高位储水池3座，用来补加新水。

为了充分利用水资源，建立了三个环水系统，以最大程度实现水资源循环利用。

（1）将选矿车间生产工艺排水及地面冲洗水，经尾矿浓缩池沉淀处理，再经絮凝沉淀后，其溢流水输送至选矿生产用水循环给水系统。

（2）尾矿库回水及渗水回到循环水泵站，再输送至选矿主厂房生产用水循环给水系统。

（3）地下开采坑内排水送至循环水泵站后，输送给主厂房生产用水循环给水系统。选矿新水耗水指标只有0.5$m^3/t_{原矿}$，工业水循环使用率在95%以上，行业领先。

4 司家营铁矿填海造地、尾矿库易址采煤沉陷区工程介绍

4.1 废石综合利用、填海造地

根据司家营铁矿露采设计，一、二期露天境界内圈定的矿石量共5.54亿吨（预计产出尾砂量约3.69亿吨），岩石量共16.48亿吨，废石及尾砂总量约20.17亿吨。如果选用排土场和尾矿库合堆于厂址附近大沙地的方案，仅一期工程首期，就需占用土地7.2km^2，其中排土场和尾矿库占地就达4.5km^2，为总占地面积的62.41%。为了适应国家宏观调控加强土地管理和司家营自身发展的需要，司家营铁矿认真研究项目所面临的客观形势，把尽可能减少土地占用作为调整建矿思路的出发点，充分利用曹妃甸大港建设的有利条件，制定了废石填海造地的方案。该方案的实施：

（1）减少了耕地占用，不征排土场和尾矿库，只征用转载场和临时堆场占地，节约土地近2km^2，减少征地费用近2亿元。

（2）大量废石填海造地，减少了矿区的粉尘污染。

（3）避免了一个村庄的搬迁，节省了大量的拆迁费用。

（4）司家营铁矿废石填海造地方案的出台，缓解了填海料不足的难题，为大曹妃甸港建设规划奠定了基础，具有显著的社会效益和经济效益。

为了外排司家营铁矿的剥离岩土专门建设岩土运输线一条，简称司柏铁路专用线，概算总投资4.92亿元（不含机车及车辆购置费），由司家营铁矿排土场建装车站，连接至6.8km外的迁曹铁路柏庄站，柏庄接轨站及两站区间线路组成专运线，线路全长15.417km，总占地0.82km^2，铁路为双线电气化铁路，按照工企Ⅰ级标准建设，牵引质量为10000t。当前有四套车底参与运输，日运量12万吨。

4.2 充分利用周边采煤塌陷区，合理选择尾矿库址

围绕减少土地占用，保护周边环境，司家营铁矿尾矿库易址采煤塌陷坑。原设计尾矿库选用的是利用工业场区附近大沙地废石围库方案，为了节省土地，司家营铁矿打破傍矿建库的传统思维，将尾矿库易址采煤塌陷坑，选择了28km外的开滦范各庄煤矿采煤沉陷区建尾矿库。从环保角度看，尾矿库易址塌陷坑，采用高浓度输送系统输送至尾矿库，可以避免对矿区周边的污染，避免动迁两个村庄；筑坝采用煤矸石为原料，将唐山市古冶区内煤矿历年堆积形成的两座矸石山从市区搬走约200万立方米，节省土地0.67km^2，对降低市区污染和综合利用煤矸石都有好处；另外，在充填采煤塌陷坑后进行覆土造田，对采煤塌陷坑生态环境保护带来积极的影响。

5 司家营铁矿生产经营情况

司家营铁矿自建矿伊始就深入践行科学发展观，高起点谋划、高品质打造、高效率推进“管理一流，队伍一流，产品一流，环境一流”的现代化矿山企业建设。近五年时间，一直致力于技术革新与管理创新，不断提升企业抵抗市场风险能力，提升企业综合竞争能力，提升企业管理水平，先后经历了初期的工艺技术和管理消缺，中期的达产攻关及目前的管理提升3个阶段，经历了起伏跌宕的精粉市场变化，经受住了经济危机的考验，实现

了矿山管理的升华。

铁精粉成本持续下降，2011 年铁精粉全成本较 2008 年降低 33.09%，4 年累计实现利税总额 50 亿元；精细化管理创新成果荣获河北省企业管理创新成果一等奖，管理经验在河钢集团乃至全河北省得以推广；科技创新硕果累累，探索发明的《司家营铁矿氧化矿供配矿系统》、《司家营铁矿高泥氧化矿高浓度反浮选技术》等成果在申请国家专利的同时，还被评为了河北省冶金科学技术二等奖，其中《司家营铁矿整体开发方案优化研究》荣获中国钢铁工业协会、中国金属学会冶金科学技术二等奖；绿色矿山建设深入人心，循环经济发展模式得到社会各界肯定，先后荣获了第四届全国冶金矿山“十佳厂矿”及第二批“国家级绿色矿山试点单位”等荣誉称号，资源节约与综合利用项目荣获国土资源部 2011 年度特等奖 2000 万元。司家营低品位铁矿资源综合回收利用项目成功获批冀东资源综合利用示范基地建设项目，得到国家专项资金近亿元。

“十二五”期间，司家营铁矿将不断创新和强化企业管理，为河钢集团矿业公司“十二五”战略规划实施提供人才支撑、效益支撑和典型引领作用。深化调结构、转方式成果，以填海造地助力曹妃甸大港建设为契机，发展物流与造地产业，努力打造以矿山采选为主，集工业旅游、物流、造地、耐磨金属制品研发为一体的新型现代化矿山企业，为打造钢铁粮仓、建设“国内最大、国际一流”的矿业基地作出自己应有的贡献。

参考文献

[1] 张永坤，田志云，邹正勤．司家营铁矿整体开发方案优化研究与实践［C］．第八届全国采矿学术会议论文集．安徽：《金属矿山》编辑部，2009.

[2] 郑卫民等．司家营铁矿选别流程的演变及技术改造［J］．现代矿业，2011（2）.

作者简介：

田志云，高级工程师，河北钢铁集团矿业有限公司总经理助理兼司家营铁矿总经理，全国冶金矿山十佳厂矿长。

21世纪新型矿山——太钢袁家村铁矿

周 育[1] 米子军[2]

(1. 中冶北方工程技术有限公司；2. 太钢岚县矿业公司)

2012年4月30日

1 引言

太钢袁家村铁矿隶属太原钢铁公司，位于山西省岚县梁家庄乡，岚县城西南，矿区至县城有公路相通，距离20km。矿山设计规模2200万吨/年，年产铁精矿741万吨。是我国迄今为止规模最大的冶金矿山。矿山建设已完成土建及设备安装工程，正在生产前的设备调试阶段，准备2012年8月投入生产。

2 矿山地质概况

2.1 矿山开采技术条件

矿区范围内，主峰簸箕山海拔1810m，以此为分水岭，地形分别向南北倾斜。其南坡陡峻，北坡平缓，且与大片黄土丘陵相连，逐渐过渡为袁家村河谷，其高程1400m，与簸箕山比高410m。而自西向东，黄土丘陵又为一系列近南北向沟谷所切割，地形有利于自然排水。

矿体走向近南北向和北北东向，局部为北东向。倾向东或南东，倾角60°~80°为主。主要矿体呈似层状，其他矿体呈透镜体状、条带状和不规则状。

矿区共有20个大小不等矿体，主要为10号、1号和11号矿体。

10号矿体：为区内规模最大矿体，矿体形态为一巨大的扁豆体，分布于南2线至12线之间，全长2600m，出露于4~8线间，8线以北为黄土覆盖，4线以南大部被寒武系底部岩层所掩盖。矿体厚度5~301.8m，平均厚度154.6m，控制矿体延深140~830m，平均612.1m，矿体走向北北东向，倾向南东东，倾角70°~80°。

1号矿体：呈似层状分布于南2~6线北，全长1375m，厚度4.8~121.3m，平均厚度84.7m，矿体工程控制延深425~640m，平均603.6m，矿体走向近南北，倾向东，倾角70°~80°，局部近于直立。

11号矿体：由一系列平行扁豆体、矿条组成的复合矿体，分布于南5~9线间，矿体全长2500m，厚度最小16.3m，最大108.3m，平均42.6m，矿体控制延深150~580m，平均377.3m，矿体走向近北北东，倾向南东东，倾角80°~85°。

矿体围岩主要为变辉绿岩、绿泥片岩、绢云绿泥片岩、镁铁闪片岩及绢云石英片岩等，其次为含铁绿泥片岩、含铁镁铁闪片岩、石英岩及含铁石英岩等。矿石和围岩均致密坚硬，稳定性强。

矿区附近无大的地表水体，地下水来源主要依靠大气降水，矿床含水层富水性弱，充水条件简单，属于水文地质条件简单的矿床。矿体典型剖面图如图1所示。

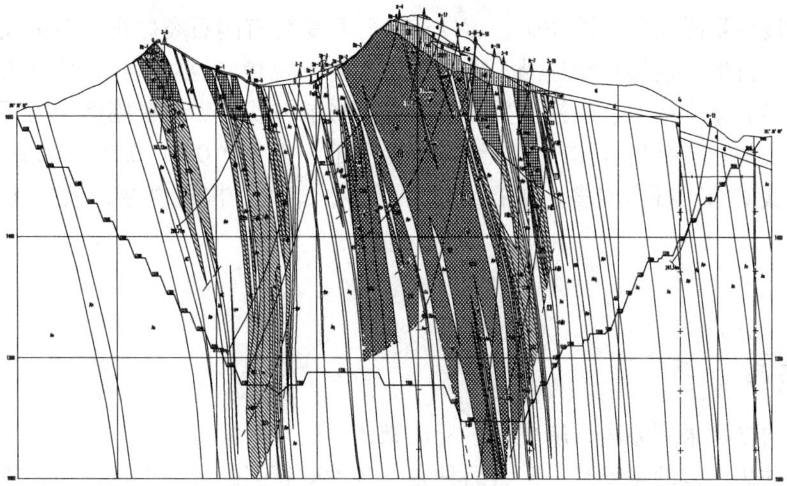

图1 矿体典型剖面图

2.2 矿石的矿物组成

袁家村铁矿按照矿石成因、矿物组成和典型构造划分为石英型和闪石型，按照工业类型可划分为石英型原生矿、石英型氧化矿、闪石型原生矿和闪石型氧化矿。铁矿石总储量12亿多吨，其中原生矿和氧化矿几乎各占一半，原生矿中主要为石英磁铁贫矿、石英磁铁次贫矿、闪石石英磁铁贫矿、闪石石英磁铁次贫矿，氧化矿中主要为石英假象赤铁贫矿、石英假象赤铁次贫矿、石英镜（赤）铁贫矿、石英镜（赤）铁次贫矿、闪石石英假象赤铁贫矿、闪石石英假象赤铁次贫矿、砾岩铁矿贫矿和砾岩铁矿次贫矿，其中闪石型氧化矿占总储量的5%左右。

石英型原生矿矿石的矿物组成，金属矿物主要为磁铁矿，其次为赤铁矿和褐铁矿，少量菱铁矿、黄铁矿。脉石矿物主要为石英、铁白云石，其次为透闪石、黑云母，少量的绿泥石、碳酸盐矿物等。矿石的结构构造主要为石英碳酸盐类磁铁矿，磁铁矿多为自形－半自形晶体，粒状结构或组成连晶结构，呈星散状、浸染状或致密的条带状嵌布于石英碳酸盐矿物为主的脉石中。由于磁铁矿大部分呈浸染状嵌布于脉石中，且粒度较细（0.03～0.025mm），因此不易解离。主要脉石矿物石英以半自形或他形粒状结构为主，多呈粒状连晶。与磁铁矿、赤铁矿等金属矿物关系密切。细粒磁铁矿常浸染于石英集合体中。

石英型氧化矿矿石的矿物组成，金属矿物主要为镜铁矿，其次为磁铁矿和赤铁矿，少量菱铁矿、褐铁矿。脉石矿物主要为石英、铁白云石，其次为透闪石、黑云母，少量的绿泥石、方解石等。镜铁矿矿石以鳞片变晶结构为主，其次有他形粒状变晶结构、假象自形－半自形晶结构、交代结构及残余结构等，粒度较细（大部分为0.05～0.025mm）。矿石构造以条带状构造和浸染状构造为主，其次有斑点状构造、片状构造和块状构造。

闪石型原生矿矿石的矿物组成，金属矿物以磁铁矿为主，菱铁矿、黄铁矿次之。脉石矿物以透闪石、镁铁闪石、石英等为主，其次为碳酸盐类（铁白云石、方解石）、黑云母、绿泥石等。

闪石型氧化矿矿石的矿物组成，金属矿物以闪石赤铁矿为主，假象赤铁矿、半假象赤铁矿次之，极少量磁铁矿、褐铁矿、黄铁矿，脉石矿物有闪石类矿物、石英及方解石。矿石中石英呈半自形或他形粒状连晶，方解石呈半自形粒状或他形晶状，部分为微晶质。假象赤铁矿、半假象赤铁矿、磁铁矿呈自形或半自形晶粒状，赤铁矿则多为闪石类矿物而成的闪石假象，与石英呈集合体产出，结晶粒度微细，多为0.003～0.006mm。

袁家村铁矿的矿石类型多，矿物组成种类多，结构、构造复杂，铁矿物嵌布粒度较细，需细磨。

3 采矿

3.1 采矿方法

采用横向推进采剥方法，解决采矿配矿难题。

袁家村铁矿矿体的特点是：矿石品种多，各种矿石间的可磨可选性相差较大。矿体数量多，各条矿体间的可磨可选性也相差大，从标高上来说，上部矿体比深部矿体难磨难选。

因此袁家村铁矿采矿方法的关键问题是配矿，除了要配矿石品种、采出品位外，还需要配矿石的可磨性。

袁家村铁矿采用自上而下的逐水平缓帮分层开采方法。并采用横向采剥工艺。

具体做法是：山坡露天开采时，掘沟方式采用沿地形线开单壁路堑，充分利用地形条件，采用由北向南横向推进采剥方法；当采场进入深凹露天开采后，掘沟方式选择在采场中部掘横向沟，然后分别向采场南北方向推进。

该采剥方法能保证矿山有多个采矿工作面，可同时在不同的标高和多个部位开采到所有主矿体。并且矿山各个生产台阶宽度都非常大，这样有利于矿山实现集中爆破，发挥主体设备能力，更有利于多品级矿石质量综合，对保证矿山生产，稳定产品质量十分有利。

3.2 矿岩开拓系统

袁家村铁矿属于特大型露天铁矿，露天开采最高标高与露天底的高差达到715m。如果采用单一的汽车开拓运输系统，则矿岩运距大，经营费用高。因此选择适合袁家村矿特点的开拓运输系统，是降低矿山经营费用，降低矿石生产成本的关键。

结合袁家村铁矿的总体特点，矿岩运输均采用半移动破碎站－胶带运输工艺，大大减少矿岩汽车运距。

3.2.1 *矿石运输*

矿石运输采用汽车－半移动破碎站－胶带系统，破碎机为63″～89″旋回破碎机，半移动破碎－胶带系统能力为2200万吨/年。

山坡露天开采时，首先将半移动破碎站布置在采场内西侧的山脊上，汽车卸矿平台标高1650m，该位置胶带标高1629m。从选矿厂原矿堆场（卸矿标高1518.5m）建一条明胶带到露天采场半移动破碎站，胶带机另一端与半移动破碎机排料胶带机相连。主胶带机以明胶带布置方式沿地形布置。主胶带为钢芯胶带，运输能力为5400t/h，长为1428m，带宽 1.6m，带速 4m/s，驱动方式为中部双滚筒三电机驱动，电机功率 3×800kW，电压 U = 6000V，变频起动。随着采场下降，半移动破碎机分别向下移设。

后期当采场进入深凹露天开采时，新建 2 号、3 号运矿主胶带，2 号胶带一端连接选矿厂原矿堆场（卸矿标高 1518.5m），另一端初期布置在采场总出入沟附近，标高 1455m，随着采场的延深，将破碎机向采场内移设，3 号主胶带机布置在采场中部固定帮上，随着移动破碎机移设而由 1455m 转运站向下延伸。最终移动破碎机卸矿平台固定在 1176m 水平。3 号主胶带最低标高 1155m。胶带输送机运输能力为 5400t/h，带宽为 1.6m，带速 4.5m/s。其中 2 号胶带输送机长为 743m，上运最大倾角为 4.7°，提升高度 61m，驱动方式为头部双滚筒三电机驱动。3 号胶带输送机长为 1542m，提升高度 300m，驱动方式为头部 + 中间驱动。

为了保证矿石破碎系统检修期间的矿石运输，将下盘岩石胶带系统与矿石胶带系统之间设置联络胶带。当矿石破碎检修时，下盘岩石破碎胶带系统可临时转换为矿石胶带系统运行，保证选矿厂矿石供应。这样可以将原矿堆场储存容积减少至 1 天储量。大大减少原矿堆场基建投资。

3.2.2 岩石运输

山坡露天开采初期时，岩石运输采用单一汽车运输。

随着采场的下降，岩石运距逐步增大，在上、下盘分别布置一套岩石汽车—半移动破碎—胶带系统。

（1）下盘岩石汽车—半移动破碎—胶带系统。半移动破碎机选择 63″~114″旋回破碎机，半移动破碎 - 胶带系统能力为 3500 万吨/年。

下盘半移动破碎机首先布置在采场下盘境界外，汽车卸矿平台标高 1560m，主胶带机一端与下盘岩石半移动破碎机排料胶带机相连，另一端初期布置在下盘土场 1670m 标高，最终布置到下盘土场 1750m 标高。下盘主胶带以明胶带布置方式沿地形布置。主胶带为钢芯胶带，运输能力为 8500t/h，带宽 2.0m，带速 4.5m/s。

排土机初始路堤利用前期汽车排土以及尾矿坝筑坝形成，下盘布置两条移置胶带，采用排土机配合推土机排土。排土机选用 VASP2000/50 + 60 型排土机，能力 10000t/h。

随着采场降深，将下盘岩石半移动破碎机向采场内移设，约每隔 4 个台阶向下移设一次，主胶带机布置在采场下盘固定帮上，随着移动破碎机移设而向下延伸。最终下盘岩石半移动破碎机卸矿平台固定在 1296m 水平。主胶带最低标高 1275m。

（2）上盘岩石汽车—半移动破碎—胶带系统。上盘半移动破碎机首先在采场上盘东南帮境界内，汽车卸矿平台标高 1560m，主胶带机一端与上盘岩石半移动破碎机排料胶带机相连，另一端通过斜井胶带与上盘排土场衔接，上盘排土场排土机一期排土 1590m 标高，最终布置到上盘土场 1690m 标高。上盘主胶带为钢芯胶带，运输能力为 6980t/h，带宽 1.8m，带速 4.5m/s。

初始路堤利用前期汽车排土形成，上盘布置一条移置胶带，采用排土机配合推土机排土。排土机选用 VASP1600/50 + 60 型排土机，能力 8500t/h。

随着采场降深，将上盘岩石半移动破碎机向采场内移设，约每隔 4 个台阶向下移设一次，主胶带机布置在采场上盘固定帮上，随着移动破碎机移设而向下延伸。最终上盘岩石半移动破碎机卸矿平台固定在 1266m 水平。主胶带最低标高 1245m。

3.3 尾矿库筑坝解决方案

袁家村铁矿规模较大，服务年限长，要求尾矿库库容大，为了减少尾矿库的占地，必须要高堆。

但是袁家村铁矿尾矿粒度偏细，黏粒含量过多，尾矿输送浓度高，达到50%。根据同类的细粒级尾矿试验和工程实例，袁家村铁矿尾矿筑坝可能性很小，即使能筑坝，也不能筑很高的坝。

根据袁家村铁矿的周边地形特点，将尾矿库布置在采场的西南侧的近周营-白化宇沟内，尾矿库的下游为下盘废石场。利用采矿剥离的废石进行分期筑坝。

尾矿库初期坝及1670m以下的分期子坝采用汽车运输采场废石筑坝，同时汽车筑出来的坝又可作为下盘土场胶带排土场的初始路堤。尾矿库的后期坝就可以利用胶带排岩系统进行筑坝。这样大大地减少了筑坝和修筑胶带排土初始路堤费用，同时由于尾矿坝下部有宽大的排土场作为支撑，增加了尾矿库的安全稳定性。上游的尾矿库也为下游的废石场提供了防排洪措施。增加了排土场的稳定性。减少排土场的基建和运营费用。

3.4 排土场安全生产的措施

袁家村铁矿的上、下盘土场均广泛分布有湿陷性黄土，地基条件较差，因此采取有效措施，保证排土场安全生产是袁家村铁矿安全高效生产的关键。袁家村铁矿主要采用以下措施：

（1）排土工艺采取的安全措施：

1）从排土工艺上采取分段排弃，降低每个分段排弃高差；采用大平台宽度，降低排土场最终边坡角度，以保证土场稳定。

2）上盘土场的下部采用汽车排弃大块岩石，进行预压。上部采用胶带排弃覆盖加高，以增加排土场的稳定性。

3）在上、下盘土场及黄土堆场最终坡脚处，采用汽车运输大块岩石形成路堤，形成反压坡脚，保证排土场最终境界内的外侧为大块岩石，增加排土场的稳定性。

4）分散排弃软岩，黄土及暂不利用矿石分开堆置；黄土作为土地复垦材料，部分黄土在排岩过程中根据土场情况及时进行复垦。

（2）保证排土场的稳定的防护措施：

1）在排土场关键区域，根据稳定性要求，局部清除软弱地基土、在沟谷处分段设置堆石坝。

2）在影响上盘废石场稳定的南侧大型沟谷柳沟及黄土堆场上游的沟谷布置了防排洪工程。

（3）征地、动迁一次到位。矿山对上、下盘排土场范围内的土地进行一次性征地，并对土场范围内及安全保护范围内的村庄进行一次性动迁，确保矿山生产期内没有无关人员进入排土场作业区。

3.5 主辅设备选择及保证主体设备作业率措施

3.5.1 主辅设备选择

（1）穿孔设备选择。袁家村铁矿的矿石硬度大于20，岩石硬度在8～12之间，其矿属于坚硬，岩石硬度也属于中等以上，如采用潜孔钻机，可以采用较小的孔网参数，起到密孔细爆的作用，减少露天二次爆破量，提高爆破效果，从而可以保证铲装设备及破碎设备效率。

因此矿石采用250mm孔径的潜孔钻机穿孔，岩石采用310mm孔径的牙轮钻机穿孔。

（2）主要铲装设备的选择。袁家村铁矿矿石品种多，品位变化大，为了保证选矿厂的稳定生产，需要在采场进行配矿，为了便于配矿，要求多台阶同时生产。如选用大斗容电铲，则电铲移动频繁，影响电铲作业率。如选用16.8m^3电铲，电铲数量可以与多台阶生产配套，减少电铲的移动次数，从而保证电铲的作业率。

因此袁家村铁矿铲装设备选用16.8m^3电铲，由于袁家村铁矿采用水平分层缓帮开采，横向推进，各个生产台阶之间的宽度很大，有利于电铲效率的发挥，综合效率为900万吨/(台·年)。

汽车选用载重190t矿用自卸汽车。

（3）辅助设备的选型。为了保证大型采剥设备的作业率，适当配套齐全辅助设备是特别重要的。

为保证大型电铲及钻机的作业率，缩短其移动时间，减少移动工作量，设计配备1台1200kW的移动发电车。为保证装药效率，配置6台炸药混装车和1台堵孔机。

运输作业的辅助设备包括履带式推土机、轮胎式推土机、平路机、压路机、水车、前装机、轮胎机械手及修筑道路用的石料破碎筛分站（见表1）。

表1 采矿运输主要生产及辅助设备

序 号	设备名称规格及型号	单 位	数 量
1	16.8m^3 电铲	台	10
2	350mm 孔径牙轮钻机	台	8
3	载重190t矿用自卸汽车	辆	33
4	边坡钻机	台	2
5	372kW 轮式推土机	台	3
6	430～634kW 履带式推土机	台	6
7	堵孔机	台	1
8	轮胎机械手	台	1
9	14m^3 前装机	台	2
10	液压碎石机	台	2
11	洒水车（48000加仑）	台	2
12	多功能电缆车	台	1
13	移动式发电车1200kW	台	1

3.5.2 保证主体设备作业率措施

袁家村铁矿的主体设备均实行大型化，但要保证其高效生产，保证其作业率是关键。考虑采用以下措施保证其作业率：

（1）采用设备保养、维护承包制确保设备的完好率。保养工作按设备的详细要求进行，主要设备由各个设备供货厂家组织专业队伍进行保养和维护。矿山建设管理维修设施，租赁给各专业厂家使用。各专业厂家在矿山建立相应的配件库，确保主体设备的作业率。

（2）采用完善的爆破管理制度保证爆破效果。采用小的孔网参数，做到密孔细爆，组织专业队伍爆破，由专业人员负责爆破设计、装药、填塞、连线、起爆工作。

（3）配套齐全辅助生产设施，减少主体设备的非作业时间，保证主体设备的作业率。

（4）从采矿工艺上保证主体设备的作业空间，保证主体设备的作业率。采用水平分层缓帮开采，横向推进的生产工艺，保证矿山配矿的同时，加大各台阶之间的作业空间，保证各个台阶空间都在200m以上，因此减少设备的调动，保证设备的作业率。

（5）使用GPS控制系统用于各生产环节的调度、记录、监督、报告，以减少大型设备的等待时间，确保大型设备的作业率。

矿山总平面布置如图2所示。

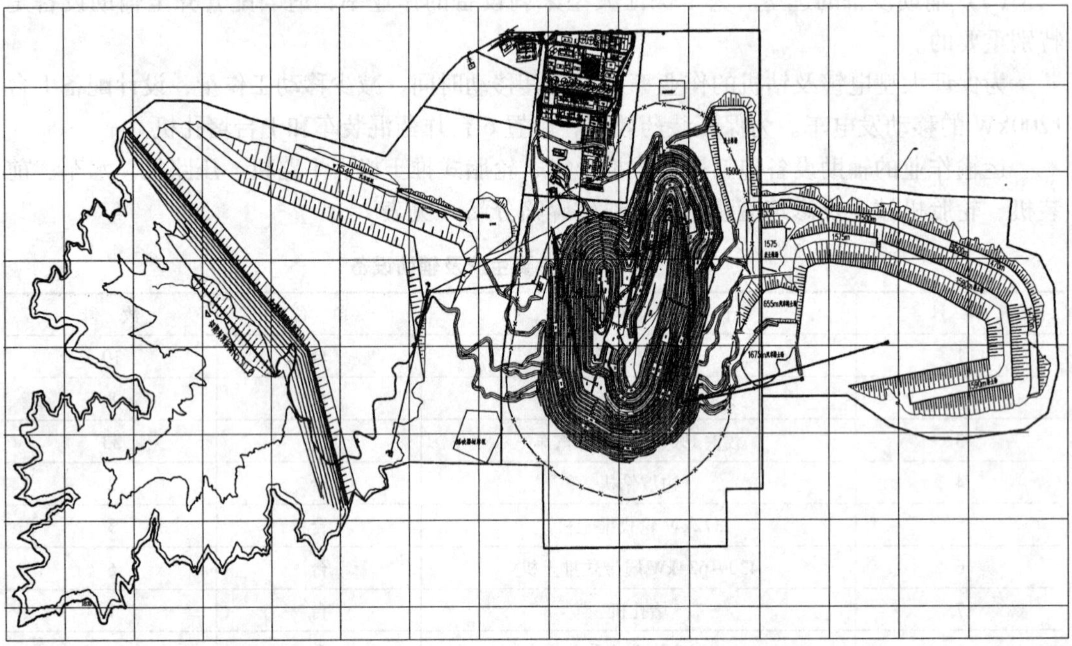

图2　矿山总平面布置图

4　选矿工艺特点

4.1　采用大型半自磨+球磨的磨矿工艺

袁家村铁矿需要细磨，磨矿功耗高，因此选择合适的磨矿工艺特别重要。

20世纪50年代自磨机开始应用于矿业以来，自磨技术得到较快发展，现在已成为一种成熟的、有特色的碎磨工艺。我国目前已有几十座选矿厂采用自磨工艺。但是均为小型自磨（半自磨）机。目前最大的为$\phi 8.53\mathrm{m}\times 4.27\mathrm{m}$、5593kW的半自磨机。

经过综合比选，袁家村铁矿选用大型半自磨+球磨+再磨的连续磨矿工艺。磨矿系统为3个系列，磨矿设备见表2。

表2 磨矿设备选择计算结果

工艺条件及磨机参数	单 位	半自磨	球 磨	再 磨
总处理量	t/h	2778	2778	1950
给矿粒度 F_{80}	μm	150000	2640	65
产品粒度 P_{80}	μm	2640	65	28
球磨功指数 W_i	kW · h/t		12.50	17.40
选取的总安装功率	HP	43000	54000	43000
磨机台数	台	3	3	3
选用的磨机规格 $D \times L$	ft	34×18	24×41	24×37
选用的磨机电机功率	kW/台	11000	13500	11000
电机型号		同步双驱	同步双驱	同步双驱

4.2 选别工艺流程

袁家村铁矿矿石种类繁多，选别性质相差较大，且采场不可能实现分采分选。因此要选择一种能够适合多种矿石类型的综合选矿方法是至关重要的。

经过长期的试验攻关，最终确定两段连续磨矿—弱磁—强磁—再磨—阴离子反浮选工艺流程，目前通过生产验证试验取得较好效果。选矿工艺过程如图3所示。

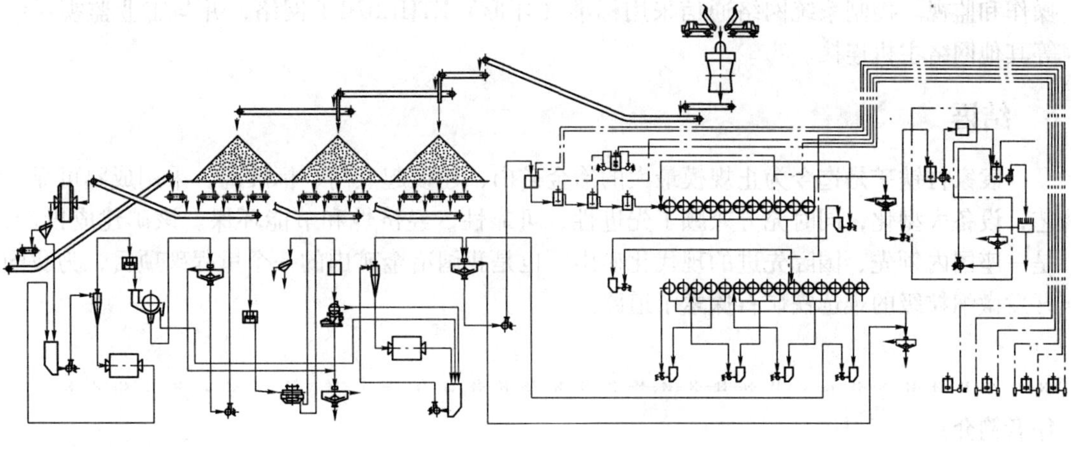

图3 选矿工艺设备形象联系图

4.3 设备选型

由于袁家村铁矿规模大，矿石需要细磨，选矿工艺复杂，因此要降低矿山选矿成本，必须实现大型化。

袁家村铁矿选矿厂规模为2200万吨/年，设计为3个系列，全部设备均选用国际先进的大型设备。通过设备大型化，减少人员、提高生产效率，从而降低生产成本。主要选矿设备见表3。

表3 主要选矿设备表

序号	主要设备	单位	数量
1	ϕ34′×18′湿式半自磨机	台	3
2	ϕ24′×41′湿式溢流型球磨机	台	3
3	ϕ24′×37′湿式溢流型球磨机	台	3
4	CTB1230 多级永磁筒式磁选机	台	42
5	Slon－2000 立环脉动高梯度磁选机	台	54
6	160m^3 浮选机	台	113
7	ϕ65m 中矿浓缩池（强磁给矿）	台	3
8	ϕ65m 中矿浓缩池（浮选给矿）	台	6
9	ϕ65m 精矿浓缩池	台	2

5 自动化

为保证袁家村铁矿安全高效生产，根据生产工艺流程的特点，配置了先进的自动化控制系统和监测系统。为保证磨矿，配备了磨矿优化专家控制系统，为了节能降耗，设置了能源监测系统。

全厂共设1个集中控制室。集中控制室设在选矿主厂房内，采集和处理的一些重要参数通过网络进行数据通信，由OPS对全厂生产系统的控制设备及工艺流程进行集中控制、操作和监视。控制系统网络通信采用标准（环形）ETHERNET网络，并与工业监视系统等其他网络主机连接。

6 结语

袁家村铁矿是迄今为止规模最大的冶金矿山，建设起点高、标准高，采用成熟可靠工艺，设备大型化，同时充分兼顾了先进性、可靠性、经济性和节能环保。该矿建成投产，是一座国内领先、国际先进的现代化矿山，也是我国冶金矿山的一个里程碑项目，为我国开发微细粒级的难选铁矿石探索了道路。

作者简介：

周育（1970— ），男，汉族，湖南省株洲人，中冶北方工程技术有限公司采矿室副主任，太钢袁家村铁矿总设计师。

米子军（1964— ），男，汉族，山西人，太钢岚县矿业公司总经理。

金属露天矿胶带运输

王 臣

（中国冶金矿业鞍山冶金设计研究院有限责任公司）

2010 年 10 月

当前国外金属露天矿正大力发展钢（绳）芯胶带运输机，以适应大运量、长运距、高提升、低能耗、易操作、好维修、低成本等矿山生产发展需要。国内许多金属露天矿由于转入深部开采，逐步向联合运输过渡，一些大型矿山开始研究采用钢芯胶带运输，应用前景十分广阔。

1 国外胶带运输发展概况

露天矿应用胶带运输机较早，在 20 世纪 50 年代初期研制钢绳胶带运输机主要为了满足采矿工业长距离、大高差、单段、重载荷的运输要求。但由于钢绳胶带运输机设备耗资大，脱槽事故多等缺点而限制了它的发展。

前苏联对金属露天矿采用胶带运输一直比较重视，并对此进行了大量的科研工作，确立了整套的工作制度，改进了某些部件的结构，积累了矿山汽车－胶带联合运输设计所必须的原始技术经济数据，并于 1980～1983 年间在 17 个黑色冶金露天矿（其中 13 个铁矿，4 个石灰石矿），推广应用以胶带运输为主体的间断－连续工艺，使这项新工艺占露天开采的比重达 66%～68%。

1.1 胶带运转机的适用范围

（1）适用于大运量、长距离运输矿岩和煤炭等大宗（粉状、块状）物料。

（2）适应的物料块度：一般以不超过 300mm 为宜，或者不超过带宽的 1/3，即等于三节等长托辊的辊身长度。否则大块会卡在两侧辊间而产生冲击。

（3）适应的倾角：胶带运输机允许的最大倾角，在上向输送时为 18°～20°（加拿大加斯别矿斜井胶带运输的倾角为 19°），下向运输时应降低 6°～8°。

当装料装置能保证连续均匀装料和输送尖角块料时，可取较大倾角。当输送大块多、含水量高、经过筛分的物料和带速高时，应取较小倾角。

（4）适用的环境温度：胶带运输机工作的环境温度，一般为－30～40℃，但不是绝对的，例如北非撒哈拉大沙漠安敏萨磷矿的最高温度为 50℃，加拿大的萨巴斯卡露天铀矿的最低温度竟达－55℃，仍然成功地使用胶带运输。

1.2 胶带运输机的主要参数

（1）带速。国外胶带运输机的带速在逐渐提高，近几年来用于煤矿的带速最大已达6～7.5m/s。加拿大的斯特芬－阿达姆公司，正在一些工业样机上做带速高达10m/s的试验。美国等西方国家金属露天矿，带速为3～4m/s。而前苏联金属露天矿的带速多为2.5～3.15m/s。预计今后金属露天矿使用的胶带机带速最大可达到5～6m/s。

（2）带宽。胶带宽度主要取决于运量、物料最大块度、大块率及动安息角等。国外胶带宽度过去曾增大到1200～2000mm。但目前带宽一般在2m以下。个别带宽3～3.6m的大型胶带运输机，主要用于煤矿和其他非金属矿运输。金属露天矿使用的带宽，多为1.2～1.5m。前苏联使用了2.4m宽的胶带，这是目前最宽的胶带。

（3）运距。随着钢芯胶带强度的提高和应用领域的扩大，运输距离也不断增加。国外长达数千米至数十千米的运输线已很普遍。在发展长运输线的同时，单机长度也在不断提高，典型的实例见表1。

表1 国外长距离胶带运输线实例

使用地点	胶带规格		输送物料	运输线长度 /km	单机长度 /km	运量 $/t \cdot h^{-1}$	带速 $/m \cdot s^{-1}$
	型号	宽度/mm					
北非撒哈拉大沙漠	ST－3150	1000	磷矿石	96.0	10.0	2000	4.5
智利圣塔克劳铁矿		750	铁矿石	43.5	9.0	900	3.3
澳大利亚纳巴尔考	ST－1650	914	铝矿石	25.5	5.3	1270	3.5
日本鸟形山石灰石矿	ST－1800	900	石灰石	23.0	7.7	1800	5.0
日本住友水泥	ST－1600	1000	石灰石	17.0	3.2	1200	2.5
日本东谷三菱矿业水泥	ST－1200	900	石灰石	12.5	7.7	1000	3.3
澳大利亚新喀里多尼亚	ST－2500	800	镍矿石	13.1	13.1	800	4.0
秘鲁科纳铁矿	ST－2200	900	铁矿石	12.0	5.0	2000	3.0

1.3 胶带运输机的发展趋向

关于胶带运输机的发展有两种趋向，一是以欧美等国为代表，主张减小物料块度，提高带速，而不提倡过分增加胶带宽度。二是以前苏联为代表，主张采用较大宽度的胶带，加大块度，而使用较低的带速，究竟孰优孰劣尚需探索。

1.4 国外金属露天矿胶带运输实例

国外金属露天矿应用胶带运输机的矿山实例见表2。

表 2 国外金属露天矿应用胶带运输机实例

矿山名称	系统	年运量/万吨	破碎机			胶带运输机				
			位置	型号（台数）	块度/mm	总长/m（段数）	角度	带宽/mm	带速/m·s^{-1}	运量/t·h^{-1}
1	2	3	4	5	6	7	8	9	10	11
西雅里塔铜钼矿（美国）	采场－选厂 采场－土场	3400 3400	采场内 采场外	旋回（2） 1524×2260 旋回（1） 1380×2000	300～350 350～400	5791（5） 2130（3）	16° 13°	1520 1830	4.15 4.5	4800 8000
双峰铜矿（美国）	采场－选厂 采场－土场 采场－土场	900 900 14615 （1975） 9	端部 矿岩互换 端部	旋回（1） 1380×2000 旋回（1） 1380×2000 旋回（1） 1380×2000	300～350 300～350 300～350	2750（3） 2150（3） 2630（3）	25% 25% 25%	1500 1500 1500	3.65 3.65 3.15	3500 3500 6000
巴格达德铜矿（美国）	采场－选厂	1400	端部	旋回（1） 1524×2260	300～350	2100（2）	14°30′	1370	3.15	3700
共和铁矿（美国）	采场－选厂	800	下盘硐室	旋回（1） 1370×2235	150～180	850（1）	13°17′	1200	2.3	1800
卡那尼亚铜矿（墨西哥）	溜井－选厂	800	溜井下部	1675×2130（1）	250	1774（3）	15°	1220	3.05	4000
喀瑞达德铜矿（墨西哥）	采场－选厂	2200	采矿	旋回（2） 1524×2260		1500（1）	−7%	2400		5700
阿尔果阿铝土矿（澳大利亚）	采场－转运站－加工厂 采场－转运站－加工厂	800 800	采场 采场	颚式（1） 2000×1200 颚式（1） 2000×1200		11000（2） 7000（2）	下坡发电运行 −250m	1000 1000		1500 1500
尼姆巴铁矿（利比里亚）		1500	采场	颚式（2） 2075×1500		3000（4）	−17°	1200	3.05～3.3	3000

续表 2

矿山名称	系统	年运量/万吨	破碎机			胶带运输机				
			位置	型号（台数）	块度/mm	总长/m（段数）	角度	带宽/mm	带速/m·s^{-1}	运量/t·h^{-1}
1	2	3	4	5	6	7	8	9	10	11
宁巴铁矿（利比里亚）	No. 1 No. 2 No. 3 No. 4	1500	采场	颚式（2） 2075×1500		250（1） 639（1） 1148（1） 960（1）	-65m -150m -162m -157m	1200 1200 1200 1200	3 3 3 3	3600 3600 3600 3600
法属大洋洲（新喀里多尼亚）	SD TP T_1 T_2		境界外	颚式	250	13136（1） 387（1） 102（1） 27（1）	23m 33m 11m 0	800 1400 1400 1400	4.0 3.5 3.5 3.5	800 3100 3100 3100
卡斯特佩特拉（巴西）			境界外			4400	-285m	775	2.25	1000
Cassinga（安哥拉）	1A 1B 1C				400	3750 3285 3085	+102m 26m 6m	900 900 900	3.67 3.67 3.67	1500 1500 1500
神户（日本）						798（1） 756（1）	+16.5m +110m	1800 1400	2.7 2.3	4400 2200
Kasitna（日本）						938（1） 940（1）	10°30′ 10°30′	2100 2100	2.0 2.0	3115 2820
马康纳铁矿（秘鲁）			采场	粗中碎各一台		25600（8）	-720m	1500	3.0	2000
埃拉特赛特铁矿（保加利亚）				粗碎（1） KKP. 1500/180 中碎（2） 900/100		6765		1200	3.2	2100
英古列茨铁矿（前苏联）	采场-选厂	3000	集运 水平大	圆锥（2） ККП1500/180	350~400	1691（2）	16° 115m	1600~2000	2.3~2.5	6000
南部采选公司露天矿（前苏联）	采场-选厂	2000	采场	ККП-1500（1）	350~400	2600（1）	16° 200m	2000	2.0~2.3	4500

续表 2

矿山名称	系统	年运量/万吨	破碎机			胶带运输机				
			位置	型号（台数）	块度/mm	总长/m（段数）	角度	带宽/mm	带速/m·s^{-1}	运量/t·h^{-1}
1	2	3	4	5	6	7	8	9	10	11
新克里沃罗格1号露天矿（前苏联）	选厂	400	采场	筛分机后设 КВКП－900/200		430（1）	15° 117m	1600	2.0	1300
新克里沃罗格2号露天矿（前苏联）	采场－选厂	1000	采场	КВКП（1） 1200/200	350～400	1900（1）	150m	1600	1.9	2100
新克里沃罗格3号矿（前苏联）	采场－选厂	2200	采场	КВКП（1） 1500/180	350～400	1030（1）	200m	2000	2.3	4500
北部采选公司安诺夫矿（前苏联）	采场－选厂	1800	采场	ККП（2） 1200/200	350～400	4099（2）	15° 157m	2000	2.3	4000 6000
波尔塔夫斯克采选公司露天矿（前苏联）	斜井－地表	2000	采场	ККП（2） 1500/180	350～400	800（1）	152m	2000	2.3	4500
果尔多尔采选公司（前苏联）	平硐－地表	1600	采场	ШКП（1） 1500×2100	350～400	3000	161m	1600	2.5～3.0	3000
斯托依林采选公司（前苏联）	采场－选厂	2000	采场	ККП（1） 1500×180	350～400	6375	141m	2000	1.6～2.3	4000
卡恰尔采选公司（前苏联）	采场－选厂	2100	采场	ККП 1500×180	350～400	1755	198m	2000	1.6，2.5，3.16	4300
中乌拉尔采选公司（前苏联）		4500	采场	ККП（1） 1500×2100	350～400	7300	下放矿石	2000	2.5	4930
萨尔帮露天矿（前苏联）	垫沟斜井－地表	2000	采场	ШКП（1） 1500×2100	350～400		300m	1600		
圈尔戈亚克矿务局（前苏联）	工作面－破碎筛分厂	250	工作平面	СПА－1000（1） 自动式机组	400～0	1700（6）	14° 92m	1200	2.0	1000
“五一”露天矿（前苏联）	采场垫沟－地表	1500	采场	ШКП（1） 1500×2100	350～400	1150（1）	164m	1600～2000	2.5	3037

注：第8栏（角度栏）中×××m系指装载点与卸载点标高差，“－”号则指下坡运输。

2 国内胶带运输使用现状

我国从20世纪60年代研制矿用钢芯胶带运输机。1977年，国家批准了DX型钢芯胶带运输机系列参数和设计原则，并对DX型系列运输机，钢绳芯胶带；以及钢丝绳的试制工作进行了安排。

2.1 DX型钢芯胶带运输机主要参数

DX型钢芯胶带运输机主要参数见表3。国内金属露天矿使用胶带运输机实例见表4。

表3 DX型钢芯胶带运输机主要参数

带宽 B /mm	产品代号	胶带强度 G_2/MPa										带速/m·s^{-1}				
		65	80	100	125	160	200	250	300	350	400					
		胶带许用量大张力/MPa										2.0	2.5	3.15	4.0	5.0
800	DX_3	520	640	800	1000	1280	1600	2000	2400	2800	3200	√	√	√	—	—
1000	DX_4	—	800	1000	1250	1600	2000	2500	3000	3500	4000	√	√	√	—	—
1200	DX_5	—	—	1200	1500	1920	2400	3000	3600	4200	4800	√	√	√	√	—
1400	DX_6	—	—	—	1750	2240	2800	3500	4200	4900	5600	√	√	√	√	√
1800	DX_7	—	—	—	—	2560	3200	4000	4800	5600	6400	√	√	√	√	√
1800	DX_8	—	—	—	—	2880	3600	4500	5400	6300	7200	√	√	√	√	√
2000	DX_9	—	—	—	—	—	4000	5000	6000	7000	8000	√	√	√	√	√

注：1. 按带宽及带强，车系列可组成上表51种不同的产品；
2. $B=1200$ 虽配有 $v=5.0$m/s 的驱动装置，但尽量不采用；
3. 表中许多最大张力是按安全系数 $m=10$ 计算的。

表4 国内金属露天矿使用胶带运输机实例

矿山名称	系统	年运量/万吨	破碎机			胶带运输机				
			位置	型号（台数）	块度/mm	总长/m（段数）	角度	带宽/mm	带速/m·s^{-1}	运量/t·h^{-1}
东鞍山铁矿	破碎站至土场	600(岩)	采场外地表	PX1200/180(1)	350～400	360(3)	0°～15°30′	1200	2.5	1170
船山石灰石矿	矿仓至码头	470(岩)			50～0	1565(1)	0°	1200	3.15	2000
南京白云石矿	运至码头	350(岩)				1100(1)	水平	1200	3.15	2000
大孤山铁矿	东西端帮至矿槽	600(岩) 850(岩)	端帮转载站 端帮转载站	PX1200/180(1) PX1400/170(1)	350～0 350～0	1165(2) 1433(4)	13° 12°	1400 1400	2.0 2.0	4800 4800
石人沟铁矿	采场至土场	300(岩)		1500×2100(1)	300～0	2038(3)	14°	1000	2.5	930

续表4

矿山名称	系统	年运量/万吨	破碎机			胶带运输机				
			位置	型号(台数)	块度/mm	总长/m(段数)	角度	带宽/mm	带速/$m \cdot s^{-1}$	运量/$t \cdot h^{-1}$
峨口铁矿	平硐至选厂	300(岩)	坑内破碎	1500×2100(1)	300~0	1368(1)	5‰	1000	2	758
冀东水泥厂	矿山至原料仓	300(岩)	地表破碎	西部70/90颚式(1)	250~0	8597(6)	标高+11m至-43.2m	1000	2.7	700

2.2 托辊辊子直径系列参数

托辊辊子直径系列参数见表5。

表5 托辊辊子直径系列参数

带宽 B/mm	800	1000	1200	1400	1600	1800	2000
辊子直径 ϕ/mm	89	108		133	159		

2.3 传动及该向滚筒直径系列参数

传动及该向滚筒直径系列参数见表6。

表6 传动及该向滚筒直径系列参数

传动滚筒直径 ϕ/mm	8000	1000	1250	1400	1600	/
该向滚筒直径 ϕ/mm	400 1400	500 1600	630	800	1000	1250

2.4 使用范围

DX型系列钢芯胶带运输机，适用于冶金、煤炭、化工、交通、水电等部门作为大容量、长距离连续运输煤、岩石、铁矿石等大宗散状物料；一般物料堆比重 $\gamma = 1.0 \sim 2.5 t/m^3$；工作环境温度为 -20~40℃。

截至1985年底，全国已生产了DX系列5种带宽，250余条胶带运输机，总长度达190km，其中有200余条已投入生产运行。这些运输机中最大带强达4000kgf/cm；最高带速达3.5m/s；单机最大长度2700m；最大倾角18°；最大带宽1600mm；电机最大功率达475kW；单机总功率为1600kW。

1986年4月，由机械部等单位组织专门会议，通过了“DX型钢绳芯带式输送机系列技术”鉴定，明确系列设计图纸予以定型，可以批量生产推广使用。

目前，我国钢芯胶带运输机已在大厂锡矿、东鞍山铁矿、船山石灰石矿、幕府山白云石矿、大孤山铁矿、石人沟铁矿、峨口铁矿等矿山投入运行。具体实例见表6。

3 我国金属露天矿胶带运输技术的发展前景

当前我国的露天铁矿，都存在着向深部开采过渡问题。如大孤山、东鞍山、眼前山、白云鄂博、南山等大型铁矿，已不能再采用单一铁路运输方式，大部分已向联合运输过渡。近期准备新建或扩建矿山，如齐大山、水厂、司家营等铁矿，也着手研究采用间断—连续运输工艺。甚至采用汽车运输的矿山，如南芬铁矿等，由于溜井系统即将报废，而岩石运输距离即将超过汽车的经济合理运距，目前已开始建设间断—连续工艺的新系统，统一解决深部矿岩运输。

露天矿胶带运输与铁路开拓运输、公路开拓运输方式比较，有如下优点：

（1）劳动生产率比汽车运输高 30% ~40%，比铁路运输高 40% ~50%；

（2）爬坡能力大，可缩短采场与选厂、排土场的运输距离（见表 7）；重型汽车的需要量可减少 25% ~40%，在规模相同的条件下，重型汽车规格可以减少；

（3）与铁路运输相比，新水平的准备时间可减少 4/5 ~3/4；

（4）运输设备自重大为减少，一般比汽车运输低 17% ~67%；

（5）能耗低，降低经营费，开采成本可降低 20% ~30%；

（6）主要工艺各个环节便于实现自动控制；

（7）受气候影响不大，还可减少对周围环境的污染。

表 7 露天矿各种运输方式爬坡能力表

运 输 方 式	爬坡能力/‰	提升高度相同时运距比/%
胶带运输	287 ~325（15° ~18°）	100
公路运输	100 ~120（5.7° ~6.8°）	250
铁路运输	287 ~325（1.7° ~2.3°）	740

可以预计胶带运输的发展，有可能取代探凹露天矿传统的运输工艺。

应当指出，在采用胶带运输的金属露天矿，开拓方式的变化将引起采剥工艺的变化，由于集运水平设置在采场的边帮，甚至在境界内的临时非工作帮，因此采剥工艺的新水平准备、工作面延展方向、运输坑线布设都要适应胶带运输系统的需要。

作者简介：

王臣，教授级高级工程师，中国冶金矿业鞍山冶金设计研究院有限责任公司经理。

国外铁矿设备技术创新与设备选型新理念

焦玉书

（鞍山冶金设计研究院总院）

2006年9月14日

世界铁矿设备技术创新发展很快，先是实现大型化，目前又向智能化方向发展。露天矿穿孔设备孔径达到了ϕ406mm，采装设备电铲液压铲铲斗容积达到了45m³，运矿汽车载重量已达到360t。

坑内矿穿孔已采用孔径115mm遥控凿岩台车和斗容25t无人驾驶遥控铲运机。

面对新形势，美国矿业经济专家提出了“设备更新更大并非更好”的口号，提出了设备不再向大型化发展，而应走智能化发展之路。本文就想根据国外铁矿设备状况，论述此项“采矿决策新理念”。

1 国外露天铁矿装备水平

1.1 1946～2001年国外露天铁矿技术装备发展状况

美国矿业工程杂志曾发表文章介绍1946～2001年50年来设备发展情况，见表1。

表1 近50年露天铁矿技术发展状况

设备类型	1946年（梅萨比矿区）	2001年（世界各地）	增加至（倍数）
钢绳式挖掘机	Bucyrus erie 120B（5码³） Bucyrus erie 170H（6码³） P&H 955（2码³） Mbrion 4161（5码³）	Bucyrus international 495BJI（50码³） P&H 4100XPB（46码³）	×10 ×23
液压挖掘机		Hitachi 5500（35.5码³） Liebherr 955（30.0码³） Komatsu PC4000（29.0码³） Caterpillar 5230（22.2码³） O&K－Terex RH400（57.0码³）	
前端式装载机		Letourneau2350（53码³） LetourneauL－1800（26码³） Caterpillar 994D（23码³） Komatsu WA 1200（26码³）	
运输汽车	Euclid（30t） Mack LMSW（30t） Walter汽车（侧卸）（40t） Koechring dumptor（9t）	Euclid hitach eh－4500（280t） Caterpillar 797（360t） Komatsu930E（320t） Liebherr T282（360t） Unitrig MT5500（360t）	×9.3

续表1

设备类型	1946年（梅萨比矿区）	2001年（世界各地）	增加至（倍数）
钻机	Bucyrus erie 42T（9英寸）（冲击钻机）	59R牙轮钻（16英寸） R&H 120（16英寸）	×1.7
履带式推土机	Caterpillar D-8（148马力） Allis chalmear HD 14 Int. Harverter TD 18	Carerpilla D11R（850hp） Komatsu 575（1050hp）	×5.7
轮胎推土机		Cateroillar 854G（800hp）	
压路机	Caterpillar 12 Austin Western 99M	Caterpillar 24H Komatea GD825	
机车车头	柴油-电力：Alco 1000hp Baldwin 1000hp	梅萨比矿区已不采用	
胶带输送机	13套整置10~30英寸	梅萨比矿区已不采用	

1.2 国外露天矿技术装备

国外露天铁矿矿床开采条件和矿岩物理机械性质各不相同，装备也各异。如巴西淡水河谷公司（CVRD）卡拉加斯（Carajas）铁矿，矿石比较软，20%需要爆破，80%可以直接铲装，所以该矿就不把穿孔当做突出的问题。

国外铁矿产品有贫矿，有富矿，差异较大，西澳洲露天产品多为富铁矿，不需要选矿，对产品要求质量均匀，波动不能大，故对采场配矿要求严格。而一些需选矿处理的产品为贫铁的露天矿，相对要求则较宽松。

能源条件不同，也对设备选型产生影响，南非电价便宜，油价贵，所以锡兴铁矿（Sishen）就使用了摩电电动轮汽车，将电动轮汽车都加了摩电弓，矿山在采场架设了摩电线网。现将美国、澳大利亚、巴西、印度、俄罗斯主要大型露天矿装备列于表2。

1.3 国外坑内铁矿技术装备水平

国外坑内铁矿以瑞典基律纳铁矿为代表，该矿位于北极圈内，矿山设计产量3000万吨/年，实际达到2400万吨/年，矿山井下作业只有500人，其自动化程度非常高，应该说实现了智能采矿。该矿采用竖井开拓，分段崩落法采矿，段高270m，主运输水平已延深到-1045m。凿岩：用AHas Copco公司生产的Simba W469型遥控凿岩台车，孔径115mm，孔深55m，台车利用激光系统准确三维定位，无人驾驶，24h循环作业，年产量300万吨。还采用Wassara高压水力潜孔冲击式钻机，无油雾，环境好，凿岩速度快。孔径115mm，扇形孔排距3~3.5m，一排孔崩矿10000~14000t。

装矿：采用Toro510E型铲运机，斗容载重15t，单台效率320t/h。新水平1045m水平采用Toro2500E型铲运机，斗容载重25t，单台效率500t/h，铲运机无人驾驶，遥控运行。

运输：1980年起井下主水平运输已采用无人驾驶的电机车列车运输矿岩。电机车载重85t，牵引18辆载重25t的矿车，轨道50kg/m，轨距891mm。

竖井提升：用箕斗提升，有10套箕斗，8条井安装3.25m×6多绳卷扬，40t单箕斗；两条竖井安装25t双箕斗，2.6m×6绳多绳卷扬。

表 2　国外露天铁矿设备状况

国别	矿山名称	段高/m	生产规模/万吨·年$^{-1}$	剥采比/t·t^{-1}	穿孔设备	采装设备	运输设备
美国	美钢联明塔克铁矿（Minntac）	12.2	4680	0.83	59R 牙轮钻 5 台； P&H 120A 牙轮钻 3 台	P&H 2800XPB 型斗容 26.8m^3 电铲 3 台； P&H XPB2300 型 23.4m^3 电铲 3 台； Cat5230 型 16.06m^3 液压铲 2 台；P&H 2100 型 9.2m^3 电铲 3 台；Marion 201 型电铲 2 台；Cat992 前装机 9 台； Cat994 前装机 1 台； WA900 小松前装机 1 台	Cat793C 型载重 218t 汽车 26 台
	蒂尔登矿业有限公司（Tilden Mining Co. Ltd.）	13.50	2670	0.82	GD120 型牙轮钻 2 台；P&H 120A 牙轮钻 1 台；ϕ406mm 炮孔	P&H 2800 型 29m^3 电铲 2 台； P&H 2100 型 10.7m^3 电铲 3 台； Cat994 型 16m^3 前装机 1 台	Unit Pig MT4400 型 218t 电动轮汽车 5 台； Cat793C 型载重 218t 汽车 3 台；Cat789C 型载重 196t 汽车 2 台；Havlpak830E 型 154t 电动轮汽车 3 台
	国家钢铁球团公司 NSPC（National Steel Pellest Co.）		2170	0.6	59R 牙轮钻； ϕ406mm 炮孔	O&K，RH200 型 26m^3 液压铲 6 台；Demag H285 型 17.3m^3 液压铲 1 台；Cat5250 型 15.3m^3 液压铲 4 台；Cat994 型 14.5m^3 前装机 2 台	Cat793C 型载重 218t 汽车 12 台
	帝国铁矿公司（Empire）	13.50	2670	1.0	GD120 型 ϕ406mm 牙轮钻 4 台	P&H2800 型 27.5m^3 电铲 1 台； P&H2100 型 9.2m^3 电铲 3 台； Cat994 型前装机 3 台	Havlpak830E 型 218t 电动轮汽车 11 台；Unit Pig MT4400 型 218t 电动轮汽车 8 台
澳大利亚	BHP. B 公司纽曼山铁矿（Mt Newman）	15	2100	1.9	ϕ311mm 牙轮钻 4 台	P&H 2800 型 27.5m^3 电铲 1 台； O&K，RH200 型 26m^3 液压铲 2 台； O&K，RH170 型 18m^3 液压铲 1 台； Liebherr R994 型 18m^3 液压铲 2 台； R996 型 25m^3 液压铲 1 台；Cat994D 型 16m^3 前装机 3 台；Cat992G 型 15m^3 前装机 3 台	载重 189t 汽车 17 台； 载重 218t 汽车 13 台；载重 218t Cat793C 型汽车 10 台

续表2

国别	矿山名称	段高/m	生产规模/万吨·年$^{-1}$	剥采比/t·t^{-1}	穿孔设备	采装设备	运输设备
澳大利亚	Rio Tinto 公司汤姆普赖斯（Tom Price）	15	2100	1.0	ϕ381mm 牙轮钻 3 台	RH120 型 13m^3 液压铲 1 台；RH120 型 26m^3 液压铲 2 台	MT4400B 型 236t 电动轮汽车 11 台
澳大利亚	Robe River 公司 Pannawoica 矿区	20	3090	1.4	牙轮钻 2 台	DX3500 型液压铲 4 台；L1350 型 26m^3 前装机 1 台；Cat994 型前装机 1 台；Cat992G 型 26m^3 前装机 3 台	Cat789C 型 196t 汽车 6 台；Unit Pig MT3700 型 190t 电动轮汽车 5 台；小松 730E 型 186t 电动轮汽车 2 台；小松 630E 型 172t 电动轮汽车 2 台
巴西	淡水河谷公司 Carajas 公司	15	6590	0.7	ϕ250 型和 ϕ280 型牙轮钻 4 台	BE298BⅡ型 16.7m^3 电铲 5 台；Demag H485 型 16.7m^3 液压铲 2 台；L1100 型 11.4m^3 前装机 2 台；L1100 型 14.4m^3 前装机 2 台	Havlpark170D 型 154t 电动轮汽车 17 台；Cat789 型 196t 汽车 6 台；Cat793B 型 218t 汽车 5 台；830E 型 218t 汽车 6 台
巴西	南部系统露天矿 caue conceicao	15	5600 2970 2630	1.06 1.22 0.88		Demag H485 型 16.7m^3 液压铲 4 台；BE295B 型 23.7m^3 电铲 7 台；P&H2100B 型 9.2m^3 电铲 2 台；Cat994 前装机 7 台	Cat789 型 196t 汽车 29 台；Cat793B 型 218t 汽车 14 台；Cat785 型 154t 汽车 5 台
南非	库博公司 Kumba	12.5	3270	2.4	BE60R 牙轮钻 5 台；BE61R 牙轮钻 1 台；GD120 牙轮钻 3 台	H485 液压铲 2 台；P&H2300 型电铲 6 台；P&H2100 型电铲 7 台；H285 液压铲 1 台；Cat992 前装机 3 台；Cat988 前装机 4 台	150t 电动轮汽车 26 台；170t 电动轮汽车 3 台；南非锡兴铁矿采用摩电汽车
印度	库德雷穆克铁矿 Kudremukh	14	2660			P&H 10.7m^3 电铲 7 台	108t 电动轮汽车 30 台
俄罗斯	卡其卡纳尔采选公司	15	4500	0.31		8m^3 电铲 7 台	铁路运输汽车牵引机组 33 台；载重 40t 汽车 30 台

提升：提升能力3000万吨/年，全部自动化操纵。

2 设备选型新理念

新理念是指在创建新的建矿模式的基础上，冲破传统的概念和做法，按现金流采矿的原则，选择矿山设备。

2.1 不追求大型化，而要追求智能化

露天矿设备今后发展方向，不再是大型化，而是智能化。

设备大型化其优点是产能大、节省人、成本中人工费用低，但直接和间接经营费用大。

美国矿业经济专家提出："设备更新更大并非更好"的口号，提出了"今后设备不宜再向大型化发展"。

P&H公司曾论证：用3铲斗装满218t汽车，比用4铲斗装满272t汽车，会减少经营费。因而认定：没有必要用272t汽车取代218t汽车。设备智能化，一是设备本身向自动化方向发展，二是操作采用综合信息系统控制。

瑞典基律纳铁矿，26前年电机车即已实现了无人驾驶，今天该矿凿岩台车和铲运机已无人驾驶实现了遥控。看来露天矿用汽车无人驾驶也将不是太遥远的事。

卡特皮勒公司（Caterpillar Inc.）、小松（Komatso）采矿公司都推出了新的软件，可实现设备定位、运行状况监测、诊断、维护跟踪，还具有全矿管理和设计功能等。

在大型化基础上，实现智能化。

2.2 设备选型要多元化而不是一元化

我国受原苏联传统观念影响，矿山设备类型单一，一座矿山，一种设备只选一个型号，主要考虑便于操作，备品备件相同，加工与供应方便。

西方矿山决策新理念，正与此相反，他们采取多元化方针，对采装设备，液压铲和电并用，机械传动汽车和电动轮汽车并用发挥各自优势。

电铲：坚固耐用，工作效率高，推压力大，多用于采装矿石。

液压铲：结构简单、紧凑、传动平稳，重量轻，挖掘力大，多用于采装岩石。

前装机：机动灵活，行走速度快，重量轻，便于配矿，西方矿山大多配备前装机。

汽车：机械传动汽车和电动轮汽车孰优？齐大山铁矿设计时，对此争论不休，后来选用了30台电动轮汽车。按西方矿山决策新理念，两种不同类型的汽车同时使用，发挥各自的优势。

机械传动汽车：运行速度快，加速快；

电动轮汽车：发动机寿命长，油耗低，维修费用省。

巴西卡拉加斯铁矿就同时采用218t 830E型电动轮汽车和218t Cat793B型机械传动汽车，两种类型汽车在同一座矿山应用形成互相竞赛局面。

南非锡兴铁矿（Sishen）则采用了摩电电动轮汽车。南非电价便宜，油价贵，摩电汽车更具有优越性。

电动轮汽车是柴油发动机带动交流发电机，经硅整流从而驱动后轮直流电动机运转。

摩电装置是设直流摩电线，电压 1200V，汽车安装摩电弓，用压气控制，摩电线安装在水平区段和上坡段，在工作面常移动区域，不装设摩电线。

电动轮汽车，上坡运行耗油 320L/h，使用摩电弓运行后，柴油减少到 80L/h，装上摩电线，电动轮汽车上的柴油发动机仍运转。

电动轮汽车上坡速度 12km/h，摩电汽车上坡速度 20km/h。试验用 170t Unit Rig 汽车(见表 3)。

表 3　电动轮汽车和摩电汽车比较

项　目	电 动 轮 汽 车	摩 电 汽 车
试验线路条件	长 1km，坡度 6.5%	长 1km，坡度 6.5%
耗油	320L/h	80L/h
行驶时间	3 分 20 秒	2 分 30 秒

世界油价攀升，摩电汽车的优越性更显突出，它对深凹露天矿来说，可与汽车胶带运输系统相竞争，南非锡兴铁矿在选厂还应用了陡角胶带，他们称之为“三明治胶带”，非常形象，建议各矿山企业去南非考察。

2.3　现金流采矿，追求经济效益最佳

矿山设备选型，要考虑生产规模大小，矿床开采条件，更重要的是追求经济效益最佳——实现现金流采矿。现金流采矿概念（Cash flow Mining）最早提出的是瑞典人林德斯托姆先生（Lindstrom），他提出：任何采矿决策和任何采矿作业都要追求经济效益最佳的目标，不盈利的事不办，选择矿山设备也如此。用两个实例来说明此项决策新观念。

[实例 1]　巴西 N 露天铁矿的设备选型与计算。

这座露天铁矿年总采掘量 932 万吨，其中年产原矿 633 万吨，剥离废石 299 万吨。每年计划工作 363 天，每天 24h，年工作 8712h。

根据巴西露天矿的生产经验，开发 N 矿体采装和运输设备考虑了 6 种可能的方案，见表 4。

表 4　六种采装运输方案

方　案	采 装 设 备	运 输 设 备
1	16.8m^3 电铲	218t 汽车
2	14.5m^3 前装机	218t 汽车
3	14.5m^3 前装机	172t 汽车
4	10.3m^3 前装机	172t 汽车
5	16.8m^3 电铲和 14.5m^3 前装机	218t 汽车
6	16.8m^3 电铲和 10.3m^3 前装机	172t 汽车

最终设计组没有选用 16.8m^3 电铲而选用了 13.7m^3 电铲，没有选用 14.5m^3 前装机，而选用了 10.3m^3 前装机，没有选用 218t 汽车，而选用了 172t 汽车，这就充分体现了决策新观念，设备更大并不好。

下面我想详细列举按照决策新观念进行此项设备选型与计算的全过程。

根据可能的6种设备配套方案，采装与运输设备匹配的装车时间见表5。

之后，在统计数据基础上，采用模拟装运设备效率的方法，定量描述各方案，应用调度系统模型（Dispatch System Simulation Model）和卡特彼勒公司分析模拟软件，模拟6种方案，研究装运设备的配套效率。

众所周知，采装设备效率与派遣到电铲或前装机前的汽车数量有关，汽车数增加，单台汽车效率下降，电铲或前装机的效率上升，用卡特彼勒公司FPC软件，从每条线路中选择单一线路，使用汽车调度系统，对此线路上的汽车数1～6台进行模拟，对采装设备13.7～16.8m^3电铲和10.3～14.5m^3前装机进行模拟，得出的结果见表5。

表5 装运设备车组模拟装车时间概率分布参数

作业					
运输	装车	矿岩	平均值/s	最小值/s	最大值/s
218t汽车	16.8m^3电铲	矿	169	103	303
218t汽车	16.8m^3电铲	岩	195	117	303
218t汽车	14.5m^3前装机	矿	265	145	527
218t汽车	14.5m^3前装机	岩	307	192	536
172t汽车	16.8m^3电铲	矿	135	85	240
172t汽车	16.8m^3电铲	岩	164	88	344
172t汽车	14.5m^3前装机	矿	201	102	426
172t汽车	14.5m^3前装机	岩	227	137	431
172t汽车	10.3m^3前装机	矿	284	165	495
172t汽车	10.3m^3前装机	岩	328	193	581
172t汽车	13.8m^3电铲	矿	165	104	193
172t汽车	13.8m^3电铲	岩	200	108	420

218t汽车和16.8m^3电铲不同数量相配套，每个周期（矿岩）的生产效率见表6。

表6 218t汽车和16.8m^3电铲生产效率

汽车数	生产效率/$t \cdot h^{-1}$			
	矿石		废石	
	运输	装载	运输	装载
1	422	418	645	640
2	408	809	582	1152
3	413	1229	594	1769
4	384	1520	514	2035
5	273	1837	457	2253
6	364	2160		

218t 汽车和 14.5m³ 前装机不同数量相配套，每个周期（矿岩）的生产效率见表 7。

表 7 218t 汽车和 14.5m³ 前装机生产效率

汽车数	生产效率/t·h⁻¹			
	矿石		废石	
	运输	装载	运输	装载
1	397	394	570	566
2	384	760	508	1005
3	363	1081	479	1425
4	347	1373	390	1545
5	322	1567	318	1567
6	320	1915		

172t 汽车和 16.8m³ 电铲不同数量相配套，每个周期（矿岩）生产效率见表 8。

表 8 172t 汽车和 16.8m³ 电铲生产效率

汽车数	生产效率/t·h⁻¹			
	矿石		废石	
	运输	装载	运输	装载
1	352	404	469	539
2	341	783	439	1007
3	345	1188	436	1502
4	351	1612	415	1902
5	329	1878	372	2124

172t 汽车和 14.5m³ 前装机不同数量配套，每个周期（矿岩）生产效率见表 9。

表 9 172t 汽车和 14.5m³ 前装机生产效率

汽车数	生产效率/t·h⁻¹			
	矿石		废石	
	运输	装载	运输	装载
1	332	330	469	465
2	322	638	439	869
3	325	968	436	1298
4	332	1314	415	1642
5	309	1525	372	1834
6	309	1838	326	1934

172t 汽车和 10.3m^3 前装机不同数量配套，每个周期（矿岩）生产效率见表 10。

表 10　172t 汽车和 10.3m^3 前装机生产效率

汽车数	生产效率/$t \cdot h^{-1}$			
	矿石		废石	
	运输	装载	运输	装载
1	313	310	469	465
2	312	618	419	831
3	306	910	390	1162
4	293	1159	351	1391
5	278	1370	282	1390

172t 汽车和 13.8m^3 电铲不同数量配套，每个周期（矿岩）生产效率见表 11。

表 11　172t 汽车和 13.8m^3 电铲生产效率

汽车数	生产效率/$t \cdot h^{-1}$			
	矿石		废石	
	运输	装载	运输	装载
1	342	338	500	540
2	320	639	487	1060
3	324	961	479	1568
4	307	1211	435	1850
5	305	1497	375	1933

计算设备数量，还得确定其年作业小时数，这就要求，确定设备完好率和利用率，如电铲完好率 70%，利用率 80%，则年作业小时数为：年工作小时 S712h × 70% × 80 = 4878h，各项设备年作业小时数见表 12。

表 12　设备完好率与利用率

设备名称	完好率/%	利用率/%	年作业工时/h
电铲	70	80	4878
前装机	70	70	4269
汽车	80	80	5575
履带推土机	70	79	4817
轮式推土机	71	50	3093

以上所列数据是根据巴西露天矿的实践经验，统计数据整理分析归纳而选取的。

我们有了设备小时生产效率和年作业时间，可求得设备年效率，根据年需要完成的工作量可求出设备所需的数量，见表 13。

表13 各方案设备数量和工作小时数

方案	汽车		前装机		电铲	
	数量/台	工时/h	数量/台	工时/h	数量/台	工时/h
1	4	20446	—	—	2	8599
2	5	25101	2	8373	—	—
3	6	27112	2	7283	—	—
4	6	28082	2	8516	—	—
5	5	25964	1	3224	1	4850
6	6	25678	1	3845	1	4850

在各方案设备数量确定之后，要对6个方案进行经济比较，并按年贴现率9%计算现值，各项指标均参照淡水河谷公司的实际指标。

（1）生产工人。设备年工作小时数就是生产工人的年工作的小时数，即比例为1∶1。

（2）维修工人。计算原则与生产工人基本相同，维修工人工作的小时数也与设备工作小时数相关，但考虑劳工系数，见表14。

表14 维修工人劳工系数

设备	劳工系数	设备	劳工系数
电铲	1.5	汽车	0.7
前装	0.8		

（3）柴油动力和轮胎消耗。采用卡拉加斯铁矿的实际指标，动力消耗见表15，柴油消耗见表16，轮胎消耗指标见表17。

表15 设备动力消耗

设备	小时消耗	单价
13.8～16.8m^3 电铲	415kW·h	0.049 美元/(kW·h)

表16 设备燃料消耗

设备	消耗指标/$L\cdot h^{-1}$	柴油价格
172t 汽车	115	0.29 美元/L
218t 汽车	145	
10.3m^3 前装机	160	
14.5m^3 前装机	190	

表17 设备轮胎消耗指标

设备	轮胎寿命/h	轮胎价格/美元
172t 汽车	4151	19893
218t 汽车	4419	24607
10.3m^3 前装机	10000	17500
14.5m^3 前装机	3717	33310

（4）13.8～16.8m^3 钢绳电铲维修费用见表18。

表18 电铲维修费用

项　　目	周期/h	成本费/美元
推压钢绳	2000	8400
悬桥固定钢绳	20000	43000
提升钢绳	2000	17700
回缩钢绳	2000	5000
履　带	16000	220000
滚　筒	20000	105000
齿轮轴	18000	50000
铲　齿	4800	58891
铲齿接头	2000	12700
润滑油	4800	36000

（5）14.5m^3 前装机维修费用见表19。

表19 14.5m^3 前装机维修费用

项　　目	周期/h	成本费/美元
喷射系统	4000	36172
启动系统	2500	6986
交流发电机	8000	20302
蓄电池	3500	2720
液压滚筒	4000	30783
刹车系统	3000	4566
机动轮	8000	192061
发动机小修	4000	14040
发动机大修	10000	52650

（6）10.3m^3 前装机维修费用见表20。

表20 14.5m^3 前装机维修费用

项　　目	周期/h	成本费/美元
喷射系统	4000	28552
启动系统	2500	6986
交流发电机	2000	15856
蓄电池	3500	2513
液压滚筒	4000	17985
刹车系统	3000	3362
机动轮	8000	140266
发动机小修	4000	11160
发动机大修	10000	41850

（7）172t 汽车维修费用见表 21。

表 21　172t 汽车维修费用

项　目	周期/h	成本费/美元
喷射系统	8000	9212
启动系统	10000	1130
蓄电池	8000	5400
液压滚筒	10000	2232
前悬挂装量	10000	7609
后悬挂装量	10000	4426
刹车系统	10000	52861
驱动轴	20000	46976
变速器	10000	12244
发动机	18000	85689

（8）218t 汽车维修费用见表 22。

表 22　218t 汽车维修费用

项　目	周期/h	成本费/美元
喷射系统	5000	26096
启动系统	6000	860
交流发电机	20000	10000
蓄电池	6000	72000
液压滚筒	15000	680
前悬挂装量	15000	1618
后悬挂装量	15000	800
刹车系统	3000	10136
机动轮	20000	32000
发动机	10000	93900

（9）设备费用要考虑设备的经济寿命（见表 23），在费用上还得考虑运费、安装费、佣金、关税、税收等（见表 24）。设备购置价格见表 25。

表 23　设备经济寿命

设备名称	经济寿命/工时 · h^{-1}	设备名称	经济寿命/工时 · h^{-1}
13.7m^3 电铲	>80000	11in 牙轮钻机	20000
172t 汽车	40000	轮式推土机	25000
10.3m^3 前装机	30000	水车	20000
履带推土机	20000	机动平路机	20000

表 24 关税和其他税

序 号	税费项目	百分比/%	基础项目	系 数
1	F. O. B 离岸价	—	—	
2	海运费	7	1	1.07
3	保险费	0.144	1+2	1.0715
4	C&F 到岸价	—	—	1.0715
5	进口税Ⅱ	15	4	1.2322
6	工业生产税（IPI）	15	4+5	1.4171
7	商业运输税	17	4+5+6	1.658
8	商船税	25	2	1.6755
9	财务费用	1	1	1.6855
10	港口费用	2	1	1.7055

表 25 设备购置价格表

设 备	单 位	前次购置价/万美元	总价格/万美元
16.8m^3 电铲	台	560	728
10.3m^3 前装机	台	160	208
14.5m^3 前装机	台	240	312
218t 汽车	台	150	195
172t 汽车	台	112	145.6
600hp 推土机	台	65	84.5

根据上述指标，计算出六个方案的投资，成本和现值，经济比较结果见表 26。

表 26 六个方案经济比较表

项 目	单位	方案 1	方案 2	方案 3	方案 4	方案 5	方案 6
初期投资	万美元	2392	1839.5	1738.1	1530.1	2255.5	2050.1
比较	万美元	861.9	309.4	208	0	725.4	520
平均成本	美元/吨	0.53	0.65	0.62	0.58	0.61	0.55
比较	美元/吨	0	0.13	0.09	0.05	0.08	0.02
投资现值	万美元	2800.1	3033.5	2861.7	2509.4	3172.9	2825
比较	万美元	290.7	524.1	352.3	0	663.5	315.6
成本现值	万美元	4058.5	5060	4797.4	4475	4729	4242.9
比较	万美元	0	1001.5	738.9	416.5	670.5	184.4
总现值	万美元	6858.6	8093.5	7659.1	6984.4	7902	7067.9
比较	万美元	0	1234.9	800.6	125.8	1043.4	209.3
现值优劣顺序	万美元	1	6	4	2	5	3

最终设计组选择了第 6 方案，选用 1 台 13.7m^3 电铲，1 台 10.3m^3 前装机和 6 台 172t

汽车，这是综合考虑技术和经济两种因素决定的，技术上看，既有电铲又有前装机可以发挥两种采装设备的优越性。经济上看，第6方案的经济效益虽不是最佳但也相差不大。

[实例2] 澳大利亚M金矿运输设备选型。

该矿是一座坑内矿，确定用汽车运输，有两种意见，一种意见用载重40t 6×6铰接汽车，另一种意见用载重50t 4×4铰接汽车，从而形成了两个方案，那么设备大就好吗？贝尔（Bell）设备公司认为：大不一定就好，哪一种方案好，应该深入研究确定。

第1方案用载重40t 6×6铰接汽车，斜坡道坡度1：8，其生产费用分析见表27。

表27 40t汽车指标表

所需汽车的最大数量	4	预计工期（按天计算）	730
每车总运行小时数/h	9690	预计工期（按年计算）	2
每年平均台时数/小时	4645	工程总费用/澳元	528236
平均台时费用/澳元	136.29	单位工程总费用/澳元·吨$^{-1}$	2.68
总预计运量/t	1924340		

第2方案用载重50t 4×4铰接汽车，斜坡道坡度1：8，其生产费用分析见表28。

表28 50t汽车指标表

所需汽车的最大数量	4	预计工期（按天计算）	730
每车总运行小时数/h	6069	预计工期（按年计算）	2
每年平均台时数/小时	4035	工程总费用/澳元	6173195
平均台时费用/澳元	191.26	单位工程总费用/澳元·吨$^{-1}$	3.13
总预计运量/t	1924340		

40t汽车与50t汽车费用分析主要影响因素有以下几个方面。

（1）设备价格。40t 6×6铰接汽车空载每吨设备价格是22500澳元/吨，50t 4×4铰接汽车空载每吨设备价格是29500澳元/吨，差价25%左右。

坑内矿铰接汽车与地面用汽车不同，地面汽车一般载重量越大，每吨设备费降低，而地下用铰接汽车情况则不一定是这样。

坑内矿铰接汽车价格与载重量关系如图1所示。

（2）生产成本。对于坑内矿汽车运输来说，生产成本主要指燃油消耗、轮胎费，还有修理费、维修费。燃油费占总成本的6.5%。轮胎费用几乎与燃油费用相当。载重量大的汽车，寿命短，轮胎费用相对要高，因为40t汽车与50t汽车相比，轮胎安全界限大25%，修理费和维修费也是生产成本的重要组成部分。

（3）人工费。人工费占生产成本的比重很大，但就每吨运费来说，一般汽车吨位大一些小一些，人工费差别不大。对于40t汽车和50t汽车比较而言，50t汽车完好率低，故其每吨运费相对高一些。

（4）运行速度。40t 6×6铰接汽车上坡运行速度达到50km/h，而50t 4×4铰接汽车上坡运行速度刚刚超过30km/h，40t汽车一个循环时间短，相对来说，运输效率高。

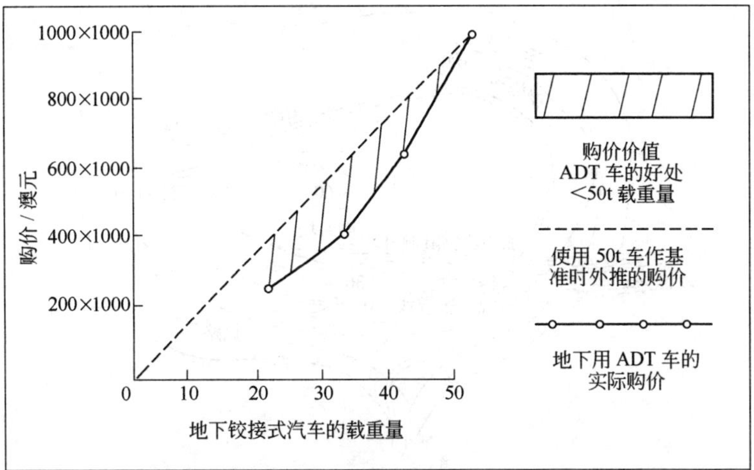

载重量	近似价格 / 千澳元	价格 / 吨载重量
20	250	125
30	400	133
40	640	160
50	1000	200

图 1　价格与载重量关系曲线（地下用铰接汽车）

（5）可靠性。40t 6×6 铰接汽车使用时间长，50t 4×4 铰接汽车使用时间短，相对来说，40t 汽车更为可靠。40t 汽车机械完好率高，一般经验：坑内矿汽车完好率变化 5% 会使每吨运费变动 4%，汽车修理费和维修费变化 5%，每吨运费只变动 1%。

结论：经过比较，最终选用 40t 汽车而不选用 50t 汽车，这个实例在于说明，设备大不一定就好，一定要具体情况具体分析。

2.4　因地制宜，创建符合国情矿情的新装备新工艺

2.4.1　俄罗斯陡坡铁路

陡坡铁路是指线路坡度达到 4% ~6% 的铁路线，俄罗斯认为：铁路开拓运输方式的大型露天矿，特别是转入深凹开采之后，改用 5% ~6% 的陡坡铁路运输，是既经济又有效的方法，可以说这是用高新技术改造传统的采矿工艺的重要内容之一。

前苏联从 1973 年起就进行了陡坡铁路的试验，最先在科尔金煤矿搞了一段线路长 800m，坡度 6% 的试验区，后来在哈萨克斯坦的索科洛夫露天铁矿搞了一个线路长 1.7km，坡度 6% 的试验区。索科洛夫采场长 3300m，宽 1800m，地表标高 160 ~ 180m，采场深 540m，标高 -5m 以上用 4% 陡坡铁路运输，-5m 以下用 6% 陡坡铁路运输。萨尔拜露天铁矿采场上部长 3500m，宽 240m，采场深 655m，标高 -200m 以上用坡度 4% 铁路开拓，为了增加一次折返的下降深度，在采场边界处，开凿铁路隧道，隧洞内铁路坡度为 3.55%，如图 2 所示。

前苏联库尔斯克磁力异常区的列别金采选公司露天铁矿是原苏联最大的采场，该矿用 5% 陡坡铁路运输，已成功地使用四年多时间，其他如斯托伊连、奥列涅戈尔和波尔塔瓦

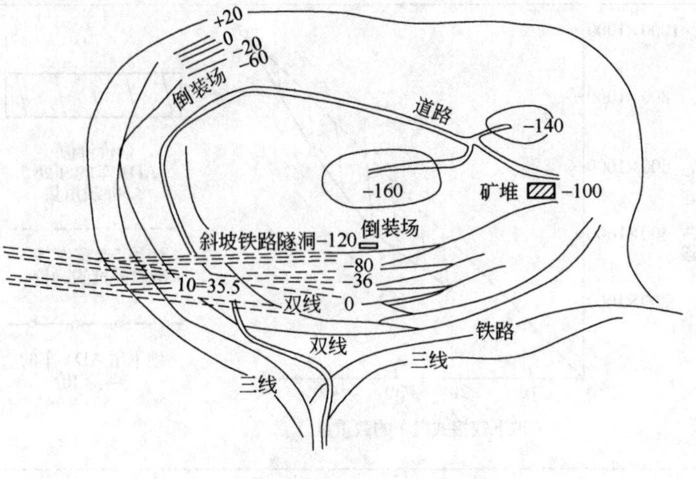

图2 萨尔拜露天矿开拓运输系统

采选公司露天矿也正在改用5% ~6%的陡坡铁路，据研究论证，陡坡铁路开拓，可使露天矿铁路延深到300m以上。

与此相适应，陡坡铁路要采用牵引机组牵引列车，牵引机组黏着重360 ~480t，自卸式矿车载重105 ~200t，使用这类机车车辆，生产能力可提高20% ~30%，运载能力可提高20% ~25%，动力消耗可减少5% ~7%。陡坡铁路的应用，要注意两个方面的问题：

第一，铁路铺设问题。鉴于铁路荷载强度大，应采用P - 65或P - 75型钢轨（即65kg/m和75kg/m的钢轨），枕木最好用浸油木枕，在直线段每千米要铺1840 ~2000根枕木。鉴于牵引机组列车在线路上行驶对钢轨的作用力不同，如图3和图4所示。线路上应用防爬器，以阻止钢轨和枕木移动。

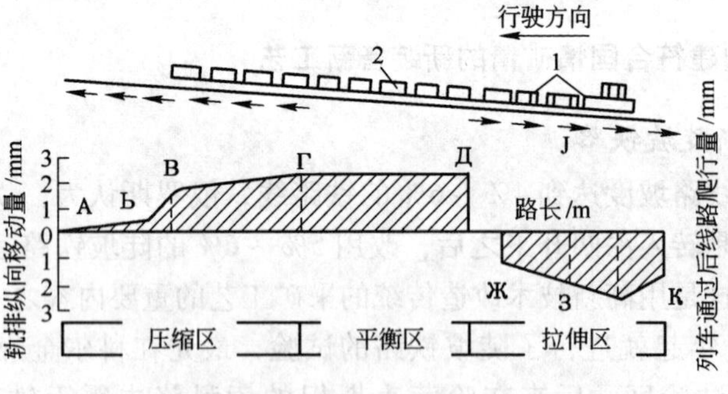

图3 机车推进运行钢轨纵向移动线值

第二，机车车辆安全运行问题，机车车辆在下坡运行时，更应保证运行安全，要确定上下坡的运行速度，允许的拖挂质量，关键是要有足够的制动功率，解决机车车辆的制动问题。原苏联的经验是配备配气阀制动器。除应考虑机车车辆运行安全外，还应考虑辅助列车（如运输道砟、轨节、设图示零件和其他物品的列车）和专用车辆（如扫雪车、铺渣车、移道车、吊车等）在陡坡铁路上行驶时的安全。辅助车辆的行驶速度一般不超过30km/h，专用车辆不超过15km/h。

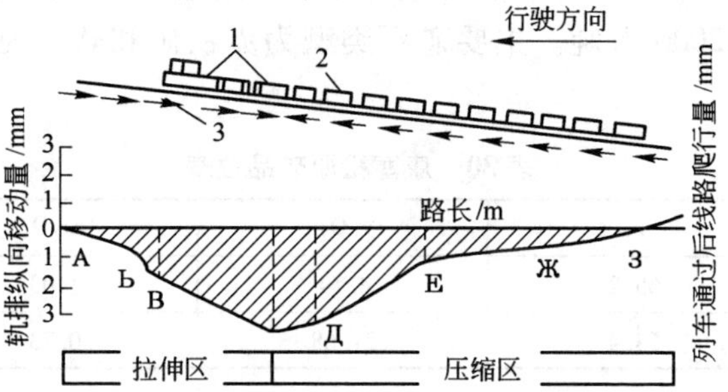

图4 机车推进运行钢轨纵向移动线值

2.4.2 俄罗斯深凹露天矿间断连续工艺

深凹露天矿，俄罗斯采用汽车破碎、胶带提升系统，又称为间断连续工艺，一条1.6m宽胶带年运量1600万吨，见表29。

表29 俄罗斯胶带运输时露天开拓的设计资料

露天矿名称	胶带运输系统数目（分子为运矿，分母为运岩）		胶带运输机总生产能力/$Mt \cdot a^{-1}$（分子为运矿，分母为运岩）		开拓沟道（巷道）类型	开拓沟道（巷道）倾角/(°)	上部集运水平布置深度/m	集运水平深度的搬迁步距/m
	设计期内总数	计算年时的数目	设计期内最高生产能力（按开拓计）	计算年内的生产能力				
奥列涅戈尔	1/—	1/—	12/—	12/—	斜井及陡沟	16	96	114
卡恰尔	1/2	1/2	21/58	21/29	陡沟	16	160	90∶80
科夫多尔	1/1	1/1	16/19.6	16/19.6	陡沟	16	72	132∶138
因古列茨	2/—	2/—	36.6/—	36.6/—	斜井及平硐	16	85	120∶60
中部采选公司露天矿	1	1	9.5/12.5	3.8/12.2	斜井及平硐	16	212	60∶96
波尔塔瓦	1/1	1/1	16/20	16/20	斜井及陡沟	15	—	—
南部采选公司露天矿	1/—	1/—	37/—	20	斜井	15	135	120
北部采选公司五一露天矿	—	1/—	—	20	斜井	15	—	—
新克里沃罗格采选公司3号露天矿	—	1/—	—	22	斜井	15	150	60∶105
北部采选安诺夫露天矿	1	1	18/18	18/15.3	陡沟	15	—	—
列别金	2/—	2/—	36/—	36/—	斜井	—	245	120
契尔年	4	4	—	—	斜井	—	150	150∶180∶195

2.4.3 巴西CVRD公司往复式双负载胶带机

康塞松铁矿（CONCEICAO）是CVRD公司南部生产系统的骨干矿山之一，包括

CONCEICAO 和 D. CORREGOS 两个采场，拥有地质储量 24.75 亿吨，可采储量 12.10 亿吨，矿山年产量约为 2000 万吨。主要矿石类型为赤铁矿和软、硬铁英岩。采出品位见表 30。

表 30 康塞松原矿品位表 (%)

原矿品位	Fe	SiO_2	Al_2O_3	P
赤铁矿	65.2	4.54	1.03	0.023
铁英岩	53.4	21.68	0.73	0.014

1994 年采出赤铁矿 600 万吨，铁英岩 1370 万吨，剥采比 0.83t/t，采场境界 CONCEICAO 21km×1.6km，D. CORREGOS 1.2km×0.8km，段高 13m，最小工作台阶宽 20m，道路宽 22m，最大坡 8%，矿石平均运距 1.5km，废石平均运距 2.2km。

康塞松采场有个特殊的条件，矿石要向东运至选矿厂区，废石要向西运至废石场，为减少汽车运输距离，安装了一套往复式双负载胶带机，往复式双负载胶带机与传统的胶带机概念不同，传统的胶带机是上层胶带运载物料，下层胶带空载运回，而往复式双负载胶带机是上层胶带向西运行运载废石，下层胶带向东返回不是空载而是重载运载矿石，因为上下两层胶带均载运物料，故称之为往复式双负载胶带机，这种工艺算是比较新颖的，应该说是一项创新。胶带机布置在采场的一侧，如图 5 所示。

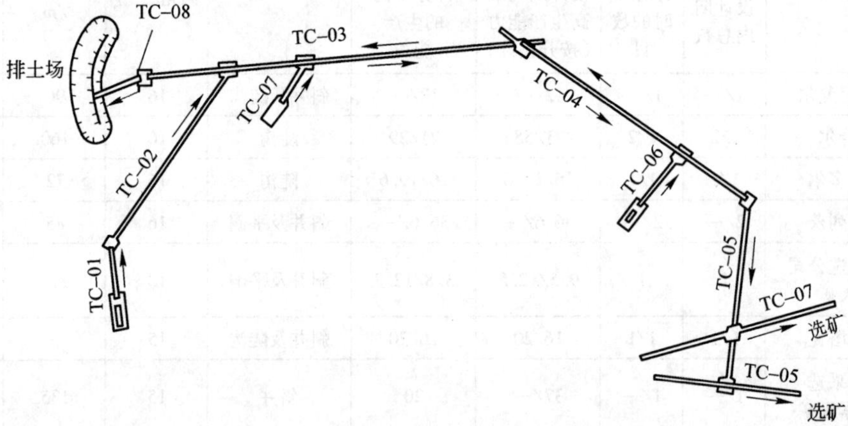

图 5 康塞松铁矿往复式双负载胶带机系统

该系统由 8 条胶带机组成：TC-01：20m；TC-02：480m；TC-03：1200m；TC-04：900m；TC-05：330m；TC-06：140m；TC-07：140m；TC-08：50m。

胶带机宽 36in，每小时生产能力 1100，用往复式双负载胶带机应算为新思路，不但在条件适宜的矿山可以应用，在工厂条件适宜时，也可以用。

2.4.4 倡导推广矿浆管道输送技术

矿浆管道输送具备了推广条件，其与铁路运输相比，有极大优越性，国外热衷于用管道输送证明这一点。

(1) 印度库德雷穆克铁矿（Kudremuldi）。年产 750 万吨铁精矿。矿山至 New Manga-

lore港67km，通过矿浆管道将750万吨精矿输送到海港。

其中：送到球团厂加工400万吨球团矿供出口。其余精矿直接出口。

（2）澳大利亚塔斯马尼亚州萨维支河（Savage River）铁矿。年输送200万吨铁精矿，由矿山到Latta港85km，铺设改一条ϕ225mm矿浆管道，1966年开始运行。精矿到Latta港加工球团矿出口。

（3）巴西Samarco公司。年产1300万吨精矿，通过一条ϕ500mm矿浆管道，输送到海港，Alegria铁矿至PointUbu海港距离400km管道直径ϕ20in约500mm。1976年起运行。

（4）La Perja铁矿。精矿管道输送，管道直径ϕ350mm，输送距离295km，1981年起运行。

（5）朝鲜茂山铁矿。矿山到清津港100km，地区冬季寒冷，他们采用管道输送铁精矿。

（6）俄罗斯列别金铁矿。在高寒地区，有一条26km矿浆管道输送铁精矿。

（7）太钢尖山铁矿。1997年6月29日太钢尖山铁精矿管道投入运营，管线长102km，直径ϕ229mm，年输送铁精矿200万吨，实际可达220万吨，起点至终点高差525m，设一个泵站，已运行了9年，第二条矿浆管道已安装，直径ϕ241mm，年输送250万吨铁精矿。共投资6亿多元，运营成本0.17元/(t·km)。

（8）云南昆钢大红山铁矿。年输送铁精矿208万吨，矿浆管道长171km，高差近1300m，设3座泵站，4座中间压力监测站，预测投资7.5亿元。运营成本0.2元/(t·km)。与公路运输相比，一年节约运费1.68亿元。有鉴于矿浆管道输送技术在国内外都有成功的经验，特别是尖山铁矿第二条管道，由我国自主设计施工，此项技术在国内应加以推广。

首先建议，南芬铁矿改用管道输送铁精矿。

其次建议梅山铁矿也改用管道输送铁精矿，用矿浆管道输送精矿一来经济效益显著，二来可以减轻铁路运输的压力。

现在我国铁路运力紧张，而申请者达到28万个车皮，只能满足35%。如果用管道输送取代一些铁路运量岂不更好。

2.5 创立建矿新模式，矿山不设机修、汽修、电修设施

我国传统的建矿模式，矿山都自成体系建立庞大的机修、汽修、电修设施，首钢矿山公司尤甚，它的汽修设施完善程度已达到能够组装制造40t矿用卡车的水平。

西方露天铁矿自己都不设置机修、汽修装潢。主要采装设备和运输设备的大中修及日常维护保养均由设备制造厂承担。以巴西卡拉加斯铁矿为例：卡特皮勒公司、BE公司等都在矿山设有检修人员和检修装置，并设有储存备品备件发动机等保税仓库。

设备制造厂负责对自己制造的设备进行检修，确保该厂的设备在矿山正常运行，这种做法，我们应该逐步仿效。

2.6 矿山设备国产化

20世纪60年代酒钢镜铁山铁矿花1000万美元，买一整套瑞典坑内矿设备，于是国

内矿山机械制造厂统一分工，测绘复制，不到两年工夫，Simba 凿岩台车，T_4G 装运机，螺杆压气机等设备，实现了国产化、国内都能仿造，将我国坑内矿山设备更新了一代。

现在受知识产权保护，仿造受到了限制，即使进口了也不能仿造，国产化受到了影响，这就需要我们自己技术创新，创造具有自主知识产权的产品。

首先，掌握世界采装运输设备的发展状况。现在电铲液压铲和前装机的生产厂家及产品见表 31 ~ 表 38。电动轮和机械传动汽车生产厂家及产品见表 39 ~ 表 45。

表 31　布塞路斯国际公司电铲技术参数（BUCYRUS INTERNATIONAL INC）

类　型	型号	操作质量 /t	功率 /kW	能源	铲斗容积 /m³	卸载高度 /m	水平工作半径 /m	地面压力 /kg · cm⁻²
钢绳推压	182M	331	1150	电力	10	8.1	17.3	7.6
钢绳推压	195B	387	1104	电力	13	7.1	16.9	1.7
钢绳推压	290B	513	1430	电力	15.3	8.16	19.3	2.63
钢绳推压	295B	724	2152	电力	23.7	8.9	20.7	
钢绳推压	395B	1038	3280	电力	33.6	9.78	23.65	3.25
钢绳推压	351M	1184	2600	电力	44.4	14.3	27.3	2.62
钢绳推压	495B	1114	3280	电力	42	9.54	23.8	2.88

表 32　P&H 矿山色环保钢绳电铲技术参数（P&H MINING EUPMENT）

类型	型号	操作质量/t	功率/kW	能源	容积 /m³	宽度 /m	卸载高度/m	水平工作半径/m	推压 /kN	地面压力 /kg · cm⁻²
电铲	2300XPB	774.4	2970@475VDC	电力	25.2	3.98	10.06	18.64	712605	3.91
电铲	2800XPB	1017.1	2970@475VDC	电力	35.2	4.53	9.45	20.85	794452	4.35
电铲	4100A	1238.9	2970@475VDC	电力	47.4	5.09	9.19	20.85	9296678	3.77
电铲	4100A/LR	1223.5	2970@475VDC	电力	35.2	4.53	15.42	25.04	819807	3.72
电铲	4100TS	1350.1	2970@475VDC	电力	44.3	4.88	9.7	20.85	929678	2.86

注：XP 表示优越性能（EXTRA PERFORMANCE）；B 表示更大（BIGGER）；TS 表示油砂（TAR SAND）。

表 33　特里斯/奥 - 科挖掘机制造厂液压铲技术参数

型　号	操作质量 /t	功率 /kW	能源	容积 /m³	宽度 /m	最大卸载高度/m	水平工作半径/m	可否反铲	推压 /kN	地面压力 /kg · cm⁻²
RH25BH	58.7	267	电或柴油	4.0	2.0	8	11.2	可	275	0.95
RH40EFS	100	375	电或柴油	6.0	2.95	8	10.47	可	550	2.03
RH90CFS	160	630	电或柴油	10.0	3.45	10	12	可	750	2.03
RH120CFS	234	846	电或柴油	13.0	3.96	10	12.5	可	900	2.97
RH170FS	360	1240	电或柴油	18.0	4.57	10	15.3	可	120	2.22
RH200FS	480	1516	电或柴油	26	4.57	11.3	16.15	可	1500	2.42
RH400FS	826	2500	电或柴油	43.5	5.60	12.2	17.5	可	2100	3.21

表 34 利勃海尔公司液压铲技术参数（LIEBHERR MINING）

型　号	操作质量/t	功率/kW	能源	斗容/m³	宽度/m	卸载高度/m	水平工作半径/m	可否反铲	推压/kN	地面压力/kg·cm⁻²
R984B Litronic	144.2～116.5	478	柴油	5.7～10.5	2.5～3.2	8.9	10.8	可	660	1.72
R992 Litronic	114.2～146.5	575	柴油	7.0～12.0	2.65～3.35	10.0	10.8	可	900	2.0
R994 Litronic	226.4	937	柴油	10.5～18	3.15～4.05	11.0	12.65	可	1075	2.05
R995 Litronic	393.0	1600	柴油	23	4.30	13.1	15.0	可	1600	2.2
R996 Litronic	574.6	2240	柴油	25～34	4.15～5.5	14.3	15.6	可	2170	2.47

表 35 卡特彼勒公司液压铲技术参数（CATERPILLAR INC）

型号	操作质量/t	功率/kW	能源	斗容（冒尖）/m³	斗容（平头）/m	宽度/m	卸载高度/m	水平工作半径/m	推压/kN	地面压力/kg·cm⁻²
5230	318.5	1095	柴油	12.5～17	—	4.36	11.0	14.0	1250	2.10 1.77 2.53
5130B	181	597	柴油	9～11	—	3.64	10.0	12.4	770	2.26 1.85 1.47
5080	83.5	319	柴油	5.2	4.1	2.59	8.9	9.5	434	1.37 1.11

表 36 东芝建筑机器公司液压铲技术参数（HITACIII CONSTRUCTION MACHINERY）

型　号	操作质量/t	功率/kW	能源	斗容/m³	宽度/m	卸载高度/m	水平工作半径/m	可否反铲	推压/kN	地面压力/kg·cm⁻²
EX1100－3	105	448	柴油	6.3	2.70	8.74	11.44	可	555	1.35
EX1800－3	180	746	柴油	14.5	4.34	10.4	13.40	可	667	1.76
EX2500	238.5	970	柴油	14.0	3.59	10.35	14.06	可	918	1.76
EX3500－3	334	1312	柴油	25.0	5.22	12.42	15.81	可	1196	1.74
EX5500	515	1940	柴油	27.0	4.7	13.10	16.60	可	1570	2.35

表 37 德马克－小松公司（Demg－Komatso）液压铲技术参数

类型	型号	质量/t	发动机（台数）	功率/kW	标准斗容/m³	掘起力/kN	结构形式
液压	H95	100	Commins	373	6.5	500	S/B
液压	H135S	140	Commins	565	9.5～10.4	600	S/B
液压	H255S	240	Commins	940	13～14	1000	S/B
液压	H285S	335	Commins	1250	17.3～19	1200	S/B
液压	H455S	490	Commins（2）	1680	25	1600	S/B
液压	H655H	685	Commins（2）	2780	33～35	2360	S/B

表 38 矿用前装机技术参数

名称	斗容/m³	发动机	功率@转数 kW@r·min⁻¹	操作质量/千磅	掘起力/千磅	前装机尺寸/英尺 A	B	C	D	E	F	G	H	宽度/英尺	轮胎
Caterpillar															
990 Ⅱ	11 ~ 12	Cat3412E	625@2000	161.6	138.8	16 ~ 10	13 ~ 3	19 ~ 4	26 ~ 8	15 ~ 1	41 ~ 4	6	1 ~ 7	13 ~ 6	45/65 - 45
992G	15 ~ 16	Cat3508B EUI	800@1750	202	137.8	18 ~ 4	17 ~ 3	24 ~ 10	32 ~ 11	19 ~ 4	53 ~ 1	7	2 ~ 3	14 ~ 9	45/65 - 45
994D	13 ~ 40	Cat3516B EUI	1250@1600	412.2	212.4	21 ~ 8	18 ~ 8	27 ~ 11	35 ~ 1	21 ~ 0	54 ~ 8	7C ~ 1	2 ~ 8	17 ~ 1	53.5/85 - 57 76PRL5
Komatsu															
WA700 - 1	11	Komatsu SA6D170	641@2000	148.3	142.6	15 ~ 9	14 ~ 1	19 ~ 8	26 ~ 10	15 ~ 9	40 ~ 0	6 ~ 2	1 ~ 9	13 ~ 3	40/65 - 39 36PRL5
WA800 - 2	14	Komatsu SA12V140Z - 1	789@2000	219.2	179.9	17 ~ 4	16 ~ 0	22 ~ 3	30 ~ 6	17 ~ 11	45 ~ 2	7 ~ 0	1 ~ 10	15 ~ 1	45/65 - 45 46PRL5
WA900 - 1	15 ~ 17	Komatsu SA12V140Z - 1	853@2000	233.9	136	17 ~ 4	15 ~ 3	22 ~ 10	31 ~ 3	17 ~ 11	47 ~ 3	7 ~ 8	1 ~ 10	15 ~ 1	45/65 - 45 56PRL5
Letcurneau															
L - 1000	17	Cummins KTA - 38C	925@1900	232	150	17 ~ 2	18 ~ 5	24 ~ 1	31 ~ 5	19 ~ 0	47 ~ 10	8 ~ 6	1 ~ 7	15 ~ 9	45/65 - 45 46PRL5
L - 1100	22	Cummins KTA - 38C	1050@1900	276	185	17 ~ 9	18 ~ 7	25 ~ 2	35 ~ 8	19 ~ 0	50 ~ 4	9 ~ 2	1 ~ 8	17 ~ 0	45/75 - 51 62PRL5
L - 1350	26	Further data unavailable	1500	—	—	—	21 ~ 6	—	—	—	—	9 ~ 6	—	—	49/75 - 51
L - 1400	28	Cummins K - 1800E	1800@1900	445	282	20 ~ 9	21 ~ 6	29 ~ 2	33 ~ 1	23 ~ 0	56 ~ 6	9 ~ 6	2 ~ 0	19 ~ 2	50/80 - R57 15
L - 1800	33	Cummins K - 1800E	1800@1900	480	263	20 ~ 11	22 ~ 0	30 ~ 2	39 ~ 2	23 ~ 0	58 ~ 6	9 ~ 0	2 ~ 6	19 ~ 5	50/80 - R57 15
Unit Rig															
Dart 600C	12 ~ 23	Cummins KT - 38C	860@2100	198	—	18 ~ 6	16 ~ 4	21 ~ 7	—	16 ~ 6	40 ~ 10	6 ~ 0	—	14 ~ 8	37.5 - 39 44PRL5
Volvo															
L330C	8.6C1 0.8	Volvo TD 164KAE	498@1800	103.4	112.3	13 ~ 8	12 ~ 4	16 ~ 6	23 ~ 11	13 ~ 4	32 ~ 8	5 ~ 7	1 ~ 10	11	35/65 R33L4

表39 卡特彼勒公司汽车技术参数

类型	型号	驱动方式	标准载重/t	功率/kW	空载高度/m	宽度/m	长度/m	回转半径/m	自重/t	重车总重/t	重车最大速度/km·h⁻¹	轮胎尺寸
柴油	793C	机械	232	1716	5.86	7.42	12.86	15.1	145	377	55	40.00R57
柴油	789C	机械	196	1272	5.21	7.67	12.18	15.1	122	318	54	37.00R57
柴油	785C	机械	154	962	4.98	6.64	11.02	15.1	96	249	56	33.00R51
柴油	777D	机械	96.7	746	4.29	6.10	9.78	13.1	64	161	60	27.00R49
柴油	775D	机械	63.4	693	3.91	5.21	9.7	12.0	43	107	66	24.00R35
柴油	773D	机械	53.3	509	3.77	5.08	9.61	12.0	39	93	66	24.00R35
柴油	771D	机械	40.37	380	3.40	5.01	8.73	9.9	33	74	56	18.00R33
柴油	769D	机械	37.9	380	3.14	5.01	8.57	9.9	30	68	75	18.00R33
柴油	793C	机械	217.6	2300马力	5.87	7.42	12.88					40.00R57
柴油	797	机械	216.5	3400马力	7.21	9.14	14.53					55/80R63

表40 特里斯矿山/特里斯汽车技术参数（TEREX MING/TEREX HAUL TRUCKS）

类型	型号	驱动方式	标准载重/t	功率/kW	高度/m	宽度/m	长度/m	回转半径/m	自重/t	重车总重/t	重车最大速度/km·h⁻¹	轮胎尺寸
柴油-机械	TR100	机械	90.7	727	4.445	5.03	10.82	12.25	68	158.7	47.6	20.00R49
柴油-机械	TR60	机械	54.4	462	3.69	4.83	9.82	10.21	40.8	95.2	57	24.00R35
柴油-机械	TR45	机械	40.8	370	3.43	4.37	8.7	10.51	36.2	77	65.9	21.00R35
柴油-机械	TR40	机械	36.3	331	3.2	4.37	8.7	10	33.7	70	57.8	18.00R33
柴油-机械	TR35	机械	31.7	238	3.02	3.37	8.22	8.815	22.7	54.4	55	18.00R25
柴油-机械	TA40	机械	36.3	280	3.1	3.43	10.65	9.75	29	65.3	56	29.5R25
柴油-机械	TA35	机械	31.7	241	2.9	3.21	10.65	9.5	28	59.8	52	26.5R25
柴油-机械	TA30	机械	27.2	214	2.81	3.1	9.445	8.8	20	47	46	23.5R25
柴油-机械	TA25	机械	22.7	182	2.75	2.745	9.445	8.7	19	41.7	45	23.5R25

表41 利勃海尔公司汽车技术参数（LIEBHERR）

类型	型号	驱动方式	标准载重/t	功率/kW	高度/m	宽度/m	长度/m	回转半径/m	自重/t	重车总重/t	重车最大速度/km·h⁻¹	轮胎尺寸
柴油-电力	T252	电力	181	1343	5.6	7.1	13.3	24.7	129.3	324.3	51	37R57
柴油-电力	T262	电力	218	1492	5.9	7.4	13.3	28.5	152	369.8	51	40R57
柴油-电力	T272	Siemens/Liebherr	270	1864	6.2	7.9	13.7	32.6	138.4	410.5	68	44/80R57
柴油-电力	T282	Siemens/Liebherr	327	2014	6.5	8.7	14.5	32.7	201	528.6	64	55/80R63

表 42　特里斯矿山/尤尼特瑞格汽车技术参数（TEREX MING/UNIT RIG HAUL TRUCKS）

类　型	型号	驱动方式	标准载重/t	功率@转数 /kW@r·min⁻¹	高度 /m	宽度 /m	长度 /m	回转半径 /m	自重 /t	重车总重 /t	重车最大速度 /km·h⁻¹	轮胎尺寸
柴油-电力	MT3000	电力	109	895@1900	4.9	6.3	12.2	12.2	107	216	50	30.00R51
柴油-电力	MT3300	电力	136	1007@1900	5.4	6.2	12.2	12.2	116	252	70	33.00R51
柴油-电力	MT3600B	电力	154	1193@1900	5.5	7.3	13.1	13.39	128	282	56.4	36.00R51
柴油-电力	MT3600B	电力	170	1342@1900	5.5	7.3	13.1	13.39	138	310	53	36.00R51
柴油-电力	MT3700B	电力	172	1342@1900	5.8	7.3	13.1	13.6	145	317	66	37.00R57
柴油-电力	MT3700B	电力	186	1492@1900	5.8	7.3	13.1	13.6	145	331	66	37.00R57
柴油-电力	MT4400B	电力	236	1492@1900	6.6	8.0	13.9	15.2	174	410	59	40.00R57
柴油-电力	MT5500	电力	308	2088@1900	6.7	9.05	14.77	TBA	223	531	64	55/80R63

表 43　尤克利德—日立（Euclid-Hitach）公司汽车技术参数

类　型	型号	驱动方式	标准载重/t	发动机功率 /马力	高度 /ft in	宽度 /ft in	长度 /ft in	轮胎尺寸
柴油-机械	R90C	机械	90.7	1050	14-1	19-4	33-2	27.00R49
柴油-机械	R130B	机械	132	1350	16-5	19-11	36-1	33.00R51
柴油-电力	R150	电力	132.3	1600	15-10	22-9	38.5	33.00R51
柴油-电力	R170	电力	158	1600	17-2	22-9	39-2	36.00R51
柴油-电力	R190C	电力	187.7	2000	17-3	23-6	39-4	37.00R57
柴油-电力	R260	电力	226.8	2500	20-0	25-10	44-4	40.00R57
柴油-电力	R280AC	电力	255.7	2700	20-8	26-7	44-10	55/80R57

表 44　小松（Komatsu）公司汽车技术参数

类　型	型号	驱动方式	标准载重/t	发动机功率 /马力	高度 /ft in	宽度 /ft in	长度 /ft in	轮胎尺寸
柴油-机械	330M	机械	90.7	1050	14-1	18-7	34-4	27.00R49
柴油-机械	510E	电力	136	1350	16-10	20-4	37-4	33.00R51
柴油-电力	530M	机械	149.7	1450	16-3	21-9	37-8	33.00R51
柴油-电力	630E	电力	172.3	1800	19-2	23-0	29-2	36.00R51
柴油-电力	730E	电力	186	2000	18-5	24-9	42-1	37.00R57
柴油-电力	830E	电力	231.3	2500	22-0	24-0	44-4	40.00R57
柴油-电力	930E	电力	290.2	2700	21-11	27-8	50.0	55/90R57

表 45 Le Tourneau 公司汽车技术参数

类　型	型号	驱动方式	标准载重/t	发动机功率/马力	高度/ft in	宽度/ft in	长度/ft in	轮胎尺寸
柴油－电力	T2190	电力	172.3	1800	17～0	23～10	44～9	37.00R57
柴油－电力	T2200	电力	187.4	2000	17～7	23～10	44～9	37.00R57

凿岩台车主要是 simba 1250 型系列，孔径 51～102mm，孔深 51m，配备 COP1838 液压凿岩机，可以穿凿环形孔、扇形孔，平行孔距 1.5～3m，simba 1252 和 simba 1253 平行孔距 1.5m、simba 1254 平行孔距可达 3m。

铲运机系列，ST－2D、ST－3.5、ST1030、ST1520 见表 46，矿用卡车见表 47。

表 46 铲运机产品系列

设备型号	ST－2D	ST－3.5	ST1030	ST1520
推荐巷道尺寸 宽度×高度	2.366m×2.934m	2.91m×3.68m	3.281m×3.931m	4m×5m
装载能力/t	3.63	6	10	15
发动机配置	Deutz Siesel F6L－912W，61kW	Deutz F8L－413W， 136kW	Cummins Diesel Engine QSL9 C250	Detroit Diesel DDEC Ⅲ Series 60，299kW
刹车系列	LCB（液冷制动）	SAHR	SAHR	SAHR
空车质量/t	11.54	17.51	26.3	41.033
设备宽度/m	1.651	1.956	2.49	2.92
转弯半径/m	内径：2.635 外径：4.797	内径：2.561 外径：5.388	内径：3.45 外径：6.775	内径：3.884 外径：7.542 后端：7.116
设备高度/m	2.086	2.247	2.355	2.652
举升高度/m	3.732	3.984	4.93	6.998
配套卡车	—	MT2010	MT4368	MT444，MT5010
配套凿岩台车	Rocket Boomer 104	Rocket Boomer 281	Rocket Boomer 281 Rocket Boomer 282	Rocket Boomer 281 Rocket Boomer 282

注：SAHR：专利的刹车系统；其他柴油铲运机：ST2G，ST710，ST600LP，ST7.5Z，ST8B 和 ST8C；电动铲运机：EST－2D，EST－3.5，EST1030。

表 47 矿用卡车

设备型号	MT2010	MT431B	MT436B	MT5010
推荐巷道尺寸 宽度×高度	4m×5m	5m×5m	5m×5m	5.5m×6m
装载能力/t	20	28.1	32.65	50
发动机配置	Cummins QSL9C300，224kW	Detroit Diesel Series 60 DDEC Ⅲ， 298kW	Detroit Diesel Series 60 DDEC Ⅲ， 298kW	Detroit Diesel Series 60 DDEC Ⅲ，485kW

续表 47

设备型号	MT2010	MT431B	MT436B	MT5010
刹车系列	SAHR	SAHR	SAHR	SAHR
空车质量/t	20.5	29.27	30.57	38
设备宽度/m	2.209	2.794	3.05	3.2
转弯半径/m	内径：4.635 外径：7.49	内径：4.651 外径：8.571	内径：4.523 外径：8.571	内径：4.895 外径：9.325
设备高度/m	2.425	2.741	2.45	2.826
举升高度/m	4.418	5.46	5.62	6.91
配套卡车	ST3.5，EST3.5， ST710，ST1030	ST8C，ST1030	T8C，ST1030	ST1520
配套凿岩台车	Rocket Boomer 282 Rocket Boomer M2	Rocket Boomer 282 Rocket Boomer M2	Rocket Boomer 282 Rocket Boomer M2	Rocket Boomer 282 Rocket Boomer M2

注：SAHR 为专利的刹车系统。

其次，在掌握国外设备特点和关键技术的基础上，我方要有组织地进行攻关。“十一五”国家科技支撑计划已将“高效节能大型矿山成套设备研制”课题列为重点项目，主要内容有：

课题一：高效凿岩设备研制。

（1）智能型旋转冲击中深孔采矿钻车，孔径 55～79mm，孔深 30～35m；

（2）全液压采矿凿岩台车，孔径 38～76mm，孔深 25m；

（3）高气压智能化大型潜孔钻机，直径 152～220mm，孔深 30m。

课题二：大型地下铲运设备研制。

（1）斗容 4～6m^3 柴油铲运机；

（2）载重 25t 地下矿用汽车。

课题三：交流电机驱动百吨级矿用自卸汽车。

由柴油机—交流发电机—交流电动机能量转换的电动轮汽车，AC 代 DC。

课题四：关键配套采矿设备研制。

（1）地下中深孔装药车，装填深度 30m；

（2）高效安全乳化炸药，现场混装车。装药速度 10～80kg/min；装药深度：下向孔不小于 80m，水平孔不小于 50m，上向孔不小于 40m；炮孔利用率 95%～100%。

作者简介：

焦玉书，教授级高级工程师，鞍山冶金设计研究总院原院长，中国冶金矿山企业协会顾问。

本文系焦玉书于 2006 年 7 月 26 日在丹东市召开的中国冶金矿山企业协会理事会扩大会议上所作的专题报告。

马钢高村露天铁矿台阶高度设计论证

焦玉书 刘发源 刘秋萍

（鞍山冶金设计研究总院）

2002 年 8 月 26 日

为适应马钢“十五”计划扩大钢铁生产规模，决定开发高村铁矿，年产 500 万吨，用 $4m^3$ 电铲装矿，对于采场段高、设计进行了论证，推荐采用段高 12m，现将论证意见，报告如下。

1 按安全规程规定确定台阶高度

露天矿台阶高度是露天开采一项重要的技术参数，为此我国原冶金工业部曾将《确定合理台阶高度研究》列入“八五”攻关计划，此项专题研究立项之前曾组织专家论证，立项之后于 1992 ~ 1997 年开展实验研究，设专题研究，完成后又组织了专家验收和论证。

1992 年，鞍山齐大山铁矿也曾针对台阶高度 12m 和 15m 进行了研究，并由原冶金工业部组织鉴定。

我国攀枝花矿山公司兰尖铁矿采用 15m 段高还曾进行过总结。

在国内和国外露天矿设计过程中，对台阶高度都是要根据该矿的具体情况具体确定。

高村铁矿台阶高度采取多高才合适呢？我们先按安全规程规定分析台阶高度。

（1）根据我国安全规程第三章露天开采第一节阶段构成安全要求中，第 39 条阶段高度应符合下述规定

1）松散的岩土，机械铲装，不爆破的阶段高度不大于机械的最大挖掘高度。

2）坚硬稳固的岩石，机械铲装，爆破的阶段高度不大于机械最大挖掘高度的 1.2 倍。

高村铁矿用 $4m^3$ 电铲，最大挖掘高度为 10.1m，$10.1 \times 1.2 = 12.12$m，为此阶段高度应取 12m。

（2）原冶金工业部确定的“八五”科技攻关课题研究，在鉴定后的研究报告中，得出结论。在分析了台阶高度与穿孔的影响与爆破铲装的影响，与运输的影响等诸因素之后，结论性意见如下：

在我国目前的经济技术和装备水平条件下，各种铲型的合理台阶高度范围：

$4m^3$ 电铲的合理台阶高度为 12 ~ 13m。

6 ~ $8m^3$ 电铲的合理台阶高度为 16 ~ 17m。

$10m^3$ 左右电铲的合理台阶高度为 16 ~ 18m。

据此最终研究结论，高村采用 $4m^3$ 电铲台阶高度应取 12 ~ 13m，13 数字不吉祥，还是取 12m。

对台阶高度，我们还应再具体分析。

2 台阶高度与牙轮钻穿孔效率

(1) 从全国来分析，台阶高度12m的露天铁矿有南芬、歪头山、大孤山、弓长岭、峨口、大石河、东鞍山和白云鄂博铁矿。

台阶高度15m的露天铁矿有水厂、南山、海南、兰尖、朱家包包。齐大山铁矿见表1。

表1 我国重点露天矿台阶高度表

矿山名称	生产规模/万吨·年$^{-1}$	剥采比/t·t^{-1}	露天采场境界（长×宽×深）/m×m×m	段高/m	穿孔设备	装载设备	运输设备
水厂铁矿	906	4.2	3800×1600×645 封闭圈下开采深度100m	15	45R牙轮钻5台 YZ-55牙轮钻9台 YZ-12牙轮钻1台	WK-4型电铲19台 D-4型电铲6台 W-4型电铲1台 WK-10型电铲10台 P&H 2300型电铲1台 P&H 2300XP型电铲1台	27t汽车7台；42t汽车112台 BZQ-31470型77t汽车37台 EG150-1500型150t电机车6台 EL-2型100t电机车5台 EG-80-1500型80t点击车14台 K4自翻车142台
大石河铁矿	491	4.14		10~12	HYZ-250C牙轮钻7台 KY-250型牙轮钻6台	D-4型电铲2台 WK-4型电铲21台	27t汽车32台 42t汽车59台
峨口铁矿	396	2.48	2040×1088~800	12	YZ-35型牙轮钻6台	WK-4型电铲8台 WK-4型电铲4台	ЪЕИАЭ-7523型42t汽车80台
兰尖铁矿	661	1.86	兰山1100×950×602 现开采深度347m尖山850×650×402 现开采深度255m	15	73-20潜孔钻4台 KQ-2001潜孔钻2台 YZ-35B牙轮钻2台	WY-4型中铲7台 WK-400型电铲3台 195B型电铲2台	T-20-203型20t汽车5台 BJ371型20t汽车5台 BJZ3364型20t汽车10台 Terex 40t汽车35台 EG150-1500型150t电机车5台 KF5-100型自翻车55台
朱家包包铁矿	430	2.14	2760×1040×575 现开采深度355m	12 15	72-200型潜孔钻5台 KQ-20型潜孔钻3台 YZ-35B型牙轮钻1台	WK-4型电铲22台	Tesex33-07型40t汽车12台 BJ3364型20t汽车10台 EG150-1500型150t电机车18台 K4型自翻斗144台 K5型自翻斗车20台 KF-60型自翻斗车72台
歪头山铁矿	344	4.94	2880×1140×216 现开采深度152m	12	45R牙轮钻5台 YZ35型牙轮钻4台	W-4型电铲11台 WD-400型电铲15台	Tesex33-07型40t汽车32台 27t汽车7台 EL-1型150t电机车9台 EG-150-500型150t电机车23台 东方红5型内燃机车1台 自翻车194台

续表1

矿山名称	生产规模/万吨·年$^{-1}$	剥采比/t·t^{-1}	露天采场境界(长×宽×深)/m×m×m	段高/m	穿孔设备	装载设备	运输设备
南芬铁矿	690	2.57	封闭圈尺寸 3300×1600×328 现开采深度300m左右	12	60R牙轮钻3台 45R牙轮钻3台 YZ-55型牙轮钻3台	GЭ-3型电铲7台 195B型电铲3台 P&H 2100BL型电铲3台 ЭKT-12.5型电铲2台 ЭKT-15型电铲2台	35D型32t汽车34台 154t电动轮31台
海南铁矿	315	4.11	封闭圈尺寸 1040×600×最大深493 封闭圈下开采深度50m	15	KY-250A牙轮钻1台 YZ-35B牙轮钻1台 KQ-250潜孔9台	WK-4型电铲7台 WD-400型电铲4台 1600型电铲1台 PC-1000液压挖掘机1台 120K型电铲2台	HD325-6型32t汽车10台 33-07型40t汽车10台 30t汽车7台 其他型汽车12台 EL-2电机车9台 改装160t电机车5台 EL-1型电机车2台 EG-150型电机车2台
南山铁矿	600	0.68	封闭圈尺寸 1100×880×210 现开采深度105m	15	KY-310牙轮钻5台 KY-250牙轮钻2台	$10m^3$ 电铲1台 $4m^3$ 电铲21台	DP-655 50t汽车1台 BJZ3364型20t汽车18台 33-07型汽车23台 40t汽车6台 150t电机车13台 80t电机车3台 自翻车117台
弓长岭铁矿	424	3.18	高山采矿场封闭圈尺寸 1700×400×282 独木采场 1680×760×282 现开采深度128m	12 12	45R牙轮钻1台 YZ-35型牙轮钻8台	WD-400型电铲8台 WK-4电铲23台 KP-5A苏制电铲6台	DP655型50t汽车15台 33-07型40t汽车37台 27.5t汽车4台 T-20型20t汽车5台 40t汽车52台
大孤山铁矿	464	1.93	1620×1200×500 现开采深度为200m	12	45R牙轮钻2台 60R牙轮钻2台 YZ-35型牙轮钻1台 YZ-55型牙轮钻1台	WK-4型电铲16台 ЭKT-8型电铲1台 美国280B型电铲1台 WD-1200电铲1台	150t电机车14台 160t电机车6台 80t电机车8台 自翻车213台 RD-030型27t汽车22台 SF-130型108t电动轮30台
东鞍山铁矿	514	2.47	2200×720×247 现开采深度约80m	14 13	45R牙轮钻5台 YZ-22牙轮钻1台	WK-4型电铲17台 ЭKT型$5.2m^3$电铲4台 280-BL型$6.1m^3$电铲1台 P&H 2100型$11.5m^3$电铲1台	150t电机车13台 100t电机车6台 80t电机车5台 BZQ31120型68t汽车4台 BZQ31470型77t汽车3台 自翻车240台

续表 1

矿山名称	生产规模/万吨·年$^{-1}$	剥采比/t·t^{-1}	露天采场境界（长×宽×深）/m×m×m	段高/m	穿孔设备	装载设备	运输设备
齐大山铁矿	775	3.52	3250×（400~600）×250 现开采深以封闭圈下约 60m	12 15	45R 牙轮钻 6 台 YZ-55 牙轮钻 5 台	WK-4 型电铲 18 台 P&H 2100BL 电铲 1 台 P&H 2300 电铲 8 台	SF3100 型 108t 电动轮 18 台 MK3600 型 154t 电动轮 16 台 15t 电动轮 33 台 150t 电机车 6 台 100t 电机车 17 台 80t 电机车 3 台 60t 翻斗车 206 台
白云鄂博铁矿	947	2.39	封闭圈尺寸主矿 1620×1260×480 现开采深度 96m 东矿 1320×1120×420 现开采深度 146m	12~14	YZ-35 牙轮钻 4 台 45R 牙轮钻 1 台 KY-250 牙轮钻 4 台 KY-310 牙轮钻 4 台 潜孔钻 73-200 型 3 台	ЭКТ-4 电铲 7 台 WK-4 电铲 9 台 D-4 电铲 2 台 WK-400 电铲 2 台 ЭКТ-8 电铲 2 台 WK-10A 电铲 5 台 WK-10B 电铲 5 台	ZG80-1500 电机车 27 台 ZG150-1500 电机车 5 台 ZG160-1500 电机车 2 台 60t 翻斗车 206 台 20t 翻斗车 26 台 SF3102 型 108t 电动轮 33 台 LN3101 型 108t 电动轮 2 台 27t 汽车 6 台 42t 汽车 7 台 Tesex33-07 型 40t 汽车 10 台 T815 型 15t 汽车 20 台 33-11D 型 85t 汽车 1 台 33-11E 型 85t 汽车 1 台

1997 年和 1998 年各矿穿孔效率见表 2。从表 2 可以看出：虽然各矿的矿岩性质有差异，但宏观上看，12m 台阶和 15m 台阶在牙轮钻穿孔效率上没有太大的差别，各矿穿孔效率有高有低，其差别恐怕是生产管理上的对设备维修保养侧重点不同，或生产规模小，设备多而导致作业率有高低之分。还不能说明由于台阶高度不同，穿孔效率能出现有较大差异。

表 2 1997 年和 1998 年各矿穿孔效率

矿山名称	台阶高度 12m					
	牙轮钻效率/米·（台·年）$^{-1}$				作业率/%	
	1997 年		1998 年		1997	1998
	250 型	310 型	250 型	310 型		
大石河	26419	20495			67.02	64.07
峨口			21116	25769	72.28	74.29
歪头山	21340	24387			62.56	63.9
南芬	47300	39336	19175	27763	64.64	67.88
弓长岭	21293	18367			73.24	73.22
大孤山	27522	33332	21711	23824	66.76	74.76
东鞍山（H13—14）	30271	29926			76.05	81.72
白云（H12—14）	26204	22495	29940	27884	73.3	70.26
全国平均效率	25636.05	23501	25716	24694		

续表 2

矿山名称	台阶高度 15m					
	牙轮钻效率/米·(台·年)$^{-1}$				作业率/%	
	1997		1998		1997	1998
	250 型	310 型	250 型	310 型		
兰尖铁矿	27704		33233		53.65	69.51
朱家包包	9798		15641		36.26	41.32
水厂	41460		40905		72.52	71.7
海南	20002		17214		58.82	54.25
南山	7838	18609	6303	14475	34.05	31.31
齐大山	26000	24633	40329	27292	69.75	73.6
全国平均效率	25636.05	23501	25716	24694	65.76	66.45

（2）1992 年，齐大山铁矿试验 15m 段高时，用 ϕ250mm 45R 牙轮钻穿孔，试验期间穿凿深孔 10706m，其中矿石孔 3584m，岩石孔 7122m，标定结果见表 3。

表 3 齐大山铁矿 45R 牙轮钻穿孔标定结果

台阶高度/m	孔深/m	每孔穿凿时间/min	每米孔穿凿时间/min
12	14.5 ~ 15	45	3.0
15	17.5 ~ 18	53	2.9

从表 3 可以看出，12m 台阶每米炮孔穿孔时间 3min，15m 台阶每米孔穿孔时间 2.9min，穿孔速度无太大差异。

（3）冶金工业部“八五”攻关课题《确定合理台阶高度研究》在南芬铁矿试验，该课题报告分析了台阶高度与穿孔效率之间的影响，见表4。由 12m 到 20m 每米都有数，估计有的数是分析的数据（或估计用插入法推算的数据）。

表 4 不同台阶高度的钻机效率

台阶高度/m	矿石/万吨·(台·年)$^{-1}$		岩石/万吨·年$^{-1}$	
	310 型	250 型	310 型	250 型
12	436	243	393	308
13	441	248	409	312
14	449	254	422	319
15	451	260	435	321
16	457	266	441	327
17	458	266	453	329
18	459	267	458	334
19	461	270	462	333
20	461	272	466	332

按此推算，250 型牙轮钻在南芬铁矿 15m 台阶比 12m 台阶效率提高 4% ~6% 。

3 台阶高度与铲装效果

（1）从 1997 ~1998 年全国露天铁矿铲装效率上看（见表5），电铲的装矿效果与台阶高度之间的关系没有看出有太大的差异。4m³ 铲在 12m 台阶与 15m 台阶的铲装效率有的比较高，有的比较低，如 12m 台阶的大石河铁矿 4m³ 铲平均效率是 195.84 万吨/(台·年)，歪头山则是 111.8 万吨/(台·年)；15m 台阶的兰尖铁矿，4m³ 铲平均效率是 191.13 万吨/(台·年)，南山铁矿则是 101.94 万吨/(台·年)。

表 5 1997 ~1998 年全国装载效率比较表

矿山名称	台阶高度 12m							
	电铲效率/万吨·(台·年)$^{-1}$						作业率/%	
	1997 年			1998 年			1997 年	1998 年
	4m³	7.6m³	10m³	4m³	7.6m³	10m³		
大石河	195.84			186.96			90.84	92.88
峨口	125.47			125.46			91.38	93.36
歪头山	111.8			110.6			85.23	85.54
南芬	126.0	174.0	365 (12.5m³)	164.27	93.41	306.53 (12.5m³) 342.05 (16.8m³)	79.95	78.41
弓长岭	123.4			114.75			74.61	72.83
大孤山	112.86	98.43	165.10	117.28	149.03 (8m³)	193.16	84.36	89.86
东鞍山	133.77	108.16		119.06	101.73 (6.1m³)		80.49	85.49
白云	93.34			111.69		282.2	93.14	92.13
重点露天矿全国平均	122.24	113.64	306.89	115.76	149.18	326.5		

矿山名称	台阶高度 15m							
	牙轮钻效率/米·(台·年)$^{-1}$						作业率/%	
	1997 年			1998 年			1997 年	1998 年
	4m³	7.6m³	10m³	4m³	7.6m³	10m³		
兰尖铁矿	191.13	278.9		195.32	286.96		77.93	88.11
朱家包包	161.55			173.0 (4.6m³)			80.83	76.13
水厂	161.01		354.52	199.18		421.96	89.86	95.42
海南	112.3	33.59		126.38	70.9		67.08	80.88
南山	101.94			79.51			84.11	81.92
齐大山	132.11		505.12 (16m³)				80.88	
重点露天矿全国平均	122.24	113.64	306.89	115.76	149.18	326.5		

(2) 1992年齐大山试验用 $4m^3$ 铲装载，108t 韶峰电动轮运输。采运矿石48万吨，岩石104万吨，试验认为：15m台阶比12m台阶 $4m^3$ 电铲铲装效率，装岩提高7.54%，装矿提高6.31%，试验只测装108t汽车装1车用多少秒钟，见表6和表7。

表6 $4m^3$ 电铲装岩效率

作业条件	装车角度/(°)	$4m^3$ 电铲采装效率/秒·车$^{-1}$	
		平均值	测定次数
15m台阶 (75m水平)	70~135	538.57	108
12m台阶 (66m和48m水平)	70~135	579.18	84
对比		7.54%	

表7 $4m^3$ 电铲装矿效率

作业条件	装车角度/(°)	$4m^3$ 电铲采装效率/秒·车$^{-1}$	
		平均值	测定次数
15m台阶 (二矿区111m水平)	70~135	597.63	74
12m台阶 (本区54m水平)	70~135	635.34	52
对比		+6.31%	

(3) 原冶金工业部《确定合理台阶高度研究》报告中，对台阶高度和铲装效率报出如下数据见表8和表9。

表8 不同台阶高度下的电铲效率

台阶高度/m	电铲效率/万吨·(台·年)$^{-1}$			
	矿 石		岩 石	
	$4m^3$	$7.6m^3$	$4m^3$	$7.6m^3$
12	176.15	229	151.23	186.9
13	177.22	232	152.24	189.4
14		234		191.6
15		236		193.4

表9 不同台阶高度电铲作业费用

台阶高度/m	电铲装载费用/元·吨$^{-1}$			
	矿 石		岩 石	
	$4m^3$	$7.6m^3$	$4m^3$	$7.6m^3$
12	1.267	1.72	1.26	1.72
13	1.262	1.71	1.26	1.71

续表 9

台阶高度/m	电铲装载费用/元·吨$^{-1}$			
	矿 石		岩 石	
	$4m^3$	$7.6m^3$	$4m^3$	$7.6m^3$
14		1.70		1.70
15		1.69		1.69

从电铲作业费用上看，因缺 $4m^3$ 铲数据，现按 $7.6m^3$ 铲数据看 12m 台阶 $7.6m^3$ 电铲作业费 1.72 元/吨，15m 台阶 1.69 元/吨，数据值基本上接近，看不出太大差异。

4 台阶高度与露天矿运输之间的关系

深凹露天矿，在台阶高度增加的情况下，露天矿总的运输功是增加还是减少呢？此问题，在 1992 年期间，在采矿界曾引起一场激烈的辩论，以东北大学为一方，以原冶金工业部科技司、马鞍山矿研院和北京科技大学为一方，观点相驳。今天看来，那场辩论使我们加深了认识。

（1）原冶金工业部《确定合理台阶高度研究》报告，列举了台阶高度与运输的关系，见表 10。

表 10 不同台阶高度与运输的关系

台阶高度/m \ 项目 运距	水平平均运距	提升平均运距	平均运距	当量平均运距
12	0.848806	0.926336	1.77524	2.93316
13	0.837976	0.923585	1.76156	2.91604
14	0.808339	0.92642	1.73476	2.89278
15	0.806244	0.928022	1.73427	2.89429

12m 与 15m 相比，当量平均运距相差 1.3%，可以视为变化不大，但其观点是：深凹露天矿，台阶高度增加水平平均运距逐渐缩短，而垂直提升的运距逐渐加大，综合考虑，水平运距与提升运距之和，随台阶加高而逐渐缩小，最大不超过 4%。

东北大学牛成俊教授对此持不同看法，他认为：单位采出矿岩平均运输功含量，是台阶高度的二次增函数，增加台阶高度，意味着运输费用的绝对增加，以 12m 台阶为基准，台阶高每增加 1m，单位采出矿岩的平均运输功含量增加 2%。如果单位运输功的费用不变，露天矿生产剥采比为 nt/t 台阶高度每增加 1m，单位采出原矿的运费就增加 $2n\%$。

（2）结合高村铁矿的实际情况，我们设计单位分析，深凹采场在台阶高 12m 和 15m 的情况下，其水平运距变化不大，可以认为相近似，其垂直提升运距，则有变化，15m 台阶比 12m 台阶矿岩垂直提升的运输功增加 2%。但随着台阶高度增大，台阶数减少，铺设水平铁路数量相应减少，移动铁路次数相应减少。

5 矿石损失、废石混入与台阶高度之间的关系

台阶高度与矿石损失、废石混入之间关系，大家观点相同都认为露天开采矿石的损失与废石混入随着台阶高度增大而增加，增加值是多少呢？各矿矿床地质条件不同，增加值也各异。

对于高村铁矿来说，采出品位刚接近20%，已经很低了，再增加矿石损失和废石混入是十分不利的。

根据1994年马鞍山钢铁设计研究院对《高村铁矿最大技术生产能力研究报告》中，对采用12m和15m阶段高度矿石损失与废石混入计算见表11。

表11 12m和15m阶段高度矿石损失与废石混入计算表

项 目	12m阶段高度		15m阶段高度	
	表内矿	表外矿	表内矿	表外矿
矿石损失率/%	5.4	18.6	8.46	22.5
废石混入率/%	3.6	13.7	5.0	15.0

初步匡算（仅计算5线一个台阶）矿石损失与废石混入见表12。

表12 5线一个台阶矿石损失与废石混入比较表

项 目	12m阶段高		15m阶段高	
	表内矿	表外矿	表内矿	表外矿
矿石损失率/%	2.1	8.6	3.0	10.0
废石混入率/%	9.8		12.2	

6 国外露天铁矿台阶高度的特点

（1）国外露天铁矿，生产规模大，用的采装设备如电铲、液压铲和前装机铲斗容积大，但台阶并不高，如美国明塔克铁矿，使用9.2～26m^3电铲液压铲，台阶高度为12.2m；其他美国露天矿如西宾、帝国等台阶高为13.5m。

澳大利亚露天铁矿用9.2～20m^3电铲，台阶高一般为14～15m。南非锡兴铁矿年产2400万吨用11.5～28m^3电铲，台阶高12.5m。俄罗斯露天铁矿用8～12m^3电铲居多，台阶高12～15m。

（2）巴西全国现在年产1.8亿铁矿石。巴西CVRD公司卡拉加斯铁矿一个采场年出矿4000万吨/年，该矿使用16.7m^3电铲，其台阶高15m。

巴西联合矿业公司年产2400万吨/年，其拥有的露天矿如PICK铁矿，木圆卡铁矿用10m^3电铲，台阶高都是10m。

1994～1997年，我们有机会与巴西CVRD公司，与巴西联合矿业公司联合设计中巴合资铁矿项目，在设计中，我方特别强调要对台阶高度进行论证和研究，都没有得到巴方

的赞同，在与 CVRD 公司共同设计中巴合资卡拉加斯 N4W 露天矿时，CVRD 公司认为：对于 N4W 采场可以有 6 种采装运输方案：

1）16.8m^3 电铲，218t 汽车；

2）14.5m^3 电铲，218t 汽车；

3）14.5m^3 前装机，172t 汽车；

4）10.3m^3 前装机，172t 汽车；

5）16.8m^3 电铲，14.5m^3 前装机，218t 汽车；

6）13.7m^3 电铲，10.3m^3 前装机，172t 汽车。

虽然设计对此 6 种方案进行了详细论证，但不管采取哪一种方案，对台阶高度只考虑 15m 一个方案，设计不做比较，因为他们认为对 15m 台阶，有实践经验。

在与巴西联合矿业公司设计中巴合资卡堡厦菲尔铁矿时，用 7.6m^3 电铲，台阶高取 10m，我们几次提出是否 10m 段高太小了，巴方人员坚持取 10m 段高，理由也是 10m 段高有实践经验，台阶加高并没有好处。

（3）地质勘探与生产相结合，地质报告计算矿量就按与生产单位商定的台阶高度来算，1984～1987 年与澳大利亚哈默斯利公司共同设计恰那铁矿，采用 14m^3 电铲，台阶高度取 14m，段高在设计中也没有论证，澳大利亚地质勘探与生产相结合，在地质报告编写过程中，对矿量计算已经按 14m 台阶计算并作出分层平面图和按每个分层计算了矿量，这个 14m 台阶已得到生产单位认可，所以在矿山设计中只按 14m 台阶设计就行了。

7 初步意见

鉴于国家安全规程规定 4m^3 电铲台阶高度适于 12m；

鉴于原冶金工业部"八五"公关项目《确定合同台阶高度研究报告》推荐 4m^3 铲，台阶高度取 12～13m；

鉴于过去的试验与全国穿孔铲装平均设备效率，在 12m 台阶和 15m 台阶工作看不出太大的差异；

鉴于国内露天矿用 12m 台阶生产状况都挺好；

鉴于高村铁矿台阶高度 15m 比 12m 对矿石损失和贫化率加大；

鉴于高村铁矿台阶高度 15m 比 12m 所耗运输功加大；

鉴于国外露天铁矿台阶高度也不是很高，设备大，台阶高度并没有相应加高，台阶高 10m、12.2m、12.5m 的露天矿生产情况都挺好；

综合考虑上述因素，高村铁矿初步设计台阶高度设计推荐为 12m，我们可以对台阶高继续研究，在看到加高确实十分有利时，可以在 12m 的基础上加大，如同齐大山铁矿多年用 12m 台阶，现在设备加大了逐步过渡到 15m 台阶，高村由 12m 过渡到 14～15m 也并不困难，一座露天矿存在二三十年，前几年用 12m，以后改用 15m 并不困难。

补充说明，本文是 2002 年撰写的，至今已过了 10 年，但论证对现今设计仍有参考价值。2006 年起中信泰富在澳大利亚开发 SINO 铁矿，年产原矿 8000 万吨，采用 45m^3 液压铲装载，360t 汽车运输，露天矿台阶高度采用 12m，焦玉书曾担任此项目的评审专家组长。焦玉书认为：段高 12m 不合适，应加大到 15m 以上，此意见未被采纳，写在这儿乃多余的话。

作者简介：

焦玉书，鞍山冶金设计研究总院原院长。

刘发源，鞍山冶金设计研究总院原采矿室主任。

刘秋萍，鞍山冶金设计研究总院高级工程师。

Fe

地下采矿工程

DIXIA CAIKUANG GONGCHENG

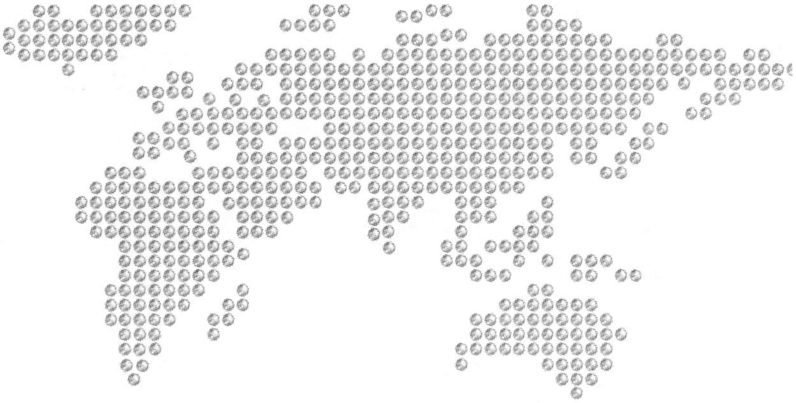

坚持五项方针 建设一流矿山

谢继祥

（鲁中矿业有限公司）

2012 年 4 月 28 日

鲁中矿业有限公司是我国重要的地下冶金矿山企业。从 1970 年建矿至今已走过了 41 年的发展历程，期间经历了艰苦的建矿初期、投产理顺的攻坚时期、行业低迷的困难时期和矿业快速发展的时期。特别是进入“十一五”以来，矿山企业迎来了发展的春天，鲁中矿业牢牢把握这一历史性机遇，坚持科学发展观，坚持以矿为主不动摇，致力于提高产量、扩大规模、强化管理、夯实基础、改革创新、增强活力，经受住了金融危机的重大考验，实现了跨越式发展。

1 “十一五”取得的主要成绩

“十一五”期间，鲁中矿业主业产量实现了年均 15% 的增长。2010 年，铁矿石产量达到 450 万吨；资产规模突破 50 亿元，是“十一五”初期的 5 倍；安全、设备、质量、技术、财务、风险管理等各项管理均上新水平，完成了二期工程建设，开工建设莱新铁矿二期、莱州铁矿洼子矿、港里矿区 1 号矿体三项重点矿山工程，有力地保证了企业的可持续发展。

“十一五”时期，鲁中矿业充分发挥铁矿资源这一核心优势，科学提出了“以矿为主，做大做强采选主业，调整理顺非矿产业，实现持续发展”的战略思路和“内保、外扩”、“提产、增效、保安全”的工作思路，提出了“400 万吨、600 万吨、1000 万吨三步走”和“五年再造一个新鲁矿”的发展目标。这些战略规划都是在公司发展的关键时期提出来的。经过几年的时间，我们很好地实施了这些发展规划，并且取得了重要成果。

（1）形成了矿业大发展的良好局面。本部、莱新铁矿、莱州铁矿采选生产稳定顺畅，三项矿山工程全面铺开，产量保持强劲增长势头，仅用 5 年的时间，产量就实现了翻番，规模效应明显显现，我们在国内矿山行业已经有了重要地位。

（2）夯实了公司的发展基础，为可持续发展提供了保障。2009 年，公司与五矿集团重组，掀起了发展的新篇章。经过实施资源扩张战略，公司后备资源储量已达 10 亿吨，为公司发展提供了可靠的资源保障。经过长期攻关、探索，我们掌握了国内最难采的地下矿山开采技术，培养了一支技术力量雄厚的科技人才队伍，具备了加快发展最为重要的资源、装备、技术、资产、人才等基础。

（3）建立了党政工团协作联动的工作机制。一直以来，公司党政工团各级组织紧紧围绕企业发展，发挥各自的资源优势、工作优势，建立起了协作联动的良好工作机制。党政工团能拧成一股绳，积聚优势和力量，团结一心干事业，这不仅是我们克服困难取得胜利的宝贵财富，也是我们几十年来工作经验的结晶。

（4）形成了干事创业的良好氛围。公司的发展思路、目标和成果，实实在在地鼓舞了干部职工，大家想发展、要发展、盼发展，积极投身到矿山生产建设中来，形成了心往一块想、劲往一处使、齐心协力干事业的良好氛围，打造了一支有干劲、有韧劲、不服输的坚强队伍，为公司下一步的发展奠定了坚实基础。

2 坚持五项方针，建设“快、优、强、高”的一流矿山企业

进入“十二五”以后，国际、国内环境和钢铁、矿业行业形势对冶金矿山的发展提出了更大的挑战，冶金矿山的发展任务比任何一个时期都更加艰巨。结合形势的变化和鲁中矿业40多年的发展历史，我们制定了“十二五”发展规划。在坚持“以矿为主，做大做强采选主业，调整理顺非矿产业，实现持续发展”思路的基础上，提出了“十二五”时期的五项工作方针，即：始终把安全和生产作为第一基础；始终把发展作为第一要务；始终把党的建设和文化建设作为第一保障；始终把强化管理作为首要手段；始终把提升职工群众的生活质量作为最终目的。

2.1 始终把安全和生产作为第一基础

基础不牢，地动山摇。安全和生产是矿山生存发展的前提和基础，没有安全和生产就没有产量，就没有效益，就面临生存困难。因此，必须把安全和生产作为第一基础，把保产、增产、扩产作为中心任务。通过实施采场综合治理，优化生产流程，装备升级换代，建设安全“六大系统”，提升矿山的生产能力和安全保障水平；通过推进科技进步和创新，大力开展采选技术攻关，创建数字化、自动化矿山，提升矿山的技术水平；通过科学组织劳动力，加强职工的安全教育、岗位技能培训，构建高效工作机制，提升矿山的劳动生产率，增强企业的竞争力。

2.2 始终把发展作为第一要务

“十二五”期间将是冶金矿山行业大发展的时期，各大矿山企业的资源扩张规划、提产扩产规模都十分惊人，矿山行业竞争十分激烈。在发展上不进则退、慢进也是退，必须牢牢把握住发展是公司的第一要务，把握住发展机遇，坚定不移地推进我们的发展战略规划。坚持科学发展观，坚持以矿为主不动摇，聚焦发展主业，加快主业发展，加快重点项目建设，高效开发资源，建设一流矿山。坚持内涵加外延式发展模式，加快升级转型，加大外部资源占有力度，利用五矿和上海的特殊优势，寻求发展良机，努力扩展业务，提高发展质量，增大发展效益。

2.3 始终把党的建设和文化建设作为第一保障

公司党委在企业发展中始终发挥着重要而特殊的作用，党建工作只能加强，不能削弱。继续发扬党的工作优良传统，大力开展主题教育、创先争优活动，创建“四好”领导班子、“四强”党组织、“四优”共产党员，加强党风廉政建设、精神文明建设和文化建设，切实发挥好党组织的政治核心作用和共产党员的先锋模范作用，发挥文化的影响力、带动力，使党、政、工、团的各项工作融入到公司生产经营发展大局中来，解决好生

产经营、改革发展、维护稳定等重点、难点问题，进一步解放思想、凝聚力量，为公司的发展保驾护航。

2.4 始终把强化管理作为首要手段

企业的任何工作都要通过抓管理来提高质量、提高效率。效率是衡量一切工作的总指标，做企业一定讲求效率、讲求投入产出、讲求性价比，任何不讲求效率的总量是没有意义的，时时用效率的概念影响、衡量、优化我们的决定。坚持并且不断丰富和完善“集中、规范、高效”的管理模式，推进规范化、精益化等现代管理理念在各个方面落地生根。着重发挥人在管理中的主导作用，建立健全有效的管理制度，不断创新管理的新思路、新方法、新形式，实现人、制度和创新的有效融合。着重培育管理文化，在理顺管理体制机制上下功夫，在增强执行力上下功夫，科学构建现代企业的管理体制，积极倡导雷厉风行、认真负责、执行有力的管理作风。

2.5 始终把提升职工群众的生活质量作为最终目的

国家的富强，是为人民大众赢得尊严和幸福。企业的强大，也是为职工群众谋福利、谋幸福。企业发展的最终落脚点必须放在职工群众的根本利益上。努力为职工实现人生自我价值创造良好平台，畅通职工成长进步的通道，建立公平、公开、公正的竞争机制。努力提升职工群众的生活品质，让职工共享企业发展成果，不断提高职工的收入，改善职工的工作和生活环境，注重满足职工的精神文化需求，增强职工的幸福感、自豪感，构建文明、和谐、幸福新矿山。

这五项方针是我们工作的基准、方向和统领。“十二五”期间，我们将坚持这五项基本方针，在矿山生产建设、环境建设和文化建设上下大力气，高效开发矿产资源，积极调整产业结构，积聚发展力量，力争到“十二五”末，公司铁矿石年产量达到800万～1000万吨，五年再造一个新鲁矿，职工生活质量有较大提高，努力把鲁中矿业建设成“快、优、强、高”的一流矿山。具体体现在以下四个方面：

（1）在发展速度上保持“快”。在当前国内铁矿资源贫乏，受制于国际矿业巨头的不利形势下，国内矿山企业唯有加快发展，才能打破垄断局面。因此，在发展上要敢做领头羊。“十二五”期间，鲁中矿业主业产量增速不低于15%，5年之内实现翻番目标。

1）加快提产速度。优化现有采选系统能力，科学规划采场布局，有效扩大开采面积，运用先进采掘设备，采用多种采矿方法等措施，不断加大采掘参数，提升现有矿山的生产能力，充分发挥资源优势，最大程度提高产量。

2）加快重点工程建设速度，目前公司的三项重点工程是实现第二步发展目标的关键，2013年必须建成投产，为实现“十二五”目标赢得主动。同时，加快辽宁陈台沟铁矿的建设步伐，陈台沟铁矿现已探明地质储量12.16亿吨，储量巨大，五矿集团将其交由鲁中矿业来开发，规划设计规模不低于年产铁矿石2000万吨，将其打造成为国内最大的地下冶金矿山。

3）加快占有资源的步伐。要想打造百年矿业强企，丰富的资源储备是前提条件，五年再造一个新鲁矿，不仅产量翻倍，资源储量争取也要翻倍，形成资源量的梯次增长，为产量的快速增长奠定资源基础保障。

（2）在发展质量和经营业绩上保持“优”。矿山企业的发展必须是可持续的发展，不但要追求规模增长、效益增长，还要实现均衡持续发展。

1）把主业做大做强，提升产量的同时更注重提升主业的综合竞争水平，“十二五”期间，我们的发展一要走规模膨胀式的发展，通过收购、兼并、重组外部矿山来快速提高公司的资源规模和主业产量。二要走依靠科技进步、生产力的提高、管理创新的发展方式，来提高现有和在建矿山的产量和效益，这两种方式要同时进行，以满足快速发展壮大和快速提高竞争力的需求，实现外延式和内涵式的科学发展。

2）培育新的经济增长点。这方面主要方向是发展和主业有紧密关联的产业，发展我们有基础、有优势的产业，下一步要向矿山机械制造业进军。五矿重机项目已成功落户鲁中矿业，该项目是集新型铸造技术、先进金属加工设备、顶尖科研实力为一体的现代化矿山机械制造项目。主要生产电动铲运机、全液压凿岩台车等地下冶金矿山机械产品，计划用5年的时间打造成矿山机械制造行业的领军企业。

企业在发展过程中，必须紧紧围绕经济效益这个中心，必须追求经济效益最大化，必须处理好发展和效益的关系。效益要面向市场，效益更要面向自身挖潜。市场是由经济的大环境决定的，而内部挖潜就是靠企业自身加强管理来实现的。

1）发挥规模效益。尽快达到铁矿石1000万吨的规模，提高营业收入和利润水平。到2015年，实现营业收入40亿元。

2）做好外购矿这篇大文章。国外一些品位稍低、伴生矿资源价格便宜，具有较大的开发利用价值，可以充分利用现有的磨选富余能力，加工进口矿，以增加产量、改善指标、提高效益。

3）苦练内功、深挖内部潜力。围绕降成本、增效益开展管理工作，大力开展对标挖潜、双增双节、降本增效等工作，有效降低生产、管理成本，减少支出，增加利润，打造效益型企业。

（3）在科技创新水平、企业管理水平和职工生活质量上保持“高”。把科技创新和技术进步放在更加突出的位置，以更大的决心和力度，加快主业发展。立足公司主业的做大做强，加快重大科研成果方面的研究，特别是复杂难采矿床高效开采研究、综合采矿方法应用研究、大间距无底柱采矿新工艺研究、深部及外围探矿研究、低品位弱磁性矿回收和铜钴回收利用研究方面要取得重大成果。完善公司科技创新体系，深化产学研合作、促进科技成果转化，实施积极的人才强企战略、激发科技人员和广大职工创新创效活力，推进技术装备升级改造，实现向一流矿山的跨越。

学习五矿的先进管理理念，对公司的管理体制和机制进行再造，尽快建立起适应快速发展需求的现代企业制度。

1）改革管理体制。加快理顺公司的管理架构，提高部门在战略决策、风险控制、投资管控、业绩考核等方面的能力和水平。

2）推进规范化管理。建立健全以岗位规范和工作规范为主体的运行制度，提高公司的管理实力。

3）加快三项制度改革。在人事、用工、分配上出台新举措，使其真正起到激励人、凝聚人、留住人的作用，逐步建立起符合企业实际的管理方式方法和适应公司快速发展的科学制度体系。

全心全意依靠职工办企业，下大力气为职工群众办实事，做到发展依靠职工，发展为了职工，发展成果由职工共享，努力实现企业发展、职工富裕。

1）建立收入增长机制。使职工收入同公司效益增长、个人贡献多少相挂钩，不断提高职工收入水平。

2）加大职工培训力度。分层次、按需求大力开展职工培训工作，开阔视野，增长本领，全面提高职工的知识、技能、管理等综合素质能力。

3）加大投入力度，加快改善职工工作和居住环境，搞好班组和社区环境建设，建设文明和谐新矿山。

（4）在执行力、风险管控力、人才队伍和党建思想政治工作上保持“强”。增强各级领导干部的执行能力，建立起权责明确、政令畅通、运转灵活、办事高效的组织结构体系，形成一级对一级负责的责任链条，确保公司的每一项决策都能贯彻落实到基层。

形势的复杂多变和企业的快速发展，就意味着面临的挑战和风险在加大，为科学有效地规避风险，建立起一道保护屏障，公司全面深入地开展风险管控工作，建立风险管理组织体系，根据发展战略和实际经营情况制定风险管理制度和风险管理规划，重点加强市场风险、操作运营风险、战略风险、投资风险、财务风险、重组并购风险的评估工作，确保公司的发展万无一失。

人才队伍是企业发展的智力保障。公司力争用5年的时间，使管理人才队伍的文化素质和业务素质明显提高，决策能力和工作创新能力有较大增强，现代管理水平有较大提高。培养、选拔十余名科技攻关和技术创新能力强的主体专业带头人和项目带头人，使公司的采选技术跨入国内同类矿山的先进行列。同时培养一支包括技师、高级技师在内的具有专业特长、高水平的高技能拔尖人才队伍。

党建和思想政治工作在企业发展中尤为重要，必须加强党建和文化建设，做到基层党的组织健全、基础工作比较扎实，制度完善，活动正常，党组织的政治核心作用和党员的先锋模范作用突出，解决生产经营、改革发展、维护稳定等重点、难点问题的能力突出，解放思想、凝聚力量、排忧解难的能力突出，着力建设“四好”领导班子、“四强”党组织，形成广大党员争当“四优”共产党员的浓厚氛围，全面提升党建工作水平。

“十二五”时期是矿业发展的黄金时期，也是我们打造千万吨级矿业强企奠定坚实基础最为关键的时期。鲁中矿业将牢记肩负的历史使命，奋起赶超、科学跨越，为振兴我国冶金矿山事业、建立起稳固的铁矿资源保障体系作出自己应有的贡献。

作者简介：

谢继祥，高级工程师，五矿矿业控股有限公司副总经理，鲁中矿业有限公司总经理。

积极实施铁矿资源控制与开发
推进邯邢矿业“十二五”快速发展

张文学

（五矿邯邢矿业有限公司）

2012 年 8 月 25 日

引言

“十一五”、“十二五”期间是我国全面建设小康社会的关键时期，工业化、城镇化的高速发展给矿业的发展带来了机遇。邯邢矿业着眼于公司发展环境和产业发展趋势，立足于公司基础条件和竞争力，明确了邯邢矿业企业愿景、战略定位，制定企业总体发展战略和愿景，确定了战略举措与实施计划，提出了“打造国内一流、地下矿山最大的铁矿资源开发商”的远景目标。

1 五矿邯邢矿业有限公司概况

五矿邯邢矿业有限公司（简称邯邢矿业）前身为邯邢冶金矿山管理局，于 1951 年 7 月建矿（磁山铁矿）。2004 年 6 月，经国务院国资委批准，与中国五矿集团公司重组，成为中国五矿集团公司的全资子公司。2010 年 12 月 24 日改制为有限责任公司。

邯邢矿业是中国五矿集团公司黑色矿业的骨干企业，是一个以铁矿石采选业务为核心，集地质勘查、工程设计、井巷工程及建筑施工、矿山机械设备制造与安装、物资贸易、物流等业务为一体的综合性矿业公司。公司总部位于河北省邯郸市，下属 6 个分公司，10 个全资子公司，4 个控股子公司和 1 个重要参股子公司，业务遍布河北、山东、安徽、辽宁及非洲毛里塔尼亚等地区和国家，生产规模位居全国地下铁矿山前列、河北省首位。

2011 年末，公司职工总人数 10389 人，其中：大学专科及以上学历 2824 人，占公司总人数的 27.18%；现有各类专业技术人员 1534 名，其中高级职称人员 179 名，享受国家政府特殊津贴的专家 4 名。

2 资源控制与开发取得一系列可喜成果

邯邢矿业秉承开拓创新、拼搏自强的进取精神，致力于铁矿资源的开发与利用，并取得了长足的发展，铁矿石资源控制量由“十一五”初的不足 1 亿吨增加到目前的 9 亿吨以上，为公司长远发展奠定了基础。

2.1 积极推进战略规划的实施，铁矿资源控制取得积极进展

为推进战略规划的实施，实现资源控制量目标，邯邢矿业开拓思路，努力探索多种形

式的资源控制与开发，相继以安徽、山东、山西、辽宁、河北等区域为重点，对资源状况进行考察和论证，资源控制取得进展。

2.1.1　以企业并购和联合开发等股权投资形式增加资源控制量

(1) 2005 年 2 月，以增资扩股的方式取得安徽开发矿业有限公司 58% 的股权，控股开发李楼铁矿，控制资源储量 2.76 亿吨。几年来，通过受让其他股东部分股份，已持有安徽开发矿业有限公司 95.70% 的股权。

(2) 2006 年 6 月，收购了安徽霍邱诺普矿业有限公司 100% 股权。所属吴集铁矿（北段）资源储量 1.05 亿吨。

(3) 2010 年 3 月，与五矿营口中板、辽宁省第五地质大队在辽宁营口市共同签署协议，合作开发赵平房铁矿，增加铁矿石资源控制量 6363 万吨，邯邢矿业占有 60% 的股份。

(4) 2010 年 10 月，与霍邱县庆发矿业有限责任公司签署协议，以增资扩股的方式取得庆发矿业 52% 的股权，增加铁矿石资源控制量 3054 万吨（张家夏楼铁矿），后经实施股权收购，已占有该公司 75% 的股份。

2.1.2　通过竞拍探矿权增加资源控制量

2003 年，通过竞拍的方式取得山东昌邑郑家坡铁矿勘探权，经过地质勘探，获得铁矿石资源储量 2648 万吨。

2.1.3　以参股合作开发的形式增加资源控制量

2011 年 3 月，出资 2.09 亿元收购六安索伊矿业有限公司 49% 的股权，参股开发所属的万庄铁矿，增加铁矿石资源控制量 4364 万吨。

2.1.4　强化集团内部业务协同，增加资源控制量

(1) 与德国五矿合作的毛里塔尼亚 TAZADITI 铁矿石资源开发项目，已完成勘探施工和可行性研究，现已着手开发，并与中非基金签署共同投资开发毛里塔尼亚铁矿资源协议，实现走出国门开发矿业的新跨越。

(2) 在五矿集团公司主导下，与五矿勘查公司签署股权转让协议，投资开发安徽泥河铁矿，增加铁矿石资源控制量 3.2 亿吨。

同时，为落实中国五矿集团公司与安徽省政府签署的经济技术合作框架协议，完成了安徽霍邱区域铁矿资源开发规划，为进一步控制开发霍邱区域铁矿资源打下了坚实基础。

2.2　矿山基本建设积极推进，为企业长远发展奠定了坚实基础

(1) 高阳铁矿于 2006 年完成了基建工程，2007 年顺利投产，年产铁矿石 18 万吨以上。

(2) 郑家坡铁矿建设项目 2007 年正式开工建设，2011 年建成投产，计划 2013 年达产，年产铁精矿 25 万吨。

(3) 安徽开发矿业建设项目，在李楼铁矿和诺普矿业吴集铁矿建设过程中，根据资源赋存条件，经专家充分论证，提出了两矿山联合建设方案，即 750 万吨/年联合建设项目。实施过程中，通过工程设计和实施方案优化，在井巷工程系统功能更加完善和合理的基础上，大幅度减少了矿山基建工程量，设计基建工程量由 64129m/1361887m^3，缩减到

48710m/891997m^3，大幅度缩短了建设工期。自2008年初开工建设至2011年底，累计完成基建投资22.89亿元，井下生产系统和井上设施基本完成，利用四年多的时间建成了一座特大型地下矿山，创造了国内地下矿山建矿新纪录，体现了邯邢矿业在矿山建设领域的技术实力。该矿山是目前国内规模最大的地下矿山，经过系统调试和工艺完善，矿山各项生产技术指标达到设计水平，于2012年投入试生产，当年计划生产铁矿石460万吨，铁精矿150万吨。

2.3 扎实有效地推进技术创新

（1）2011年上半年，公司承担的国家“十一五”科技支撑课题《复杂富水矿床开采关键技术开发与研究》，顺利通过了国家科技部的验收；并将再次承担国家“十二五”科技支撑计划《特大型地下矿山规模化开采关键技术》课题的研究。

（2）取得了一批科研成果。“北洺河铁矿岩移规律研究”、“冶金地下矿山系统危险预警与控制技术研究”、“西石门铁矿后井尾矿库安全运行技术研究与实践”、“低品位铁矿石全尾砂结构流体胶结充填技术研究”、“复杂富水矿床水患检测与疏堵避探综合优化防治技术研究”等多项科技攻关项目通过了省部级以上鉴定，为企业长远发展奠定了技术基础。

3 存在的主要问题和发展机遇

3.1 存在的主要问题

（1）随着国内钢铁企业兼并重组的推进，大型钢企的地位和影响力进一步提高，在铁矿资源配置中的“地方保护主义”更加突出，中央企业在铁矿资源获取过程中处于不利地位，在扩大资源控制量方面难度加大。

（2）矿山企业税费负担沉重，成本上升压力加大，制约企业的长远发展。

（3）科技创新能力与企业发展的要求还存在差距，需加快培育技术研发和科技力量，发掘矿山工程设计能力，补充科研断点。

（4）人力资源现有状况还不适应企业快速发展的要求。

3.2 发展机遇

（1）国家加大国有企业兼并重组的力度，为邯邢矿业整合国内矿山企业，实现低成本跨越式发展提供了战略性机遇。

（2）中国五矿集团公司把采选加工业定位为核心主业，为邯邢矿业的发展提供了支撑；集团战略规划的实施，为邯邢矿业经营规模的快速增长提供了历史性机遇。

（3）安徽开发矿业750万吨/年联合建设项目的建成投产，为公司产能的增长和规模的扩张提供了强有力的保障。

3.3 主要挑战

（1）国家实行矿业权有偿转让，矿业权的争夺更加激烈，矿山开采的初期投资加大。

（2）矿山企业税费负担沉重，成本上升压力加大。矿山企业高额的税费负担，影响了我国矿山企业的发展。末期矿山开采难度加大、新建矿山充填采矿法的应用加大了矿山开采成本；国家对节能减排和环境保护重视程度的提高、人工成本的升高，推动矿山企业的成本进一步上升。

（3）国际上围绕资源的争夺进一步加剧，一些国家对我国企业"走出去"参与海外资源合作开发设置种种障碍。

未来五年，邯邢矿业面临机遇和挑战并存、机遇大于挑战的发展环境。我们应该增强忧患意识与责任意识，开拓创新，沉着应对，促进企业持续健康发展。

4 企业核心竞争力

4.1 行业核心成功要素

矿山企业核心成功要素主要包括资源控制与开发能力、产能与规模优势、技术及研发能力、营销网络的建立、市场运作能力、品牌优势、企业文化优势等。

4.2 企业核心竞争力

经过60多年的发展，邯邢矿业资源控制量以及经营规模和整体实力还有限，但是也具有一定的竞争优势。

（1）中国五矿集团公司把黑色矿业作为主业定位，为邯邢矿业的发展提供了支撑。中国五矿集团公司具有60年培养起来的品牌信誉优势、资金优势、为客户提供集成供应的增值服务能力等核心竞争优势，以及强大的资本运作能力，对邯邢矿业的发展壮大提供了强有力的支持。

（2）通过近年来发展战略的实施，邯邢矿业资源控制量增加到了9亿吨以上，并且具备了持续获取资源的能力、科学开发资源的能力和高效的矿山经营能力，为公司的长远持续发展奠定了良好的基础。

（3）品牌优势。邯邢矿业生产的"邯邢牌"铁精矿具有品位高、粒度细、有害元素含量低、全自熔等优点，被中国市场监测中心和中国市场研究中心联合授予"中国铁矿石产业十大著名品牌"及"中国铁矿石产业十大用户满意产品"。

（4）营销网络。多年来，与邯邢区域内大型钢铁企业形成了长期稳定的战略合作伙伴关系，客户群相对稳定；周边还有一大批中小型钢铁企业迅速崛起，成为我们潜在的客户。

（5）技术优势。邯邢矿业是一个专门从事采选生产的大型矿山企业，具有近60年的矿业开发和开采经验，在专业人才和职工队伍建设等方面具有明显优势。掌握了难采矿体高效采矿方法、全尾砂结构流体胶结充填工艺、复杂富水矿床开采、地压管理和控制、地下矿山安全生产管理等方法和技术，在国内矿山企业尤其是在地下冶金矿山开采技术方面处于领先地位。

（6）职工强烈的企业凝聚力和向心力。邯邢矿业60年的发展形成了独特的不离不弃的家企文化，广大干部职工对企业充满了感情，也将自己的命运寄托于企业，职工们强烈的归属感为公司持续发展提供了强大的精神支撑。

5 邯邢矿业“十二五”发展规划

5.1 企业愿景、战略定位和战略表述

5.1.1 企业愿景

以资源为基础，以技术为依托，成为中国五矿集团公司黑色矿产资源开发的中坚力量。

5.1.2 战略定位

通过坚定不移地做大做强矿业主业，高质量地稳定邯邢区域，建设一流的专业配套队伍，把邯邢矿业打造成为国内一流、地下矿山最大的铁矿资源开发商。

5.1.3 战略表述

以客户为中心，以资源为依托，提供优质矿产品；拓展主业功能，延伸产业链；推进技术与管理创新，集约经营；积极进行国内外矿产资源的控制与开发，科学发展、跨越增长，把邯邢矿业打造成为中国五矿集团公司黑色金属矿业的主力军。

5.2 业务发展战略

“十二五”期间，邯邢矿业将立足于采选技术和管理优势，把黑色矿产资源的控制与开发作为我们的战略发展方向。按照积极稳健、量力而行的原则，坚持“以矿为主”的方针，以铁矿资源勘探、开发及深加工为发展重点，围绕矿业开发和生产经营，整合现有资源，形成采选工程设计与咨询、工程勘查、井巷工程施工、矿山建筑与设备安装等配套的产业链条，提高企业核心竞争力。

5.3 重点任务

规划期内，铁精矿（成品矿）产能稳步增长，力争2015年底形成铁矿石1900万吨/年、成品矿900万吨/年以上的生产能力，以及200万吨/年以上的铁精矿在建产能。

（1）邯邢区域主力矿山保持现有规模，末期矿山通过补充勘探获取接替资源，铁矿石产量保持在550万吨/年、铁精矿产量200万吨/年左右。

（2）安徽霍邱区域李楼铁矿－吴集铁矿750万吨/年联合建设项目2013年达产后，形成铁精矿270万吨/年生产能力。

（3）山东区域郑家坡铁矿将于2013年达产，年产铁精矿25万吨。

（4）辽宁营口赵平房铁矿，计划2013年开工建设，2015年投产，当年生产铁矿石50万吨以上；达产后，具备铁矿石260万吨/年、铁精矿98万吨/年的生产能力。

（5）庆发矿业张家夏楼铁矿2012年开工建设，力争2014年投入试运行，2016年达产，形成铁精矿35万吨/年生产能力。

（6）依托集团公司协同优势，泥河铁矿2013年开工建设，建设规模铁矿石300万吨/年、铁精矿110万吨/年。

（7）积极推进毛里塔尼亚TAZADITI铁矿资源项目，2013年开工建设，建成后形成260万吨/年成品矿生产能力。

5.4　规划发展目标

（1）坚持以矿为主，做大做强采选主业。力争2015年铁矿石产能突破1900万吨/年、成品矿产能突破900万吨/年，在建产能200万吨/年（铁精矿）以上。

（2）立足于安徽霍邱区域充足的铁精矿资源，谋划球团矿生产线，实现产业链延伸。谋划建设250万吨/年球团矿项目，2013年开工建设，2014年下半年投产，2015年形成250万吨/年球团矿生产能力，年销售收入30亿元。

（3）做好安全环保和节能减排工作，实现人与自然、企业与环境的和谐发展。千人负伤率控制在5‰以内，杜绝重大伤亡事故。

（4）开展冶金地下矿山充填采矿工艺、难选矿工艺、矿山无尾排放技术等技术研究，巩固邯邢矿业在国内黑色冶金矿山行业的技术领先优势，为提高邯邢矿业核心竞争力提供强大的技术支撑。

6　战略举措与实施计划

6.1　做大做强矿山主业增实力，生产经营实现安全、优质、提产、高效，主业实现跨越式增长

老矿深挖潜力，通过探边摸底工作获取接替资源，保持适度规模，延长服务年限，到2015年邯邢区域努力保持200万吨/年的铁精矿生产能力；加快新矿建设步伐，尽快形成生产能力。2015年铁矿石生产能力争突破1900万吨/年、铁精矿（成品矿）产能900万吨/年以上。

6.2　大力推进铁矿资源的控制与开发

积极寻求国内、外资源的控制与开发机会，以“灵活多样，好中选优”的运作方式，在占有一定资源量的基础上实现低成本扩张。

（1）积极推进毛里塔尼亚TAZADITI铁矿资源开发项目，2013年开工建设。

（2）做好安徽霍邱区域铁矿资源开发的可行性研究。

（3）积极参与五矿集团在国内外矿产资源的开发。

6.3　加快新矿建设和达产达效

（1）安徽开发矿业750万吨/年联合建设项目2014年达产，形成铁矿石750万吨/年、铁精矿270万吨/年的生产能力。

（2）辽宁赵平房铁矿项目，预计总投资14亿元，设计规模铁矿石260万吨/年、铁精矿98.39万吨/年，计划2013年开工建设，2015年投产。

（3）毛里塔尼亚TAZADITI铁矿资源项目2013年开工建设，预计总投资10亿元，2015年投入试生产，2017年达产，形成260万吨/年成品矿生产能力。

（4）泥河铁矿力争2013年开工建设，预计建设投资16亿元，建设期5年，2017年建成投入试生产。

6.4 做好节能减排与安全环保工作，实现人与自然、企业与环境的和谐发展

加大安全管理力度，加大环境治理投入，采取技术措施和管理措施，实现节能减排目标。积极开展节能降耗技术研究，为降低能耗提供技术支撑和保证。加快推进矿山地质环境综合治理研究，减少地质灾害的发生，美化矿山环境，建设绿色矿山、生态矿山。

6.5 积极推进技术创新

重点开展大型冶金矿山采矿工艺、难选矿工艺等关键技术研究，形成具有自主知识产权的地下水综合防治、充填采矿工艺、镜铁矿选矿、新型装药台车等核心技术，为提高邯邢矿业核心竞争力提供强大的技术支撑，建立并巩固邯邢矿业在国内黑色冶金矿山行业的技术领先地位。

6.6 推进矿山安全避险系统和数字化矿山建设

稳步推进矿山“安全避险六大系统”建设，提升矿山安全保障能力，同时，在条件成熟的矿山积极推进数字化矿山建设工作，在前期工作的基础上，推广迪迈数字矿山软件应用。采用现代信息技术、数据库技术、传感器网络技术和过程智能化控制技术，实现对矿山生产、经营与管理的各个环节与生产要素实现网络化、数字化、模型化、可视化、集成化和科学化管理，实现矿山安全、高效、低耗生产。

6.7 坚持以人为本，强化人力资源管理

优化人力资源结构，提高企业员工综合素质，建设一支技术过硬、善于管理的高素质干部队伍；加强企业自主一线职工队伍建设，造就一支掌握现代技术和专业技能的产业大军。

7 结语

“十二五”期间，邯邢矿业将在企业发展战略的指引下，发挥人才、技术、管理等优势，努力拓展资源版图，科学开发矿产资源，朝着“国内一流、地下矿山最大的铁矿资源开发商”的目标迈进。

作者简介：

张文学，高级经济师，五矿矿业控股有限公司副总经理、邯邢矿业有限公司总经理。

实施低成本战略　建设城市绿色矿山

杨念亮

（南京梅山冶金发展有限公司矿业分公司）

2012年4月26日

梅山矿业公司地处江苏省南京市雨花台区西善桥，隶属于上海宝钢集团梅钢公司，现有职工3400多人，于20世纪末形成了400万吨/年采选综合生产能力，目前年产铁精矿220万吨。建矿50年以来，梅山矿业公司发扬“艰苦创业、奋发创新、勇创一流”的矿山精神，紧紧围绕建设“国内一流、国际先进”矿业企业目标，深化零缺陷管理，践行“诚信、执行、业绩、创新”核心价值观。特别是近年来，公司始终坚持科学发展、创新驱动、内生增长理念，实施低成本战略，走绿色发展道路，努力探索了一条城市与矿山相互促进、协调发展的城市绿色矿山建设的新路径。

在市场化进程中，面对市场环境的压力，梅山矿业公司确立了低成本运行战略；在城市化进程中，面对生态环境的压力，梅山矿业公司确定了城市绿色矿山的发展路径。梅山矿业公司始终突出了“成本”和“绿色”这两个主题，努力提升企业的市场竞争能力和可持续发展能力。

第一部分　坚持低成本运营战略　追求成本领先的竞争优势

质量决定企业的生命，成本决定企业的寿命。在同质化的铁矿石市场上，成本是获取市场竞争胜利的决定性因素。梅山矿业多年来，大力推进低成本运行战略，始终坚持市场倒逼机制，以科技和管理双轮驱动，构建以成本为中心的管理体系，开展多维度、立体式、不间断的成本改善活动，全员、全面、全过程地提高成本竞争力，努力追求成本领先的竞争优势。

1　坚持向前发展，科技创新降成本

科学技术是第一生产力。梅山矿业多年来将科技创新作为降本增效的第一驱动力，通过实施科技兴矿战略，产生了一大批科技创新成果，为梅山矿业公司的低成本运行提供了重要战略支撑。

1.1　生产工艺先进化

紧紧围绕采选工艺流程中降本增效难点，积极开展前沿技术研究，组建课题攻关小组，从设计、试验、应用和验证4个环节突破，提高了工艺技术水平和资源回收利用率。其中，无底柱加大采矿分段高度和进度间距参数的研究，在试验矿块的基础上，先后采用

物理模拟、计算机仿真及工业试验后，在确保资源充分回收的前提下，采矿结构参数从15×15到15×20再到18×20，成功实现了不同结构参数的过渡技术，完成了与大结构参数相匹配的生产主体设备的优化，实现了工艺创新的新突破，目前，公司正在工业试验18×20的采矿结构参数，仅这一项技术的突破，每年可节约成本约7000万元。《梅山铁矿大间距结构参数技术研究》成果荣获国家科技进步二等奖，也为国内同行矿山探索了一条新的采矿工艺。

1.2 生产设备大型化

针对原先产能低、能耗高的设备，结合工艺流程特点，通过试点运行、分析比对、综合考虑，坚持低成本、高性能、高产能原则，公司通过技术改造、技术引进和技术创新，持续推动技术装备水平的提升，陆续引进了回采$6m^3$电动铲运机、采准双臂台车、$4m^3$掘进出矿铲运机，并通过选矿磨浮系列大型化改造等，不断提高作业效率，降低生产运行成本。

1.3 生产管控信息化

梅山矿业公司积极推进数字化矿山建设，利用先进的信息管理系统，实现生产经营各环节的有效管控，提高生产过程自动化水平，优化生产流程，减少生产过程资源无效占用和浪费；推进管理信息化，实现资源整合优化、有效利用。近年来，先后引进MAPGIS信息管理软件和Surpac大型矿业管理软件，经过二次开发形成了以GIS为信息管理平台，以Surpac模拟平台，集地质、测量、采矿于一体的数字化采矿管理软件系统，整合了井下数据自动采集系统、优化选矿自动化系统、完善数据传输系统，覆盖了采集检验、计量、检修、能源消耗及产品销售等多方面生产信息，形成了矿级、厂级、车间级三级管控体系，保证了生产信息采集传送的及时、真实、准确，实现了生产决策和管理的信息化、智能化和可视化，大幅提高矿山的劳动生产效率和综合技术水平，降低生产运营成本。《数字梅山矿业生产管控一体化系统开发与应用》分别荣获中国冶金矿山科学技术二等奖和宝钢集团重大技术创新成果二等奖。

1.4 进口备件国产化

梅山矿业公司坚持引进、消化、吸收的原则，将设备国产化率作为降低设备采购成本的一条重要途径。公司积极与国内设备供应商联系，共同加大对设备情况的分析调研，挖掘可进行国产化的项目，商讨进口设备国产化的可行性方案，制定项目计划逐步实施。通过不断加大国产设备在进口生产线上的比重，在降本增效工作中发挥了重要作用。比如，针对铲运机的铲斗和轮胎更换频繁、采购资金较大、运输周期较长等情况，通过备件国产化之后，每年可以节约400万元，有效降低了设备维护成本。

2 坚持向深发展，管理创新降成本

管理是降低系统运行成本的关键因素，成本管理创新的直接目的就是不断提升成本竞争力。梅山矿业公司坚持以系统的优化，流程的再造，挖掘降低成本环节，以体系化的思想推进低成本战略。

2.1 深化对标管理

公司确立了“八个一流”的目标，建立了两级对标挖潜的指标体系，共确立了100个低成本指标，构建了公司、厂、车间、班组四级指标体系；对内，以历史最好水平为目标，按照年度预算、季度分析、月度对标的办法，针对异常指标分析找差距、制定措施、及时纠偏，确保主要指标稳定；对外，以同行先进水平为标目，通过对标学习考察、网络虚拟对标等方式，学习先进经验，持续改善提高，确保主要指标始终处于行业领先水平。比如，公司组织的班组长对标学习考察东北大型选矿厂球磨机的给矿方式，职工提出了对选矿八系列给矿器进行改造，将原有的联合给矿器拆除，改为用ϕ500管道直接接入球磨内衬套内给矿的方式，不仅节省价值11万元/套的联合给矿器1套，每两月节约价值3000元/只的勺头两只，还降低了检修人员的劳动强度，使用效果非常明显。

2.2 加强预算管理

对照各项成本消耗和费用控制的预警预测和监控分析，开展成本超标的管理诊断和管理纠偏，实现对低成本指标的动态管理，确保各项成本、费用的全面受控和不断改进。比如，公司采矿场生产技术室根据井下不同岩性，制定不同堵塞长度方案，通过半年的井下现场试验及数据收集分析，最终确定最佳中深孔堵塞长度。同时通过细化考核措施，加强装药现场把关，利用车间大会、班前会、成本分析会，通过成本宣教及技术指导，加强职工自主成本意识和标准化作业意识，并将火工成本细化至班组，与班组绩效挂钩，另外，还通过厂级、车间级爆破巡查，监督现场装药过程，避免火工材料浪费。其次进行起爆弹可行性分析和试验。通过增加起爆具长度和增加聚能穴，提高起爆能2.5倍。2011年通过以上措施的实施，回采炸药总消耗量节约113192kg，节约成本55.12万元。

2.3 强化精细管理

加强对预算实施过程的监控，按照“目标激励、过程控制、考核奖惩”的原则，把各生产单位的经济活动纳入到预算管理与控制之中，加强对重要成本费用的控制，把重要成本项目按照业务发展状况分解到各单位，确保全面预算落到实处。比如，公司动能部通过每月召开计量会议对高压、低压的各条线路进行分析，查找原因，采取对策。同时对外供企业、个体用户水电追交欠款，确保水电的回收。并且积极组织社区用能检查，杜绝偷窃电。及时检查电度表安装、水表安装的准确性。对梅山片、西南井、生活区等地进行用能检查，杜绝偷窃电和“跑冒滴漏”。2011年，累计电产销比为95.84%，提高1.34个百分点，产生直接经济效益165万元，水产销比为58.56%，提高0.06个百分点，产生直接经济效益5万元。

2.4 延伸降本链条

降低成本不仅仅是点对点的降本，更要扩大到线到线的降本体系，公司与供应商建立全面协同体系，优化供应渠道和环境，推进阳光采购，抓好寻源采购、比价采购、集中采购，实施高性价比采购，降低采购成本。同时，密切关注原材料市场价格走向，确定原材料合理库存，规避市场风险。

2.5　推行目标成本管理

年初制定公司与下属单位产量、质量、成本目标，并与各单位签订责任书，每月根据实际情况进行奖罚。

2.6　以绩效考核进行成本管理

公司全面实施绩效管理，根据各单位工作性质，将成本纳入考核，按其当期完成情况进行考核，并与个人奖金进行挂钩，兑现当期收入，激发全员降本活力，最大限度地挖掘了成本控制潜力。

2.7　管理流程再造

通过梳理管理流程，优化人力资源结构，实施短流程管理，提高运行效率。比如，公司的检修业务原来分布在各单位、各车间，甚至是各作业单元，因检修队伍年龄逐渐增大，管理中信息传递不对称，导致检修效率降低，影响生产流程的顺畅，公司针对这一现状，实施检修业务集中管理，统一调度，大大提高了检修效率，确保了生产流程顺畅。

3　坚持向内发展，全员参与降成本

企业发展的根本力量来自于基层，而员工是企业竞争力的源泉，是企业利润的真正创造者。梅山矿业公司按照全面发动、全员参与、全过程降本增效的原则，围绕高产高效、指标刷新、节能降耗开展全员成本课题改善活动，倡导公司是个“聚宝盆”，每个人都是“利润源”理念，走出一条“千斤重担人人挑，人人肩上有指标”的全员降本之路，最大限度地挖掘了成本控制潜力，确保公司效益目标实现。

3.1　以项目化形式实施重点成本课题改善活动

围绕采选技术难题、指标攀升、资源回收等一些综合性的重点、关键指标，推行项目化管理方式，实施公司领导人员负责制，基层管理者课题改善、技术人员课题招标、操作人员培育先进操作法等活动。每年年初，班组、车间、厂级、公司确立课题改善项目、分解指标、制定措施，逐项推进，按照月度分析、季度总结、年度评价的闭环管理模式，将指标完成情况纳入绩效考核，激发全员工作热情，确保成本改善有序推进，确保课题改善取得实效，促进全年效益目标顺利实现。比如，公司结合年度重点工作，各单位结合实际，年初申报课题，公司根据降本成果，围绕一些综合性的重点、关键指标进行优化，确立成本改善重点项目，实施领导人员负责制，在最大范围内调动全矿资源，加以推进，为确保全年降本增效目标实现奠定了基础。2011 年，公司围绕主产品超额完成生产目标、优化装药起爆工艺、降低回采炸药消耗、优化大磨浮工艺参数、销售增量等指标确立了 11 个重点成本改善项目，实施领导人员负责制，年底实现了降本增效约 6000 万元。2012 年又确立了 17 个成本重点改善项目，目前正按计划加以推进。

3.2　实施班组低成本课题管理活动

班组低成本课题管理活动，是以课题攻关的形式，实现全员参与，充分发挥每个员工的智慧，将战略转化为全员行动的具体路径，消除生产过程中的浪费现象，实现成本无虚耗。

（1）营造氛围，倡导全员行动。首先是开展全员形势目标任务教育，通过讲形势、讲任务、讲意义、讲措施、讲激励，使全体员工树立“人人都是利润源”、“经营岗位、争做岗位经理人”的思想；其次是开展形象化教育，通过“一吨炸药（4100元/吨）等于一台电脑”、“一套凿岩钎杆（15000元/套）相当于一台46寸进口液晶电视”、“两套进口轮胎（40000元/套）相当于一辆普通小汽车”等形象化的案例，提升全员降本增效意识。

（2）分解指标，明确指标内容。以班组、科室和部门为单位成立课题组，围绕管理改善、工艺改进、技术改造进行选题立项，围绕预算的成本目标、影响综合效益的关键指标和大宗消耗指标分析确定低成本课题指标。

（3）加强过程控制。重点是实施“三个协同”。管理协同，成立班组低成本课题管理活动评审小组，对所有课题做到“职工每天在做，班组每周活动，车间半月指导，厂里每月检查，公司定期监督服务，半年总结推进”，形成了“一级申报、三级管理”的管理模式。班组协同，坚持“跨班组、抓对标”，实现成本改善。主要是针对有些课题，依靠一个班组实现不了的，就采取班组之间，或班组与管理科室之间跨团队合作的形式进行，开展跨团队课题管理活动，保证成本指标的实现。技术协同，将具有一定技术的班组骨干、技术管理人员组织起来，作为课题活动的技术指导人，开展跨团队课题立项、攻关活动，通过总结和推广先进操作法，深化群众性经济技术创新活动，促进班组低成本课题目标的实现。

（4）完善激励机制。为推动低成本课题管理活动的有效开展，公司对课题改善成果按照成果显著、工作经验可推广借鉴的；成果明显、工作有特色的；成果一般，但完成了课题目标的3个层次分别给予奖励。

通过技术降本、管理降本和全员降本等形式，近三年来，梅山矿业公司实现降本增效3.04亿元，为实现公司效益目标、增强竞争实力提供了有力的保障。

第二部分　建设城市绿色矿山　实现企业可持续发展

梅山矿业公司的地理位置处于南京绕城公路以外，绕越公路以内，南京地铁建设规划途经矿区，塌陷区周边是南京市最大的保障房基地，而矿山在生产过程中产生爆破振动、噪声、粉尘、“三废”及坑内开采形成的塌陷区治理、湿尾存放的尾矿库安全等环境问题，不仅影响公司的生产经营，更关乎企业的生存。面对严峻形势，我们必须加快城市绿色矿山建设，增强可持续发展能力。

绿色就是生命力，环境就是影响力。一直以来，我们以保护生态环境、降低资源消耗、追求循环经济为目标，将绿色生态的理念与实践贯穿于对矿产资源开发利用的全过程，始终注重生态效益、经济效益和社会效益的可持续发展，充分考虑矿产资源的消耗与环境整治的因素，始终注重资源、能源、环境以及工艺装备的全面协调发展，始终保持对自然原生态的尊重、对矿产资源的珍惜、对景观生态的保护与重建，致力于建设资源节约型和环境友好型矿山。建设绿色矿山既是我们的目标，也是我们的责任。

4 以安全工作为前提，确保企业安全平稳发展

矿山属于高危行业，在生产建设过程中，始终存在诸多危险因素。一直以来，我们始终坚持把安全生产作为绿色发展的重要内容，把安全生产作为开展各项工作的第一前提，树立“一切事故疏于管理，一切事故皆可预防”的无事故管理理念，强化全员安全意识，规范员工安全行为，狠抓现场过程控制，加大安全本质化投入，保持安全平稳态势。

4.1 牢固树立安全无事故的理念

梅山矿业公司始终坚持“安全第一、预防为主、综合治理”的安全生产方针，坚持“严格苛求、持续改进、永不停顿找差距”理念，坚持“高标准、严要求、常态化”要求，坚持“一切事故疏于管理，一切事故皆可预防”的无事故管理，贯彻严格苛求的精神，大力营造安全无事故文化氛围。通过开展事故案例和可视化教育，探索“体验式”感受教育，增强全员安全意识，提高全员安全素养和安全技能，努力建设安全自主型员工队伍。

4.2 认真落实区域安全负责制

梅山矿业公司以区域安全负责制为载体强化安全责任制的落实。经过多年的实践证明，区域安全负责制是一种有效的安全管理工具。其理念是先于上一级查处违章和隐患，核心是“处处有人管、事事有标准、人人有责任、件件有落实”。公司将所有现场细化了责任区域，明确了区域负责人和管理范围、管理内容、管理责任，管理层面以现场验证和连带考核为重点，对验证检查发现的问题实施追根溯源，全面分析下一级区域安全检查责任的缺失。员工层面开展了“相互提醒、相互指正”和岗位标准化作业，通过作业前确认、岗位达标、挂牌确认等方式，培育员工规范作业行为，努力实现岗位无隐患、人员无违章的目标。同时，为加强现场监管力度，车间领导坚持每天对作业区域检查巡视，发现问题及时解决，最大限度地消除现场隐患。

4.3 切实提高本质化安全水平

梅山矿业公司大力推进金属非金属矿山安全标准化建设，顺利通过了国家二级评审。以二期延伸主体工程投运为契机，推进矿山安全避险“六大系统”建设，积极推广应用新技术、新工艺、新装备，提高自动化水平，提高安全本质度。按照“单位无事故、车间创优秀、班组100、员工安全型”的工作目标，深入开展逐级安全管理评价与诊断，提高基层、基础安全管理水平。同时，加强协力队伍监管，引进监理的理念，推行“旁站式”管理，对所有外协队伍施工现场，安排专人监督现场安全，促进协力队伍自主安全管理能力的提升。梅山矿业公司被评为“国家非煤矿山强基固本‘五个一百’示范单位”，荣获江苏省“安全生产诚信企业”称号。

5 加强资源综合利用，提高企业综合经济效益

梅山矿业公司始终把“矿产资源开发与环境保护并重”和“保护资源和保护环境”放在首位。紧紧围绕资源回收和生产过程中产生的尾矿、废水、废气、余热、余压等进行回收和合理利用，实现节约资源、改善环境、提高经济效益，全面提高可持续发展能力。

5.1　加大资源勘探

紧紧围绕边部残留矿体的回收开展深入研究，通过地质分析，现场勘探，查明位置和存量，分别对 -243m 水平、-258m 水平的表外矿进行了回收，累计回收铁矿石 50 余万吨，取得了可观的经济效益，至今年初，又在 -273m 水平找出边部矿 70 万吨，现已进入开采阶段，预计增加效益 2000 万元。

5.2　注重系统改善

针对低品位矿石，通过改善选矿工艺，优化选矿流程，加强铁资源回收，采取控制入磨品位和多磨少抛的方式，降低尾矿品位，减少尾矿中铁矿物损失，最大限度地利用和回收资源，提高金属回收率，选矿金属回收率达 77.97%，在国内处于领先水平。

5.3　加强尾矿开发和利用

围绕减少尾矿和利用尾矿两大主题，分别开展利用尾矿制作烧结砖，尾矿代替水泥铁质矫正材料、尾矿固化等科学研究，解决了尾矿浓缩、再选、脱水等关键技术难题，取得了很好的效果。公司每年产生近 60 万吨的干尾矿全部作为建筑材料销售，湿尾通过增加尾矿再选工艺，采用新型高效选别设备进行再选再收，每年从尾矿中回收铁精矿约 7 万吨，直接经济效益达 700 万元，同时利用尾矿铁矿物替代铁粉作为水泥生产原料，年消耗尾矿 20 万吨，解决了尾矿利用难题，有效地减少了尾矿堆放量，取得了很好的经济效益和社会效益，为同行业尾矿综合利用探索出了一条新路。同时，利用尾矿再选的碎石，替代井下喷浆支护混凝土的骨料，每年可以利用约 10000t。

6　深入开展节能减排，积极发展循环经济

公司围绕高能耗、高污染和“三废”，按照“减量化、再利用、资源化”原则，积极探索资源循环利用模式。

6.1　降低通风能耗

独创了梅山铁矿多级机站通风模式，采用了计算机远程集中监控系统，使得复杂的多级机站通风系统管理变得简单化，降低了井下通风工作人员的劳动强度，大幅度减少了直接从事通风工作人员的数量，研究期间共节省通风人员费用约 3627 万元；改善了井下作业环境，井下粉尘浓度合格率大幅度提高，减少了井下工人矽肺病和炮烟中毒事故的发生，产生了良好的社会效益；梅山铁矿多级机站通风系统投入运行后，由 1996 年底吨矿通风电耗为 3.75kW·h 降至目前的 2.15kW·h，研究期间共节约通风电耗约 4072.5 万元。成果应用后，年节约通风电耗约 409.6 万元，年节约通风人员费用 527 万元。2011 年，中国冶金矿山企业协会对公司多级机站通风技术的发展与创新成果进行鉴定，鉴定成果达国际领先水平，《梅山铁矿多级机站通风技术研究》荣获宝钢集团年度技术创新三等奖。

6.2　加大废水利用

节约水资源是我们的责任。公司一方面加强废水处理，另一方面加强水资源循环利

用。比如：公司对井下采矿废水进行了整治，对供水管路进行改造，将井下排水和水厂污水送到水厂浓缩池，沉淀处理后的清水输送至选矿厂缓冲池，进入选矿厂环水系统作为环水使用。公司通过对选矿生产用水的平衡和调节，对管路进行优化改造，选矿排口的废水排放量由 2005 年 420 万吨锐减到 2011 年的 30 万吨，选矿工业水循环利用率由 2005 年的 55.49% 提高到 2011 年的 96.89%，中央电视台曾将我们发展循环经济，建设绿色矿山作为典型在央视十套节目上宣传推广。生产硫酸产生的废水，通过对硫酸厂平流沉淀池充分中和沉淀，新增集水池，增加了 pH 在线检测，控制酸碱度，每年可向选矿厂提供工业水 60 万立方米，也减少污染，保护了环境。2011 年矿山工业废水总排放量较 2008 年削减了近 340 万吨的废水。

6.3 减少废气排放

硫酸厂是废气排放的主要单位。公司更新了制酸设备，从源头上降低和减少污染物产生，对局部尾气吸收装置重新设计改造，建立进口尾气短时间剧增的应急处置程序。经过不懈努力，尾气中二氧化硫浓度基本稳定在 $50mg/m^3$ 以下，二氧化硫年排放量由 2008 年的 61t 降到了 2011 年的 3t，减排率达到 96%。我们将通过技术攻关和设备改造，继续降低和减少二氧化硫，以零排放作为我们的追求目标。

6.4 加强余热利用

公司投资了 400 万元利用硫酸生产余热替代了燃煤锅炉供暖，7 台燃煤锅炉（20t）全部拆除，每年节约了近 1800t 燃煤的消耗，消除了每年近 3t 烟尘、3t 二氧化硫的排放；为充分利用硫酸生产过程中产生的余热，在硫酸生产系统建设改造过程中，同步投资建成了余热锅炉发电系统，运用硫酸生产中散发的热量集中发电，每年发电 900 万 kW · h；同时，将部分余热作为全矿的食堂、澡堂供热使用。

7 坚持绿色发展战略，努力建设花园式工厂

建设绿色矿山是新形势下保证矿业可持续健康发展的必由之路，是实现科学发展、社会和谐的必然选择。

7.1 “点、线、面”结合，绿化美化矿区

公司每年都制定绿化美化年度目标，分别在矿区和居民区内进行各种乔木和草皮种植，做到了“点、线、面”相结合。在“点”上，公司建成了河滨公园、梅花山、点将台等几处景点绿地，在矿区内形成了几个花园式小区；在“线”上，建设矿区绿色景观，在选矿厂形成了特色的厂区，荣获了上海市“花园工厂”称号。在“面”上，实行见“缝”插绿的方式，使矿区绿化覆盖率达到 89.69%，如今走进梅山矿业公司矿区，可以说是满眼绿色，实现了“春有花、夏有荫、秋有果、冬有绿”的绿化目标，全面提升了职工工作和生活环境质量。矿区已成为南京外秦淮河百里风光带上的一道亮丽风景。

7.2 全面实施矿山生态恢复工程

韩府山尾矿库为梅山矿业公司第一个尾矿库。在第二座梁塘尾矿库正式投入运营后，

公司对韩府山尾矿库进行土地复垦和生态补偿工程建设。目前，韩府山苗圃占地30余亩，按照高、中、低三个层次进行布置，有桂花、香樟、紫薇、红枫、日本晚樱、马褂木等20几个品种，共8660棵，其中乔木3154棵、花灌木3416棵、球类2090棵，已发展成为南京市一个苗圃基地，沿线区域成为南京最大的生态旅游区，周边的房地产行业也是供不应求，取得了显著的社会效益。同时，公司按照城市矿山建设的要求，将塌陷区范围内居住的居民房屋全部拆除转移，将塌陷区周边全线围挡，内部种绿，净化空气，美化环境，努力打造城市矿山绿色景观。

7.3 立足当前，谋划长远

梅山矿业公司制定了《绿色矿山三年行动方案》，详细规划了公司未来3年污染治理、节能减排、清洁生产、厂区绿化、土地复垦等各项环保目标及具体措施，力争实现资源利用集约化、开采方式科学化、企业管理规范化、生产工艺环保化、闭坑矿山生态化，努力把公司建设成为矿产资源开发利用与经济社会发展、生态环境保护相协调的现代化城市绿色矿山。

作者简介：

杨念亮，高级工程师，南京大学工商管理硕士（MBA），南京梅山冶金发展有限公司矿业分公司总经理，中国冶金矿山企业协会副会长。

梅山铁矿现代化生产系统

杨念亮

（南京梅山冶金发展有限公司矿业分公司）

2012 年 4 月 30 日

1 地理位置

梅山矿业公司隶属于宝钢集团上海梅山钢铁股份有限公司，地处南京市雨花台区西善桥镇秦淮新河岸，距离南京市市中心 13km，环境优美，交通便利，区域位置优越，是世界上距离大城市最近的矿业企业，如图 1 所示，也是我国重点黑色金属矿山之一。梅山矿业公司始建于 1961 年，前身为梅山铁矿，矿山探明资源储量为 2.6 亿吨，经过 50 年的建设与发展，形成了 400 万吨/年采选综合生产能力，矿山拥有国内一流的地下采矿技术装备、国内率先采用“大间距”采矿工艺技术，拥有国内最长、建设规格最高的矿山斜坡道，国内设施最全面、工艺最复杂的选矿生产系统，矿山自动化、信息化水平走在行业前列。

50 年来，梅山矿业公司始终以建设“国内一流、国际先进矿业企业”为目标，坚持走“内涵式与外延式”相结合的开放型发展道路，以“不留缺陷，追求卓越”为理念，深化“零缺陷管理”，夯实基层基础管理工作。公司连续四届荣获全国冶金矿山“十佳厂矿”荣誉称号，是国内唯一一家获此殊荣的单位，同时，也是同行业中首家通过质量、职业健康安全、环境管理体系认证的企业。

2 矿床地质

梅山铁矿矿区属丘陵平原地区，地势是西北低、东南高，地表标高一般在 10 ~ 30m，丘陵坡度比较平缓，一般在 20°以内，只有少数达 40°左右，矿区地面标高 10 ~ 60m。梅山铁矿交通区位图如图 1 所示。

矿体产状：梅山铁矿矿床属于中生代陆相火山型，为一形态规整的大型盲矿体，赋存于辉长玢岩与安山岩的接触带，埋藏于 - 34 ~ - 524m 标高之间，距地表最浅处为 105m，矿体在横剖面上呈凸透镜体状，水平投影似椭圆形，投影面积为 0.8km^2，长轴方面为东北，长 1370m，宽 824m。矿体厚度 25.6 ~ 292.5m，平均 134m，属缓倾斜厚大矿体，矿体中间厚而富，部分分支变薄变贫，如图 2 所示。

矿石类型：梅山铁矿矿石储量大，富矿多，冶炼性能好。但是铁矿石的物质成分和结构均复杂。含硫、磷高，属于难选矿石。含铁矿物有磁铁矿、假象和半假象赤铁矿、菱铁矿和黄铁矿（组成复杂）。矿石呈块状（占 37%）、浸染状（57%）和角砾状（占 6%）。按含铁量划分为富矿、贫矿和表外矿。以探明的工业矿量为 2.68 亿吨，其中富矿 1.59 亿吨（60%）、贫矿 1.09 亿吨（占 40%）。

富矿平均品位：全铁 51.02%、硫 2.02%、磷 0.37%。

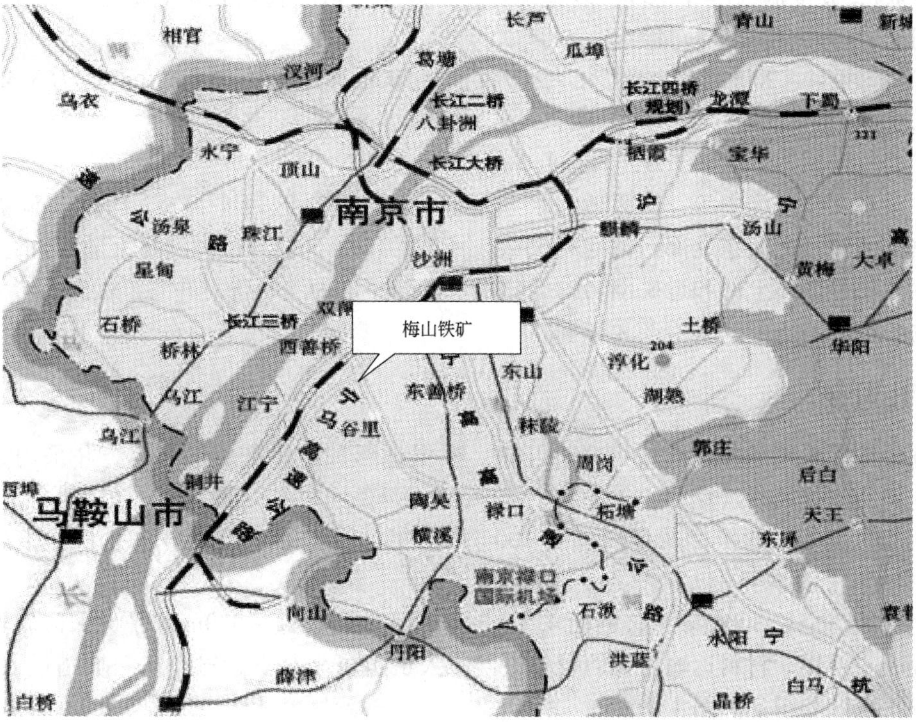

图1 梅山铁矿交通区位图

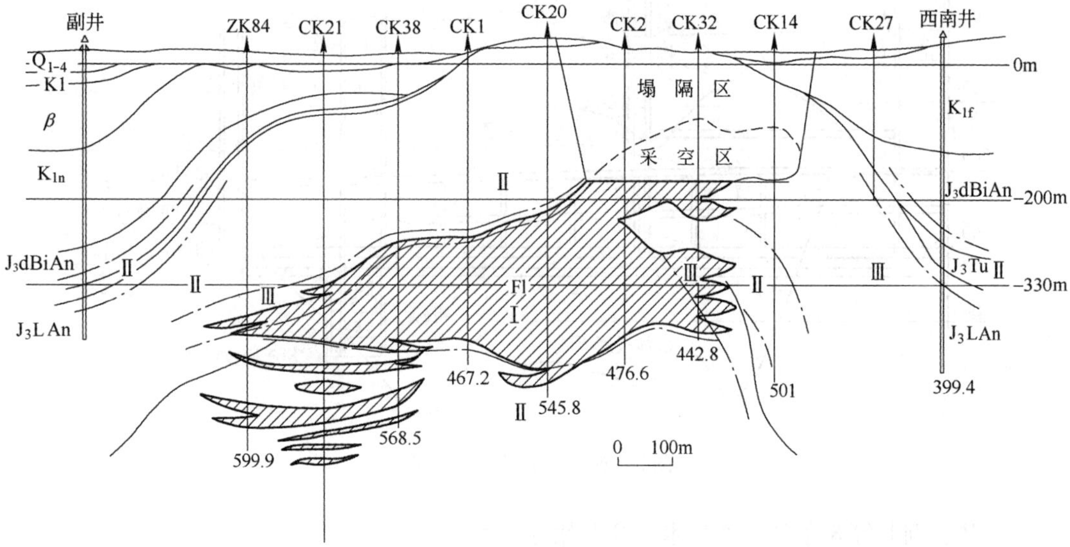

图2 梅山矿体剖面图

贫矿平均品位：全铁 34.03%、硫 1.03%、磷 0.31%。从分布上看，上富下贫，-200m 以上富矿石占 90%，-200～-300m 占 76%，-330m 以下达到 35%。

矿石围岩性质：矿石坚硬（$f=9\sim18$）而稳定。矿体中的巷道一般不支护。矿体上覆岩层厚度为 100～340m，平均 220m。上盘岩石为变质安山岩，以高岭土化安山岩为主

（占 70%），硬度低（$f=4\sim6$），裂缝发育，易风化，从不稳定到中等稳定。下盘为辉长闪长玢岩，中硬（$f=8.5$）稳定。

矿岩容重：-200m 以上富矿为 4.24t/m³，-200m 以下为 4.06t/m³，贫矿为 3.48t/m³，岩石 2.60t/m³。

矿岩松散系数：矿石 1.6，岩石 1.5。

矿区水文地质为中等，矿区地表水系发育，长江在矿区西北 5km，1978 年新挖人工河道秦淮河流经矿区东北部，河底宽 55m，河面宽 120m，设计最大洪峰流量 800m³/s。地下涌水主要是矿体上部和近矿围岩的裂缝水。以静储量为主，曾对井巷工程施工产生过较大威胁，但容易疏干，对生产无影响。

3　矿山开拓

梅山铁矿采用竖井和斜坡道联合开拓。根据地形和矿体平面形状，竖井采用分散布置。主副井和进风井（南风井）在矿体的端部，两条回风井（西风井，东南井）位于矿体的中部。由于二期扩建产量增加到 400 万吨/年，增加了一条 2 号主井和一条进风井（北风井）。

主斜坡道全长 3000 多米，断面 4.5×3.8m² 从地表连通 -330m 水平，采区斜坡道与之相连，主要用于材料运输与无轨设备进出。人员也可坐井下运输车从斜坡道进入采场。矿床开拓系统如图 3 和图 4 所示。

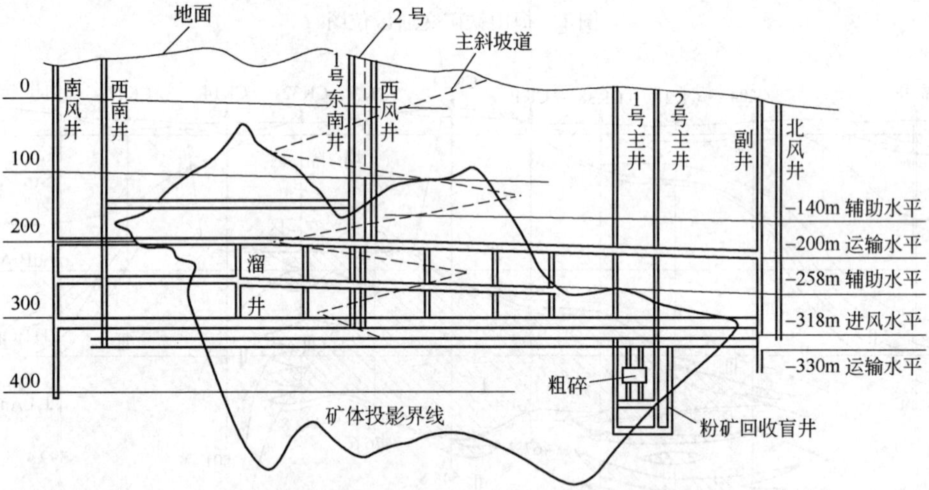

图 3　矿床开拓系统剖面图

主井、副井等 8 条竖井的技术特征和用途见表 1。

表 1　现有竖井的技术特征和用途

井筒名称	净直径/m	支护厚度/mm	井口标高/m	井底标高/m	井筒长/m	用　途
1 号主井	5.5	300	31.5	-440	471.5	提升矿石
副井	5.5	400	13.3	-357.7	371	提升人员、废石
西南井	5.5	400	35.2	-357.7	392.9	入风

续表1

井筒名称	净直径/m	支护厚度/mm	井口标高/m	井底标高/m	井筒长/m	用　途
2号主井	5.5	300	31.5	-440	471.5	提升矿石
东南井	5.5	400	47	-338.2	338.2	出风
南风井	6	500	33	-407	440	入风
西风井	6.5	500	35	-207	242	出风
北风井	5	400	13.3	-330	343.3	入风

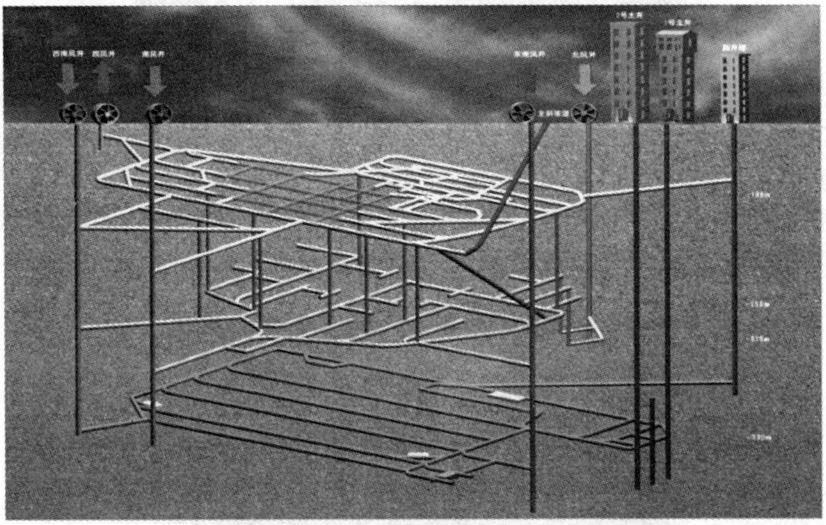

图4　竖井与斜坡道联合开拓系统立体示意图

4　采矿方法

梅山铁矿采用无底柱分段崩落法，原阶段高度为60m，分段高度10m，进路间距10m。后对采场结构参数进行了多次改进，现阶段高度变为120~140m，采场结构参数（分段高×进路间距）已扩大为15m×15m和15m×20m。

梅山铁矿现在主要的中段水平为-330m和-420m主运输水平。-330m水平以上分段高度为15m，-330m以下分段高度将增加到18m，现正在开采的分段为-273m、-288m、-303m、-318m 4个水平。

无底柱分段崩落采矿法的特点是凿岩、崩矿和出矿，在同一个分段回采巷道内顺序进行，以较小的崩矿步距向崩落区进行挤压爆破，不设底部结构，崩落的矿石自回采巷道端部直接放出，用装载设备装至溜井。采矿方法布置如图5所示。

4.1　采矿设备与回采工艺

梅山铁矿采矿进路垂直矿体长轴布置，分段高为15m，进路间距15m或20m，上下分段回采巷道（进路）按菱形布置，进路断面为5m×3.8m。根据采矿的生产工序，主要有采矿准备、采矿凿岩、回采落矿、采场矿石搬运等工序。

图 5　无底柱分段崩落采矿法示意图

采准工序：主要是通过掘进一系列的巷道，主要包括采矿巷道、通风巷道、联络道等，为采矿凿岩、出矿、通风等创造条件。巷道掘进除部分采用 YT－24 型气腿凿岩机外，现主要采用 Boomer－281 单臂全液压掘进台车，每台年效率最高 1800m；以及 Boomer－282 双臂掘进台车，每台年效率 2500m。主要设备如图 6 和图 7 所示。

图 6　Boomer－281 单臂台车

图 7　Boomer－282 双臂台车

采矿凿岩工序：主要是在采准工序形成的采矿进路中，穿凿上向扇形炮孔，为回采落矿提供炸药装填空间。梅山铁矿中深孔凿岩采用 Simbar－H252、Simbar－H254 和 Simbar－H1354 采矿液压台车，配 COP1838 液压凿岩机，凿垂直扇形炮孔。凿岩炮孔直径

为 ϕ78mm 和 ϕ91mm，施工 ϕ91mm 的炮孔每台年效率为 50000m。

在矿体破碎地段仍采用 YQ－100 型潜孔凿岩机，孔径为 105mm。如图 8 所示。

图 8 SimbarH 系列采矿凿岩台车

回采落矿主要采用爆破法，利用 BQ－100 风动装药器，通过压风将乳化铵油炸药充填到采矿凿岩形成的炮孔中，通过非电雷管激发，起爆炸药后将矿石破碎，为采场矿石搬运创造条件。采矿爆破一般每次放一排孔，小排距（1.6m）两排一次爆破。

采场矿石搬运（回采出矿）采用高效的无轨设备，在迎头掌子面将铲斗装满，经过联络巷道，把矿石卸到溜井里，利用重力，把矿石溜放到主运输水平，为运输提供矿源。回采出矿采用铲运机，铲运机主要为国外进口设备，使用的主要型号 TORO400E 斗容 $4m^3$ 电动铲运机（芬兰）、TORO1400E 斗容 $6m^3$ 电动铲运机（芬兰），TORO009 斗容 $6m^3$、TORO301D 斗容 $3m^3$ 柴油铲运机。如图 9 所示。

图 9 TORO1400E 电动铲运机

4.2 井巷掘进与支护

为了保证掘进出的巷道安全可靠，满足服务年限及功能的需求，经常需要对巷道进行支护。目前，梅山铁矿采用的支护形式主要有：直接喷射混凝土支护（素喷）、锚网支护、喷锚网支护等支护形式。支护工艺随着设备的大型化也在不断地进步。目前井下基本采用了湿喷工艺，并引进了锚杆台车，实现了锚喷网一体机械化作业。主要设备如图 10 和图 11 所示。

图10　诺曼尔特湿喷台车

图11　锚杆台车

5　运输提升系统

5.1　提升系统

主井采用 HSCE－3X6 型多绳摩擦轮提升机和 26t 底卸式单箕斗提升（配 35t 平衡锤），电机功率为 1700kW。原提升高度为 310m，现提升高度为 468m，提升速度为 10 m/s，提升能力达 259 万吨/年。二期延伸后，提升高度将达到 558m。

2 号主井提升系统于 1999 年投产，安装 JKM－3X6 型塔式多绳摩擦轮提升机一台，最大提升速度为 11.36m/s。

副井采用 HSCE－1.75X6 型多绳摩擦轮提升机和 3.8m×2m（底面积）双层单罐笼提升，电动机功率 440kW，最大提升速度 5m/s，设计每次提升 76 人。提升机最大净载荷 15t。排矸场、副井排矸设计能力为每年 14 万立方米。

5.2　运输系统

－330m 的运输线路是单线环形系统，用微机集中连锁控制。采用 20t 电机车（ZK20－

9/550）架线式环形运输和 $10m^3$ 底卸式矿库运输，共 14 辆矿车组成两列。运输线路为：采场或掘进矿石由溜井群溜放到 -330m 水平，然后由双台板振动放矿机装入矿车，经环形运输巷运至主溜井，后进粗碎硐室，再经 PEJ1215 型颚式破碎机粗破后，进井底矿仓装入箕斗，然后由主井提升至地表。其流程如图 12 所示。主运输水平布置如图 13 所示。

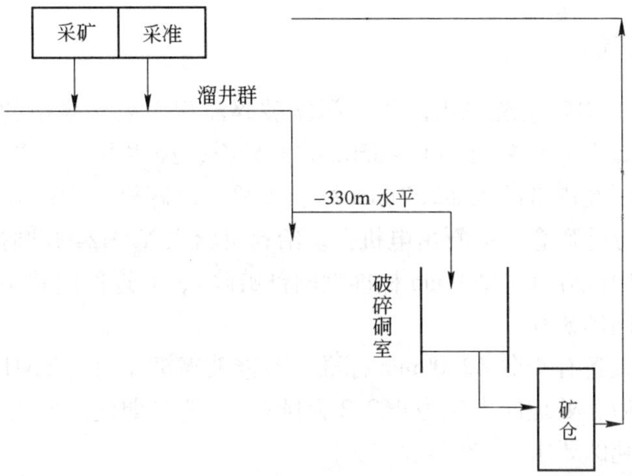

图 12　梅山铁矿矿石转运系统示意图

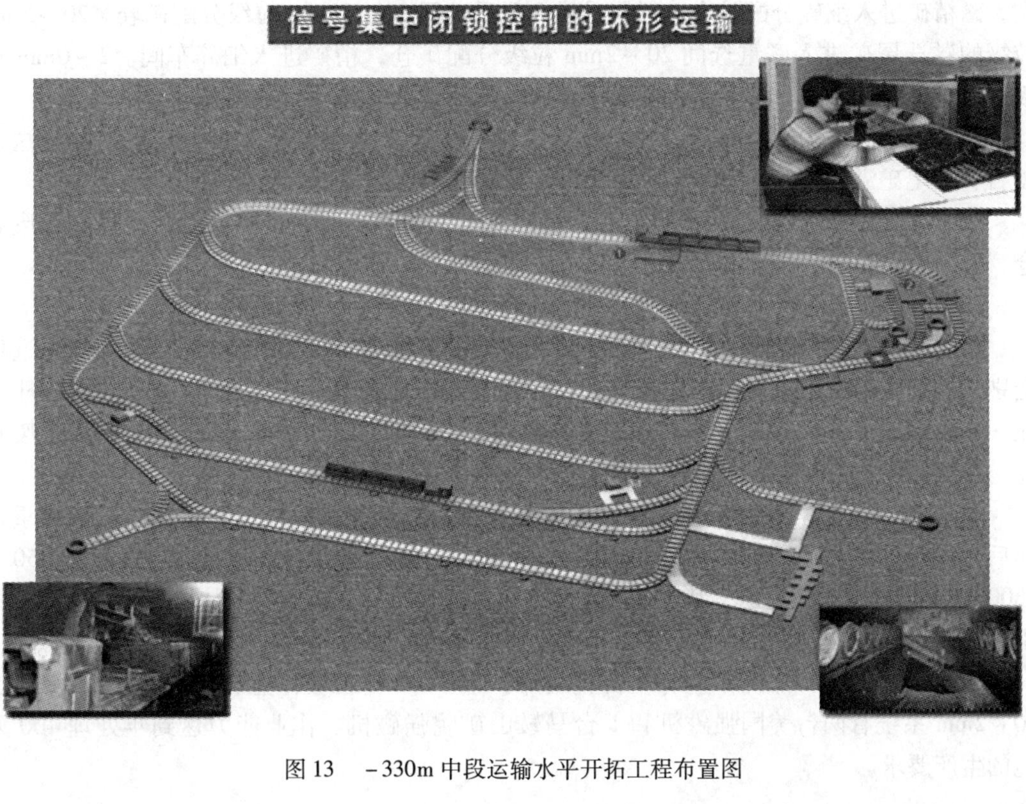

图 13　-330m 中段运输水平开拓工程布置图

6 选矿工艺

梅山矿业公司选矿厂自建厂以来，生产流程经过多次的改造，目前主要工艺流程为入选原矿首先经磁、重选预先抛尾，得到粗精矿经细碎后给入磨浮系统，两段闭路磨矿后 -0.074mm 含量达 70% 左右，再经浮选脱硫、磁选降磷、浓缩过滤脱水后为最终铁精矿；干尾用作建材料，湿尾经隔膜泵打入尾矿库。

6.1 选矿工艺流程简介

（1）中碎系统。中碎系统采用两段一闭路破碎流程。采场采出的矿石，粒度为 0～800mm 经井下破碎，其排矿粒度为 0～350mm 的矿石，经主井（箕斗井）提升至地面箕斗矿仓，进入选矿厂经皮带给入 ϕ2200mm 标准型圆锥破碎机一次中破碎，一次中破碎产品进入二次中破碎分配矿仓，矿石由电机振动给料机给入 YAH2460 圆振筛进行闭路筛分，筛上产品进行二次中破碎（ϕ2200mm 标准型圆锥破碎），并返回闭路系统；筛下产品通过带式输送机进入中间储矿仓。

中碎系统主要设备有 4 台 ϕ2200mm 标准型圆锥破碎机和两台 YAH2460 型圆振筛，在达到设计的作业率后，处理能力应为 469.2 万吨/年，超二期设计能力 17.3%，能够满足年破碎原矿 400 万吨的要求。

（2）预选系统。中间储矿仓储存的矿石通过带式输送机进入筛选干选间分配矿仓。仓下利用电机振动给料机排矿，由给矿皮带机给入 2ZS2065 双层座式直线振动筛洗矿分级，将原矿分成 50～20mm、20～2mm、2～0mm 3 个粒级。50～20mm 粒级经磁滑轮选别，磁精矿进入细碎分配矿仓；磁尾矿进入磁重选间 50～20mm 粒级分配矿仓。20～2mm 粒级的磁选尾矿进入磁重选间 20～2mm 粒级分配矿仓，精矿进入细碎车间。2～0mm 粒级产品用泵扬送到磁重选间旁的弧形隔渣筛，然后给入 ϕ5m 的浓缩锥斗浓缩。

在重选车间，50～20mm 粒级采用 YMT-75 型大粒度跳汰机选别，尾矿脱水后送往废石仓。尾矿溢流进入 ϕ50m 尾矿浓缩机。精矿脱水后运至细碎间分配矿仓。

20～2mm 粒级干磁尾矿采用强磁选别，其尾矿与 50～20mm 粒级尾矿一起进入废石仓，选出的精矿进入细碎间。

2～0mm 粒级经 ϕ5m 锥斗分为 2～0.5mm 和 0.5～0mm 两个级别。

2～0.5mm（ϕ5m 锥斗底流）粒级用泵送入磁重选间的 $\phi1050\times2400$ 弱磁筒式磁选机选别，得到的磁精矿进入精矿螺旋分级机；返砂给入细碎间，溢流与 ϕ4.5m 浓缩锥斗溢流一起用泵送往主厂房旁 ϕ45m 浓缩机；尾矿进入尾矿螺旋分级机，返砂为干尾进入废石仓，溢流进入 ϕ50m 尾矿浓缩机。

0.5～0mm 粒级经 ϕ45m 浓缩机浓缩后，溢流自流进尾矿浓缩机，底流自流回磁重选间后，用泵打至 CTS1050×1800 永磁筒式磁选机，选出磁精矿，其尾矿给入 CTS1050×1800 中磁筒式磁选机选别，其尾矿除渣后，采用 SLON-1500 型立环脉动高梯度磁选机选别，尾矿自流进 ϕ50m 尾矿浓缩机，其精矿与弱磁选和中磁选精矿一同给入精矿浓缩机。

在预选系统中，筛洗作业有 6 台直线筛、50～20mm 粒级作业有 5 台大粒度跳汰机、20～2mm 系统有两台美国强磁机和 1 台马鞍山矿院强磁机、作业能力达到年处理 400 万吨的生产要求。

2～0.5mm 系统主要作业设备有 3 台 CTS1050×2400 弱磁机和 3 台 CTS1050×2400 中场强磁选机，其处理能力为 24.32t/h，该设备的设计处理能力为 20～45t/h，系统能够满足生产。

0.5～0mm 系统主要作业设备有一台 ϕ38m 和一台 ϕ45m 浓缩机，两台 CTS1050×2400 弱磁机和两台 CTS1050×1800 中磁机及两台 SLON－1500 立环脉动高梯度强磁机。目前该系统正在扩建一个系列，新增一台 CTS1050×2400 弱磁机、一台 CTS1050×1800 中磁机和一台 SLON－1500 立环脉动高梯度强磁机，扩建完成后，该系统处理能力将大大增强。

（3）细碎系统。进入细碎间的 50～20mm 干磁精矿，采用两台 ϕ2200 短头型圆锥破碎机和两台进口山特维克细碎机破碎，经过 2SZG1500×4000 共振筛筛分，大于 14mm 粒级的矿石返回细碎间破碎，小于 14mm 粒级的矿石给到磨矿仓。细碎系统主要作业设备有两台 ϕ2200 短头圆锥破碎机和两台进口山特维克细碎机及 13 台直线振动筛。

（4）磨浮降磷系统。磨矿仓中 14～0mm 粗精矿通过给矿皮带机给入 ϕ2.7×3.6 球磨机进行一段磨矿，其产品通过 2FG－20ϕ2000 螺旋分级机分级，返砂返回一段球磨形成闭路，溢流给入 2FC－20ϕ2000 二段沉没式分级机（二系列为水力旋流器），返砂给入 ϕ2.7×3.6 型二段球磨机，溢流进入浮选作业的搅拌槽。

磨矿产品在 ϕ2m×2m 高效搅拌槽搅拌后，给入浮硫粗选作业，粗选精矿进入一次精选，而粗选尾矿进入扫选作业，扫选精矿与一次精选尾矿一起用泵送回到粗选作业，扫选尾矿进入铁精矿深选系统。一次精选的精矿进入二次精矿，二次精选作业的尾矿返回一次精选作业，而二次精矿进入三次精选作业，三次精选作业的尾矿返回二次精选作业，其精矿即为硫精矿用泵送往硫精矿浓缩机。

在深选作业系统，扫选尾矿用泵送到 XCTB1050×2400 永磁筒式磁选机进行弱磁粗选，弱磁粗选的尾矿给入 XCTB1050×2400 磁选机扫选，尾矿自流 ϕ50m 到中矿浓缩机浓缩，弱磁粗选精矿和扫选精矿为弱磁精矿。ϕ50m 大井底流经过脱渣给入 SLON－1500 强磁选机进行强磁粗选，强磁粗选的尾矿给入 SLON－1500 立环脉动高梯度磁选机作强磁扫选，扫选作业的尾矿即为粗粒级选别系统的最终尾矿，自流进入尾矿浓缩机。强磁粗选和强磁扫选的精矿作为强磁精矿与弱磁精矿一起为最终铁精矿产品，进入过滤系统。

磨矿分级作业为二段闭路磨矿，共 6 个系列。通过近几年选矿厂对磨矿分级系统的改造和工艺优化，现在按照 5 开 1 备的生产组织方式和台时能力（70±3t/h），磨矿能力达 290 万吨。

（5）铁精矿浓缩过滤系统。铁精矿用泵送入旋流器浓缩，溢流自流到 ϕ50m 精矿浓缩机浓缩，浓缩机底流用泵送回主厂房与旋流器沉砂一起过滤作业，过滤机为 96m^2 盘式过滤机，过滤机溢流和滤液自流到精矿浓缩机，过滤产品即为最终铁精矿，通过带式传送机送入铁精矿矿仓，采用铁路运输送往冶金厂。

铁精矿过滤系统有 6 台 96m^2 盘式过滤机，两台 ϕ50m 浓缩大井。磨浮等主体设备能力目前已经超过选厂年处理 400 万吨原矿的水平，具备 240 万吨以上铁精矿生产能力，在工艺、设备上都已达到国内一流的铁精矿过滤生产线。

（6）尾矿系统。预选系统 0.5～0mm 的尾矿和磨浮降磷系统的尾矿作为选矿厂的最终湿尾，0.5～0mm 系统尾矿先经 ϕ50m 浓缩大井浓缩后再给入 ϕ25m 深锥浓密机，底流隔渣后用隔膜泵输送到尾矿库。

尾矿系统主要作业设备有 4 台 ϕ50m 浓缩大井，1 台 ϕ25m 深锥浓密机，3 台隔膜泵。ϕ25m 深锥浓密机从现在运行状况看比较稳定，处理能力占到湿尾矿量的 2/3，底流浓度大于 45%。目前正在增加的一台 ϕ25m 深锥浓密机也即将投入生产，可进一步提高尾矿输送浓度。

梁塘尾矿库原设计库容 1050 万立方米，尾矿库区于 1999 年 5 月开始使用，到现在为止已堆放尾矿约 400 万吨，尾矿放矿已堆积标高平均值近 70m，目前，梁塘尾矿库的主坝堆筑标高 70m，将于 2012 年 6 月实现新老尾矿库切换。

6.2　选矿工艺流程

2011 年选矿生产工艺流程如图 14 所示。

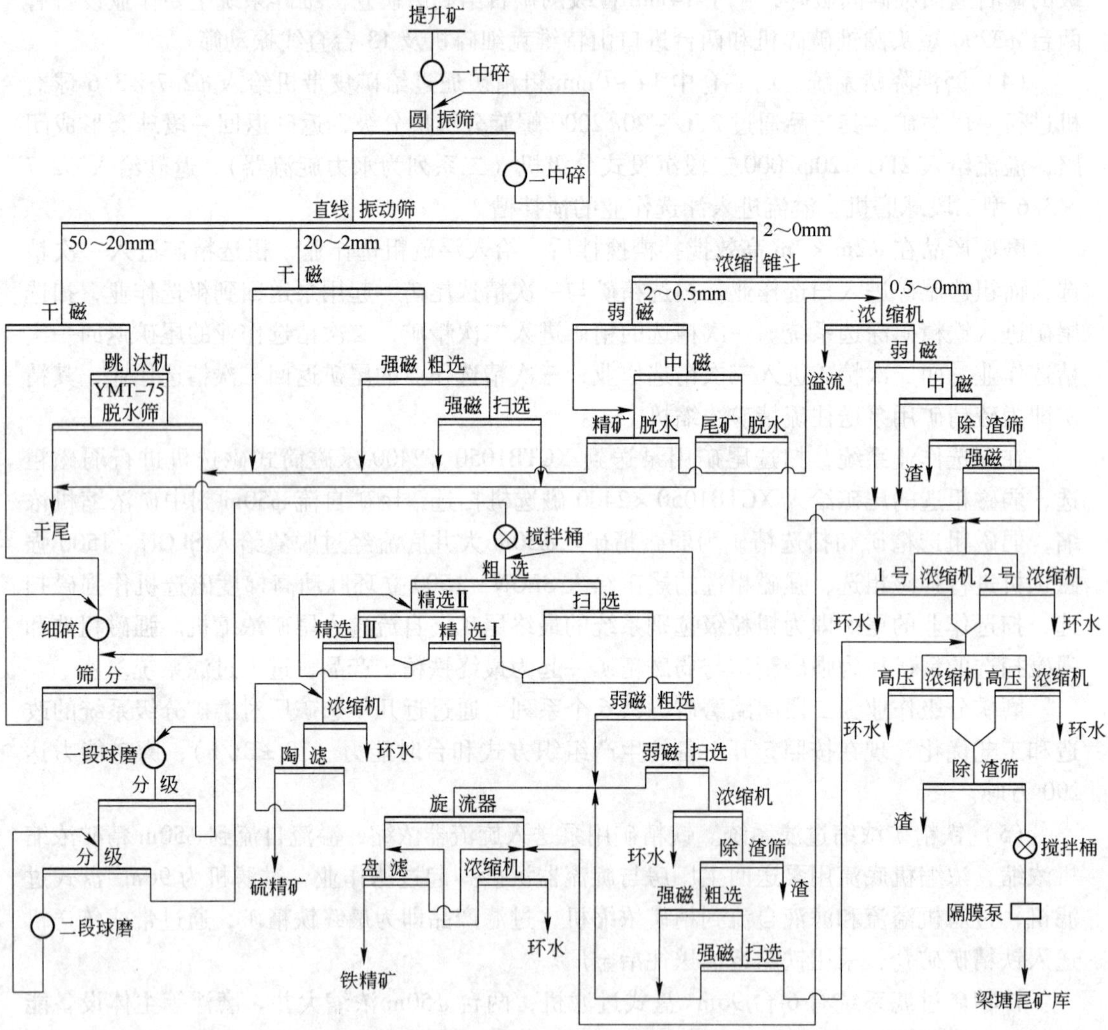

图 14　2011 年选矿生产工艺流程

7　成本管理

梅山矿业公司成本管理采取统一领导和分级管理相结合的原则，建立成本控制的归口、分级责任制。公司财务部是成本管理的主管部门，负责公司成本费用预测与预算、核算与控制、分析与考核、监督与检查、指导与协调等工作。所属各子、分财务部门负责本单位成本费用的各项管理工作。公司总经理统一领导成本费用管理工作，各单位行政负责人对本单位的成本费用管理工作负责。各单位财务负责人在经理、厂长的领导下具体负责和组织本单位成本费用的核算和管理工作。公司的成本控制分为归口责任制管理和分级责任制管理。归口责任制即部门不仅负责本部门本身正常运行所发生的费用包括办公费、差旅费、维修费等，还负责其部门职能费用的管理，包括年度预算的制定、执行过程的监控和分析、成本费用考核。分级责任制则是把所有的费用按照责任主体划分，各责任主体负责人对本单位本部门所有的费用负责。

梅山矿业公司成本控制的主要方法是预算管理。公司预算管理体系有预算管理决策层、预算管理职能部门和预算管理责任单位。预算管理决策层有公司经理联席办公会担任，行使预算管理的最高权限包括预算相关制度的审定和签发，对公司预算管理提出原则性和指导性要求，组织制订和审核公司年度预算以及审批年度重大预算调整和预算追加。预算管理小组由矿业公司经理、职能部门和各预算主体负责预算工作的相关人员构成，常设机构在财务部，为公司预算综合管理部门，负责预算管理的日常事务。根据公司预算管理决策层的要求，具体组织公司预算编制，预算执行情况跟踪、分析，预算调整，预算报批、下达等日常事务。预算管理责任单位是分预算的编制主体，同时也是预算管理的执行层，由公司各业务单位和职能部门组成，主要职责是将预算指标具体落实到生产经营和管理中，实现预算管理和公司其他基础管理的有机结合，提供预算管理所需的各种实绩的反馈，分析预算执行过程中出现的问题并提出改进措施，为预算的编制、跟踪、分析和完善提供基础数据。矿业公司的预算按不同的预算期，分为中长期预算、年度预算和月度滚动执行预算。矿业公司建立了预算信息报送网络体系，实行成本效益与预算执行情况分析报告制度。分析包括月度分析、季度分析、半年度分析和年度分析。预算分析责任单位为各单位预算主管部门，有关专业部门配合，并建立了效益及预算执行情况分析例会制度。

梅山矿业公司预算考核与领导责任制考核相结合，考核内容包括预算完成情况、年度预算和月度滚动执行预算编制的规范性、及时性、月度滚动预算执行的精度、预算执行情况分析质量等。同时加强班组核算管理，班组核算是预算管理的基础也是预算管理的有益补充。班组核算的主要任务是对班组生产经营的全过程进行预测、控制、核算、分析和考核，从而将企业整体生产经营目标落实到每个员工的行动上，以达到用较少的生产耗费，取得较多经济效果的目的。开展班组经济核算，建立一个纵横交错的群众性成本控制组织，确保成本控制落到实处。

8 信息化建设

梅山矿业公司于1990年开始信息化建设，始终坚持以生产自动化为基础、以安全监测为保障、以生产协同切入点，通过标准化、自动化、网络化、集成化技术的应用实现生产过程可视化、管理控制一体化的原则，目前以形成数字矿床勘查系统、数字配矿系统、数字选矿系统、安全监测预警系统、管理信息系统及决策支持系统五大板块和控制、执行、管理三个应用层面。具体应用表现为按照集中一贯制原则通过建立以铁精矿加工工艺为主线，各类生产过程信息同步表现的管控数据平台，营造企业信息处理的准确性和时效性环境；力争在管理上实现管理精确化、信息规范化、工作流程化、决策智能化；在生产业务中实现生产过程自动化、生产指挥可视化，真正做到事前、事中、事后的有效控制，提高辅助决策能力。

梅山矿业公司除已建有相当完善的网络系统外，运行了多套业务管理和办公自动化信息系统。应用系统主要分为：面向管理层面的集团管控信息系统和面向生产层面的应用系统。

8.1 管理层面应用系统

协同办公系统：全面实现从手工办公到无纸办公的过渡，以网上办公方式代替传统手工方式，实现企业内部邮件收发、公文审批、流转，协同完成工作事务，并尽可能充分利用各种信息资源，提高企业员工工作效率和工作质量。

宝钢 E - HR 系统：一套完整的，适应现代化管理需求，基于网络平台的人力资源管理信息系统。业务范围包括人事管理、干部组织管理、劳动合同管理、劳动保险管理、劳动工资管理、教育培训管理和档案管理等。

用友新世纪 UFIDA 系统：整个 ERP 系统中是非常重要的组成部分。它通过“宝钢集团统一会计系统”接口与总公司财务相互集成。

采购平台系统：矿业公司物流管理的综合系统，实现了物料计划、合同、出入库、领用的全流程管理。

检修管理信息系统：实现矿业公司检修管理工作的开放式信息化管理、将检修管理的各个方面集成为一个规范、透明化的体系，建立各类动、静态全过程数据的共享平台。

协力管理系统：梅山公司协力管理系统于 2009 年 10 月开始试运行。主要是加强承接和外委协力的系统管理，目前矿业公司主要对外委协力（生产协力、检修协力、建设协力、后勤服务协力）的试运行。

系统从协力项目的立项（申请、报批等）、签订合同，到项目的进度管理、验收管理、评价管理等，以及财务结算等，对项目的运行情况实行了全面的监督和管理。同时协力管理系统与客商管理系统和财务 MAS 系统进行了有效的衔接，使协力管理变得更加有效、方便。

8.2 生产层面应用系统

生产数据管理平台：以生产工艺为主线，同步表现物耗、能耗、设备状态、产量、质量、安全等信息的工作平台与管理平台，将生产管理中的各种技术经济要素进行有机、准确、及时的结合，实现对工作的高效控制，通过对各种信息的分析，支持企业管理优化与决策。

SURPAC 矿业软件的开发应用：SURPAC 作为数字梅山的数字矿体建模平台，主要工作是根据矿山具体的应用需求，建立矿床的块体模型和各类矿山开采所涉及的实体模型，从而在计算机中实现矿体、工程、采场真三维模拟，从空间尺度获取数据，为采矿生产提供更准确、更全面的信息。

井下工业手持数采系统：实现对每条回采进路的每一崩矿步距的全过程出矿计量（车数），同时由于手持数采系统的应用使得井下工作流程标准化，工作内容标准化，业务数据标准化，数据内容真实化的初步统一，解决了原有井下工人纸张记录中随意性大，数据不及时，不准确；生产分析人员对数据的二次利用困难和有效性的问题。

计量系统：井下动态轨道衡和静态轨道衡，带有动态轨道衡数据转换模块，将现有过秤数据经过模块转换成计量管理平台需要的格式转存于计量服务器统一管理。

出厂销售系统：解决了称重计量信息在矿业公司内部靠单据或电话传递的瓶颈问题，使得矿业公司内部管理信息实现共享，准确及时的精矿粉销售相关数据对掌握其销售成本、资金情况有着重要意义。

9 绿色矿山建设

一直以来，梅山矿业公司以保护生态环境、降低资源消耗、追求循环经济为目标，将绿色生态的理念与实践贯穿于对矿产资源开发利用的全过程，始终注重生态效益、经济效益和社会效益的可持续发展，充分考虑矿产资源的消耗与环境整治的因素，始终注重资源、能源、环境以及工艺装备的全面协调发展，始终保持对自然原生态的尊重、对矿产资源的珍惜、对景观生态的保护与重建，致力于建设资源节约型和环境友好型矿山。

9.1 加强资源综合利用，提高综合经济效益

梅山矿业公司紧紧围绕资源回收和生产过程中产生的尾矿、废水、废气、余热、余压等进行回收和合理利用，实现节约资源、改善环境、提高经济效益，全面提高可持续发展能力。

（1）加大资源勘探。通过地质分析，现场勘探，分别对 -243m 水平、-258m 水平的表外矿进行了回收，累计回收铁矿石 50 余万吨，今年又在 -273m 水平找出边部矿 70 万吨，现已进入开采阶段，努力回收资源。

（2）注重系统改善。通过改善选矿工艺，优化选矿流程，加强铁资源回收，采取控制入磨品位和多磨少抛的方式，降低尾矿品位，减少尾矿中铁矿物损失，最大限度地利用和回收资源。

（3）加强尾矿综合利用。公司每年产生近 60 万吨的干尾矿全部作为建筑材料销售，湿尾矿通过增加尾矿再选工艺，采用新型高效选别设备进行再选再收，每年从尾矿中回收铁精矿约 7 万吨，直接经济效益达 700 万元，同时利用尾矿铁矿物替代铁粉作为水泥生产原料，年消耗尾矿 20 万吨，解决了尾矿利用难题，有效地减少了尾矿堆放量，取得了很好的经济效益和社会效益，为同行业尾矿综合利用探索出了一条新路。

9.2 深入开展节能减排，积极发展循环经济

公司围绕高能耗、高污染和“三废”，按照“减量化、再利用、资源化”原则，积极探索资源循环利用模式。

（1）加大废水利用。公司对井下采矿废水进行了整治，井下排水沉淀处理后，输送至选矿厂缓冲池，进入选矿厂环水系统作为环水使用。公司通过对选矿生产用水的平衡和调节，对管路进行优化改造，选矿排口的废水排放量由 2005 年 420 万吨锐减到 2011 年的 30 万吨，选矿工业水循环利用率由 2005 年的 55.49% 提高到 2011 年的 96.89%，中央电视台曾将我们发展循环经济，建设绿色矿山作为典型在央视十套节目上宣传推广。公司选矿厂获得上海市“花园式工厂”称号。

（2）减少废气排放。公司以零排放作为我们的追求目标，通过对制酸设备的更新和

改造，制酸尾气中二氧化硫浓度基本稳定在50mg/m³ 以下，远远低于行业标准，二氧化硫年排放量由 2008 年的 61t 降到了 2011 年的 3t，减排率达到 96%。

9.3 坚持绿色发展战略，努力建设花园式工厂

建设绿色矿山是新形势下保证矿业可持续健康发展的必由之路，是实现科学发展、社会和谐的必然选择。

（1）“点、线、面”结合，绿化美化矿区。公司每年都制定绿化美化年度目标，分别在矿区和居民区内进行各种乔木和草皮种植，做到了“点、线、面”相结合。在“点”上，公司建成了河滨公园、梅花山、点将台等几处景点绿地，在矿区内形成了几个花园式小区；在“线”上，建设矿区绿色景观，在“面”上，实行见“缝”插绿的方式，使矿区绿化覆盖率达到 89.69%，如今走进梅山矿业公司矿区，可以说是满眼绿色，实现了“春有花、夏有荫、秋有果、冬有绿”的绿化格局，全面提升了职工工作和生活环境质量。矿区已成为南京外秦淮河百里风光带上的一道亮丽风景。

（2）全面实施矿山生态恢复工程。公司对使用过尾矿库积极进行土地复垦和生态补偿工程建设。其中，韩府山苗圃占地 30 余亩，按照高、中、低三个层次进行布置，有桂花、香樟、紫薇、红枫、日本晚樱、马褂木等二十几个品种，已发展成为南京市一个苗圃基地，沿线区域成为南京最大的生态旅游区，周边的房地产行业也是供不应求，取得了显著的社会效益。同时，公司按照城市矿山建设的要求，将塌陷区范围内居住的居民房屋全部拆除转移，将塌陷区周边全线围挡，内部种绿，净化空气，美化环境，努力打造城市矿山绿色景观。

“乘风破浪会有时，直挂云帆济沧海”。展望未来，我们坚信，有各级党委、政府的政策指引，有梅钢公司的正确领导，有战略合作企业以及社会各界的大力支持，有一个团结进取的领导班子，有一支高素质的干部职工队伍，坚持弘扬“艰苦创业、奋发创新、勇创一流”的企业精神，以建设“国内一流、国际先进”矿业企业为目标，深化零缺陷管理，推进低成本战略，以超越自我的创新精神，奋发有为的崭新姿态，求真务实，开拓创新，我们就一定能够创造梅山矿业更加美好的未来！

作者简介：

杨念亮，高级工程师，南京大学工商管理硕士（MBA），南京梅山冶金发展有限公司矿业分公司总经理，中国冶金矿山企业协会副会长。

技术创新与管理创新并举　努力打造一流现代化矿山企业

徐　炜

（昆钢大红山矿业有限公司）

2012 年 4 月 26 日

引　言

昆钢大红山矿业有限公司是隶属云南省昆明钢铁集团有限责任公司的全资子公司。地处中国花腰傣之乡的云南省玉溪市新平县戛洒镇，占地面积约 1000 多亩，属亚热带气候，年平均气温 23.5℃，最高气温 45℃。

大红山铁矿目前属国内地下特大型铁矿山之一。井下现 400 万吨/年采矿采用高分段大间距无底柱分段崩落法进行开采，采用盲竖井、胶带斜井、辅助斜坡道联合开拓的方式。采场矿石、废石经铲运机铲装倒进溜井下放至 380m 有轨运输水平，矿石经 20t 电机车牵引 $10m^3$ 底侧卸式矿车运至卸载站后经过 344m 旋回破碎机破碎至 250mm 的块度，再通过 1 号、2 号胶带转运至 3 号胶带运至选厂地面矿仓；废石经 10t 电机车牵引 $2m^3$ 固定式矿车运至 380m 盲竖井，经盲竖井提升至 720m 后通过 720m 有轨平坑运至坑口卸载矿仓，再通过汽车运输至废石场。

2011 年，3 个地面选矿厂生产规模达到处理原矿 1000 万吨/年，入选原矿品位井下矿 35%，可生产出含铁品位 63% 以上的铁精矿 320 万吨，经长 171km、高差 1512m 的管道，通过 3 座压力 24.44MPa 的压力泵站从戛洒输送到昆钢。

大红山铁矿以 20m×20m、30m×20m 高分段大间距采矿技术为支撑，配套应用了具有国际先进水平的高效采掘设备和中深孔凿岩设备，实现了集中化开采，在采区实施地点集中、工序集中、产量集中方面发挥了重要作用，大幅度提高了生产效率和经济效益。大红山铁矿今天取得的成绩都离不开技术创新和管理创新。

1　交通地理位置

大红山铁矿位于云南省玉溪市新平县戛洒、老厂、新化 3 个乡镇的交界处。矿区海拔标高 600～1850m，属亚热带气候。矿山至昆明有国家高速、Ⅰ、Ⅱ级公路及矿区公路相通。从矿山经新平至昆钢本部公路距离约 260km，距昆明 282km，交通、通信十分便利（见图 1）。

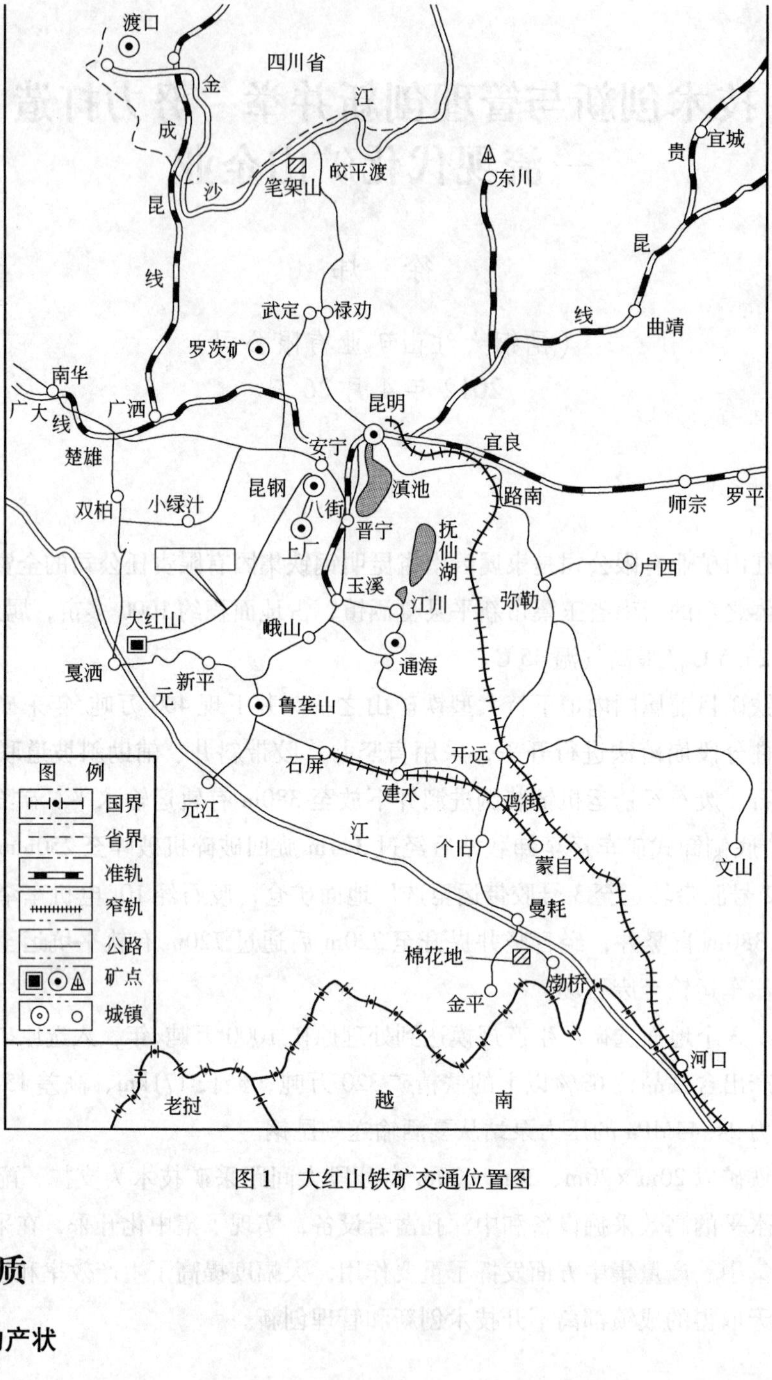

图1 大红山铁矿交通位置图

2 矿床地质

2.1 矿床的产状

大红山铁矿5个主要含矿带（Ⅰ、Ⅱ、Ⅲ、Ⅳ、Ⅴ），共有71个矿体，其中规模最大的是$Ⅱ_1$矿组，有表内矿石量24510.74万吨，TFe 43.52%，是400万吨/年工程最主要的开采对象。$Ⅱ_1$矿组由4个分层（矿体）组成，呈叠瓦状产出，赋存标高25.7~945m，埋深362.5~988.3m，总体东高西低，呈缓倾斜向西倾伏，总体倾角平均18°，矿体长1969m，中厚边薄，南北翘起，平均宽517m，面积1.02km^2，厚度2.61~221.61m，平均72.58m，为地下400万吨/年采矿工程的主要开采对象。其余铁矿体多为缓倾斜~倾斜、中厚～厚矿体。

铁矿体主要产于红山组变钠质熔岩及石榴角闪绿泥片岩中，矿岩属于坚硬、半坚硬岩石，稳固性好，水文地质简单，见图2和图3。

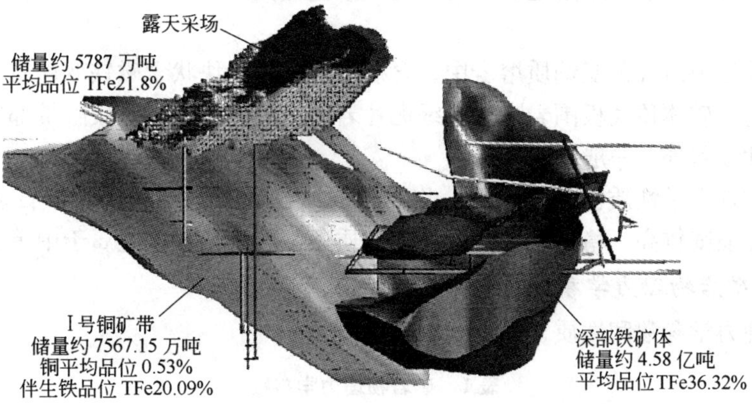

图2　主要矿体分布图

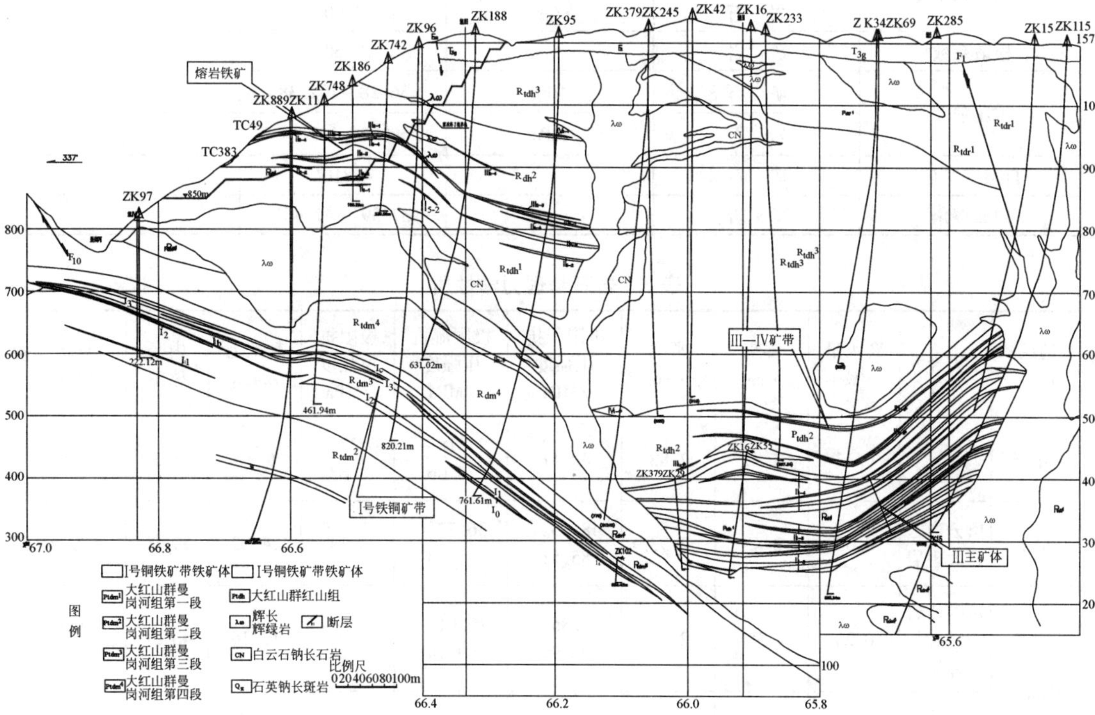

图3　大红山铜铁矿东段A36勘探线矿体剖面图

2.2　矿床开采技术条件

2.2.1　矿岩稳固性

矿区内风化作用深度一般在百米以内，各地层全风化带深度不大，而以半风化带发育为特征。风化裂隙一般规模小，裂隙率0.83～3.15条/m。

软弱结构面有断层带和岩体接触带，除F_3断层带外，仅局部存在。从目前已施工的大量基建坑道工程所穿过的地层、岩性、构造情况来看，没有遇到较大的不良工程地质现象。仅在地层与岩体接触线附近、绿泥石化碳酸盐化发育且蚀变较强的辉长辉绿岩岩石相对较差。

矿体产于红山组浅色变钠质熔岩中，含矿围岩为浅色块状含磁铁变钠质熔岩、绿泥石化变钠质熔岩。矿体顶底板围岩除少量绿泥片岩、角闪黑云片岩和接触带部位的蚀变辉长辉绿岩稳固性较差外，一般稳固性好。

从矿岩物理力学性质测定结果看，岩石多属坚硬、半坚硬岩类，矿石多属半坚硬类型，矿岩抗压强度较高，稳固性较好。工程地质条件的复杂程度应属于中等类型。

2.2.2 矿岩物理力学参数

矿岩物理力学参数和性质，详见表1和表2。

表1 矿岩物理力学参数

名称		单位	Ⅱ₁矿体	备注
平均体积密度	矿石	t/m^3	3.70	
	岩石	t/m^3	2.90	
松散系数	矿岩		1.60	
抗压强度	矿石	MPa	36.28～102.38	
	岩石	MPa	59.33～119.54	
自然安息角	矿石		46°10′	
内摩擦角	矿岩		37°59′～47°46′	

表2 岩石物理力学性质

地层代号	岩性	含水量/%	容重/$g\cdot cm^{-3}$	密度/$g\cdot cm^{-3}$	极限干抗压强度/MPa	极限湿抗压强度/MPa	极限抗拉强度/MPa	凝聚力/MPa	内摩擦角	坚硬程度
$Ptdf^{1,2}$	白云石大理岩	0.13	2.81	2.88	80.41	77.18～78.06	6.37～8.63	6.37	58°3′	坚硬
$Ptdm^4$	黑云白云石大理岩	0.55	2.43	2.93	48.35～85.51	36.77～69.73	8.14	14.02	39°8′	半坚硬
$Ptdm^3$	角闪片岩及绿泥片岩	0.20	2.99	2.92	22.85～96.99	19.91～69.14	7.65～8.24	12.16	43°2′	半坚硬为主
	黑云片岩及二云片岩	0.23	2.84	2.94	64.14～106.60	44.33～57.96	5.59～9.32			半坚硬
λω	辉长辉绿岩	0.09	2.89		45.50～58.84	28.44～31.38		11.87	44°16′	多为半坚硬
$Ptdh^1$	变钠质熔岩		2.96	—	27.65～119.05	59.33～119.54		9.5	43°3′	坚硬为主

2.2.3　灾害地质

（1）不良工程地质条件。矿区内山高谷深坡陡，覆盖层厚，风化强烈，水系发育。地处通海－石屏地震活动带和长期反复活动红河断裂边缘，具有地震活动和滑坡、崩塌、泥石流等不良地质现象。

勘探期间先后发生两次（1966年和1979年）滑坡，但影响范围小。1999年地表坑口工业场地施工时边坡曾发生过相当规模的滑坡，对工业场地使用造成影响。区内河流雨季常发洪水，浑浊，含砂量大，其势迅猛，易造成人身伤亡和财产损失。

矿山生产建设中应注意风化带、断层破碎带、岩体接触带及裂隙发育部位矿岩稳固性变差，工程施工后所引起的不良地质现象。特别是在雨季施工的地表工程容易引起滑坡而产生泥石流带来的危害。

（2）地热。大红山群弱裂隙含水层为储热层，三叠系干海子组泥岩为隔热盖层，为储热创造了条件，据勘探时期部分钻孔揭示，区内存在地热异常。在基建工程施工中，在热交换条件不良的深部独头工作面，坑内温度曾达32.0℃以上，甚至有达到36.0℃的地点，但是在通风系统形成后，坑内温度下降，接近当地气温正常值。地热对正常生产一般无明显影响危害，但在通风不良地段会对作业带来不利影响。生产中要进一步查证和研究，并注意观测对井下作业人员的影响程度，采取必要的降温措施。

（3）铀矿化异常。Ⅰ、Ⅱ、Ⅲ、Ⅳ 4个矿带的相应部位，都具有不同程度的铀矿化，自下而上计有Y_1～Y_{44}个铀矿化异常带。

Y_1铀矿化异常带赋存于曼岗河组中上部角闪片岩中，位于Ⅰ号铁铜矿下部，沿黑色炭硅质板岩顶底板断续出现。分布于A44～A49线以东曼岗河谷一带，厚度0.64m，含铀一般小于0.01%。

Y_2铀矿化异常带产于红山组下段变钠质熔岩中，主要沿$Ⅱ_1$矿组顶板绢云片岩和绢云母化变钠质熔岩分布，一般距矿体0～0.5m，主要分布在A37线以西（本次开采范围在A37线以东），厚0.28～22.56m，平均3.87m，含铀平均0.01%。A37线以东厚1.2～13.87m，平均5.36m，含铀0.01%～0.27%，平均0.11%。

Y_3铀矿化异常带产于红山组中段底部，赋存于$Ⅲ_2$矿组底板，零星分布于A30～A35线，一般厚0.2～0.5m，含铀0.01%～0.02%。

Y_4铀矿化异常带产于红山组上段角闪变钠质熔岩顶部，赋存于V_2矿体之下0～4.3m，一般厚0.5～2m，含铀0.01%～0.02%。

上述4个铀矿化异常带皆无综合利用价值，而且对本次开采范围影响不大。但今后矿山生产建设中须进一步查明其赋存规律及对开采可能造成的影响程度，必要时采取相应防护措施。

2.3　资源储量

大红山矿区位于滇中台坳南端，红河断裂与绿汁江断裂所夹持的三角地带，属于古海相火山岩型铁铜矿床，为古海相火山岩型铁铜矿床，它由火山喷发－沉积变质型（Ⅰ、$Ⅱ_{5-4}$、Ⅲ号铁铜矿带）、受变质的火山喷溢熔浆型（$Ⅱ_{5-3}$矿体）、受变质的火山气液交代（充填）型（$Ⅱ_1$矿体）及岩浆期后热液钠化交代型（V_2、$Ⅱ_2$矿体）等4种成因类型组成。

大红山铁矿资源丰富，在矿权范围内地质资源储量共计 5.67 亿吨（铁矿石量 4.84 亿吨，铜矿石量 0.83 亿吨，铜金属量 53.94 万吨）。

本矿床为铁、铜共生矿床。经查明有 5 个主要含矿带（Ⅰ、Ⅱ、Ⅲ、Ⅳ、Ⅴ），即从下往上的Ⅰ号铁铜矿带、Ⅱ号铁矿带、Ⅲ号铁铜矿带、Ⅳ及Ⅴ号铁矿带。此外还有浅部熔岩铁矿及二道河矿段。

2.4 矿石类型及质量

2.4.1 *矿石类型、矿石矿物及结构构造*

（1）矿石类型、矿物及结构构造总体特征。东矿段铁矿石按自然类型划分为单一铁矿石、含铁铜矿石及含铜铁矿石 3 大类；按主金属矿物又可划分为 9 个亚类；按脉石矿物可进一步划分为 21 个亚类。矿石工业类型有单一的铁矿石（可划分为磁铁矿石、赤磁铁矿石、磁赤铁矿石及赤铁矿石 4 类），铜铁共生矿石则按铁铜含量多少，划分为含铜铁矿石和含铁铜矿石两类。

$Ⅱ_1$ 矿体矿石主要金属矿物以磁铁矿、赤铁矿为主，假象赤铁矿（磁赤铁矿）次之，脉石矿物主要有钠长石、石英。矿石结构以中粗粒状为主、次为板状、叶片状及交代状结构；矿石构造有浸染状、花斑状、块状、致密块状等。矿石工业类型有磁铁矿石、赤磁铁矿石、磁赤铁矿石和赤铁矿石。

$Ⅱ_1$ 铁矿组的矿石类型，空间分布具有上磁下赤、东磁西赤、富磁贫赤的展布特征。根据地勘时期资料确定，400m 标高以上以磁铁矿、赤磁铁矿为主，400m 标高以下以磁赤铁矿为主，A34 线以东以磁铁矿、赤磁铁矿为主，A34 线以西以磁赤铁矿及赤铁矿为主（见图 4）。富矿以磁铁矿及赤磁铁矿为主，而贫矿则以赤铁矿、磁赤铁矿为主，各矿石类型比关系见表 3。

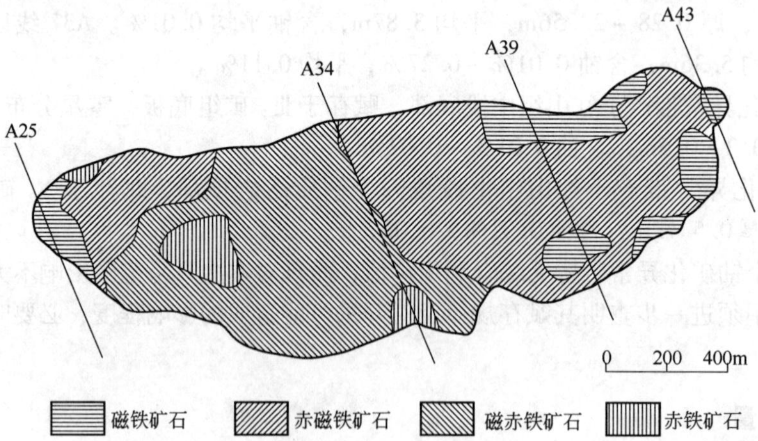

图 4　$Ⅱ_1$ 铁矿矿石类型平面分布图

（2）基建探矿地段矿石工业类型。根据肉眼所见磁铁矿、赤铁矿两种矿物含量多少和测试矿石磁性强弱程度及磁性铁分析结果，将矿石划分为磁铁矿、赤铁矿、磁赤铁矿和赤磁铁矿 4 个大类，划分标准见表 4。

表3 $Ⅱ_1$ 矿组表内矿矿石类型比例

标高/m	磁铁矿石/%	赤磁铁矿石/%	磁赤铁矿石/%	赤铁矿石/%	合计/%
600 以上	22.09	45.66	30.97	1.28	100
400～600	37.02	43.74	17.29	1.95	100
400 以下	11.86	21.93	49.36	16.85	100
总　计	19.41	29.56	39.35	11.68	100

表4 矿石类型划分

矿石类型	TFe/FeO	磁性铁占有率/%	磁性率测定	相当规范划分类型
磁铁矿	<2.7	≥85	强磁性	磁性铁矿石
赤磁铁矿	2.7～4.5	<85～50	中等磁性	弱磁性铁矿石
磁赤铁矿	4.5～8.0	<50～15	弱磁性	弱磁性铁矿石
赤铁矿	>8	<15	弱磁性	弱磁性铁矿石

380～560m 标高基建探矿范围内，富矿以磁铁矿、赤铁矿石为主，矿石品位越高，磁性占有率越高，磁性铁占有率为 42.59%～92.00%，平均 72.39%；贫矿以赤磁、磁赤铁矿为主，磁赤铁矿石出现较多，局部还有赤铁矿石，磁性铁占有率为 29.13%～70.49%，平均 53.56%。

560～700m 标高基建探矿范围内，矿石以赤磁铁矿、磁赤铁矿石为主，局部还有磁铁矿、赤铁矿石，矿石品位越高，磁性占有率越高。富矿以赤磁铁矿为主，富矿的磁性铁占有率为 56.13%～89.65%，平均 67.18%；贫矿以赤磁、磁赤铁矿为主，贫矿的磁性铁占有率为 33.37%～68.29%，平均 48.91%。

矿石类型分布在空间上的变化：总体由西向东磁性铁占有率逐渐增高；由上至下，磁性铁占有率均逐渐增高之趋势。

综上所述，本次基建探矿范围内矿石类型以混合矿为主，磁性铁平均占有率，富矿石为 67.18%～72.39%，贫矿石为 48.91%～53.56%。

组合样物相分析结果：380～560m 标高间在铁矿石（富+贫）中，磁铁矿和赤铁矿两种矿物的铁分配率在 96.92%～99.33%；而硅酸铁、碳酸铁和黄铁矿中铁量少，在 0.61%～3.08%之间；560～700m 标高间在铁矿石（富+贫）中，磁铁矿和赤铁矿两种矿物的铁分配率在 95.26%～99.14%；而硅酸铁、碳酸铁和黄铁矿中铁量少，在 0.86%～4.74%之间。

2.4.2 矿石化学成分

本区铁矿石有益组分单一，除铁以外未发现其他有综合利用价值的伴生组分。$Ⅱ_1$ 矿体铁矿石有益组分单一，除铁以外未发现其他有综合利用价值的伴生组分。其含量为：TFe 39.91%、SFe 39.62%、FeO 10.38%、S 0.02%、P 0.15%、SiO_2 30.08%、Al_2O_3 3.65%、CaO 1.49%、MgO 0.59%、K_2O 0.33%、Na_2O 1.13%、TiO_2 1.27%、Mn 0.03%、Cu 0.02%、Co 0.004%、V_2O_5 0.033%、Ga 0.0010%、Ge 0%、Pb 0.00%、Zn 0.00%、As 0.001%、Sn 0.004%、Cr 0.01%、Ni 0.005%、灼减 1.34%、Ba 0.036%。

铁矿石酸碱比值为0.04%~0.15%，均属酸性矿石，不同品级，不同类型比值变化不大，由磁铁矿到赤铁矿其比值由大变小。

铁矿石有害组分S、Pb、Zn、As、Sn、Cu、F等含量很低，均未超过工业允许含量。

基建地段矿石化学成分：560~700m标高间，富矿矿石中Na_2O含量在0.50%~0.90%，平均值0.65%；TiO_2含量在0.45%~0.95%，平均值0.58%。贫矿矿石中Na_2O含量在1.58%~2.07%，平均值1.75%；TiO_2含量在0.52%~0.953%，平均值0.81%。

铁矿石有害组分：富矿S 0.026%、P 0.06%、SiO_2 18.41%、As 0.017%，贫矿S 0.037%、P 0.075%、SiO_2 34.28%、As 0.022%。

380~560m标高间：铁矿石（富矿+贫矿）CaO 1.65%，顶、底板围岩及夹石5.67%。MgO 0.58%，顶、底板围岩及夹石3.61%。富矿Na_2O 0.47%；K_2O 0.07%；TiO_2 0.71%；贫矿Na_2O 1.26%；K_2O 0.35%；TiO_2 1.26%。

铁矿石有害组分：富矿S 0.068%、P 0.14%、SiO_2 21.28%、As 0.016%；贫矿S 0.0102%、P 0.186%、SiO_2 36.13%、As 0.026%。

多次选矿试验结果表明，区内主要铁矿石属于有害组分含量不高。矿石适宜自磨工艺，属可选性能较好的可选矿石。

2.4.3 矿体（层）顶底板围岩及夹石对采出矿石质量的影响

$Ⅱ_1$矿组顶板为变钠质熔岩、绢云片岩及$Ⅲ_1$含铜铁矿体。底板多与辉长辉绿岩体接触。南北两翼多与辉长辉绿岩、白云石钠长岩接触，接触界面清楚。矿体内夹石与围岩岩性一致，为变钠质熔岩，围岩及夹石平均含TFe17%左右。矿体厚大，中部厚大完整，边薄而多分支，矿组内部（$Ⅱ_{1-4}$、$Ⅱ_{1-3}$之间）夹石与矿体比：A25~A34线为48.47%，A34~A39线为14.67%，A39′~A43″线为50.71%，总的夹石比为37.95%。由于近矿围岩与矿体在矿物组合，结构构造特征方面具明显一致的渐变关系，矿体顶板围岩及夹石对采出矿石除具一定贫化作用外，一般不致对矿石性质引起质的变化。但是各类含矿岩石均具有富铁特征，加之部分地段矿体边缘多为表外矿，这对今后开采表内矿时降低贫化率较为有利。

3 开拓系统

大红山铁矿选择胶带斜井、无轨斜坡道、盲竖井联合开拓方式。运矿胶带主斜井倾角14°，包括井底平直段在内长1847m，采2号主胶带运输机带宽1200mm，带速4m/s，带强40000N/cm，机长1865m，提升高度421.15m，采用双滚筒3机驱动，直流电机，功率3×710kW，驱动系统采用CST可控软启动系统。

大红山铁矿的采2号主胶带矿石提升运输系统和其他矿山比具有以下几个特点：

（1）提升能力大。设计400万吨/年，目前已到500万吨/年，设计小时运输量800t/h，现提升到1000t/h；

（2）输送距离长，水平运距1796m，机长1858.558m；

（3）提升高度大，421.15m（垂直提升高度国内第一）；

（4）服务时间长，大于50年。

选择胶带斜井运输矿石，是大红山铁矿成为目前国内第一大地下铁矿山的重要前提之一。胶带运输能力大，并且容易改造以加大运输能力，它对确保矿山实现尽快达产和超产起到了十分重要的作用。在国内特大型地下铁矿山中具有引领矿业的创新意义（见图5）。

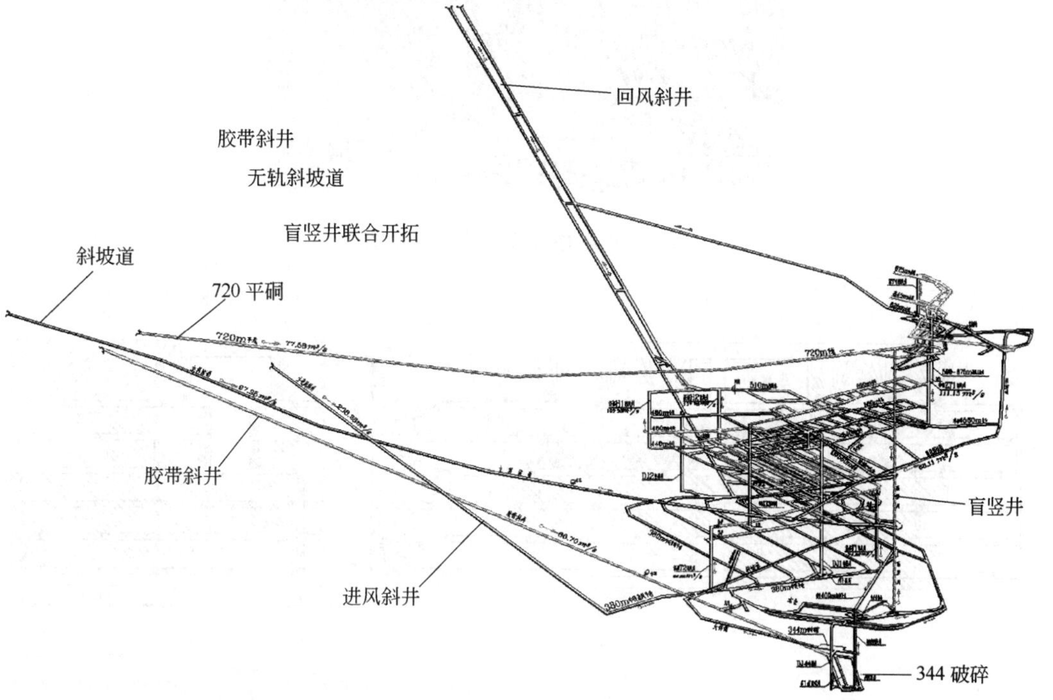

图5　开拓系统图

4　采矿方法

4.1　采矿方法应用

大红山铁矿以放矿理论研究为基础，以优化采矿结构参数为切入点，以生产能力大、减少投资、降低成本为目的，在国内提出了高分段大间距（20m×20m、30m×20m）的采矿理论，打破了国内无底柱分段崩落法采矿结构参数的常规理念，在此基础上通过试验采场及生产实践验证，高分段大间距无底柱分段崩落法在大红山铁矿采矿生产实践中的应用是非常成功的，正缩小与世界的差距。

无底柱分段崩落法开采理论与技术研究主要集中在两个方面，一是凿岩爆破工艺与技术，二是放矿理论与技术。大红山铁矿的无底柱分段崩落法采用的是高分段和大间距结构，分段高达到20m，进路间距20m，部分分段高达到30m，进路间距20m，目前属全国黑色金属矿山采场结构参数第一。回采高度按60m计算，分段高度从常规的10m/15m提高到20m/30m，至少可减少一个分段的采切工程量，最少可节约采切成本7500万元，这也是大红山铁矿引领矿业的重要指标（见图6和图7）。

4.2　采矿设备

凿岩设备采用瑞典Atlas Copco（阿特拉斯·科普柯）公司的Simba H1354中深孔凿岩

图6　无底柱分段崩落法示意图

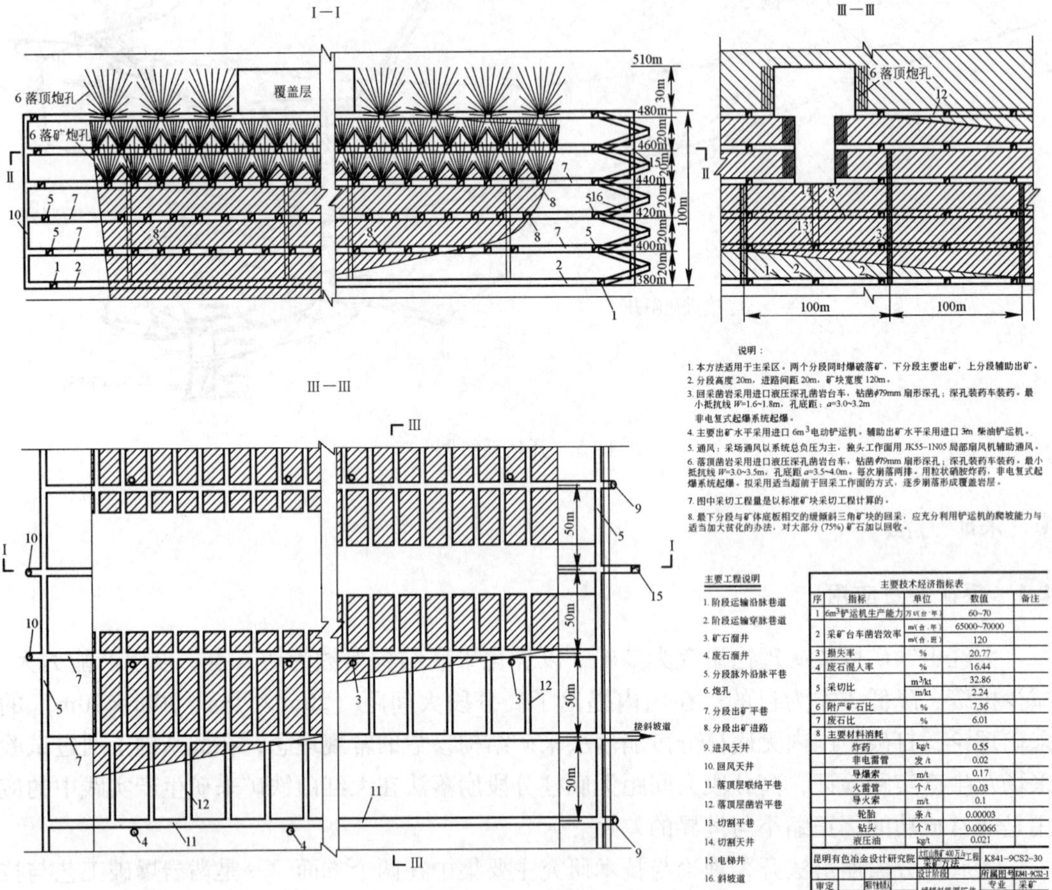

主要技术经济指标表

序	指标	单位	数值	备注
1	$6m^3$铲运机生产能力	万 t/(台·年)	60~70	
2	采矿台车凿岩效率	m/(台·年)	65000~70000	
		m/(台·班)	120	
3	损失率	%	20.77	
4	废石混入率	%	16.44	
5	采切比	m^3/kt	32.86	
		m/kt	2.24	
6	附产矿石比	%	7.36	
7	废石比	%	6.01	
8	主要材料消耗			
	炸药	kg/t	0.55	
	非电雷管	发/t	0.02	
	导爆索	m/t	0.17	
	火雷管	个/t	0.03	
	导火索	m/t	0.1	
	轮胎	条/t	0.00003	
	钻头	个/t	0.00066	
	液压油	kg/t	0.021	

图7　缓倾斜厚矿体无底柱分段崩落法

台车，铲装设备主要采用芬兰汤姆洛克公司的 TORO1400E 电动铲运机（斗容 $6m^3$），这些设备具有世界先进水平，对保证高分段大间距采矿工艺的实现起到了重要作用。

4.3　矿石运输、提升

采场崩落的矿石由铲运机通过溜井下放至 380m 中段运输水平，通过 20t 电机车牵引

$10m^3$ 底侧卸式矿车运至卸载站卸载，经过旋回破碎机粗碎后，再通过胶带运输系统转运至选厂地面矿仓。

设无轨辅助斜坡道，供无轨设备上下通行，及运送人员、材料，为采用无轨高效采矿设备创造条件。从井口至井下 380m 标高主要段长 2719m，坡度主要段 14.28%（1/7），缓坡段 5%。

此外，为了有效地解决井下废石的提升和运输，设置各种管缆至坑下，并运送至各有轨阶段水平的人员、材料及承担一部分进风任务，在矿体南侧 720m 标高设一条辅助平硐及下掘一条盲竖井至首采区 380m 集矿水平。盲竖井净直径 5.5m，井筒长 468m，提升段长 345m。

盲竖井用 JKMD－2.8×4（1）E 型、直径 2.8m、4 绳落地式摩擦提升机，单罐平衡锤提升。罐笼为双层，每次提两辆 $2m^3$ 固定式矿车。该井并设有 JKM－1.3×4 型小多绳提升机，提 1.3m×0.98m 的小罐笼，有备用电源，作安全及零星人员上下提升。

采用大高度集中运输水平的设置方式，取代常规的低段高、多中段分别运输方式，集运高度达到 340m。从而大大简化了开拓运输系统，减少了生产准备工程和管理工作，提高了生产可靠性，节省了经营费用。

380m 集中运输水平用电机车有轨运输，采用环型连续运输方式，使用大型电机车、矿车、重轨运输，运输能力大，能耗低，费用省。矿石运到溜井车场卸矿，经溜井下放到设于 344m 标高破碎硐室，粗碎后用斜井胶带运输机运至地表选厂转运矿仓。井下粗碎设备选用进口 42～56 英寸（42 英寸）液压旋回破碎机一台，给矿块度 850mm 以下，破碎块度小于 250mm。每小时处理能力 1000t。

380m 水平矿石运输，采用 ZK20－9/550 型 20t 架线式电机车，单机牵引 $10m^3$ 底侧卸式矿车所组成的列车运输矿石。废石用 $2m^3$ 固定式矿车装载，经盲竖井提升至 720 平硐，再用 ZK10－9/550 型 10t 电机车牵引废石列车，运至坑外。轨距 900mm，380m 水平用 43kg/m 钢轨，720 平硐用 38kg/m 钢轨。

4.4　通风

井下采用多风机多级机站通风，压抽结合，以抽为主，进回风井呈对角式布置，所需新鲜风流风量 $480m^3/s$，井下共计 4 级机站，17 台风机。由于仅靠以上井巷尚不能满足进风风量的要求，在矿体南侧 735m 标高处掘一大断面专用进风斜井通至 380m 主进风平巷，再经专用进风天井送至上部作业分段。

为解决废风排出问题，在矿体北侧曼岗河东岸 838m 标高，设置两条大断面专用回风斜井。

4.5　排水

井下排水在 380m 水平盲竖井井底附近设中央水仓及水泵站，用 D155－67×7 型水泵 4 台作为主排水设备，每台流量 $155m^3/h$，扬程 469m，电机功率 315kW。井下水用管道经盲竖井扬至 720 平硐后用水沟自流至地表废水处理站。井下排水量，正常 $6330m^3/d$，最大 $9295m^3/d$（暴雨期间 $15313m^3/d$）。

5　400 万吨/年选矿厂

5.1　大红山铁矿选厂概况

大红山铁矿目前有 3 个选厂，4 个生产系列，综合处理能力达到 1200 万吨/年以上，主要采用弱磁强磁重选联合选别流程（见图 8）。其中 400 万吨/年两选厂工艺流程最为典型，详情如下。

图 8　大红山铁矿 400 万吨/年选厂厂房

400 万吨/年选厂处理的对象是采自深部铁矿Ⅱ1 铁矿组的矿石，其工业类型可分为磁铁矿、赤磁铁矿、磁赤铁矿、赤铁矿 4 类。富矿主要为中至粗粒块状及斑块状石英磁铁矿及赤磁铁矿型；贫矿主要为细粒斑块状及浸染状石英赤铁矿及磁赤铁矿型。原矿多元素分析结果，铁物相分析结果见表 5 和表 6。

表 5　原矿多元素分析结果

元　素	TFe	SFe	FeO	Al_2O_3	CaO	MgO	SiO_2	K_2O	Na_2O	烧损	S	P
含量/%	39.21	38.92	13.56	3.72	1.14	0.93	33.79	0.052	1.16	0.80	0.052	0.161

表 6　原矿铁物相分析结果

名　称	磁铁矿	赤褐铁矿	假象赤铁矿	黄铁矿	硅酸铁	碳酸铁	合　计
含量/%	24.60	12.50	0.46	0.06	0.54	1.00	39.16
占有率/%	62.82	31.92	1.17	0.15	1.38	2.56	100.00

经过近十年的开采，原矿品位有了较大的变化，其中变化较大的为原矿 TFe 品位下降到 35.5% 左右，磁铁矿占有率下降到 50% 左右。

5.2　选厂生产能力及工艺流程

通过各项技术改造，400 万吨/年选厂的处理能力由原设计的 400 万吨/年提升至 450

万吨/年以上，矿石主要来自井下 400 万吨/年采矿系统，采出的矿石经井下粗碎，由采 3 号带式输送机运至选矿厂 1 号转运站，再由选 1 号带式输送机送至地面矿仓，矿石粒度 250 ~ 0mm，地面矿仓底部设有 1 台 ZBD1500 × 6000 重型板式给料机和 4 台 XZG1640 振动给料机，矿仓内矿石经重型板式给料机和振动给料机卸至选 2 号带式输送机，再经选 3 号带式输送机进入 ϕ8.53 × 4.27m 半自磨机（见图 9）。

图 9　大红山铁矿 400 万吨/年选厂（ϕ8.53 × 4.27m）半自磨机

半自磨机与直线振动筛构成闭路磨矿系统，设有 GK3070 型直线振动筛两台，一台工作，一台备用。筛上矿石依次经选 4 号、选 5 号、选 6 号、选 3 号带式输送机返回半自磨机。筛下矿浆经渣浆泵送至两组 ϕ660 × 7 旋流器，进入一段球磨分级作业。

两台 ϕ4.8 × 7 溢流型球磨机与两组 ϕ660 × 7 旋流器构成一段球磨闭路磨矿系统。旋流器沉砂自流至球磨机，球磨机排矿自流至直线振动筛筛下泵池。旋流器溢流自流至 8 台 ϕ1200 × 2400 一段弱磁选机。一段弱磁选机尾矿自流至隔渣筛后进入一段强磁选机抛尾，一段弱磁精矿经脱磁器脱磁后与一次强磁精矿合并自流至二段球磨机的排矿泵池。泵池内的矿浆经渣浆泵送至两组 ϕ350 × 20 旋流器，进入二段球磨分级作业。

两台 ϕ4.8 × 7 溢流型球磨机与两组 ϕ350 × 20 旋流器构成二段球磨闭路磨矿系统。二段旋流器沉砂自流返回二段球磨机，旋流器溢流自流至两台 4 管矿浆分配器，再进入 8 台 ϕ1200 × 2400 二段弱磁选机，其精矿自流至 4 台 ϕ1200 × 2400 三段弱磁选机精选。二、三段弱磁选机尾矿自流至强磁给矿浓缩池，浓缩后的物料经泵送回主厂房，再经隔渣筛进入二段强磁选机。

二段强磁选机精矿经离心机重选工艺提升品位至 60% 并入总精矿中，离心机尾矿经浓缩后进入强磁粗选离心机精选产出次级精矿，最终尾矿自流至两台 ϕ53 尾矿浓缩池后输送至尾矿库。

5.3　大红山铁矿选厂特点

5.3.1　大型半自磨机

利用半自磨工艺取代中细碎。现大红山铁矿有大型半自磨机 3 台，分别为 ϕ8.0 × 3.2 一台（三选厂铜系列），ϕ8.53 × 4.27 一台（400 万吨/年二选厂），ϕ8.8 × 4.8 一台（三选厂铁系列）。使用大型半自磨机大大简化了流程。与常规三段一闭路破碎流程相比，工艺流程简单，占地面积大大减少，特别适合山区场地狭窄的矿山。

5.3.2　阶段磨矿阶段选别预先抛尾工艺

一段球磨后采用一段弱磁选一段强磁选，抛弃合格尾矿。一段弱磁选和一段强磁精矿合并经二段球磨后，再进行两段弱磁选、一段强磁选。这样进入二段球磨的矿量减少，节能效果突出。

5.3.3 离心机重选回收细粒级赤铁矿

选矿厂处理的矿石是采自深部铁矿Ⅱ$_1$铁矿组的矿石，其工业类型可分为磁铁矿、赤磁铁矿、磁赤铁矿、赤铁矿4类。其中磁铁矿采用常用的单一弱磁选流程处理，而赤铁矿的处理有一定的难度，先采用浮选工艺，但是浮选尾矿品位偏高。2009年，开始进行了大红山铁矿离心机技术改造工程，采用离心机选别赤铁矿，取得了很大的成功。主要流程为高梯度强磁选机粗选，离心机精选。离心机精矿品位达到58%以上，产率60%左右，金属回收率≥60%，总精矿品位达到64%以上，获得了很好的经济效益。在细粒级红矿选别方面取得了重大突破，为国内矿山同类型矿石的选别提供重要的借鉴依据（见图10）。

图10 大红山铁矿400万吨/年选厂离心机

5.4 产品方案

大红山铁矿400万吨/年选厂选矿产品方案见表7，铁精矿质量见表8，铁精矿粒度组成见表9。

表7 产品方案

产品名称	产量/万吨·年$^{-1}$	产率/%	铁品位/%	铁回收率/%
铁精矿	186.40	46.60	67.00	79.22
尾　矿	213.60	53.40	15.34	20.78
原　矿	400.00	100.00	39.41	100.00

表8 铁精矿质量

元　素	TFe	SFe	SiO_2	Al_2O_3	CaO	MgO	P	S	K_2O	Na_2O
含量/%	64.00	66.84	3.15	0.80	0.24	0.17	0.007	0.014	0.025	0.041

表9 铁精矿粒度组成

粒级/mm	产率/%		铁品位/%	铁分布率/%	
	个别	累计		个别	累计
+0.076	3.25		37.01	1.76	
-0.076～+0.043	15.09	18.34	62.69	13.87	15.63
-0.043～+0.038	8.28	26.62	67.24	8.16	23.79
-0.038～+0.019	70.32	96.94	71.14	73.35	97.14
-0.019	3.06	100.00	63.80	2.86	100.00
合　计	100.00		68.21	100.00	

6　绿色矿山建设

建设绿色矿山是新形势下保证矿业可持续健康发展的必由之路，是实现科学发展、社会和谐的必然选择，以实现矿产资源利用最大化、环境影响最小化为目标，坚持节约、安全、清洁生产和可持续发展的原则，玉溪大红山矿业公司通过实施矿产资源利用集约化、开采方式科学化、生产工艺节能化、企业管理规范化、矿区环境建设园林化、矿区建设和谐化的具体实践，促进矿业经济与生态环境的和谐发展。重点将继续推进绿色矿山建设的规范化，根据矿产资源规划的要求制定绿色矿山建设的标准和相关办法，树立绿色矿山典型，推广绿色矿山建设，使绿色矿山建设工作向前推进一大步，安全、环保、可持续地发展矿业经济。

6.1　依法办矿

矿业公司严格遵守《矿产资源法》等相关法律法规，合法经营，证照齐全；矿产资源开发利用活动符合矿产资源规划的要求和规定，符合国家产业政策；严格按《矿产资源开发利用方案》、《矿山地质环境保护与治理恢复方案》、《土地复垦方案》等方案执行，对无偿取得的采矿权已进行了有偿处置；从未受到相关的行政处罚，未发生严重违法事件。

6.2　节能减排

认真贯彻落实科学发展观，高度重视节能减排工作，并取得显著成效。安排专项资金进行了离心机工程和并管工程改造；对浆池进行变频改造；按国家淘汰产品目录，淘汰了一批变压器和水泵。对不符合节能标准的照明实施绿色照明改造，自动化改造方面建成了井下无线通信系统、进出井车辆人员识别系统、办公自动化系统、视频监控系统，提高了工作效率。

6.3　环境保护

采用先进技术手段有效地对矿山环境进行保护。171km 的管道运输建成，没有了因每天数百辆车运送矿石泼洒和有害气体的排放，减少了矿石堆放占用的土地，使当地的空气和土壤免受污染。目前新、改、扩建项目，严格按照环境保护“三同时”相关规定及设计、施工规范和监理要求开展工作。项目建设过程中，按照时间节点，组织环评、试生产及项目环保验收等工作。

按照《中华人民共和国环境保护法》，对重点环保设施进行了考察选型比较，采用招投标方式严格把关，择优选取了经济适用、先进可靠的实施方案。目前，需设置的环保设施均已全部配套实施完成。为确保项目建成投产后的生产组织管理，我公司已建立健全了完善的组织机构及人员配置，制定了符合国家法律法规要求及生产实际的操作规程和安全生产相关规章制度、管理规定，可确保生产设备及环保设施正常稳定地运行。

建设污水处理系统，对井下水和洗矿用水进行了处理，反复循环利用，未排向河流，保持周边河道水源的质量。已使用的 400 万吨/年选厂废水应急处理池原设计为经沉淀后的清水泵入 400 万吨/年选厂 2 号环水池，再由 2 号环水泵泵入 400 万吨/年选厂整个环水系统进行循环使用。但由于受 2 号环水泵处理能力的限制，泵入 2 号环水泵池的处理后的清水会再次从 2 号环水池的溢流口流入到 400 万吨/年选厂废水应急处理池，经 400 万吨/年选厂废水应急处理池的溢流口注入到河中，造成水电资源的浪费；经改造后即满足生产又为加强污染源监督管理，落实污染减排措施，做到“三废”稳定达标排放，有效防范环境污染和生态破坏事故的发生。

6.4 土地复垦

按照开采进度有计划分区分期对采场植被进行清除，采空区及时回填并覆土植树绿化，做到采一片，开一片，补偿恢复一片；排土场废土石及时压实，覆土植树，恢复植被。项目闭矿后将计划对采场、废石场进行复垦、绿化以减轻对采场、废石场生态环境的影响。

浅部熔岩铁矿露天 380 万吨/年采矿项目主体工程施工均采用较为先进的施工工艺，以机械施工为主，适当配合以人力施工。对采矿工程施工过程中产生的环境污染，土地破坏等问题，采取如下的预防控制措施：工程施工前对采场及废石场等场地要进行表土剥离，应当合理确定采挖、排放表土的占地范围。本次拟采用推土机和装载机完成表土的剥离，对剥离表土进行妥善堆存管理，用作今后工程建设的绿化和复垦覆土或其他耕地的土壤改良；矿山在开采的过程中设计了开采台阶，自上而下进行开采，设计采用的开采台阶有利于矿体的开采，能够固定边坡，同时也能够充分利用空间，尽量减少扰动占压的土地面积，主体工程经过缜密计算，确定露天采场工作台阶高度 15m，终了时合并为 30m，台阶坡面角 65°，地表部分 50°，安全平台宽度 15m，运输平台宽度 16m，运输公路限制坡度 8%，既确保工程建设与运行安全，又确保采场边坡稳定，避免了采场帮滑坡和垮塌造成水土流失；项目建设过程中的 210.4640hm^3 的被破坏土地，在水土保持方案中都进行了生物工程治理，其扰动土地整治率 99.54%，水土流失总治理度 97.15%，土壤流失控制比 1.12，拦渣率 99.17%，林草植被恢复率 99.09%，林草覆盖率 32.5%；主体工程提出施工期间加强管理，在施工现场设置沉淀池，施工废水经沉淀处理后再外排。采矿作业过程中，主体设计为消除粉尘污染采取了有效的降尘措施，矿堆采用喷雾洒水抑尘。这样，有利于减少风蚀，改善作业环境；采矿工程构成单元的场地平整尽量采用挖高填低、以挖做填的方式，以减少弃土，保护生态、减少水土流失量；制定复垦方案、预留土地复垦费，在基建完成后，及时对临时占地，挖损土地进行复垦，对使用规模大、使用周期长的工程项目，采用边使用边复垦的方法，极大的恢复土地使用功能和自然生态环境。

积极探索生态环境补偿机制，按照“谁开发、谁保护，谁破坏、谁恢复，谁污染、谁治理”的原则，从每吨原矿中提取 4 元 ~ 8 元的安全环保费用，交给当地政府，用于修复矿山，恢复植被。露天采矿做到开采一片，补偿恢复一片；排土场废土石及时压实，覆土植树，恢复植被。项目闭矿后将计划对采场、废石场进行复垦、绿化，减轻对采场、废石场生态环境的影响。大红山铁矿不断扩大矿区绿化植被，在 710m 平台、720m 平台、矿区道路、选矿厂及周边场所等进行绿化，进一步美化工作环境。在露天采矿区域 1175m 复垦土场设立了苗圃基地，栽有苗木 3000 株，预计 5 年后成材，获取良好的绿色环保和经济效益。公司将把矿区建设成花园式矿山，使大红山矿区成为“青年人的恋爱之地，中年人的成事之地，老年人的休闲之地”，实现矿山发展与生态环境相协调，矿山建设与生态建设的有机统一，走可持续发展之路。

7　数字化矿山建设

7.1　大红山铁矿数字建模

为推动数字化矿山的建设，大红山铁矿引进先进的矿业软件，培养专业技术人员，对矿区内地表、地下进行数字可视化建模。根据地质探矿资料和现场实测资料建立矿体数据库，在做各种回采设计时，直接调用矿体数据库，各种技术经济参数指标自动生成，大大减轻了生产设计工作。及时反馈到矿体数据库中，能对生产现状做到实时监测，让公司的管理者和技术工作者通过信息平台能简单、快速地了解生产现状，进而达到有效的生产管理。

另外，数字模型对安全生产的意义重大，以模型为载体，建立井下通风远程控制系统，对通风系统实时监控，通过对地压微震监测系统的建立对井下地压活动进行实时监测，为安全生产提供可靠的依据。同时也是数字化矿山建设必不可少的重要组成部分。

7.2　信号集中闭锁系统

大红山铁矿年产量400万吨/年，井下有轨运输380、730平巷采用电机车牵引矿车进行运输。矿山在380运输平巷及730运输平巷各安装了一套KJ293矿井机车运输监控系统（即信集闭系统）基于DCS控制的本安型轨道运输监控系统，主要用于对大巷轨道机车运输系统的信号机状态、转辙机状态、机车位置、机车编号、运行方向、车皮数、空（实）车皮数等进行检测，并实现信号机、转辙机闭锁控制、地面远程调度与控制等功能的集散式计算机工业控制系统。系统能实时反映区段占锁情况以及每一设备和传感器的工作状态，并具有故障自动诊断、报警、数据记录等功能。整个系统在主控室通过监控主机对井下大巷的矿车运输实现监控和自动调度，指挥列车安全运行。

7.3　井下车辆识别系统（井下交通指挥系统）

车辆监控系统能实时监测井下斜坡道内各车辆的位置，显示在监控机上，通过监测到井下车辆的位置、数量。根据车辆的行驶状态及交通规则，可在监控机上实时控制安装于各错车道口的信号灯的颜色（红色或绿色），对井下交通秩序进行有序的管理。从而能有效地提高运输车辆的生产效率，并能防止交通安全事故的发生。

7.4　井下人员定位系统

人员监控系统能对井下人员实时进行监测定位，能够监测下井工作人员的总人数，及其个体的姓名、年龄、所属单位、下井时间、出井时间以及下井和出井位置等信息，实时监测井下人员在矿井下的分布情况。这些资料信息都能随时在计算机上查阅和显示，并能作为数据记录保存下来，使管理人员能够随时掌握井下人员的信息，以便于进行更加合理的调度管理，提升了井下安全生产和科学管理的水平。

7.5　井下通风远程集中控制系统

大红山铁矿井下通风采用多级机站压抽结合的通风方式，以达到高效节能的目的。但多级机站通风的特点为风机数量多、容量不大、分布广。本矿井下通风系统可划分为4级，17台风机，8个站。从多级机站通风系统的特点，只有实现集中控制，才能解决多级机站通风系统的运行管理，更有效地保证高效、节能的效果。因此本系统采用了远程I/O通信PLC网络系统实现风机集中控制、风量调节、风速（风量）的测量，并进行事故反风控制。

在斜坡道井口办公楼设有风机集控室，并设主控PLC及监控计算机，另设8个通风机站，在通风机站中均采用带有Profibus总线接口的电机控制器和变频器，构成站内的现场总线网络。各通风机站还各装有1台“以太网/Profibus网桥”以实现Profibus总线到以太网通信的转换，并最终实现通风机站与主站之间用光纤以太网进行通信。

由于井下通风系统各子站分布较广，用于其通信的以太网同时可以作为井下光纤主干网的补充，利用光纤通信传输距离远的特点，可以利用各机站网络设备箱内的以太网交换机将网络延伸到井下所有需要联网的设备。

设在440m、460m及625m水平的二级机站（2号、3号、4号、5号、6号、7号共6台风机）采用西门子SIMOCODE pro电机控制器对风机电机进行控制及保护，并通过电机控制器内置的通信接口实现风机的远程集控及数据遥测。SIMOCODE pro电机控制器具有电机过载保护、电机热保护、堵转保护、缺相、相不平衡保护等电机保护功能，同时，还具有三相电流、电压、有功功率、无功功率等参数的监控功能。

设在380m、650m、510m、360m水平及回风斜井井口的一、三、四级机站（1号、8号、9号、10号、11号、12号共11台风机）均采用低压交流变频器对风机电机进行控制，同时利用其内置通信接口实现远程集控、数据遥测及风量调节。由于变频器具有比电动机保护器更完善的保护及监控功能，因此所有电机重要的运行参数均可通过网络传送到集控室进行统一的显示及监控。在这些变频器控制的通风机风门上拟安装感应开关，以便对风门关闭状态进行监控。同时，在风机硐室出风端巷道内安装风速测量元件，以便除了电机电流等参数以外，可以获得更直接、更真实的通风状况信息，这样再利用变频器的调速功能，可以获得对整个井下通风系统的风量进行人工或自动调节的功能。

7.6 井下通信系统（无线）

需信号覆盖巷道：（1）斜坡道（710井口至344、478至730、破碎硐室）；（2）采1—1、1—2，采2胶带斜井；（3）380运输阶段；（4）720主平坑运输巷道。在信息覆盖的巷道内可实现用WiFi手机拨打内线电话和外线电话，并在关键硐室内破碎硐室、380信集闭、380维修硐室、采矿调度室等关键硐室内装了固定的IP电话，在该网络内使用手机和座机拨打电话，通话清晰，满足通话要求。

大红山铁矿井巷语音通信系统通过无线局域网（WLAN）的实际应用，不仅使之成为矿山井下应用无线局域网（WLAN）技术的标杆系统，同时在技术层面达到国内领先水平，为矿山井下实现数字化矿山打下好基础。矿山井下利用该系统现有网络布局与带宽（主干线带宽1G）基础下，可把监控系统、人员定位系统、地压检测系统、控制系统、通风远程监控、生产作业信息数据通过该网络传输到地面，从而发挥系统的最大效益。大红山WiFi语音方案如图11所示。

斜坡道交通监控系统，利用非接触射频识别技术实现车辆的位置传感，对井下车辆进行实时监控，提高斜坡道通行能力。

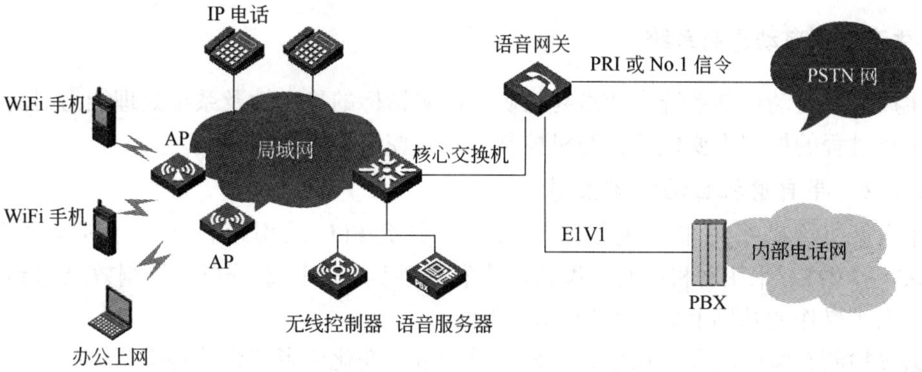

图 11 大红山 WiFi 语音方案

7.7 选矿专家系统

7.7.1 专家系统概念

专家系统是一种在特定领域内具有专家水平解决问题能力的程序系统。它能够有效地运用专家多年积累的有效经验和专门知识，通过模拟专家的思维过程，解决需要专家才能解决的问题。

7.7.2 专家系统的特点

(1) 具有专家水平的专门知识和经验;
(2) 能够进行有效的逻辑推理运算;
(3) 具有获取知识的特点，能够不断扩充知识范围;
(4) 对用户是透明的，即用户无需知道系统的内部结构也可操作;
(5) 具有交互性和灵活性。

7.7.3 专家系统组成

专家控制系统综合了各种数学方法、模糊理论、机器学习、智能逻辑推理的复杂"灰箱"系统。从组成结构上看，它包括数据预处理、专家知识库、推理机、知识学习、数据输出 5 个部分，实现基础自动化系统无法完成的控制内容，经济效益突出。专家系统组成原理如图 12 所示。

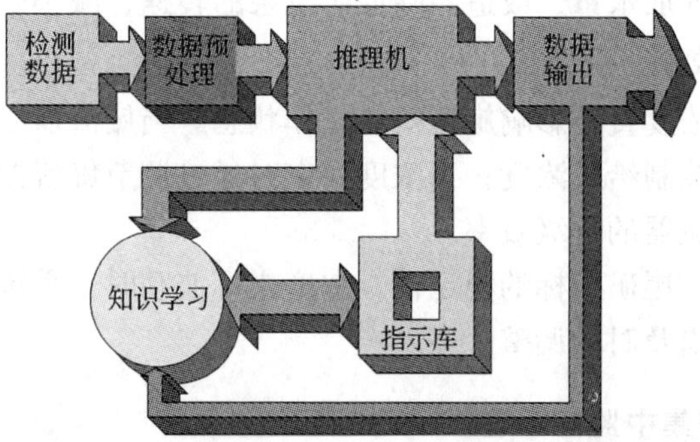

图 12 专家系统组成原理

7.8　生产过程自动控制系统

生产过程自动控制系统会使最终精矿、尾矿指标的稳定性及系统处理能力提高很大。

生产过程的控制主要包括：磨机控制、泵池控制、旋流器控制。

7.8.1　半自磨机自动给矿控制

半自磨机给矿系统采用现场总线结构，主机 PLC 采用模糊控制 + 常规控制实现（FUZZY + PID）。采用磨机电耳、磨机功率和返砂量，多因素分析，控制效果达到稳定给矿量在人工操作的基础上提高 5% 的处理量。

通过检测自磨机磨音、功率、直线筛返砂量，变化或者变化趋势进行模糊判定，对应每一种变化趋势，模糊控制器都会给出一个特定的给矿原则，然后 PID 控制器会根据这一给矿原则调整变频器控制给料机，以达到精确给矿的目的。采用三因素分析判断磨机状态，避免了单因素检测造成的误判断的弊端。给矿控制原理如图 13 所示。

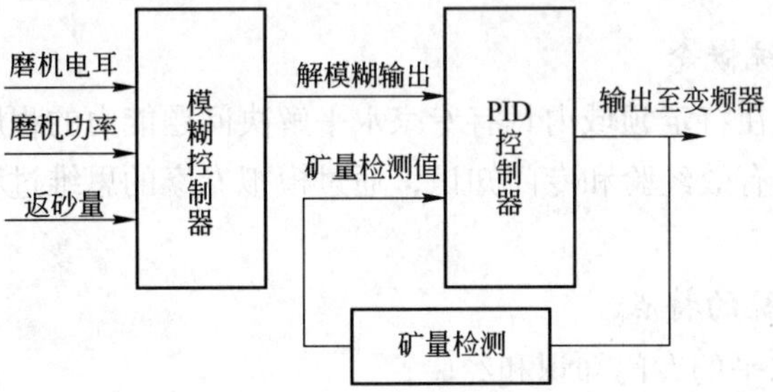

图 13　给矿控制原理

但在自磨机给矿控制中磨矿浓度和矿石性质直接影响到给矿量和返砂量的大小。

自磨机给矿控制内容：自磨机给矿控制、振动筛返矿量控制、自磨机给矿水量控制、自磨机磨矿浓度控制。

7.8.2　泵池控制

泵池的液位受入矿量、排矿量、补加水的影响，通常入矿量是由流程决定的，泵池可控制的是排矿和补加。补加水是满足旋流器给矿浓度的，当液位过高时，在压力允许范围内，适当提高矿浆泵的转速，增加压力，加大排矿量。当液位过低时，应在旋流器给矿浓度要求范围内先增加补加水量，或适当降低矿浆泵的转速，减小矿浆槽的排矿量。

7.8.3　旋流器控制

给矿压力和给矿浓度直接影响旋流器的工作状态。当旋流器压力一定时，通过调节旋流器泵池的补加水来控制给矿浓度；当浓度一定时通过调节旋流器给矿泵的转速和旋流器所开支数，来保证旋流器的分级效率。

浓度会影响精矿、尾矿指标的稳定性，浓度指标波动时，系统将会对分级旋流器的给矿浓度和给矿压力作出及时的调整。

7.9　变电站无人值守集中监控系统

大型工矿企业作为能源高度集中使用的中心，实现资源整合和集中管理，从而构建先进的管理模式和运行机制十分必要。按企业能源中心的组织结构形式，电力管理部门将设置独立的调度集控系统。负责电力系统的数据采集、监视、控制。实现“五遥”：遥信（YX），遥测（YC），遥控（YK），遥调（YT）和遥视；还有附加功能，包括非电量仪表，自动装置的通信。以及在监控主机上分析、显示及保存上传的信息和数据。通过监控系统还可以完成 VQC（电压无功综合控制）功能及小电流接地选线功能、操作票、谐波测试功能等。可在线监测与管理电网电压、电流不平衡度、频率变化、有功电能、无功电能、负序变化等。在电力系统异常和事故时，系统通过集中监视提供实时数据，利于调度及时、快速和准确的处理。把电力系统故障所造成直接经济损失和影响控制在最低限度。确保电力系统稳定运行，提高供电可靠性和供配电系统自动化水平，实现电力系统调度指挥功能。

系统的优越性：

先进性：调度集控系统可建立一个无人值班或少人值班的先进的管理体制。

可靠性：利用集控系统，将各站情况还原到调度人员眼前，对无人值班站或少人值班的运行维护和下达调度令都是个可靠的保证。

安全性：对各种倒闸操作，检修都可由经验丰富的调度人员监管。防止了误操作发生的可能性。

经济性：实现了无人值班或少人值班，使大量的分散运行费用变为了经济的集中运行，提高工作效率。

7.10 过磅房无人值守集中计量系统

7.10.1 集中计量系统的基本原理

设置一个计量管控大厅，将分散的各计量点现场状况通过视频技术接入计量大厅操作终端，并设置大厅与各计量点的语音对讲系统和计量信息交互传递系统，计量操作在计量大厅内完成，计量结果在现场计量点实时显示，各用户单位通过网络即可查询、统计计量数据。

7.10.2 集中计量系统的特点

（1）系统应用 MOXA 卡技术实现了现场仪表和计量管控大厅点对点数据传输，解决了干扰信号影响计量问题。

（2）系统设置了过磅质量判别功能，在过磅质量稳定时系统自动采集计量数据，避免了人工操作偏差，同时系统不允许手工输入质量数据，也不能粘贴复制，保证了计量结果的准确性和数据传输的安全性、可靠性。

（3）整个计量过程实现全程视频监控和录像，系统保存重量数据同时自动对实物进行拍照，在图片上叠加质量信息和时间，并在现场显示屏同时显示计量结果。计量结果透明公开，实现了“阳光计量”。图片查询和录像回放功能使计量过程具备了可追溯性。

（4）汽车秤设置红外对射装置和 8 个摄像头，监控计量现场，防止车辆上秤不到位、司乘人员不下车过磅等影响计量结果的情况。

大红山集中计量系统不仅是传统计量方式的改变，更是业务流程和管理方式的诸多变革，涉及进出厂管理、预报、过磅、取样、卸货等诸多环节。因此，该系统的顺利上线运行并不仅仅是单个计量负责部门的事，而是保卫部、采矿管理部、选矿厂、汽运司机等各相关单位群策群力才能办好的事。

7.11　江边水泵集中控制系统

江边加压泵站集中监控系统，该系统能够实现在矿业公司管控大厅对江边泵站的集中监控。

系统建成后可实现以下功能：

（1）泵站所有受控设备可实现现场远程监控。

（2）可以自动对泵站的加压泵做出启停控制。

（3）在上位软件上可以监视高位水池，泵站的吸水池的水位，供水管内压力状况；可以监视水泵的运行状况，电流、电压的情况。这样就能全面直观地统计（班、天、月、年）供水变化趋势，供水量。以便及时做出调整。

（4）连锁功能：老系统设备及新系统设备实现必要的连锁，控制站实现设备间的联动逻辑控制，根据工艺要求实现设备的过程控制和反馈控制，能保证对矿区稳定供水。

（5）新老泵站 PLC 通过 TCP/IP 通信协议与新增加的管控大厅主机通信、实现对江边泵站的集中监控。这样就改变了原来泵站必须有人全天候值守的运行模式，大大降低了运行成本。

7.12　工业视频系统集中控制

根据大红山未来发展建设需求，由于原有各分厂摄像机以各分厂独立视频建设，因此，本次整改将所有摄像机全部进行重新编码，并将视频控制信号接入矿区视频监控总系统，实现全矿视频信号的完全调用和控制。

本次整改以全矿监控的整体功能及各分厂需求为依据进行规划，目前大红山矿业公司视频监控系统主要涉及生产调度中心、保安值班室、采矿、50 万吨、400 万吨、800 万吨调度中心，本次整改主要是 800 万吨视频整合完成，实现各分厂能灵活机动的调用全矿视频图像，并实现前端云台摄像机的控制功能。将全矿所有视频信号完毕后，分别在采矿、50 万吨、400 万吨、800 万吨设置分控中心，通过对中心矩阵的控制，实现所需图像的调用、控制功能。

其次，800 万吨选矿区域新增 16 台摄像机，对 800 万吨选矿厂房区域进行监控；新建堆场区域增加两台摄像机，对堆场及进入堆场道路进行视频监视。

另外，按照大红山矿业公司基础数据网络建设需求，在全矿重要现场设备安装部位及控制机柜位置完成光缆布线施工，为以后矿区数字化系统管理建设做好准备。范围主要是江边、800 万吨电气楼 3 楼、5 楼、南岸车间、400 万吨电气楼 1 楼，400 万吨环水的光缆敷设，同时结合矿区视频整合及新增摄像机系统需要，增加老虎嘴光缆恢复、新建堆场及路口、800 万吨到办公楼中心机房、熔岩磨矿车间、800 万吨仓库、精铜仓库、主厂房 1 号区域、2 号区域等摄像机安装所需光缆建设。

7.13　协同办公系统及移动办公系统简介

随着现代信息交换的高速发展，传统的公文交换、信息传递已经不能满足实际使用需求，传统信息传递存在交换信息速度慢，准确性差等缺点，传递过程中受环境、时间、地点、人物等因素影响较多，影响企业的生存发展。

现行的协同办公系统及移动办公系统具有传递信息安全可靠、迅速、便捷等优点。

（1）网络通信实时传递，通过先进的网络技术无论身在何方都能够通过预先设置好的网络链接，通过计算机终端或智能手机实时登录到协同办公系统平台进行操作。

（2）先进的平台构建思路，平台搭建基于 Web 网页，集电子邮件系统、电子传真系统、信息管理系统等于一身，根据公文交换的相关要求，订制了平台的功能。协同办公系统平台操作简便直观，稍有计算机知识的普通人也能很快熟练使用。

（3）信息传递高速、安全，内部通过 10G 带宽的光纤网络及合理的网络拓扑结构，外部通过接入公共以太网，实现了信息的高速传递。系统构建设置了安全架构，使用者通过分配的用户名进行平台登录，管理员按用户使用需求划分权限，保证了信息传递的准确可靠。

（4）有效提高办公效率，各类公文通过高速网络传递到目标用户，系统自动提示用户查看信息，同时具备事件督办能力和流程痕迹管理能力，大大提高了办公效率。

协同办公系统及移动办公系统的投入使用，提高了工作效率，提高了信息传递的安全性、准确性，降低了重复工作造成的人力资源浪费，节约了办公成本，符合节能减排的要求，是企业高速发展应具备的条件。

7.14　精矿输送管道自动化、信息化

在运行大红山管道一年多的基础上提出了管控一体化的思想及理论，管控一体化思想在管理思路上打破了传统的管理思路，应用信息化带动工业化的思想，将现代管理理论和计算机及自动控制技术紧密结合。

在管道运输领域的管控一体化的实力正在逐步显现出来。

8　技术创新和管理创新

8.1　技术创新

（1）大红山铁矿无底柱分段崩落法采场结果参数提升到 20m × 20m 或 20m × 30m，已运用成功。

（2）用胶带斜井作为主提升井，替代常规的箕斗竖井，生产稳定，提升空间大，达产超产能力强。

（3）不断提高采矿的技术经济指标，严格控制出矿品位及回采率，努力提高资源的综合利用水平。将矿体的圈定品位由 30% 降至 25%，提高资源的利用率。

（4）矿业公司经过几年的不懈努力，先后建成提质降硅系统，提量降尾系统，使 50 万吨/年、400 万吨/年选厂设计尾矿品位 14.91%、15.34% 均降至 11% 左右，每年从尾矿中回收 40% 品位二级精矿约 70 万吨。通过新型设备——离心机一期工程的投入，确保了总精矿品位达 64%，现进行离心机二期工程建设，可进一步将总尾矿降至 10% 以内，为下一道工序提供优质原料。

（5）投资近 300 万元建成“尾矿回收金的流程”，每月可回收含金 30g/t 的金精矿 10t 以上。降低尾矿品位以增加金属回收率，减少尾矿排放量，是节约资源，提高资源利用率

的首要工作，下一步还将在尾矿里面提取钴金属。

(6) 井下尾砂胶结充填骨料研究：生产过程中的部分尾砂用于井下充填，寻找水泥替代产品——高温陶瓷固化剂。降低生产成本，增加胶结强度，减少采空区形成后的压力，为安全生产创造条件。

(7) 大红山铁矿开拓工程实现中段高度245m，回采结构参数20m×20m，采矿工艺技术流程成熟、可靠，2012年，由中南大学、东北大学、北京矿冶研究院、长沙矿山研究院、大红山铁矿、五矿邯邢矿业6家单位强强联手，共同开展国家科技部“十二五”第一批批准科技攻关与高新技术发展计划项目——《金属矿床高效地下开采关键技术研究及示范》的研究工作，作为其中的一个重要子课题，《大型金属矿床地下集中强化开采关键技术》研究项目由大红山铁矿和长沙矿山研究院负责组织研究。

(8) 大红山铁精矿管道工程创造了五个“中国钢铁工业之最”：

1) 首创管控一体化管理思想，开发管控一体化管理系统平台；

2) 铁精矿矿浆输送管线长度171km，全国第一（见图14）；

3) 矿浆扬送高差1520m，全国第一；

4) 长距离矿浆输送管道敷设复杂程度居世界前列（见图15）；

5) 矿浆输送压力24.44MPa，与秘鲁安塔密娜铜锌金矿并列世界第一。

图14 管道大跨越

图15 管道安装敷设

（9）申请专利情况（见表10）。

表10　申请专利情况

序号	申请专利名称	申请国别	申请号	授权公告日
1	一种提高陶瓷过滤机过滤系数的工艺方法	中国	ZL200910119677.6	2011年4月27日
2	一种矿浆管道运输装置	中国	ZL200910008917.5	2010年11月24日
3	一种可提高矿浆浓度的矿浆浓缩系统及其控制方法	中国	ZL200910008970.5	2011年3月9日
4	一种长距离浆体管道输送压力检测系统及检测方法	中国	ZL200910119742.5	2010年11月24日
5	一种固体管道运输中浓缩池杂质分离装置	中国	ZL200910134911.2	2010年6月23日
6	一种高压力长距离浆体管道输送多级泵站在线切换方法	中国	ZL200910148154.4	2011年2月9日

8.2　管理创新

（1）采用新模式办矿，引入有资质的采矿单位承包采矿工作。这一模式有效提高了采矿工作效率，并降低采矿管理成本，取得较好的效益。

（2）修订完善各种规章制度，强调标准化和精细化管理。

（3）成功申报省级企业技术中心，争取3年后成功申报国家级企业技术中心。

（4）瞄准国内一流矿山企业“对标挖潜”，降本增效，创新发展。

（5）大红山铁矿在中国冶金矿山企业协会第五届四次理事会“十佳厂矿”的评选活动中，荣膺“十佳厂矿”的称号。

（6）努力打造数字化矿山建设，实现矿山地质建模，视频监控，水泵、变电站、磅秤无人值守等。

（7）合理利用矿产资源，以创新理念为指导，努力实现矿山转型升级。

9　建设和谐矿山

坚持以科学发展观为指导，正确处理企业与地方政府、当地群众的利益关系是维护矿山周边社会稳定，营造企业良好发展环境的关键。自2002年初，50万吨/年工程开始建设以来，玉溪大红山矿业有限公司共吸纳了3000多名劳务人员在矿山工作，2007年底从新平县新化乡米尺莫村委会招收了39名正式职工在矿业公司工作，极大地缓解了当地人员就业难的问题，以此带动为矿山提供社会及第三产业服务人员两万多人。积极参加当地政府组织的系列活动，倡导企业文化与民族文化的融合，强调社会效益与经济效益并重，建矿以来，昆钢集团玉溪大红山矿业有限公司先后为当地扶贫济困累计捐款3200万元。企业照顾地方利益，地方政府也把企业的事当成自己的事，强化协调服务，优化发展环境。玉溪市和新平县对大红山矿业公司的发展给予大力支持，始终把优化发展环境作为重要抓手，以硬措施治理软环境，从项目立项、节能审查评估、用电需求、资源综合利用、清洁生产、安全生产、建设项目用地、工商注册登记、税务登记、城市规划许可、环境影响评价、水土保持方案、税收减免等方面，积极提供主动、规范、优质、高效的服务，着力营造良好的投资环境。大红山矿山在开发中走出了一条和谐发展之路。为充分照顾地方利益，公司在当地注册，把税费留在地方政府。2004 年以来，累计上交新平县税费 17.94 亿元，为地方经济持续、快速、跨越式发展作出了积极贡献。

多年来，矿业公司扎实有效开展管理创新工作，促进了各项工作跨越式发展。受到云南省委书记秦光荣、国家国土资源部部长徐绍史等各位领导的高度褒奖：大红山铁矿有“两快”：建设速度快、达产快；有“四个先进”：管理先进、设计先进、技术先进、装备先进；有“四个好”：经济效益好、社会效益好、技术效果好、环境保护好。领导的褒奖既是动力也是压力。我们将秉承“吃苦耐劳的奉献精神、敢为人先的创新精神”，坚定信心，攻坚克难，精细管理，勇于创新，按照创“四型”企业的要求，立足大红山、胸怀全昆钢、放眼全世界，通过管理创新，谋划大发展，实现新跨越，加快矿山转型升级，打造一流的现代化矿山。为国家、为社会，作出我们昆钢大红山人应有的新贡献。

10 结语

玉溪大红山矿业有限公司站在资源开发大趋势和自我发展战略的高度，解放思想，敢于创新，攻坚克难，大胆突破，把采用国际国内先进工艺、技术、装备，全方位打造“数字、绿色、和谐”的国际一流的现代化矿山作为大红山矿区开发和建设的战略目标。按照“观念新、体制新、机制新、管理新”的四新办矿模式摸索现代企业管理经验。推行外委承包采矿模式，取得成功。在开发建设和生产经营中实现了“两快”：建设速度快、达产快；体现了“四个先进”：管理先进、设计先进、技术先进、装备先进；做到了“四个好”：经济效益好、社会效益好、技术效果好、环境保护好。在创新安全管理机制，坚定不移推行安全标准化，促矿山安全发展方面取得长足进展。落实安全生产主体责任，推进“三个坚定不移”的有效开展，坚定不移地推行矿山安全标准化工作；坚定不移地推行领导干部带班下井制度；坚定不移完善井下安全避险“六大系统”建设；夯实基础，创新机制，强化安全管理，提升了全员的安全意识和安全行为。在“十二五”期间，矿业公司将以建设“资源节约型、环境友好型、安全发展型、自主知识型”企业为宗旨，以原矿生产 1200 万吨/年以上，成品矿生产 500 万吨/年以上为目标，努力实现矿山转型升级。

参考文献

[1] 王运敏. 现代采矿手册［M］. 北京：冶金工业出版社，2011.

[2] 刘于平. 现代矿山选矿工程设计手册［M］. 北京：煤炭工业出版社，2006.

作者简介：

徐炜，研究生学历，高级经济师，现任昆钢集团公司总经理助理，大红山矿业有限公司总经理。

与时俱进　开拓创新　再铸镜铁山矿新辉煌

吕向东

（酒钢集团宏兴钢铁股份有限公司）

2012 年 4 月 30 日

1　地理位置

镜铁山矿隶属于酒钢集团宏兴钢铁股份有限公司，由桦树沟和黑沟两个矿区组成。地处甘肃省肃南裕固族自治县祁丰乡境内，矿山北距嘉峪关市直距 55km，西北距玉门市约 50km，东北距酒泉市约 60km，与嘉峪关市冶金厂区有公路及铁路相通。公路长 90km、铁路长 78km，交通较为方便。矿区交通位置如图 1 所示。

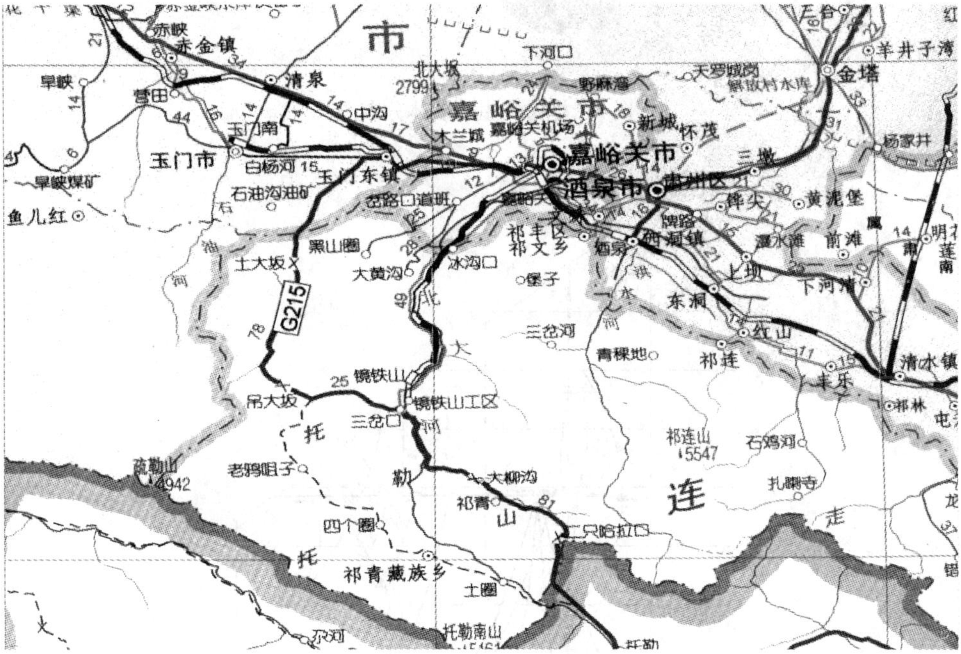

图 1　镜铁山矿矿区交通位置图

2　矿床地质

2.1　桦树沟铁矿床

桦树沟铁矿主要构造为复式向斜构造，断层比较发育，铁矿产于浅变质的厚层千枚岩中，矿石呈条带状，为化学沉积，矿体呈隐伏－半隐伏层状产出，与围岩有明显界线，矿体主要受褶皱构造控制，产状整合，并与围岩一同遭受褶皱和变质，形成明显的向斜构造，矿体于褶皱枢纽地段出现增厚现象。桦树沟矿为一北西西向向斜构造，出露地层为震旦系镜铁山群，主要为一套石英岩、大理岩、千枚岩及含碧玉条带的镜铁－菱铁矿层组成的轻变质岩系。矿体长1600m，厚2～150m，矿石为镜铁矿和菱铁矿混合矿石，多与重晶石、碧玉等组成条带状构造（见图2和图3）。平均品位（全铁）37.86%。

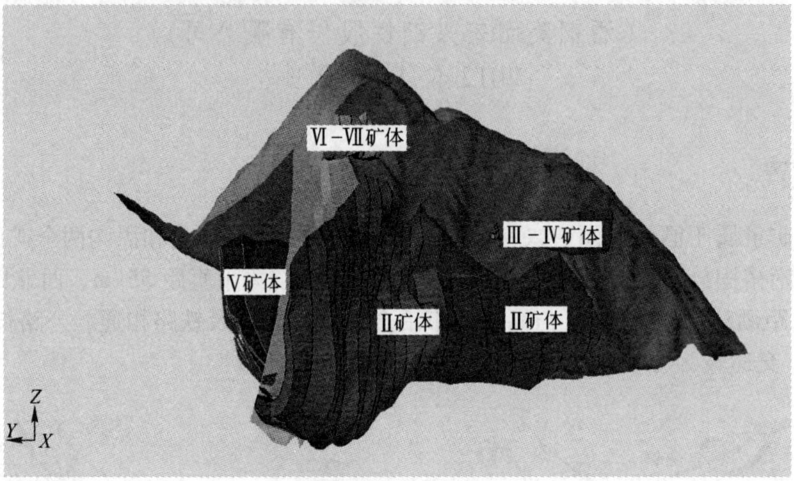

图2 桦树沟主要矿体分布图

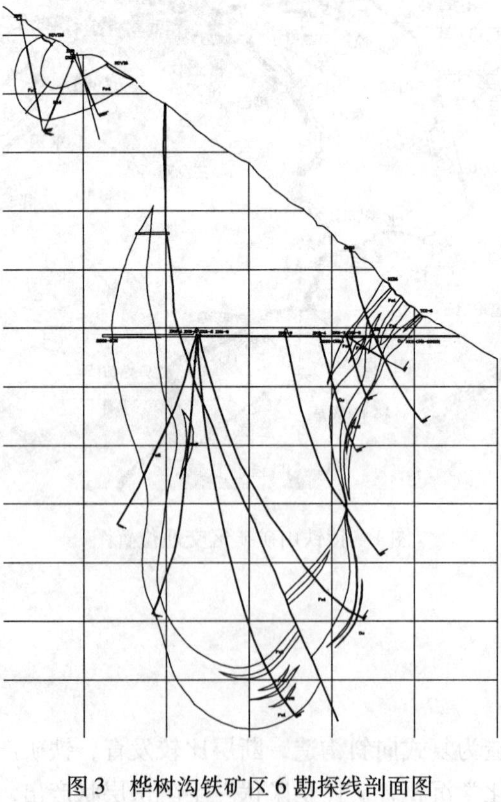

图3 桦树沟铁矿区6勘探线剖面图

2.2　黑沟铁矿床

黑沟矿区为一闭合向斜构造，矿体呈层状、似层状沿向斜两翼出露。主矿体长1410m，厚55～117m。矿石类型较桦树沟复杂，但仍以镜铁矿菱铁矿混合矿石为主。平均品位（全铁）36.14%，易选；有害组分均低于工业指标限量（见图4和图5）。

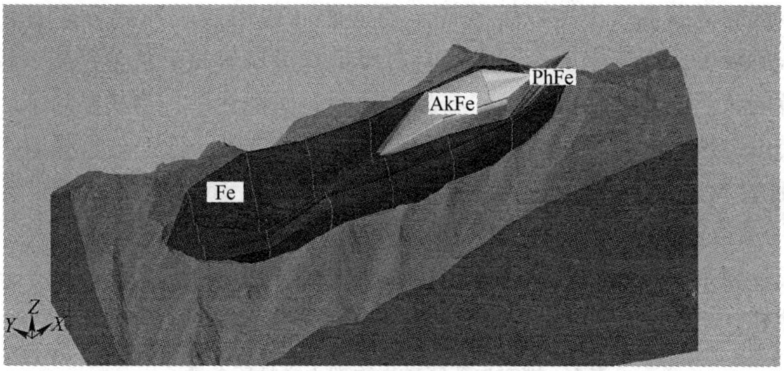

图4　黑沟主要矿体分布图

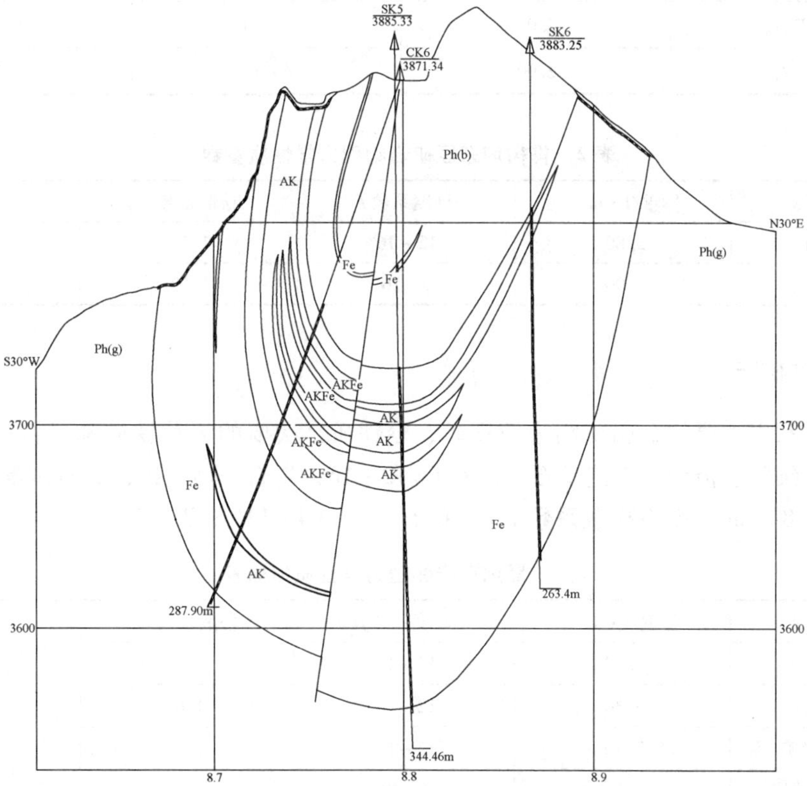

图5　黑沟矿区第9勘探线地质剖面图

3 矿床开采技术条件

3.1 桦树沟铁矿床

桦树沟铁矿床处于褶皱断块高山及中山坚硬岩石工程地质区，岩石完整性好、硬度高，矿体及顶底板围岩岩性比较单一，物质组分也较简单，多为微晶粒状结构，块状、条带状和千枚状构造，属坚硬、半坚硬岩层为主的层状矿床。

桦树沟矿区的矿石自然类型以镜铁矿、菱铁矿（或褐铁矿）混合矿石为主，而纯镜铁矿及纯菱铁矿极少，在矿层上、下盘尚有含浸染状镜铁矿和带状菱铁矿、镜铁矿的铁质千枚岩，呈薄层状产出，数量很少。矿石品位较低，属中贫矿，富矿品位43.04%。

矿石主要由镜铁矿（地表部分氧化为褐铁矿）、菱铁矿、碧玉与重晶石组成，多为混合矿石，除地表风化破碎外，均较稳定，矿石 $f=12\sim16$，岩石 $f=5\sim8$，矿石体重 3.5~3.8t/m^3，岩石体重2.9t/m^3，矿石松散系数1.53，矿石自然角40°13′，矿石具有中贫、高硫，成分复杂，颗粒好及坚硬等特点，属难磨、难选矿石。矿岩属于坚硬、半坚硬岩石，稳固性好，水文地质简单。矿岩物理力学参数，见表1，表2。

表1　桦树沟西区矿岩物理力学性质参数

矿岩名称	体重/t·m^{-3}	硬度系数 f	松散系数 K
铁矿石	3.59	12~16	1.51
铜矿石	3.05	10~16	1.51
岩　石	2.90	4~10	1.51

表2　桦树沟东区矿岩物理力学性质参数

<table>
<tr><th>矿岩名称</th><th>体重/t·m^{-3}</th><th>硬度系数 f</th><th>松散系数 K</th><th>湿度/%</th></tr>
<tr><td>铁矿石</td><td>3.80</td><td>12~16</td><td>1.53</td><td rowspan="2">0.62</td></tr>
<tr><td>岩　石</td><td>2.90</td><td>6~10</td><td>1.53</td></tr>
</table>

3.2 黑沟铁矿床

黑沟矿石中主要的金属矿物为镜铁矿、菱铁矿，次要的为黄铁矿和磁铁矿等。属中贫、高硫、细粒、极硬的难选矿石。矿石 $f=12\sim16$，岩石 $f=5\sim10$，矿石体重3.72t/m^3，岩石体重2.87t/m^3，矿石松散系数1.6，矿石自然角40°13′（见表3）。

表3　黑沟矿岩物理力学性质指标表

<table>
<tr><th>矿岩类型</th><th>体重/t·m^{-3}</th><th>硬度系数 f</th><th>松散系数 K</th><th>湿度/%</th></tr>
<tr><td>混合铁矿石</td><td>3.72</td><td>12~16</td><td rowspan="3">1.6</td><td rowspan="5">0.53</td></tr>
<tr><td>铁千枚岩矿</td><td>3.35</td><td>12~16</td></tr>
<tr><td>铁白云岩矿</td><td>3.40</td><td>12~16</td></tr>
<tr><td>黑灰色千枚岩</td><td rowspan="2">2.87</td><td>5~10</td><td rowspan="2">1.6</td></tr>
<tr><td>灰绿色千枚岩</td><td>10~12</td></tr>
</table>

3.3 资源储量

3.3.1 桦树沟矿区

桦树沟矿区西高东低，西南端最高海拔标高3610m，在北端下降至北大河谷之下，标高为2480m，矿体显露于2695~3420m之间的山坡上。

桦树沟矿区矿床产于长城系上岩组一套杂色千枚岩系中，矿体赋存于黑灰色及绿色千枚岩之间，矿床成因属地槽中部与火山作用有关的沉积变质矿床，桦树沟矿区共7个矿带。Ⅰ、Ⅱ矿带呈一个向斜构造，Ⅲ、Ⅳ矿带为另一个单独的向斜构造，位于Ⅰ、Ⅱ矿带之上。Ⅴ矿带（FeⅠ矿体的西延部分）为一个单斜构造向北倾斜，Ⅵ、Ⅶ矿带亦呈向斜构造产出。厚度2~150m，平均厚度60m。

桦树沟矿区累计探明地质储量3.98亿吨，截至2011年一季度末，桦树沟铁矿探明的保有铁矿石储量2.6亿吨（其中东区0.6亿吨，平均品位37.09%；中西区两亿吨，平均品位34.69%）；桦树沟西铁铜矿2~3线正在进行详查，根据目前坑探及钻探工程见矿情况粗略推算，铁矿石储量4500万吨左右。

3.3.2 黑沟矿区

黑沟矿区位于桦树沟矿区东南侧，两矿区相距2.3km，矿体东高西低，两端出露地表，东端出露最高标高为4009m，两端最低出露标高为3563m。

黑沟主矿体呈厚层状，产于黑灰色千枚岩与灰绿色千枚岩之间。按构造位置划分为两个矿带，两矿带也呈向斜构造产出，东西延长1410m。

向斜北翼矿带倾向SW，倾角45°~65°，厚度55~117m，平均厚度83m；向斜南翼矿带倾角陡，倾角在70°~90°，厚度55~155m，平均厚约105m。

黑沟矿区探明地质储量1.55亿吨，截至2011年一季度末，黑沟铁矿保有铁矿石储量1.3亿吨，平均品位35.54%。

4 矿山开拓

桦树沟矿区采用平硐—斜坡道—溜井—胶带斜井联合开拓（见图6）。主平硐标高为2640m，阶段高度为120m。主平硐标高以上已开拓的主要运输水平有3240m、3060m、2940m、2880m、2760m。其中3240m水平为Ⅵ~Ⅶ矿体的主要阶段运输水平，2880m水平为西区Ⅱ中矿体的主要阶段运输水平。罐笼井负担3060m以下Ⅲ~Ⅳ，Ⅵ~Ⅶ和西区（3060m以上）Ⅱ中矿体开采时的人员、设备、材料的提升。罐笼井井口标高为3127m，最高提升标高为3060m，最低出车标高为2640m，井筒长度为517m，净直径为5.5m，采用1.75×6多绳提升机，提升双层单车单罐笼。

主斜坡道和采区斜坡道担负东区Ⅰ~Ⅱ矿体，西区Ⅱ中矿体的人员、材料运送和采掘设备的运行。主斜坡道坡度为15%，断面为20~30m^2，上口标高为3060m，硐口标高为2640m，全长3110m。

黑沟矿区采用公路—平硐—溜井—胶带斜井联合开拓（见图7）。其开拓运输系统以3400m水平为界分为上部开拓系统和下部开拓运输系统。

（1）上部开拓系统为平硐溜井开拓系统。上部开拓平硐标高为3400m，即采场内回采的矿石由汽车运至采场内溜井，1号溜井上口原标高3766m，2号溜井上口原标高

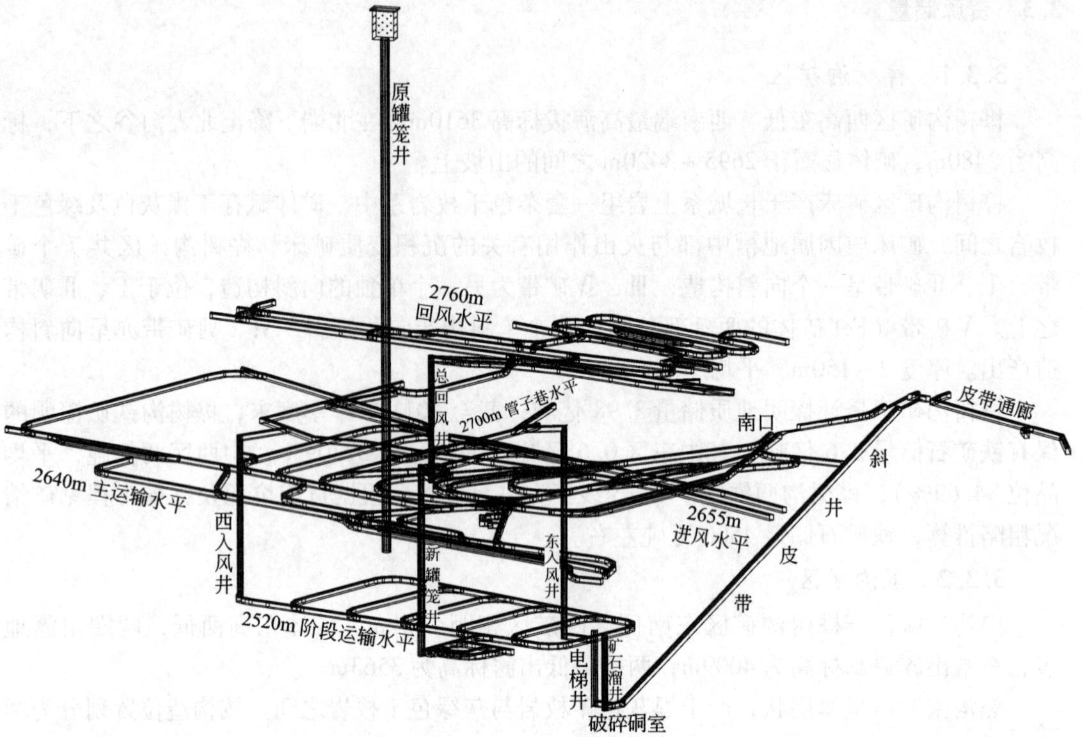

图 6　桦树沟矿区开拓系统纵投影图

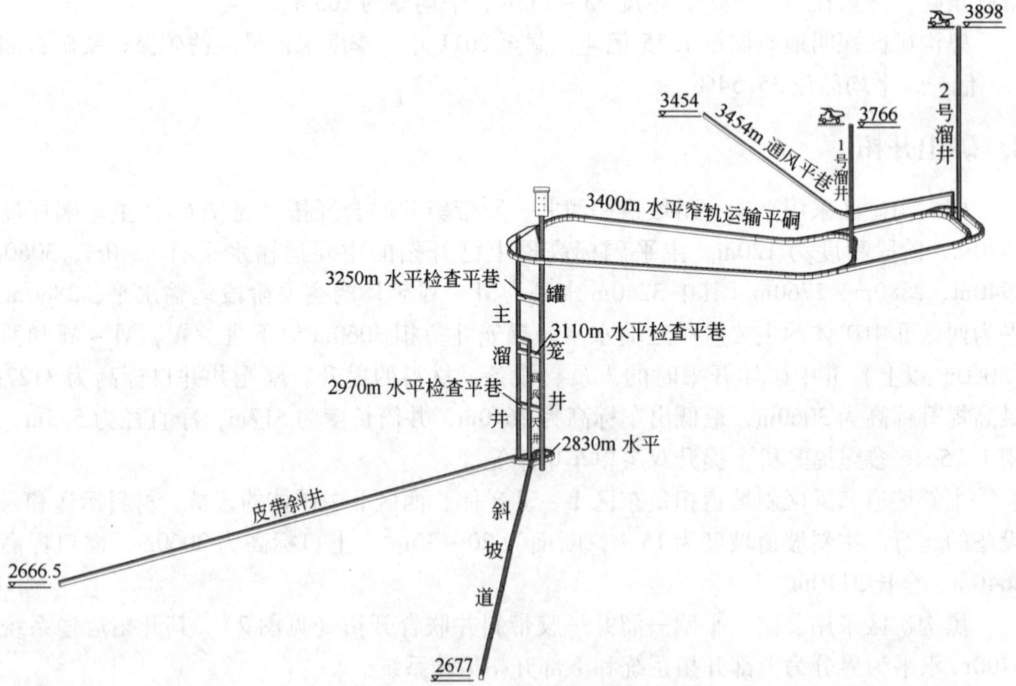

图 7　黑沟矿区开拓系统立体图

3934m，直径均为5.5m，下放到3400m水平，然后运到硐外的粗碎站，经粗碎后送入下部开拓的主溜井。采场的岩石由汽车直接运到采场南侧的废石场。

（2）下部开拓运输系统为斜井胶带运输系统。矿石经3400m水平平硐运至粗破碎站，破碎后的矿石经 ϕ5m 的主溜井下放到斜井上口（标高2834m），由设在斜井内的带宽1000mm胶带机运至斜井外2677m水平中破碎站，破碎后的矿石由倒装胶带输入保温矿仓，装准轨矿车经镜铁山站外运。

5　采矿方法

5.1　桦树沟矿区

桦树沟矿区铁矿体属于急倾斜的厚矿体，矿石和围岩稳定。矿体中夹石少，质量均匀，矿床采用无底柱分段崩落法开采，即将阶段用分段巷道（沿脉巷）划分为分段，分段高度15m。分段再划分为分条，每一分条内有一条回采巷道（进路）。在回采巷道中进行落矿和搬运。分条之间依次回采，分段之间自上而下回采。上下分段的回采巷道交错布置。随着分段矿石的回采，上部崩落围岩下落充填采矿区形成覆盖层。回采是在回采巷道内凿向上的扇形炮孔，以2.2m的崩矿步距向充满废石的崩落区挤压爆破，崩落的矿石在覆盖岩下，自回采巷道的端部底板直接用铲运机把矿石运到采区溜井。

桦树沟矿区原阶段高度为60m，分段高度10m，进路间距10m，崩矿步距1.6m；后对采场结构参数进行了多次优化，现阶段高度变为120m，采场结构参数（分段高×进路间距）已扩大为15m×18m，崩矿步距2.2m，每60～100m设一条采区溜井，无底柱分段崩落法结构图如图8所示。

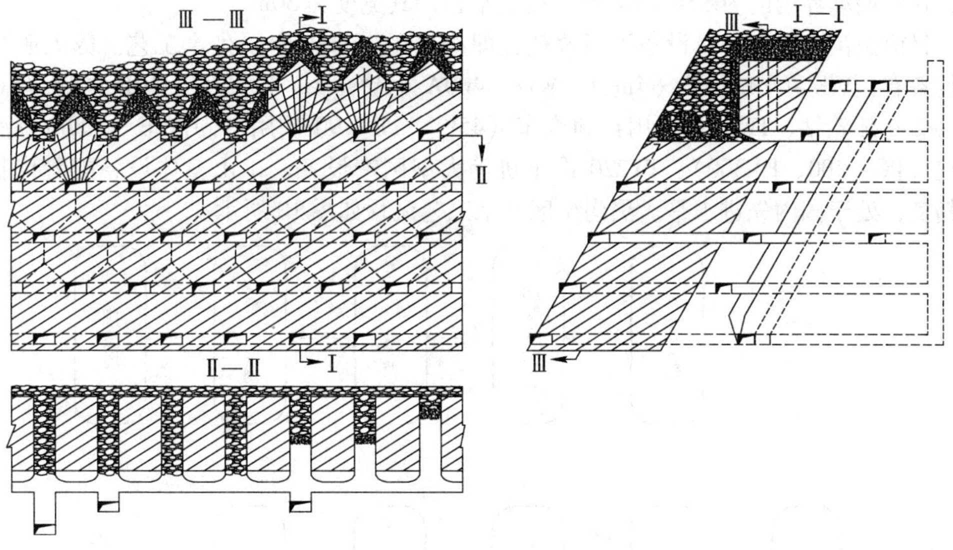

图8　无底柱分段崩落法采矿方法三视图

目前，桦树沟矿区主要生产设备有：Toro－400E电动铲运机、EST－5C电动铲运机、EST－6C电动铲运机、ST－5C柴油铲运机、SimbaH252深孔凿岩台车、1354深孔凿岩台车、Boomer－282掘进台车等国际先进系列设备。开采工艺流程如图9所示。

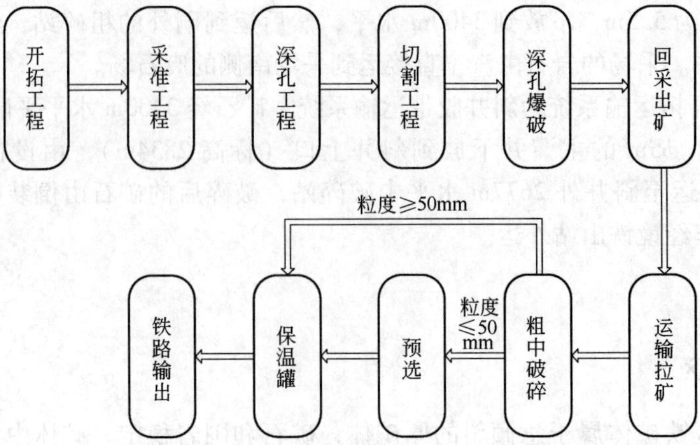

图9 桦树沟矿区采矿工艺流程

5.2 黑沟矿区

黑沟矿区1999年5月由鞍山冶金设计研究院完成设计，于同年开始矿山基建，采用山坡露天方法开采。黑沟矿区矿体形态简单、厚度较大，根据矿体的赋存条件，采用露天方式进行开采。以9勘探线为界，分一期、二期两个采场，一期目前在3670、3682台阶开采；二期在3835、3850台阶开采，台阶高度为12m（2009年中冶北方进行扩能设计时将黑沟台阶高度调整为15m）。当开采到最终边帮时，两个台阶合并为一个阶段，其段高为24m。开采终了时阶段坡面角为65°，生产时阶段坡面角为70°。安全平台宽度5m，清扫平台宽度17m，每隔两个安全平台设一个清扫平台。为保证分期开采方案的正常安全生产，在一期境界内的3682m标高设一接渣平台，其宽度为30m。

目前黑沟矿区已完成设备更新改造，即将采用15m高台阶生产工艺。露天矿主要生产设备有：WK-4B电铲（$4m^3$）、WD-400A电铲（$4m^3$）、WK-10B电铲（$10m^3$）、KY-250牙轮钻、TEREX矿用自卸汽车（45t）、TR-90矿用自卸汽车（100t）、液压挖掘机（PC-400、EX300）、TY220推土机等大型国产设备。矿山整体设备配置优化、装备精良，处于国内先进水平。黑沟矿区开采工艺流程如图10所示。

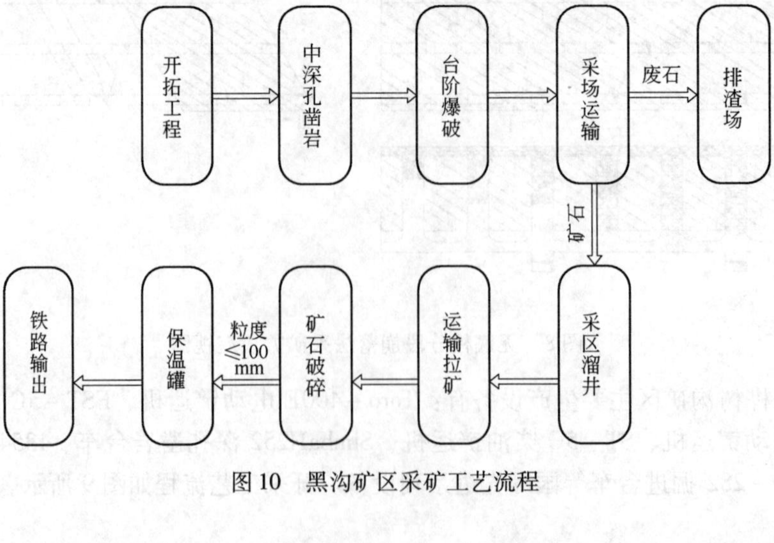

图10 黑沟矿区采矿工艺流程

6　绿色矿山建设

6.1　依法办矿

镜铁山矿把法律作为生产经营的依据，坚持依法办矿、依法采矿、依法经营，严格遵守法律法规，认真执行法定程序，履行企业义务。自开矿至今未发生任何类型环保事故。矿山所进行的矿产资源开发活动符合矿产资源规划的要求和规定，无超层越界、滥采乱挖、浪费资源等现象；及时交纳矿产资源补偿费和采矿权价款；无转让和承包采矿权行为；未受到相关行政处罚，未发生严重违法事件。

6.2　规范管理

镜铁山矿积极加入并自觉遵守《绿色矿业公约》，目标明确，措施得当，责任到位，成效显著。矿山具有健全完善的矿产资源开发利用、环境保护、生态重建、安全生产等方面的规章制度和保障措施；根据实际情况每年进行相应的修订和完善，确保矿山生产发展符合各项制度的要求。推行企业健康、安全、环境管理体系认证和产品质量体系认证，实现了矿山管理的科学化、制度化和规范化。

按照国家安全总局要求，结合《甘肃省金属非金属地下矿山安全避险“六大系统”建设实施方案》，2011 年底完成了“压风自救系统”、“供水施救系统”的建设工作和“紧急避险系统”、“监测监控系统”、“人员定位系统”、“通信联络系统”的论证工作，“六大系统”建设实施将是我矿数字化矿山创建安全环境迈出的可喜一步，使我矿安全管理环境发生质的变化（见图 11）。

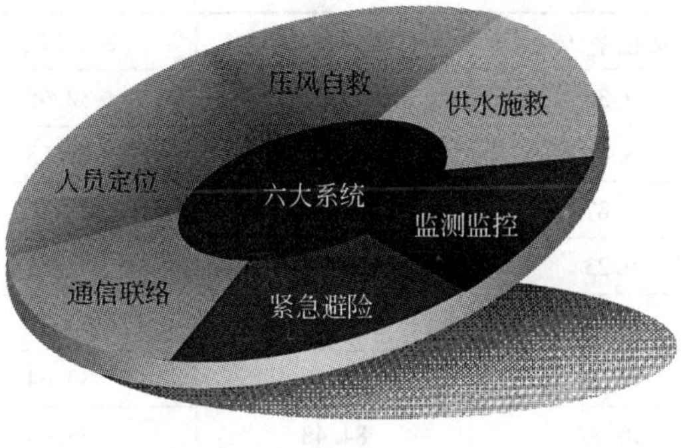

图 11　安全管理“六大系统”

2011 年，我矿实现了重伤、工亡事故为零；杜绝了较大的生产、设备、交通事故；重大危险源和高度及以上危险源受控率、隐患整治与受控率、特种作业人员持证上岗及证件有效率达到 100%，较好地实现了既定的安全生产奋斗目标。

6.3　资源综合利用

6.3.1　合理开采，桦树沟回采率指标显著进步

近年来，为提高桦树沟矿区综合回采率，主要完成了以下科技创新项目：

实施预选工程建设。2001 年 6 月，在镜铁山矿建设矿石预选工程。原矿经预选后，品位提高 1% 左右，废石品位保持在 14% 以下，抛废产率在 4.27% ~6.87% 之间。桦树沟预选抛废技术应用于生产后，进入山下选矿厂的围岩减少，降低了运输、焙烧的成本，提高了选矿产能；降低了镜铁山截止出矿品位，使矿山回采率从 2001 年的 74.82% 提高到 2011 年的 86.70%。

创新放矿管理方式。自 2004 年在桦树沟矿区各矿体全面创新应用“截止品位和出矿总量控制”相结合的出矿管理制度以来，效果较为明显，不仅使桦树沟矿石回采率较之前有较大幅度的提高，采矿成本大幅下降，而且采出矿石品位波动明显减小，满足了选矿需求。

大间距采矿结构参数研究与应用。桦树沟矿区通过大间距采矿结构参数试验工作，将采矿结构参数由 15m(分段高度) ×12m(进路间距)调整为 15m ×18m。

残留矿石回收取得实效。桦树沟矿区由于部分矿体出露地表，靠近山坡边缘的一些矿体破碎，采准巷道掘凿难以成巷，无法施工深孔，导致开采过程中矿石损失较大。为解决这一问题，镜铁山矿自 1998 年开始采用坑内转露天开采的方式回收边缘残留矿石，至 2011 年底累计采出矿石 917.8 万吨。

低品位资源利用。西部Ⅰ矿体（6—14 线）地质品位平均 26% 左右，测算采出工业品位仅为 23.5%，借助矿山建设的矿石预选工程，2003 ~2011 年累计采出矿石 83.28 万吨。

通过采用以上主要技术措施，开采综合回采率有了较大幅度的提高，特别是近 3 年来回采率稳中有升，矿山生产技术管理保持了较高水平。近年来桦树沟铁矿井下矿石回采率完成情况见表 4。

表 4　近年来桦树沟矿区井下开采矿石回采率完成情况

年　份	贫化率/%	回采率/%	采出品位/%	放矿方式
2001	9.36	74.82	32.65	截止品位出矿
2002	8.46	75.04	32.63	
2003	9.87	77.32	33.26	
2001 ~2003	9.23	75.73	32.85	
2004	11.29	84.62	32.49	截止品位和出矿总量控制相结合出矿
2005	10.20	83.50	33.64	
2006	10.82	84.48	33.49	
2007	11.09	83.51	33.42	
2008	12.02	84.30	33.08	
2009	12.02	84.69	32.95	
2010	11.22	86.10	33.10	
2011	10.70	86.70	33.00	
2004 ~2011	11.17	84.75	33.15	

6.3.2　黑沟铁白云石、铁千枚岩表外矿资源有效利用

黑沟矿区开采初步设计圈定表外矿 1114.09 万吨，其中：铁质千枚岩为 191.25 万吨，

铁白云石922.83万吨。其中铁质千枚岩矿储量占全区总储量的2.34%，含铁品位平均为26.14%；铁白云石矿储量占全区总储量的7.64%，含铁品位平均为25.05%。根据现行工业指标铁质千枚岩、铁白云岩达不到工业开采指标，将两矿物作为表外矿处理。

通过综合配矿、利用测算烧结矿品位控制铁质白云石的配入及随着选矿“提质降杂、阳离子反复选”工程的投产，使黑沟表外矿可以部分利用，自投产以来，已累计采出铁质千枚岩和铁白云石119.78万吨。开采境界内上述两种矿物的利用率目前达到59.88%。

6.3.3　开发利用共伴生矿物

1982~1987年，西北地质五队在对（14—6线）铁矿补勘过程中，在Ⅴ号铁矿体下盘发现了共生铜矿。1996年12月提交了《甘肃省肃南裕固族自治县镜铁山铁矿桦树沟矿区（14—2线）补充勘探暨（10—2线）铜矿详查报告》，2008年兰州有色设计院进行初步设计，设计圈定地质储量5676923t，金属量125998t，铜平均品位2.22%。目前镜铁山铜矿正在进行基建工作，2013年5月底交工投产，设计年产原矿量为30万吨，铜精粉2.79万吨。

6.4　节能减排

节能减排是现代企业提高经济效益，履行企业社会责任，增强企业竞争力的重要措施，因此镜铁山矿在生产、服务各环节都十分重视节能减排工作，持续加强节能基础工作规范化建设，不断完善镜铁山矿节能降耗管理措施，明确目标，强化责任，使节能减排工作贯彻到矿山生产的各个方面。

6.4.1　节能方面

（1）采取制度化、系统化管理措施强化能源管理工作。矿山每年对矿区地面所有供水、供汽（气）管道进行工业普查，对易破损的煤场、机关楼、工业厂区管道及时投入资金、安排人力进行整改，平均每年更换各种分支线水阀260余件，更换暖气管道、水管道近6km。管网维护项目的实施有效降低水资源浪费并提高热能利用率。

（2）多种措施节约电能。镜铁山矿井下及地面照明均采用声光控开关，每年可节约电能32104kW·h；矿区路灯、广场高杆灯、橱窗荧光灯采用RD100可编程序控制器，定时开启；矿山各单位职工宿舍核定月用电量，超出对各单位进行考核；各单位职工宿舍卫生间冲洗水采用可编程序控制器控制，定时冲洗；对矿山主要电气设备的运行时间进行规定，降低非生产运行时间。

（3）淘汰高能耗工艺设备。镜铁山矿按照国家工信部发布的《淘汰落后生产能力、工艺和产品的目录》及《高耗能落后机电设备（产品）淘汰目录公告》要求，对矿山的高压设备根据运行状况实行“关、停、并、转”措施，淘汰了1995年以前投运的落后变压器及部分高耗低效电机，降低了电能损耗。

（4）从细节方面做好节能工作。矿山对所有行人、行车及井下运输巷道进行声光控开关改造，形成人（车）来灯亮，人（车）走灯灭；加大设备空转检查力度，对矿区主要设备进行不定期经济运转检查，能源利用各个环节均得到有效控制；对在矿职工个人生活用能进行科学分解，根据生产单位人员多少核定用电量，与个人直接挂钩，在矿山形成人人讲节能，人人减排放的良好氛围。

6.4.2 减排方面

（1）废水排放控制：矿区主要生活废水经矿区排污管道进入浴池污水处理站，通过生物接触氧化—沉淀—过滤—消毒，完成三级处理达标后排入北大河。工业废水主要有锅炉冲灰水、井下生产、设备用水，预选矿除尘废水，设计按要求进入各自污水处理站处理。根据“十二五”规划，镜铁山矿铁矿石年产量将达到1000万吨，为保证污水处理能力满足实际需要，2012年已立项对现有污水处理站进行扩能改造，确保全矿污水均实现达标回用和排放。

（2）废气排放：镜铁山矿的废气排放主要是锅炉产生的烟气。废气排放的控制措施主要有：加强除尘器维护点检工作，定期清理烟道积灰，岗位及时进行监控操作，及时对水浴除尘器进行监控，按需补水，保证除尘器有效运行。在每年两次的例行监测中，参照环保监测站提供的数据，所有产尘点全部达标排放，均满足《大气污染物综合排放标准》三级排放标准要求。

（3）固体废物：主要产生的固体废物有矿体开拓产生的岩石、预选尾矿、锅炉炉渣等。黑沟矿产生的岩石排在排渣场；桦树沟矿产生的岩石排在桦树沟矿平排渣场；矿区生活垃圾集中回收后在排渣场掩埋处置，锅炉炉渣集中回收在木粉加工厂后院储存，用于矿区道路维护、工程建设利用。随着镜铁山矿扩能1000万吨/年的需求，新建桦树沟镜铁湖废石场，现已按照设计方案开始施工，届时将满足镜铁山矿扩能后废石排放的需求。

6.4.3 节能减排成果

镜铁山矿在国家倡导的“节能减排，发展低碳经济”方面，结合矿山独特的地理环境，走出了新路子，开辟了新途径，既履行了企业的社会职责，也为酒钢的可持续发展作出了自己的贡献。

2011年镜铁山矿通过不断加强“节能降耗”工作的力度，落实《镜铁山矿能源管理办法》，控制水、电、煤、气、油料等消耗，使工序能耗明显下降，2011年每吨矿石能耗低于3.17kW·h。

6.5 环境保护

镜铁山矿区位于青海和甘肃两省交界处祁连山系中段，北大河横穿桦树沟矿与黑沟矿之间，向北流入酒泉盆地，平均流量为12.53m³/s，最大流量达19.39m³/s，河床宽10～25m，坡度为1.7%，是嘉峪关市、酒泉市最重要的灌溉、饮用水水源。镜铁山矿环境保护工作对当地乃至嘉峪关市、酒泉市的水环境保护都具有十分重要的意义。长期以来镜铁山矿在生产、建设的每个环节都非常重视环境保护工作，并且针对铁矿石开采工艺的生产特点，紧紧围绕重要环境因素和目标指标，完善运行控制措施，持续开展环境保护工作，落实重要环境因素控制措施，保证各区域污染物达标排放。

镜铁山矿为认真落实环境方针，根据自身的重要环境因素确定了：废水污染物排放合格率100%，废气排放合格率100%，固废回收利用率100%，废水重复利用率90%，绿化面积占可绿化总面积80%以上，环境污染事故为零的指标。

同时，矿山针对重要环境因素确定了5项环境保护管理方案。通过加强运行控制，推行标准化作业，每月统计分析环境目标、指标的完成情况，对文件执行情况进行检查考核，促使各项目标指标都落到实处，镜铁山矿各项环境指标有了明显的改善。镜铁山矿现有除尘设备、污水处理系统等环保设备93套，为保证镜铁山矿污染物达标排放，每年投入环保设备运行维护费用超过30万元。镜铁山矿在未来将不断补充环保设备、设施的建设、维护资金投入，强化监督管理，并培养技术力量，在运行中不断积累运行经验，使环保设施处于高效率的运行状态，为保护镜铁山矿及周边自然生态环境作出应有的贡献。

6.6　加强地质环境治理，持续改善当地生态环境

镜铁山矿历来都十分重视生态绿化工作。由于镜铁山矿地区气候寒冷，每年冰冻期长达7个月，树木在每年4月底才开始发芽，至10月初即落叶进入休眠期，植物生长极为缓慢。矿区地表以砾岩为主，植物根系很难深入地下。近年来镜铁山矿每年栽种树苗3000~4000株，栽种前须采用人工方式更换地表50cm厚的土壤，并铺设专门的浇灌管道，设专人负责绿化浇灌以保证成活率。虽然镜铁山矿矿区绿化成本很高，但经过持续近50年的绿化工作，镜铁山矿区现已绿树成荫，成为祁连群山中一颗璀璨的明珠。未来镜铁山矿将继续大力发展绿化环保工作，力争使总绿化面积达到可绿化面积的80%以上（见图12）。

图12　镜铁山矿鸟瞰图

镜铁山矿54年的生产建设和发展历程，不仅为酒钢持续发展提供了丰富的铁矿石资源，而且在长期艰苦的创业历程中，培育出了“艰苦创业、坚韧不拔、勇于献身、开拓前进”的企业精神——铁山精神。相信在“十二五”末，一座拥有坑内、露天一流采掘装备、一流采掘管理水平的千万吨规模矿山将为酒钢的可持续发展提供有力的资源支撑。

作者简介：

吕向东，硕士，高级工程师，酒钢集团宏兴钢铁股份有限公司副总经理兼镜铁山矿矿长。

石人沟铁矿露天转地下开采关键技术研究

南世卿　胡树军　杨　楠

（河北钢铁集团矿业有限公司）

2012 年 4 月 20 日

引言

我国年产 300 万吨以上的露天铁矿山有 16 座，其中有 10 座设计深度达到 200m（封闭圈以下）以上，大都是倾斜和急倾斜矿床，矿体埋藏延深一般较大，露天境界以下深部保有大量的矿产资源，如河北钢铁集团石人沟铁矿存有 6452.61 万吨，鞍钢大孤山铁矿 7000 万吨，武钢大冶铁矿 4600 万吨，攀钢朱兰采场 8000 万吨。这些数量相当多的矿山已步入中晚期深凹开采，必须通过露天转地下的方式以确保深部资源的有效、合理利用。

因此，开展石人沟铁矿露天转地下开采项目研究具有重大的理论意义和迫切的现实需求。该项目所涉及到的关键技术，可以解决石人沟铁矿生产所面临的严峻问题，并能有效促进河北钢铁集团下属矿山露天转地下顺利进行，提高河北钢铁集团铁矿石自给能力，为我国其他金属矿山露天转地下开采提供借鉴和指导，具有广阔的推广应用价值，从而促进我国钢铁工业的可持续发展。

1　国内外研究现状

露天转地下开采矿山通常是矿体出露地表且延伸较深、多为中厚或厚大的急倾斜矿床，由于露天开采具有投产快、初期建设投资少、贫损指标低等优点，该类矿床早期一般采用露天开采方式进行采矿，但当剥采比接近或超过经济合理剥采比后，矿山必须逐步由露天开采向地下开采过渡最终转入地下开采。因此，要求露天转地下开采的矿山，在进行设计时，对前（露天）后（地下）期开采应统一全面规划，露天开采后期的开拓系统既要考虑利用地下巷道，同时在向地下开采过渡时，地下开采也应尽可能利用露天开采的相关工程和设施等有利因素，实现露天开采平稳地过渡到地下开采，保持矿山产量和经济效益稳定。其开采过程一般要经过露天开采期、露天与地下联合开采的过渡期和地下开采期 3 个阶段，在这 3 个阶段中，开采强度是变化的，因此，在考虑露天转地下开采的开采工艺及工程布置时，必须研究与矿床赋存条件及开采技术条件相适应的开采强度和生产能力，以求获得经济效益的最大化。国内外露天转地下开采矿山的经验表明，当矿山充分利用了露天与地下开采的有利条件时，统筹规划露天与地下开采的工程布置和衔接，可以使矿山的基建投资减少 25% ~50%，生产成本降低 15% 左右。

国外露天转地下开采的矿山较多，见表 1。表中所述矿山根据地质资源、生产环境和经济等因素的不同情况，并就合理确定露天开采的极限深度、露天向地下开采过渡时期的产量衔接、露天地下开采的开拓系统衔接、露天开采的边坡管理与残柱回采、坑内通风与防排水系统等主要问题进行了研究，取得了较好的效果。

表1 国外露天转地下开采矿山

矿山名称	生产规模/万吨·年$^{-1}$	地下开拓方式	地下采矿方法	过渡期年限/年
刚果 Kamoto 矿	300	场外竖井	充填法、分段空场法	1970～1976
前苏联高山铁矿	440	场外竖井	阶段强制崩落法	15
南非 Koffiefotein 石矿	>300	竖井、斜坡道		8
瑞典 Kiruna 铁矿	1200～2400	竖井、斜坡道	留矿事后充填法	1952～1962
加拿大 Frood stobie 矿	>300	竖井、斜坡道	阶段强制崩落法	分区过渡
前苏联阿拜岗斯基矿	150～200	竖井、溜井		1960～1969
加拿大 Steblok 矿	150	皮带斜井	阶段强制崩落法	1946～1950
加拿大 Kiddcreek 矿	400～700	竖井、斜坡道	分段空场事后充填法	1969～1976
澳大利亚 KingIsland 矿	30～40	斜坡道	点柱充填法	1～2
澳大利亚 MountLycll 矿	170～250	竖井、斜坡道	矿房空场、矿柱崩落法	

近30年来，国内露天转地下开采的矿山虽然不多，但是通过试验和研究也积累了很多宝贵的经验，为我们进一步研究适合我国露天转地下开采的方法和手段提供了借鉴。国内露天转地下开采的矿山生产情况，见表2。

表2 国内露天转地下开采矿山

矿山名称	生产规模/万吨·年$^{-1}$	地下开拓方式	地下采矿方法	过渡期年限/年
凤凰山铁矿	30	场外主副井	初期分段空场法	12
冶山铁矿	30	场外主副井	分段崩落法	6
金岭铁矿铁山区	50～60	场内箕斗井	分段空场法	7
铜绿山铜矿	35	场外主副井	胶结充填法	已有坑内矿
铜官山铜矿		露天溜井、混合井	废石充填法	联合开采
松树卯矿	78	场外主副井	阶段强制崩落法	
红安萤石矿	10	场外竖井		8
白银折腰山铜矿	100	场外主副井	分段崩落法	9（设计）
石人沟	60～100	场外主副井	分段空场法	3.5（设计）
建龙铁矿	85～100	场外主副井	分段空场法	5（设计）
板石沟铁矿	100	场外主副井	分段崩落法	4～6
海城滑石矿	10～14	场内平硐	分段崩落法	
红旗岭镍矿	30	场外竖井	下向胶结充填法	5（设计）

2　石人沟铁矿概况介绍

石人沟铁矿隶属河北钢铁集团矿业有限公司，位于河北省遵化市西北10km，东南距唐山市90km。有准轨铁路专用线直达河北钢铁，有公路与京沈高速公路唐山西外环出口相通，距离60km，交通便利。矿区基本地形北高南低，北与石英岩高山毗连，南与遵化盆地接壤。

石人沟铁矿于1975年7月建成投产，矿山采区南北长2.8km，矿体自南向北分布在30号勘探线至5号勘探线之间。通过近30年的生产，石人沟铁矿露天开采已经结束，形成长约2500m、宽约260m、深约120m的南北向露天坑。矿区以18勘探线为界将采区划分为南、北两个采区。露天开采至2000年，境界内保有矿石储量仅剩220万吨。南区露天开采已经结束，露天采矿场已作为矿山内部排土场使用，排土场标高为+160m，露天底部标高+16～+25m；北区作业水平为+28m、+40m和+52m，按露天采矿设计北区底部结束于0m水平。石人沟铁矿露天转地下开采存在的主要问题如下：

(1) 产能衔接是主要问题，采取何种措施来保证产量稳定。

(2) 露天转地下开采按设计在露天与地下之间留设了境界顶柱，为了地下开采安全和资源高效利用，境界顶柱的厚度需经科学计算进行优化。

(3) 石人沟铁矿地质条件复杂，断层破碎带区段留有大量的矿体，如何在保证安全的情况下高效回收这部分矿体。

(4) 露天开采留下的高陡边坡和地下的井巷工程在矿山开采的影响下可能发生围岩失稳，造成生产隐患，影响矿山的安全生产。

3　露天转地下开采产能平稳过渡技术研究

2003年，石人沟铁矿露天境界内仅有两个开采台阶，保有矿量几十万吨，预计在2004年4月闭坑。综合分析矿山生产、基建现状，矿山采矿能力远远不能满足选矿厂对矿石的需求。在当时铁精矿市场供不应求，铁矿石价格居高不下的情况下，鉴于石人沟铁矿境界外尚有一部分资源还可以回收利用，为稳定矿山产量，根据对矿体赋存条件、工程地质及水文地质状况，以及井下工程施工进展可能性的分析研究，提高露天境界外的矿石回收率，确定边坡残采和在北采区露天矿境界内开掘措施井，开采露天境界外矿体，以满足选矿厂对矿石的需求。同时，措施井的开采还可以加快转地下首采层开采的工程进度，提前形成地下采矿能力。

3.1　边坡残采

初步制定的边坡残采方案为在北部边帮进行平硐追脉开采挂帮矿，设计了1号、2号、3号平硐采矿方案，开采后在坡体内形成采空区。为研究方案的可行性，使用ANSYS软件建立平硐内房柱法开采的边坡三维数学模型，有限元计算功能分析平硐开挖后的边坡是否稳定，分析开挖后对边坡的影响。

(1) 岩体物理力学参数确定。经ANSYS软件分析计算出边坡岩体物理力学参数，见表3。

表3 边坡岩体物理力学参数

名称	密度ρ /g·cm^{-3}	弹性模量 E/GPa		泊松比 ν		剪切模量 G/GPa	
		水平方向	垂直方向	水平方向	垂直方向	水平方向	垂直方向
表土层	1.94	1.86	1.33	0.4	0.42	0.66	0.52
片麻岩微风化层	2.69	3.38	1.86	0.3	0.33	1.30	0.89
片麻岩未风化层	2.74	4.82	2.62	0.27	0.29	1.90	1.31
磁铁石英岩	3.47	5.33	2.87	0.24	0.27	2.15	1.34
断层破碎带	2.61	2.71	1.69	0.36	0.38	1.04	0.73

(2) 残采边坡数学模型建立。根据设定的边坡残采方案，采用ANSYS软件建立北部边坡三维模型，如图1所示。开挖后的边坡模型如图2和图3所示。

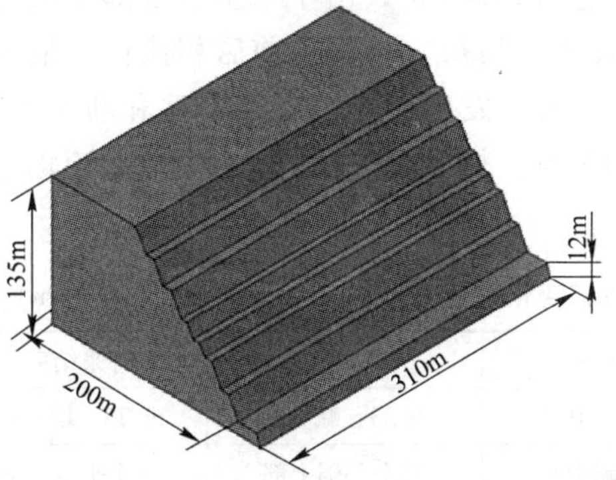

图1 石人沟铁矿北部边坡三维模型

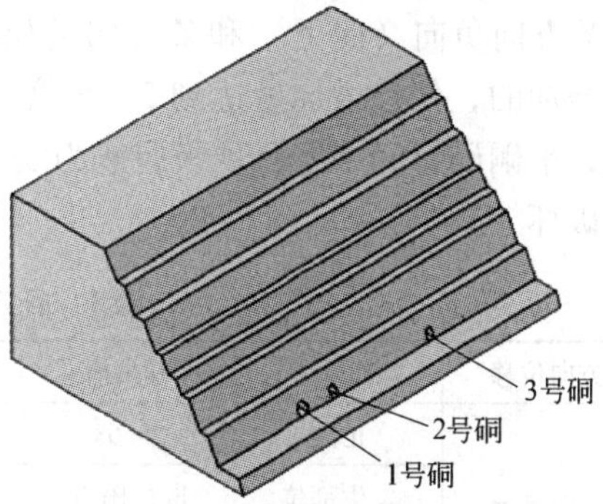

图2 北部边坡平硐开采后的边坡三维模型

石人沟铁矿西部边坡上部有10m的表土层，表土层下是近20m的片麻岩微风化层，F10断层厚0.5m，建立边坡分层三维模型，如图4所示。

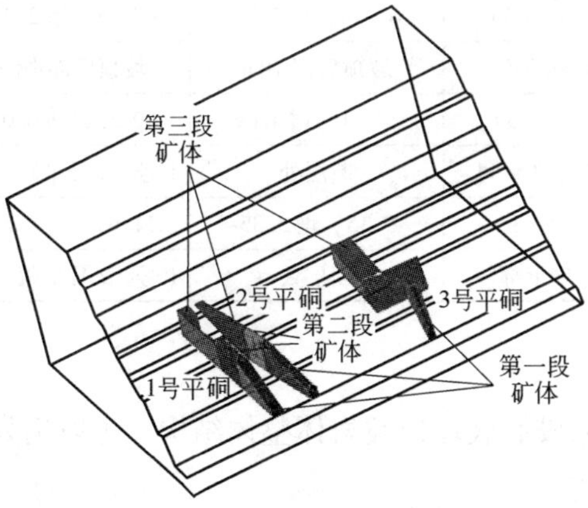

图3 1号、2号、3号平硐示意图三维模型

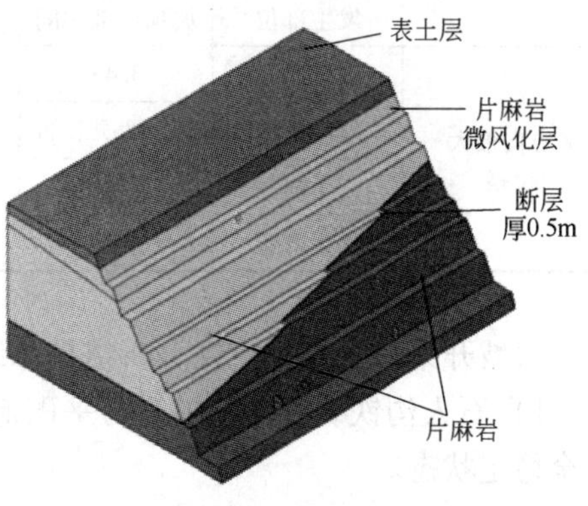

图4 边坡分层模型三维模型

(3) 开采结束时边坡自重应力场分析。利用ANSYS软件对边坡内1号、2号、3号平硐开采结束时自重应力场进行分析与计算，开采结束时，1号、2号、3号平硐采空区的

体积分别为 19170m³、11280m³ 和 28240m³。采空区的增加，加大了采空区周围岩体的拉应力，使边坡岩层处于应力调整中。从 X 方向和 Y 方向来看，在 1 号、2 号、3 号硐室上部的拉应力不仅范围比开采第二段矿体时更大了，断层上部几乎都呈现拉应力，而且拉应力最大值也分别比开采第二段矿体时增加了。虽然三个方向拉应力最大值都有所增加，但增加值不是很大，没有出现较大的应力集中现象，残采后的边坡整体仍处于稳定状态。

（4）位移变化分析。边坡平硐开采时 X、Y、Z 方向位移变化情况，见表 4。

平硐追脉开采时的位移变化分为两种情况：一是各方向最大位移变化情况，二是边坡总体位移变化情况。

从 X、Y、Z 各方向的位移和边坡总体位移分析，得到如下结论：

1）石人沟铁矿露天边坡进行平硐追脉开采后，对整体边坡影响不是很大，残采边坡整体是安全稳定的。

2）最大一段采空区位于 3 号平硐第三段，达到 15360m³，由于采空区上部断层的存在，Y 方向负向（向下）和 Z 方向的位移变化较大，与每一步开采前后相比位移最大值都是增加的，位移增加量达到 2～5 倍，位移最大值多发生于 3 个平硐上部和断层附近。因此，平硐硐口和采空区顶板应成为安全管理的重点，加强支护和维护，防止硐口塌落和顶板破坏。

表 4　各方向最大位移变化情况　（mm）

各方向位移	项　目	开采前	开采第一段	开采第二段	开采结束
X 方向最大位移	正向	29.63	30.37，增 0.74	29.33，减 1.04	29.75，增 0.42
	发生部位	断层附近	三个平硐中间	三个平硐上部	三个平硐上部
	负向	1.07	1.08，增 0.01	0.97，减 0.09	0.99，增 0.02
	发生部位	坡顶左前角	坡顶左前部	坡顶左前部	坡顶右前角
Y 方向最大位移	正向	0.33	0.42，增 0.09	2.20，增 1.78	1.98，减 0.22
	发生部位	1 硐室下部	3 硐室下部	3 号二段矿体处	3 号采空区
	负向	64.73	65.44，增 0.71	67.76，增 2.32	67.93，增 2.49
	发生部位	坡顶后部中间	坡顶后部中间	坡顶后部中间	坡顶后部中间
Z 方向最大位移	正向	3.43	5.82，增 2.39	10.51，增 4.69	10.53，增 0.02
	发生部位	1 号平硐上部	1 号、2 号平硐间	断层处	1 号、2 号平硐上部
	负向	3.91	4.80，增 0.99	9.15，增 5.35	11.69，增 2.54
	发生部位	3 号平硐上部	3 号平硐上部	断层处	1 号、2 号平硐上部

边坡开采后总体稳定性分析结果总结如下：

1）石人沟铁矿露天边坡进行平硐追脉开采没有破坏边坡岩体整体结构，边坡仍处于安全稳定状态。

2）加强采空区的支护，加强顶板管理，降低或消除拉应力对顶板和断层的影响。

3）开采后，及时加强平硐硐口的支护，防止硐口坍塌和滑落。

综上所述，边坡残采方案可行。采矿方法为平硐开采，通过留设安全合理的矿柱，3 条矿体成间隔顺序开采，确保采矿安全。

3.2 措施竖井采矿

由于北区工程地质条件较好，水文地质条件简单，提出了在北区6号以北开掘竖井工程，首采 -60m 中段，计划2004年年底交付使用。该残矿回收既可以加速北区井下工程进度，又能提前形成采矿能力，达到稳产的目的。

由于露天采坑汇水面积大，为防止地面降水大量涌入井下，同时考虑露天边帮稳定性对地下采场的影响，-60m 中段采用空场法开采。根据石人沟铁矿北区6号线以北矿体的开采技术条件，最终确定采用分段凿岩阶段矿房采矿法，生产能力为 15×10^4t/a。

3.3 边坡残采与措施井采矿开采实施效果

在对边坡稳定性问题进行了研究并制定出安全对策后，确定了边坡残矿回收方案。该方案实施后，过渡期间的7年内从边坡和措施井内采出的矿石量达168万吨，这部分矿石量的安全采出，有效地补充了露天转地下过渡期的产量不足。

2004~2010年，露天开采出矿84.53万吨，地下开采出矿369.83万吨，平均年产量64.91万吨，如果仅靠此来维持矿山生产，会造成矿山产量的大幅下滑。经过边坡稳定性研究并制定安全技术措施后，边坡矿残采和措施井采矿7年合计采矿量达到167.92万吨，使矿山每年的矿石产量均维持在85万吨以上，铁精粉产量维持在30万吨以上，保证了露天转地下开采过渡期产量的衔接，实现了平稳过渡。见表5。

表5 石人沟铁矿2004~2010年矿石产量统计 （万吨）

年份＼出矿	露天开采	地下开采	措施井	边坡残采	露采地采合计	项目出矿合计	总 计
2004	62.24	7.68	2.70	27.38	69.92	30.08	100
2005	19.27	26.2	15.66	24.61	45.47	40.27	85.74
2006	3.02	55.23	13.20	18.17	58.25	31.37	89.62
2007	0	71.08	16.88	8.69	71.08	25.57	96.65
2008	0	77.69	14.23	5.70	77.69	19.93	97.62
2009	0	52.41	11.24	0.12	52.41	11.36	63.77
2010	0	79.54	9.34	0	79.54	9.34	88.88
累计	84.53	369.83	83.25	84.67	454.36	167.92	622.28
百分比/%	13.58	59.44	13.38	13.60	73.02	26.98	100

4 石人沟铁矿露天转地下境界顶柱厚度优化研究

露天转地下境界顶柱稳定性研究技术难度大，必须综合各类研究方法，取长补短，才能达到比较理想的效果。本课题综合了现场物理力学性能测试与监测分析、工程类比分析、三维数值模拟、CMS探测与实体建模、微震监测与预测预报等方法，研究确定了境界顶柱稳定性方案，建立了矿山微震探测技术与灾害预测预报系统，是本课题研究工作的核心问题之一。

4.1　岩体结构特征、渗透特性及力学性质测试

工程岩体是由岩石块体和非连续节理（裂隙）组成的地质结构体，在地质环境和工程扰动作用下岩体中相邻节理扩展和相互贯通是其破坏的主要方式。本专题根据石人沟铁矿现场岩体结构勘查、取样试验结果，同时参考冶金部勘察设计研究所提交的石人沟铁矿边坡稳定性研究报告，确定了适合该矿稳定性分析的岩体强度指标。

4.1.1　矿岩物理力学性质试验

2002 年委托东北大学岩石力学实验室对石人沟铁矿进行了矿岩物理力学性质试验。现场取样四组，四组试样的命名以所取矿脉不同而分别为 M1、M2、M4 和黑云母角闪斜长片麻岩，分别对四组试样进行了物理力学性质测定，其结果见表 6。

表 6　岩石物理力学性质试验总表

采样地点：石人沟铁矿　　　　试验日期：2002. 9. 15 ~ 10. 20

岩石名称	块体密度 /g · cm^{-3}	抗压强度 /MPa	抗拉强度 /MPa	抗剪参数 内聚力 C/MPa	内摩擦角 φ/(°)	变形参数 弹性模量 /MPa	泊松比
M1 矿体	3. 58	99. 44	11. 95	21. 83	48. 36	8.03×10^4	0. 21
M2 矿体	3. 46	130. 77	10. 52	23. 67	53. 33	7.59×10^4	0. 20
M4 矿体	3. 54	101. 06	8. 91	20. 70	51. 05	7.85×10^4	0. 31
黑云母角闪斜长片麻岩	2. 74	141. 58	14. 37	27. 54	55. 08	6.98×10^4	0. 26
废石	2. 7			21	42		

4.1.2　岩体力学参数确定

岩体的强度介于岩块强度和结构面强度之间，矿山委托冶金部勘察设计研究所进行了石人沟铁矿边坡稳定性研究。通过岩块的试验、节理统计，运用极限平衡反分析和费先科、霍克 - 布朗公式，确定了岩体参数指标，见表 7。由此表可见，岩体的强度分别为岩块强度的 1/15 ~ 1/7。

表 7　岩体物理力学性质试验总表

参数种类	弹性模量 /MPa	泊松比	块体密度 /g · cm^{-3}	内聚力 C /MPa	内摩擦角 φ/(°)	抗压强度 /MPa	抗拉强度 /MPa
混合花岗岩	2.84×10^4	0. 25	25. 26	0. 88	35		0. 555
黑云母角闪斜长片麻岩	4.31×10^4	0. 22	27. 14	0. 684	36		0. 903
弱层				0. 1 ~ 0. 2	31 ~ 33		0

该报告测试岩种为边坡岩体，没有对矿体（石英磁铁矿）和散体回填物进行强度测试和分析。对于石英磁铁矿，本报告采用霍克 - 布朗公式计算：

$$\tau = a\sigma_c\left(\frac{\sigma}{\sigma_c} - t\right)^b$$

其中，石英磁铁矿的单轴抗压强度 $\sigma_c = 10 \sim 13$MPa，根据岩体质量得到的 $a = 0.346$，$b = 0.7$，$t = -0.0002$。相应得到 $\tau - \sigma$ 关系曲线，最终确定岩体的内聚力 $C = 2.20$MPa，内摩擦角 $\varphi = 38°$。

散体回填物的内聚力 $C = 0$，为了计算方便，取值0.001MPa，内摩擦角 $\varphi = 32°$。本报告在综合参考了这次报告和本次补充试验结果后，确定了石人沟铁矿岩体物理力学性质参数，见表8。

表8 石人沟铁矿岩体物理力学性质参数表

材料编号	岩石名称	块体密度 /g·cm^{-3}	抗压强度 /MPa	抗剪参数 内聚力 C /MPa	内摩擦角 φ/(°)	变形参数 弹性模量 /MPa	泊松比	依 据
5	M1 矿体	3.00	10.00	2.20	38.00	4.80×10^4	0.21	霍克－布朗公式
4	M2 矿体	3.00	13.00	2.40	38.00	4.80×10^4	0.21	霍克－布朗公式
1	黑云母角闪斜长片麻岩	2.71	9.00	0.684	36.00	4.31×10^4	0.22	1989 年边坡报告
2	散体	2.00	0.2	0.001	32.00	0.10×10^4	0.32	类比法
6	断层	2.00	0.8	0.22	31.00	0.20×10^4	0.30	1989 年边坡报告
3	表土	1.60	0.03	0.01	28.00	0.01×10^4	0.32	类比法

4.1.3 岩体长期强度的确定

石人沟铁矿露天转地下开采的首采区在南区－60m水平，随着地下开采的发展，采深向下延伸到－120m水平，要求顶柱在3～5年内保持稳定，这就提出了岩体强度的时效性问题。随着时间发展，岩体的强度逐步衰减到长期强度。岩体的长期强度，可用指数型经验方程：

$$\sigma_t = s_\infty + (s_0 - s_\infty)e^{-at}$$

式中 σ_t——t 时刻的强度；
s_∞——极限长期强度；
s_0——瞬时强度；
a——经验常数。

岩体的长期强度是一种极有意义的时间效应指标，对于大多数岩石，s_∞/s_0 为0.4～0.8，软的和中等坚固岩石为0.4～0.6，坚硬岩石的为0.7～0.8。表4－4列出某些岩石 s_∞/s_0 的比值。

参考相关岩石的长期强度，确定的岩体长期强度和瞬时强度的比值为0.7（见表9）。

表9 几种岩石长期强度与瞬时强度的比值

岩石名称	黏土岩	石灰岩	盐岩	砂岩	白垩系岩	页岩
s_∞/s_0	0.74	0.73	0.70	0.65	0.62	0.50

4.2 不同采矿方案情况下三维稳定性分析

4.2.1 计算模型及方案

应用 MSC. Patran 对整个矿山进行建模，然后利用 MSC. Nastran 进行计算，计算结果再到 MSC. Patran 中显示，并且处理。

石人沟铁矿的模型包括：回填物、围岩、矿体、断层。模型是沿着矿体走向建立的，包含 16 ~ 28 线的 1200m 的长度（模型坐标是 0 ~ 1200）；宽向是从模型坐标 - 185 ~ 500m，跨度 685m，大约是矿体跨度的 3 倍；高向是从 - 200m 到回填物顶线大约高度 140m（模型示意图如图 5 和图 6 所示）。根据境界矿柱的位置不同，矿柱尺寸的不同，矿房大小不同，共分成 9 个方案，见表 10。

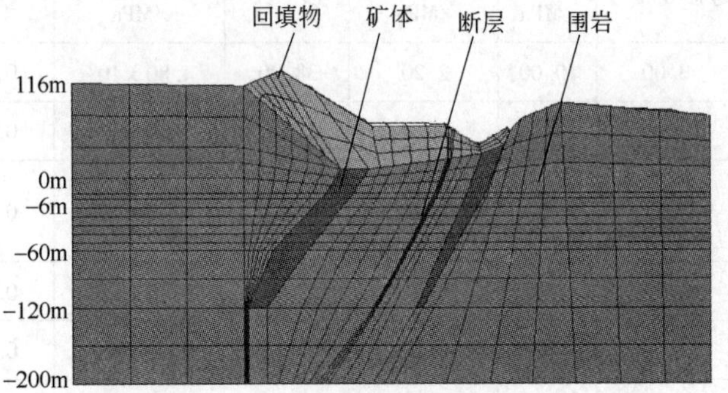

图 5　断面网格示意图

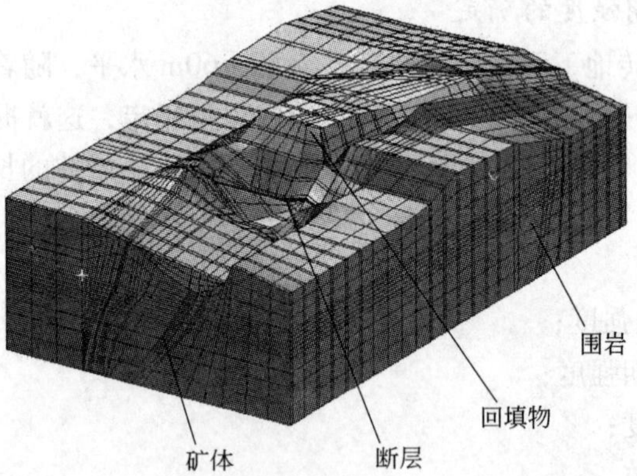

图 6　立体网格示意图

表 10　方案分类

方 案	方 案 名	顶柱位置/m	间柱尺寸/m	矿房尺寸/m
1	shirengou_ 0m_ 0m_ 0m	0	挖空	挖空
2	shirengou_ 0m_ 0m_ 4m	4	挖空	挖空
3	shirengou_ 0m_ 0m_ －4m	－4	挖空	挖空
4	shirengou_ 0m_ 0m_ －6m	－6	挖空	挖空

续表 10

方 案	方 案 名	顶柱位置/m	间柱尺寸/m	矿房尺寸/m
5	shirengou_ 50m_ 8m_ 0m	0	8	42
6	shirengou_ 50m_ 8m_ 2m	2	8	42
7	shirengou_ 50m_ 8m_ 4m	4	8	42
8	shirengou_ 50m_ 8m_ -4m	-4	8	42
9	shirengou_ 50m_ 8m_ -6m	-6	8	42

根据软件的特点矿房一步完成，其结果应该比分步开挖应力稍大一些。本模型只考虑岩体及矿体的自重应力场。

4.2.2 计算结果及分析

现以方案九为例，计算分析如下：境界顶柱在 -6m 位置，留 8m 矿柱，42m 矿房，其危险剖面及应力值见表 11，图 7 ~ 图 9 所示为 26 剖面的计算结果图。

表 11 方案九采矿模型参数和计算结果

方案	方 案 名	顶柱位置	间柱尺寸	矿房尺寸	最大剪应力危险断面	危险断面最大剪应力（E5Pa）	最小主应力危险断面	危险断面最小主应力（E5Pa）
9	shirengou_ 50m_ 8m_ -6m	-6	8	42	19 20 22 24 26	5.36 6.81 5.62 5.04 8.19	19 20 22 26	11.1 15.3 11.0 14.1

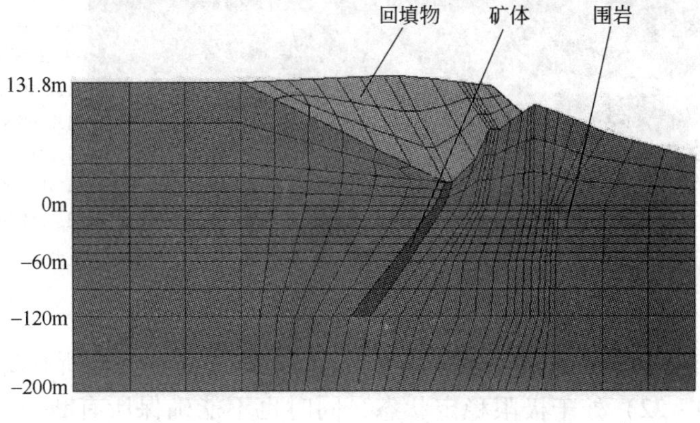

图 7 26 剖面网格

该模型顶柱厚度增加 6m，顶柱围岩的剪应力 0.11MPa，最小主应力 0.34MPa，稳定性较好，当考虑长期强度时（强度衰减 70%），顶柱围岩不会破坏。

三维计算结果表明：顶柱比间柱的支撑作用更大，间柱变薄和即使不考虑间柱的作用，也能够确保所有断面顶柱围岩稳定，但是个别断面（19 ~ 22）不能确保顶柱长期稳

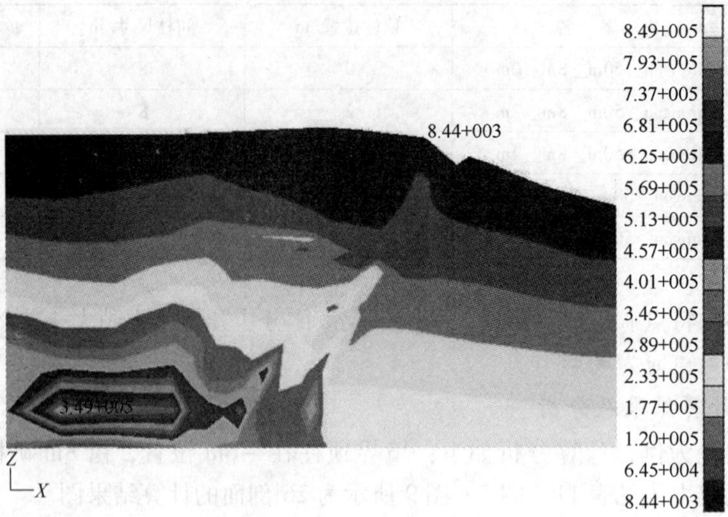

图8 26剖面最大剪应力

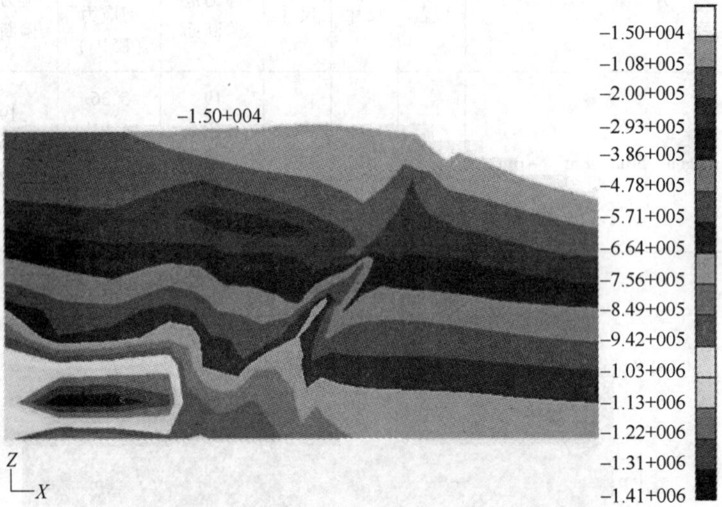

图9 26剖面最小主应力

定，期限在1~3年以内；顶柱厚度较小（2m），基本上还能保证所有断面顶柱围岩稳定，但个别断面（19~22）处于极限稳定状态，同时也不能确保所有断面顶柱长期稳定；只有按照设计提出的境界顶柱0m水平位置，同时考虑8m间柱的支撑作用，能够确保所有断面顶柱围岩的长期稳定。

上述结论有两个前提，第一，采矿作业穿过F8、F18断层时，围岩不能稳定，需要调整采矿程序，留设安全矿柱保证断层附近围岩稳定；第二，间柱变薄和不考虑间柱的以及减小顶柱厚度的方案计算结果，也只是19~22断面范围内顶柱厚度较其他断面薄（只有25~30m），稳定性较差，其他断面即使境界顶柱在4m水平位置之下，都能确保稳定。

5 断层破碎带影响下安全采矿技术研究

石人沟铁矿随着地下开采的进行，在南区 -60m 中段勘测出明显的破碎及断层带，即 F18 ~ F19 破碎及断层带。在现场勘查和详细的地质、采矿数据分析基础之上，建立了矿体力学模型，应用数值模拟方法，进行了采空区围岩变形、破坏、断层影响及境界矿柱稳定性影响因素的敏感性分析，初步确定了该区段内的采矿方法。

5.1 F18 ~ F19 破碎及断层区域开采现状

总体上看，整个矿区断裂构造发育，多属压性裂隙，未形成地下水的良好循环通道。F18 ~ F19 破碎及断层区域内，导水裂隙发育，断层附近的岩体节理发育，井下开采诱发裂隙进一步开裂，岩体渗透性逐步提高，一旦和露天坑内积水形成良好的水力联系，势必引起井下突涌，给矿山安全生产造成重大灾害。

石人沟铁矿矿体赋存于太古界马兰峪组片麻岩中，有 M0 ~ M5 六个矿体，矿体走向近南北，向西倾斜，倾角 50° ~ 70°，属急倾斜矿体。矿体厚度南区较薄，北区较厚，首采区平均厚度 9. 7m。南区 -60m 中段 F18 ~ F19 破碎及断层区域主要对矿体 M1、M2 进行回采，23 线以北以及 25 线以南已经初步回采，采矿方法采用分段采矿法回采厚度在 5m 以上的中厚矿体，采用浅孔留矿法回采厚度在 5m 以下的薄矿体。南区 -60m 中段 F18 ~ F19 破碎及断层区域下一步的开采设计要保证安全、高效开采，还要保证最终矿柱的安全回采及采空区处理。

5.2 存在的问题

（1）该区深部为详查地质报告，只做了简易钻孔水文地质观测，定性的评述了矿区水文地质条件，但深部断层破碎带，构造裂隙发育带无钻孔控制，缺乏基础数据。在井下开采时，揭露的断裂带有可能导致大气降水存入露天坑的水及地表水突入矿坑。因此在地下开采时需做超前探水工作，提前查明断裂带的导水性。

（2）在 -60m 中段顶柱回采后，若矿体顶板塌落会使大量地表水涌入矿坑。故需要对 F18 ~ F19 破碎及断层区域岩体的稳定性进行分析，确定采矿方法及支护方案，分析的剖面如图 10 所示，从 23 线 -10m 到 25 线共 7 个剖面。

5.3 三维背景应力场数值建模

石人沟铁矿地下开采时的矿房长度大大超过它的宽度，本节建立三维计算模型，更为真实地模拟分析矿柱围岩的稳定性，以及通过应力分析找出整体危险区域，以便对其采区进行相应的支护措施，所采用计算模拟软件仍为 MSC. Patran 和 MSC. Nastran。

在现场勘查和详细的地质、采矿数据分析基础之上，进行了现场取样岩石力学参数测试，建立了矿体力学模型，应用数值模拟方法进行了采空区围岩变形、破坏、断层影响因素敏感性分析，初步确定了该区段内的采矿方法以及巷道支护方案。研究的主要内容见表 12。为进行分析计算而建立的模型如图 11 所示。断层破碎带下矿体安全采矿留设矿柱的采矿方案如图 12 所示。留设矿柱采矿方案的模拟计算结果如图 13 所示。

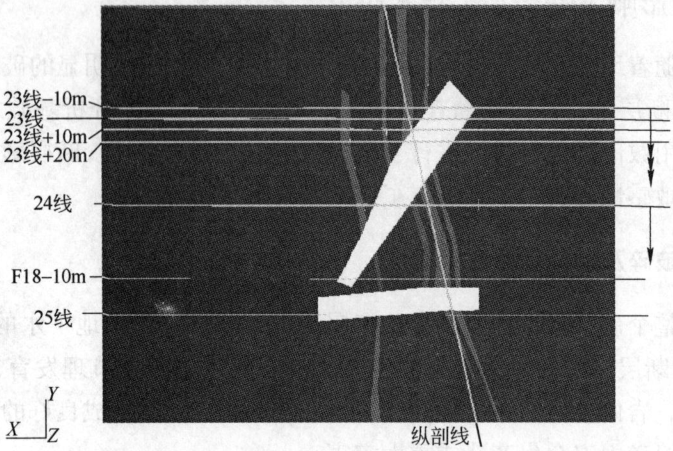

图 10　拟分析的剖面位置示意图

表 12　研究内容一览表

项目名称	具体工作内容	目的
地质模型建立和岩体力学特性研究	利用原有的岩石力学实验得到的力学参数，并参考最新的地质资料进行研究工作	建立稳定分析模型
RFPA2D 分析	23 线剖面，23 线北 10m 剖面，23 线南 10m 剖面（因为 23 线上有 F19 穿过），23 线南 10m 剖面；24 线剖面；F18 北 10m 剖面；25 线剖面等 7 个分析剖面	断层破碎带影响下围岩和顶柱稳定性分析
其他有限元软件分析	F18 断层和 F19 断层之间的矿体稳定性分析，跨度 22～26 线，针对两种方案进行分析	断层破碎带影响下围岩和顶柱应力分布和变形分析
采矿方法以及巷道支护方案	首先根据以前的报告设计，以及具体地质情况和二维、三维分析结果确定采矿方法，并提出支护方案	指导安全生产

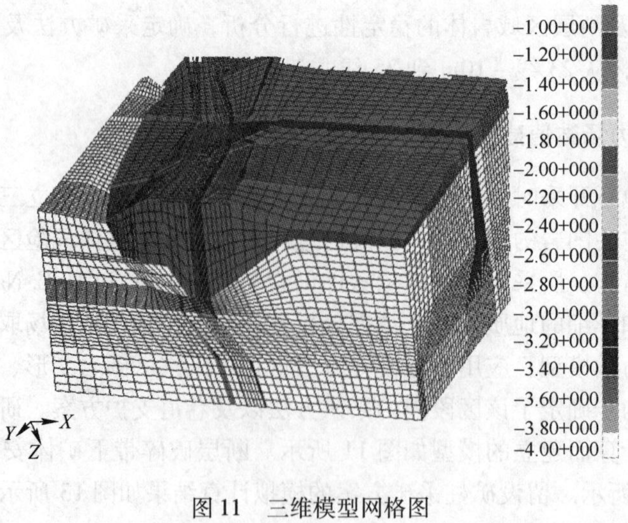

图 11　三维模型网格图

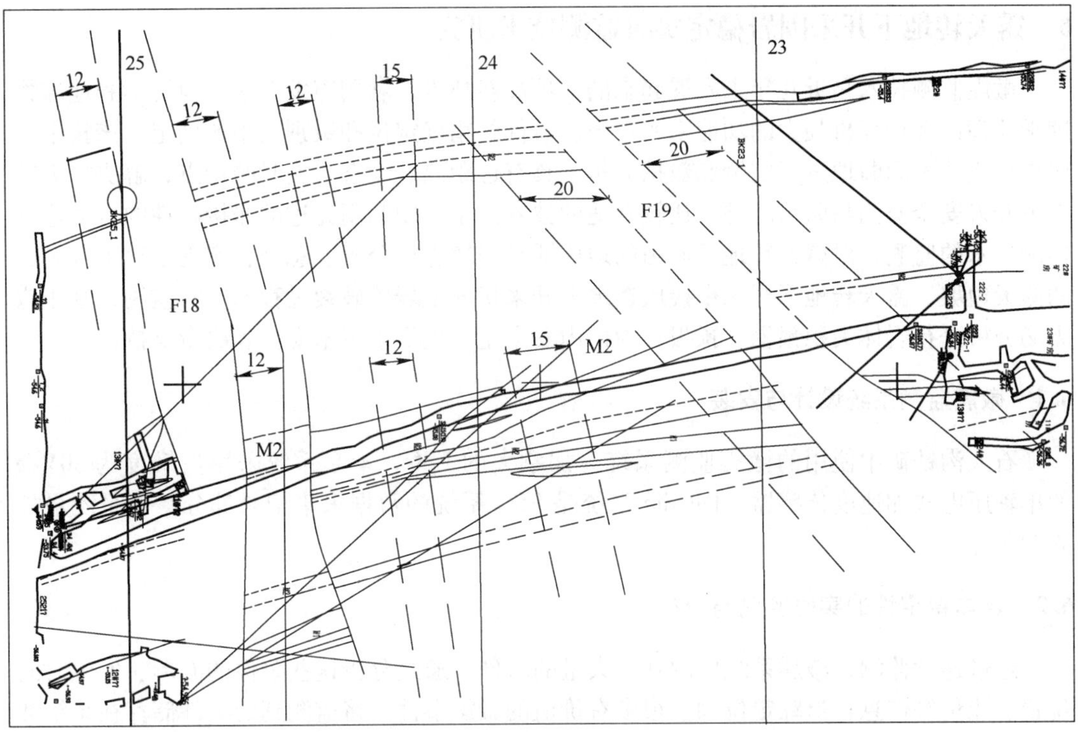

图 12 石人沟铁矿南区 -60m 水平 F18，F19 断层附近安全矿柱留设布置图

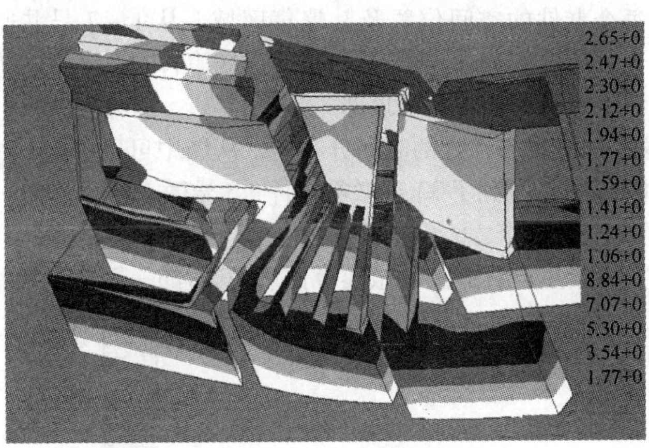

图 13 矿区重力方向位移变化图

5.4 矿石储量及可采出矿石量

南区 0 ~ 60m 水平 F18 ~ F19 破碎断层之间地质储量约为 450 万吨，但是按照初步的稳定性分析计算、设计，需要留有一定的安全矿柱，按照生产最安全设计（F18、F19 之间布置 3 矿房、2 矿柱）、最保守储量（仅计算主巷两侧 M1、M2，西侧远离主巷的未探明储量不计）计算，预计可采出矿石量约为 200 万吨。该部分矿石量的安全采出，如果按当前矿石市场价格计算，将为矿山创造 4000 余万元的经济效益。

6 露天转地下开采围岩稳定实时监测技术研究

微震监测技术是近几年来发展起来的一项高新技术，利用声发射学、地震学和地球物理学原理以及计算机强大的功能来实现微震事件的精确定位和级别大小的确定。该技术可以长期连续不间断地进行监测和数据分析，具有远距离、动态、实时的特点，解决露天转地下开采安全监测与防治问题，比较合适的技术。本课题利用先进的非接触性的自动连续预测技术的监测，对露天转地下矿山的地压活动规律进行分析、总结，实现了对示范矿山的露天边坡、露天转地下开采衔接层在地下开采扰动下岩体破裂过程的实时监测，基于应力场分析进行岩体失稳预警、预报，为矿山安全生产提供了技术支撑和决策支持。

6.1 微震监测系统设计与安装

石人沟铁矿中使用的微震监测系统为加拿大的 ESG，本套系统采用灵敏度为 30V/g 的单轴压电式加速度传感器。Paladin 系统是 ESG 系统的数据采集记录部分，是系统最核心的部分。

6.2 岩体稳定性的实时监测与分析

经过连续监测，微震系统监测到了大量的事件。通过分析这些事件的波形、发生时间位置、能量等信息，追踪定位到了很多有价值的微震事件。将监测到的事件储存在系统数据库中，可以以一周、半个月、一个月等不同的时间段对比分析。

图 14 所示是 2010 年 11 月第 1 周的微震事件为空间分布图，通过图形可以直接看到微震事件的数量、每个事件的空间位置及其聚集区域。从 1 ~ 7 号共监测到微震事件 70 个，从平面图上能直观地看到 11 月第 1 周产生的微震事件呈条带状分布，主要集中在 17 线附近和 2 号井井口上方露天边坡西帮顶部。

图 15 所示是这一周微震事件数的时间分布图，从图中可以看出，11 月 1 号系统监测到了 13 个微震事件，2 号监测到了 33 个微震事件，3 号微震事件很少，只有 3 个，4 ~ 5 号逐渐增多，分别为 7 个和 10 个，6 号监测到 4 个，7 号没有监测到。结合矿山生产实际可以发现一个共性，某一个生产日监测到微震事件后，其后的一天监测到的微震事件会急增，

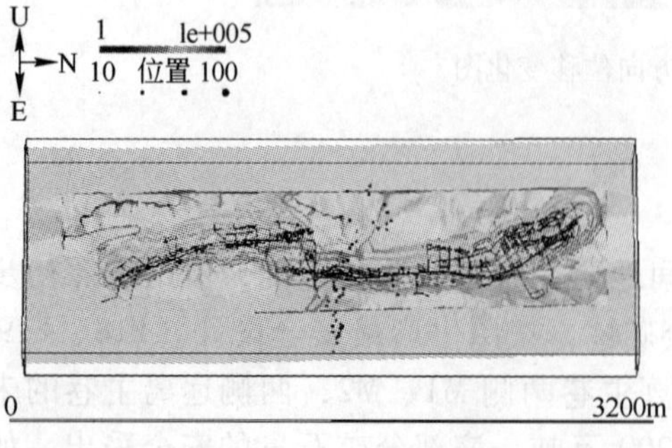

图 14 2010 年 11 月第一周微震点位分布

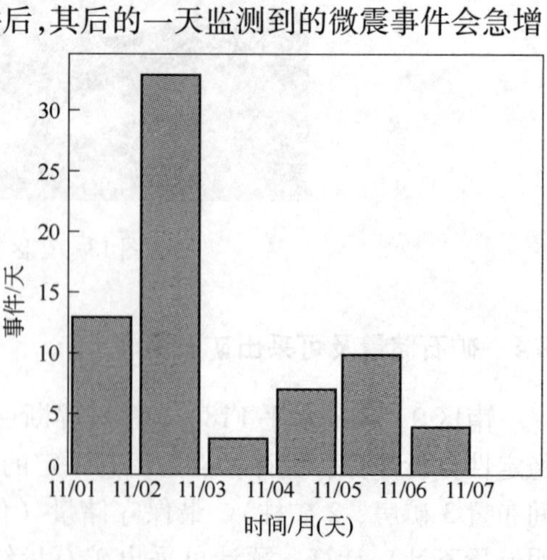

图 15 微震事件数随时间分布

这一状况有时候甚至要持续两天的时间。这一情况可以说明，某些生产活动尤其是爆破作业导致周围岩体内部发生了变化，出现应力集中现象甚至微破裂，产生了微震信号，而且其影响会持续一到两天的时间。

测到的数据仍是分布于第一周监测到数据显现的那个区域，反映到平面图中位于11～19线之间，其他区域几乎没有监测到微震事件。因此，现场安全监测人员在本月可以将工作重点放在这一区域，这大大减少了现场工作人员的工作量。尽管后面三周的监测数据总体变化趋势不大，但是事件密集区域的形状却发生了变化，这与现在施工作业有关，没有对岩体稳定性构成威胁。

7 结束语

该项研究以石人沟铁矿为研究对象，研究得到了包括断层破碎带安全采矿技术、边坡和措施采矿技术、微震监测、采空区实测及灾害预测预报技术等项关键技术成果。该项研究取得了以下方面的创新技术：

（1）通过挂帮矿开采、措施井开采等综合开采技术方案，实现了露天转地下开采的产能平稳过渡。

（2）提出了露天转地下围岩失稳破坏全过程力学模型和损伤劣化评价方法以及露天转地下境界顶柱合理厚度的确定方法。

（3）微震监测和采空区精准实测新技术，创新研发了动态可视化分析技术和井下安全避险信息系统，保证了矿山安全开采，丰富了该领域技术理论。研究形成的一套技术方法可以为我国类似矿山提供技术示范，能够为我国的安全矿山、和谐矿山、绿色矿山建设发挥重要作用。

参考文献

[1] 唐钢矿业有限公司石人沟铁矿露天转地下开采防止突冒、突涌灾害研究报告［C］. 东北大学、秦皇岛冶金设计研究总院编，2004.

[2] 郭金峰. 金属矿山露天转地下开采的发展现状与对策［J］. 云南冶金，2003（1）：19～21.

[3] 李鼎权. 论露天转地下开采的若干特点［J］. 金属矿山，1994（4）：9～12.

[4] 周前祥. 露天与地下联合开采工艺特点分析［J］. 煤炭科学技术，1995（1）：33～36.

[5] 王进学，王家臣，等. 大型露天金属矿山深部开采技术研究［J］. 金属矿山，2005.

[6] 李斯基. 露天转地下开采不停产过渡的探讨［J］. 冶金矿山设计与建设，1999（5）：3～8.

[7] 唐钢矿业有限公司石人沟铁矿露天转地下开采技术改造工程初步设计第一卷说明书［R］. 秦皇岛冶金设计研究总院编制，2001.

[8] 唐山钢铁公司石人沟铁矿露天采场边坡稳定性研究报告［R］. 冶金部勘察科学技术研究所，1989（3）.

[9] 胡柳青，李夕兵，温世游. 边坡稳定性研究及其发展趋势［J］. 矿业研究与开发，2000（5）：7～9.

[10] 杨天鸿，唐春安. 岩石破裂过程的渗流特性——理论、模型与应用［M］. 北京：科学出版社，2004.

作者简介：

南世卿，博士，教授级高级工程师，河北钢铁集团矿业有限公司设计研究院院长，长沙矿山研究院硕士导师，北京科技大学博士研究生副导师。

小汪沟铁矿露天转地下分区高效开采技术

任凤玉

（东北大学）

2012 年 4 月 30 日

1 引言

小汪沟铁矿为沉积变质磁铁矿床，矿体呈似层状、透镜状产出，厚度 5 ~ 90m，平均厚度 24.15m；倾角上陡下缓，一般 25° ~ 40°；矿体侧伏角 15° ~ 35°（见图 1）；矿石品位 28.94%。矿体稳定性较好，顶、底板围岩中等稳定。矿体赋存标高 +386 ~ −150m，其中 +300m 水平以上应用露天开采，生产能力 30 万吨/年；+300m 以下转入地下应用无底柱分段崩落法开采，设计生产能力 100 万吨/年。由于上部矿体厚度、倾角与走向长度均较小，实现产能 100 万吨/年的难度较大，同时，西钢集团公司从发展需要出发，要求小汪沟铁矿尽可能进一步增大生产能力。在此条件下，小汪沟铁矿与东北大学合作，从 2006 年 8 月开始研究露天转地下高效开采技术。

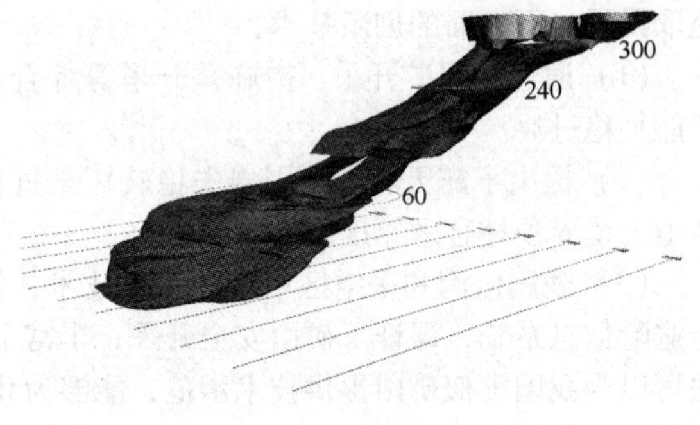

图 1　小汪沟矿体立体形态

2　分区开采方案

小汪沟铁矿地质储量较大（6477 万吨），制约产能的主要因素是分段内矿体的面积较小（水平面积仅 1.48 万 ~1.52 万平方米），由此限制了常规开采方法的回采工作线的长度。在调查研究矿体赋存条件与分析矿岩可冒性的基础上，笔者提出了基于岩体持续冒落面积的分区开采方案，将矿体沿延深方向分成三区同时开采，上部采区从露采境界向下逐分段回采；中部采区与下部采区的首采位置，根据顶板围岩临界持续冒落面积的评估值，同时考虑冒落过程中采区之间受矿山压力的影响范围，选择在适宜的阶段运输水平的标高位置。小汪沟铁矿采用主副竖井开拓，阶段运输水平分别设计在 +240m、+180m、+120m、+60m、0m、−60m 与 −150m 水平，主副竖井的井口标高为 +240m，在 +240m 水平打两条平硐，构成环形运输系统。经过优选确定为：中部采区从 +240m 分段开始向下开采，下部采区从 +60m 分段开始向下开采（见图 1）。上部采区采出的矿石从 +240m 平硐运出地表；下部采区采出的矿石，经由主井提升至地表矿仓；中部采区采出的矿石，一部分由 +240m 平硐运出地表，一部分由主井提升至地表矿仓。三采区的水平投影关系如图 2 所示。

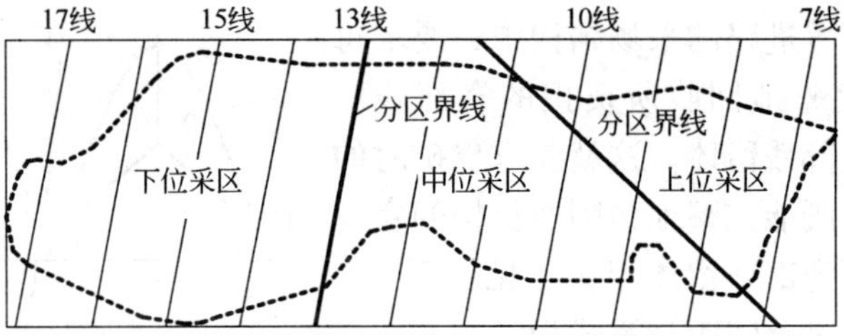

图2 三采区位置的水平投影关系

3 采场结构参数优选

应用无底柱分段崩落法开采，采场结构参数越大生产效率越高，在满足矿石回采率要求的前提下，应尽可能采用较大的采场结构参数。小汪沟铁矿采用自落顶、设置回收进路的采场结构，第一分段进路是在空场条件下端部出矿，残留于采场底部的矿石，需在第3个分段回采过程中充分回收，为此，在矿体铅直剖面上，需保持不少于3个分段回采（见图3）。按此要求选取的分段高度为12m，比原设计的10m分段高度增加2m，随之每一中段的分段数由原来的6个减小为5个。为解决增大分段高度带来的下盘矿石损失量增大问题，我们采取了两项技术措施，一是采用从下盘向上盘退采的回采顺序，二是设计了图4所示的下盘堑沟＋斜切割槽的采场结构，即用堑沟底部结构与斜切割槽控制下盘矿石损失量（见图4）。当回采下盘侧第一分段进路时，在下盘切割巷打扇形炮孔落矿，形成堑沟底部结构，崩落的矿石从堑沟巷道放出一部分，其余从回采进路放出。对于正常回采进路，在下盘开掘斜切割槽，在减少废石崩落量的同时，扩大下盘崩落矿石的放出范围。堑沟落矿的炮孔边孔角与斜切割槽的边壁倾角，应不小于崩落矿石的放出角。实测得出，小汪沟铁矿崩落矿石的放出角为46°，考虑到崩落矿石的放出条件，堑沟落矿的炮孔边孔角取50°，斜切割槽的边壁倾角取55°。

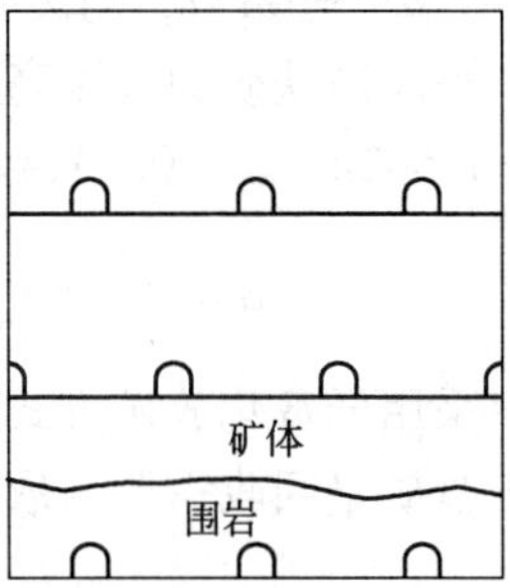

图3 无底柱分段崩落法不少于三分段回采方案

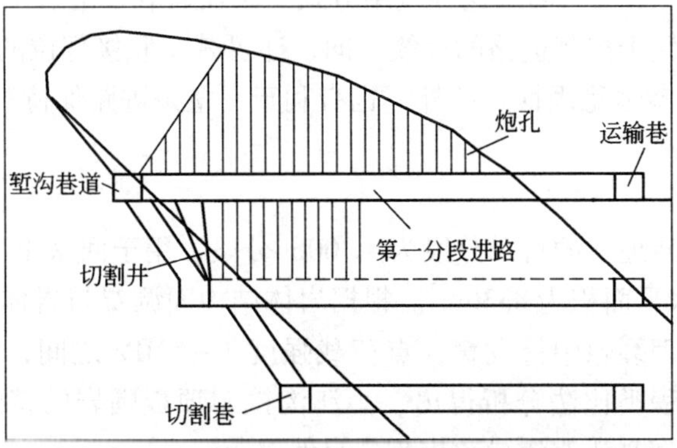

图4 下盘堑沟落矿与斜切割槽位置示意图

进路间距的选取主要考虑上分段脊部残留体的完整回收。在菱形布置进路的采场结构中，要求每一出矿进路，能够完整地回收所负担的脊部残留体，又不扰动相邻脊部残留体。这就要求出矿时的有效流动带的边界，既能完整地包围所负担的脊部残留体，又不与相邻脊部残留体相交（见图5）。

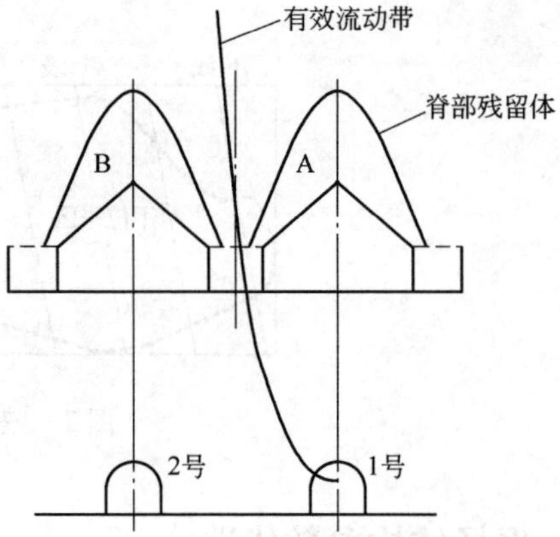

图5 进路间距确定方法示意图

满足图5关系的进路间距计算式为：

$$S=(5\sim6)\sqrt{\frac{1}{2}\beta_1 H^{\alpha_1}}+\mu b \qquad (1)$$

式中 H——分段高度；

b——进路宽度；

α_1，β_1——垂直进路方向散体流动参数值；

μ——系数，与废石漏斗在进路顶板的出露宽度有关。

小汪沟铁矿的分段高度12m，进路宽度3.4m，由实验测定矿石散体流动参数，得出$\alpha_1=1.5422$，$\beta_1=0.1314$。这些参数值代入式（1）计算得：

$$S=(5\sim6)\sqrt{\frac{1}{2}\times0.1314\times12^{1.5422}}+3.4\mu=8.71\sim10.45+3.4\mu \qquad (2)$$

采用低贫化放矿方式，取$\mu\approx0.45$，此时进路间距的合理值为10.24～11.98m。考虑到下盘矿量回收需要，取进路间距10m。

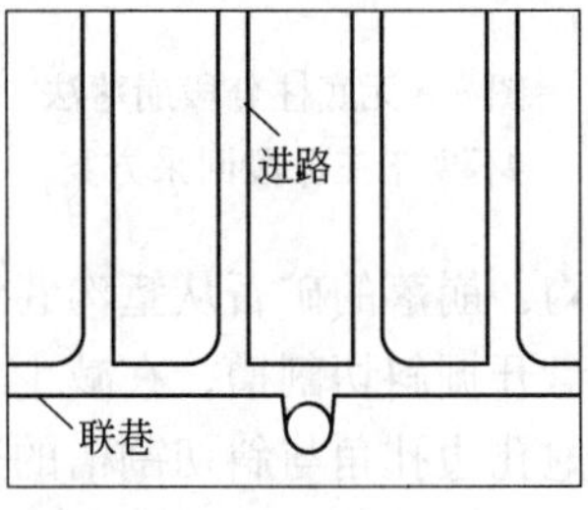

图6 回采进路与联巷的联接形式示意图

在垂直走向布置进路的无底柱分段崩落法采场中，为使崩落体与残留体的总体形态同放出体形态尽可能相符，上、下分段之间的进路需呈菱形布置。由于小汪沟铁矿的进路长度较小，而且倾角较小，在两分段之间回采进路沿轴线的漂移量较大，为保持良好的菱形布置关系，回采进路与联巷之间，由原设计的弯道联接形式改为直交联接形式，即直接按进路的方向从联巷帮打开口，为便于铲运机行走，在背离溜井一侧的进路开口部位，按3m半径抹角（见图6）。为减小围岩的爆破损伤，抹角工作滞后进路掘进掌子面3～5m的距离。这种联结方式，不仅有利于上、下分段进路保持良好的菱形布置关系，而且便于控制进路的轴线方向，还可减小联接部位的巷道跨度，有利于保护“丁”字口部位的巷道稳固性。此外，也有利于在整条进路保持直线装车。

4 实施效果

小汪沟铁矿露天转地下的首采分段为+300m分段，用于回采露天采场的南端帮矿量。+300m分段的矿体水平面积为8336m^2。根据岩体结构面调查与岩体稳定性分级结果，小汪沟铁矿顶板围岩节理裂隙中等发育，点荷载强度3～5MPa之间，属于中等稳定、局部稳定的级别，运用工程类比法分析得出，小汪沟铁矿顶板围岩的持续冒落面积不会大于6000m^2，因此可通过回采矿石诱导顶板围岩自然冒落。

+300m分段的采准工程布置形式与回采过程如图7所示，从2009年3月开始回采，

2009 年 7 月回采结束。在实际生产中，+300m 分段采取从矿体边缘向进路联巷退采的回采顺序，以促使冒落线朝着露天坑的相反方向发展；同时，为增大采空区面积，对边缘厚度较小的矿体进行了空场法回采，使采空区边界与矿体边界基本重合。当回采工作面推进到图 7 所示的③线位置时，采空区周围出现地压显现，表现为巷道两帮出现裂缝，眉线破坏高度加大。此后，顶板围岩逐渐冒落。至工作面回采到图 7 的④线位置时，采空区冒透地表，形成了厚度达 20 ~ 70m 的覆盖岩层。统计得出，采空区的临界冒落面积为 $4210m^2$（跨度为 55m）；临界持续冒落面积为 $5033m^2$（跨度为 69m）。整个冒落过程是在工作面作业人员不知不觉中实现的，表明发生的冒落为初始零星冒落。

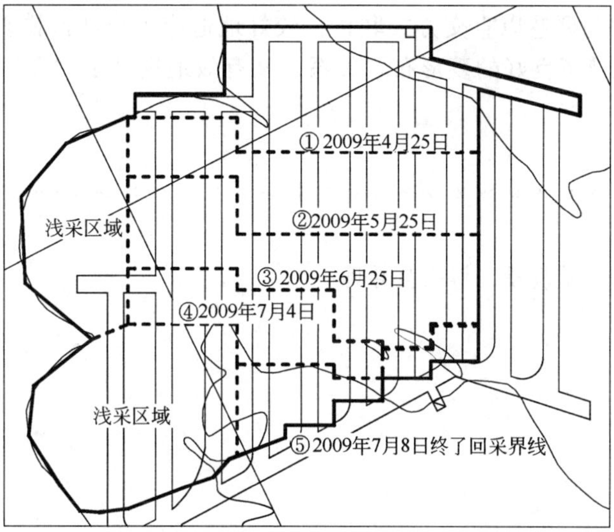

图 7 +300m 分段采准工程布置与回采过程示意图

图 7 中有两条进路未投入回采，是为了保护露天开采通道需要所留下的临时矿柱。由于采用诱导冒落法形成覆盖层，减小了露天与井下生产的相互干扰，从而促进了小汪沟铁矿过渡期的增产衔接。

中、下部采区的顶板围岩也随着其下矿石的回采而自然冒落，截至 2011 年底，中部采区已经冒透地表，下部采区在第一分段进路的回采过程中已形成足够厚度的覆盖层，各采区的回采工作均得以顺利进行。统计分析得出，小汪沟铁矿在 3 个分段回采区域，取得了矿石回采率 85.2%、贫化率 12.6% 的良好效果。

上、中、下三分区同时开采工艺，扩展了露天、地下同时开采的作业空间，提高了开拓系统的使用功能，实现了露天转地下过渡期的增产衔接。同时通过优选参数以及利用诱导冒落法形成覆盖层，增大了采场生产能力，在基建投资几乎没有增大的条件下，将小汪沟铁矿的地采产能由设计的 100 万吨/年提高到 280 万吨/年（2011 年），实现了安全高效的开采目标。

5 结论

（1）小汪沟铁矿露天转地下采用上、中、下三分区同时开采工艺，有效地增大了采场生产能力，并提高了开拓系统的使用功能，在基建投资几乎没有增大的条件下，将小汪沟铁矿的地采产能由设计的 100 万吨/年提高到 280 万吨/年，实现了安全高效的开采目标。

（2）采用堑沟落矿与斜切割槽的无底柱分段崩落法新方案，能够较好地适应小汪沟铁矿的倾斜矿体条件，取得了良好的技术经济效果。

（3）小汪沟铁矿露天转地下开采中，通过控制首采分段采空区的形状与面积，促使顶板围岩自然冒落形成覆盖层的开采技术，取得了安全高效的预期生产效果，并为后续生产营造了良好的覆岩条件。这一新方法不失为小汪沟铁矿露天转地下形成覆盖层的经济实用方法。

（4）回采进路与联巷以直交方式联接，较好地适应了小汪沟铁矿的矿体条件，既使上、下分段进路保持了良好的菱形布置关系，又有效地提高了“丁”字口部位巷道的稳固性。

作者简介：

任凤玉，东北大学教授，博士生导师。

无底柱分段崩落采矿技术的现状与发展

张国建

（辽宁科技大学）

2012 年 5 月 4 日

1 研究现状

无底柱分段崩落法是20世纪50年代以来随着新的采矿工艺和设备的出现而逐渐发展起来的一种高效率、高度机械化、结构简单、生产安全、成本较低廉的采矿方法。这种方法自60年代以来，在国内外得到了广泛的应用。该采矿方法以分段巷道将阶段划分为分段后，自上而下地进行分段回采，随着矿石的放出，采空区随即被覆盖岩石所充填。它的特点是分段下部没有漏斗放矿的底柱。在回采巷道内开凿上向扇形炮孔，以小的落矿步距向充满废石的崩落区挤压落矿，崩落的矿石自回采巷道端部直接用装运设备运至溜井。无底柱分段崩落法是在松散岩层的覆盖条件下进行落矿、放矿等回采工作的。所以损失贫化大是这种采矿方法存在的主要问题之一。废石与矿石直接接触是损失和贫化的根源。矿石损失与贫化都是经济损失，既浪费了国家的宝贵资源，降低了矿山经济效益，缩短了矿山寿命，又提高了生产成本。为此，我们应当把降低矿石损失贫化作为改进矿山工作及提高经济效益的重要环节，从采用先进开采技术和加强科学管理两方面，寻求降低矿石损失贫化的有效措施。

根据无底柱分段崩落法放矿时矿石移动规律得知，最佳结构参数是指分段高度、回采巷道间距与崩矿步距三者最佳的配合。也就是说三个参数是相互联系和制约的，其中任何一个参数不能离开另外两个参数而单独存在最佳值。

在既定分段高度与回采巷道间距的条件下，步距过大时，岩石仅从顶面混入，截止放矿时在端面前残留较大的端部损失；反之，步距过小时，端（正）面岩石混入后将崩落矿石截断为上下两部分，不等上部矿石放出时已达截止品位停止放矿。这是仅就一个分段一个步距放矿分析的。如果从总体考察时，还有上分段残留下分段部分回收、前个步距残留后个步距部分回收的可能。但尽管如此，步距过大与过小都会使损失贫化指标变坏。

无底柱分段崩落法的爆破是在松散覆盖岩层中进行的，只有很小的补偿空间，属于挤压爆破。爆破后的矿石块度关系矿石损失贫化、装运设备的效率和二次爆破工作量等。为了避免扇形炮孔孔口装药过于集中，装药时，除边孔及中心孔装药较满外，其余各孔的装药长度较短，如图1所示。

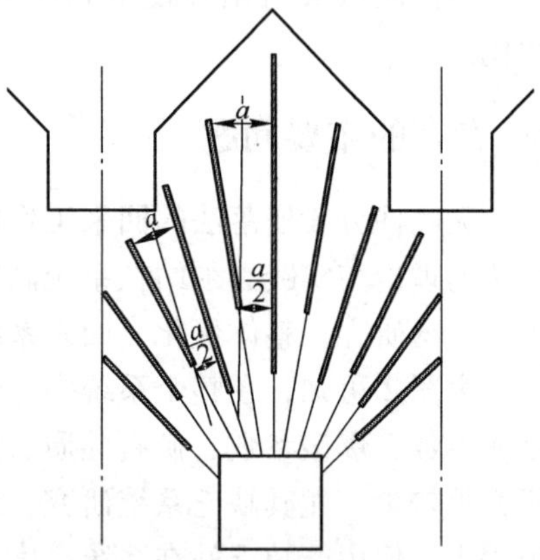

图1 扇形中深孔装药示意图

无底柱分段崩落法是在松散岩层的覆盖条件下进行回采工作的，损失贫化大是该方法存在的问题之一。为了改进无底柱分段崩落法的开采效果，降低矿石损失贫化大这一难题，国内外采矿专家、学者和生产矿山做了大量研究工作，取得了很大进展。其研究内容概括起来可分为3个主要方面：

（1）崩落矿岩移动规律研究，以优化采场结构参数和放矿工艺方法。

（2）爆破参数优化研究，以改善崩落矿石的爆破效果。

（3）回采过程的科学化管理。

第一个研究方向主要集中在崩落矿岩的流动特征与移动规律研究，代表性研究成果有：椭球体放矿理论；随机介质放矿理论；振动出矿技术；结构参数优化研究；计算机数值模拟研究；松散介质力学理论在放矿中的应用研究以及低贫化或无贫化放矿研究等。该研究方向研究较系统深入，形成了指导采场结构参数优化和放矿工艺方法的放矿理论。

第二个研究方向主要集中在中深孔爆破理论；扇形中深孔挤压爆破和孔底起爆技术研究；微差爆破技术；变孔底距爆破研究；大孔距爆破技术研究和硐室落矿爆破研究等。经过对扇形中深孔爆破全面系统的分析发现，诸如凿岩精度、炸药质量、装药结构、起爆顺序等爆破因素对崩矿大块产出的影响很大。通过提高钻孔精度、降低爆破的内部破坏、冲炮问题的解决、提高炸药质量、完善装药结构、起爆方法的改进等多种降低大块率的措施，使爆破效果大为改观。

第三个研究方向是回采过程中的重要环节，直接关系到技术水平的发挥。回采过程的科学化管理主要集中在放矿控制和计算机辅助技术管理方面，已开发了适用于无底柱分段崩落法的计算机辅助技术管理专家系统，能够处理和储存回采技术信息及矿量信息，并依据这些信息给出最合理的出矿方案。但这方面研究还未引起足够的重视，管理性损失贫化时有发生。用信息化武装传统的回采过程，前景广阔。尤其回采过程是个复杂的系统工程，整体优化的实现，离不开计算机技术为依托的信息技术，以适应回采过程的动态管理与系统进化。同时要解决矿山生产中重技术，轻管理的“一手硬、一手软”的问题。有的研究者提出的宏观控制出矿量的方法值得借鉴与推广，并从中看出技术管理的重要和必要性。避免因管理不当造成的机制性或管理损失贫化现象的发生。

我们应从采用先进技术和科学管理两个方面采取有效措施，进行系统研究，整体优化。

2 存在的主要问题

无底柱分段崩落法的回采工作由落矿、出矿和通风等工序组成。因此，无底柱分段崩落法的理论与实践必须站在系统高度，把回采过程看成一个有机整体，使局部服从整体，进行系统研究，整体优化。回采系统各环节相互关系，如图2所示。

由图2可知，在整个系统中，各环节是相互联系的有机整体。对放矿矿岩移动规律、结构参数、爆破参数、矿石性质、放矿工艺等均进行了大量研究。但对崩落体、覆盖岩层研究得较少，尤其缺乏系统研究，各项研究处于对问题的局部研究。虽然有些方面研究得很深入，但由于缺乏站在系统高度进行整体优化，使局部与整体失调，损失贫化大的问题仍未得到很好的解决。存在的主要问题有以下几个方面。

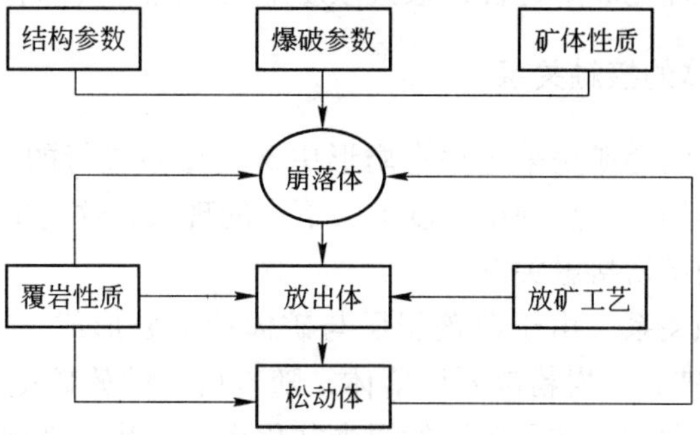

图2 回采系统各环节相互关系图

2.1 系统进化与动态优化

随着时间空间的变化，系统为适应环境变化也在进化。随着开采深度的增加和技术与管理水平的提高，原本优化的回采参数，很可能变得不再适应新的开采环境，因此，我们必须按系统动态优化的思想，及时调整系统参数，使之适应新的开采环境。

无底柱分段崩落法的回采系统由多个环节组成，对问题不能只从某一环节来考虑，而应从系统整体着眼，要有全面的观点，局部要服从整体，使系统各环节必须服从整体要求，相互协调配合，避免片面追求局部优化，而整体不协调的问题。

2.2 覆盖岩层的自然分级

随着开采深度的增加，起初形成的覆盖岩层也不断下降，在下降过程中覆盖岩层出现了岩层块度上大下小的分级现象，我们称这种现象为覆盖岩层的自然分级。它是在放矿研究中出现的一个亟待研究的新问题，这种自然分级现象已被矿山生产实践所证实，并对矿山损失贫化有很大影响。而且随着开采深度的增加，这种影响愈加明显。

覆盖岩层的自然分级告诉我们，采用无底柱分段崩落法的矿山，应对覆盖岩层的性质、岩层的移动规律以及岩层块度分布进行深入研究，这对该种采矿方法的应用具有很重要的意义，必须引起广大采矿工作者的注意。

2.3 矿石崩落体的形态

我们把被爆矿体爆落后在覆盖岩层中形成的松散矿石堆称为崩落体，它是我们放矿的对象，是放矿研究的基础。弄清崩落体形态对于优化结构参数，减少矿石损失贫化，提高矿山经济效益具有重要意义。

以往的放矿研究主要建立在对矿石爆堆简单假基础上，认为爆破后矿石爆堆仅仅是向周围覆盖层的线性挤压。缺乏对矿石崩落体及其形态的研究。矿石崩落体形成受多种因素的影响，主要有爆破参数、被爆矿体性质、覆盖岩层性质、放矿工艺过程等。这些影响因素综合作用的结果形成矿石崩落体形态。

矿石崩落体形态研究的主要内容有崩落矿石所处的空间位置、大小、块度分布、松散状态、流动性等。由此可见，弄清崩落体形态即被爆矿石的形态、大小、块度分布、松散状态、流动性等，对于优化放矿过程，最大限度地回收地下资源有着重要作用。

2.4 覆盖岩层与崩落体的接触关系

无底柱分段崩落法的落矿是采用垂直扇形中深孔爆破进行的（见图 1）。因此，爆破后的矿石块度分布很不均匀，呈现出块度上大下小的现象，这与覆盖岩层的自然分级形成的上大下小构成了新的矿岩接触关系。

这种新的矿岩接触关系，由于覆盖岩层与矿体接触处形成一层岩粉（有时甚至还含黄泥等），致使矿石爆破后，岩粉渗入崩落体，随着后续的放矿提前到达放矿口，造成提前贫化。这种接触关系大大增加了矿石的损失贫化率，是我们必须研究解决的问题之一。

2.5 放出体、松动体、崩落体三者的关系研究

过去我们在无底柱分段崩落法的研究中，有的侧重放矿，有的侧重爆破，缺乏把放矿与爆破等作为一个整体进行综合研究。

我们知道，放矿过程形成了放出体、松动体；爆破过程形成崩落体。

不难看出，崩落体的形态直接影响放出体的形成，而放出体又影响松动体的形成，松动体又影响崩落体的形成。因此，放矿与爆破落矿是相互关联、相互制约的一个有机整体，把它们分割开来研究问题是不科学的。我们应就放矿和爆破分别形成的放出体、松动体、崩落体三者的关系进行深入研究，找出其规律性，指导无底柱分段崩落采矿法的成功应用。

影响崩落体形成的主要因素有：爆破作用、矿体性质、松动体形态及覆盖岩层性质等。

影响放出体形成的主要因素有：放矿工艺、崩落体形态、覆盖岩层性质等。

影响松动体形成的主要因素有：覆盖岩层性质、放出体等。

爆破参数不同，崩落体所处的空间位置、形状、大小、块度组成、松散系数等也不同。也就是说，调整爆破参数，可改变崩落体的形态。这里所指的爆破参数有：一次崩矿层厚度、炮孔排距、炮孔扇面倾角、扇形炮孔的边孔角、孔底距、炸药品种及性能、装药结构、起爆顺序、微差时间等。这些参数极大地影响着崩落矿石的数量和质量，即崩落体的形态，是放矿问题不可忽视的重要因素。在其他条件一定时，增加一次崩矿层厚度，可增加每次爆破量，增加崩矿步距。但是，随着崩矿层厚度的增加，从松散介质中获得的补偿空间将逐渐减少，造成“过挤压”现象，影响崩落体形态，进而影响放出体的形成与发育。相反，减少一次崩矿层厚度，可使崩矿步距减小，同样影响崩落体形态。因此，一次崩矿层厚度过大、过小都会使矿石损失贫化指标变坏。

垂直扇形中深孔使炮孔装药能量分布很不均，使崩落矿石堆上部大块偏多，块度分布不均。可通过优化爆破参数，使爆破能量分布均匀，延长爆破作用时间，改善爆破效果，优化崩落体和放出体，使两者相吻合，以降低矿石损失与贫化。

被爆矿体属爆破的对象，其性质如何，直接关系到崩落体的形态。在其他条件一定时，不同性质的矿体，其崩落体形态是截然不同的。因此，认识被爆矿体的性质，如可爆性、碎胀性等，是研究崩落体形态又一主要因素。

覆盖岩层的状态是形成崩落体形态的外部约束条件，直接影响崩落体形态的形成。而

放矿工艺关系到覆盖岩层松动体的形成。放矿理论认为，松动为一椭球体，而在这一松动椭球体内的松散介质孔隙度较它以外的松散覆岩大得多。这使得被爆破矿体在爆破和矿石碎胀作用下，崩落矿石对其周围覆盖岩层的推移与压缩变形是非均匀的。一般来说，结构变形主要发生在松动体内，是矿体爆破的主要补偿空间，松动体的形态是决定崩落体形态的主要影响因素。

放矿工艺（如铲取方式、铲取深度、放矿制度等）的不同，影响放出体和松动体的形成，进而又影响崩落体的形态。这说明上次放矿所形成的松动体的形态对崩落体形态有着很大影响，而崩落体形态又影响放出体的形成与发育。如果崩落体形态不合理，势必影响放出体和松动体的形成，进而影响后续的崩落体形态。总之，放矿工艺影响放出体和松动体的形成，爆破和松动体影响崩落体的形成，崩落体又影响放出体和松动体的形成（见图3）。因此，放出体、松动体、崩落体三者是相互联系的一个整体。研究放矿问题，应从整体优化的观点出发，研究放出体、松动体、崩落体三者之间的相互关系，以解决矿石损失贫化和结构参数优化问题。

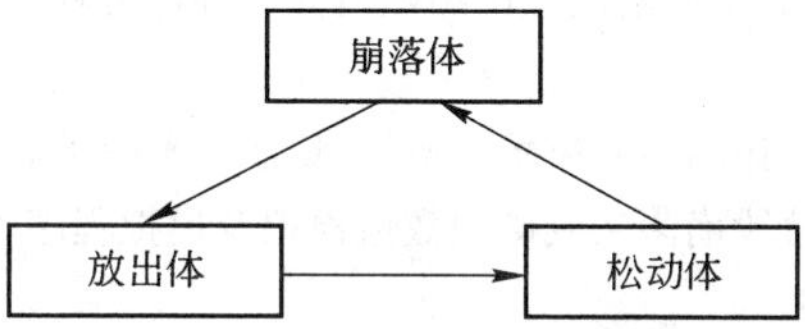

图3　放出体、松动体、崩落体三者的关系

3　进一步研究的几个问题

无底柱分段崩落法回采系统的各环节是一个相互作用、相互依存和相互制约的系统工程（见图2）。像任何系统一样，该系统存在并活动于特定的环境中，与外部环境不断进行物质、能量、信息的交换，必须适应环境的变化。

随着时间空间的变化，系统为适应环境变化也在进化。回采系统参数不是固定不变的，都有一个有效作用时间，是一个动态过程。随着开采深度的增加和技术与管理水平的提高，原本优化的回采参数，很可能变得不再适应新的开采环境，因此，我们必须树立动态优化的思想。比如，随着开采深度的增加，出现的覆盖岩层块度的自然分级、地压增大、松动体形态存在时间缩短等问题均是系统进化带来的新问题。这些问题不解决必然恶化开采效果。为此，我们必须按系统动态优化的思想，及时调整系统参数，使之适应新的开采环境。

为降低矿石损失贫化问题，提高矿山经济效益，我们应当把无底柱分段崩落法回采系统的各环节作为一个有机整体，运用系统工程的思想和观点，按系统及其进化的要求，综合研究回采系统各环节以及它们之间的相互关系，找出其内在的规律性，使系统达到整体最佳的效果。为此，无底柱分段崩落法应进一步研究的几个问题是：

（1）地应力场及其对开采的影响研究；

（2）无底柱分段崩落法回采系统参数优化研究；

（3）回采系统各组成部分相互关系及其内在规律研究；

(4) 崩落体形态及其对系统的影响研究；

(5) 与地应力场相适应的诱导冒落技术的研究；

(6) 覆盖岩层的性质与自然分级对系统的影响研究；

(7) 回采过程科学化管理与数字化技术研究。

参 考 文 献

[1] 刘兴国．放矿理论基础［M］．北京：冶金工业出版社，1995.

[2] 熊国华．无底柱分段崩落采矿法［M］．北京：冶金工业出版社，1988.

[3] Г. M. 马拉霍夫．崩落矿块的放矿［M］．北京：冶金工业出版社，1958.

[4] 赵庆和．崩落采场放矿研究的现状和展望［J］．云南冶金，2002，31（3）：9～17.

[5] 解世俊．金属矿床地下开采［M］．北京：冶金工业出版社，1979.

[6] 蔡美峰．金属矿山采矿设计优化与地压控制——理论与实践［M］．北京：科学出版社，2001.

[7] 王昌汉．放矿学［M］．北京：冶金工业出版社，1982.

[8] 任凤玉．随机介质放矿理论及其应用［M］．北京：冶金工业出版社，1994.

[9] 任凤玉，刘兴国，王泳嘉．关于崩落法放矿的随机介质理论方程［J］．东北工学院学报，1980，10（sl）：89～94.

[10] 古德生，王惠英，李觉新．振动出矿技术［M］．长沙：中南工业大学出版社，1989.

[11] 任凤玉，刘兴国．无底柱分段崩落法放矿的数值模拟及模拟程序［J］．金属矿山，1986，（2）：17～24.

[12] 刘兴国，张志贵．无底柱分段崩落法不贫化放矿研究［J］．金属矿山，1991，（7）：20～23.

[13] 肖雄，余佑林．扇形中深孔采矿中凿岩爆破参数的试验确定及其应用［J］．中国钼业，2002，26（1）：11～14.

[14] 陈颂霖．凿岩爆破［M］．北京：冶金工业出版社，1986.

[15] 任毅，刘景秀，徐新汶．无底柱分段崩落法放矿指导专家系统［J］．中国矿业，1997，6（1）：76～79.

[16] 张国建，蔡美峰．无底柱分段崩落法应进一步研究的几个问题［J］．中国矿业，2003，12（11）：41～43.

[17] 张国建．无底柱分段崩落法理论与实践的新认识［J］．中国矿业，2004，13（2）：58～60.

作者简介：

张国建，博士，教授，享受国务院政府特殊津贴专家，辽宁科技大学副校长，中国岩石力学与工程学会教育委员会副主任，中国金属学会采矿分会常务理事，教育部教学指导委员会专业委员会委员。

露天转地下矿山覆盖层安全结构与合理厚度确定

甘德清 陈 超 李占金 张亚宾 孙瑞清

（河北联合大学矿业工程学院）

2012 年 4 月 30 日

引言

露天转地下开采中覆盖岩层的作用主要体现在以下 4 个方面：

（1）一定厚度的覆盖层是无底柱分段崩落法开采的必要条件，其厚度和级配的组成直接影响到矿石的损失贫化指标的高低。

（2）使地下采场和地面相隔开，延缓雨季雨水的下渗速度，错开洪峰，减小井下排水压力，对地下采场的安全起到重要作用。

（3）可以改善采场工作面通风环境，起到有效防止漏风的关键作用，保障作业工人的人身安全。

（4）覆盖层的厚度也直接关系到矿山开采的安全。露天转地下开采势必造成高陡露天边坡的局部失稳，极易形成高强度的冲击地压，合理厚度的覆盖层可以减轻和消除冲击地压对采场巷道稳定性的破坏，以保证井下人员和设备的安全。

1 露天转地下覆盖层移动规律和安全作用特性研究

1.1 覆盖层移动规律分析及其分层特性

从露天转地下采矿工艺要求和安全角度要求来说，保持合理的覆盖层结构和厚度对于降低矿石贫化、减少残留损失等都有重要意义。

覆盖层移动规律试验研究表明，当覆盖层厚度较薄时，随矿石放出覆盖层整体结构变化较大，松动椭球体发育不全，其滞水、防风和缓冲冲击地压等安全作用效果较差。增大覆盖层到适宜厚度，并严格控制放矿过程和制度，则覆盖层矿岩石整体流动性较好，椭球体发育完全。此时，覆盖层在移动过程中明显分为两部分：第一部分在放矿椭球体以上，移动过程中呈整体均匀下降趋势，较好的保持了移动前的结构状态；第二部分在放矿椭球体发育区内，散体颗粒下移速度有明显差异，层内原有结构随放矿过程被不同程度破坏。

随着放矿的进行，松动体向上发育，覆盖层参与松动体的发育。放矿制度的不同，对覆盖层的影响不同。在无贫化方式下放矿，覆盖层递补放出椭球体原来所占的空间而产生沉降凹陷，放出量越大，松动体发育的范围越大，覆盖层产生的沉降凹陷量越大，覆盖层的沉降量接近放出量；在截止品位下放矿，没有放出废石之前，覆盖层的变化情况和无贫化放矿情况下一样，再继续放矿，部分覆盖岩随矿石一起被放出，引起覆盖层的损失，截止放矿品位越低松动体发育的程度越强，覆盖层的损失越大。因此覆盖层的损失与放矿截止品位有关。由于在放矿过程中，覆盖层在截止放矿品位下放矿会随着矿石的放出而放出，造成覆盖层的损失，损失的覆盖层使覆盖层越来越薄。如果覆盖层过薄就可能满足不了覆盖层的功用，因此要根据放矿指标的大小及时补充覆盖层的岩石量。

根据覆盖层在移动过程中呈明显的分层的特性，将其分为整体下移层和流动层。整体下移层在放矿过程中整体均匀下降，结构和组成稳定；流动层结构构成随放矿过程发生较大变化，矿岩交界面发生错动，各分层之间相互混合，其混合程度和流动层与矿石层粒度组分的差异程度、放矿椭球体的高度及发育程度有非常密切的关系。

1.2 覆盖层的水渗透特性

（1）覆盖层粒度构成对覆盖层渗透特性影响。覆盖层的渗透系数与其孔隙比、不均匀系数、曲率系数都存在较强的相关性，根据实验结果和量纲分析，覆盖层渗透特性与其粒度成分的不均匀系数、级配曲线曲率系数和覆盖层孔隙率的相关关系可用以下多项式表示，见式（1）：

$$K = 2\left(\frac{c_u}{c_c}\right)^{\gamma} d_x^2 e^2 \tag{1}$$

式中 K——渗透系数，m/s；

d_x——累计通过百分率为 X 的有效粒径，m；

e——孔隙比；

c_u——覆盖层粒度成分的不均匀系数；

c_c——覆盖层级配的曲率系数；

γ——调整参数。

（2）覆盖层渗透时间与覆盖层厚度关系。实验结果表明，迟滞降水时间与覆盖层高度大体呈正比关系，迟滞降水时间与降水强度大体呈反比关系。覆盖层粒度结构对渗透时间的影响很大，研究表明，在覆盖层厚度和降水强度固定的情况下，迟滞降水时间与细料含量 P_f 大体呈正增长关系。

（3）覆盖层高度、覆盖层结构和降水强度对覆盖层迟滞渗透时间的影响。实验分析得出，迟滞降水时间和覆盖层高度、覆盖层结构和降水强度的关系可以用函数 $t = f(q, H, c_f)$ 表示，其中 c_f 是与细料含量 P_f 有关的影响系数。通过量纲分析，可以得到该函数关系，见式（2）：

$$t = \frac{c_0 c_f}{q S_0}\left[BLH + \frac{\cos\alpha + \sin\beta}{2}(1 + 2\cot\theta)BH^2\right] \tag{2}$$

式中 c_0——修正系数，和覆盖层的级配构成有关；

c_f——与细料含量 P_f 有关的影响系数；

q——降水强度，L/h；

S_0——露天采场的汇水面积，m^2；

B——露天采场最小底宽，m；

L——露天采场最小走向长度，m；

H——覆盖层高度，m；

α——上盘最终边帮角，(°)；

β——下盘最终边帮角，(°)；

θ——端部最终边帮角，(°)。

1.3 覆盖层漏风特性

覆盖层物料粒级配比对其漏风系数影响较大，当细料含量超过30%的时候，其漏风系数基本稳定。随着覆盖层孔隙率的降低、覆盖层密实程度的增加，漏风量呈现指数关系下降。从防止漏风的角度出发，覆盖层的防漏风厚度随着孔隙率的降低而减少，通过数据拟合计算，孔隙率越低，需要的覆盖层厚度越小。当细料含量能够达到30%以上时，则覆盖层的漏风系数可降低到$10^{-5}m^3/s$以下，覆盖层厚度在15～25m以上时，可显著减低漏风量。

1.4 预防井下泥石流灾害技术

当露天降雨充沛，露天坑内汇集大量水时，使得地下崩落法采场的首采分段上部形成较大的水压力。一旦首采分段的局部回采和覆盖层沟通，则上部水压汇集于此，局部巨大水压力作用下，极易发生井下泥石流事故。如何防止局部水压力过大而造成淹井和泥石流事故，是露天转地下矿山面临的亟待解决的重大问题之一。

针对露天转地下覆盖层泥石流形成机理和露天转地下覆盖层的构成特点，提出以下预防露天转地下矿山井下泥石流危害发生的技术方法。

(1) 在覆盖层结构上，减少流动层中细料含量，降低覆盖层诱发产生泥石流的条件。

(2) 在露天转地下矿山首采分段开采之前，开凿露天坑与地下的泄水通道，减轻覆盖层中的水渗透压力，降低因覆盖层局部渗透压力过大造成井下泥石流灾害的概率。

(3) 在首采分段尽量采用均匀放矿制度，保持覆盖层的整体结构不被破坏，阻止边帮冲刷形成泥石流涌入井下。

1.5 覆盖层安全结构和合理厚度的确定

覆盖层由整体下移层和流动层两部分组成，整体下移层的结构可通过控制细料含量来控制其阻滞水渗透时间。为取得好的安全效果，一般要求细料体积比在15%～30%之间，可根据细料含量以及覆盖层安全功效要求来确定整体下移层的厚度。为降低矿石的贫化，流动层和覆岩下矿石的粒度结构最好接近。为防止井下泥石流的发生，应严格控制细颗粒成分含量；其厚度和采场分段高度密切相关，最小厚度应不低于采场分段高度的1.5～2倍。

2 露天转地下覆盖层形成技术

覆盖层形成方法包括爆破崩落边帮围岩形成法、散料回填形成法、爆破削帮与散料回填联合方法。

爆破崩落边帮围岩覆盖层形成技术是指通过抛掷爆破方法，在恰当的时机，崩落露天采场边帮的围岩，并抛掷到露天采场坑底形成覆盖层。这种覆盖层形成方法需要精确的控制爆破参数和装药结构，以控制爆破粒度和爆破范围；其次还要很好控制爆破规模，防止爆破次生灾害对井下和其他设施、设备、构筑物以及人员形成危害。

散料回填形成覆盖层技术是指通过回填物料形成覆盖层，如回填露天开采剥离的废石等。这种覆盖层形成方法要注意回填散料的粒度构成情况和回填过程的控制。具体回填工艺可分为两种，一是一次排弃形成全段高覆盖层，覆盖层的结构形式和粒度要求通过排弃过程的粒度自然分级实现。二是分层排弃，通过筛分等手段控制覆盖层各分层的粒度构成。

针对低台阶回填工艺复杂、物料分级困难等问题，通过相似模拟实验和现场工业实验，提出了高台阶一次回填形成覆盖层技术。高台阶回填技术可利用岩块的自然分级规律，实现对覆盖层分层结构和粒度控制的需要，是一种高效、简单的回填工艺。其相对于低台阶回填工艺具有明显的技术优势：

（1）简化了生产工艺，形成周期较短；

（2）有利于降低总运输功，成本相对较低；

（3）不仅实现了覆盖层分层结构，而且在每层结构中岩块粒度分布呈渐进式过渡，有利于实现在流动层的减少损失贫化作用和整体下移层对漏风和漏水的控制作用。

利用岩块的自然分级规律形成覆盖层，除了要控制好回填材料的整体粒度构成外，最关键的是要控制好回填台阶的高度。回填台阶的高度，决定了自然分级中岩块粒度沿覆盖层厚度方向的分布规律，是控制覆盖层分层结构尺寸和粒度结构构成的重要工艺参数。

爆破削帮与回填联合形成覆盖层技术，首先回填形成覆盖层的底部结构，再爆破形成覆盖层的上部结构。或先爆破形成覆盖层的底部结构，再回填形成覆盖层的顶部结构。

3 研究成果在首钢矿业公司杏山铁矿的应用

3.1 矿山概况

首钢大石河铁矿杏山采区位于河北省迁安市木场口镇白龙港村，原采用露天开采方式，生产规模 150×10^4t/a，露天采场最高标高为 305m，露天境界最低标高为 -33m，封闭圈标高为 117m。露天采场上口尺寸为 900m × 630m，下口尺寸为 410m × 20m。露天采场总出入沟布置在矿体下盘，位于矿体东北端部，标高为 132m。-33m 以下转入地下开采方式，采用主副竖井辅助斜坡道开拓系统，无底柱分段崩落采矿方法，设计生产规模 320×10^4t/a。杏山铁矿所处区域属温带大陆性气候，夏季最高气温 38.6℃，冬季最低气温 -24.5℃。年平均降雨量 756mm，年最大降水量 1152mm，降雨多集中在 7、8 月份。年蒸发量为 1882.5mm，常形成旱季。

3.2 杏山铁矿覆盖层形成方案

露天转地下覆盖层的形成方式有多种，针对杏山铁矿露天转地下的过程中面临的排土场倒运和挂帮矿开采引起上盘边坡滑塌覆盖露天采场的现状，适合采用倒排排土场废石，人工回填形成露天转地下覆盖层。杏山矿排土场废石主要由石榴黑云斜长片麻岩和混合花岗岩组成，粒径主要分布在 5 ~ 200mm 之间。

考虑露天转地下覆盖层与露天底部矿体的空间位置及覆盖层的安全作用要求，考虑杏山排土场废石实际粒度组成，确定整体下移层厚度不小于25m，细颗粒与粗颗粒比例为3∶7；流动层厚度不小于20m，回填物料粒度不小于20mm，100mm以上的粒度含量不小于40%。覆盖层的整体厚度为不小于45m。

采用8m^3挖掘机装30t汽车运至露天采场回填。设计在采场+10m平台设置初始回填排弃平台，采用高台阶一次回填方法，回填高度45m。

3.3 对采矿工艺和放矿制度的要求及其他技术措施

由于排土场废石粒级的客观条件，造成覆盖层最下部流动层散体块度小于采场设计平均块度，故地下首采分段需要调整爆破参数，适当提高炸药单耗，改善爆破条件，通过降低回采矿石块度，尽量接近流动层的粒度，以防止由于粒级差别大使井下放矿出现过早贫化现象。为预防泥石流的发生，对杏山铁矿露天坑内挂帮矿平硐口进行渗漏防淤处理，并在露天坑底设置泄水孔，作为覆盖层疏水通道。

4 结论

本文结合杏山铁矿露天转地下工程中遇到的实际问题，通过对覆盖层安全作用机理的深入研究，按照露天转地下覆盖层防冲击地压、阻滞水渗透、防漏风、防寒、防泥石流等功能需求，提出露天转地下覆盖层结构与厚度的确定方法和形成技术，解决了露天转地下矿山覆盖层形成的关键技术问题。

我国大中型露天铁矿众多，大部分露天铁矿已经或即将面临露天转地下问题，且相当部分的矿山将过渡到地下崩落采矿法，露天转地下覆盖层的控制和形成技术成果的推广和应用将在这些矿山产生巨大的经济效益。

参 考 文 献

[1] 郭金峰. 金属矿山露天转地下开采的发展现状与对策［J］. 云南冶金，2003，1（32）：7～10.

[2] 梁学映. 露天转地下联合开采技术探讨［J］. 中国锰业，2006，24（4）：42～45.

[3] 南世卿. 露天转地下开采过渡期采矿方法及安全问题研究［J］. 现代矿业，2009（1），27～32.

[4] 杜建华，匡忠祥，宋卫东，等. 井下泥石流发生机理数值模拟研究［J］. 金属矿山，2008，（4）：18～22.

[5] 张国建，蔡美峰. 崩落体形态及其影响研究［J］. 中国矿业，2005，12（12）：38～42.

[6] Whact Craft S W, Tylers W. An explanation of scale－dependent dispersity in heterogeneous aquifers sing concepts of fractal geometry. Water Resources Research, 1988, 24: 566～578.

[7] Soni J P, Islam N, Basak P. An experimental evaluation of non－Darcian flow in porous media. J. Hydrol. 1978, 38: 231～241.

[8] Dudgeon C R. An experimental study of the flow of water throuth coarse porous media. Houille Blanche, 1996, 7: 785～801.

[9] 邵小平，石平五. 急斜煤层开采覆岩漏风途径生成演化模拟［J］. 采矿与安全工程学报，2007，24（4）：453～456.

[10] 田思进，王英敏. 崩落矿岩渗漏风特性的实验研究［J］. 金属矿山，1994，4：28～31.

[11] Ali Daouadji. An elastoplastic model for granular materials taking into account grain breakage. Eur. J. Mech. A/Solids, 2001, (20): 113～117.

[12] Steen Krenk. Characteristic state plasticity for granular materials. International Jour of Solids and Structures, 2000, (37): 9360 ~ 9643.
[13] 吴爱祥，孙业志，刘湘平．散体动力学理论及其应用［M］．北京：冶金工业出版社，2002.
[14] 乔国刚．石人沟铁矿露天转地下开采覆盖层合理厚度研究［D］．河北理工大学，2005.
[15] 马俊伟．堆浸工艺中矿岩散体介质的渗透特性试验研究［D］．中南大学，2005.

作者简介：

甘德清，河北联合大学矿业学院院长，教授，中国金属学会采矿分会露天开采学术委员会副主任，河北省矿山协会第四届理事会理事。

特大型贫铁矿低成本安全高效充填法开采关键技术与研究进展

高 谦[1] 南世卿[2]

(1. 北京科技大学；2. 河北钢铁集团矿业有限公司)

2012年5月30日

1 引言

铁矿石是钢铁工业的重要原料。我国钢产量2006年首次突破4亿吨达到4.188亿吨，成为世界上第一个钢产量突破4亿吨的国家。近10多年来我国铁矿石产量居世界第一，但国产铁矿石远远不能满足钢铁工业发展的需要，致使对进口铁矿石的依存度不断加大。2006年我国共需铁矿石6.2644亿吨，进口矿增长率18.6%，2010年进口铁矿石达1.24亿吨，对外依存程度在50%以上。预测2010~2020年国内铁矿石产量只能满足钢产量需求的38%~29%。

我国铁矿资源丰富，已探明的铁矿储量位居世界第3位。截至2005年底，我国铁矿区1995处，保有铁矿资源总量达到579亿吨，基础储量224亿吨，资源量为365亿吨，实际保有储量125亿吨。在"十一五"期间新查明的铁矿石资源超过70亿吨。我国铁矿主要分布在10大矿区，大于10亿吨特大型矿床有10处，1亿~10亿吨的大型矿床有99处。

为了改变我国铁矿石供给的被动局面，彻底解决铁矿资源面临的问题，2011年国务院做出重大决策，决定在"十二五"期间，加大国内铁矿资源勘探和开发力度，将原矿年产量由10.7亿吨增加到15亿~16亿吨，从而减少矿石进口的依存度，建立我国铁矿资源的战略保障系统。

我国铁矿资源主要为贫矿，矿石平均品位仅为30%左右，低于世界铁矿石平均品位11个百分点。大于55%的富铁矿仅占2.5%。由此可见，贫铁矿床是我国铁矿资源开发的主要对象。贫矿开发不仅产生大量的废石、废渣、废水和废气等废弃物，需要占用土地，而且地下开采引起地表沉降，破坏植被，给生态环境带来严重的负面影响，还诱发山体滑坡、空区塌陷和泥石流等地质灾害，给人民生命财产带来严重的安全隐患。

随着我国对环保要求越来越重视，因此，资源开发需要保护矿山环境。无疑充填法采矿是实现无废开采，建设绿色矿山的必由之路，也是贫铁矿资源开发的必然选择。目前正在建设和拟开工建设的充填法矿山有2500万吨/年的马城铁矿，2000万吨/年司家营田兴铁矿，450万吨/年的常峪铁矿，3000万吨/年西鞍山铁矿，450万吨/年的周油坊铁矿，500万吨/年的张庄铁矿，750万吨/年的李楼铁矿，600万吨/年的大贾庄铁矿和300万吨/年草楼铁矿。我国计划在"十二五"期间新建1000万吨级以上铁矿山8座、500万吨级以上铁矿山15座、200万吨级以上铁矿山20座，这些矿山全部采用充填法开采。

充填法采矿成本高，铁矿金属价值低，由此给贫铁矿床充填法开采的经济效益带来严峻问题。为了提高矿山经济效益，提高矿山生产规模，以规模求效益是重要抉择，因此，大型贫铁矿床的超大产能的充填法采矿面临一系列重大技术难题。针对正在开发建设中的年产 2000 万吨生产规模的司家营田兴铁矿的开发建设，本文首先概述了大型贫铁矿床充填法开采所存在的关键技术难题；然后，简要概述田兴铁矿充填法采矿技术攻关所获得的初步研究成果；最后，展望大型贫铁矿床充填法开采的发展方向。

2　大型贫铁矿开发中的关键技术难题

2.1　司家营田兴铁矿简介

司家营田兴铁矿是河北钢铁集团公司矿业公司正在开发建设中的特大型充填法采矿矿山之一。矿区位于河北省滦县响堂镇，为司家营铁矿床南矿段。设计采矿范围为司家营铁矿 S6～S38 线之间、－450m 标高以上各中段总铁矿量为 8.4 亿吨，矿石平均品位 TFe 30.8%，为一超大型贫铁矿床。矿体埋深 0～500m，上部赋存 100～120m 厚的第四系含水层。矿区处于冀东平原，地表有良田、村庄，开采不允许地表沉陷，满足地表村庄不搬迁以及不破坏第四系含水层，避免采场发生突水和淹井地质灾害。同时，矿山开采还要保护矿山环境和地下水资源，确保地表不沉陷，村庄不搬迁，农田不破坏。为了提高充填采矿生产能力，设计采用阶段嗣后充填法开采。即沿矿体走向布置矿块长 120m，宽为矿体水平厚度（平均 207m），阶段高 100m，矿块间留宽度为 20m 的支撑间柱。矿体采用两步开采。一步回采采用胶结充填，充填后再回采矿柱（二步回采）。二步回采空区采用尾砂非胶结充填。为缩小单个采空区水平投影面积，将矿块沿走向按 50m、倾向按 25m 将矿块划分成 50m×25m×100m 的盘区，并采用两步开采错开布置。采用分段凿岩、阶段出矿、嗣后充填的回采顺序。凿岩分段高 25m，凿岩巷道平行于矿体走向布置。鉴于矿石品位低、矿体规模大，并考虑到河北钢铁集团公司对矿石原材料的迫切需求，设计矿山生产规模为 2000 万吨/年。该生产规模不仅国内没有，在国外也尚属罕见。因此矿床的开采设计面临严峻挑战。

2.2　贫铁矿设计与开发中的关键技术

实现大型贫铁矿床的安全、高效和充填法开采，在矿床开采设计和生产中亟待解决以下几个关键技术难题。

2.2.1　超大采场稳定性研究的优化设计与控制性技术

为了提高大型矿床的生产能力，提高矿山的机械化采矿水平的基础。因此采场空间也要适应大型机械化设备使用要求。为此，田兴铁矿一步开采矿房跨度为 25m，长 50m，达到 50m×25m×100m＝12.5 万立方米，采场顶板暴露面积达到 $1250m^2$。由此可见，一步矿房形成的超大采场的稳定性控制是实现嗣后充填和二步回采的关键。

采场的稳定性不仅依赖于矿岩稳固条件，而且还与矿体埋深、矿区原岩应力、采场布置、回采工艺以及控制技术密切相关。因此，超大采场的稳定性控制首先开展矿山的工程地质和水文地质研究，研究和揭示矿区的采矿技术条件，合理评价矿岩质量和影响因素，从而为矿床采矿设计和优化设计奠定基础。同时，采用物理模型实验和数值仿真技术，进行矿体回采－充填等生产过程的仿真分析和稳定性评价，揭示矿体两步回采过程中的围岩变形机理和失稳模式。在此基础上，提出合理的回采顺序和与之相匹配的充填体强度，从而实现超大采场的稳定性控制和安全、高效开采。

2.2.2 高强度低成本新型胶结材料开发与应用技术

胶结材料在充填采矿法的采矿成本中占相当大的比重。通常碳酸盐水泥是常用的胶结材料。然而，水泥作为胶结材料成本高。尤其采用全尾砂作为充填料，胶结充填体强度不仅低，而且充填料浆黏度大，料浆输送浓度低，因此，要满足采场充填体强度，需要增大灰砂比，从而增大水泥用量，从而大大降低采矿经济效益，使得贫铁矿充填法开采面临严峻挑战。因此，针对大型贫铁矿床的超细全尾砂充填料的物化特性，研究开发可以替代水泥的高强度和低成本的新型充填胶凝材料，对于大型贫铁矿床的充填法开采，不仅至关重要，而且势在必行。

2.2.3 适用于大型铁矿充填法开采的充填优化控制技术

大型贫铁矿床充填法开采的充填优化控制技术是实现三强（强掘、强采和强充）开采的重要环节之一。充填优化控制技术涉及高浓度料浆的优化制备、充填系统的优化控制和大流量料浆管道的安全、高效输送。

（1）高浓度充填料浆优化配比技术。实现高浓度料浆充填，是提高充填体质量和降低采矿成本与提高采矿经济性的重要基础。众所周知，胶结充填体强度和料浆的流变特性与胶凝材料、充填骨料以及胶砂比与料浆浓度密切相关。因此，高浓度料浆配比需要综合充填体强度和料浆的输送特性进行考虑与优化设计。针对开发的新型充填胶凝材料和全尾砂充填骨料以及一步胶结充填体的强度要求，进行高浓度充填料浆的优化设计，从而制备低成本和高强度的高浓度充填料浆。

（2）高浓度充填料浆流变特性与流变参数研究。高浓度充填料浆的安全、可靠和大流量的管道输送，是实现大型贫铁矿床大规模生产的重要保证，而高浓度料浆的流变特征的测试与研究是确保管道输送的基础。针对大型贫铁矿床的全尾砂充填材料和新型充填胶凝材料，研究不同胶砂比和不同浓度条件下的流变特性，揭示流变特性影响因素以及充填倍线与输送量之间的关系，从而实现大流量管道输送的优化设计和安全输送。

（3）全尾砂充填系统设计与优化控制技术。全尾砂浓缩和造浆是全尾砂充填中的关键技术。目前，广泛应用立式砂仓和风水联合造浆工艺。针对不同选矿尾砂的浓度、物化特性，进行超细全尾砂浆的快速浓缩、连续造浆和浓度控制技术，是高浓度全尾砂充填技术的关键。因此，为了解决全尾砂浆的连续、稳定和安全可靠的造浆，需要开展技术攻关，实现对立式砂仓的造浆技术的优化控制。

（4）超大生产能力的制浆设备开发技术。对于大型铁矿床的充填法开采，提高充填料浆的生产能力不仅是减少充填站数量，解决地表充填系统占地问题，而且也能够减小充填倍线，提高高浓度输送的重要举措。

目前，国内充填料浆的制备能力一般在 80～120m^3/h。虽然人们正在研究和开发达到 180m^3/h 的制浆设备，而 200m^3/h 的充填料浆的生产能力还不多见。为此，研究和开发更大生产能力的制浆设备，对于大型贫铁矿的充填法开采也是亟待解决的关键技术难题之一。

2.2.4 采场安全监测与灾变风险预测预报技术

大型贫铁矿矿床的安全、高效和无废环保开采，是贫铁资源开发利用的前提。要实现这一目标，不仅需要合理的开采设计和有效的回采工艺，更重要的还需要对整个采矿过程的安全监测和风险控制。显然，采矿生产过程的安全监测和灾变风险预测预报与控制技术，也是大型贫铁矿床充填法开采的关键技术之一。对于地表为农田和村庄的大型贫铁矿床，采矿的安全监测和预报技术涉及两个方面：其一是采场生产过程中的安全监测和灾变失稳预测；其二是整个采场的稳定性监测与地表岩移预测技术。

（1）采矿生产过程中的安全监测技术。对于两步回采的阶段嗣后充填法采矿，整个采矿过程分为4个步骤：即回采矿房、胶结充填矿房、回采矿柱、非胶结充填矿柱。在回采过程中，不仅矿房和矿柱在回采过程中存在灾变失稳风险，而且在回采矿柱的过程中，胶结充填体的暴露面积随开采过程逐渐增大，因此也存在充填体的片冒和整体失稳风险。因此，有必要采用监测手段进行安全监测，确保采矿安全。

（2）采场整体稳定性分析与地表预测技术。采场整体稳定性是实现地表岩移控制的必要条件，并非是充分条件。换句话说，即使实现整个采场的整体稳定性，也不一定能够控制地表岩移在允许的范围内。这主要是由于超大充填体存在滞后作用、充填不接顶以及充填体本身的收缩变形，使得地表岩层移动超过地表建筑物允许范围，从而导致岩移破坏地表建筑，使得矿山建筑物存在变形破坏的风险。开展采场充填体和地表沉降观测，并根据监测到的信息，建立岩移预测的数值模拟，进行不同开采水平的岩移预测，以便提前采取安全措施，对地表岩移进行有效控制，避免村庄搬迁和农田破坏，从而实现资源开发和保护矿山环境的目标。

3　大型贫铁矿充填采矿技术攻关研究成果

3.1　技术攻关的主要研究内容

针对正在开发建设中的司家营田兴大型贫铁矿床，河北钢铁集团矿业有限公司，联合北京科技大学、中南大学、东北大学和马鞍山矿山研究院等科研院所，开展了大型贫铁矿床充填法开采的关键技术研究。针对矿体上部赋存第四系含水层以及地表不允许沉陷的采矿要求，在中冶京诚（秦皇岛）工程有限公司所提交的初步设计方案的基础上，开展了“司家营田兴铁矿充填法采矿关键技术”攻关研究。研究范围包括8个研究专题。专题一：充填法采场结构参数优化与稳定性控制技术研究；专题二：充填体强度与采场围岩匹配及地表沉降控制技术研究；专题三：新型充填胶结材料的应用与降低采矿成本研究；专题四：富含水层下充填法采矿突水预测与灾害防治技术研究；专题五：充填系统能力与配套技术研究；专题六：充填料浆制备与高浓度管道自流输送减阻技术研究；专题七：阶段嗣后充填采矿方法通风系统优化研究；专题八：采矿系统生产能力与配套技术综合评价及优化配置。由于篇幅所限，本文仅仅介绍研究专题一和研究专题三部分研究成果。

3.2　采场结构参数优化研究成果简介

采矿优化设计是实现大型贫铁矿充填法开采的基本保障。为此，课题组与设计单位密切配合，开展了司家营田兴铁矿的阶段嗣后充填开采的优化设计研究。图1显示了该专题的研究技术路线。由此可见，针对该矿的采矿技术条件和现有的地质信息，首先建立了矿床的三维地质模型，研究和评价了设计院提出的采矿设计方案和采场结构参数。然后，采用物理模型和数值仿真技术，以采矿效益为优化目标，以地表岩移作为约束条件，进行了

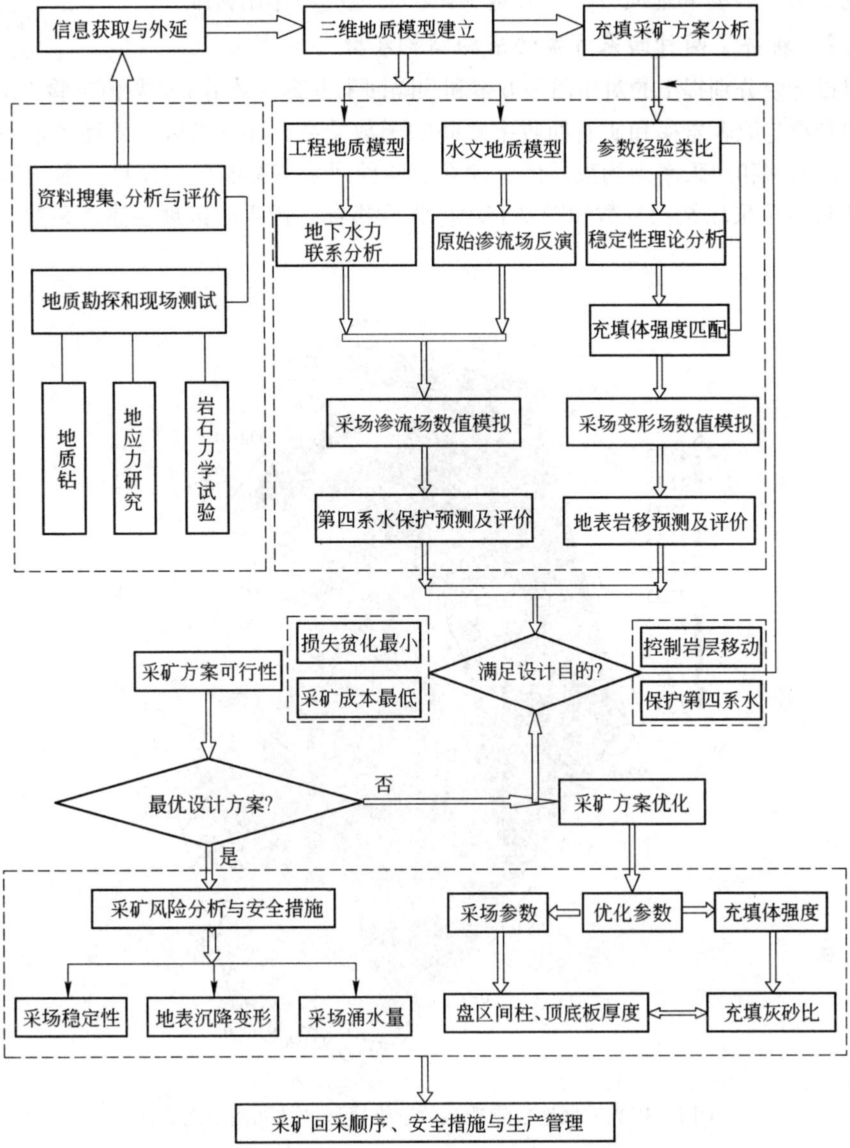

图 1　充填法采场结构参数优化与稳定性控制技术研究技术路线

采场结构参数的优化决策，从而获得了满足采矿要求的最优结构参数。最后，对所获得的采场优化设计方案，进行分析和研究，评价优化设计方案的可行性和可靠性，并进行阶段嗣后充填法开采过程中的安全预测和风险评价。综合上述研究，本研究所获得的研究成果主要有以下 4 个方面。

3.2.1　揭示了田兴矿体品位分布规律以及采矿技术条件

通过建立的工程地质和水文地质模型以及矿床模型，研究揭示矿体品位的分布规律以及存在条件；揭示了矿床第四系地层透水和隔水层位置与透水特性；通过地质钻孔建立的矿区工程地质模型，揭示了矿区矿岩地层特征与赋存条件，并根据钻孔的 RQD 信息，进行了矿区矿岩体的围岩分类，从而实现了整个矿床工程岩体分类与稳定性评价。在此基础上，借助于前人经验和地质分类，确定了矿区的地应力作用特征。

3.2.2 获得了两种回采方案的采场结构参数

针对设计院分别提出的对角回采方案和间隔回采方案，采用正交数值试验方法，建立了采场结构参数与地表岩移和矿石回收率之间的函数关系，并以盘区采矿经济效益为优化目标，以地表岩移和回采率为约束条件，建立了两种回采方案的优化模型。通过求解优化模型，由此获得了采场结构参数和胶结充填体强度指标。田兴矿区地层渗透系数三维模型如图2所示。

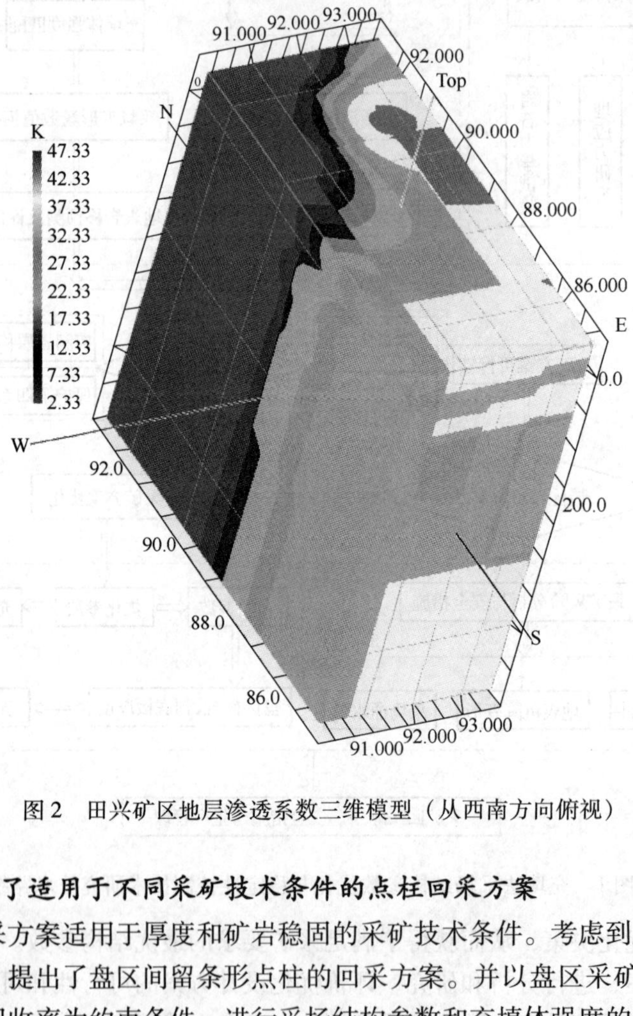

图2 田兴矿区地层渗透系数三维模型（从西南方向俯视）

3.2.3 提出了适用于不同采矿技术条件的点柱回采方案

上述两种回采方案适用于厚度和矿岩稳固的采矿技术条件。考虑到上部矿体的矿岩稳固条件逐步变差，提出了盘区间留条形点柱的回采方案。并以盘区采矿经济效益为目标，地表岩移和采矿回收率为约束条件，进行采场结构参数和充填体强度的优化决策，从而获得了适用于上部矿体开采的安全可靠的回采方案。图3所示为留条形点柱的回采方案与优化后的采场结构参数。

3.2.4 优化设计方案的整体稳定性分析与风险预测

为了控制地表岩移，充填采场整体稳定性为必要条件。为此，根据采场拟框架结构型式，进行了充填采场稳定性分析和岩移可靠度研究，由此预测地表岩移风险，并针对预测结果，提出岩移控制措施，为矿山的采矿设计和风险控制提供理论依据。

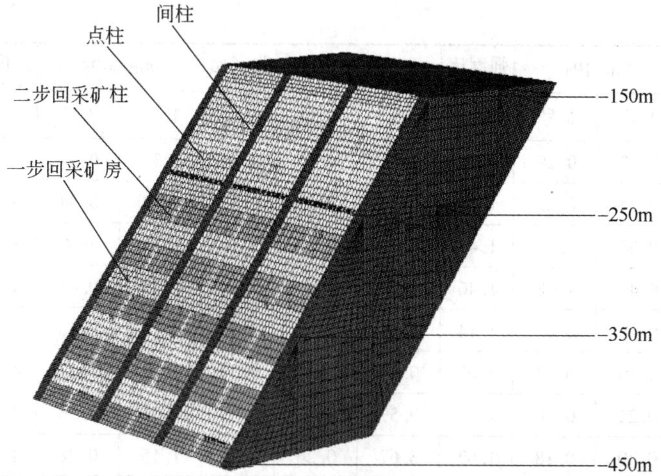

图3 留条形点柱回采方案与采场结构参数

3.3 新型胶凝材料开发研究成果简介

开发高强度和低成本的新型充填胶凝材料，实现全尾砂胶凝充填，不仅能够降低充填采矿成本，更重要的是实现全尾砂充填，创建绿色无废开采。本研究开展了大量的试验研究，并通过中试和现场试验，取得了显著成效。图4所示为新型充填胶凝材料开发研究技术路线。

本次研究分别采用司家营和石人沟两个铁矿的全尾砂，共进行了119组的胶砂试验，分别获得两种新型胶凝材料的配方，即1号和2号配方。采用1号材料的配方，进行了中试和现场试验。表1和表2给出了1号新型充填胶凝材料在石人沟铁矿进行的现场试验结果。

表1 两种胶凝材料全尾砂充填体强度试验结果（28d为井下养护条件）

编号	胶砂比	浓度/%	7d/MPa		强度比 1号/3号	28d/MPa		强度比 1号/3号	90d/MPa		强度比 1号/3号	90d/28d	
			1号	3号		1号	3号		1号	3号		1号	3号
1	1:5	66	1.77	0.45	3.93	2.26	1.25	1.81	3.34	1.92	1.74	1.48	1.54
2		68	2.23	0.86	2.59	2.67	1.75	1.53	3.82	2.01	1.90	1.43	1.15
3		70	2.25	0.94	2.39	2.77	1.78	1.56	4.37	2.27	1.93	1.58	1.28
4		72	2.50	1.20	2.08	3.32	1.95	1.70	5.08	2.53	2.01	1.53	1.30
5	1:8	66	1.06	0.45	2.36	1.16	0.61	1.90	2.70	0.75	3.60	2.33	1.23
6		68	1.20	0.45	2.67	1.91	0.78	2.45	2.91	0.87	3.34	1.52	1.12
7		70	1.43	0.46	3.11	2.12	0.78	2.72	3.22	1.01	3.19	1.52	1.29
8		72	1.78	0.70	2.54	2.19	0.9	2.43	3.95	1.12	3.53	1.80	1.24
9	1:10	66	0.97	0.32	3.03	1.47	0.44	3.34	2.02	0.63	3.21	1.37	1.43
10		68	0.86	0.33	2.61	1.62	0.50	3.24	2.04	0.69	2.96	1.26	1.38
11		70	0.98	0.34	2.88	1.71	0.57	3.00	2.49	0.79	3.15	1.46	1.39
12		72	1.29	0.37	3.49	2.06	0.69	2.99	3.4	0.96	3.54	1.65	1.39

续表 1

编号	胶砂比	浓度/%	7d/MPa		强度比 1号/3号	28d/MPa		强度比 1号/3号	90d/MPa		强度比 1号/3号	90d/28d	
			1号	3号		1号	3号		1号	3号		1号	3号
13	1∶15	66	0.33	0.19	1.74	0.82	0.27	3.04	1.32	0.31	4.26	1.61	1.15
14		68	0.34	0.23	1.48	0.76	0.27	2.81	1.33	0.34	3.91	1.75	1.26
15		70	0.37	0.25	1.48	0.96	0.31	3.10	1.5	0.4	3.75	1.56	1.29
16		72	0.41	0.28	1.46	1.24	0.35	3.54	1.79	0.41	4.37	1.44	1.17
17	1∶20	66	0.16	0.14	1.14	0.36	0.19	1.89	0.77	0.18	4.28	2.14	0.95
18		68	0.15	0.14	1.07	0.42	0.19	2.21	0.95	0.21	4.52	2.26	1.11
19		70	0.21	0.18	1.17	0.57	0.22	2.59	0.99	0.26	3.81	1.74	1.18
20		72	0.30	0.18	1.67	0.67	0.26	2.58	1.15	0.28	4.11	1.72	1.08

注：1 号为新型胶凝材料，3 号为 32.5 水泥。

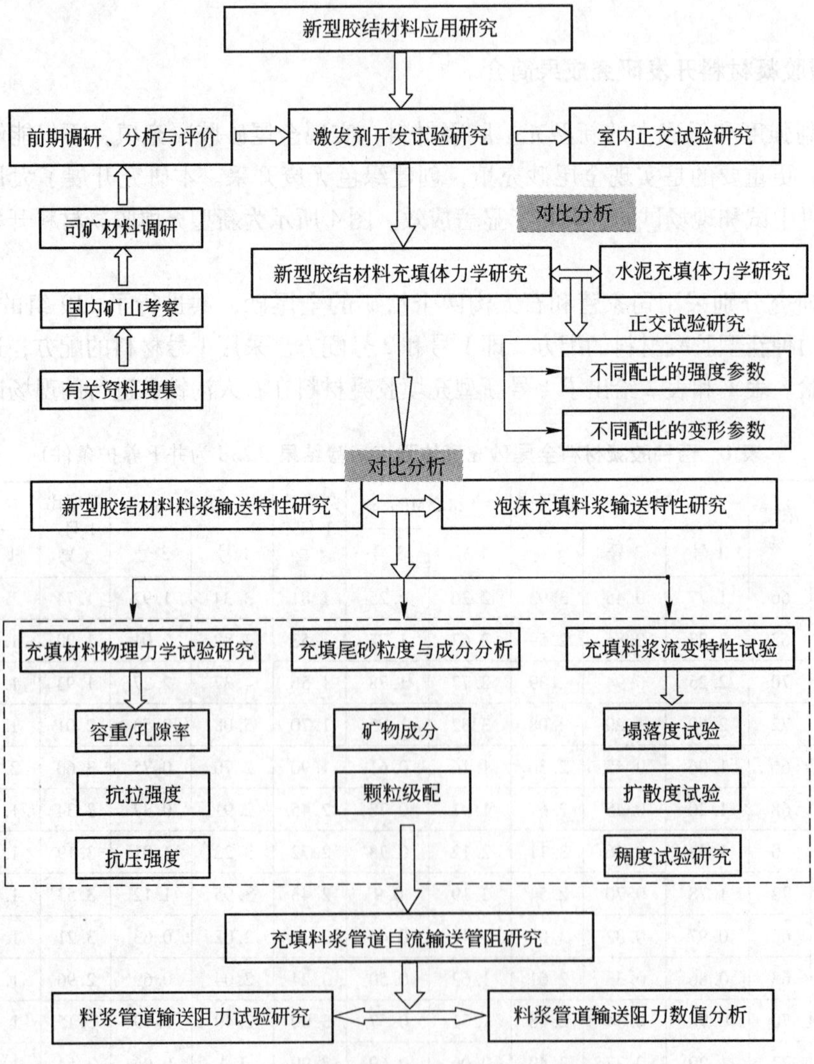

图 4　新型充填胶凝材料开发研究技术路线

表 2　两种胶凝材料全尾砂充填体强度之比对比分析结果

对应条件＼特征参数	最小值	胶砂比	浓度/%	最大值	胶砂比	浓度/%
7d	1.07	1：20	68	3.93	1：10	66
28d	1.53	1：5	68	3.54	1：15	72
90d	1.74	1：5	66	4.52	1：20	68
平均值	1.45			4.00		

注：试块在井下养护。

基于表 1 所示的试验数据和表 2 的统计结果，获得以下几点结论：

（1）无论是 7d、28d 还是 90d 的龄期，新型充填胶凝材料全尾砂试块强度与 32.5 水泥材料的全尾砂试块强度之比均大于 1，可见，开发的新型胶凝材料特性优于 32.5 水泥。

（2）在胶砂比 1：5～1：20 的条件下，砂浆浓度在 66%～72% 的范围内，7d 龄期的两种胶凝材料强度之比最小值为 1.07，最大值为 3.93；28d 龄期最小值为 1.53，最大值为 3.54；90d 龄期最小值为 1.74，最大值为 4.52。

（3）对于 7d 龄期，两种胶凝材料强度最大值对应的胶砂比是 1：10，砂浆浓度为 66%；28d 龄期最大值对应的胶砂比为 1：15，砂浆浓度为 72%；90d 龄期最大值对应的胶砂比为 1：20，砂浆浓度为 68%。

（4）根据不同龄期的两种材料充填体强度最大值所对应的胶砂比和砂浆浓度可见，新型充填胶凝材料在低胶砂比的条件下（<1：10）性能更高。

（5）在低胶砂比（<1：10）的条件下，两种胶凝材料的强度之比的最大值随着龄期增加而增加。由此表明，新型胶凝材料后期强度增加速率高于 32.5 水泥的增加速率。

（6）三种龄期的两种胶凝材料强度之比的平均最大值为 4.0，由此可见，新型充填胶凝材料比 32.5 水泥材料具有更高的优越性。

（7）三种龄期的两种胶凝材料强度之比的平均最小值为 1.5。由此可见，新型充填胶凝材料与 32.5 水泥材料相比，在最不利的配比和浓度时，也是水泥强度的 1.5 倍左右。

图 5 给出了新型胶凝材料和 32.5 水泥两种胶凝材料 90d 的充填体强度随胶砂比变化曲线。图 6 显示平均砂浆浓度为 69% 时，两种胶凝材料的全尾砂充填体强度随胶砂比的变化规律。由此看出：

（1）无论何种砂浆浓度，90d 全尾砂新型胶凝材料充填体强度远大于 32.5 水泥材料。

（2）对于新型胶凝材料的全尾砂胶结充填体强度，在低胶砂比（<1：10）条件下的强度增长速率大于高胶砂比（>1：10）强度增长速率；而 32.5 水泥胶凝材料则反之。

（3）90d 全尾砂新型胶凝材料充填体强度远高于 28d 的全尾砂胶结材料充填体强度，表明新型充填胶凝材料的后期强度仍在增加。

（4）对于新型充填胶凝材料的全尾砂充填体强度，低胶砂比（<1：10）的增加速率大于高胶砂比的增加速率；32.5 水泥胶凝材料则反之。

（5）在 1：15～1：5 的胶砂比范围内，新型充填胶凝材料的 7d 强度大于或等于 32.5 水泥 90d 的充填体强度。

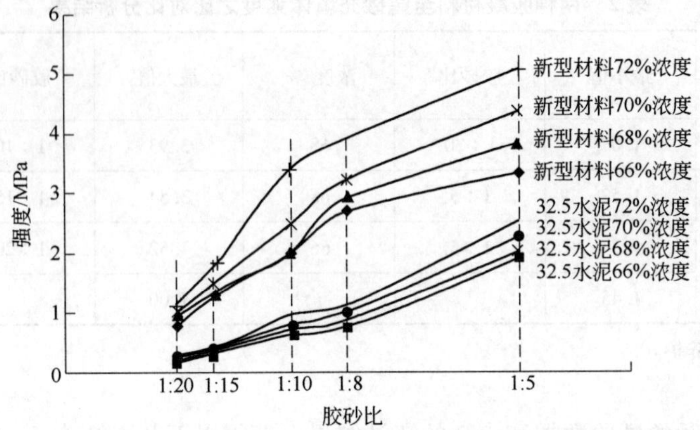

图5 新型胶凝材料和水泥两种材料 90d 全尾砂充填体强度随胶砂比变化规律

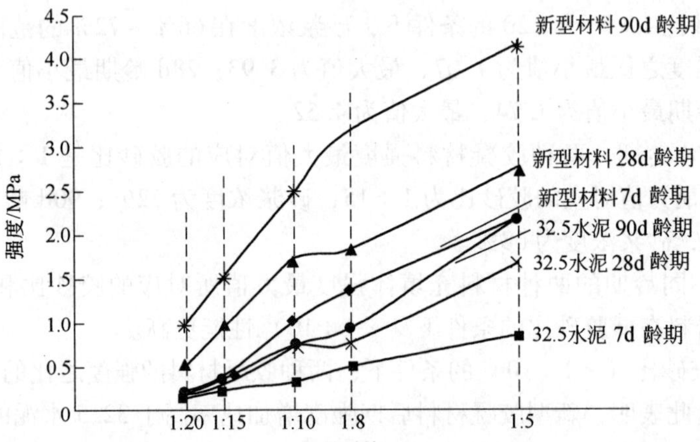

图6 浓度为 69% 的新型胶凝材料和水泥两种胶凝材料全尾砂充填体强度随胶砂比的变化规律

4 大型矿床充填法采矿技术发展趋势

4.1 充填法采矿技术研究现状分析

4.1.1 国外技术发展趋势与现状分析

20 世纪 50 年代，澳大利亚一些地下金属矿山以水力充填取代了早期使用的干式充填。1962 年加拿大 Food 矿首次采用尾砂水泥胶结充填。1969 年澳大利亚芒特艾萨铜矿首次采用水泥胶结充填回采底柱，同时进行炉渣代替水泥的研究。70 年代，尾砂胶结充填工艺开始在金属矿山推广应用。1993 年加拿大发展了膏体充填技术。澳大利亚 1997 年 8 月和 1998 年底分别在坎宁顿矿和芒特艾萨矿建成了膏体充填系统，10 年内加拿大矿山采用高浓度尾砂充填料将会成为规范。为了提高矿山生产规模，矿山开始采用空场嗣后充填法采矿。在 20 世纪 50 ~60 年代后，各国加大了充填法采矿比重，有关国家还围绕灾害控制制定了相应规范。80 年代初，加拿大充填法采矿的比重达到 35% ~40%；瑞典的布利登有色金属公司70%的矿山采用充填法开采。苏联1981年充填法开采的比重为24.2%；1970年，克里沃罗格铁矿区用充填法开采占地下采出铁矿石的0.8%，到1980年达到了6.4%。日本金属矿山充填法矿山，从1956年的24.5%到1982年上升到43%。各国应用充填法矿山的比重仍在迅速增加，目前加拿大的地下矿山几乎全部采用充填法开采。

4.1.2 国内技术发展趋势与现状分析

我国在20世纪六七十年代开始了以分级尾砂、河砂、风砂、碎石等为集料的水砂充填和胶结充填工艺应用研究。1960年湘潭锰矿采用碎石水力充填技术防止矿坑内火灾；1965年锡矿山南矿使用尾砂水力充填工艺控制采场大面积地压；1968年凡口铅锌矿首次采用了分级尾砂和水泥胶结充填。80年代开始发展全尾砂高浓度胶结充填、高水速凝全尾砂固化胶结充填和块石胶结充填工艺。80年代末，凡口铅锌矿和金川镍矿开始试验全尾砂充填，高水速凝充填技术也开展应用研究。1988年大厂铜坑矿采用块石胶结充填工艺。90年代发展起来膏体泵送充填工艺。1997和1999年金川二矿区和大冶公司建成了膏体泵送充填系统。随着各种新型充填工艺、新型胶结材料的成功应用，极大地推进了我国充填采矿技术的发展。随着矿山装备水平的提高，充填采矿效率也在大幅度提升，充填采矿方法应用范围进一步扩大。

4.2 充填法采矿发展趋势

4.2.1 向无轨机械化、回采连续化的方向发展

充填采矿技术逐步向大规模高效率的采矿工艺发展。对于低品位铁矿床，尤其是贫铁矿床，矿山生产能力决定采矿效益。以规模求效益是充填法矿山提高采矿经济效益的重要途径。因此，高阶段嗣后充填采矿方法和无轨机械化连续作业的回采工艺，是充填法采矿的发展方向。国内矿山已有53种型号800多台铲运机在运行，柴油驱动占70%，电力驱动占30%。拥有铲运机的矿山有56座。白银小铁山矿引进地下无轨采掘及辅助设备12台（套），实现了采掘无轨机械化。金川二矿区装备有JCCY2A铲运机4台，每年可采出矿石30万吨，生产能力达到800~1200吨/天。安庆铜矿采用120m以上高阶段大孔径崩矿嗣后一次充填采矿法，采用瑞典Simba－251潜孔钻机钻岩直径为165mm垂直下向深孔，美国ST－SC铲运机出矿及大规模连续振动出矿，采场综合生产能力达到750~800吨/天。充填矿山的无轨机械化、连续回采工艺应用，大大地提高了矿山的生产能力。

4.2.2 向低成本高强度新型充填材料应用的方向发展

充填采矿法充填材料占采矿成本的20%以上，而胶结材料占15%，因此，开发应用新型胶结材料是降低采矿成本和提高采矿效益的重要途径，因此是充填法采矿的必然发展趋势。目前适用于矿山充填特点的专用水泥还不多见。高水速凝材料是一种典型的专用充填胶结剂，但在应用过程中存在高水速凝固化材料来源少、成本高等因素，在金属矿山尤其在铁矿山中的推广应用仍存在很大困难。基于矿渣材料开发的新型尾砂胶结材料的成功研制，为低品位铁矿床充填法开采创造了有利条件。新型胶结材料在铁矿床推广和应用是充填法矿山低成本开采的发展方向。

4.2.3 向高浓度料浆自流管道输送的方向发展

提高料浆输送浓度以至于膏体是充填技术发展方向。由于膏体料浆管道输送阻力增

大，需要加压输送。膏体泵送系统一次性投入资金大，并存在超细尾砂浓缩、膏体制备以及精确控制等技术困难，使得膏体充填技术的推广应用受到很大限制。因此，高浓度料浆自流（或低压）输送充填技术是目前充填法采矿追求的实用技术。中国矿业大学基于全砂土固结材料，开发了一种高浓度的似膏体充填理论与技术，已经在理论研究、材料开发和室内试验等方面开展了前期研究工作。泡沫砂浆充填技术也开展了试验研究。在金川三矿区的室内外试验研究结果显示，泡沫可以起到滚珠效应，从而有效地减小高浓度料浆管道输送中的阻力，提高了料浆的输送浓度。

4.2.4 向生态化、无公害化的新充填模式方向发展

资源开发引发的环境破坏和废弃物排放已成为全球性的严峻问题。因此，实现充填矿山零排放已经成为充填法采矿追求的目标和发展方向。充填矿山零排放需要全尾砂充填和碎石不出坑，同时充分利用矿渣废水，将向建立矿山废料资源被重新利用新的充填模式方向发展。

4.2.5 充填力学与安全研究向现场连续监测与预报发展

为了研究充填作用机理和灾害预警预报，采场和充填体的应力和变形监测也向三维综合信息的连续监测和动态预报方向发展。尤其将监测信息和数值模型相结合，开展采场安全评价和灾害防控的综合研究，也是未来充填法采矿的发展趋势。1995 年白银公司和瑞典吕律欧大学合作，开展了采场及附近围岩的变形监测，揭示小铁山铅锌矿地压规律。自 2000 年起金川公司采用了全球定位系统（GPS）开展了地表变形监测，建立了复杂大型矿山地表岩移监测系统，进行了长达 9 年的地表沉降观测；2007 ~ 2009 年金川公司开展了光纤光栅传感智能监测技术，建立了金川二矿区采场围岩与充填体的变形监测和灾变预报系统。

4.3 充填法采矿中的关键技术开发与应用

4.3.1 全尾高浓度料浆充填技术情况分析

（1）超细全尾砂浆浓缩技术。全尾砂脱水浓缩是全尾砂充填技术关键，目前均采用浓密、过滤两级机械脱水工艺。这种脱水工艺能满足充填料对尾砂脱水的要求，但系统投资大、能耗高、过滤机滤布更换频繁、工艺复杂、处理能力有限；也有矿山使用高水速凝材料实现全尾充填，该材料适合于不同的全尾砂来浆浓度，但这种胶凝材料成本过高，胶结体后期碳化严重而丧失强度，未能大面积推广应用。

针对地下金属矿山已普遍建成立式砂仓系统的现状，在充分利用现有系统、不增加投资的前提下，研究工艺简单、能耗低的全尾砂脱水工艺已经成为可能。康家湾矿开发应用了非机械快速浓缩全尾砂胶结充填新工艺。高效浓密机全尾砂一级脱水也在矿山工程得以应用。可见，高浓度料浆制备系统已经成熟，设备已经国产化且已定型。经过 3 个矿山的活塞泵对比，KSP 系列泵比较合适粗骨料膏体充填，但应进一步研制高流量的活塞泵。

（2）高浓度料浆管道自流输送技术。高浓度长距离浆体管道输送技术在国际上已日趋完善，并迅速推广应用，但我国起步则比较晚。长期以来，在我国有色金属尾矿处理方面一直都存在着基建大、投资费用高、占地多、污染严重等问题。

浆体管道水力输送关键是确定以固体颗粒粒径为函数的即临界流速及在此流速下的水力坡降；然后利用等于或大于临界流速的流速输送，才能使输送动力及管道的压力损失减

到最低而且不会发生颗粒沉淀。在进行计算前必须确定流体的流变特性。固体颗粒的密度、粒径、浆体内固体物料的含量（浆体浓度）、管径和摩阻系数等都是决定浆体特性和输送参数的主要因素。早期国外提出的克诺罗兹公式、尤芬公式、杜兰得公式、柯别尔尼克公式等都认为临界流速和水力损失是随浓度的增大而增大，可是后来通过试验发现，临界流速和水力坡降起初是随浓度的增大而增大，当浓度增加到一定值时，临界流速和水力损失反而随浓度的增大而降低。金川公司在对棒磨砂胶结充填料浆试验研究的基础上，提出了金川公式，为高浓度料浆输送设计和分析提供了理论依据。

4.3.2 新型尾砂胶结材料研究与进展

高炉矿渣是冶炼生铁时的副产品，人们注意到用水淬矿渣替代水泥用于井下充填可以满足矿山充填体要求。加拿大安大略省米西索加市圣劳伦斯（St. Lawrence）水泥公司取得了专利技术，提出了一种用炼镍炉渣或炼铜炉渣和波特兰水泥组成的胶凝材料，适合用作固结矿山尾矿的胶凝剂。芬兰奥托昆普公司的维汉蒂等矿，用高炉渣取代了90%的波特兰水泥；加拿大基德克里克矿用高炉渣取代了30%～60%的水泥。南非奥基普铜矿也应用基于矿渣开发的专利胶结材料替代水泥材料。

我国的武汉大学发明了HAS固化剂（专利号：98113594.3）是以工业废渣为主要原料的一种新型灰渣胶凝材料。其中主要成分是矿渣、磷渣、粉煤灰液态渣、沸腾炉渣等，占原料的80%以上，配以适量的活化剂混合粉磨制而成。通过室内胶结充填试验结果表明，充填中可将HAS固化剂代替水泥作为胶凝材料，不仅使浆体流动性好，而且充填体强度更高，可以满足矿山对充填技术的要求。焦家高水材料厂研发的新型尾砂充填胶结材料于2002年底获得成功，并申请新材料技术专利。随后开发出了矿用充填胶结材料的专利产品（专利号：ZL001 18973.5）。通过在胶东的焦家、新城、河西、望儿山等金矿应用显示，新型胶结材料具有早强和高强特点，浆体流动性、悬浮性、可泵性好，充填工艺简单，工艺与普通水泥相同，成本比普通水泥节省20%以上。充填效果和成本均明显优于普通水泥和高水充填材料。在井下条件下，充填体长期强度稳定可靠，能满足井下充填需要，具有广阔的推广应用前景。目前已经在张马屯铁矿、莱新铁矿推广应用这种新型尾砂胶结材料。

4.3.3 高性能泡沫砂浆充填技术与专利产品

高性能泡沫砂浆充填体是指用物理方法将专用发泡剂水溶液制备成泡沫，与胶凝材料（水泥或新型胶结材料等）、集料（包括细戈壁集料、细河砂、棒磨砂、粉煤灰、尾砂等）、水及必要的外加剂，按照一定的比例混合搅拌，并经物理化学作用硬化形成的一种新型填充材料。

泡沫砂浆充填技术是在轻质泡沫土、泡沫混凝土基础上发展的一种全新的充填技术。因此，发泡剂的研制、发泡技术、力学特性以及输送特性是泡沫砂浆充填技术推广应用的关键。目前，发泡剂的研究在国内外已经取得丰富成果。目前有众多发泡剂可供选择。HB－FLS－001发泡剂是由嘉峪关市华鑫博越土木建筑工程技术有限公司生产的一种新型高效阴离子表面活性类土工用的发泡剂。产品经稀释后与压缩空气混合，再通过特定的发泡装置，即可产生稳定微密的独立气泡群，由此组成性能优越的稳定泡沫。

4.3.4 地表变形与采场安全监测及专利技术

传统围岩内部变形监测采用多点位移计，地表沉降采用全球定位系统（GPS）。由于多点位移计监测技术不仅需要投入大量的人力物力，而且还很难实现全方位、全自动信息获取。近年来发展的光纤光栅（FBG）与分布式（BOTDR）传感监测技术，为采场安全监测提供了一种可靠的技术。分布式光纤（BOTDR）和点式光栅（FBG）技术均为光传感技术，其差别为终端探测器件。分布式（BOTDR）采用连续式光纤，而光纤光栅技术采用点式传感器。该监测技术具有分布式、长距离、实时性、重点性、互补性、全面性，具有精度高、抗干扰能力强和耐久性长等特点，可实现变形自动监测和远程监控。分布式光纤（BOTDR）的监测仪器为日本安藤公司与NTT公司联合研制生产的AQ8603光纤应变分析仪。布拉格FBG传感技术是1978年研发的表面应变传感器，主要用于测量混凝土结构、钢筋混凝土、钢结构、网状钢结构的表面应变，可用于采场围岩壁面和充填体的微裂和应变观测。采用的光纤光栅网络分析仪PI01－36是北京品傲光电科技有限公司开发的专利产品（专利号：032091273）。MMS（Mine Monitoring Systems）是麦格集团根据矿山监测特点，运用最新的测绘解决方式，研发的一款全天候矿山监测系统。MMS能够提供24h不间断监测工作，利用磁悬浮测量机器人进行高精度测量，测量精度可达1mm，由于无人工参与，确保数据的准确性。

5 结语

随着矿产资源的逐步开发，采矿技术条件好和高品位的资源日趋枯竭，因此，人们面临越来越多的地质条件复杂多变的低品位矿床开发。即使对于低品位的铁矿床，由于矿床地下水以及环保要求，充填法开采已经成为未来资源开发的首要选择。目前我国正在开发建设和拟开发的大中型铁矿床全部采用充填法。

低品位铁矿床的充填法开采关键在于实现全尾砂充填和固体废弃物的综合利用，实现无废开采。因此，全尾砂胶结充填的核心技术就是开发和应用低成本和高强度的新型胶凝材料，实现高浓度大流量管道输送，从而提高充填体质量，降低充填采矿成本，提高大型贫铁矿床的充填采矿经济效益。其次，实现强掘、强采和强充的三强开采，是提高矿山生产规模，实现以规模求效益的重要途径。因此，与三强开采相匹配的超大采场的稳定性控制、超大制浆能力的充填设备以及大规模采矿过程中的安全监测和风险控制，是贫铁矿矿床开采进一步开发研究的关键技术。

针对司家营田兴铁矿的2000万吨级的充填法采矿设计，已经开展了大量的研究工作，并且取得了显著成果。由于篇幅所限，本文仅仅简要介绍采场结构参数优化和新型充填胶凝材料开发和现场试验的部分研究成果。

鉴于大型铁矿床充填法开采是近几年才得以重视并逐步得到应用和发展的。因此，在今后建成投产后，必将面临诸多技术难题，有待于在今后的长期生产实践中开展研究，逐步解决。针对大型贫铁矿床充填法开采设计，我们仅仅进行了初步探索。无论是研究技术路线和所获得的研究成果，均有待于在未来的采矿生产实践中得以检验和验证。

作者简介：

高谦，北京科技大学教授，博士生导师，中国岩土锚固协会理事。

南世卿，博士，教授级高级工程师，河北钢铁集团矿业有限公司设计研究院院长。

Fe

选矿球团工程

XUANKUANG QIUTUAN GONG CHENG

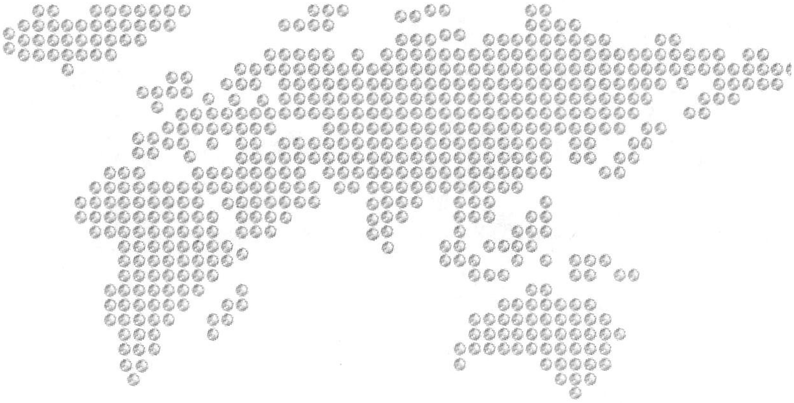

依靠核心技术创新　引领矿业未来发展

——鞍钢矿业选矿技术成果综述

邵安林

（鞍钢集团矿业公司）

2012 年 4 月 10 日

引言

长期以来，鞍钢集团矿业公司始终致力于科技创新工作，坚持依托科技破解生产难题，推动科学发展。特别是近年来，鞍钢矿业公司紧密围绕集团公司“四个转变”发展战略，坚持“自主创新、支撑发展、重点跨越、引领未来”的指导方针，大力实施科技兴企战略，着力提升自主创新能力，取得了一批重大科技创新成果，形成了一批关键的核心技术，在同行业达到了领先水平。以贫赤铁矿选矿工艺技术为代表的具有自主知识产权的核心技术，成为国内冶金矿山行业核心技术的“领跑者”。下面对近年来取得的选矿技术成果进行简要介绍。

1　鞍山贫赤（磁）铁矿选矿新工艺、新药剂与新设备研究及工业应用

鞍山贫赤（磁）铁矿选矿新工艺、新药剂与新设备研究及工业应用，项目成果达到国际领先水平，2003 年获得冶金科学技术奖特等奖，2004 年获得国家科技进步奖二等奖，2009 年获得辽宁省科技成果转化一等奖。

1.1　项目的意义

鞍山地区铁矿石贫铁高硅、结晶致密，属难磨难选矿种。新中国成立后至 20 世纪 90 年代末期，尤其是“六五”至“八五”期间，国家有关部委多次组织全国院校（所）对鞍山地区铁矿石进行选矿攻关，受历史条件和客观因素制约，未取得重大突破。磁铁矿精矿品位仅为 65.5% 左右，SiO_2 含量 8% 以上；赤铁矿精矿品位仅为 63.5% 左右，SiO_2 含量 9.5% 以上。2000 年，鞍钢综合入炉品位为 54.79%，处于全国各大钢铁企业的下游，入炉品位低制约了炼铁高炉技术经济指标的提高和鞍钢产量效益的增长。

为解决铁精矿品位低、杂质多的问题，1998 年鞍钢集团矿业公司会同国内科研院校（所）进行新工艺、新药剂、新设备的试验研究，该课题被列入国家“十五”科技攻关项目。经过实验室试验研究和工业试验验证，选矿技术取得重大突破。2000 年下半年开始实施选矿厂新技术应用的改造，使鞍钢矿业选矿工艺技术达到国际领先水平，为我国贫铁矿资源的有效利用提供了先进的工艺技术。

1.2　主要研究内容

1.2.1　赤铁矿新工艺的研究

贫赤铁矿原采用烧磁选工艺，精矿品位低、能耗高、成本高、污染严重，属淘汰工艺。通过实验室研究和工业试验，开发研究出“阶段磨矿、粗细分选、重－磁—阴离子反浮选”新工艺。结果表明：在其他条件相同时，铁精矿品位由63.11%提高到65.10%。

1.2.2　新药剂的研究

课题组研究开发出了新型捕收剂MZ－21。该药剂原料来源广、绿色环保，药剂用量减少30%，药剂成本降低25%，技术指标得到改善。浮精品位提高0.66%，浮尾品位下降0.27%。

1.2.3　新设备的研究

针对传统立环强磁机存在着介质易堵塞、选别效率低、故障率高、运营成本高的问题，课题组开发研制立环脉动强磁机，该机磁系合理、具有独特的反冲卸矿和脉动搅拌作用，使选别效率大幅度提高。作业精矿品位提高3.90%，作业尾矿品位降低3.21%，铁回收率增加3.82%，作业成本降低25%。

1.2.4　磁铁矿新工艺的研究

贫磁铁矿选别原采用单一磁选、细筛再磨流程，由于磁性夹杂，精矿品位低，SiO_2含量高，提质难度大。经过实验室研究和工业试验，应用阳离子反浮选工艺选出精矿中夹杂的SiO_2，从而大幅度提高了精矿品位。

1.3　关键技术和创新点

1.3.1　阶段磨矿、粗细分选、重—磁—阴离子反浮选工艺

项目实施过程中，创造性地将阶段磨矿、粗细分选工艺与阴离子反浮选工艺有机地结合起来，最大限度地发挥了该工艺的优势。该工艺针对齐大山铁矿石结晶粒度粗细不均的特点，以粗细分选为手段，达到早收早弃的目的。在提高精矿品位的同时，大大降低了二段磨矿和反浮选作业的处理量，提高了选别效率，降低了作业成本，实现了提质降耗的目的。

1.3.2　阴离子反浮选工艺

鞍钢矿业与长沙矿冶研究院共同研究开发，并在国内外首次在大工业生产上采用阴离子反浮选工艺对贫赤铁矿进行分选，使铁精矿品位达到67.50%以上，创造了世界贫赤铁矿选矿奇迹。技术攻关突出解决了阴离子反浮选工艺存在的药剂制度复杂、精矿过滤困难和生产成本高三大难题。

1.3.3　新药剂的研究和应用

针对进入浮选作业矿石含硅高、粒度细的特点，鞍钢矿业与马鞍山矿冶研究院共同开发研制新型捕收剂MZ－21，与传统捕收剂相比，具有捕收能力强、选择性好、浮选速度快、药剂制造成本低等特点，改善了浮选作业条件、提高了精矿品位和金属回收率，降低了作业成本，提高了经济效益。

1.3.4　新设备的研究和应用

针对贫赤铁矿比磁化系数低、获高品位精矿需细磨的特点，鞍钢与赣州有色冶金研究所合作，研究将 Slon 立环脉动强磁选机用于浮选前脱泥抛尾。该强磁选机具有磁场强度可调整、脉动作用使磁场与矿浆充分接触、分选效果好等特点。在本项目中首次与阴离子反浮选工艺相结合进行弱磁性矿物的脱泥抛尾作业，与传统强磁选机比，尾矿品位大幅度降低，金属回收率明显提高，同时改善了浮选作业条件，全面提升了新工艺的技术经济指标。

1.4　取得主要技术经济指标

该成果实施后产品质量和技术指标得到了大幅度提高，经济效益十分显著，赤铁矿石铁精矿品位由 63.51% 提高到 67.42%，提高幅度为 3.91 个百分点，磁铁矿石铁精矿品位由 65.55% 提高到 68.89%，提高幅度为 3.34 个百分点，为鞍钢年创经济效益 9.58 亿元。

1.5　推广前景

我国铁矿资源总储量 600 多亿吨，其中贫赤铁矿占 21%，本成果以贫赤铁矿石为主要研究对象，并取得了工艺、技术上的重大突破，为贫铁矿资源的开发利用提供了技术支撑，使已被视为废弃的铁矿资源重新得到了利用，为钢铁工业持续发展提供了原料保证。

该成果应用后，仅 2002 年鞍钢铁前系统获经济效益 9.58 亿元。现太钢尖山铁矿、鞍钢矿业东鞍山烧结厂等，应用本技术均取得了提质增效的显著效果。鞍钢矿业鞍千矿业有限责任公司和关宝山铁矿、唐山司家营铁矿、昆钢大红山铁矿、安钢舞阳铁矿等开始应用该技术开发和利用铁矿资源，提高了精矿质量。本成果推广应用前景广阔，如全部推广应用，可获得中、长期效益 912 亿元，社会效益巨大。该成果的应用，解决了贫赤铁矿提铁降杂的难题，把我国铁矿资源开发利用程度提升到一个新的水平，提高了国产矿的自给率和竞争能力，对我国钢铁工业的持续发展、安全运行具有重要的战略意义。

2　贫细磁铁矿石全磁选提质新工艺技术升级的研究及应用

贫细磁铁矿石全磁选提质新工艺技术升级的研究及应用，项目成果达到国际先进水平，2005 年获得冶金矿山企业协会科学技术一等奖，辽宁省科学技术进步三等奖。

2.1　项目的意义

近年来国内多家铁矿选矿厂都分别采用了新设备、新药剂、新工艺进行工艺流程的改造，取得了一定成效。但是反浮选在处理细粒嵌布磁铁矿石的应用中，如弓长岭选矿厂和太钢尖山选矿厂，虽然精矿品位大幅度提高，但存在着尾矿品位难以降低，而且流程长、工艺复杂、增加药剂的成本、回收率降低等缺点。

鞍钢矿业大孤山选厂磁选车间原生产工艺流程为阶段磨矿、磁选抛尾，细筛再磨工艺流程。在生产运行中入筛品位低、细筛再磨量大、再磨磨矿效果差，选别效率低、指标提高困难。为此，鞍钢集团矿业公司创造性地开展全磁选流程的提铁降硅研究。做到流程简单、工艺可靠、指标先进、铁回收率损失小、改造投资省、建设工期短、运行成本低和选别效率高，适合鞍钢大孤山磁铁矿贫细特点。

2.2 主要研究内容

围绕大孤山选厂贫细磁铁矿石提铁降硅这一课题，分别进行了以下研究：

（1）合理磨矿粒度的研究；

（2）先磁后筛实验室小型试验；

（3）电磁振动高频振网筛试验；

（4）多极磁系磁选机试验；

（5）大选一次球磨大小系统对比试验研究；

（6）磁筛提质试验等多项试验。

最终确定采用全磁选流程在大孤山选矿厂二选车间7系统进行单系统工业试验。其主要内容是：

1）重新分配、优化阶段磨矿中各段磨矿作业磨矿时间，增加一、二段磨矿产品细度和单体解离度，为选别作业创造了有利条件。

2）改进分级设备，应用新型旋流器动压给矿系统，提高旋流器分级效率。

3）开发应用新型多极磁系磁选机，并寻找出不同作业段磁选场强与选别指标间最佳匹配关系，达到理想的提质效果。

4）将4段细筛减少为两段，缩短流程，应用新型细筛代替传统尼龙细筛。

按单系统工业试验的流程对大孤山选矿厂进行改造，改造后新流程生产指标为：原矿品位32.25%，精矿品位67.50%，尾矿品位9.60%，精矿产率39.5%，金属回收率82.11%，实现了精矿品位由66.5%提高到67.5%的试验目标。新流程在提高精矿品位的同时提高了生产效率，使车间处理能力提高，精矿产量比改造前增加80万吨/年。

2.3 关键技术和创新点

2.3.1 合理工艺配置的技术创新

该工艺针对贫细磁铁矿石嵌布粒度细的特点，为使矿物达到充分的单体解离，应用大型球磨机和动压给矿旋流器组成闭路磨矿，重新分配、优化阶段磨矿中一、二段磨矿作业磨矿时间，增加各段磨矿产品细度和单体解离度，一段磨矿的粒度达到 -0.074mm 占70%、二段磨矿的粒度达到 -0.074mm 占90%，为充分选别提供了保障。该工艺在“阶段磨矿—磁选—细筛再磨”流程的基础上，将再磨排矿先磁选后入筛，有利于减少筛上循环量和提高入筛和筛下品位。

2.3.2 几种主要选别设备的技术创新

采用高效磁选设备，降低磁夹杂，提高选分效率。开发应用新型多极磁系磁选机，该设备磁极数多、包角大、磁场分布合理，底箱结构上引入精矿漂洗水，提质效果显著，同时寻找出不同作业段磁选机场强与选别指标间最佳匹配关系，提质的同时尾矿品位不变，打破了过去若提高精矿品位，尾矿品位必升高的传统观念。

采用高效筛分设备，减少细筛循环量，提高再磨效率。在细筛再磨流程中应用电磁振动高频振网筛代替尼龙细筛，充分发挥其筛分效率高的优势，在减少筛上循环量及保证精矿质量方面发挥了重要作用。

2.3.3　磁铁矿精选的技术创新

采用全磁选短流程实现工艺流程经济高效。研究出各段作业工艺参数的最佳匹配关系，将几项技术措施合理组合，使大孤山选厂生产流程进一步优化、完善，选别段数由原来12段缩短为10段，精矿品位达到67.50%，比改造前提高1.00%，运行成本低，在技术上是新的突破，同时克服了反浮选技术工艺复杂、成本高的缺点。全磁选方法处理细粒贫磁铁矿石，精矿品位达到67.50%，与国内外采用磁选流程处理矿石性质相近的选矿厂相比，工艺技术指标领先。

2.4　取得主要技术经济指标

技术改造后的新流程的生产指标为：原矿品位32.25%，精矿品位67.50%，尾矿品位9.60%，精矿产率39.5%，金属回收率82.11%。由于新工艺选别效率提高，从而提高了生产能力，改造后每年可多产精矿60万吨，改造后大选厂2005年增加效益超过两亿元。

2.5　推广前景

贫细磁铁矿石全磁选提质新工艺技术升级的研究，为我国降硅提铁增加了一种全新流程，为我国选矿技术的发展提供了科学途径与实践基础，具有广泛的推广前景。

3　浮选柱提纯磁铁精矿工艺技术研究

浮选柱提纯磁铁精矿工艺技术研究成果达国际先进水平，2007年获得辽宁省科技进步奖二等奖。

3.1　项目的意义

浮选柱自20世纪80年代后期解决气泡发生器后，特别是近十年以来，在选矿系统又受到重视。采用浮选柱工艺，不仅代表选矿新技术的应用，更重要的是进一步为企业增加经济效益。鞍钢集团矿业公司弓长岭矿业公司选矿厂作为国内首家应用阳离子反浮选工艺分选磁铁矿的大型选矿厂，在一定程度上标志着我国阳离子反浮选铁矿选矿技术的发展水平，虽然生产指标达到了先进水平，但工艺技术水平仍有较大的发展空间。因此，利用浮选柱工艺技术分选弓长岭磁铁矿来制备优质高品位铁精矿，降低生产成本，提高选矿经济效益，有着深远的意义。

3.2　主要研究内容

旋流－静态微泡浮选柱反浮选铁精矿其分离过程包括柱分离（或称柱分离段），旋流分离（或称旋流分离段）、气泡发生与管浮选（或总称管浮选段）三部分。整个分离过程设置在柱体内，柱分离段位于整个柱体上部；旋流分离段采用柱－锥相连的水介质旋流器结构，并与柱分离段呈上、下结构的直通连接。从旋流分选角度，柱分离段相当于放大了的旋流器溢流管。在柱分离段的顶部，设置了喷淋水管和泡沫尾矿收集槽；给矿点位于柱分离段中上部，最终精矿由旋流分离段底口排出。气泡发生器与浮选管段直接相连成一体，单独布置在柱体体外；其出流沿切向方向与旋流分离段柱体相连，相当于旋流器的切线给料管，气泡发生器上设导气管。

管浮选段包括气泡发生器与浮选管段两部分。气泡发生器是浮选柱的关键部件，它采用类似于射流泵的内部结构，具有依靠射流负压自身引入气体并把气体粉碎成气泡的双重作用（又称自吸式微泡发生器）。在旋流－静态微泡浮选柱分选设备内，气泡发生器的工作介质为循环中矿。经过加压的循环矿浆进入气泡发生器，引入气体并形成含有大量微细气泡的气、固、液三相体系。含有气泡的三相体系在浮选管段内高度紊流矿化，然后仍保持较高能量状态沿切向高速进入旋流分离段。这样，管浮选段在完成浮选充气（自吸式微泡发生器）与高度紊流矿化（浮选管段）功能的同时，又以切向入料的方式在柱体底部（旋流分离段）形成了旋流力场。管浮选段为整个柱分离方法的各类分选方式提供了能量来源，并基本上决定了整个分选过程的能量状态。

当大量气泡沿切向进入旋流分离段时，由于离心力和浮力的共同作用，便迅速以旋转方式向旋流分离段中心汇集，进入柱分离段并在柱体断面上得到分散。与此同时，由上部给入的矿浆连同矿物（磁铁矿）颗粒呈整体向下塞式流动，与呈整体向上升浮的气泡发生逆向运行与碰撞。气泡在上升过程中不断矿化。

旋流分离段不仅加速了气泡在柱体断面上的分散，更重要的是对柱分离中矿以及经过管浮选循环中矿的分选。在离心力作用下，呈向上向里运动的气泡（包括矿化气泡）与呈向下向外的矿粒发生碰撞与矿化，形成旋流力场条件下的表面分选过程。这种分选不仅保持了与矿浆旋流运动垂直的背景，而且受到了旋流力场强度的直接影响。力场强度愈大，这种表面分选作用就愈强。

旋流分离作用贯穿于整个旋流分离段。它既形成了气泡与矿粒的分离，又形成了矿粒按密度的径向分布。这样，在实现自身旋流分离的同时，旋流力场又构成了与其他分选方式的联系与沟通，成为整个分选过程的中枢。作为表面浮选的补充，旋流分离从整体上强化了分选与回收。柱分离段的优势在于提高选择性，保证较高的产品质量；而旋流分离段的相对优势在于提高产率，保证较高的产品数量。

旋流分离的底流采用倒锥型套锥进行机械分离，倒锥型套锥把经过旋流力场充分作用的底部矿浆机械地分流成两部分：中间密度物料进入内倒锥，成为循环中矿；高密度的物料则由内外倒锥之间排出成为最终精矿。循环中矿作为工作介质完成充气与管浮选过程并形成旋流力场，其特点为：

（1）减少石英等物质循环对分选的影响；

（2）使中等可浮物在管浮选过程中高度紊动矿化；

（3）减少循环系统，特别是关键部件自吸式微泡发生器的磨损，保证了设备的正常运转，延长了设备寿命。

3.3 关键技术和创新点

（1）浮选柱—粗二扫—中矿浓缩工艺是铁矿反浮选“提铁降硅”的有效手段，实现工艺缩短、流程简化、指标先进、节能降耗，是国内铁矿反浮选技术的一次重大技术突破。

（2）浮选柱设备在国内铁矿选矿工艺中属首次应用，浮选柱工艺及设备的应用反映了浮选柱分选的原理与技术发展达到新水平。

（3）浮选泡沫吸浆输送技术应用。解决了阳离子泡沫黏、中矿顺行和富集困难的难题。巩固和提高了阳离子浮选药剂制度简单、成本低的优点，提高了阳离子反浮选技术的实用性。

3.4　取得主要技术经济指标

该项目选择浮选柱一粗二扫—中矿磁选浓缩工艺流程，工业试验指标为给矿处理量70.61t/h、给矿品位63.59%、十二胺阳离子药剂平均消耗量156.83g/t、给矿粒度-0.074mm占89.30%；浮选精矿品位69.15%，浮选尾矿品位22.37%。浮选柱与浮选机分选指标对比见表1。

表1　浮选柱与浮选机分选指标对比　（%）

选矿系统	给矿		浮选铁精矿					尾矿品位		生产班次/个
	品位	粒度（-0.074mm）	品位	一级品率	合格品率	产率	回收率	回收机给矿	回收机尾矿	
浮选机	63.59	89.3	69.23	80.75	88.26	86.84	94.54	34.15	26.37	39
浮选柱			69.15	82.88	90.54	88.11	95.81	22.37		40
差　值			-0.08	+2.13	+2.28	+1.27	+1.27	-11.78	-4.00	

3.5　推广前景

浮选柱提纯磁铁精矿工艺技术研究成功发明适合于阳离子浮选泡沫输送“吸浆器”，确保阳离子反浮选工艺稳定顺行，实现阳离子反浮选泡沫的再选。该项目的成功应用，填补了在我国铁矿选矿领域浮选柱工艺应用的技术空白，开创了国内铁矿采用浮选柱反浮选工艺“提铁降硅”在工业生产应用的先例，标志着我国铁矿反浮选技术达到世界一流水平。提高选矿工艺技术水平，将“贫、细、杂”的铁矿石选矿，充分回收利用资源。提高矿山企业的国际竞争力，构建和谐矿山。

4　KS新型浮选捕收剂的研制及应用

KS新型浮选捕收剂的研制及应用成果达国际先进水平，2010年获得冶金矿山企业协会冶金矿山科学技术奖三等奖。

4.1　项目的意义

全新选矿工艺的关键技术是阴离子反浮选工艺和高效浮选捕收剂，阴离子反浮选技术国内首次应用在新建的齐大山铁矿选矿分厂，1998年投产时使用的捕收剂是长沙矿冶研究院研发的RA-315，浮选精矿品位达到65%以上，2000年齐大山选厂新工艺改造后反浮选捕收剂也使用RA-315，浮选精矿品位在66%以上，随后研发出RA-515、RA-715等系列产品应用于生产。

2006年矿业公司根据鞍山贫赤铁矿的特点，在“RA”和“MZ”系列基础上，研制开发了具有鞍钢自主知识产权的新一代新型浮选捕收剂“KS”系列产品，针对齐大山和东鞍山这两个最具代表性的鞍山式贫赤铁矿石的不同特点，分别研制出新型浮选捕收剂KS－Ⅱ、KS－Ⅲ，“KS”浮选药剂是阴离子反浮选捕收剂的更新换代产品。新型浮选捕收剂在保证精矿质量的同时可降低浮选作业尾矿品位，提高金属回收率。

4.2 主要研究内容

鞍山式贫赤铁矿阴离子反浮选新型捕收剂是鞍钢集团矿业公司自行研制具有自主知识产权的产品，针对不同矿区矿石性质的差异形成“KS－Ⅱ”、“KS－Ⅲ”系列产品，主要是针对鞍山式贫赤铁矿研制的一种新型反浮选作业用捕收剂，此种捕收剂在分子结构上首先增加了极性基官能团的数量，使之与活化的脉石表面作用时形成螯合型配合物，增强其吸附强度和选择性；二是提高药剂的分散性，使浮选生成的泡沫量适中，泡沫脆而不黏，减轻泡沫夹带细粒铁矿物的作用。

新型捕收剂KS－Ⅲ分子既有阴离子（羧基和磺酸基）基团又有阳离子（氨基）基团系，活性基与活化的石英表面通过物理化学吸附，形成稳定的六环螯合型配合物，可降低浮选尾矿品位。

4.3 关键技术和创新点

新型浮选捕收剂在分子结构上首先增加极性基官能团的数量，使之与活化的脉石表面作用时形成螯合型配合物，增强其吸附强度和选择性；同时又提高药剂的分散性，泡沫脆而不黏，减轻泡沫夹带细粒铁矿物的作用。

新型捕收剂分子既有阴离子（羧基和磺酸基）基团又有阳离子（氨基）基团，所以该药剂属于两性捕收剂，这种两性捕收剂在铁矿反浮选中应用在国内尚属首次。

KS系列新型捕收剂结构新颖，选择性好，适应性强，在保证浮选精矿质量的同时，可降低浮选作业尾矿品位。

4.4 取得主要技术经济指标

新型捕收剂KS－Ⅱ在鞍山齐大山选厂的工业试验结果表明，新药剂与生产用药相比，药剂用量不变，KS－Ⅱ在保证精矿质量的同时，可使浮选作业尾矿品位降低1.17个百分点。

新型捕收剂KS－Ⅲ在东烧厂的工业试验结果表明，与生产用药相比，药量基本相同，浮精品位提高0.27个百分点，浮尾品位降低0.36个百分点。

4.5 推广前景

KS新型浮选捕收剂是鞍钢集团矿业公司自行研制、具有自主知识产权的一种新型反浮选捕收剂，针对不同矿区矿石性质的差异，形成了“KS－Ⅱ”、“KS－Ⅲ”等系列产品。该捕收剂结构新颖，选择性好，适应性强，已经在鞍钢齐大山选矿厂、东鞍山烧结厂成功推广应用，近两年多的生产实践表明，药剂性能稳定，使用该捕收剂可以有效降低尾矿品位，2008～2010年为公司创效益5852.81万元。

5 赤铁矿尾矿铁资源回收再利用新工艺试验研究

铁矿尾矿铁资源回收再利用新工艺试验研究成果达国际领先水平，2011 年获得中国钢铁工业协会科技进步一等奖。

5.1 项目的意义

铁矿石资源是不可再生的资源，我国铁矿石资源较为贫乏，人均占有量较低，目前的铁矿石资源绝大部分已经得到开发利用，据有关部门预测，至 2010 年，我国铁原料需求量缺口高达 2 亿吨/年，因此对铁矿石资源的二次利用已经提到议事日程，最大限度的提高矿产资源利用率，对促进我国经济可持续发展有重大意义。目前随着国民经济的迅速发展，选矿能力不断提高，尾矿排放量也日益增加，仅鞍钢集团矿业公司的七家选厂每年产生尾矿已达到近 4000 万吨。进行尾矿再选的工艺研究，一方面可实现降低尾矿品位、减少金属流失、提高资源利用率和经济效益的目的；另一方面可减少尾矿排放量、延长尾矿库的服务年限、缓解尾矿排放对环境的影响，节约环境治理费用。

目前随着选别工艺技术水平的提高，新设备、新药剂的不断开发与研制，为从尾矿中提取有价成分，提高资源的回收率提供了有力保障。“赤铁矿尾矿铁资源回收再利用新工艺试验研究”针对现有尾矿特点，流程适合现场操作，运行成本低、效益大，在获得品位 65% 的铁精矿的同时，实现了对资源最大限度的回收，符合国家“十一五”规划提出的节能减排的要求。

5.2 主要研究内容

该项目在对矿业公司各选厂尾矿中铁矿物流失状况进行分析的基础上，分别进行了从不同尾矿中回收有价成分的试验研究，最终确定从浮尾中回收有价成分并进行工业试验。

5.2.1 尾矿中铁矿物流失状况的研究

采用“阶段磨矿、粗细分选、重—磁—浮联合流程”的综合尾矿均由重选尾矿、强磁尾矿和浮选尾矿构成，物相分析结果表明：综合尾矿中工业可利用铁的流失以赤、褐铁矿为主，另有少量磁性铁。其中重选尾矿和强磁尾矿中工业可利用铁的流失主要是赤褐铁矿，浮选尾矿中工业可利用铁的流失以赤褐铁矿为主，另有部分磁性铁。从粒度分析及解离度测定结果看，重选尾矿中损失的主要是贫连生体，强磁尾矿中损失的主要是极细级别的铁矿物，浮选尾矿中损失的既有一部分极细级别的铁矿物也有一部分连生体。尾矿粒度分析及解离度测定结果表明：在现有的生产工艺流程中，要确保精矿品位，进一步降低尾矿品位的可能性较小，但尾矿中损失的贫连生体通过提高解离度（磨矿细度），有进一步回收的可能，因此考虑对其单独处理。

5.2.2 从尾矿中回收有价成分的研究

根据对构成“阶段磨矿、粗细分选、重—磁—浮联合流程”综合尾矿的重选尾矿（扫中磁尾）、强磁尾矿和浮选尾矿的分析结果，强磁尾矿中损失的主要是极细级别的铁矿物，在目前的选矿技术条件下回收价值较小，浮选尾矿中损失的既有一部分细级别的铁矿物也有一部分连生体，重选尾矿中损失的主要是贫连生体，连生体经细磨，实现单体解离后有进一步回收的可能。分别对“阶段磨矿、粗细分选、重—磁—浮联合流程”选别后得到的综合尾矿、重选尾矿和浮选尾矿在试验室进行从尾矿中回收有价成分的研究。从试验结果看，采用合适的选别工艺可分别从综合尾矿和浮选尾矿中回收到满足炼铁要求的铁精矿，但综合尾矿中回收的铁精矿也主要是在浮选尾矿中流失的那部分工业可利用铁，直接从浮选尾矿中回收铁精矿与从综合尾矿中回收铁精矿相比，入选品位高、处理量小，更经济合理。

5.2.3 浮选尾矿再选工艺技术研究

根据试验室研究结果，浮选尾矿采用“弱磁、强磁—再磨—弱磁、强磁（反浮选）”流程选别，尾矿品位与给矿品位相比降低 9.17 个百分点，但由于受现场条件的限制，存在着试验给矿（浮选尾矿）中泡沫量大，影响一段弱磁、强磁选别效果和泡沫大量溢出后影响综合尾矿品位的问题，在浮选尾矿再选工艺技术工业试验期间与正常生产期间相比，综合尾矿品位只降低了 0.87 个百分点。针对泡沫量大影响选别效果和综合尾矿品位降低幅度的问题，确定先将现场生产的浮选尾矿给入大井进行消泡后，再经“磨矿—弱磁—强磁（反浮选）”流程选别，综合尾矿品位降低 1.15 个百分点。

5.3 关键技术和创新点

5.3.1 从浮选尾矿中回收铁精矿的技术创新

现有的从尾矿中回收铁精矿的研究都是对综合尾矿进行的，本项研究创造性地提出了从综合尾矿的一个组成部分——浮选尾矿中回收铁精矿的工艺，既减少了尾矿再选工艺的处理量，同时确保了对尾矿中铁矿物最大限度的回收。并形成了专利“赤铁矿反浮选尾矿再选工艺”。

5.3.2 有效回收尾矿中的磁性铁和赤褐铁矿的技术创新

目前铁矿选矿厂尾矿回收工艺均为对磁铁矿尾矿的回收，受技术水平及生产条件限制，赤铁矿尾矿的回收工艺仍未有较大突破，在工业生产中的应用仍属空白。该项研究有效地实现了对磁性铁和赤褐铁矿回收，并形成了专利“从阶段磨矿、粗细分选、重—磁—浮流程尾矿中回收铁精矿的方法”。

5.3.3 合适磨矿粒度的技术创新

该工艺针对浮选尾矿的特点，确定了磨矿粒度达到 91% －0.044mm 的合适磨矿工艺参数，在确保精矿品位的同时，又减少因过磨造成的金属流失。

5.3.4 合理选别工艺的技术创新

（1）弱磁与强磁相结合，确保对铁矿物最大限度的回收。

（2）采用浮选作业有利于确保精矿品位和生产操作。

（3）一段弱磁、强磁抛尾，减少再磨量。

（4）粗选抛尾后再磨再选，提高流程对矿石性质变化的适应性。

5.4 取得主要技术经济指标

浮尾再选工艺技术工业试验在齐选厂一选车间进行，试验期间综合尾矿品位降低 1.15 个百分点，提高了铁矿物的回收率，增加了精矿产量，实现降低尾矿品位、减少金属流失、提高资源利用率和经济效益的目的。目前齐选厂已在全厂建成了浮尾再选系统，到2010年底已获得经济效益5700万元。

5.5　推广前景

鞍千选矿厂、齐矿选矿分厂、齐大山选矿厂一选车间、齐大山选矿厂二选车间、弓长岭选矿厂三选车间及东鞍山烧结厂等均采用“阶段磨矿、粗细分选、重—磁—浮联合流程”进行选别，其综合尾矿均由重尾、强尾和浮尾构成，除东鞍山烧结厂的浮尾粒度偏细外，其余选厂的浮尾粒度均接近，因此浮尾再选工艺技术可在以上各选厂推广应用。目前除齐选厂建成了浮尾再选系统外，鞍千选矿厂和齐矿选矿分厂已进行建厂设计，按齐选厂效益水平计算，预计以上3个选厂可获得效益1亿元/年以上。

6　鞍山式含碳酸盐赤铁矿石高效浮选技术研究

鞍山式含碳酸盐赤铁矿石高效浮选技术研究成果达国际领先水平，2010年获鞍山市科技进步特等奖，2011年获得辽宁省科学技术进步一等奖。

6.1　项目的目的和意义

东鞍山含碳酸盐赤铁矿石中的主要矿物有赤铁矿、磁铁矿、褐铁矿、菱铁矿、铁白云石、石英、角闪石及少量绿泥石等。随着开采深度的增加，含碳酸盐赤铁矿石比例上升，该类矿石由10%～15%增加到20%～30%，每年含碳酸盐赤铁矿石有180万～200万吨的出矿量，原有阴离子反浮选工艺不适应处理该类矿石，该类矿石入选时，影响产品质量及选矿的生产成本，企业的经济效益下降。由于选矿生产能力的提升及含碳酸盐赤铁矿不能入选，造成东鞍山赤铁矿矿源严重不足。且由于不能有效利用，东鞍山铁矿只能将含碳酸盐赤铁矿石进行堆存，因此浪费了资源，污染了环境，同时也影响了正常开采，因而含碳酸盐赤铁矿石的处理已势在必行。

6.2　主要研究内容

6.2.1　含碳酸盐赤铁矿石工艺矿物学研究

矿石中主要铁矿物为假象赤铁矿，其次为菱铁矿、还有少量赤铁矿、半假象赤铁矿及极少量的磁铁矿，脉石矿物主要为石英，矿石中有用矿物的嵌布粒度较细且不均匀。XRD结果显示的矿物组分为赤铁矿和石英。

6.2.2　含碳酸盐赤铁矿石浮选分离基础研究

对赤铁矿和石英纯矿物及常规反浮选流程中的精矿和尾矿分别进行SEM和EDS分析。通过系统矿物可浮性和矿物表面特性的研究，首次发现细粒菱铁矿在赤铁矿和石英表面形成吸附罩盖，是导致含碳酸盐赤铁矿石浮选分离困难的根本原因。由于菱铁矿的罩盖，使石英和赤铁矿的表面性质与菱铁矿相近，使这两种矿物呈现与菱铁矿相似的浮游性。而菱铁矿是一种难以浮游也较难抑制的中等可浮性矿物。这是含碳酸盐赤铁矿石难选的原因。

针对含碳酸盐铁矿石的矿物组成，制备了赤铁矿、磁铁矿、菱铁矿、石英、铁白云石纯矿物，系统研究了矿物的自然可浮性、金属离子、无机和有机抑制剂、组合抑制剂对各种矿物可浮性的影响。进而揭示了碳酸铁对赤铁矿可浮性的影响规律，形成了适应含碳酸盐赤铁矿石分选的分步浮选技术。

6.2.3 含碳酸盐赤铁矿石浮选分离技术与工艺研究

除了石英外，矿石中磁铁矿、菱铁矿、赤铁矿和铁白云石在油酸钠体系中一定的 pH 值范围内均具有较好的可浮性；在 pH 值小于 4 时，磁铁矿和赤铁矿的可浮性较好，而石英、菱铁矿和铁白云石的可浮性较差，故在强酸性条件下可实现磁铁矿、赤铁矿与石英、菱铁矿和铁白云石的浮选分离。

根据含碳酸盐赤铁矿石基础研究结果，提出分步浮选工艺处理此类矿石，第一步在中性条件下采用正浮选分选含铁碳酸盐矿物，第二步在强碱性条件下采用反浮选工艺分选赤铁矿与石英。

6.3 关键技术和创新点

（1）首次发现细粒菱铁矿在赤铁矿和石英表面形成“吸附罩盖”是导致含碳酸盐赤铁矿石浮选分离困难的根本原因。

（2）首次提出“分步浮选”技术，即第一步在中性条件下采用正浮选分选菱铁矿，第二步在强碱性条件下采用反浮选工艺分选赤铁矿与石英，生产出合格铁精矿。

（3）首次研制出用于菱铁矿中性优先浮选组合药剂。

（4）首次应用“分步浮选”技术实现工业化规模生产。

6.4 取得主要技术经济指标

获得了精矿铁品位为 63.03%，回收率为 63.77% 的分选指标，表明东鞍山含碳酸盐赤铁矿石通过该分选工艺，能获得合格的精矿指标。

6.5 推广前景

采用该项技术改造后，每年增加可处理矿石资源 170 万吨，综合总效益达 23396.88 万元/年。扩大了可利用的资源储量，使东鞍山地区约 5 亿吨含碳酸盐铁矿石可以得到高效利用，并减少了矿石堆存量，保护了有限的土地资源。

7 铁矿山排岩系统中高效回收磁铁矿资源工艺及装备研究

铁矿山排岩系统中高效回收磁铁矿资源工艺及装备研究成果达国际先进水平，2009 年获得辽宁省科学技术进步三等奖。

7.1 项目的意义

鞍钢矿业大孤山铁矿是国内大型矿山，矿石属典型的鞍山式磁铁矿。目前年产铁矿石 650 万吨，最低开采水平 -246m。随着采矿部位向下延伸，矿体组成和矿石性质出现杂化现象，导致多个采矿部位出现低品位矿石或混岩，由于在爆破过程中矿岩混合在一起，要回收这部分矿石，实际组织生产中存在很大难度，而且由于这部分矿石综合品位低，铁矿物嵌布粒度细，选矿难度较大，受选矿技术及成本制约，不得不与岩石一起抛弃，造成资源的严重流失和浪费。为更好地回收利用这部分矿石，进行本项目的研究。

7.2　主要研究内容

首先进行实验室干选探索试验，确定试验工艺、设备参数及采用干式磁选法回收大孤山遗弃磁铁矿具有可行性。针对回收矿特点及生产要求，对设备结构、磁材、磁系结构及参数进行优化，完成大块干选机研制。然后进行工业试验，采用一段粗选及一粗一扫两段选别流程，均取得了较好选别指标：原品21%左右，精品29%左右，回收率80%以上，尾品9%左右，根据试验结果，结合生产实际，确定采用一段选别流程回收大孤山铁矿石的技术方案。此后对回收矿进行工艺矿物学及选矿研究，确定了阶段磨矿全磁选流程，实验室选别指标：原品26.63%，精品67.45%，产率31.21%，回收率79.05%，尾品8.11%，经优化确定阶段磨矿、粗粒抛尾、单一磁选—细筛再磨流程为处理该矿合理流程。

7.3　关键技术和创新点

（1）首次将干式磁选设备用于大型磁铁矿山的皮带排岩生产系统，形成国内独有的资源节约型破碎—岩石干选工艺，突破了传统的末端治理的技术思路，采用岩石减量化和资源化技术，实现从岩石中在线回收铁矿。

（2）开发出适于回收矿的合理工艺流程，即阶段磨矿、粗粒抛尾、单一磁选—细筛再磨流程，采用低品位细粒难选磁铁矿提铁降硅关键技术，实现资源综合利用。

（3）研制应用新型CT－1424大块矿石干式磁选机，对0～350mm粒级以岩石为主的难处理物料进行高效选别，突破传统的选前抛尾提质的应用，单机处理量设计2000t/h，生产指标达1539t/h，为目前国内外最大处理能力，磁系设计已获国家发明专利授权。

（4）建立了大型铁矿山排岩系统在线矿石资源回收及再利用示范工程，通过干式磁选及单一磁选工艺，首次实现从含铁10.94%的低品位围岩中回收矿石，精选得到含铁67.29%的高品质精矿，整体工艺为国内外首创，技术指标达国际先进水平，填补了国内外该项技术研究的空白。

7.4　取得主要技术经济指标

该项目自2006年9月起在大孤山铁矿实施，通过生产调试及工艺参数优化，系统运转稳定可靠，截至2009年12月共回收矿石181.7343万吨，产出67.20%以上优质铁精矿52.00万吨，创效2.48亿元。

7.5　推广前景

大孤山铁矿皮带排岩系统矿石资源回收工程的成功应用，拓展了干式磁选工艺的应用领域，对鞍钢矿业其他矿山，如眼前山铁矿、齐大山铁矿、东鞍山铁矿及弓长岭铁矿遗失在排岩场中及新开采矿过程混入岩石的低品位磁铁矿回收利用工作起到良好推动作用，并促进了齐大山红铁矿干选技术的研究。随着该项技术的全面推广，鞍山地区矿产资源综合利用将提高到新水平，有力地促进了矿山系统的产业结构优化升级和本地区经济的良性发展，对国内外贫铁矿山的开发利用具有示范作用，在大型矿山节能减排、降低生产成本、促进矿产资源高效利用和矿山可持续发展领域，具有重大推广利用价值。

8 结语

鞍钢集团矿业公司“十五”以来通过提升核心技术的创新能力，使选矿工艺技术取得了突破性进展，在国内同行业达到了领先水平，企业实现了第一步跨越式发展目标。“十二五”、“十三五”期间，鞍钢矿业要以提升企业核心技术的自主创新能力来支撑鞍钢矿业未来的发展，实现引领世界矿业的中长期发展目标。

作者简介：

邵安林，博士，教授级高级工程师，鞍钢矿业公司总经理，中国冶金矿山企业协会副会长。

攀钢矿业攀枝花矿区铁钛选矿工艺技术创新

鞠崇文

（攀钢集团矿业有限公司）

2012 年 4 月 16 日

1 引言

攀枝花矿区由兰家火山、尖包包、朱家包包 3 个矿段组成，根据矿石赋存特点和开采技术特点，对各矿段高、中、低品位矿石进行混合开采，以单一品种矿石送往密地选矿厂处理，目前密地选矿厂采用“三段开路破碎—两段闭路磨矿—粗粒抛尾—二次精选一次扫选”的工艺流程；尾矿进入选钛厂选钛，选钛厂对粗粒级（+0.074mm）钛铁矿采用“强磁—磨矿—强磁—浮选”工艺流程进行选别，细粒级（-0.074mm）钛铁矿采用“强磁—强磁—浮选”工艺流程进行选别，选钛后的尾矿输送到尾矿坝堆存。

2000 年以来，攀钢（集团）公司提出了“冶炼精料”方针，要求矿业公司密地选矿厂且 TiO_2 稳定在 13% 以下的前提下，进一步提高铁精矿品位，并使铁精矿产能增加，以改善高炉炉料结构，降低焦比，提高高炉利用系数，提高集团公司整体经济效益。由于攀枝花矿区钒钛磁铁矿具有显著的特殊性，在攀枝花矿区的钛磁铁矿中，TiO_2 含量一般在 12.5% 以上，使得该矿物中的铁含量降低，钒钛磁铁矿石经选别后的极限理论铁品位只有 57%，远远低于磁铁矿的理论品位 72.4%。为达到提质增产的目的，矿业公司根据国内外选矿技术的发展及选矿设备的不断进步，围绕“多碎少磨”、“矿石预选”、“提质降杂”、“强磁—浮选”、“提高金属回收率”等铁钛选矿关键环节进行了大量的研究和优化工作。现在攀枝花矿区已形成年产钛磁铁矿矿石 1350 万吨，钒钛铁精矿 550 万吨，48 万吨钛精矿和两万吨硫钴精矿的生产能力。

2 选铁技术进步与生产工艺

2.1 设计流程及生产情况

密地选矿厂是在 20 世纪 70 年代建起来的，设计生产工艺流程简单，采用“三段开路破碎——段闭路磨矿——粗一精——扫弱磁选”工艺，共 16 个系列。投产以后，矿石性质的复杂多变与生产工艺流程过于简单的矛盾日渐突出。选矿厂铁精矿品位一直维持在 51.5%，年产量保持在 500 万吨。2000 年以来，为满足攀钢高炉对铁精矿产量和质量的需要，采取了提高原矿入选品位、降低磨机处理能力、提高磨矿细度等措施，才使铁精矿品位提高到 52.5%，但铁精矿年产量却下降到 430 万吨左右。

2.2　选铁生产工艺优化

2.2.1　破碎闭路改造

2002 年为贯彻“多碎少磨”的方针，为磨矿作业创造更好的条件，选矿厂对细破开路流程进行了闭路改造，细破碎闭路改造工作于 2002 年 8 月动工，2003 年 7 月完成技改并投入运行。改造后，破碎粒度由 -20mm 含量 90% 降低至 -15mm 含量 92% 以上。为选矿厂下一步的技改和工艺优化打下了良好的基础。

2.2.2　阶磨阶选工业试验及改造

2003 年，随着铁精矿“提质降杂”工作的深入，选矿厂开展了提高铁精矿品位和铁精矿产能的研究工作，在进行了旋流器取代分级机工业试验、高频细筛控制分级工业试验、现场模拟两段磨矿工业试验、两次精选工业试验、矿浆脱磁器研制等试验和研究的基础上，进行了两段磨矿磁选流程工业试验。

因密地选矿厂厂房内部狭窄，外部也无大的空间建设厂房，为解决工程化推广应用这一瓶颈问题，在工业试验中，将原 ϕ3000mm 双螺旋分级机撤除，为新建二段球磨机提供场地，一段采用旋流器分级、二段采用旋流器加高频细筛形成组合分级。最终确定的试验工艺流程为“磨矿—旋流器分级—磁选—磨矿—旋流器 + 高频细筛—磁选—过滤”。工业试验表明：阶磨阶选流程原矿台时处理量为 98.44t/h，铁精矿 TFe 品位 54.24%，铁精矿中 TiO_2 含量 12.84%，回收率 74.58%。原矿处理能力提高 20%，铁精矿产量提高 16.28%，工业试验取得圆满成功。

2005 年，选矿厂对全厂 16 个球磨系统两段磨矿磁选流程技术改造施工全部完成。2006 年起，选矿厂新的选铁生产流程投入生产，生产水平逐年提高，目前选矿厂铁精矿品位达 54% 以上时，年产铁精矿 530 万吨。

2.2.3　磁滑轮抛尾改造

攀枝花矿区采场经过 30 多年的开发利用，矿山开采难度加大，产能下降，矿石贫化率上升，原矿入选量满足不了选厂生产需要，为延长攀枝花矿区服务年限和确保钒钛磁铁精矿产量，必须对每年采出的尚难利用矿石进行部分利用，弥补供矿能力的不足。由于尚难利用矿石的品位较低，选矿成本较高，为此，于 2010 年实施了磁滑轮预选抛尾技术，提前抛出部分废石，提高入磨品位，改善入磨矿石的磨选性能，降低选矿成本。滑轮抛尾改造作业于 2009 年底基本改造完成并投入生产运行，在来矿品位平均为 28.99% 时，抛出尾矿品位平均为 13.75%，尾矿产率平均为 9.52%，精矿品位平均为 30.50%，抛尾作业后的精矿品位比抛尾作业前原矿品位提高 1.51 个百分点。磁滑轮抛尾项目的实施，缓解了采场的压力，经济效益显著。

2.3　新设备研制及高效设备的应用

2.3.1　静压轴承的研制与应用

从 1995 年 6 月开始，选矿厂开始在 16 号系统试用静压轴承技术，并掌握了静压轴承的全套技术，于 2000 年相继完成了在全厂 16 个球磨系统的推广工作，同时于 2000 年 5 月获国家专利。静压轴润滑轴承的实现，避免了繁琐的刮瓦处理，延长了轴和瓦的使用寿命，节约用电，减少了润滑油的浪费，增加了磨机运行的稳定性，减少了烧瓦事故的发生，同时大大减轻了工人的劳动强度。

静压轴承的成功应用，有效提高了球磨机的作业率，为提高铁精矿的产量创造了条件。

2.3.2 H8800 山特维克破碎机的应用

选矿厂阶磨阶选工艺流程改造系统达到设计指标后，由于原矿台时的大幅度提高，原矿量需求比改造前也大幅度增加，这给破碎系统带来了非常大的压力，使细破机处于超负荷运转，矿业公司于 2006 年 2 月引进了两台 H8800 山特维克液压圆锥破碎机来更新现有的 ϕ2200mm 细破机，并在 2009 年 3 月、4 月又在中破引进了两台 CH880 破碎机，改善了中破产品粒度，降低了破碎最终产品粒度，为磨选生产创造了条件。

2.3.3 德瑞克筛的试验与运用

由于德瑞克筛具有占地面积小、筛网开孔率高、处理量大、筛分效率高、筛网使用寿命长等特点，目前在国内选矿厂普遍使用。为此，攀钢矿业公司引进一台 2SG48 - 60R - 5STR 德瑞克高频振动细筛进行工业试验，并在试验中取得较好的效果，目前密地选矿厂对筛分系统进行了逐步推广。目前已使用德瑞克筛 7 台。

2.3.4 新型叠层筛的试验及成果应用

叠层筛是广州鑫鹰环保科技公司开展的新型高频振动细筛，具有筛网开孔率高、筛分面积大、筛网不易堵塞且耐磨损等优点，与德瑞克筛相比，具有较高的性价比。2010 年进行了新型高频细筛试验。主要研究内容为增加高频细筛筛分面积，提高筛分效率，降低二段磨机负荷。试验采用德瑞克筛与叠层筛组合分级方式，试验结果表明：使用 HGZS - 55 - 1007Z 型叠层高频振动细筛与德瑞克筛组合，因增加了筛分面积，提高了筛分效率，筛下粒度合理，原矿台时、精矿品位均有较大幅度提高。该型叠层高频振动细筛在处理能力、筛分效率、筛板使用寿命、筛下粒度及外形尺寸等与德瑞克筛相似，筛板使用寿命长、筛分效率高。选矿厂正在加快全面推广该型高频振动筛，推广的系统已具有明显的效果。

2.3.5 新型高效磁选机的试验研究及应用

选矿厂投产初期每个生产系列使用 8 台 ϕ600mm × 1800mm 磁选机。1979 年改用 ϕ750mm × 1800mm 磁选机。20 世纪 90 年代与马院合作成功研制非均匀磁场 ϕ1050mm 系列磁选机，并应用于工业生产。非均匀磁选机的成功研制，是弱磁机磁系结构的重要变革，并沿用至今。

随着阶磨阶选流程的推广，用于一段磨矿粗粒抛尾的 ϕ1050mm × 3000mm 半逆流型磁选机，由于给矿中存在较大量的粗颗粒矿石，底箱中粗颗粒不断累积，造成磁选机底箱堵塞。为解决粗选磁选机底箱堵塞、尾矿品位波动大、金属流失大等问题，在粗粒磁选抛尾作业中创新性地采用了磁场强度为 2000Oe 顺流型磁选机，解决了半逆流型磁选机存在的滚筒包胶磨损和底箱堵塞问题，在确保粗尾品位不升高前提条件下，设备运行可靠，降低了工人的劳动强度。

2.4 加强设备管理、优化设备性能提高设备作业率

密地选矿厂球磨机作业率于 2011 年已达到 95% 以上，属国内领先水平。球磨机作业

率如此之高，除供水、供电、尾矿输送等外部环境外，还与选矿厂的设备管理、检修制度、新技术、新设备的应用等息息相关。

（1）设备的引进以成熟、可靠、高效为目标，防止设备本身对球磨作业率的影响。

（2）根据国内外耐磨材质的发展、试验对比不同材质的耐磨管道、叶轮等，减少辅助设备对球磨作业率的影响。

（3）球磨全部采用静压轴承，节能，故障极少。

（4）合理完善的检修、维护制度，系统检修的思想，有效的激励机制是球磨机作业率保持很高水平又一关键原因。

3 选钛生产工艺与技术进步

3.1 选钛工艺发展进程

密地选钛厂于1980年建成投产，第一条生产线年产5万吨钛精矿，对粗粒选铁尾矿采用“重—电”流程进行综合回收；1992年对该流程进行扩建改造，达到10万吨/年的生产能力。2001年，建成后八系统微矿生产线，回收选矿厂后八系统磁选尾矿中的细粒钛铁矿，2004年又建成前八系统微矿生产线，回收选矿厂前八系统磁选尾矿中的细粒钛铁矿，至此，选钛厂可以处理选矿厂的全部尾矿。+0.074mm粒级钛铁矿采用“弱磁扫选—强磁选—螺旋（溜槽）、摇床重选—浮选—干燥—电选”联合工艺流程，-0.074mm粒级钛铁矿采用“一段强磁—浮选”工艺流程进行回收。形成年产28万~30万吨钛精矿的生产能力。

3.2 选钛生产工艺优化

3.2.1 选钛“强磁—浮选”主流程的确定

选钛厂原针对粗粒级钛铁矿回收采用的“重选—电选”选别流程存在重选回收率低、电选对细粒级（指-0.1mm以下的矿物）回收差的问题，2007年对“重选—电选”流程考察显示该生产线的钛金属损失严重，钛精矿系统产率为1.68%，系统回收率8.49%，大量的钛铁矿资源未得到回收利用，因此仍具有很大的发展潜力。同时许多研究资料表明攀西地区钛铁矿-0.154mm粒级的单体解离度为95%左右，解离度较高，具备选矿的要求。

从近十年的生产实践看，浮选工艺对-0.074mm+0.038mm粒级钛铁矿的回收效果较好，对粗粒级（指+0.1mm以上的矿物）钛铁矿回收效果均不理想（3%以下）。按照传统的浮选理论及现有的技术水平分析认为，钛铁矿密度较大，矿物表面的物理化学性质较差，用浮选方法实现粗粒钛铁矿的回收难度很大，粗粒钛铁矿不适宜采用浮选工艺进行回收。

鉴于此，选钛厂开展了粗粒级钛铁矿“磨矿—强磁—浮选”工艺技术及药剂制度研究、试验室高梯度磁选试验、选钛厂各种物料沉降试验研究等试验研究工作，确定粗粒级（+0.074mm）钛铁矿生产线采用“强磁—磨矿—强磁—浮选”工艺流程进行选别，细粒级（-0.074mm）钛铁矿生产线采用“强磁—强磁—浮选”工艺流程进行选别。

优化后粗粒级钛矿回收流程为：隔渣—粗渣再磨——段除铁——段高梯度磁选—精

矿再磨、分级—二段除铁—二段高梯度磁选—浓缩脱泥—脱硫—浮钛—过滤—干燥—包装。

细粒级钛矿回收流程为：隔渣—一段除铁—一段高梯度磁选—浓缩脱泥—二段除铁—二段高梯度磁选—浓缩脱泥—脱硫—浮钛—过滤—干燥—包装。

优化后的流程与原工艺流程相比，一方面强化脱铁，另一方面采用两段强磁，在两段强磁内部结构的配置上，采用粗（精）选—扫选的流程结构。一方面可保证高回收率，另一方面尽可能提高精矿品位，较好解决了大量抛尾和大幅提高 TiO_2 品位的双重任务，使浮选入选原矿品位在20%左右，提高浮选操作稳定性，降低生产成本，同时有利于加强 -0.038mm 以下的微细粒钛铁矿回收。

3.2.2 钛铁矿回收流程工程化改造

由于“重选—电选”选别流程对钛的回收率较低，为了充分回收利用尾矿中的钛资源，提高经济效益和社会效益，选钛厂于2008年底对工艺流程进行了工程化改造，并于2009年10月陆续建成投产。改造后选钛厂共形成了4条生产线，在高效回收粗、细粒钛精矿的同时，还综合回收了流程中产生的硫钴精矿和次铁精矿，目前选钛厂已具备年产48万吨钛精矿、20万吨次铁精矿和两万吨硫钴精矿的生产能力。

3.3 装备水平的提高

3.3.1 倾斜板浓缩分级机

倾斜板浓缩分级机具有分级效率高，浓缩比大，脱泥效果好，对原矿量适应能力强等特点。目前选钛厂使用的倾斜板浓缩分级机就达成18台，倾斜板组达80组以上，主要用于原矿浓缩分级、强磁精矿浓缩脱泥、浮选精矿浓缩、尾矿浓缩等生产环节。

3.3.2 高梯度磁选机

选钛厂使用的高梯度强磁选机主要有赣州所的 SLON-1500、SLON-1750、SLON-2000 立环脉动高梯度磁选机和广州院的 SSS-1-2000 湿式双频双环高梯度磁选机。这两种设备既有设备大型化的进步，同时采用了气-水混合卸矿方式，有利于提高卸矿率；采用双脉动技术，更加有效增加矿物在选别时的运动松散程度，有利于介质对磁性矿物进行吸附和精尾矿品位的调节。

3.3.3 大型浮选机

改造后的粗粒级浮选线和细粒级浮选线分别采用了 XCF + KYF 型（$16m^3$）、GF + JJF 型（$8m^3$）浮选机联合机组。在生产实践中体现出维护费用和生产运行费用降低、选别指标及作业率回收率提高的优势。

3.4 浮选药剂的优化

由于选钛厂入选物料中钛辉石、钛铁矿的磁性相近，经强磁初步富集，进入浮选的物料主要由钛辉石、钛铁矿、磁铁矿及部分硫化矿物组成，而钛辉石与钛铁矿采用浮选方法进行分离的难度较大，要实现钛铁矿与钛辉石的有效分离，浮钛捕收剂必须具备较高的选择性。

历年来，选钛厂先后试验了 MOS、MOH、XT、EM351、ROB、HO、R-2、R-3、氧

化石蜡皂与乳化塔尔油、SA、MOH-2等多种浮钛捕收剂，大部分药剂在一定的条件下能用于钛铁矿浮选。经过长期试验、生产，目前选钛厂粗、细粒级钛铁矿采用MOH-2和MOH高效回收粗、细粒级钛铁矿。

4 优化尾矿输送系统，实现尾矿入坝率100%

4.1 降低新水用量，降低新水单耗

尾矿输送泵采用250PNG型渣浆泵，其输送流量为1100m^3/h，目前已达1350m^3/h，已超负荷运行。因此，对水量的控制非常关键。为保证尾矿顺利过江，同时降低新水消耗，选矿厂针对新水消耗进行了大量的工作。

（1）进行了采用环水替代磁选机新水试验；

（2）进行了泵冷却水回收利用试验；

（3）进行了大井尾矿回水补充利用试验。

通过试验，最终确定在可不使用新水的地方，全部用环水代替，从而减少了新水消耗。2011年，选矿厂的新水单耗为0.63kg/t，原水重复利用率为93.66%，达到国家一级水平。新水使用的减少为尾矿全部过江创造了条件。

4.2 尾矿输送系统优化

2004年为实现尾矿零排放，选矿厂对事故排放情况进行了分析，造成尾矿不能全部输送的主要原因是倒泵时的放矿矿浆及流量过大时的溢流矿浆流失。为此，选矿厂对大井排放浓度进行了严格控制，并新建3个事故矿放矿池，实现了尾矿事故矿状态下的全面回收，最终实现零排放。

4.3 引进高效奥图泰ϕ38m高效浓密机，提高输入浓度

在选铁阶磨阶选和选钛系统工艺工程化改造后，随着尾矿量的大幅增加以及选钛浮选对环水水质的要求，现有的尾矿处理设施即4台ϕ53m周边传动浓密机、1台ϕ56m周边传动浓密机和尾矿斜板已难以满足生产要求，为确保尾矿顺利过江，新建了尾矿处理设施，引进一台奥图泰ϕ38m高效浓密机。ϕ38m高效浓密机设计尾矿处理量600t/h，处理矿浆体积量7000m^3/h，底流排放浓度不小于50%。投运后环水水量及水质完全能够满足选矿、选钛系统生产需求，达到了设计要求，尾矿输送综合浓度从40%提高到45%。

鉴于ϕ38m高效浓密机应用效果良好，为进一步提高尾矿输送浓度，减少输尾量，提高回水利用率，实现节能减排的目的，矿业公司拟再对一台ϕ53m周边传动浓密机进行改造。

5 结语

近年来，选矿厂实施破碎闭路改造、阶磨阶选改造、磁滑轮抛尾改造等多项重大改造项目，选矿厂生产有了质和量的飞跃。但从总体来看，选矿厂设备仍较落后：

（1）细破仍采用老式圆锥破碎机，故障率高，产品粒度粗，致使破碎目前的最终产品粒度为15mm，仍有下降的空间。

（2）目前使用的高频细筛随着筛分技术的进步已经落后，筛分效率和使用寿命不尽如人意。

（3）尾矿输送系统随着选矿厂产量的不断攀升，已超负荷运行，限制了选矿厂产能的进一步提升。

（4）矿山进入中深部开采，矿石性质与产量的矛盾更加突出。

选钛粗粒采用“强磁—磨矿—强磁—浮选”、细粒采用“强磁—强磁—浮选”进行工程化改造后，进一步研究出合理的捕收药剂，优化原有药剂制度，使浮选原料粒度上限由0.1mm提高到0.154mm，回收粒度下限由0.038mm降至0.020mm，提高了系统的回收率，实现了钛铁矿的高效回收，进一步提升钛精矿产能。

选钛原矿中，钴、镍主要在硫化矿物中，在选钛生产过程中作为副产品回收。可以从硫钴精矿焙烧制取硫酸和焙烧渣制取钴、镍、铜等有机或无机化工产品。目前，硫钴精矿的回收率偏低，主要与硫化物的性质和工艺条件有关。随着钛精矿产量的增加，硫钴精矿量大量增加，其回收水平有待进一步提高。

综上所述，只有通过不断的技术进步，抓好新技术、新成果的应用，进一步研究和改进铁钛选矿工艺，提高铁、钛精矿的质量和产量，特别是加强超细粒级钛铁矿的回收利用研究，抓好攀枝花矿石的综合利用，为我国现代化建设作出更大贡献。

作者简介：

鞠崇文，硕士，教授级高级工程师，攀钢集团矿业有限公司总经理，中国冶金矿山企业协会副会长。

两性捕收剂低温浮选分离镜铁矿与含铁硅酸盐等脉石矿物

陈 雯 李文风 周瑜林 刘兴华

（长沙矿冶研究院有限责任公司）

2012年5月4日

1 引言

中国安徽省霍邱地区有丰富的镜铁矿资源，仅李楼铁矿储量就有2.76亿吨，但因其脉石矿物种类多，含量变化大，导致分选难度大。本次研究的目的是开发出适合于镜铁矿的选矿药剂，在有效分选镜铁矿的同时，将浮选温度由45℃降低到10～15℃。

2 试验矿样与试验方法

2.1 原矿石性质

试验原矿样取自安徽省六安市霍邱县李楼铁矿，原矿铁品位29.78%，矿石中的主要铁矿物为镜铁矿，其次是假象赤铁矿；脉石矿物主要是石英，其次是绿泥石、白云母、绢云母和方解石等，有害杂质含量低。原矿的多元素化学成分分析、铁物相分析和主要矿物含量分别见表1～表3。

表1 原矿的主要化学成分 （%）

成分	TFe	FeO	Fe_2O_3	SiO_2	Al_2O_3	CaO	MgO	MnO	Na_2O	K_2O
含量	29.78	1.14	41.30	46.58	1.96	2.71	1.94	0.047	0.095	0.26
成分	Cu	Pb	Zn	Sn	S	P	烧失	TFe/FeO	碱性系数	
含量	0.0035	0.023	0.014	0.017	0.035	0.033	3.57	26.12	0.10	

表2 原矿中铁的化学物相分析结果 （%）

铁相	磁铁矿中铁	赤（褐）铁矿中铁	碳酸盐中铁	硫化物中铁	硅酸盐中铁	合计
含量	0.19	28.19	0.13	0.03	1.24	29.78
分布率	0.64	94.66	0.44	0.10	4.16	100.00

表3 原矿中主要矿物的含量 （%）

矿物	镜铁矿	假象赤铁矿	石英	绿泥石	白云母	绢云母	方解石	其他
含量	29.4	10.3	43.5	6.4	6.0	2.9	1.2	0.3

矿石中铁矿物的嵌布粒度为中等粒度，要使铁矿物的单体解离度达到95%，需要-0.075mm 85%以上的磨矿细度。

2.2 浮选矿样的制备

根据矿石特点，经过大量前期试验工作，确定了李楼铁矿选矿的工艺流程为弱磁—强磁—浮选，药剂研制与评价试验以强磁选中矿作为入浮矿样，经显微镜下鉴定，原矿中的含铁硅酸盐脉石绿泥石和绢云母在强磁选中矿中大量富集，由于赤铁矿与含铁硅酸盐脉石表面均含有结构铁离子，从而增加了镜铁矿的浮选难度。浮选矿样的制备流程如图1所示。

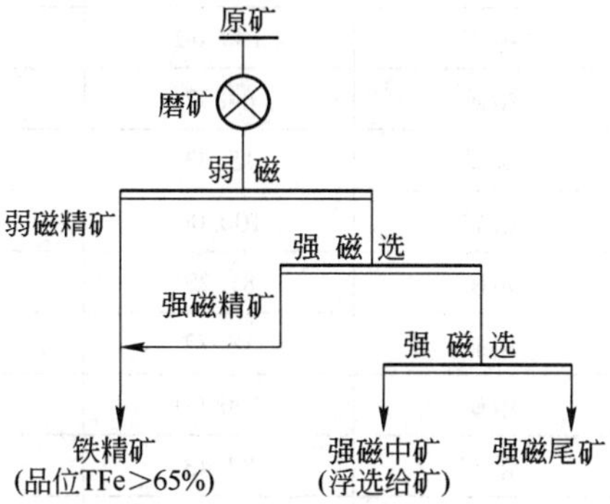

图1 浮选矿样制备流程

2.3 试验方法

本次试验的主要目的是研制开发出能高效分离镜铁矿与石英、绿泥石、绢云母的浮选药剂，并实现在10~15℃下的低温浮选，本文仅对研制的药剂应用效果进行论述，暂不涉及药剂的研制原料及研制过程。试验方法是：首先对根据矿石特性研制的多种药剂进行评价，将评价结果反馈给药剂研制人员，改进后再评价，本论文首先对基本定型的药剂进行筛选，对筛选出的最好的药剂进行浮选温度、药剂用量、对不同入选品位矿石的适应性，矿泥含量对浮选药剂的影响进行评价试验，最终确定适宜于该矿的浮选药剂。浮选试验流程如图2所示。

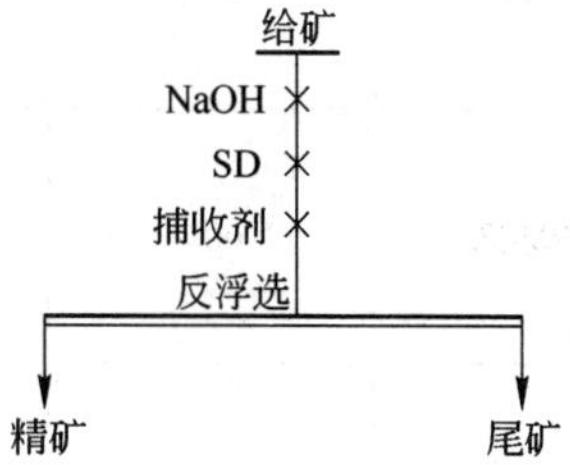

图2 浮选试验流程

3 试验结果与讨论

3.1 浮选药剂筛选试验

针对李楼铁矿的矿石性质，研制了一系列浮选捕收剂，在浮选温度15℃、NaOH用量1000g/t、SD淀粉用量1000g/t的条件下，进行了一系列浮选对比试验，结果见表4。

表4 浮选药剂筛选试验结果 (%)

捕收剂	用量/g·t^{-1}	产品名称	产率	品位 TFe	回收率
T03181	600	精矿	73.07	65.80	81.89
		尾矿	26.93	39.47	18.11
		给矿	100.00	58.71	100.00
T03182	600	精矿	64.92	64.73	72.06
		尾矿	35.08	46.45	27.94
		给矿	100.00	58.79	100.00
T03183	600	精矿	75.64	64.68	83.90
		尾矿	24.36	38.55	16.10
		给矿	100.00	58.31	100.00
T03184	600	精矿	84.37	64.08	92.19
		尾矿	15.63	29.29	7.81
		给矿	100.00	58.64	100.00
T03191	600	精矿	81.28	64.57	89.81
		尾矿	18.72	31.82	10.19
		给矿	100.00	58.70	100.00
T03192	600	精矿	82.43	61.50	86.57
		尾矿	17.57	44.75	13.43
		给矿	100.00	58.56	100.00
T03251	600	精矿	79.67	61.86	84.00
		尾矿	20.33	46.18	16.00
		给矿	100.00	58.67	100.00
T03253	600	精矿	69.99	63.50	76.06
		尾矿	30.01	46.62	23.94
		给矿	100.00	58.43	100.00
T03255	600	精矿	83.12	62.60	89.15
		尾矿	16.88	37.49	10.85
		给矿	100.00	58.36	100.00
T03263	350	精矿	72.91	66.45	82.99
		尾矿	27.09	36.66	17.01
		给矿	100.00	58.38	100.00
T03281	600	精矿	74.17	66.03	84.36
		尾矿	25.83	35.16	15.64
		给矿	100.00	58.06	100.00
T03282	400	精矿	74.37	66.32	84.55
		尾矿	25.63	35.16	15.45
		给矿	100.00	58.33	100.00

从表 4 可以看出，能使浮选精矿品位达到 66% 以上的捕收剂有 T03263、T03281 和 T03282，捕收剂 T03281 的用量需要 600g/t，而捕收剂 T03263 和 T03282 的用量仅分别为 350g/t 和 400g/t。可见，在上述试验药剂中，捕收剂 T03263 和 T03282 的浮选能力最强，但 T03282 在合成方面存在一些问题。综合考虑，T03263 是用于浮选李楼铁矿最优的一款低温捕收剂。

3.2 温度试验

在浮选温度 10 ~ 30℃ 的范围内，NaOH 用量 1000g/t、SD 用量 1000g/t 时，考察了捕收剂 T03263 对浮选温度的适应性，试验结果见表 5。

表 5 温度试验结果 (%)

浮选温度/℃	捕收剂用量/g · t^{-1}	产品名称	产率	品位 TFe	回收率
10	400	精矿	71.48	66.50	81.03
		尾矿	28.52	39.01	18.97
		给矿	100.00	58.66	100.00
15	350	精矿	72.91	66.45	82.99
		尾矿	27.09	36.66	17.01
		给矿	100.00	58.38	100.00
30	280	精矿	78.46	66.10	88.75
		尾矿	21.54	30.51	11.25
		给矿	100.00	58.43	100.00

试验结果表明，随着浮选温度逐渐升高，精矿回收率逐渐升高，而药剂用量逐渐减少。但在温度范围 10 ~ 30℃之间，采用捕收剂 T03263 均能得到精矿品位 66% 以上、回收率 80% 以上的浮选指标。

3.3 捕收剂用量试验

在浮选温度 15℃、NaOH 用量 1000g/t、SD 用量 1000g/t 的条件下，考察了新药剂 T03263 不同用量对李楼铁矿浮选效果的影响，试验结果如图 3 所示。

从图 3 中可以看出，随着捕收剂 T03263 用量从 250g/t 增加到 600g/t 时，浮选精矿铁品位从 64.70% 增加到 66.90%，增加了 2.20 个百分点；而精矿回收率从 90.69% 急剧降低到 41.42%。可见，在进行浮选时，捕收剂 T03263 的用量不能过大或过小，过小时，药剂捕收能力不足导致精矿品位难以大幅提高；过大时，药剂捕收能力太强导致精矿回收率偏低。在捕收剂用量为 300 ~ 400g/t 时，浮选精矿品位均能达到 65% 以上、回收率 80% 以上。

3.4 调整剂试验

在浮选温度 15℃、SD 用量 1000g/t、捕收剂 T03263 用量 300g/t 的条件下，考察了调整剂 NaOH 用量对捕收剂浮选性能的影响，试验结果见表 6。

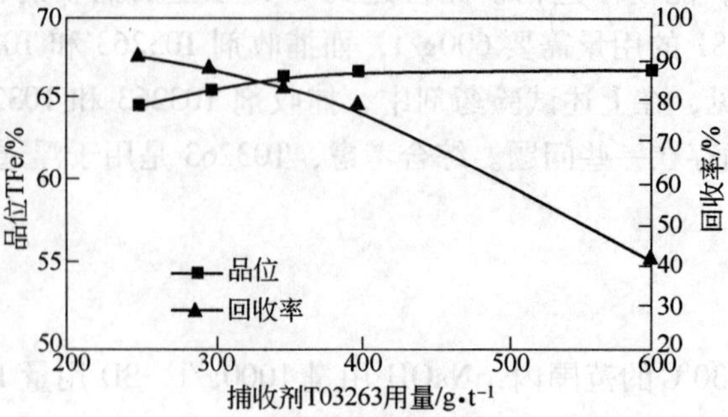

图 3 捕收剂 T03263 用量试验结果

表 6 调整剂用量试验结果 (%)

调整剂用量/g·t^{-1}	产品名称	产率	品位 TFe	回收率
1000	精矿	83.34	66.12	91.35
	尾矿	16.66	31.32	8.65
	给矿	100.00	60.32	100.00
1200	精矿	82.65	66.09	90.79
	尾矿	17.35	31.91	9.21
	给矿	100.00	60.16	100.00
1500	精矿	82.46	65.87	90.38
	尾矿	17.54	32.94	9.62
	给矿	100.00	60.09	100.00

由表 6 可以看出，NaOH 用量在 1000～1200g/t 的范围内对捕收剂 T03263 的浮选指标基本没有影响，但当 NaOH 用量增加到 1500g/t 时，浮选精矿品位降低到 66% 以下。因此，过量 NaOH 对捕收剂浮选性能有不利影响。

3.5 入浮品位影响试验

为了考察药剂 T03263 对浮选入料品位的适应性，进行了一系列浮选对比试验，浮选条件为：浮选温度 15℃、NaOH 用量 1000g/t、SD 用量 1000g/t，试验结果见表 7。

表 7 不同入浮品位浮选试验结果 (%)

捕收剂用量/g·t^{-1}	产品名称	产率	品位 TFe	回收率
300	精矿	82.10	66.38	90.79
	尾矿	17.90	30.88	9.21
	给矿	100.00	60.02	100.00
350	精矿	72.91	66.45	82.99
	尾矿	27.09	36.66	17.01
	给矿	100.00	58.38	100.00

续表 7

捕收剂用量/g·t^{-1}	产品名称	产率	品位 TFe	回收率
450	精矿	73.97	65.84	87.56
	尾矿	26.03	26.59	12.44
	给矿	100.00	55.63	100.00
500	精矿	66.60	63.68	86.50
	尾矿	33.40	19.81	13.50
	给矿	100.00	49.03	100.00
600	精矿	52.34	64.71	74.24
	尾矿	47.66	24.66	25.76
	给矿	100.00	45.62	100.00
650	精矿	43.57	61.95	70.27
	尾矿	56.43	20.16	29.73
	给矿	100.00	38.41	100.00

从表 7 可以看出，随着入浮品位从 60.02% 降低到 38.41%，虽然捕收剂 T03263 用量逐步增加，但浮选精矿品位从 66.38% 降低到了 61.95%，回收率也从 90.79% 下降到 70.27%，品位和回收率双双下降。为此，在粗选的基础上又进行了一次精选试验，结果列于表 3 ~ 表 5，经过精选后，浮选精矿品位均又可达到 65% 以上，可见即使将入浮品位降低到 38.41% 时，采用捕收剂 T03263 仍可实现低温高效浮选。一粗一精浮选试验结果见表 8。

表 8　一粗一精浮选试验结果　　(%)

捕收剂用量/g·t^{-1}	产品名称	产率	品位 TFe	回收率
粗选 450 精选 150	精矿	69.74	67.12	84.15
	中矿	4.23	44.79	3.42
	尾矿	26.03	26.61	12.44
	给矿	100.00	55.63	100.00
粗选 500 精选 250	精矿	57.07	67.16	78.16
	中矿	9.53	42.91	8.34
	尾矿	33.40	19.81	13.49
	给矿	100.00	49.03	100.00
粗选 600 精选 250	精矿	44.45	67.27	65.55
	中矿	7.89	50.26	8.69
	尾矿	47.66	24.66	25.76
	给矿	100.00	45.62	100.00
粗选 650 精选 250	精矿	34.83	65.95	59.81
	中矿	8.74	45.99	10.46
	尾矿	56.43	20.23	29.73
	给矿	100.00	38.41	100.00

3.6　不同含泥量试验

细粒铁矿浮选过程中常遇到的一大问题是浮选给矿中次生矿泥（$-10\mu m$）含量高，矿泥将会对浮选产生不利影响，主要表现在两个方面：一是矿泥的比表面积大需要消耗大量的药剂；另一方面是矿泥罩盖影响矿物与气泡之间的碰撞黏附，降低了捕收药剂的选择性，恶化浮选效果。

为了考察捕收剂 T03263 对浮选入料含泥量的适应性，在浮选温度 15℃、NaOH 用量 1000g/t、SD 用量 1000g/t 时，进行了一系列浮选对比试验，结果见表 9。

表 9　不同含泥量浮选试验结果　（%）

矿泥含量	捕收剂用量/$g \cdot t^{-1}$	产品名称	产率	品位 TFe	回收率
0	400	精矿	75.77	66.20	90.44
		尾矿	24.23	21.88	9.56
		给矿	100.00	55.46	100.00
5	400	精矿	75.45	64.97	90.24
		尾矿	24.55	21.61	9.76
		给矿	100.00	54.33	100.00
10	400	精矿	76.65	63.12	90.42
		尾矿	23.35	21.95	9.58
		给矿	100.00	53.51	100.00
10	粗选 500 精选 200	精矿	63.94	67.19	80.19
		中矿	7.67	44.73	6.41
		尾矿	28.38	25.29	13.40
		给矿	100.00	53.57	100.00
15	400	精矿	77.18	61.23	90.12
		尾矿	22.82	22.70	9.88
		给矿	100.00	52.43	100.00

试验结果表明，随着浮选入料含泥量的增加，相同捕收剂用量情况下，尾矿产率和品位相差不大，一次粗选精矿回收率基本不变，但品位明显下降，当含泥量为 5% 时，精矿品位就降到 65% 以下。但通过增加一次精选试验以后，即使当含泥量增加到 10% 时，精矿品位仍可达到 67.19%，回收率 80.19%。可见，新型捕收剂 T03263 可望实现不同含泥量的铁矿高效低温浮选。

4　结语

（1）李楼铁矿原矿品位 29.78%，主要铁矿物为镜铁矿，其次是假象赤铁矿；脉石矿物主要是石英，其次是绿泥石、白云母、绢云母和方解石等，其中绿泥石和绢云母等含铁硅酸盐脉石矿物在强磁选过程中大量富集，增加了镜铁矿的浮选难度。矿石中铁矿物的嵌布粒度为中等粒度，铁矿物的单体解离度达到 95% 时需要 $-0.075mm$ 85% 以上的磨矿细度。

（2）通过药剂筛选试验、温度试验、药剂用量试验、入浮品位试验和矿泥含量试验表明，开发的两性捕收剂 T03263 可以适应 10～15℃的低温浮选，同时对浮选给矿的品位变化和矿泥含量具有较强的适应性，可以获得铁精矿品位 65% 以上，铁回收率 80% 以上的技术指标，是适宜选别李楼铁矿的一种新型高效低温药剂。

（3）开发的 T03263 是一种适用性比较强的新型高效低温两性捕收剂，采用该新型捕收剂时，无需使用 CaO，简化了给药配药系统，同时减少了管道结垢。该药剂的成功开发为类似镜铁矿资源的开发利用提供了一条新的途径。

参 考 文 献

[1] 杨永涛，张渊，张俊辉，徐明．某难选赤铁矿选矿试验研究［J］．矿产综合利用，2011，（1）：10～13.

[2] 关享．新疆某难选赤铁矿选矿工艺的探讨［J］．中国矿业，2011，20（1）：87～91.

[3] 张宇平，黄可龙，刘素琴．反浮选法分离粉石英和斜绿泥石及其机理［J］．中南大学学报（自然科学版），2007，38（2）：265～290.

[4] D. Mowla，G. Karimi，K. Ostadnezhad. Removal of hematite from silica sand ore by reverse flotation technique［J］．Separation and Purification Technology，2008，（58）：419～423.

[5] 胡熙庚，黄和慰，毛钜凡．浮选理论与工艺［M］．长沙：中南工业大学出版社，1991.

作者简介：

陈雯，教授级高级工程师，长沙矿冶研究院院长助理，矿产资源开发利用技术研究所所长，中国金属学会选矿专业委员会理事、副秘书长，中南大学兼职教授。

贫赤铁矿石高压辊磨机产品强磁预选技术研究

韩跃新　刘　磊　袁致涛

（东北大学）

2012 年 4 月 20 日

随着我国矿产资源的不断开发利用，铁矿资源日益贫化，人们已经不得不将目光转向目前不容易进行分选的贫杂铁矿石上。高压辊磨机在冶金矿山中的应用、相关磁选设备的研发和预选工艺的发展可使许多铁矿选矿厂降低入选矿石品位，将大量之前不可经济利用的贫矿纳入资源体系。磁铁矿预选技术在国内应用较早，磁铁矿的预选技术成熟，应用广泛，预选粒度从 -12 ~ -350mm 不等。受破碎产品粒度的限制，目前贫赤铁矿的预选停留在粗粒干式预选上，由于细粒级物料的影响，预选尾矿品位较高，回收率较低。本文对齐大山贫赤铁矿高压辊磨机产品进行干式和湿式预选试验研究，在此基础上进行分级预选研究，重点考察了不同的预选工艺对综合预选指标的影响。研究结果对贫赤铁矿高压辊磨超细碎—强磁预选工艺的应用具有一定的指导意义。

1　试验原料与试验流程

试验样品取自鞍钢集团齐大山铁矿选矿分厂，经过高压辊磨机闭路破碎后粒度分布曲线如图 1 所示。有用矿物主要是赤铁矿，TFe 品位为 24.48%；脉石矿物主要为石英，其次为黑云母、绿泥石、橄榄石等含铁铝硅酸盐矿物。

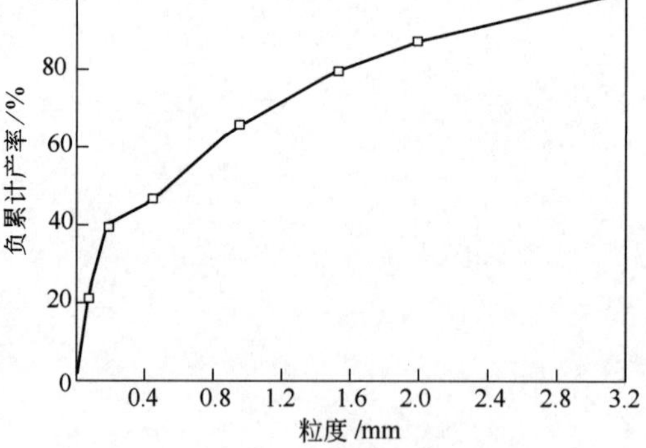

图 1　预选给矿粒度分布曲线

2　贫赤铁矿干式预选试验研究

利用 $\phi350 \times 1100$ 型强磁辊式磁选机贫赤铁矿石高压辊磨机产品进行干式强磁预选，皮带表面磁感应强度最高可达 0.97T，磁场梯度最高可达 68mT/mm，设备结构示意图如

图2所示。

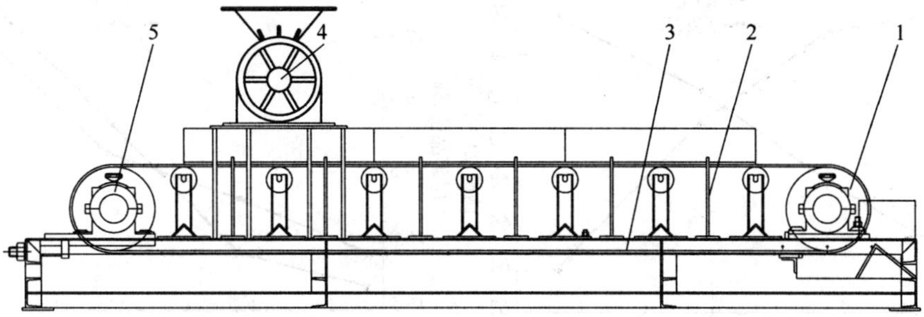

图2 干式永磁强磁预选设备结构示意图

1—强磁永磁辊；2—护栏；3—机架；4—星形布料系统；5—改向滚筒

2.1 全粒级产品干式预选

对全粒级产品进行不同带速的干式预选试验，带速对预选指标的影响如图3所示。

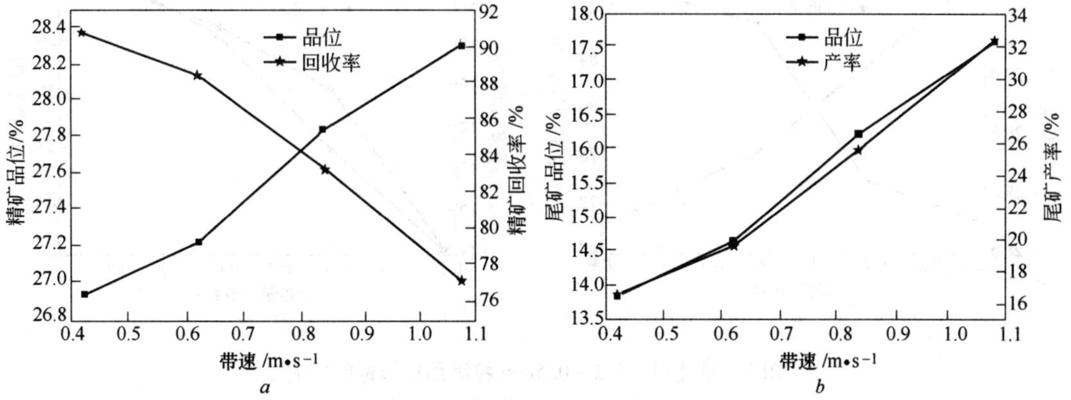

图3 带速对全粒级预选指标的影响

a—对精矿指标的影响；*b*—对尾矿指标的影响

随着带速的增加，预选精矿品位升高，回收率降低，尾矿的品位和产率均升高。高压辊磨产品细粒级含量较高，物料受细粒级部分的影响在皮带上分布不均，分选效果差。尾矿中以粗颗粒为主，尾矿品位高，抛尾产率较低。高压辊磨机全粒级产品并不适于干式预选抛尾。

2.2 粗粒级产品干式预选

对贫赤铁矿石的高压辊磨机产品粗粒级进行不同带速的干式预选试验，给矿粒级分别为-3.2+1.0mm、-3.2+0.5mm和-3.2+0.18mm，不同给矿粒级下带速对预选指标的影响如图4~图6所示。

从图4~图6可以看出，对于粗粒级给矿，随着带速的增加，预选精矿品位升高，回收率降低，尾矿的品位和产率均升高。由于没有细粒级物料的干扰，皮带料层的厚度均

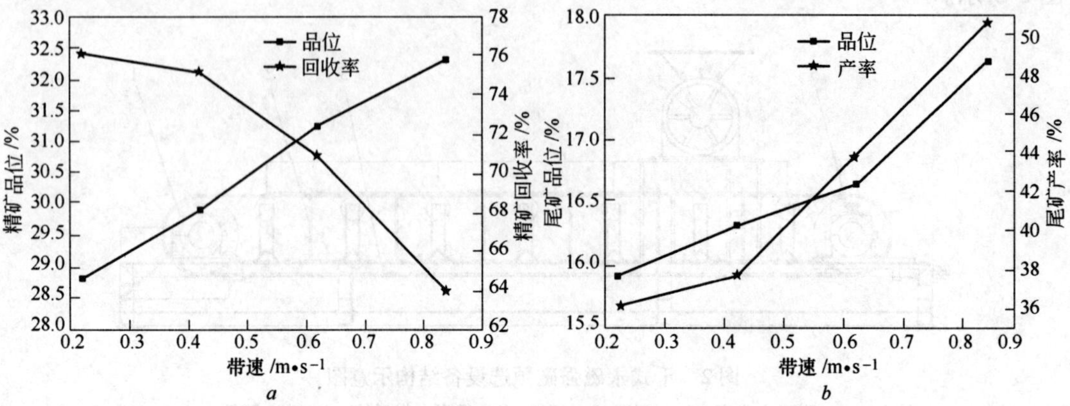

图4 带速对 -3.2+1.0mm 粒级预选指标的影响

a—对精矿指标的影响；*b*—对尾矿指标的影响

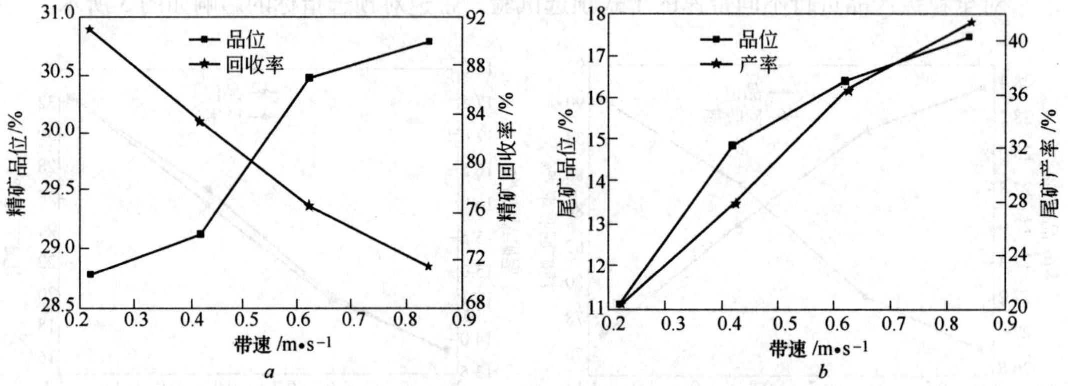

图5 带速对 -3.2+0.5mm 粒级预选指标的影响

a—对精矿指标的影响；*b*—对尾矿指标的影响

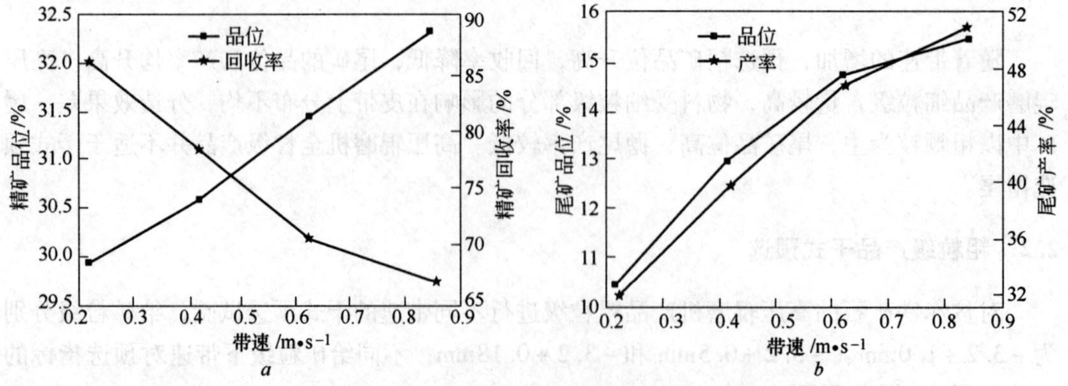

图6 带速对 -3.2+0.18mm 粒级预选指标的影响

a—对精矿指标的影响；*b*—对尾矿指标的影响

匀，物料分散性好，预选效果较好。对于 -3.2 +0.18mm 粒级给矿，有用矿物的解离度较低，颗粒中连生体多，因此预选尾矿品位较高，抛尾产率高。对 -3.2 +0.5mm 粒级和 -3.2 +0.18mm 粒级给矿，预选效果较好，当带速为 0.22m/s 时，预选精矿较原矿品位分别提高 4.75 个百分点和 5.24 个百分点，回收率分别为 90.97% 和 85.98%，尾矿品位分别为 11.13% 和 10.46%，抛尾产率分别为 20.43% 和 31.83%。

粗粒干式预选指标虽然较为理想，但是干式辊式强磁选机给料要求厚度均匀，物料分散性好，对于 -3.2 +0.5mm 粒级给矿和 -3.2 +0.18mm 粒级给矿，辊式强磁选机的处理能力小，每小时仅能处理十几吨矿石。

2.3 细粒级产品干式预选

对贫赤铁矿石的高压辊磨机产品细粒级进行不同带速的干式预选试验，给矿粒级分别为 -1.0mm、-0.5mm 和 -0.18mm，不同给矿粒级下带速对预选指标的影响如图 7 ~ 图 9 所示。

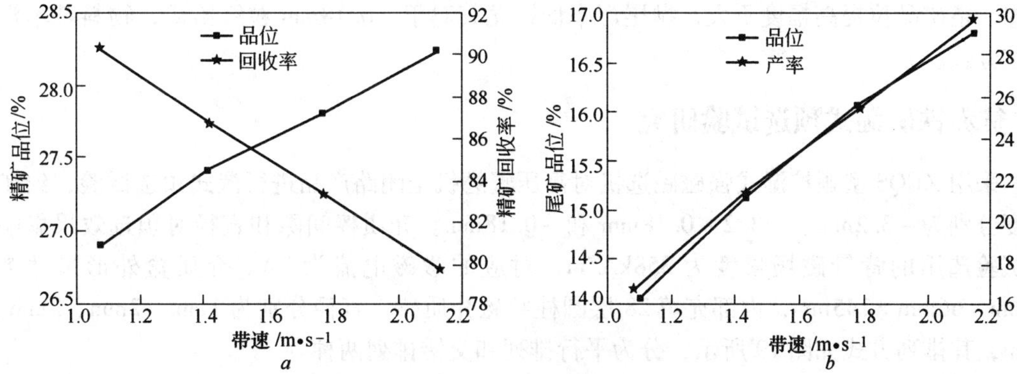

图 7 带速对 -1.0mm 粒级预选指标的影响

a—对精矿指标的影响；*b*—对尾矿指标的影响

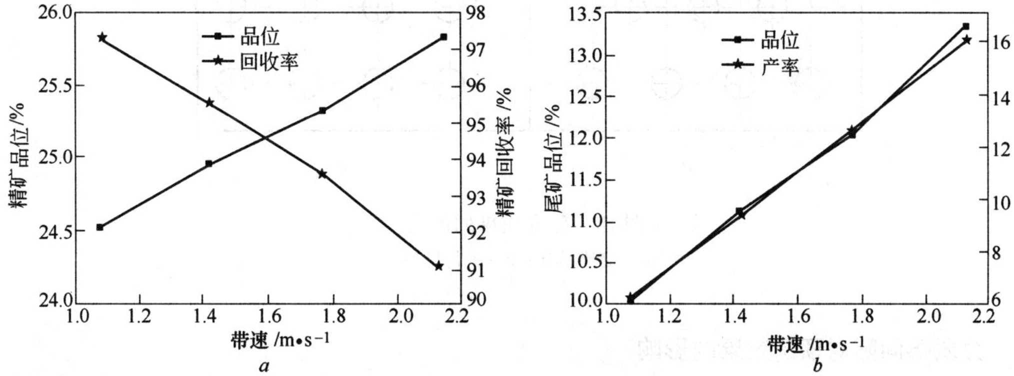

图 8 带速对 -0.5mm 粒级预选指标的影响

a—对精矿指标的影响；*b*—对尾矿指标的影响

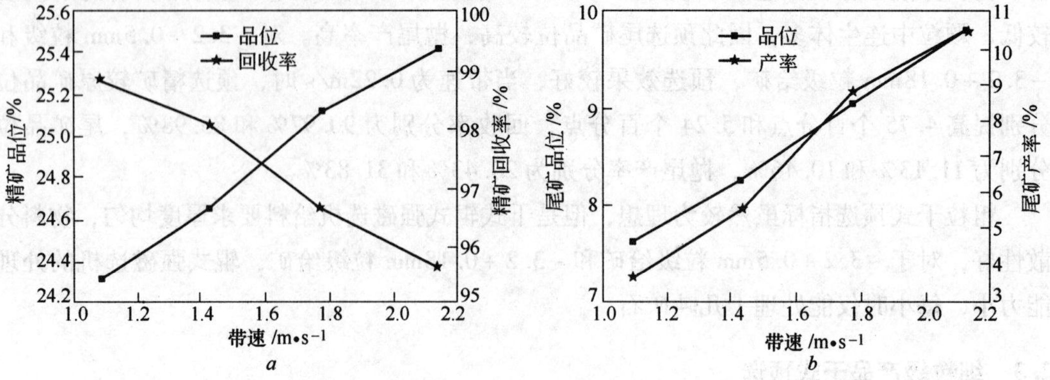

图 9　带速对 -0.18mm 粒级预选指标的影响
a—对精矿指标的影响；*b*—对尾矿指标的影响

从图 7 ~ 图 9 可以看出，对于细粒级给矿，随着带速的增加，预选精矿品位升高，回收率降低，尾矿的品位和产率均升高。由于细粒级物料的分布不均匀导致物料预选效果不理想，精矿品位提高幅度不大，抛尾产率低，尤其对于 -0.18mm 粒级给矿，物料基本没有被分选。

3　贫赤铁矿湿式预选试验研究

采用 XCQS 型顺控湿式强磁磁选机对高压辊磨机全闭路产品进行湿式预选试验，给矿粒度分别为 -3.2mm、 -3.2 +0.18mm 和 -0.18mm。介质棒间隙和直径对预选效果影响的试验选用的背景磁场强度为 358kA/m，对应的激磁电流为 8A。介质盒外形尺寸为 54mm × 66mm × 245mm，内部充填 28 层圆柱状磁介质棒，直径分别为 1mm、2mm、3mm、4mm，其排列方式如图 10 所示，分为平行排列和交错排列两种。

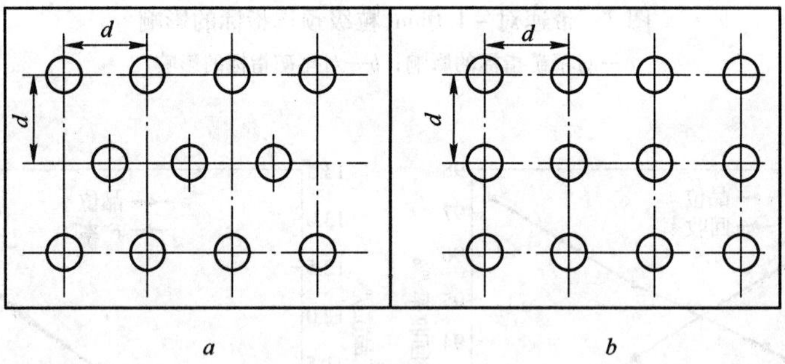

图 10　磁介质排列形式
a—交错排列；*b*—平行排列

3.1　介质棒间隙对预选效果的影响

当介质棒交错排列时，在背景磁场强度为 358kA/m 条件下对贫赤铁矿石进行不同介质棒间隙的湿式磁选试验，不同给矿粒度下介质棒间隙对预选指标的影响如图 11 ~ 图 13

所示。当介质棒直径相同时，随着介质棒间隙的增加，预选精矿的品位升高，回收率降低；预选尾矿的品位和产率均升高。

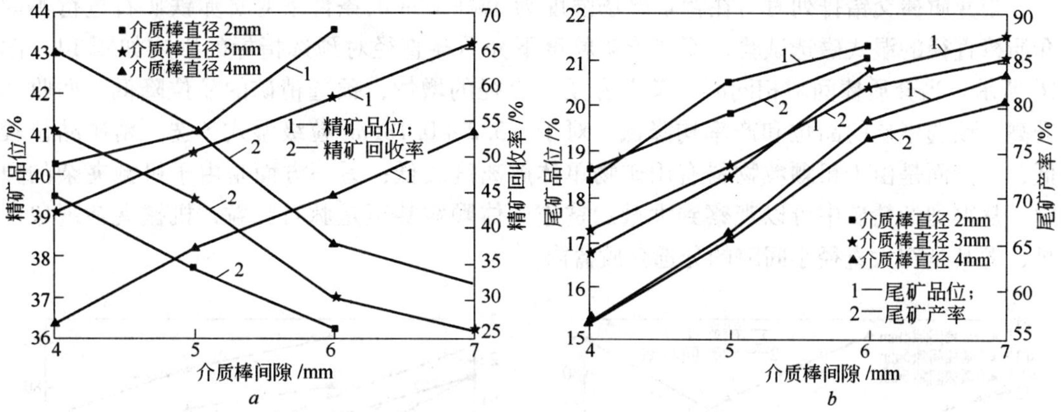

图 11 介质棒间隙对 -3.2mm 全粒级预选指标的影响

a—对预选精矿指标的影响；*b*—对预选尾矿指标的影响

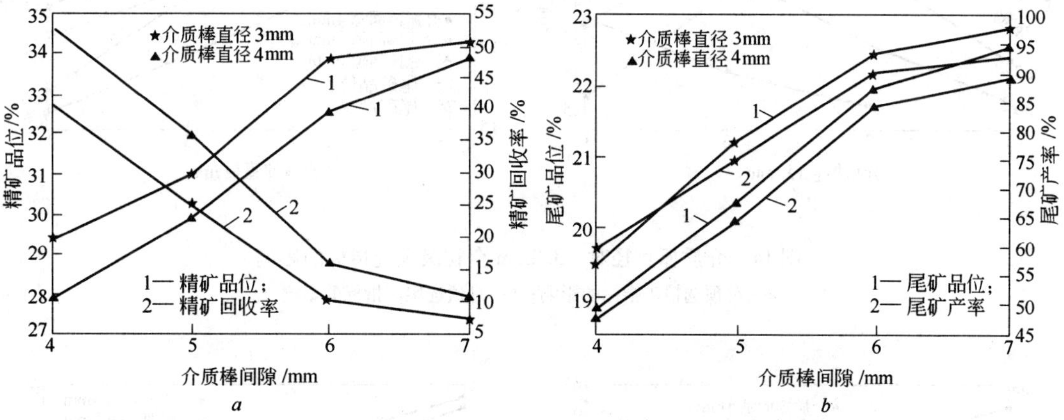

图 12 介质棒间隙对 -3.2 +0.18mm 粒级预选指标的影响

a—对预选精矿指标的影响；*b*—对预选尾矿指标的影响

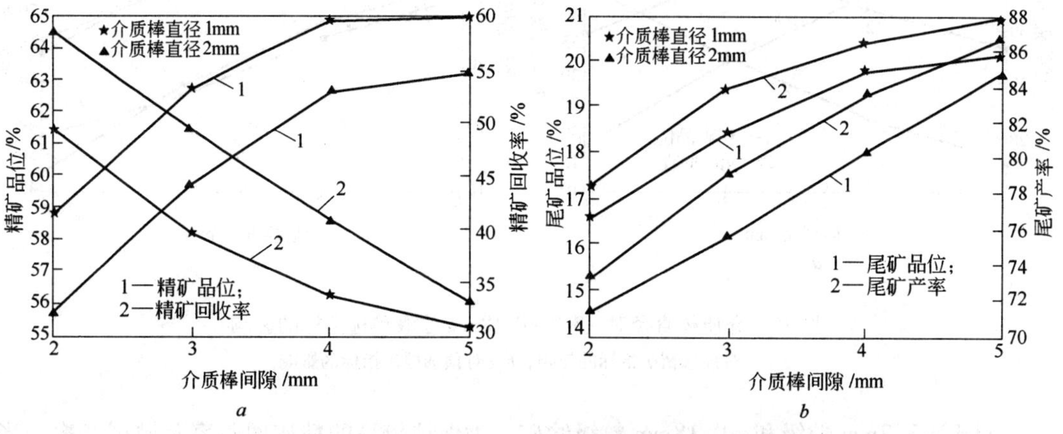

图 13 介质棒间隙对 -0.18mm 粒级预选指标的影响

a—对预选精矿指标的影响；*b*—对预选尾矿指标的影响

3.2　介质棒直径对预选效果的影响

当介质棒交错排列时，在背景磁场强度为358kA/m的条件下对贫赤铁矿石进行不同介质棒直径的湿式磁选试验，不同给矿粒度下介质棒直径对预选指标的影响如图14～图16所示。当介质棒间隙相同时，随着介质棒直径的增加，预选精矿的品位降低，回收率升高；预选尾矿的品位和产率均降低。对于－3.2＋0.18mm粒级湿式预选，精矿品位较低，一方面是由于粗颗粒物料有用矿物单体解离度较低；另一方面是由于机械夹杂的原因，从得到的精矿中可以观察到大量的贫连生体颗粒甚至是脉石颗粒，机械夹杂现象明显，尤其是在大直径小间隙的分选介质盒内。

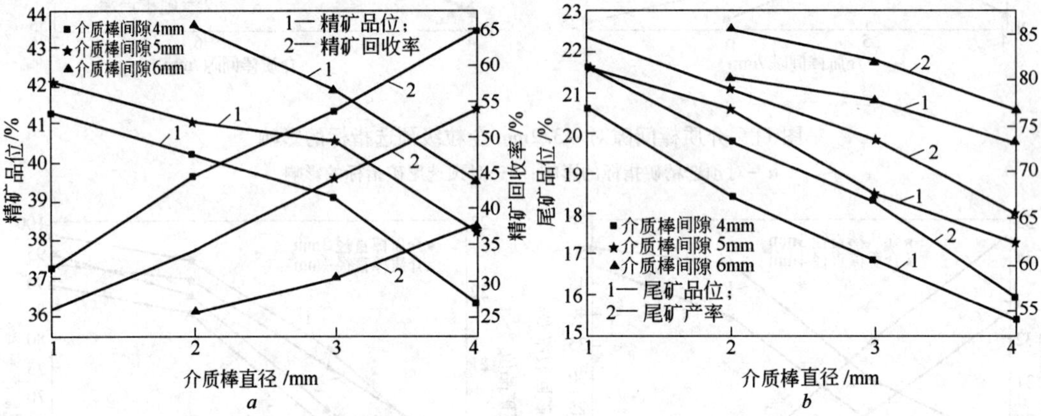

图14　介质棒直径对－3.2mm全粒级预选指标的影响

a—对预选精矿指标的影响；*b*—对预选尾矿指标的影响

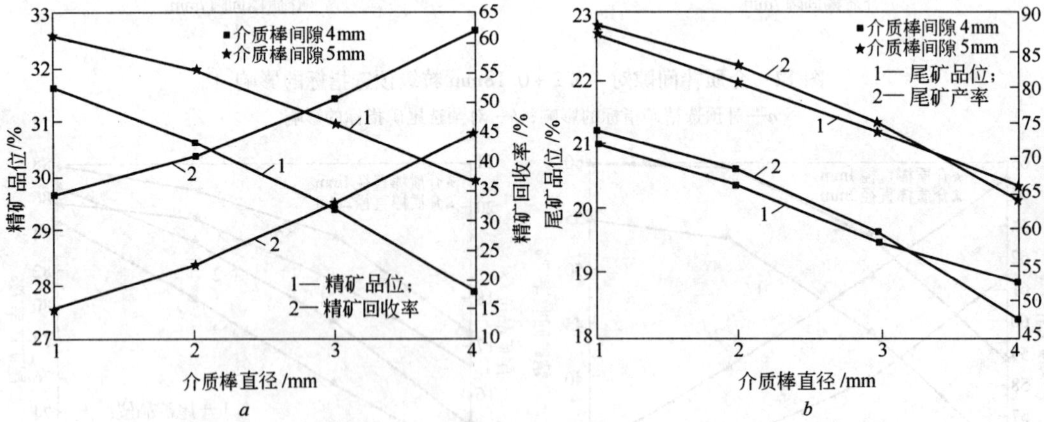

图15　介质棒直径对－3.2＋0.18mm粒级预选指标的影响

a—对预选精矿指标的影响；*b*—对预选尾矿指标的影响

对于－3.2mm粒级和－0.18mm粒级给矿，为保证较高的精矿回收率及抛尾产率，当介质棒直径为4mm，介质棒间隙为4mm时预选效果较好。对于－3.2＋0.18mm粒级给

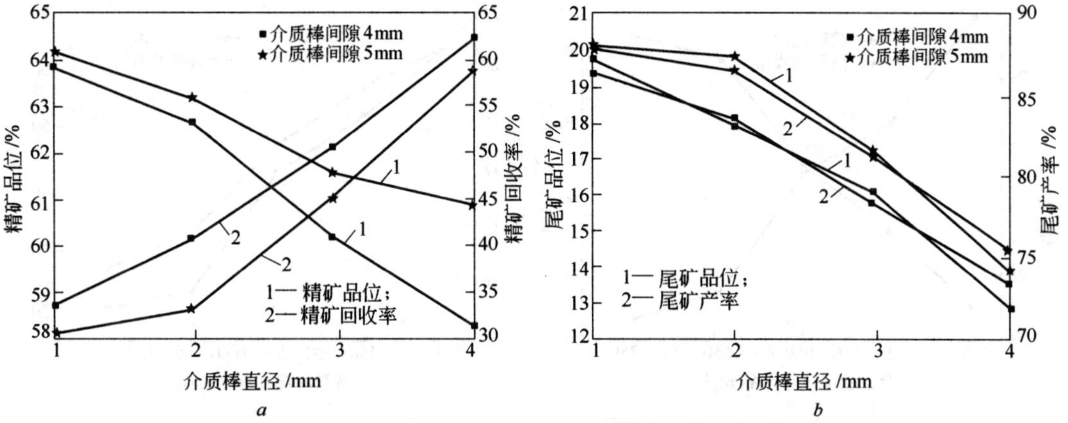

图 16 介质棒直径对 -0.18mm 粒级预选指标的影响

a—对预选精矿指标的影响；*b*—对预选尾矿指标的影响

矿，为保证较高的精矿回收率及精矿品位，当介质棒直径为 4mm，介质棒间隙为 5mm 时预选效果较好。

3.3 背景磁场强度对预选效果的影响

在上述最优介质组合的条件下，对贫赤铁矿石进行不同背景磁场强度的湿式预选试验，不同粒级给矿下背景磁场强度对预选指标的影响如图 17 ~ 图 19 所示。随着背景磁场强度的增加，预选精矿的品位降低，精矿回收率升高；预选尾矿的品位和产率都降低。当背景磁场强度达到 645kA/m 时，对于 -3.2mm 全粒级给矿，预选精矿较原矿品位提高 5.57 个百分点，回收率为 91.60%，尾矿品位为 8.15%，抛尾产率为 25.32%；对于 -3.2 +0.18mm 粒级给矿，预选精矿较原矿品位提高 2.02 个百分点，回收率达到 83.62%，尾矿品位仅为 16.96%，尾矿抛尾率达到 22.92%。对于 -0.18mm 粒级给矿，预选精矿较原矿品位提高 25.90 个百分点，回收率达到 80.78%，尾矿品位仅为 8.18%，抛尾率达到 59.92%。

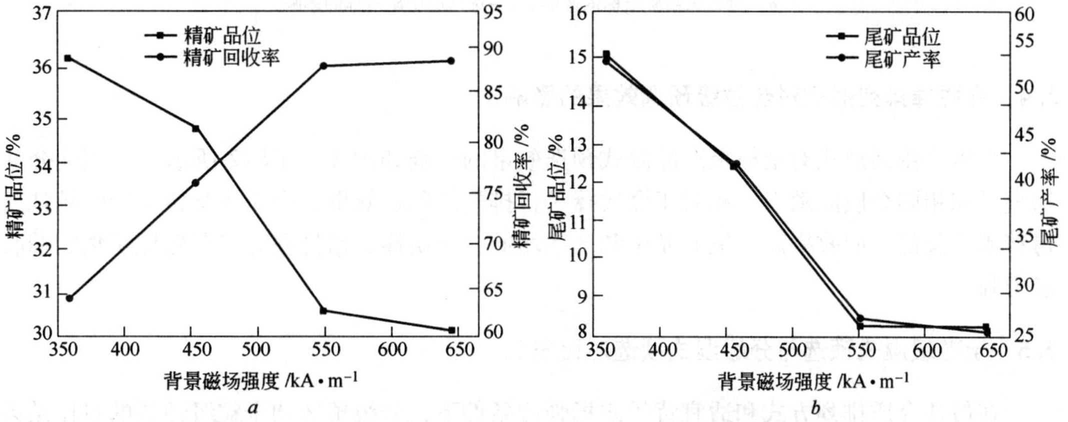

图 17 背景磁场强度对 -3.2mm 全粒级预选指标的影响

a—对预选精矿指标的影响；*b*—对预选尾矿指标的影响

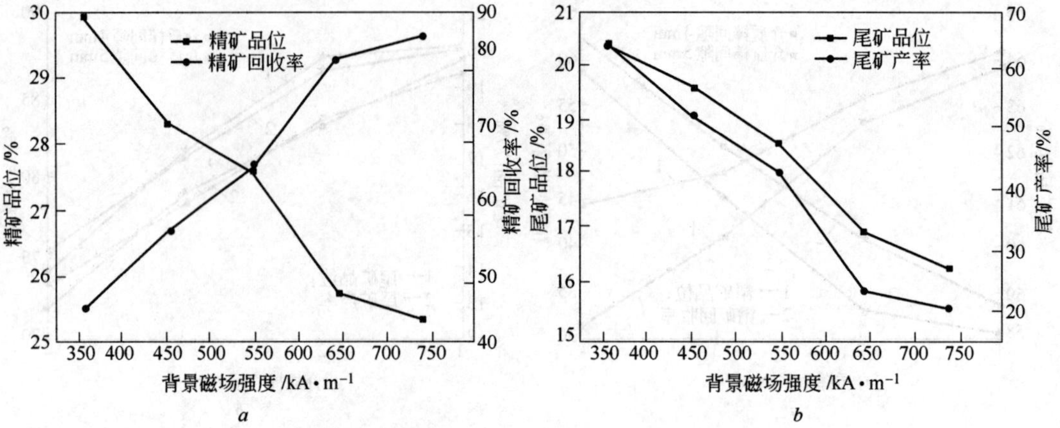

图 18　背景磁场强度对 −3.2 +0.18mm 粒级预选指标的影响

a—对预选精矿指标的影响；*b*—对预选尾矿指标的影响

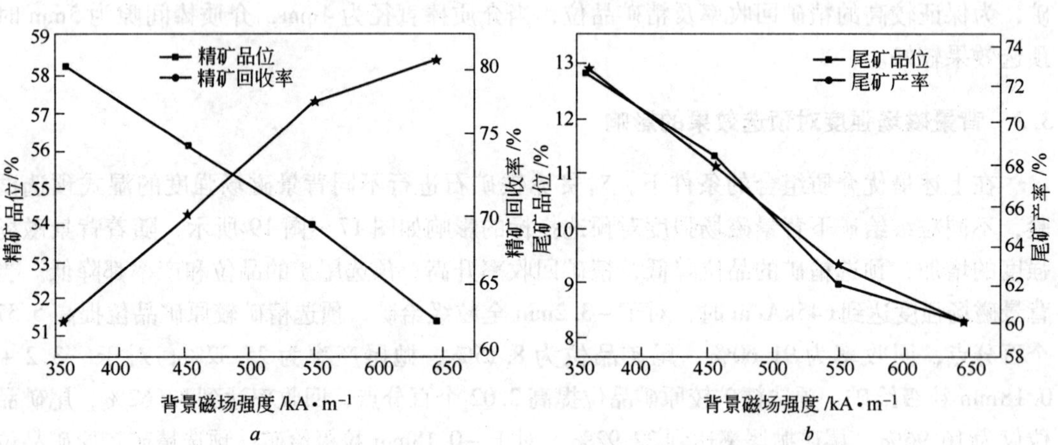

图 19　背景磁场强度对全粒级预选指标的影响

a—对预选精矿指标的影响；*b*—对预选尾矿指标的影响

3.4　介质棒排列形式对全粒级预选效果的影响

介质棒排列形式对全粒级产品湿式预选效果的影响如图 20 ~ 图 22 所示，在相同介质棒直径和相同介质间隙下，相对于介质棒平行排列的预选效果，介质棒交错排列时预选所得精矿品位低、回收率高，尾矿品位和产率均低，介质棒交错排列时对弱磁性矿物的捕收能力强。

3.5　全粒级湿式预选与分级湿式预选对比研究

在最佳介质排列方式和适宜背景磁场强度条件下，分级预选和全粒级预选的对比结果见表 1。在最佳预选条件下，全粒级湿式预选精矿较原矿品位提高了 5.57 个百分点，回收率为 91.60%，抛尾产率为 25.32%；分级湿式预选的综合精矿较原矿品位提高了 7.94

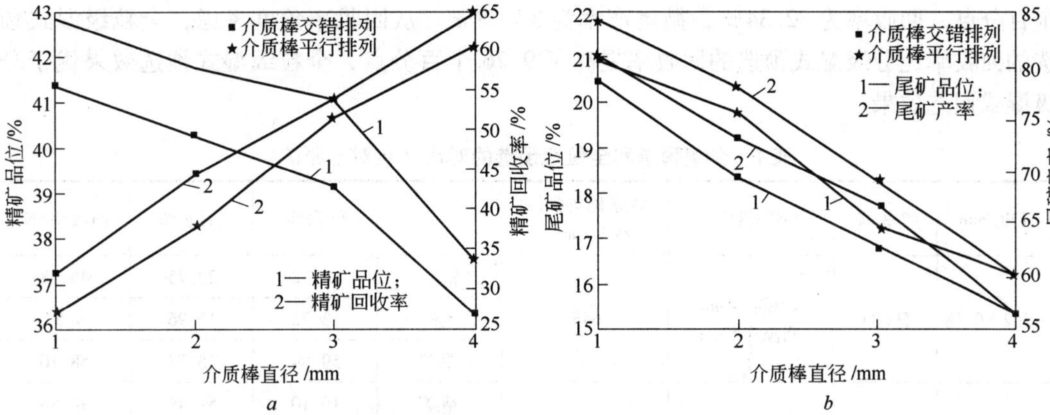

图 20　介质棒排列形式对 -3.2mm 全粒级预选指标的影响

（介质棒间隙 4mm，背景磁场强度 358kA/m）

a—对预选精矿指标的影响；*b*—对预选尾矿指标的影响

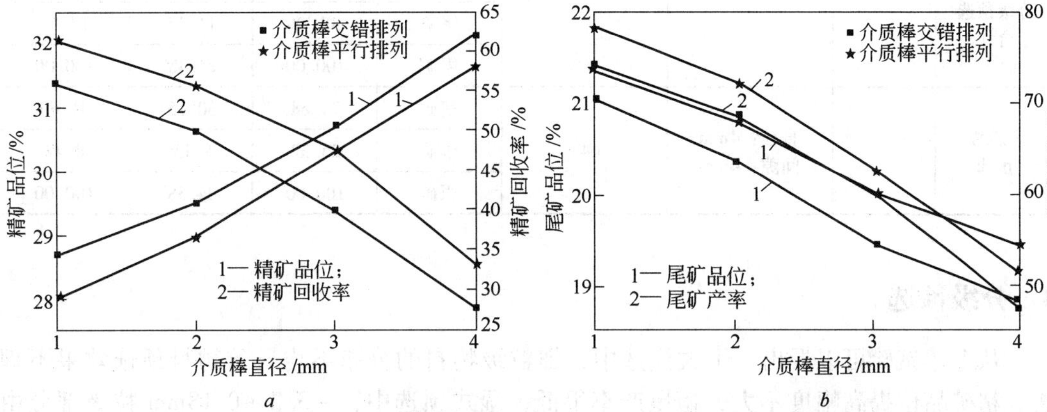

图 21　介质棒排列形式对 -3.2+0.18mm 粒级预选指标的影响

（介质棒间隙 5mm，背景磁场强度 358kA/m）

a—对预选精矿指标的影响；*b*—对预选尾矿指标的影响

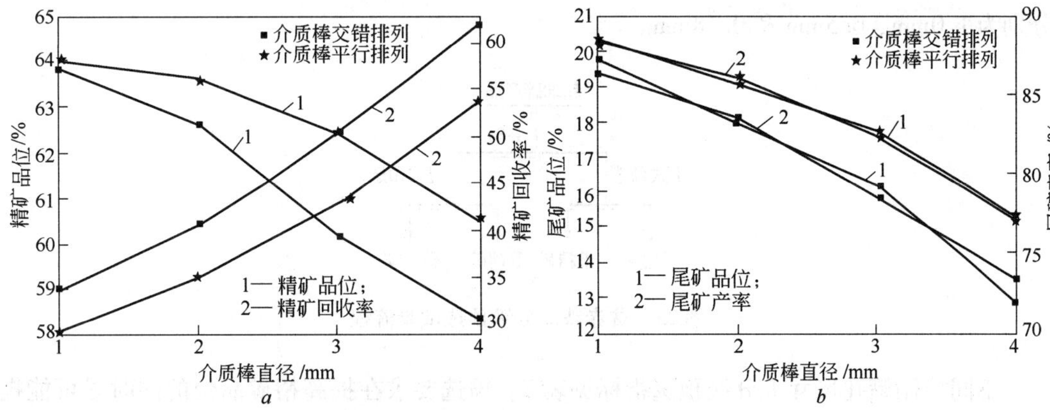

图 22　介质棒排列形式对 -0.18mm 粒级预选指标的影响

（介质棒间隙 4mm，背景磁场强度 358kA/m）

a—对预选精矿指标的影响；*b*—对预选尾矿指标的影响

个百分点，回收率为82.34%，抛尾产率为37.78%。从回收率角度考虑，全粒级湿式预选的回收率比分级湿式预选的回收率提高了9.26个百分点，全粒级湿式预选效果优于分级湿式预选效果。

表1 分级预选和全粒级预选的对比（相对于原矿）

粒度/mm	产率/%	介质棒组合	背景磁场强度/kA·m^{-1}	产品	产率/%	品位/%	回收率/%
-3.2+0.18	59.84	直径：4mm 间隙：5mm	645	精矿	46.12	25.75	48.58
				尾矿	13.72	16.96	9.52
				原矿	59.84	23.74	58.10
-0.18	40.16	直径：4mm 间隙：4mm	645	精矿	16.10	51.41	33.85
				尾矿	24.06	8.18	8.05
				原矿	40.16	25.51	41.90
分级预选合计				精矿	62.22	32.39	82.43
				尾矿	37.78	11.37	17.57
				原矿	100.00	24.45	100.00
全粒级预选		直径：4mm 间隙：4mm	645	精矿	74.68	30.15	91.60
				尾矿	25.32	8.15	8.40
				原矿	100.00	24.58	100.00

4 分级预选

从上述试验可以看出，干式预选中，细粒级物料的分布不均导致物料预选效果不理想，精矿品位提高幅度不大，抛尾产率很低；湿式预选中，-3.2+0.18mm粒级部分由于严重的机械夹杂导致预选品位低，抛尾产率较低。鉴于此，对高压辊磨机产品分级预选试验，试验流程如图23所示。预先对贫赤铁矿破碎产品分级，筛上产品采用干式辊式强磁选机进行干抛预选，筛下产品采用湿式高梯度强磁选机进行预选抛尾，控制筛孔的尺寸分别为1.0mm、0.5mm和0.18mm。

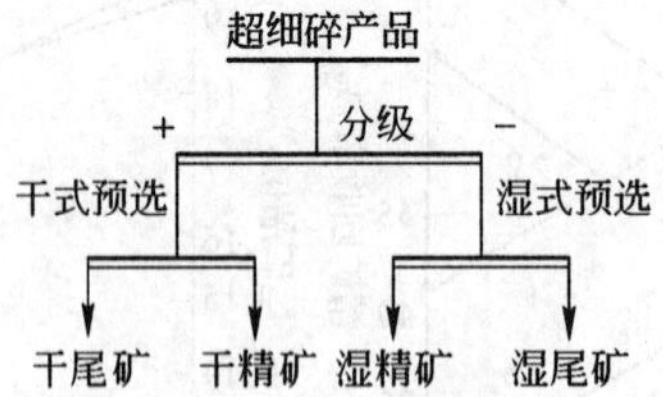

图23 贫赤铁矿分级预选试验流程

不同控制筛孔尺寸下分级预选指标见表2。预选要求在提高精矿品位的同时尽可能提高回收率，当控制筛孔的尺寸为0.5mm时，分选效果较好，产品合计后，预选精矿较原矿品位提高了8.44个百分点，回收率达86.51%，尾矿品位为9.22%，尾矿抛尾产率达35.71%。与全粒级湿式预选相比，分级预选的精矿回收率降低了5.09个百分点，而且工艺相对复杂。全粒级湿式预选效果优于分级预选效果。

表2 不同控制筛孔尺寸下的分级预选结果

控制筛孔的尺寸/mm	粒度/mm	产率/%	预选方式	背景磁场强度/kA·m^{-1}	相对于原矿			
					产品	产率/%	品位/%	回收率/%
1.0	-3.2+1.0	34.96	干式预选		精矿	22.31	28.83	26.42
					尾矿	12.65	15.92	8.27
					给矿	34.96	24.16	34.70
	-1.0	65.04	湿式预选	645	精矿	38.89	35.03	55.97
					尾矿	26.15	8.69	9.34
					给矿	65.04	24.44	65.30
	合计	100.00			精矿	61.20	32.77	82.39
					尾矿	38.80	11.05	17.61
					给矿	100.00	24.34	100.00
0.50	-3.2+0.50	51.80	干式预选		精矿	41.22	28.79	48.58
					尾矿	10.58	11.13	4.82
					给矿	51.80	25.18	53.41
	-0.50	48.20	湿式预选	645	精矿	23.07	40.16	37.93
					尾矿	25.13	8.42	8.66
					给矿	48.20	23.61	46.59
	合计	100.00			精矿	64.29	32.87	86.51
					尾矿	35.71	9.22	13.49
					给矿	100.00	24.43	100.00
0.18	-3.2+0.18	59.84	干式预选		精矿	40.80	29.94	49.95
					尾矿	19.04	10.46	8.15
					给矿	59.84	23.74	58.10
	-0.18	40.16	湿式预选	645	精矿	16.10	51.41	33.85
					尾矿	24.06	8.18	8.05
					给矿	40.16	25.51	41.90
	合计	100.00			精矿	56.90	36.02	83.80
					尾矿	43.10	9.19	16.20
					给矿	100.00	24.45	100.00

5 结论

（1）干式预选试验表明：随着带速的增加，预选精矿品位升高，回收率降低，尾矿的品位和产率均升高。全粒级分选和细粒级分选过程中，物料因在皮带上分布不均，分选效果差。干式预选适宜的给矿粒度为 -3.2+0.5mm 和 -3.2+0.18mm，但磁选机的处理能力小。

（2）湿式预选试验表明：减小介质棒间隙，增加介质棒直径和提高背景磁场强度均能够降低预选尾矿品位和产率，提高预选精矿回收率。相对于介质棒平行排列时的预选效果，介质棒交错排列时预选精矿品位低、回收率高，尾矿品位和产率均低，预选效果好。全粒级湿式预选的效果优于分级湿式预选的效果。

（3）破碎产品预选进行筛分分级，筛上产品进行干式预选，筛下产品进行湿式预选。当控制筛孔的尺寸为0.5mm时预选效果较好，但与全粒级湿式预选相比，回收率降低了5.09个百分点，而且工艺复杂。

（4）对于贫赤铁矿石高压辊磨产品而言，采用直径为4mm的介质棒，在间隙为4mm、背景磁场强度为645kA/m的条件下的全粒级湿式预选效果最好，此时精矿预选品位较原矿提高5.57个百分点，回收率为91.60%，抛尾产率为25.32%。

参考文献

[1] 刘建远，黄瑛彩．高压辊磨机在矿物加工领域的应用［J］．金属矿山，2010（6）：1~8.

[2] Wasmuth H D, Unkelbach KH. Recent developments in magnetic separation of feebly magnetic minerals［J］. Minerals Engineering, 1991, 4（7~11）：825~837.

[3] Arvidson B R, Henderson D. Rare-earth magnetic separation equipment and application developments［J］. Minerals Engineering, 1997, 10（2）：127~137.

[4] 朱家骥，朱俊士，张阎，等．中国铁矿选矿技术［M］．北京：冶金工业出版社，1994：43~66.

[5] 郑九龄．磁铁矿石预选在我国的发展［J］．北京矿冶研究总院学报，1994，3（1）：42~50.

[6] 袁致涛，高太，郭小飞，等．永磁强磁选设备的研究与应用［J］．东北大学学报（自然科学版），2010，31（8）：1187~1191.

[7] 刘千帆．酒钢镜铁山铁矿石预选工艺研究［D］．西安建筑科技大学，2003.

作者简介：

韩跃新，博士，教授，东北大学资源与土木工程学院副院长，中国金属学会选矿分会副主任，中国矿业联合会选矿专业委员会副主任。

管道输送技术在冶金矿山领域的应用前景

成秉任　温春莲　姜圣才

（中国冶金矿业总公司）

2012年4月16日

交通运输是社会生产力发展的重要组成部分。在传统的公路、铁路、水运、空运等运输方式获得快速发展的同时，近几十年又出现和发展了石油、天然气和固体颗粒浆体的管道输送，并被称作第5种运输方式，在世界范围内获得迅速发展；输送物料的范围不断扩大，输送距离从短到长，输送浓度由低到高，在矿山、水利、环境工程、化工等诸多领域得到了广泛的应用。

1　管道输送的应用现状

1.1　国外管道输送的发展应用

早在1891年，美国就有人将煤捣碎在管道中用水冲走，并取得专利。但正式用于工业生产是在1914年英国泰晤士河畔的一家电厂，该厂利用管径为200mm、长604m的管道水力运煤，这只是浆体短管路输送。直至1957年，美国固本（Consolidation）煤炭公司在俄亥俄州建成了长174km、直径254mm的管路，使浆体管道输送的概念正式应用于长距离的固体输送。随后亚利桑那州长440km、管径457mm的黑梅萨（Black Mesa）管路的出现，更加推进了浆体管路输送的现代化发展。1967年，澳大利亚建成世界上第一条铁精矿输送管道——萨凡奇河铁精矿输送管道，输送管道全长85km，输送管道的管径为244mm，年输送量达230万吨。世界上目前已建成100多条浆体长距离输送管线，其中萨马柯（Samarco）铁精矿管线和黑梅萨（Black Mesa）输煤管线最具代表性。

1977年，巴西建成了世界上规模最大的铁精矿输送管道——萨马柯铁精矿管线，管道全长399km，设有两座泵站和两座阀站。管道沿程地形较复杂，起点标高约1000m，终点标高24m，中间翻过一座高山，最高点标高1180m。为了克服加速流，在二号阀站安装了5条调压旁路，在批量输送时可根据压力的变化分别串接1~5条调压旁路进行消能。该管线设计寿命为20年，从生产实际情况看，寿命可达35年。

黑梅萨管道全长440km，设有4座泵站。管道沿程地形复杂，中间经过6座大小山峰和两条河流，其标高从2000m下降到150m，最后21km高差降落914m。输送管道管径由457mm减至305mm，借此提高管内煤浆流速增大阻力来消除加速流。该管线已于2005年底关闭。

随着长距离浆体管道输送工程的建设，国外在输送参数、输送工艺、输送设备等方面开展了大量试验研究和理论探讨工作，并取得了众多研究成果，极大地推动了浆体管道输送技术的工程应用。目前较为有名的专门从事浆体管道输送工程设计的公司有美国的管道系统公司（PSI）、博而思公司（Brass）和德国的萨尔茨吉特公司（Salzcgitter），这些公司都拥有一套较为成熟的浆体管道输送工程设计方法。长距离浆体管道输送工程实例见表1。

表1　长距离浆体管道输送工程实例

国　家	名　称	运距/km	管径/mm	输送浓度/%	输送能力/万吨·年$^{-1}$	投产时间
澳大利亚	萨凡奇河	85	244	50～60	230	1967年
巴西	萨马柯	399	508/457	60～70	1200	1977年
南非	博拉帕拉	265	406	50	440	1982年
墨西哥	佩纳科罗拉达	48	219	55～65	180	1976年
墨西哥	拉赫库利斯	309	350	60～68	450	1976年
阿根廷	斯拉格兰德	32	219	55～65	210	1976年
印度	库德雷穆克	50	510/560	60～70	1000	1980年
印度	埃萨钢铁	268	360/410		700	2005年
朝鲜	茂山－清津	98	275	50	200	1975年
俄罗斯	列别金斯克	26.5	323	55	240	—
中国	太钢尖山	102	230/212	65	300	1997年
中国	昆钢大红山	171	168/150	65	230	2007年

1.2　国内管道输送的研究进展

直到20世纪80年代初，我国才开始研究长距离高浓度浆体管道输送技术，使浆体管道输送成为我国大规模运送物料的运输方式之一。从20世纪80年代初到90年代初，我国管道输送科研人员进行了众多矿山物料浆体管道输送的研究、可行性分析以及工程项目的前期准备工作，在铁矿方面长沙矿冶研究院完成了尖山、攀枝花、白马、调军台、梅山等矿山铁精矿矿浆管道输送试验研究；为在90年代中期长距离浆体输送管线的建设和应用，为我国浆体管道输送技术的实用化，奠定了坚实的基础。从20世纪90年代初至今，我国浆体管道输送有了长足的、突破性的发展，已从技术研发阶段进入实际应用阶段。目前我国已建成了尖山铁精矿、大红山铁精矿、瓮福磷精矿、大峪口磷精矿等浆体输送管线。

1997年6月29日，我国第一条铁精矿长距离浆体输送管道——太原钢铁集团（公司）尖山铁精矿管线顺利投产，开创了我国铁精矿长距离浆体管道输送的新篇章。该管线全长102km，年输精矿300万吨，起点至终点标高落差525m，只设一座泵站。管道输送系统包括管道模拟软件，检测环管系统和矿浆流变特性测试技术，管道防腐蚀保护技术，SCADA数据采集和控制软件，管道制浆工艺、脱水工艺和管道敷设技术。管道输送系统工艺如图1所示。

贵州省瓮福磷精矿浆体输送管线全长45.6km，年输送精矿200万吨，管线设一个泵站。管线沿程地形不十分复杂，标高落差为348m，管道内径210mm，管线最大敷设坡度

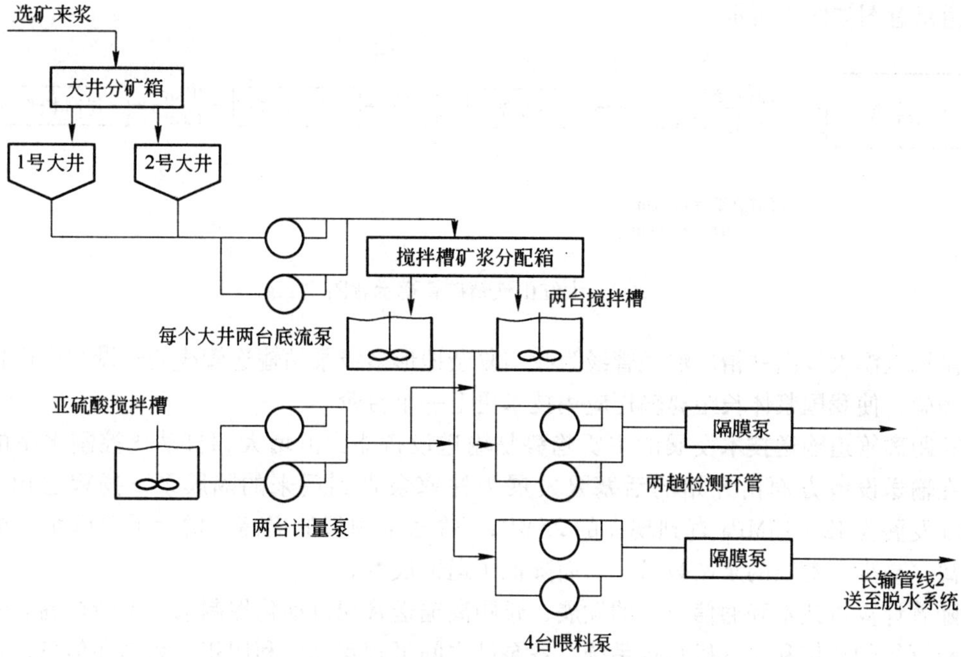

图1 尖山铁矿管道输送系统工艺

12%。管道设计寿命为25年，最大磨蚀量为5mm。该管线于1995年5月建成投入运行。

瓮福磷精矿浆体输送系统由两个储浆罐、两台喂料泵、3台主泵、1条管道、1个终端阀门站和两个终端储浆罐组成，如图2所示。

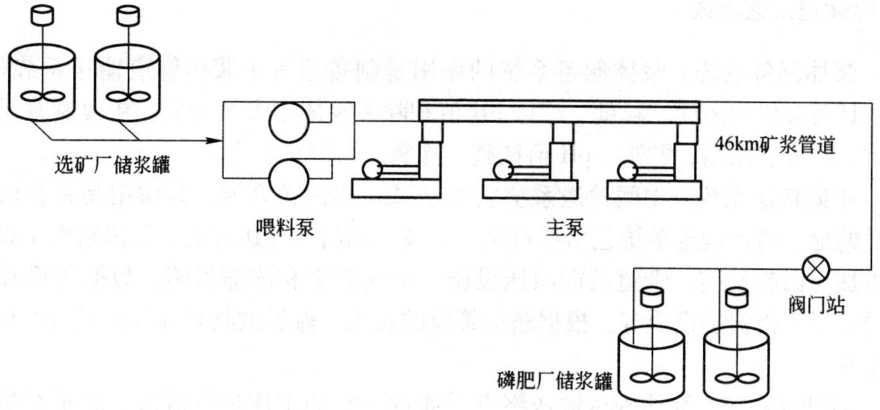

图2 瓮福磷矿浆管道系统示意图

昆钢玉溪大红山铁精矿输送管线是我国一条距离最长、扬程最高、泵站最多的长距离浆体输送管线，管线全长171km，沿程设3座泵站（1号泵站位于戛洒镇，海拔670m；2号泵站位于新化乡，海拔1454m；3号泵站位于富良棚镇，海拔1854m）和四座中间压力监测站（1号站海拔2010m，2号站海拔1300m，3号站海拔2232m，4号站海拔1900m）。管线沿程地形复杂，需翻越3座山峰，穿过12条隧道，跨越河流沟谷38个。大红山铁精矿管道示意图如图 3 所示。

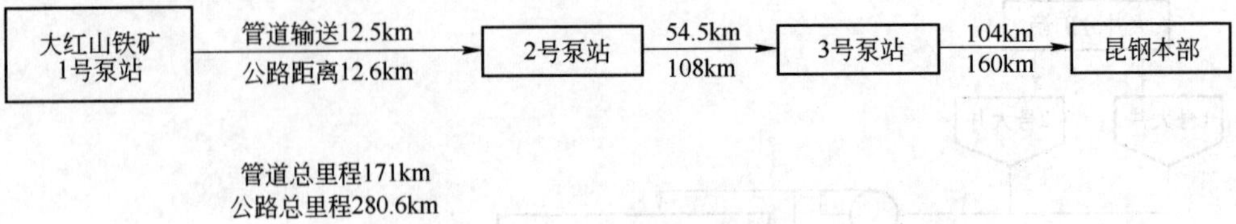

图 3　大红山铁精矿管道示意图

昆钢玉溪大红山铁精矿输送管线为我国复杂地形多级泵站输送管线的建设和生产提供新的经验，使我国浆体长距离输送应用技术更上一个台阶。

长距离管道输送技术发展的主要趋势是输送设备能力的增大和自动化控制水平的提高。在输送设备方面由开始的活塞泵发展为柱塞泵直到后来的隔膜泵，扬程也由 8 ~ 10MPa 发展为 12 ~ 15MPa 直到现在的 25MPa。输送泵扬程的提高，增大了单座泵站的输送距离，减少了管线的泵站数量，从而降低了运输成本。

随着计算机技术和通信技术的发展，长距离输送管线自动化控制水平不断提高。一般都备有可靠的通信和计算机自控系统，各泵站之间可相互读取利用相关数据和信息，首站可遥控其他中继泵站。如大红山铁精矿管线采用光纤电缆通信及监控和数据采集系统，管线全部控制由泵站控制室的人机交互式界面完成，同时，每个泵站可独立于其他泵站运行，即使泵站间失去联系，运行也不会因此而中断。

2　管道输送工艺

2.1　管道输送工艺组成

（1）浆体制备系统。浆体制备系统的作用是制备适宜于浆体管道输送系统的浆体，浆体应该具备合格的浓度、粒度、浆体 pH 值和除去浆体中多余的氧。主要制浆设备为破碎、磨矿、筛分、浓缩、贮浆、pH 值调整、除氧、监测设施等。

（2）中间输送系统。中间输送系统主要是泵站和输送管道，其作用是将合格的浆体输送到目的地。浆体输送系统包括喂料泵、主泵、阀门、输送管道、管道清洗水设施、清管器的投加与回收设施、管道消能减压设施、中间贮浆和浓缩设施、数据传输和监控设施、输送管道阴极保护设施等。根据输送管道的长短，输送的物料和管道经过的地形条件可适当增减。

（3）后处理系统。浆体到达输送终点后通过一定的工序进行脱水，脱水后的物料可以直接使用或贮存。污水经处理后可作为工业用水或循环使用。

2.2　管道输送工艺流程

由选矿厂来的铁精矿浆由输送浆泵给入精矿浓缩池，其底流经泵给入矿浆分配箱，被分配后入搅拌槽，经搅拌混匀并加入补给水和药剂后由喂料泵把浆体给入主泵站前的检测环管，对将要被输送的矿浆进行浓度、流量、压降等检测，系统中加入石灰乳和脱氧剂，以保证浆体为碱性，并除去浆体和冲洗水中的游离氧，消除游离氧对管道内壁的严重腐蚀。不符合输送要求的浆体将不能进入主泵而返回搅拌槽或浓缩池中，只有符合设定输送参数的浆体才允许进入主泵（隔膜泵）。系统中的管道输送中心控制室将对整个管道输送工艺过程进行监视，并通过计算机系统实现自动化控制。输送管线途经山区、平原、市区和河滩。铁精矿浆体在管道中运行到达终点后，直接进入过滤车间进行脱水，由胶带输送机运到原料场；滤液经精矿浓缩机浓缩后再进入过滤车间过滤脱水，溢流水经处理可作工业用水。当后处理系统出现故障时，矿浆切换到流态化矿浆仓中暂存，系统正常后，重新造浆给过滤车间脱水。长距离管道输送工艺示意图如图 4 所示。

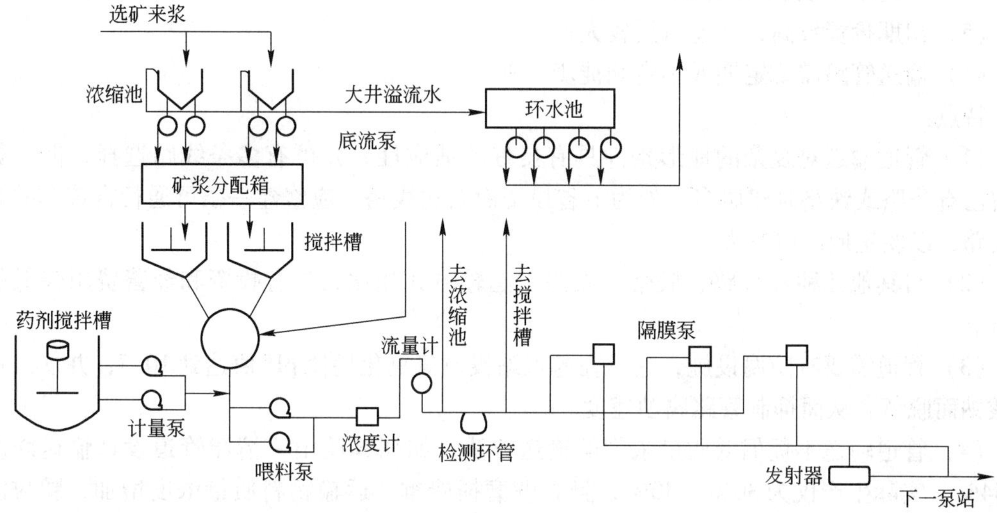

图 4 长距离管道输送工艺示意图

2.3 管道输送的影响因素

长距离浆体管道输送主要影响因素包括：管道输送流速、管道输送阻力、管道输送浓度、管道直径、管道敷设坡度及腐蚀量。

针对以上因素，在实际输送中对输送的矿浆各项指标有严格的要求。主要指标有：矿浆的浓度、矿浆固体颗粒的粒度、矿浆的 pH 值。对管道设计安装的要求：管道安装坡度、输送参数、泵的出口流量。

3 管道输送的优缺点

管道输送的优点：

（1）基建投资少、建设周期短、建设速度快；

（2）能耗小、运营费低、运输成本低；

（3）受地形条件的限制少，易于克服自然地形的障碍；

（4）可以实现连续运输，无铁路公路运输方式的车厢空载回程和寒冷地区物料在车厢中的冷冻问题；

（5）安全可靠、作业率高，几乎可不停顿地进行全年输送，几乎没有物料损耗；

（6）由于长距离浆体管道绝大部分都埋设在冰冻层以下，因此不占或少占农地，受气候变化的影响较小，不污染环境，不破坏生态平衡；

（7）可极大地减少建设工程量、减少管理人员和辅助生产设施；

（8）易于实现自动控制、便于维护管理。

局限性或缺点：

（1）输送物料粒度受到一定限制；

（2）管道线路一旦发生故障，会导致整个系统停止运转；

（3）要有足够的水源；

（4）不适用于脱水费用大的物料运输；

（5）初期投资较高，基建费用较大；

（6）输送管路需要定期或不定期徒步检查。

特点：

（1）管道输送对复杂的地形条件具有良好的适应性，并可有多条线路选择，但一般沿着已有公路或铁路修建居多，如为节省投资而新建线路，应修建一条可通行吉普车的简易公路，以便定期沿线检查。

（2）与其他几种（公路、胶带、铁路）运输方式相比，具有投资和经营费用较低的特点。

（3）管道需要有防腐设施，它是在起点站投放氢氧化钙使 pH 值达到 10.5，并加入亚硫酸钠而脱氧，从而抑制管路腐蚀速度。

（4）管道输送不提倡低质量浓度的输送方法。如朝鲜茂山－清津管道设计输送浓度为 54%，实际生产仅为 30%～40%，且管壁磨损严重。运输物料质量浓度增加，颗粒沉降速度降低，到了一定浓度后，沉降速度几乎为零。为了减少管壁磨损而提倡使用大于临界浓度的输送方法。

（5）运行流速要大于临界流速。管道流速要达到一定值以产生足够的紊流才能使固体颗粒悬浮，以保证物料安全输送。

4 管道输送技术在我国冶金矿山企业的应用前景

我国金属及非金属矿产资源丰富，但多数分布在交通不便的山区，离运输干线较远，新建铁路、公路等运输干线投资大、建设时间长、而且要多占日益减少的珍贵土地，加大了对环境的压力。随着国家环保要求的提高，洁净生产技术的推广及环保政策法规执行力度的加大，发展经济必须走“科技含量高、环境污染少、经济效益好”的新型化道路。因此，发展固体物料的管道运输，并充分发挥其潜能，作为现在运输体系的补充，对我国有更为重要的现实意义。

我国 20 世纪 90 年代建成的尖山铁精矿和瓮福磷精矿输送管线为矿山产品外运提供了良好的范例，大红山铁精矿管线的建成投产进一步体现了长距离管道水力输送技术的优越性和良好的经济效益。对冶金矿山来说，长距离管线不仅能更好地适应其复杂地形，缩短实际运输距离，而且也特别适合其选矿产品——铁精矿的输送，不需为输送而专门进行破碎，不需脱水。可以预见，随着我国国民经济的持续稳定发展和浆体管道输送应用技术的提高，浆体长距离管道输送这一先进的运输方式必将在我国冶金矿山领域获得广阔的市场。

参 考 文 献

[1] Edwad J. Wasp, John P. Kenny, Ramesh L. Gandhi. Solid——Liquid flow slurry pipeline transporta - tion. Clausthal: Trans Tech Publications, 1977.

[2] 王绍周. 粒状物料的浆体管道输送 [M]. 北京: 海洋出版社, 1998.

[3] 邹伟生. 铁精矿浆体管道输送试验研究 [J]. 矿冶工程, 2005, 25: 10 ~ 15.

[4] 徐艳兵. 高压长距离管道输送技术在尖山铁矿的应用现状 [J]. 矿山机械, 2008, 36 (9): 48 ~ 51.

[5] 寿国华, 甄云军, 梁敏. 瓮福磷矿精矿浆管道输送能力最大化的研究和实施 [J]. 化工矿物与加工, 2006, 8: 30 ~ 33.

[6] 云南大红山管道有限公司. 坚持科技创新 开创管道输送美好未来 [J]. 云南科技管理, 2009, 4: 58 ~ 59.

[7] 韩文亮. 浆体管道输送的发展及输送的工艺设计 [J] (增刊). 金山矿山, 2006: 85 ~ 88.

作者简介:

成秉任, 教授级高级工程师, 中国冶金矿业总公司总经理。

温春莲, 教授级高级工程师, 中国冶金矿业总公司综合部主任。

姜圣才, 硕士, 工程师, 中国冶金矿业总公司。

全球氧化球团矿生产现状

周 伟

（鞍钢集团矿业公司）

2012 年 5 月 26 日

1 各国氧化球团矿生产能力

截至 2011 年末，世界各国氧化球团矿的生产能力合计 5.15 亿吨。2012 年各国氧化球团矿的生产能力合计约 5.52 亿吨，到 2015 年全球氧化球团矿的生产能力可能增加到 6.66 亿吨。

截至 2011 年末，中国氧化球团矿的生产能力 1.4076 亿吨，居世界第一位；2012 年中国氧化球团矿的生产能力约计 1.5664 亿吨，到 2015 年中国氧化球团矿的生产能力增加到 2 亿吨以上。

2007～2012 年，各国主要球团矿厂生产能力见表 1，各主要球团矿生产国产能利用率见表 2。

表 1 2007～2012 年各国主要球团矿厂生产能力 （万吨）

国家/公司	2007 年	2008 年	2009 年	2010 年	2011 年	2012 年	增减	2015 年
瑞典/LKAB 公司	2262	2523	2523	2548	2573	2598	336	2673
荷兰/康力斯集团艾默伊登钢厂	440	440	440	440	440	440	0	440
土耳其迪夫里伊/埃雷利钢厂	150	150	150	150	150	150	0	150
俄罗斯/Evraz 集团 Kachkanarsky 公司	624	624	624	624	624	624	0	624
乌克兰/波尔塔夫斯基采矿选矿公司	900	900	900	900	900	900	0	900
哈萨克斯坦/SSGPO 公司	918	918	918	918	918	918	0	918
俄罗斯/Lebedinsky 矿业公司	1020	1020	1020	1020	1020	1020	0	1020
俄罗斯/Mikhailovsky 矿业公司	988	988	988	988	988	988	0	988
俄罗斯/OEMK 钢厂	306	306	306	306	306	306	0	306
乌克兰/北方采矿选矿公司	1118	1118	1118	1118	1118	1118	0	1118
乌克兰/中央采矿选矿公司	224	224	224	224	224	224	0	224
俄罗斯/新西伯利亚钢铁公司 Stoilensky 铁矿	0	0	0	0	0	0	0	600
俄罗斯/卡累利奥卡特斯铁矿公司	1020	1020	1020	1020	1020	1020	0	1020
澳大利亚/力拓矿业公司加拿大铁矿	1353	1353	1353	1353	1366	1380	27	1900
加拿大/阿塞洛米塔尔矿山	936	936	936	936	946	955	19	984
美国/阿塞洛米塔尔－希宾矿球团厂	851	851	851	851	851	851	0	851
美国/阿塞洛米塔尔－米诺卡矿山	287	287	287	287	287	287	0	287

续表 1

国家/公司	2007 年	2008 年	2009 年	2010 年	2011 年	2012 年	增减	2015 年
美国/克利夫兰公司帝国铁矿	551	551	551	551	551	551	0	551
美国/克利夫兰公司北岸铁矿	560	560	560	560	560	560	0	560
美国/克利夫兰公司蒂尔登铁矿	790	790	790	790	790	790	0	790
美国/地隧岩矿联合公司	520	520	520	520	520	520	0	520
加拿大/克利夫兰公司沃布什矿山	624	624	624	624	624	624	0	624
美国/爱沙钢铁明尼苏达钢铁公司	0	0	0	0	0	200	200	600
美国/明尼苏达州矿产公司 Keetac 铁矿	600	600	600	600	600	600	0	600
美国/明尼苏达州矿产公司 Minntac 铁矿	1515	1515	1515	1515	1515	1515	0	1515
墨西哥/Ahmsa 钢铁公司	380	380	400	400	400	404	24	416
墨西哥/希尔萨公司 Las Encina 铁矿	350	350	350	350	350	354	4	364
墨西哥/Pena Colorada 铁矿	360	360	360	360	360	364	4	375
墨西哥/赛罗镇集团	250	250	250	250	250	253	3	260
墨西哥/Lazaro Cardenas 钢厂	360	360	360	360	360	364	4	375
巴西/淡水河谷	4173	4250	4350	4350	4350	4600	427	5100
巴西/萨马科矿业公司	1360	1560	2160	2160	2160	2160	800	2990
巴西/Namisa 铁矿石公司	0	0	0	0	0	0	0	600
秘鲁/首钢秘鲁铁矿公司	320	320	325	330	335	340	20	355
智利/CMP 公司	462	469	469	476	483	490	28	513
委内瑞拉/奥里诺科钢铁公司	690	700	711	722	732	743	53	777
委内瑞拉/矿业集团 CVG 公司	375	375	375	375	375	375	0	375
中国合计	10168	10871	11493	13039	14076	15664	5496	20031
巴林/海湾工业投资公司	400	500	500	1000	1100	1100	700	1100
印度/Adhunik Metaliks 公司	0	0	0	0	0	120	120	120
印度/阿里亚钢铁公司	0	0	120	120	120	120	120	240
印度/Ardent 钢铁公司	0	0	0	60	60	60	60	60
印度/Bhushan 电力钢铁公司	0	0	0	0	0	0	0	450
印度/BMM Ispat 公司	0	120	120	120	240	240	240	240
印度/婆罗门河球团矿有限公司	0	0	0	0	400	400	400	400
印度/埃萨钢铁	0	0	0	0	600	900	900	1200
印度/埃萨钢铁	800	800	800	800	800	800	0	800
印度/Euro Bond 工业公司	0	0	0	0	50	50	50	50
印度/Godaw ari 公司	0	0	60	60	60	60	60	60
印度/Janki 集团有限公司	0	0	0	0	60	60	60	60
印度/京德勒钢铁电力公司	0	0	0	500	500	500	500	500
印度/京德勒西南钢铁公司	500	500	500	500	500	500	0	900
印度/Kudremukh 公司	350	350	350	350	350	350	0	350

续表 1

国家/公司	2007 年	2008 年	2009 年	2010 年	2011 年	2012 年	增减	2015 年
印度/Mandovi 公司	180	180	180	180	180	180	0	180
印度/Monnet Ispat 公司	0	0	0	0	0	0	0	120
印度/MSP 钢铁公司	0	0	0	60	60	120	120	120
印度/MSP 钢铁公司	0	0	0	30	90	90	90	90
印度/MSPL 矿业公司	0	0	0	0	120	120	120	120
印度/国家矿业发展公司	0	0	0	0	0	0	0	200
印度/国家矿业发展公司	0	0	0	0	0	0	0	120
印度/Rashmi Metaliks 公司	0	0	0	0	0	0	0	160
印度/Rukminirama 公司	0	0	0	0	30	30	30	30
印度/Sarda 能源与矿产公司	0	0	60	60	60	60	60	60
印度/钢铁管理局	0	0	0	0	0	0	0	400
印度/Shri Bajrang 公司	0	0	0	0	0	120	120	120
印度/Sree Metaliks 有限公司	0	0	0	60	60	60	60	300
印度/塔塔钢铁	0	0	0	0	0	200	200	600
印度/X 印度钢铁	0	0	0	0	100	200	200	200
伊朗/国家钢铁工业公司阿赫瓦茨钢厂	500	500	500	500	500	500	0	500
伊朗/Gol - e - Gohar 球团矿厂	0	0	0	100	300	500	500	500
伊朗/国家钢铁工业公司穆巴拉克钢厂	450	450	750	800	800	800	350	800
阿曼/淡水河谷阿曼球团公司	0	0	0	0	450	900	900	900
日本/神户制钢公司	420	420	420	420	420	420	0	420
马来西亚/Perw aja 控股集团	0	0	0	0	0	0	0	120
澳大利亚/第一钢铁	160	160	160	160	160	160	0	160
澳大利亚/萨凡奇河铁矿	225	225	225	225	225	225	0	225
澳大利亚/中信泰富	0	0	0	0	0	0	0	350
全球总计	41790	43268	45166	48120	51517	55195	13405	66619

注：2012 年、2015 年指标为预测值。

表 2　2007～2012 年各国球团矿产能利用率　　（%）

国　家	2007 年	2008 年	2009 年	2010 年	2011 年	2012 年	增减
荷兰	80	68	34	0	40	57	-23
瑞典	78	71	58	80	93	99	21
土耳其	80	87	67	67	87	87	7
独联体	91	84	80	91	93	92	1
加拿大	87	83	75	80	84	84	-3
墨西哥	87	88	68	81	87	89	2
美国	94	91	49	77	82	82	-12

续表2

国　家	2007 年	2008 年	2009 年	2010 年	2011 年	2012 年	增减
巴西	98	84	47	86	87	94	-4
智利	94	92	53	83	92	92	-2
秘鲁	79	79	31	85	84	88	9
委内瑞拉	71	61	54	44	56	59	-12
中国	95	95	98	96	95	95	0
印度	70	71	75	61	49	58	-12
日本	83	66	72	72	72	72	-11
中东国家	99	96	87	81	73	80	-19
澳大利亚	90	90	90	90	90	90	0
平　均	91	86	72	84	84	87	-4

注：2012 年指标为预测值。

2　各国氧化焙烧球团矿产量

2011 年，全球生产氧化焙烧球团矿 5.1518 亿吨，其中中国生产氧化焙烧球团矿 1.4076 亿吨，占全球氧化焙烧球团矿产量的 27.32%。2007～2012 年各国氧化焙烧球团矿生产量见表 3。

表 3　2007～2012 年各国氧化焙烧球团矿生产量　　（万吨）

国　家	2007 年	2008 年	2009 年	2010 年	2011 年	2012 年	增减
荷兰	440	440	440	440	440	440	0
瑞典	2262	2523	2523	2548	2573	2598	336
土耳其	150	150	150	150	150	150	0
独联体	7119	7119	7119	7119	7119	7119	0
加拿大	3140	3140	3140	3140	3163	3186	46
墨西哥	1700	1700	1720	1720	1720	1737	37
美国	5447	5447	5447	5447	5447	5647	200
巴西	5533	5810	6510	6510	6510	6760	1227
智利	462	469	469	476	483	490	28
秘鲁	320	320	325	330	335	340	20
委内瑞拉	1065	1075	1086	1097	1107	1118	53
中国	10168	10871	11493	13039	14076	15664	5496
印度	1830	1950	2190	2900	4440	5340	3510
日本	420	420	420	420	420	420	0
中东国家	1350	1450	1750	2400	3150	3800	2450
澳大利亚	385	385	385	385	385	385	0
合　计	41791	43269	45167	48121	51518	55194	13403

注：2012 年指标为预测值。

3 各国氧化焙烧球团矿消费量及在炉料结构中的比重

由于氧化焙烧球团矿有较好的冶金性能，因而在炼铁炉料结构中所占的比例逐步升高。氧化焙烧球团矿在炉料中所占比重，因各国冶炼条件和原料不同，差异较大。2011年，冶炼1吨生铁，加拿大用球团矿1537kg、瑞典用球团矿1375kg、美国用球团矿1362kg、墨西哥用球团矿1349kg、独联体国家用球团矿400kg、德国用球团矿367kg、中国用球团矿268kg、中国台湾用球团矿225kg、日本用球团矿115kg。2007～2012年各国高炉氧化焙烧球团矿消费量见表4，各国冶炼炉料中氧化焙烧球团矿平均用量见表5。

表4 2007～2012年各国高炉氧化焙烧球团矿消费量 （万吨）

国 家	2007年	2008年	2009年	2010年	2011年	2012年	增减
奥地利	324	322	194	337	374	358	34
比利时	48	80	66	77	64	69	21
芬兰	174	173	106	160	201	383	209
法国	177	198	196	259	255	280	103
德国	1049	1290	595	1204	1099	1217	168
意大利	654	530	303	469	567	584	－70
荷兰	510	496	382	565	525	550	40
西班牙	97	146	101	141	155	155	58
瑞典	525	493	270	474	495	526	1
英国	277	257	230	308	299	320	43
土耳其	486	364	554	498	529	578	92
东欧国家	1424	1008	682	963	970	1083	－341
独联体	3683	3360	2770	3113	3136	3401	－282
加拿大	1318	1348	816	1178	1182	1252	－66
墨西哥	532	593	507	614	634	685	153
美国	4822	4476	2624	3704	3846	3923	－899
阿根廷	98	148	49	130	142	147	49
巴西	401	85	44	366	329	313	－88
智利	133	125	102	72	80	80	－53
秘鲁	40	11	0	4	0	20	－20
中国	12246	12389	13996	15496	17262	19066	6820
印度	365	466	761	867	1095	1576	1211
日本	1111	1028	569	949	947	1003	－108
韩国	130	236	78	188	353	360	230
中国台湾	273	174	90	239	268	242	－31
澳大利亚	179	146	139	131	163	142	－37
合 计	31076	29942	26224	32506	34970	38313	7237

注：2012年指标为预测值。

表5 2007~2012年各国冶炼炉料中氧化焙烧球团矿平均用量 (kg/t铁)

国 家	2007年	2008年	2009年	2010年	2011年	2012年	增减
奥地利	548	555	445	666	625	575	27
比利时		115	213	163	120	120	5
芬兰	596	586	519	693	708	1349	753
法国	142	174	242	256	251	261	119
德国	337	443	296	422	367	387	50
意大利	588	510	532	548	603	603	15
荷兰	795	827	830	975	890	904	109
西班牙	243	386	347	394	394	394	151
瑞典	1375	1375	1375	1375	1375	1375	0
英国	253	254	300	423	408	428	175
土耳其	780	543	791	649	649	649	-131
东欧国家	620	512	500	595	575	600	-20
独联体	410	410	385	400	400	395	-15
加拿大	1537	1537	1537	1537	1537	1537	0
墨西哥	1304	1333	1291	1342	1349	1367	63
美国	1327	1327	1380	1380	1362	1345	18
阿根廷	377	574	238	514	503	491	114
巴西	113	24	17	116	96	82	-31
智利	1159	1124	1105	1125	702	656	-503
秘鲁	1140	267	0	0	0	0	-1140
中国	257	264	257	263	268	273	16
印度	100	125	199	224	274	349	249
日本	128	119	85	115	115	115	-13
韩国	44	76	29	54	89	89	45
中国台湾	259	177	114	255	225	200	-59
澳大利亚	281	241	318	217	279	242	-39
平 均	323	320	289	316	317	323	0

注：2012年指标为预测值。

4 各国氧化焙烧球团矿进出口量

2011年，巴西出口氧化焙烧球团矿5335万吨，居第一位；加拿大出口氧化焙烧球团矿2210万吨，居第二位；瑞典出口氧化焙烧球团矿1902万吨，居第3位。2007~2012年各国氧化焙烧球团矿出口量见表6。

表 6 2007 ~ 2012 年各国氧化焙烧球团矿出口量 （万吨）

国　家	2007 年	2008 年	2009 年	2010 年	2011 年	2012 年	增减
瑞典	1232	1301	1181	1575	1902	2042	810
独联体	2303	1968	2221	2687	2773	2457	154
加拿大	2034	2058	1816	2060	2210	2210	176
墨西哥	68	88	86	38	50	50	-18
美国	919	1082	376	983	999	1110	191
巴西	5003	4765	3042	5210	5335	6045	1042
智利	303	232	207	323	365	370	67
秘鲁	213	242	82	276	280	280	67
委内瑞拉	0	0	21	104	110	120	120
印度	197	128	81	60	60	50	-147
中东国家	286	348	360	637	849	1430	1144
澳大利亚	263	277	241	260	269	260	-3
合　计	12821	12489	9714	14213	15202	16424	3603

注：2012 年指标为预测值。

2011 年，中国进口氧化焙烧球团矿 3927 万吨，居第一位；德国进口氧化焙烧球团矿 1171 万吨，居第二位；加拿大进口氧化焙烧球团矿 812 万吨，居第三位。2007 ~ 2012 年各国氧化焙烧球团矿进口量见表 7。

表 7 2007 ~ 2012 年各国氧化焙烧球团矿进口量 （万吨）

国　家	2007 年	2008 年	2009 年	2010 年	2011 年	2012 年	增减
奥地利	324	322	194	337	374	358	34
比利时	48	80	66	77	64	69	21
芬兰	174	173	106	160	201	383	209
法国	177	198	196	259	255	280	103
德国	1136	1367	650	1270	1171	1292	156
意大利	654	530	303	469	567	584	-70
荷兰	160	196	232	565	350	300	140
西班牙	97	146	101	141	155	155	58
瑞典	2	2	0	0	0	0	-2
英国	277	257	230	308	299	320	43
土耳其	366	234	426	386	416	451	85
东欧国家	1424	1008	682	963	970	1083	-341
独联体	13	0	0	0	0	0	-13
加拿大	724	893	306	800	812	886	162
墨西哥	22	28	15	18	11	20	-2
美国	602	577	310	510	387	500	-102

续表 7

国　家	2007 年	2008 年	2009 年	2010 年	2011 年	2012 年	增减
其他北美国家	520	467	236	432	482	490	-30
阿根廷	341	385	107	386	396	406	65
巴西	0	7	0	0	0	0	0
秘鲁	3	0	0	0	0	0	-3
委内瑞拉	21	39	0	0	0	0	-21
南非	49	31	32	45	45	45	-4
其他非洲国家	656	622	566	582	520	682	26
中国	2650	2062	2863	3046	3927	4252	1602
印度	32	5	39	30	80	60	28
印度尼西亚	207	188	179	198	208	230	23
日本	761	753	268	648	646	702	-59
马来西亚	267	281	334	347	338	310	43
韩国	130	236	78	188	353	360	230
中国台湾	273	174	90	239	268	242	-31
中东国家	874	1031	1105	1372	1521	1611	737
澳大利亚	95	76	33	44	85	55	-40
合　计	13079	12368	9747	13820	14901	16126	3047

注：2012 年指标为预测值。

5 各国氧化焙烧球团矿质量标准

（1）德国氧化焙烧球团矿质量标准见表 8。

表 8　德国氧化焙烧球团矿质量标准

项　　目	指　　标
单球冷抗压强度	≥1960N
10～16mm 粒度含量	≥85%
小于 5mm 粒度含量	≤1%
ISO 膨胀指数（1000℃）	≤20%
ISO 转鼓指数（小于 0.5mm）	≤5%
还原度 40%（950℃）	≥0.5%
荷重还原降压（1000℃）	≤196Pa

（2）日本氧化焙烧球团矿质量标准见表 9。

表 9　日本氧化焙烧球团矿质量标准

项　目	指　标
平均单球冷抗压强度	≥2450N
单球最小冷抗压强度（小于 784N 所占百分比）	≤5%
9～15mm 粒度含量	≥85%
JIS 膨胀指数	≤14%
JIS 转鼓指数（小于 1mm 所占百分比）	≤4.5%
还原度	≥60%
还原后抗压强度（单球平均）	≥441N

（3）加拿大氧化焙烧球团矿质量标准见表 10。

表 10　加拿大氧化焙烧球团矿质量标准

项　目	指　标
单球冷抗压强度	≥1999N
9.5～15.9mm 粒度含量	≥95%
小于 5mm 粒度含量	≤1%
转鼓指数（大于 6.35mm 所占百分比）	>95%
碱金属（K_2O+N_2O）	<0.13%

（4）巴西淡水河谷(VALE)氧化焙烧球团矿质量保证标准见表 11 和表 12。

表 11　巴西淡水河谷氧化焙烧球团矿化学成分保证标准

成　分	Fe	S	P	Al_2O_3	SiO_2	R
含量/%	≥64.5	≤0.03	≤0.04	≤1.0	≤3.5	1～1.2

表 12　巴西淡水河谷氧化焙烧球团矿冶金性能保证标准

项　目	指　标
冷抗压强度	≥2450N
还原后抗压强度	≥440N
8～18mm 粒度含量	≥90%
小于 5mm 粒度含量	≤4%
膨胀指数	<16%
耐磨指数（0.5mm 以下）	<4.9%
还原度	≥60%

（5）澳大利亚 ABM 公司氧化焙烧球团矿质量保证标准见表 13 和表 14。

表 13 澳大利亚 ABM 公司氧化焙烧球团矿化学成分保证标准

成分	Fe	S	P	Al_2O_3	SiO_2	Cu	其他	水分
含量/%	65.5～66	≤0.03	≤0.05	≤0.5	≤3	≤0.02	≤0.1	≤2

表 14 澳大利亚 ABM 公司氧化焙烧球团矿冶金性能保证标准

项目	指标
9～16mm 粒度含量	≥90%
小于 5mm 粒度含量	≤4%
还原后抗压强度	≥1960N
转鼓指数（小于 1mm）	<4%
膨胀系数	<15%
还原度	≥60%

（6）独联体国家氧化焙烧球团矿质量保证标准见表 15 和表 16。

表 15 独联体国家氧化焙烧球团矿化学成分保证标准 （%）

国家	Fe	FeO	SiO_2	CaO	MgO	Al_2O_3	S	P	TiO_2	CaO/SiO_2
俄罗斯	62.5	0.36	2.10	4.00	2.90	0.050	0.050	0.160	0.28	0.42
哈萨克斯坦	61.71	2.93	4.13	4.14	0.52	1.390	0.040	0.029	—	1.00
乌克兰	57.46	0.94	0.086	0.056	2.84	0.003	0.029	—	0.31	0.01

表 16 独联体国家氧化焙烧球团矿冶金性能保证标准 （%）

国家	RI	RSI	$RDI_{+3.15}$	$RDI_{-0.5}$
俄罗斯	66.2	12.4	—	—
哈萨克斯坦	80.0	33.5	69.1	26.4
乌克兰	54.7	14.6	93.7	2.40

注：RI 为 900℃ 还原性，%；RSI 为 900℃ 还原膨胀指数，%；$RDI_{+3.15}$ 为低温还原粉化指数，%；$RDI_{-0.5}$ 为低温还原抗磨指数，%。

（7）中国某公司氧化焙烧球团矿质量标准见表 17。

表 17 中国某公司氧化焙烧球团矿质量标准

项目	指标
单球抗压强度	>2000N
还原膨胀率	<14%
转鼓指数（大于 5mm 所占百分比）	≥96%
荷重软化开始温度	1152℃
低温还原粉化率	<14%
900℃ 还原度	>70%

（8）中国主要氧化焙烧球团矿生产厂家产品质量平均值见表18 和表19。

表18 中国主要氧化焙烧球团矿生产厂家产品化学成分平均值 （%）

生产工艺	TFe	FeO	SiO_2	CaO	MgO	Al_2O_3	S	P	CaO/SiO_2
竖 炉	62.05	0.94	6.25	1.16	1.12	1.40	0.03	0.03	0.21
链算机-回转窑	64.41	0.84	4.70	1.05	0.91	1.07	0.02	0.02	0.23
带式焙烧机	64.08	0.36	6.6	0.19	0.29	0.26	0.002		0.03

表19 中国主要氧化焙烧球团矿生产厂家产品冶金性能平均值 （%）

生产工艺	RI	RSI	$RDI_{+3.15}$	$RDI_{-0.5}$
竖 炉	64.56	20.71	79.27	14.67
链算机-回转窑	68.64	29.49	82.61	2.80
带式焙烧机	71.60	16.30	88.00	9.90

注：RI 为900℃还原性,%；RSI 为900℃还原膨胀指数,%；$RDI_{+3.15}$为低温还原粉化指数,%；$RDI_{-0.5}$为低温还原抗磨指数,%。

6 中国氧化焙烧球团矿生产现状

2011 年，中国生铁产量6.2969 亿吨，消耗球团矿1.8003 亿吨，入炉铁料中球团矿占19%。在1.8003 亿吨球团矿中，国产球团矿1.4076 亿吨，进口球团矿0.3927 亿吨。

6.1 氧化焙烧球团矿产能

2011 年，我国3 种氧化焙烧球团矿生产工艺的年产量1.4076 亿吨。各生产工艺的产能见表20。

表20 2011 年中国氧化焙烧球团矿各生产工艺的产能

生产工艺	数量/台	产能/万吨	比例/%
竖 炉	123	5609	33.15
链算机-回转窑	74	10960	64.78
带式焙烧机	2	350	2.07
合 计	199	16919	100

2000~2011 年，我国生铁产量从1.3101 亿吨增加至6.2969 亿吨，净增4.9868 亿吨，年均增长率15.36%；氧化焙烧球团矿产量从0.1427 亿吨增加至1.4076 亿吨，净增1.2649 亿吨，年均增长率23.16%。

6.2 氧化焙烧球团矿生产特点

（1）设备趋于大型化。进入21 世纪以来，随着我国生铁产量的高速增长以及高炉大型化和高炉合理炉料结构需要，我国球团行业也随之快速发展，无论是球团矿产量和质量，还是工艺和技术装备都取得了长足的进步。2011 年，全国共有规模竖炉123 座，生产能力5609 万吨；带式焙烧机两台，生产能力350 万吨；链箅机—回转窑工艺生产线74

条，生产能力10960万吨，其中57条为生产能力百万吨以上的链箅机—回转窑工艺生产线；球团矿生产能力已达1.69亿吨以上。由于设备基本国产，且可直接用煤粉做燃料，降低了产品加工费，使链箅机—回转窑工艺发展较快并占主导地位，标志着我国链箅机—回转窑工艺的设计、设备制造和生产迈上了一个新台阶，促进了我国球团业的巨大发展，为我国高炉增产、提质、节焦创造了有利的原料条件。

（2）球团矿生产总量发展空间较大。尽管我国钢铁工业跨入快速发展的轨道，但目前炼铁高炉的炉料配比中，球团矿的平均配比仅达到19%，而炼铁高炉炉料结构中球团矿的合理配比应为25%～30%。按《中国冶金科技发展指南》要求，在高炉炼铁炉料结构中，球团矿比例要达到25%以上。因此，为满足炼铁高炉合理配比炉料的需求，球团矿的生产总量还有较大的发展空间。

（3）球团矿原料品质优。国内大型铁矿选矿厂普遍采用提铁降硅新工艺，大幅提高铁精矿品位，铁精矿TFe品位66%～68%，SiO_2降至5%以下。同时，使铁精矿粒度变得更细，更适合球团矿生产。部分球团矿生产厂家为提高球团矿铁品位，配用进口高铁低硅铁精矿。如从智利进口的磁铁精矿TFe品位68%～69%，$SiO_2<2\%$，且CaO、MgO含量1%左右，-0.074mm粒度含量大于95%，-0.044mm粒度含量大于60%。大比例配用赤铁精矿。赤铁精矿配比由10%～20%最高达到70%～80%。

（4）强化原料准备。为改善生球质量、降低膨润土配比，有些球团矿生产厂家设置润磨机，以提高原料中-0.074mm粒度含量。一些大型球团矿生产厂家借鉴国外生产经验，增设高压辊磨机，以改善造球混合料的粒度组成、比表面积、颗粒形貌、表面亲水性和成球性。

6.3 球团矿生产存在的主要问题

目前，我国球团主要工艺设备朝着高效、节能、环保方向发展，正逐步实现可持续发展和循环经济理念。虽然在球团工艺装备大型化、技术进步等方面取得显著的成绩，但由于不同地区、不同企业发展不平衡，处于多层次、不同技术装备水平并存的发展阶段。球团矿生产整体水平与国际先进水平相比仍存在差距。

（1）我国各钢铁企业的球团矿生产多为自产自用，对球团矿的计价为内部自行定价，因企业内部利益分配问题，极易造成球团矿生产企业满足于现有的稳定生产，而不愿对铁精矿资源综合利用及进一步提高球团矿产品质量进行深入研究。

（2）我国球团矿生产规模有特大型的，也有小型的；球团矿生产工艺有达到世界先进水平的，也有很落后的。如国外已没有竖炉生产的球团矿，而我国由竖炉生产的球团矿产量仍很大，约5000万吨/年。2011年，我国链箅机—回转窑球团生产线的产能达1.1亿吨。虽然有武钢鄂州和宝钢湛江规模为500万吨/年的大型球团厂，也有120～240万吨/年的球团厂，但从总体数量上看，中小型比例高。

（3）我国球团矿产量仍然为单纯的数量增长，属粗放式发展方式。同国际商品球团矿生产厂家相比，球团矿TFe品位低2～3个百分点，成品球的SiO_2和FeO指标、物理性能指标、冶金性能指标、工序能耗指标均有明显差距，且国内企业间的差距也很大。对进一步提高产品质量、节能减排等缺乏有效的改进措施。

（4）膨润土用量偏高。在国外，球团矿生产配加膨润土量一般为0.5%～1.0%；而国内，由于铁精矿粒度波动大、水分大、膨润土质量控制差，以及生产工艺上存在的一些缺陷，球团矿生产中膨润土平均配比2.5%。膨润土配比每增加1%，球团矿TFe品位降低约0.6%。因此，开发利用有机黏结剂或复合膨润土取代或降低膨润土用量，是提高球团矿TFe品位的关键。

（5）目前，我国大多数球团厂生产的球团矿，绝大部分指标低于国际通用的球团矿质量标准。难以满足当今现代化大型高炉炼铁精料的要求，降低了球团矿在高炉炼铁中的优越性。

（6）球团矿生产节能减排、低碳技术压力大。球团矿生产的工序能耗，各生产企业相差较大。2011年，球团矿生产工序能耗，最低15.45kg/t，最高70.14kg/t，说明还有节能潜力。

（7）我国球团矿生产过程控制的自动化水平低，仍处于基础自动化阶段。因对球团矿生产中的许多过程行为没有充分掌握，缺乏对实验数据的整理、生产数据的积累分析、控制系统的数学模型研究与建立、生产过程模拟控制研究等，还无法利用球团矿生产全过程自动化控制技术实现大幅提高生产技术指标。

作者简介：

周伟，博士，教授级高级工程师，鞍钢集团矿业公司。

大力发展球团矿　改善高炉炉料结构❶

——关于鄂州球团工程尽快上马的建议

焦玉书

（鞍山冶金设计研究总院）

2003 年 11 月 16 日

长期以来，武钢坚持依靠技术进步，加强技术改造、加强管理，企业经济效益、技术装备水平和综合竞争实力都走在国内同行前列。

为了进一步提高企业经济效益，武钢已决定在“十五”期间形成 1200 万吨/年钢规模，这无疑将进一步增强企业竞争力。为了满足 1200 万吨/年钢的要求，武钢必须生产 1155 万吨/年以上的铁水，为此，入炉铁矿石必需大幅度增加。由于铁矿石在钢铁成本中占有很大的比重，如果在产量增加同时，通过优化炉料结构，提高精料水平，必将大幅降低生铁成本，促进武钢效益的大幅提高，为此，建议武钢尽快上马鄂州球团工程，为改善高炉炉料结构创造条件。

1　鄂州球团厂建设尽快上马是改善武钢高炉炉料结构的需要

1.1　当今国内外高炉炉料结构发展总趋势

以高碱度为主体炉料的高炉中，酸性炉料以球团矿代替天然块矿，逐步加大了球团矿的使用量是当今炉料结构的发展趋势。

1999 年世界各国球团矿产量为 27833 万吨，其中：高炉球团矿为 23184 万吨，高炉生铁产量为 53816 万吨，平均每吨生铁耗用球团矿 430kg，在炉料中约占 28%，见表 1。

表 1　世界各国球团矿产量表

国　家	生产规模 /万吨·年$^{-1}$	占百分比 /%	用途	其中：用于 DRI 球团矿/万吨·年$^{-1}$	2000 年生产的工厂	2000 年后建设的工厂
前苏联	7320.0	26.3	BF/DRI	255.0		
美国	5611.1	20.2	BF			
巴西	3760.0	13.5	DRl	1110.0		
巴西	600.0*		DRI			+600
加拿大	690.0	9.7	BF/DRl	235.0		

❶ 本文是 2003 年 11 月焦玉书参加国家计委、中国工程院组织的《武钢技术创新院士行活动》针对武钢要上 $435m^2$ 烧结机而提出的上 500 万吨球团的建议。

续表 1

国　家	生产规模/万吨·年$^{-1}$	占百分比/%	用途	其中：用于 DRI 球团矿/万吨·年$^{-1}$	2000 年生产的工厂	2000 年后建设的工厂
加拿大	450.0*		BF/DRI			+450
瑞典	1630.0	5.9	BF/DRI	312.0		
墨西哥	1370.0	4.9	BF/DRI	853.0		
委内瑞拉	990.0	3.6	BF/DRI	6.22		
伊朗	900.0	3.2	Dm	544.0		
印度	770.0	2.8	BF/Dm	260.0		
荷兰	440.0	1.6	BF			
智利	442.0	1.6	BF	145.0		
巴林	400.0	1.4	Dm	270.0		
澳大利亚	400.0	1.4	BF/DRI		+50	
秘鲁	340.0	1.2	BF/DRI	39.0		
秘鲁	300.0*					+300
日本	300.0	1.1	BF			
中国	290.0*	1.0	BF			
土耳其	150.0	0.5	BF			
挪威	(225.0)*		BF			+225.0
比利时	(65.0)		BF			
尼日利亚	(65.0)		DRI			
斯洛伐克	30.0	0.1	BF			
合计*	27833.1 1575.0	100	BF/DKI BF/Dm	4649.0	+50	+1575

注：本资料引自日本信息；其中 BF 为高炉；DRI 为直接还原铁；* 为正在建设的工厂；中国数据估计是 2000 万吨。

美国平均每吨生铁用球团矿 1000 多千克，配比占 60% ~70%。西欧高炉炼铁炉料中球团用量占 30% ~70%，其中：英国高炉炼铁酸性球团矿配比占 30%，法国占 49%。瑞典 1600m^3 高炉，炉料中球团矿占 95%，高炉利用系数 3.5，焦比 457kg/t，渣量 146kg，荷兰霍戈文公司艾莫伊登钢铁厂酸性球团矿占 50%，焦比 234kg/t，喷煤 212kg，利用系数 2.5，最高 3.1t/(m^3·d)。

欧洲各钢铁企业在发展中，由于受到环保的压力，已逐渐减少烧结矿用量，增加了球团矿用量，从而关闭了一些烧结厂。球团矿用量增加进一步改善了高炉冶炼指标。

联合国贸易和发展会议公报中，曾指出只有日本和中国偏爱烧结矿，炉料中球团矿用量不足 10%。

现在日本已认识到炉料中烧结矿比例太大是不利的，他们已经或正在考虑加大球团矿的比例。日本鹿岛（4052m^3 高炉）、加古川厂 2 号高炉球团矿用量都曾用到 30% 以上，日本神户制钢于 1999 年关闭了烧结厂，2000 年上半年炉料中 49% 烧结矿、25% 块矿和 26% 的球团矿，现在完全取消烧结矿后，在该厂 3 号高炉采用全球团矿方案，高炉的炉料结构为：73% 球团和 27% 的块矿。他们认为关闭烧结厂不但有利于环保，而且发现用烧结矿成本高。

现在神户制钢正拟在委内瑞拉合资建一座大型球团厂，投资估算达 13 亿美元，生产规模最终扩大到 4000 万吨/年。

世界大型矿山企业为适应球团矿用量增长，也正兴建新的球团厂。

巴西 CVRD 在卡拉加斯铁矿的出口港圣露易斯市玛蒂拉港，新建一座 600 万吨/年的球团厂，2002 年已投产。

加拿大矿业公司扩建现有球团厂，扩建规模为 450 万吨/年，投资 3.44 亿美元。

1.2 中国高炉炉料结构也正在变化

冶金科技发展指南中指出：要大力发展球团矿，建立商品球团矿基地，提高熟料中球团矿的比例，球团矿在炉料中的配比要从目前不足 10%，提高到 20% ~30% 以上。杭钢炼铁炉料中球团矿配比已达到 47%，济钢占 40%，唐钢认为应达到 30%，现在我国球团矿产量约为 2000 万吨/年，其中大型球团厂产量 500 万吨/年，竖炉球团 1500 万吨；正在建设的球团厂有首钢迁安球团厂 200 万吨/年，鞍钢弓长岭球团厂 240 万吨/年，程潮铁矿球团厂 120 万吨/年，柳钢球团厂 120 万吨/年。攀钢、昆钢、沙钢、广西北海市、山东石臼所港、邯钢也都拟建大型球团厂。

根据预测，2005 年我国钢产量 2.2 亿吨，生铁产量 2 亿吨，使用炉料在 3 亿吨以上，球团矿配比按平均 30% 计算，年需高炉球团 9000 万吨，即使现在各球团厂按计划投产也满足不了需求。

从国内外高炉炉料结构发展趋势看，武钢也应加大球团的生产，增加球团矿的使用量。

2 鄂州球团厂建设，尽快上马是提高武钢经济效益，解决厂内环保问题的需要

2005 年武钢规划钢产量 1200 万吨/年，生铁 1155 万吨/年，用炉料 1906 万吨/年，这里面临的实际问题是：是按传统做法多用烧结矿呢？还是按国内外发展趋势多用球团矿呢？多用烧结矿就需要对武钢厂内现有烧结厂进行改建扩建。多用球团矿，就需要兴建鄂州球团厂。

2.1 烧结厂改扩建方案

实质是在四烧新增加 1 台 435m^2 烧结机，这样一烧有 4 台 75m^2 烧结机，三烧有一台 360m^2 烧结机，四烧现有 435m^2 烧结机，拟新建一台 435m^2 烧结机，二烧关闭，总烧结面积达到 1530m^2，球团厂总规模 450 万吨/年。这样炉料中烧结矿配比达到 72%，球团矿配比达到 23.6%，新上一台 435m^2 烧结机，投资 4.5 亿元。

2.2 兴建鄂州球团厂

年产500万吨球团矿，厂内四烧不上435m² 烧结机。总计武钢自产球团矿达到700万吨/年，其中：大冶球团厂80万吨/年，程潮球团厂120万吨/年，鄂州球团厂500万吨/年，四烧不上435m² 烧结机，烧结总面积保留约1095m²，此方案高炉炉料烧结矿配比占51%，球团矿配比占36.7%。

有的同志担心，球团比例使用过大，会影响高炉寿命，这个问题在上个世纪美国曾出现过，随着现代高炉冶炼技术的发展，采用无料钟和铜冷却壁等技术，完全解决了这个问题，如今增加球团矿用量已不存在技术障碍。

2.3 两方案比较

两方案比较起来，应该看到厂内不上435m² 烧结机，而兴建鄂州球团厂对武钢是非常有利的。

2.3.1 武钢高炉可实现增加生铁产量，降低焦比的目标

目前武钢高炉炉料烧结矿配比为71.3%，球团矿配比为13%，焦比488kg/t。若鄂州球团厂年产球团500万吨，武钢入炉球团矿总量达到700万吨，高炉炉料中球团矿配比可达到36.7%（增加1.825倍），这可以极大的改善炼铁的经济效益。按炼铁设计参考资料提供的工业试验数据，当球团矿代替烧结矿10%时，高炉增产1%、焦比降低1.5%，高炉使用粒度均匀，还原性能好的球团矿后，武钢每年高炉生铁产量增加21.9万吨/年，节约焦炭16.03万吨。总计投资8.7亿元。

2.3.2 鄂州球团厂上马可降低球团成本

按毛利润每吨50元计，年产500万吨球团矿可获利2.5亿元，这不但对矿山发展打下坚实基础，也给武钢创了良好效益，总体考虑，兴建鄂州球团厂改善高炉炉料结构后，武钢每年还可获利几亿元。

2.3.3 球团工艺技术是成熟的，原料条件是落实的

鄂州球团厂链箅机－回转窑生产线流程于20世纪60年代起在国外广泛应用，属于先进成熟技术。

在国内首钢矿山公司球团厂二期工程采用链箅机－回转窑工艺，年产200万吨，已于2003年5月投产，运行正常。实践证明链箅机－回转窑工艺技术是成熟的可靠的。鄂州球团厂所用铁精矿粉原料除取自金山店铁矿以外，每年需进口球团粉400万吨，据了解此事已与巴西CVRD公司基本达成协议，球团矿原料供给是有保障的。

若厂内四烧二期增加435m² 烧结机，而不建鄂州球团厂，则武钢投资要多花1亿元，且由于球团用量少，烧结矿用量多，入炉品位难以提高，导致能耗高，渣量大，而增加高炉生铁成本。更为严重的是在厂内扩建烧结矿规模，会加剧武钢厂内环境污染。首钢出于受环保压力，已逐步将冶炼前原料准备的工厂迁到河北迁安矿区，上海也因环保问题严格限制宝钢扩大烧结规模。显然，在此情况下，为减少厂内污染，武钢应尽量减少厂内烧结规模，而应扩大球团矿产量，优先安排鄂州球团厂上马。在可能的情况下，充分利用矿山大量闲置土地资源、污染排放易于扩散的良好条件，应尽量考虑把铁前重污染工序，如烧

结、冶金熔剂等逐步搬迁到偏远矿山。

3　武钢应加大到境外开矿力度

武钢2005年规划铁产量1155万吨，需铁矿产品1906万吨，自产矿程潮铁矿250万吨/年，成品矿120万吨/年，金山店铁矿原矿120万吨/年，成品矿70万吨，大冶铁矿原矿150万吨/年，成品矿100万吨/年，矿石自给率约15.2%，估计年需进口矿1600万吨。

现在世界铁矿石市场已被巴西CVRD公司（生产规模1.8亿吨）澳大利亚RIOTINTO公司（生产规模1.13亿吨）和BHP公司（生产规模6160万吨）三家公司垄断，形成OLIGOPOLY卖方垄断现象，要看到当今世界铁矿石现货贸易已不稳定，我们要吸取日本的经验，采取的对策措施，就是要加大境外开矿的力度。

境外开矿可以去国外占有铁矿资源，取得稳定的供应基地。

日本财团早实施了境外开矿战略，仅三井财团一家已在澳、巴、印度每年占有4078万吨产量。其他新日铁、川崎、神户制钢等也都有境外开矿项目。

我国境外开矿规模小，只有中钢公司恰那铁矿1000万吨/年，宝钢与澳大利亚哈默斯利公司合建宝瑞吉公司年产1000万吨/年，与巴西CVRD合建宝华瑞公司生产600万吨/年和首钢秘鲁铁矿1000万吨/年，四家生产规模为3600万吨/年，按2005年进口1.5亿吨计算，境外开矿规模只占进口量的24%，境外开矿规模至少应达到进口矿的50%。

武钢是我国进口矿的大用户，为取得可靠的铁矿石供应基地，武钢在国际铁矿石市场中信誉高，国外供应商都愿意与武钢合作，建议武钢尽快行动起来，利用矿业公司的技术力量和管理经验，与巴西澳大利亚等国供应商谈判，确定境外开矿项目，武钢开矿目标应是：选择球团粉矿生产基地和烧结粉生产基地。

一般地说境外开矿都是有利可图的，澳大利亚哈默斯利公司公布，他们每吨成品矿利润在4.5~6.5美元之间波动，显然武钢去境外开矿也会取得可观的效益。

作者简介：

焦玉书，教授级高级工程师，鞍山冶金设计研究院原院长，中国冶金矿山企业协会顾问。

进口铁矿粉的烧结性能及质量分析

许满兴

（北京科技大学）

2012 年 5 月 4 日

1 引言

随着我国钢铁工业的快速发展，进口铁矿石数量已由 2001 年的 9230 万吨增加到 2011 年的 68652 万吨；占我国高炉炼铁原料的比例也由 2001 年的 35.96% 上升到 2011 年的 66.36%，我国高炉炉料形成了以进口矿为主的格局。因此认识和掌握各种进口铁矿粉的烧结性能已成为我国发展钢铁工业的一个重要技术经济问题。

但认识铁矿粉的烧结性能不是一个较为简单的技术理论问题，因为烧结的成矿过程是一个复杂的物理化学变化过程，它既有低温下的固相反应和新相生成，又有在高温下的黏结相和液相生成，还有在冷却过程中的结晶、再结晶和相变过程。影响烧结过程成矿和固结的因素也很复杂，既有矿种化学成分和粒度的影响，又有碱度、配碳、加热和冷却速度的影响，还有氧化速度的影响等，其中矿种对烧结成矿和固结的影响是一个基本因素，矿种和配矿的不同对烧结生产综合反映出来的是烧结生产率和成品矿的强度，是烧结生产最基本的两个问题，即产量和强度问题。

如何正确认识进口铁矿粉的烧结性能及质量？这是一个值得讨论的技术和理论问题。单烧值是铁矿粉模拟烧结生产，在一定燃料配比、碱度及工艺参数条件下，进行烧结杯试验后所得出的成品矿的产量、强度及质量指标，它是评价不同铁矿粉利用价值的重要依据。正因为如此，可将各种进口铁矿粉的单烧指标列出进行对比分析去认识它们的烧结性能，是认识各种不同进口铁矿粉的烧结性能及质量的一种重要方法。

2 进口铁矿粉的化学成分及粒度组成

常见的 18 种进口铁矿粉的化学成分和粒度组成见表 1 和表 2，近几年新开发的几种铁矿粉的化学成分和粒度组成见表 3 和表 4。

由表 1 和表 2 可见，常见进口铁矿粉的含铁品位均较高，仅有果阿、哈默斯利和纽曼稍低，处于 62% ~63% 的范围内，扬迪铁矿粉的品位最低，仅为 58.33%，但由于其结晶水含量达 9.5%，烧结后的实际品位可达到 64.45%。澳大利亚的库利安诺宾粉矿品位仅为 63.5%，但由于其有 5.25% 的烧损，实际品位达到 67%，接近 CVRD 卡拉加斯和 MBR 的 CSF 粉矿的含铁品位。

常见进口铁矿粉的平均粒度均在 2.0 ~3.0mm 之间，仅有 MBR 的 CSF 粉较粗，平均粒度达到 4.443mm，库得拉姆和卡罗尔湖矿粉平均粒度较细，低于 0.3mm，铁矿粉的粒度影响混合料透气性最差的粒级是 1.0 ~0.25mm，大量的研究证明，这部分粒度既不能

表1 常见18种进口铁矿粉化学成分 （质量分数/%）

国别	化学成分 铁矿粉名称	TFe	SiO_2	Al_2O_3	CaO	MgO	S	P	K_2O	Na_2O	LOI
巴西	卡拉加斯	67.50	0.70	0.74	0.01	0.02	0.008	0.036	<0.01	<0.01	1.70
	依塔比拉	63.65	5.31	1.02	0.01	0.02	0.007	0.046	<0.01	<0.01	1.20
	标准烧结粉	66.00	3.65	0.70	0.03	0.03	0.005	0.026	0.008	0.005	0.80
	MBR CSF	67.00	1.50	1.25	0.12	0.06	0.007	0.044	<0.01	<0.01	1.30
	MBR SF3.5	66.00	3.39	0.81	0.076	0.06	0.01	0.033	<0.01	<0.01	1.39
澳大利亚	哈默斯利	62.92	3.35	2.10	0.067	0.04	0.011	0.063	0.017	0.025	2.56
	纽 曼	62.08	2.82	1.43	0.070	0.10	0.011	0.046	0.02	0.023	4.60
	库利安诺宾	63.50	2.76	0.92	0.020	0.07	0.035	0.083	<0.01	<0.01	5.25
	戈德沃斯	64.68	4.72	1.71	0.072	0.05	0.01	0.057	0.017	0.015	3.60
	杨 迪	58.33	4.92	1.15	0.110	0.15	0.01	0.036	0.003	0.007	9.50
印度	天普乐	63.00	2.75	2.25	0.050	0.050	0.10	0.05	—	—	4.29
	库得拉姆	65.4	3.04	0.49	0.84	0.17	0.05	0.029	0.01	0.011	1.10
	果 阿	62.50	4.20	2.10	0.60	0.05	0.01	0.02	0.017	—	3.80
	白 兰	64.50	2.75	2.48	0.02	0.10	0.01	0.05	0.035	—	2.40
	H 矿	67.85	0.96	1.02	0.01	0.01	0.008	0.063	—	—	1.05
南非	伊斯科	65.00	4.00	1.35	0.10	0.04	0.010	0.06	0.160	0.110	0.70
	阿索曼	64.50	4.20	1.60	0.03	0.05	0.010	0.05	0.160	0.110	0.85
加拿大	卡罗尔湖	66.80	3.76	0.13	0.39	0.25	0.04	0.004	0.002	0.002	0.20

表2 常见18种进口铁矿粉的粒度组成 （质量分数/%）

国别	粒度组成/% 铁矿粉名称	+8.0	8.0~5.0	5.0~3.0	3.0~1.0	1.0~0.25	0.25~0.125	-0.125	MS
巴西	卡拉加斯	2.3	13.6	15.0	25.4	23.3	11.7	8.7	2.40
	依塔比拉	3.3	13.7	11.8	19.9	16.8	13.8	20.7	2.20
	标准烧结粉	—	+6.3 7.5	6.3~1.0 56.0		1.0~0.15 10.5		-0.15 26.0	2.62
	MBR CSF	18.43	27.82	16.14	13.79	1.0~0.28 6.46	0.28~0.1 6.18	-0.1 11.7	4.443
	MBR SF3.5	—	+6.3 7.0			6.3~0.15 69.0		-0.15 24.0	2.70
澳大利亚	哈默斯利	3.66	12.69	17.93	23.4	24.17	13.34	4.81	2.448
	纽曼	0.7	12.1	13.0	28.5	31.3	7.7	6.7	2.20
	库利安诺宾	6.0	6.0	22.0	18.0	21.4	8.0	18.6	2.02
	戈德沃斯	1.5	8.0~6.3 5.0	6.3~1.0 46.7		18.4	6.2	22.2	1.99
	杨迪	15.92	14.29	15.71	24.84	20.30	6.38	2.56	2.58

续表 2

国别	粒度组成/% 铁矿粉名称	+8.0	8.0~5.0	5.0~3.0	3.0~1.0	1.0~0.25	0.25~0.125	-0.125	MS
印度	天普乐	6.71	9.32	14.3	18.24	21.47	22.49	7.64	2.26
	库得拉姆	—	—	—	1.10	1.50	5.40	92.0	0.124
	果阿	1.46	12.32	14.3	15.44	22.12	19.21	6.15	2.14
	白兰	6.40	8.0~6.3 7.80	6.3~1.0 51.0		14.20	4.90	15.70	2.97
	H矿	1.37	25.70	17.66	20.26	9.46	11.72		2.99
南非	伊斯科	0	8.0~6.3 0.3	6.3~1.0 65.10		19.6	0.25~0.063	— 0.063	2.51
	阿索曼	8.75	22.53	21.23	31.09	(1~0.5) 9.96	4.5 (-0.5)6.44	10.5	3.507
加拿大	卡罗尔湖	—	—	—	2.0~1.0 1.5	26.2	44.5	27.8	0.295

成为制粒的核心，也不能黏附于核心外围，因此，需重视这部分粒级对混合料透气性的影响。

近几年，新开发几种铁矿粉的化学成分及粒度组成见表 3 和表 4。

表 3　近几年新开发几种铁矿粉的化学成分及基础特性　（质量分数/%）

铁矿粉名称	TFe	SiO_2	Al_2O_3	CaO	MgO	S	P	K_2O	LOI	同化温度	$R=2.0$，1280℃SFCA	1280℃液相流动性
麦克粉（MAC）	63.13	4.27	1.38	0.49	0.08	0.001	0.047	—	5.20	—	24.5	0.374
	62.44	4.05	1.23	0.66	0.12	0.001	0.046	—	5.17	1233		
	61.50	3.42	2.20	0.20	0.10	0.034	0.070	0.014	6.00	1250		
皮尔巴拉粉（PB）	62.52	4.70	2.22	0.20	0.20	0.016	0.078	—	4.35	—	35~40	1.498
	62.44	3.40	2.09	0.01	0.18	0.021	0.078	—	4.42	1233		
	61.96	3.72	1.83	0.05	0.11	0.019	0.085	—	5.60	—		
火箭粉（FMG）	60.14	3.05	1.90	0.002	0.002	0.025	0.044	0.019	8.30	1145	—	1.795
	57.89	4.46	2.20	0.17	0.28	0.05	0.034	0.014	9.66	—	—	—
哈粉 HIX	62.28	4.22	2.32	0.16	0.28	0.026	0.080	0.012	4.96	1233	39.3	0.498
	58.35	4.85	1.26	0.20	0.30	0.021	0.038	0.008	10.16	1135		3.127
西安吉拉斯粉	61.50	3.22	2.40	0.22	0.10	0.014	0.070	—	6.0	1260	—	0.372
	61.72	3.20	1.36	0.01	0.05	0.014	0.067	—	6.32	1238	—	0.372
委内瑞拉粉	63.70	2.70	1.15	0.03	0.06	0.02	0.08	0.016	—	1149	—	—
马萨杰粉	56.56	5.88	2.60	0.13	0.25	0.038	0.019	—	9.6	1180	55.3	0.985
	57.38	5.60	2.65	0.24	0.24	0.019	0.038	0.014	9.26	1174	—	0.985
伊朗粉	66.0	2.40	0.50	0.91	1.85	0.90	0.05	0.036	—	—	—	—
印尼粉	54.70	2.01	4.04	0.52	0.17	—	0.082	—	9.0	—	—	—
	61.06	3.82	1.61	0.81	1.65	0.05	0.073	—	2.58	—	—	—

表 4 近几年新开发的几种铁矿粉的粒度组成 (mm)

铁矿粉名称		+0.8	-8.0~5.0	-5.0~3.0	-3.0~1.0	-1.0~0.25	-0.25~0.125	-0.125	平均值
麦克粉（MAC）		—	20.37	11.15	17.21	25.45	5.52	20.31	1.98
		9.7	14.8	14.3	21.8	35.9	—	—	1.98
皮尔巴拉粉（PB）		2.95	11.5	11.3	17.15	57.05			2.13
		2.76	21.16	19.6	20.05	7.14	29.27（-0.5）		2.95
		12.42	17.30	14.98	15.50	16.1	24.19（-0.25）		4.37
火箭粉（FMG）		7.70	15.35	13.40	18.45	27.65（-1~0.1）	—	17.45	2.29
		—	21.93	17.1	28.6	22.88	1.70	7.8	2.50
哈粉	HIX	0.68	5.37	12.25	26.80	31.75（-1~0.1）		23.15	2.51
	HIY	16.20	17.00	19.24	32.00	10.33（-1~0.1）		5.23	—
西安吉拉斯粉		7.2	12.6	12.7	20.4	44.7(-1)			
		14.09	10.23	7.27	14.41	53.79(-1)			
委内瑞拉粉		—	—	22.0	—	57.0(3.15~0.074)		21.0	2.0
马萨杰粉		13.4	15.8	26.1	36.1	8.6(-1)			4.08
		15.09	9.44	11.31	16.55	47.67（-1.0）			
伊朗粉					25(3.15~0.074)		75(-0.074)		

3 常见进口铁矿粉单烧试验的结果及分析

3.1 常见进口铁矿粉单烧试验的结果

常见18种进口铁矿粉单烧试验的条件，单烧烧结指标见表5，常见进口铁矿粉单烧试验成品矿的主要化学成分及冶金性能见表6。

表 5 常见进口铁矿粉单烧试验的烧结指标

国别	试验结果 铁矿粉名称	烧结试验条件					烧结试验指标				数据提供单位
		CaO/SiO_2	料层厚度/mm	固体燃耗/$kg \cdot t^{-1}$	混合料H_2O/%	抽风负压/kPa	垂烧速度/$mm \cdot min^{-1}$	利用系数/$t \cdot (m^2 \cdot h)^{-1}$	成品率/%	转鼓指数/%	
巴西	CVRD 卡拉加斯	1.80	600	53.50	5.70	14.70	17.06	1.344	79.06	72.63	宝钢
	依塔比拉	2.00	480	60.00	7.80	10.00	—	1.58	—	65.00	中南大学
	烧结标粉	2.10	480	45.93	5.00	10.00	—	1.52	78.50	72.32	湘钢
	MBR CSF	1.80	550	61.35	6.85	11.00	26.18	1.879	74.46	47.41	北科大
	MBR SF3.5	1.80	550	62.09	6.88	11.00	26.53	1.900	74.78	64.44	北科大

续表 5

国别	试验结果 铁矿粉 名称	烧结试验条件					烧结试验指标				数据提供单位
		CaO/SiO_2	料层厚度/mm	固体燃耗/kg·t^{-1}	混合料H_2O/%	抽风负压/kPa	垂烧速度/mm·min^{-1}	利用系数/t·(m^2·h)$^{-1}$	成品率/%	转鼓指数/%	
澳大利亚	哈默斯利	2.06	550	72.53	6.50	12.00	24.77	1.501	70.53	62.73	马钢
	纽　曼	2.00	480	67.50	7.80	10.00	—	1.65	—	61.52	中南大学
	库利安诺宾	1.87	500	67.50	6.00	10.70	24.30	1.561	62.41	68.00	鞍钢
	戈德沃斯	1.81	700	58.80	6.30	13.00	26.12	2.065	78.68	64.00	兴澄
	杨　迪	1.78	510	64.80	7.20	10.00	20.60	1.429	77.00	65.00	综合
印度	天普乐	2.05	550	74.30	7.10	12.00	25.78	1.474	71.62	61.25	马钢
	库得拉姆	1.80	550	—	6.60	10.78	18.87	1.436	63.48	68.67	鞍钢
	果　阿	2.10	480	46.11	5.00	10.00	19.70	1.50	75.34	59.26	湘钢
	白　兰	1.80	700	62.81	—	13.00	19.72	1.434	73.76	58.67	兴澄
	H　矿	2.00	480	—	7.80	10.00	—	1.94	—	68.73	中南大学
南非	伊斯科	1.78	480	51.09	4.50	10.00	27.13	1.54	75.49	60.95	湘钢
	阿索曼	2.19	500	50.60	4.80	11.00	27.75	1.68	78.50	62.67	杭钢
加拿大	卡罗尔湖	1.80	550	—	6.40	10.78	19.02	1.381	60.15	59.82	鞍钢

表 6　常见进口铁矿粉单烧试验成品矿的主要化学成分及冶金性能

国别	进口铁矿粉名称	主要化学成分				冶金性能				
		CaO/SiO_2	TFe	SiO_2	Al_2O_3	(900℃)RI/%	(500℃)$RDI_{+3.15}$/%	T_{BS}/℃	T_{BE}/℃	ΔT_B/℃
巴西	卡拉加斯	1.80	58.71	4.60	0.90	74.60	74.1	1100	1215	115
	依塔比拉	2.00	58.69	4.80	1.62	84.40	70.8	1114	1298	184
	烧结标粉	2.10	58.79	5.00	0.95	68.9	68.7	1140	1200	60
	MBR CSF	1.80	63.59	2.06	1.43	65.4	82.1	1101	1266	165
	MBR SF3.5	1.80	59.65	4.18	0.95	70.6	76.8	—	—	—
澳大利亚	哈默斯利	2.06	56.98	4.55	2.49	67.0	53.4	1130	1360	230
	纽曼	2.00	55.47	4.80	1.60	76.0	65.0	1055	1285	230
	库利安诺宾	1.87	59.85	5.45	—	82.0	77.5	1070	1390	320
	戈德沃斯	1.81	56.00	5.40	1.90	—	—	—	—	—
	杨迪	1.78	57.00	5.31	1.30	78.0	67.9	—	—	—
印度	天普乐	2.05	57.80	4.19	1.98	86.4	55.2	1078	—	—
	库得拉姆	1.80	59.47	5.73	0.60	—	—	—	—	—
	果阿	2.10	56.13	5.00	2.25	55.8	77.6	1130	1190	60
	白兰	1.80	58.20	4.60	2.60	—	—	—	—	—
	H 矿	2.00	58.40	4.80	1.20	62.0	77.0	—	—	—

续表 6

国别	进口铁矿粉名称	主要化学成分				冶金性能				
		CaO/SiO_2	TFe	SiO_2	Al_2O_3	(900℃) RI/%	(500℃) $RDI_{+3.15}$/%	T_{BS} /℃	T_{BE} /℃	ΔT_B /℃
南非	伊斯科	1.78	57.10	5.00	1.80	63.9	67.2	1190	1350	160
	阿索曼	2.19	59.85	4.18	3.45	87.4	49.6	1103	1333	230
加拿大	卡罗尔湖	1.80	57.55	5.10	0.50	—	—	—	—	—

3.2 对常见进口铁矿粉烧结性能的分析

影响铁矿粉烧结性能的因素是多方面的，除了铁矿粉自身的化学成分、粒度组成外，尚有碱度、料层厚度，配水配碳，抽风负压等烧结条件和工艺操作的影响，还受到混合料其他矿种烧结性能的影响。本文是对一种铁矿粉单烧时烧结性能的分析，不讨论外部条件的影响，考虑的是一种铁矿粉自身的因素也即其内在因素的影响，烧结生产对铁矿粉的基本要求是希望烧结产量高和成品矿强度好，同时还要求成品矿含铁品位高，SiO_2、Al_2O_3和有害杂质含量低，并具有良好的冶金性能。由表 3 和表 4 可见，常见进口铁矿粉的烧结性能，我国宝钢、鞍钢、马钢、武钢、湘钢、水钢、兴澄特钢和中南大学、北科大均进行过进口铁矿粉的单烧试验，对进口铁矿粉烧结性能的优劣排过次序，如马钢于 1994 年 1 号 2500m^3 高炉投产前，公司组织对若干种进口铁矿粉的烧结性能进行了单种矿烧结杯试验和烧结矿的冶金性能试验，结果排序烧结性能从优到劣为：CVRD、纽曼、MBR、哈默斯利、罗布河；冶金性能从优到劣为：MBR、CVRD、哈默斯利、纽曼、印度 H 矿。宝钢在单烧的基础上进而对干料密度、Al_2O_3 含量对冶金性能的影响作了系统的试验研究，对进口铁矿粉进行了综合评价，将进口铁矿粉分为 3 类，A 类：各项性能均较好的铁矿粉有卡拉加斯、MBR、依塔比拉、沙米丘及印度的 BAILA（白兰）；B 类：各项性能尚好的有纽曼、杨迪、南非的伊斯科、委内瑞拉和加拿大的卡罗尔湖；C 类：各项性能略差的有哈默斯利、罗布河和印度的果阿铁矿粉。由 18 种常见进口铁矿粉的单烧主要指标可见，巴西的 MBR 粉矿，澳大利亚的库利安诺宾和戈德沃斯粉矿，印度库得拉姆和 H 矿的烧结指标比较好，澳大利亚的哈默斯利、印度的天普乐和果阿粉矿以及加拿大的卡罗尔湖粉矿的烧结指标比较差。

3.3 近几年新开发的几种铁矿粉的烧结性能

近几年，新开发的几种铁矿粉的理化性能及烧结特性见表 7。

表 7 近几年新开发的几种铁矿粉的理化性能及烧结特性

铁矿粉名称	化学成分特征	物理性能特征	烧结特征	烧结适宜配比
麦克粉（MAC）	含铁品位 62% 左右，SiO_2 和 Al_2O_3 含量适中，有害杂质含量低，结晶水含量中度（5% ~6%）	中间颗粒含量高（-1mm 达 35.9%），制粒效果偏差	同化温度中等，液相流动性偏差，烧结性能适中	在相同条件下，FMC 粉的烧结性能优于 FMG 粉，比 PB 粉差，适宜配比小于 25%

续表7

铁矿粉名称		化学成分特征	物理性能特征	烧结特征	烧结适宜配比
皮尔巴拉粉（PB）		含铁品位62%上下，SiO_2和Al_2O_3含量稍高，S含量低，P含量偏高，结晶水含量中度（5%左右）	粒度较粗（MS = 2 ~ 4mm）有利于制粒和改善混合料透气性	同化温度和液相流动性适中，烧结性能优于HIX粉，优于MAC粉	烧结适宜配比为25%左右
火箭粉（FMG）		含铁品位为58% ~ 60%，烧损值高（LOI = 8 ~ 10%）有害杂质和P含量低	粒度较粗（MS = 2.5mm）矿物组织疏松多孔，制粒性能偏差	同化温度低，液相流动性好，烧结热耗大，有利于提高产量，不利于强度改善	烧结适宜配比为小于20%
哈粉	HIX	含铁品位中等，（62%左右），Al_2O_3含量高，P含量高，结晶水含量中等（5%左右）	中间颗粒含量大于30%，制粒效果不良	同化温度中等，高于HIY，液相流动性偏小	适宜配比小于20%
	HIY	含铁品位低，Al_2O_3含量低，烧损值大于10%	粒度组成较好，制粒性能中度	同化温度低，成品矿强度低	适宜配比20% ~25%
马萨杰粉		含铁品位低，Al_2O_3含量高，烧损值大于9.5%，含S、P有害杂质低。	粒度粗，适宜于制粒，烧结收缩率大	同化温度和黏结相强度低，连晶固结能力较强	适宜配比5%左右
西安吉拉斯粉		含铁品位62%左右，SiO_2含量低，Al_2O_3含量偏高，低S高P矿粉，烧损值6% ~7%	粒度偏细，混合料透气性差	同化温度中度，液相流动性差，烧结燃耗高，强度偏低	适宜配比10% ~20%
委内瑞拉粉		含铁品位高，SiO_2含量低，S、P有害杂质含量很低	粒度较粗，表面形态不宜于制粒	烧结性能较好，黏结相强度较高	适宜配比可根据成本和配矿作调整
伊朗粉		含铁品位高，SiO_2含量低，S含量高且波动大	粒度细，不利于制粒和改善混合料透气性	烧结料层透气性偏差，烧结性能一般	适宜配比10%左右
印尼粉		含铁品位低，小于55%，Al_2O_3含量高，大于4%，P含量高，烧损大于9%	水分大、黏性大难以制粒	烧结热耗大，透气性差，烧结速度慢	适宜配比考虑低成本5% ~8%

4 铁矿粉的烧结特性及配矿方法

4.1 按铁矿粉的烧结反应性合理搭配的方法

所谓烧结反应性是矿粉的酸性脉石与CaO同化和熔化反应的能力，它可以用烧结生产率（利用系数）和成品矿的机械强度（转鼓指数）这一对指标来表示。据此可将铁矿粉的反应性分为优、中、差3类，在烧结配矿时按3类不同合理搭配。

4.2 按铁矿粉的烧结基础特性合理配矿的方法

铁矿粉的烧结基础特性包括同化性、液相流动性、黏结相强度、生成铁酸钙的能力和连晶固结能力。配矿原则一般在化学成分、物理性能和满足高炉炼铁成本需求的条件下，使同化性高与同化低合理搭配，液相流动性指数低的与高的合理搭配，尽量多用黏结相自身强度高、铁酸钙生成能力强和连晶固结能力高的铁矿粉，通过铁矿粉基础特性的合理搭配，使铁矿粉自身特性互补，获得烧结生产所要求的质量目标。这是北科大吴胜利教授倡导的配矿方法。

4.3 按铁矿粉晶体颗粒大小，水化程度和 Al_2O_3 含量高低 3 个特性合理配矿的方法

这是巴西淡水河谷公司研发的配矿方法，铁矿粉的三个特性都分为粗、中、细和高、中、低 3 类。矿粉晶粒的大小按小于 40μm 的为细晶粒、40 ~ 120μm 的为中等晶粒，大于 120μm 的为粗晶粒，水化程度是指针铁矿含量对赤铁矿含量的比例，一般可按结晶水含量大于 6%、6% ~3%、小于 3% 分为高、中、低三档，Al_2O_3 含量按大于 2%、2% ~1% 和小于 1% 分为高、中、低三档。当铁矿粉晶体颗粒小、水化程度高时，有利于提高烧结的产量；当晶体颗粒粗，低水化程度时有利于降低燃耗；细晶体颗粒、低 Al_2O_3 含量有利于提高成品矿的强度和改善 RDI 指数。

5 结论

由以上试验研究分析和讨论可以得出如下结论：

（1）铁矿粉在一定条件下的单烧指标及冶金性能是衡量和判断进口铁矿粉质量优劣的一种重要方法。铁矿粉烧结性能和质量主要可以从它们的化学成分、物理性能和烧结特性去分析和衡量。

（2）铁矿粉的烧结性能可以采用其烧结反应性、同化性等 5 种基础特性和其晶粒粗细、水化程度及 Al_2O_3 含量高低 3 种配矿方法使其互补和调节。

（3）铁矿粉烧结反应性的配矿方法是按反应性的优、中、差 3 类合理搭配，用烧结机生产率（利用系数）和成品矿转鼓强度两个指标表示的一种简易配矿方法。

（4）铁矿粉烧结基础特性的配矿方法是运用铁矿粉五项基础特性，在满足化学成分、物理特性和生产成本条件下使铁矿粉的自身特性互补，获得烧结生产所要求的质量目标的科学优化配矿方法。

（5）按照铁矿粉晶粒大小，水化程度和 Al_2O_3 含量高低 3 个特性配矿，有利于掌控烧结生产的生产率、成品矿的强度和固体燃耗的一种配矿方法。

参 考 文 献

[1] 高为民，等．烧结混合料制粒的研究 [C]．第五届炼铁精料学术会议论文集．1996，84.
[2] 樊御飞．巴西卡拉加斯粉矿试验研究 [C]．第三届炼铁精料学术会议论文集．1992，287.
[3] 孙俊波．几种进口铁精矿烧结试验研究及经济效益评估 [C]．第五届炼铁精料学术会议论文集．1996，(21).
[4] 蒋定中，等．印度天普乐矿粉烧结试验研究与生产实践 [R]．马鞍山钢铁公司．1998，10.

[5] 周云花．进口矿的性能及生产应用研究［J］．烧结球团．2000，5，16.
[6] 许斌．进口铁矿石烧结性能研究［C］．全国烧结球团技术交流年会论文集．2002，20.
[7] 杨李香．杨迪矿在 BHP 钢铁厂的烧结［C］．第二届炼铁精料学术会议论文集．1998，18.
[8] 胡夏雨．马钢利用国外铁矿资源情况探讨［C］．中国钢铁原料国际研讨会文集．1999，10.
[9] 樊御飞．进口铁矿石性能浅析　中国铁矿石造块适用技术［M］．北京：冶金工业出版社，2000，9.
[10]［巴西］L. Caporali. 铁矿石微观结构与其烧结性能及过程行为的关系［C］．1998，9.
[11]［巴西］L. Caporali. 利用铁矿的特性改善烧结和高炉的指标［C］．中国国际钢铁大会论文集．2002，39.
[12]［澳］Allan Waters 等．对西安吉拉斯铁矿石及其与矿石性质关系的理解［C］．中国钢铁年会论文集．2003，621.
[13] 夏征宇，等．澳大利亚 PB 粉矿烧结试验研究及工业生产实践［C］．全国烧结球团技术交流年会论文集．2007，163.
[14] 赵志星，等．澳大利亚 FMG 矿粉烧结性能研究［C］．全国炼铁原料学术论文集．2007，83.
[15] 贺淑珍，等．澳皮尔巴拉矿粉（PBF）在太钢的烧结性能实验研究及生产实践［C］．全国炼铁原料学术会议文集．2007，135.
[16] 贺淑珍，等．太钢 450m² 烧结机配矿与应用研究［C］．全国烧结球团技术交流年会论文集．2009，120.
[17] 李洪革，等．不同进口矿粉的烧结特性研究与生产实践［C］．全国烧结球团技术交流年会论文集．2009，135.
[18] 邓秋明，等．兴澄特钢烧结优化配矿的研究［J］．烧结球团．2009，2，11.
[19] 刘安虎．湘钢配用火箭粉的实验室研究及工业试验［J］．烧结球团，2009，2，16.
[20] 游晓光．韶钢使用的铁矿粉价值评价［C］．全国烧结球团技术交流年会论文集．2010，95.
[21] 刘志豪，等．武钢常用含铁原料特性及配矿实践［J］．烧结球团，2012，2，19.

作者简介：

许满兴，北京科技大学高级工程师，国家人事部钢铁冶金专家，北京科技大学冶金学院试验中心原主任。

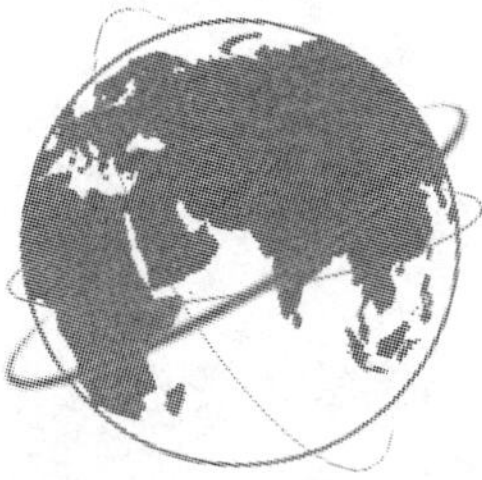

Fe

两种资源　两个市场　境外开矿

LIANGZHONG ZIYUAN
LIANGGE SHICHANG JINGWAI KAIKUANG

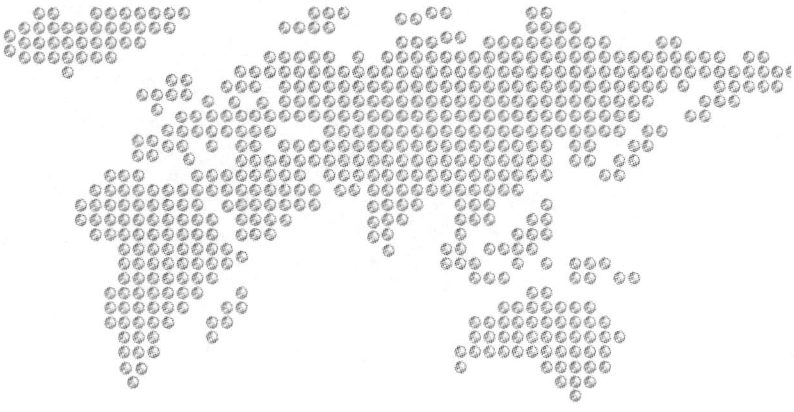

"走出去"境外投资开矿风险评估与管控模式研究[❶]

焦玉书

（鞍山冶金设计研究总院）

2012年4月10日

楔子：加快境外开矿的步伐是建立铁矿资源战略保障体系的必由之路

2009年，我国GDP产值超过日本，位美国之后，居世界第二位。2011年，钢产量6.83亿吨，连续16年居世界之冠，2011年生铁产量6.3亿吨，铁矿石产量13.27亿吨，也居世界第一位，在世界金融危机的大环境下，我国取得的成就辉煌，引世人注目。

但是，按木桶理论，有一块短板，木桶装水就少。我们的短板是铁矿资源不足，铁矿资源储量727亿吨，人均50t，保证年限太短。铁矿产量13.27亿吨，但自给率却不到40%。

我国实行利用国内国外两种铁矿资源发展我国钢铁工业的战略方针，多年来取得实效。但是我国国产矿不足用，进口矿不得不逐年增长，2011年进口铁矿石6.86亿吨，已占世界铁矿石出口总量的61.8%。但却没有取得"矿价"的话语权。

我国进口矿成本高，现在国际铁矿石供应商垄断市场，哄抬矿价，冲破年度定价机制转为季度定价，现在实际上采用指数定价作为成交价格依据。2010年，我们进口矿6.18亿吨，平均到岸价128.38美元，与2009年矿价比我们多花了300亿美元，损失金额相当于三峡大坝的工程款。

当前迫切任务就是要把木桶的这块短板加长。我国铁矿资源发展战略的目标应是建立铁矿资源战略保障体系，创建国际铁矿石市场新格局，其内涵包括：

（1）加大铁矿资源地质勘查力度，到2015年铁矿资源量要增加200亿吨，同时加大铁矿开发力度，年铁矿生产规模要达到16亿吨。实施结构调整，兼并重组提高企业集中度，加快矿山技术改造进程，大力降低成本，提高国产矿市场核心竞争力。控制全成本在500元/吨以内。

（2）加大境外开矿的规模，借鉴日本经验，权益进口矿要争取达到总进口量的50%以上，我国权益进口矿要由现在的年6000多万吨增大到3亿吨。同时实行国货国运，要像我国进口石油那样，用中国的货轮运中国的进口矿。

为达到上述目标，我们要自主创新，跨越发展，引领矿业未来。在国内外要建立几座现代化、数字化、资源节约型、环境友好型的标志性典型矿山，国内露天矿以袁家村铁矿为代表，坑内矿以大台沟铁矿为代表。国外露天矿以中信泰富澳大利亚SINO铁矿、鞍钢

---

❶ 2010年11月，焦玉书应邀在武钢矿业公司召开年终总结大会上做了题为《"走出去"境外投资开矿风险评估与管控模式》的报告，本文是报告底稿，发表时略作修改。

澳大利亚卡拉拉铁矿以及武钢利比里亚邦矿区为代表。

1 “走出去”境外投资开矿已进入发展的快车道

现在我国企业已在70多个国家和地区开展固体矿产资源的勘探和开发工作，国企、民企发挥各自优势，“走出去”境外投资开矿各显神通，日益成熟壮大，取得了光辉的业绩，已实施和正在实施的境外开发铁矿资源项目见表1和表2，如图1～图3所示。

表1　我国在国外已投资矿山情况

国外矿山名称		企 业 名 称	资源储量/亿吨	中方股东	中方股比/%	合资时间	投产时间	服务年限	成品矿/万吨·年$^{-1}$	按股比分配的成品矿/万吨·年$^{-1}$
澳大利亚	恰那铁矿(Channar Iron Ore Mine)	Channar Joint Venture	2	中钢	40	1987年	1990年	20	1000	400
	帕拉布杜东坡铁矿(Paraburdoo Eastern Range Iron Ore)	宝瑞吉矿山股份有限公司(Bao－HIRanges)	1.85	宝钢	46	2002年	2002年	20	1000	460
	威拉拉 Wheelarra Project (Jimblebar Iron Ore Mine)	Wheelarra Joint Venture	1.75	唐钢 武钢 马钢 沙钢	40	2004年	2004年	25	1200	480
	萨维奇河铁矿(Savage River Iron Ore)	Australian Bulk Minerals	8	沙钢	90	2008年	2008年	15	210	189
	Cairn Hill	IMX资源公司	0.15	通钢	9.99	2007年	2008年		150	15
巴西	Agua Limpa铁矿	宝华瑞矿山股份有限公司	4.76	宝钢	50	2001年	2001年	20	600	300
秘鲁	马科纳铁矿	首钢秘鲁铁矿股份有限公司	16.6	首钢	98.4	1992年	1992年	20	800	787
美国	Eveleth铁矿	联合塔克尼特公司		莱钢	30	2003年	2003年		560	168
越南	贵沙铁矿(QuySa)	越中矿产与冶金有限责任公司	1.12	昆钢	45	2005年	2006年	35	138	62
合计									5658	2862

表2　我国在国外前期建设准备矿山情况

国家	国外矿山(企业)名称	中方股东	中方股比/%	合资时间	拟投产时间	资源储量/亿吨	按股比分配的储量/亿吨	成品矿/万吨·年$^{-1}$	按股比分配的成品矿/万吨·年$^{-1}$
澳大利亚	SINO铁矿	中信泰富、中冶集团	100	2006年	2009年	10	10.00	2760	2760
	Cape Lambert铁矿	中冶集团	25	2008年	2009年	15.6	3.90	1500	375
	Midwest矿业公司	中钢集团	100	2008年	2010年	5	5.00	1500	1500
	Karara铁矿	鞍钢	50	2007年	2010年	14	7.00	800	400

续表2

国家	国外矿山(企业)名称	中方股东	中方股比/%	合资时间	拟投产时间	资源储量/亿吨	按股比分配的储量/亿吨	成品矿/万吨·年$^{-1}$	按股比分配的成品矿/万吨·年$^{-1}$
澳大利亚	Aquila 矿业公司	宝钢	15	2009 年	2013 年			1890	284
	CXM 矿业公司	武钢	15	2009 年	2012 年	20	3	1000	150
	WPG 矿业公司	武钢	50	2009 年	2012 年	5	2.5	600	300
	Mount Gibson 矿业公司	首钢	69.02	2008 年		1.6	1.10	700	483
	FMG 公司	湖南华菱	17.4	2009 年	2009 年	42	7.31	5500	957
	Golden West 矿业公司	湖南华菱	11.39	2008 年		1.2	0.14	1000	114
	Bungalow Magnetite 铁矿	包钢	50	2008 年		2.5	1.25	300	150
	Balla Balla 铁矿	天津荣程	10	2008 年	2010 年	1.04	0.10	300	30
	伊斯坦鑫山	重钢	60			16.8		1000	600
阿根廷	希拉格兰德铁矿	中冶集团	70	2007 年	2009 年	2.6	1.82	120	84
俄罗斯	俄罗斯别列佐夫铁矿	西洋集团	100	2005 年		7.47	7.47	545	545
老挝	邦双铁矿	昆钢	65			0.03	0.02		
蒙古	额仁达铁矿	包钢	73	2005 年		1.1	0.80	100	73
	伊罗河铁矿	香港龙铭	49	2004 年		0.44	0.22	46	23
塞拉利昂	Tonkolili 铁矿	中铁 山钢	12.5	2010 年		51			
利比里亚	邦山铁矿	武钢	100	2010 年	2016 年	3.04	3.04	1000	1000
加拿大	阿尔德隆公司佳美铁矿	河北钢铁		2012 年	2015 年	10		800	
加拿大	Bloom Lake	武钢	25	2009 年	2010 年	23	5.75	400	100
加拿大	阳光湖 邓肯湖	武钢	40	2011 年	2015 年	220		2000	800
加拿大	ADI 资源公司	武钢	60	2009 年	2017 年	127		5000	3000
马达加斯加	苏拉拉	武钢 广新集团		2010 年	2017 年	5.86		1000	
几内亚	西芒杜	中铝			2015 年	24		9500	3000
加蓬	贝林加铁矿	中机	75			11.3		3300	
喀麦隆	洛比铁矿	中钢	97.5		2015 年	6.3		417	
秘鲁	邦沟铁矿	山东宏达						一期 1500 二期 2000	
合计								38018	11693

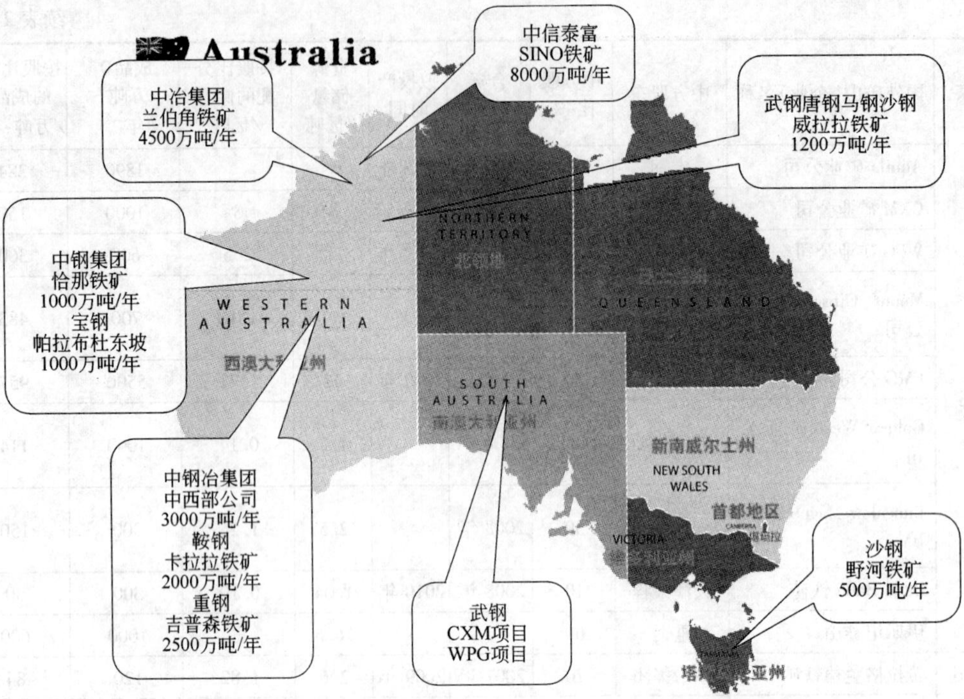

图1 我国在澳大利亚已实施或正在实施的铁矿资源项目

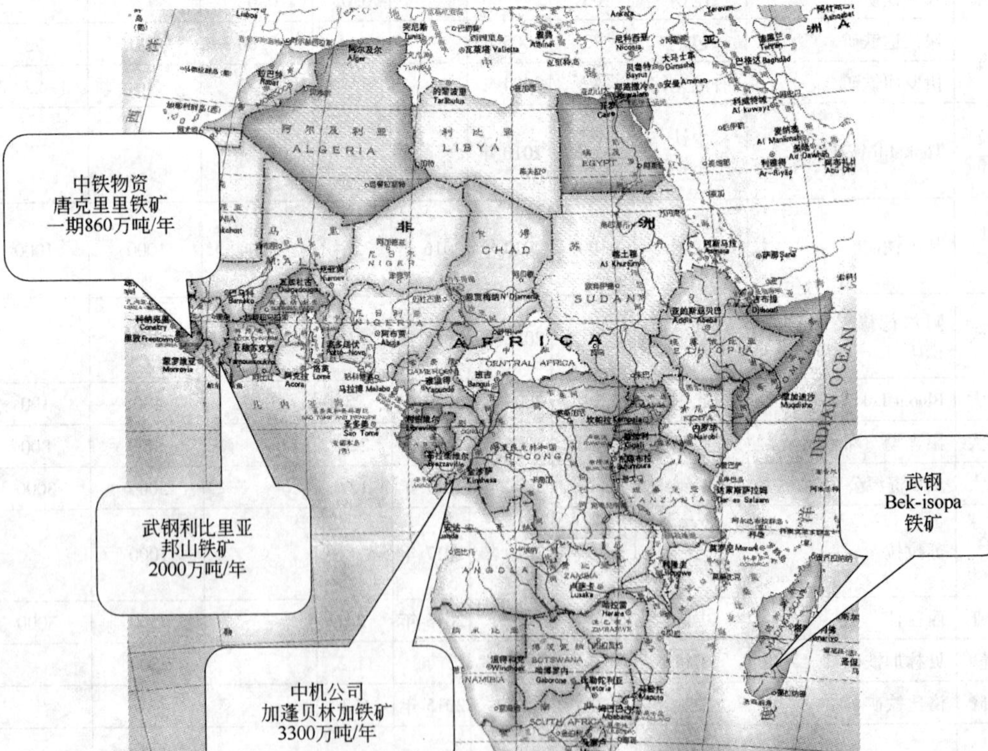

图2 我国在非洲已实施或正在实施的铁矿资源项目

图3 我国在巴西已实施或正在实施的铁矿资源项目

1.1 境外开矿的经验教训

1.1.1 恰那铁矿

20世纪80年代，中澳合营开发恰那铁矿，是改革开放以后我国第一个走出去合营开矿项目，当时国家领导人以战略眼光定位，拍板定案。恰那铁矿储量两亿吨，赤铁矿品位TFe 60% ~61%。

露天开采年产1000万吨，公司股权澳方占60%中方占40%，应该说这个矿当时在澳州是一个资源比较差的铁矿床，矿体分散，两亿吨储量设计了25个采场，矿石品位低，澳矿块矿一般TFe 64%，粉矿TFe 62%，而恰那矿铁品位只有Fe 60% ~61%，比较起来差2~3个百分点。

在恰那矿合营谈判和合作编制可研合作设计阶段以及以后生产阶段，我方取得了很大成果：

（1）占有两亿吨资源，且经我方坚持，澳方同意每年供中方块矿品位TFe 64%，粉矿TFe 62%，恰那矿生产的矿石不直接供给中方，而是在港口与另外两座矿山生产的矿石混合，以混合矿即PB块TFe 64%，PB粉TFe 62%供中方，超出的品位不收资源费。

（2）利用哈默斯利公司的细破碎、堆场、铁路运输、港口设施，收费10.44美元/吨服务费，封顶。

（3）中方派人参加生产管理，且参加人员同工同酬，原来澳方坚持中方人员是培训对象。如副经理身份是Training manager，对此我方反对，后澳方妥协同意副经理身份是

Assistant manager。

（4）运输过程损失，澳方提出 2% 损耗，即由矿山经 386km 铁路运输，要有按 2% 计损耗量，我方反对，坚持了实际计量。

（5）获得巨大经济效益。应该说，1984 年我们对合资开矿还是一张白纸，通过合资开矿，我方掌握了西方矿山生产技术，设计方法、学习掌握了矿山法律法规，学习掌握了西方矿山建设程序，技经评价方法以及市场走势预测，矿山固定资产评估方法等诸多国际游戏规则。

1.1.2　秘鲁马科纳铁矿

首钢并购秘鲁马科纳铁矿，出资 1.2 亿美元，买了生产规模 760 万吨/年露天矿、选矿厂、6.8 万 kW 电厂、深水港及长皮带机，更重要的是买下了 $168km^2$ 面积，规定 $168km^2$ 范围内再发现除铁矿以外的其他矿产资源仍归首钢所有。

但当时急于签约也有欠妥之处：

（1）规定中方付 1.2 亿美元，并购马科纳铁矿之后，以后三年要每年再投入 5000 万美元，用于工程开发。

当年首钢也注入了资金，但不是由秘鲁境外注入的。违反了秘鲁的国家规定，后首钢扩建球团厂，建铜选厂均由秘鲁境外注资，弥补了过去的失误，即便如此也罚款 2000 万美元。

（2）马科纳铁矿附近有一座马科纳镇，居民 4 万人，其用水用电要由矿山供应，对此当时也未加注意，现在变成了包袱。

（3）罢工，工人中有几名工头，常常引领工人罢工，提这个要求那个要求，罢工影响生产。听说当初最早领导罢工的几名工头，曾来华访问首钢矿山，现在他们升任秘鲁国家工会的领导成员了。

1.1.3　威拉拉公司

2004 年，武钢、马钢、沙钢、唐钢 4 家公司与澳大利亚必和必拓公司合资开发 Jimblebar 铁矿，组建威拉拉公司，中方几家公司联合到境外开矿，此举是对中国企业热衷追求独资控股的挑战，在我国矿业界注入了新理念。

2　境外投资开矿项目风险评估

境外开矿项目风险评估指境外矿产资源勘查、开发、参股并购项目的风险评估。风险评估主要应包括以下几个方面的内容：资源风险评估、建设条件风险评估、市场风险评估和政情风险评估，最后给出了综合经济评价。

2.1　资源风险评估

主要涉及内容有：

（1）资源的可靠程度：勘探程度，品位分布情况，初期有无可能开采高品位矿段；远景资源的希望。

（2）矿床中含有害杂质情况，有无可选性试验，目前有无条件做可选性试验。

（3）有无不利的开采技术条件，预期生产规模的可行性和合理性。

（4）基建期的长短。

（5）勘探过程所提供的地质、水文地质、矿岩岩石力学性质情况。

（6）远景或潜在资源量。

境外开矿是围绕矿产资源展开的，铁矿资源可靠，投资开矿就有了牢固基础，否则资源储量失真，投资必然失败。

为此境外开矿一定要选择资源储量可靠、矿石品位高、冶炼性能好、矿床开采条件好、物流条件好的矿点，对矿床勘查程度和精度要按照联合国和目标所在国的固定矿产储量规范标准审查。特别要注意储量，基础储量与资源量的区别和相关关系，对矿床资源有一些外商常常把资源量与储量搞混。

储量是指基础储量中经济可采的部分；基础储量是查明矿产资源的一部分，它能满足现行采矿和生产所需的指标要求；资源量是指查明矿产的一部分和潜在矿产资源。一般说资源储量是基础储量与资源量之和，而不包括储量数，其分类见表3和图4。

表3 国际上通用的固体矿产资源/储量分类

地质可靠程度 / 分类类型 / 经济意义	查明矿产资源		潜在矿产资源	
	探明的	控制的	推断的	预测的
经济的	可采储量（111）			
	基础储量（111b）			
	预可采储量（121）	预可采储量（122）		
	基础储量（121b）	基础储量（122b）		
边际经济的	基础储量（2M11）			
	基础储量（2M21）	基础储量（2M22）		
次边际经济的	资源量（2S11）			
	资源量（2S21）	资源量（2S22）		
内蕴经济的	资源量（331）	资源量（332）	资源量（333）	资源量（334）

注：表中所用编码（111～334），第1位表示经济意义：1＝经济的，2M＝边际经济的，3＝内蕴经济的，?＝经济意义未定的；第2位数表示可行性评价段：1＝可行性研究，2＝预可行性研究，3＝概略研究；第3位数表示地质可靠程度：1＝探明的，2＝控制的，3＝推断的，4＝预测的，b＝未扣除设计，采矿损失的可采储量。

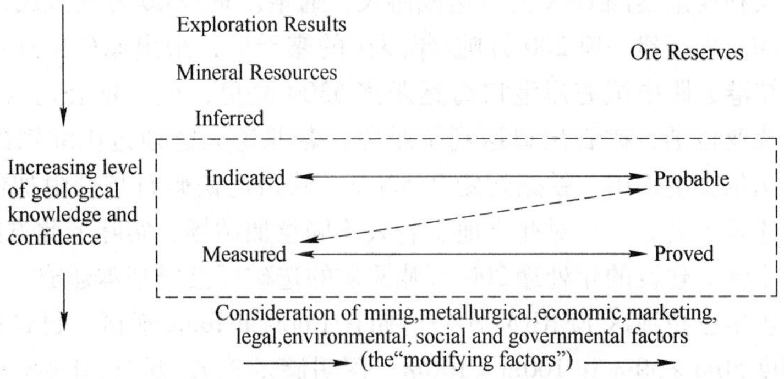

图4 储量、基础储量和资源量之间的关系图

对矿产资源储量，现阶段一般都委托权威性机构进行评估，“SRK”评估和“国土资

源部矿产资源储量评审中心”评估，一般都予认可。

有些经验教训值得吸取：

（1）鲁能集团2005年在没有认真做好调研工作的情况下，紧急决策，花9500万元购买了俄罗斯别列佐夫铁矿开采权，该矿在远东靠近我国黑龙江省，冬季气温平均为-33℃，矿产资源储量4.47亿吨，为褐铁矿，含铁品位TFe 41.53%，需焙烧磁选，选出的精矿TFe 64%，SiO_2 8%以上，矿山露天开采，年产1000万吨原矿，生产480万~540万吨精矿，建500万吨球团厂，计划投资64亿元人民币。矿山缺水缺电交通不便，开采困难。

（2）阿根廷MSG铁矿，中冶科工集团出资收购，对矿石加工研究不充分，如今选出的铁精矿，磷含量高达0.45%~0.5%，不适应市场需求。

（3）中国机械设备进出口公司拟开发加蓬贝林加铁矿，该矿含铁品位很高TFe 61.5%，但含磷也高达P 0.196%，此矿产品需与低磷矿石配矿使用。

2.2 建设条件评估

建设条件包括以下各项：

（1）交通运输状况及价格；

（2）供电条件；

（3）供水情况；

（4）气象条件；

（5）地震级别；

（6）厂址选择的难易程度；

（7）周边工业发展状况；

（8）辅助材料可供性；

（9）对生态环境的初步了解，根据当地对环境保护的要求，满足环保要求的难易程度；

（10）物流条件。

境外开矿要评估物流条件，即矿产品如何输出？公路、铁路、管道输送、港口条件都十分重要，物流条件好坏影响合资开矿项目的成败。

通钢与澳大利亚南澳洲IMX公司达成协议，通钢出资9000万元人民币购买IMX公司9.99%股权，IMX承诺建一座200万吨/年原矿的露天矿，采出原矿销往中国，装货港选在南澳州威亚拉港，距中国海岸港口海运距离5300海里，现一钢公司（one steel）不让IMX公司使用威亚拉港，矿石出口遇到了难题，若北运只能通过南北铁路大干线运到澳大利亚最北部达尔文港输出，铁路运距2150km，铁路运铁矿石是低附加值产品要增加机车车辆，要修建多个会让站，对此当地土著人不同意加站场，实际上此方案落空了。而与之相应的在辽宁营口建设的年处理200万吨原矿的选矿厂已经基本建成。只好闲置。

澳大利亚皮尔巴拉地区FERRAUS公司拥有Robison Rang矿区，已详查，完成311个钻孔，工程网度50m×50m和100m×100m，探明储量2272万吨，Fe58.86%，此矿区靠近BHP.B的铁路专用线，但BHP.B不让用，逼着FERRAUS公司向BHP.B出售矿权，FERRAUS公司几次主动找中国合作伙伴，拟合资开发Robison Rang铁矿，只因物流有问题而不能成交。

中国机械设备进出口总公司拟开发加蓬贝林加铁矿，该矿由五个矿床组成，资源储量8.77亿吨，TFe 61.5%，P 0.196%，原矿生产规模3300万吨/年，成品矿3000万吨/年，项目包括矿山、电站、铁路和港口。新建铁路长557km、水电站150MW、220kV高压线655km、Santa Clara港，港口要建25万吨货轮泊位，矿山投资估算为7.6亿美元，水电站投资3.31亿美元，输变电投资1.98亿美元，铁路建设投资32.83亿美元，港口投资为12.21亿美元。总计投资57.93亿元，铁路投资占总投资的56.67%，港口占21.08%，建一座矿山要相应修建557km铁路，令投资人关注。开发贝林加铁矿，由于缺电，只得自建水电站，还得建655km高压输电线，都增加了负担。

物流条件中海港也是重要选项，中信泰富SINO项目年输出成品矿2760万吨，却没有深水港，需要采用小船倒大船的方法，用1.5万吨级小船向深海停靠的Cape Size大船倒装，倒运1t在南澳要花4.61澳元，在SINO据称采取COA制度花1.5美元/吨。

国外矿山有的矿区严重缺水，矿山用水只得自建海水淡化装置。中信泰富SINO铁矿缺水，不得不花巨额投资3.71亿美元建了一座海水淡化厂，1t海水淡化，成本大约耗用1美元/吨，增加了成本。

2.3 市场风险评估

市场风险评估主要项目有：

(1) 市场基本供需状况；

(2) 项目主要技术经济指标；

(3) 金属价格变化周期及预期；

(4) 项目盈亏平衡点的价格水平，可采储量消耗掉一半之前收回全部投资的价格水平；

(5) 企业竞争能力，人力资源优势、业界声誉、资信等，生产规模、产品质量、成本优势，销售渠道等；

(6) 汇率变化预测。

2.3.1 市场供需预测

供全球铁矿石市场判断，走势是供大于求。据Wood Mackenzie公司预测，2013年铁矿石世界出口量12.62亿吨，进口量12.48亿吨，供大于求1410万吨，2016年供大于求1.538亿吨。世界铁矿石进出口情况预测见表4。

表4 世界铁矿石出口量和进口量预测表 （百万吨）

国家和地区	2010年	2011年	2012年	2013年	2014年	2015年	2016年	2011~2016年增长率/%
贸易平衡供大于求			-9.1	14.1	52.1	92.7	153.8	
世界铁矿石出口量	1086	1106	1154	1262	1399	1531	1689	8.8
澳大利亚	410	430	473	537	610	682	758	12.0
巴西	311	323	333	369	420	478	525	10.2
印度	108	81	65	58	53	47	42	-12.2
南非	48	49	53	57	59	60	59	4.0
伊朗	17	19	13	8	6	4	4	-28.0

续表4

国家和地区	2010年	2011年	2012年	2013年	2014年	2015年	2016年	2011~2016年增长率/%
加拿大	30	28	32	36	40	43	51	12.3
美国	10	9	9	9	9	8	8	-1.5
俄罗斯	21	24	24	24	23	23	23	-1.4
乌克兰	33	33	32	30	29	28	26	-4.3
瑞典	21	21	21	24	26	28	29	6.3
秘鲁	8	7	7	7	7	7	7	1.3
智利	7	8	9	11	15	18	22	23.2
其他非洲国家	12	15	21	30	41	46	77	39.1
世界铁矿石进口量	1046	1113	1163	1248	1346	1438	1535	6.6
亚洲	836	911	960	1038	1132	1217	1305	7.5
中国	619	687	740	813	897	971	1054	8.9
日本	134	130	123	122	122	121	121	-1.5
韩国	56	63	65	68	70	72	72	2.7
台湾	19	22	22	23	24	24	25	2.1
欧洲27国	136	136	131	133	135	138	139	0.4
德国	43	44	42	42	42	41	41	-1.0
法国	15	13	13	13	13	13	13	-0.1
意大利	12	15	14	14	14	13	14	-2.6
英国	11	8	10	11	12	12	13	8.3
中东	20	22	28	31	29	29	32	7.5

2.3.2 价格走势

据Wood Mackenzie公司预测，2012年中国进口粉矿Fe 62%，到岸价为160美元/吨，2015年为140美元/吨；澳大利亚出口烧结粉矿Fe 62%离岸价(FOB)2012年为149美元/吨，2015年为129美元/吨；巴西出口烧结粉矿Fe 65%离岸价(FOB)2012年为147美元/吨，2015年为129美元/吨，详见表5。中国和日本进口矿到岸价对比见表6。

表5 铁矿价格预测表

名称	品位	类型	价格	Q1-12	Q2-12	Q3-12	Q4-12	2011年	2012年	2013年	2014年	2015年
粉矿	62% Fe	CFR China	US $/t	142	155	170	160	168	157	155	150	140
粉矿	62% Fe	FOB	US $/t	134	145	159	149	158	147	144	139	129
粉矿	62% Fe	Austrailia	c/dmtu	216	234	256	240	255	237	232	224	208
粉矿	65% Fe	FOB	US $/t	133	141	155	145	159	143	142	137	127
粉矿	65% Fe	Brazil	c/dmtu	204	217	238	223	244	221	218	210	196

2.3.3 汇率变化影响

权益进口矿开发，收入以美元计价，支出以矿产地所在国货币计价，美元升值对合资

表6 中国和日本进口矿到岸价对比

国 别	单位	2008年	2009年	2010年	2011年	2012年(估)	2015年(估)
中国 中国现货到岸价 TFe	c&f（美元/吨）	136	80	128.38	163.84	148.9	145.7
日本 皮尔巴拉混合粉离岸价	fob（美元/吨）	86.9	58.2	110.8	161.3	137.4	134.4
澳洲到日本平均海运费	（美元/吨）	24.54	11.97	14.85	13.90	13.71	13.53
澳混合粉日本到岸价	c&f（美元/吨）	111.4	70.2	125.6	175.2	151.1	147.9

企业运营有利，美元贬值则对运营不利。

汇率变化是合资企业运营的风险因素，最近美国从维护本国利益出发，大量印美钞，促使美元贬值，以加大美国出口，对我国在境外开矿收益会有些影响，目标国家如澳大利亚、巴西、西非各国、加拿大等会产生些影响，美元贬值对我国权益进口矿按国际矿价向国内用户销售，对我国钢企是有利的，估计汇率变化，合资企业是可以承受的。

2.4 政情风险评估

政情风险主要涉及：

（1）所在国政局（政治派别、宗教派别、民族种族矛盾、地方势力与中央矛盾可能对项目产生的影响）；

（2）所在国矿业法律、法规、税费改变趋势对项目的影响，法律的继承性和稳定性；

（3）当地竞争对手的影响；

（4）资金的兑换与流通；

（5）武装绑架及暴力事件；

（6）罢工；

（7）社区反对矿业项目的抗议活动；

（8）承担社会责任及与当地社区和地方领袖的关系；

（9）生产事故引发的问题。

政情主要考虑投资环境，这就要看所在国政情是否稳定。一般来说，巴西、澳大利亚这类国家政治比较稳定，法律法规比较健全，政情风险小。对西非各国则要专注，如中国地质公司几年前到科克迪瓦开发锰矿，遭遇该国内战，停了几年，后来恢复建设，又遇到该国国内两派选出两个总统，政情又陷入危机，中国地质公司开发锰矿又受到影响。

中冶科工集团经过努力，获得了阿富汗艾娜克铜矿开发权，该矿含铜品位高，储量大，是今天世界上少有的千万吨级储量的大铜矿，但众所周知，该国局势动荡。

如何对待政情，要有新理念，也不能"怕"，对非洲这类国家政情要具体情况具体分析，等到四平八稳之后，我们再去就没有机会了。如西非塞内加尔、几内亚、科比里亚等国富铁矿，本来我国企业进驻很早，进行了周密的前期工作，后来对政情掌握不准，稍有松懈，就让米塔尔阿索洛、力拓等公司把富铁矿资源抢走了。新的理念是要利用政局多变或经济体制多变的机遇获取资源。

日本进入印尼，加拿大第一量子公司进入刚果，都是乘机成功的。

到境外开矿更要注意所在国的宗教、文化、民族，中国企业在这方面遇到过很多麻烦，如首钢在秘鲁开发马科纳铁矿，工人就经常罢工。在澳大利亚开矿可千万不要惹土著人。

3 境外开矿的管控模式

3.1 境外开矿目标

选择境外开矿目标要考虑地区多元化，特别注重到邻国开矿，实现睦邻友好、互惠双赢。要巩固周边，拓展非洲，开拓美洲。

巩固周边：澳大利亚、越南、蒙古、印尼、老挝、缅甸、哈萨克斯坦；扩展非洲：几内亚、利比里亚、加蓬、科克迪瓦、塞内加尔、塞拉里昂；开拓美洲：巴西、委内瑞拉、秘鲁、加拿大、美国、阿根廷、智利。

3.2 境外开矿模式

境外开矿主要目的是稳定地占有国外矿产资源，合理利用国外矿产资源，在做法上依照具体情况，采取灵活的方式。境外开矿模式主要是：风险勘探；合资开矿；兼并收购或投资入股。

3.2.1 风险勘探

地质勘查工作按国际惯例分为：预查、普查、详查和勘探四个阶段。

预查：依据区域地质或物化探异常研究结果、初步野外观测，极少量工程验证结果，与地质特征相似的已知矿床对比、预测，提出可供普查的矿化潜力较大地区。有足够依据时，可结算出预测的资源量，属于潜在的矿产资源。

普查：采用露头检查、地质填图、数量有限的取样工程及物化控方法，大致掌握矿体形态、产状、质量特征，要对矿区提出是否有详查价值或圈出详查范围。

风险勘探，一般是指在预查、普查基础上承担详查和勘探阶段的任务，因此带有一定风险性，故称风险勘探。

目前，有些国家如东南亚国家铁矿和锰矿大都属于这类情况。只有简单的预查资料，我们承担风险勘探是占有矿产资源的第一步，日本鼓励企业到境外承担风险勘探任务。他们主要是找铜金属，政府给予补助金，1955~2001 年，日本用于找矿预算有 824 亿日元。对于勘探费用，日本给予 50% 贷款，15 年偿还期。为海外资源开发，提供帮助。

我国已开始有选择地支持承担风险勘探项目，国土资源部安排风险勘探资金，支持在国外承担风险勘探的企业。

3.2.2 合资开矿

合资开矿，一般指开发新矿点，选择资源储量条件好，矿石技术加工条件好，建设条件好，外部运输，水电供应环境好，投资环境好的矿山作为合资开矿的目标。

合资开矿，可以独资也可以合资。对境外开矿，一般地说，不提倡独资开矿。首钢秘鲁铁矿项目，中方控股 98.4%，属于独资经营，多年来出现了很多问题，至今未能妥善解决。

对境外开矿，提倡合资经营（Joint Venture），中方可以持 50% 股份，对方持 50% 股份，中方也可以持股49%，外方持股51%，由外方控股，合资经营企业，在企业管理上方便得多，特别涉及劳资、环保、资源使用耗竭补贴等问题，由外方人员出面处理要容易得多。中澳合资恰那铁矿应算是成功的例子。

合资开矿，中方持股，在管理上又有两种方式：一是派人参加管理；二是授权外方管理，中方不派人，只是定期参加董事会。中澳合资宝瑞吉公司（宝钢持股46%）和中巴合资宝华瑞公司（宝钢持股50%），宝钢都不派人参加管理。中澳合资恰那铁矿，中钢公司持股40%，20年来中方一直派人参加管理。

实践证明：合资开矿中方持股，应派人参加管理，在计划、销售、财务、质量控制各部门派人参加，一方面掌握情况，另一方面也是一个培训学习过程。

合资开矿项目泛指新矿山开发项目，从选择厂址到开工建设，直至投产，周期相对较长。

3.2.3 兼并收购或投资入股

"走出去"到境外占有资源，实施矿产资源全球化战略，以项目为切入点，兼并或收购国外矿山企业，这是国际上通行的方式。

首钢秘铁项目和赞比亚谦比西铜矿项目属于此种类型。这两项工程都是中方独资经营，收购的项目，此两工程均是进入老年期的老矿山，濒于停产，急需改造。中方接收后占有了资源，但继续开发，需要再投入，对矿山需要进行一系列改造。

我们应该学习中石油和BHP公司国外成功兼购的经验。在境外选择正在生产的青年期矿山，利用其上市有利条件，一次投入资金，全部收购或部分收购参股占有一定规模的生产能力，这种条件属于强强联合。

国外成功的范例：BHP公司与Billinton公司合并。Billinton公司为全球金属和采矿大型跨国公司早年在印尼和苏里南开发铝土矿，20世纪90年代在南非创立和发展国际矿产业务，1997年上市发行股票。Billinton公司与BHP合并打造了一家世界一流的多元化自然资源公司。铁矿、铜矿和煤炭均属世界级。公司市值居世界行业公司之冠。

Anglo American公司收购南非库博（Kumba）。Kumba资源公司拥有南非著名的锡兴铁矿（Sishen），铁矿年产2700万吨，为上市企业。Anglo American系南非一家特大型企业，其市值（Market Value）为370亿美元。世界矿山企业排名第三。2002年，出资收购了Kumba公司的66.7%的股权。

当前又盛行投资入股或买股票，这事皆有矿产资源的新形式。现在我国企业已开始买股票，占有国外矿业公司一定比例的股份，包钢花2400万元买了南美洲Centrex Metals的股票，继而合资开发该公司的Bungalow/Minbrie铁矿。鞍钢投入2.5亿元买了Gindalbie Metals LTD的股票，继而与该矿合资开发KARARA铁矿。此种做法值得仿效。

3.3 合资企业结构

澳大利亚法律是源于英国的法典，在矿业中合营企业有公司式合营与契约式合营两种形式。

3.3.1 契约式合营的主要特征

（1）合营的实质是各方当事人之间签订的合同，规定了各方有哪些共同利益以及各自的权利和义务，而不构成一个单独的法律实体。在合营的资产中，合营者持有直接的、各自的、合法的受益利益，他们在资产中的利益以共同共有的方式为他们所共有。他们之间的责任是各自的，而不是连带的，也不是连带加各自的。一般情况下，合营者与经营活动之间有一名经理或经营者，合营者有权分别从合营的产品中取得实物。

(2) 合营法不是由法院判例或条文形成的，而是形成于繁琐的文件中，这些文件对矿产开发及筹资活动作了规定，带有自己的特征。

3.3.2 公司式合营的主要特征

公司的有限责任由法典确定，公司法对股东权利与义务以及公司作为社团法人的性质有明确规定：

(1) 公司如何组建包含在公司的章程和条件中；

(2) 公司的组织机构和经营活动的控制与管理的规定，公司法中有明确规定；

(3) 各股东责任限于其股份的资本额，对超过部分不负责；

(4) 采矿合营中得到的利润，作为红利分配给合营者，公司和股东都要付所得税；

(5) 公司法规定小股东不受大股东压迫；

(6) 终止联合关系时，公司可以解散，并将财产分配给股东；

(7) 在公司全部经营活动中，对董事会及股东的作用做了明确规定，传统的作法是董事会有经营管理公司业务的责任，而股东则完全被排除在外。

现在澳大利亚合资开矿项目，大都采取了契约式合营方式。

(1) 签订合营协议。主要内容是：合营各方成员、股权、合营目标、合营期限、各方承诺、采矿权、资金筹措、违约，建立政策委员会与管理、经理、退出、出卖或转让、合营者权利、能力与禁律、财产的分配、协议解释、遵守协议、签署及通知、保密等。

(2) 签订管理协议。

(3) 签订产品销售协议。

(4) 签订州政府协议。

3.3.3 合资公司的投资人

合资企业中，代表中方企业的投资人一般是母公司在合资开矿的目标所在国或境外第三国或地区成立的子公司，以子公司名义与外方签约。外方也往往指定一个子公司作为母公司的经营方。

1987 年，澳方哈默斯利控股公司与中方中国冶金进出口公司达成合资开发恰那铁矿协议。合资协议，中方是由中国冶金进出口公司恰那有限公司为中方投资人，澳方是由哈默斯利控股公司所辖的恰那采矿有限公司为澳方投资人签署的。

这样做的好处是防止合资企业出现法律纠纷或债务纠纷，追索到母公司。

3.3.4 合资企业股权比例

可以有中方独资、中方控股、中方参股多种形式。现在的误区是控股欲念过强。我个人观点：不赞成中方独资。首钢秘鲁马科纳铁矿的经验教训值得借鉴。

1992 年，首钢花 1.2 亿美元取得马科纳铁矿 98.5% 控股，几乎是独资。在生产经营中中方自己奋力拼搏，而得不到秘鲁方面的支持，工人经常罢工，地方居民也闹事，生产影响严重，为此在征得北京市同意，首钢曾决定向国外第三方出售股权。后被发改委拦住而未能实施。

日本在观念上与我们不同，他们目标是控制资源，参股多少不计较，只要参股包销矿产品就行。

澳大利亚必和必拓所属纽曼山铁矿，BHP. B 控股 85%，日本占 15% 股份，其中三井财团占 7%，伊腾忠占 3%，伊腾忠所辖的澳大利亚矿物公司占 5%。

巴西联合矿业公司在未归 Vale 之前，其股权日本三井占 16.3%，新日铁占 2.384%，伊腾忠商社占 1.58%，日本钢管占 0.84%，长崎制钢占 0.84%，住友占 0.765%，丸红占 0.765%，三菱占 0.408%，神户制钢占 0.102%，日新制钢占 0.094%，各个企业之间相互协调，这与我国热衷于独资或控股的理念，大不相同。

日本境外开矿的做法值得我们借鉴，现在我国企业到境外开矿，单干是多数，联合是少数，与日本比此乃差距，应该肯定日本联合开矿是正确的方向。

3.4 境外开矿法律法规和程序

各国矿业法律法规不尽相同，以澳大利亚为例，该国法律都基于英国法律。

（1）立法（基于英国法律）：Land access；Mineral rights；Free hold；Native title rights；Moltiple use rights（grazing、water、mining）；Nature conservation rights。

（2）通用法律：General Legislation：Environment and Heritage；Health and safety；Employment；Immigration；Foreign Investment；Taxtion and royalties。

3.5 矿山建设程序

澳大利亚矿山建设程序如图 5 所示。

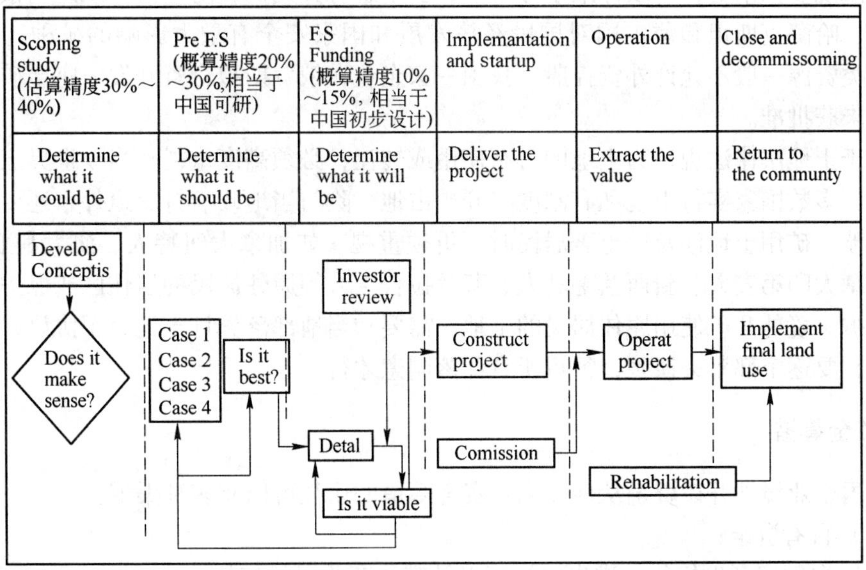

图 5 澳大利亚矿山建设程序

3.6 探矿权、开发权和采矿权申请

澳大利亚铁矿开发分三个步骤取得许可：（1）取得探矿权（EPM）；（2）取得开发权

(MDL);(3) 取得采矿权 (ML)。

申请采矿权要有环评报告和土地使用权批准手续。

环评报告内容:植物群落 (Flora);动物群落 (Fauna);地表水 (Surface water);噪声 (Noise);地下水 (Ground water);土著文化遗迹 (European and Aboriginal Cultural Heritage);空气质量 (Air Quality);矿物地质化学特征 (Geochemical Characterisation of mined materials);土壤 (Soil);管线破裂后管理 (Pipline Burst Consequences and Managment);视觉美观 (Visual Amenity)。

3.7 项目批准程序

到澳大利亚开矿,工程项目要经过澳大利亚联邦政府 (Commonwealth of Australia) 和外资评价委员会 (Foreign Investment Review Board) 审批。它们有出口税减免 (Import Duty Concessions) 规定和税收条例 (Tax Rulings)。

除联邦政府审批外,若在西澳洲开矿,还要经西澳政府 (State Government of West Auttralia) 审批。它们有采矿法 (Mining Act);环境批准 (Environmental Approval);遗迹保护批准 (Heritage Approval);建设批准 (Construction Approval);开工许可 (Operting Licences);矿区使用费 (Royalties);水开采许可 (Water Extraction Licences);爆破及危险物品法 (Explosives and Dangerous goods Act)。

有些项目还得经市政府 (Municipal Government) 审批。主要是:道路许可 (Road Permits);建筑许可 (Building Permits);污水装置许可 (Sewerage Installation Approval)。

各国矿业法内容特别是关于探矿权、采矿权的申请与批准,或转让步骤不尽相同。相关法律法规多如牛毛,必须仔细学习了解,要了解有关判例,防范法律风险。俄罗斯、澳大利亚、哈萨克斯坦和蒙古国对国民经济发展和国家安全有重大影响的矿种,作为战略矿,这类资源一般不允许外资控股。我国一家企业在俄罗斯拟合资开发一座金矿,因储量超限而未获批准。

对于土地法律法规,为土地的占有使用或转让,必须高度重视。当今世界土地公有制国家少,多数国家实行土地私有制度,开矿占地,除与当地政府打交道外,还要与土地权利人交涉,矿用土地涉及原土著居民时,更须重视。如加拿大纽特人、澳大利亚土著人、美国加拿大印第安人、新西兰毛利人、芬兰拉普兰人等原住居民的居住区或保护地,国家予以保护。境外开矿使用原住居民的土地,需要和当地部落签订土地使用协议,若涉及几个部落,要逐个部落去谈判,征得所有部落同意才行。

3.8 资金筹措

中国企业境外开矿资金从何而来?资金筹措的途径可以有多种渠道:

(1) 自有资金;

(2) 向国家开发银行、进出口银行以及其他商业银行贷款;

(3) 向世界著名的银行银团做贷款。

银行信贷决策。最主要的原则是:符合政策,风险可控,能按期还贷。具体按以下条款:项目已有我国有关部门的立项批件;所开发的资源属于国家需要的矿种,尤其是紧缺矿种,对于价格便宜可作储备的矿种也可考虑,也包括某些特殊矿种如金矿;对方矿权是否明晰，是否获得对方国的正式批件；对资源的可靠性做出评价；对拟参股或并购目标公司的股东构成、资产构成、债务、市值有专业机构的良好评估结论；贷款方（指中方、中外合资建立的公司、外方——要有中国因素，如产品销往中国）的担保方式（有担保人、有质押物品、依靠项目还贷或混合型）。审查贷款方的资产状况，贷款方要有足够的资本金，占项目总投资的30%～40%，视项目风险大小而定。

对于兼并、收购、参股的银行贷款而言，取得控股权的并购或参股，银行融资一般不超过50%；还贷时间不超过5年；被收购目标公司的股权和资产全部作为抵押或质押；把并购目标公司的收益作为第一还款来源的融资，应着重进行详细的财务评价，对现金流等进行可靠测算；此外还应密切注意，防止把并购和参股的银行融资作为炒股资金。

研究项目技术经济指标，对项目进行财务评价，衡量能否按时还本付息。

了解对方国家的法律、法规，考察政治风险，中国进出口信用保险公司或国外类似的保险公司是否承担担保。

了解企业经营矿业的资质，积极支持民营企业参与境外矿产资源的开发，不过审查更严格些。

银行信贷决策评估：一要看合资协议，特别要看探矿权采矿权许可证；二要看矿山资源储量评估报告；三要看银行可研报告；四要看贷款方的资产和业绩。

4 政策建议

4.1 加强领导统一规划

现在我国企业走出去境外开矿积极性很高。但从全局看缺少统一规划，形成各企业多头对外，互不沟通，独立行动，不但影响中方形象，更使整体利益受损，现在外商有些铁矿公司拿着一些资源背景的初步材料，背对背地分别与我国各企业接触游说，吸引我国企业出国考察，我国诸多企业公司奔向国外同一个目标，相互竞争，加拿大埃文豪公司勘探的蒙古大铜矿就使用这个策略吊我们的胃口。我们看日本各企业到国外开矿都是紧密联合，相互合作，很少有单干的。

解决多头对外和由此而来的风险，就需要加强领导，统一规划，统一行动，建立铁矿资源战略保障体系。

依据国民经济发展战略，建议制订"走出去"的总体规划，确定钢产量、铁产量、铁矿石产量和进口矿石量，研究国外矿产资源，介绍目标国投资环境，提供国际跨国公司活动信息，研究国际铁矿石市场。

按此指导各企业走出去的行动，要有组织的搞联合开矿，不鼓励独资开矿，要从思想上走出境外开矿的误区。

（1）改变境外开矿自产自销自用的传统观念，要加强经济全球化观念和现金流采矿的指导原则（Cash Flow Mining）。坚持赚钱采矿，要破除传统观念，到国外开矿合适就运回来自用，否则不一定都运回来自己用，可以向市场出售。例如到加拿大开矿，运到中国要15000海里，运到欧洲只有2400海里，因此只有资源条件好，在加拿大合资开矿，成品矿可以销往欧洲，获得利润后转过来可以到澳洲去买矿。

（2）扭转境外开矿追求独资、控股的欲念。合资企业最好有目标国企业入股，在管理上可以吸收当地技术人员和管理人员管理企业，实现合资企业“本土化”经营，这样做与目标国各种关系处理上要方便得多。日本为什么不追求独资不追求控股？他们追求的是“参股包销”。

(3) 禁止中方企业相互竞争。对目标国同一矿点，我国企业要联合对外，切不可互相争斗，让外方看热闹，国外矿山项目投标，很少看到日本几个企业对同一目标投票的，他们多是联合竞标，日本人联合开矿的做法值得借鉴。

(4) 要改变对国外法律、土地和环境成本估计不足的状况。20世纪80年代恰那矿项目谈判聘请澳大利亚律师和会计师，小时工资120美元，一周七天7200美元（当时中方人员月津贴30美元），实践证明是花点钱值得的，项目成功与律师会计师相助有很大关系（现在律师400~500美元/小时）。

中方企业到境外开矿要吸收懂技术、懂国际法、懂国际贸易各方面人士组成团队，才能少走弯路。

(5) 要加大社会责任的理念。我们走出去境外开矿，西方指责我们掠夺资源，从中挑拨离间，为此我们要对合资方所在国加大社会责任，除建设矿山主体工程外，要考虑基础设施共用，再建一些福利设施，如医院、学校、商业网点、农业示范区等等，吸收当地人员就业并进行培训。要使外方感到中国企业来开矿，确实是帮助他们发展经济，而不是掠夺资源为己所用。当然这方面也要区别对待，到非洲拉丁美洲开矿要在这方面增加一些投入，到澳洲美国则可不予考虑。

(6) 对某些国家限制劳动力市场要有充分准备，如中国进驻澳大利亚开矿，澳方对中方人员入境参与设计、施工和生产，颇多限制，甚至提出语言上要雅思过关，这方面非洲国家则限制较少。

4.2 支持民营企业走出去到境外开矿

选择有实力，行业信誉好，境外资源利用业绩突出的民营企业作为支撑对象。

对民企走出去，只要项目好，建议资金上给予支持，有些国家更愿意与中国民营企业合资开矿，民营企业成功率可以高于国企。

4.3 设置境外开矿风险资金

建议设置境外开矿包括矿产资源风险勘查资金，合资开发矿产资源基金，对走出去项目资金上给予支持。

当然国家开发银行、进出口银行和其他商业银行在信贷发放上要做风险评估，对项目贷款偿还能力进行审查。

作者简介：

焦玉书，教授级高级工程师，鞍山冶金设计研究总院原院长，中国矿业联合会高级资政，中国冶金矿山企业协会顾问。

国际铁矿石市场与我国铁矿核心竞争力分析

焦玉书[1] 王靖文[2] 林儒一[3]

（1. 鞍山冶金设计研究总院；2. 中国冶金矿业鞍山冶金设计研究院
有限责任公司；3. 英国 Wood Mackenzie 公司）

2012 年 7 月 12 日

1 世界钢铁工业的发展态势

国际钢铁协会的统计数据显示，2011 年，全球 64 个主要产钢国家和地区粗钢总产量为 14.9 亿吨，同比增长 6.8%。

2011 年，欧盟 27 国粗钢产量为 1.77 亿吨，同比增长 2.8%；独联体产量为 1.12 亿吨，同比增长 4%；北美产量为 1.19 亿吨，同比增长 6.8%；南美产量为 4836 万吨，同比增长 10.2%；非洲产量为 1397 万吨，同比下降 14.1%；中东产量为 2033 万吨，同比增长 7.1%；亚洲产量为 9.54 亿吨，同比增长 7.9%。国际钢协估算 2011 年全球的粗钢产量为 15.27 亿吨，同比增长 6.8%，再创历史新高。作为全球最大的钢铁生产国，2011 年，中国粗钢产量为 6.8325 亿吨，同比增长 8.9%，占全球粗钢总产量的比例为 45.5%，2010 年为 44.7%。日本为第二产钢国，产量为 1.076 亿吨，同比下降 1.8%。第三产钢国为美国，产量为 8620 万吨，同比增长 7.1%。

2011 年，世界前 20 大钢铁企业的粗钢产量总计 6.46 亿吨，占世界粗钢产量的 42%，与 2010 年占比相当，其中，中国钢铁企业仍占主导地位。据 SBB（环球钢讯）最新公布的 2011 年全球前 20 大钢企年度排名显示，在世界前 20 大钢铁企业中，中国企业占 9 家，前 10 位中占 6 家，前 5 位中占 4 家，与 2010 年排名情况大致相同。

数据显示，2011 年，前 20 位钢铁企业的粗钢产量大多是增长的，安赛乐米塔尔公司（9190 万吨）仍居首位，产量同比增长 1.4%，但比 2008 年金融危机前的 1.03 亿吨的水平低 1000 万吨以上。

河北钢铁集团粗钢产量 7110 万吨，继续位居全球第二位，这一数据包含旗下未合并公司产量，因此较 2010 年（5290 万吨）有较大幅度增加。鞍钢集团粗钢产量 4620 万吨，同比增长 14.6%，位居第三。宝钢集团粗钢产量 4330 万吨，同比降低 2.7%，位居第四。沙钢和首钢均超日本 JFE 钢铁公司分别上升至第八位和第九位。

相比 2010 年，全球其他钢铁企业排名则变化不是很大，意大利里瓦集团重新进入前 20 位，粗钢产量 1600 万吨，同比增长约 14%。世界钢铁企业前 20 强见表 1。

据美国地质调查局公布，世界生铁产量 2008 年为 9.32 亿吨，2009 年为 9.35 亿吨，2010 年为 10.3 亿吨，2011 年估计为 11 亿吨，世界粗钢产量 2008 年为 13.3 亿吨，2009 年为 12.4 亿吨，2010 年为 14.1 亿吨。2011 年为 15 亿吨并与国际钢协数据相近（见表 2）。

表1　2011年世界钢铁企业前20强　（百万吨）

所在国	钢铁企业	2011年		2010年		变化率/%
		名次	产量	名次	产量	
卢森堡	安赛乐米塔尔	1	91.9	1	90.6	1.4
中国	河北钢铁集团	2	71.1	2	52.9	34
中国	鞍钢集团	3	46.2	4	40.3	14.6
中国	宝钢集团	4	43.3	3	44.5	-2.7
中国	武钢集团	5	37.7	5	36.5	3.29
韩国	浦项	6	37.3	6	35.4	5.4
日本	新日铁	7	33.3	7	34.5	-3.5
中国	江苏沙钢	8	31.9	9	30.1	6
中国	首钢	9	30	10	25.8	16.3
日本	JFE	10	29.9	8	31.1	-3.9
中国	山东钢铁集团	11	24	12	23.2	3.4
印度	塔塔钢铁	12	23.8	11	23.5	1.3
美国	美国钢铁公司	13	21.9	13	22.2	-1.4
巴西	盖尔道钢铁公司	14	19.6	15	17.8	10.1
中国	渤海钢铁集团	15	19.2	16	17.4	10.3
德国	蒂森克虏伯	16	17.9	17	16.7	7.2
美国	纽柯公司	17	17.7	18	16.5	7.3
俄罗斯	耶弗拉兹	18	16.8	19	16.3	3.1
中国	马鞍山钢铁	19	16.7	20	15.4	8.4
意大利	里瓦钢铁集团	20	16	23	14	14.3

表2　美国地质调查局公布的世界2008~2011年生铁和粗钢产量　（万吨）

国家（地区）	生铁产量				粗钢产量			
	2008年	2009年	2010年	2011年	2008年	2009年	2010年	2011年
美国	3400	1900	27	2900	9200	5900	8100	8600
巴西	3500	3500	25	3400	3400	3400	3300	3600
中国	47100	54400	59000	65000	50000	56800	62700	70000
法国	1200	800	1000	900	1800	1300	1500	1600
德国	2900	2000	2900	2900	4600	3300	4400	4600
印度	1100	3000	3900	3800	5000	5700	6700	7200
日本	8600	8600	8200	8100	11900	8800	11000	11000
韩国	3100	3000	3100	4200	5300	6300	4900	6800
俄国	4800	4400	4900	4800	6900	5900	3700	6900
乌克兰	3100	2600	2800	2900	3700	3000	3400	3500
英国	1100	800	700	700	1400	1000	1000	1000
其他国家	13300	8500	10900	6700	31600	23600	27300	26000

根据当今世界经济发展态势，英国 Wood Mackenzic 公司预测，今后几年世界粗钢产量2011 年为15.2 亿吨，2015 年粗钢增产2.3 亿吨达到17.5 亿吨，2020 年比2015 年增产2.34 亿吨，达到19.84 亿吨，世界粗钢产量预测见表3。

表3 世界粗钢产量预测 （百万吨）

粗钢产量	2000 年	2010 年	2011 年	2012 年	2013 年	2014 年	2015 年	2016 年	2020 年	2030 年	平均增幅/%
世界合计	848	1428	1520	1557	1624	1689	1750	1806	1984	2314	3.4
BOF	523	991	1046	1078	1131	1183	1230	1266	1371	1548	3.7
EAF	289	420	457	464	480	495	511	534	611	765	3.3
亚洲	333	914	977	1018	1065	1112	1156	1197	1327	1569	5.3
中国	129	637	684	723	757	790	822	854	941	1040	7.2
日本	106	110	108	103	106	109	110	110	110	109	0.1
韩国	43	59	69	71	74	78	80	82	87	90	2.5
台湾	17	20	23	23	24	25	26	26	27	28	1.7
印度	27	68	71	74	77	82	86	91	114	226	7.4
欧洲27 国	193	173	177	176	177	180	184	187	195	203	0.2
其他欧洲国家	17	33	39	41	43	44	46	47	52	59	4.2
独联体	98	108	113	106	110	116	120	124	131	149	1.4
北美洲	135	111	119	119	128	129	131	133	143	157	0.5
南美洲	39	44	48	48	49	52	54	56	63	80	2.4
非洲	14	17	15	17	19	20	21	22	27	35	3.1
大洋洲	7	8	7	6	6	7	7	7	7	7	-0.3
中东	11	20	24	25	28	30	32	33	40	55	5.6

数据来源：Wood Mackenzic。

2 世界铁矿工业的发展态势

随着世界钢铁工业的发展，特别是中国钢铁工业近几年大幅度增长，刺激了世界铁矿工业的强劲发展，中国铁矿石原矿产量2004 年突破3 亿吨，2010 年突破10 亿吨，2011 年达到13 亿吨，由于中国没有提供年产成品矿的数据，世界各国有关部门对世界铁矿石产量统计数和预测值都不相同，但都可以参考。今引用英国 Wood，Mackenzic 公司与美国地质调查局数据。

2.1 世界铁矿资源储量

美国地质调查局 2010 年 1 月公布世界铁矿储量为 1600 亿吨，铁含量为 770 亿吨。2011 年 1 月公布世界铁矿储量为1800 亿吨，铁含量870 亿吨，2012 年1 月公布世界铁矿储量为1700 亿吨，铁含量为800 亿吨，三年储量数据有较大差异。

2010 年、2011 年和2012 年三年对世界铁矿资源量公布的数据相同，美国地质调查局公布，世界铁矿资源量估计有8000 多亿吨，其含铁量有2300 多亿吨。

2.2 世界铁矿石产量

美国地质调查局2010年1月公布，世界铁矿石产量2008年为22.2亿吨，2009年为22.4亿吨，2010年为25.9亿吨。2011年估计为28亿吨。

美国地质调查局矿产品总结报告中公布的世界铁矿石产量和储量见表4。其中，中国铁矿石产量是按原矿计算的，其他国家铁矿石产量是使用的成品矿。澳大利亚、中国、印度、伊朗铁矿储量是根据这些国家新的资料修正后估算的。

表4 世界铁矿石产量和储量 （百万吨）

国家(地区)	铁矿石产量				储量					
					原矿	铁含量	原矿	铁含量	原矿	铁含量
	2008年	2009年	2010年	2011年	2009年		2010年		2011年	
美国	54	27	50	54	6900	2100	6900	2100	6900	2100
澳大利亚	342	394	433	480	20000	13000	24000	15000	35000	17000
巴西	355	300	370	390	16000	8900	29000	16000	29000	16000
加拿大	31	32	37	37	1700	1100	6300	2300	6300	2300
中国	824	880	1070	1200	22000	7200	23000	7200	23000	7200
印度	220	245	230	240	7000	4500	7000	4500	7000	4500
伊朗	32	33	28	30	2500	1400	2500	1400	2500	1400
哈萨克斯坦	23	22	24	24	8300	3300	8300	3300	3000	1000
毛里塔尼亚	11	10	11	11	700	400	1100	700	1100	700
墨西哥	12	12	14	14	700	400	700	400	700	400
俄罗斯	100	92	101	100	25000	14000	25000	14000	25000	14000
南非	49	55	59	55	1000	650	1000	650	1000	650
瑞典	24	18	25	25	3500	2200	3500	2200	3500	2200
乌克兰	73	66	78	80	30000	9000	30000	9000	6000	2100
委内瑞拉	21	15	14	16	4000	2400	4000	2400	4000	2400
其他国家	47	43	48	50	11000	6200	11000	6200	12000	6000
世界合计	2220	2240	2590	2800	160000	77000	180000	87000	170000	80000

世界铁矿石产量今后几年仍呈增加态势，供需矛盾趋向缓和，国际铁矿石市场呈现供大于求态势。据 Wood Mackenzic 公司统计，2010年世界铁矿产量25.07亿吨，2012年产量31.21亿吨，比2010年增加7.14亿吨，到2020年铁矿石产量将达到38亿吨，见表5。

表5 2010～2020年世界铁矿石产量预测 （百万吨）

国家（地区）	2010年	2011年	2012年	2013年	2014年	2015年	2016年	2017年	2018年	2019年	2020年
北美洲	80.78	88.37	97.42	103.52	106.48	110.14	110.12	112.79	116.22	119.16	122.25
巴西	353.81	396.71	435.02	480.67	517.71	556.83	544.94	571.43	587.30	608.23	628.23
其他拉丁美洲国家	48.74	53.32	58.06	60.53	63.72	65.98	64.78	67.95	74.23	82.27	92.63
南非	57.60	57.62	59.08	65.64	69.27	72.19	55.93	57.72	60.03	62.31	65.12

续表 5

国家（地区）	2010 年	2011 年	2012 年	2013 年	2014 年	2015 年	2016 年	2017 年	2018 年	2019 年	2020 年
其他非洲国家	13.67	14.62	15.98	16.18	16.36	16.55	40.01	45.06	50.17	59.30	76.78
欧洲	25.78	31.12	32.63	32.92	33.18	33.29	33.74	33.36	33.95	34.56	35.06
独联体	182.11	188.01	194.68	206.18	216.02	218.05	200.18	204.77	209.75	214.84	218.57
印度	196.47	189.10	190.95	184.68	181.21	189.01	320.89	328.55	336.13	342.19	346.18
澳大利亚	441.76	474.81	533.72	588.47	650.57	702.14	666.13	685.25	714.17	738.88	762.11
中国	1071.56	1326.94	1459.64	1576.41	1655.23	1671.78	1621.63	1572.98	1525.79	1480.01	1435.61
世界其他国家	35.36	39.46	44.68	46.55	48.51	49.61	38.98	39.81	40.64	41.47	41.50
合　计	2507.63	2860.10	3121.86	3558.27	3558.27	3685.56	3697.32	3719.67	3748.38	3783.23	3824.05

注：中国产量为原矿。

澳大利亚、巴西、印度、南非今后几年都将增加铁矿石产量，但值得注意的是印度铁矿石出口量将减少，预测今后印度铁矿石与中国石油一样，将由铁矿石出口国变成进口国，因为印度钢产量迅速发展，自产铁矿石将不够用。

2.2.1 澳大利亚

2010 年产能 44176 万吨，2015 年产能将扩大到 70214 万吨，必和必拓、力拓和 FMG 产量预测见表 6。

表 6 必和必拓、力拓和 FMG 产能预测

公　司	单　位	2012 年产量	2015 年产量
BHP. B	万吨	17300	22440
RIO Tinto	万吨	23330	30090
FMG	万吨	6250	10350

2.2.2 巴西

巴西 2010 年产铁矿石 35381 万吨，预计 2015 年增加到 55683 万吨，见表 7。

表 7 巴西 Vale 公司产量预测

公　司	单　位	2012 年产量	2015 年产量
Vale	万吨	32030	41250

2.2.3 印度

2010 年印度铁矿石产量 19647 万吨，出口量 10700 万吨；2011 年产量 18910 万吨，出口量 8100 万吨；2012 年产量加大到 19095 万吨，出口量下降到 5630 万吨；2015 年产量 18901 万吨，出口量下降到 2730 万吨。

2.2.4 南非

南非铁矿石产量 2010 年为 5760 万吨，2012 年扩大到 5908 万吨，南非库博公司又兴建一座铁矿年产 900 万吨，到 2015 年产量将增加到 7219 万吨。

2.3 国外铁矿企业生产成本

国外铁矿企业生产成本一般都比较低，澳大利亚力拓公司 FOB 离岸成本 27 美元/吨；澳大利亚必和必拓公司 FOB 离岸成本 28 美元/吨；澳大利亚 FMG 公司 FOB 离岸成本 40 美元/吨；巴西淡水河谷公司 FOB 离岸成本 22 美元/吨，南非库博公司 FOB 离岸成本 32 美元/吨；印度果阿矿 24 美元/吨。

再剖析一个西澳洲 C 铁矿的成本。西澳洲 C 铁矿资源储量两亿吨，铁矿石赤铁矿铁 62% ~64%，露天开采，年产 1000 万吨，平均剥采比 1.18t/t，该矿为 DSO 矿，不需选矿，矿山包括采场、粗破碎、中破碎。细碎后到港进行存储化验装船。现在生产流程如图 1 所示。生产成本估算见表 8。

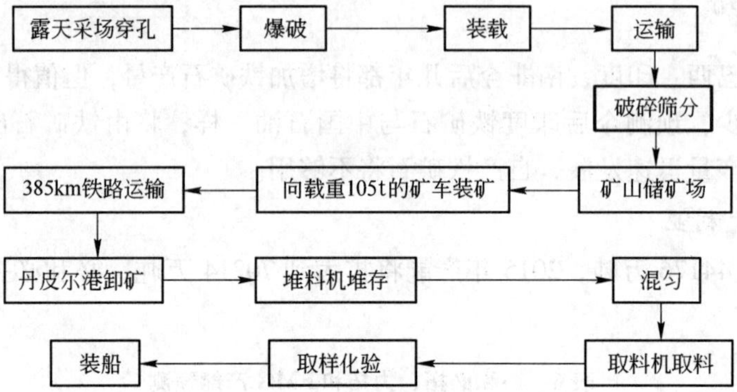

图 1 生产成本构成

表 8 西澳洲 C 铁矿生产成本估算

序号	项 目	单位成本/美元·吨$^{-1}$	序号	项 目	单位成本/美元·吨$^{-1}$
1	采矿	4.5	5	铁路运输	12.38
2	中破	0.72	6	港口	3.3
3	管理费	1.26	7	资源税	2.4
4	细破碎筛分储存装矿	2.28	8	生产成本（离岸成本）	26.84

年销售收入 11.8 亿美元，成本 2.684 亿美元，毛利 9.116 亿美元。全球铁矿石成本曲线如图 2 所示。

国外铁矿生产成本低的主要原因如下：

（1）矿床开采条件好。国外铁矿一般矿床储量大，适用露天开采，剥采比低，剥采比一般为 0.5 ~1.5t/t，有的矿山如巴西卡拉加斯铁矿石松软，不需爆破，可以直接铲装。

（2）国外铁矿富矿多。铁矿富矿称 DSO 矿，即可直接装船出口的矿石，不需选矿加工，只需破碎、筛分、洗选。矿石输出品位高，澳矿一般 Fe 62% ~64%，巴西矿一般 Fe 64% ~66%。

（3）生产工艺机械化自动化水平高。设备大型化机械化向智能化迈进，生产效率高，劳动生产率高。瑞典坑内矿年产 2400 万吨，坑内作业只有 600 人。

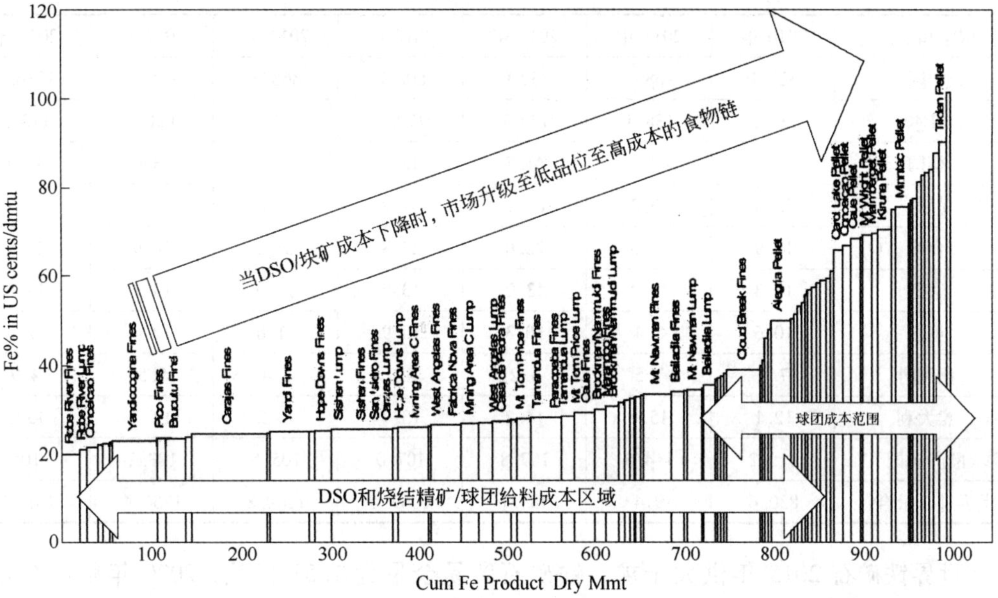

图2 全球铁矿石成本曲线（2010年）

（4）矿山基础设施完善。生产成本低是国外矿竞争力强的主要原因。

3 国际铁矿石市场

今后几年随着世界经济形势变化，铁矿石出口量呈现供大于求的态势。世界铁矿石出口量、进口量和贸易平衡情况见表9～表11。

表9 世界铁矿石出口量 （百万吨）

国家和地区	2010年	2011年	2012年	2013年	2014年	2015年	2020年
世界铁矿石出口量	870	951.6	1020.2	1121.6	1276.9	1408	1872.2
澳大利亚	399.6	435.4	477.7	534.8	604.5	681.1	850.6
巴西	313.2	330.4	344.5	372.7	435.3	474.8	664.1
印度	107	80.6	56.3	44.9	35.5	27.3	7.6
南非	47.5	51.5	53.8	57.9	59.1	57.6	57.6
美国							
俄罗斯	16.9	26.7	26.0	24.9	24.4	23.9	19.7
乌克兰	30.0	32.3	31.1	29.7	28.3	27.0	20.4
瑞典	20.7	21.7	21.9	24	27.6	31.1	33.0
秘鲁	8.2	9.6	9.8	10.1	11.3	13.2	22.6
智利	10.3	9.6	11.3	13.6	16.4	18.7	24.4
加拿大	24.5	26.7	28.2	29.6	38.6	41.2	66.2
伊朗	17.1	15.4	10.0	7.3	5.2	3.3	-0.2

表 10 世界铁矿石进口量 (百万吨)

国家和地区	2010 年	2011 年	2012 年	2013 年	2014 年	2015 年	2020 年
中国	627.1	689	739.0	802.2	868.5	938.7	1246.2
日本	134.3	138.1	120.7	120.6	121.7	121.4	118.3
德国	43.1	43.6	41.7	42.1	42.4	43.0	43.4
韩国	56.3	63.2	65.1	67.8	70.6	71.7	74.8
台湾	18.9	21.3	22.6	23.3	24.2	24.9	27.2
法国	15.3	13.4	13.2	13.0	13.0	13.1	13.6
英国	10.6	8.4	10.3	10.9	11.6	12.4	12.8
比利时	7.6	7.5	5.2	5.3	5.4	5.5	4.9
意大利	12.1	15.4	14.2	13.7	13.2	12.7	13.1
欧洲矿国	115.2	114.5	107.8	107.0	105.5	103.2	105
世界进口量合计	830.6	914	985.1	1069.4	1160.8	1256.4	1614.4

世界铁矿石 2015 年供大于求，铁矿石贸易余量为 1.51 亿吨，2020 年贸易余量为 2.578 亿吨。

表 11 世界铁矿石贸易量平衡表 (百万吨)

项　目	2010 年	2011 年	2012 年	2013 年	2014 年	2015 年	2020 年
世界铁矿石出口量	870	951.6	1020.2	1121.6	1276.9	1408	1872.2
世界铁矿石进口量	830.6	914	985.1	1069.4	1160.8	1256.4	1614.4
供应大于需求值	39.4	37.6	35.1	52.2	116.1	151.6	257.8

4 国际铁矿石价格预测

4.1 国际铁矿石价格变化

国际铁矿石价格变化历史从 1981 年开始国际铁矿石价格分为欧洲市场价和日本市场价，实行年度定价机制，自当年 4 月 1 日至次年 3 月 31 日为一个财政年度，潜规则是每年一季度进行矿价谈判，一般是欧洲钢铁企业用户或亚洲钢企用户与国际三大铁矿供应商谈判，任何一家国际三大公司与钢铁企业达成价格协议，则其他各家钢铁企业和铁矿供应商均跟进接受此结果。

这种传统年度定价机制，实行到 2008 年，即所谓长协矿矿价。

自 2009 年开始打破了传统定价机制，2010 年国际三大公司由年度定价，推行季度定价，进而于 2011 年实行指数定价。

国际三大矿业公司垄断市场，哄抬矿价，这几年使我国遭受巨大损失。

2010 年，我国全国钢企利润只有 881 亿元人民币，而澳大利亚力拓矿业公司一家利润却高达 945 亿元人民币。

从 1981 年到 2011 年 31 年中国际矿价变化，矿价上涨的年份有 19 年，矿价降价年份有 11 年，不涨不落年份 1 年。各年矿价变化见表 12。铁矿石参考价格见表 13。

表 12 国际铁矿石日本市场和欧洲市场价变化

年份	日本市场			欧洲市场		
	第一次价格结算	结算者	粉矿百分比变化	第一次价格结算	结算者	粉矿百分比变化
1981	1981/2/26	CVRD	+7.5	1981 年中旬	CVG - belguun	+6.1
1982	1982/3/26	Newman	+17.2	1982/2/5	CVRD - germany	+15.7
1983	1983/3/26	CVRD	-11.4	1983/3/8	IOC - germany	-11.2
1984	1984/1/20	CVRD	-11.6	1983/12/7	QCM - Germany	-8.5
1985	1985/1/31	MMTC	±0	1984/12/7	Qcm. ioc - germany	±0
1986	1986/2/14	MMTC	-1.88	1985/12/3	Qcm. ioc - germany	-1.1
1987	1987/2/20	Newman	-5.0	1987/3/5	Qcm - netherland	-9.3
1988	1987/12/22	Hamersley	-4.0	1987/12/24	Hamersley - uk	+8.6
1989	1988/12/14	Hamersley	+13.0	1988/12/19	CVRD - germany	+13.0
1990	1990/1/24	Hamersley	+15.96	1980/1/17	CVRD - germany	+15.96
1991	1991/1/30	Hamersley	+7.93	1991/1/13	CVRD - germany	+7.95
1992	1991/12/17	Hamersley	-4.90	1991/12/17	CVRD - germany	-4.90
1993	1993/1/13	①	-11.00	1992/12/22	SNIM - Frace	-13.47
1994	1994/2/8	Hamersley	-9.50	1994/2/8	Hamrsley - germany	-6.77
1994	—	Robe river	-14.50	—	CVRD - germany	-9.50
1995	1994/12/20	BHPIO	+5.80	1994/12/20	SNIM - france	+5.80
1996	1996/1/25	BHPIO	+6.00	1996/1/29	CVRD - germany	+6.00
1997	1997/1/21	BHPIO	+1.10	1997/1/29	Hamrsley - uk	-1.94
1998	1998/1/21	BHPIO	+2.82	1998/1/22	CVRD - germany	+2.82
1999	1999/2/16	Hamersley	-11.0	1999/2/18	CVRD - germany	-11.00
2000	2000/2/29	Robe river	+4.35	2000/1/27	SNIM - france	+5.42
2001	2006/3/26	②	+4.30	2001/3/20	CVRD - italy	+4.31
2002	2002/5/31	Rhpb. hamersley	-2.40	2002/3/29	CVRD - germany	-2.40
2003		BHP	+8.9	CVRD		+90
2004		供应商	+18.62		供应商	+18.62
2005	2005/2	CVRD	+19	2005/2	CVRD	+19
2006	2006/5	力拓	+71.5			
2007	2006/12/22	Vale	+9.5			
2008	2008/1/04	力拓	+79.88（粉矿） +96.5（块矿）	144.66 美分/干吨度 201.69 美分/干吨度	60.13 美元/吨	
2009	2009/5/26	澳矿	-32.95（粉矿）	96.99 美分/干吨度 -44.47（块矿）	71.67 美元/吨 111.998 美分/干吨度	
2010		由年度定价机制改为季度定价	二季 123 美元/吨 三季 147 美元/吨 四季 127 美元/吨	每吨涨 62.87 美元/吨 每吨涨 86.87 美元/吨 每吨涨 66.87 美元/吨		
2011	基本上采用普氏指数					

表 13 铁矿石参考价格（美元/吨 FOB）①

年份	Hamersley 粉矿（62% Fe）② （额定的）	块矿相关价格 （额定的）	Hamersley 粉矿（62% Fe） （实际的）（2011 年）	块矿相关价格 （额定的）（2011 年）
1981	18.1	3.1	44.8	7.7
1982	21.2	3.6	49.5	8.4
1983	18.6	3.1	42.0	6.9
1984	16.3	2.9	35.2	6.3
1985	16.5	3.1	34.5	6.5
1986	15.9	3.0	32.5	6.1
1987	15.1	2.8	29.8	5.6
1988	14.5	3.5	27.5	6.6
1989	16.3	4.7	29.6	8.5
1990	18.9	5.4	32.6	9.3
1991	20.4	5.4	33.8	8.9
1992	19.4	4.7	31.2	7.6
1993	17.3	4.7	26.9	7.3
1994	15.7	5.0	23.8	7.7
1995	16.6	5.8	24.5	8.5
1996	17.6	5.9	25.2	8.5
1997	17.8	5.7	24.9	8.0
1998	18.3	5.9	25.2	8.1
1999	16.3	5.4	21.9	7.3
2000	17.0	6.0	22.2	7.8
2001	17.7	6.0	22.5	7.6
2002	17.3	5.2	21.6	6.5
2003	18.8	5.7	23.0	6.9
2004	22.3	6.6	26.6	7.9
2005	38.3	11.4	44.1	13.1
2006	45.5	13.5	50.8	15.1
2007	449.9	14.8	54.1	16.1
2008	89.7	37.4	93.7	39.1
2009	60.1	10.4	63.1	10.9
2010	136.0	12.6	140.3	13.0
2011	158.2	15.6	158.2	15.6
长期	115	13	85.3	9.64

资料来源：Wood Mackenzie Ltd.。

① 1981 年 - 2009 年 = 每年的基准价格，基本的日本财政年（当年 4 月 ~ 次年 3 月），2010 年以来 = 粉矿的现货价格指数和每季度协议的块矿/球团相关价格。

② FOB：丹皮尔 Dampier。

4.2 国际铁矿石价格走势

今后几年，国际铁矿石市场量供大于求的态势，铁矿石价格将趋向下跌，Wood Mackenzie 预测以力拓公司所属哈默斯列公司矿产品为例，PB 粉矿混合矿 TFe62%，2015 离岸价 129 美元/吨，2020 年降到 115 美元/吨。Hamersley 粉矿块矿相关价格见表 14。

表 14 Hamersley 粉矿（62% Fe）块矿相关价格 （美元/吨）

年　份	额定的	额定的	实际（2011 $）	实际（2011）
2012	144.5	8.4	142.5	8.2
2013	139.0	10.1	134.4	9.8
2014	134.0	10.7	124.6	10.0
2015	129.0	9.5	117.6	8.6
2016	114.0	8.8	101.9	7.9
2017	115.0	10.4	100.8	9.1
2018	115.0	11.5	98.8	9.9
2019	115.0	11.5	96.9	9.7
2020	115.0	11.5	95.0	9.5
长期价格	115	11.5	85.3	9.64

资料来源：Wood Mackenzie Ltd.。

离岸价：丹皮尔（Dampier）。

4.3 我国进口铁矿石矿价变化情况及依存度

中国 2000～2011 年进口铁矿石数量及矿价见表 15，2011 年中国进口铁矿石数量及到岸价见表 16，2011 年中国日本进口矿对比见表 17，中国进口铁矿石及年进口铁矿石平均价（到岸价）见表 18。

表 15 中国 2000～2011 年进口铁矿石数量及价格统计

项目	生铁产量	新增铁矿需求	进口铁矿数量	增长率	进口铁矿价格	增长率	使用进口矿比重
单位	万吨	万吨	万吨	%	美元/吨	%	%
2000 年	13050	826	6997	26.6	27	3.30	33.5
2001 年	14541	2386	9231	31.9	27	2.10	39.7
2002 年	16765	3558	11149	20.8	25	-8.40	41.6
2003 年	20235	5552	14819	32.9	33	32.00	45.8
2004 年	25166	7890	20807	40.4	61	86.30	51.7
2005 年	33741	13720	27524	32.3	67	9.00	51.0
2006 年	40751	11215	32630	18.6	64	-3.70	50.1
2007 年	46945	9911	38367	17.6	88	37.60	51.1
2008 年	47067	196	44365	15.6	136	54.40	58.9
2009 年	54375	11692	62778	41.5	80	-41.40	72.2
2010 年	59022	7435	61865	-1.5	128	60.70	65.5
2011 年	62969	6315	68608	10.9	163.84	28	68

表 16　2011 年中国进口铁矿石数量及到岸价

进口国（地区）	进口量/万吨	平均到岸价/美元·吨$^{-1}$	占总量的百分比/%	进口国（地区）	进口量/万吨	平均到岸价/美元·吨$^{-1}$	占总量的百分比/%
中国进口量	68608.48	163.837	100	俄罗斯	1561.2	177.28	2.275
澳大利亚	29668.2	167.42	43.24	加拿大	1208.3	201.09	1.76
巴西	14273.5	180.21	20.8	印尼	1187.36	90.51	1.73
印度	7305.58	132.79	10.65	秘鲁	966.6	151.72	1.4
南非	3615	177.17	5.27	乌克兰	1251.1	184.8	1.82
伊朗	1663.36	142.95	2.424	蒙古国	549.7	100.6	0.8

表 17　2011 年中国日本进口矿对比

国　别	中　国			日　本		
	到岸价 CFR/美元·吨$^{-1}$	离岸价 FOB/美元·吨$^{-1}$	平均运费/美元·吨$^{-1}$	到岸价 CFR/美元·吨$^{-1}$	离岸价 FOB/美元·吨$^{-1}$	平均运费/美元·吨$^{-1}$
澳大利亚	164.69	151.86	12.83	135.95	123.99	11.96
巴西	173.31	116.41	56.9	164.16	111.4	52.76
印度	126.95	112.66	14.29	130.33	118.4	11.93
南非	181.33	151.98	29.35	170.266	145.0	25.26
其他	151.2			178.21		
合计	159.21			146.12		

注：中国到岸价为部分统计数据，非全年平均数据。

表 18　中国进口铁矿石及年进口铁矿石平均价（到岸价）

国　别	2005 年		2006 年		2007 年		2008 年	
	进口量	平均到岸价/美元·吨$^{-1}$	进口量	平均到岸价/美元·吨$^{-1}$	进口量	平均到岸价/美元·吨$^{-1}$	进口量	平均到岸价/美元·吨$^{-1}$
中国进口铁矿石	27523	66.778	32630	64.12	38309	88.217	44365.74	135.38
澳大利亚	11217.4	55.02	12675.8	57.77	14560	76.266	18341.8	121.56
巴西	5471.4	70.9	7584.78	72.87	9763	97.15	10063	148.22
印度	6852.6	76.24	7477.5	64.538	7937	97.788	9098	147.41
南非	1055.2	66.767	1255.6	65.08	1223	83	1452	130.95

国　别	2009 年		2010 年		2011 年	
	进口量	平均到岸价/美元·吨$^{-1}$	进口量	平均到岸价/美元·吨$^{-1}$	进口量	平均到岸价/美元·吨$^{-1}$
中国进口铁矿石	62777.9	79.87	61866.4	128.38	68608	163.83
澳大利亚	26187.42	76.688	26533.4	130.43	29668	167.42
巴西	14214.5	90.625	13086	136.17	14273.5	180.21
印度	10733.63	71.04	9658.5	116.53	7305.58	132.79
南非	3345.6	84.61	2954	139.35	3615	177.17

4.4 我国铁矿石市场

“十二五”期间，我国钢铁工业仍保持平稳较快发展，钢产量预测将达到8亿吨，生铁产量7.44亿吨，国产铁矿石原矿15亿~16亿吨，进口铁矿石7.4亿吨。

“十二五”期间（2011~2015年）铁矿石市场空间大，发展目标见表19。

表19 “十二五”期间铁矿石产量与进口矿量预测

项 目	单位	2009年	2010年	2011年	2012年	2015年
粗钢产量	万吨	56784	62665	68326	72000	80000
生铁产量	万吨	54374	59022	62969	67000	74400
铁矿石产量	万吨	88127	107155	132694	140000	150000
进口铁矿石	万吨	62778	61865	68608	70000	74000

4.5 我国铁矿生产成本

我国露天采矿成本和精矿成本见表20，我国地下铁矿采矿成本和精矿成本见表21。

表20 我国露天采矿成本和精矿成本

矿山名称	矿石成本/元·吨$^{-1}$	剥采比/t·t^{-1}	铁精矿成本/元·吨$^{-1}$	选矿比/t·t^{-1}
水厂铁矿	72.19	4.13	479.29	3.02
司家营	69.8	5.64	413.56	3.15
尖山	63.14	3.87	298.58	2.63
白云	92.78	2.36	486.71	2.7
大孤山	79.89	3.97	369.86	2.62
南芬	90.56	11.41	478.58	2.98
午阳	164.9	19.9	738.08	2.36
全国平均	72.19	3.18	414.95	3.02

表21 我国地下铁矿采矿成本和精矿成本

矿山名称	矿石成本/元·吨$^{-1}$	掘采比/t·t^{-1}	铁精矿成本/元·吨$^{-1}$	选矿比/t·t^{-1}
西矿	145.39	100.38	462.98	2.66
北洺河	105.22	44.12	261.01	2.0
梅山	63.74	13.77	339.31	1.56
弓长岭	134.84	24.25	466.26	2.89
鲁中小官庄	120.4	116.43	557.9	2.65
程潮	170.63	46.22	443.29	1.62
金岭	252.04	131.13 78.42	486.28	1.71
全国平均	136.63	重点企业 178.67	414.95	3.02

注：全国铁精矿全成本平均为620元/吨。

4.6 铁矿石销售价格

2004～2010 年国内主要矿山铁矿生产成本见表 22，2004 年以来我国部分地区铁矿石价格情况见表 23。

表 22 2004～2010 年国内主要矿山铁矿生产成本 (元/吨)

项 目	原矿生产方法	2004 年		2005 年		2006 年		2007 年	
		原矿成本	精矿成本	原矿成本	精矿成本	原矿成本	精矿成本	原矿成本	精矿成本
全国平均	露天	41.85	289.48	67.33	347.73	72.85	337.91	77.07	379.21
	地下	88.26		88.26		99.78		144.08	
重点企业平均	露天	59.57	286.45	68.38	346.69	73.82	337.4	72.42	383.118

项 目	原矿生产方法	2008 年		2009 年		2010 年	
		原矿成本	精矿成本	原矿成本	精矿成本	原矿成本	精矿成本
全国平均	露天	68.24	441.26	68.24	382.9	72.19	414.95
	地下	126.18		126.18		136.63	
重点企业平均	露天	67.19	435.02	67.19		70.97	

表 23 2004 年以来我国部分地区铁矿石价格情况 (元/吨)

时间	辽宁北票 66%	辽宁弓长岭 65%	河北唐山 66%	河北邯郸 66%	山东金岭 65%	山西代县 63%	安徽繁昌 65%	江苏镇江 66%	广东怀集 51%	湖北大冶 63%
2004.10	555	530	790	887	860	600	730		400	700
2005.10	470	470	720	765	820	610	740	780	570	620
2006.10	410	410	610	660	705	520	650	700	700	650
2007.10	890	870	1270	1180	1295	920	1100	1230	720	1100
2008.10	915	893	1283	1220	1332	903	1183	1277	803	1133
2009.10	510	510	790	755	810	550	730	800	530	650
2010.10	910	900	995	1010	1240	880	890		900	1140
2011.4			1080	1010						
2012.7			890	1150		1130				

5 提高我国铁矿业核心竞争力

我国铁矿生产成本高，售价高，提高核心竞争力，就要眼睛向内，苦练内功，千方百计降成本。

5.1 技术革新降成本

（1）梅山铁矿坑内矿大间距无底柱分段崩落法的应用。梅山铁矿采矿结构创新，段高和进路间距由 15m×15m 加大到 15m×20m。该项新技术，采准工程量和相关巷道支护费用大大降低，梅山铁矿仅此一项创经济效益 6300 万元。相当于每吨矿降低成本 18.5 元。

（2）弓长岭铁矿预选技术。入磨作业之前经干式磁选抛废石，提高入磨矿品位，减少入磨量，矿石品位提高两个百分点。抛废率10%，一年增加铁精矿27.26万吨，新增利税6265万元。

（3）莱芜谷家台铁矿和澳洲鞍钢卡拉铁矿。都拟采用高压辊磨机（HPGR）取代细破碎，中碎排矿 -32mm，作为高压辊磨机给矿，高压辊磨机排矿 -3mm，进入粗磁选一般可甩掉30%的合格尾矿，提高了入磨品位，减少磨矿量，实现了大幅度节能减排降低成本。

（4）选矿“提铁降硅”技术。选矿“提铁降硅”技术，更是实现了技术飞跃，达到了降低成本的大目标。鞍钢弓长岭选矿厂进行了改造，前后对比指标见表24。鞍钢矿山提铁降硅，入炉品位提高3.24%，每吨生铁成本降低49.92元。

表24 提铁降硅技改前后指标对照

厂　矿	改造前精矿品位/%		改造后精矿品位/%	
	TFe	SiO_2	TFe	SiO_2
弓长岭选矿厂	64	8	68	5.5

5.2 减少管理费降成本

加强与改进矿山管理，增强成本的控制能力，矿山管理费是指行政管理部门各项费用。

我国矿山管理费用占销售收入的比重，各矿差异较大，全国平均管理费用占销售收入的12%～13%，但不少矿山管理费大，占销售收入的15%以上，降低成本也要从降低管理费入手，这就需要在管理上要科学化、要执行ERP管理。

如今矿山管理费有50项，节约的空间潜力非常大，2009年全行业销售收入693亿元，管理费84亿元占12.12%。

管理费包括：（1）工资；（2）职工福利费；（3）折旧；（4）维修费；（5）差旅费；（6）办公费；（7）低值易耗品推销；（8）办公取暖费；（9）住宅取暖费；（10）水费；（11）电费；（12）保险费；（13）警卫消防费；（14）运输费；（15）仓库经费；（16）坏账损失；（17）劳务费；（18）劳动保护费；（19）人防费；（20）水土保持费；（21）存货跌价准备；（22）工会经费；（23）职工教育费；（24）失业保险费；（25）会议费；（26）排污费；（27）绿化费；（28）劳动保险；（29）房产税；（30）车船使用税；（31）印花税；（32）土地使用税；（33）河道费；（34）咨询费；（35）审计费；（36）诉讼费；（37）土地使用费；（38）土地损失补偿费；（39）无形资产推销；（40）开办费推销；（41）存货盘亏报废；（42）职工住房补贴；（43）独生子女保险；（44）党干活动经费；（45）公助公积金；（46）退休职工经费；（47）科协活动经费；（48）矿产资源补偿费；（49）水资源费；（50）行政事业性缴费；（51）行业会费；（52）其他。

5.3 向国家申请优惠政策降成本

5.3.1 降低矿山生产成本还需要国家在税收政策上给予支持

我国矿山企业税赋沉重，现交纳的税费有21种之多，税种有营业税、增值税、资源税、土地使用税、车船使用税、印花税、房产税、城建税、投资调节税和契税等11种；

缴纳的费用有资源补偿费、水资源费、水土流失补偿费、排污费、公路基建设基金、排水设施费、人防费、占河费、清淤费和教育附加费等10种。

2008~2010年，税费占销售收入的比重为20.45%每销售一吨精粉要交230元税费，税费比重低的，如武钢矿业公司为15%，高的如潘洛矿业为32.41%，国外矿山企业税费占销售收入比重一般为10%~12%，国家应对矿山税费给予减免，加大降低成本的空间，这对加大国产矿生产规模，抵御进口矿的攻势，有重要意义。从全国来看，全国采矿业税负为11.6%，比铁矿山低8.85个百分点，纳税不公建议减免铁矿税负。

5.3.2 建议取消增值税或扩大抵扣范围

矿山企业采矿石、卖矿石，根本不像加工行业存在增值的问题，从理论和实践都不存在对矿山企业开征增值税的理由。因此，我们建议对矿山企业开征产品税，取消增值税，产品税率为5%。如果继续征收增值税，其税率最好控制在10%以内。因为矿山产品没有原材料，抵扣项很少，只有5%，扣除5%的抵扣项，纳税额为5%或者扩大抵扣范围。只有这样，矿山的增值税的纳税额才能和其他行业持平。

5.3.3 建议燃油税实行先征后返

矿山生产车辆只在矿区自建道路上行驶，国家历来不向矿山生产车辆征收养路费。开征燃油税后，实行价内税，矿山生产车辆也要缴纳养路费了。这样一来，矿山企业一方面自己修建和维护道路，另一方面还得缴纳燃油税，形成重复开支，极不合理。所以，建议政府对矿山用油支付的燃油税实行先征后返，消除矿山企业的不合理负担。

5.3.4 建议减免所得税

由于受国际矿价影响，国产矿石的利润相对很高。为了增加矿石产能，我们建议政府，对铁矿山的所得税税率减免10%，用于建立矿山发展基金。这将对增加矿石产能发挥很大作用。

5.3.5 建议政府从收益分配政策上向矿山倾斜

坚持实行工效挂钩。允许矿山职工随着效率增长逐年增加矿工工资，使其工资水平高于加工行业水平。因为他们常年在高山和井下生产，属于高危行业，应该让他们充分享受到自己的劳动成果。

5.3.6 允许企业从税后利润中增加教育、卫生开支

允许企业从税后利润中增加职工和子女的教育、卫生开支，提高矿山教育和卫生质量。对退休老工人增加补贴，采矿工人大都有职业病，没有职业病的，也因医疗条件不好，居住环境差，身体素质不高，除了享受国家正常的退休待遇外，允许企业对退休职工给予适当物质补贴，以稳定矿山职工队伍。

作者简介：

焦玉书，中国冶金矿山企业协会顾问，教授级高级工程师。

王靖文，中国冶金矿业鞍山冶金设计研究院有限责任公司副经理，英国威尔士大学本科毕业，中英格兰大学工商管理硕士。

林儒一，英国Wood Mackenzie公司钢铁行业首席顾问。

投资澳大利亚采矿业

Robin H Chambers（张百善），Peter Chandler（林奕丞）[1]

（张百善律师事务所）

2012年4月26日

引言

中国与澳大利亚两个国家，经济上互补性很强，地理上甚为相似，因而发展两国间的经贸关系具有很大的潜能。就采矿业方面而言，澳大利亚丰富的自然资源，可为中国快速的工业化和城乡建设提供必要的原材料。

十多年来，中国和澳大利亚之间的经贸关系越来越密切，但许多中国企业在澳大利亚采矿业的投资却遇到了一些问题。这些问题大致有两方面：一是缺乏对外国投资企业组织管理和技能方面的知识；二是不了解澳大利亚的监管体系和政治、法律制度[2]。

为此，本文特就外商在澳大利亚采矿业投资的有关法律问题予以战略性的概述。我们认为，这几方面的问题，对于在采矿业投资的外国投资者来说尤为重要，应予极大重视。上述内容拟分以下8个方面予以论述。

（1）简要介绍澳大利亚联邦的政治制度。在对影响澳大利亚采矿业的有关法律的讨论中，经常会涉及联邦政府与州政府之间的关系问题。因此，有必要了解澳大利亚的联邦及州政府之间的立法权限的划分。

（2）介绍澳大利亚外国私人公司的投资和由外国政府及其所属机构（即中国的国有企业）的直接投资的外商投资制度。

（3）介绍在澳大利亚的外国投资者中通行的商业结构，以及对在澳大利亚证券交易所上市公司的总体要求。

（4）讨论根据澳大利亚法律通过并购、配股和债务偿还安排计划的方式进行收购。

（5）简述有关澳大利亚的限制性贸易惯例、反垄断和竞争法。

（6）粗略论述可能会影响外商在澳大利亚采矿业投资的有关税收法规。

（7）简要讨论澳大利亚的环境和规划法。目前澳大利亚在联邦和各州的层面上有超过300个涉及环境问题的法律法规和80多个环保机构。根据州和联邦的法律，大多数在澳大利亚的采矿项目启动之前，都需要对环境的影响进行广泛的评估。

（8）简要讨论澳大利亚的原住民土地所有权法及承认一些土著人对土地和水资源的

---

[1] 张百善律师事务所是在澳大利亚注册成立的在矿业和能源项目领域享有卓越声誉的商业律师事务所。凭借其28年为中国国有企业和民营企业提供咨询的历史，该公司一直工作在涉及中国在澳大利亚重大投资项目的前沿。我们一直是三个中国在澳大利亚的主要生产铁矿石的合资企业中的两个合资企业的中方律师。一个是与必和必拓，另一个是与力拓。我们还对出口中国的铁矿石总价值超过300亿澳元的合同提供法律咨询。

[2] Xueli Huang and Ian Austin, Chinese Investment in Australia – Unique Insights from the Mining Industry（2011）11.

专有权利。采矿项目往往受原住居民土地所有权问题的影响，因为可能要进行采矿作业的土地，往往是特定土著群体对其享有土地所有权或经注册的原住居民的土地所有权。

1 澳大利亚的联邦政治体制

澳大利亚宪法（简称“宪法”）载于1900年颁布的澳大利亚联邦宪法法案。宪法确立了联邦政府制度，规定了联邦政府和6个州政府之间立法权限的划分。还有两个联邦地区，其中一个（北方地区）有自己的立法机关，另一个（澳大利亚首都直辖区）依靠联邦议会立法。

联邦政府由立法、行政和司法3个职能机构组成。

1.1 立法

根据宪法，特定的立法权力授予联邦，其余的立法权则归属各州。

被赋予联邦的特定立法权包括两大类。第一类是关于联邦独有的专属立法权。这些专属权力，包括关税和消费税。第二类是关于各州拥有的立法权，包括州际贸易、对外贸易及商业的税收立法。

各州拥有对采矿业监管的立法权，以及对在其管辖领域的矿产所有权和开采矿产资源的试行立法权。各州均制定有关本州境内矿产的法律。

值得注意的是，虽然宪法没有赋予联邦议会对其境内的矿产资源进行立法，但一些特定的立法权实际上包含了与采矿业相关的事宜。其中包括与其他国家发展商务贸易关系，涉及矿产出口、税收等诸方面的立法。如矿产资源租赁税和碳定价计划两项法规，均将于2012年7月开始实施。关于铀矿开采和贸易，因涉及国防和外交，系由联邦议会批准的有关国际条约中明文规定涉及环保的事项。

由于州政府和联邦政府能够同时行使特定的立法权，州和联邦立法之间可能会经常出现不一致的现象。在这种情况下，根据宪法，应以联邦立法为准。

1.2 行政

根据宪法，总督被授予行政权力，代表女王执政。总督由联邦执行委员会正式提名。实际上，内阁是由在联邦议会的众议院占多数席位的党派任命的一些部长所组成。

1.3 司法

联邦的司法权被赋予澳大利亚高等法院和联邦法院。州法院也对一些联邦事务拥有管辖权和本州保留的司法权。高等法院是有关宪法的法律问题和争议的终审裁决者。

2 澳大利亚的外商投资制度

关于澳大利亚的外商投资的法律和政策，总体来说，澳大利亚是欢迎和鼓励外国投资者在澳大利亚进行投资的。

2.1 1975年外国收购及并购法

澳大利亚对外商投资制度的监管，主要是根据以下两项法律和政策：（1）1975年颁布的《外国收购及并购条例》（简称“1975 条例”）以及有关规定；（2）联邦政府公布的《外国投资政策》（简称“政策”）。

1975 年颁布的外国收购及并购法，是对评估私营和政府有关外国投资提案的主要立法。它广泛地涵盖了从房地产收购到商业投资所有形式的申请在澳大利亚投资的外资项目。

根据 1975 条例，需要通知外商投资审查委员会以下事项：所有由外国政府及其所属机构的直接投资金额（无论数额多少）；对澳大利亚实体收购的利率在 15% 以上，或资产价值超过两亿四千四百万澳元（根据年度指数）；对非农业土地公司的收购兴趣。

所有投资提案的法定审查期限为 30 天，从通知之日起计算；如经财长批准，审查期限可最多再延长 90 天。

与 1975 条例不同的是，政策中没有对要求通知的提案的正式审查机制。政策与 1975 条例只是在收购某些澳大利亚企业和房地产的投资提案评估中提供了一个框架。政策系由澳大利亚政府出版发行，其中列出了各类可行的投资项目以及一些限制的外商投资项目。该政策不具有法律效力也会随时修改。由政府公开发表的有关对外商投资的新闻和公告也形成了政策的一部分，并可作为评估未来投资项目的指南。

2.2 外商投资审查委员会

外商投资审查委员会负责对每项申请投资项目进行筛选后，向财长报告其审查结果。1975 条例赋予了财长对于在“国家利益”审查中，未获通过的投资项目予以否决或附加先决条件的最终权力。但在 1975 条例或政策中对“国家利益”一词并没有作出明确的定义。

2.3 外国国有企业投资指南

鉴于外国政府及其所属机构的直接投资十分敏感，因此政策列出了与这些投资项目有关的具体标准和指导原则。

为联邦政府评估外国政府的投资是否是符合澳大利亚的国家利益，该政策规定了以下 5 条原则：国家安全：外国的投资在何种程度上可能会影响到澳大利亚的国家安全。竞争：是否一个拟议的投资项目可能导致投资者能够控制某项产品或服务在澳大利亚的市场定价和生产。税收等其他政策：外国投资项目对澳大利亚税收的影响。投资必须与其他相关事项（如对环境的影响）的目标一致。对经济和社会的影响：投资对整体经济的影响。投资者的特点：投资者在商业运作方面的透明程度，并应受到充分和公开的监管和制约。

国有企业在透明的商业基础上运作，是不太可能影响国家利益问题的。但是，如有以下情况必须予以审查。

（1）可能影响到澳大利亚的国家安全；

（2）妨碍自由竞争；

（3）影响澳大利亚税收政策。

如有澳大利亚投资者参与，政府还将审查该投资项目被部分或完全收购后，澳大利亚参与者在所有权、控制权、管理权等方面的情况。

3 业务结构

澳大利亚居民和外国居民在澳大利亚的投资方式，通常有以下几种类型：(1) 个人独资企业；(2) 控股及上市公司；(3) 外国公司的分支机构或子公司；(4) 法人或非法人合资经营企业；(5) 无限或有限合伙企业；(6) 全权或单项贸易信托。

在澳大利亚所有的企业都必须遵守2001年颁布的公司法，由澳大利亚证券与投资委员会管理；证券投资委员会规范公司登记注册和办理外国公司或分公司在澳大利亚的登记注册事宜。

3.1 合营企业

合营企业是中国投资者与澳大利亚伙伴在能源、采矿项目方面广泛采用的合作方式。中国于1988年4月13日颁布了《中华人民共和国中外合作经营企业法》，而澳大利亚却没有制定成文的合营企业法。因此，在澳大利亚开办合营企业，必须在起草的协议中，对合营/合作企业的性质、宗旨、各方的权利与义务、企业经营范围，以及业务运作程序和方式等，予以全面、详细的规定。

澳大利亚的合营企业一般以两种形式设立：一种是公司制合资经营企业（简称“合资企业”），一是非公司制合作经营企业（简称“合作企业”）。大多数中国在澳大利亚设立的采矿企业，都是采用合作经营企业结构的形式。以下将就这两种形式进行讨论。

3.1.1 合资企业

合资企业是根据公司法成立的公司。合资经营企业的合营方是企业的股东，而合资企业本身是独立的法人实体。合资企业的优点是：有限责任，能够通过转让股权而转让在合资公司拥有的权益，以及可以简化集体融资手续等。

合资企业也存在一些不利因素。例如在合资企业中，参与者除了经董事会决定分得红利外，就没有其他机会分享到企业利益。合资企业在税务方面，合资企业如果产生了税务损失，参与者出售合资公司股份时，也必须缴纳资本收益税。

除非在合营协议中有特殊规定，合资企业的所有管理决策均需董事会多数股东同意，才能作出决定。

根据澳大利亚法律，在资源项目中需要考虑的一个重要因素是，合资企业各方不能以生产成本的价格购买铁矿石，而必须以市场价格从合资公司购买产品。

3.1.2 合作企业

与合资企业相比，合作企业由两个或两个以上合作方签订合约，并共同同意与对方达成正式的法律安排，据此联合进行各项活动（例如探测或采矿）。依照澳大利亚法律，此合约是根据适用于所有合约的同一法律法规订立的。

不同于合资企业，合作企业不构成独立的法人实体。参与者对于资产或合营企业持有直接和独立的法律权益。合作企业的参与者，是作为企业的共同所有人共同享受有关权益。

合作企业的特点是合作各方有权根据所持有的股权份额的百分比，从合作企业的生产中获取实物回报，而不是分得利润或股息。这意味着，参与者将自动享有占其在合营企业所持有的参与权益百分比的产品，各方可以自己保留其产品，或投入市场销售。但是，如果保留产品的所有权，澳大利亚税法规定，合作者保留的产品应按市场销售作价，包括应该分担的此项目基础设施的折旧费一并计算，据此缴纳税款。

合作企业的参与者和企业在运作过程中，经理居间协调处置有关事宜。虽然少数参与者可以直接在合作企业的经营管理中发挥作用，但重大决策则需所有合作者全票通过，从而可以直接保护参与者在合作企业的利益。

根据澳大利亚法律，合作企业有没有独立的法律地位，税务责任是分别承担，而不是总共计算。这使得每个参与者都可以得到各自包括资产折旧的特殊税收减免。参与者根据他们在合营企业的股份，有权将税务损失转嫁给在澳大利亚的其他分公司。总的来说，合作企业有更多利用税务优势的机会。

合作企业的参与者，可以直接从产品成本价格和市场价格的差额中取得任何产品销售或视同销售的利润份额。

关于合作企业的管理和控制结构，可以经过协商，确定由一方单独负责管理，或者由合作各方共同管理；也可承包给第三者负责管理。即使是合营企业的少数的权益，会给合营者带来在合资企业的管理上的负面影响，例如，要求其批准重大管理决策等。

3.2 上市和私营公司

通常，外国投资者可能会选择在澳大利亚注册成立一家附属公司，作为其在澳大利亚从事业务活动的机构。这样做的目的是为外方在澳大利亚遇到诉讼时提供法律保护。他们可能会以私营或上市公司的形式出现。

根据澳大利亚的法律，公司是一个独立的法人，并承担相应责任。公司由股东拥有并由其董事会进行管理。主要特点是股东责任有限，通常限于任何所持股份的未付金额或指定金额。

公司必须在澳大利亚有一个经过注册的办事处，要求有最低数量的澳大利亚常驻董事（上市公司两名，私营公司一名）。上市公司需有常驻秘书，私营公司可以自定。对股东或成员没有居住限制而且澳大利亚公司没有最低资本金要求。

公司的董事和其控股公司可以对该公司在因某个特殊义务而导致的破产或有合理理由怀疑它是资不抵债或将可能资不抵债而承担个人责任。

私营公司的非雇员股东不能超过50个人，并且不能在澳大利亚从事筹款活动。从澳大利亚监管角度看来，这种作法，可以简化行政手续，节省管理开支。如果外国投资者想要全资拥有附属公司而且并不想向公众发售股份或债券，则私营公司的结构较为适合。但私营公司可以随时转换成上市公司。

如果一家上市公司满足澳大利亚证券交易所（简称“证交所”）上市规则的要求，则可以在证交所上市。证交所于2011年10月5日在其发布的文件中提到了《采矿和石油天然气公司的储备和资源信息的披露条例》。据称，金属和采矿业在澳大利亚证交所上市公司中的数量占多数，有830家公司参与矿产资源勘查、开发和生产。上市的矿业、石油和天然气公司大约占所有在证券交易所上市公司的45%。

3.3 证交所上市规则

要想获得在证交所正式上市的批准，申请实体必须订立合同，以保证他们遵守上市规则。凭借在证交所和上市实体之间订立的合同，规则对合同各方当事人具有约束力。然而，这并不是全部。上市规则也在公司法中被提到和执行。

虽然证交所的主要职责是执行“上市规则”，证券投资委员会负责监督投资股票经纪的违法行为和市场违规行为。目前在讨论将所有的监督和管理责任转移到证券投资委员会。

总之，“上市规则”管辖允许企业正式上市，证券报价，暂停证券的报价，从正式名单上撤销实体，信息披露，以及上市实体的某些方面的行为活动。

3.4 准入要求

上市规则第1章提供了一系列准入条件。对每个条件的详细讨论显然超出了本文的范围。在这些条件中的一个条件是，申请实体不采用虚假手段可达到要求的股东数目。目前，这一要求可以由满足以下任一条件来实现：

500名股东，每人持有至少价值为2000澳元的主要类型证券。

400名股东，每人持有至少价值为2000澳元的主要类型证券，并且25%或更多的主要类型证券由非关联方持有。

2012年4月，证交所在其《加强澳大利亚的股权资本市场》的文件中建议试行调整股东数目：

400名股东，每人持有至少价值2000澳元的主要类型证券。

350名股东，每人持有至少价值2000澳元的主要类型证券，并且25%或更多的主要类型证券由非关联方持有。

300名股东，每人持有至少价值2000澳元的主要类型证券，并且50%或更多的主要类型证券由非关联方持有。

证交所的拟议调整的理由是，因为有许多资源公司股本较小，股东范围较窄，这样会限制公司发行股票，进行融资。

4 收购

4.1 收购私营公司

虽然合作企业是中国投资者在澳大利亚投资所采用的主要形式，但近来有些中国投资者也以并购方式直接持有澳大利亚公司的股份。

收购澳大利亚私营公司股份持股量的方法，是收购公司现有股份，或以配股权认购公司即将发行的额外股份。

对于外国公司收购澳大利亚私营公司的现有或新股权，并无特别规定。如果收购达到法律和/或政策规定的金额则需要通知外商投资审查委员会。如果投资者是中国国有企业，任何股权的收购都需得到外商投资审查委员会的批准。收购需要根据澳大利亚的公司章程和适用的公司法条例进行。

4.2 收购上市公司

中国投资者可以通过收购市场上的现有股份、配股、并购或者通过债务偿还安排计划，取得澳大利亚上市公司的股份，对上市公司进行收购。

关于收购和并购澳大利亚上市公司的主要的法律法规如下：

所有中国国有企业的收购必须知会外商投资审查委员会；

社团法管辖澳大利亚公司法，包括公司并购，并列出了并购澳大利亚上市公司的程序。并购规定由澳大利亚证券及投资委员会负责管理；

澳大利亚证券交易所的上市规则，对公司股份的管理和交易，订明了上市公司在澳大利亚证券交易所必须符合的各项要求及规则；

澳大利亚2010年颁布的《竞争和消费法规》禁止在澳大利亚直接及间接收购有可能大幅减低竞争的股份或资产。

4.2.1 以并购方式收购

并购竞价本质上是一个购买指定公司的股份的监管要约，对每个指定公司的股东条件均相同。

公司法的并购条款适用于收购20%或以上的上市公司股份。如收购10%或以上被收购公司的股份，收购方可阻止另一收购方采取竞争性手段进行强制收购。

澳大利亚有两种主要并购方式，“市场内并购”（仅限于上市公司的股票）和“市场外并购”（包括上市或未上市公司的股票）。

市场外并购报价可以是有条件的（例如，通过大量收购获得控制权，达到强制收购限额，依法获得批准）。市场外并购可以采取任何形式（包括投标人的股本、证券或债券）进行标价。

与之相反，市场内报价必须是无条件的，而且只能以现金交易。因此，在澳大利亚市场外的并购报价比市场内的并购报价更为普遍。

对于并购要约，被收购公司的董事可能提出支持认同的善意建议，也可能提出不予置理的反对意见。

并购的主要监管机构是并购委员会，负责解决在并购招标中产生的争议。

澳大利亚的法规并无在并购要约前须与被收购公司联系之规定。收购者可向被收购公司主动提出并购要约。如采取主动提出要约的方式，收购者不得对被收购公司进行正式调查，因而也不知悉被收购公司的董事是否会将此项并购要约向各位股东通报。

收购者也可提出变通的建议，了解被收购公司的有关情况。这样必须向证券及投资委员会和证券交易委员会提交“收购者声明书”及“被收购公司声明书”。

非澳大利亚公司在证交所上市，一般由他们本国的法律加以规范，不受澳大利亚并购法规监管。

4.2.2 以配股方式收购

配股基本上是一个与目标公司的协议，认购由目标公司发行的额外股份。配股，可以通过邀请现有或新股东参与购买新的股票。

无论如何，在收购要约前获得对目标公司的战略持股，可能对投资者更为有利。这样做，还应注意的是有关披露和其他收购条款的目的如下百分比：

5%——如果投资者收购目标公司5%或以上股份，必须在收购48小时内通知目标公司并知会证交所；

10%——如果投资者收购目标公司10%或以上股份，则有权阻止另一个可能的收购方进行强制收购；

15%——如果公司在证交所上市，只需一个董事或相关投资人同意，则可以在12个月内在配股中发行额外的15%的股份，而不需要股东批准。

20%或更多——收购将按照公司法有关收购条款进行，除非已获得多数股东批准进行私募收购。

4.2.3 以债务偿还安排计划方式收购

债务偿还安排计划是一种法院批准的企业交易方式，据此收购者可以收购目标公司的全部股份。债务偿还安排计划需要法院和目标公司股东大会批准后方可生效。股东进行投票必须具备以下两个条件：

（1）股东特别决议要求至少有75%的票数对该决议表示赞同。根据股票数进行投票表决。

（2）在股东大会上，投票的股东人数超过50%即可批准，不论他们持有多少股份。

并购和计划是可以达到相似结果的两种完全不同的方式。收购的最佳结构选择，将取决于多方面的因素。

5 限制交易行为法，反垄断及竞争

由澳大利亚竞争和消费者委员会主管、于2010年颁布的竞争和消费者法，禁止以下反竞争行为：收购股份/资产很可能大幅减少竞争；滥用主要市场支配力；其目的很可能大幅减少竞争的一切安排；横向及纵向定价；横向及纵向市场份额；横向及纵向强制向第三者购货。

如违反竞争和消费者法，企业及个人要缴付罚金。竞争和消费者法对收购股份或资产，不设强制性程序通知。如双方进行的收购，很可能大幅影响任何一方在澳大利亚的竞争力，不获得澳大利亚竞争及消费者委员会许可，双方必须承担的风险是澳大利亚竞争及消费者委员会对收购申请的命令，包括禁止令、撤销令、令收购无效。也可能会缴付罚金。因此，我们对于将客户风险减少到最小的策略是在收购完成前，帮助他们向澳大利亚竞争及消费者委员会申请正式或非正式的批准。

6 税务

澳大利亚的公司和集团机构的各种税收，十分繁杂；包括合并纳税申报及转让印花税。建立正确的集团结构，可最大限度地使集团得到税收优惠。

澳大利亚联邦政府征收的税目主要有：所得税（包括资本收益税）、福利税、商品及劳务税、某些进口产品的关税和某些商品的消费税等。

根据澳大利亚法律，企业被视为独立的纳税人。所得税体系由澳大利亚税务局主管。

澳大利亚的居民和非澳大利亚居民的企业，都有责任支付澳大利亚所得税和资本收益税。公司税率为30%。这适用于所有公司，包括在经营采矿和资源领域的公司。

除了所得税外，还将对开采铁矿、煤炭企业征收矿产资源租赁税；此项新的措施，将从2012年7月起执行。

按规定，资源税税率为30%，但加上所得税和资源税，综合计算起来，税率是在42%~45%之间。企业应缴纳资源税的利润低于50万美元者，免征矿产资源租赁税。

目前的石油资源租赁税继续适用于澳大利亚所有的国内及国外的石油和天然气项目，包括根据2006年颁布的海洋石油和温室气体贮藏法的西北大陆架和煤层天然气行业。这项立法已于1986年7月1日起生效。石油资源租赁税是按照石油项目的应纳税利润的40%进行征收。

7 澳大利亚环境和规划法令

近澳大利亚联邦及州政府为保证实现环境保护和可持续发展，近年来，已通过、颁布了一系列解决环保问题的立法和相应的法规。

在澳大利亚各州和地区的法律中，对在该地区运作的企业，涉及环境和规划的责任和义务，都有明文规定。联邦的环保和规划法的主要目的，也是应用于有关州和地区对于环保和规划所规定的责任和义务。联邦和各州的立法，均要求，建设重大项目必须对环境的影响进行评估。根据澳大利亚州和联邦法律，对石油和采矿项目必须进行广泛的环境影响评估，同时花费大量开支对破坏的环境进行修整恢复。

8 原住民土地所有权

澳大利亚法律承认土著人民继续保持在他们的土地和水资源方面的权利。这些“一揽子权利”统称为原住民土地所有权。这些权利系来源于当初澳大利亚被欧洲殖民者统治时期，要求享有土地所有权的土著人的祖先们认同和遵循的法律和习俗。

采矿项目经常会受到原住民土地所有权问题的影响。这是因为可能要进行采矿作业的土地，往往是特定土著群体对其享有土地所有权或经注册的原住民土地所有权。

9 结语

在本文中，我们对有关外商在澳大利亚的采矿业投资的一些主要的法律问题进行了讨论。这些问题包括对于澳大利亚联邦政治制度的理解和懂得联邦及州政府之间的立法权限的划分，遵守澳大利亚的外国投资的法律和政策，遵守原住民土地所有权，选择最佳业务结构，并适应澳大利亚的环境规划，以实现投资目标。

由于每个采矿项目不尽相同，各个项目根据其性质和地位的不同可能适用于不同的州和地区的法律。因此，我们建议外国投资者在作出投资决策前，应对有关财务、技术和法律等问题进行必要的研究、了解。一个有效的风险管理策略，必须要进行深入、全面的调查研究。

外国投资者应该咨询精通法律，熟悉业务，懂得技术，知识广博的律师；他们能够克服语言和文化的障碍，理解客户的投资需求，运用可适用于投资的各种法律法规，通过谈判协商，从而获得最能体现外国客户合法权益的成果。

作者简介：

张百善（Robin H Chambers），澳大利亚张百善律师事务所著名律师，1984年起担任合资企业恰那铁矿中方律师。

林奕丞（Peter Chandler），张百善律师事务所著名律师。

澳大利亚SINO铁矿采矿选矿生产系统

刘仲文　张光烈

（中冶北方工程技术有限公司）

1　引言

由中信泰富有限公司、中国冶金科工集团共同投资开发的SINO铁矿项目位于西澳大利亚Balmoral矿区：全长25km、宽5km，共分北区、中区和南区三部分。SINO铁矿项目为Balmoral矿区的中部乔治帕尔玛（GeorgePalmer）矿床。

该矿区探明的可采的铁矿石资源/储量20亿吨。由中国冶金科工集团对SINO铁矿项目进行EPC工程总承包。项目设计由中冶北方工程技术有限公司承担。

矿山采用露天开采。原设计铁矿石产量8400万吨/年；选矿厂年产铁精矿2400万吨/年，其中1800万吨/年铁精矿外销，600万吨/年铁精矿用于生产球团矿。球团厂年产氧化球团矿600万吨/年，考虑全部外销。

该项目于2006年4月开始筹建，经过几年的基建施工，SINO铁矿预计2012年8月31日第一条生产线投产，2012年12月31日第二条生产线投产，随后每两个月投产一条生产线，共6条生产线预计于2013年8月完成全部投产。

2　采矿

2.1　概述

SINO铁矿是中信泰富有限公司在澳大利亚开发的大型磁铁矿项目之一，该公司与矿主Mineralogy公司签订20亿吨铁矿石开采权，并负责生产经营。

矿山生产开采在6km×5km的开采范围内进行。

2.1.1　矿区自然地理位置，气候及交通情况

SINO铁矿位于澳大利亚西北部、印度洋东岸，南距西澳洲首府佩斯约1200km（直线距离）。与其最近的城镇Karratha（位于铁矿东北部）相距约80km。连接澳大利亚西部重镇的主要公路NW公路在矿区东部通过，距矿区约11km。经NW公路向南可达佩斯，向东能抵Karratha。

拟建工程所在地的地表植被稀疏，附近既无村庄也无人烟。属澳洲境内大量未开发的地域之一。该处地形平坦，其海拔标高在60～8m，平均坡度为1/150。矿区地表为中等塑性的砂黏土，局部地面有风化岩石露头，大部分区域土壤覆盖层小于5m。距矿区最近的河流Fortescue河，在矿区以西约4km处自南向北流入大海。距离矿区80km处是著名Dampier港口，西澳大部分铁矿石均由此港口运往世界各地。

每天至少有两个航班往返于Perth与Karratha之间，航程约为1.5h。矿区与Karratha

及 Dampier 港口均有公路相通，道路行程约为 1h。

2.1.2 矿区气候

矿区天气较为炎热，年气温在 20～40℃，最高气温达到 49℃以上，最低气温达到 2.9℃。年均降雨量一般在 250～300mm，空气相对湿度 35%～50%。

本地区为典型的热带干旱气候，气温高、降雨量少、蒸发量大；主导风向为西风，出现频率约为 19.5%；次主导风向为东风和东北风，出现频率分别为约 17%和 16%；年静风频率为 1.6%；夏季上午优势风向为西风，下午转变为西北风，冬季上午优势风向为东风、东南风，下午转变为东北风，全年上午平均风速 11～20km/h，1～4 月和 9～12 月下午平均风速 21～30km/h，3～8 月下午平均风速 11～20km/h。

2.2 矿区地质情况及矿石性质

2.2.1 矿区地质

矿床赋存于西澳地区的 Hamersley 群的 Brockman 组中。Brockman 组共分 4 层，自下而上依次为 Dales Gorge 层，Whaleback 页岩层，Joffre 层和 Yandicoogina 页岩层。其中 Dales Gorge 层和 Joffre 层这两层为主要的含铁矿带，为磁铁石英岩矿脉 BIF。

矿区的褶皱在地表不发育，但断裂和段块构造比较发育。

2.2.2 矿床赋存状况

矿床严格受地层及构造控制。矿床总体走向近乎南北（NNE150°～200°），倾向西，倾角约 45°，矿体延深 400～600m。矿区广泛发育 Dolerite，大部分走向 NNE，一般在断裂带附近较陡，平均厚度 4m 左右。

Joffre 矿体共分 6 层，分别为 J1，J2，J3，J4，J5，J6。Joffre 矿体 BIF 平均厚度为 300～360m。Dales Gorge 矿体平均厚度为 150m，该矿体暂不作为开采对象。

矿区内矿床平均有 40m 厚的氧化带覆盖。

2.2.3 矿石性质

矿床 Joffre 为磁铁石英岩型矿床 BIF。矿体全铁平均含量为 31.6%，磁铁平均含量 22%。矿石硬度较大，抗压强度 UCS 值平均为 350MPa。随深度增加抗压强度 UCS 值有增大的趋势。矿石体重为 3.4t/m^3，岩石体重为 3.0t/m^3。

2.3 矿石资源/储量

根据 Golder 咨询公司提供的地质报告及地质模型，以磁铁矿的边界品位 17%计算，矿区租赁范围内东部 Joffre 矿体资源/储量为 2314Mt，磁铁矿（Fe）平均品位为 23.26%。其中，探明资源/储量（Measured）为 193Mt，控制资源/储量（Indicated）1209Mt，推测资源量（Inferred）911Mt。

2.4 矿山开采

2.4.1 矿山开采方法的确定

鉴于矿区开采范围内地势较为平坦，其海拔高度为 8～60m。同时矿体赋存条件简单，矿体厚大，埋藏较浅，虽然有一个约 40m 厚的氧化层（氧化矿）覆盖，但局部在地表仍有露头。因此采用露天开采的方法，以充分发挥大型露天矿山设备在生产中的优势，降低矿山生产成本，获得良好的生产经营的经济效益。故本次设计采用露天开采方式进行开采。

2.4.2 露天境界圈定

2.4.2.1 圈定境界的依据

（1）Golder咨询公司提供的地质报告及地质模型；

（2）Citic Pacific mining 与矿主 Mineralogy 签订的2Bt矿石开采权；

（3）西澳政府对SINO铁矿项目环评审查报告。

2.4.2.2 圈定境界的原则

（1）以经济合理、技术可行为原则；

（2）在租赁范围内，只开采 Joffre 矿体；

（3）满足2Bt矿石储量的要求；

（4）在安全条件的基础上满足矿石运输设备的生产运行；

（5）充分考虑的要求及限制等条件因素，同时妥善解决好土著人部落遗产等问题。

2.4.2.3 境界参数的确定

根据矿体的赋存条件及 Bulk Sample 所揭露的地质情况，考虑到矿石生产运输方式及设备的型号，初步确定境界开采的主要参数见表1。

表1 境界参数构成

序 号	项 目 单 位	数 量	备 注
1	上盘及两端台阶坡面角/(°)	70	
2	下盘台阶坡面角/(°)	45	
3	台阶高度/m	12	
4	并段台阶高度/m	24	两并段
5	安全平台宽度/m	8	
6	清扫平台宽度/m	20	每10个台阶设一个
7	运输道路宽度/m	45	
8	运输道路限制坡度/%	10	
9	胶带机道路宽度/m	18	
10	胶带机道坡度/%	12～19.43	

2.4.2.4 露天境界圈定结果

根据已经确定的开采依据、原则和参数，其圈定结果见表2。

表2 露天境界圈定结果

序号	项 目			单位	数量	备注
1	采场尺寸	上口	长×宽	m×m	4000×1600	
			最高标高	m	48	
		下口	长×宽	m×m	166×110	
			地部标高	m	-480	

续表2

序号	项　目		单位	数量	备注
2	封闭圈标高		m	12	
3	上盘最终边坡角		(°)	44.34~49.74	
4	下盘最终边坡角		(°)	27.41~35.59	
5	两端最终边坡角		(°)	35.59~49.74	
6	境界内矿岩量	矿石	Mt	2018	
		岩石	Mt	1611	
		矿岩	Mt	3629	
7	矿石平均品位		%	23.179	mFe
8	平均剥采比		t/t	0.8	

从境界圈定的结果看，矿石总量为2018Mt，平均品位为23.179%。其中探明储量（Measured）为192.5Mt，控制储量（Indicated）998.9Mt，推测资源量（Inferred）592.3Mt，可能级储量（Potential）为224.6Mt。探明储量（Measured）和控制储量（Indicated）总计为1191.4Mt，占矿石总量的59%。

随着矿石生产钻探的进行以及矿山生产的不断揭露，境界内的矿量级别将不断得到升级。由于境界边坡的岩石力学测试工作刚刚开始，随着最终报告的获得，以上有关最终境界圈定的数据将有所调整。届时所圈定的矿量将有所改变。

2.4.3 矿山生产规模，服务年限

2.4.3.1 矿山生产规模的确定

SINO铁矿设计年产铁精粉27.6Mt，铁精粉品位为68%左右，按境界内矿石平均品位33.59%计算，矿山每年需生产原矿80.38Mt，考虑到矿山采出品位的波动及选厂选矿过程中的损失，按95%计算，矿山每年需生产原矿84Mt。

2.4.3.2 矿山服务年限

由于境界内矿石储量为2018Mt，设计矿山生产规模为84Mt/a，因此矿山可稳产23年。考虑到矿山基础建设及投产时间，矿山实际服务年限在25年以上。

2.4.3.3 矿山工作制度

矿山采用连续工作制，每年工作365天，每天2班，每班12小时。考虑节假日及天气与设备检修影响，每年实际生产为330天。

2.4.4 矿山开拓

2.4.4.1 矿山开采条件

矿区内地势较为平坦，地表植被稀疏，天气较为干燥炎热。矿体受地层及构造控制严格，赋存条件简单，呈层状，产状与地层一直。走向近NS向，倾向西，倾角45°。矿体水平厚度600~750m，局部近1000m。矿体地表标高在48~18m，但磁铁矿主要赋存在0m水平以下，即矿体有一从地表以下平均40m的氧化带覆盖层，该氧化层即为矿山基建剥离的主要对象。

2.4.4.2 矿石运输开拓系统

由于矿山生产中的剥采比较小，因此矿石就成为了主要的运输对象。从境界圈定的结果来看，矿山开采较深，最终采深将达到500m左右，为减少汽车运距，降低生产运营成本，设计采用汽车—可移式破碎站—胶带机联合运输的开拓方式。

从大型深挖露天矿山的前景来看，采用汽车—可移式破碎站—胶带机联合运输的开拓方式是今后主要发展趋势，它既有汽车运输的机动灵活，易于管理的特点，又有胶带运输成本较低的优势。对于矿山生产规模较大，服务年限较长的露天矿山而言，汽车—可移式破碎站—胶带机联合运输的开拓方式是较好的选择。

采用汽车—可移式破碎站—胶带机联合运输的开拓方式在中国、北美和巴西等地的大型露天矿山已有较为成熟的生产经验，并已取得了良好的经济效果。SINO铁矿采用该种开拓运输方式也将给澳大利亚露天矿山带来新的活力，为汽车—可移式破碎站—胶带机联合运输的开拓方式在澳大利亚的推广应用打下基础。

由于矿山设计生产规模为84Mt/a，采用4台60′×89′型旋回式可移式破碎机可满足生产需要。设计将每两台破碎机组成一组破碎站，每组破碎站与一条胶带机相连，胶带机宽度为2.2m。

根据矿体赋存特点及采出与选厂的相对位置，设计将胶带运输系统布置在采场的下盘，将汽车公路系统布置在采场的上盘，这样避免胶带系统与公路系统的相互干扰，同时也减少将公路系统布置在下盘而带来的压矿问题。为减少两组破碎站之间在向采场移设过程中的相互干扰，设计将两组破碎站分开布设。一组破碎站布置在采场北部，最终位置（翻卸平台标高）在-264m水平；另一组破碎站布置在采场的南部，最终位置（翻卸平台标高）-408m水平。

（1）北部破碎站。胶带机由选厂至采场境界下盘边缘中部44m水平，经44m转载站向北延伸至-72m水平，-120m水平，-168m水平，-216m水平最后折返至-288m水平与破碎站线连接（翻卸平台标高为-216m）。由于受采场形状限制，该组破碎系统的转载点较多。

（2）南部这组破碎站。胶带机由选厂至采场境界下盘边缘中部44m水平，经44m水平转载站向南延伸至-72m水平，-216m水平，折返至-423m水平与破碎站相连（翻卸平台标高为-408m水平）。

（3）胶带机道宽度设计为18m，坡度由12%~19.83%。转载站平台宽度35m（具体尺寸有待进一步探讨）。北部胶带机全长2.7km，南部胶带机全长3.1km。

2.4.4.3 岩石运输系统

由于受采场空间尺寸的限制，同时矿山在生产过程中岩量相对较少，岩石初期运输采用汽车直排的方式。后期进入深凹露天开采后，将采用汽车—固定（或半固定）式破碎站—胶带机—排土机联合的排土方式。

由于采用MT6300型汽车进行开拓运输，采场内矿山运输道路设计45m宽，限制坡度为10%。

从土场与采场的相对位置来看，采场下盘南北部各有一处土场，因此公路系统的出露沟口设在下盘，同时为方便与南北两处土场联络，也为采场安全生产起见，设置多出口。为此在采场下盘南北两处各设置一出露沟口。南北出露沟口标高为36m水平，北部出露沟口标高为44m水平。

（1）北部公路系统。该条公路系统由44m水平出口绕经北端部下行至上盘-288m水平，与南北公路系统汇合后折返下行至北端部的-360m水平处，与由北部最终破碎站-264m翻卸平台下行的联络公路相连，形成北部公路系统。该公路系统全长5.93km。

（2）南部公路系统。该公路系统由36m水平出口绕经南端部下行至上盘-288m水平，与北部公路系统汇合后继续下行至-360m水平后（该段与北部公路系统重合），沿上盘折返至最终露天底部-480m水平，与南部最终破碎站-408m翻卸平台下行至最终露天底部的联络道路形成南部公路系统。该公路系统全长6.71m。

2.4.5 采矿方法及装备水平

2.4.5.1 采矿方法

根据矿山的生产规模，矿山开拓运输方式，设备的装备水平，矿岩的赋存条件以及开采范围审批的时间等，确定矿山采用分阶段逐水平由上至下的分层开采方式。

由于矿山主要为深凹露天开采，考虑到采用汽车—破碎机—胶带机联合的开拓运输方式，设计采用垂直矿体走向布置生产工作线，沿矿体由北向南纵向开采的横采方式进行采矿。生产台阶高度为12m，生产台阶坡面角为75°，挖掘机工作线长度400m，最小工作平台宽度为100m。

考虑到矿石品位综合及矿石生产的连续性，设计同时出矿水平保持两个以上台阶。开采过程中夹层最小剔除厚度为4~5m。最大矿石块度为1.2m。大于1.2m的矿石需进行二次破碎处理。

2.4.5.2 矿山装备水平

由于矿山生产规模较大84Mt/a，年采剥总量约145Mt，开采下降强度较大，且采场相对空间尺寸较小，为提高设备生产效率，降低生产成本，同时也为减少设备过多所造成的相互干扰，因此采用较大型的采掘运输设备进行开采。

装载设备采用RH400型挖掘机，斗容45m^3；运输采用汽车—可移式破碎站—胶带机联合的运输方式。其中汽车采用MT6300型矿用自卸汽车，载重量为362t；破碎机采用60′×89′型旋回式可移式破碎机；胶带运输机带宽为2.2m。穿孔设备采用SKF15型潜孔钻机，钻孔直径为203mm。

2.4.6 穿孔爆破及装载作业

2.4.6.1 穿孔工作

由于矿山矿石硬度较大，UCS值在350MPa以上，采用冲击性凿岩设备较为适宜，因此设计采用SKF15型潜孔钻机，共11台。

2.4.6.2 爆破工作

（1）中深孔爆破。矿山采用SKF15型潜孔钻机进行穿孔作业，爆孔直径为203mm，孔网参数：台阶高度12m，钻孔超深1.5~2m，孔间距5~6m，排间距5~6m。

爆破危险区的安全距离定为600m。

矿山爆破采用多孔粒状铵油炸药，炸药单耗为280kg/t，多孔粒状铵油装药车装药，设计采用6台15t装药车。非电微差排孔起爆，每周起爆2~3次。对于部分含水爆孔，在装药前进行排水输干。进入深部开采，出现水孔后，采用乳化油炸药。炸药单耗随着开采深度增加而有所增加。

(2) 矿石大块二次破碎。由于进入破碎机前的最大矿石尺寸为1.2m，因此在装载过程中产生的矿石大块需进行二次破碎。为减少二次破碎产生飞石及扬尘，设计采用1台移动式液压碎石机进行大块处理。

(3) 预裂爆破。对于邻近边坡的爆破应采用预裂及光面爆破进行处理，避免爆破后冲，以保护采场最终边坡。设计采用两台边坡预裂钻机进行预裂孔作业。预裂爆破采用不耦合装药方式，预裂孔倾角与最终台阶坡面角一致，孔径为70~100mm，孔距为2.5~3.5m。

2.4.6.3 矿山装载工作

矿山生产规模为年产矿石84Mt/a，采剥总量为145Mt/a。设计采用两台RH400型挖掘机，1台RH340型挖掘机进行装载作业，另选用1台ZL2350型前装机进行辅助作业。

另外矿山现有1台TH170型挖掘机，主要进行矿山基建工作。

辅助设备主要辅助挖掘机，钻机的工作面的清理和平整，边坡及运输道路的维护，临时道路的修建等。设计采用ZL-950型前装机4台，DT-950型推土机4台。

2.4.7 矿山运输设备

2.4.7.1 矿山运输设备

矿山矿石采用汽车—可移式破碎站—胶带联合运输的方式。汽车采用MT6300型矿用自卸汽车，载重362t（16台），MT3400型矿用自卸汽车5台；可移式破碎机采用60′×89′型旋回式破碎机（4台）；胶带采用带宽为2.2m，带速为4m/s。

2.4.7.2 矿山运输道路技术指标

矿山采用MT6300型矿用自卸汽车，载重362t。设计矿山运输道路宽度：半壁半堑段为45m，双壁路段42m，双堑路段48m。道路技术指标：

(1) 道路坡度10%。

(2) 道路最小转弯半径50m。

(3) 道路路面结构级配碎石面层厚25cm，块石基层厚75cm。

2.4.7.3 辅助运输设备

设计采用的道路养护设备有：MT3300型洒水车4台，同时也用于采场、土场等工作场所的洒水降尘工作；ZL-950型前装机两台，同时用于采场工作面、边坡等的清理工作；DT-950型推土机4台，同时也用于采场、土场等处的工作；工程服务车两台；平路机两台；压路机两台；运油车4台，15t级；工程车4台。

2.4.8 采矿主要设备

主要采矿设备见表3。

表3 主要采矿设备

序号	设备名称	数量	现有	备注
1	RH400挖掘机（$45m^3$）	2	2	
2	RH340挖掘机（$33m^3$）	1	1	
3	RH170挖掘机（$18m^3$）	1	1	用于基建
4	ZL2350前装机（$40m^3$）	1	1	
5	SKF15钻机（203mm）	11	5	
6	MT6300自卸矿车（362t）	16	9	

续表3

序号	设备名称	数量	现有	备注
7	MT4400（225t）	5	5	用于基建
8	MT3300（136t）	4	4	
9	60′×89′可移式破碎机	4		
10	宽2.2m胶带机			
11	MT3300型洒水车	4	4	
12	ZL950型前装机	2	2	
13	DT950型推土机	1	1	
14	推土机	5	5	
15	平路机	2	2	
16	压路机	2	2	
17	15t运油车	4	4	
18	15t装药车	6		
19	20t工程车	4		
20	服务车	2	2	
21	液压挖掘机（配液压锤）	1		
22	客车	2	2	
23	越野车	10	10	
24	吊车	1	1	

2.5 排土场

2.5.1 排土场容积

根据采场境界圈定的结果，境界内共圈定的岩石量为1611Mt。土场容积按下式计算：

$$A = KQ/n \times h$$

式中 A——土场容积，mm^3；

K——岩石松散系数，1.5；

Q——所需排土总量，1611Mt；

n——岩石体重，$3.0t/m^3$；

h——土场沉降系数，1.15。

计算结果所需土场容积为$700Mm^3$。

2.5.2 排土场位置

2.5.2.1 土场的确定原则

（1）不影响矿山今后发展；

（2）满足矿山生产的环保要求；

（3）在安全条件下就近排土；

（4）初期排土在租赁范围内，后期排土可考虑向范围外发展。

2.5.2.2 排土场位置的确定

根据矿山现有条件，可满足上述原则的排土位置只有境界东南部，东北部及采场与选厂中间地带。其中采场与选厂中间地带可供排土的体积有限，可作为采场表土剥离的贮存地点，以备今后土地复垦之用。

（1）东南部土场。该土场为矿山最早可利用的土场。具体设计为土场西部边缘距离采场境界留出70m的空间，可作为今后矿山车辆及排土胶带机的通道。南部边缘距离租赁界线留出50m空间，该空间同样为今后布置排土胶带机道及一些矿山设备运输的通道创造条件。土场北部边缘距离矿山其他设施留有40m的安全距离。土场东部距离租赁接线外的公路宽度为40m。

（2）东北部土场。该土场西南部边缘距离采场境界要留出足够空间，该部位作为今后向西部矿体开采的胶带机转载站的位置。因此该处空间不可被土场占用。其他部分距离周边均留出40m的安全距离。其他参数与东南部土场数据相同。土场最终排土标高为80m。

2.5.3 排土方式

矿山排土初期采用汽车与推土机相配合，分阶段逐水平的排土方式，土场一次排土高度不大于30m，分层排土高度为20m，排土台阶坡面角为37°。设计采用DT－950型推土机4台。

由于目前两处土场排土容积有限，今后矿山排土势必向更远处发展。随着矿山开采的不断降深，汽车排土运距的不断增加，新土场距离采场的位置更远，因此汽车直排的方式势必带来排土成本的增加。届时采取更加合理的排土方式势在必行。为降低排土成本，设计采用汽车—破碎站—胶带机—排土机联合的排土方式。该排土方式具有排土能力大，排土成本低的特点。但初期投入较大，适合与远距离排土。

2.5.4 土场复垦

在土场停止使用后，对土场进行土场复垦，以恢复生态平衡，保护环境。由于我们将采场与选厂之间的地段作为采场表土剥离物的贮存地点，这是复垦所需的地表土主要来源。在土场复垦之前，先将土场进行场地平整，其坡度小于1%，避免坡度大所造成的水土流失。然后将土场表面用事先贮存的地表土进行覆盖。覆盖厚度为0.5~1m，视情况可在其上面再覆盖一层0.2m厚的腐殖土。然后种植一些适于当地生长环境的植物。

3 选矿厂

3.1 矿石性质

SINO铁矿矿体赋存于Hamersley群Brockman含铁构造的Joffre段和Dales Gorge段。矿体呈层状，产状与地层一致，走向NE150~200，倾向NW，倾角约45°。矿体水平厚度约750m。矿石以原生矿为主，属低磷含硫中低品位单一酸性原生磁铁矿，近地表40m厚的硅质角砾岩带为氧化矿石。

矿石中铁矿物主要是磁铁矿，次为半假象－假象赤铁矿、镜铁矿、褐铁矿和菱铁矿；脉石矿物以石英为主，其次是钠闪石（包括青石棉）、铁白云石、云母类矿物、滑石、长石、黑硬绿泥石和绿泥石。

原矿多元素化学分析和物相分析结果分别见表4和表5。

表4 原矿多元素（组分）化学分析 （%）

元素（组分）	TFe	MFe	FeO	Fe_2O_3	SiO_2	Al_2O_3	CaO	MgO	MnO
含量	30.70	20.20	14.92	27.31	44.85	1.82	1.75	2.36	0.15
元素（组分）	Na_2O	K_2O	P	S	C	Ig	碱性系数	TFe/FeO	
含量	0.30	0.40	0.099	0.12	1.10	5.19	0.088	2.06	

表5 原矿中铁的物相分析结果 （%）

铁 相	磁铁矿中铁	假象赤铁矿中铁	赤（褐）铁矿中铁	碳酸盐中铁	硫化物中铁	硅酸盐中铁	合计
金属量	20.19	0.41	5.23	1.38	0.08	3.41	30.70
分布率	65.77	1.34	17.04	4.50	0.24	11.11	100.00

3.2 选矿试验

长沙矿冶研究院进行了实验室试验和扩大连选试验，扩大连选试验结果见表6。

表6 扩大连选稳定试验结果 （%）

试验流程	磨矿细度	原矿品位 TFe	铁精矿					
			产率	品 位			回收率	
				TFe	MFe	SiO_2	TFe	MFe
阶段磨矿—磁力脱水槽—两段弱磁选	-0.025mm80.45	30.42	28.84	68.72	66.58	4.52	65.15	95.06
	-0.028mm80.27	30.36	29.57	67.65	65.15	5.13	65.89	95.37
	-0.03mm80.61	30.37	30.32	66.59	64.51	6.67	66.48	96.83
阶段磨矿—两段弱磁选	-0.025mm80.50	30.35	29.09	68.52	66.14	4.61	65.68	95.25

Metso进行了SMC、Bond功指数等试验，结果见表7。

表7 Metso试验结果

项目	DWi/kW·h·m^{-3}	$A \times b$/kW·h·m^{-3}	Sg/t·m^{-3}	Wi/kW·h·t^{-1}	Is50/MPa	UCS/MPa
最大	13.69	38.7	3.6	20.9	21.3	511
最小	8.55	25.8	3.2	14.6	9.6	230
平均	11.2	31.2	3.5	17.2	16.1	386
标准偏差	1.5	4.0	0.1	1.9	3.2	76

自磨回路模拟结果见表8。

表8 40×36英尺自磨机模拟结果

模拟参数	细粒给矿			粗粒给矿		
	平均	最小	最大	平均	最小	最大
矿石硬度 $A\times b$	31	25.8	36.9	31	25.8	36.9
给矿量/$t\cdot h^{-1}$	1550	1420	1670	1310	1210	1430
给矿粒度 F80/mm	145.6	145.6	145.6	167	167	167
给矿中 -10mm/%	21.3	21.3	21.3	7.5	7.5	7.5
磨机充填率/%	40.1	40	39.9	40	40.2	40.2
磨机功率/kW	25700	25500	25700	25400	25300	25500
返回量/$t\cdot h^{-1}$	570	555	570	520	515	535
破碎机功率/kW	770	750	780	740	740	760
旋流器溢流粒度/mm	0.181	0.182	0.186	0.181	0.180	0.185
磨矿功耗/$kW\cdot h\cdot t^{-1}$	17.1	18.5	15.9	20.0	21.5	18.4

3.3 选矿厂规模及产品方案

选矿厂处理原矿8400万吨/年，生产TFe品位67.50%铁精矿2400万吨/年。

3.4 选矿工艺流程

选矿工艺为阶段磨矿阶段选别流程，其中碎磨系统采用自磨—球磨—顽石破碎（ABC）流程。工艺流程如图1所示。主要工艺指标见表9。

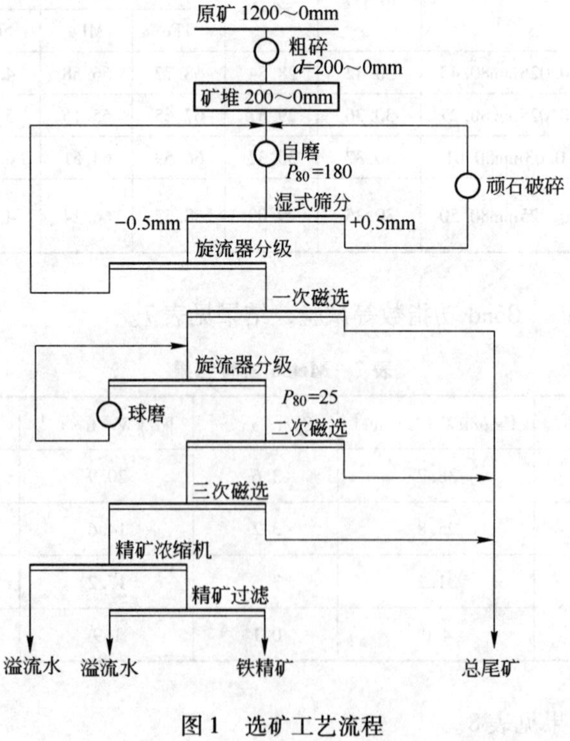

图1 选矿工艺流程

表9 主要选矿工艺指标

产品名称	产率/%	矿量/万吨·年$^{-1}$	TFe品位/%	TFe回收率/%
铁精矿	28.92	2429.28	67.50	63.58
总尾矿	71.08	5970.72	15.73	36.42
原矿	100.00	8400	30.70	100.00

3.5 主要工艺设备

选矿工艺主要设备见表10。

表10 主要选矿工艺设备

作业名称	设备名称规格	数 量	备 注
粗破碎	63″×89″半移动破碎站	4	
一段磨矿	ϕ40′×36′自磨机	6	
一段分级	FX660－GXT×16旋流器	6	
顽石破碎	H8800圆锥破碎机	12	
一次磁选	CTB－1230永磁筒式磁选机	120	
二段磨矿	ϕ26′×44.5′球磨机	6	
二段分级	FX350－GJ24旋流器组	12	
二次磁选	CTB－1230永磁筒式磁选机	72	
三次磁选	CTB－1230永磁筒式磁选机	72	
机械手	7 Axis	1	
机械手	Twin 8 Axis	1	

3.6 选矿厂自磨工艺及设备主要特点

（1）自磨机ϕ12.19m×10.97m（ϕ40′×36′）为目前世界上最大规格的自磨机。自从自磨工艺在工业上应用以来，自磨机规格不断朝着大型化发展。20世纪60年代出现了ϕ9.75m（32英尺）自磨机。70年代中期ϕ10.97m（36英尺）自磨机制造出来，并首先应用于美国希宾铁矿，这是当时最大规格的自磨机。此规格自磨机（以及此前的自磨机）采用常规的齿轮传动。由于受齿轮传动功率的限制，在此后一段较长时间内自磨机规格没有新的突破。直至90年代中期，随着无齿轮传动方式的应用相继制造了ϕ11.58m（38英尺）和ϕ12.19m（40英尺）的自磨机。澳大利亚SINO铁矿采用由中国设计和制造的ϕ12.19m×10.97m（ϕ40英尺×36英尺）电机功率为28000kW的自磨机是当今世界上最大的自磨机。世界大型自磨、半自磨机（直径≥38ft）主要应用实例见表11。

（2）自磨机采用环形电动机（ringmotor）的无齿轮（gearless）传动。无齿轮传动是将环形电动机的转子固定在磨机筒体周围，使磨机筒体成为电动机转子的一部分。环形电动机为低速同步机，可采用变频调速。无齿轮传动与常规的齿轮传动相比投资较高，但具有如下优点：

表11 世界大型自磨、半自磨机（直径≥38ft）主要应用实例

磨机规格（$D \times L$）		台数	功率		电机台数型式	制造厂	矿石	安装地	厂矿名称	供货时间
ft	m		HP	kW						
40×36AG	12.19×10.97	6	37548	28000	RM	中信重机	铁矿	澳大利亚	中信 Sino	2009年开始
40×24SAG	12.19×7.32	1	29480	21983	RM	Metso	铜矿	秘鲁		2008年
40×24.8AG	12.19×7.56	1	29480	21983	RM	Metso	铜矿	智利		2008年
40×24SAG	12.19×7.32	1	26800	19985	RM	Metso	铜金矿	BC		2008年
40×25.5SAG	12.19×7.77	1	29480	21983	RM	Metso	铜矿	智利		2007年
40×24SAG	12.19×7.32	1	28140	20984	RM	Metso	铜矿	智利	Collahuasi	2001年
40×22SAG	12.19×6.70	1	26000	19388	RM	Svedala	金矿	澳大利亚	Cadia	1996年
38×24.8SAG	11.58×7.56	2	29480	21983	RM	Metso	铜金矿	巴拿马		2008年
38×45AG	11.58×13.72	2	30284	22583	RM	Metso	铜矿	瑞典		2006年
38×23SAG	11.58×7.01	1	26000	19389	RM	Metso	金矿	加拿大		2006年
38×24.5SAG	11.58×7.47	1	26800	19985	RM	Metso	金矿	Undecided		2006年
38×24.5SAG	11.58×7.47	1	26800	19985	RM		金矿	委内瑞拉		2006年
38×24.5SAG	11.58×7.47	1	26800	19985	RM	Metso	金矿	巴西		2005年
38×23SAG	11.58×7.01	1	26800	19985	RM	Metso	铜矿	巴西	Sossego	2002年
38×22SAG	11.58×6.71	1	26000	19388	RM	Metso	铜矿	智利	EI Teniente	2000年
38×22.5SAG	11.58×6.86	1	26000	19389	RM	Fuller	铜矿	智利	Escondida	1999年
38×21SAG	11.58×6.40	1	27000	20134	RM	Fuller	铜锌	秘鲁	Antamina	1999年
38×25.5AG	11.58×7.77	1	24120	17986	RM	Svedala	镍矿	澳大利亚	Olympic Dam	1996年
38×20SAG	11.58×6.10	1	26000	19388	RM	Svedala	铜金矿	印度尼西亚	Freeport	1996年

1）传动功率大：常规的齿轮传动每个小齿轮的最大传动功率为8500kW，采用双机传动最大为17000kW。而无齿轮传动可达到更高的传动功率。所以无齿轮传动突破了常规齿轮传动对功率的限制，为自磨机进一步大型化创造了条件；

2）具有较高的传动效率；

3）方便于磨机调速；

4）运转率较高，维修量较小，占地面积较小。

（3）碎磨工艺采用了自磨—球磨—顽石破碎流程（ABC）。近年来，对金属矿山来说自磨/半自磨工艺采用较多的流程主要有：半自磨—球磨—顽石破碎（SABC）流程、自磨—球磨—顽石破碎（ABC）流程和半自磨—球磨（SAB）流程。

半自磨—球磨—顽石破碎（SABC）流程同时采用了两种强化磨矿的措施，即半自磨（磨机内加入部分钢球）和从磨机中引出顽石进行破碎，可有效解决难磨临界粒度物料的积累问题。它是目前比较流行的流程，近年来世界上许多大型金属矿山采用这种流程，比如澳大利亚的Cadia金矿、智利的Escondida铜矿（四期）、巴西Sossego铜矿、美国Kennecott铜矿（改造）等。

对铁矿石，由于“磁铁矿除铁”技术难题尚未有效解决，这种流程的采用亦受到限制。〔此流程采用半自磨（磨机中加钢球），磨机排出的砾石中必然混入废钢球，为了保证顽石破碎机正常生产必须除掉废钢球。因为磁铁矿为强磁性矿物，除铁（废钢球）技术问题还没有解决。〕因此，对铁矿来说，一般多采用自磨—球磨—顽破碎流程或半自磨－球磨流程。澳大利亚 SINO 铁矿采用了自磨—球磨—顽破碎（ABC）流程。

作者简介：

刘仲文，中冶北方工程技术有限公司副总工程师，教授级高级工程师。

张光烈，中冶北方工程技术有限公司副总工程师，教授级高级工程师。

澳大利亚矿业新星——FMG公司

焦玉书

（鞍山冶金设计研究总院）

2012年4月20日

澳大利亚FMG公司（Fortescue Metals Group）是西澳洲皮尔巴拉地区一颗矿业新星。现在在西澳洲皮尔巴拉地区与力拓、必和必拓齐名。2011年力拓公司生产铁矿石2.31亿吨，必和必拓公司生产1.62亿吨，FMG公司生产铁矿石已达到4780万吨。

FMG在西澳洲拥有露天矿、专用铁路和港口，铁矿石生产链设施完整。

2009年中国华菱钢铁公司出资11.85亿澳元（折合人民币53.325亿元）收购FMG总股份16.48%，取得每年获得1000万吨铁矿石的权益进口矿份额，FMG公司矿石主要出口到中国。

1 FMG矿山交通位置

FMG公司所属铁矿区地处奇切斯特（Chichester）山脉，FMG所属Cloudbreak铁矿和Christmas Creek铁矿距西澳海德兰港（Hedland）约260km。

为输出铁矿石，FMG公司已专门修建了铁矿专用线，并修建了艾利特港（Herb Elliot），同时修建了飞机场，物流系统完备。

2 矿床地质

FMG铁矿床赋存在西澳皮尔巴拉地区，系哈默斯利盆地含铁建造（BIF）。FMG所属Cloudbreak和Christmas Creek铁矿都属于高品位的氧化含铁建造（BIF）（Banded Iron formations）。

Christmas Creek矿床的矿化作用分布在一个长约39km，宽约9km的区域内，由地表向下深度达117m。河床铁矿床（Channel iron deposit）出现的深度于地表之下12～48m处，常呈较大的透镜状或似层状产出，沿走向长度3km，宽300～400m，厚度平均为6m。地表浮土平均厚12m。Christmas Creek矿区共有4种类型的矿石：硬度较大的风化壳、低品位Nammuldi段矿石（边界品位Fe>50%）、高品位Nammuldi段矿石（边界品位Fe大于57%）和河床铁矿石。

Cloudbreak铁矿位于Christmas Creek铁矿区以西约50km，矿带沿走向长约37km，宽5km，由地表向下延伸深度为90m。矿体厚度1～28m不等，平均为8m，地表浮土平均厚22m。Cloudbreak矿区的矿石类型分为三种：低品位Nammuldi段矿石（边界品位Fe大于50%）/高品位Nammuldi段矿石（边界品位Fe大于56%）和河床铁矿石。

本矿床2004年开始勘探，在Cloodbreak和Christmas Creeh铁矿，共完成7363个冲击回转钻孔RC，累计进尺312552m，完成178个金刚石钻孔，累计进尺4574m，完成35个取样钻孔，累计进尺999m。

钻孔网度：

推断的资源量——（inferred resources）800m×200m

控制的资源量——（inferred resources）800m×100m/400m×200m

探明的资源量——（measured resources）100m×100m/50m×50m

2.1 矿石类型

Cloudbreak和Christmas Creek铁矿的矿石均属氧化型矿石。矿石中铁矿物主要为假象赤铁矿、微片状赤铁矿、针铁矿（即褐铁矿）和赭状针铁矿，偶见磁铁矿零星分布；脉石矿物主要是以高岭石为代表的黏土矿物以及微量方解石、白云石和黄铁矿。矿石的密度2.6~2.8g/cm^3，矿石的硬度20~80MPa。

2.2 矿石储量和资源量

2008年9月，Fortescue公司审查了全部的钻孔资料、化验数据和更详细的露采模型以及补充的烧结实验结果，然后对Christmas Creek铁矿和Cloud-break铁矿的矿石储量进行了计算，结果显示两矿区的探明资源和控制资源，共计18.55亿吨。探明储量和控制储量16.25亿吨，转换率为87.6%。

矿石储量估算过程中，Fortescue公司根据选矿性能的差异将Cloudbreak铁矿和Christmas Creek铁矿的矿石资源分为高品位和低品位两大类。

高品位矿石：粉矿铁品位60.20%、块矿铁品位61.10%，其他组分的含量：Al_2O_3小于3.0%、SiO_2小于6.0%、MnO小于2.0%（原矿Fe大于58.0%）。

低品位矿石：通过适当分选可使铁品位提高到火箭（Rocket）粉矿要求的原矿；其他组成的含量：Al_2O_3小于3.5%、SiO_2小于7.0%、MnO小于10.0%（原矿Fe大于50.0%）。

2008年9月Chritmas Creek铁矿和Cloudbreak铁矿矿石储量的计算结果见表1，表2则为不同品级矿石的储量。

表1 Christmas Creek铁矿和Cloudbreak铁矿矿石储量重新计算结果

储量类别	Mt	Fe/%	SiO_2/%	Al_2O_3/%	P/%	LOI/%
探明储（proved）	143	59.69	3.52	1.87	0.051	8.19
概算储量（probable）	1482	58.76	4.23	2.39	0.057	7.62
合　计	1625	58.85	4.16	2.35	0.056	7.67
其中高品位矿石	701	60.51	3.18	1.92	0.053	7.33

表2 Christmas Creek铁矿和Cloudbreak铁矿不同品级储量重新计算结果

储量级别	Mt	Fe/%	SiO_2/%	Al_2O_3/%	P/%	LOI/%
Christmas Creek铁矿						
高品位矿石	394	60.5	3.3	2.0	0.053	7.1

续表 2

储量级别	Mt	Fe/%	SiO_2/%	Al_2O_3/%	P/%	LOI/%
低品位矿石	603	57.5	5.1	2.7	0.055	7.7
Cloudbreak 铁矿						
高品位矿石	307	60.6	3.1	1.8	0.053	7.6
低品位矿石	321	57.8	4.6	2.5	0.064	8.3
高品位矿石	701	60.5	3.2	1.9	0.064	7.3
低品位矿石	924	57.6	4.9	2.7	0.058	7.9
合计	1625	58.8	4.2	2.3	0.056	7.7

3 矿山生产工艺

3.1 采矿

Cloudbreak 和 Christams Creek 铁矿为缓倾斜矿层，倾角 2°~5°，矿层厚 3~10m，矿岩松软，按矿床赋存条件和产状，适用于露天开采，同时剥离适用内排土方式。

采矿采用条带开采，矿床划分为若干采区，采区长 300m，宽 200m，形成一条长达 4km 的条带，采矿起始点先剥离。

最初开始的第一条带采区用传统的矿运方式开采，剥离废石用斗轮铲，废石装入汽车运到露天矿外的废石场。矿石用表面采矿机回采，将矿石装入汽车运到与选厂以及场外基础设施相连的地面运输系统。矿层内废石亦用表面采矿机回采，废石装入汽车运到露天矿废石场。

第一条带的覆盖层剥离完后，开始第二条带的开采作业，第二条带用斗轮铲采掘废石，废石通过移动式堆料运输机，排放到第一条带采矿后形成的采空区，即实施内排土，以此顺序进行露天开采作业。

第二条带采矿与第一条带采矿作业相同。

采掘设备主要是表面采矿机。该设备通常应用于采煤，尤其适合于选择性地开采水平或缓倾斜厚矿层（见图 1~图 3）。

图 1 FMG 露天采场（一）

图 2 FMG 露天采场（二）

图3 FMG公司露天采场（三）

矿石运输方式

运输系统将会沿着 Cloudbreak 和 Christmas Creek 矿床的整个走向长度延伸。当前在采场、采场至选矿厂以及从 Christmas Creek 铁矿到 Cloudbreak 铁矿，矿石均采用卡车运输。采场卡车的载重量为100t；从采场至选矿厂，运送矿石卡车的载重量为200t；从 Christmas Creek 铁矿到 Cloudbreak 铁矿，运送矿石卡车的载重量为350t。

地面联合运输系统是用1400mm 宽的胶带机将矿石从 Cloudbreak 矿和 Christmea creek 矿采区运输到位于 Cloud Break 的破碎和筛分车间。胶带机的设计能力为6500t/h，速度为5.8～6.4m/s。在两个矿的采矿区内采用分支运输机，矿石倒运采用拖运卡车，其最大距离为1km。

3.2 选矿

3.2.1 选矿工艺

Cloudbreak 铁矿选矿厂设计生产三种产品：高品位粉矿，高品位块矿和超值精矿。高品位块矿和高品位粉矿产品都只需将高品位原矿破碎和筛分即可获得，超值精矿则还需将低品位原矿经过其他工艺处理，除去天然赋存的高硅和高铝粉矿才能获得。对低品位原矿，可采用湿式筛分和旋流器脱泥的处理方式，除去粒径小于0.1mm 的颗粒。

处理高品位原矿和低品位原矿的工艺流程分别如图4 和图5 所示。高品位的块矿破碎到8～31.5mm 粒径，而两种不同铁品位的粉矿产品筛分后的粒径小于8mm。

尾矿处理：所有尾矿矿浆进行脱水处理，然后用传送设备运送到露天采场，作为已开挖露天矿的回填料。

3.2.2 产品质量

由于原矿铁品位高，杂质含量低，原矿只需经过简单的破碎、筛分和脱泥处理后，即可获得质量满意的高品位块矿、高品位粉矿和超值粉矿产品。按照产品的质量控制目标（见表3），高品位粉矿煅烧后的铁品位达到65.2%，$SiO_2+Al_2O_3$ 总量小于5.7%；超值粉矿煅烧后的铁品位达到64.6%，$SiO_2+Al_2O_3$ 总量小于6.3%。

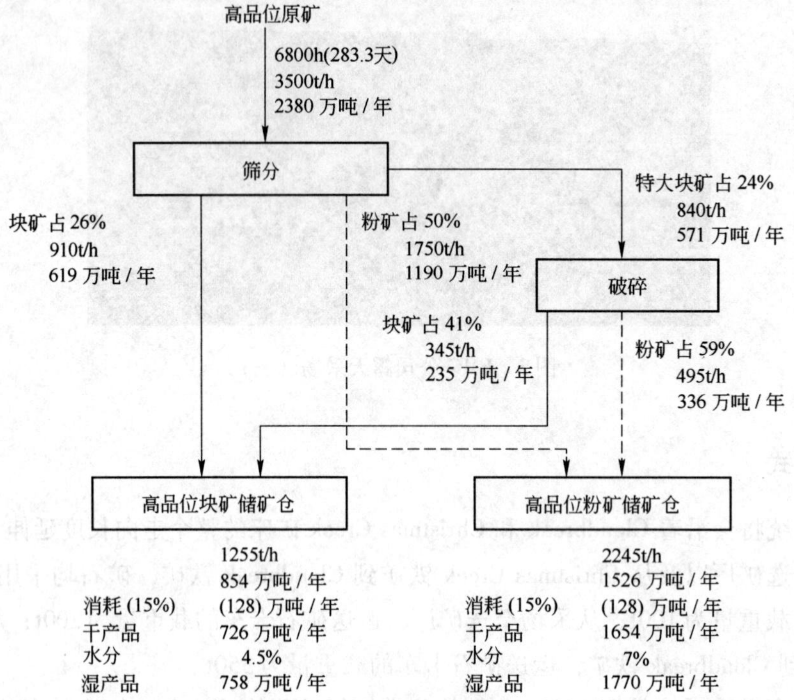

图 4 Cloudbreak 铁矿处理高品位原矿的原则工艺流程

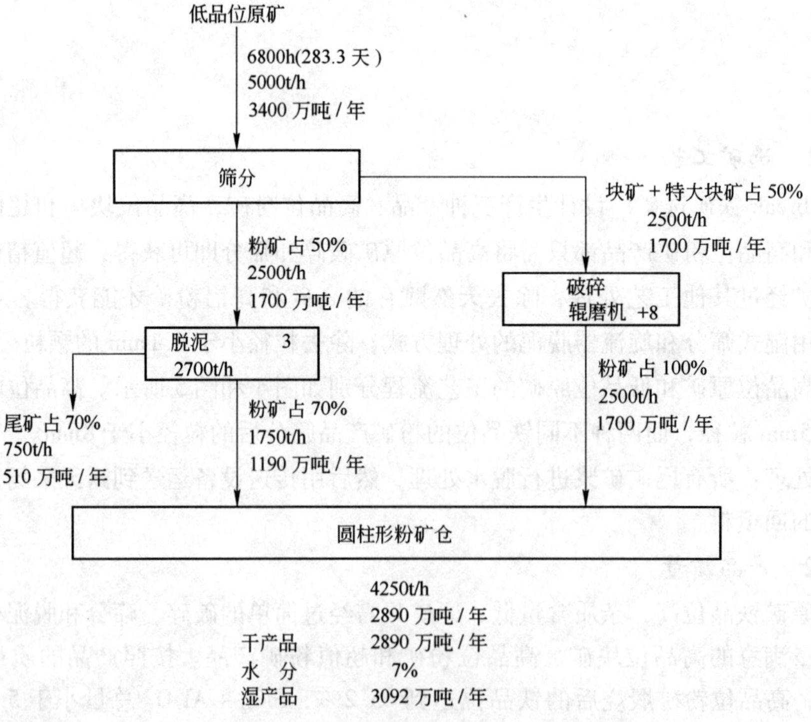

图 5 Cloudbreak 铁矿处理低品位原矿的原则工艺流程

表 3　产品质量控制目标

成分/%	高品位块矿	高品位粉矿	超值粉矿
Fe	1.1	60.2	59.0
SiO_2	2.8	3.4	3.9
Al_2O_3	1.3	1.9	1.9
P	0.050	0.051	0.054
S	0.025	0.025	0.030
MnO	0.30	0.38	0.49
总 LOI	7.6	7.7	8.7
水分	4.5	7.0	7.0

3.3　矿产品烧结性能

FMG 公司的矿产品，2008 年送到中国，华菱公司使用 FMG 粉矿进行烧结，生产状况顺行。

后来又专门进行了烧结试验，试验表明：使用 FMG 矿粉，在炉料配比中使用 15% ~ 20%，其烧结矿冶金性能良好。

4　铁路与港口物流

从 Christmas Creek 铁矿到 Cloudbreak 铁矿，再到艾利特港口（Herb Elliot），以及 Pilbara 的飞机场，FMG 公司拥有独立、完整的物流运输和装卸系统，包括公路、铁路、航空、出海码头和皮带运输系统。

4.1　铁路运输

目前，Cloudbreak 选矿厂生产的产品通过铁路运送到港口堆料场，距离为 250km，全程为独立运行的铁路专用线路。

铁路为标准轨，采用大功率先进的机车及高载重车皮运送。一列火车有 240 节车皮，载重量为 130 ~ 140 吨/节，则一列火车的载重量为 3.1 ~ 3.3 万吨。Cloudbreak 选矿厂产品装车机的能力为 1.6 万吨/小时，约 2h 即可装满一列火车。

4.2　港口设施

FMG 拥有专用港口艾利特港（Herb Elliot）。港口占地面积大，有 $6km^2$，现有一个 320 万吨的堆料场，码头艾利特港年可输出矿产品 5580 万吨/船。吃水 17.5m，可停靠两艘 17 万吨/船的船只，如图 6 ~ 图 8 所示。

图6 FMG公司矿山装矿站

图7 FMG公司专用宽轨铁路线

图8 FMG公司艾利特港

5 FMG发展计划

FMG投产至今，已发运铁矿石1.4亿吨，2011年12月发运530万吨，创下发运记录，2011年12月武钢创新号货船装了248106t铁矿石，创黑德兰港记录。2012年1月FMG发送铁矿石21万吨。2011年12月增加第六列火车，每列车载运矿石3.3万吨，由244个车厢组成，每台载重134t。

FMG发展计划：确定年产铁矿石1.55亿吨，现采区年产9500万吨，另开发所罗门（Solomon新区），年产6000万吨，Hedland港输出1.55亿吨。

6 基本看法

FMG是澳大利亚次于力拓（Rio tinto）和必和必拓（BHP. B：lliton）的第三大铁矿企业，仅Cloud break和christmas Creek铁矿就拥有16.25亿吨铁矿储量，该矿区资源储量大，矿石质量好，杂质含量少。

该矿床是西澳洲条带状含铁建造，矿层呈缓倾斜，分布面积大，已进行详细勘探，按中国固体矿产储量规范和澳大利亚JORC标准，矿床地质工作充分，已进行的勘探工作符合规模要求，所提交的16.25亿吨储量是可信的。

FMG引用煤矿采用的表面采矿机进行铁矿层采掘作业，属技术创新，其采矿工艺技术先进，生产可靠。又该矿矿石性质相对简单，矿石大部分为氧化矿，含结晶水，地质品位铁57.96%～60.07%。煅烧后矿石品位可达到铁62.83%～64.22%，矿石品位较高，属于DSO类型的矿产品。

原矿采用成熟的破碎、筛分、部分脱泥的生产工艺，即可获得符合市场质量要求的铁矿产品。

总的看，FMG矿山采矿选矿生产工艺技术先进，生产可靠，与西澳洲一些企业相比较，大体上相当于MAC矿（即Area c），其矿产品竞争力是比较强的。

FMG公司采矿选矿和外部运输条件、装运、港口等设施完善，条件较好，2009年矿产品估算成本每吨在38.81美元左右，其中：采矿选矿27.41美元/吨；政府资源税4.91美元/吨；铁路运输3.91美元/吨；港口2.61美元/吨。2011年，已涨到40～41美元/吨。

FMG生产链各项设施完善。拥有铁路专用线和港口，物流顺畅。

FMG应是我国钢铁企业的合作伙伴。

作者简介：

焦玉书，教授级高级工程师，鞍山冶金设计研究总院原院长，中国矿业联合会高级资政，中国冶金矿山企业协会顾问。

澳大利亚中西矿业公司 Weld Range 铁矿基本情况

焦玉书

（鞍山冶金设计研究总院）

2011 年 3 月 26 日

Weld Range 铁矿位于澳大利亚西澳洲中西部地区；在 Meekatharra 西南 65km，Cue 西北 50km，离海岸线 350km，距西澳洲首府佩斯市 600km，目前只有一条经过 Cue 郡的外部公路通达矿区。交通位置如图 1 所示。

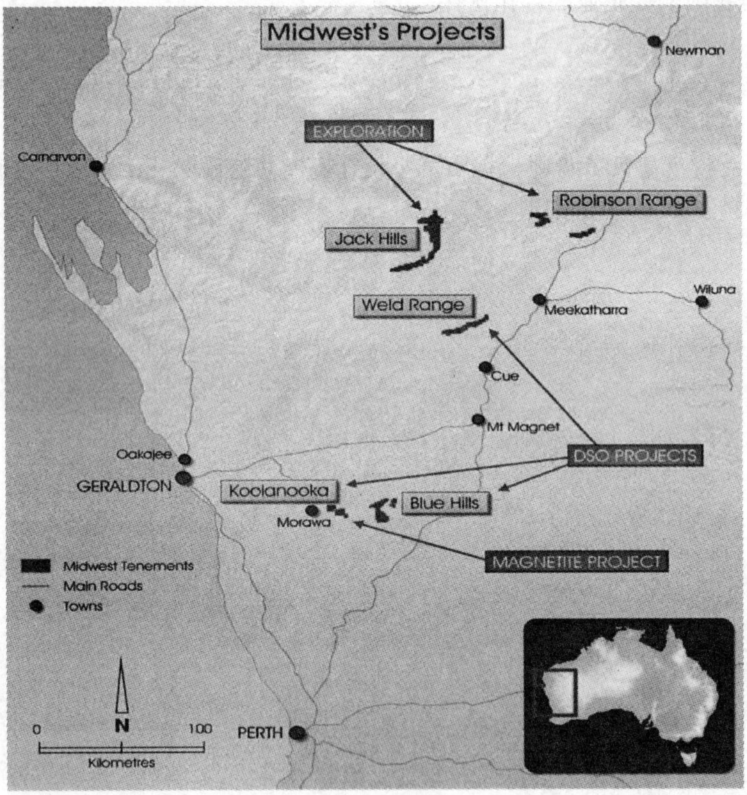

图 1 矿山交通位置图

1 矿山资源储量评估

Weld Range 铁矿包括 Beedyn 和 Madoonga 两个矿区，均系条带状硅铁建造铁矿床，矿体走向长 4km，倾角大于 70°，矿体厚 5 ~ 50m。已进行的钻探工作，钻孔 1016 个，总进尺为 140689. 9m，Weld Range 铁矿属第Ⅱ类型铁矿床，勘探工程控制网度 Beebyn 矿区 50m×（40～60m）；Madoonga 矿区 40m×（30～50m）。Weld Range 铁矿钻孔工程量见表 1。

表 1 Weld Range 铁矿钻孔工程量

矿　区	钻孔数/个	钻孔长度/m
Beebyn 矿区	490	67212. 2
Madoonga 矿	526	73477. 7
合　计	1016	140689. 9

矿石工业指标：边界品位 TFe50%。

1.1 地质资源储量

1.1.1 地质资源储量

按照澳大利亚矿石储量联合委员会标准

（JORC Code 2004）进行储量分级，共分为探明的（Measured）、控制的（Indicated）、推断的（Inferred）估算资源储量见表 2。

表 2 资源储量估算结果

项　目	矿　区	分　类	体积/ $\times10^6m^3$	密度/ $t\cdot m^{-3}$	资源储量/ 10^6t	Fe/%
层状铁资源（+50% Fe）	Beebyn	探明的	20. 1	3. 2	64. 2	59. 5
		控制的	9. 1	3. 1	28. 5	58. 0
		推断的	2. 1	3. 1	6. 3	56. 4
	Madoonga	探明的	17. 7	2. 8	48. 7	57. 5
		控制的	13. 9	2. 7	38. 2	55. 8
		推断的	4. 1	2. 8	11. 5	55. 6
	小计	探明的	37. 7	3. 0	112. 9	58. 6
		控制的	63. 0	2. 9	66. 7	56. 8
		推断的	6. 2	2. 9	17. 8	55. 9
坡积铁资源（+50% Fe）	Madoonga	探明的	—	—	—	—
		控制的	2. 0	2. 8	5. 5	53. 4
		推断的	0. 3	2. 8	0. 9	52. 4
合　计		探明的	37. 7	3. 0	112. 9	58. 6
		控制的	25. 0	2. 9	72. 2	56. 5
		推断的	6. 5	2. 9	18. 7	55. 7
			69. 2	2. 9	203. 8	57. 6

1.1.2 设计资源/储量

本设计采用全露天开采方式，开采范围包括矿区内的矿体，通过对开采进行优化，设计利用资源/储量见表3。

表3　设计利用资源量

类　别	探明的		控制的		合计	
	资源储量/$\times 10^6$t	品位/%	资源储量/$\times 10^6$t	品位/%	资源储量/$\times 10^6$t	品位/%
Beebyn矿区	54	59.76	17	58.58	71	59.48
Madoonga矿区	41	57.63	23	56.49	64	57.23
合　计	95	58.84(平均)	40	57.38(平均)	135	58.41

1.1.3　后备资源勘探情况

矿山在Weld Range轴心地区（Weld Range Hub）尚有约1.017×10^8t资源量没有进行储量转换。这些资源分布见表4。

表4　矿山后备资源情况表

矿　区	构　成	资源储量/$\times 10^6$t	分类	备　注
Beebyn North	W30，W31和W45	21.6	推断的	距离中央处理厂8km
W6		20.0	推断的	距离中央处理厂2km
W14		5.5	推断的	Madoonga采坑内
W14		0.9	推断的	Madoonga采坑内
Beebyn + madoonga		17.8	推断的	矿区采坑附近
W35		0.1	推断的	Madoonga采坑东部
W15		6.1	推断的	Madoonga采坑内
W15		1.8	推断的	Madoonga采坑内
Matthew Ridge		4.5	推断的	距离中央处理厂90km
Matthew Ridge		3.3	推断的	距离中央处理厂90km
T13		6.3	推断的	距离中央处理厂100km
MZM		13.8	推断的	距离中央处理厂130km
合　计		101.7		

1.2　矿石质量

Weld Range铁矿矿石类型，以块状赤铁矿为主，还包括赤铁矿——针铁矿和针铁矿夹层，以及晶状赤铁矿和多孔的针铁矿——褐铁矿，矿石化学成分见表5。

表5　矿石化学成分

类　别	Fe/%	SiO_2/%	Al_2O_3/%	LOI/%	P/%	S/%	TiO_2/%
层状矿体	57.9	6.6	2.4	6.9	0.09	0.07	0.2
坡积矿体	53.4	10.6	3.8	8.1	0.05	0.05	0.6

2 矿山生产规模

Weld Range 铁矿生产规模确定年产铁矿石 1500 万吨/年，其中：Beebyn 矿区 700 万吨/年，Madoonga 矿区 800 万吨/年

矿山服务年限 11 年，投产 1 年，维持 1500 万吨正常产量仅 8 年，减产期 2 年，建设期 2.5 年，考虑后备资源开发，矿山寿命延长至 15 年。

3 生产工艺

3.1 露天境界

Weld Range 铁矿两个矿区均适宜采用露天开采。

Beeybn 矿区露天境界分为 Beeybn 主采区和 Beeybn 小矿体群采区。

Beeybn 露天境界内矿石量 7078.6 万吨，剥离岩石 43453 万吨，平均剥采比 6.1t/t。

Madoonga 露天境界内矿石 6411.2 万吨，剥离岩石 26379.9 万吨，平均剥采比 4.1t/t。

两矿区可采矿量合计 13499 万吨，平均剥采比 5.17t/t，平均品位 Fe58.41%。

3.2 生产工艺

采用汽车开拓运输方案：穿孔用美国生产的 Atlas—L8 Drill 钻机 6 台和 Atlas Pit Viper 271 钻机 11 台，前者为潜孔钻，后者为牙轮钻。

装载采用 日本小松 100t 液压铲 3 台
250t 液压铲 3 台
350t 液压铲 4 台

运输用 日本小松 自卸卡车
载重 85t 的自卸卡车 25 台
载重 180t 的自卸卡车 46 台

3.3 破碎筛分

本项目资源条件好，属 DSO 矿，不需要选矿加工处理，只需要破碎筛分，生产粒度 6.3～31.5mm 块矿和 0～6.3mm 粉矿两种矿产品，见表 6。

表 6 产品规格

产品规格	TFe/%	SiO_2/%	Al_2O_3/%	P/%	S/%	粒度/mm
标准块矿	60.0	5.5	1.8	0.09	0.05	31.5～6.3
标准粉矿	58.0	7.3	2.6	0.09	0.05	6.3～0
非标准块矿	56～61	4～13	2.1～4.9	0.08～0.11	0.05	31.5～6.3
非标准粉矿	53～59	4～12	2.1～4.9	0.08～0.11	0.05	6.3～0

破碎筛分工艺见图 2。

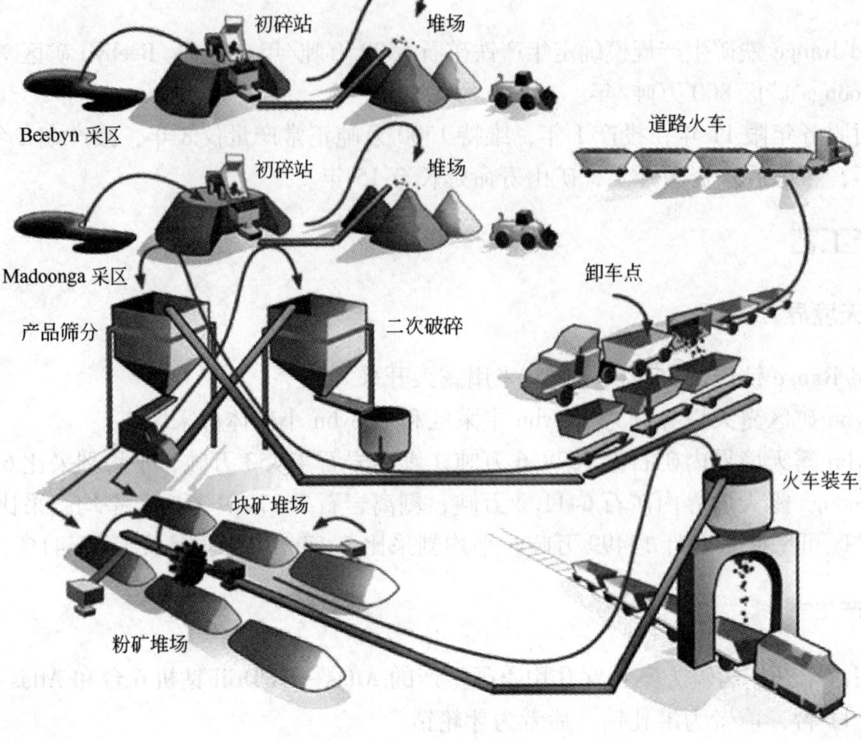

图2 破碎筛分工艺

4 基本生产条件及基础设施配套情况

4.1 供水

4.1.1 项目用水量

（1）生产用水。在 Beebyn 矿区、Madoonga 矿区、中央处理厂设置存储水箱，生产用水取至各自站点的存储水箱，Beebyn 矿区存储水箱存放 4000m³/d 的水量，Madoonga 矿区存储水箱存放 6000m³/d 的水量，中央处理厂存储水箱存放 16000m³/d 的水量。生产用水主要用于设备清洗和卸矿粗碎除尘用水。生产水箱总储量能够满足至少一天的生产用水备用量。Beebyn 矿区、Madoonga 矿区（不包括矿山降尘水）生产用水量为 1600m³/d；中央处理厂生产用水量为 7000m³/d。

（2）生活用水。本工程设计职工生活用水量标准为 70L/(人·天)，小时变化系数为 2.5；淋浴用水标准为 40L/(人·次)，淋浴时间为每班 1 小时，小时变化系数为 1.0。

（3）消防用水。中央处理厂厂区室内选用消防用水：10L/s，室外消防用水：20L/s。室内外消防时间为 3h，按一次火灾计算，则最大时消防用水量为 108m³/h。总消防用水量为 324m³。

4.1.2 供水水源

生产用水、生活用水均来源于矿坑排水系统抽出的低盐原水，通过各自站点存储水箱泵送。营地生活用水、机场用水取自中央处理厂的存储水箱泵送。

中央处理厂、各矿山粗碎站、行政管理区均设置反渗透处理厂，生活用水经反渗透处理水质达标后使用。生产用水和生活用水兼作消防用水。

管道为高密度聚乙烯管，沿地面铺设。

4.2 供电

4.2.1 供电电源

Beebyn 矿区、Madoonga 矿区、中央处理厂，营地和简易机场建立独立的柴油发电系统。通过柴油发电机组发电，输出电压为 11kV/415V。

在中央处理厂设 8 台 2.4MVA 的柴油发电机供电，另设两台备用机组。

Madoonga 矿区和 Beebyn 矿区将分别采用 4 台 1.25MVA 的发电机供电，另各设 2 台备用机组。

营地通过两台 1.25MVA 发电机供电，另设 1 台备用机组。

机场通过 1 台 82kVA 的发电机供电，另设 1 台备用机组。

各站点的每个钻孔抽水点就地安装一个独立的 350kVA 的发电机对矿山排水系统供电。

Beebyn 矿区和 Madoonga 矿区的水处理泵通过发电机组对其供电，Beebyn 矿区采用的是 3 台 1.25MVA 发电机，Madoonga 矿区采用的两台 1.25MVA 发电机。

通信塔将由一个具有额外备用电机的 50kVA 发电机提供电力，一台备用。

远程电源要求，如脱水及污水处理泵，通过独立的远程连接发电机组，发电系统自动控制。

4.2.2 用电负荷及性质

根据工艺及其其他专业提供的用电要求，利用需要系数法计算整个工程的用电负荷，具体统计结果如下：

Beebyn 矿区：

工程安装用电设备总容量：4263kW；

其中工作用电设备总容量：3127kW。

Madoonga 矿区：

工程安装用电设备总容量：4293kW；

其中工作用电设备总容量：3151kW。

中央处理厂：

工程安装用电设备总容量：18970kW；

其中工作用电设备总容量：15446kW。

根据工艺及各辅助专业提供的资料，矿山供水泵站的消防泵组为一级负荷，其余均为三级负荷。

4.3 物流系统

Weld Range 铁矿物流系统，澳大利亚政府承诺修建铁路和港口，本项目建设依赖铁路和港口的及时完工。

5 生产运营成本分析

采矿单位成本 19.55 澳元/吨（干重），采矿成本见表 7；粗碎单位成本 2.12 澳元/吨（干重），公路运输单位成本 3.19 澳元/吨（干重），加工单位成本 3.44 澳元/吨（干重），管理费用单位成本 2.45 澳元/吨（干重），火车运输单位成本 21.80 澳元/吨（干重），达产年单位总成本费用 65.71 澳元/吨（干重），年平均单位总成本费用 68.95 澳元/吨（干重），达产年总成本费用为 989313.67×10^3 澳元，达产年经营成本为 783985.29×10^3 澳元。生产期逐年总成本费用估算表见表 7。

表 7 采矿成本

分类		单位成本/澳元·吨$^{-1}$（干重）
承包商生产和辅助费用	钻孔爆破	4.24
	装载运输（废石）	5.67
	装载运输（矿石）	1.46
	辅助服务	1.74
	破碎机给料	0.02
	现状间接费用	2.08
	现场管理	2.53
	道路路基材料	0.31
	露天坑排水	0.04
	品位控制钻孔—回填	0.02
小计		18.11
中西矿业公司业主成本		0.47
采矿服务		0.98
合计		19.55

6 项目投资估算

6.1 概况

本工程估算总投资为 2273755×10^3 澳元，其中：工程费用 1248093×10^3 澳元，其他费用 634760×10^3 澳元，预备费 248678×10^3 澳元，建设利息 100163×10^3 澳元，铺底流动资金 42061×10^3 澳元。详见总估算表（见表 8）。

6.2 工程投资范围

本工程为 Weld Range 项目的 Beebyn 和 Madoonga 露天矿采矿工程，投资估算范围包括露天矿基建剥离、道路修建、加油站、炸药库、检修车间、采矿办公室、仓库、采场粗碎站、中央处理厂、产品筛分与皮带运输系统、公路多斗卡车运输系统、供电系统、通讯系统、矿区供排水系统、机场及配套设施、营地和采矿设备等工程费用和工程其他费用、工程预备费、建设利息、铺底流动基金等。

表 8　总估算　（千澳元）

序号	工程项目或费用名称	建筑工程费	设备购置费	安装工程费	合计
一	工程费用				
1	土石方/土建工程/厂区道路	174519			174519
2	燃料储存			15496	15496
3	硝铵炸药、乳胶炸药、高能炸药储存			3629	3629
4	检修车间、办公楼及仓库	28293			28293
5	粗碎站	17870	36933	4765	59568
6	公路铁路装卸系统	16573		2924	19497
7	二次破碎系统	6502	13439	1733	21674
8	产品筛分设施	11186	23118	2983	37287
9	列车外运设施		13516		13516
10	传送带及转载站	23620	30706	4724	59050
11	实验室及采样系统	7421	9647	1484	18552
12	产品堆场	98057			98057
13	发电站 & 小型电机		42948	3734	46682
14	高压供电及控制系统	4382	54052	14608	73042
15	通信网络基础设施		21456	9195	30651
16	供水与排水			114317	114317
17	生产用水、饮用水、消防用水、废水	12982	2597	10386	25965
18	非采矿移动设备		7963		7963
19	机场及相关设施	688	1423	184	2295
20	营地	87529			87529
21	矿山开发	51011			51011
22	环境保护	34500			34500
23	大型移动设备		225000		
	小　　计	575133	482798	190162	1248093
二	其他费用				
1	业主管理、工程监理等费用				133008
2	勘查、设计等费用				146752
3	生产准备等费用				320000
4	勘探费用				35000
	合　　计				634760
三	工程预备费				248678
四	建设期贷款利息				100163
五	铺底流动资金				42061
	建设项目总投资	575133	482798	190162	2273755

7 对 Weld Range 铁矿的基本看法

7.1 地质资源储量

（1）Weld Range 铁矿按矿床成因类型，勘探工程网度：Beebyn 矿区 50m×(40~60)m；Madoonga 矿区 40m×(30~50)m；已完成钻孔 1016 个，总进尺 140689m。

已完成的地质工作是充分的，求得的铁矿资源储量 2.038 亿吨，是可靠的，总的看，该项目资源丰富，矿石质量好，属于 DSO 不需选矿加工的铁矿石，资源条件好，是难得的。

（2）Weld Range 铁矿矿石类型

可研报告称以块状赤铁矿为主，但从矿石化学成分表中看到层状矿体烧损 LOI 6.6%，坡积矿 LOI 10.6%，化学成分中烧损 LOI 是指结晶水，结晶水一般在加热 850~900℃时挥发，有结晶水的铁矿石属于针铁矿—褐铁矿类型，针铁矿褐铁矿分子式为 $Fe_2O_3 \cdot nH_2O$，而赤铁矿分子式是 Fe_2O_3，是不含结晶水的。

在商品矿计价上，对含有结晶水的铁矿石价格比不含结晶水的赤铁矿价格差异很大，本矿产品应注意结晶水 LOI 的检测。

西澳洲必和必拓（BHP·B）公司杨迪铁矿生产的铁矿石属于针铁矿褐铁矿类型，($Fe_2O_3 \cdot nH_2O$)，结晶水 LOI 为 8%~9%，其产品在中国畅销。

FMG 公司铁矿产品也属于针铁矿褐铁矿类型，在中国市场畅销，Weld Range 铁矿 LOI6.6%，其矿产品相信在中国也会是畅销的。

目前，我国在澳洲投资开发铁矿多是选择开发贫矿，如中信泰富 SINO 项目，鞍钢卡拉拉铁矿及武钢南澳的铁矿项目多是贫矿，都需要选矿加工。因而成本高，而 Weld Range 铁矿质量好，属于 DSO 不需选矿加工的铁矿产品，这是很难得的。

7.2 关于矿山生产规模

Weld Range 铁矿生产规模确定为 1500 万吨，技术上验证是可行的，是可以达到的，但经济上是否最优？应做出方案比较。传统的观点 Weld Range 铁矿生产规模应该是 1000 万吨/年，矿山寿命宜维持 20 年。

20 世纪 80 年代中国第一个到国外开发西澳洲恰那铁矿，该矿资源储量两亿吨与 Weld Range 铁矿资源量相似。恰那铁矿生产规模定为 1000 万吨，矿山寿命为 20 年。

对 Weld Range 铁矿生产规模是 1000 万吨还是 1500 万吨两种生产规模，从政治上经济上应进行论证。

在当前的环境下，考虑我国权益进口矿额度小，加大 Weld Range 生产规模与三大公司抗争，1500 万吨/年尽管矿山寿命短，恐怕也是正确的选择。

7.3 矿山生产工艺

（1）Weld Range 铁矿采用露天开采并应用汽车开拓运输方法是正确的、合理的。

生产工艺：穿孔、装载和运输设备选型是可行的。

破碎筛分工艺和装备属于通用技术，生产可靠。

但应指出：Weld Range 露天境界内剥采比为 4.1 ~ 6.1t/t，平均 5.1t/t，必和必拓和力拓公司的露天矿一般剥采比为 0.5 ~ 2t/t，FMG 剥采比 4t/t，比较而言，Weld Range 剥采比是比较大的，相对说开采条件不算太好，剥采比大，影响产品竞争力。

（2）选用的穿孔、装载、运输设备应该说是可行的，但不是最优的。

对露天矿穿孔、装载和运输设备选型应进行多方案比较。

Weld Range 铁矿年产矿石 1500 万吨，平均剥采比 5.1t/t，年总采掘量达到 9150 万吨，此规模属于特大型露天矿，选用的设备应该大型化，要选择当今世界先进的高效智能化矿山设备。

拟用 100t 液压铲规格太小，不宜采用，汽车更应大型化，现在采用 85 吨和 180 吨自卸卡车计算，需要的卡车数达到 71 台，数量太多，不利于调度管理，显然选型不当。

美国明塔克铁矿年产矿石 5000 万长吨，剥离岩石 3300 万长吨，年总采掘量 8300 万长吨，选用斗容为 $26m^3$ 和 $21.4m^3$ 电铲，和载重 217 吨 Cat 型汽车，汽车只有 26 台，而 Weld Range 总采掘量与明塔克相近，却用 71 台汽车显然太多了。建议选用更大型汽车，这样汽车数量可大大减少，可提高效率。

同时还特别建议：要选用最新型的交流电动轮汽车，效率高，运营成本低。

7.4 矿山生产条件和基础设施

（1）本项目供水水源取自露天采场矿坑排水系统抽出的低盐原水。

采场涌水的主要来源为大气降水。

值得注意的是矿区气候为半干旱气候区，夏季炎热，冬季由冷转暖，年平均降雨最大量为 230m，平均降雨天数为 46 天，6 月份雨量最大，6 天降雨量可达到 32mm。

1 月份气温高达 41℃，有好几个月蒸发量大于降水量。

在此情况下，以采场涌水作为永久水源可靠性很值得怀疑。

西澳洲地区干旱，水源不足，无淡水水源是普遍存在的问题，本项目水源同样应该进一步研究落实。

（2）本项目地区无供电电源，矿山用电均靠自建柴油发电装置，自行供电，本项目考虑在不同工作区分别建立柴油发电机组，应该认定，电源是有保证的。

（3）本项目物流系统是主要问题。

矿山到港口距离 350km，港口有两个，一个是杰尔顿港（Gereldton），这是现有的海港，但吃水浅，不能停靠 Cape Size 大船，只能停靠巴拿马型货轮。杰尔顿北部奥卡济港（Oakajee），吃水深，可建一座停靠 30 万吨级货轮的大港，但港口需要新建。

我国在西澳洲中西部地区已拥三个铁矿基地，一为鞍钢卡拉拉铁矿，年产成品矿 800 万吨；二为中西部矿业公司 Weld Range 铁矿，年产 1500 万吨；三为重庆吉普山矿，年产 2500 万吨；三个矿区矿产品出口都必须先用杰而顿港，以后用奥卡济港。

矿产品运输又都必须用铁路，即使贫矿产品用管道输送，也离不开铁路，而我方三家企业谁也没有规划铁路和港口，都是自己考虑自己矿山范围内的事，我国国内也没有协调的单位，因此给日本人钻了空子。据了解，港口和铁路项目澳政府可能都由日本企业承建了。现在又产生了先有鸡先有蛋的问题，中西部矿业公司认为港口铁路不落实，矿山如何敢开工？而日本企业又抱怨，中方矿山何时投产不落实，我铁路港口先施工给谁用？

当前，Weld Range 铁矿开发，物流系统问题必须抓紧解决。

7.5 矿山生产成本

（1）采矿成本 19.55 澳元/吨干重，计算指标比较适宜。

在其附近 100km 的鞍钢卡拉拉铁矿，剥采比 0.5t/t，选矿比 2.5t/t，生产 1 吨成品矿要采剥矿岩量合计为 3.75t，该矿采矿成本 11.75 澳元，折合每吨矿岩成本费用 3.085 澳元/吨。

Weld Range 铁矿平均剥采比 5.17t/t，生产 1 吨成品矿采剥总量 6.17t，可研报告估算成本 19.55 澳元/吨，平均每吨矿岩采矿成本 3.16 澳元/吨。

与卡拉拉矿单位矿岩采矿成本 3.085 澳元相接近，故认定采矿成本 19.55 澳元是适宜的。

（2）铁路运输估计运距 350km，运费估计 21.8 澳元/吨，吨公里运费 0.0623 澳元，此数据偏高。

卡拉拉铁矿铁路运输 305km，运费 8.24 澳元/吨，吨公里运费 0.027 澳元，按卡拉拉运费折算，Weld Range 铁矿产品运费应是 9.45 澳元/吨。铁路运费调到 10 澳元/吨比较适宜。

（3）成本中未列入港口港卸堆存费用，卡拉拉矿港口费用为 2.56 澳元/吨，Weld Range 对此项费用应该加上。

（4）成本中未列入资源费，估计每吨要交 4 澳元。

（5）管理费 2.45 澳元/吨，指标偏高，在采矿成本 19.55 澳元中已列入了采矿服务费 0.98 澳元/吨，业主成本 0.47 澳元，合计管理费高达 3.9 澳元/吨，管理费总计应按 2 澳元/吨计算，减少 1.91 澳元/吨。

综合上述：铁路运费多算了 11.8 澳元，成本又少算了资源费 4 澳元和港口费 2.56 澳元，管理费多算了 1.911 澳元，这样加减互补离岸成本大约为 58.57 澳元/吨，即使按 58.57 澳元/吨计，指标还是偏高一些。

力拓公司目前离岸成本 25 美元左右，铁矿运距 380km，按吨公里 0.03 澳元运费应占 10.26 澳元。与力拓对比 Weld Range 成本 58.57 澳元/吨仍然偏高，应进一步优化，降低成本。

7.6 矿山投资

本项目年产 1500 万吨，总采掘量 9150 万吨，工程估算 227375.5 万美元，按 1500 万吨成品矿计，单位投资 151.58 美元/吨。

西澳中信泰富 SINO 铁矿：年产 8000 万吨原矿，总采掘量 16000 万吨。投资 530000 万美元，原矿单位投资 66.25 美元/吨，精矿单位投资 192 美元。

西澳卡拉拉铁矿年产 2000 万吨原矿，总采掘量 3000 万吨。投资 152000 万澳元，原矿单位投资 76 澳元/吨，精矿单位投资 190 澳元/吨。

加蓬贝林加铁矿年产 3300 万吨原矿，总采掘量 6100 万吨，3000 万吨成品矿（DSO）。投资 70621 万美元，原矿单位投资 21.4 美元/吨，成品矿单位投资 23.54 美元/吨。

与西澳SINO铁矿、卡拉拉矿投资对比，Weld Range 投资指标偏高，此两矿山是贫矿，建有选矿厂，情况各有差异，而按原矿投资指标也相差较大。

与加蓬贝林加矿对比更切实际，贝林加铁矿也是生产DSO矿，不建选矿厂但其矿山原矿投资只有23.54美元/吨，显然 Weld Range 单位矿石投资指标151.58澳元/吨是偏高的。

对投资估算进一步核实。

7.7 项目风险分析

本项目属于投资大的国外资源开发项目。根据本项目实际情况，本项目风险主要有政情风险、市场风险、资源储量风险、工艺技术风险、建设条件风险、产品核心竞争力风险等，采用相适应的控制方法和管理措施，避免或减低风险是非常必要的。

7.7.1 政情风险

澳大利亚属于西方发达国家阵营的国家，政治上靠拢美国，但与我国经济交往甚密，澳大利亚盛产铁矿石，我国进口矿中40%来自澳大利亚，我国在澳洲已有合资企业多项（见表9）。

表9 我国境外开矿规模已实施和正在实施的项目表

矿山名称	位 置	合资企业股份	生产规模/万吨·年$^{-1}$
1987年恰那铁矿	澳大利亚西澳洲	哈默斯利公司60%中钢集团40%	1000
2002年宝瑞吉公司	澳大利亚力拓帕拉布杜东坡	哈默斯利公司54%宝钢46%	1000
2003年威拉拉公司	澳大利亚必和必拓 Jimblebar	唐钢、武钢、马钢、沙钢10%；日本三井4.2%；伊藤忠4.8%；BHPB51%	1200
2006年澳大利亚帕尔玛铁矿	西澳洲皮尔巴拉地区	中信泰富出资4.15亿美元，取得帕尔玛铁矿开采权，中信泰富股份80%，中冶科工集团股份20%	原矿8000万吨 精矿2760万吨 球团矿600万吨
2006年澳大利亚金达必公司卡拉拉铁矿	西澳洲尤尔岗地区	鞍钢出资16亿澳元，认购金达必公司24%股权，同时合资开发，卡拉拉铁矿鞍钢股份占50%，金达必占50%	原矿2000万吨 精矿800万吨 球团矿400万吨
2008年澳大利亚中西部公司	西澳洲尤尔岗地区	中钢集团出资13.1亿美元收购中西部公司98.52%股权	资源量5亿吨，Weld Rang年产1500~2000万吨 Koolanooka年产1200万吨
2008年澳大利亚兰伯角公司兰伯角铁矿	西澳洲皮尔巴拉地区	中冶科工集团取得兰伯角铁矿采矿权，计划开发兰伯角铁矿	原矿4500万吨 铁精矿1500万吨
2008年澳大利亚吉普森山铁矿公司吉普森山铁矿	西澳洲尤尔岗地区	首钢收购吉普森山公司股权成为控股股东	开发吉普森山铁矿

续表 9

矿山名称	位 置	合资企业股份	生产规模/万吨·年$^{-1}$
2008 年澳大利亚 ABM 公司野河铁矿	澳大利亚塔斯马尼亚洲	沙钢收购英国斯坦科（Stemcor）控股公司所属的野河铁矿 90% 股份，出资 1.08 亿美元，取得矿山开采权，资源量 2.83 亿吨	球团矿 200 万吨
2008 年澳大利亚 CXM 公司	澳大利亚南澳洲	武钢收购 CXM 公司增发的 15% 股权，并联合开发 CXM 5 个优质铁矿资源，资源量 20 亿吨，初期按 5 亿吨计。此项目一度因军事禁区搁浅，后获批准	
2009 年澳大利亚 WPG 公司	澳大利亚南澳洲	武钢与 WPG 签署正式合作协议，成为第二大股东，开发南澳洲 Peculiar Knob 铁矿和 Bueeard 铁矿以及 Hawks Nest 铁矿	初期年产 330 万吨和 150 万吨赤铁富矿，后期年产磁铁贫矿 1350 万吨，精矿 600 万吨
2009 年澳大利亚 FMG 公司	澳大利亚西澳洲皮尔巴拉地区	华菱钢铁集团公司出资 53 亿人民币，购得 FMG 公司 16.48% 股权	每年获得 1000 万吨成品矿供应权
2009 年澳大利亚 CXM 公司	澳大利亚南澳洲	包钢与 CXM 达成合作协议，包钢出资 4000 万澳元，开发班格鲁铁矿，取得 50% 股权	
2007 年澳大利亚 IMX 公司	澳大利亚南澳洲	通钢出资 9000 万元人民币，取得 IMX 公司 9.99% 股权	年产 200 万吨含铁品位 Fe 42% 的原矿，在中国辽宁营口选矿

在澳洲开矿政治环境、经济环境应该说还是比较好的，但从中信泰富 SINO 铁矿项目实施中，也发现不少问题，值得我们注意。

（1）澳大利亚对安全、环保、土地、土著人更加注意，我们要从法律上多做详细准备，不要想得太天真。

在澳洲凡一个子项如机修车间开工，都需要环保部门审批，往往耽误很长时间，在澳洲建矿，几十亿美元投资，用大量钢材、木材、水泥，这在中国不费事，招之即来，在澳洲则成了大问题。别看他是发达国家，要用些钢材，得费大劲筹划，耽误不少时间，你想把工期缩短，扣的紧紧的，根本不能如愿。

（2）劳工风险。澳大利亚对中国工人进澳洲参加或承包施工，限制很严。而用澳洲人，又很困难，比如生产勘探，找地质人员和钻机就非常困难，他们人员紧张，设备也不足，而由中国派人带设备去，手续又非常复杂。

在澳洲全资或控股项目，即使聘用当地澳洲人参与工作，与当地政府打交道，与澳洲各部门各环节打交道，也不是随心所欲的。

话又说回来，澳大利亚法律法规比较健全，应用英国法律体制，这是非常好的，不像在蒙古国在非洲开矿，对政府官员和有关人员必须事事“打点”。澳洲没这个习惯。

7.7.2 市场风险

市场风险主要包括市场供需状况和价格变化状况以及汇率变化风险。供需变化、价格涨跌及汇率变化都会对项目产生直接影响。

（1）市场供需状况。2010 年我国粗钢产量 6.27 亿吨，生铁产量 5.90 亿吨，铁矿石产量 10.7 亿吨，进口铁矿石 6.18 亿吨均居世界第一位，但自给率却只有 32.5%，资源利用率低，市场竞争力弱。

“十二五”期间是我国建设小康社会的关键时期，为保证国民经济发展，钢铁工业仍将平稳较快增产，预计 2015 年钢产量达到 8 亿吨，据此推算国产矿生产 16 亿吨，进口矿需 7.3 亿吨（见表 10）。

表 10 “十二五”期间我国钢、铁、铁矿石产量与进口铁矿石量

项　目	单　位	2008 年	2009 年	2010 年	2015 年
粗钢产量	万吨	50031	56784	62665	80000
生铁产量	万吨	46928	54374	59022	74400
铁矿石产量	万吨	80805.27	88017	107155	160000
进口铁矿石量	万吨	44356	62777.9	61800	73000

2015 年进口铁矿要达到 7.3 亿吨，市场空间大，为了抵御国外供应商垄断市场哄抬矿价，增加我国的“话语权”，必须加大境外铁矿开发步伐，加大权益进口矿的规模。“走出去”到澳大利亚开发铁矿应是首选对象，符合我国建立铁矿资源战略保障体系的战略目标。现在我国权益进口矿只有 6000 万吨，权益进口矿只占全国总进口量的 10%，而日本权益进口矿占总进口量 70% 以上。十二五计划我国权益进口矿也要占进口总量 50%，年权益进口矿要扩大到 3 亿吨以上。

可以肯定，Weld Range 项目生产的 1500 万吨成品矿在国内市场空间大。

（2）铁矿石价格走势预测。国际铁矿石价格升降对境外合资铁矿企业经济效益影响极大。

国际铁矿石价格，从 1981 年起实施年度定价机制、延续 29 年，2010 年起由年度定价转为季度定价，更逐步走向金融化。

1981 ~ 2010 年 30 年期间，矿价上涨幅度 10% 以下的年份有 10 年，涨幅 10% 以上的年份有 9 年，降价年份 10 年，不涨不落持平 1 年。

1981 ~ 2010 年 30 年期间跌幅最大在 1994 年，罗布河公司粉矿价格下跌 14.5%，涨幅最大在 2008 年，矿价普遍上涨 79.88% ~ 96.5%。2010 年更是矿价暴涨，涨幅大于 100%。

2010 年我国进口铁矿石 6.18 亿吨，比上年下降 1.4%，打破了 1998 年以来连续 12 年持续增长的局面。进口额为 794.2 亿美元，比上年增加 292.8 亿美元，增长 58.4%，进口平均价格为 128.4 美元/吨，同比上涨 60.6%，仅进口铁矿石涨价，我国钢铁工业为此多支付了近 300 亿美元，是 2010 年全国大中型钢铁企业利润总额的 2.2 倍。我国钢铁企业已无力再承受矿石涨价。

据 Wood Mackenzie 公司预测，2012 年中国进口粉矿 Fe62%，到岸价为 160 美元/吨，2015 年为 140 美元/吨；澳大利亚出口烧结粉矿 Fe62% 离岸价(FOB)2012 年为 149 美元/吨，2015 年为 129 美元/吨；巴西出口烧结粉矿 Fe65% 离岸价(FOB)2012 年为 147 美元/吨，2015 年为 129 美元/吨（见表 11）。

表11 铁矿价格预测

名称	品位	类型	价格	Q1－12	Q2－12	Q3－12	Q4－12	2011年	2012年	2013年	2014年	2015年
粉矿	62%Fe	CFR China	US $/t	142	155	170	160	168	157	155	150	140
粉矿	62%Fe	FOB	US $/t	134	145	159	149	158	147	144	139	129
粉矿	62%Fe	Austrailia	c/dmtu	216	234	256	240	255	237	232	224	208
粉矿	65%Fe	FOB	US $/t	133	141	155	145	159	143	142	137	127
粉矿	65%Fe	Brazil	c/dmtu	204	217	238	223	244	221	218	210	196

国外公司预测只能参考。

(3) 汇率风险。Weld Range 铁矿作为我国境外企业，其矿产品销售收入以美元计价，而主要支出已当地货币澳元计价，美元升值对企业有利，美元贬值对企业不利。

我们考虑 Weld Range 开发所需设备材料来自不同国家，涉及多种外汇交易，各种货币间的汇率变化，对矿山都会产生不同程度的影响。

为防范汇率变化对企业的影响，要根据需要制订计划，对使用各种货币建立相应账户，对产品和材料采购要采用合理的货币结算。

7.7.3 资源储量风险分析

Weld Range 铁矿地质工作充分，所提交的资源储量可靠，矿石质量好，从资源储量层面上看，风险性很低，但应指出：本项目地质资源储量未见有类似 SRK 或国土资源部储量评估中心这种权威性机构的评估报告，此问题请中方业主关注。

7.7.4 工艺技术风险

本项目为露天采矿，采用汽车开拓运输方法。

对于露天开采生产工艺和装备，采用潜孔钻和牙轮钻，以及 100t、250t、350t 液压铲和载重 85t、180t 自卸卡车。此生产工艺和装备，技术上可行，但不是最优，对设备选型要大型化智能化，设备选型要做多方案比较。

7.7.5 建设条件风险

(1) 物流风险分析。物流风险主要指企业矿产品如何输出，各种生产物资如何输入，物流线路是否顺畅，是否合理可行。

本项目产品用铁路运到港口，目前铁路港口项目可能由日本人承建，这就是风险因素，中方此区有三个铁矿项目，希望国家领导部门组织协调、解决物流系统问题。

(2) 水电供应。

1) 水源。本项目供水水源取自露天矿采场天降水，而此区气候干旱，蒸发量大于降水量，对水源要进一步做工作。在澳洲开矿，水源往往都是个大问题，中信泰富 SINO 铁矿，无淡水水源不得不自建海水淡化厂。Weld Range 水源也应认真落实。

2) 供电电源。本项目无外部供电电源，本项目建设用电需由业主自建柴油发电机组解决。电源可靠。

7.7.6 产品核心竞争力风险分析

(1) 生产成本。本项目估算离岸成本 65.71 美元/吨，采矿成本 19.55 美元/吨。此项成本指标，取值偏高。应适当降低，从宏观上看，此项目资源条件好，为 DSO 矿，虽然剥采比大，但按经验估计，此项目经济效益好，具有较强的市场竞争力。

（2）项目投资。本项目投资 22.737 亿美元，不包括外部铁路和港口的投资，单位投资 151.58 美元/吨矿。与国外其他矿山项目比较，工程投资偏大，实际不需要这么多钱，应进一步核算。

8 基本看法

Weld Range 铁矿资源丰富，已进行的地质工作充分，资源储量可靠，矿石质量好，属于 DSO 不需选矿加工的铁矿资源，取得此矿的探矿权、采矿权是很难得的。

本矿山适于露天开采，采用汽车开拓运输，其生产工艺技术先进，生产可靠。

现阶段我国在澳洲开发的铁矿，多为贫矿，而 Weld Range 为富矿，这是很理想的，但也应指出：Weld Range 项目存在下列风险：

（1）物流系统，铁路港口项目由日本人承建是风险因素，若铁路、港口工程进度与矿山不同步，将直接影响矿山生产建设。

（2）水源应进一步落实。

作者简介：

焦玉书，教授级高级工程师，鞍山冶金设计研究总院原院长，中国冶金矿山企业协会顾问。

西非塞拉利昂新建一座现代化铁矿山

——唐克里里铁矿

黄建明

（中国国际工程咨询公司）

2012 年 5 月 10 日

中国铁路物资总公司通过其 100% 控股的香港柏宣公司参股非洲矿业有限公司，出资 2.57 亿美元（相当于 17.38 亿人民币），获得非洲矿业公司 12.5% 的股权，取得非洲矿业公司所属唐克里里铁矿项目矿产产品以及项目建设中的物资采购代理权。山东钢铁集团公司拟投资开发唐克里里铁矿，该矿石两部非洲一项重大工程，中非基金介入支持，此工程投产，对建立中国铁矿资源战略防御体系，创建国际条件，矿石市场将是有力的支撑。

1　交通位置

唐克里里（Tonkolili）铁矿位于塞拉利昂中西部山区，距塔克林港口 220km，沿途地势平坦。项目位置如图 1 所示。

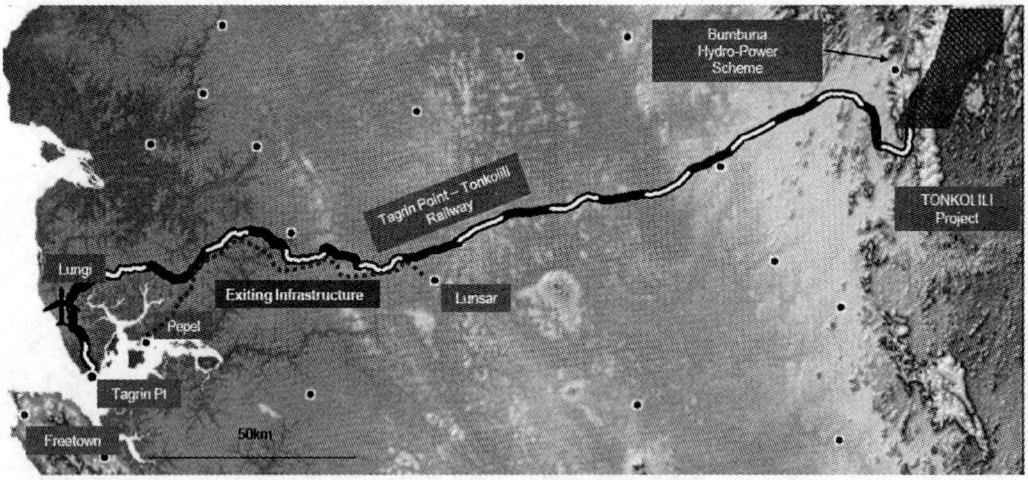

图 1　项目基础设施地理示意图

2　矿床地质

2.1　唐克里里铁矿发现和勘查历史

唐克里里赤铁矿矿石发现于 1927 年，英国人 Fowler - Lunn 于 1931 年对其进行过调查，塞拉利昂开发公司于 1944 ~ 1945 年和 1954 ~ 1958 年两次开展勘查，完成槽探 1991m，46 个坑道长 4652m，钻探 1320m，结果在 Simbili、Marampon 和 Numbara 三个矿体查明铁矿层约 50 英尺厚，获得 1.23 亿吨资源量，平均品位 55%。英国人 Garskin 在 1975 年对矿床地质进行过详细描述，提出这些红土型铁矿下面为条带状铁建造与含铁角闪石岩互层，并认为这些风化红土型铁矿形成于新生代。2003 年，非洲矿业公司开始 Tonkolili 铁矿的勘查工作，2005 年委托加拿大 Firefly 航空有限公司对矿区进行了航空磁测，2006 年，开始针对条带状磁铁矿（BIF 型）开展勘查，迄今查明为一个世界级大型铁矿（见图 2）。

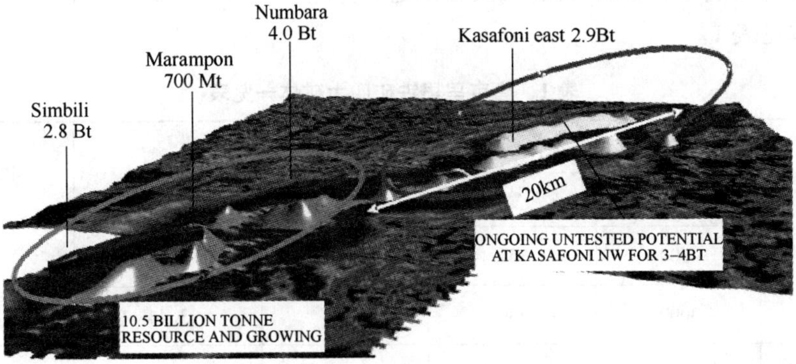

图 2 Tonkolili 磁铁矿资源分布示意图

唐克里里铁矿属于受热变质沉积型铁矿床，即条带状含铁 P4（BIF）。矿区内现已勘查出四大矿体，分别为新比利（Simbili）、玛兰帕（Marampon）、南巴拉（Numbara）和卡萨佛尼（Kasafoni）。经地质勘查，现已探得磁铁矿资源量 105 亿吨。经最近工作，在磁铁矿体上部，现又探到风化壳型富铁矿，即直运矿（DSO）和过渡带混合矿（即赤铁矿和磁铁矿共生的混合矿）带存在，目前在加紧进行资源勘查工作，预测直运矿（DSO）资源前景达两亿吨，混合矿资源前景达 13 亿吨（见图 3）。

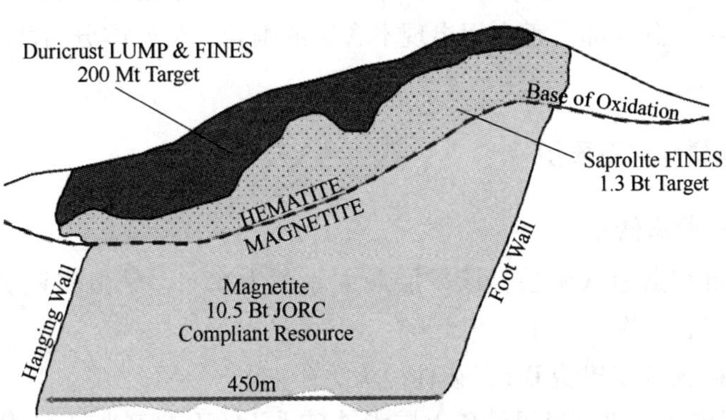

图 3 Tonkolili 赤铁矿、混合矿和磁铁矿分布示意图

2.2 矿床地质

唐克里里铁矿赋存在唐克里里建造地质中，该地层由石英云母片岩、云母石英片岩、变质泥质板岩和薄层变质凝灰岩互层组成。石英云母片岩与泥质板岩为渐变关系。底部为石英云母片岩，向上逐渐变成石英云母片岩与泥质板岩和凝灰岩。不规则的石英脉和透镜状石英集合体出现在石英云母片岩中，该岩系下伏岩石为建造中的角闪石片岩，在千枚岩中夹有玄武岩流。唐克里里建造沉积变质岩和沉积火山岩为铁矿层，其产状为走向 NE，向 NW 倾斜，并具有浅部较缓，深部变陡的特点。唐克里里建造被角闪岩和其他镁铁质侵入岩侵入穿插，但从整体上看，磁铁矿体赋存在 Kamabui 组绿岩建造的燧石质含铁层中，矿体规模巨大，形态产状稳定，矿石品位变化不大，现已控制的四大矿体见表 1。

表 1 唐克里里铁矿四大矿体一览表

矿区名称	矿体规模/m			矿石密度	资源量/万吨
	长	宽	深		
南巴拉	4500	350	750	3.44	406350
新比利	3000	350	800	3.44	288960
玛兰帕	1000	200	600	3.44	41280
卡萨佛尼	7500	200	600	3.44	309600
合 计					1046190

唐克里里矿区有两种类型矿石，一种是上部氧化矿体，主要由赤铁矿组成，伴有针铁矿、褐铁矿，偶见少量磁铁矿，最大层厚约 65m，脉石矿物为石英及黏土矿物。另一种是下部原生 BIF 型（或沉积变质型）矿体，主要为磁铁矿与石英条带互层。由于矿体成层出现，矿石品位变化在 20% ~40% 之间，大部分在 25% ~30%，矿体整体连续，矿石与围岩界线清楚。Simbili 和 Marampon 矿体的几何形态为一个连续的板状体，Nambara 矿体在浅部呈现为连续，到深部后于中间出现不含矿的围岩，将矿体分为两块，但在两块中矿石品位均匀和连续。

2.3 铁矿资源储量和矿石质量

2.3.1 铁矿资源储量

唐克里里上部覆盖赤铁矿层，该矿层最大厚度为 65m，是由磁铁矿带经侵蚀风化形成，下部为原生矿，如图 4 所示。

唐克里里铁矿为含铁建造 BIF，矿体厚大，走向长。

经 SRK 公司评估，唐克里里铁矿上层赤铁矿系不 P10 选矿加工的 DSO 矿，资源量约有 2 亿吨，潜在的混合矿资源量有 13 亿吨，原生矿资源量有 105 亿吨。见表 2 和表 3。

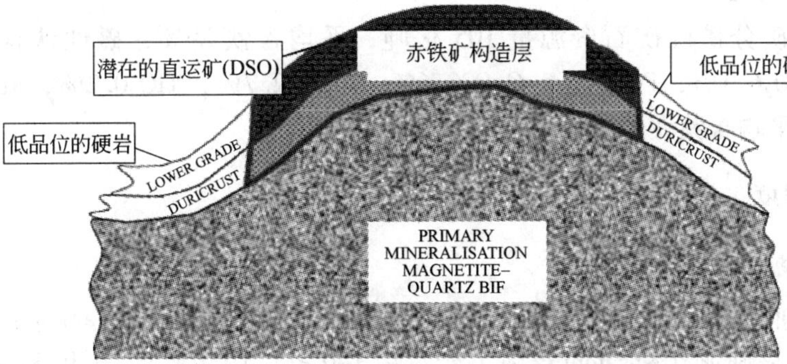

图4 矿床地质构造图

表2 唐克里里矿区四个矿段资源量及矿石化学成分

矿床	级别	矿石量/Bt	Fe_ Mag/%	MREC/%	SiO_2/%	Al_2O_3/%	P/%	Mn/%	CaO/%	MgO/%	TiO_2/%
Numbara	控制的	2.5	23.7	28.5	46.2	5.6	0.05	0.41	2.3	1.8	0.2
	推断的	1.5	22.9	27.8	46.6	6.0	0.06	0.38	2.5	1.9	0.2
	小计	4.0	23.4	28.2	46.3	5.8	0.05	0.40	2.4	1.8	0.2
Marampon	控制的	0.5	26.3	29.0	40.0	12.6	0.56	0.29	2.8	2.9	0.1
	推断的	0.2	27.1	30.1	44.9	5.4	0.13	0.30	2.8	2.9	0.1
	小计	0.7	26.6	29.3	41.6	10.3	0.42	0.29	2.8	2.9	0.1
Simbili	控制的	2.2	25.6	29.8	45.3	4.8	0.05	0.33	2.7	2.3	0.1
	推断的	0.7	23.7	28.8	45.9	5.3	0.05	0.33	2.7	2.3	0.2
	小计	2.8	25.1	29.6	45.5	4.9	0.05	0.33	2.7	2.3	0.2
Kasafoni	控制的	0.9	30.3	32.1	43.8	6.2	0.05	0.41	2.3	1.8	0.2
	推断的	2.0	25.6	28.3	45.6	7.0	0.05	0.38	2.5	1.9	0.2
	小计	2.9	27.1	29.5	45.0	6.7	0.05	0.40	2.4	1.8	0.2
合计	控制的	6.1	25.6	29.5	45.0	6.0	0.09	0.4	2.5	2.1	0.2
	推断的	4.4	24.5	28.3	45.9	6.3	0.06	0.3	2.6	2.2	0.2
	小计	10.5	25.1	29.0	45.4	6.1	0.08	0.4	2.6	2.2	0.2

表3 唐克里里矿区赤铁矿、混合矿和磁铁矿资源量

Mineralisation	Tonnage	Status	Product	Depth/m	Product Grade
DURICRUST	200 Mt Potential	PFS	DSO Lumps & Fines	0 ~ 60max	>58% Fe
SAPROUTE	1.3 Bt Potential	Advanced Exploration	Concentrate	0 ~ 100max	>58% Fe
MAGNETITE	10.5 Bt JORC Resource	Pre - DFS	Concentrate	70 ~ >1000	>58% Fe

2.3.2 矿石质量

唐克里里铁矿分矿区矿石资源量105亿吨，平均含铁29%，磁性铁含量25.1%，$SiO_2$45.4%，$Al_2O_3$6.1%，P0.08%，CaO22.6%，MgO22.7%，$TiO_2$0.2%，Mn0.4%。其中，上层赤铁矿平均含铁大于58% DSO选矿的富矿。

2.4 矿床勘察程度

2.4.1 钻探工程

截至目前，非洲矿业公司分别在新比利（Simbili）、玛兰帕（Marampon）、南巴拉（Numbara）和卡萨佛尼（Kasafoni）施工岩芯钻140孔、19孔、97孔和37孔，总进尺90893m，同时也施工了一部分的RC钻。四个矿体现有工程控制网度见表4。

表4 唐克里里矿区各矿段钻孔网度、数量和进尺

矿　床	钻探网度/m	钻孔数	进尺/m
Kasafoni	400×200	37	12521
Numbara	300×100	97	40355
Marampon	200×200	19	6339
Simbili	200×100	140	31678
	Total	293	90893

唐克里里铁矿的勘查工作首先是对磁铁矿进行的，根据矿床的地质特点及资源储量分级的要求，对各个矿床采取不同的网度布置金刚石钻孔，进行钻探工作。其中南巴拉（Numbara）矿区采取了300m×100m网度进行控制，部分地区加密到100m×100m网度控制。新比利（Simbili）和玛兰帕（Marampon）矿区采取200m×100m网度进行控制，卡萨佛尼（Kasufoni）矿区以400m×200m网度进行控制，部分地段以800m×200m网度控制。从以上工程部署可以看出，到目前为止，按照我国现行勘查规范，磁铁矿的地质工作已经达到详查程度。

2.4.2 勘察质量

钻探岩心采取率氧化矿在70%左右，磁铁矿达到90%以上。通过现场踏勘，看到有专门岩心库妥善置放和保管，整体管理采用了国际通用标准。

取样和样品加工在现场完成，样品分析由澳大利亚的Amdel实验室完成，基本分析样长2m，组合分析样长10m。在送出分析测试之前，所有样品在矿区首先进行了Satmagan测定。磁性铁含量为将样品加工到25μm（0.02mm）采用戴维斯管分析法分析，其他组分的分析采用荧光分析方法分析，并且选部分样品进行复测和外检，分析数据基本可靠。另外，利用激光系统开展地表地形测量和工程位置部署，准确性较高，基本达到规范要求。

2.5 采矿权区

根据非洲矿业公司2010年8月6日与塞拉利昂政府签订的采矿租约，唐克里里铁矿设置了两部分采矿许可，第一部分采矿权区（A区）面积为102.6km^2，第二部分采矿权

区（B 区）面积为 124.4km^2，合计采矿权区面积 227km^2。采矿权区包括东北向约 30km 的四大矿体：新比利（Simbili）、玛兰帕（Marampon）、南巴拉（Numbara）和卡萨佛尼（Kasufoni）。据非洲矿业公司 2010 年 8 月 27 日公告，塞拉利昂国会批准了该采矿租约。唐克里里铁矿拐点坐标见表 5。

表 5　采矿权面积拐点坐标

Beacon ID	UTM X	UTM Y	ZONE	DATUM
A (1)	209995.6	1012091.0	29	WGS84
B (2)	214991.0	1012094.0	29	WGS84
C (3)	219989.1	1012096.0	29	WGS84
D (4)	219991.1	1004083.0	29	WGS84
E (5)	218191.7	1004096.0	29	WGS84
F (6)	213291.7	998596.2	29	WGS84
G (7)	212391.7	997096.2	29	WGS84
H (8)	209491.7	990096.3	29	WGS84
I (9)	198991.8	990096.9	29	WGS84
J (10)	206991.0	1003096.0	29	WGS84

注：拐点坐标采用 UTM（UNIVERSAL TRANSVERSE MERCARTOR GRID SYSTEM）坐标系统，即通用横墨卡托格网系统。

根据采矿租约与采矿许可规定，采矿权证有效期为 25 年，有效期内每一采矿许可证费用每年 50 万美元。采矿证期满后可续约，每次可续展 15 年，但续展期间的采矿条款需另行协商确定。

2.6　矿床开发条件和选冶试验

2.6.1　开采技术条件

在唐克里里矿区，赤铁矿矿石大都位于覆盖岩石向下 5～30m，覆盖层较薄，且赤铁矿以及混合层矿石松软，预计穿孔和爆破量约占 50%，剥离和开采相对容易。原生带主要是石英岩质含铁岩建造矿体与角闪岩互层。这种岩石和矿石均较坚硬，抗压强度较高，因此对于地表露采和深部转地下坑采均较有利，不易出现坍塌。尽管区内岩石和矿石经历过几次变形，但没有明显的断裂构造，开采条件较好。通过现场踏勘，整个矿区为正地形，最高 880m，两侧的河谷深切至 350m 左右，矿体开采在水平面以上。因此，水文地质条件可以满足开采要求。

2.6.2　选冶试验

唐克里里矿石的类型包括：赤铁矿硬层（2～5m）；假象赤铁矿和赤铁矿层（15～30m）；赤铁矿—磁赤铁矿—磁铁矿过渡带或风化层（30～70m）；磁铁矿层（70～1000m）。

（1）赤铁矿（DSO）。非洲矿业公司对新比利和南巴拉的高低品位样本进行了小样测试，测试工作是基于矿区表层 5m 取出的样本。新比利和南巴拉的赤铁矿样本的块矿比例可达到70%，品位58.61%，结晶水9.77%，二氧化硅1.76%，三氧化二铝4%。

据非洲矿业公司提供的数据，赤铁矿的各项高炉指数有滚动指数（衡量运输过程中发生滚动的参数）80%，磨损指数10%，爆破指数1.7%，还原指数67%。跳汰结果见表6。

表6 赤铁矿的跳汰实验结果

项目	JIGGING TEST - BULK SAMPLE7（SIMBILI 390251） -31 +20mm FRACTION													
Jig Strata	Wt Dist'n /%	Fe/%		SiO_2/%		Al_2O_3/%		P/%		S/%		LOI - 1000/%		
		Grade	Dist'n	Grade	Dist'n	Grade	Dist'n	Grade	Dist'n	Grade	Dist'n	Grade	Dist'n	
Strata 6	21.6	66.2	23.1	0.45	12.8	1.92	9.7	0.04	16.6	0.02	9.4	2.82	10.5	
Strata 5 - 6	40.3	65.78	42.9	0.48	26.1	2.05	19.5	0.04	32.4	0.02	18.0	2.98	20.8	
Strata 4 - 6	56.9	65.20	60.0	0.56	42.7	2.40	32.1	0.04	47.8	0.02	29.7	3.44	34.0	
Strata 3 - 6	72.0	64.13	74.6	0.64	61.9	2.93	49.6	0.04	63.6	0.03	46.7	4.21	52.5	
Strata 2 - 6	87.4	63.05	89.1	0.71	83.2	3.45	71.0	0.04	83.5	0.03	71.8	5.00	75.9	
Strata 1 - 6	100.0	61.82	100.0	0.75	100.0	4.25	100.0	0.05	100.0	0.04	100.0	5.76	100.0	

（2）混合矿。非洲矿业公司针对新比利的样本仅进行了小样测试，实验结果显示，混合矿中包括磁铁矿、赤铁矿、褐铁矿等，组分复杂，仅能回收磁铁矿，铁回收率仅为50%（精粉铁含量64%），尾矿含铁高达36%。

（3）磁铁矿。主体磁铁矿资源的冶金测试结果显示见表7（边界品位为Fe19%）。

表7 主体磁铁矿资源的冶金测试结果

Primary Ore Sample	Chemical Assays/%										
	TFe	MFe	SiO_2	P	S	Al_2O_3	LOI	MgO	CaO	Mn	TiO_2
Numbara	33.1 ±4.5	29.4 ±5.1	42.6 ±3.8	0.05 ±0.02	0.08 ±0.06	4.0 ±1.6	-0.62 ±0.74	1.66 ±0.43	2.06 ±0.97	0.43 ±0.12	0.15 ±0.10
Marampon	30.7 ±3.9	28.9 ±5.4	40.9 ±10.9	0.39 ±0.89	0.09 ±0.13	9.4 ±14.9	-0.45 ±0.61	2.53 ±1.05	2.37 ±1.11	0.29 ±0.09	0.70 ±1.70
Simbili	31.7 ±2.7	31.7 ±2.7	44.2 ±2.5	0.05 ±0.01	0.10 ±0.10	3.9 ±1.26	-0.33 ±0.61	2.45 ±0.55	2.63 ±0.95	0.33 ±0.05	0.14 ±0.04

澳洲专业机构Amdel针对新比利和南巴拉的样本进行了测试，以决定破碎和细磨的参数，测试内容包括利用金刚钻岩心所作的戴维斯试管实验（DTR）。戴维斯试管实验结果显示，3个主要矿体的铁回收率可达到65%~69%（精粉铁含量67%~68%），铁精粉中的硅含量略高过4%。戴维斯试管实验结果见表8。

表8 主体磁铁矿的戴维斯试管实验结果

Primary Ore Sample	Recovery/%		Chemical Assays/%							
	Weight	Iron	Fe	SiO_2	P	S	Al_2O_3	LOI	MgO	Basicit
Numbara	32.1 ±6.4	65.7 ±13.2	67.8 ±3.5	4.9 ±3.8	0.01 ±0.02	0.04 ±0.08	0.42 ±0.41	-3.08 ±0.24	0.15 ±0.15	0.08
Marampon	31.1 ±6.6	68.7 ±8.6	68.3 ±2.0	4.4 ±2.5	0.01 ±0.00	0.04 ±0.08	0.34 ±0.14	-3.06 ±0.12	0.21 ±0.07	0.10
Simbili	30.4 ±5.8	64.6 ±9.1	67.3 ±1.6	5.6 ±2.0	0.01 ±0.00	0.10 ±0.10	0.54 ±0.30	-3.06 ±0.17	0.16 ±0.05	0.07

20 吨矿石样品的可选矿试验（Bench Scale Testing）由澳大利亚 Amdel 公司在 2010 年 4 月完成，原矿平均品位为 30%，样品磨到 38μm（0.037mm）的情况下采用磁选，可获得品位为 67.8% 精矿，精矿产率为 29.3%，选矿回收率为 66.2%。

3 开采工艺技术方案

3.1 矿山开发规划

非洲矿业公司拟定的矿山开发规划，设想一期开采上部赤铁矿富矿（DSO），深度约 60m，潜在资源量 2 亿吨，建设规模为年产 DSO 矿 1000 万吨，铁品位 58.6%（含 5.8% Al_2O_3 和 2.15% SiO_2），2011 年四季度达产。

二期开采 DSO 下部到磁铁矿上部之间的过渡带（简称“混合矿”），混合矿深度约 100m，潜在资源量 13 亿吨，建设规模为年产混合矿精矿 1700 万吨，铁精矿品位 64%（原矿品位 50%，$Al_2O_3$1.2%，$SiO_2$3.2%，尾矿含铁品位 36%），2012 年四季度达产。

三期开采深部磁铁矿矿体，深度在 70～1000m，符合 JORC 标准的资源量 105 亿吨，建设规模为年产磁铁精矿 4500 万吨，铁精矿品位 70%，2017 年投产。2. SRK 公司规划。

一期开采 Simbili 矿体的上部 DSO，深度约 60m，资源量约 5600 万吨，产品铁品位 58.6%，2011 年开始生产 500 万吨，其中 300 万吨外运，200 万吨贮存于料场；二期开采混合矿，深度约 100 米，因含铁品位较低，一般品位在 30%～50% 之间，需要选矿处理，铁精矿含铁品位 64%（原矿品位 50%），尾矿含铁品位 36%，2013 年开始投产，达产年年产精矿 700 万吨，每年需开采原矿 1750 万吨，6 年后每年生产精矿 2100 万吨，需年开采原矿 5000 万吨以上；三期开采磁铁矿，在 Simbili、Marampon 和 Numbara 三个矿体同时开采，深度 70～1000m，预计 2018 年开始采矿，达产年年产精矿 4500 万吨，每年需开采原矿 1.6 亿～1.7 亿吨。

3.2 开采工艺技术方案

3.2.1 露天境界圈定

唐克里里铁矿采用露天开采，开采境界在 Datamine 软件建立的矿床资源模型的基础上，采用 Whittle－4X 软件对矿体的露天开采境界进行优化，模块尺寸为 100m × 100m × 10m，模块数量 X—200，Y—200，Z—190，共计模块数为 760 万模块。台阶高度 10m，道路坡度 10%，道路宽度 40m（见表 9）。

表 9 境界优化输入的最终边坡角

边坡区域		矿体名称			
		Simbili	Marampon	Numbara	Kasafoni
BIF	上盘	40	40	45	40
	下盘	40	40	45	40
闪岩	上盘	40	40	45	40
	下盘	40	40	45	40

续表 9

边坡区域		矿体名称			
		Simbili	Marampon	Numbara	Kasafoni
红土带	上盘	30	30	30	30
	下盘	30	30	30	30
过渡带	上盘	30	30	30	30
	下盘	30	30	30	30

境界优化经济参数如下：

铁精粉售价：130 美分/干吨度

采矿回收率：97.5%

采矿贫化率：2.5%

采矿成本：1.3 美元/吨

排水费：标高 500m 以上 0.025 美元/吨

标高 500m 以下 0.050 美元/吨

复垦费：0.05 美元/吨

选矿回收率：75%

选矿成本（破碎）：3.16 美元/吨

一期开采上部赤铁矿年产 1000 万吨，剥采比 2.5t/t，二期开采混合矿，年产 1700 万吨，三期开采深部磁铁矿，年产 4500 万吨，成品矿剥采比 0.66t/t。

3.2.2 矿床开拓与采矿方法

直运矿（DSO）经穿孔爆破后，矿石由液压挖掘机装入汽车运往境界外破碎—筛分厂，岩石运往废石场，采用外包方式进行开采。

混合矿开采采用公路开拓、汽车运输、境界外设移动破碎机，破碎后矿石运往选矿厂。

磁铁矿采矿方法采用自上而下进行开采，矿山采用自营方式开采。

3.2.3 装备水平

唐克里里铁矿开采规模是属于特大型的露天矿，因此采矿主要设备大型化是必需的。穿孔设备采用孔径 $\phi380$ 的牙轮钻机，装载设备选用 $42m^3$ 和 $14m^3$ 液压挖掘机，$20m^3$ 运输设备选用 320 吨级的汽车，并相应配备一定数量的辅助设备，如：轮式和履带式推土机、前装机、平地机、水车、炸药车、吊车、服务车、抢修车、大客车、救护车、越野车等。

3.2.4 平面布置

矿区工业场地大部分布置在 Simbili 矿体爆破危险区外西侧和西南侧，包括选矿厂、重油发电厂和准轨铁路专用线。矿山办公机构和机修设施设在 Marampon 矿东侧和东南侧，距离 Marampon 和 Simbili 矿体较近，但在爆破危险区内。尾矿库布置在 Simbili 矿体东侧，具体容积没有说明。废石场位于 Simbili 矿体东北和 Marampon 东南以及 Numbara 矿体上、下盘共有 4 个废石场，各废石场容积尚未确定。炸药库、贮水坝及矿区道路系统详见总平面布置图（Mine Layout），据 SRK 咨询公司介绍，在下阶段研究中尚需论证，最终确定。

4 供电供水条件

4.1 供电

一期项目供电规划：为满足一期项目矿山和港口的用电，拟租用总装机容量 4.5MW（5×900kW）的柴油发电机，年发电量 0.34 亿 kW·h。其中港口 3 台柴油发电机，矿山两台柴油发电机。另外，港口和矿山分别备用两台和 1 台柴油发电机。柴油价按 1.07 美元/升，初步测算的供电电价为 0.29 美元/kW·h。

二期项目供电规划：为满足二期项目矿山和港口的用电，规划总装机容量 80MW 的重油发电机，年发电量约 6 亿 kW·h，工程投资约 9000 万美元（不含输电投资）。其中港口和矿山分别需要装机容量 20MW 和 60MW，才能满足各自的电力需要。采用 IPP（独立发电商）建设模式或自建模式，IPP 模式建设工期需 18～24 个月，自建模式建设工期需 15～18 个月。重油按 557 美元/吨，初步测算的 IPP 模式供电电价 0.15 美元/kW·h，自建模式供电电价 0.12 美元/kW·h。

三期项目供电规划：三期项目用电量巨大，据非洲矿业公司估算，三期项目需用电约 28 亿 kW·h。为满足上述电力需求，规划建设 400MW 的水电站，同时，考虑水电汛枯出力悬殊，尤其是 2～5 月这 4 个月的出力非常小，为满足三期项目在枯水期的电力需求，还需建设约 170MW 的火电配套项目。总共装机 570MW 的电力项目拟采用 IPP 模式进行建设（见表 10）。

表 10 矿山开发供电规划表

项 目	一 期	二 期		三 期	
总装机容量	4.5MW （5×900kW）柴油发电机	80MW 重油发电机		570MW 400MW 水电	170MW 火电
发电量（亿 kW·h）	0.34	6		28	
建设模式	租用	IPP	自建	IPP	模式
静态投资（亿美元）	—	0.9		6.2	1.36
工期（月）	—	18～24	15～18	—	
电价（美元/kW·h）	0.29	0.15	0.12	0.11	

4.2 供水

按非洲矿业公司的预测，根据一、二、三期的建设进度，项目需水量从 600 万立方米逐步上升至 4500 万立方米，最终为 8500 万立方米的用水规模。规划分期修建 Mawura Raw 水坝，从 Tonkolili 河和 Mawura 河自流引水至该水库，逐步加高大坝并抬高蓄水位，至三期投产时该水库蓄水量达到 5300 万立方米。项目用水主要从 Tonkolili 河、Mawuru

河、Mawura Raw 水坝以上流域降雨量、尾矿循环用水量四个途径进行供给，不足部分尤其是枯水期的缺水由 Mawura Raw 水坝蓄存水量进行调剂，汛期利用河流多余水量对 Mawura Raw 水坝进行水量补给。根据现场踏勘收集的材料，Tonkolili 河和 Mawura 河多年平均径流量分别为 1.4 亿立方米和 0.9 亿立方米，因此总体看，按非洲矿业公司预测的用水量，项目所在区域水资源量能够满足项目各期的用水需求。

5 外部铁路运输

为了满足矿山产品外运的需要，非洲矿业公司提出铁路改建和新建的规划设想方案。

5.1 一期建设方案

（1）改建既有 74km 窄轨铁路（Lunsar - Pepel 港），主要工程内容包括加固路基、重新铺轨（部分利旧、部分新购）；

（2）新建 126km 窄轨铁路（Tonkolili 矿 - Lunsar），Tonkolili 矿至 Pepel 港共设 4 个会让站，平均站间距 40km，最大站间距 42km；

（3）Pepel 港车间及车场的修复。

5.2 二期建设方案

新建 39km 窄轨铁路（Lungi Loi - Tagrin 港），全线（Tonkolili 矿 - Tagrin 港）新增 6 个会让站，使会让站达到 10 个，平均站间距 20km，最大站间距 22km。

5.3 三期建设方案

新建 239km 准轨重载铁路（Tonkolili 矿 - Tagrin 港），轨距 1435mm。

6 港口设施

非洲矿业规划分三期建设港口基础设施，一期工程主要是 Pepel 港原有矿石装船码头的修复和新建堆场设施，年外运装船量 1000 万吨，计划 2011 年年底前完成。二期工程主要是在 Tagrin 港新建矿石装船码头一座，年铁矿石外运装船量增加 1700 万吨，计划 2012 年底前完工。三期工程主要是扩建 Tagrin 港新建矿石装船码头，新增 1 个装船泊位（双侧靠船）及其设施，外运装船量 4500 万吨铁矿石，计划 2014 年完工。

7 投资与经营成本

7.1 矿山投资

矿山投资一期建设规模为 1000 万吨 DSO/年，露天采矿采用外包，一期矿石处理主要是破碎和筛分；二期建设规模为 1700 万吨精矿/年（原矿 4000 万吨/年以上），露天矿采用外包或自营，二期为混合矿选矿工厂。一期投资估算为 1.3861 亿美元，二期投资匡算为 6.3864 亿美元（见表 11）。

表 11 矿山设施投资匡算表 （百万美元）

DSO		Saprolite			
		采 矿		选 矿	
项 目	金额	项 目	金额	项 目	金额
通往本布纳道路	5.20	CT14 Marooka MTS－2200VD	8.40	初次和二次破碎	34.50
机场	2.00	爆破钻孔	15.00	高压研磨	30.00
Simbili 运输道路	4.54	650t 挖掘机	52.00	传送	81.00
桥梁	5.00	220t 重载卡车	71.40	研磨、湿选、传送	75.00
尾矿储存	6.34	D10 推土机	9.50	wet end	50.00
生水及废弃物管理	7.34	844 辆轮式推土机	2.40	精矿存放	30.00
住宿	6.29	16 辆平土机	6.00	尾矿管线	5.00
营地建设	4.50	769 辆水车	4.50	回水导流线	5.00
营地道路	2.00	769 辆卡车	3.70	供水服务	5.00
土木设备	17.23	$10m^3$ 前端式装车机	4.10	供气服务	2.00
IT 系统	0.50	205t 移动式起重机	4.00	连接传送带道路	0.50
筑坝及排水	4.91	350t 浮船	3.75	尾矿坝	10.00
启动工作	14.55	980 型搬运机	0.50	尾矿库道路	0.50
岩土工程	2.50	IT24 型 IT	0.25	货场土方工程	2.00
实验室设施	0.08	照明装置	2.00	建造控制室	0.20
1a 阶段	4.28	轻型车辆	3.10	建造淋浴设施	0.05
1b 阶段	28.31	轻型卡车	0.67	总包	66.15
传送系统	13.00	22 座的巴士	0.55	调试	6.62
燃油发电机组	0.71	50 座的巴士	0.30		
内部联络	7.00	MM 车间	5.00		
环 境	2.31	选矿车间	2.00		
		爆破混合物	2.00		
		库房	2.00		
		食宿	20.91		
		IT	2.50		
		挖掘机备件	1.50		
		运输卡车备件	2.00		
		其他备用设施	3.75		
合 计	138.61	合 计	235.12	合 计	403.52

7.2 基础设施投资

一期工程铁路方面的工程内容包括新建 122km 窄轨铁路、修复 74km 窄轨铁路、铁路车间与货场等；港口和海运方面的工程内容包括新建 40 万吨的堆场及处理设施、现有的装船机的修复翻新、疏浚和导助航工程等，投资估算为 4.863 亿美元。

二期工程铁路方面的工程内容包括新建从 Lungi 到 Tagrin Point 的 39km 窄轨铁路、堆场车间、编组站、36 辆机车和 824 辆运输卡车；港口和海运方面的工程内容包括新建 100 万吨的堆场、翻车机及处理设施、新建栈桥和装船泊位、新建工作船码头、航道和港池疏浚，二期工程投资匡算为 6.05 亿美元。

三期工程铁路方面的工程内容包括新建从 Tonkolili 到 Tagrin Point 的约 120km 准轨铁路、配套基础设施和部分准轨机车车辆；港口和海运方面的工程内容：扩建货物处理设施、扩建码头设施等，三期工程投资匡算为 6.25 亿美元（见表 12）。

表 12 基础设施投资匡算表 （亿美元）

项目	一期		二期		三期	
铁路	新线建设 修复	2.682 0.322	铁路线路	1	铁路线路	3.4
	Rolling Stock Rail Support	0.545 0.062	机车车辆	1.3	机车车辆	1
港口	工艺和基础设施	0.372	码头设施	1.45	码头设施	0.5
	配套设施	0.11	货物处理设施	1.15	货物处理设施	1.35
	间接投入	0.176				
	基础设施	0.116				
海运	物流	0.177				
	顾问费	0.056				
	业主费用	0.246				
其他			环境保护	1.15		
合计		4.864		6.05		6.25

7.3 经营成本

7.3.1 矿山经营成本

矿山经营成本如图 5 所示，见表 13。

从图 5 可以看出，一期经营成本为 15.51 美元/吨矿，二期经营成本为 14.6 美元/吨矿。

表 13 矿山经营成本

一期运营成本/美元·吨$^{-1}$		二期运营成本/美元·吨$^{-1}$	
钻孔和爆破	1.38	钻孔和爆破	1.86
剥离	2.12	剥离	1.1
采矿	2.29	采矿	2.49
破碎筛分	4.36	选矿	6.7
运输	0.4	间接成本	2.45
间接成本	4.95		
合 计	15.51	合 计	14.6

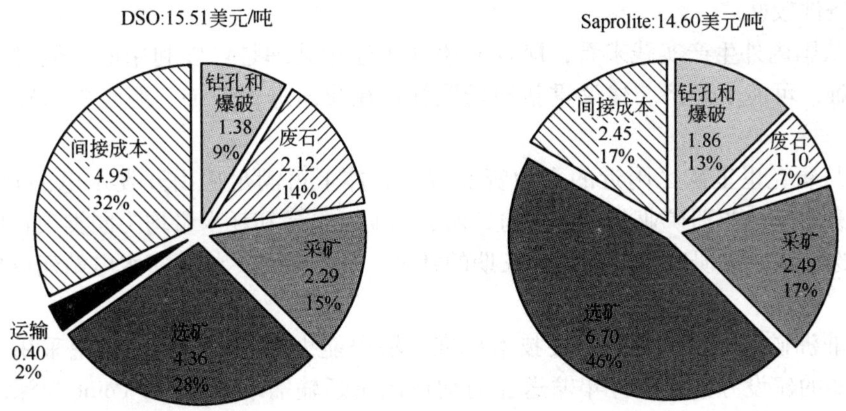

图5 矿山一、二期经营成本

7.3.2 铁路港口运营成本

一期铁路港口经营成本 14.3 美元/吨，二期 7.6 美元/吨，三期 2.6 美元/吨（见图 6）。

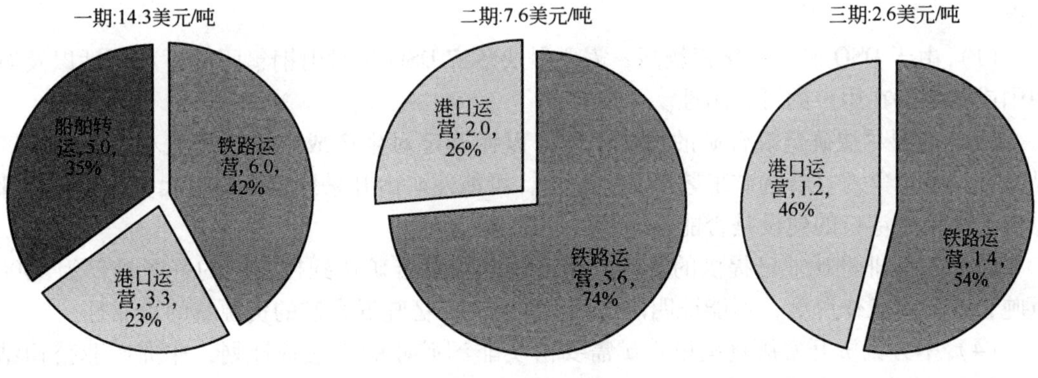

图6 铁路、港口运营成本

8 基本看法和建议

（1）唐克里里是一个沉积变质型或 BIF 型铁矿，具有低品位和大规模、矿体形态简单而且稳定的基本特点，工程控制比较高，地质工作程度总体上达到详查标准，磁铁矿资源量估算的 105 亿吨中达到控制级的 61 亿吨，占 58%，推断级 44 亿吨，占 42%。磁铁矿的资源评估已经 SRK 咨询公司完成，资源量估算基本符合 JORC 标准要求。

（2）非洲矿业公司已经取得包括上述资源量在内的 227km^2 的采矿权，期限为 25 年，期满后可以续约，每次可续 15 年。非洲矿业公司与塞拉利昂政府就 Pepel 港、Marampa 铁路和 Bumbuna 水力发电站签订排他性谅解备忘录，签订了 99 年的租赁协议。

（3）赤铁矿矿石大都位于覆盖岩石向下 5 ~ 30m，覆盖层较薄，且赤铁矿以及混合层矿石松软，预计穿孔和爆破量约占 50%，剥离和开采相对容易。原生带主要是石英岩质含铁岩建造矿体与角闪岩互层，岩石和矿石均较坚硬，抗压强度较高，整个矿区为正地形，开采条件较好。

（4）从国内外生产实践来看，DSO 和磁铁矿经过处理是可以利用的，但对于混合矿处理较困难，可能不经济。建议重新现场取样，在我国进行 DSO、混合矿和磁铁矿石的选冶试验。

（5）从唐克里里矿区附近的水力资源看，总体上可满足矿山开发水电的建设要求。但需要注意的是，非洲矿业公司估算的二期、三期耗电量和耗水量均为同类项目的一半左右，结合选矿试验的研究核实二期、三期的耗电、耗水量，尽快落实水电站建设模式，落实投资方。

（6）非洲矿业提出的铁路主要技术标准、输送能力等基本可行，无论采用三期、二期还是一期的建设方案，设计年输送能力均可满足运输需求。Tagrin Point 为深水岸线近岸，距离岸 700m 左右就可以达到 15m 左右的天然水深；从水深、风浪、潮流、陆域和航道条件等综合考虑，初步判断具备建设 30 万吨级装船码头的条件，是区域里相对较好的可选港址。

（7）矿山开发和基础设施一期投资和经营成本比较可信，一期产品装船经营成本 30 美元/吨比较可靠。二期和三期缺乏基础研究，依据不足，可靠性差。

但应该指出，唐克里里铁矿项目有些问题想进一步研究，以避免项目投资决策出现失误：

（1）由于 DSO 矿含氧化铝较高，需要尽快落实 DSO 矿对山钢集团的可利用性以及对中国或其他潜在用户的可利用性。

（2）需要尽快确定混合矿的选矿工艺，以便确定对生产成本影响的大小，确定其产品是否具备竞争力。若选矿工艺不具竞争性，可能使矿山开采计划出现重大变化，但外部供电、铁路及港口的建设是否能够同步，应统筹考虑。

（3）根据非洲矿业已提供的资料分析，DSO 和混合矿达到控制级的资源量仅为 1500 万吨，就目前工作深度，不能证明两亿吨 DSO 和 13 亿吨混合矿的资源量的可靠性。

（4）中方投资开发唐克里里铁矿需要落实非洲矿业的投融资计划，非洲矿业公司结算的投资偏低，45 亿美元是不够的，需仔细核实投资额。

（5）需要加强对项目前期的研究，特别是对港口、电站、铁路以及磁铁矿开发的深入研究，目前工作深度严重不足，存在很多不确定因素，为项目投入带来很大风险。同时，要加强对 DSO 和混合矿资源量的勘查工作，使其资源控制程度升级，才能降低一期、二期开采因资源不足带来的风险。

作者简介：

黄建明，教授级高级工程师，中国国际工程咨询公司冶金建材发展部处长。

第一个到境外开发铁矿的成功案例[1]

——中澳合资恰那铁矿

焦玉书

（中冶集团鞍山冶金设计研究总院）

1988 年 2 月 12 日

1987 年 11 月，中国冶金进出口公司和澳大利亚哈默斯利铁矿公司正式签订了中澳合资经营开发西澳州恰那铁矿的协议，新闻界广为报道，引起了世界经济界的关注，这是国际矿业界合作的新发展。

早在 80 年代初，中国根据国内外资源条件，除大力发展国内矿山工业外，准备利用国外资源到国外开矿，为发展中国钢铁工业服务。最早响应与中国合作的是澳大利亚的哈默斯利、纽曼山、罗布河和戈兹沃斯铁矿公司，它们都先后提出了中澳合资开发铁矿山的建议。1983 年 4 月中国总理访问澳大利亚，中澳双方正式确定了两国合资开矿的意向，同年冶金工业部派出专家组考察了西澳州铁矿资源和几家正在生产的铁矿公司，选定了哈默斯利铁矿公司恰那矿区作为合作开发的对象。1984 年 2 月澳大利亚总理访问中国，签订了“中国澳大利亚钢铁工业技术合作协议”，加强了澳大利亚政府对合营开矿的支持。1984 年 9 月 ~ 1985 年 1 月中国冶金进出口公司和澳大利亚哈默斯利铁矿公司共同组成恰那铁矿可行性研究设计组，为合作开发恰那铁矿编制了可行性研究报告（相当于我国初步设计深度），同时拟定了合营开矿协议、使用哈默斯利公司生产设施使用费协议、销售协议、培训协议、矿山管理协议、西澳洲政府协议、税收协议、财产相互抵押协议等协议草案。我很幸运被冶金部任命担任恰那铁矿设计组中方经理，与哈默斯利公司的专家们一起合作编制该项可行性研究并准备协议草稿。之后中澳双方经过两年谈判，详细讨论了协议草案，对合营开发恰那铁矿主要原则取得了一致的意见，从而促成 1987 年 11 月正式签订了协议。

协议确定：恰那铁矿矿山规模初期年产矿石 500 万吨，以后发展到 1000 万吨，全部矿石产品向中国销售。澳方提供 2 亿吨铁矿资源，提供现有的生产和基础设施的多余能力，合营企业向哈默斯利铁矿公司支付使用费。矿山投资的 70% 向国际银团贷款，30% 为自有资金。澳方股份占 60%，中方股份占 40%，盈余和亏损均按投资比例分成。

中澳合资开矿，对于中方来说，与用长期合同方式向国外买矿相比较，有以下优点：

（1）中国钢铁工业的发展，有一个稳定的国外铁矿石基地；

（2）中国到国外投资开矿，矿石的实际成本可以降低；

[1] 焦玉书 1984 ~ 1987 年任澳大利亚恰那铁矿设计组中方经理，本文是焦玉书写的工作总结，发表在《国外金属矿山》杂志 1989 年第 1 期。

（3）中国与外国合资开矿，通过参加矿山管理作为一个窗口，有机会掌握现代化最新的矿山生产技术和矿山管理经验，转而为改造中国的现有矿山提供服务。

中澳合资开矿，对澳方来说，与用长期合同方式向中国销售铁矿石相比较，有以下优点：

（1）哈默斯利铁矿公司可以向合营企业提供现有矿山生产设施的多余能力，取得使用费收入；

（2）可以取得稳定的中国铁矿石市场，减少了铁矿石国际市场竞争中的风险；

（3）澳方还可以安排一些劳动力就业。

因此，合资开矿对中澳双方都是有利的。

1　恰那铁矿的生产系统

1.1　矿床地质

众所周知，澳大利亚西澳州皮尔巴拉地区赋存着得天独厚的铁矿石资源，含铁品位超过55%的铁矿储量大约有320亿吨，低品位铁矿石遍布皮尔巴拉地区，哈默斯利铁矿公司拥有铁矿石储量80亿吨，含铁品位均在52%以上。

铁矿床赋存在哈默斯利山脉太古代化学沉积层，主要含铁层有3层，按照形成年代递减的顺序可分为：马拉曼巴（Marra Mamba）含铁层厚180m；布罗克曼（Brockman）含铁层厚670m；布尔基达（Boolgeeda）含铁层厚210m。3个含铁层由浅成过程富集形成大型高品位赤铁矿床，恰那铁矿床就生成在布罗克曼含铁层中，矿床出露范围长12km，每个矿体长1~3km不等，宽度在0.2~1.2km之间。矿体由西向东分别称为64东，恰那、恰那东，84东、94东，其中64东和恰那东矿体延深到山南平原之下。恰那铁矿距哈默斯利铁矿公司帕拉伯杜矿20km，其交通位置如图1所示，矿床分布如图2所示。

恰那铁矿是由哈默斯利公司勘探的，主要用冲击钻，局部用了金刚石钻机，勘探网度60m×60m，求得证实储量2.04亿吨。

恰那矿石类型都属于高品位赤铁矿，全矿各矿体可采矿量和矿石成分见表1。

表1　恰那铁矿各矿体可采矿量和矿石成分

矿　体	矿量/Mt	Fe/%	SiO_2/%	Al_2O_3/%	P/%
64东	23	61.6	5.5	2.66	0.062
恰那	35	62.6	4.8	2.58	0.055
恰那东	53	62.6	4.4	2.61	0.075
84东	53	62.1	4.0	2.25	0.121
94东	40	62.4	4.4	2.35	0.089
总　计	204	62.3	4.5	2.46	0.085

1.2　矿山开采

恰那铁矿各矿区矿层大致倾斜15°，垂直方向深度和矿体厚约40m，上部覆盖层为页岩，厚50m。根据地形和矿体产状，矿山采用常规露天开采，划分水平台阶，段高14m，采场最终边坡角45°，废石都沿等高线地形就地排弃。全矿共圈定25个露天矿场，最大

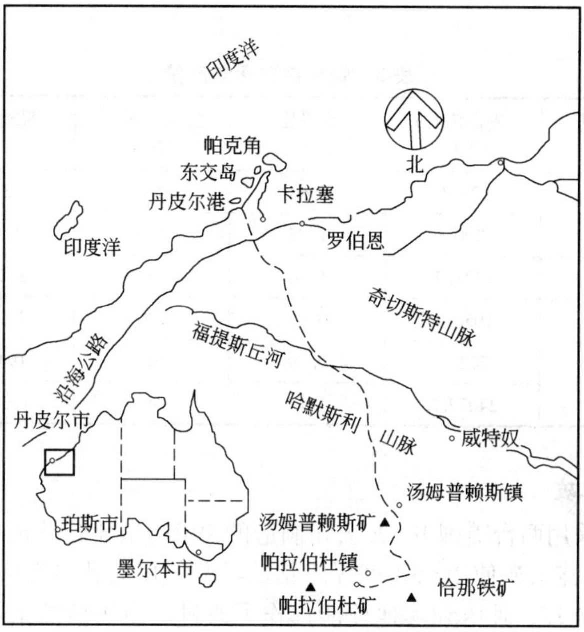

图 1　恰那铁矿交通位置图

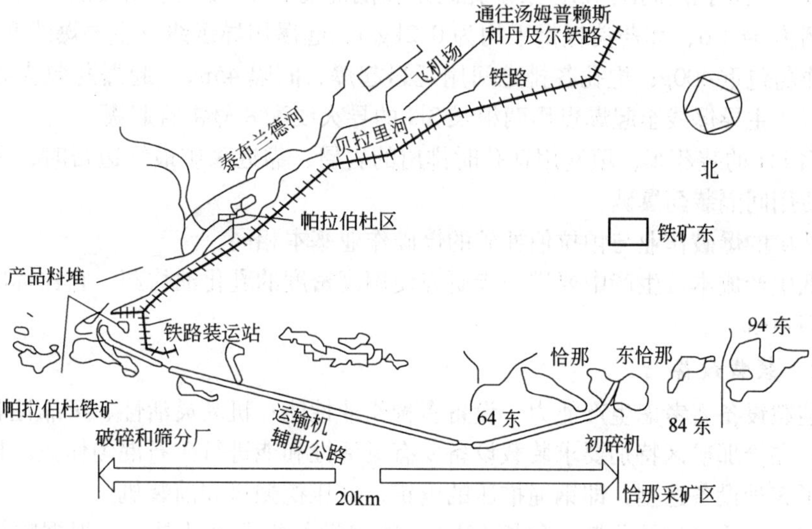

图 2　恰那铁矿总平面图

的采场为恰那东矿体 3 号采场，长 1392m，宽 929m，深 210m，可采矿量 4083 万吨，废石 5950 万吨，剥采比 1.46。最小的采矿场为 64 东矿体 3 号采场，长 273m，宽 299m，深 30m，可采矿量 76.1 万吨，废石 105.6 万吨，剥采比 1.39。全矿平均可采矿量 2.04 亿吨，废石 2.41 亿吨，平均剥采比 1.18。

按编制的年度采剥进度计划，矿山建设时间为两年，1988 年开始施工，1989 年建成投产，初期年产矿石 500 万吨。以后达到设计规模，年产矿石 1000 万吨，其逐年产量发展见表2。

表2 恰那铁矿逐年产量

年 度	可采矿量/万吨	剥离废石/万吨	剥采比/$t \cdot t^{-1}$	二次倒运量/万吨	采剥总量/万吨	生产剥采比/$t \cdot t^{-1}$
第1年	281	179.1	0.64	50	210	0.82
第5年	673.2	1290.8	1.92	200	2164	2.21
第10年	1122	1521.7	1.36	150	2793.7	1.49
第15年	1122	1050.4	0.94	100	2272.4	1.03
第20年	1122	772.3	0.69	50	1944.3	0.73
合 计	20400	24077.8	1.18	2900	47381.7	1.32

1.2.1 穿孔爆破

矿山穿孔初期采用两台美国B－E公司制造的49RH型牙轮钻机，孔径311mm，孔深17m。根据帕拉伯杜露天矿使用60R型牙轮钻的经验，用大孔径爆破是有利的。49RH型与60R型牙轮钻相比较，轴压和其他性能都作了改进。由于恰那采场不架设输电线，所以牙轮钻由柴油发动机驱动。

矿山的爆破方法，依岩石性质而异，一般覆盖层剥离与采矿按硬度不同，炮孔网距也有变化，剥离炮孔孔网间距8m，采矿孔间距和抵抗线7m。爆破采用铵油炸药，硝酸铵和柴油的比例为94∶6，炸药消耗量平均为0.2kg/t，起爆用导爆线有主导爆线和支导爆线，炮孔起爆炸药包重400g；炮孔各排之间用延迟起爆，间隔45ms，起爆药包支导爆线与主导爆线相连，主导爆线至起爆点用两根长3m的导火线配8号雷管起爆。

装药用11t的装药车，填塞用钻孔时排出的岩屑，靠近采矿最终边帮时，为了保持边帮的稳定使用间隔装药爆破。

恰那铁矿的爆破作业与帕拉伯杜矿的爆破作业基本相同。

为降低生产成本，生产中要进一步研究使用高密度的乳化油炸药，它比标准的铵油炸药强度提高40%。

1.2.2 装载设备

选择装载设备要考虑生产能力，设备多种作业性能；机动灵活性、可靠性和经济效益几个因素；在恰那矿区特别要求装载设备要有灵活性和能进行矿石混匀作业。根据这些要求，研究了3种设备选型，即钢绳推压的电铲，液压挖掘机和前装机。

恰那铁矿的采场比较分散，延长12km，装载设备要求机动灵活。根据帕拉伯杜矿的经验，大型前装机可以符合要求，因此1985年的可行性研究报告决定用前装机装载。但在困难的作业条件下，用前装机装硬岩不如电铲；如用电铲，则采场要架设输电线、敷设电缆，不但要增加投资和维修人员，而且变压器和电缆还得经常移位。考虑到这些因素，为了与大型电动轮汽车相匹配，决定选用液压挖掘机和前装机，发挥两种设备的优点。矿山共有西德O&K公司RH200C型液压挖掘机两台（斗容14m^3），Dresser公司的前装机两台（斗容11.5m^3）。

1.2.3 矿山运输

当今用汽车运输的露天矿，组织生产均以汽车为中心，即要充分发挥汽车的运输效率。因为汽车运输费用在矿石成本中所占比重为50%。当然总体上说挖掘机与运矿汽车要优化组合匹配，但两者有矛盾时，则宁肯让挖掘机等汽车，影响挖掘机作业率，也不能让汽车在挖掘机前面排队待装，影响汽车的效率。因为挖掘机装载费用在矿石成本中比重要小，恰那矿选用哪种运输设备呢？设计研究了3个方案：

（1）212短吨电动轮汽车配$10m^3$液压挖掘机和$10.5m^3$前装机；

（2）170短吨电动轮汽车配992C型前装机；

（3）120短吨电动轮汽车配992C型前装机。

经比较，若以第1方案为基础，则年成本与第2方案比较，降低21.2%，与第3方案相比较，降低26%。

不同类型电动轮汽车比较见表3和表4。

表3 电动轮汽车生产率比较（水平当量运距10km）

汽车			装载时间	等待时间		生产能力		水平当量运距10km，总采掘量2500万吨/年，需要的电动汽车数
型号	短吨	t	min	min	h	t/h	增加/%	台
Wabco	120	109	3.1	7.2	0.12	228	基数	28
TEREX33－158	170	154	4.4	8.2	0.14	310	+36	21
Unit Rig MT 2120	212	192	5.5	9.3	0.16	389	+71	17

注：水平当量运距（equivalent flat haul distance）：哈莫斯利铁矿公司自己使用的比较汽车运输性能的一种方法，指在公路上平坡行驶，有坡时换算成平坡运距，如汽车在8%的坡道上行驶100m，则在水平的公路上等同时间内可能行驶300m，则认为8%坡度行驶1km相当于水平当量运距3km。

表4 电动轮汽车维修比较

汽车			主要部件寿命/h			每吨位相关维修费用所占比例/%
型号	短吨	t	电动轮电机	轮胎	发动机	
Wabco	120	109	7000	5500	8000	100
TEREX33－158	170	154	15000	5500	10000	100
Unit Rig MT 2120	212	192	15000	5500	12000	44

比较结果表明，载重量大的电动轮汽车效益较好。

在实际设备招标订货时，选用了美国Unit Rig MT 4000型电动轮汽车，载重公称240短吨（218t），发动机功率2200hp，是DETROIT柴油发动机。MT4000型电动轮汽车载重量大，其优点是司机用得少；部件寿命长；维修费用少；发动机额定功率大，不会过热超载。

恰那铁矿共有25个采场，有些采场较小，我们原先顾虑特大型电动轮汽车在小采场不适用，经在帕拉伯杜矿对212短吨电动轮汽车的性能进行考察，了解到大型电动轮汽车灵活性好、行车速度快、卸车速度也快，完全适用在小采场工作。

经研究，最后选用240短吨的MT4000型电动轮汽车。初期需要6台。该矿采、装、运设备的作业制度见表5。

表5 采、装、运设备作业制度

项 目	牙轮钻机	装载设备	电动轮汽车
年工作天数/d	336	336	336
每日工作时间数/h	21.5	21.5	21.5
全年可利用小时数/h	7224	7224	7224
设备利用率/%	65	65	70
设备可利用小时数/h	4696	4696	5059
开动率/%	82	82	80
开动小时数/h	3850	3850	4047
计划使用小时数/h	3000	3000	4000

1.2.4 矿山辅助作业机械化

设计中对辅助作业机械化给予了充分的注意。如装药机械化，配备装药车；为发挥主要设备的效率，配备了胶轮推土机和履带式推土机在采矿场和排土场辅助作业；为维护公路路面配备了平路机，并备有水车经常洒水。辅助设备在基建投资中占了相当大的比重，辅助作业在成本中也占有一定比例。

1.3 矿石加工

恰那铁矿在矿区设破碎厂，处理能力为1000万吨/年，最终矿石产品粒度为0～80mm。破碎厂工作制度，每周工作7天，每天3班，每班8h。恰那铁矿的破碎－运输系统由粗破碎间、料场、中破碎间和胶带运输机系统等组成（见图3、图4）。

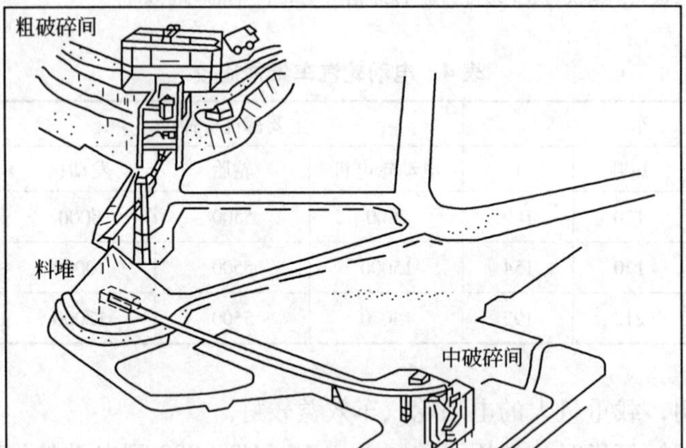

图3 恰那铁矿工业场区示意图

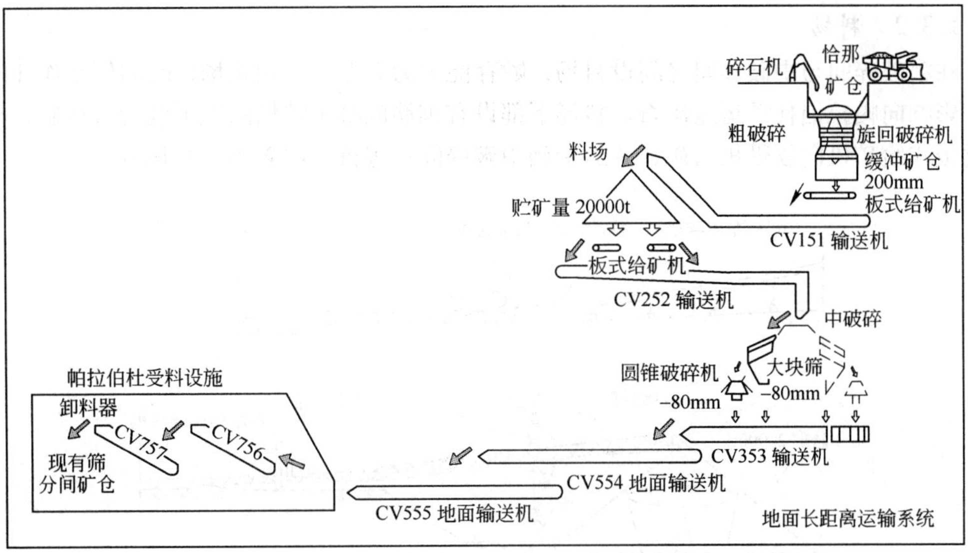

图 4　恰那铁矿破碎厂和运输机系统流程

1.3.1　粗破碎间

粗破碎间为挤满给矿方式，设有矿仓，两台电动轮汽车可同时卸载。粗碎机选用日本神户制钢产的1520旋回破碎机。在矿仓上侧设液压碎石机，如出现粒度大于1500mm的大块矿石，可进行破碎，它还可配以反铲清理矿仓。粗碎机下部设板式给矿机向运输机给矿。

液压碎石机为 CBSL940/580 型。Compair Aut 公司制造，75kW。板式给矿机为 TC-70 型，宽 2400mm，速度 0.285m/s，系 Boliden Allis Aust 公司制造。粗破碎间的配置如图 5 所示。

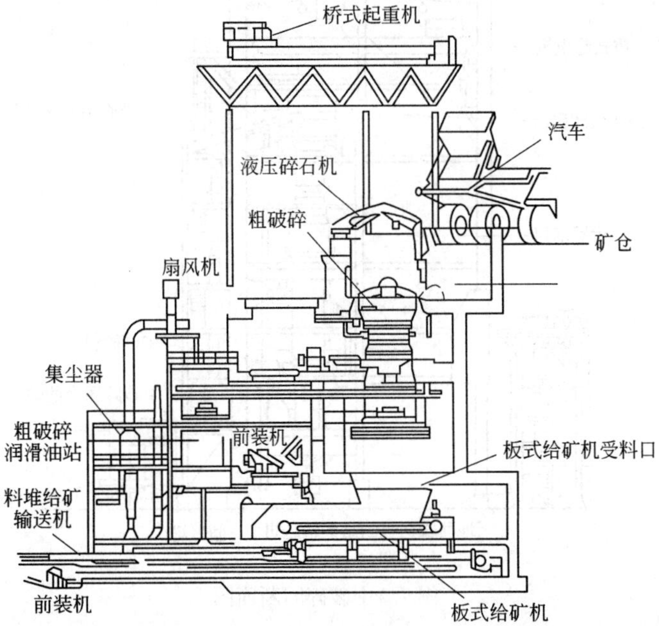

图 5　粗破碎间断面图

1.3.2 料场

在粗破碎间与中破碎间之间设料场，贮存能力为2万吨，在采场短时间停止作业时不至于影响向帕拉伯杜矿运送矿石。料场下部设有钢筋混凝土结构的地下胶带机通廊，矿石通过板式给矿机向胶带机给矿，并运送到中破碎间去进行二次破碎（见图6）。

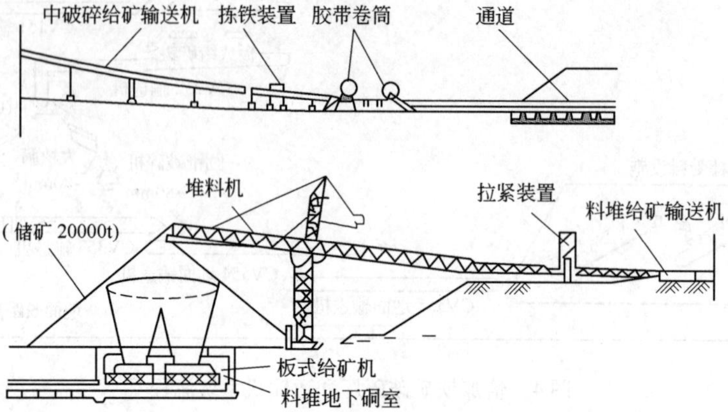

图6 物料布置图

1.3.3 中破碎间

中破碎机选用两台2235mm标准型圆锥破碎机，给矿粒度0～200mm，排矿粒度0～80mm。如图7所示，矿石在中碎前进行筛分，振动筛规格2.4m×6.1m，电机30kW，筛子为单层装有橡胶筛板。

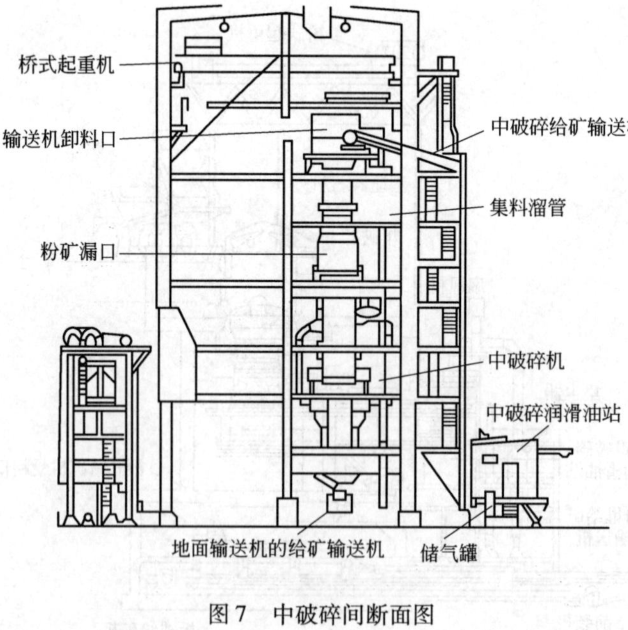

图7 中破碎间断面图

破碎厂装有250kW柴油发电机作为备用电源。

1.3.4 胶带输送机系统

恰那铁矿共有5条胶带输送机（见图4），其技术性能参数见表6。

表6 胶带运输机主要性能参数

编号	工作地点	生产能力/$t \cdot h^{-1}$	矿石粒度/mm	胶带宽度/mm	胶带速度/$m \cdot s^{-1}$	胶带加强层	驱动电机数	功率/kW
CV151	粗破碎	6000	200	1800	2.6	尼龙	1	355
CV252	料场	2200	200	1200	2.5	尼龙	1	250
CV353	中破碎	2200	80	1200	2.5	尼龙	1	75
CV554	第一条地面输送机	2200	80	1050	4.1	钢芯	3	750
CV555	第二条地面输送机	2200	80	1050	4.1	钢芯	3	750

两条地面长距离输送机，即CV554和CV555，向帕拉伯杜矿输送粒度0~80mm的矿石。按协议规定，矿石的细碎和筛分以及贮存，均在帕拉伯杜矿破碎厂进行。细碎后，产品分为块矿（6~30mm）和粉矿（0~6mm），在帕拉伯杜料场混匀，通过铁路运到丹皮尔港。

两条地面长距离输送机技术上是先进的。

CV554有水平竖线，CV555是直线段。输送机可在全负载条件下启动，该区气候有龙卷风，为固定起见，输送机的头部和尾部均支撑在桁架上．输送机支架用螺栓固定在两个混凝土基座上，与地面固定联结，支架上部是封闭的（见图8）。

输送机的拉紧和驱动装置设在机头，驱动电机功率为750kW，共3台，均系直流电动机。电机与空气热交换器总体封装，允许在高温下持续工作。

每条输送机前部都备有更换胶带的装置，并留有空间，以便把更换前拼接好的胶带放到地面上。

CV554输送机长10km，其中有一段曲率半径为9km的水平曲线，曲线段输送机支架要横向倾斜，恰似铁路弯道外轨超高，以保证输送机沿着正确的线路运行。

在CV554处CV555输送机中间设有转运站。

CV555输送机长10km，无曲线。

1.3.5 控制系统

全矿的矿石加工作业（包括CV554与CV555地面长距离输送机运行）均由中心控制室控制。自动顺序启动，过程控制和设备的监测由逻辑控制器（PLC）执行。

计算机系统（PCS）利用逻辑控制器的信息提供图解显示，由在联网上运行的各计算机组成。每台计算机通过两个数据集中扫描器，可独立地从逻辑控制器系统获得信息，并用动态图像显示。

为了保证控制系统不受电力系统中断影响，有第2电源保护。

作业中心控制室还装有闭路电视，通过各操作地点的摄像机向控制室人员提供设备状态的信息（见图8）。

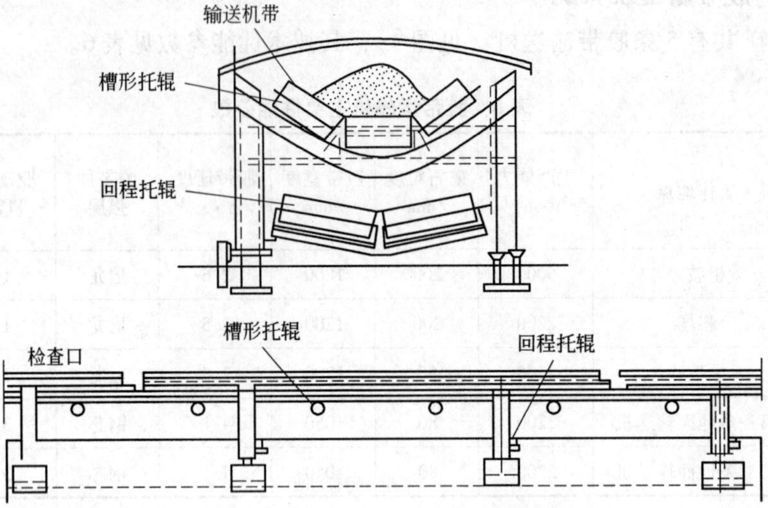

图8 地面长距离输送机断面图

1.4 铁路专用线与丹皮尔港

铁路专用线由哈默斯利铁矿公司经营管理，全长386km，轨距1435mm，钢轨重68kg/m，单线，每20km设会让站，重车上坡最大坡度4.2‰，空车返回最大坡度20‰，铁路通过能力4700万吨/年，每天可通过9辆列车，列车由180节矿车组成，矿车载重95t，每列车净重17100t，总重23000t，每两节矿车组成一对，带有固定可旋转的连接器。列车由3台2700kW的内燃机车牵引，现在正在研究，每列增加到由210节矿车组成，以提高效率。

丹皮尔港靠印度洋是西澳州的大型海港之一，靠丹皮尔群岛，是个避风港。丹皮尔港区有贮矿料场和矿石筛分、化验检验设施。装船有两个泊位，东交岛泊位，可装载重量25万吨货轮；帕克角泊位，可装载重量14万吨货轮。

在丹皮尔港区，恰那、帕拉伯杜与汤姆普赖斯3个矿区的矿石进行混匀。帕克角料场容量170万吨，东交岛料场容量300万吨。向中国出售的矿石均为混合矿，块矿品位大于64%，粉矿品位大于62%。

1.5 矿山辅助设施和基础设施

在恰那矿区设一个维修中心，承担设备的日常维护检修，设备大修都送到哈默斯利铁矿公司帕拉伯杜矿去进行。

矿山用电取自帕拉伯杜变电所，到恰那架设33kV输电线，露天采矿场不设电力网，设备均以柴油为动力。全矿用电容量约为5000kW。

矿山供水，取自恰那矿区南5km的吐里河，水源通向矿区输水管线，为一条直径235mm的衬水泥的钢管，输送到矿区的钢贮水罐。矿山公路洒水、破碎厂除尘和矿山生产中心用水估算年耗水量69万立方米。

矿山通讯，电话系统从现有帕拉伯杜的2号电话总机出线，矿区办公室与采矿设备之间设置无线电话通信系统。

矿山职工以及中方参加矿山管理的人员住宅均设置在帕拉伯杜镇，与帕拉伯杜矿的职工住在一个区域，职工住宅用水、用电、通信等均用帕拉伯杜镇现在设施。

恰那铁矿与帕拉伯杜镇之间，有一条行驶轻型车辆的标准公路，还有一条行驶重型车辆的非标准公路。

2 恰那铁矿的生产管理

2.1 矿山管理系统和组织

恰那铁矿是一个合资经营企业，合营者一方是哈默斯利控股有限公司的子公司——恰那矿山公司；另一方是中国冶金进出口公司的子公司——中国冶金进出口公司恰那分公司。哈默斯利控股有限公司另组建一个子公司叫恰那管理服务公司。合资经营企业委托恰那管理服务公司管理，中澳双方另组建恰那铁矿政策委员会，作为企业最高决策指导机构，合营双方聘任经理，全权负责恰那铁矿的设计、施工和生产经营。政策委员会的职能是对生产有关的政策作出一切决定，审定批准或修改矿山生产计划和预决算，确定合资经营资产，有处理采矿地产权，讨论与决定“经理”提交议定的问题和随时发生的有关合资经营事宜。

经理的职能是，按照合营协议的规定，对矿山进行管理、监督并指挥生产，有权行使管理和商业活动方面的权力，代表合营者监管和控制合营企业资产。

合营企业组织管理系统如图 9 所示。

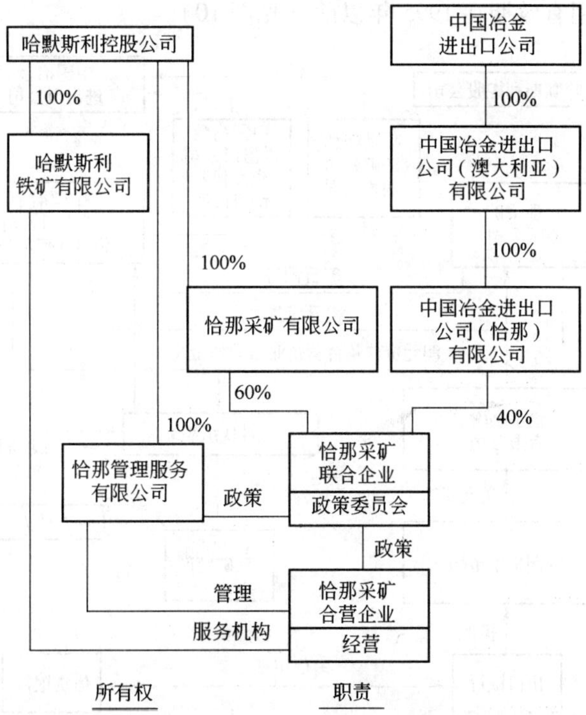

图 9 恰那铁矿组织机构系统图

2.2　合资企业的结构和资金筹措

恰那铁矿按其合作结构分析属于契约式合资经营，属于哈默斯利控股有限公司的子公司恰那矿山公司拥有股份60%，属于中国冶金进出口公司的子公司恰那分公司拥有股份40%。双方合营者共担风险、共享利益、按投资股份比例分配矿石产品，同时中方保证收购全部恰那铁矿产品，澳方保证无偿提供铁矿资源并提供生产技术，保证合营企业成功地从事生产活动。

矿山基建投资70%由银团贷款，30%为自有资金，筹资以工程项目贷款名义在有限追索权的基础上筹资，中澳双方各找一个银行担保。

恰那铁矿从1987年进行施工准备，1988年开始施工，于1989年建成投产，初期基建投资2.5亿澳元。按澳大利亚习惯，矿山投产后，以矿养矿，扩大生产规模，更新和增加设备不再列入基建投资范围，由生产支付。恰那铁矿投产后7年内用于更新和增加设备的投资需要1.2亿澳元。

为了筹资，合营双方建立恰那金融有限公司，中澳双方各占50%股权，由恰那金融有限公司出面，以工程项目贷款的名义，按有限追索权的条件与国际银行的财团签订了为期12年的1.7亿美元贷款协议。恰那金融有限公司将此项贷款所得转交企业合营者，企业合营者把此项资金再兑换成澳元向恰那铁矿投资。

合营双方还要向恰那铁矿提供基建投资的30%自有资金。生产后要逐年偿还贷款，自有资金偿还列在最后。国际银行财团另保证6000万美元贷款，用于恰那铁矿投产后更新和增加设备，使用有效期在1995年以前（见图10）。

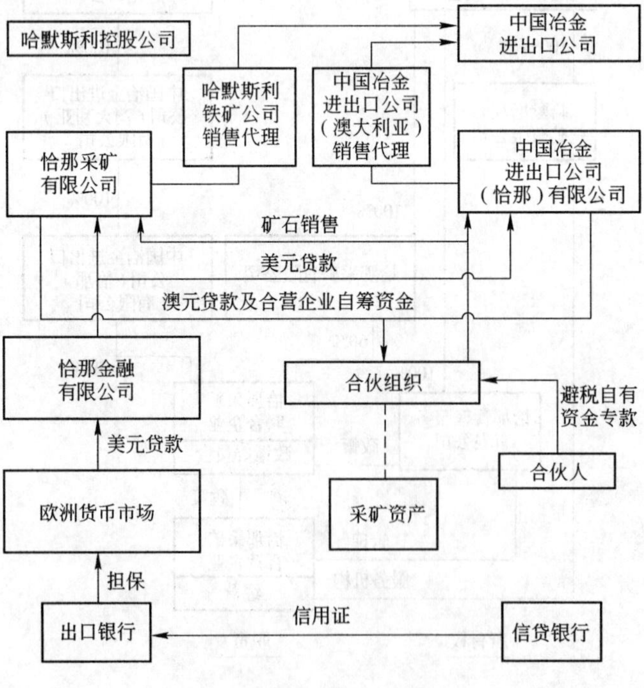

图10　恰那铁矿资金筹措流程

2.3 法律与税收

在澳大利亚开矿，有外国投资的工程项目需要联邦政府外资审查委员会批准，同时合营企业还得与所在地西澳州政府签订州政府协议书。为此要向州政府资源开发部长提交详细建议书，阐明工程位置、占地范围、工程项目、施工建设进度，还应提出矿石运输和装船的要求，列出所需劳动力等内容，合营企业还得向澳政府贸易部申请矿石出口许可证。

合营企业从事生产经营活动，要按规定向政府交税，包括：

（1）所得税：46%；

（2）红利税：按中方寄回国内金额的30%征收；

（3）子公司税：子公司除交46%所得税外，再交5%的子公司税；

（4）矿区使用费：西澳洲政府征收，块矿征7.5%，粉矿征3.75%，按离岸价计算；此外，原矿区发现人征矿区使用费2.5%；

（5）矿区租金：按每吨干矿征25澳分。

2.4 合营企业与哈默斯利铁矿公司的关系

合资经营恰那铁矿的生产活动只限于在矿区，生产的矿石产品是0～+80mm的半成品。矿石技术加工的后部工序包括细破碎、筛分、矿石混匀、运输、装船等生产活动，由哈默斯利铁矿公司进行。合资经营企业与哈默斯利铁矿公司是协作关系。

恰那铁矿在矿区从事生产活动，如穿孔、爆破、装车、运输、粗中破碎等所发生的费用，包括委托帕拉伯杜矿进行设备大修的费用，均列入生产成本。使用哈默斯利铁矿公司生产设施和基础设施，合营企业要向哈默斯利公司支付使用费，此项费用也列入生产成本。这些支付使用费的生产活动包括：

（1）恰那矿石存入帕拉伯杜矿石料场，又从料场中取出恰那矿石；

（2）在帕拉伯杜矿进行细破碎筛分；

（3）与帕拉伯杜矿混合，存贮用帕拉伯杜料场；

（4）从帕拉伯杜料场取出矿石，装入专用列车，运到丹皮尔港；

（5）在丹皮尔港卸矿，存入丹皮尔料场，与汤姆普赖斯矿石混匀；

（6）由丹皮尔料场取混合矿进行最后筛分；

（7）进行抽样过磅和化验分析；

（8）按销售合同规定的方式在港口装船运往中国。

上述8项作业，由合营企业支付使用费，列入合营企业成本。使用费由资本费和经营费两部分组成。协议规定，使用费有最高限价，某年度资本费和经营费之和不应超过该年度合营企业收入的一定额度。

2.5 产品销售

合营企业的产品均按国际价格向中国销售。由于恰那矿石含铁62%，品位偏低，因此商品矿石为哈默斯利铁矿公司生产体系内汤姆普赖斯、帕拉伯杜、恰那3个露天矿的混合矿。销售协议规定块矿粒度6～30mm，小于6mm的粉矿不得超过9%。粉矿粒度0～6mm，是指在自然状态下，通过6mm方形筛孔。块矿含铁64%，水分在105℃温度条件下，表面水分损失最多不得超过3%。粉矿含铁62%，在105℃温度条件下表面水分损失最多不得超过6%。其他有害有益组分也均有规定，不合格时要按规定罚款。

矿石价格是买方以在装载港将矿石散装入船为条件支付的离岸价，按每吨矿石每1%铁含量值多少美分计价。重量均指干重，即在105℃温度条件下干燥过的矿石重量。

销售矿石重量测定，由卖方支付费用，用测量吃水深度的方法确定每次发运的矿石重量，在测量吃水深度时买方自费派代表监督。在货船到达中国港口时，买方自费用商检局标准检查重量，在卸货港用测吃水深度的方法确定重量，由中国商检局确认的重量是矿石的湿重，湿重减去水分得矿石干重。在卸货港测吃水深度时卖方自费派代表监督。恰那矿石产品流程如图11所示。

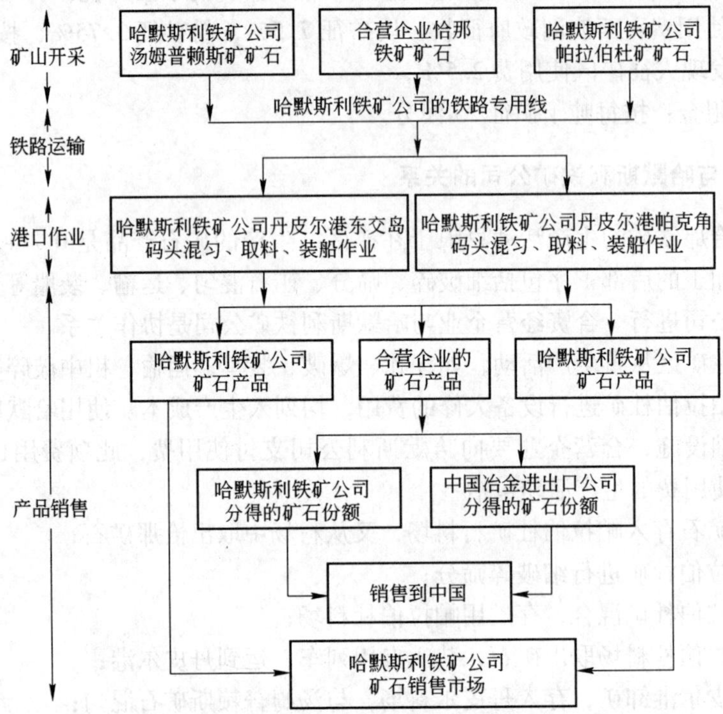

图11 恰那铁矿产品流程图

作者简介：

焦玉书，教授级高级工程师，鞍山冶金设计研究总院原院长。

睦邻友好　互利双赢

——到周边邻国合资开发铁矿资源

焦玉书[1]　宋叔意[2]

（1. 鞍山冶金设计研究总院；2. 中鑫联国际资源控股有限公司）

2011 年 6 月 20 日

1　加快境外铁矿资源开发步伐，加大权益进口矿的规模是我国建立铁矿资源战略保障体系的必由之路

“十二五”计划时期（2011～2015 年）是我国全面建设小康社会的关键时期，为保证国民经济可持续发展，钢铁工业必将平稳较快增长，铁矿石原料仍将呈高位需求，为此，“十二五”计划时期必须牢固建立起“铁矿资源战略保障体系”。到周边邻国合资开发铁矿，应视为首选目标。

“十一五”时期，随着我国钢铁工业快速发展，铁矿业成就辉煌。2010 年，我国 GDP 产值超过日本，位美国之后，居世界第二位。钢产量 6.266 亿吨，生铁产量 5.9 亿吨，铁矿石产量 10.7 亿吨，均居世界第一位，在世界金融危机的大环境下，我国取得的成就辉煌，引世人注目。但是我国国产矿不足用，进口矿不得不逐年增长，2009 年进口铁矿石 6.277 亿吨，2010 年进口 6.186 亿吨，进口矿依存度上升到 68%～70%，我们却没有取得“矿价”的话语权。

铁矿供应如何由被动转为主动呢？根本出路在于建立铁矿资源战略保障体系。我国铁矿资源要有个新面貌就是要建立铁矿资源战略保障体系，创建国际铁矿市场新格局。其内涵主要包括两个方面：

（1）加大铁矿资源勘查力度，加大国产矿生产规模；

（2）加快境外开矿的步伐，加大权益进口矿的规模。

我国从 1982 年起走出去，到境外开矿。1983～1987 年，最早与澳大利亚哈默斯利公司合资开发西澳州皮尔巴拉地区恰那铁矿，该矿露天开采，年产 1000 万吨铁矿石，矿石均为 DSO 矿，不需选矿加工，投资两亿美元，澳方股权比例 60%，中方占 40%，该矿合资开发已有 20 多年，应该说是合资开矿最早的项目，也是成功的项目，我有幸被冶金工业部任命担任“合资开发恰那铁矿设计中方经理”，工作期间对境外开矿的技术、经济、法律问题，学习积累了经验。

20 世纪 80 年代至今，我国在澳洲、巴西、非洲开展境外开矿，已签协议和正商谈的项目有二三十个，应该说境外开发铁矿已进入了快车道。但到周边邻国合资开矿的项目却太少了。

我们到巴西、澳大利亚、南非各国去合资开发铁矿资源的目标是安全的，这些地区铁

矿资源丰富，适合中国企业去探索去投入。但是我们更应该鼓励中国企业把目标转向周边邻国，到周边邻国开矿比较起来更有优势。

（1）产品物流运输距离近，成本低。巴西矿海运距11000海里，澳矿运距3300海里，而邻国产品运到中国境内用户，运距短得多，以蒙古国铁矿为例，该国铁矿到中国用户蒙古境内铁路运距900km，中国境内铁路运距600～800km，朝鲜茂山铁矿运距则更近了。2010年，进口矿平均到岸价就说明了此问题，见表1。

表1 2010年中国进口铁矿到价

进口国	进口铁矿量/万吨	平均到岸价/美元·吨$^{-1}$
中国进口矿（全部）	61864.47	128.38
巴西矿	13089.05	136.17
澳矿	26533.478	130.43
南非矿	2954	139.35
印度矿	9658.5	116.52
朝鲜矿	209.55	93
蒙古国矿	266.046	82.75
越南矿	192.53	84.25
缅甸	240.404	34
哈萨克斯坦	616.9	127.38

2010年，全国进口矿平均到岸价128.38美元/吨，其中巴西矿136.17美元/吨，澳矿130.43美元/吨，邻国朝鲜矿93美元/吨，蒙古国矿82.75美元/吨，越南矿84.25美元/吨，虽然矿产品种类不同价格应有差异，但客观上看邻国运距近，进口矿成本会相对较低。

（2）到周边邻国去合资开矿，奔向“睦邻友好，互利双赢”的大目标，可以创造有利的政治氛围，对邻国增加就业岗位有利。

2 周边邻国合资开矿的目标

2.1 朝鲜茂山铁矿

位于朝鲜北部茂山市，该矿系沉积变质铁矿床，主要矿石类型为磁铁矿，地质品位TFe33%左右，矿石储量C1级以上有15亿吨，远景储量据称有50亿吨，资源储量丰富。矿体有7个，适于露天开采的占28%，地下开采占72%，各矿体储量见表2。

表2 茂山铁矿床矿石储量

矿体	C1级储量/万吨	含铁量/%	露天开采储量/万吨	坑内开采储量/万吨	海拔标高/m
1号矿体	67133.8	34	25480.4	41653.4	
2号矿体	5043.0	34.7		5043.0	750

续表 2

矿　体	C1 级储量/万吨	含铁量/%	露天开采储量/万吨	坑内开采储量/万吨	海拔标高/m
3 号矿体	58577.9	36.2	9514.1	49063.8	260
4 号矿体	8895.7	34.5	6079.0	2816.7	450
5 号矿体	3829.7	33.8	1364.0	2465.7	530
6 号矿体	1780.8	31.6		1780.3	520
7 号矿体	9178.7	32.3		9178.7	340
1 号矿体支脉	1493.3	25	1493.3		740
总　计	155922.9		43920.8	112002.0	

茂山铁矿始建于 20 世纪 30 年代，现露天开采设备有钻机 45 台，挖掘机 61 台，汽车 300 台，但大多数年久失修。选矿厂有两座，1 号选矿厂年生产能力为 500 万吨精矿，2 号选矿厂年生产能力为 250 万吨精矿。精矿品位 65%，尾矿 6.5%，回收率 79.2%，采出品位原矿 28% ~35%。2 号选矿厂 1981 年兴建，设备由瑞典引进，选矿厂设备也年久失修。

茂山铁矿按矿床开采条件，原矿生产规模可达 4000 万吨/年，精矿产量可达 1500 万吨/年，现规划 1 号选厂年产精矿 350 ~400 万吨，2 号选厂年产精矿 300 万吨，并拟新建 3 号选矿厂年产精矿 800 万吨。茂山铁矿物流顺畅，可在清津港输出，矿山至港口 100km，可采用管道输送铁精矿。茂山铁矿条件好，应是我方企业合作的目标，2010 年朝鲜向中国出口 200 万吨，主要是由茂山铁矿出口的。

2.2　蒙古国铁矿

蒙古国铁矿资源已勘探的矿床有 13 个，已预查普查的矿点有 104 个，估算资源储量 18 亿吨，其中 C1 级以上 7 亿吨。

（1）图木尔泰铁矿。矿山位于蒙古国北部色楞格省，距达尔汗 130km，矿床为接触交代矽卡岩型铁矿床，矿石主要为磁铁矿，探明储量 2.29 亿吨，矿石含铁品位 51%，含硫 1.31%，含磷 0.04%，经选矿试验可以生产铁品位 66% 铁精矿。

（2）巴彦戈勒铁矿。距达尔汗 90km，与图木尔泰铁矿相邻，矿床成因相同，铁矿拥有资源储量 1.1 亿吨，其中：半假象赤铁矿 1168 万吨，原生磁铁矿 9841 万吨，矿石含铁品位铁 35% ~68% 平均 52.3%，经选矿试验可生产铁精矿品位铁 66%。

（3）图木尔陶勤益铁矿。矿山位于蒙古国北部距达尔汗市东南 30km。矿床亦为接触交代矽卡岩型铁矿床，拥有资源储量 2400 万吨，铁矿石含铁品位 53.84%，其中高硫矿含铁 53.43%、硫 3.44%，低硫矿含铁 54.76%、硫 0.1%。

（4）额仁铁矿。矿山位于蒙古国南部戈壁地区。矿床属于元古代沉积变质铁矿床，矿石类型上部氧化带为半假象赤铁矿，深部为原生磁铁矿，1 区铁品位 24% ~30%，2 区 33% ~40%，资源储量 8000 万吨，选矿试验可生产铁精矿铁 66%。

香港龙铭有限公司已投资开发图木尔泰和巴彦戈勒铁矿，2010 年蒙古国向中国出口铁矿石 260 万吨，主要是龙铭公司出口的。

包钢计划合资开发额仁铁矿，但尚处于筹备阶段。

2.3 越南石气铁矿

矿山位于越南中部和靖省石河县石气村境内，矿床成因属于接触交代矽卡岩型铁矿床，矿床有南部北部矿体，南部矿体延长1200m，厚度200～400m，延深700m；北部矿体延长1500m，厚度200m，深189m。本矿床原生磁铁矿占总量62%，氧化矿占32%，残积矿占5%。矿石化学成分见表3。

表3 石气铁矿矿石主要化学组分 (%)

成分	高品位矿石		低品位矿石		高硫矿石		残积矿石	
	磁铁矿	氧化矿	磁铁矿	氧化矿	磁铁矿	氧化矿	高品位	低品位
TFe	62.38	61.39	31.89	24.88	59.38	56.99	52.74	28.05
FeO	23.22	6.69	13.53	2.49	22.81	15.01		
Fe_2O_3	62.43	75.59	31.07	32.63	59.84	64.85		
S	0.132	0.35	0.041	0.006	10.34	2.27	0.016	0.042
P	0.053	0.041	0.012	0.072	0.04	0.001	0.081	0.183
Mn	0.21	0.24	0.07	0.04	0.16	0.16		
Co	0.013	0.026	0.062	0.004	0.013	0.001		
TiO_2	0.21	0.36	0.41	0.20	0.36			
SiO_2	4.28	5.99	28.37	41.04	4.23	6.78		
Al_2O_3	1.13	2.55	3.07	13.62	0.85	1.95		
CaO	0.99	0.18	1.41	0.03	2.20	0.03		
MgO	1.77	0.29	6.35	0.02	1.31	0.04		

矿石资源储量5.44亿吨，远景储量1.2亿吨。其中：高品位铁矿石含铁60%以上，占总储量95%。

本矿床适于露天开采，矿床靠近海岸不远，涌水量大，矿山年产量1000万吨，排水量将达到$73m^3/t$。

2.4 柬埔寨罗文铁矿

矿山位于柬埔寨柏威省罗文县境内，罗文矿床系接触交代矽卡岩型铁矿床，矿石类型主要是磁铁矿，赤铁矿及镜铁矿，铁矿资源储量。

格高矿区938.2万吨；登布矿区773.07万吨；石山矿区414.6万吨；合计2125.87万吨。

矿石综合矿样化验含铁品位TFe 58.66%，S 0.089%，P 0.018%，Al_2O_3 0.71%。

本矿由广西有色金属集团开发，年产75万吨，精矿60万吨。

3 到邻国开矿的模式

走出去到我国邻近国去开矿办厂，对我方来说有以下优点：

（1）在邻国有可靠稳定的铁矿石供应基地；

（2）可以获得成本比较低的权益进口矿。

对于邻国来说也是有利的：

（1）出口铁矿石，可以占有中国铁矿石市场，减少竞争风险；

（2）可以安排劳动力就业；

（3）可以促进带动地方经济的发展。

中国到邻国开矿，可以说是睦邻友好，互利双赢。如今境外开矿的模式可以灵活多样。

3.1 风险勘探

地质勘查工作按国际惯例分为：预查、普查、详查和勘探4个阶段。

预查：依据区域地质或物化探异常研究结果、初步野外观测，极少量工程验证结果，与地质特征相似的已知矿床对比、预测，提出可供普查的矿化潜力较大地区。有足够依据时，可结算出预测的资源量，属于潜在的矿产资源。

普查：采用露头检查、地质填图、数量有限的取样工程及物化探方法，大致掌握矿体形态，矿体质量特征，要对矿区提出是否有详查价值，或圈出详查范围。

风险勘探，一般是指在预查、普查基础上承担详查和勘探阶段的任务，因此带有一定风险性，故称风险勘探。

目前，周边国家有些矿点属于这类情况。只有简单的预查资料，我们承担风险勘探是占有矿产资源的第一步。

我国应有选择地支持承担风险勘探项目，2010年国土资源部列入10亿元做风险勘探资金，支持在国外承担风险勘探的企业。

3.2 合资开矿

合资开矿，一般指开发新矿点，选择资源储量条件好，矿石技术加工条件好，建设条件好，外部运输，水电供应环境好，投资环境好的矿山作为合资开矿的目标。

合资开矿，一般来说，不提倡独资开矿。首钢秘鲁铁矿项目，中方控股98.4%，属于独资经营，多年来出现了很多问题，至今未能妥善解决。

对境外开矿，提倡合资经营（Joint Venture），中方可以持50%股份，对方持50%股份；中方也可以持股49%，外方持股份51%，由外方控股。合资经营企业，在企业管理上方便得多，特别涉及劳资，环保，资源使用耗竭补贴等问题，由外方人员出面处理要容易得多。中澳合资恰那铁矿应算是成功的典型。

合资开矿，中方持股，在管理上又有两种方式：一是派人参加管理，二是受权外方管理，中方不派人，只是定期参加董事会。中澳合资宝瑞吉公司（宝钢持股46%）和中巴合资宝华瑞公司（宝钢持股50%），宝钢都不派人参加管理。中澳合资恰那铁矿，中钢公司持股40%，20年来中方一直派人参加管理。

实践证明：合资开矿中方持股，应派人参加管理，在计划，销售，财务，质量控制各部门派人参加，一方面掌握情况，另一方面也是一个培训学习过程。合资开矿项目泛指新矿山开发项目，从选择厂址到开工建设，直到投产，周期相对较长。

3.3 兼并收购或投资入股

“走出去”到境外占有资源，实施矿产资源全球化战略，以项目为切入点，兼并或收购国外矿业企业，这是国际上通行的方式。

首钢秘铁项目和赞比亚谦比西铜矿项目属于此种类型。这两项工程都是中方独资经营收购的项目，此两工程均是进入老年期的老矿山，濒于停产，急需改造。中方接收后占有了资源，但继续开发，需要再投入，对矿山需要进行一系列改造。

我们应该学习中石油和 BHP 公司国外成功兼购的经验。在境外选择正在生产的青年期矿山，利用其上市有利条件，一次投入资金，全部收购或部分收购参股占有一定规模的生产能力，这种条件属于强强联合。

当前又盛行投资入股或买股票，这又是占有资源的新形式。现在我国企业已开始买股票，占有国外矿业公司一定比例的股份，包钢花 2400 万元买了南美洲 Centrex Merals 的股票，继而合资开发该公司的 Bungalow Minbrie 铁矿。

鞍钢投入 2.5 亿元买了 Gindalbie Metals LtD. 的股票，继而与该公司合资开发 KARARA 铁矿。此种做法值得仿效。

作者简介：

焦玉书，教授级高级工程师，鞍山冶金设计研究总院原院长。

宋叔意，中鑫联国际资源控股有限公司董事长，博士，北京市政协委员，全国工商联冶金业商会副会长，北京山东企业商会副会长。

Fe

综合利用　节能减排
安全环保　绿色矿山

ZONGHE LIYONG JIENENG JIANPAI
ANQUAN HUANBAO LÜSE KUANGSHAN

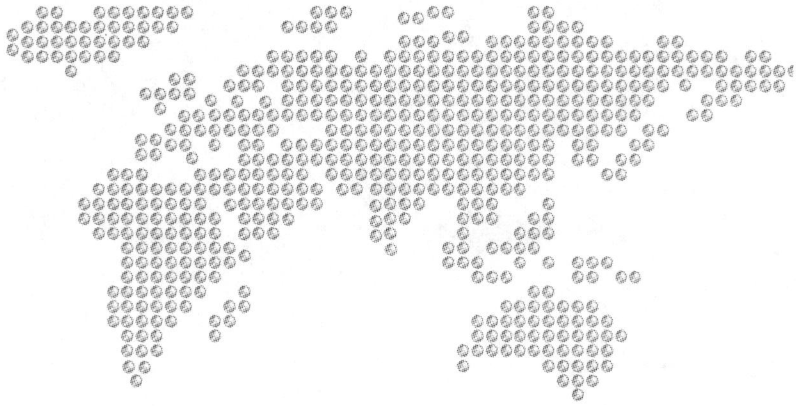

建设绿色矿山，发展绿色矿业是中国矿业发展的必由之路

刘玉强

（中国矿业联合会）

2012年5月30日

1　推进绿色矿业是落实科学发展观的战略选择

新中国成立以来，特别是改革开放以来，我国矿业飞速发展，保证了经济快速平稳增长。2011年，产煤35.5亿吨，铁矿石13.25亿吨，10种有色金属3424万吨，分别是1949年的116倍、2650倍、2283倍。但同时，浪费资源、事故频发、污染环境、矿地关系紧张等问题也十分突出。据统计，全国矿业建设与生产用地1.35万平方千米，因采矿占用、破坏土地33000km^2，其中地面塌陷4300km^2，固体废弃物353.3亿吨，2006到2008年，引发矿山地质灾害5000余次，直接经济损失70亿元人民币。尤其是中国矿业开始走出去，世界各国也有忧虑。2007年，国土资源部在中国国际矿业大会上提出“落实科学发展、推进绿色矿业”的口号，受到中外代表热烈欢迎，认为是发展理念的创新，是中国矿业的新形象。2008年，中国矿业联合会从落实企业责任层面，会同中国铝业公司、首钢矿业公司等十一家矿山企业、行业协会，共同发起了《绿色矿山公约》，通过绿色矿山创建，推进绿色矿业，很快得到矿业界的热烈反响。在国务院批准的《全国矿产资源规划（2008~2015）》中，已将发展绿色矿业、推进绿色矿山建设作为重要的内容，并确定了“到2020年绿色矿山格局基本建立”的总体目标。目前已有220家企业已经成为国家级绿色矿山。

2　发展绿色矿业是转变经济发展方式的重要抓手

地方政府和矿山企业十分欢迎并积极响应开展绿色矿业，评选绿色矿山活动，认为发展绿色矿业是落实科学发展观的战略选择，是我国经济社会可持续发展的迫切需要，是转变矿业增长方式、提高矿产资源开发利用水平的重要手段，是构建“资源节约型、环境友好型”和谐社会的重要举措，是全面推进矿业经济进步和矿业又好又快持续健康发展的必由之路，具有十分重要的现实意义和深远的战略意义。

国土资源部规定的绿色矿业的任务、中国矿业联合会倡导的《绿色矿业公约》和绿色矿山条件，包括依法办矿、规范管理、资源利用、技术创新、节能减排、保护环境、土地复垦、安全生产、社区和谐和企业文化等9个方面的内容。在实践中已经涌现出一批好的典型和具有普遍意义的成功经验。

2.1 依法办矿和规范管理安全生产是绿色矿山建设的前提条件

近年来，国土资源部查处无证勘查开采、越界越层开采、非法转让矿权15万起，整合矿权、减少矿山17.6%。1995年7.6万矿山产煤13.61亿吨，2009年，1.7万个矿山产煤30.5亿吨。山东省积极推进矿业由数量型、粗放式发展，转向效益型、集约式发展。按照“集中矿权、放开股权、主体平等、公开透明”的原则整合矿产资源，使探矿权、采矿权的设置更加科学、合理。淘汰落后产能，关闭无证勘查开采和污染严重、不具备安全生产条件的小矿山、小企业。鼓励优势企业充分发挥资金、技术、管理等方面的优势，采取兼并、重组、参股、入股等方式对周边矿区实施整合，逐步形成以大型矿业集团为骨干，各类矿山协调发展的矿产开发新格局。通过整合，全国矿山总数压减了近40%，大中型矿山比例由不足5%提高到20%左右。全国单井规模年产量也翻了番。

2.2 资源合理利用、安全生产、保护环境和社区和谐是绿色矿山建设的工作核心

以资源利用集约化、开采方式科学化、企业管理规范化、生产工艺环保化、矿山环境生态化为目标，着力改造提升传统矿业产业，落实安全措施，不断提高资源综合利用和矿山废弃物处置水平，促进和鼓励矿产资源深加工。大同煤矿集团提出“黑色煤炭、绿色开采”，按照“对地质环境扰动最小，对资源开发最优，综合利用最好，对生态环境影响最小”，建成了煤炭行业第一个产业链最完整的塔山循环经济园区。新汶矿业翟庄煤矿全面落实安全措施，建成安全信息系统、通防监控系统、水文自动监控系统。矸石充填，减少了污染，节约土地，增加了可开采的煤炭资源。创建绿色矿山的企业都十分重视生态环境修复、土地复垦、社区共建。全国首家亿吨煤炭生产基地神华神东煤炭集团，地处黄土高原丘陵沟壑区与毛乌素沙漠过渡地带，结合客观实际，企业创造性地提出开发与治理三部曲的理念，即采煤前大面积治理，开采中创新井下开采技术，几千万吨煤矸石滞留井下，其余用于沟壑复垦回填，采煤后构建持续稳定的区域生态环境。中铝广西分公司平果铝土矿实现采矿用地改革成功试点使得社区和谐，达到“采矿无痕”土地质量得到提高的目标。同煤大唐塔山矿具有百年老矿历程，形成资源—产品—废弃物—再生资源反馈式循环产业链条，实现“吃干榨尽”资源高效利用的闭路式循环。云南磷化集团是我国最大磷矿石露天开采企业，率先实现中低品位胶磷矿综合开发和合理利用。企业履行社会责任，构建和谐矿山“汉营模式”，实现昆阳磷矿和汉营村委会“企地和谐共建”的区域快乐环境。山东省可综合利用的矿山中，已有82.6%的矿山不同程度地进行了综合回收利用。2009年全省矿山企业综合利用产值达到43.75亿元。矿山固体废弃物年利用量达到年排放量的51%。陕西省积极推进煤炭资源的深度转化，发展煤电一体化、煤化一体化项目延伸产业链条，提高附加值，煤炭就地转化率由2005年的21.5%提高到2010年的30%。

2.3 技术创新和机制创新是绿色矿山建设的根本保证

（1）依靠科技提升竞争力，积极开展非常规油气资源、低品位资源、难利用资源、尾矿资源的开发利用技术研究和应用。

（2）积极推广应用采矿新技术、新工艺，提高开采回采率和矿产资源综合利用率。

山东新汶矿业集团以矸换煤、地下残煤气化、薄煤层开采等绿色开采工艺的开发应用，提高了煤炭资源回收率，延长了矿井服务年限 12 年。

（3）发展矿区土地复垦与矿山生态环境重建技术，加大采煤塌陷地和废弃矿坑治理力度，历史遗留的矿山地质环境问题逐步得到治理。

（4）落实企业责任。建设和生产中的矿山企业应该与新农村建设紧密结合，创建社区和谐，“既要金山银山，又要绿水青山”。在省外和境外，同样重视绿色发展、和谐发展的理念，绝不把环境污染、生态破坏带到省外、境外。山东兖州矿业集团、新汶矿业集团在新疆、内蒙古等地都有矿山，他们把低碳、循环经济等绿色矿山的理念带到新的开发区，受到当地政府的好评。

（5）创新矿业用地方式。矿山采矿用地不同于一般的建设用地，大部分采矿后复垦的土地将还地于民。应该在有利于地方经济发展，有利于农民生活水平提高，有利于矿山企业利益的前提下，应采用新的符合科学发展观的矿用土地审批、利用方式，达到政府、农民、企业多方满意。国土资源部在广西平果铝土矿采矿用地试点中取得了成功经验。

3 全面推进绿色矿业

我国当前所处的发展阶段，决定了对主要矿产品的需求急剧增加。今后我国资源保障的制约因素，来自环境保护的压力将大大增加。地方政府和企业一致认为，建设绿色矿山、发展绿色矿业，既是科学开发利用国内的资源，造福中华民族子孙后代，也有利于中国矿业融入国际市场。是应该做到，必须做到。同时，已经有了成熟的技术和经验，也是能够做到的！为此，我们应该倡导：

（1）建设绿色矿山、发展绿色矿业是以科学发展观为指导提出的矿业发展新理念和新思维，也是转变矿业发展方式的新路子，且有大批的矿山企业成功经验为基础，国家应该纳入“十二五”规划中加以推广实施。

（2）高度重视矿政管理，把发展绿色矿业作为推动我国矿政管理贯彻科学发展观的重要内容，积极推进矿业由数量型、粗放式发展，转向效益型、集约式发展。淘汰落后产能，关闭无证勘查开采和污染严重、不具备安全生产条件的小矿山、小企业；鼓励优势企业充分发挥资金、技术、管理等方面的优势，采取兼并、重组、参股、入股等方式对周边矿区实施整合，逐步形成以大型矿业集团为骨干，各类矿山协调发展的矿产开发新格局。

（3）提高技术门槛，全面推广几项新技术。加强矿业科技创新和应用，坚持依靠科技提升矿业经济竞争力，积极推广非常规油气资源、低品位资源、难利用矿产资源、尾矿资源再利用、“以矸换煤”、“地下残煤气化”等新技术的研究和应用。

（4）进一步落实企业责任。把资源综合利用、矿区生态环境的保护与重建、安全生产、节能减排、科技创新、社区和谐等作为绿色矿山企业的社会责任，做好做实。

（5）开展绿色矿山建设要有鼓励政策。评选为绿色矿山的企业应该在资源配置、矿用土地、项目经费和享受减免税费等方面享受优惠。企业在绿色矿山建设过程中，遇到一些有关政策性问题，有待研究解决。比如，废石、尾矿利用的资源税费减免问题；低品位、难选冶矿石利用的有关政策问题；原有采矿用地的退出机制和新建矿山用地的机制问题等，需要进一步深入研究解决。

（6）调整中央与地方资源税费，照顾矿区利益；做好中央和地方的税费收益统筹。

改革税费分配补偿机制，支持矿产资源输出地区在合理开发利用矿产资源、环境保护与生态重建等方面超额投入。

（7）鼓励机制创新。矿产资源开发与利用要充分考虑到该地区的生态环境容量。贯彻科学发展观，在矿产资源综合利用、矿山生态环境保护与重建、社区和谐等责任机制的研究与建立，鼓励创新矿政管理机制、绿色矿山激励机制。

（8）进一步加强宣传。绿色矿业是矿业界在学习贯彻科学发展观过程中，以科学发展观为指导提出矿业发展的新理念和新方式，也是转变矿业发展方式的新路子，需要进一步研究和宣传。

作者简介：

刘玉强，教授级高级工程师，中国矿业联合会副会长兼总工程师，中国矿业联合会高级资政委员会总干事长。

尾矿处置技术的现状和展望

徐宏达[1] 李培良[2] 龚德林[3] 赵 英[4]

(1. 中冶建筑研究总院；2. 国家安全生产监督管理总局；
3. 北京放马峪铁矿；4. 北京首云矿业股份有限公司)

2012 年 4 月

1 尾矿处置适用技术概念、方法和分类

尾矿处置适用技术这一术语载于2012年国家安全生产监督管理总局铜陵会议文件，《我国金属矿山尾矿处置适用技术》。广义的尾矿处置适用技术应该包括选矿工艺过程中与尾矿相关的各个环节。但是，这里仅指我国现阶段尾矿地表堆存、尾矿充填采空区、尾矿综合利用等处置途径。并不包括选矿厂各工艺环节处置尾矿的部分，也不包括自选矿厂的末端连接浓缩、分级、压滤、输送等环节。

按照这个文件，我国尾矿处置适用技术的主流是按“干排”和“湿排”分类的，而且“尾矿湿排是应用最多的尾矿地表堆存技术”。实现尾矿湿排，除了天然洼地、采矿坑以外，还需要“筑坝拦截谷口或围地构成的用以贮存金属非金属矿山进行矿石选别后排出尾矿”的场地。而常用的尾矿堆坝方法有上游法、中线法和下游法。堆存细颗粒尾矿，也有采用一次性筑坝的。

尾矿浆的输送和排放重量浓度通常为25%~35%，很少低于10%和高于40%。近几年，也有几个企业选择尾矿膏体排放，质量浓度达到了65%~70%。有的用上游式膏体排放，采用初期坝、废石筑坝，坝下游排土，如图1所示。也有的采用初期坝、废石筑坝的上游法。尾矿采用多点集中排放，如图2所示的工程，由于库的面积太小，尾矿量又相对较大，还没有真正实现膏体排放。常见的膏体排放厚度小于30cm，待尾矿蒸发、龟裂裂后在开始新一轮排放，如此循环不已。

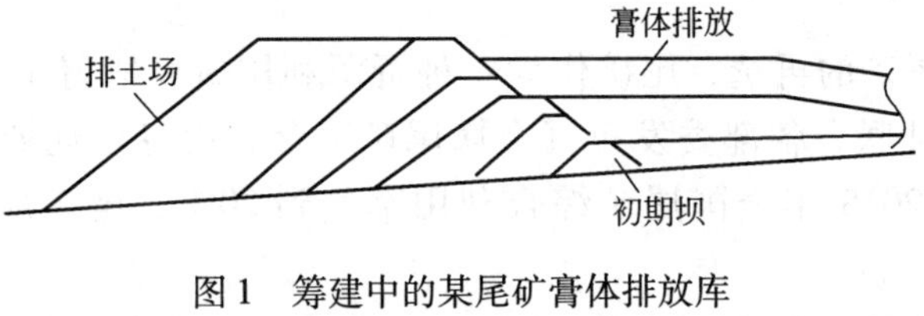

图1 筹建中的某尾矿膏体排放库

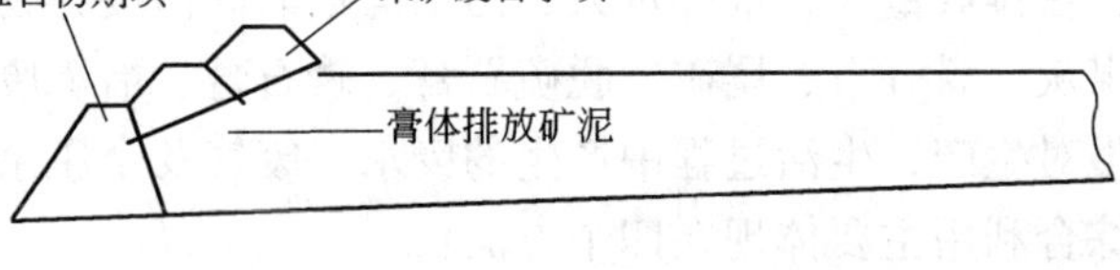

图2 某铜钼矿膏体排放尾矿库示意图

在某些行业和地区，有的尝试采用尾矿干式堆存，如图3和图4所示。这些选厂处理规模一般偏小，环保对尾矿堆存也有特殊要求。目前干式堆存并不像上游法尾矿库那样，具有丰富的勘察、试验、设计、管理经验。管理中的各种问题还没有人做专题调查、研究和解决过，公开报道和交流的更少。

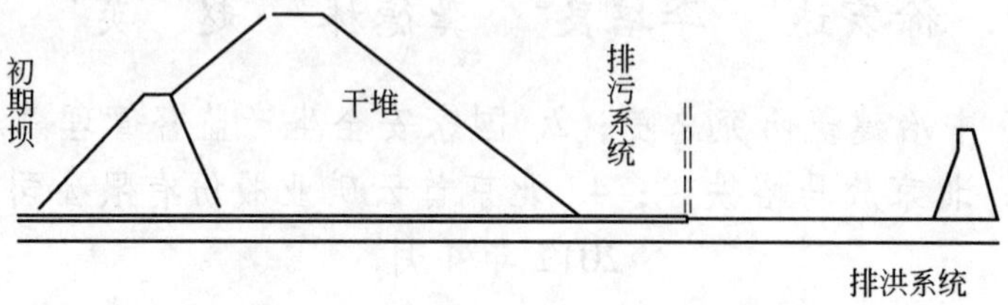

图3 干式堆存建库实例示意图

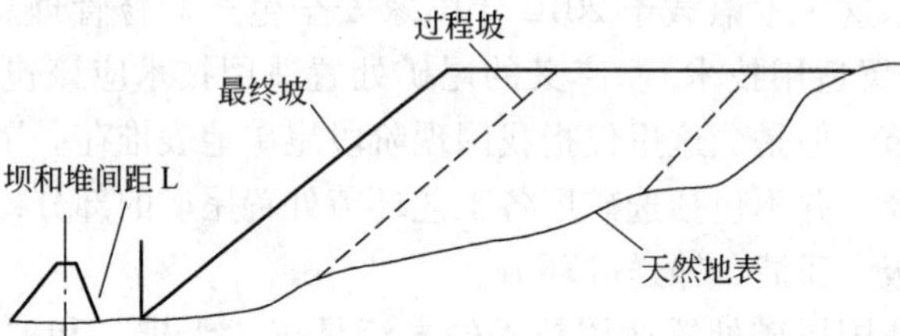

图4 自上游向下游干排示意图

一般认为，充填采空区分为全尾充填和分级充填。由于对充填体渗透性有大于3×10^{-3}cm/s和抗压强度大于2MPa等要求，实践中多用分级充填。铁矿井下充填多用粗颗粒部分，约20%~30%的细颗粒尾矿仍需要地表堆存，再加上可填采空区一般滞后于选厂投产时间两到三年，这期间仍需要排放全尾矿。在这种情况下，仍有可观的、难以处理的尾矿浆需要地表贮存、澄清，生产也需要回水。何况，充填系统也需要检修、维护等故障排放。所以，设计充填采空区的矿山，也必须规划建设尾矿库。

2 尾矿资源化

近几年，贮存尾矿的再选、尾矿作为一种资源利用研究取得了一些进展。2010年，国家工业和信息化部联合各部委发布《金属尾矿综合利用专项规划（2010~2015年)》中的发展目标：到2015年全国尾矿综合利用率达到20%，尾矿新增贮存量增幅逐年降低。

国家发展和改革委员会组织编制“十二五”资源综合利用专项规划，明确“十二五”资源综合利用重点，在排放量大、堆存量大、污染严重的固体废弃物大宗利用和高附加值利用，继续推进粉煤灰、煤矸石、尾矿、脱硫石膏、磷石膏、冶炼废渣、建筑垃圾等废弃物资源化利用；加强对生产、生活过程中产生的废水、废气及余压余热的回收利用。

我国尾矿资源综合利用主要体现在四个方面：

(1) 作为二次资源再选而获取精矿产品，这在我国矿山尾矿库中潜力很大。但受限于品位、经济性，难以实现尾矿的大幅度减量。

（2）用于制作水泥、免烧砖、混凝土细骨料、砂浆等建材。

（3）用作土壤改良剂及微量元素肥料，但与尾矿的特定组分有关。

（4）利用尾矿复垦植被。

建国以来全国重要金属矿产尾矿资源情况初步测算表明，截至2009年底，全国铁尾矿总量大致为60亿吨、铜尾矿总量大致为15亿吨、铅锌尾矿总量大致为4亿吨、锡尾矿总量大致为5亿吨、钨尾矿总量大致为3亿吨、钼尾矿总量大致为4亿吨。根据《铁铜等重要矿产尾矿资源研究》项目成果，在当前技术经济条件下，通过盈亏平衡测算确定：在铁精矿价格不低于1000元/吨的情况下，以铁品位7%为分界点，可选铁的尾矿量大约为10亿吨；同样，在铜价不低于3.5万元/吨的情况下，可回选铜的铜尾矿量大约为两亿吨。但是选别后的大量尾矿仍存在处置和堆存问题，随之带来的是工程安全、环境安全等公共安全问题。经济核算应该包括尾矿开采、矿物选别、富集、销售到次生尾矿处置各环节。目前在贫矿资源包括尾矿的开发利用方面，存在盈亏账过于理想化的问题。

自20世纪80年代末，特别是90年代以来，我国一些矿山企业陆续开展铁尾矿回收，取得了明显的经济效益。例如，马鞍山南山铁选厂年产尾矿量4万吨，采用直径为500mm的圆盘磁选机选别，可获得产率5%～6%，铁品位29%～31%的粗精矿，经再磨再选后可获得产率2%，精矿铁品位达60%～63%。年回收铁精矿近4万吨。采用摇床回收硫精矿，其品位可达30%以上，年回收硫精矿5万吨。

"七五"期间，有的利用鞍山式细尾矿作路基材料，满足了二级公路的强度要求。齐大山、歪头山细粒尾矿研制免烧砖，其产品性能达到了100号标准。同济大学与马钢姑山铁矿合作，利用粒度为0.15mm以下的尾矿粉为主要原料，并掺入10%～15%的生石灰粉，压制成各种规格和外形的地面砖。利用铁尾矿还可生产加气混凝土，所用的主要原料为铁尾矿、水淬矿渣和水泥。生产建筑用砂或骨料等的材料是最基本的建筑材料，对化学成分没有严格要求，只要求材料有一定的硬度和粒度，这种产品一般用量较大，再加工工序简便易行，大城市需求量大。

首云矿业在开采过程中剥离出大量废石，三个排土场共堆放废石约4000万吨。2001年11月，首云矿业抓住了北京市政府限制天然砂石料的生产的机遇，着手利用采矿废石加工建筑用砂石料的可行性研究。按照"减量化、再利用、资源化"原则，以"节能、降耗、减污、增效"为目标，全面实现了生态环境保护与经济效益的协调发展。

首云矿业磨选工艺中产生的大量尾矿成为制约矿山可持续发展的又一重要因素。2005年底，首云矿业借鉴国内尾矿综合利用的成功经验，采用先进的生产工艺，在尾矿坝建设二级泵站的同时，加装了尾矿再选回收装置（2007年5月，此回收装置迁至选矿主厂房），年可回收精矿粉1.3万吨，回收粗中粒级尾矿砂16万吨。目前，首云矿业正在建尾矿砂提取建筑用砂车间（尾矿车间），2011年将投产。车间建成投产后，尾矿将不再进入尾矿库，而是直接进入尾矿车间，新增设施可将尾矿全部提取出来，生产建筑用砂，使尾矿100%得到利用，实现尾矿零排放的目标。这样，既避免了因再建尾矿库对环境的破坏，又提高了资源利用率，可以消除尾矿库高位运行存在的安全隐患，实现社会效益和经济效益的双赢。

铁尾矿除了可以生产一般的建筑材料外，还可以作为主要原料生产高附加值的建筑装饰材料，如微晶玻璃等。微晶玻璃是一种由基础玻璃控制晶化行为而制成的微晶体和玻璃相均匀分布的材料。微晶玻璃同普通玻璃的区别在于其具有结晶结构，而同陶瓷材料的区别则在于其结晶结构要细得多。利用铁尾矿制备微晶玻璃，可以开发出高性能、低成本的高档建筑装饰或工业耐损耐腐蚀材料，提高了尾矿产品的技术含量和附加值。因此，近年来国内外学者针对此问题开展了一系列的研究。如北京科技大学以大庙铁尾矿和废石为主要原料制成了尾矿微晶玻璃花岗岩；沈阳建筑工程学院与东北大学联合研制利用歪头山铁尾矿及新城金矿尾矿加入调整氧化物及适当晶核剂，形成以透辉石为主晶相的建筑用微晶玻璃，尾矿掺量可达65%以上等。

尾矿工程复垦的任务是建立有利于植物生长的表层和生根层，或为今后有关部门利用尾矿复垦土地（包括水面）做好前期准备工作。主要工艺措施有堆置和处理表土和耕层、充填低洼地、建造人工水体、修建排水工程、地基处理与建设用地的前期准备工作等。

生物复垦是采取生物等技术措施恢复土壤肥力和生物生产能力，建立稳定植被层的活动，是农林用地复垦的第三阶段工作。狭义的生物复垦是利用生物方法恢复用于农、林、牧、绿化复垦土地的土壤肥力并建立植被。广义的生物复垦包括恢复复垦土地生产力、对复垦土地进行高效利用的一切生物和工程措施。

总之，铁尾矿是很好的二次资源，如采取的手段适宜，完全能够实现整体综合利用，只有这样，才可以充分利用有限的资源，以提高矿业开发的经济效益并同时解决矿区生态环境的整治创造条件，最终实现矿区的生态可持续发展。

3 尾矿资源化的实例

尾矿处置技术的变革和尾矿无害化、资源化势在必行。放马峪铁矿的实践表明：在当前技术和市场条件下，依靠自身力量完全可做好尾矿综合利用这项工作。

2007年，放马峪矿首先实现了将尾矿中63%的粗砂部分分离提取，作为建筑用砂，销往混凝土搅拌站。减少了尾矿库的输送量，降低了生产成本。

经过反复调研和充分论证，确定了尾矿全面资源化的工艺流程，如图5所示。这一工艺先将尾矿浆送入强磁选机，回收原选矿工艺流失的含铁颗粒。再用旋流器分选出尾矿浆中大于0.15mm的粗砂，将剩余矿浆送入压滤机，脱水产出泥沙饼。这样一来，尾矿变成了三种产品：

（1）铁品位25%左右的粉矿，回到原选矿流程，年回收铁精粉2.4万吨；

（2）年产粗砂约57.6万吨，作为建筑用砂外销；

（3）细泥沙滤饼18.4万吨，作为制砖和建材添加料外销。

至2011年底，尾矿综合利用实现了利用尾矿总量97%的生产能力，产品约77万吨。销售收入1100余万元，选矿成本降低了300万元。今后进一步完善、稳定工艺流程，提升尾矿利用率，未来将努力实现100%尾矿综合利用率。

如果说放马峪的方法适用于中小型矿山，经济实用。那么中大型矿山我们以首云矿业股份有限公司提砂厂工艺流程为例，如图6所示。

选矿厂尾矿输送到二泵站，二泵站由三组串联的6S－H沃曼泵，经直径530mm的尾矿管，输送浓度为12%的尾矿给两台直径为50m的中心传动耙式浓缩机，尾矿经过浓缩，浓缩机的底流由四台75kW的150ZJ－Ⅰ－A60型渣浆泵将浓度为30%～40%的尾矿输送

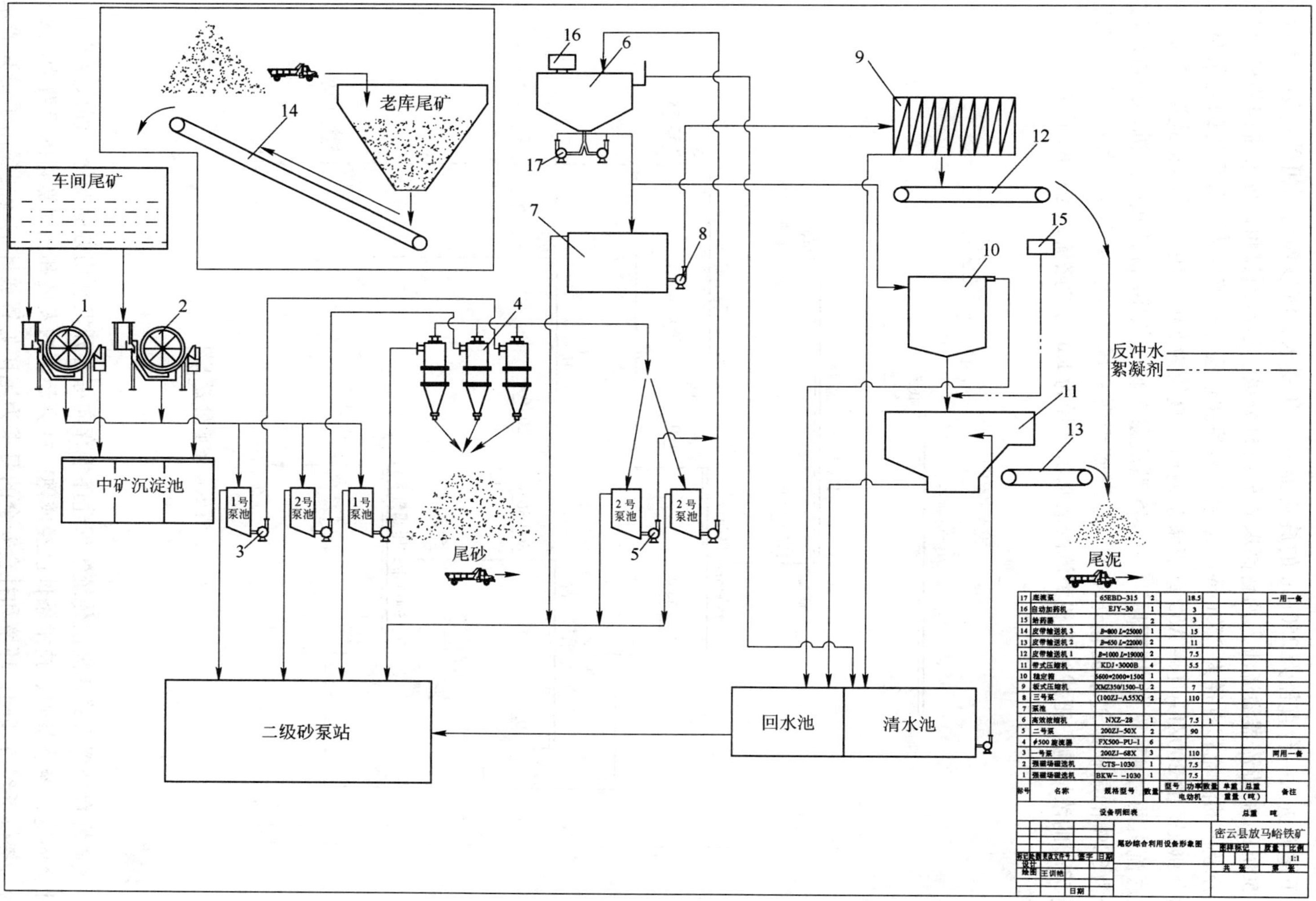

序号	名称	规格型号	数量	电动机 型号	电动机 功率	电动机 数量	重量（吨） 单重	重量（吨） 总重	备注
17	尾流泵	65EBD-315	2		18.5				一用一备
16	自动加药机	EJY-30	1		3				
15	给药器		2		3				
14	皮带输送机 3	B=800 L=25000	1		15				
13	皮带输送机 2	B=650 L=22000	2		11				
12	皮带输送机 1	B=1000 L=19000	2		7.5				
11	带式压榨机	KDJ·3000B	4		5.5				
10	稳定箱	5600*2000*1500	1						
9	板式压榨机	XMZ350/1500-U	2		7				
8	三号泵	(100ZJ-A55X)	2		110				
7	泵池								
6	高效浓缩机	NXZ-28	1		7.5	1			
5	二号泵	200ZJ-50X	2		90				
4	ϕ500 旋流器	FX500-PU-1	6						
3	一号泵	200ZJ-68X	3		110				两用一备
2	强磁场磁选机	CTS-1030	1		7.5				
1	强磁场磁选机	BKW- -1030	1		7.5				

图5 鞍子沟尾矿处置工艺

给8台直径为500mm的旋流器和4台振动脱水筛，经过筛孔尺寸为0.4mm的振动脱水筛分级和脱水，大于0.4mm的筛上尾矿进入粗砂输送皮带，输送到粗砂料场。小于0.4mm的筛下尾矿进入一台直径为250mm的旋流器分级和脱水，沉砂输送到粗砂料场。8台直径为500mm的旋流器溢流流入两台高堰式分级机分级，返砂通过粗砂皮带排向粗砂料场，两台分级机的溢流和直径为250mm的旋流器溢流通过溢流管路流入筛分厂房的渣浆泵池，由两台90kW的200ZJ－Ⅰ－A60型渣浆泵输送到直径为53m的中心传动耙式浓缩机，浓缩池底流由两台45kW的150ZJ－Ⅰ－A45型渣浆泵输送给10台带式压滤机，经过压滤，水分为30%的尾矿经过细泥输送皮带，输送到细泥料场。压滤的滤液，由两台卧式泵输送到53m的浓缩池。耙式浓缩机溢流的清水由直径为1m的管路流入尾矿库库内。

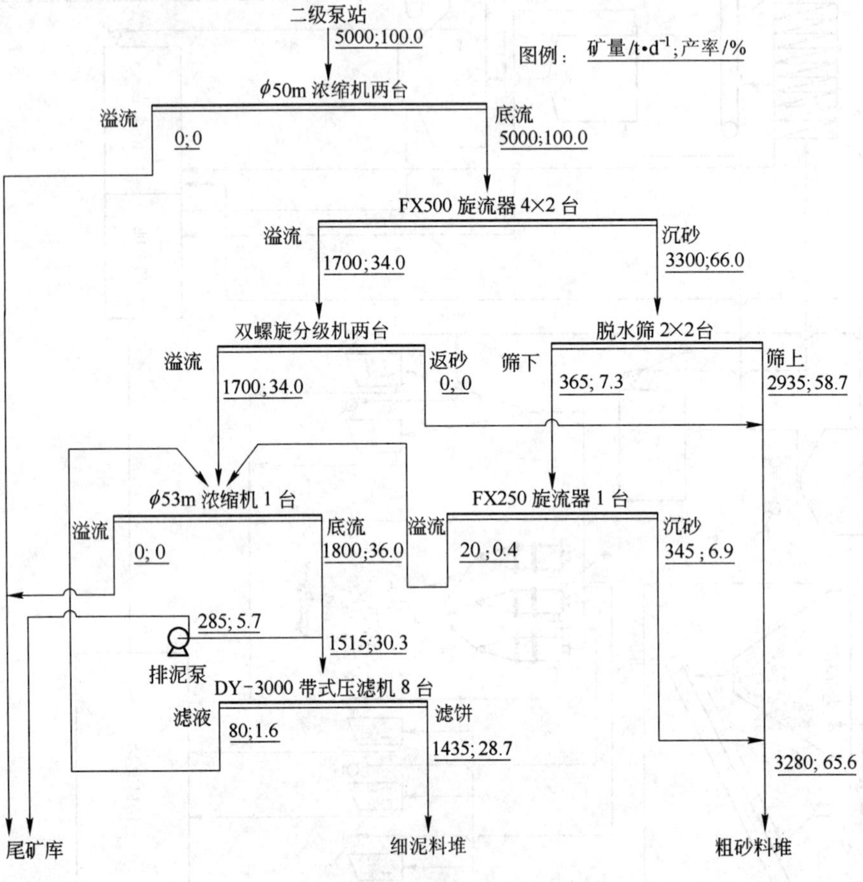

图6　首云矿尾矿处置工艺

4　小结

尾矿堆存处置方式逐渐由传统筑坝建库堆存向综合开发利用方面变化。促成这些变化的社会环境、经济基础、技术条件已经成熟。社会经济的发展和相对宽裕的经费为尾矿处置改进提供了经济基础；环境和社会安全的要求为尾矿处置放肆的转变提出了更高要求；高效浓缩、高浓度输送、尾矿膏体排放、干堆可认为技术上保证。尾矿处置技术的变革和尾矿无害化、资源化尚缺乏一场工艺设计革命，即设计院和设计人员以及与此相关的人员都应该更新思想，创新设计，努力为尾矿资源化作出新贡献。

作者简介：

徐宏达，1950年出生，山东滨州人，国家一级注册岩土工程师，国家尾矿库专家，长期从事土工试验、软土地基加固、尾矿库工程设计、尾矿库安全运行管理、尾矿筑坝等方面的技术研究等。先后参加或主持完成部级课题6项，发表论文10余篇。

李培良，1967年出生，博士，教授级高级工程师，主要从事尾矿库设计、评价、安全运行技术服务和环境岩土工程的开发研究。现国家安全生产监督管理总局信息研究院负责非煤矿山、尾矿库等的安全技术研究工作，发表论文10余篇。

加高扩容老尾矿库新技术——中线筑坝

王柏纯 王 臣

（中国冶金矿业鞍山冶金设计研究院有限责任公司）

中线筑坝实用新型技术属于选矿处理设施，尤其涉及一种利用金属矿山选矿排出的尾矿，增高加厚老尾矿坝，从而形成稳定坝体、延长服务年限的加高扩容老尾矿库。

我国金属矿山选矿厂所用的尾矿库，大多建于20世纪五六十年代甚至更早，经过长期的积蓄和使用，目前已基本处于尾矿储存容积的极限和尾矿库服务年限的中、后期，因此也都不同程度地存在着一定的安全隐患，如不尽早加以处理和解决，甚至会随时出现尾矿坝坍塌、尾矿库决堤的危险。为了维持矿山的连续正常生产，各选矿生产厂家有关部门和研究人员，都在极力寻求尾矿后期储存的最佳方案，以解决尾矿的接续储存问题。解决的途径：（1）新建尾矿库；（2）改造现有尾矿库。若新建一座尾矿库，存在投资大、征地难、环境影响大、建设周期长的问题。若将原尾矿库加高扩容，由于现有尾矿库普遍采用“上游式”尾矿筑坝，坝上分散放矿，所构成的坝体内含有多层次的矿泥夹层，致使坝体浸润线高、结构强度低、坝体稳定性极差。如果继续用“上游式”筑坝方式进行加高扩容，则不仅工程难度大，且筑尾矿高坝受坝体稳定性的限制而能够扩大的储矿容量有限。

本实用新型技术的目的就是针对上述问题，旨在提供一种结构简单、用料就地取材，并能保证坝体安全稳定，实现大幅度加高扩容的尾矿库。

1 本实用新型技术的解决方案

一种加高扩容老尾矿库，是在原有“上游式”尾矿筑坝的基础上增设加高扩容坝，并在加高扩容的坝基上铺设有纵向及横向排渗盲沟，沿加高扩容坝的坡脚处建有挡坝。

所述的挡坝系采用石料堆筑而成，挡坝内设渗水体，使坝体形成滤水堆石坝结构。

所述的加高扩容坝是由尾矿中分离的粗粒级沉砂尾矿堆积而成。

本实用新型技术的有益效果是：以原有“上游式”尾矿筑坝为基础，利用多年废弃堆积的尾矿，经分离所得的沉砂尾矿对原有尾矿坝进行堆积增高加厚，在加固尾矿坝、扩大尾矿库容的同时，实现了废物利用，即极大降低了工程成本，又减少了尾矿储存量。

同时，充分利用尾矿的物理力学特性、尾矿库的地理、地形条件和未被利用的空间，并结合老尾矿库的工程现状进行尾矿库加高扩容、废坡加固滤水及地基排渗处理，不仅极大延长了尾矿库的服务年限，避免新建尾矿库的投资和占地，而且具有尾矿库扩容量大、尾矿坝安全稳定性好、工程施工方便、就地取材节省开支及维护管理费用低等诸多优势，具有很大的经济效益和显著的社会效益。加高扩容老尾矿库剖面示意图如图1所示。

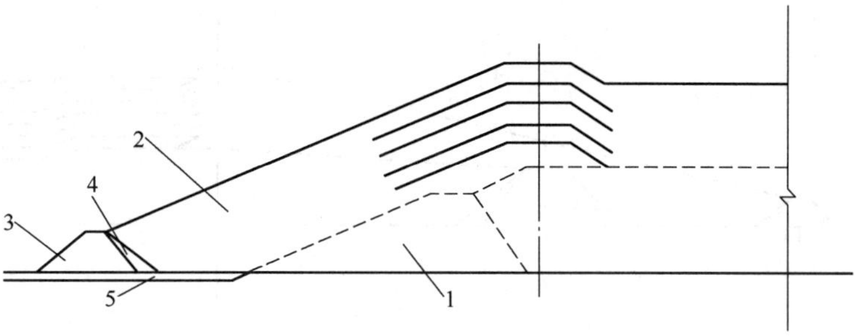

图1 加高扩容老尾矿库剖面示意图
1—尾矿筑坝；2—加高扩容坝；3—挡坝；4—挡坝渗水体；5—排渗盲沟

2 具体实施方式

由图1可见，本实用新型技术是由尾矿筑坝、加高扩容坝、挡坝、挡坝渗水体、排渗盲沟所组成。其整体构造是在原有“上游式”老尾矿筑坝1的上面和侧面堆积从尾矿中分离的粗粒级沉砂尾矿，形成加高扩容坝2，从而使整个尾矿坝体增高加厚，扩大尾矿库的储矿容量。

为了防止加高扩容坝2堆积的粗粒级沉砂尾矿向下游流动，在加高扩容坝2的坡脚即沿着整个加高扩容坝2的坡脚用石料砌有一道挡坝3，挡坝3内部设有多个渗水体，使挡坝体形成一个滤水堆石坝结构，以排泄粗粒级沉砂尾矿中的水分，避免粗粒级沉砂尾矿由于含水过多而出现滑坡现象，提高加高扩容坝2坝体的稳定性。粗粒级沉砂尾矿是采用水力旋流器对废弃的尾矿进行分离和分级处理后得到的，而将同时得到的溢流尾矿按贮存的尾矿进行处理。

另外，在加高扩容坝2的地基上铺设有纵向及横向排渗盲沟5，其作用也是降低并排出整个坝体渗水，提高坝体的强度，延长尾矿库的使用年限。

3 利用加高扩容老尾矿库新型技术的工程实例

实例一：某铁矿企业是我国大型矿山企业，设计年处理原矿量480万吨，年排出尾矿347万吨，其尾矿库的建设受当地地形条件限制，所有的山体山高坡陡、沟谷狭窄、储存尾矿的空间小，所以该矿已建成两个尾矿库，于1990年面临筹建第三尾矿库，根据原有第一尾矿库的地形条件，可筑坝的尾矿粒度含量和现有尾矿筑坝生产的良好基础，并利用该尾矿库区“高堆才能多装”的库容特点，提出采用《加高扩容老尾矿新型技术》对原有尾矿库进行加高扩容延长尾矿库服务年限，如图2所示。

为确保在7°地震区尾矿高坝的安全稳定，进行了原有坝体工程地质勘察试验，静、动力稳定分析和“中线式”筑坝生产试验等9项试验研究，这些试验研究成果为老尾矿库加高扩容方案的确定提供了科学依据。

该铁矿企业尾矿库加高扩容是在原“上游式”筑坝达到坝高157.5m的坝体基础上继续加高使用，其最终设计坝高为270.0m，而库区又处于7°地震区，目前该尾矿库已堆积到215.0m高度。

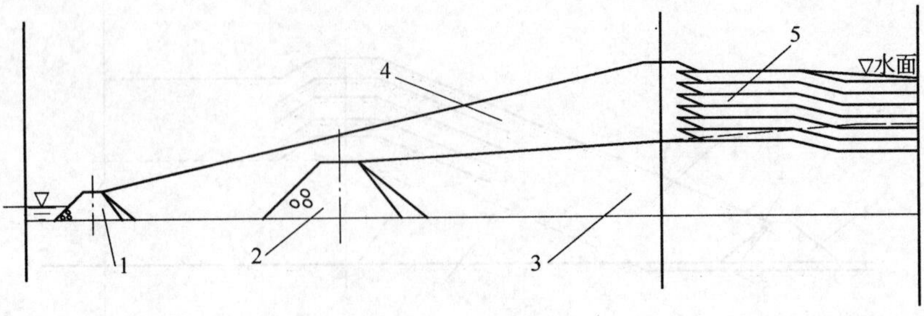

图2 尾矿库进行加高扩容方案

1—挡坝；2—初期坝；3—上游式筑坝坝体；4—沉砂尾矿；5—溢流尾矿

目前生产正常，尾矿坝仍处于稳定状态，该铁矿企业由于采用《加高扩容老尾矿库新技术》，对原尾矿库进行加高扩容方案改造，解决了免建新尾矿库的新建方案，不但解决了新建库的投资，也缓解了后期生产接续尾矿储存的急需。这个尾矿库加高扩容以后可多储存尾矿7340万立方米，延长尾矿库服务年限39年，改造和新建库相比，可节约基建投资1.95亿元，节省年经营费301.55万元，少占农田390亩，免动迁40余户，避免毁林3~4万株，加高改造所需费用仅为新建库的13.3%；且生产管理集中，环境影响少。

实例二：吉林某一铁矿企业于1969年10月建成投产，库区三面环山属低山谷型尾矿库，随着矿山生产的发展，曾几次扩建，尾矿设计最终堆积标高已从原设计的590m增高到600m，总库容1870万立方米，尾矿堆积设计高度73m，初期坝为定向爆破筑成的滤水堆石坝，坝高23m。

尾矿筑坝采用“上游式”分散放矿充填和推土机堆筑尾矿子坝。

至2002年，尾矿库已入库尾矿1360万立方米，尾矿堆积标高筑坝段为600m，尾矿服务年限尚有两年就达到最终堆积标高，为此急需解决尾矿的接续储存问题。该铁矿企业起初委托有关单位编制了新建尾矿库设计方案，新的建库方案，基建投资4354万元，购地1725亩，动迁27户，有效库容3500万立方米。服务年限仅11.5年。经研究，该铁矿企业采用了《加高扩容老尾矿库新型技术》对原有尾矿库实行改造建设。工程建成后，有效库容达4958万立方米，服务年限增至29年，基建投资降至1040万元，尾矿升高占地仅152亩，可见采用《新型技术》可节省投资3000万元，少征土地1500亩，无需动迁，同时可避免对大面积林木植被的破坏。

4 结语

加高扩容老尾矿库新型技术是经过国家专利认可的一项专利技术，该项新型技术的核心是“中线筑坝”。该项新型技术是成熟的，能带来巨大经济效益的。目前这项新型技术在很多省、自治区得到广泛推广，有的地区甚至将过去采用上游筑坝的尾矿库利用《加高扩容老尾矿库新型技术》改造成中线筑坝。当然中线筑坝也需要科学论证、因地制宜。基本条件必须符合技术上的要求。

随着国土资源日益紧缺，保护土地资源及生态环境成为当今的主要课题，妥善解决尾矿接续贮存已越来越成为矿山企业无法回避的重要问题。《加高扩容老尾矿库新型技术》

对有条件的旧尾矿库进行加高扩容，因地制宜采用该项技术，其意义不仅体现在企业的经济效益上，更主要的是安全和节省了土地资源，保护了生态环境，其社会效益显著。

作者简介：

王柏纯，中国冶金矿业鞍山冶金设计研究院有限责任公司，高级工程师。

王　臣，中国冶金矿业鞍山冶金设计研究院有限责任公司经理，教授级高级工程师。

冶金矿山节能减排及循环经济前景分析

姜圣才[1] 焦玉书[2]

（1. 中国冶金矿业总公司；2. 鞍山冶金设计研究总院）

2009 年 12 月 30 日

引言

随着钢铁工业快速发展，我国冶金矿山也得到了长足的发展。2004～2005 年，我国铁矿石产量开始以超过 20% 的速度加速增长，且自 2006 年开始，铁矿石产量增速超过生铁产量增速。2007 年，我国铁矿石产量 7.07 亿吨，是 2001 年的 2.3 倍；2008 年，我国铁矿石产量突破 8 亿吨，达 8.24 亿吨。但同时，传统粗放型的经济增长方式使得我国冶金矿山资源浪费现象严重、成本高，安全和环境压力越来越大。特别是受百年一遇的金融危机的影响，很多矿业企业资金链吃紧，矿业企业利润大幅度下降，小矿山减产、停产，冶金矿山步履维艰。

为实现党的十七大提出的构建和谐社会，统筹人与自然和谐发展，建设生态文明，走中国特色新型工业化道路的目标要求，就必须改变我国冶金矿山传统粗放型经济增长模式，大力发展节能减排、降本增效，提高资源利用率，解决资源对经济的制约，大力发展矿业循环经济。

1 节能减排概述

2006 年初的全国科技大会上，胡锦涛总书记就深刻指出："坚持节约资源的基本国策，加快建设资源节约型、环境友好型社会，促进经济发展与人口、资源、环境相协调，是贯彻落实科学发展观、走新型工业化道路的必然要求，是实现可持续发展、保障经济安全和国家安全的必然要求。"

2006 年中央经济工作会议明确提出，要把节能减排作为调整经济结构、转变增长方式的突破口和作为调控的重点。

2006 年 3 月，全国人大审议通过的《国民经济和社会发展第十一个五年规划纲要》提出，"十一五" 期间单位 GDP 能耗降低 20% 左右，主要污染物排放总量减少 10% 的约束性指标，把节能减排摆在了十分突出的战略位置。

1.1 传统矿山采选存在的主要问题及其危害

传统的矿山采选模式是粗放型的，以牺牲自然资源和破坏生态环境为代价，在生产过程中存在以下问题及危害：

（1）能源消耗高。原材料消耗大导致矿山的经济效益低下。

（2）采、选回收率低。采选回收率低造成资源能源的浪费。

（3）环境污染严重。环境污染包括：

1）废水污染。主要是矿坑水、废石场的雨淋污水和选矿厂排出的选矿、尾矿废水。这些水含有各种各样的固体金属和金属离子，如不经处理而外排，将对环境造成严重的影响。

2）大气污染。主要是凿岩粉尘以及爆破产生的 CO、NO、CO_2 气体和粉尘，对环境和人身健康造成极大的威胁。

3）废渣污染。我国金属矿山每年排放的废石和尾矿约 5 亿吨，废渣量大且成分复杂，难处理，难回收，污染地下水源。

（4）破坏土地和生态环境。矿山开发不仅占用大量的土地，还对土地资源造成很大程度的破坏。露天采掘、倾卸固体废石、尾矿坝和沉陷区等可使土地变成很难重新利用的不毛之地。开采过程中产生大量的粉尘或有毒物质沉积于表面或通过某些途径进入土壤，改变了土壤的结构和性质，从而破坏了原有稳定的植被，造成严重的水土流失。矿山开采还会造成地表塌陷和地表景观的破坏。

（5）引发多种工程灾害和地质灾害。开采时破坏岩石条件引起的滑坡、冒顶片帮；由于崩落法采矿引起的地陷、废石堆、尾矿库垮塌引起的泥石流、开采放炮引起的地面振动、空气冲击波等。

1.2 基于节能减排的矿山采选模式

传统的矿山采选就是简单地以能源（矿山生产所需的水、电、油和煤等）换取可利用的矿产资源，没有考虑矿山开采过程带来的其他问题及危害。现代矿山采选是一个复杂的系统过程，其涉及矿山人文环境、生态环境、资源环境和经济环境。基于节能减排的现代矿山采选模式就是将节能减排的原则贯穿于整个矿山采选活动，视矿山采选系统为一个封闭系统，力争使该系统输入的能源最少，排出的污染物最少，输出的资源最大。

矿山采选节能减排是广义上的，节能包括直接节能和间接节能。降低采选生产中直接看得见的能源实物（指煤、油、气、电等）就是直接节能，节约矿山采选过程中的人力、物力、财力、运力、自然力和时力以及提高矿山经济效益所引起的节能叫做间接节能；减排就是最大可能减少矿山采选系统对外排放会带来危害的固体、废气和废水。节能和减排是相辅相成，相互促进的。

1.3 冶金矿山节能减排的意义

我国是钢铁大国而非钢铁强国，国家“十一五”规划把单位 GDP 能耗在“十五”基础上下降 20% 作为目标。冶金行业节能减排首当其冲。

随着节能减排技术的深化，铁后节能减排的潜力有限，因为铁后热连贯性、铁水、钢水、连铸、轧材，热损失小。而铁前节能减排的潜力巨大。铁前基数大，以 2006 年我国 4 亿多吨铁的产能，所耗原燃料 9（干基）—10（湿基）亿多吨。如此巨大的基数，无论是提高品位还是降低消耗，或是降低水分或是减少倒运，都将有节能减排的巨大实效。

我国冶金矿山具有能源消耗量大的特点，是我国重点耗能行业。我国冶金矿山 2006 年共生产铁矿石 5.88 亿吨，采剥总量 15 亿吨以上；按照露天采矿工序单位能耗 1.11 千克标准煤/吨，地下采矿工序单位能耗 7.59 千克标准煤/吨，选矿工序单位能耗 14.59 千克标准煤/吨计算，全年冶金矿山选矿能耗为 85.8 亿千克标准煤，采矿能耗为 39.2 亿千克标准煤，每年的能源消耗合计达125亿千克标准煤，能源消耗巨大。若实现国家提出的单位GDP能耗降低20%的目标，冶金矿山每年可节能25亿千克标准煤，经济效益巨大，其产生的社会效益将十分显著。

我国冶金矿山规模以上企业也是国家要重点主抓的年耗能万吨标准煤以上企业，企业节能任务重大。在冶金矿山节能工作方面，矿山从企业降低成本角度在国家科技支撑（攻关）项目、矿山技改项目中开展了相关工作，但到目前为止，还没有从节能的角度在采、选主体工序开展科技攻关工作。通过主体工序流程能量合理分配节能与大型用电设备节能的技术攻关，对金属矿山节能具有重要意义，并具有较好的前景。

我国冶金矿山节能技术还比较落后，主体工序流程能量的分配有较大潜力可挖，矿山节能设备的开发前景广阔。已完成实验室试验的大倾角运输机可比汽车运输节能50%，采矿、破碎工序能量消耗的优化可使采、破工序节能20%，地下通风系统采用风量、风质（尘、毒）自动监测、自动控制可将现先进的多级机站通风能耗降低30%，超细破碎工艺的引进消化与具有自主知识产权超细设备的研制，可实现“多碎少磨”节能工艺，节能效益显著。

中国目前已经是世界上铁矿石消费量最大的国家。近年来，国内铁矿石供需紧张，进口量不断长，对外依存度不断提高。目前，锰矿石只能满足国内需求的60%左右，铁精矿只能满足国内需求的45%左右，铅锌矿已由出口国变为进口国。大批老矿山由于资源枯竭已经或将要关闭，而接替资源和矿山不足，“四矿问题”日显突出。未来20～30年内，我国国民经济将继续保持较高的增长速度，对金属矿产品的需求仍将保持增长，缺口继续扩大。因此，节约利用资源解决资源问题已经提到了国家安全的战略高度，已经成为经济社会可持续发展、维护国家经济安全的战略选择。

我国矿产资源综合利用总回收率仅30%，比发达国家低20个百分点。铁矿采选综合回收率不足60%，共伴生组分综合回收率不足35%，大量境界外矿、残留矿尚未被充分利用，尾矿及固体排弃物综合开发利用还处于起步阶段。综合利用搞得比较好的大中型矿山只占31.1%；进行部分综合利用的矿山只占25.6%；完全没有进行综合利用的占43.3%。矿山共伴生有用组分综合利用指数只有50%，比国外低30个百分点左右。已成为我国经济社会发展的突出问题。

矿产资源开发利用过程中产生的尾矿已成为最大的工业固体废弃物，约占总量的80%。目前仅金属矿山堆存的尾矿就达50余亿吨，并以每年2～3亿吨以上的排放量剧增；我国目前铁矿产量已达到8亿吨左右，仅铁矿山排土场已堆存100多亿吨的废石，并且现在以每年9亿吨以上的排放量剧增，仅露天铁矿山每年损失铁矿石（品位32%）就达2000多万吨。而尾矿、废石、烧渣的利用率很低，大量固体废物排放占用了大量宝贵的土地资源，造成生态环境恶化，同时也造成大量有价金属与非金属资源的流失，成为矿山发展的严重制约因素。矿产资源的开发利用，引发的环境污染已成为不可忽视的重大社会问题。

2 冶金矿山节约减排的主要技术与工艺

2.1 冶金矿山节能减排的目标

按照“集约开发，节能减排，降本增效，安全环保”的指导方针，大力抓好节约资源能源与减排工作，全面提升自主创新能力，加快建设资源节约型、环境友好型、科技创新型矿山企业，国家环保总局颁发《中华人民共和国环境保护行业保护标准——清洁生产技术要求》冶金矿山必须达到指标，见表1和表2。

表1 地下开采矿山清洁生产指标

清洁生产指标等级	一级	二级	三级
贫化率/%	≤15	≤25	≤30
回采率/%	≥90	≥80	≥70
电耗/$kW \cdot h \cdot t^{-1}$	≤15	≤25	≤30

表2 露天开采矿山清洁生产指标

清洁生产指标等级	一级	二级	三级
贫化率/%	≤4	≤8	≤12
回采率/%	≥97	≥94	≥90
电耗/$kW \cdot h \cdot t^{-1}$	≤0.8	≤1.5	≤2

能耗，地下开采单位要求低于7.6千克标准煤/吨，露天开采单位能耗要求低于1.3千克标准煤/吨，选矿工序单位能耗要求低于14.6千克标准煤/吨（注：一度电等于1.418千克标准煤）。

一般要求地下开采，回采率不低于79%，露天开采回采率不低于95%，单一磁铁选矿实际回收率达到90%，或尾矿品位小于8%，单一铁矿选矿实际回收率达到70%，磁、赤混合矿回收率大于80%，利用率不低于90%。

2.2 充填采矿技术

将尾矿（废石）处理充入井下空区，改善矿山的环境，节省污染治理费用，减少修筑废料石场和占用农田。充填采矿技术根据充填料的不同分为：尾砂充填技术和块石充填技术，基本工艺流程如图1所示。

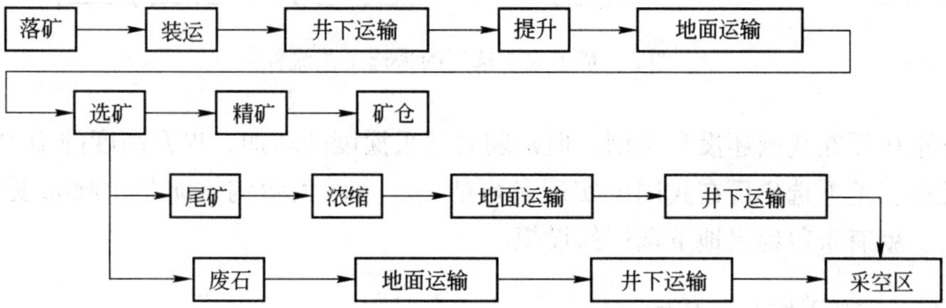

图1 地下矿充填采选工艺流程

选矿厂尾矿全部用作充填料，不仅可以解决充填料的来源问题，而且可省去建设尾矿坝，降低矿山尾矿处理带来的成本，改善矿山环境，消除尾矿库垮塌带来的泥石流等安全隐患，对矿山采选节能减排具有重要的意义。

矿山采选废渣主要是尾砂和块石，要实现节能减排，除尾砂用作充填外，还要考虑块石充填。块石胶结充填采矿法的实质是采用级配良好的块石与水泥浆（或水砂浆）混合进行充填，形成高强度和高稳定性的人工壁柱，同时还能保证第二步回采的安全，因节约了水泥，充填成本可降低30%～50%，相应减少坑下废石的提升量。块石充填最理想的使用条件是急倾斜厚大矿体的大采场嗣后充填。

还有一种“不出井”块石充填采矿技术，即在矿山开采中将正在实施掘进的下一阶段水平的岩石，通过采区溜井放入运输巷道的矿车中，由电机车牵引至提升斜井，然后提升到上部阶段水平，再由电机车牵引矿车至采空区边，将块石翻入，如果采空区坡度较缓时，用铲运机二次倒渣，卸入空区，将采空区充满至顶板。

山东金岭矿采用此方法，除节约了其他充填材料外，还节省了块石几百米的提升高度，每年节约运营费60万元，此外还节省了岩石由于在地表堆积而占用的土地，杜绝了堆积岩石的粉尘污染。

济南钢城矿业公司张马屯铁矿无废开采已形成绿色矿山，矿山废石和尾矿均作为充填料输送井下作充填料，矿山已无废石场和尾矿库，该矿被评为全国冶金矿山十佳厂矿。

2.3 地下选矿厂

地下选矿厂的矿山采选工艺流程如图2所示。由于选矿厂站离采矿工作面很近，原矿直接运到井下选矿厂的矿仓储存候选，选矿厂的尾矿经脱水和借助化学材料混合后直接用管道输送到采空区充填。该生产工艺不仅节约了大量的矿石运输费用和尾矿返回到井下采空区的充填费用，减少了尾矿库基建费用，增加商品产量和利润，而且还净化地表的环境。

地下选矿厂在原苏联克里沃罗格矿区巨人矿井曾设想建地下选矿厂，而未能实现，原美尼亚黄金生产联合公司在井下建设了选矿厂，其流程如图2所示。

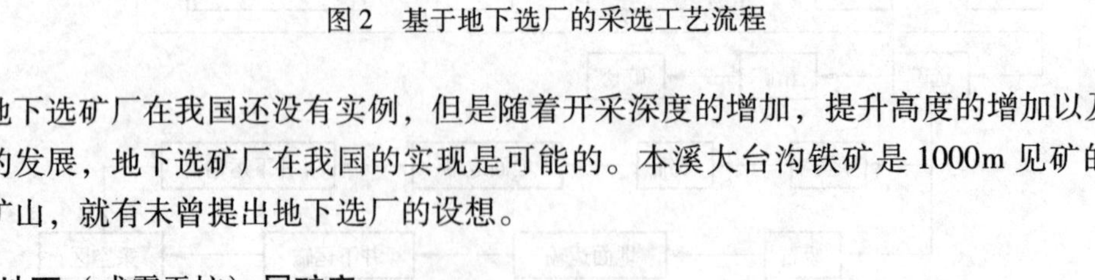

图2 基于地下选厂的采选工艺流程

地下选矿厂在我国还没有实例，但是随着开采深度的增加，提升高度的增加以及相关技术的发展，地下选矿厂在我国的实现是可能的。本溪大台沟铁矿是1000m见矿的深井开采矿山，就有未曾提出地下选厂的设想。

2.4 地下（或露天坑）尾矿库

尾矿库建在地下（或露天坑），不仅具有可观的经济效益，还具有良好的社会效益：省了大量的土地；防止地表尾矿库因粉尘溢流和渗漏水而破坏野外生态环境、污染水源及耕地的现象；用尾砂作为充填材料“储存”在地下，可起到充填空区和消除空区隐患的作用；防止地表库溃坝事故的发生，避免经济损失和环境污染。

尾矿库建在地下（或露天坑）是实现矿山采选节能减排的又一重大技术举措。

2.5 资源化技术

对于非充填采矿方法和充填料不能完全利用的矿山，尾矿和废石必须寻找其他技术来处理。最为典型的就是“变废为宝”，即将尾矿和废石资源化，化害为利，实行节能减排式采选，合理利用矿产资源，提高矿山开采经济效益。

资源化的主要途径包括：尾矿和废石的再选；建筑材料；土地资源化。

2.5.1 尾矿和废石的再选

我国矿产资源共生、伴生的矿床较多，有些共生或伴生矿物和有价元素，分别进入尾矿和尾渣之中，不仅浪费了大量资源，还增加了废料的产出。目前我国工业固体废渣中，尾矿排放量最大，而利用率最低，大大落后于其他行业。随着采选技术和经济条件的不断发展，原来不具有工业价值的废石现在可以利用、不能选别出来的金属能够提取出来，金属的回收率也提高了。

全国铁矿尾矿中平均含铁11%，若能回收尾矿中所含铁的10%，从全国年产出的铁尾矿中，可回收品位60%左右的铁精矿约300万吨，相当于一个年产铁矿石1000万吨左右的大型铁矿。

2.5.2 建筑材料

现有资料表明，废石可用作建材原料：制造水泥、建筑陶瓷、砖、硅酸盐墙板、平板玻璃、建筑用砾石和混凝土填料等。除此之外，还可将废石用作铺路基石，甚至可用某些废石提取有用成分制造农用肥料。研究表明，金属采矿产生的废石用于建材工业，可弥补建材供给的巨大缺口。如果所有的非建材矿山的废石都利用起来，那么至少可关闭2/3的现有建材矿山，从而节约大量的资金。全国黑色冶金矿山每年排出的采矿废石中有5亿多吨得到了综合利用，其中建筑碎石约占20%，制造水泥的占16%，制造陶瓷和硅酸盐墙板的约占10%，其余用作道路基石。

尾矿也可开成为高附加值产品：尾矿磁肥、微晶玻璃、碳化砖轻质砖普通硅酸盐水泥产品。

2.5.3 土地资源化

现代矿山采选，特别是大型露天开采要毁坏大量的农田，剥离出大量的地表土。人类只有一个地球，可供利用的土地十分有限，保护土地资源的任务十分艰巨，土地复垦技术是保护土地资源最好的办法。图3所示是典型露天开采土地复垦流程。

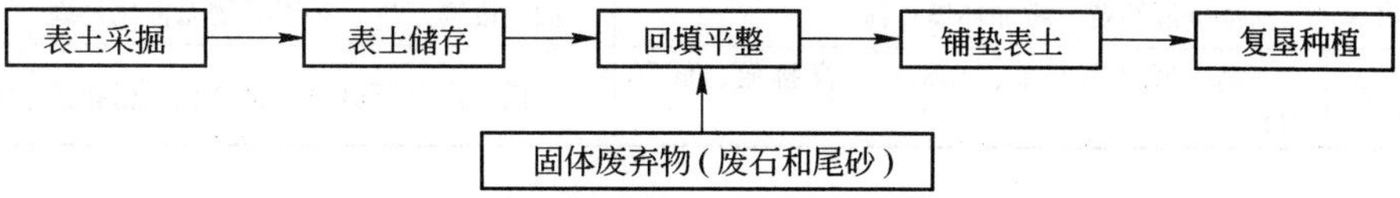

图3 典型露天开采土地复垦流程

2.6 其他技术及工艺

矿山主要的能耗在运输、供压、通风、排水、选矿用电设备、无轨运输所需的柴油和生产用水。因此，节能减排的关键是选择耗电少、效率高的用电设备；耗油少，产生废气少的运输设备。同时对落后高耗能工艺、设备进行更新改造，并加强对高耗能设备的管理。

3　矿业循环经济内涵

3.1　循环经济定义

循环经济是一种物尽其用的经济发展模式，它强调资源的再使用和再循环，延长产品的使用期，提高重复使用率，使产品完成其使用功能后重新变成可以利用的资源，充分发挥自然资源的内在价值，提高利用效率。

国家发展和改革委员会将循环经济定义为：循环经济是一种以资源的高效利用和循环利用为核心，以"减量化、再利用、资源化"为原则，以低消耗、低排放、高效率为基本特征，符合可持续发展理念的经济增长模式，是对"大量生产、大量消费、大量废弃"的传统增长模式的根本性变革，也是落实科学发展观的具体体现。循环经济与传统经济的比较分析见表3。

表3　循环经济与传统经济的比较分析

项　目	传统经济模式	循环经济模式
理念	征服自然、改造自然（人类中心主义）（消耗型）	创造性地适应自然（人与自然相和谐）（生态型）
物质流动	资源→产品→废弃物 （开放式线性模式）	资源→产品→再生资源 （封闭式循环模式）
环境政策 生产方式	末端治理 （1）生产不受资源限制； （2）追求最大利润； （3）不考虑节约资源的过度生产； （4）忽视废弃物对环境的破坏	全过程控制 （1）合理利用资源和降低环境负荷； （2）追求利润与环境保护相结合； （3）可持续性的资源利用； （4）完善维护制度，设计开发易循环使用的产品，延长产品生命周期
消费	（1）追求方便性产品的消费，造成废弃物的过剩化； （2）普及一次性使用产品； （3）重视个人所有的价值观； （4）缺乏环境保护意识	（1）在满足方便性的前提下，追求减少环境负荷的合理消费； （2）产品循环利用实现消费的合理化； （3）降低个人所有意识、重视产品功能利用的价值观
废弃物	造成资源浪费、增加环境负荷	抑制废物产生、对废弃物无害化处理
主要特征	三高一低（高开采、高消耗、高排放、低利用）	三低一高（低开采、低消耗、低排放、高利用）

3.2　矿业循环经济内涵

矿业循环经济是指地球上的矿产及矿产品遵循矿产物质的自身特征和自然生态规律，按其勘查、采选冶生产、深加工、消费等过程构成闭环物质流动，与之依存的能量流、信息流内在叠加，达到与全球环境、社会进步等和谐发展的一个经济系统，其核心是矿产资源的综合利用。它是人类经济系统的基础，对人类的经济发展和环境变化有重大的影响力，而其本身发展又受到科学技术水平、人类认识水平的制约。

矿业循环经济与传统的矿业经济有着本质区别。

传统的矿业经济基本上是一种由“矿产勘查—矿产品—消费—污染排放”的单向流动的线性经济；以“高开采、高排放、低利用”（二高一低）为特征，系统内物质流交流叠加很少，造成出入系统的物质流远远大于内部相互交流的物质流；产品生产链较短，表现为粗加工多、精产品少，矿产资源利用率低，粗加工产品长距离运输等；局部地区矿产品的过量开采造成不少环境问题，有些难以治理，通常注意到矿坑水、选矿废液的中和，少量矿山的复垦等，为末端治理。

矿业循环经济是一种“矿产勘查—矿产资源—产品—再生矿产资源—最终排放”的反馈式流程，所有的矿物质和能源在这个不断进行的经济循环中得到合理和持久的利用，从而减少对矿产资源的消耗，把矿产活动对自然环境的影响降低到尽可能小的程度，形成“低开采、低排放、高利用”（二低一高），实现系统内以互联的方式进行矿物质交换，以最大限度地利用进入系统内的矿物质和能量，从而产品产业链得以延长，产品质量提高，使用寿命增长，矿物质的综合回收率大大提高，从根本上消解资源、环境与发展之间的尖锐冲突。矿产资源传统利用模式和循环利用模式如图 4 所示。

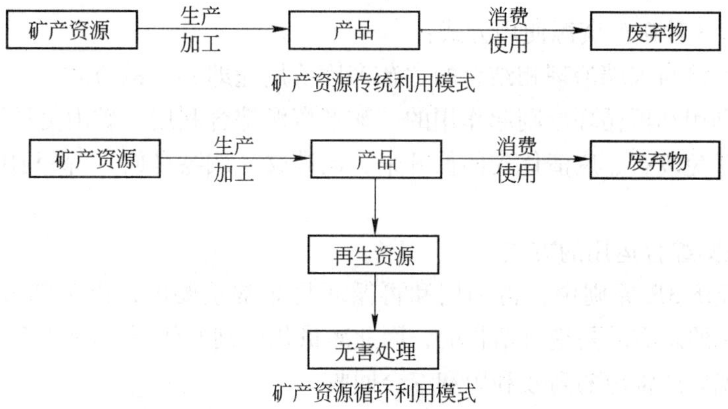

图 4 矿产资源传统利用模式和循环利用模式

3.3 矿业循环经济中 3R 原则

3R 原则（减量化（Reduce）、再利用（Reuse）、资源化（Recycle））在矿业循环经济中的表现形式主要是贫富矿兼采，综合回收，一矿变多矿，清洁生产，保护生态等。矿业各生产过程中 3R 原则的具体表现见表 4。

3R 原则在矿业过程中的总体要求集中体现在对矿产资源的利用方式和对环境的保护形式上。20 世纪下半叶以来，人们对环境和发展问题的认识经历了三个过程：首先，以环境破坏为代价追求经济增长的观念被抛弃，人们从排放废弃物到要求净化废弃物（通过末端治理方式）；随后由于认识到环境污染的实质是矿产资源浪费，因此进一步要求从净化废弃物到利用废弃物（通过再使用和再循环）；最后，人们认识到利用废弃物仍然只是一种辅助手段，最高目标应是从利用废弃物到减少废弃物。

表4 矿业循环经济中的3R原则

3R 原则 / 生产过程	减量化原则	再利用原则	再循环原则
勘查	减少勘查量、勘查程度、勘查深度	使用先进理论、仪器，提高勘查质量、准确性	勘查资料的公开性，多次开发
矿山开采	少采、贫富兼采、少动植被	使用先进开采技术，降低剥采比、贫化率，提高开采率；开采适当规模	随着加工技术提高，降低矿产品的边界品位
选矿	减少应选矿石	采用先进流程，注意综合利用，适度选矿规模，提高选矿回收率	提高技术，综合回收有价元素、尾矿，如回填、建筑用等
冶炼	尽量减少冶炼量	采用先进工艺，提高主元素回收率，提高产品质量，节能降耗，保持适度规模	对难熔、难回收的有价元素进行回收，废气、废水、废渣综合利用
深加工	开发新产品、新用途；废物回收再利用	提高适应性，达到标准化，综合回收有价元素	废弃物的无害化处理

因此形成了3种矿产资源使用方式：

（1）线性经济与末端治理相结合的“矿产廉价用完即弃”的方式。

（2）让再利用和再循环原则起作用的“矿产资源综合利用、矿山复垦”的方式。

（3）强调避免废石、废渣优先的低开采、低排放（或零排放）、高利用的新型工业化方式。

这是3R原则综合运用的方式。

矿业循环经济3R原则中，再利用和再循环是非常重要的，因为随着经济的快速发展，对矿产资源的总需求是绝对增长的，因此减量化原则的作用一段时期内难以奏效，转而必需高度重视矿产资源的高效利用和综合回收。

4 冶金矿山发展矿业循环经济关键技术支撑

4.1 目标

国家发展和改革委员会《我国循环经济发展战略研究》提出，我国发展矿业循环经济的总体目标分为近、中、远3个阶段：2005～2010年主要建立促进循环经济发展的法规、政策、技术创新和激励约束机制；2011～2020年，基本建成具有循环经济特征的社会体系，建立起完善的循环型社会管理和政策法规体系；2021～2050年，全面建成人、社会、自然和谐统一的循环型社会。

在矿产资源消耗方面，以资源型地区和城市的综合循环经济建设为导向，力争到2010年，消耗每吨能源、铁矿石、有色金属、非金属矿等15种重要资源产出的GDP比2003年提高25%左右；每万元GDP能耗下降18%以上；矿产资源总回收率和共、伴生矿综合利用率分别提高5个百分点；工业固体废物综合利用率提高到60%以上；主要再生资源回收利用量提高 65% 以上；工业固体废物堆存和处置量控制在 4.5 亿吨左右。

4.2 我国矿业循环经济的现状

（1）发展空间大，起点低，任务重。我国 93% 的能源、80% 的工业原料、70% 的农业生产资料都是以矿产品为原料，矿产开发规模居世界第 3 位；目前矿业经济总产值占全国 GDP 的 5% 左右，占国内工业生产总值的 10% 左右。因此，我国目前矿产资源对社会发展的贡献率处于较高水平。

另一方面，我国矿业经济经历了：20 世纪 80 年代前的单一计划经济阶段；1980 ~ 1997 年的无序竞争二元化阶段；1997 年以来的大规模整顿和提倡科学发展阶段，且此阶段才开始建立了矿业循环经济的雏形。因此，我国矿业循环经济既有大的发展空间，又有繁重的发展任务。

（2）已经初步建立了相关的法律和政策体系。为了达到循环经济发展的目标，我国近年来颁布了《节约能源法》、《可再生能源法》、《循环经济促进法》等法律。特别是在 2009 年 1 月 1 日开始实施的《循环经济促进法》中，明确制定了 6 个方面的制度和措施，即循环经济的规划制度、抑制资源浪费和污染物排放总量控制制度、循环经济的评价和考核制度、以生产者为主的责任延伸制度、对高耗能高耗水企业设立的重点监管制度、强化经济措施等。

另外，国家和各地方政府（特别是资源型和资源枯竭型地区）关于发展循环经济的规划等政策、文件的出台，表明了我国发展循环经济的决心和目标，且其中对矿业循环经济的要求尤为严格。

4.3 矿业循环经济的主要模式

（1）单个矿业企业或矿业集团型，为企业内部循环，为循环经济在微观层次的基本表现形式。一般是将生产过程中生成的废料经过适当处理后作为原料或原料替代物返回原生产流程中，或是用于厂内其他生产过程中。

（2）矿业生态园区模式：是一种以矿业为骨架的产业共生组合，属中循环，即将矿业企业厂内无法消解的一部分废料、能量、副产品变成另一家或一些企业的原料或动力，两两耦合，组成一个企业网络，在网络内实现物流、能量流和信息流的和谐流动。园区内企业间不仅仅是竞争关系（如管理水平等），更是一种互信互赖的依存关系，这种形式大大促进当地经济、环境的持续发展。

（3）区域性大循环模式：矿业循环系统作为社会整体循环的一部分，与其他子循环相互联合，促成矿业循环经济的多种形式、不同规模上的闭合，如全社会改变发展速度、改善消费方式，以降低矿产资源的需求，以真正减量化；全民重视矿物质的回收、含矿物质类产品的持久使用，减缓循环内矿物质的流速，提高矿产资源的使用效率，减少污染处置的压力。矿业链循环流程图如图 5 所示。

4.4 冶金矿山企业发展矿业循环经济的模式

4.4.1 采矿

采矿业发展循环经济主要从“减量化”和“再利用”入手。

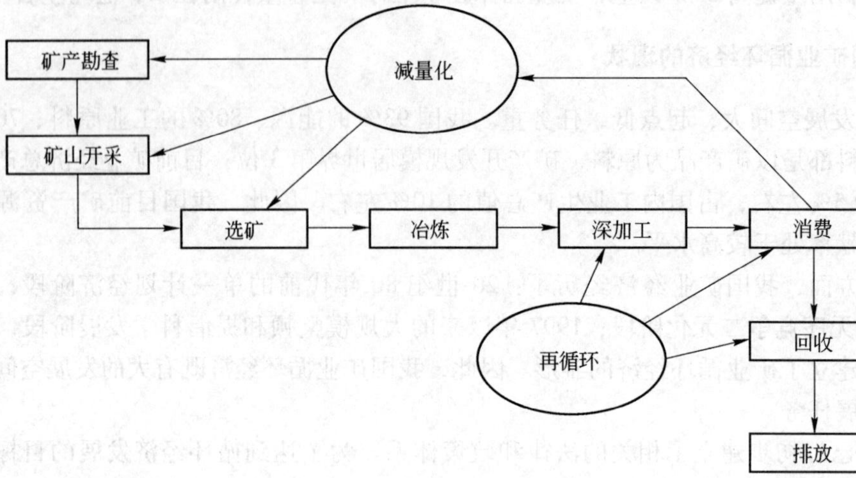

图5 矿业链循环流程

减量化方面：

（1）减少采矿过程的废石出坑量，减少废石堆放对土地的占用和污染。

（2）通过提高回采率，降低损失率和贫化率，达到减少资源消耗和延长矿山服务年限的目的。

（3）减少消耗，主要是炸药、雷管和钢材消耗等。

再利用方面：

（1）将废石回填采空区或坑道，使废石得到再利用。

（2）排土场的复垦，复垦的排土场可以种植树木和植物，使土地得到再利用。

（3）采空区的复垦，复垦的采空区即可以进行种植，也可以进行养殖。

采矿发展循环经济示意图如图6所示。

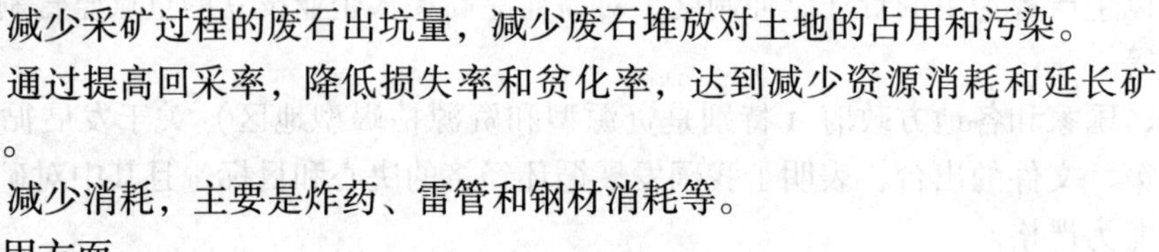

图6 采矿发展循环经济示意图

4.4.2 选矿

选矿发展循环经济主要从“再利用和综合利用”入手。

（1）采用新技术、新工艺、新设备对选矿尾矿进行再利用，发挥尾矿的二次资源作用。

(2) 选矿废水的再利用，通过物理化学方法对选矿废水进行处理后回用，提高回水利用率。

(3) 强化伴生元素的综合回收，通过工艺和技术革新，提高共伴生元素的综合回收率，提高资源的综合利用率，使采出来的矿石发挥最大的效益。

(4) 降低能耗物耗，通过采用新工艺、新设备，提高选矿指标，节能降耗。

选矿发展循环经济示意图如图7所示。

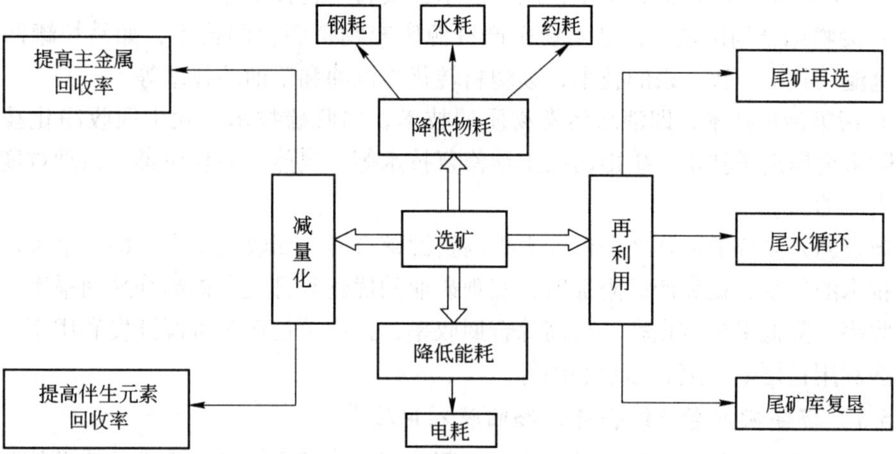

图7 选矿发展循环经济示意图

4.4.3 采矿和选矿之间

采矿尽可能为选矿提供合格的原料，选矿尽可能提高选别指标，充分利用采矿矿道水作为选矿生产用水，选矿最终尾矿返回矿山作为采场充填的原料，达到采矿与选矿的相互耦合，互为原料，减少土地占用，控制环境污染。采选企业之间的循环图如图8所示。

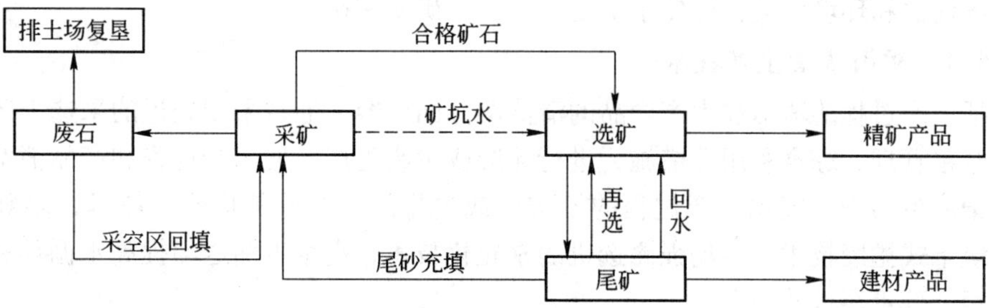

图8 采选企业内部及之间循环示意图

4.5 冶金矿山发展矿业循环经济的技术支撑

矿业循环经济的技术路径是要最终使经济系统两个端点的消耗和排放大幅度降低；两

个相邻系统进行物质、能量、信息的生态和谐耦合。因此，对整个经济系统可进行物流分析和生命周期理论评估。实现矿业循环经济的技术支撑是环境无害化技术（或称环境友好技术），其特征是污染排放量少，合理利用资源和能源，更多地回收废物和产品，并以环境可接受的方式处置残余的废弃物。

环境无害化技术包括预防污染的少废或无废的工艺技术和产品技术、治理污染的末端技术，主要类型有：

（1）清洁生产技术，是能实现生产过程零排放和制造产品绿色化的工艺技术，如处理低品位锰矿的氨盐焙烧法、微生物选矿技术、凝石制造技术等。

（2）废物综合利用技术，是实现矿产资源废弃物资源化的技术，如易拉罐回收铝技术，废电池回收锰、锌、汞的技术，废塑料转化为汽油和柴油的技术等。

（3）污染治理技术，即消除污染物质的技术，如脱硫技术、除尘回收净化技术、废水中和除重金属离子技术、矿山污染土地修复技术等。当然，一旦污染，治理难度和费用都是相当大的。

金属资源开采环节循环经济以大力提高资源综合开发回收利用率，即：推进矿产资源深加工技术的研发，提高产品附加值，实现矿业的优化与升级；提高开采回采率、选矿和冶炼回收率、降低采矿贫化率、提高综合回收率，提高单位矿产资源开发利用率，实现少开采、多利用；尾矿、废石综合利用等。

4.5.1　提高矿产资源综合开发和回收利用技术

包括复杂难采矿体的综合开采技术，地下残留矿体开采技术，露天矿境界外驻留矿产资源矿开采技术，无废（少废）开采技术，无尾（少尾）选矿技术，复杂难选矿石综合利用技术，低品位极贫矿石的低成本加工技术等。

4.5.2　金属矿产资源综合利用技术

在我国，许多矿产资源除主要有用组分外，大都含有共伴生组分。以铁矿为例，我国资源共伴生组分很丰富，大约有30余种，但目前能回收的仅有20余种。过去由于技术、经济等方面的原因，共伴生有用组分随采矿、冶炼废石、废料一起白白丢弃，既浪费资源又污染环境。通过采用先进选矿技术加以综合回收，综合利用其多种有用组分，会产生很高的经济效益和环境效益，可使小矿变大矿，一矿变多矿。

4.5.3　矿山清洁生产技术

包括生产过程的清洁和生产产品的清洁两方面内容。通过采用先进的采选工艺技术与装备、改善管理、综合利用等措施，进行无废或少废生产，使生产过程和产品消费过程变为无污染或少污染，实现生产过程的零排放或少排放。如低贫化开采技术，多破少磨技术，大块干式抛废技术，高场强磁选机的永磁化技术，高浓度输送与提高水循环利用率技术，无毒、低毒浮选药剂等。

4.5.4　矿产固体废弃物利用技术

矿产固体废弃物利用技术包括3个方面内容：

（1）对矿石伴生组分进行综合回收。

（2）利用选矿回收后的固体废物代替建材原料，开发大宗用料的建材产品。

（3）将矿产品及后续产业制成品在消费过程中产生的废弃物加以利用，如冶金含铁尘泥的炭、铁分离与综合回收技术，不仅可解决我国铁矿资源供应不足的问题，亦可节约能源和减少环境污染。

4.5.5 矿山生态环境恢复与污染防治技术

矿产资源开发利用引起的环境污染与生态破坏主要表现在：植被破坏、土地退化、沙漠化；排土场、尾矿库等堆积物压占大量土地；露天采场、地表塌陷区等低洼沉陷地，造成表土被毁，原始排灌条件受损以及地表破碎等；开采过程产生的粉尘、废气、有害元素等的污染及采矿引起地下水系破坏导致土地生产力下降和产量不稳定等。

因此矿产资源开发利用中的污染防治技术，要以统筹人与自然的和谐发展为指导，以全过程防治与末端治理相结合，以废渣、废水、废气的减量化为原则，将矿业开发对生态环境的影响降至最低。

4.5.6 地质灾害防治技术

从矿山工程与地质灾害产生机理入手，研究灾害的动态监测技术和工程控制技术，形成理论与实践相结合的灾害分析控制系统，最大可能的防患于未然，使我国冶金矿山灾害防治从理论上和工程应用上有一个明显的进步。

5 冶金矿山节能减排和矿业循环经济的措施建议

（1）要站在实践科学发展观的高度，根据国家经济发展计划和国家中长期科技规划，把以满足国民经济和社会发展对矿产资源的需求为中心任务，确立强化资源合理开采、节约资源和综合回收、循环利用资源的指导思想，以铁、锰、铬短缺资源和战略性资源为重点，先行选择一批矿产共伴生成分复杂、资源潜力和利用前景较好、有一定基础的典型矿山开展试点示范，带动整个矿产资源开发利用领域循环经济发展。

（2）遵循企业发展规律，深化改革，优化结构，强化管理，转变发展方式，推进自主创新，加强节能减排和环境保护，力争在各项工作中取得新突破、新进展，努力开创冶金矿山又好又快发展的新局面。主要任务包括：进一步加大投入，加快发展，努力提高产能，增强资源保障能力；加大资源整合力度，提高资源开发利用效率；积极参与风险探矿，提高资源掌控能力；更加注重自主创新；加大节能减排和生态环境保护工作力度。

（3）立足我国国情和矿产资源特点，立足从矿山勘探、采掘、选矿、烧结、冶炼产业链条工艺中的资源走向和能源利用，强调“减量、再用和循环”3R 原则，探讨矿产资源企业内部循环，企业自身延伸，矿业群体资源及利用、产业群体横向耦合型等循环发展模式。

（4）研究“低消耗、低能耗、低排放”开发利用矿产资源的关键技术，提出减少对生态环境影响的瓶颈问题关键科学技术和保障措施，大力提高资源的综合开发利用的效率，加强矿产资源综合利用，最大限度地利用矿产固体废物；全面推进清洁生产，从资源开发的源头减少污染物的产生量；积极发展环保产业，为资源高效利用和循环利用提供物质技术保障。

（5）完善和发展具有我国特色的金属矿产资源开发和循环利用系统，解决 3 个层面（企业、区域、社会）重大金属矿产资源循环利用问题，制定金属矿产资源循环经济评价指标体系，制定矿山行业与循环经济相适应的技术、政策支撑体系。

（6）综合利用矿产资源，大力推广先进适用的节能技术、节能材料和节能装备，促进节能降耗水平的提高。加大黑色金属矿产资源综合利用和选矿回水利用力度，提高资源综合利用率、回水利用率。以尾矿输送，粉尘、烟尘治理为重点，落实环保工作措施，改善职工作业环境，确保尾矿“零排放”。加大尾矿回收利用力度，开展尾矿库尾矿再选利用及入库前尾矿的进一步回收工作，力争尾矿开发利用实现新突破，着力建设节约型、环保型矿山。

（7）加强节能减排和资源节约集约利用的宣传工作，增强全民节约集约利用资源、节能减排意识，营造良好的社会氛围。

（8）加强矿山环境恢复治理。严格执行矿产资源开采的生态环境准入条件，建立和完善矿山环境影响评价体系和许可证制度，避免产生新的生态破坏和环境污染。对生产矿山落实矿山环境治理责任机制，积极推进建立矿山环境恢复治理保证金制度，督促采矿权人依法履行生态环境保护义务。对已经闭坑矿山和废弃的矿井，加大对生态恢复与矿山地质环境治理的财政支持力度。

（9）科技进步是节能工作的有效手段之一。温家宝总理在十届全国人大五次会议所作政府工作报告中提出，将完善并严格执行能耗和环保标准；加快节能环保技术进步等作为今年的重点工作。在2007年4月25日全国节能减排工作电视电话会议上，温家宝总理做了“高度重视，狠抓落实，进一步加强节能减排工作”的讲话，在重点措施和主要工作中提出了推进节能减排科技进步的措施。提出“要组织实施节能减排科技专项行动，组建一批国家工程实验室和国家重点实验室，攻克一批节能减排关键和共性技术。积极推动以企业为主体、产学研相结合的节能减排技术创新与成果转化体系建设，增强企业自主创新能力。在电力、钢铁和有色冶炼等重点行业，推广一批潜力大、应用面广的重大节能减排技术。制定政策措施，鼓励和支持企业进行节能减排的技术改造，采用节能环保新设备、新工艺、新技术”。

（10）矿山企业要承担社会责任。节能减排过程也是企业效益提升的过程。在节能减排的系统工程中，矿山企业要勇于承担节能减排的社会责任。要转变观念，从“要我减排”转变为“我要减排”。因为从长远来看，节约资源能源与减排不是企业的负担，而是企业优化资产结构，实现可持续发展的途径。企业采用了先进的技术、科学的管理、创新的机制推进节能减排，有利于发展自己、壮大自己，实现规模与效益的同步提高，增强市场竞争力。

面对全球金融危机带来的矿业市场环境巨变，只有积极依靠科技进步和创新，开发出适合我国冶金矿山发展的黑色矿山高效节能大型成套技术与装备，大力抓好节能减排工作和循环经济建设工作，全面提升自主创新能力，显著提高技术与装备水平，加快建设资源节约型、环境友好型、科技创新型矿山企业，实现冶金矿山的节能降耗、资源的高效利用、有效利用，大幅度提高劳动生产率、降低生产成本，淘汰落后产能，提高竞争力，才能求得新的发展机会，将危机转化为战略机遇。

通过技术创新，推动行业节能减排和循环经济建设，降低企业生产成本，提高效率，扩大可工业利用资源量，提高资源利用效率，这是矿山求生存谋发展的现实需要，更是国民经济持续稳定发展的基础（见表5和表6）。

表5 露天矿单位矿石能耗

项目名称	东鞍山铁矿	大孤山	齐大山	鞍千公司	大石河	水厂	兰尖铁矿	尖山	白云鄂博
每吨动力电耗/kW·h	5.6	8.163	5.95	2.229	5.529	5.268	2.102	2.25	4.5849
单价/元·$(kW \cdot h)^{-1}$	0.53	0.53	0.51	0.52	0.46	0.44	0.72	0.4	0.46
每吨电耗成本/元	2.97	4.32	3.05	1.17	2.54	2.32	1.51	0.9	3.13

表6 井下铁矿单位矿石能耗

项目名称	弓长岭	程潮	金山店	板石沟	韦岗	鲁中
每吨动力电耗/kW·h	15.357	23.429	20.498	14.989	16.97	13.95
单价/元·$(kW \cdot h)^{-1}$	0.53	0.51	0.47	0.92	0.85	0.89
每吨电耗成本/元	8.2	11.93	9.66	6.28	14.41	12.42

参考文献

[1] 贺兵红. 基于节能减排的现代矿山采选模式（2008年10月），工程建设，2008年第5期，55～60.

[2] 常前发，雷平喜，蔡鸿起. 黑色金属矿山节约资源能源与减排形势与对策（2009年2月），矿山保护与利用2009年第1期30～34.

[3] 常前发. 矿业开发与循环经济（2005年）2005中国钢铁年会论文集（第2卷）36～39.

作者简介：

姜圣才，中国冶金矿业总公司工程师，北京科技大学硕士。

焦玉书，教授级高级工程师，鞍山冶金设计研究总院原院长。

矿产资源采选业循环经济生产链

——矿产资源节约与综合利用示范工程解读

姜圣才[1] 焦玉书[2]

（1. 中国冶金矿业总公司；2. 鞍山冶金设计研究总院）

2010 年 7 月 6 日

1 楔子

2009 年，我国钢产量 5.678 亿吨，生铁产量 5.437 亿吨，铁矿石产量 8.8017 亿吨，均居世界第一位。

钢铁工业的发展有力地支撑了国民经济的增长，促进了我国工业化和城镇化进程加快。但是铸就辉煌的背后也面临着危机，主要是我国还没有建立起铁矿资源安全保证供应体系，资源短缺而受制于人，使我国处于极为不利的地位，从而制约着国民经济的发展。

当前铁矿资源面临的形势如下：

（1）铁矿石需求持续增长，但我国国产矿 8.8 亿吨产量供应不足，国产矿自给率由 50% 降至 30%。

（2）进口铁矿增长太快，2009 年进口矿 6.27 亿吨达到新高，进口矿依存率达到 70%。对进口矿过分依赖，导致国际供应商垄断市场、哄抬矿价，2004 年我国进口矿平均到岸价 24 美元/吨，2008 年平均到岸价上涨达 136 美元/吨，矿价上涨 4.66 倍。

（3）铁矿资源储量保障能力有限。我国铁矿资源量 624 亿吨，居世界第 5 位，但人均不到 50 吨，铁矿开采年限不到 30 年，铁矿资源短缺，对我国国民经济发展的约束将进一步加大。

（4）矿产资源节约与综合利用水平较低，与发达国家相比，我国矿山采矿回采率、选矿回收率和综合利用率以及固体废弃物资源化水平都比较低，我国煤矿资源综合回收率只有 30%，铁矿综合回收率估计为 60% ~65%。

为建立铁矿资源安全保障供应体系，建立国际铁矿石市场新格局，当前我们应采取有效的对策如下：

（1）整顿进口矿秩序，实行联合买矿、集中领导、统一指挥。

应该看到，当前进口矿秩序混乱，给外商以可乘之机，主要问题在于中方的组织领导层，上边领导体制分散，下边企业各显神通，是现在市场混乱的主要原因。

进口铁矿石如今已成为我国经济发展的战略问题，建议由国家发改委组建领导小组统一集中指挥，领导小组可以吸收商务部、工信部、钢协、五矿商会人员参加，领导小组不只管铁矿石进口，也要管其他大宗商品进口，如进口大豆、石油等与国际贸易体系定价权紧密相连的业务都统一管理起来。

（2）淘汰钢铁落后产能，控制钢铁生产总量，减少铁矿石消耗量。

治本的对策就是靠人民消费来支撑国民经济的发展。美国 GDP 产值中有消费拉动占75%，印度占53%，而我国只占 35%，我国要加大消费，如果以国民消费拉动 GDP 增长，固定资产投资自然就会下降，钢材和铁矿石消耗也会相应减少。

实现这一目标，钢铁工业要大力推进结构调整，促进企业联合重组，提高企业集中度，要淘汰落后产能。据统计淘汰容积小于 $400m^3$ 的高炉，相当于减少生铁产能 1.25 亿吨，相当于减少铁矿石消耗量两亿吨。

在生产工艺上要推进技术进步，降低铁钢比。现在我国铁钢比为 0.95，即炼 1t 钢用生铁 0.95t，西方发达国家炼 1t 钢只用 0.5t 生铁。未来几年，我国要增加废钢用量，铁钢比要控制在 0.88，与铁钢比 0.95 相比较，年产钢 7 亿吨，铁钢比 0.88 可减少铁矿石用量 8000 万吨，效果十分显著。

（3）要扩大国产铁矿产能，支持国内矿开发，减少对进口矿的依赖，保障自给率达 45%。

首先，要加大铁矿地质勘查力度，确保铁矿资源储量翻一番，使铁矿资源由 624 亿吨，加大到 1000 亿吨。

为了支撑铁矿资源勘查，建议国家加大对地质勘查资金的投入，同时制订支持民营企业探矿政策，澳大利亚、加拿大政府对只进行普查的铁矿资源项目即允许其包装上市融资，进一步进行详查，此政策对促进资源勘查有很大推动作用，很值得我国仿效。

其次，扩大国产铁矿生产规模，年产量由 8.8 亿吨，加大到 16 亿吨，努力争取自给率达 45%。

扩大国产矿规模，保持国产铁矿石 45% 自给率这个筹码，不仅是经济问题，更是安全保障战略问题。

我国铁矿资源量为 624 亿吨，已开发利用的铁矿资源储量 235.53 亿吨，可规划利用的资源量还有 209.45 亿吨，还有 178.81 亿吨菱铁矿、褐铁矿、微粒赤铁矿等难选矿石资源有待开发。

第三，国产铁矿开发还必须努力培育国产铁矿石产品的核心竞争力，积极参与全球竞争。

我国国产铁矿直接生产成本，一般在 350～450 元左右，全成本在 500～600 元之间，鞍钢采取果断措施，从生产技术和管理上降成本，全公司铁精矿成本由 600 元/吨降到 500 元/吨。我国铁矿资源品质差、开采难度大、选别性能差、选矿工艺复杂、开发利用投资大，露天开采平均剥采比 2.98t/t，个别高达 6t/t 以上，如水厂铁矿剥采比为 6.34t/t，弓长岭为 6.81t/t，国外露天矿剥采比一般多为 0.5～1.5t/t。我国生产 1t 成品矿需要完成 12～15t 采掘量，而国外生产 1t 成品矿，只需完成 1.5～3t 采掘量，相差 4～6 倍。国外矿山 F.O.B 生产成本一般为 23～30 美元/吨左右，为加快国产铁矿开发，增加国产矿竞争力，建议政府从政策上给予大力支持。具体内容如下：

（1）建立绿色通道，加快新建矿山的审批周期。

（2）减少矿山税费，现在我国铁矿税费占销售收入 20%～25%，国外矿山一般为 10%～12%，建议减少资源税，增值税抵扣范围扩大，将开拓工程列入抵扣范围。

（3）燃油税返还；废石再选、尾矿回收免征资源税和所得税，应取消矿产资源补偿费。

(4) 实施“走出去”战略，要加大境外铁矿资源控制力，扩大境外开矿规模，增加权益进口矿额度。冲破三大供应商垄断市场的格局。

境外开矿规模要由目前的5000万吨加大到3亿吨，同时实施国货国运，进口铁矿用中国货轮运输，由现在10%额度加大到50%。

(5) 鼓励矿产资源节约与综合利用，实施矿产资源节约与综合利用专项管理。

财政部、国土资源部组织实施“以奖代补”和示范工程，对矿产资源节约与综合利用取得显著成效的矿山企业给予资金奖励。对矿山企业开展综合开发利用难选冶黑色金属、共伴生有色金属、矿山固体废弃物、多金属尾矿等示范工程，引导和带动矿产资源循环经济发展项目给予补助资金。

本文主要针对这项内容发表一些意见。

2 实施矿产资源节约与综合利用专项管理

2.1 实施“以奖代补”专项管理

(1)“以奖代补”工作重点支持运用新技术，采用新工艺，加强管理，矿产资源“三率”指标明显高于规定标准，矿产资源节约与综合利用取得显著成效的矿山企业。

(2) 申请奖励资金铁矿山企业应开展矿山储量动态监管，各类资源储量资料齐全，动用、采出、损失量和“三率”管理资料台账清楚、规范，同时符合以下条件之一：

1) 开采、回采率超过设计标准或国土资源行政主管部门核定的标准，并在国内同类矿山企业中处于先进水平；

2) 选矿回收率超过设计标准或国土资源行政主管部门核定的标准，并在国内同类矿山企业中处于先进水平；

3) 共、伴生矿产综合利用水平超过设计标准或国土资源行政主管部门核定的标准，并在国内同类矿山企业中处于先进水平；

4) 矿山生产中尾矿得到充分利用并取得显著成效；

5) 充分利用低品位矿并取得显著成效；

6) 利用废石（煤矸石）、矿山废水等废弃物取得显著成效；

7) 近3年矿山企业自筹资金完成的技术改造项目，矿产资源节约与综合利用取得了显著成效。

(3) 奖励等级根据综合评价指标排序确定。

综合评价指标是指：矿山企业前3年因“三率”超过规定标准而增加的矿产品的销售收入（简称“增量收入”）和用于矿产资源节约与综合利用项目直接投资金额（简称“直接投资”），两项指标的综合计算结果。计算公式为：

$$P=(\Delta F+I)\times\lambda$$

式中 P——综合评价指标，万元；

ΔF——矿山企业前3年度因“三率”指标超过规定标准而增加的矿产品的销售收入，万元；

I——矿山企业前3年度完成的用于提高“三率”，并取得显著成效的项目直接投资额，万元；

λ——专家评判系数。

国土资源部、财政部根据矿产资源急缺程度，对不同矿种根据上述公式计算结果进行相应调整。

2.2 关于实施示范工程专项管理

（1）示范工程重点支持资源综合利用水平处于国内领先，具有较大规模效应、技术先进、示范效果显著的矿产资源循环经济示范工程。

（2）示范工程应符合矿产资源规划及以下条件：

1）符合矿产资源开发利用技术、工艺、装备目录的鼓励方向；

2）有关工作已纳入矿山企业发展规划，确保资源综合利用工作得到及时有效开展，具有较强的资金筹措能力，可以落实配套资金；

3）矿山企业在相关领域和专业具有较强的技术优势和创新能力，具备必备的人才条件、技术装备和组织管理能力。

（3）示范工程申请材料包括申请报告和可行性研究报告。可行性研究报告应包括：申请单位基本情况、现有基础或工作进展、实施的目标任务、技术方案、工作安排、资金预算、预期效益、示范效应及其客观存在必备材料等。

（4）示范工程按照以下原则安排：

1）优先安排国家紧缺矿产资源和能源矿产的综合利用示范工程，以及国家重要矿产资源基地、资源型城市和矿业经济区的示范工程；

2）优先安排技术先进、有市场、有竞争力、效益好，示范效应显著和已经完成前期准备工作当年可以开工的示范工程；

3）优先安排具备建设绿色矿山条件的示范工程；

4）优先安排大宗难利用矿产资源综合利用技术应用示范工程。

（5）示范工程完成后，矿山企业应及时提出验收申请，经省级国土资源部门、财政部门审核同意后由国土资源部、财政部组织验收。

示范工程项目要列入基地区。

3 矿产资源采选业循环经济生产链

3.1 低品位金矿综合利用技术

紫金山金矿为低品位氧化金矿床，其中运用地质统计学方法储量估算0.5～1.0g/t的低品位金矿石量1.8亿吨，平均品位0.79g/t（1999年统计），占矿床总储量的55%。公司高度重视低品位物料综合利用研究，从矿石性质、选矿工艺入手，围绕解决矿石渗透性、有效地回收粗粒金、提高氰化浸出率等方面难题。探索优化适合紫金山金矿矿石特点和性质的选矿工艺方法，扩大资源利用率。经过大量的试验研究，提出了碎矿－筛分－洗矿，重选—细泥炭浸—粗矿堆浸的组合工艺，该工艺降低了尾矿品位，提高了浸出率，选矿综合回收率提高11.07%；缩短了浸出周期，降低了生产成本；有较强的适应性和较好的技术指标，解决了氧化矿石因含泥多而浸出效果不佳的问题；降低了最低入选品位

(0.5g/t)，提高了资源利用率，延长了矿山服务年限。该工艺目前在紫金山被全面采用，通过不断完善，各项技术经济指标达到了国内领先水平。2002年获中国黄金协会科技进步一等奖。

3.1.1 工艺流程

主要工艺流程如下：原矿（-1000mm）由露天采场经自卸汽车或溜井—有轨电机车运至原矿仓，经粗碎后送至圆振动筛筛分洗矿，筛上部分进圆锥破碎机，二段破碎至-50mm储存在成品矿仓，筛下部分经溜槽重选后，进入螺旋分级机，返砂进成品矿仓，溢流矿浆经水力旋流器二次分级，合格（-0.074mm，占80%）矿浆进浓密机，底流返回螺旋分级机。

粗粒成品矿仓矿石由汽车运到堆场筑堆，然后调碱，喷淋浸出-炭吸附。吸附采用自己研制的敞口式非流态化固定床吸附装置，浸渣洗涤、消毒净化后卸堆排入弃渣场；矿浆经浓密至40%左右的浓度后进入炭浸槽，边浸出边吸附；吸附采用自行研制的自流敞口式固定床活性炭吸附槽；尾矿经消毒处理后排入尾矿库；堆浸和炭浸的载金炭送冶炼厂解吸-电积-提纯至1号金，载金炭采用自行研制的高温高压无氰解吸塔解吸。

3.1.2 技术特点

选矿关键是突破矿石品位低、含泥较高、渗透性不好、含粗粒金浸出难等难题，寻找一种投资少、生产成本低、回收率高的选矿工艺。经试验研究，该项目研究人员提出了破碎-筛分-洗矿，粗粒级堆浸，细粒级重选-炭浸的以堆浸为主，重选、炭浸为辅的组合提金工艺；矿石经破碎后增加关键的筛分洗矿工艺，粗粒级矿石直接堆浸，细粒级矿浆经溜槽重选分级后炭浸。解决了氧化矿石含泥高不宜直接堆浸的问题，浸出周期缩短了1/3左右，提高了浸出率。同时，敞口式非流态化固定床吸附装置和堆浸中的自流静态吸附系统的研制和成功运用，不仅减少了能耗和炭损，而且扩大了处理量。

3.1.3 应用条件

该工艺应用条件是：含泥量高、渗透性差等的黄金氧化矿及其他有色金属的大规模堆浸工艺或其他分级-洗矿工艺。

3.1.4 技术产权

紫金矿业集团股份有限公司在该项目研究过程中，取得了具有自主知识产权的两项发明专利和两项实用新型专利，分别是：

(1) 低品位氧化金矿选矿方法，发明专利；

(2) 金矿堆浸中的自流静态吸附方法，发明专利；

(3) 敞口式非流态化固定床吸附装置，实用新型专利；

(4) 封闭式电解槽，实用新型专利。

3.1.5 应用效果

(1) 投资与综合效益分析。该项目利用紫金山金矿露采境界内品位0.385g/t、5208.8万吨的极低品位废石。解决矿石中含泥量高，防范由于本地区年降雨量较大，形成泥石流威胁下游环境。该项目的实施，可以确保紫金山金矿北口地区的环境整治达到环保部门的要求，一劳永逸地解决泥石流对下游环境的危害，从而使紫金山金矿成为全国环保模范矿山，真正变废为宝，化害为利。同时，该建设侧重于环境保护：项目实施以后可在紫金山金矿的年产服务期内，达到整治矿山生产环境污染的目的，可节省 1000 万元的建坝及维护费用。每年可为国家多生产黄金 726.10kg，为国家和地方上缴税收 451.60 万元，同时可使当地几十人就业，实现经济效益 1501 万元，具有较强的财务清偿能力和盈利能力，项目的经济效益和社会效益均十分显著。该项目的实施，对于发展国家的黄金生产、促进当地经济的腾飞，使紫金山金矿走上可持续发展的道路，具有十分重大的社会意义。把紫金山金矿建设成为全国环保模范矿山，很好地解决资源、环境与发展的根本问题，对于全国类似的矿山具有很好的借鉴作用，具有推广应用价值。

低品位含泥氧化矿的成功利用，使紫金山 125t 金储量变为可利用储量，相当于额外得到了特大型的黄金矿山。紫金山金矿大规模的开发，带动了地方经济，为革命老区的经济发展作出了重要贡献；同时对国内类似的低品位黄金矿山或有色金属矿产资源的综合开发有重要的借鉴作用。

（2）应用实例。该项目的研究成果成功地应用于紫金山金矿三期、四期技术改造。2001 年矿山年处理矿（岩）量为 650 多万吨，利润 1 亿元，入选品位降至 1.0g/t 以下，其中低品位矿石占 70% 以上；2002 年产金 7253.62kg，入选平均品位约 0.89g/t，其中低品位矿石占 70% 以上，实现利润 20588 万元。低品位矿石和部分含金废石得到了充分利用。该项目的研究和应用，盘活了潜在价值近百亿元的金矿资源，并对我国低品位金矿资源的利用走出了一条成功道路。

3.1.6 推广应用

（1）紫金山金矿。紫金山金矿存在大量低品位矿石，其中 0.5 ~ 1.0g/t 品位的金属量达 125.63t，矿石量达 1.8 亿吨。该类矿石的利用可获黄金产量 100t，销售收入 75.89 亿元，利润 27.9 亿元。

组合工艺的推广应用，处理表内矿石（不小于 1g/t），可新增黄金产量 8520kg，销售收入 6.43 亿元，利润 3.93 亿元。

（2）其他矿山。我国低品位金矿资源极为丰富，由于受传统计划体制的影响，品位小于 1g/t 的金矿石过去一直当作废石看待，没有进行勘查和评价。近年来，我国西部地区发现了大量以板岩、泥岩、砂岩为赋矿载体的矿床，该工艺将可能使大量矿山实现机械化、规模化生产，在几乎不增加成本的条件下，使选矿回收率大幅度提高，有极好的推广运用前景。

氧化铜等矿种的细菌浸出技术，在国外已经相当成熟，我国正处于工业试验研究阶段。氧化铜的细菌堆浸，同样将遇到的矿石含泥影响渗透的问题，如果应用该技术，矿泥洗涤浮选、粗粒堆浸，预计也可获得良好的指标。

3.2 铜矿伴生金属综合利用技术

德兴铜矿石磨至 -0.074mm 占 60% ~65% 后，铜矿物单体解离度达 75%，这部分铜矿物既已解离，就应该可以先行早收而无须再磨。原生产工艺，包括中矿选择性分级再磨浮选工艺，并未能充分利用铜硫矿物的这种解离特性及其可浮性差异，而是采用捕收能力强、选择性较差的黄药作捕收剂进行混选，使本已单体解离的铜矿物没有及时浮出，而又进入了再磨，造成过磨或表面受到污染，给二段铜硫分离带来困难，造成铜精矿品位偏低。异步混合浮选工艺虽然注意到了铜矿物的可浮性差异以及解离状况对浮选的影响，而且也据此实现了铜矿物的分步浮选，大大地改善了分选效果。但该工艺没有对已单体解离铜矿物是否可直接产出予以深入研究，将本已单体解离可直接产出的铜矿物还是进入了再磨精选，从而限制了选矿指标特别是铜精矿品位的进一步提高。因此，如果能开发一种药剂并设计一种工艺，以单体铜矿物和富连生体铜矿物为捕集目标，首先将单体铜矿物、富连生体铜矿物与贫连生体铜矿物及含硫矿物分离，通过在粗选作业添加选择性强的铜捕收剂、增加铜矿物间的可浮性差异，就应该可以实现对粗颗粒单体铜及富连生体铜的早收。这就是快速浮选新工艺的基本思路，它包括流程的改革和保证流程改革成功的选择性捕收剂的研究应用。

由于大部分含钼铜硫矿都采用混合浮选工艺，铜硫混合精矿在高碱介质中分离，致使钼在铜硫分离过程中损失，钼的综合回收效果差。针对这一特点，开发出新型高效低碱条件下可以使用的浮选药剂，采用快速浮选工艺，强化了铜、钼等有用矿物的回收。解决了困扰矿山综合回收的难题，实现了有价元素的综合回收，使企业获得较高的经济效益，并具有较大的社会效益。

3.2.1 工艺流程

含钼铜硫选厂一般采用以下工艺：混合浮选—铜硫分离—钼富集铜精矿。

德兴铜矿钼综合回收新工艺：快速浮选—混合浮选—铜硫分离—低钼铜精矿；快速精选—富钼铜精矿。

3.2.2 技术特点

（1）采用新型高效浮选药剂快速浮选工艺，提高钼在铜精矿中的回收率。

（2）采用分别精选，对不同性质的给矿，营造各自适宜的浮选环境：快速浮选粗精矿，得到含黄铁矿极少、铜矿物主要是单体和富连生体，在弱碱环境中精选，节省了石灰，获得了一个含铜28.30%的高品位铜精矿，同时保证了伴生元素的回收；混合浮选粗精矿，含大量的黄铁矿、较多的铜贫连生体，采用再磨分离工艺，使铜具有较高的品位和回收率。

（3）原有工艺流程，原矿含钼达0.01%也难获得含钼超过0.3%的铜精矿，而快速浮选分别精选工艺，只要原矿含钼超过0.0064%，就可获得含钼大于0.3%的铜精矿，这样降低了钼的回收边界品位，极大地提高了钼的综合利用水平。

3.2.3 应用条件

适用于铜硫矿山。

3.2.4 应用效果

该项新技术投资小、见效快（试验经费约40万元，现场流程改造经费约80万元），经济和社会效益显著。

德兴铜矿大山选矿厂一个月的工业试验结果表明，新技术使铜精矿品位提高2.2%，铜回收率提高0.31%，钼回收率提高35.99%。自完成工业试验后，新技术即在6万吨/天选矿厂全面应用，每年为企业增创利税4296万元。

新工艺实现了有价金属的综合回收。

该新工艺已经在德兴铜矿大山选矿厂得到应用，为我国斑岩铜矿选矿技术发展作出了贡献，将为我国铜工业的生存与发展提供更大的空间。

德兴铜矿下属的精细化工厂是进行铜钼分离、生产钼精矿的车间。旧工艺所产铜精矿钼品位很不稳定，造成该厂严重开工不足，陷于半停产状态；且由于时开时停，生产成本居高不下。该新工艺的应用，铜精矿钼品位较高且较稳定，将使这个陷入困境的厂进入一个较快的发展时期，为社会稳定作出了贡献。

AP 药剂的生产已为 30 人提供了就业岗位。

新工艺浮选过程稳定，降低了工人的劳动强度，降低了铜精矿运输成本和冶炼能耗。

新工艺所用的浮选剂无毒，尾矿水易澄清、有害杂质少、整个工艺对环境友好。

3.2.5 应用实例

德兴铜矿钼综合回收技术可分别得到如下技术指标：

（1）铜精矿 1：含铜 28% 以上，回收率 60% 以上，含钼 0.5% 以上；

（2）铜精矿 2：含铜 20% 以上，回收率 26% 以上，含钼 0.3% 以上。

3.2.6 推广应用

主要应用于含钼铜硫矿山，选用规模：适用于所有规模的现有矿山技术改造或新矿山建设。

3.3 龙桥铁矿选矿厂尾矿铜金属综合回收利用技术

龙桥铁矿位于安徽省庐江县，主要矿石类型为含铜高硫磁铁矿，平均铁 47.25%，硫 0.345%，铜 0.08%。地质储量 1 亿吨，龙桥铁矿 2002 年建矿，2004 年选矿厂运行，年处理原矿 100 万吨，产品主要为铁精矿，对伴生铜金属没有回收，随尾矿排放。

现在兴建铜选车间，年处理尾矿 54 万吨，采用浮选工艺回收铁尾矿中的铜金属，选矿工艺流程为：混合粗选——一段精选—二段精选—扫选—分离粗选—铜精选—分离扫选。

尾矿中铜含量为 0.17%，生产的铜精矿品位铜 14%，年回收铜精矿 3200t，铜回收率 69.09%，年利润 1126 万元，经济效益突出。

3.4 低品位钒钛磁铁矿回收利用技术

盐边县钒钛磁铁矿拥有表内矿资源储量 1 亿吨以上，含铁品位 27.13%，同时拥有表外矿 1 亿吨，含铁品位 16%。矿山用露天开采，过去只开采表内矿，将低品位表外矿作为废石排弃。随着选矿技术的提高现在将表外矿回收利用，露天采场表外矿表内矿混采混装，年开采表内矿 150 万吨，表外矿 150 万吨，共 300 万吨/年，送预选厂预选。

预选厂安装粗、中、细破碎、筛分和预分选磁选机设备。

表内矿表外矿混合矿入选品位 Fe20%，$TiO_2$9.5%，预选后品位提高到 Fe26.7%，$TiO_2$12.5%。

本项目低品位钒钛磁铁矿回收利用年税后利润 1857 万元，经济效益突出，达到了资源节约和综合利用的目标。

3.5 韩旺铁矿矿产资源节约技术

韩旺铁矿位于山东省临沂市，为受热变质沉积型铁矿床，矿石类型以磁铁矿为主，赤铁矿、假象赤铁矿次之，平均品位 TFe36.63%。

该矿 1973 年建矿，目前归鲁南矿业有限公司经营，年产原矿 130 万吨，精矿 40 万吨，选矿采用破碎—磨矿—磁选—浮选工艺流程，但产出的尾矿品位高，浮选尾矿铁23%，磁选尾矿铁24%。为实现矿产资源节约和综合利用的总目标，矿山建设了尾矿再选车间，工艺流程为阶磨阶选，即磨矿Ⅰ—磁选Ⅰ—磁选柱—磨矿Ⅱ—磁选Ⅱ—反浮选工艺流程。

年处理尾矿20万吨，其中浮选尾矿14万吨，磁选尾矿6万吨，入磨品位Fe24%，选出精矿品位铁64%，年选出3万吨铁精矿，年利税总额1146万元，税后利润482万元。

3.6 弓长岭铁矿提高选矿回收率循环经济示范技术

弓长岭铁矿一选车间1958年投产，为提铁降硅选矿工艺改造形成阶段磨矿—阶段选别—细筛再磨—阳离子反浮选工艺流程，精矿品位铁69%，尾矿品位铁9.6%，金属回收率79.5%，该流程达到了提铁降硅目的，但此流程选矿金属回收率低、设备维护量大，操作难度大，管理复杂，生产成本高，精矿不利于造球。

经鞍钢矿山研究所对入选贫磁铁矿试验结果表明，采用阶段磨矿—阶段磁选—细筛再磨工艺流程，应用MVS电磁振网筛取代原来采用的尼龙（高频）细筛，采用BX弱磁选机代替传统的磁选机，较现有的磁浮联合流程减少了设备环节，改善了精矿粒度组成，避免了精矿过磨现象，选矿金属回收率由79.5%提高到81.2%，提高了1.7%，按现有产能每年多回收6.75万吨铁精矿。精矿品位铁68%，与原磁浮流程比较，虽然降低1个百分点，但精矿粒度组成更合理了，减少了过磨现象，也减少了浮选精矿的黏性，降低了精矿水分，改善精矿成球性能，使球团矿造球过程中膨润土配用量减少，最终球团矿品位并未降低。

对一选车间由磁浮流程，取消浮选改为阶段磨矿—阶段磁选—细筛再磨工艺流程，改造过程中又实现了设备大型化，一段磨矿改用 $\phi 5.03\text{m} \times 6.7\text{m}$ 球磨机，二段磨矿改用 $\phi 4\text{m} \times 7.5\text{m}$ 球磨机，同时选用MVS电磁振网筛和BX弱磁选机，提高了筛分效率和选别指标。改造前后选矿指数比较见表1，生产工艺造球指标对比见表2。

表1 改造前后选矿指数比较

流 程	选矿比	原矿品位/%	精矿品位/%	SiO_2/%	回收率/%
磁浮流程	2.769	31.8	69	4.05	79.5
新磁选流程	2.679	31.4	68	5.6	81.2

表2 生产工艺造球指标对比

生产工艺	球团矿膨润土用量/$\text{kg} \cdot \text{t}^{-1}$	球团矿含铁品位/%
磁浮流程	31.025	65.43
新磁选流程	18.05	65.4

改造后单一磁选流程金属回收率提高1.7个百分点，年多生产铁精矿6.75万吨，年税后利润获得1299万元。技术经济效果好。

3.7 鲁中冶金矿业公司矿产资源节约和综合利用示范工程

鲁中冶金矿业集团公司有小官庄、张家洼和港里3个矿段，属接触交代（矽卡岩）

型铁矿床，矿石主要为磁铁矿，其次为赤铁矿，矿石含铁46%左右。

鲁中矿山1985年投产，为坑内开采，选厂建5个系列，采用磁滑轮干选—自磨—球磨—磁选—重选—浮选工艺流程，年处理原矿300万吨，生产铁精矿120万吨。

选矿厂投产以来，选别流程基本满足生产要求。但近年来，矿山向深部延深，矿石性质出现变化，赤铁矿、褐铁矿和假象赤铁矿比例提高，弱磁性矿物增加，现流程已不能适应。针对弱磁性矿物回收，鲁中公司对选厂进行了技术改造：

（1）改造磨矿系统提高磨矿细度。由0.074mm占60%～65%提高到85%，提高解离度；

（2）改造重选系统，强化对弱磁性矿物回收；

（3）改造浮选设备增加铜钴分离作业，提高铜回收率并有效地对钴进行回收；

（4）对尾矿系统进行改造，提高尾矿输送浓度。

通过技术改造，选矿厂精矿品位由TFe63.5%提高到65%，尾矿品位由Fe14.5%降到11.79%，金属回收率由77%提高到80%。每年多生产铁精矿4.7万吨；每年回收铜精矿1043t，钴硫精矿6.6万吨，获年税后利润2920万元，经济效益突出。

3.8 张马屯铁矿打造绿色矿山无废开采无沉降“三下”开采技术

张马屯铁矿位于济南市东郊，始建于1966年，1977年投产。为坑内开采，矿床为矽卡岩型铁矿床，围岩为石灰岩，矿床水文地质条件复杂，涌水量大，日涌水量25万m^3/d，且地表有建筑物和铁路，要求不允许地表沉陷。

矿山采用帷幕注浆堵水，矿山开拓采用竖井斜井联合开拓方法。

为保持地表不塌陷，在“大水”“三下”条件下，采用尾矿胶结充填采矿法，矿石损失率5%，原矿品位铁45.28%。

矿山回采产出的废石和选矿产生的尾矿均作为充填料，返回井下。

矿山不设尾矿库，不设废石场，实现了地表不沉陷，保护了地表建筑物和铁路。

张马屯铁矿取得的无废开采，无沉降开采业绩突出，对建设绿色环保型矿山具有典型性。因而被评为“冶金矿山十佳矿山”。

张马屯铁矿年产原矿35万吨，铁精矿20万吨，如果单独计算Ⅱ号矿体－80m水平和－160m之间地质储量178万吨，每年生产10万吨原矿，6.18万吨铁精矿，年税后利润1234万元，经济效益突出。

3.9 矿山尾矿全尾充填技术

铁矿采矿过程中，国内以及国外对于采矿过程形成的采空区以及地表的塌陷区很少进行尾矿充填。而在有色金属矿山以及黄金矿山，则普遍采用尾矿回填技术。现国内外普遍采用的尾矿回填技术有：

（1）尾矿胶结充填，尾矿中加入一定量的胶结剂（主要为水泥）混合以后进行充填；

（2）分级充填，将尾矿中的细粒级分离出去后进行充填；

（3）在尾矿中加入粗粒砂行进行充填。

上述这3种普遍使用的尾矿充填方法存在充填成本高，充填率低，充填量小等缺陷，很难在铁矿山进行推广。

20世纪90年代中后期，国外采用可以产生极高底流浓度的浓缩设备——高压浓缩机进行黄金矿山的井下充填，1995年在澳大利亚昆士兰Mt. Leyshon金矿实验结果，其底流浓度达到了63%，比常规浓密机提高4%~5%。直径15m的高压浓密机已在该矿稳定运行了4年，用于进行尾矿的井下充填。加拿大在Kidd Creek铜锌矿用直径33m的高压浓缩机进行尾矿充填前的浓缩作业，其底流浓度达到了63%。1998年，长沙矿冶研究院研制成功HRC高效浓密机并在中原冶炼厂使用获得成功，对浓缩铁尾矿工业分流试验浓密机的底流已经达到膏体状态，可以满足塌陷区尾矿充填需要。

所谓膏体就是非静止的均质悬浮体，要求在堆存中悬浮体离析出的水最少，这样才可以使尾矿堆存的坡度达到要求的2%~5%。这样性质的尾矿浆体在世界不同的地方以及根据选矿类型的不同有不同的称谓。一般的名称为“膏体”，“浓缩尾矿”以及“高浓度尾矿”。

3.9.1 工艺流程

利用采矿塌陷区进行尾矿充填，根本问题是获得可以满足充填需要的膏体状尾矿以及膏体尾矿的输送以及尾矿充填工艺。确定的膏体尾矿充填系统与工艺如图1和图2所示。

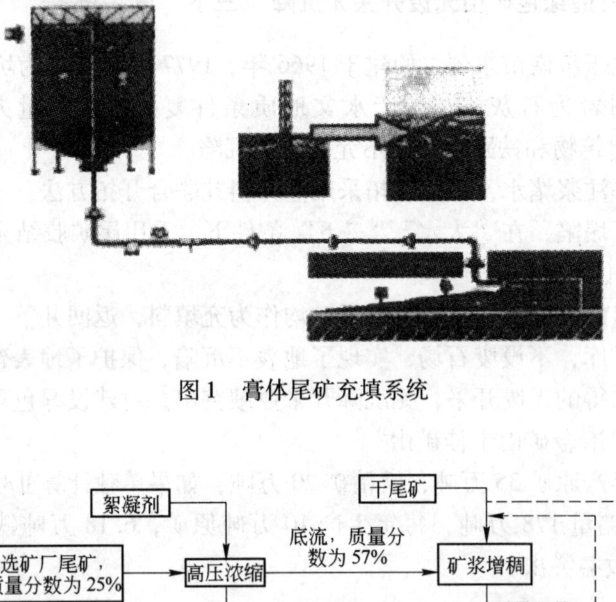

图1 膏体尾矿充填系统

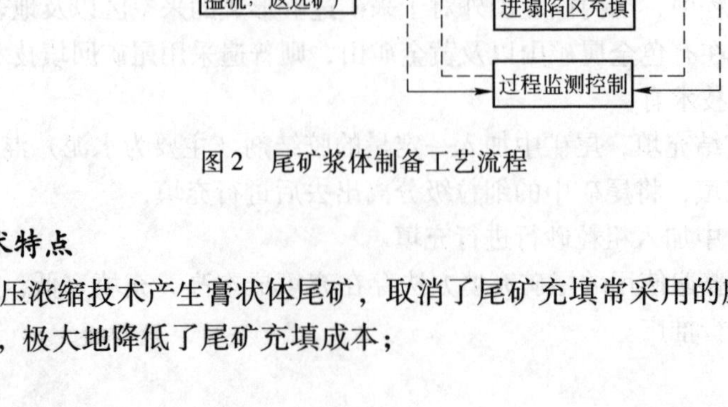

图2 尾矿浆体制备工艺流程

3.9.2 技术特点

(1) 采用高压浓缩技术产生膏状体尾矿，取消了尾矿充填常采用的胶结充填的方法，简化了充填工艺，极大地降低了尾矿充填成本；

（2）采用干尾矿增稠，调节堆积层的渗滤性能，降低进入采矿场的水量。

关键技术在于高压浓缩技术及膏状体的输送技术。

塌陷区通过崩落岩石与井下采场相连，充填带入到井下的水及尾矿会影响采矿生产。经过计算，当充填浓度大于65%时，进入井下的水量小于38m^3（尾矿量按100t/L计算，结合水15%）。如此水量不至于影响井下的采矿生产，但随水进入井下的微细粒尾矿对井下的生产会造成比较大的影响。因此在进行塌陷区充填开始阶段应充填部分渗滤性好的粗粒级尾矿，形成渗滤层以阻隔微细粒尾矿。采用高压浓缩—尾矿增稠制浆工艺进行充填尾矿制备，在充填的初期，加入一定量的粗砂或粗粒级干尾矿，以形成好的渗滤层。在之后的充填过程也应调整充填尾矿的粒度组成，分阶段充填粗粒尾矿，在充填堆中形成多层渗滤层阻止微细粒尾矿进入井下采区。

通过裂隙进入采场的水以及矿泥会影响采矿生产（见表3），因此进行铁矿全尾塌陷区充填的关键是获得可以满足充填要求的膏状底流。为进一步降低进入采矿场的水量，同时为了隔离进入采场的微细粒尾矿，在高压浓密机排出的膏状底流中加入一定量的干尾矿，采用分层排放以在尾矿堆积层中形成好的渗滤层。

表3　不同充填浓度尾矿进入采场的水量（以100t尾矿充填量计算）

充填浓度/%	45	55	60	65	70
携水量/m^3	111	82	67	54	43
结合水/m^3	20	20	20	20	20
进入采场/m^3	91	62	47	34	23

该项目关键技术：

（1）采用90年代后期研制出的高压浓密机作为膏体制备的设备，国外这种设备已用于井下充填获得成功。长沙矿冶研究院研制的直径25m的高压浓密机，已经在邯邢矿山管理局玉石洼铁矿运行4年，其底流浓度可达到63%以上，可满足充填的要求；

（2）高压浓密机所产出的膏状尾矿，不可能采用通常使用的离心泵进行输送，采用引进澳大利亚技术生产的蠕动泵进行输送可以解决输送难题。采用这种泵输送尾矿，输送的浓度可达到65%以上。

3.9.3　*应用条件及应用效果*

适用于铁矿山地下开采。

（1）投资与综合效益分析。我国许多地下矿山，采矿方法多为崩落法。崩落法采矿在采矿过程中形成了大量的采矿崩落区，破坏了自然地貌，占用大量土地，造成环境污染。而在矿山选矿过程中却生成了大量尾矿，又需要建立尾矿库进行堆存。尾矿库占用大量的土地，建立尾矿库需要大量资金，同时露天堆存尾矿还会造成尾矿对环境的污染。采用表面堆存技术，利用采矿的塌陷区进行尾矿充填可以节省尾矿堆存土地占用，减少尾矿库建设投资，减少尾矿对环境的污染。同时还可以对采矿形成的塌陷区进行修复。使之逐步恢复为耕地或林业用地。

尾矿表面充填需要对尾矿进行高浓度浓缩，而提高尾矿浓度采用高压浓缩脱水可以大幅度增加回水的利用率，这对严重缺水的华北以及西北地区意义更为重要。

试验规模为工业实验，充填规模80t/h。

工业实验地点：邯邢冶金矿山管理局玉石洼铁矿。

完成后的技术指标：充填浓度大于57%，高压浓密机溢流水达到国家外排水要求，充填过程对采矿无不利影响。

达到的经济指标：充填成本3元/吨，增回水100万m^3/a，年经济效益200万元。

(2) 应用实例。河北邯郸、邢台地区的铁矿主要采用地下开采，据估算，矿石的开采量在1000万吨以上，而煤矿的开采量在3000万吨以上，采矿过程形成的采空区以及塌陷区的体积在2000万立方米。形成的地表破坏区域达到200万平方米。这一充填工艺在河北省的黑色金属矿山以及煤矿推广，将会取得积极的经济和社会效益。

(3) 推广应用。我国矿石开采中，年地下开采量约为5亿吨，占用土地2000万平方米（包括塌陷区以及尾矿库占用的面积），约1067hm^2。该工艺在全国各类矿山均具有推广应用的前景。项目在全国推广可以节约尾矿库的建设费用2000万元（按山区建库费用，实际如河北这样的平原地区，其建库费用更高），年节水2.5亿立方米。项目消除了塌陷区对地貌造成的危害，消除了尾矿库对环境的污染，项目具有明显的环保意义。

3.10 铁矿尾矿综合利用及零排放技术

3.10.1 技术简介

(1) 基本原理。新建铁矿尾矿库的费用动辄要数千万元甚至过亿元，且运营成本很高，这些都是老矿山所难以承受的。现用尾矿库的增高扩容及加大尾矿捞砂量，虽然可以延长当前尾矿库的服务年限，但增高扩容能力有限，而捞砂后的尾矿粒度特性发生了很大变化，细粒及微细粒尾矿的增加，使得库内干滩坡度变小，又增加了尾矿库的安全隐患；另一方面，矿山周围众多的水泥厂每年都要花巨资到外地购买高品位的铁粉用作水泥的铁质校正原料。用铁矿尾矿代替铁粉生产水泥不但技术上可行，而且具有较高的经济效益和社会效益；同时市场需求量十分巨大。基于以上原因，桃冲矿业公司于2003年进行了选厂尾矿零排放的研究与应用，将选矿的全部尾矿过滤脱水后用作水泥原料，彻底停用了尾矿库。

(2) 工艺流程。选厂尾矿与破碎洗矿经磁选回收后的尾矿部分，经两次螺旋分级机捞砂后，其溢流经过两次浓缩给入陶瓷过滤机，其中一次浓缩的溢流经平流池沉淀后作为生产循环水，二次浓缩的溢流则返回一次浓缩中闭路浓缩，陶瓷过滤机的事故排放部分物料进入平流池，并定期输往捞砂系统前。其工艺流程如图3所示。

(3) 技术特点。

1) 选厂尾矿粒级较宽、粒度较粗，沉降速度太快，无法形成均匀的悬浮液料浆，在进行过滤试验时效果很差。针对这一问题，改造中采用了尾矿粗细分离、分别处理的工艺方案。首先增加一台螺旋分级机，增大尾砂粗粒的捞砂量，并调整了其部分技术参数，将安装坡度由原来的14°降为10°。另外，对破碎洗矿的溢流，用砂泵将其输往捞砂系统中进行捞砂处理，避免其粗粒尾矿进入尾矿浓缩池。

2) 实验表明，达到较佳过滤效果时的给料浓度应超过40%，而桃冲矿输往尾矿库的实际矿浆浓度仅为5%~10%，无法满足过滤机的给料要求。经过对尾矿输送砂泵和管道的重新计算选型，在浓缩池底采用了高浓度输送泵（50ZBG-400），通过变频调速合理提

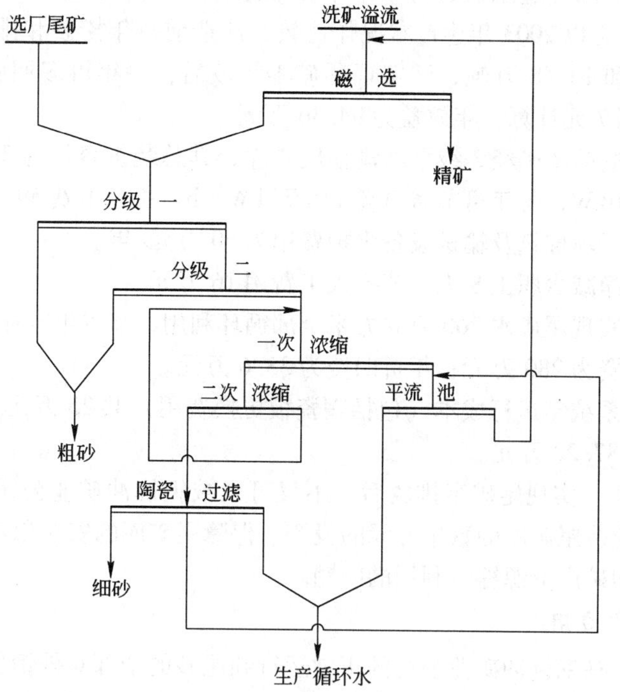

图3 尾矿处理工艺流程

高矿浆浓度。另外，在脱水现场增设了一台直径为3.5m的浓密斗，矿浆经一次浓缩后进入浓密斗进行二次浓缩，然后输往过滤机，浓密斗的溢流利用闭路返回一段浓缩中。由于溢流浓度较高，浓密斗的溢流槽底采用了独特的斜面设计，有效地防止了溢流在溢流槽中的沉淀与堵塞。

3）经过对板式压滤机、加压过滤机和陶瓷过滤机等过滤设备的考察及实验室试验，最终选用一台BST－$42m^2$ 陶瓷过滤机作为尾矿脱水设备。在过滤机安装中，对其输液管道进行了多处改造，巧妙地将滤液循环利用节约了大量的生活用水。

4）尾矿经一次浓缩后，其浓度可达到40%～50%左右。由于尾矿输送管道路径较长、矿浆流量较小，为保证正常输送、避免管道堵塞，采用二次浓缩后，适当降低了一次浓缩的浓度。两次浓缩既保证了高浓度尾矿的输送，也确保了最终进入过滤机的矿浆浓度达60%左右，满足了过滤机的浓度要求。

5）将石灰石、砂页岩和选厂尾砂按一定比例配料作为水泥生料的原料，经对尾砂易磨性和生料易烧性试验表明，尾砂的使用不会出现选择性粉磨，其易磨系数与砂页岩相近，生料易烧性等级为B级，表现为易烧。根据 $CaO—Al_2O_3—SiO_2$ 三元系统相图可知，本配料点落在水泥配料圈内，配方合理。

（4）应用条件。适用于铁矿山含铁尾矿。

（5）技术产权。归马钢桃冲矿业公司所有。

3.10.2 应用效果

（1）直接效益。

1）尾砂收入。陶瓷过滤机过滤效果十分理想，过滤出的尾矿产品被用户抢购一空，经济效益十分明显。以2003年生产状况作比较，改造前每年捞砂和排入尾矿库的尾矿量分别为8.06万吨和13.48万吨，即实现尾矿零排放后，每年可多回收尾砂13.48万吨，以每吨销售净利润7元计算，年效益为94.36万元。

2）电耗。改造前尾矿经3级泵站输往尾矿库，其总装机容量为318.5kW，改造后的总装机容量仅为70kW，每年可节省电耗115万kW·h，折合电费59.46万元。

3）改造前的子坝堆筑及输送设备维护费用为50万元/年。

4）改造后可净减少职工8人，节省人工费用16万元。

5）改造后可实现尾矿水260万立方米全部循环利用，节省生产补加水费26万元。

6）改造总投资为280万元；年折旧费为33.6万元。

7）尾矿处理系统年运行成本（包括陶瓷板更换费用）共25万元。

合计效益为187.22万元。

（2）间接效益。实现尾矿零排放后，不仅可以减轻桃冲矿业公司尾矿库库容不足的压力、节省重新建造尾矿库的数千万元的投资、保障尾矿库的安全稳定，而且可以解决矿区周围环境保护和矿产资源综合利用的问题。

3.10.3 推广应用

陶瓷过滤机在马钢桃冲矿业公司的正常运行和尾砂的全部对外销售，最终实现尾矿库的停用，标志着选厂尾矿零排放的改造，在桃冲矿业公司取得了成功应用，它必将给桃冲矿业公司带来巨大的经济效益和社会效益。同时，对国内同类矿山实现无尾选矿和尾砂干堆具有重大的借鉴意义。

跋：本文是焦玉书在中国冶金矿山企业协会地方委员会唐山会议上的发言稿，参照了各单位专家多项著作和论文。在此表示感谢。

作者简介：

姜圣才，硕士，中国冶金矿业总公司工程师。

焦玉书，教授级高级工程师，鞍山冶金设计研究总院原院长，中国冶金矿山企业协会顾问。

创建无废开采、绿色矿山关键技术研究

焦玉书

（鞍山冶金设计研究总院）

2011 年 11 月 20 日

1 导论

1.1 绿色矿山基本条件

2010 年我国钢产量为 6.266 亿吨，生铁产量 5.9 亿吨，铁矿石产量 10.7 亿吨，均居世界榜首。

但国产铁矿不够用，不得不大量进口铁矿石，2010 年进口 6.18 亿吨，铁矿石平均到岸价 128.38 美元/吨，与 2009 年矿价相比我们多花了 300 亿美元，相当于丢了一个三峡大坝工程款。

2011 年上半年已进口铁矿石 3.34 亿吨，到岸价 160.88 美元/吨，与 2010 年矿价相比又多花了 108.33 万美元。

我国钢铁企业 2010 年全年利润为 881.38 亿元（人民币），澳大利亚力拓铁矿公司全年净利润 945 亿元（人民币），比我国钢铁企业总利润额还多 63.62 亿元（人民币），中国钢企销售利润率仅为 2.9%，而力拓销售利润率为 42.41%。我国在铁矿资源上损失惨重。

为改变铁矿石供给的被动局面彻底解决铁矿资源面临的问题，国务院决定采取五项措施建立中国铁矿资源战略保障体系。五项措施是：

（1）支持境外铁矿开发；

（2）加大国内铁矿资源的勘探开发力度；

（3）鼓励到境外建立钢铁企业；

（4）大力发展钢铁新工艺及高端节材钢铁产品；

（5）提高废钢回收供应力。

加大国内铁矿资源勘探力度，在“十二五”期间，资源储量由 646 亿吨，再增加 200 亿吨，原矿产量由 10.7 亿吨增加到年产原矿 16 亿吨。

我国扩大铁矿生产规模，增加铁矿石产量，不能再以牺牲环境为代价，而是要创建无废开采绿色矿山。

创建绿色矿山是立足国内提高矿产资源战略保障能力的现实选择，是建设资源节约型环境友好型两型社会的必然要求。创建绿色矿山要以资源合理利用、节能减排、保护生态环境和促进矿山与地方和谐为主要目标，要以开采方式科学化、资源利用高效化、企业管理规范化、生产工艺环保化、矿山环境生态化为基本要求。

1.2 绿色矿山基本条件

（1）依法办矿。

（2）规范管理。遵守《绿色矿山公约》，有完善的开发利用、环保、土地复垦、生态重建、安全生产等规章和措施、管理科学化、规范化。

（3）综合利用。居国内先进水平。

（4）技术创新。矿山科技创新资金大于矿山产值1%；优化工艺流程，发展循环经济，效益显著。

（5）节能减排，节能降耗要达标。利用无废或少废开采工艺，成果突出，《三废排放》达标，固体废弃物利用居国内先进水平。

（6）环境保护。执行环境治理保护制度，制定矿山环境保护与治理恢复方案，对环境有效保护；矿区三年内无重大地质灾害；矿山环境优美，绿化覆盖率达到可绿化区域的80%。

（7）土地复垦。边开采边复垦，措施具体，技术先进，资金到位。

（8）社区和谐。企业形象良好，与当地社区建立协作机制，妥善处理矛盾，社区关系和谐。

（9）企业文化。拥有一支高素质的管理队伍，文化生活丰富。

2 创建无废（少废）开采，绿色矿山关键技术

2.1 采用地下开采方式，应用充填采矿法

国产铁矿石达到年产16亿吨是一项极其艰巨的任务，为此已经做出规划，为满足"十二五"计划要求，全国要新建1000万吨级以上铁矿8座；500万吨级以上铁矿15座；200万吨级以上铁矿20座；培养8~9个特大型铁矿集团。新增产能3亿吨。

在十二五计划期间新建矿山中，已不能再走牺牲环境换取资源的老路，而是要建设环境友好型资源节约型的新矿山，要努力构建绿色矿山，实现无（少）废开采。

现在矿山建设从保护生态环境出发要求做到：

（1）保护矿山地表耕地不破坏，要尽可能少占农田；

（2）保护地表不塌陷，村庄不搬家；

（3）保护地表河流不改道；

（4）保护地表地下水不受影响；

（5）地表有古迹或特殊要求，要求地表生态环境不改变（如西鞍山适于露天开采，而当地政府要求保持西鞍山全貌，只得用地下开采，且又采用充填采矿法）。

生态环境要求，迫使有些矿山难于再用露天开采，只得改用地下开采，又不得不采用充填采矿法。

"十二五"计划期间，现在建设和拟开工建设的矿山，用地下开采、采用充填采矿法的矿山有：马城铁矿2500万吨/年；司家营一期2000万吨/年；常峪铁矿450万吨/年；西鞍山铁矿3000万吨/年；周油坊铁矿450万吨/年；张庄铁矿500万吨/年；李楼铁矿750万吨/年；大贾庄铁矿600万吨/年；草楼铁矿300万吨/年。这些新矿山应该按照国

家建设绿色矿山标准来建设，而充填采矿法正是创建绿色矿山的关键技术。

2.1.1 国外矿山应用充填采矿法的现状

国外应用充填采矿法的矿山，大都是金矿、铜矿、铅锌矿、镍矿等有金属矿山，国外铁矿井下开采只有瑞典基律纳铁矿和马尔姆贝格铁矿，都是应用无底柱分段崩落采矿法，至今国外尚无应用充填法铁矿山的信息。

国外矿山应用充填法的国家主要有加拿大、南非、瑞典、澳大利亚、德国、美国、俄罗斯和芬兰等国。

国外充填技术的发展经历了几个阶段，到目前为止，充填技术总的来说主要有以下几种类型：

（1）干式充填。干式充填应用具有很久的历史。起初，干式充填材料是通过天井用矿车或人工送到采场进行充填的，但这样的充填劳动力需求大，作业成本高，采场充填时间长。矿石贫化率高，同时采场进行充填时就不能进行生产。目前有些矿山用铲运机等机械化生产方式。

（2）水力输送充填。由于干式充填存在着许多问题，矿山工作者从20世纪30年代开始探索新的充填方法——水砂充填，40年代左右水力充填开始在部分矿山开始应用。50年代到60年代，水力充填得到了广泛的应用。一般情况下水砂充填的材料是脱泥尾砂或天然砂，也有的矿山用人工磨砂，充填料浆的固体质量浓度一般低于70%，以自流输送为主，当充填倍线较小时也使用砂泵输送。水力充填分为水力非胶结充填和水力胶结充填两种。水力充填的胶结剂一般为水泥、石膏、磨细的炉渣等。

（3）高浓度管道输送胶结充填。由于水力输送充填的浓度低，料浆充入采场后的脱水过程中发生离析，导致充填体的整体性不好，同时也难免会带走部分水泥和细粒级尾砂，污染井下作业环境，水泥的流失也会降低充填体的强度。为了改变这些问题，70年代开始研究和应用高浓度充填的材料、料浆的流动及充填工艺，将料浆的浓度提高到70%~78%。目前高浓度充填在矿山充填中仍然是占主要的地位，应用最为广泛。

（4）膏体充填。膏体充填在最近的十多年中发展极为迅速，世界上一些矿业发达的国家投入了大量的人力、物力研究和开发应用膏体充填技术。由于膏体充填综合运用了现代工业的多项高新技术，如微细颗粒材料浓缩脱水技术与设备、高浓度浆体泵送设备、活化搅拌设备、计算机在线控制技术等，是现时采矿工业中一项技术含量高新技术之一。充填材料是使用全尾砂或全尾砂与碎石的混合料。由于膏体充填料浆具有可使用全尾砂，充填料浆无需脱水，因而减少了井下充填污染及排水费用，充填体强度高且水泥耗量小，可以适当降低充填成本，凝固时间相对于自流充填要短，可以减小充填作业循环周期，充填体易于接顶。有利于采场稳定和采矿作业安全性，膏体的稳定性、和易性和可泵性，决定了进行长距离输送时不会造成堵管，从而解决了实际操作中长距离管道输送的问题等优点，从世界范围以及长远发展来看，膏体充填技术是充填采矿技术发展的方向。地下矿山充填采矿技术历程见表1。

2.1.2 国内矿山应用充填采矿法现状

我国矿山充填采矿有悠久的历史，仅以1949年以来半个世纪的矿山充填采矿技术的发展情况就可以说明这一点，这是我们亲身经历过的事实。解放初期：在金属矿山广泛应

表 1　地下矿山充填采矿技术历程

年　代	充填技术	年　代	充填技术
20 世纪 30 年代前	非胶结块石充填	20 世纪 60 年代	规模采矿方法 自立高度 挡墙设计
20 世纪 30 年代	首次胶结充填	20 世纪 70 年代	饱和控制 替代胶结剂（铁渣/粉煤灰）
20 世纪 40 年代	水力浆体系统充填	20 世纪 80 年代	膏体充填研究和发展
20 世纪 50 年代	添加水泥充填	20 世纪 90 年代	膏体充填应用
20 世纪 60 年代	胶结充填		

用的干式充填采矿法，例如鞍山钢铁公司的弓长岭铁矿、七道沟铁矿应用废石和黄土充填的上向分层充填采场；铜陵有色金属公司铜官山铜矿也是应用黄土充填上向分层充填采场，落矿前在充填面上铺 5cm 厚木板来隔离崩落矿石与已充废石，减少矿石的贫化损失；在煤炭系统的抚顺老虎台煤矿、京西门头沟煤矿应用块石水力充填或水砂充填。

20 世纪 60 年代中期，我国试用胶结充填，1965 年金川有色金属公司龙首矿和凡口铅锌矿同时开始试验上向分层胶结充填采矿法，随后得到全面的推广应用。一大批有色金属地下矿山和黄金矿山都采用充填采矿法进行技术改造并组织生产。据 1997 年的统计资料显示，充填采矿法在我国有色金属地下矿山所占比重已达到 22.37%。在黄金地下矿山，采用充填采矿法的比例更高，就山东省的黄金矿山而言，37 座黄金矿山中全部使用充填采矿法的矿山有 11 座，使用留矿法和充填采矿法并举的矿山有 9 座，采用充填采矿法采出的矿石占这 37 座黄金矿山矿石总量的 45% 以上，一批资源丰富、技术力量、经济实力强、管理水平高的矿山，在充填工艺技术和装备水平上已经赶上了世界矿业发达国家的先进水平，见表 1。

与充填采矿法紧密配套的充填工艺技术也得到长足的发展，主要表现趋势是：

（1）20 世纪 60 ~ 70 年代，矿山广泛采用低浓度砂浆充填和普通混凝土充填代替古老的干式充填。

（2）20 世纪 80 年代，高浓度砂浆充填、全尾砂充填、块石胶结充填试验研究成功并在生产中得到应用。

（3）20 世纪 90 年代，膏体泵送充填研究成功并应用于生产，高水速凝充填技术取得了很大进展并在一些地下矿山进行了试验和工业性生产。

从我国充填采矿法的应用现状来看，其主体依然是上向水平分层充填采矿法，使用胶结或非胶结的脱泥尾砂作为充填材料。国内使用上向水平分层充填法的主要矿山见表 2。此外，还有采用下向进路胶结充填法、削壁充填法、分段充填法等方法的，使用的充填材料除脱泥尾砂外，还有块石、粗粒级碎石、磨砂、天然砂和全尾砂等。

表2 国内应用上向水平分层充填法的主要矿山

矿山名称	采矿方法	使用充填法的主要原因
凡口铅锌矿	上向水平分层充填法； 机械化盘区充填法3000吨/天	矿石品位高。要求限制围岩移动， 防止岩溶水灌入井内
金川龙首矿	上向水平分层充填法3600吨/天	矿岩不稳定，矿石品位高， 尽量减少损失贫化
金川二矿区	上向水平分层充填法； 下向机械化进路充填法8000吨/天	矿岩不稳固，矿石品位高，保护上部贫矿
黄沙坪铅锌矿	上向尾砂胶结充填采矿法1500吨/天	矿石品位高，矿体形态复杂
凤凰山铜矿	点柱式尾砂充填采矿法	保护地表河流
柏坊铜矿	上向分层胶结充填采矿法	矿石品位高，矿体形态复杂
红透山铜矿	上向机械化分层充填采矿法	控制地压，回采厚矿体
大冶丰山铜矿	上向尾砂充填采矿法	保护地表河流
三山岛金矿	点柱式机械化分层充填采矿法	防止海水渗入坑内
焦家金矿	上向分层胶结尾砂充填采矿法	矿岩不稳固，保护地表高产农田
新城金矿	上向分层胶结尾砂充填采矿法	保护地表，矿体上盘不稳固
白银小铁山铅锌矿	上向进路充填采矿法	矿岩破碎，矿石品位高
托里铬矿	上向分层胶结充填法	尽量减少损失和贫化
铜绿山铜矿	点柱水砂充填法	矿石品位高，矿体厚度大
哈拉通克铜镍矿	上向分层胶结充填法	回采特富矿，保护贫矿
青山铜矿	上向分层充填采矿法（带隔离墙）	矿体上盘不稳固，地表不允许崩落
铜山铜矿	上向分层充填采矿法	露天和地下同时开采，保护露天出入沟

2.1.3 “十二五”期间兴建的地下开采铁矿山，采用充填法的关键技术

2.1.3.1 充填采矿法采矿顺序新理念

传统的坑内矿，采矿顺序是由上向下顺序开采。矿床地质勘探也是注重初期首采地段。高级储量（探明的）在上部，深部多为推断资源量。

现在采用充填采矿法，是旨在创建绿色矿山，是保护地表不塌陷，地表村庄不搬迁，农田不破坏，河流不改道，地下水不受影响，为了延缓地表变形，采矿顺序做了调整，采用自下而上，上向开采方式。

以马城铁矿为例说明采矿顺序的新理念。

马城铁矿地表井口标高16m，下部开采标高900m，段高60m，各阶段矿量见表3。

表3 马城铁矿资源储量 （万吨）

分段标高/m	资源储量（1226+333）
-180 ~ -240	6552.18
-240 ~ -300	7074.17
-300 ~ -360	7989.09
-360 ~ -420	8103.9
-420 ~ -480	7688.71

续表 3

分段标高/m	资源储量（1226 + 333）
-480 ~ -540	6968.26
小　计	44376.29
-540 ~ -600	6428.03
-600 ~ -660	5812.13
-660 ~ -720	5120.17
-720 ~ -780	4761.94
-780 ~ -840	4751.71
-840 ~ -900	4385.92
小　计	31259.91
合　计	75636.2

如果按照传统的采矿顺序，由上向下顺序开采，即先采 -180 ~ -240m 分段，再延深采 -240 ~ -300m 分段，依次类推，按矿体赋存条件，矿山年产量只能维持 1700 万吨/年，且开采水平据地表只有 200m 左右，既使用充填法，地表虽然不会大面积塌陷，但地表会很快出现变形。对地表村庄建筑物，地下水都会产生影响。

现在按照采矿顺序新理念，倒过来，不是由上向下，顺序开采，而是由下向上顺序开采，如图 1 所示。

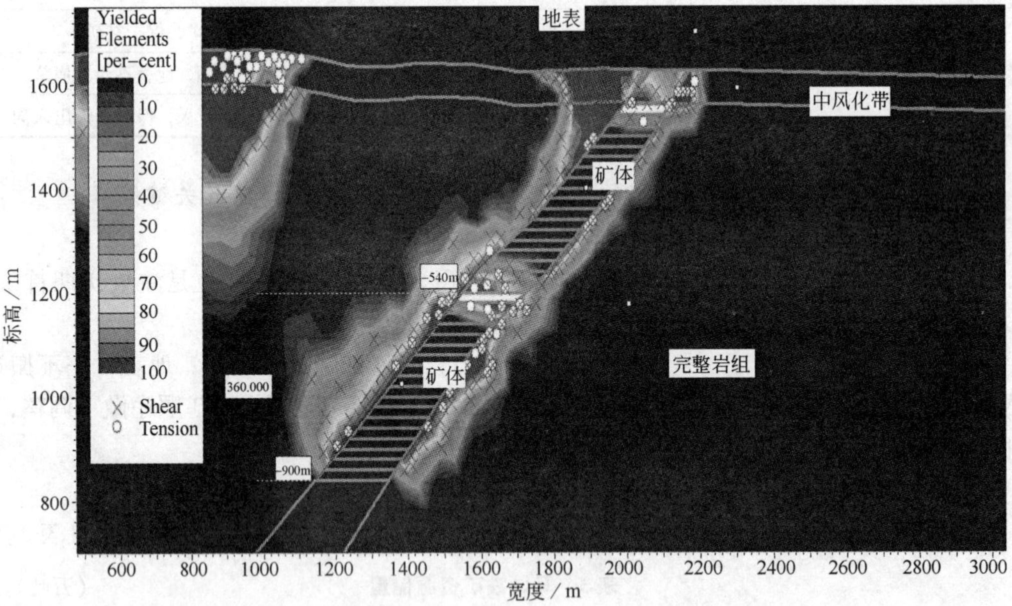

图 1　充填采矿法采矿顺序

马城将 -180 ~ -540m 作为上采区，将 -540 ~ -900m 作为下采区。上采区年产矿石 1700 万吨，岩石 170 万吨，各水平高度为 -540m、-480m、-420m、-360m、-300m、-240m 和 -180m。

首采 -540 ~ -480m 采矿阶段，由下向上采。

下采区年产矿石800万吨，岩石80万吨，各水平高度为-900m、-840m、-780m、-720m、-660m、-600m和-540m，首采-900~-840m采矿阶段，由下向上采。

一个矿体截为两部分，上部由-540m向上采，下部用-900m向上采，一个矿相当于两个矿，生产规模为2500万吨即上部1700万吨加上下部800万吨，若按传统的顺序采矿规模只能维持1700万吨。

由下向上采，地表变形可以推迟，此乃采矿顺序新理念。马城的做法有示范效应，已被其他新建矿山学习采纳。

2.1.3.2 阶段空场嗣后充填采矿法

“十二五”计划期间兴建的几座地下铁矿多采用阶段空场嗣后充填采矿法，对矿房的充填采用尾矿胶结充填和尾砂充填两种充填方式。胶结充填的充填料一般配比选定为1∶5，即水泥：尾砂为1∶5。充填料搅拌后重量浓度达到70%以上，由充填站向井下输送。

采矿方法结构各矿因矿体赋存状况不同，岩石力学性能各异而不同。

以周油坊铁矿为例：

（1）矿床开采条件。周油坊铁矿为沉积变质铁矿床走向长3800m，宽105~345m，地表标高41~42m，控制下向埋深（距地表）105~669m。上部矿体呈透镜状，中部矿体呈似层状，倾角70°~75°，全矿有7个矿体，矿厚5~76m，平均厚最大30m。

矿床顶板主要是黑云闪长片麻岩，底板主要是白云石大理岩。全矿拥有资源储量14070.96万吨，平均品位TFe 31.95%。年产铁矿石原矿450万吨/年。采用竖井开拓，主井由地表标高42m，延深到-683.7m。

（2）采矿方法选择影响因素。周油坊铁矿地表为农田，根据国家耕地保护政策和环保部门要求，地表不允许崩落，因此矿山不能采用崩落法；矿体埋深较大，矿区第四系覆盖层较厚，含水量较大，第四系下风化带岩石强度较低。

矿山只能采用充填采矿法，充填采矿法不仅能有效保护耕地，而且能有效避免第四系及风化带所含水涌入井下，减少矿山排水费用和涌水威胁。

（3）采矿方法选择和比较。根据开采技术条件，周油坊铁矿可以采用崩落采矿法或充填采矿法。采用崩落采矿法将破坏地表及第四系土层、大范围占用土地和村庄搬迁等，给环境带来较大的破坏。所以采用阶段空场嗣后充填采矿方法，而不采用崩落法。

根据矿床开采技术条件，主要有两种阶段空场嗣后充填采矿方法，一种是采用深孔凿岩阶段出矿嗣后充填采矿方法；另一种是采用中深孔分段凿岩阶段出矿嗣后充填采矿方法。

根据矿床的地质条件，按小于5m，5~20m、20~50m、大于50m四个区段对采矿范围内的矿体厚度进行了统计，矿体间夹石大于4m时，矿体按分采考虑，剔除夹石，否则矿体与夹石按混采统计组合后的矿体厚度，统计的矿体厚度分布见表4。

表4 矿体厚度统计

矿体厚度/m	平均厚度/m	比例/%
小于5	2.92	6.52
5~20	13.13	27.13
20~50	29.34	14.18
大于50	71.94	52.17

从上表可以看出，不同厚度的矿体均有分布，所以按不同的矿体厚度分别选用不同的采矿方法：矿体厚度5~20m时采用中深孔分段凿岩阶段出矿嗣后充填采矿方法；矿体厚度>20m时采用深孔凿岩阶段出矿嗣后充填采矿方法；矿体厚度<5m时采用浅孔留矿嗣后充填采矿法。

（4）矿块结构参数及采矿方法主要技术经济指标。周油坊铁矿深孔凿岩阶段充填采矿法矿块垂直矿体走向布置，一步采和二步采的矿块尺寸相同，矿块高120m（阶段高度），中部辅助凿岩中段60m，矿块宽20m，矿块长50m（矿体厚度），每80m设一条矿石溜井和一条通风天井；中深孔分段凿岩阶段充填采矿法矿块沿矿体走向布置，矿块高120m（阶段高度），矿块宽度为矿体厚度，矿块长40~60m；浅孔留矿嗣后充填采矿法矿块沿矿体走向布置，矿块高60m（阶段高度），矿块宽度为矿体厚度，矿块长40~60m。

采矿方法构成要素见表5~表7。

表5 深孔凿岩阶段出矿嗣后充填采矿方法矿块构成要素

序 号	构 成 要 素	单 位	数 量
1	矿块高度（出矿、充填）	m	120
2	矿块长度	m	50
3	矿块宽度	m	20
4	凿岩中段高度	m	60

表6 中深孔分段凿岩阶段出矿嗣后充填采矿方法矿块构成要素

序 号	构 成 要 素	单 位	数 量
1	矿块高度（出矿、充填）	m	120
2	分段高度	m	30
3	矿块长度	m	40~60
4	矿块宽度	m	矿体厚度

表7 浅孔留矿嗣后充填采矿法矿块构成要素

序 号	构 成 要 素	单 位	数 量
1	矿块高度（出矿、充填）	m	60
2	矿块宽度	m	矿体厚度
3	矿块长度	m	40~60

在矿山基建期间，需进行采矿方法试验以优化矿块结构参数，降低损失贫化指标。采矿方法主要技术经济指标见表8。

表 8 采矿方法主要指标

项　目	单位	深孔阶段充填（一）	深孔阶段充填（二）	中深孔阶段充填	浅孔阶段充填	平均
矿块生产能力	万吨/年	20	20	10	3	
矿石回采率	%	90.43	90.43	90.32	88.43	90.27
废石混入率	%	11.41	11.42	26.81	7.76	15.35
矿石贫化率（TFe）	%	6.98	6.98	16.40	4.75	9.39
采切比	m/kt	2.42	2.94	2.78	14.69	3.39
采掘比	m/万吨	25.14	30.30	29.45	156.65	3561
	m^3/万吨	387.74	442.23	373.21	1420.08	458.83
矿石地质品位 TFe	%					30.91
采出矿石品位 TFe	%					28.01

矿山主要采掘设备按矿山规模 450 万吨/年计算，见表 9。中深孔凿岩阶段空场嗣后充填采矿方法如图 2～图 4 所示。

表 9 矿山主要采掘设备

序号	型 号 及 名 称	单位	工作	数量备用	合计
1	T150 大孔径高风压潜孔钻机	台	4	3	6
2	T100 中深孔潜孔钻机	台	4	2	6
3	$4m^3$ 电动铲运机	台	7		7
4	$3m^3$ 电动铲运机	台	5		6
5	YSP45 凿岩机	台	6	6	12
6	7655 凿岩机	台	27	27	54
7	QZ3－100B 潜孔钻	台	3	1	4
8	$3m^3$ 柴油铲运机	台	4	1	5
9	BQ100 型装药器	台	5	1	6
10	PDG 天井爬罐	台	3	1	4
11	PZ－5A 型混凝土喷机	台	2	1	3
12	ZL30 电动装岩机	台	3	1	4
13	XZGZ1843 振动给矿机	台	5	11	16
14	FZC－2.8/1－3 型振动给矿机	台	2	6	8
15	JY－5 多功能服务车	台	3	1	4
16	人员车厢	个	3		3
17	材料车厢	个	3		3
18	燃料车厢	个	3		3
19	维修装备	套	3		3

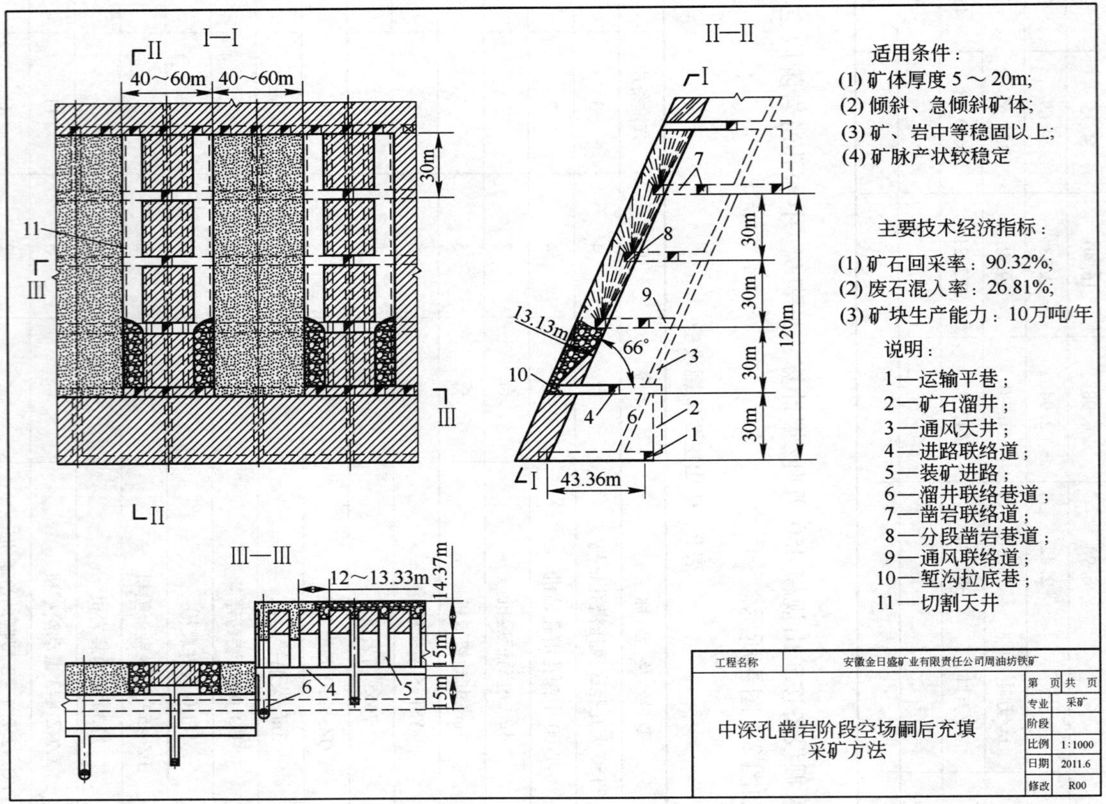

图 2 中深孔凿岩阶段空场嗣后充填采矿方法

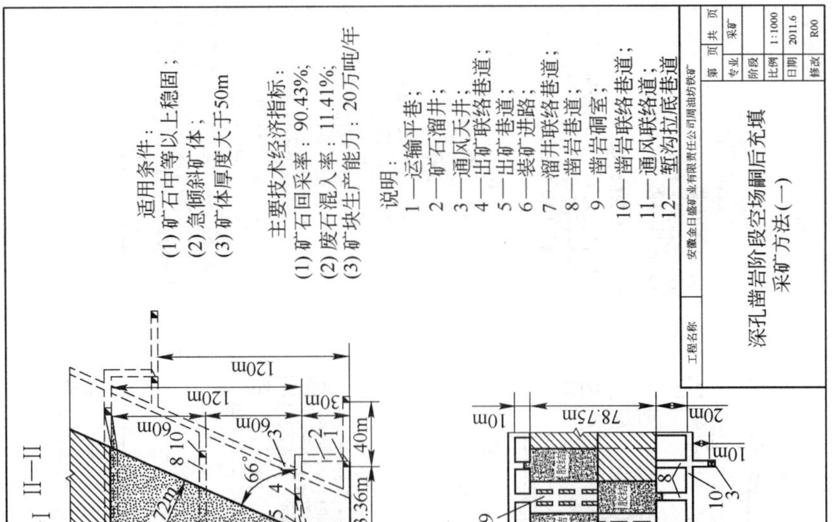

图3 深孔凿岩阶段空场嗣后充填采矿方法(一)

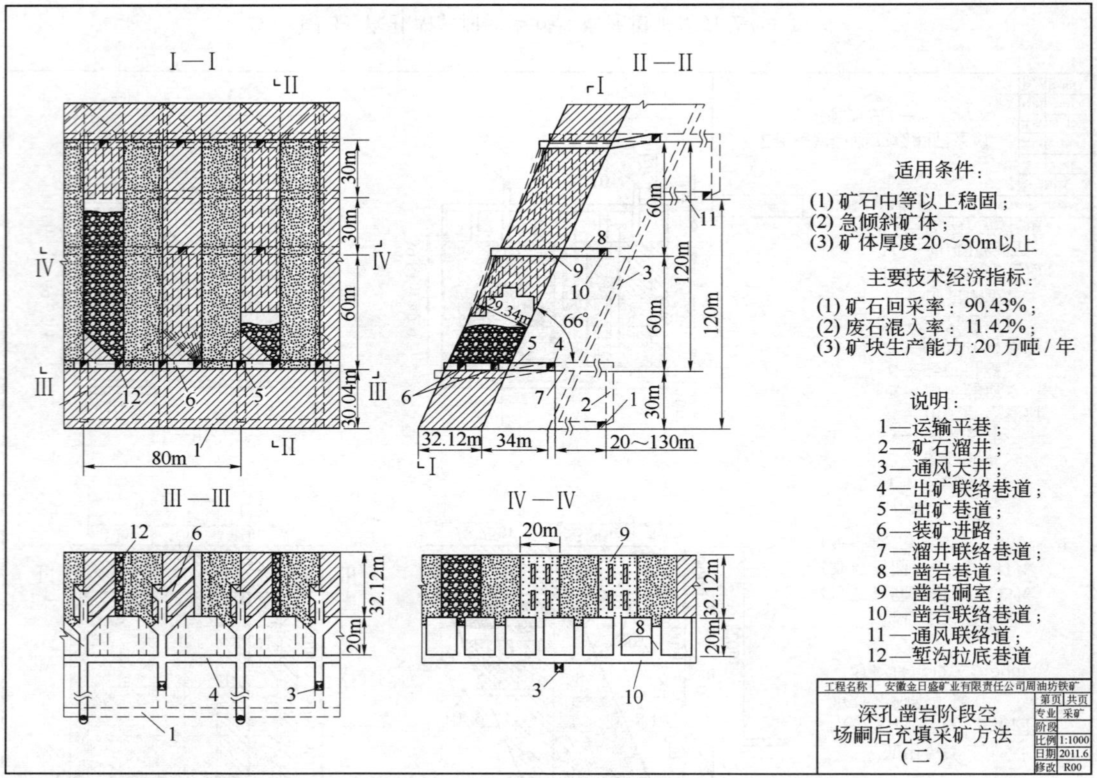

图 4 深孔凿岩阶段空场嗣后充填采矿方法(二)

2.2 固体废弃物综合利用核心技术

2.2.1 废石作为建筑材料综合利用循环经济示范工程

北京云冶矿业有限公司冯家峪铁矿废石综合利用示范工程，该矿年废石排放量100万吨，经过20多年开采已堆存废石2800万吨，堆积高45m，占地500多亩，该公司占地已达3300亩。

废石综合利用技术路线：兴建砂石料生产线3个系列，生产工艺流程是废石→装车运输→料仓→粗碎→中碎→细碎→筛分→成品。

排土场废石由铲车装入贝拉斯汽车运至粗粒碎仓，通过振动给料机给入颚式破碎机（PE90120）进行粗破碎，排矿粒度150～0mm产品用胶带机送到中间矿仓，再通过振动给矿机和胶带机送入中型圆锥破碎机（PYZ1750）进行中碎，排矿粒度小于50mm，然后通过胶带机送入反击式破碎机，排矿粒度小于25mm的废石进行筛分，通过三层振动筛（3YAH2460）将废石产品分成4级，粒度大于25mm，25～10mm，10～5mm和5～0mm，粒度大于25mm的产品，通过胶带机送回反击式破碎机进行再破碎，三个成品粒级的废石产品。通过胶带机送到永磁滚筒进行干选，分选出矿石和不同粒级的成品料，三个粒级成品料进入各自料仓储存待外运。回收的矿石Fe18%～22%，通过胶带机进入矿石仓，运到选矿车间选别。

每年回收矿石21.6万吨，销售收入2160万元；回收粒径25～10mm粗碎石151.2万吨，销售收入2268万元；回收粒径10～5mm细碎石151.2万元，销售收入2073.6万元；回收粒径5～0mm细砂36万吨，销售收入432万元；每年销售收入共计6933.6万元。本项目投资8432万元，年税后利润1444.5万元。

2.2.2 尾矿制砖综合利用循环经济示范工程

武钢乌龙泉石庆石矿尾矿制砖示范工程。该矿年产成品矿200万吨，排弃尾矿20万吨。现在尾矿库库容420万立方米，堆积已满，另选新库因占地太多又难以解决。

该矿经充分试验研究，确定兴建一座制砖厂，年产3亿块标准墙体砖，以龙泉石庆石尾矿作为制砖原料，年耗用尾矿50万立方米，这样不但在线生产尾矿得以全部利用而且老尾矿库储存的尾矿也得以利用，从而不需再建新尾矿库。

尾矿制砖，以尾矿为原料，需要添加PCSB固化剂，PCSB（Poly Chem Soil Binder）为含有机聚合物的砂土固化剂。

制砖混合料比例，固化剂：尾矿：水为1：9：0.9～1。

制砖流程如图5所示。

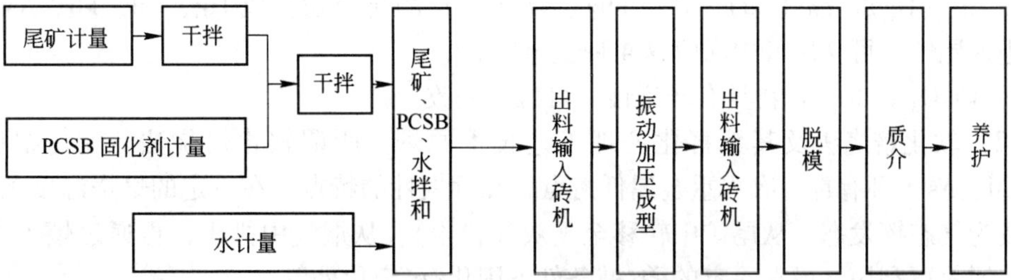

图5 武钢乌龙泉石灰石矿尾矿制砖工艺流程

尾矿砖性能指标：尾矿砖，相关规范 NY/T671—2003，最高等级标准 MU30，吸水率 10%，冻融强度 25MPa，质量损失 2%，软化系数 0.85，包含系数 0.66～0.74。干缩/膨胀 0.016%。

本项目投资 9228 万元，年产 30000 万块标准墙体砖，年销售收入 9000 万元，年税后利润 2547.5 万元，财务内部收益率 38.13%。

乌龙泉石灰石矿尾矿制砖，实现了“零排放”，从而不需要再扩建尾矿库，减少了尾矿堆存占用大量农田，使乌龙泉打造成为一座绿色矿山。

现在我国年产 6000 亿块标砖，年耗用黏土 10 亿立方米，毁坏农田 50 万亩，乌龙泉尾矿制砖相对减少了烧结对农田的破坏，每年有保护耕地 250 亩不遭破坏。

2.2.3 金属尾矿无害化农业再利用

金属尾矿经过无害化处理，用于农业生产用的可控缓释肥料，土壤调理剂、土壤固沙保水调理剂，栽培基质，荒漠化生态修复功能材料、盐碱地改造功能材料等新型产品。一方面使农业增产，一方面尾矿得以处理，对矿山来说走向无废开采，建设绿色矿山之路，真是大有可为。

北京海达华尾矿资源利用技术有限公司对尾矿无害化农用取得拥有自主知识产权的重大成果。他们用河南省钼尾矿制备的可控缓释肥料，经山东农业大学田间试验表明，每亩平均增产 27%，利用土壤调理剂，每亩用 5 吨，平均增产 41%。

2.2.3.1 金属尾矿无害化处理工艺技术原理

鉴于金属尾矿的复杂性，将铁尾矿、铝尾矿、铅锌尾矿、镍尾矿、铜尾矿、钼尾矿、锰尾矿、钨尾矿、锡尾矿、金尾矿等 10 种主要金属尾矿按其含铁量多寡划分为两大类，即将 TFe≥8% 的金属尾矿划分为高铁含量尾矿，TFe＜8% 的金属尾矿划分为低铁含量尾矿，这样能使金属尾矿的无害化处理化繁为简。其中高铁含量尾矿通过全碳还原法实现无害化处理；低铁含量尾矿通过软化焙烧法实现无害化处理，从而达到金属尾矿的“化害为利，变废为宝”。

（1）全碳还原法及其无害化处理工艺技术原理。所谓全碳还原法，就是指在缺氧或低氧条件下，采用零价碳（C）直接作为还原剂，将 Fe_2O_3 转化为 Fe_3O_4，FeO 转化为 Fe。其化学反应式为：$6Fe_2O_3 + C = 4Fe_3O_4 + CO_2$，$2FeO + C = 2Fe + CO_2$；$CO_2 + CaO = CaCO_3$。该方法的特点是不需要将 C 转化为 CO，直接参与还原反应，节约煤炭；目前广泛采用 CO 还原的方法，通常情况下首先将煤炼成焦炭，焦炭采用水煤气方法生成 CO，再与 Fe_2O_3 和 FeO 反应，分别生成 Fe_3O_4 和 Fe。

其工艺技术原理如下：

1）汞（Hg）、镉（Cd）、铅（Pb）、砷（As）的化合物生成 Hg、Cd、Pb、As 元素，挥发进入尾气，可从尾气中回收这 4 种重金属。

2）Cr_2O_3 铬的化合物具有弱磁性，可磁选回收。

（2）软化焙烧法及其无害化处理工艺技术原理。所谓软化焙烧法。就是根据 Pb、Hg、Cd、As 4 种有毒、有害重金属低熔点、高挥发性的特点，在一定的焙烧温度条件下，使其成为气态挥发态，从尾矿中转移至飞灰（粉尘），从烟气中排出，再通过烟尘净化系统富集回收再利用，或在一定的酸/碱条件下固化/稳定化处置。

其工艺技术原理如下：

1）Hg、Cd、Pb、As 软化焙烧挥发去除法。

① 重金属 Hg、Cd、Pb 的熔点分别为 -39.87℃、320.9℃和 327.4℃（其中 Hg 的沸点为 356.9℃），并具有高挥发性。它们在一定焙烧温度下，使其成了气态挥发态，从尾矿中转移至飞灰（粉尘）、烟气中排出，再通过烟尘净化系统富集回收再利用，或在一定的 H^+/OH^- 条件下固化/稳定化处置。

② As 的熔点为 814℃，但在氧化条件下，砷呈氧化态（As_2O_3）形态存在。三氧化二砷有三种变体；无色单斜晶体，在 193℃升华；无色立方晶体，在 193℃升华；无定形体，熔点 315℃。在焙烧转化中随同低熔点挥发的 Hg、Cd、Pb 一起进入飞灰、烟气中，通过烟、尘净化系统回收或固化/稳定化处置。

2）铬化合物软化焙烧转化综合去除法。南泥湖钼尾矿中未检测到六价铬（Cr^{6+}），说明以三价铬（Cr_2O_3）形态存在。尾矿中残留的 Cr_2O_3 或铬化合物具有弱磁性，如需要，可通过磁选法予以回收再利用。

3）无害化处理后尾矿中的残留重金属。经过无害化处理后，尾矿中的残留重金属已转化为稳定态硅酸盐类化合物，该类化合物只有在高温或强酸/强碱条件下方可熔（溶）出，因此，在自然状态下已基本不存在环境风险。

2.2.3.2 工艺技术路线

（1）高铁含量尾矿无害化处理工艺流程。所谓高铁含量尾矿，就是指尾矿中的 TFe 含量不小于 8% 的金属尾矿，其无害化处理工艺流程如图 6 所示。

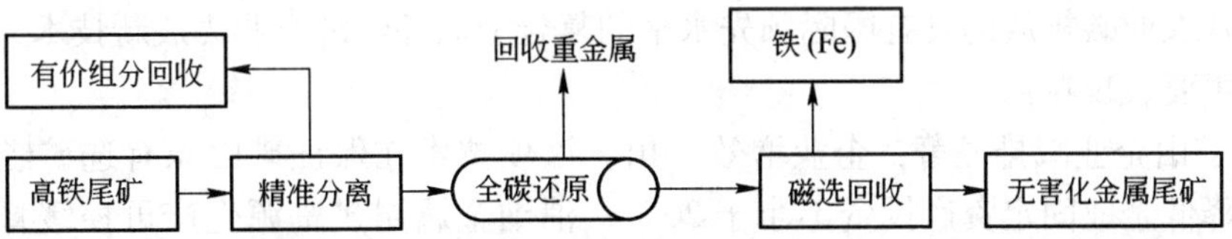

图 6 高铁含量尾矿无害化处理技术路线

（2）低铁含量尾矿无害化处理工艺流程。所谓低铁含量金属尾矿，就是指尾矿中的 TFe 含量小于 8% 的金属尾矿，其无害化处理工艺流程如图 7 所示。

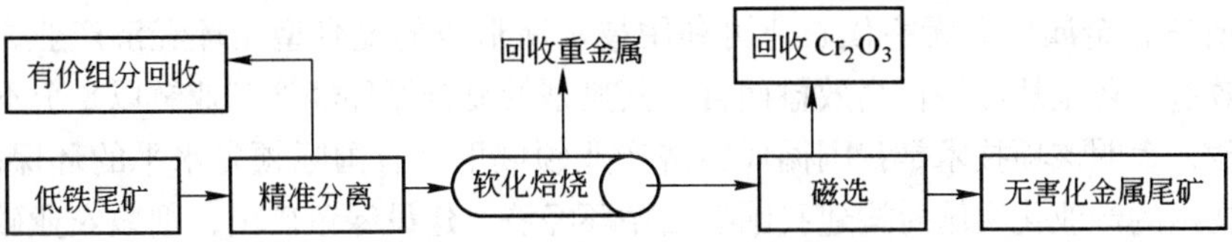

图 7 低铁含量尾矿无害化处理技术路线

2.2.3.3 无害化金属尾矿农业再利用产品特点及优势

（1）荒漠化生态修复功能材料。国内外荒漠化生态修复功能材料大多采用石油冶炼后的化学品，单一品种多，本项目采用无害化金属尾矿（泥质）材料为原料并结合农用纳米材料技术制备荒漠化生态修复多功能材料，在国内外尚属首次。

（2）盐碱地改造功能材料。国内外多使用作物秸秆、畜禽粪便、磷石膏、粉煤灰等，本项技术采用无害化金属尾矿不同粒径特点，切断毛细管作用，阻断近盐通道，在盐碱地改造上尚属首次，且以无害化金属尾矿为原料制备盐碱地改造专用功能材料，效果更佳。

（3）土壤调理剂。根据国家化肥质检中心登记的土壤调理剂，基本上可分为两大类：一是有机类，例如腐殖酸类制品、农业废弃物制品、工业发酵物制品；二是无机类，例如钙、镁化合物，磷选矿废渣等。而使用无害化金属尾矿为基料结合功能材料制备的新型土壤调理剂，尚属首例。

（4）可控缓释肥料。国内外用量最大的缓释肥料有3类：一是包膜尿素；二是缓释复混肥；三是脲醛。营养成分除了氮素外，还有磷、钾。本技术研究制备的可控缓释肥料，除了氮、磷、钾营养成分，还含有植（作）物生长所必需的中量元素：钙、镁、硫等微量元素：铁、锰、硼、锌、铜、钼，以及其他有益元素。因此，利用无害化金属尾矿为基料制备的新型肥料是目前国内外唯一既含有氮、磷、钾大量元素，又含有钙、镁、硫中量元素和铁、锰、硼、锌、铜、钼等微量元素的“多元素可控缓释肥”。

（5）栽培基质。国内外栽培基质分为两大类，无机基质：砂、砾石、陶粒、蛭石、岩棉、珍珠岩、煤渣等；有机类：草炭、泥炭、椰糠、树皮、木屑、锯末、稻壳、腐熟秸秆、菌渣等；近十年国外采用有机化学物质：脲醛泡沫塑料、酚醛泡沫塑料、聚氨酯泡沫塑料等。本技术采用无害化金属尾矿为栽培基质原料（基料），机配比合理，通气性能好。

2.2.3.4 金属尾矿无害化农业再利用综合效益评价

金属尾矿无害化农业再利用技术是集矿山资源综合利用和清洁生产，促进新老矿山企业战略转型以及改善土壤结构，提高农作物品质和粮食产量，增加农民收入的从矿山循环经济到削减农业碳排放的具有国际领先水平的复合型循环经济产业集成新技术，其突出的综合效益主要表现在：

（1）矿山企业减排显著，企业增效突出。该项技术在保证矿山原有选矿经济效益的同时，可降低企业固定资产投资不小于20%；消纳金属尾矿资源生产可控缓释肥，为矿山企业增加直接经济效益不小于20%。

（2）大幅提高农业生产综合效益，农作物增产优势明显。根据几年来的田间试验结果表明：无害化金属矿可控缓释肥，可大幅提高农业生产综合效益，肥料价格低于其他缓/控释肥价格不小于20%、提高肥料氮利用率20个百分点以上，削减农业碳排放不小于20%，各种农作物平均增产不小于20%。

综上所述，金属尾矿无害化农业再利用技术所形成的复合型循环经济产业，无论是从资源环境效益，还是从经济社会效益而言，其典型的复合循环经济产业链以8个不小于20%的综合效益，表明该项技术是我国循环经济产业领域里具有国际领先水平的环保高新技术，加快该项技术的产业化实施对构建我国矿山循环经济，建设绿色矿山，削减农业碳排放，加快肥料产业技术升级，培育和发展战略性新兴产业将会产生极为深远的社会影响。

作者简介：

焦玉书，教授级高级工程师，鞍山冶金设计研究总院原院长，中国矿业联合会高级资政，中国冶金矿山企业协会顾问。

矿山建设与尾矿库管理❶

焦玉书

（鞍山冶金设计研究总院）

2011 年 4 月 16 日

1 “十二五”计划矿山要大发展，尾矿处理是大问题

“十二五”计划为支撑国民经济增长，钢铁工业要平稳较快发展，预计 2015 年钢产量达到 8 亿吨，生铁产量 7.44 亿吨，成品矿需要量 12 亿吨，自给率要努力上升到 40% ~ 45%，国产铁矿石年产量将达到 16 亿吨，见表 1。新建矿山在建矿山见表 2。

表 1 我国钢、铁、铁矿石产量与进口铁矿石量

项 目	单位	2007 年	2008 年	2009 年	2010 年	2011 年	2015 年
粗钢产量	万吨	49489	50031	56784	62665	66000	80000
生铁产量	万吨	47142	46928	54374	59022	62300	74400
铁矿石产量	万吨	68248	80805.27	88017	107155	120000	160000
进口铁矿石	万吨	38300	44356	62777.9	61800	62000	70000

表 2 我国正在建设和拟立项开发的铁矿项目

项 目	生产规模/万吨 · 年$^{-1}$	项 目	生产规模/万吨 · 年$^{-1}$
太钢袁家村	2200	吉林塔东	350
河北司家营南区	1500	湖北大洪山	350
河北司家营北区	1500	重钢太和	300
安徽霍邱	1450	辽宁翁泉沟	300
包钢白云西矿	1000	黑龙江羊鼻山	300
马钢罗河	300	山东云宝岭	300
马钢和尚桥	450	中钢仑山	200
首钢杏山	400	南阳许昌	200
鞍山砬子山	200	马钢白象山	200
邯郸中关	200	安徽草楼	500
首钢孟家沟	600	鞍钢西鞍山	3000
新疆蒙库	400	河北马城	2500
辽宁大台沟	3000	安徽张庄	500

❶ 本文是焦玉书在中国冶金矿山企业协会组织召开的第四届尾矿库安全运行技术高峰论坛上的发言稿。

为抵御国际铁矿供应商的垄断，我国要加大国产铁矿开发力度，年产量达到16亿吨，要“走出去”加快境外铁矿开发步伐，加大权益进口矿规模努力达到3亿吨以上，进口矿依存率要由70%降到60%，此乃我国建立铁矿资源战略保障体系所急需。

但是我们也要看到：国内铁矿和境外铁矿开发，尾矿处理已成为重要问题，以国内铁矿计，年产16亿吨原矿，年尾矿产量要达到10.8亿吨，10年就是108亿吨，折合72亿立方米，堆存在哪里?

现在我国尾矿库已有12600多座，100万立方米库容的尾矿库有800多座。最大库容是德兴铜矿有8.35亿立方米，已利用库容3.45亿立方米；尾矿坝坝高最高的是峨口铁矿，为260m，已上升216m。

当前国内外尾矿库主要问题：

(1) 占用土地多；

(2) 对生态环境的影响大；

(3) 安全管理威胁大。

现已成为当前国内外铁矿开发的重要问题。

境外开矿项目也同样有尾矿堆积的问题，如今国际铁矿市场，DSO矿（不需选矿加工直接海运出口的铁矿资源）大多已被跨国公司占据，我们“走出去”开发的项目大多也是贫铁矿。西澳洲中信泰富SINO铁矿，年产原矿8000多万吨，年生产成品矿2760万吨，一年排弃的尾矿接近6000万吨，堆在哪儿？如何堆存？就是大问题。西澳洲鞍钢卡拉拉铁矿年产原矿2000万吨，TFe36%，年生产成品矿800万吨，年排弃尾矿1200万吨。利比里亚武钢邦山铁矿年产原矿2500万吨，年产成品矿900万吨，年排弃尾矿1600万吨。国外环境保护要求更加严格，尾矿处理更是大问题。

2　尾矿库管理

矿山建设规模加大，排弃的尾矿量增多，应采取哪些对策措施呢？在这里从宏观战略角度来寻求解决尾矿处理的途径。

2.1　利用地下采空区，作为尾矿的储存空间，减少地面尾矿库的库容，少占土地

我国开矿已走出环境换资源的轨道，保护生态环境、保证民生已摆在第一位。如今开矿政府和当地群众都要求地表农田不破坏，河流不改道，村庄不搬家，地下水不受影响，这就要求保护地表不沉陷，为做到这一点，只有用充填法，采空区用尾砂充填，将生产的尾矿送入井下，以采空区作为尾矿的贮存空间，是当今处理尾矿的正确决策。

河北省司家营南区坑内矿，年产原矿1500万吨，用充填采矿法，不再用崩落法，所产尾矿都送入井下，作为充填料，地面只设置库容很小的周转库。

河北省马城铁矿坑内开采，年产原矿2500万吨，用充填采矿法，地面尾矿库库容大大缩小，尾矿压滤后采用干堆，皮带输送至尾矿库，尾矿库占地只有400亩。

马钢霍邱张庄铁矿，坑内开采，年产500万吨，采用大直径深孔阶段空场嗣后充填采矿法，年排弃尾矿279万吨，用于井下充填料247.76万吨，年尾矿库入库尾矿只有31.4万吨，折合19.64万立方米，矿山寿命31年，尾矿库库容为630.4万立方米，作为四等库，占地只有753亩。

鞍钢西鞍山铁矿，为保持山形，维持“鞍山呈鞍形之山”的形象，地表不允许塌陷

变形，设计只得坑内开采，采用充填法，该矿年产 3000 万吨，为世界上第一大型坑内矿，选矿所产尾矿，作为充填料，输送到井下，从而减少了地面负担。

河北钢铁集团常峪铁矿。位于河北省滦县，坑内开采，采用阶段充填采矿法，年生产原矿 260 万吨，生产铁精矿 76.62 万吨，排弃尾矿 135.29 万吨，尾矿浓缩，浓度 45%，送入充填站，与干选废石搅拌混合输入井下，输送浓度 73%。

尾矿加压输送系统，尾矿输送管道设置两条，一条工作一条备用，工作管用 D273X14 陶钢复合管，备用管用 DN250 焊接钢管，管道均埋深地下 1.5m，根据充填要求，每天有 3416.64 吨/天尾矿用于井下充填，剩余 683.04 吨/天，尾砂需要进行压滤，脱水后干堆。充填结构如图 1 所示。

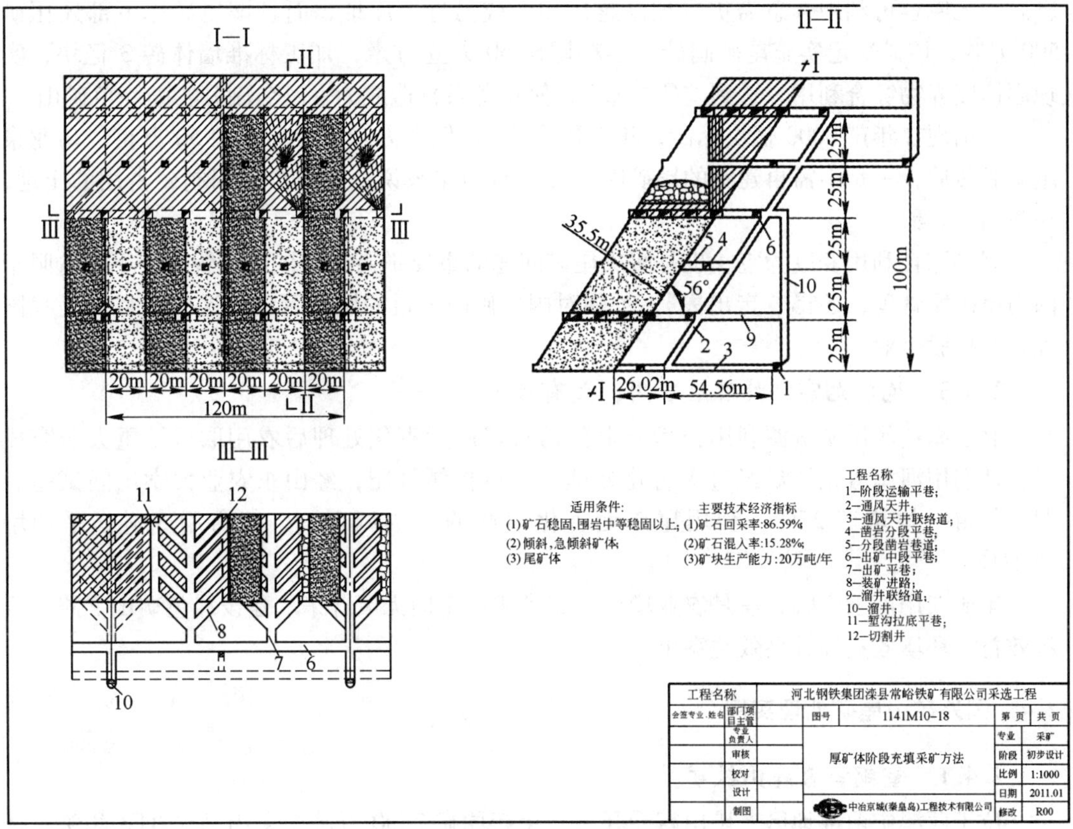

图 1 厚矿体阶段充填采矿法

2.2 报废闭坑的露天采矿场，贮存尾矿，也是不建新尾矿库的重要替代措施

马钢南山矿业公司，开发和尚桥铁矿，年产 500 万吨，又开发高村铁矿，年产 1000 万吨。

高村为超贫磁铁矿，采出品位 19% 左右，尾矿量大，南山矿业公司现有凹山露天采矿场已生产 50 多年，即将闭坑，凹山采场就储存和尚桥、高村以及东山露天矿的尾矿，从而减少了地面负担。

2.3 尾矿综合利用，变废为宝，既创经济效益，又减少了地面尾矿堆存占地，创造了环境效益和社会效益

2.3.1 马钢桃冲铁矿

马钢桃冲铁矿，坑内开采，选矿厂所排弃的尾矿，全部输送到当地的水泥厂作为水泥原料加以利用，变废为宝，与水泥厂互利双赢。

2.3.2 武钢乌龙泉石灰石矿

武钢乌龙泉石灰石矿将尾矿制砖，为该矿可持续发展创造了极为有利的条件，该矿年产成品矿 200 万吨，原设计尾矿库库容 419.8 万立方米，堆积坝高 82m，现在尾矿库堆积已满，无库容可利用，急需扩容加高尾矿坝，或另选新库址，而且该尾矿库下部还压矿 500 万吨，该矿决定实施尾矿制砖，年耗尾矿 50 万立方米，加工标准墙体砖 3 亿块，实现固体废弃物综合利用，达到“零排放”，使乌龙泉打造成为一座名副其实的绿色矿山。

我国现在年产 6000 亿块标砖，年耗用黏土 10 亿立方米，毁坏农田 50 万亩，乌龙泉尾矿制砖后，一是不需再建新的尾矿库，二是对国家来说，还减少了因制砖占用的土地，一举两得。

尾矿综合利用变废为宝，也是解决尾矿问题的重要举措。对尾矿库管理，不但着眼于国内尾矿库管理，还得“走出去”，加强对国外矿山项目的尾矿管理，这些项目都是我国独资或控股企业。

2.3.3 尾矿无害化处理后农用，大有可为

北京海达华尾矿资源利用技术有限公司对尾矿无害化处理后农用取得了重大研究成果。他们用河南省钼尾矿经过无害化处理生产可控缓释肥，经山东农业大学田间试验表明，每亩平均增产 27%；利用尾矿无害化生产的土壤调理剂，每亩用 5 吨，平均增产 41%。

尾矿农用前景广阔，一是农业增产，二是矿山走向无废开采、建设绿色矿山之路。经济效益、环境效益和社会效益突出。

2.4 国外矿山尾矿处理实例

2.4.1 重钢吉普森山铁矿

位于西澳中西部地区，矿山露天开采，年产原矿 2500 万吨，采出品位 TFe 40%，选后铁精矿年产 1000 万吨，尾矿排弃量 1500 万吨/年，尾矿干堆，过滤后尾矿含水 15%，用皮带机输送至尾矿库，此法对水的循环利用有利，澳洲地区，西澳年降雨 300mm，蒸发量 1000mm，水资源珍贵，干堆有利。

吉普森山所产废石与尾矿混合堆在一起。吉普森山铁矿精矿想用管道输送，距海港 280km，由吉尔顿港输出，管道长 280km，但沿线地主会不会同意恐怕还需落实。

2.4.2 鞍钢卡拉拉铁矿

鞍钢卡拉拉铁矿，也在西澳洲中西部地区，露天开采，年产原矿 2000 万吨，成品矿 800 万吨，尾矿年产 1200 万吨，尾矿干堆，与废石堆在一起，尾矿过滤，含水 15%，用汽车运到尾矿场（或称废石场）。

2.4.3 武钢邦山铁矿

位于利比里亚，矿山露天开采，此矿原为德国人经营，是一座停产后恢复生产的矿山，年产原矿2500万吨，精矿产量900万吨，一年排弃尾矿1600万吨，尾矿输送用常规办法，尾矿库库容32975万立方米，可使用30年，尾矿库距选矿厂7km，尾矿输送使用16/14－TU－AH型渣浆泵。

2.4.4 刚果（金）铜钴矿

矿山位于非洲刚果（金）科卢韦齐市，年生产规模825万吨/年，年产铜20万吨，矿山露天开采，原矿含铜3.3%，含钴0.2%，选矿采用浮选工艺流程，年产尾矿量697.95万吨，堆积干容重1.4t/m^3，矿山寿命19年，库容需要10714.99万立方米。设计选定Kantala尾矿库，库容1.69亿立方米，有效库容1.13亿立方米，占地面积882公顷折合12337.5亩，坝高50m，初期坝工程量240万立方米。坝长4396m，顶宽4m，初期坝上游设置土工布和砂砾石料组成的反滤层，防止污染，尾矿输送流程如图2所示。

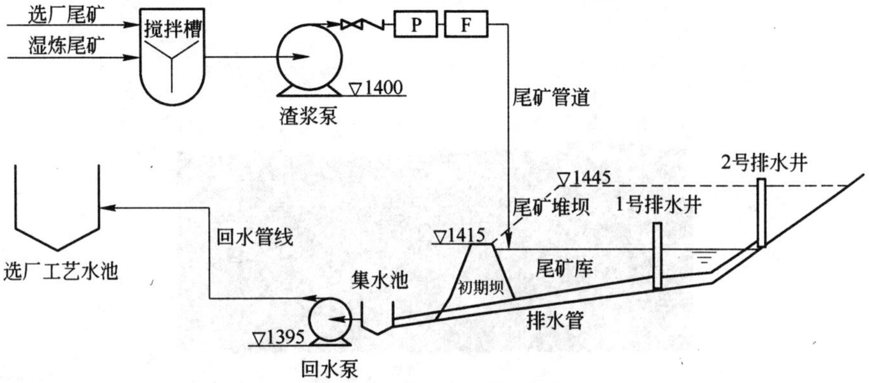

图2 尾矿输送工艺流程

尾矿由选矿厂向尾矿库输送，设置两条输送管道，一用一备，正常使用钢橡复合管，内径680mm，流速2.27m/s，矿浆浓度28.3%。备用管用DN700普通钢管，长度均为8300m，尾矿输送泵站配备9台350ZBD(P)－1050型渣浆泵。

2.4.5 中信泰富SINO铁矿

矿山位于西澳洲皮尔巴拉地区，靠近力拓公司的丹皮尔港。

矿山用露天开采，年产8000万吨原矿，矿石品位TFe30%，MFe20.2%，选矿工艺采用自磨—球磨—磁选工艺，一个系列处理原矿1000万吨/年，自磨机ϕ12190mm×10970mm，无齿传动，环形马达型自磨机，功率28000kW，自磨给矿粒度0～250mm，排矿粒度0～0.18mm，自磨后经第一阶粗磁选甩掉55%的合格尾矿，之后球磨，球磨机ϕ7920mm×13560mm，功率15600kW，球磨给矿粒度0～0.18mm，排矿粒度25μm（0.025mm），再磁选甩掉15%的合格尾矿，尾矿产率70%左右。

尾矿干堆，浓度64%，用一条直径ϕ1200mm尾矿管输送到8km外的尾矿库，在尾矿库附近再浓缩到浓度73%，用ϕ500管6条（4条工作2条备用）向尾矿库输送。

这是PSI承包的工程项目，我曾是SINO铁矿项目评审专家组长，当时没研究尾矿干堆事宜，现在值得研究的是：干堆尾矿向尾矿库输送，重钢吉普森山铁矿用胶带机，鞍钢卡拉拉铁矿用汽车输送，中信泰富 SINO 铁矿通过尾矿管输送，此尾矿管直径 ϕ1200mm，内衬 9.5mm 衬胶耐磨 25 年，6000 万吨/年输送量，只用一条管子，20h 输送量 8000 吨/h，三种方法条件各异，设计应该做出方案比较。

年排尾矿 6000 万吨，用一条管输送好，还是用两条管输送好，我总感觉两条管似乎更优，一条坏了，另一条还可以工作。

他们设计只搞一个使用期 5 年的尾矿库，5 年后还得另作安排，这在我国是不允许的，况且尾矿库按 5 年设计，管道衬胶耐磨却能经受 25 年。

尾矿排入尾矿库后，水分蒸发后，若遇龙卷风，会不会“尘土飞扬”，据 PSI 介绍，此类尾矿水分挥发，表面形成一层硬壳，见下图。鞍钢卡拉拉铁矿尾矿库还准备了尾矿表面加“固结剂”，防止“风沙迷漫尘土飞扬”，这些都有待实践来证明。尾矿库示意图如图 3 和图 4 所示。

图 3 尾矿库示意图（一）

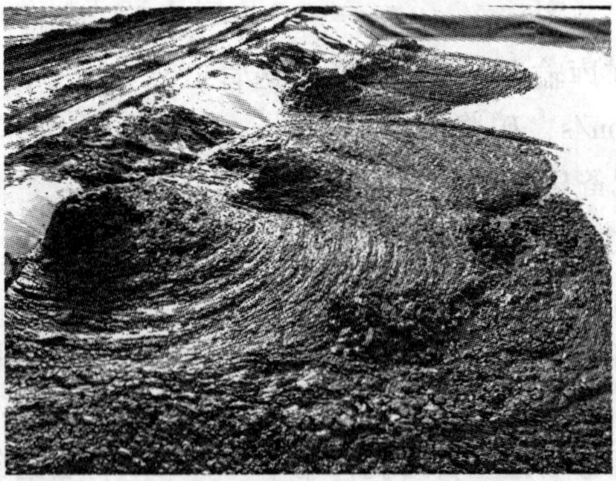

图 4 尾矿库示意图（二）

作者简介：

焦玉书，教授级高级工程师，鞍山冶金设计研究院原院长，中国矿业联合会高级资政，中国冶金矿山企业协会顾问。

中国矿产资源与矿山安全生产[1]

——浅谈矿山企业工会对矿山安全生产的监督职能

焦玉书

（鞍山冶金设计研究总院）

2010 年 4 月

1 中国矿产资源

1.1 中国矿产资源

新中国成立以来，开展了大规模矿产地质勘查工作，取得了巨大成就，现已发现的矿产有 168 种，探明有一定数量的矿产有 153 种，其中能源矿产 8 种，金属矿产 54 种，非金属矿产 88 种，水气矿产 3 种，探明储量潜在价值仅次于美国和原苏联，居世界第三位，是世界上矿产资源丰富、矿种齐全配套的少数几个国家之一。

1.1.1 能源矿产

能源矿产是我国矿产资源的重要组成部分。煤、石油、天然气在世界和中国的一次能源消费构成中分别为 93% 和 95% 左右。由于矿物能源在一次能源消费中占有主导地位，因而对国民经济和社会发展有特别重要的战略意义。

中国能源矿产资源种类齐全、资源丰富、分布广泛。已知探明储量的能源矿产有煤、石油、天然气、油页岩、铀、钍、地热等 8 种。

中国煤炭资源相当丰富，据地质工作者对煤炭资源进行远景调查结果，在距地表以下 2000m 深以内的地壳表层范围内，预测煤炭资源远景总量达 50592 亿吨。与世界探明可采储量相比，中国煤炭储量位于独联体、美国之后，据世界第三位。

石油是工业的血液，是现代工业文明的基础，是人类赖以生存与发展的重要能源之一。20 世纪石油工业的迅速发展与国家战略、全球政治、经济发展紧密地联系在一起，使世界经济、国家关系和人们生活水平发生了巨大的变化。中国是石油资源较为丰富的国家之一，分布比较广泛。

天然气（包括沼气）是重要能源矿产资源之一，也是国内外很有发展前景的一种清洁能源。中国天然气资源相当广泛，在石油盆地和煤盆地中均有不同程度的产出。资源量也比较丰富，专家预测我国天然气资源量约有 70 万亿立方米（煤层气约占一半）。中国是铀矿资源不甚丰富的一个国家。据近年我国向国际原子能机构陆续提供的一批铀矿田的储量推算，我国铀矿探明储量居世界第十位之后，不能适应发展核电的长远需要。地热资

[1] 本文是焦玉书为一次论坛会议准备的发言稿。

源是指能够为人类经济地开发利用的地球内部的热资源，也是一种清洁能源。中国地热资源分布较广，资源也较丰富。

1.1.2 金属矿产

中国金属矿产资源品种齐全，储量丰富，分布广泛。已探明储量的矿产有54种。即铁矿、锰矿、铬矿、钛矿、钒矿、铜矿、铅矿、锌矿、铝土矿、镁矿、镍矿、钴矿、钨矿、锡矿、铋矿、钼矿、汞矿、锑矿、铂族金属、锗矿、镓矿、铟矿、铊矿、铪矿、铼矿、镉矿、钪矿、硒矿、碲矿。各种矿产的地质工作程度不一，其资源丰度也不尽相同。有的资源比较丰富，如钨、钼、锡、锑、汞、钒、钛、稀土、铅、锌、铜、铁等；有的则明显不足，如铬矿。

1.1.3 非金属矿产资源

中国非金属矿产品种很多，资源丰富，分布广泛。已探明储量的非金属矿产有88种，如金刚石、石墨、自然硫、硫铁矿、水晶、刚玉、蓝晶石、矽线石、红柱石、硅灰石、钠硝石、滑石、石棉、蓝石棉、云母、长石、石榴子石、叶蜡石、透辉石、透闪石、蛭石、沸石、明矾石、芒硝、石膏、重晶石、毒重石、天然碱、方解石、冰洲石、菱镁矿、萤石、宝石、玉石、玛瑙、颜料矿物、石灰岩、泥灰岩、白垩、白云岩、石英岩、砂岩、天然石英砂、脉石英、粉石英、天然油石、含钾砂叶岩、硅藻土、页岩、高岭土、陶瓷土、耐火黏土、凹凸棒石黏土、海泡石黏土、伊利石黏土、累托石黏土、膨润土、铁矾土、橄榄岩、蛇纹岩、玄武角闪岩、辉长岩、辉绿岩、安山岩、闪长岩、花岗岩、珍珠岩、浮石、霞石正长岩、粗面岩、凝灰岩、火山灰、火山渣、大理岩、板岩、片麻岩、泥炭、盐矿、钾盐、镁盐、碘、溴、砷、硼矿、磷矿等。

1.2 中国矿业资源的主要特点

我国矿产资源既有优势，也有劣势。优劣并存的基本态势主要表现在以下几个方面：

（1）矿产资源总量丰富，人均资源相对不足；

（2）矿产品种齐全配套，资源丰度不一；

（3）矿产质量贫富不均，贫矿多，富矿少；

（4）超大型矿床少，中小型矿床多；

（5）共生伴生矿多，单矿种矿床少。

1.3 中国矿产资源勘查开发概况

中华人民共和国成立以来，矿产资源勘查开发事业在曲折的道路上获得空前的大发展，取得了举世瞩目的巨大成就。中国已找到168种矿产，世界上已知的有用矿产在我国均有发现。发现的矿产地有20多万处，其中两万多处进行了不同程度的勘查工作，探明储量的矿产从1949年的两种增加到153种，其中能源矿产8种，金属矿产54种（黑色金属矿产5种，有色、稀有稀土金属矿产41种，贵重金属矿产8种），非金属矿产88种，其他水气矿产（地下水、矿泉水、二氧化碳气体）3种。

新中国成立以来，矿产资源勘查开发工作的发展历程，可概分为3个大的发展阶段，即蓬勃发展阶段、曲折发展阶段和快速发展阶段。

（1）蓬勃发展阶段1952～1957年，国家实施第一个五年计划。在这期间，矿产勘查开发工作根据国家发展重工业的需要，围绕以铁矿、煤矿为重点进行。一方面对重点矿区进行勘查开发；另一方面在新的地区开展地质普查找矿工作，以求发现新的矿产地，为建设新矿山、扩大矿业开发规模提供新的矿物原料基地。在新油田的开拓、油矿地质找矿、石油地质勘查、金属矿产和非金属矿产勘查方面都取得了重大进展。

（2）曲折发展阶段指1958~1978年的20年间。这个时期矿产勘查开发方面最突出的成就是大庆油田等一系列大油田的发现与勘查开发的成功。煤田、铀矿、地热、铁矿、有色金属等的勘查开发也取得了一些进展。之所以称为曲折发展阶段，是因为这20年间矿产勘查开发事业的发展并不是一帆风顺的，而是经历了“大跃进”和“文革”两次大的波折。

（3）快速发展阶段指党的十一届三中全会以来，通过拨乱反正，重新恢复了实事求是的思想路线，把党和国家的工作重点从以阶级斗争为纲转到以经济建设为中心的轨道上来，实行改革开放。从此，中国矿产开发工作与整个国民经济一样进入了快速发展时期，矿产勘查工作取得了重要进展。

1）非金属矿产地质勘查获丰硕成果；

2）石油、天然气在保持东部开发区稳产的同时，西部地区和海域地质勘查方面又取得了一系列重大进展；

3）黄金地质勘查大丰收；

4）铜矿勘查也产生了新的突破；

5）煤田地质勘查在陕、蒙、晋、交界地区发现并成功勘探了具有几千亿吨储量规模的神府、东胜煤田等一批煤田。

现在我国煤产量31亿吨，黄金314t、铁矿石8.8亿吨，均居世界第一位。

2009年，我国铜（精炼铜）产量425.19万吨；铝（电解铝）1298.5万吨；铅387万吨；锌441.61万吨；镍21.64万吨；锡13.58万吨；镁67.48万吨；钛6.15万吨；汞1424吨，我国有色金属产量在世界上也都占有重要位置。

2 工会对矿山企业安全生产的监督职能

工会是职工之家，矿山安全生产应该列入工会的日常工作。工会对本企业的安全生产进行监督。矿山企业领导（矿长，经理）应当定期向职工代表大会和同级工会报告安全生产工作，发挥职工代表大会和同级工会的监督作用。

监督的目的是保障矿山生产安全，防止矿山事故，保护矿山职工人身安全，促进矿山生产的发展。

工会要对矿山企业保障生产安全的措施是否完善，安全管理制度是否健全，对改善职工劳动件的措施是否有效等方面进行监督。

工会要对本企业职工在监督安全生产、防止矿山事故，参加矿山抢险救护，进行矿山安全科学技术研究等方面取得显成绩的职工给予奖励。矿山安全涉及的范围很广。

2.1 在矿山建设时期的监督职能

工会要参加设计审查，对矿山设计是否符合安全规程和行业规范进行监督，监督以下几个方面：

（1）矿井通风系统和风量，风质，风速；

（2）露天矿边坡角，台阶高度和宽度，边坡是否稳定；

（3）供电系统、双电源是否落实；

（4）提升，运输系统；

（5）防水、排水、防火、灭火系统；

（6）防瓦斯和防尘系统；

（7）其他安全项目。

特别要注意矿井是否有两个安全出口。

2.2　在矿山生产时期的监督职能

工会要监督本企业保障生产安全的条件，是否执行安全规程和行业规范。

（1）安全矿柱，岩柱在规定期限内应予保护。

（2）对机电设备及其防护装置、安全检测仪器、要定期检查。

（3）对作业场所有毒有害物质及井下空气含氧量进行检测，确保安全。

（4）监督矿山企业行政对冒顶、边坡滑落及地表塌陷；瓦斯爆炸，煤尘爆炸；冲击地压，瓦斯突出，井喷；地面地下火灾，水害；爆炸器材和爆破作业发生的危害；粉尘，有毒有害气体，放射性物质及其他有害物质引起的危害；其他危害等危害安全的事故隐患是否采取了完善的预防措施。

（5）监督矿山企业对使用的机械、电气设备、排土场、矸石山、尾矿库及矿山闭坑后可能引起的危害是否采取了有效的预防措施。

（6）工会要对本企业职工进行安全教育，严厉要求职工必须遵守矿山安全法律法规和本企业的规章制度。矿山职工对危害安全的行为有权提出批评，检举和控告，工会对此应予支持。

（7）矿山企业若违反有关安全法律法规，工会有权要求企业行政方面认真处理。矿山企业召开有关安全生产会议，工会代表必须参加，工会有权提出意见与建议。

（8）工会若发现本企业行政方面违章、强令工人冒险作业或者生产过程中发现重大事故隐患和职业危害，有权提出解决的建议；发现危及职工生命安全的情况时，有权向矿山企业矿政方面建议组织职工撤离危险现场，矿山企业行政必须及时作出处理决定。

2.3　矿山安全事故案例分析及防治措施

现在总的来说，矿山安全状况保持总体稳定，趋于好转的态势。但事故仍然很多，安全形势仍然严峻，必须下大力气进行整治，这方面工会应发挥主体作用。

下面从一些安全事故的实例进一步说明矿山企业工会对矿山安全生产实施监督的重要性和必要性。

煤矿是安全生产事故的频发区，2000 年上半年全国国有煤矿的百万吨死亡率为 0.88，2000 年下半年国有煤矿出现了五起重大事故，百万吨煤死亡率上升到 1.7。也就是说，生产一百万吨煤，死亡 1.7 人。（现在煤矿百万吨煤死亡率降到 0.74 以下）。

2000 年全国重点煤矿死亡 1004 人，百万吨死亡率达到 1.97，仅 2000 年下半年 5 起大事故就死亡 289 人。5 起重大事故是：

（1）双鸭山矿务局东保卫矿特大瓦斯爆炸事故，死亡 14 人；

（2）大同煤矿集团永定庄矿瓦斯爆炸事故，死亡31人；

（3）贵州水城矿务局木冲沟矿瓦斯爆炸事故，死亡162人；

（4）辽源矿务局西安矿瓦斯爆炸事故，死亡31人；

（5）内蒙大雁煤矿公司二矿瓦斯爆炸事故，死亡51人。

五起事故原因：

（1）矿井瓦斯积聚，通风不畅；

（2）违章作业，双鸭山事故是由于作业人员违章试验放炮器打火，引起火花，造成瓦斯爆炸。大雁矿事故因回风巷里废巷内绞车接线盒的喇叭嘴压线不紧，现场人员违章拉拽电缆时，造成电缆抽脱，引起火花，造成瓦斯爆炸；

（3）管理混乱；

（4）没有配备应有的安全装备；

（5）责任不落实。

煤矿瓦斯爆炸事故，源于瓦斯，根治瓦斯爆炸事故，就是要治改好瓦斯，而将瓦斯抽取上来，是防止瓦斯爆炸最有效的措施，瓦斯在井下是“恶魔”，但抽上来到地面则变成了“仙”，瓦斯是清洁能源。

2005年，温家宝总理主持国务院第81次常务会议，决定成立领导小组，采取一系列主要措施，集中开展瓦斯整治工作。

我国2000m埋深以上煤层瓦斯资源是31.46万立方米，分布24个省区，瓦斯治理采取的主要措施主要有以下几项：

（1）通风系统国有重点煤矿在役风机2181台，总供风量$4.78\times10^6m^3/min$，风排瓦斯量$9845m^3/min$。

（2）瓦斯抽采。地面抽采预计308套，井下移动抽采预计272套，瓦斯抽采量18.66亿立方米，抽采率约为26.5%。

（3）防治煤与瓦斯突出，建立预测预报系统，防止煤与瓦斯突出。

（4）监测监控。国有重点煤矿监测监控预计552套，配备瓦斯，开停，氧化碳等传感器35064台，所有高瓦斯突出矿井全部安装监控监测装置。

（5）防灭火。对自然发火矿井建立预测预报系统地面灌浆系统，井下移动注浆系统和注氮系统。

（6）综合防尘。防尘系统295套。

我国重点煤矿煤与瓦斯突出的有154处，高瓦斯矿井152处，有自然发生危险的矿井363处，有瓦斯煤尘爆炸危险的矿井555处，这说明煤矿要搞好安全生产，必须强化瓦斯管理。从矿山企业来说治理瓦斯确保安全生产，要充分发挥工会的监督职能。

为实现国民经济翻两番，建设小康社会的大目标，我国矿业将会较快平稳发展，确保矿山安全生产，矿山企业工会任重道远，而确保安全生产乃各项工作重中之重，让我们自主创新，跨越发展，引领矿业未来。

建立矿山安全生产保障体系，确保矿业繁荣昌盛。我们的目标是OK采煤，OK采矿。

注：“OK采煤，OK采矿”是指采煤采矿作业安全生产 不出现死亡事故，死亡率为零。

O发音是ōu（中文拼音），其涵义是Zero，中文意思是“零”。K是Killed的字头。传说古代有一位帝王，要求在战争中打仗不能死人，即Zero Killed，此要求受到众人拥护，后来英语形成了一个短语

“OK”，英文涵义是指 all correct，agreed，中文可译为“好”、“对”、“同意”、“可以”。实际上，OK 原来的涵义是死亡率为零。

作者简介：

焦玉书，教授级高级工程师，鞍山冶金设计研究总院原院长，中国矿业联合会高级资政，中国冶金矿山企业协会顾问。

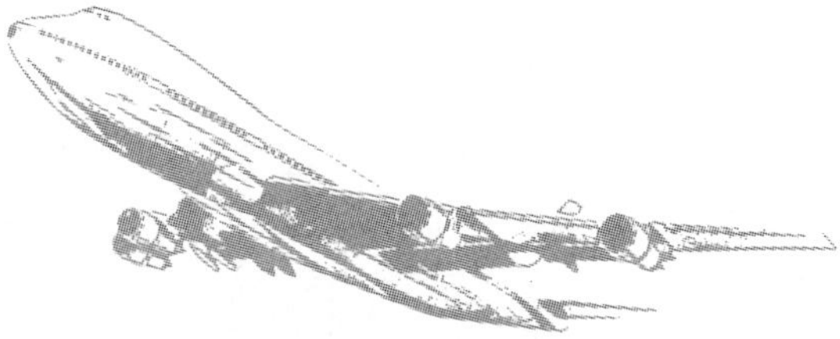

Fe

矿山往事　启迪未来

KUANGSHAN WANGSHI
QIDI WEILAI

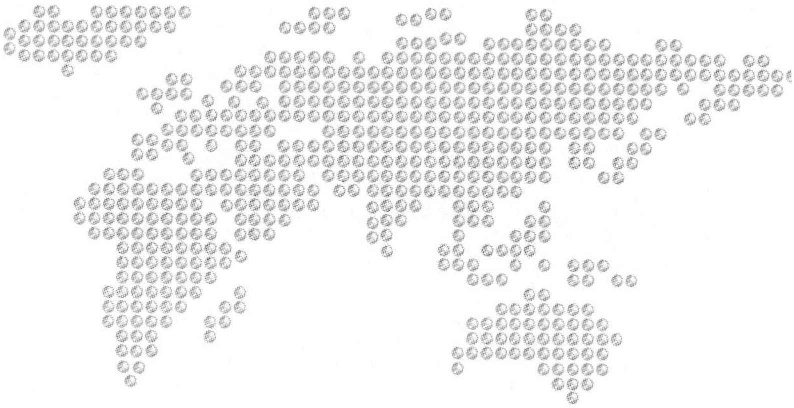

矿山往事　启迪未来

董稼祥

（中国冶金矿山企业协会）

2012 年 5 月 30 日

我从 1951 年学习采矿专业至今已 60 余年，除中间在北京钢铁学院五年时间继续学习采矿专业外，都在中央国家机关从事黑色冶金矿山管理工作，目睹了我国冶金矿山的发展过程，今把我所知和所经历的矿山往事点滴写出来，以供矿业工作者了解冶金矿山历史发展的过程。

1　建国初期冶金矿山的概况

20 世纪 50 年代初期，我国的冶金矿山很少，产量很低。1949 年，全国铁矿石产量只有 59 万吨。本溪钢铁公司只有南芬和通远堡、八盘岭两个小矿山，当时南芬铁矿还是一座海拔 700～800m 高的一个山头，山上草木丛生，还有吃起来特别美味的野生葡萄。只有一条平硐连接一条斜盲井，分水平开采井下富矿；鞍钢也只有大孤山和弓长岭两个铁矿，樱桃园铁矿是后来恢复生产的。大孤山确实是一座高山（如今成了一个低于地表的巨大的矿坑），露天开采，使用钢绳冲击钻机，俗称磕头钻穿孔，穿好孔后，使用的炸药是自制的极具危险性的液氧炸药（－273℃），用炸药罐车经斜坡卷扬运到现场，注入炮孔中预放的炭黑药包中，然后起爆，作业十分危险。日伪时期，南芬就发生过液氧炸药厂爆炸事故，死伤中、日技术人员和工人多人。当时的井下工人采矿时用手工开采，铁锤加钢钎手工打眼。为了减少笨重体力劳动，当时的中央重工业部钢铁工业管理局组织推广手持式 OM－506 凿岩机，印发了 OM－506 凿岩机设备技术手册。开始时是干打眼，为了避免工人得矽（尘）肺病，又专门组织推广湿式凿岩，为了减轻工人体力劳动，又专门推广了风动支架，俗称气腿子。鞍钢弓长岭当时是井下矿山，用水平充填法采矿，中央竖井提升用的是日伪时期留下的德国造的 1000 马力的主卷扬机。

当时太钢和石景山钢铁厂都没有自己的矿山，铁矿石主要靠河北龙烟铁矿庞家堡、烟筒山供给，也是地下开采。采用煤矿常用的长壁法，产量很低，消耗大量木材，后经苏联专家建议改进采矿法并进行了扩建，年产规模为 80 万吨，当时成为国内最大的井下矿。太钢、石景山钢铁厂两家都派有驻矿员，负责发货和质量检验等工作。

此外还有华中钢铁公司大冶铁矿（露天开采）、四川綦江铁矿（井下开采）、海南铁矿（露天开采），那时的海南铁矿位于田独，早已采完闭坑。还有山东矿冶办事处所经营的山东金岭铁矿和江苏微山湖畔的利国铁矿。其中利国铁矿最有意思，20 世纪 50 年代就说资源枯竭，即将闭坑，但过了 60 年，直到今天还在开采，成为了徐州矿山集团公司。因为它是矽卡岩型的鸡窝矿，用物理探矿方法即可不断找到新的矿体。

锰矿有江西乐华锰矿和湖南湘潭锰矿，湘潭锰矿我去过，住的茅草屋，生的炭火盆，矿山不是现在的锰矿，而是在冷水冲的露天矿，全部手工开采，人工钢钎打眼，人工推车，小型开采，技术十分落后，但工人精神面貌好，我第一次在湘潭锰矿看了湖南花鼓戏——刘海砍樵。

2 关于苏联专家建议

1950～1952年，三年国民经济恢复时期结束，我们开始学习苏联模式。1953年开始了第一个五年计划，当时苏联向中国派来大批专家，帮助中国建设。早期派来的专家，大多是年龄较大，经验丰富的人员，对中国人民有深厚的感情，真心实意地来帮助中国。当时的苏联专家有两种形式：派到中央政府各部委的是顾问专家，派到企业帮助工作的是技术援助专家。我知道和接触过的专家有采煤专家奥波伦克、曾任乌克兰克里沃罗格矿务局局长的采矿专家赫洛莫夫、有色采矿专家库克林、地质专家卡那瓦洛夫，我因为当时年轻，只有19岁，被钢铁局指派跟专家学习，同时还有精通俄语的夏煦（张治中之婿）主任，经常陪专家出差。现在还记得有几件事：第一件是南芬矿井下开采，采用预留护顶矿的采矿法，有一次发生了冒顶事故，当时请了重工业部有色矿苏联专家库克林，他到现场考察以后，指出冒顶的原因是顶板预留护顶矿所造成的，矿石的顶板是绿泥片岩，和矿石层之间连接强度低，如果不留护顶矿，以绿泥片岩为直接顶板，就可以避免冒顶事故的发生，你还别说，这招挺灵，矿山执行了专家建议就杜绝了冒顶事故。第二件事是龙烟铁矿，井下开采采用煤矿常用的长壁法，消耗了大量的木材，采空区也难以维护。请了苏联专家奥波伦克，他建议用一定间距的密集支柱支撑，采取了强制切割放顶的办法，并绘出了设计图纸，经过实施，解决了矿山生产和安全问题。第三是山东金岭铁矿井下的采矿法，苏联专家赫洛莫夫建议用小中段采矿法，并给出了设计图纸。为贯彻苏联专家建议，领导决定让我在金岭铁矿蹲点半年搞采矿方法试验。该矿在选择的矿块两端，做好采准工程以后，由于事先未做好生产勘探工作，发现矿房内不是矿石，是矽卡岩矿床的脉石花岗岩侵入体，原因是事先未做生产勘探工作，采矿方法试验工作不得不停止，深以为憾。

顺便讲点苏联专家的轶事，当时在北京的苏联专家，带有家属，大多都住在北京友谊宾馆，赫洛莫夫的夫人，不准他抽烟，出差时他才敢抽烟，还抽的不少，快要返京的前几天，他便禁烟了，并将衣服洗好，以使夫人发现不了出差时间抽烟。当时建国初期，条件较差，苏联专家到了金岭铁矿，无处住，矿方让出矿长办公室，并从山东齐鲁大学医院借了一张病床作为钢丝床给专家。厕所得通过一个广场，设在广场边上，要走好远，特别是晚上很不方便。专家说白天你们前呼后拥，一大帮人陪我，晚上一个人也没有，有点不高兴。其实他并不了解。每晚都有值班民兵守护。那时没有轿车，只有美式吉普，在乡间公路上跑一天，满身尘土。还有一次我们同苏联专家从南京坐小火轮船去马钢桃冲铁矿，在长江上一条大鱼跳上了甲板，船工捉住烹饪，我们在船上美餐了一顿。当时把贯彻苏联专家建议作为一项重要工作，十分认真，把专家说的每一条意见都要记录整理，专家去一个企业，整理出的建议有几十条甚至上百条之多是常事，例如赫洛莫夫去利国铁矿，看到一个矿坑参加劳动的是劳改犯人，提出应当撤走犯人。当地政府感到十分为难，因为没有别的地方可去，但苏联专家建议又不得不执行，后来还是把犯人转移了。

第一个五年计划时，苏联援建156项重大工程，也包括了矿山，例如本钢南芬矿山从设计到施工以及矿山重大设备供应等都是在苏联帮助下完成的，使南芬铁矿建设成为一个先进的矿山。其他还有包钢及鞍钢的矿山也是属于156项之内，由苏联帮助建设。

后来有一些苏联专家非常年轻，大学刚毕业，实践经验不多就来中国，等于来华实习，这样就不好谈了。

总之，绝大部分苏联专家，都对中国人民怀着友好的感情，做了很好的工作，1960年中苏关系恶化，由于苏联方面的原因，在赫鲁晓夫当权时，苏联撕毁协议，撤走了在华全部专家。

3　矿山采掘计划的引进

1954年，中央钢铁局组成以马叔乾同志为团长的考察团，前往苏联考察矿山工作，全面学习苏联矿山技术和管理经验。代表团从苏联带回一大批资料，其中就有为指导矿山全年生产的采掘（剥）计划的编制和审批资料：包括文字说明，附带的表格和有关图纸，回来以后马上组织矿山进行采掘计划的编制工作。从1954年开始钢铁局要求各矿山企业都要编制年度采掘计划，并上报钢铁局审批，局领导、矿山负责人及有关机关职能部门以及苏联专家都参加审查。审查中提出问题和解决方案，作为矿山全年生产开采的依据。

后来机构改革，部局合并，这项工作由冶金工业部地矿司后改为矿山司负责主审，并请部内有关司局派人参加，审查须写出书面审查意见上报主管部长，由主管部长接见矿山人员宣布审查意见，然后矿山按审查意见，进行年度生产和各项工程安排。文革后期，采掘计划审批还执行了一段时间，直到1993年的政府机构改革矿山司被撤销才停止了此项工作。

4　为铬矿奔赴西藏

1967年五一节，天安门游行时，周总理告诉冶金工业部军代表朱互宁，西藏代表提出冶金工业部在西藏有一个铬矿，坐落在藏北高原那曲地区东巧县，冶金工业部从来无人去过。总理指示要派人去了解情况，帮助解决问题。为此冶金工业部军代表便决定由基建局、地质研究所和矿山司派人组成三人小组前往西藏，由北京乘飞机先到成都，在民航局招待所住一宿，第二天再飞到拉萨。当时是文革时期，拉萨也很乱。我们找到自治区主席杨由东（藏族）汇报，他也没办法。因为自治区机关汽车队都造反了，找不到车，无法去矿山。后来找到工业厅一个姓王的厅长（山东人），他在拉萨汽车大修厂，找到一台拉萨中医院修好的吉普车，还没有交货，用了几袋面粉和白糖送给汽修厂，把车借了出来，没有司机，正好有一位修车工的弟弟从四川来找哥哥，当时叫“盲流”，哥哥修好的车，他就练着在院内开着玩，非正式司机，没开过远路，去铬矿公路有六七百公里，先到那曲再折向西到东巧，没有办法，只好由他开车。一路提心吊胆，尤其是过河的时候，最怕灭火停车，又加上高原风大，车总是晃晃悠悠，终于到达东巧铬矿，海拔4000多米，矿山有几十名矿工都是藏族，周围是一片白雪皑皑，他们全都住在干打垒房和帐篷中，有一名医生是部队转业的汉族职工。领导干部都是民族学院毕业的学生，工人工资每月三十几元，条件非常艰苦，没有菜吃，附近班公湖有天鹅蛋，他们搞来给我们吃，他们吃酥油、藏巴。我们了解了他们建设和生产情况以及需要解决的问题，当我们要走的时候，出了问题，藏族同胞不让我们走，说从北京来不关心他们，没有给他们带来毛主席像章和毛主席语录，我们通过民族学院毕业的同志做工作，我们保证回到北京立即把毛主席像章和毛主席语录空运寄来，这样他们才欢送我们回拉萨。在拉萨我们向自治区主席杨由东和西藏军区司令员汇报了工作情况，然后飞回北京。向冶金工业部军代表汇报情况后，由军代表带头部机关人员捐助了大量毛主席像章并买了藏文版的毛主席语录和老三篇，立即空运西藏发给矿山矿工，并且组织武钢矿山领导干部和技术人员到矿山帮助藏族同胞学习技术掌握操作设备，并帮助解决了100吨拖车运输设备等问题，现在该矿资源已经采完关闭，转到山南气候条件较好的罗布莎铬矿了。

同年11月份，我又和陆承信同志为西藏铬矿产品运出西藏的问题，去了一次青海西宁，找军区领导联系青海运藏物品空返汽车稍带回运铬矿事，他们同意，但要求卡车车厢内增加薄钢板以保护货箱。

总之，感觉藏族同胞勤劳、朴实、乐观、热爱生活、热爱劳动，令人感动。相信西藏会更加繁荣昌盛。

5 八字方针（调整、巩固、充实、提高）

调整时期：1958～1960年三年大跃进，造成了国民经济失调，产生了很多问题，中央及时提出了“调整、巩固、充实、提高”的八字方针，国民经济进入了调整时期，当时矿山盲目追求产量，造成采剥失调，无法正常采矿的恶果，全国剥岩欠账3000多万吨，在当时是一个很大的数字。根据当时的情况，冶金工业部提出“冶金工业以矿山为基础，采剥（掘）并举，剥离（掘）先行”的方针，组织剥岩还欠账。各矿制定剥岩欠账还账计划，定期检查，同时贯彻“工业七十条”，部里派了工作组到各地，到本钢带队的是劳资司长王菲，南芬矿山总厂的由有色研究院院长茅林（后任冶金部副部长）带队，成员由矿冶院人员组成，我在南芬工作组，每天到矿山采场了解情况，按“工业十七条”要求，抓试点，此项工作一直到春节告一段落。1963～1965年剥岩欠账3300万吨，基本还完。

6 德、波、保之行

1954年第四季度，我在重工业部钢铁工业局生产技术处工作，刚参加工作一年半。有一份国外出差的任务，幸运的落到了我的头上，那就是参加外贸部国际贸易促进会组织的在民主德国莱比锡、波兰的波兹南市和保加利亚普洛夫迪夫三地国际博览会中国代表团的工作，负责重工业部系统产品的布展工作。展品中除矿石外还有钢铁、有色产品。出国以前曾到重工业部供销局了解参展钢铁产品的情况。出国前培训了一个多月，并请人教授一点日常用德语。展览工作团共有四十多人，除贸促会工作人员外，还有各系统的工程技术人员、销售人员和设备操作安装的技术工人和中央美术学院的美术人员，大家相处得很融洽。团长是海关总署办公厅主任高仕融同志，德展完毕后，由刚卸任的驻德使馆商务参赞张光斗同志接任。期间外贸部党委批准我为支部纪律检查委员，这是我第一次担任党内职务（时年20岁）。

1955年2月初分两批从西郊机场乘伊尔－14飞机（每架30人），先飞到蒙古乌兰巴托加油，然后飞到苏联伊乐库茨克过夜，第二天晚到莫斯科，住国际饭店。我找到饭店工作人员，对她说：“我们要看列宁和斯大林墓”，“墓”字俄文我不会说，她明白了我们的意思，送我们到红场，瞻仰了列宁和斯大林墓。

第二批人员到莫斯科后，我们一起从莫斯科乘火车到了莱比锡，开始住大陆花园饭店，为照顾其他国家的人员，后搬到郊区一座公寓，开始布展到展览会开幕，德国人民群众很友好。我们参观了很多地方名胜和展馆：魏玛、德累斯顿、耶那、柏林、紫维克、马德堡和布亨瓦乐德集中营等地。

东德展毕，四月赴波兰波兹南城，原展品再布展，熟练很多。当时波兰领导人贝鲁特来参观，重工业产品部分由我当讲解员，他指着一块矿石问是什么矿，我告诉他是锑矿，他频频点头。还有就是贺龙元帅到展览馆参观那天，正赶上我轮休，未能见到，深感遗憾。

在波兰信教的人很多，包括军人，坐有轨电车路过教堂时，人们频频脱帽或胸前划十字表示致敬。

波兰展览完毕，同一套展品又奔赴保加利亚普洛夫参加国际博览会，一路乘火车经过罗马尼亚、捷克斯洛伐克、匈牙利，到达保加利亚普罗夫迪夫，因为天热了，我们的呢大衣、毛衣等都装货箱托运，到了索菲亚开箱以后全变成了砖瓦石块，因为是国际联运，查不出在哪一个国家遗失，无人负责，只好自认倒霉。下了火车第一次在国外坐了马车到旅馆。

在保加利亚可记的事有：

1955 年 10 月 1 日中国驻保加利亚大使馆在饭店召开国庆招待会，当时保加利亚的领导人契尔文科夫同全体与会人员手拉手跳起了集体舞，饮食与中国口味相近。

还有就是普罗夫迪夫市马路两旁栽有果树，即使果实成熟，也没有市民随便伸手采摘。

还有一件事，就是在保加利亚宾馆，我在隔壁房间听中国唱片，回到房间抽根烟，把火柴扔到烟缸中，就转身又到隔壁房间继续听唱片，后来被服务员发现火柴火未灭，引燃了搭在烟缸上的报纸，被她及时扑灭，否则问题就大了，此事我铭记在心，以后抽烟时特别注意防火。因烧糊了桌布，当时我赔了 20 美元。

三国展览工作，包括国内培训花了十个多月时间，1955 年 10 月 16 日乘火车回到北京前门车站，到钢铁局继续上班。

7　三次参加世界采矿大会

世界采矿大会是一个世界性的矿业组织，大部分国家都参加。我国在 1976 年经中共中央政治局批准，成立了中国采矿全国委员会，由煤炭工业部、冶金工业部等部委组成，冶金工业部系统的委员有洪戈和我。第十届世界采矿大会 1979 年 9 月 16 日至 21 日在土耳其共和国伊斯坦布尔举行，中国派出以煤炭部副部长贺秉璋、冶金部核心组成员洪戈为正副团长的代表团出席会议，成员有煤炭部范维唐、刘天瑞、大同煤矿刘总工程师、外事司王司长和一位女翻译，冶金部有我、长沙矿冶院廖先骙、长沙有色院周工程师、外事司的陈南德等同志，我们有两篇论文在会上报告，即刘天瑞的三下开采和廖先骙爆破新技术的报告。我们先集合在煤炭部学习了几天，然后乘飞机经德黑兰转机到达伊斯坦布尔参会，然后到了安卡拉和一些城市和农村参观，农村和我国新疆相似。回程在罗马尼亚布加勒斯特中国使馆逗留了几日，看了电影《保密局的枪声》并翻阅了大会论文，后来我被任为世界采矿大会国际组委会委员。直到后来王绍良同志接替。

第二次是在1994年参加在保加利亚普洛夫迪夫召开的世界采矿大会，冶金部自己组织团，我任团长，成员有鞍山矿山院张健元、鞍钢刘安东、鲁中的朱祥发，煤炭部代表团由范维唐副部长带队。我们从北京乘飞机到芬兰赫尔辛基休息一天，转机到索菲亚，50年代我到过索菲亚，现在已大变模样，根本认不出来了。后到了普洛夫迪夫参加会议，正是40年前我在那儿参加世界博览会的地方，该市也完全改变了面貌，一点也认不出来了，参加会议期间遇到了俄罗斯的朋友，和日本朋友也有交流。

第三次就是参加1990年在北京国际会议中心召开的世界采矿大会，当时我还在冶金部矿山司工作，北京钢铁学院的校友参加的很多，期间我们还到北科大参加了校友集会。

8 冶金部矿山司办的几件实事

矿山司自成立以来，在部党组织领导下，除了抓好矿山企业管理工作以外，还从矿山企业生产技术管理和职工福利等方面做了大量的工作，办了很多富有成效的事。

(1) 20世纪50年代末为了加强冶金矿山科研工作，以东北工学院采矿研究所和北京钢铁研究所选矿研究室为基础，吸收有关人员成立了冶金部马鞍山矿山研究院（现中钢马鞍山矿山研究院有限公司），建设办公楼、试验研究室和职工宿舍。多年来在矿山科研工作中，该院取得了很大成就，出现了很多优秀专家和重大科研成果。

(2) 解决职工住房困难，包括司内和中国冶金矿业总公司，每名员工都有自己的住房，同时中国冶金矿业总公司建立了带电梯的办公大楼。

(3) 帮助地方矿山发展，帮助密云和怀柔成立了矿山公司，经北京市批准从京外调入几十名矿山管理和技术干部，开发了密云和怀柔的铁矿，如今密云矿山公司已成为密云县的支柱企业，每年产值和上缴利润都位居县里各企业的前列。

此外重视地方中小矿山发展成立了地方中小矿山处，从物质、资金方面帮助他们的发展，如给解决钢材和补助资金，同时辅助原材料的发展，如锰、耐火原料、溶剂石灰石也都给予了大力支持。

(4) 成立了青岛冶金矿山职工大学。为了解决矿山技术人员的不足，经冶金部批准，在山东青岛成立了矿山职工大学，在海边建成了教学、试验室、办公楼、体育馆、图书馆、教职工和学生宿舍大楼，培养了一批矿山技术骨干，其中有几位还成了厅局级干部，后来由于矿山司撤销，部里将这所学校无偿的送给了原青岛冶金建筑学院。

(5) 为了贯彻小平同志提出的干部“四有”方针，矿山司在昆明工学院、北京钢铁学院、本溪钢校先后举办了学制两年的干部学习班，培训了一批企业领导干部，使他们具有大专文化水平。这些人中后来有的成了厅局级干部，甚至省部级干部。

(6) 由各矿山企业集资建立了三亚和密云两座职工疗养院，以供矿山职工疗养之用，密云疗养院国家领导人不少都去视察过。后来随着市场经济的改变，均改为了度假村，由于体制转变，加上管理不善，现在已归于他人了。

(7) 为了解决矿山大汽车轮胎修补问题，在怀柔建设了大型轮胎修理厂，从美国引进了设备，给矿山大轮胎补修解决了大问题，后由于经营不善，转为个体经营。

(8) 在湖北宜昌与地方合建了石墨采选厂和加工厂，经营的还可以。现在已经结束合作转售给地方经营。

(9) 同类型矿山竞赛。在20世纪60年代初，矿山司组织了黑色冶金矿山同类型矿山竞赛，分为露天、井下、辅料矿山三个组别，每年定期在有关矿山轮流开会做经验交流和介绍，加强了矿山之间的交流和友谊，大家感到横向交流收获颇多。除此而外还有专业性竞赛，如矿山地质测量竞赛等。

（10）开展矿山经济活动分析工作。20 世纪 80 年代在黑色冶金矿山中开展了经济活动剖析工作，先是各矿自行开展，然后组织矿际交流，并进行评比，大大推动了矿山工作上升一个新台阶。矿山司在四川乐山召开了经济剖析工作经验交流会，评选经济活动分析的先进单位和先进个人。

（11）到有色矿山学习，80 年代末矿山司组织部分重点矿山和地方矿山的领导共十余人到金川和白银有色矿山去参观学习多种经营的经验，大家的情绪很高，金川和白银有色公司接待非常热情和周到，我们参观了采选工程，特别是他们搞的多种经营，铜镍和白金的加工工厂，大家感到收获很大，推动了黑色金属矿山多种经营的发展。矿山司由我带队，矿山由攀矿谷凤宝经理领队。参观学习完后到重庆乘船顺长江而下，到达南京参观了梅山铁矿的多种经营，而后又到上海结束了考察。大家感到收获很大。后来 90 年代初钢铁司又组织过一次黑色冶金矿山到煤矿行业考察，收获也很大，这不失为行业之间交流的一种好办法。参观以后促进了冶金矿山，以矿为主多种经营的发展。

（12）大打矿山之仗。文革期间，鉴于矿山落后，不适应冶金工业的发展，国务院曾提出“大打矿山之仗”的号召。但限于当时的情况，只是口号，未落实具体行动，1975 年铁矿石产量只有 9694 万吨，但由于改革开放，2010 年铁矿石产量就突破了 10 亿吨，为 1975 年 10 倍以上。

（13）在进行调查研究的基础上，解决矿山赋税过重问题，协助国家税务部门将矿山资源税化为等级征收，解决了征税不公问题。在此期间还解决了吨矿工资含量包干和维简费增加问题。

（14）组织矿山企业人员赴国外学习考察，聘请外国专家来华交流讲课，提高矿山工作人员的管理和技术水平，如马钢派人到前苏联考察矿山治水问题，弓长岭、南芬矿请专家来华帮助安装大汽车。收效都十分显著。此外协助外事司先后派了多批采矿技术人员到澳洲中外合资恰那铁矿参加生产管理，每期三年，这些人回国后大都成了矿业部门的业务骨干。

多次派出有领导干部和专业技术人员参加国外考察团或参加国际行业会议，先后有几位领导担任过世界采矿大会国际组委会委员。

（15）除了铁矿外，矿山司还主管锰矿、黏土、菱镁矿、矽石、萤石、石灰石、铬矿等冶金辅助原材料的生产和建设，专门有一个辅料处做具体工作，多年来辅料的生产和建设也取得了不少成绩。

（16）发展锰矿的九字方针。锰是冶金工业的重要原料，俗云“无锰不成钢”。但我国的锰矿资源较少，而且品位质量低，满足不了钢铁生产需要，虽然国家曾给予锰矿资金，物资材料方面的大量支持，情况并无好转。为此 1982 年冶金部专门成立了《全国锰矿技术委员会》，以推动锰矿生产的发展。由冶金部原矿山司司长赵铁生同志为主任，由他带领有关同志赴有锰矿资源的省市进行调研，推动有锰矿的省成立了省锰矿公司，大力开发锰矿。调研中发现我国虽有一定锰矿储量，但其特点是“贫、杂、细”，即品位低，含杂质多，嵌布粒度细。针对这种情况，在 1984 年南宁的锰矿技术研讨会中，提出了发展锰矿的“找富矿，贫变富，深加工”的九字方针。经过多年来的实践证明，这是一条非常正确，符合中国实际的方针，在这个方针指导下，我国的锰业发展迅猛，加强了锰矿的地质勘探工作，找到了一些品位比较高的锰矿（氧化锰和碳酸锰矿），普遍开展了贫矿选矿科学研究，试制和推广了大量选矿设备，使矿石品位得到了很大提高，在深加工方面，锰矿大力发展了锰铁合金品种，增加了产值。生产出了电解二氧化锰、金属锰粉、金属锰片、天然放电锰、硫酸锰、金属锰、四氧化三锰、化工锰粉、高锰酸钾以及各种锰铁，满足冶金工业的需要。云南建水锰矿用短的时间建成了我国最大的5万千伏安技术先进的大电炉，冶炼锰铁，并很快生产出合格产品。九字方针在今天还在起着发展锰矿的指导作用。

（17）全国锰业技术委员会。原冶金部矿山司的领导赵铁生同志（抗战前参加革命的老干部），为推动锰矿业的发展，曾先后到广西、福建、云南、广东、湖南、四川各省，会见各地的有关领导，奔走呼吁和动员有锰矿资源的各地方加速锰矿的建设和生产，推动建立各省锰矿公司。这样的游说和动员起到了一定作用。冶金部为了推动和配合锰矿的发展，于1982年5月21日成立了全国锰矿技术委员会（以下简称锰技会），由冶金部正式发文，在文中指定赵铁生同志为主任，矿山司副司长王绍良和湖南锰矿公司经理苏良二同志为副主任，同时选定各省市锰矿业领导和锰业界设计、研究单位的领导同志，高等院校的教授专家等共25人为锰技会委员。随后制定了锰技会的章程，明确其为冶金部的参谋和助手机构，要起到企业和政府间沟通的桥梁和纽带作用。锰技会的成立大大推动了我国锰业的发展。随后出版了中国唯一的《中国锰业》期刊，刊名由原国家计委副主任段云同志题写，成为国内外著名期刊。

锰技会的成立，促进了我国锰业发展，包括地质勘探、生产建设、生产设备和采选技术等各方面的进步。

1983年3月1日至7日，在福建厦门鼓浪屿召开了锰技会第一次全会，研讨了锰技会的重点工作，增选我为秘书长，丁楷如为副秘书长，委员增至30人，会议分析了锰业发展的形势，交流了生产技术经验，规划了锰业的发展，会后与会部分代表前往福建、广东锰矿进行了参观考察。

锰技会的发展应当感谢冶金部长沙矿冶研究院的大力支持。锰技会成立初期，原想把办公地点设在冶金部拨款建设的湖南锰矿公司办公大楼内，并配备了轿车、复印机等办公设备，后来遇到了一些困难，找到长沙矿冶研究院陶敏、陈祖训等院领导，得到他们的大力支持，不仅借给了办公用房，还给提供了8名工作人员（以后又增加了一些人），使锰技会的工作很快开展起来。我们永远不能忘记长沙矿冶研究院所作的重大贡献。后来锰技会在岳麓山下自建了办公楼和职工宿舍。

锰技会的工作范围很广，包括地质勘探、锰矿的设计和建设，科研技术从立项的管理、经费的分配、进程中的督查，到项目的完成验收、成果鉴定（冶金部曾下文明确锰技会的科技成果鉴定视同冶金部的鉴定），小型基建项目的立项、投资、管理、督查、项目竣工验收，均由锰技会负责，所以锰技会的活动非常活跃。有政府做依托和后盾，所以锰技会在锰业界有相当的威信。这当然与谭柱中、汤晓壮等同志主持日常工作和锰技会办公室全体工作人员的努力是分不开的。

20世纪90年代初，为了使锰业的科研成果尽快转化为生产力，冶金部决定在锰技会下设试验工厂，把锰业的科研成果拿到试验厂进行试生产，将试生产成功的项目推广到全国锰业企业中。该项目在1992年5月第七次深圳全委会后，在长沙郊区举行了开工典礼，工厂很快建成投产，生产出了四氧化三锰、金属锰块、电解锰粉等新产品。随着长沙冶金材料总公司的成立，该试验工厂改名为长沙特种金属材料厂，现在是中国冶金矿业总公司下属的盈利单位。该厂迁建新厂后，更是面貌一新。

还应当特别提到的是，1984年在南宁召开的锰业技术研讨会上，锰技会主任、老司长赵铁生同志提出“找富矿，贫变富，深加工”发展锰业的九字方针，为推动我国锰业发展起到了具有历史性的作用。我国20多年来的锰业，在九字方针的指导下，发展迅猛。产量、质量、品种的提升都是在这个方针指导下获得的，我们永远铭记老人家的贡献。

抚今追昔，感慨良多，在全国锰技会成立30周年之际，祝愿锰技会在新一届班子领导下，努力工作，取得更大更好的成绩，为中国锰业发展作出新的贡献。

（18）组建中国冶金矿业总公司。在密云矿山公司工作的基础上，经北京市同意从龙烟钢铁公司、邯邢矿山管理局等处，调人入京成立了中国冶金矿业总公司，以协调和加强矿山的发展，盖了办公楼，兴办了一些企业，也曾召集大矿山负责人在云湖度假村开会。研究成立冶金矿山集团的问题，起草了章程，会议中因为有的企业领导意见不统一，会议无果而终，如果当时能达到一致，对矿山发展会起很大作用的。

（19）考虑到加强企业和政府间的联系，建立一个沟通和联系的渠道，经过较长时间的努力，1991年5月报经民政部批准，正式成立了中国冶金矿山企业协会，20多年来协会为政府和企业服务做了大量工作。在矿山生产、建设、科技、安全、环保等各方面起到了促进作用，通过各种活动，推动矿山事业的发展。

（20）冶金矿山英雄人物辈出。我国冶金矿山英雄人物辈出，数不胜数。《红岩》中的英雄人物江姐，原来是四川綦江铁矿的会计。解放后有龙烟铁矿快速掘进队长、全国劳模马万水。获毛主席题词“向雷锋同志学习”的雷锋，是鞍山弓长岭铁矿化工厂的工人。而最近名扬全国的郭明义则是鞍钢齐大山铁矿的职工，他的功绩已知名全国，“帮助别人，快乐自己”，已成为全国人民学习的典范。历史上冶金矿山还有许多英雄人物，成为全国人民学习的典范，其中有本钢南芬井下矿的李庆振采矿组，海南铁矿丁厉文小分队，攀枝花矿山赵清志小分队，本钢南芬铁矿赵国文小分队，新疆雅满苏铁矿开运矿大汽车的女司机，全国劳模上海姑娘俞婉贞，均是冶金矿山的英雄模范人物，起到了带头作用，为冶金矿山事业，作出了重大贡献，历史不应忘记他们。

作者简介：

董稼祥，吉林省临江人，教授级高级工程师。1950年，就读于本溪钢铁工业学校采矿专业，1953年毕业后分配到北京中央原重工业部钢铁工业管理局工作，1956年考入北京钢铁学院采矿专业学习，1961年毕业回到冶金工业部工作。历任处长、总工程师、副司长，中国冶金矿业总公司党委书记兼总经理，中国采矿全国委员会委员，中国冶金矿山企业协会理事长，中国金属学会学术委员会委员，中国金属学会采矿学会副理事长，全国锰业技术委员会秘书长、副主任、主任，还曾任世界采矿大会国际组委会委员。现任中国冶金矿山企业协会首席顾问和全国锰矿技术委员会名誉主任。

六十年的行程

焦玉书

（鞍山冶金设计研究总院）

2012 年 8 月 7 日

年轻的时候，我读过一本类似报告文学体裁的苏联小说，叫《鼓风炉旁四十年》。我十分敬佩主人公——一名苏联普通的钢铁工人兢兢业业在炼铁厂工作 40 个春秋的业绩。时间过得真快，到了 2012 年，我已 80 岁，算起来从 1950 年入学起在冶金矿山战线已 62 年，人的一生不过几十年，在历史的长河中，时间是短暂的，但生活却是丰富多彩的。1954 年毕业前夕，报志愿，我是共青团员，受苏联小说《远离莫斯科的地方》的感染，决心服从组织分配，志愿到边远荒僻的山区去。搞采矿的，到山区也是自然的，但我却进入设计院的大门，转眼间，经历了一个甲子周期 60 年，我一辈子没变更过工作单位，但却走遍了除台湾、西藏两省区以外全国 29 个省、市、自治区，世界五大洲主要铁矿石生产国也留下了我的足迹。60 年的工作和生活有辉煌，也有曲折，留下了滋味不同的记忆。但有一条贯彻始终，那就是以繁荣矿业为己任，发奋图强，努力工作。60 年承担的工作项目很多，值得重点回忆的有以下几项。

1 江南一枝花

1954 ~ 1956 年，承担的第一个设计项目是马钢南山铁矿设计和桃冲铁矿设计。南山用露天开采，桃冲采用坑内开采，刚刚接触设计，一切从头学起，从设计程序、设计方法，到方案比选，样样都十分感兴趣。工作起来十分认真，白天工作，晚上攻外语，闭门学习，自得其乐。在此设计过程中，我们设计组反复讨论重大技术决定，对于南山铁矿露天开采工艺，采用常规技术，没有任何争议，设计进展很快。而对于桃冲铁矿坑内开采工艺则实感问题较多。我们提出：矿体上部用小露天开采法经济，这个提议作为革新方案，后来被设计院领导和建设单位批准采用，为此设计组李鼎权和我被评为重工业部青年建设社会主义积极分子，出席重工业部在北京召开的积极分子大会，我被授予工资连升三级的奖励。22 岁受奖，全院职工注目，这对我自己起到了严格要求的作用。

后来，马钢扩建了南山铁矿，新建姑山铁矿，又建设一座车轮轮箍厂，各方面工作突出，被誉为江南一枝花。

2 出国越南

1958 年，我国政府决定，援建越南太原钢铁厂，这是我国第一项大型对外经援项目，包括槟榔寨铁矿，烧结、炼铁、炼钢、轧钢以及辅助设施工程。

鞍山矿山院指定我为工程总负责人，从 1958 年起到 1964 年工程竣工投产止，工作延续了七年时间。其间，我五次到越南民主共和国，在越南境内累积工作近三年时间，除负责槟榔寨铁矿设计和施工服务外，还应聘担任越南太原钢铁厂设计专家，指导越南太钢设计室人员完成了象山石灰石矿设计，含山头大爆破设计。在越南太钢设计和建设过程中，一直得到中国驻越南代表处代表方毅同志的指导和支持；冶金部组织了专家组组长驻工地，北京钢铁设计院、鞍山矿山院和焦耐院的人员组成了设计专家组，组长为戚元靖（后任冶金部部长）和谢光渤。我负责矿山工程，矿山专家中还有张凤翊和赵同义，当时大家都年轻，又是第一次承担援外设计，工作起来不分昼夜，精心设计，在设计组我还兼管辅助原料，为踏勘铁矿及辅助原料资源跑遍了越南北方 12 个省市。越南地处亚热带，夏季气温 42℃；山上丛林茂密，野生动物时而出没，蛇更多，我和几名越南人野外爬山只带点水和面包，整天顶烈日穿越深山密林，曾几次遇到毒蛇，想起来胆子真大，若被蛇咬，连药都没带，确实很后怕。

槟榔寨铁矿是坡积铁矿床，与我国海南铁矿坡积矿相近，为落实坡积矿的工艺设计，冶金部专门派我赴海南铁矿考察，并请海南铁矿对设计作了审查，在投产后，又专门聘请海南铁矿和本钢的矿山专家去指导生产。

援越工程 1964 年投产一切顺利，我获得了越南政府颁发的劳动勋章，试生产过程中，方毅同志和冶金部领导都曾来工地视察与验收。同年，国家外经部对援外人员进行评选，授予我为出国援外人员乙等奖。

1992 年和 1993 年，为了商谈中越合资开发越南北方的贵沙铁矿与和靖铁矿事宜，我随同冶金部副部长王汝林和中冶公司经理王承义又两次赴越南考察，又一次有机会会见了当年在越南太钢共事的越南老朋友，大家 28 年后相聚，共忆往事，十分欣慰。

想起来，在越南也办了一件蠢事，1958 年全国兴起大办钢铁的热潮，当时援越太钢专家组正在越南选择厂址，国内如火如荼的劲头，激励了我们，于是几个年轻人向方毅同志提出了在越南修建小高炉的倡议，在国内闹腾小高炉尚可，拿到国外去搞，使方毅同志十分为难。我们钢铁专家组内部意见也不统一，有的不赞成，但赞同者多，我是积极主张干的，为此方毅同志组织一次讨论，研究小高炉建在何处？设想越南方面会不会同意？后经征求越方意见，同意在河内机器厂院内建一座 $1m^3$ 高炉。于是我们暂时放下选择厂址工作，就筹建起小高炉来了。按分工我负责原料供应，我带着几名越南工人去槟榔寨铁矿采矿，对矿石进行人工破碎筛分，把矿石从 75km 以外的矿山运到河内机器厂，还筹划焦炭和熔剂，小高炉很快竖立起来了，点火那天十分热闹，我负责上料，记忆最清楚的是上料时，注意风向，防止煤气中毒，我还做了两个砂型模，写上胡主席万岁、毛主席万岁的字样，打算第一炉铁水流出时，浇铸成型，送给领导去报捷，可是万万没有想到，小高炉不听话，怎么摆弄也不出铁水。当时我们都是二十几岁的年轻人，只凭热情干，实际没经验，方毅同志在现场急得团团转，越南人也十分着急。最后，方毅同志下了决心，急电国内求援，由首钢派两名炉前工专机赶到河内，这才算解了围，小高炉终于驯服了，流出了铁水，挽回了影响。后来这座小高炉在越南产生很大影响，1959 年我又去越南，看到在越南太原省另岸有一座小高炉，是越南自己竖起来的，他们也跟着“跃进”了。

3 服务本钢

1960～1965 年，我出任本钢南芬铁矿和歪头山铁矿工程总负责人（相当于现今的总设计师)。南芬铁矿1957年由列宁格勒矿山设计院设计，采用常规露天开采，划分水平台阶，钢绳冲击钻穿孔，$3m^3$电铲装载，Ma3-525型汽车运输，平硐溜井放矿，设计总的说是成功的，设计费经核算每页说明书500元，每张图300元。1957年的价格当时感到很贵，后来由于中苏关系紧张，我国国内汽车备件供应上出现问题，Ma3-525型汽车出车率低，为维持生产又不得不改用机车运输岩石，这就是1960年南芬铁矿重新做设计的原因。南芬铁矿是大型急倾斜矿床，储量大、矿体厚，且延深长，编制南芬铁矿设计，相应研究的课题很多，这也是总结我国露天开采经验的极好机会。在南芬铁矿设计过程中，鞍山矿山院对许多重大课题进行了专门研究。

(1) 为提高穿孔效率，试用潜孔钻，再后来又试用牙轮钻并研究火力穿孔的可行性。1992年，我发表了《露天矿高台阶开采应用牙轮——火钻联合穿孔方法的思考》一文，关于火钻热力穿孔的原理部分，实际上就是我在20世纪60年代的学习和研究成果。

(2) 改进爆破方法，设法消除根底，减少大块发生。

(3) 汽车运输在露天矿的应用。当时我国露天矿用汽车运输的少，总结汽车运输经验，对后来扩大汽车应用范围起到了指导作用。

(4) 平硐溜井放矿（含坑内破碎）在露天矿成功的应用。

(5) 急倾斜厚大铁矿床，分期开采和分期过渡方法的研究。

(6) 均衡生产剥采比的研究（拟初期少剥，后期再多剥）。

(7) 辅助设施合理规模确定，备品备件供应协作关系研究。

(8) 高台阶排土场的应用。高台阶排土是南芬矿的一大发明，在前苏联设计中没有敢用高台阶排土技术，而是上部废石，运到山下，深部采场的废石再运到上部，耗费大量运输功。

南芬铁矿的设计，包括了露天矿重大技术政策问题，影响很大，大家也从中取得很大收获。以后多年，我经常去南芬矿考察学习，迄今为止，南芬铁矿仍是我国生产规模最大的露天矿。

1964年，又开始研究歪头山铁矿的开发，当时国家建委指示，歪头山铁矿设计，要采用世界上行之有效的新工艺、新技术，使露天矿水平大大提高一步，把歪头山铁矿列为样板矿。为此，我们对当时世界露天开采技术和选矿自动化技术作了专题调研，分别写出了调查报告，对歪头山铁矿现代化露天开采提出了比较完整的设想。1965年5月末，冶金部召开歪头山铁矿样板矿座谈会，组织专家对我院提出的设想进行审查，与会专家对鞍山院工作给予充分肯定，后来由于计划调整歪头山上马时间推迟了6年。此项审查会会期正是我爱人怀孕预产期，我去京赴会前即托付邻居照顾，会后即返回鞍山，小孩已诞生7天，爱人在医院正患乳腺炎发烧，后病情越来越重开了刀，20年后她在原伤口处又出现乳腺增生瘤，又吓了一跳；再一次手术。念及研究歪头山样板矿与爱人两次手术，偶尔回味记忆犹新，当时许多同志都是先公后私，爱人临产前出差的。这对今天的年轻人是无法想象的。

4 西出嘉峪关

1964年国家确定酒钢和攀钢为三线工程，1965年我院组织设计队前往嘉峪关进行现场设计。我在1965年接受对酒钢镜铁山矿引进瑞典设备进行评估的任务，其后被任命为

603 设计队队长，在酒钢现场持续工作两年半时间。603 设计队承担镜铁山坑内矿、黑沟露天矿和西沟石灰石矿的设计任务，设计队分驻镜铁山和西沟两地。我为队长，王正平为指导员，王与我两地巡回。老院长付守凡亲自到603 队现场蹲点，与我们年轻人同吃同住同劳动，一切活动学大庆，以大庆人为榜样。

酒泉钢铁公司名为酒泉，实际在嘉峪关附近，离酒泉还有 22km。嘉峪关为长城的终点，是丝绸之路重要关隘，这里戈壁滩茫茫无垠，只生长骆驼草，铁矿山赋存在镜铁山，属祁连山支脉，位于桦树沟内，系一条深谷，地形险峻，最低标高 2640m。进山后头一件事，自己动手兴建“干打垒”住房，我们学大庆，先生产后生活，“干打垒”共建成 264m^2，全为木结构，围墙用双层柳条笆抹泥，中间加锯末保温，此“干打垒”住房冬暖夏凉，住了十多年。

镜铁山矿生产规模为500 万吨，全部按瑞典模式设计，采用自行设备，用端部放矿分段崩落采矿法，主平巷运输用底卸式矿车，掘进用梭式矿车，打天井用 Alimak 天井掘进机，提升用多绳卷扬，放矿用箕斗机械放矿。镜铁山坑内矿设计，在20 世纪60 年代可以说比50 年代设备更新了一代，接近了当时的世界先进水平。

镜铁山矿主要设备均由瑞典 Atlascopco 公司和 Asia 公司引进，用汇 1000 万美元。后来这些设备在国内都扎了根，对提高我国坑内开采水平起到了巨大推动作用。

在编制施工设计时，我们深入研究后，又提出了新的开拓运输方案。镜铁山属高山矿床，矿体赋存在地表 2640m 水平以上，上部标高 3127m，采出的矿石原设计用箕斗由标高 3127m 下放到标高 2640m，当时的出发点是认为机械放矿可靠，还可多引进一套多绳卷扬设备。高山矿床宜用平硐溜井放矿，而不宜于用箕斗下放，我担任南芬铁矿总负责人时就总结高山矿重力放矿的经验。为此，我们提出了不采用箕斗机械放矿而改用平硐溜井放矿的设计方案，当时尽管文化大革命的号角已经吹响，采矿设计负责人刘发源、池永泉等和大家在一起仍然认真做了详细比较，刘发源是先参军后上大学的离休干部，是我的入党介绍人，干什么都一步一个脚印，总是任劳任怨、兢兢业业地工作。镜铁山铁矿改用平硐溜井，不但节省一套提升装置，更重要的是节约大量经营费，优点是肯定的。之后，我们几个人下山到酒钢总部向冶金部工作组负责人、冶金部政治部主任闫志遵作了汇报，限于当时的政治气氛，也没有履行正规批准手续，我们就修改了设计，经过 40 多年的实践证明，改用平硐溜井放矿的方案是十分正确的。

西沟石灰石矿设计采用露天开采，外部采用索道运输。为加快出矿，标高 3456m 以上山头采用大爆破，爆破量为 23.8 万立方米，用炸药 130t，1966 年 10 月 18 日起装药，到 10 月 22 日装完，同日起爆。603 队大爆破设计人林长才、宫翠青等亲自参加装药，我在现场，酒钢领导也亲临现场指导，这次大爆破一举成功。

酒钢有两座铁矿和一座石灰石矿均属高山矿床，高山矿床的特点是海拔高，气压低，内燃机在高山上作业出力低。高山上一般电机的绝缘也不适应，针对高山矿床开采的特点，我仔细阅读了苏联出版的俄文《高山矿床开采原理》一书，认真研究了苏联高山矿床的开采经验，并有针对性地组织调研，中科院心理研究所、生理研究所以及酒钢矿研所的同志围绕高山矿床开采课题也进行了研究。

有关高山矿床开采需要解决的问题，均已纳入有关设计中去，在我的论文集中没有专门收录这方面的文章。

在酒钢现场设计，得到了酒钢和工程兵部队领导的大力支持，酒钢设计处王汝林作为甲方代表分管设计，对我们的工作和生活各方面都给予热情关怀，王汝林后来出任酒钢总经理又出任冶金部副部长，对鞍山矿院怀有深厚友情继续给予支持，大家都铭记在心。当时北京钢铁设计院也派设计队长驻现场设计，设计队队长是戚元靖，我与戚元靖刚在越南分手，又在嘉峪关酒钢现场相遇，欣喜异常。后来听说，冶金部原来打算在酒钢成立北京钢铁设计分院和鞍山矿山设计分院，以确保三线建设的顺利进行，由戚元靖和我任设计队队长，也是为成立两个分院做准备。1966 年 5 月，邓小平同志率各部委负责人和西北五省第一书记到酒钢视察，认定酒钢不是三线，决定酒钢工程只上炼铁前项目，炼钢以下项目暂缓上马，这样在酒钢设立两个设计分院的设想也就撤销了。

以后多年，我又几次赴酒钢矿山参加冶金部现场办公会，去酒钢考察学习，迄今为止酒钢镜铁山矿仍是全国最大的坑内铁矿。

5 写书与办杂志

1980 年，在冶金部矿山司和冶金工业出版社的支持下，我开始负责主编《金属矿山露天开采》技术专著。主导思想是总结我国露天开采的实践经验并介绍世界采矿新技术，以推动我国矿业的发展。

苏联在 20 世纪 50 年代出版了《苏联铁矿露天开采》一书，美国出版了《露天采矿学》（Surface Mining），我国是矿业古国又是矿业大国，当时铁矿石产量已跃居世界第 4 位，但却没有论述我国露天开采的技术专著，心里很不平衡，因此萌发了写书的念头，写书的倡议一经提出立即得到了矿山界专家的响应。随即组成编写组，鞍山黑色冶金矿山设计研究院为主编单位，鞍钢、本钢、冀东院、马鞍山矿山研究院、北京钢铁学院、鞍山钢铁学院、东北工学院、河北矿冶学院等单位参加，有 33 位著名专家学者为执笔撰稿人（详见《金属矿山露天开采》一书序言）。大家推荐我为主编，冶金工业出版社林聪负责编辑出版，全书由北京钢铁学院主审，由鞍钢、鞍山钢铁学院和鞍山矿山院阅审，经冶金部矿山司批准出版。《金属矿山露天开采》一书编写前，我参考苏联和美国同类型著作，拟订了大纲，草拟了目录，划分了章节，规定各章节必须写的内容，限定了各章节的篇幅。各章节撰稿人提出第一稿之后，我和副主编逐章审议，待修改后提出第二稿。我又集中精力，审阅全稿，除技术把关外，还对全书进行编辑，删除各章间重复论述，确保全书的完整性、系统性、确保本技术专著的显著特点和权威性。对全书每一幅图进行核对，对每篇文章进行文字校正，文字编排，错别字更正，计量单位符号的统一，逐一审改，耗时甚多，工作繁重，但至今回忆起来，却也其乐无穷矣。

《金属矿山露天开采》一书近 200 万字，包括了地质、穿爆、采装、运输、废石场、露天开采境界、边坡稳定、露天矿开拓、采剥方法、采剥进度计划、机修设施、安全技术与通风防尘、防排水、露天矿系统工程、破碎、供电通信、矿业经济和基本建设工作等 18 个部分，内容极其丰富、实用性强，反映了我国露天开采的技术水平。本书出版后，深受广大矿业界同仁的好评，该书 1989 年正式出版发行，该书的出版影响深远，20 世纪 90 年代毕业的大学生见到我时常常提到，他们阅读了《金属矿山露天开采》一书，使他们受益匪浅。

我还热衷于办杂志，鞍山矿山院多年来主办《矿山技术》和《国外金属矿山》两份矿业杂志，对繁荣冶金矿山工业，促进采矿技术水平的提高起到了很大的推动作用。这两个杂志实际上成了矿业界的信息中心，深受矿山技术人员喜爱。最初，对这两个刊物，我只是读者、作者和译者。后来《矿山技术》改为《中国矿业》杂志，我出任总编辑。1990～1991年，国家计委牵头组建了“中国矿业协会”，随即筹办《中国矿业》杂志，以作为跨行业跨部门代表中国的国家矿业科技期刊。当时全国有11家矿业期刊竞相争办《中国矿业》杂志，我是中国矿业协会常务理事，中国金属学会采矿学会副理事长，更是积极申办者之一。苏联有俄文《矿业杂志》，美国有《Mining engineering》和《E$MJ》，英国有《Mining Magazine》，澳大利亚有《Australian Mining》，加拿大有《Canadian Mining Journal》，我国现在是世界矿业大国之一，却没有一份综合矿业期刊，心里很不平衡。中国矿业协会成立后，想办《中国矿业》杂志正代表了我的心声，很幸运国家科委、冶金部、中国矿协和辽宁省科委大力支持，批准鞍山矿山院《矿山技术》杂志改为《中国矿业》刊物，明确由中国矿协主办，在北京注册，仍由鞍山矿山院编辑出版。

《中国矿业》杂志的出版，受到中央老领导的重视，原中顾委常务副主任薄一波同志亲笔书写刊头，王鹤寿、吕东、袁宝华同志以及冶金部、地矿部、煤炭部、农业部等部门领导题词祝贺。有6家学会，41个刊物编辑部联名祝贺。1992年7月《中国矿业》首刊问世，从而在我国期刊之林中又增加一支鲜艳的花朵。《中国矿业》以推动矿业发展，促进技术进步为己任，为振兴矿业而拼搏，《中国矿业》全心全意为矿山企业生产建设服务，为矿业界勘查、设计、科研、生产、施工和教学服务，使之成为矿业界同行的益友。《中国矿业》包括了煤炭、冶金、有色金属、核工业、化工、建材和石油行业的固体、液体和气体矿产开发的各专业，发行面覆盖全国，并与国际交流。

《国外金属矿山》杂志是国家科委批准的国家级期刊。由鞍山矿山院主办，实行董事会制管理。1985年成立董事会，董事长为冶金部矿山司司长张树麟，副董事长为焦玉书、潘咏文，各大矿山公司为董事单位，经理为董事。《国外金属矿山》主要报道国外矿山的生产建设经验，介绍世界各国矿山新技术、新工艺、新设备、矿山开采新理论和新方法。多年来，《国外金属矿山》有六次被评为冶金部优秀期刊，1992年还被国家科委评为全国优秀科技期刊，冶金部系统很多著名的专家教授都经常为《国外金属矿山》译校或撰稿，对办刊给予了大力支持。

冶金部和各矿山企业，对《中国矿山》和《国外金属矿山》杂志的出版发行都给予全力赞助，在此仅表衷心的谢意。

6 赴澳大利亚现场设计

为适应钢铁工业日益增长的需要，国家确定利用外国的铁矿资源，因此从1982年起就组织团组到国外考察，选择合作的对象。澳大利亚和巴西是世界著名铁矿石出口国，故被优先考虑。鞍山矿山院一开始，就派人参加了这项工作，澳大利亚哈默斯利、纽曼山、罗布河和戈兹沃斯几家公司都非常积极，愿提供铁矿资源与我合作，经过多方案比较，最后选定了哈默斯利公司恰那铁矿作为中澳合资经营开发的预选对象。为此1984～1985年中澳双方组成了中澳合资铁矿可行性研究设计组联合编制该矿可行性研究报告，哈默斯利公司罗伯茨先生任设计组澳方经理，冶金部派我担任设计组中方经理。中国方面中国冶金进出口公司为中方代表，澳大利亚方面CRA公司所属哈默斯利公司为澳方代表。设计组中方6人，澳方10多人参加，中澳专家在一起工作，用4个月时间编制完成《中澳合资经营开发恰那铁矿可行性研究报告》，按澳方的建设程序，可研报告的内容深度，大致相当于我国的初步设计，内容很多，涉及面广，包括了技术、经济和法律三个部分。可研报告论述了地质、采矿、破碎、辅助设施、外部运输、投资、生产成本、建设条件、建设计划、环境保护、国际市场分析、资金筹措、矿山评价、合资企业结构、澳大利亚对合资企业的政策、法令和税收制度等。与此同时，还拟订了《中澳合资经营开发恰那铁矿协议书》、《合资企业使用哈默斯利公司设施使用费协议》、《恰那铁矿产品销售协议》、《合资企业管理协议》等协议草案。

恰那铁矿投资2亿美元，70%贷款、30%为自有资金，中方投资40%、澳方投资60%。对到澳大利亚去开矿，党中央国务院、国家计委、外交部、外贸部都非常重视。我们在澳大利亚做设计期间，有关部门领导组织团组赴澳，亲临现场检查指导工作。

到国外去开矿，与外国专家合作编制合资矿山设计这是头一次。过去与美国凯萨公司伯克德公司打交道，那是为中国矿山做设计，不涉及中外双方投资建矿事宜，也不涉及法律文件，而中澳双方合作研究开发恰那铁矿，不但要求露天开采工艺新、设备新、管理先进、劳动生产率高，而且经济上要做的工作实在复杂。法律方面我们掌握的就更不足，为了加强经济工作，我方在澳大利亚珀斯市聘请了一位会计师，为了加强法律工作，又专门聘请钱伯斯先生为顾问律师。钱伯斯先生原为CRA公司高级法律顾问。为了为中方服务，他辞去了CRA职务，他曾来中国讲学，我去听过他讲课，钱伯斯经验丰富，律师和会计师的报酬按一般标准是200美元/小时，对中方优惠，他们只收120美元/小时。一周工作时间不是按40小时计算，常常是一周为50~60小时。外国会计师和律师与我们相处得很好。1993年钱伯斯先生还专程来鞍山看望过我。

2011年，钱伯斯先生在北京注册成立了张百善律师事务所，又专门请原国际贸易促进会曾俊伟律师和我去作客，商谈在华开展业务，钱伯斯先生一直还是恰那矿董事会董事。

恰那铁矿设计期间，真是夜以继日，星期六和星期日是法定休息日，也常常加班。过去常说外国人在周六和周日必定休息去旅游，实际与澳专家相处，才看到外国专家服务于老板，干起工作来，干劲可大了。中方专家6人在实践中体现了应有的才能，受到澳方的称赞。合作设计开始时，澳专家对中国专家水平不甚了解，在一起工作后，才发现中国专家经验丰富，考虑问题思路广，水平高、反应快，正如一位澳专家说的，“焦先生像一本书，封皮看上去很普通，可是书里边的内容很丰富”。

恰那铁矿可研报告完成后，又于1985~1987年进行长时间的谈判。最终于1987年达成协议，在北京举行了隆重的签字仪式，恰那铁矿1989年投产。现在生产了20多年又签了延期协议，实践证明恰那铁矿项目是成功的。在设计过程中我们对澳矿进行了调查研究，对西澳地区汤姆普顿所、帕拉布杜、纽曼山、罗布河、戈兹沃斯等现代化露天矿的生产建设与管理进行详细考察研究，还考察一座位于珀斯市南部的大型铝土矿。1987年和1995年我又两次赴澳大利亚对西澳几座矿山进行了考察，《世界采矿技术的发展与中国铁矿增产的途径》（焦玉书著）收录的几篇报道澳大利亚矿山生产情况的文章，就是这期间撰写的。2004~2009年，我又几次赴澳洽谈合资开矿，应该说都参照了恰那矿的经验。

7 推广计算机技术

1980 年我们与美国凯萨公司合作编制南芬铁矿和司家营铁矿设计，1983 年我们又与美国伯克德公司合作编制首钢水厂铁矿和准格尔煤田开发设计，1984 ~ 1985 年我们又与澳大利亚哈默斯利公司合作编制恰那铁矿设计。通过国际技术交流，越来越认识到计算机技术的重要。在此之前，我院已选派张生贵赴美国学习，专攻矿山系统工程，张生贵回国后，以他为专业带头人，给他配备了专业助手和 CAD 设备，系统开发了矿山计算机软件包，张生贵同志以优异的研究成果，贡献给冶金矿山事业，取得了教授级高级工程师技术职称，获国务院颁发的政府特殊津贴、全国五一劳动奖章、辽宁省劳动模范、冶金部先进工作者，并当选为八届全国人民代表大会代表。冶金部矿山司、基建局的领导大力支持在我国推广计算机技术，为此在鞍山矿山设计研究院建立了计算机技术推广站，我出任站长，张生贵为主任工程师。先是举办由本钢、首钢、攀钢、太钢、马钢、辽镁等单位的技术人员参加的学习班。推广的项目包括：

（1）地质数据库软件包；

（2）露天开采境界确定；

（3）采剥进度计划编制。

在举办学习班之后，矿山司提出严格要求并给予大力支持，规定全国重点矿山必须普遍推广应用计算机技术，凡应用计算机技术编制的采剥计划。矿山司受理并拨款给购置一套 CAD 设备，包括微型计算机和数字化仪等。手工方法编制的采剥计划一律不接受，不予审查。

领导的支持，企业的热心，加上大家的努力，从而使我国大型露天矿计算机技术水平大大提高了一步，缩短了与国外的差距。各矿建立了计算机中心，一代掌握计算机技术的年轻人迅速成长起来，鞍山院推广站起到了中心纽带作用。对此冶金部王汝林副部长在全国冶金工作会议上给予称赞。人民日报还发了专题报导，1989 年在《矿山技术》杂志第 2 期发表的我写的《露天矿采场控制和报告程序》一文，就是在那个时候写的。

8 赴巴西现场设计

为适应钢铁工业迅速发展的新形势，宝山钢铁集团公司、武汉钢铁集团公司、马鞍山钢铁集团总公司和中钢工贸集团总公司联合起来，拟到巴西合资开矿，巴西是世界居第一位的铁矿石出口国，有得天独厚的铁矿资源，矿业发达，当年 CVRD 公司年产富铁矿 1 亿吨，在世界上是第一位的大型铁矿公司；MBR 公司年产 2500 万吨是世界第六大型铁矿公司。

国家领导人江泽民、乔石、朱镕基以及国家计委主任陈锦华访问巴西都表示支持中巴合资开矿，冶金部领导和上述四家董事单位领导都先后赴巴西洽谈选点，1993 年起正式成立了中巴合资铁矿前期工作组，与巴方谈判，最后选择两家为候选合作对象：（1）淡水河谷公司卡拉雅斯铁矿 N4W - N 矿体；（2）巴西联合矿业公司卡堡·沙维尔铁矿。

1994 年 6 月，组建中巴合资铁矿可行性研究设计组，共 10 人，四家董事单位各派两人，又邀冶金部鞍山冶金设计研究院派两人参加，组长燕德顺，副组长兼总设计师焦玉书，副组长还有周曰乐、江国政，1994 年 7 月设计组随吴溪淳副部长率领的冶金代表团到达巴西。

设计组首先考察了巴西的生产矿山，包括以下几个方面。

8.1 CVRD公司

（1）康塞松（CONCEICAO）露天矿，年产1400万吨/年；
（2）卡韦（CAUE）露天矿，年产1760万吨/年；
（3）廷巴佩巴（TIMBOPEBA）露天矿，年产600万吨/年；
（4）CAPANEMA露天矿，日本巴西合资，年产1000万吨/年；
（5）卡拉加斯露天矿，年产3500万吨/年；
（6）图巴隆港和玛蒂拉港；
（7）球团厂；
（8）铁路专用线及总调度中心。

8.2 MBR公司

（1）阿瓜斯克拉腊斯露天矿，年产1400万吨/年；
（2）穆图卡露天矿，年生产600万吨/年；
（3）皮库露天矿，年生产600万吨/年；
（4）长皮带机；
（5）铁路专用线及塞巴蒂巴港。

紧接着中巴双方确定了可行性研究内容深度、概算精度、经济评价方法以及采用的巴西对矿业的政策、税法、法令、法规，特别是环保的法规。

可行性研究与澳大利亚恰那矿可研报告内容大致相同，都分列技术、经济和法律三个部分。从1994年8月到1994年年底，中巴双方合作完成了CVRD公司卡拉雅斯铁矿N4W—N矿体和MBR公司卡保沙维尔铁矿两项可研报告，在此两项设计中，采用了新工艺新设备，通过合作设计我们掌握了巴西铁矿生产的一些做法，对我们很有参考价值。

8.3 巴西经验

（1）露天矿境界圈定，不再应用经济合理剥采比作为判定指标，而用凸形分析——资源技术参数化方法确定境界。（详见焦玉书论文集）

（2）设备选型除按照技术条件、经济效益条件选型外，还要考虑战略因素，即考虑选用新型设备，多元化多渠道选设备。多元化指电铲液压铲前装机并用；电动轮汽车与机械传动汽车并用，多渠道指同一型号产品不由一家公司选，而由几家公司选，创造一个竞争的局面，几个厂家争相为矿山提供优质服务。

（3）注重生产实践经验，比如台阶高度用10m、13m和15m，已有成熟经验了，就不愿再改动。

（4）特别强调为用户服务。保矿石质量，如他们已经按Al_2O_3和SiO_2造渣组分作为划定边界品位的指标。为降低水分，在储矿场，运载车辆上都采取排水措施，甚至在运矿船船底也加了排水装置。

（5）采用计算机汽车调度系统，卡拉雅斯矿由加拿大引进一套花200万美元，据称汽车效率可提高10% ~20%。

(6) 卡拉雅斯矿地下水发育。采用了平硐排水井拽水方案，如同我国平硐溜井系统。

(7) 外部宽轨轨距1600mm，但与1000mm 轨距并行，宽轨窄轨三条轨并行，宽轨窄轨车辆在同一线路上行驶，道岔处理得很好。

(8) 目前输出品位 Fe 在 66% ~67%，但有逐渐降低的趋势，要利用低品位铁矿资源。

(9) 边坡稳定，环境绿化搞得好，阿瓜斯克拉腊斯矿将要闭坑，已做好规划，把矿山建成一个生活区，采坑变成人工湖。

(10) 对矿工和矿山技术人员福利待遇很重视，工资高、福利多。

在可研报告中也研究了合资企业的章程和管理，起草了相应的协议草案。

1995 年 1 月由巴西回国途中，为了考核设计中选用的设备可靠性，我们路过澳大利亚，又一次考察了哈默斯利公司、BHP 公司和罗布河铁矿公司所属矿山和港口，与前几年相比澳矿有很大发展，供矿能力有潜力，他们正在为提高商品矿质量而努力。

9 参加国际会议

9.1 1987 年参加第十三届世界采矿大会

第十三届世界采矿大会在瑞典斯德哥尔摩市召开，冶金部矿山司司长王绍良任团长，焦玉书、云庆夏、王泳嘉、马光为代表成员，当年正值鞍山矿山设计院与长沙矿山设计院竞争程潮铁矿设计项目，为此我在会议期间寻找老朋友 LKAB 公司（基律纳铁矿）副总裁约纳森先生，与其洽谈办理由瑞典政府以向中国政府赠款的方式赠款 110 万美元，支持由 LKAB 公司编制“程潮铁矿设计研究”（设计深度相当于中国初步设计），在与 LKAB 公司签订合作协议后，约纳森宴请中方代表团成员，留学美国的王泳嘉、云庆夏海归派都参加，他们十分惊讶，他们说焦玉书的英语水平单独与外国人说说话还行，没想到没有海归派帮助竟能与外国人谈判，还签署了协议，实感意外。其实海归派不了解谈判技巧，说实话，论外语水平我阅读协议条款都费劲，更没有起草协议的能力，但我能够表达请外国人起草协议的愿望，请他们先草拟出协议草稿，之后我看还是可以看懂的，修改意见还是能表达的。

事有凑巧，武钢矿山部（武钢矿业公司前身）副部长江国政刚从瑞典琉利欧大学培训班结业，准备回国，中国参加世界采矿大会的代表，当时都是公费出国，交会费中有一项技术参观，实为观光旅游，每人 1000 美元，我提出不参加旅游，用这笔钱邀江国政一起考察瑞典波力登公司和芬兰奥克托姆公司有色矿山充填采矿法，因为长沙院竞争程潮铁矿用充填法，我们鞍山院推荐崩落法，想与江国政一起考察充填法，让武钢对充填法加深认识，此事王司长不敢正式批准，只是默认，有王泳嘉等证明，回国后由焦玉书自行承担去第三国芬兰出访的责任。

我与江国政在瑞典芬兰考察了充填法，还一起拜访了阿特拉斯公司规划部采矿专家。长沙院此前委托该公司对程潮铁矿采矿方法提出建议，他们推荐用充填采矿法，我与江国政当面询问为什么推荐充填法。阿特拉斯公司采矿专家拿出“程潮地质平面图”，指出：地面有古建筑，为保护历史古迹，保持地表不沉陷故而只能推荐采用充填法，江国政当即说明，图上标注的方块，是村庄，不是古迹，瑞典专家笑了，是村庄可以搬迁，那就可以用崩落法了。

后来长沙院与鞍山院编制的“程潮可行性研究报告”，项目评估中众多专家赞同采用崩落法。武钢从此委托鞍山院承担设计，长沙院按地区分工为程潮服务了近20年，改革开放竞争中退出武钢，我们鞍山院则进军江南，这是我在任鞍山院院长期间一项显赫战绩。

9.2 1990 年参加第十四届世界采矿大会

第十四届世界采矿大会在北京召开，主题为“未来的矿业发展趋势和展望”。我国众多矿业界人士参会，冶金部矿山司潘咏文（苏联留学）、焦玉书在会议期间特别与苏联冶金部副部长安东年柯以及科夫多尔，英古列茨，中部、南部、北部采选公司经理进行技术交流。冶金部副部长徐大铨（苏联留学）会见并招待了苏联矿山代表团全体成员。

会议期间，潘咏文和我极力推动达成一项协议，就是用长治矿山机械厂与美国合作制造的露天矿装药车，换英古列茨采选公司的火力穿孔钻机。

20 世纪 60 年代我就开始搜集苏联火钻资料，在苏联访问时有机会目睹了火力钻机现场的生产情况。1992 年中国金属学会在包头召开露天开采学术会议，我在会上宣读了论文《露天矿高台阶开采应用牙轮 - 火钻联合穿孔方法的思考——兼谈苏联火力穿孔技术》，此文后来发表在《金属矿山》杂志 1992 年第 3 期。

对露天装药车换火钻的事，苏联冶金部副部长安东年柯和英古列茨采选公司经理非常赞成。之后，中苏双方为此互访，苏方专家到长治矿山机械厂看装药车，中方专家到苏联露天矿看火钻，引进火钻想在南芬铁矿应用，为此冶金部矿山司安排由维简费中出资，但此事没有成功，因为与美国合作制造的露天装药车协议中有规定，只准在中国境内应用，出口到第三国必须征得美方同意。

9.3 1992 年参加第十五届世界采矿大会

第十五届世界采矿大会在西班牙马德里召开，矿山司司长张树麟任团长，焦玉书、潘咏文等参加，在会上焦玉书宣讲了题为《中国铁矿增产技术与途径》的论文，1992 年 5 月此文刊登在第十五届《World Mining Congress The Mining Out Look》论文集。

会议期间参观了在西班牙举办的世博会，还参观了西班牙、葡萄牙有色金属矿山。第一次看到 $40m^3$ 铲斗大电铲；第一次在选矿厂看到用水力旋流器，而不是我们学前苏联用分级机分级；还看到了压滤机；对选矿厂全厂自动化印象更深，选厂各车间，看不到机旁操作的工人，全厂集中控制，应该说每次参加世界采矿大会到国外考察都有收获，水力旋流器分级、压滤机、选厂自动化后来我们自主创新也都推广应用了。

10 主持鞍山矿山院的工作

1985 年我由澳大利亚回国，中澳合资开矿的事情没有完结，冶金部党组任命我为冶金部鞍山黑色冶金矿山设计院院长，在此前，我是副院长。鞍山矿院是全国矿山设计人员的摇篮，长沙、秦皇岛和邯郸院都是由鞍山矿院分出组建的。可以说鞍山院人才辈出，其特点是：建院时间长，老专家多，设计经验丰富，国内国外联系面广，在全国乃至世界知名度高，担负的设计地域范围广，冶金部一直把鞍山矿山院当做重要的参谋部。重点工程规划，大型工程设计审查，重大技术攻关、技术政策拟定等都指定由鞍山矿院负责或派人参加，由我任院长，实感担子太重，力不胜任，为了不辜负上级和广大职工的信任与期望，我坚持依靠领导、依靠职工群众，团结广大干部，奋发图强，兢兢业业努力工作。现在看来担任院长9年多，尽管许多事该办而未办，有些事应该办好而没有办好，但担任院长9年，到1994年退休，9年来全院工作取得的成绩还是十分可喜的，主要标志是：

（1）1993年中华人民共和国建设部和国家统计局评选冶金部鞍山黑色冶金矿山设计研究院为百强设计院，在北京钓鱼台国宾馆颁发证书，人民日报正式公布。在此之前，1990年教授级高级工程师郭天祥被评为全国设计大师，都为我院赢得了荣誉。

（2）1993年6月，中华人民共和国对外经济合作部批准冶金部鞍山黑色冶金矿山设计研究院具有技术出口经营权，从而对开发外向型经济创造了良好条件。津巴布韦钢铁厂咨询、印度中东公司烧结厂设计、8m^3竖炉向美国LTV伊利球团厂转让以及劳务出口等都实现了外汇收入。

（3）完成了“七五”计划和“八五"计划重点工程项目设计，包括鞍钢、本钢、唐钢、包钢、太钢、酒钢、鲁中、梅山、邯邢局和武钢以及地方企业的采、选、烧工程项目，保证了这些企业生产能力的增长。

在完成国家任务的同时，大力支援地方，协助辽宁、鞍山的工厂开发新产品，并协助推销，高峰时每年为鞍山创产值6000多万元，为辽宁省创产值1.5亿~2亿元。

（4）扩大经营范围，组建辽宁中小热电设计院，已承担35座电厂设计，并与英国、奥地利等国建立了联系。

（5）增强市场经济观念，提高了竞争意识，1987年进军江南，奔赴新区对武钢程潮铁矿设计投标一举获胜，1993年再次南下，承担了上海梅山冶金公司新建烧结厂工程设计。

（6）扩大技术开发，完成了露天矿陡帮开采，间断连续工艺等重大科研项目，同时普及提高计算机技术，对计算机技术在首钢、包钢、攀钢、太钢、马钢、辽镁等单位露天矿上应用起到了促进作用。

（7）培养新生力量，注重年轻后备干部考察，1986~1994年进院大学生达395人，现在担任院长、副院长及中层干部中，40岁以下的年轻干部有41人。

（8）改善职工生活，兴建家属宿舍，9年共建家属宿舍45000m^2。

（9）加强精神文明建设，鞍山市命名鞍山矿山院为市文明单位和重合同守信誉单位。

这些成绩的取得，是冶金部、省市委上级领导支持的结果，是全院广大干部和职工努力的结果。这与我院已经离退休的广大干部职工过去多年在院兢兢业业工作给院打好基础是分不开的，我们特别对老院长付守凡十分敬仰。1966年他在酒钢现场蹲点，直接领导我的工作，受教诲甚深，他思路敏捷，尊重实践，观察问题高瞻远瞩，处理问题实事求是；日常生活简朴，政治上严于律己，为政清廉，以身作则，不搞特殊化。20世纪60年代困难时期，农场给他几个鸡蛋，他也如数退回；他上下班以步代车，从不摆架子；他关心职工，对困难户热情相助，给以温暖；作为革命老干部，他特别重视知识分子的工作，给他们以关怀，给他们以动力。与付守凡院长一起工作，总感到有力量。文革中，他受到了极不公正的待遇，其中有一个问题，就是批判他内定焦玉书为院长接班人，因为我父亲是右派分子，虽已摘帽仍被认为出身不好，当时院内对此沸沸扬扬，没想到 17 年之后，此事竟成为现实。因此，我出任院长处处以老院长付守凡同志为楷模，心里想一定要尽力做好工作，绝不辜负老领导、上级领导和广大干部职工的期望。

11 夕阳红

时间过得确实快，1994 年屈指算来我满 61 岁了，身体状况虽然尚好，但岁数不饶人，到了甲子之年，应让位给年轻人，让年轻人挑重担，带领职工在市场经济的大环境中拼搏，于是 1994 年我向冶金部党组提出，不再担任院长的申请，我用了《资治通鉴》的一段话："日中则移，月圆则亏，进退赢缩，与时变化，圣人之道也。"还附一首好像是关汉卿的诗：

花有重开日，人无再少年；

休道黄金贵，安乐最值钱。

以此来说明年龄 60 岁了，该退休的道理，后来冶金部党组于 1994 年批准我不再担任冶金部鞍山冶金设计研究总院院长职务，出国巴西，又于 1996 后批准退休，从此加入了"夕阳红"团队。

鉴于身体尚健壮，于 1996 ~ 2012 年退休期间，继续从事一些适宜的有关矿山生产建设的工作，主要是调查研究，从事矿山项目专题研究；国内外矿山项目评审评估；国家科学技术支撑项目立项和项目验收评审评估等。

11.1 参加写"书"

（1）撰写《世界采矿技术的发展与中国铁矿增产的途径》。

在我工作满 40 周年不再担任行政领导职务之际，矿业界朋友们鼓励我出版一本矿业文集，以做纪念。为此我把写的文章进行了整理，汇集在一起取名"世界采矿技术的发展与中国铁矿增产的途径"，作为一本矿业论文集由东北大学出版社出版发行，全书收集了 50 篇文章 71.5 万字。

此矿业文集的出版，得到了冶金部以及中国冶金建设集团公司、中国冶金矿业总公司、中国金属学会、中国矿业协会、中国冶金矿山企业协会、冶金部鞍山冶金设计研究总院、《中国矿业》杂志编辑部、《国外金属矿山》杂志编辑部的大力支持与帮助，得到了冶金矿山企业、矿山设计研究院所、冶金机械制造厂的大力支持与帮助，参考使用了许多单位、许多专家的研究成果、设计成果和统计资料。借此机会再向上级领导，兄弟单位和矿业界的朋友们表示最衷心的感谢。

此文集于 1995 年 9 月出版发行，受到矿业界同行的欢迎，时任国家冶金工业局局长、原冶金工业部副部长、现任全国人大常委员副秘书长王万宾曾专门来信祝贺，中国冶金建设集团公司（现为中国冶金科工集团有限公司）专门发来了贺电。

（2）主编《中国冶金矿山可持续发展战略研究》专著。

1999 年，国家冶金工业局发展规划司和中国冶金矿山企业协会立项开展了《中国冶金矿山可持续发展战略问题与对策》专项研究。主要目的是研究加入世贸组织后对我国矿山行业的影响和应采取的对策，学会协会领导、各矿山企业领导、设计研究院所、高等院校等单位有 35 位专家学者写出了专题论文。

全书收集了52篇文章、101万字，其中包括我写的14篇和我与同行专家合写的文章13篇，此书于2000年6月出版发行，对推动我国铁矿工业发展起到了推动作用。

（3）参加编写《世界铁矿矿情》和《世界铁矿生产技术》专著。

2003年，中国冶金矿山企业协会为指导我国企业到境外开矿，推动我国铁矿企业进行技术改造，专门立项组织编写了《世界铁矿矿情》和《世界铁矿生产技术》专著。编著高级顾问是徐大铨、罗冰生、董稼祥。主编邹健、副主编雷平喜、焦玉书。

《世界铁矿矿情》收集了65篇文章，全书130万字，包括亚洲：中国、越南、蒙古国、朝鲜、巴林、印度；大洋洲：澳大利亚、新西兰；南美洲：巴西、秘鲁、委内瑞拉、智利；北美洲：美国、加拿大；欧洲：俄罗斯、乌克兰、瑞典、挪威、奥地利；非洲：南非、几内亚、科特迪瓦、利比里亚，毛里塔尼亚，尼日利亚等25个国家的矿情。

《世界铁矿生产技术》包括世界露天开采技术、世界地下开采技术、世界球团生产技术、美国矿山技术新进展、世界矿业100周年等方面的专业论文15篇36万字。

该两项专著由中国冶金矿山企业协会内部发行。

（4）翻译出版《西方矿山成本分析与管理》。

时任中国冶金矿山企业协会会长邹健，出国参加国际会议，带回一本书《西方矿山成本分析与管理》，我看其内容很好对我们了解国外矿山成本计算方法，借鉴外国经验，改进我国矿山成本计算大有帮助，于是我征得邹健会长同意，组织翻译了此书，我也承担一部分翻译任务，全书20万字，于2001年12月由中国冶金矿山企业协会内部发行，大家反映挺好。

11.2 参加“专题研究”

矿产资源开发与其他任何工作一样，离不开对两个基本问题的思考，一是分析当前的形势“怎么看”，二是确定今后的工作“怎么干”。

因此上级总是部署专题研究。

（1）1999年按照国家计委要求，进行《2000年我国矿山发展与进口铁矿石战略研究》，我参加了此专题研究，收获很大。我曾提出，我们从巴西进口铁矿石，巴西从我国进口焦炭和煤，建议巴西运矿船，在中国港口卸载后，空船装上运往巴西的焦炭和煤，重载双向运输，有关部门领导认为此意见好，符合实际，应予支持，但遗憾的是时至今日，由于部门之间的利益链此类问题仍得不到解决。

（2）参加中国工程院重大咨询项目的研究工作，2003～2005年中国工程院组织开展了《中国可持续发展矿产资源战略研究》。2011年11月中国工程院又组织开展了《黑色矿产资源的可持续开发和综合利用》专项研究。两个项目研究目标相同，只是不同年代有不同的要求。此项目研究范围广。主要研究思路如图1所示。

我有幸应邀参加了这两个项目的研究。2005年《中国可持续发展矿产资源战略研究》专项研究中，我参加了两个子专题研究：《合理利用国内外铁矿资源保证我国钢铁工业可持续发展战略研究》，专题负责人：邹健、焦玉书；《合理利用国内外锰矿铬矿资源保证我国钢铁工业可持续发展战略研究》专题负责人：焦玉书、邹健。

上述专题研究报告已由科学出版社出版内部发行。2011年起新的专题研究正在进行中。

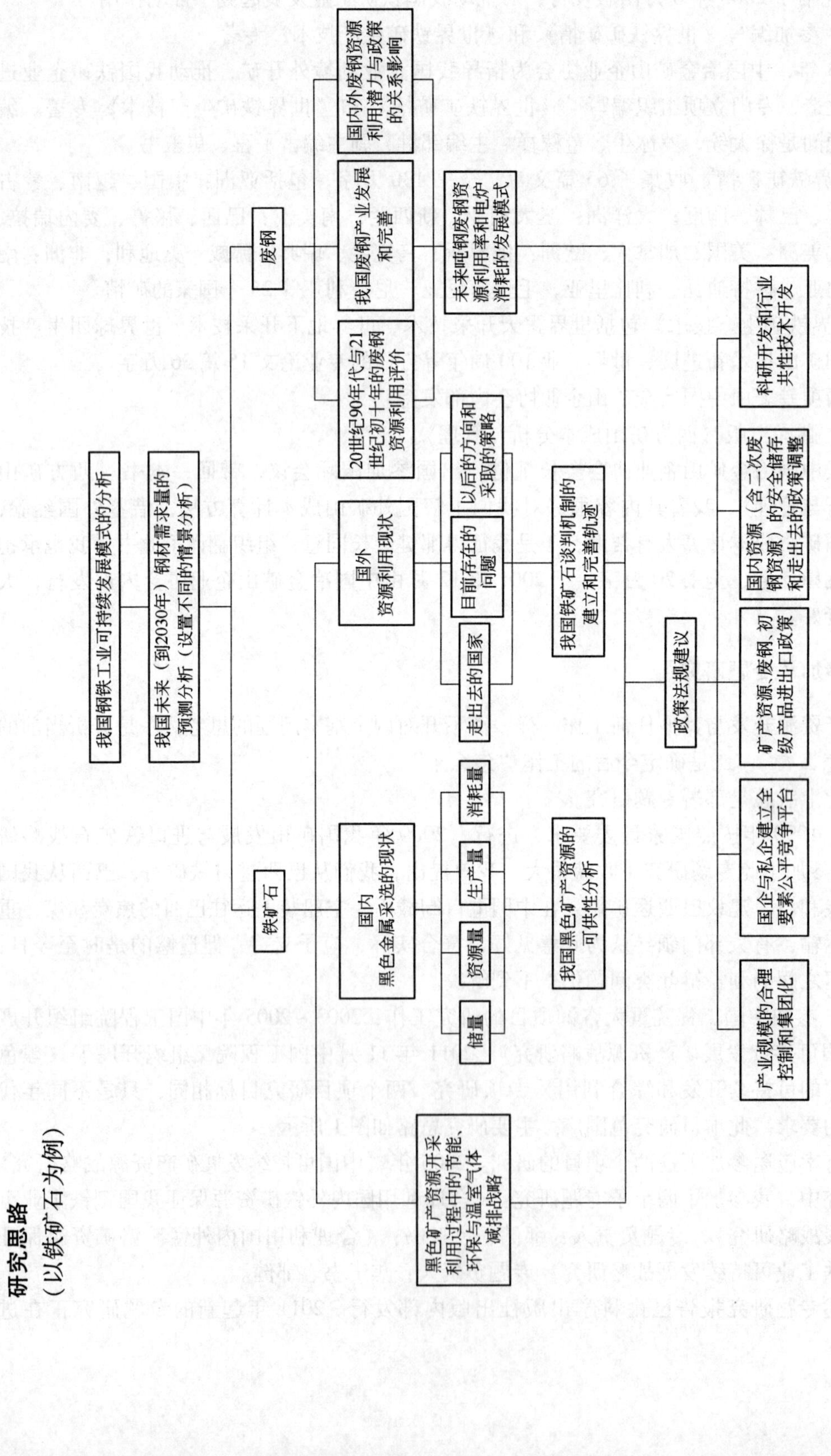
研究思路（以铁矿石为例）
我国钢铁工业可持续发展模式的分析
我国未来（到2030年）钢材需求量的预测分析（设置不同的情景分析）
废钢
铁矿石
国内外废钢资源利用潜力与政策的关系影响
我国废钢产业发展和完善
20世纪90年代与21世纪初十年的废钢资源利用评价
未来吨钢废钢资源利用率和电炉消耗的发展模式
国外资源利用现状
国内黑色金属采选的现状
以后的方向和采取的策略
目前存在的问题
走出去的国家
储量
资源量
生产量
消耗量
我国铁矿石谈判机制的建立和完善轨迹
我国黑色矿产资源的可供性分析
黑色矿产资源开采利用过程中的节能、环保与温室气体减排战略
政策法规建议
科研开发和行业共性技术开发
国内资源（含二次废钢资源）的安全储存和走出去的政策调整
矿产资源、废钢、初级产品进出口政策
国企与私企建立全要素公平竞争平台
产业规模的合理控制和集团化

图1 研究思路

（3）参加中国金属学会《中国钢铁工业资源和能源瓶颈中的科学技术问题》研究。中国金属学会理事长翁宇庆院士和牛京考负责此项目研究，按分工子专题《充分利用两种资源、两个市场，满足铁矿资源供给的科学技术问题》由焦玉书和中国冶金矿业总公司姜圣才负责。2011 年 7 月 18 日我们按要求完成了任务，提交了内容广泛的研究报告。

（4）参加《提高国内铁矿石资源保障程度的政策》专项研究。2011 年 3 月至 2012 年 2 月按照国家工信部要求，中国冶金矿山企业协会立项开展了《国内铁矿石资源保障程度的政策》专题研究，由协会常务副会长雷平喜带头，由秘书长杨家声具体组织，邢新田、焦玉书、姜圣才、蔡鸿起、周伟等参加了专项研究。

本项目包括铁矿资源篇、开发利用篇、综合利用篇、矿山政策篇。焦玉书、姜圣才承担开发利用篇研究，2012 年 2 月提交了研究报告，向工信部作了汇报。

11.3 参加境外开矿项目评审评估

我国境外开矿起步早，但真正签协议实施的少，权益进口矿只占总进口量的 10%，而日本进口铁矿石中权益矿占 70% 以上。近年来，我国企业到境外开矿积极性猛增，纷纷与国外生产商签约，境外开矿项目需要经发改委、商务部立项，贷款要经银行评审，我有幸参加过一些项目评审评估，从中总结经验，向企业介绍成功的做法，吸取失败的教训，16 年来参加评审、评估的项目主要有：

赞比亚谦比西铜矿（中有色）
秘鲁首钢公司马科纳铁矿（首钢）
澳大利亚卡拉拉铁矿（鞍钢）
澳大利亚 SINO 铁矿（中信泰富）
澳大利亚 Weld Range 铁矿（中钢集团）
澳大利亚 FMG 公司华菱入股（华菱）
柬埔寨铁矿（广西有色）
俄罗斯别列佐夫铁矿（鲁能已售西洋集团）
刚果（金）SICOMINES 铜钴矿（中铁、中水电）
利比里亚邦山铁矿（武钢、中利联）
加蓬贝林加铁矿（中机公司）
蒙古国伊罗河铁矿（香港龙铭）
加拿大世纪铁矿（邓肯湖、阳光湖、阿提坎玛）（武钢）
塞拉利昂唐克里里铁矿（山钢集团）、阿富汗铜矿（中冶集团）

（1）参加《SINO 铁矿项目》项目评审。

中信泰富 SINO 铁矿项目是中信泰富公司在西澳洲与 Mineralogy 公司合资开发的大型铁矿，矿山年产原矿 8000 万吨，成品矿 2760 万吨，建一座 600 万吨球团厂，露天开采，用 35m^3、45m^3 液压铲装载，360t 交流电动轮汽车运输，选矿用磁选，磨矿用自磨机，直径 12m，电机功率 2. 8 万千瓦为环形马达式无减速机的自磨机，矿山无淡水，自建海水淡化厂，工程总投资 2006 年 8 月讨论时估算 37 亿美元。后来追加投资到 53 亿美元。

此项工程由中冶集团总承包，由中冶北方工程技术公司（即原鞍山冶金设计研究总院）承担设计。

2006年，应中信泰富荣智健先生之邀。我担任项目评审专家组组长，在北京中国大饭店讨论5天。

SINO铁矿将是世界规模最大的矿山。

（2）参加塞拉利昂唐克里里铁矿评估。

该矿拥有资源量51亿吨，铁30%，磁性铁26.5%，露天开采一期年产800万吨，后期原矿产量将扩大到1.5亿吨，生产精矿4500万吨，剥岩1亿吨，剥采比0.66t/t。中国山东钢铁集团与中铁物资联手，已与矿山业主非洲矿业公司签约。

（3）俄罗斯别列佐夫铁矿评审。

1996年，我随中冶代表团到过别列佐夫考察，并征求了原苏联冶金部副部长、《苏联矿山杂志》总编辑安东年柯的意见，他与我说这厂矿地处严寒地区交通不便，基础设施差又是褐铁矿不好选，我们都不开，难道你们中国想来开这个矿？

鲁能集团不调查不研究，主观拍板花9800万元买下了别列佐夫，委托我们院设计，年产1000万吨，焙烧磁选，精矿品位TFe 64%、SiO_2高达8%以上，投资64亿元人民币，我参加项目评估，提出了意见，鲁能要求我帮他们寻找用户，找合作伙伴，我找了通钢，通钢派专家到现场考察，认为矿产品中SiO_2高于8%，矿山建设条件不好，不同意合作，鲁能感到背上了包袱，一转念把矿权转售给了辽宁西洋耐火集团董事长周福仁。如今此项目进不能进，退也不行，十分为难。如今西洋集团在朝鲜开矿也遇到了麻烦，也真可怜。

（4）参加对中钢集团西澳洲中西部公司Weld Range铁矿贷款评估。

2012年受国家开发银行之邀参加了对Weld Range铁矿贷款评估，Weld Range铁矿位于澳大利亚西澳洲尤尔岗地区。拥有资源储量2.62亿吨，为赤铁矿，TFe57.6%。矿山用露天开采，年产1500万吨，矿山投资26亿美元，本项目主要问题是外部铁路和输出港口项目由ORP公司承担，该公司资金不到位，铁路港口建设拖期，Weld Range铁矿也受牵连，不得不延期，从而中钢集团投入资金招致损失，现中方企业参与调研，如合适拟对铁路港口投资入股。

（5）蒙古国伊罗河铁矿评估。

蒙古国伊罗河铁矿位于乌兰巴托市北部，距达尔汗市120km。

矿山资源储量：控制级8345.5万吨，TFe 49.2%；探明级17746万吨，TFe 54.48%；推断级9710万吨，TFe54.21%。

矿山露天开采，年产1000万吨，投资6.2亿美元。

此矿山业主香港龙铭投资有限公司，向中国进出口银行贷款，由中国国际工程咨询公司组织专家评估，我有幸参与了此项评估。

在此十多年前，我们曾评估杜木尔泰铁矿，现场考察我未敢成行，2011年情况有变化我去了两次蒙古国，印象不错。

参加评审评估的项目较多，就不一一列举了。

11.4 参加国内铁矿开发项目评审评估

我国对铁矿资源投资逐年加大，2007年铁矿项目投资427亿人民币，2008年681.55亿元，2009年841亿元，2010年1068亿元，吨矿投资一般要500元/吨，新建扩建项目很多，按程序申请采矿证要进行《矿产资源开发利用方案》的评审，建设项目上马要向国家发改委申请立项，铁矿项目立项申请报告，也要进行评审，16 年来我有幸参与了一些项目的评审评估，主要项目有：

鞍钢胡家庙子铁矿开发

鞍钢眼前山铁矿露天转坑内开采

鞍钢弓长岭井下矿延深

鞍钢齐大山铁矿二期扩建

本钢南芬铁矿延深开发利用方案

河北钢铁马城铁矿

河北钢铁常峪铁矿

河北钢铁司家营北区一采场露天开采

河北钢铁司家营三期 1500 万吨采选工程

马钢和尚桥铁矿

马钢张庄铁矿

马钢白象山铁矿

包钢西矿采选工程

攀钢尖山铁矿露天转坑内开采

安徽金日盛矿业公司周油坊铁矿

太钢袁家村铁矿

通钢塔东铁矿

北京威克冶金公司霍各庄铁矿露天转坑内开采

昆钢大红山铁矿

还有一些项目不一一列举，通过国内铁矿项目评审评估，感受很深，我们正在由铁矿石生产大国向强国迈进。

但也有值得注意的问题。一是铁矿石产量 2011 年达到 13 亿吨，但国有大中型企业产量只占总量的 24% ~25%，绝大多数是由地方中小企业生产的，企业集中度低。二是铁矿资源量少，保证开采年限短，危机严重。三是大量采用阶段矿房嗣后充填采矿法，西安山铁矿地下开采，年产 3000 万吨，马城铁矿年产 2500 万吨，一座矿山如此大的规模，用充填法，在国际上尚无先例，诸多问题有待攻关。

11.5 参加一些活动

（1）2003 年参加工程院院士行活动。2003 年 11 月国家计委，中国工程院组织《武钢技术创新院士行活动》，中国工程院院士殷瑞钰、张寿荣、陆钟武等与钢铁行业人员参加，我有幸应邀参加了“武钢院士行”，在武钢工作一星期，住在当年毛主席在武汉住的东湖宾馆旁边的新东湖宾馆，武钢总经理刘本仁等主要领导在院士行活动中先介绍了武钢生产情况，存在的问题及发展规划，之后参观现场。组织座谈咨询，针对武钢情况，参加院士行的专家学者纷纷提出了建议。我也提出一项建议，主题是“大力发展球团矿，改善高炉炉料结构——关于建设大型球团厂（500 万吨/年，而不上四烧 435m^2 烧结机”的建议，此文已列入《世界铁矿资源开发实践》论文集中）。

（2）参加矿山科学技术研究项目的立项验收评审评估与科技进步奖评审活动。我受聘为中国冶金矿山科学进步奖评审委员会成员，参加矿山科技研究项目评审，两年评一次，最近两次，2010 年评奖是在内蒙古包钢西矿进行的，2012 年评奖是在马鞍山进行的。

国家科技部所列矿山科学技术支撑计划中的项目立项、验收评审有时我也参加。

对我来说参加科技项目评审评估，是一个学习的过程，科学技术是生产力的实践过程，以梅山铁矿大间距无底柱分段崩落法为例，段高与进路间距由 15m×15m，加大到 15m×20m，仅此一项创经济效益 6300 万元，相当于每吨矿石成本降到 18.5 元。

时间过得真快，转眼一晃我 80 岁了，退休都已经 16 年了，退休后我的生活原则“适当休息、锻炼身体、做点工作、写点文章、自娱自乐、丰富生活”，退休后得到了党和政府的关照，得到了设计院离退办的照顾，得到了矿业界朋友的支持和帮助，借此文出版之际，特表示衷心的感谢。

作者简介：

焦玉书，1933 年出生于河北省武清县（现划归天津市武清区）。1950~1954 年，在北京国立高工（后改名北京钢铁工业学校）学习 4 年，采矿中专毕业。1962~1967 年，在东北工学院在职学习 5 年，采矿专业大学本科毕业。1954~2012 年，一直在重工业部鞍山黑色冶金矿山设计院，后改名冶金工业部鞍山冶金设计研究总院工作。技术职务：历任技术员、工程师、高级工程师和教授级高级工程师，行政职务：历任专业组长、科长、总设计师、总设计师室主任、院副总工程师、副院长和院长。获国务院政府特殊津贴待遇。社会职务：曾任中国矿业协会常务理事、中国金属学会常务理事、采矿学会副理事长、中国国际工程咨询公司专家委员会专家。1996 年退休至 2012 年，在中国冶金矿山企业协会任咨询委员会副主任、顾问，中国矿业联合会任高级资政。

主要著作

[1] 焦玉书主编. 金属矿山露天开采［M］. 北京：冶金工业出版社，1989.
[2] 焦玉书著. 世界采矿技术的发展与中国铁矿增产的途径［M］. 沈阳：东北大学出版社，1995.
[3] 焦玉书主编. 中国冶金矿山可持续发展战略研究［M］. 北京：冶金工业出版社，2000.
[4] 邹健主编，雷平喜，焦玉书副主编. 世界铁矿矿情. 中国冶金矿山企业协会，2005.
[5] 邹健主编，雷平喜，焦玉书副主编. 世界铁矿生产技术. 中国冶金矿山企业协会，2005.
[6] 焦玉书等译. 西方矿山成本分析与管理. 中国冶金矿山企业协会，2001.
[7] 焦玉书主编. 世界铁矿资源开发实践——建立中国铁矿资源战略保障体系论文集［M］. 北京：冶金工业出版社，2012.

五大洲的足迹

焦玉书

（鞍山冶金设计研究总院）

2012 年 4 月 30 日

从 1958 年出国越南，到 2011 年走进蒙古国，历时 54 年，算起来走访了 30 个国家。亚洲去了印尼、韩国、越南、老挝、泰国、新加坡、蒙古国、土耳其，马来西亚；欧洲去了英国、法国、西班牙、葡萄牙、希腊、比利时、卢森堡、荷兰、德国、瑞典、芬兰、俄罗斯、乌克兰；大洋洲去了澳大利亚；美洲去了加拿大、美国、墨西哥、巴西；非洲去了南非、津巴布韦、埃及。如果算上由瑞典去挪威纳尔维克港参观，由津巴布韦跨过维多利亚瀑布桥去赞比亚一日游，由云南西双版纳去缅甸一日游，那就是到过 33 个国家。

有机会到世界各地参观、访问、工作、学习、旅游，考察了世界主要铁矿企业和海港，接触了各色人种，增添知识，丰富生活，国外旖旎奇异的风光，独特的民族风情，给我留下了深刻的印象。如今 80 岁了，想起来备感欣慰。

今将情节摘要记录如下，以自娱自乐，朋友共享。写的都是往事，也有启迪未来的作用。

俄 罗 斯

1990 年、1992 年、1996 年和 2001 年四次出国去俄罗斯。早在 1957 年，我在重工业部鞍山矿山设计院工作时曾被选为留苏预备生成员，后来中苏关系紧张都未前往。在我国设计生涯中，20 世纪 50 年代与苏联列宁格勒矿山设计院来华的专家们在一起，至今记忆深刻，苏联专家传授的设计程序、设计方法、方案比选等一整套基本功，更受益匪浅，列宁格勒矿山设计院的设计技术资料，用了 20 多年，至今还有影响。

对于我这一代 80 岁的中国设计人员来说，前苏联的影响超过任何一个国家，一提起前苏联，耳边就响起了《莫斯科郊外的晚上》、《喀秋莎》、《伏尔加船夫曲》、《三套马车》等一些苏联歌曲，一提起苏联就回忆起电影《列宁在十月》、《列宁在一九一八》、《斯大林格勒保卫战》，一提起苏联就想起小说《远离莫斯科的地方》、《钢铁是怎样炼成的》、《青年近卫军》，这些感人的著作对思想所起的教育影响深刻。

但真正接触前苏联，接触俄罗斯，还是从 1990 年开始。应列宁格勒矿山设计院邀请，1990 年鞍山矿山设计院组团由我带队赴苏联访问，走访了列宁格勒矿山设计院和选矿烧结研究院，去了莫斯科、列宁格勒，参观科夫多尔、库斯达穆克什采选公司和北极圈里边的磷灰石矿，收获甚丰，这次出访收获写了几份考察报告，都登在 1995 年我撰写的、由东北大学出版社出版的《世界采矿技术的发展与中国铁矿增产途径》论文集中。

1992 年，我参加冶金工业部代表团第二次到俄罗斯考察，从远东海参崴一直走到西部列宁格勒到库尔斯克磁力异常区，又南下乌克兰参观乌克兰南部、北部和英古列茨采选公司，印象最深的是亲眼看到了露天矿火力穿孔。

在列别金采选公司，我们看到了黏着重 360 吨的牵引机组，该公司年产 4350 万吨，是世界上规模最大的露天矿，精矿品位达到 70%。苏联对露天矿运输，20 世纪 50 年代初曾设想用动车组，列宁格勒矿山设计院在设计包钢白云鄂博露天矿，推荐铁路运输，用动车组。动车组概念是与常规电机车有区别的，当时用黏着重 80 吨电机车牵引 8 辆 60 吨翻斗车，载重 60 吨翻斗车，本身没有动力，是由 80 吨电机车牵引行进。动车组是将载重 60 吨翻斗车车轴上加上马达，使翻斗车自身具有驱动装置。后来苏联技术路线作了调整，不采用动车组，而采用了黏着重 360 吨的牵引机组，可以在陡坡铁路上运行，铁路坡度达到 5% ~6%。进入 21 世纪，我国发展了高铁，运行速度达到 300km/h，其机车头和车厢就是动车组，车厢下部车轴都装有电机驱动本车厢前进，不单纯靠机车牵引。有时我讲高铁在 20 世纪 50 年代包钢白云鄂博铁矿就曾经想用动车组了。

1996 年去俄罗斯，是参加中冶集团专家组赴俄罗斯洽谈合作开发赤塔州别列佐夫铁矿，又一次从东到西跨越俄罗斯全境，这次访问正值前苏联伟大卫国战争胜利 51 周年，我们被邀请作为嘉宾上主席台参加了赤塔州庆祝大会。别列佐夫铁矿（按意译也叫白桦铁矿）在赤塔州距中国边境几十千米处，但矿山地处边远荒僻的山区，缺电、交通不便，基础设施差，且气候严寒，冬季零下 40 多度，矿区为褐铁矿，不好选。到莫斯科我们去见了冶金部副部长安东年，他还是《苏联矿山杂志》总编辑，我是《中国矿业》杂志总编辑，第十三、十四、十五届世界采矿大会上，我们会见会谈，到莫斯科访问每次都去见他，算是好朋友了。他与外事司长、矿山司长一起，与我们会见，询问来意后，他说："别列佐夫铁矿过去做过规划，基础太差，我们都不开发，你们能来开发?" 回国后，我们写了此矿不宜开发的报告，但鲁能集团不调查不研究，贸然决策购买了别列佐夫铁矿资源，委托中冶北方工程技术有限公司设计。1000 万吨规模投资 64 亿人民币，用焙烧磁选，精矿品位铁为 64%，SiO_2 大于 8%。对此，鲁能委托矿协召开专家会议评审，我参加了，我说怎么不早打招呼，鲁能让我们帮助找用户，结果 SiO_2 太高。东北地区通钢西钢都不愿意用，销路有问题，后来鲁能一看难办，就把此矿权又转售给辽宁海城西洋耐火材料集团，如今西洋董事长周福仁又背上了包袱，欲退不能，欲进也难。最近又听说俄罗斯又让就地建钢铁厂，事情更复杂了。

1990 年，第一次到列宁格勒时，与选矿烧结研究院进行技术交流，院长亲自接待，院长阿尔先捷夫原来是 1956 年来华在北京矿业学院研究生班讲课的 A. И. 阿尔先捷夫教授的儿子。我介绍说，中国矿业界都知道 A. И. 阿尔先捷夫教授，他 1956 ~1957 年在华工作近一年，在中国矿业大学为研究生讲课，还到企业讲学，在中国出版了《露天采矿》专著，特别是 VP 曲线，中国设计人员中都经常应用，中国矿业大学校长彭世济就是他当年的研究生。阿尔先捷夫老教授与他儿子专门在家里宴请我们，在他书房墙上挂着很多中国画和纪念品，他离开中国已 30 多年，但中国氛围甚浓，几次去列宁格勒都是小阿尔先捷夫给我们安排住宿、接送，十分友好。1992 年我们邀请他来北京和鞍山访问，他与北京矿冶研究总院达成一项技术合作协议，1996 年，为别列佐夫铁矿事又去找阿尔先捷夫，他给了我们20世纪50年代他们做的《别列佐夫选矿试验报告》，焙烧磁选效果并不好。有意思的是，我突然提出想看看他们院的试验室和电子站，阿尔先捷夫当即答应，亲自领我们去参观，我们看了化学分析室，都是女职工，没有一个男性职工，试验室墙上挂了好几幅“赤身裸体的俄罗斯小伙子彩色画”，因为突然有中国人来访，没有防备，女职工脸红略显羞臊，到了岩矿鉴定室，又都是男职工，没有一个女职工，试验室墙上又挂好几幅“赤身裸体的俄罗斯姑娘彩色画”，而男性职工只顾向中国朋友介绍试验室工作情况，表现大方，对彩画表情无所谓的样子。1996年，列宁格勒选矿烧结研究院试验室装备大都由德国、英国进口，老实说比我们研究院装备水平要高。第一次到苏联，主要接待方是列宁格勒矿山设计院，安排周到，除了到矿山参观还专门领我们游览莫斯科红场、莫斯科大学、列宁格勒冬宫、大教堂、涅瓦河、夏宫。莫斯科红场在苏联电影里看到过，真正进红场也是怀着敬仰心情，算来我8次到过红场，但遗憾的是列宁墓每次都没有进去过，红场周围克里姆林宫、列宁墓、大教堂，诸多建筑金碧辉煌，气势磅礴，进入克里姆林宫也很简单，说实话，连同冬宫夏宫，俄国皇帝比中国皇帝会享受。

克里姆林宫建于14~17世纪，沙皇狠毒，据称把克里姆林宫的设计师眼睛给弄瞎了，怕他再设计比克里姆林宫更美的建筑为他人享用。

夏宫是俄皇的行宫，最美的是喷泉，以前去都是冬季，夏宫喷泉都关闭。1996年那次赶上天气变暖，看到了喷泉喷水，夏宫如同我国的颐和园，夏宫大瀑布喷泉从狮子口中喷出，水柱高20米，夏宫靠波罗的海，远看海水波涛，近看蓝天、白云、绿树、碧草，黄白相间的夏宫配以金色的镀金雕像，构成了一幅迷人的景画。

说起俄罗斯的雕像，艺术水平高，过去大街上有不少十月革命时期领导人的雕像，如斯大林、捷尔仁斯基、斯维尔德洛夫等，苏联解体之后，众多雕像被拆除，出乎我的意料，有一次路过一个公园，进去一看，看到莫斯科拆除的雕像，一排一排的竖立在公园里，作为艺术品加以保留，这与我们把文化大革命前一些好的雕像一经拆除，彻底砸烂的做法真是各异。

20世纪50年代列宁格勒矿山设计院来华工作的专家均已退休，其中萨拉耶夫采矿专家曾在我院工作4年，回国后担任列宁格勒矿山设计院院长，一生未婚，孑身一人。他在华工作期间每次由列宁格勒来鞍山都给我们带来酒心巧克力糖，大家都感新奇，那时中国还没有这种糖果，1990年我们到访苏联，正值困难时期，现任院长阿尔先捷夫接待我们，临别前我向他提出，可否帮助买一些纪念品，特别提出了原来萨拉耶夫曾给过我们酒心巧克力糖和列宁格勒牌香烟，因为在市面各商店货架空空，什么也买不到，没想到阿尔先捷夫院长满口答应，第三天就每人一份满足了我方要求，付款论价也非常便宜。阿尔先捷夫60岁即将退休，他举行家宴招待我们，又一次了解苏联人的家庭环境，院长家里居住面积不大，装饰古朴典雅。书房里精装书满架，摆放着一些工艺品让人赏心悦目，待我去洗手间却甚感震惊，厕所的三面墙壁堆满了肥皂和卫生纸，我估算他老两口可以用两三年，居民家家囤积，市面上物资困乏。1990年，在莫斯科常常看到售货员端一筐黄瓜，马上有几十到上百人排队，站在后边的人也会想到轮到他黄瓜可能会售空，但仍报一线希望，耐心等待。我们得承认，俄国人的素质比我们强，对于排队从来遵守规矩依次行进，没有人加塞，我看到在一个大百货商场如同我们王府井百货大楼，门前有一排人顺序站着，男女老少都有，人手各拿一件物品，这是等着出售产品的队伍，谁愿意采购可以与物品持有人商量交易。我注意到有一位俄国老太太，看样子年过70，身穿一件长皮衣，头戴一顶很时髦的帽子，脚穿高筒皮靴，形象很高贵，手里拿一瓶啤酒，说明她要出售这瓶啤酒，看她“贵夫人”的样子，自己怎么连瓶啤酒都舍不得喝？竟然出售显然是“现金”紧张。让人们称赞的是整个队伍中，秩序井然，一点不乱，想来1990年俄国转型出现那种困难，当时物价飞涨，人们想由银行取款买东西，银行无现金可供，过一些时间，等着银行可以兑现金时，原来能买一辆轿车的存款，取出来后只能买一个儿童玩具轿车了。退休老人一下子一贫如洗，社会私有化，国有企业以股票售出，一些人收购股票，日后成了亿万富翁。全社会竟然非常稳定，居民们都能忍受，这不能不说俄罗斯民族是有凝聚力的。

2001年，又随黑龙江省代表团第4次赴俄罗斯考察，主要洽谈合资开发远东阿穆尔州的捷穆坎铁矿事宜，黑龙江全省人均钢产量在全国居下游，西林钢铁公司扩大，拟用进口俄罗斯铁矿，捷穆坎铁矿储量大，矿石性质却为赤铁矿，下部为原矿磁铁矿，距中国很近，但俄罗斯远东地区环境不好，税收政策多变，项目没谈成功。但有机会顺便到了海参崴、伯力和黑河对面的布拉戈维申斯克市。

2001年，距第一次1990年去俄罗斯过去了10年，这10年俄国真是大变样，1990年正值苏联解体困难时期，莫斯科各大小商店货架子上都是空的，无货可售，肉店剁肉的大刀放在肉墩子上无肉可剁，莫斯科最大的在红场的百货商场叫做古姆，比北京新东安市场大，货架都是空空的，售货员站在柜台后很悠闲。10年后，古姆百货商场犹如一条豪华的百货长廊，各种商品琳琅满目，80%是进口商品，古姆二层咖啡店、快餐店，恰似美食一条街，不过物价很贵。

现在俄罗斯人医疗免费、教育免费、物价也便宜，俄罗斯人均产值9370美元，人民生活得很自在，大街上有乞讨者，据称多是酗酒人。

乌克兰

1992年，随冶金工业部代表团访问乌克兰，参观了英古列茨、北方和南方采选公司，英古列茨露天开采，年产原矿2130万吨，北方采选公司年产4850万吨，南方采选公司年产3700万吨，总的印象生产规模大、机械化水平高，特别是亲眼看到了火力穿孔，世界上只有苏联有这种火力钻机。

当时乌克兰克里沃罗格市还有中部采选公司年产2350万吨，新克里沃罗格年产3000万吨。前苏联最高年产钢1.6亿吨，居世界第一，年产铁矿石5.5亿吨，也居世界第一，其中：乌克兰生产的铁矿石占全苏联的50%，乌克兰工农业发达，矿产资源丰富，造船、军工企业生产能力大，我们看到乌克兰的原野大片都是黑土地，土地肥沃，真是难得，据称土豆丰收，人忙不过来都没有人去收，烂在地里。冶金工业部代表团中有矿山司总工程师潘咏文，他是留学苏联的，曾在乌克兰矿山实习，他介绍当年中国留学生住在老乡家里，女主人每天早晨去挤牛奶，不加工，挤出来的奶就直接端给他们喝。奶牛被挤奶据说感觉会很舒服，因此一边挤奶，有时奶牛就撒尿，尿都溅到奶里，我开玩笑说“为什么潘总身体壮，原来是常喝尿”。经人介绍我看过一本书《日本的尿疗法》，说喝自己的尿或幼儿的尿能治百病。

澳大利亚

1984 年，1987 年，1995 年，2004 年（二次），2006 年和 2007 年（二次），到澳大利亚去了 8 次，最长一次待半年，8 次赴澳都是为了洽谈开发澳大利亚的铁矿。1984 年与哈默斯利公司合作设计，1987 年洽谈合资开发恰那铁矿实施计划，1995 年由巴西回国中途赴澳参观力拓和必和必拓公司的矿山生产状况，2004 年去塔斯马尼亚州洽谈收购 ABM 公司，2006 年去昆士兰州和南澳洲洽谈铁矿开发，每次赴澳都尽可能抽时间到西澳洲看看正在生产的铁矿山。

回顾 8 次赴澳，几乎跑遍了澳大利亚主要地区和城市。

1. 珀斯市

珀斯市是西澳洲首府，1984 年我们在该市待 5 个月，与哈默斯利公司 8 位工程师一起编制恰那矿可行性研究，1984 年我们刚接触西方设计，还没有与国际接轨，对国际法律和会计制度都不熟悉，经冶金工业部同意，我们聘请了一位律师和一位会计师，与我方共同工作，工资待遇 120 美元/小时，现在是 500 美元/小时，而当时我们一个月补助是 30 美元。那时，讨论问题遇到资产评估、折旧、经济效益评价等我们对西方的做法还不熟悉，如计算铁路运费时，328 千米运距，澳方提出 10.44 美元/吨，我们提出，要将基建费和运营费分开（capital costs and operating costs），要求澳方提供这两方面数据和其分项数据，澳方人员笑着向我们说：我们去中国坐火车由北京到上海，车费 200 元，中国并未提供这 200 元，capital costs 是多少和 operating costs 是多少澳方不提供，我们自己算，然后与澳方接轨，与澳方人员合作设计，也是学习过程，对掌握西方设计方法与经济理论大有帮助。与澳方人员相处很和谐，过年过节，他们都请我们到他们家里欢度节日，以减缓我们思乡之情。圣诞节我们赴约，开始律师王惠林穿长裤去的，走到了澳方朋友家门口，才忽然想起来，澳大利亚沿袭英国习惯，国家也执行英国法律，日常习惯也比美国严格得多，节日赴宴，女士必须穿裙子，不能穿长裤，不得已我们只得“打的”回府，待王惠林换了时装，才去赴宴。澳方女主人是一位中学教员，其公公婆婆定居悉尼，为了过圣诞节，他儿子把父母由悉尼接来，悉尼距珀斯如同北京到乌鲁木齐一样远，这么远还把老父老母接来共度圣诞节，足见父子情。圣诞节宴会上各种烤牛排、主菜汤和点心都是女主人亲手制作，就是我们的王律师也深为佩服，认为澳方女士的手艺比中国妇女要高超得多，我们妇女只擅长包饺子烙饼，有几个人会亲手做出各式各样的点心，真想吃就会到商店去买了，也不会自己做。

还有我们平常总爱说，外国人对父母不照顾，实际上中外尊老爱幼道德标准是相同的。1990 年在俄罗斯矿山我曾问过电铲司机每月挣多少钱，他说 4000 卢布，我问他给他母亲吗？他回答说，每月给她 1000 卢布，各国都如此，当然不孝之子各国都有，也不奇怪。

珀斯有 100 多万人，是个中等城市，市区住房都很宽敞，在海边建一排排我们称呼的别墅，我们设计组有一位澳籍华人，他要自己盖房子，我们中方 6 人曾去他家献工，帮他干活，外国人自己动手的功夫，我们中国人有很大差距。

珀斯海边有个市场，到那里买东西比在城里便宜，因此我们周日都去逛一逛，买回成筐的水果。

那时我们出国经费国家规定，每人每天伙食费 20 美元，生活费每天 1 美元，开始我们一日三餐都在附近的餐馆里吃，后来国家规定作了调整，一天伙食费 20 美元可包干使用，节约归己，这样经全组讨论，改为租房居住，自己开伙，我们 6 个人租二套房子，三个人一组自己开伙，自己做饭，这一下锻炼了烹调手艺，又节约了资金，那时在珀斯市一天一个人花 3 美元就吃得很好了，每天大筒冰激凌，水果随便吃都够用。

双休日有一次我们自己做饭接待设计组的澳方朋友，我亲自当众表演，做拔丝香蕉，实令这帮老外吃惊，没想到中方专家组长焦先生还有这两下子。

饮食费 20 美元/天，包干使用，节约归己制度实行后，每人每月可有 400 美元盈余，回国后持此款到外贸部出国人员服务部购买了日本彩色电视机、洗衣机和冰箱、录音机等几大件。

在珀斯住公寓房，天天上下班坐公交车，天天坐公交车看到了规律，小孩上车，小学生要给中学生哥哥姐姐们让座，大学生上车了，中学生又给大学生哥哥姐姐们让座，工作的年轻男女上车，看得出来，他们不是学生，此时学生要给这些已毕业工作的哥哥姐姐们让座，而长者年龄大的人上车，则年轻人都给让座。今年我 80 岁在北京有时坐地铁或公交车，有不少年轻人给让座，内心非常感谢，但多数好像都不让座，那我心里也平衡，因为大家同样买了车票都同样有坐的权力嘛，只要他们不占用老弱病残字样的座位就行，联想澳大利亚真有可敬之处。

我们还参观过一所中学，印象深刻在于看到学校有物理试验、化学试验、机械设备、电气设备等试验和工作室，从小训练学生的实际操作能力，联想我们对中小学生只是培养记忆力，而澳大利亚培养学生操作技能和创新能力，澳洲做法值得借鉴。

2. 悉尼市

8 次赴澳，去了悉尼、堪培拉、墨尔本、布里斯班等城市，去了很多景点，印象深刻当然要数悉尼歌剧院了。

如同埃菲尔铁塔是巴黎的象征一样，悉尼歌剧院乃悉尼象征，剧院三面环海，建筑造型新颖奇特，外形宛如一组扬帆出海的船队，也像一枚枚立在海滩上的洁白大贝壳，与周围海上景色浑然一体，富有诗意。剧院由丹麦 38 岁建筑师乌特松设计，1959 年动工，1973 年揭幕，耗资 1 亿澳元，中间有争执，好像欠设计费，举行竣工揭幕式时，乌特松拒绝出席。剧院内有歌剧厅、音乐厅、图书馆、展览馆、食堂、咖啡厅、话剧坊、电影厅、各种排练场、化妆室、休息厅，一应俱全，宋祖英曾在此举行音乐会，场面大，人员多，耗资数万，扬名四海。我 8 次赴澳，都在外边看歌剧院，只在 2004 年进去过一次，后在北京到国家大剧院看一次节目，顺便参观，不看不知道，一看吓一跳，看了北京国家大剧院，里边的设施比悉尼歌剧院档次高多了。悉尼剧院成了“小菜一碟”。悉尼大桥也是标志性建筑，大桥长 1149 米，宽 49 米，中间为双轨铁路，为 8 车道，桥面距海平面高出 59 米，万吨巨轮可从桥下通过，此桥 1923 年动工，1932 年通车，动工比美国金门大桥早 10 年。悉尼奥运会，悉尼大桥张灯结彩，出尽了风头，联想我南京长江大桥设计比悉尼大桥晚 20 年，20 年前澳大利亚能想到抬高桥面，让下面可通过万吨巨轮，而我们 20 年后设计，为什么不想到此问题呢？如今南京长江大桥因桥面太矮，五千吨级船通过都费劲，难怪众多专家提议炸掉此桥，重修一座，为长江航道让路。不过话又说回来，三峡大坝更是长江咽喉，三峡大坝蓄水，上游起到了大水库作用，结果却破坏了生态平衡。古时以来洞庭湖、鄱阳湖是天然形成的，起到洪水期蓄水，枯水期放水的作用。三峡大坝竖起来，上游取代了洞庭湖、鄱阳湖两湖的作用，结果枯水期缺水，两湖水干了无水可放，到洪水期两湖水又太满外溢，以致发生洪灾。水利专家说，三峡大坝上游运行以来已积沙10亿吨，现在炸掉大坝，此10亿吨沙可顺水冲到下游海里去，如果不炸掉大坝上游积沙将达到40亿吨，到那时再炸大坝，也无能为力，水也冲不动40亿吨积沙了，这是写到悉尼大桥联想的。

3. 塔斯马尼亚州

塔斯马尼亚是个岛，岛上有一座铁矿，中文直译是野河铁矿，露天开采，年产500万吨，选后铁精矿200万吨，通过87千米的管道输到海港做球团矿，出口球团矿。

我随唐钢出访是洽谈收购ABM公司，此矿山的业主是加拿大“艾文豪”公司，“艾文豪”在蒙古承包奥尤陶勒盖铜矿，缺钱，想抛售ABM公司后，投入蒙古勘探铜矿，澳大利亚ABM公司报价7000万美元，唐钢办事犹豫不决，加上艾文豪老板太激情，此事没谈成，在北京中国大酒店，艾文豪经理邀见中方人员，唐钢经理王天义去了，我也同去，考虑外事活动，尽管天气已热，我们还是西装笔挺去的，而艾文豪经理穿个短裤T恤衫出来了，笑嘻嘻打招呼，很不正统，不礼貌，他拿出不少照片说是跟这个合照，跟那个合照，显示自己身价高，我一看全是退休的中信人员，跟我一样，都是立正的，之后他说要自己开飞机去蒙古，有些事让孙经理（艾文豪公司北京办事处人员）与我们谈，大家气的够呛，没再谈下去就回来了，后来ABM公司6000万美元转让给英国一家公司，英国公司项目到手但无力承担ABM公司扩产任务，又将矿山转售给中国沙钢集团，从中赚了一大笔。

塔斯马尼亚岛风景秀丽，67000平方公里面积，只有47万人（海南岛34000平方公里有724万人），人口稀少，非常适合居住。

巴　西

1994年、1995年、1996年和1997年为合资开发铁矿4次出国去巴西，1994~1995年与淡水河谷公司合作编制卡拉加斯铁矿可行性研究与巴西联合矿业公司合作编制卡堡厦菲尔铁矿可行性研究在巴西呆了6个月，巴西矿山项目资源条件好，投资少，见效快。那时巴西主动要求与中方签约，他们想占领中国市场，在国内可以多安排就业岗位，还可以发挥巴西基础设施功能。其实对中方来说合资开矿也有好处，一是在巴西占有铁矿资源，二是可以学习西方生产技术，三是可以赢利，有利可图。当时中方是由宝钢牵头，武钢，马钢、中钢参加，4家企业作为中方代表，只因宝钢国贸公司短视，没有与巴西签约，尽管1995~1997年又三次出国巴西去洽谈，宝钢也没有改变态度，今天看太可惜了后悔晚矣。今天我们再找人家合资开矿，市场变化了，门槛高了。巴方反而不主动了。

1994年，冶金工业部派出设计组组长燕德顺（中钢），副组长兼中方总设计师焦玉书（鞍山设计院），全组10人，中方4家单位各两人。

巴方对中方设计组人员关怀备至，非常热情，每周周六周日，都派出专车，领着我们参观游览，或打高尔夫球，打高尔夫球是我提出的，因为此前营口市要在海边建一座高尔夫球场，请了澳洲一家公司做出规划，评审时让我参加了专家评审会，会上介绍了高尔夫球场的规划，介绍各种设施和功能，在讨论时我一言没发，营口市委书记是由鞍山调过去的，我们是老朋友，他问我：知道你经常出国，请你来评审，为何一言不发，我答：我还从来没去过高尔夫球场，如何发言，场面十分尴尬，为补此缺，到巴西自然提出打球要求，4 次去巴西，走遍了巴西全境，到了圣保罗、里约热内卢、巴西利亚、圣路易斯、图巴隆等地，到了巴西淡水河谷公司南部和北部矿山，到了巴西联合矿业公司在铁四角地区萨麻克（SAMARCO）矿山去参观调研，到几个大海港参观，应该说积累很多经验，收获很大。

巴西是南美洲大国，资源丰富，经济发展很快，地域风光更美，为著名旅游区，巴西有无限的温暖阳光，风情万种的海滩，热情奔放的桑巴舞，技艺高超的足球，哪一样都让人怦然心动。

四去巴西，也没赶上巴西狂欢节，只看了录像，在里约剧场看过几场桑巴舞表演。

巴西人从来不发愁，不像我们中国人老想事，活得累，巴西有谚语："幸福就在你身边，因为你有健康的体魄；有病了，幸福还在你身边，因为你的心脏还在跳动；人死了幸福也在他身边，因为他在世界上生活过。"

我们去了几次巴西，对巴西风情也有些了解，接待国内访问团时，我向他们介绍，在里约海边看到年轻妇女领两三个小孩在海边转，千万不要问他爸爸是谁？他们往往是没有家的，也没有房子，但活的自由自在，晚上躺在沙滩，不冷不热，早上把孩子哄到海里洗个海澡，之后到各饭馆要回鸡腿等食物，吃起来挺香。

在里约热内卢海滨，巴西美女如云，肥大的身躯，一般只穿泳装，冶金工业部曾来代表团，我曾嘱咐他们晚上出去最好结伴而行，不要单独出去，免得碰到"美女"纠缠，有一名翻译自认为会说话，独立一人出去了，结果在海边让"美女"围上了，往身上贴，上衣兜里的钱都被掏走了。

卡拉加斯铁矿为露天矿，当时年产 4000 万吨，有职工 1500 人，矿山建有家属住宅，居民 6400 人，矿山职工收入都比较高，家家都雇有女保姆。我们住在矿山宾馆，也常去串门，每位矿工住宅模式相同，一排排单层平房，建筑面积 200 平方米左右，主人有卧室、会客室、浴室、厕所等，保姆有单独卧室和洗手间，面积不大，但是与主人是分隔的。每到周末，社区广场搭起个平台，摆上麦克风，咖啡厅服务员则摆上很多小圆桌，矿山职工比较熟悉的都各自要一瓶啤酒和一盘硬果，坐在一起聊天，聊天没有主题，也是东家长李家短，一坐就是几个小时，爱唱歌的自动到台上去唱，唱完了还回到小圆桌，自娱自乐，别有一番滋味。

矿山还有一个敞开式剧场，那里聚集了更多的人，众多的女保姆周五晚上都放假，都出来在敞开式剧场又唱又跳，闹腾一夜。

一开始我们中国人站旁边看一看，后来就参与了，设计组人员三三两两，坐在圆桌旁也要一瓶啤酒闲聊了。

巴方曾安排我们去亚马逊河，卡拉加斯铁矿就在亚马逊森林区，粗大的林木高耸入云，后来巴方用直升机送我们去亚马逊河。据称全世界三分之一的氧气都出自亚马逊，我们在那遮日大森林的河里钓鱼，鱼谁也没钓上，中午反倒吃上了亚马逊鱼。

巴方还曾安排我们去参观伊瓜苏大瀑布。瀑布位于巴西和阿根廷交界处，此处有伊瓜苏河，因受到阿古斯丁岛的阻滞，河道铺宽3千米，水深1米，当流到绝壁时，倾泻成一大瀑布，平均落差72米，每秒流量1750立方米，洪水期瀑布宽3~4千米，声震达25千米，景色奇丽，在下边观看，只见瀑布飞瀑自天而降，其声如雷，瀑布跌落处似碎银翻腾，溅起的水柱高达30米，河水汹涌澎湃，扑向深沟险壑，势若游龙，雾缠云绕，凉气袭人，我们每人穿着塑料雨衣，激起的水溅满一身，伊瓜苏大瀑布距里约市很远，需飞机前往，一般客人巴方不安排去的，我们去是给予高规格礼遇。

瑞　典

1980年，应瑞典LKAB公司邀请赴瑞典考察基律纳铁矿，此前冶金工业部曾邀请瑞典工业公司、LKAB、Atlac copco等来华考察了梅山、邯邢、程潮、金山店、镜铁山铁矿，去瑞典算是协议回访，冶金工业部代表团由矿山司赵铁生司长任团长，鞍山矿山设计院、马鞍山矿山研究院，梅山矿派人参加，这是改革开放后第一次到西方国家访问。

行前，冶金工业部外事司办学习班，学习政策法规，出国人员纪律等，我们由北京乘法国航班先到巴黎戴高乐机场，之后转到斯德哥尔摩。

那时国家经济困难，冶金工业部的出国人员只能到外事司借了呢子大衣和箱子，用后归还，国家规定对出国人员给制装费，规定每人两套西服。到了瑞典后，LKAB卡尔森热情款待我们，知道我们是头一次来瑞典，特意安排参观市容和名胜古迹，实际上是让我们开开眼，留下一个好印象。斯德哥尔摩确实是一座北欧名城，景色奇丽，既典雅又繁华，既喧嚣，又宁静。金碧辉煌的宫殿，高插蓝天的城堡尖塔交相衬映，斯德哥尔摩是一座水上城市，靠波罗的海海湾，由十多个岛与半岛组成，穿过市区总会看到泱泱河水，众多桥梁，纵目四顾，苍翠的林木与粼粼波光相交织，真乃一派风光。

瑞典号称福利国家，人民享受退休、医疗保险、教育等各种补贴，年轻人18岁就离开父母独立生活，由于福利太多，一些年轻人滋长了不求上进，只求享乐的倾向。LKAB公司经理约纳森先生举行家宴，我们到他家一看，独院有一栋小楼，面积约300平方米，小楼上下二层，我们对此叫别墅，人家居住条件都差不多，一栋一栋小楼排列成行，形成街道，当时正值1980年，我们设计院工程师职工住宅，每户居住面积不足40平方米，老少三代挤在一二个房间居住，看瑞典人生活，老实说羡慕不已。

约纳森此前来华访问，冶金部外事司安排我作为主接待陪瑞典代表团走访了湖北、河北、辽宁、甘肃几个省，我们回访瑞典约纳森周到安排，在北极圈虽是4月也是冬季，白雪皑皑，他安排我们坐狗爬犁，这是非常新鲜的，从来没坐过，两个人一伙坐爬犁，前面有4条大狗拉着我们在雪地上跑，别有一番滋味。之后，洗桑拿浴，这又是新鲜事，现在我国各城市各大宾馆洗浴都有桑拿浴，似乎很平常了，其实差矣，到过北欧瑞典芬兰，特别是在北极圈洗桑拿浴，却是另一种样子，首先桑拿浴室都是在树林里独立木结构房子，用原木架起来的，里边有冷热水。桑拿室可以向炉子里浇水，调整温度，我们蒸一会就得用温水淋浴。瑞典人蒸完了他们就赤身裸体到外边雪地上打滚，反正没有女性，也无所谓。

我们到瑞典正赶上飞机场搞调度的几个人罢工，所有航班停飞，由斯德哥尔摩到基律纳铁矿只得坐汽车，坐汽车有机会走访瑞典的乡村，这才发现人家已经没有城乡差别，到基律纳已进入北极圈，在北极圈地界有个标志，意思是过这条线就是进入北极了，我在此第一次说出我的语录“This is first time and last time for me”，大家都争着照相留念。

到了基律纳铁矿，看到许多小轿车停在空地上，很纳闷，当时在鞍山冬季大小汽车都得进库，放出水箱里的水，不然怕冻坏水箱，怎么瑞典北极圈的汽车不怕冻？原来1980年人家已用上了防冻液，如同今天我们汽车冬天停在室外一样。

进入北极圈正赶上长昼，一天24小时总是亮天，没有黑夜，半夜12点在院子里可以看报纸，赶上这个季节对我们每天有白天有黑夜的人来说确实是难得的机会，在室内夜里睡觉拉上窗帘如同在家午睡似的。

基律纳铁矿是露天转坑内开采的地下矿，年产3000万吨设计，实际2400万吨/年，有10个提升井，8个单箕斗，2个双箕斗，多极机站通风，有斜坡道，采用分段崩落法采矿，主运输水平电机车运输，自动化，机车头无人驾驶，要知道那是1980年呀！看了后真开眼界，回国后我写了考察报告图文并茂有6万字，登在《世界采矿技术的发展与我国铁矿增产的途径》焦玉书论文集中。

我们由基律纳又到挪威的纳尔维克港参观，基律纳的矿产品都从这个海港输出，纳尔维克港头一次接待中方代表团，宴请规格高，酒杯大小桌上摆有4个，在挪威我们了解，宴会上不允许上易拉罐酒，必须上容量250~300毫升的小玻璃瓶酒。

由基律纳回国也是坐汽车自北向南穿过瑞典全境，由南部哥德堡市出境赴丹麦，在中途我们参观了斯给卡橡胶厂，该厂生产橡胶衬板，比我们锰钢衬板更有优越性，参观后达成合作共识，回国后于1982年冶金工业部矿山司在海南岛建立了中瑞合资矿山橡胶衬板厂，至今已生产了30年，此厂仍在继续生产。

由哥德堡市出境坐气垫船赴丹麦哥本哈根市，乘机到法国巴黎戴高乐机场，回到北京。

芬　兰

1987年，在瑞典斯德哥尔摩参加第十三届世界采矿大会，遇到武钢矿山部副总江国政，他正好在瑞典琉利欧大学培训班结业，我约他到芬兰考察充填法，芬兰奥克托姆公司和泰姆约克矿机厂作为业主接待我们，泰姆约克公司如今被山德维克公司兼并了，该厂生产的铲运机和凿岩台车世界有名，我们参观了设备生产全过程，矿山机械厂并不是设备的每个部件都自己生产，主机自己生产，持有专利，大部分件都是外委采购的，在芬兰看了有色金属矿，用充填法，生产规模不大，年产几十万吨到百八十万吨，生产经营管理有方。充填法用的成功，但成本高，充填法结构复杂，特别是充填料输运系统技术含量高，江国政和我回国写了充填法考察报告，在程潮铁矿设计竞争中，我们鞍山设计院提出用崩落法，战胜了长沙冶金设计院，这是20世纪80年代在改革开放后，我院进军江南，开拓新市场取得的新胜利，一度鼓舞全院职工。

当时，东北大学教授孙凯南曾在学术界说，全国铁矿坑内开采，都用分段崩落采矿法，都是鞍山设计院刮的风。

进入21世纪，现在我国又刮起了充填法的风了，我们鞍山院设计马城铁矿年产2500

万吨，用阶段空场嗣后充填采矿法，秦皇岛院设计司家营南区年产1500万吨也用充填法，北京有色院设计一座地下1500米见矿的深矿床，年产3000万吨，也推荐用充填法。嗣后充填，采场空间达到5万立方米，矿石放出后，采场四壁矿石（岩石）能保持稳固不崩塌吗？诸多问题有待攻关。此乃由芬兰充填法联想的，别忘了，世界上还没有年产3000万吨，2500万吨用充填法的井下矿呢！

武钢江国政总工1994～1995年我们又一起在巴西设计组，与巴西淡水河谷公司合作编制卡拉加斯铁矿可研报告，江总身体健壮，能与巴西人比仰卧起坐，江比我小四岁，退休后仍从事矿业，没想到2009年他先走了，真让人怀念。

西班牙

1992年5月24日至6月7日，参加第十五届世界采矿大会，会后组织参观正在西班牙举办的世博会，还到哥伦布出洋的巴伦西亚海港访问，因为1992年是他出海500周年，哥伦布是意大利的航海家，1485年移居西班牙，1492年奉命率领三艘大船，携水手87人，带着致中国皇帝的国书，去找中国，实际上从巴伦西亚港出航，经地中海，横渡大西洋，西行到了古巴、海地和巴哈马群岛，没有东行，也没到中国、印度。1493年、1498年和1502年哥伦布又三次出航，到达牙买加、波多黎各诸岛及中美洲南美洲大陆沿岸地带，他又误认为这些地方是印度，故称当地居民为“印第安人”，原来印第安人是哥伦布给错误命名的，沿用至今。

在西班牙最值得记忆的是看了斗牛，实在刺激，被斗的牛都是特别喂养的，每头重五百多公斤，力大无比，凶猛异常，人要在短短十几分钟内将它斗倒、杀死，斗杀得漂亮，斗牛好像很有一套周密程序，首先由两位手持长矛的骑士上场，几个手拿粉红色斗篷的助手，徒步散在场内，设法把横冲直闯，狂奔乱跑的牛引到骑士马旁，让骑士用长矛刺进牛脊，刺得牛鲜血直淌，等主席台一声号响，骑士退场，又上来三个人，每人手执两柄装饰得五彩缤纷带倒钩的短镖，他们依次将短镖冲着牛头的方向向牛背插去，牛被刺激得更加狂怒起来，拼命奔跑，这时手拿鲜红斗篷的斗牛士上场了，他围着一小块地逗牛转圈子，或将红布轻轻一抖，使牛扑一个空，斗牛士沉着、潇洒、风度翩翩。斗牛是勇气、机敏与纯熟技艺的巧妙结合，是速度力量的惊险表现，斗过几个回合后，斗牛士从助手那里接过寒光闪闪的宝剑，瞄准，一下子将长剑插进牛的躯体，顽强的牛死也不屈服，踉踉跄跄仍向前冲，但终因伤势过重，冲出几步就倒下了。此时斗牛士再在颈部补上一剑最终结束了牛的生命。

这时号角响起，三匹马奔跑上场，马插着红旗，戴着响铃，威武雄壮，在号角声中把牛拖出斗牛场外。

斗牛场面残忍，而西班牙人却认为这是“文化”，大家视斗牛士为英雄，薪酬超过百万，比当时欧洲联赛足球运动员的年薪高，因而成为众多姑娘们的追逐对象。但斗牛士让牛顶死的悲剧也时有发生。据称西班牙要取消斗牛，果真如此，我在马德里观斗牛，算是历史记忆了。

2008年奥运会后，鸟巢干什么用？我与朋友们交谈曾提出与西班牙合作，将鸟巢改作斗牛场，肯定观众火爆，现在看来已成幻想。有人说鸟巢还真斗过一次牛，但我没去看过，如今西班牙都不斗牛了，鸟巢斗牛肯定泡汤了。

法　国

1992年，参加第15届世界采矿大会之后，由西班牙马德里返回北京途中，选择了在巴黎转机，在巴黎停留三天，有机会游览了这座世界名城。

看埃菲尔铁塔是第一站，塔高320米，重7000多吨，铁塔两侧是对称的大花园，芳草萋萋，绿树扶疏，埃菲尔铁塔成为巴黎的象征，可是当年修建铁塔时大名鼎鼎的小说家莫泊桑是极力反对的，他批评“这是胡闹，像一头妖怪缠在眼前”，他召集法国40位文化界名流递交了请愿书，但是历史无情，如今铁塔有“云中牧女”、“碧空百合”美誉，每天有成千上万游客，纷至沓来，后来，莫泊桑有志气，意愿未果，一气之下，去了意大利，凭吊比萨斜塔，抱守残缺，孑然一身。

在巴黎第二天，一机部机械进出口公司巴黎分公司派车拉我们逛了凡尔赛宫，巴黎圣母院，卢浮宫，当时因公出国经费紧张，遗憾的是没钱买票，卢浮宫没进去，只在周围转一转，看了看卢浮宫门前由著名建筑师贝聿铭先生设计的金字塔，金字塔有电梯，将游人由此送到卡卢赛尔地下宫。这座金字塔使人想起埃及，但它与周围景观很不谐调。

第三天我们自己去逛街看了凯旋门，圣心院还去了香榭丽舍大街，出发前，我告诫同仁，少喝点水，在巴黎我们人生地不熟，找厕所困难，走前要上洗手间，净身腾地方。结果到凯旋门就出事了，潘咏文总工找我说，青岛职大校长要撒尿，憋不住了，你快领他找厕所去，我俩暂时离队，潘跟着，凯旋门附近没有厕所的标记，后来见到了，到跟前一看暂停使用，情急之下忽然想起了咖啡馆，咖啡馆都有洗手间的。我们大大方方，走进了咖啡馆，潘总跟着进来了，为抢速度，潘咏文坚持与我共用一厕，我则有旧习两人同时尿不出来，只好劝潘总出去，依次而行，待事毕，才大大方方出来，也没引起咖啡馆老板的注意。

法国的咖啡馆如同伦敦的酒吧，中国的茶馆被认为是文化的象征，老实说进巴黎咖啡馆喝一杯还是向往的，只是因代表团费用紧张，而不敢冒昧向团长要求。

我们还到了巴黎圣心院，这是一座大教堂，耸立在蒙马特山之巅，1919年竣工，此教堂呈罗马风格，中间一座大圆顶，在高大的鼓形壁上，四周有四座小圆顶，教堂后边有一座84米高的钟楼，挂着一口重19吨重的萨瓦钟，人们观赏这座教堂还可下到台阶下边，从皮埃尔广场仰视，我们也仿效其他游人，在适宜的位置照了张相。

晚上夜游塞纳河。此节目是北京科技大学任天贵教授的公子给安排的，他在巴黎留学期满已经工作，受其父之嘱咐，让他好好招待是他父辈的矿业专家，夜间塞纳河河水是否清澈也看不清，游船很现代化，有吃有喝，沿河观两岸风光，左右两岸代表不同时期的建筑，各有特色，昔日以塞纳河为中心的小渔村如今已成为世界大都市，在长达13千米的河道上有多座桥梁，每隔500米就有一座桥，桥头矗立着雕像，记录着可歌可泣的故事，但导游介绍完至今我早已忘光了，夜游塞纳河当时感到挺新鲜，现在想起来，与开罗尼罗河游、西贡出海游、黄浦江夜游、珠江夜游、嘉陵江夜游，景致也都差不多，都是两岸建筑物灯光闪烁。

葡萄牙

十五届采矿大会后，组委会安排赴葡萄牙参观访问，一进葡萄牙使我联想在西班牙参观世博会时，在葡萄牙馆门前有个中文书写的桌台，上面用英文写 Macao，表示澳门属于葡萄牙，心里不是滋味。

在葡萄牙没有去首都里斯本，只是参观内维什科尔武铜矿，矿山铜矿储量3025万吨，铜品位7.94%，铜锡共生矿268万吨，其铜品位13.62%，锡品位2.42%，矿山年产矿石160万吨，铜金属15.84万吨，锡金属0.31万吨，矿山用竖井开拓，设有斜坡道，采用横向分层充填采矿法，采用12吨铲运机将矿石送到溜井，溜井下部装25吨柴油汽车运到竖井附近粗破碎站，之后提升到地面选矿厂。选矿厂铜矿采用浮选，锡矿采用重选浮选联合工艺流程。采矿选矿机械化，自动化程度很高，该矿详细情况我写了考察报告，刊登在《国外金属矿山》杂志1992年第11期。

德　　国

1996年，赴欧洲考察海港和铁矿石市场，由宝钢驻德国公司接待，他们派奔驰车，送我们到德国、荷兰、比利时、卢森堡。

在德国去了柏林、汉堡、科隆、马克思故乡特里尔、美因茨、法兰克福等地。

在柏林去了勃兰登堡门，见到小摊贩正在出售原苏联红军的物品，如望远镜、奖牌服装等。我们还看了大教堂、柏林墙、柏林墙是过去东柏林与西柏林的界墙，墙高3.5米，长104千米，水泥板结构，设有瞭望台和碉堡，监督越境者，东西德统一后，拆除了柏林墙，只保留一段作为历史遗迹。

柏林市是历史名城，全市被森林、湖泊、河流环抱，沉浸在一片绿色海洋之中，我们还专门去参观了波茨坦，波茨坦距柏林60千米，1945年7月17日，美、英、苏三国领袖举行会议，1945年7月26日在此签订《波茨坦协定》，会议在采茨利霍宫举行，像遵义会议纪念馆那样，会议大圆桌，三把大扶手椅，都原样保留，大圆桌上还放着三国国旗。

1945年7月26日发布的波茨坦公告，特别指出要履行开罗宣言，公告宣布对德国、日本的处理原则。

说实话，我有个感觉，二次世界大战苏联有2700万人死于战火，二战胜利后，在德国苏联热衷硬件，例如将德国最著名的蔡司光学仪器厂的设备成套拉回苏联，五十年代苏联照相机很出名，就源于蔡司照相机镜头，在中国东北鞍钢的设备都被苏联红军拆走，它们认为这是对日本宣战的战利品，美国则热衷于软件，把德国高水平科学家有不少弄到了美国，硬件只暂时有使用价值，而软件则是科学技术的原动力，附加值要高得多。

到了科隆印象最深的是科隆大教堂，它建于1248年，建筑雄伟壮丽，两座尖塔高达161米，直插云天，大教堂四周，还有若干座中世纪的教堂，科隆靠近莱茵河西岸，风景优美。最为惊奇的是科隆大教堂的皮质设计图至今还完整保留着，二次大战德国柏林教堂被炸，而科隆大教堂则完好无损，这是否也是盟军为保历史遗迹未施轰炸？

我们由德国去荷兰、比利时和卢森堡，回德国路过马克思故乡特里尔，此为一古城，位于德卢边界，特里尔是一座小城市，旅游的人也很多，我们参观了马克思故居，此乃一栋三层楼，里边有马克思家族卧室、书房，有一间房陈列各国出版的马克思著作，我特别注意延安印制的“反杜林论”等陈列在书架上，书是用粗糙的纸印的，与其他国家出版的马克思著作相比，没有人家的珍美，但显示我们更早就实现了马克思的预言。

参观后，在签到本上签字，从而看到马克思故居参观的，绝大部分是中国人，西方人来参观的很少。

荷　兰

1996年巴西设计组中方成员欧洲之行，主要是到荷兰考察鹿特丹和阿姆斯特丹的海港。欧洲钢厂用铁矿石都是在此两港卸货转运各地。

我曾到过澳大利亚的丹皮尔港（力拓公司）和海德兰港（必和必拓公司）、巴西的玛蒂拉港（淡水河谷公司）、图巴隆港（淡水河谷公司）和塞巴蒂巴港（巴西MBR公司），南非的萨尔达尼亚港（库博公司），中国的青岛港、北仑港、烟台港、天津港、马迹山港和大连港，说实话这些港都很现代化，但都赶不上鹿特丹和阿姆斯特丹港规模大，机械化自动化程度高。

荷兰是个很小的国家，面积只有41000平方千米，人口1400万，但它是世界上数得上的发达国家之一，不仅出口奶制品和鲜花，更大规模出口工业品，它拥有庞大的船队，鹿特丹号称欧洲之门，是世界第一大港，有38个泊位，年吞吐量3亿吨以上，是欧洲最大的集装箱和油港，欧洲出口货物，30%由此装船。

荷兰人均产值49350美元，比美、英、德、法还高。

我们在鹿特丹住一宿，住的轮船宾馆，吃的是海鲜，在阿姆斯特丹住一宿，中间路过海牙，在海牙国际法庭大楼前照一张相，其实到现在我也不清楚海牙国际法庭，谁来领导它，恐怕也是西方国家的雇佣。

阿姆斯特丹城市很美，靠近海湾，河道纵横，据称全市有1203座桥，有1500户水上人家，城市美还源于荷兰人爱花，无论贫富，家家养花。郁金香是国花，盛开季节，姹紫嫣红，美不胜收，我们虽然只停留一天，也享受一番。

比 利 时

1996年到比利时，只短暂停留在首都布鲁塞尔转一转。比利时是个小国，人口1000万，国土面积30528平方米，人民生活很富裕，比利时全国公路不管在城市还是在郊区，全国境内公路夜间都有照明。我们那次行程是宝钢派车，由德国到荷兰，由荷兰到比利时，再到卢森堡，再回德国，进入德国公路没有路灯就黑了。在布鲁塞尔，参观了国王宫殿，很雄伟，还看了著名的都布鲁塞尔原子球，球有9个，每个球与连接的钢管呈正方形，其大小相当于放大了1650亿倍的都布鲁塞尔α铁的正方形晶体结构，原子球总体高102米，重2200吨。

我们还在埃杜弗巷小于连塑像前照了相，都说小于连撒尿，浇灭了导火线，使炸药没爆，保卫了全城居民。

卢森堡

1996 年，去考察荷兰海港，顺便去了卢森堡、比利时。卢森堡是个 40 万人的欧洲小国，但可别小看卢森堡，按人口、面积是小国，按钢铁产品却是世界上有名的“钢铁之国。”

我国最早高炉炉顶发电装置记得就是由卢森堡引进的。

我们在卢森堡只停留一天，看了看市容，至今印象是城市很繁华，有多座银行，大学也很有名，在卢森堡上大学，可以掌握德语和英语两个语种，中国学生去加上母语，可以操三国语言，毕业后找工作竞争力强。

卢森堡有一座二次世界大战美军阵亡将士陵墓，陵墓排列整齐，左看成排，右看成行，很有规律，每个陵墓都有碑，上面刻着阵亡将士的出生年月、阵亡日期，部队编制。陵园庄严肃穆，陵墓间配以不同色泽的花草，更使人感到阵亡将士备受尊敬与怀念。

希 腊

1997 年到希腊，在雅典停留 3 天，游览几处古迹，印象最深刻的是古神庙前的大石头柱子，在国内天安门广场、人民大会堂、毛主席纪会堂和曲阜孔庙的大成殿等前边都有一排十几根大柱子，有的还刻上龙形，后来到美国参观林肯总统纪念堂，突然发现毛主席纪念堂与林肯纪念堂，建筑外形非常相似，主要是纪念堂都有一排大柱子，而林肯纪念堂施工在前，毛主席纪念堂在后，说实话，我国有点借鉴人家之嫌。到雅典看了帕提侬神庙，疙瘩解开了，原来林肯纪念堂设计师完全模仿了希腊古神庙的建筑风格。

我们专门到帕提侬神庙参观，这座神庙公元前 447 年动工，工期 15 年，公元前 432 年建成，长 228 英尺，宽 101 英尺，据介绍前殿后殿正殿，四周都环以石柱构筑的柱廊，显得雄伟、端庄、和谐、舒展，俨然是一件天然的艺术品。但其命运如同我国圆明园，经过两千五百多年，在历史长河中遭到数次劫难，但巨大石柱子挡住了人们的视线，我特别注意到有的石柱中间错位，这是地震的遗迹，因为鞍山 7.6 级地震，有一个大烟囱就是在其 2/3 高度错位上部烟囱转了 45°压在下部烟囱上。回想 1992 年在巴黎，巴黎市中心的玛德莱娜教堂也是希腊式建筑，特点都是门前一排大形圆柱子，不过在希腊雅典古神庙遗迹面前，我们再夸中国古建筑有点不硬气，梁思成夫妇跑遍全中国在山西才发现一座唐朝时代的庙宇。我们老祖宗都是喜欢木结构，可时间一长风吹雨打，木结构变形腐烂，建筑物毁坏倒塌，难以保存原貌。希腊古神庙都是用石头堆起来砌的，三千年也不变样，无法与它相比，我们以上下五千年历史骄傲，到希腊一看，人家历史也不短，好像有记录的标志比我们还长，没想到的是希腊古国如今面临经济破产，要退出欧元区的境地。

英 国

1993 年和 1997 年两次到英国，1993 年是大连市组团去英国买发电机，大连建一座小型火电厂供热，用英国格拉斯哥电机厂的设备，我院承担电厂设计故应邀同去英国，代表团团长是大连市秘书长，我们先到伦敦，后到北边的格拉斯哥市，还到爱丁堡去参观。当然，头一次去英国，在伦敦住好几天，到处转一转。

第二次1997年去英国，是由巴西回国，在伦敦转机，停留三天，除在伦敦外，还去了剑桥参观一天。在伦敦去了白金汉宫、泰晤士河塔桥、大教堂，这些众所周知，不予介绍，到剑桥大学看了看，印象很好。

我们从伦敦坐有轨电车去的剑桥，这是一座小城，位于剑河畔，剑桥以有剑桥大学而有名。城市生态绿化，没有高层建筑，河水流经市区，整个城镇静悄悄的，一点不喧闹，在绿草地上年轻的男女聚集在一起。

剑桥大学是一座有30多个学院组成的大学，文科理科都有，神学、哲学、古典文学、政治、法律、历史、音乐、建筑、物理、化学、工程、地质、地理、生物、医学各学院都有。

剑桥大学的教师热心教学，工资年薪10～15万英镑。没听说老师与企业挂钩搞科研的，不知道他们产、学、研是怎么结合的。

在伦敦还看了蜡像馆，挺新鲜，蜡人馆可称“千古名人萃聚一堂”，头几个展厅都是欧洲历史上著名人物，诸如英国的乔治三世，维多利亚女王，世界著名作家，安徒生、雨果、莎士比亚等不同时代不同国家的作家，蜡像都聚在一起，好像生时无缘相见，此刻正在互相交谈，摆布有些牵强。

丘吉尔、毕加索、林肯、罗斯福、蒙哥马利、华盛顿都有蜡像，也有列宁、毛泽东的蜡像，著名的演员、作家、科学家、画家、运动员都有蜡像，对这些世界名人，我有的知其名不识其貌，多数根本名字也不识得，蜡人馆展室十分明亮，人物众多，我走马观花，算是来一趟而已。

在伦敦正赶腿疼，此前由北京去巴西本来我不想去，因为腿膝部疼痛，但中钢矿业公司燕德顺经理坚持要我去，说这次是李岚清副总理率中国代表团访问巴西，冶金工业部副部长翁宇庆是代表团成员，我们算随员。因为此次中巴会谈，合资开发铁矿是重点内容，故要求我必须去，腿疼也得去，燕经理甚至说你走不了路，我背着你，你也得去。没办法只好服从，出国上飞机前到冶金医院诊治，找了王院长给打了“封闭”，保证半个月走路腿不疼，还真见效。

据说，参赛的运动员上场前肢体若疼痛都是“打封闭”，可到了回国时，半个月过期，腿又开始疼了，在伦敦有一天，燕经理和外事司小杨两个人上街逛，我因腿疼就自已活动了，我坐出租车到了海德公园，以前早就听说，英国有个公园星期天人们聚集在一起，对世界时政，对国内时政，对各方面都可以自由发表演说，我去那天，不是星期天，公园里人很少，海德公园面积很大，树木参天，花草茂密，有点像奥体公园，公园里实际是个森林区，有一块一块场地，露天摆着椅子是供周日人们演说用的，我去那天没人演说，我找个清静的地方，坐在长椅上休息，静观海德公园绿色生态环境。偶然，一名英国年轻小伙子走过来，与我同坐在一条长椅上，一开始互相没说话，只是他坐在椅子上时，与我打个招呼，那年正是香港回归，后来他就问起我是哪里来的，聊起了香港，他很直率，说香港今天成为国际大都市，是英国的功劳，那时英国媒体也都是这么宣传的，回归中国后，他们表示担忧，我的英语水平口语不行，虽然1980年为参加在北戴河召开的“世界矿山规划会议”与20位参会者在北京学习一年口语，以后与外国人接触不少，但总体水平差，我告诉他：香港回归谁也不用担心，香港有今天，英国有很大作用，但主要是中国的支持，才有香港繁荣。我的话也不知道这位英国青年听懂了没有。

我去海德公园是坐出租车去的，伦敦出租车，外形很旧，但车里却很新，出租车司机服务热情，沿途介绍这个那个，半个导游，车开的平稳，让顾客感到方便和舒适。

最后，还得说说英国北部格拉斯哥和爱丁堡，这是两座古城，石砌的马路人行道已坑坑洼洼有待检修，坐了一次地铁，车厢矮小，我 1.72m 的身材都直不起腰，但在格拉斯哥市仍然在运行，一方面说明人家节约另一方面大概市政也缺钱。

有一件事值得一提，在格拉斯哥，大连代表团中，鞍山设计院几位安排住在宾馆，大连市委秘书等大连市几位住在电机厂的公寓，公寓的房子设施更好一些，可以自己起火做饭，请来一位陪读的中国女士帮助做饭。有一天晚上，我们一起去另一家饭店去喝咖啡，在回来的路上，鞍山与大连两伙人就分开了，翻译只有一名，是我院外事处的小孔，随秘书长走。第二天小孔告诉我说，昨天夜里喝完咖啡回来，在半路上秘书长惊慌说兜里的美元丢了，坚持让翻译小孔领他回喝咖啡的地方去找，小孔年纪不大，多次出国，她婉言相劝，说在国外去找东西可以，但不能说钱是在人家那里丢的，你没有证据。秘书长不会讲英语，翻译坚持不帮忙，就这样僵持下回到了公寓，第二天负责房间卫生的英国老太太来了，首先告诉翻译小孔，说她搞卫生在先生的床上，捡到了一包美元，放在房间架子上，事情就此了结。英国老太太真是可敬。

美　　国

2002 年和 2008 年去美国两次，2002 年是参加我女儿研究生毕业典礼，因私出国，2008 年是为商谈开发洛杉矶东部铁矿去的，有同志不信，你在位当院长有十来年，院内多次组团赴美，你能没有机会去？说实话要是主动想去机会很多，当时考虑平衡，尽可能让其他院领导出去走走，我就没参与，一直到退休了，这才去美国。

两次去美国，去了很多城市，东海岸去了华盛顿、纽约、费城，西海岸去了洛杉矶、旧金山、拉斯维加斯，美国东南去了奥克兰和迈阿密，美国中部去了堪萨斯城。

1. 旧金山（San Francisco）

去美国两次，都去了旧金山，我女儿住在加州一座小城，距旧金山汽车行驶 1.5 小时，中国人称旧金山，西方人好像不常用此名，“San Francisco”是墨西哥人命名的，后来中国人去淘金修铁路，众多华人在此落户，称此地为“旧金山”，当时华人也到澳大利亚淘金，在澳洲定居的华人在当地住地取名“新金山”，美国定居的华人为区别“新金山”而取名“旧金山”。当时华人占当地居民 10%，是庞大的队伍，延至今日，旧金山华人仍挺多，与历史也有渊源。

在旧金山转一转，印象深的当属金门大桥，大桥长 1280 米，宽 90 英尺，6 车道，1933 年动工，1937 年竣工，用钢材 10 万吨，当时工程投资 3550 万美元，大桥南北两侧有铁塔支撑着两根直径 36.5 英寸的钢丝绳，铁塔之间大桥跨度 4200 英尺，桥孔高 200 英尺，大桥桥身呈朱红色，造型宏伟，气象巍峨，华灯初上，如巨龙凌空，金门大桥使用了 75 年仍是旧金山的象征，我与外甥女在直径 36.5 英寸的钢丝绳断面前留影作纪念。

在旧金山海滩，人们争着吃大螃蟹，第一次去我老伴嫌人多，没挤着去买，回国后一说，被认为是土老帽，如同到北京没吃烤鸭，哪有到旧金山不去吃大螃蟹的，第二次去补上了这一课，一个人一个大螃蟹，直径200毫米，先挑选，之后，放入锅里煮，捞出来吃，好像20多美元一个，比北京还是便宜多了。

2. 洛杉矶

2008年到洛杉矶看矿，没有谈成，主要是矿床没有勘探资料，再者运输得用集装箱，考虑中国出口美国产品用集装箱到洛杉矶卸货，回程集装箱很多空着回中国，想装上铁矿让集装箱重载回程，这个想法挺好，但风险大，一旦国际贸易出现动荡，集装箱少了怎么办？

矿山距洛杉矶汽车行驶两个小时，也是荒山一片，黄土高坡，没有树木森林，我看到有好几辆房车，据介绍这是美国人在城里待腻了。坐房车出来在山沟里住一两天，消遣消遣，放松放松，他们介绍，洛杉矶尘土很少，皮鞋三个月不打油，照样挺亮，我也没时间调查，西部有荒山，怎么城里能没有尘土呢？后来我到硅谷附近小城我女儿家住两个月，发现家内真没尘土，在鞍山一天桌子上就有一层尘土，在美国真没有，怪也。

香港迪斯尼乐园开放的时候，我女儿带外甥女去看过一回，回来总爱说米老鼠，2002年专程去美国，到美国东南端奥兰多，迈阿密去看了美国东南部的迪斯尼游乐园，2008年再去美国，又去了洛杉矶的迪斯尼游乐园，两个乐园布局相似，洛杉矶的更大些，游乐园面积大，占地30公顷，游人也多，让我记忆深刻的是停车场，上下有四五层可同时停车1.1万辆，联想我们城市只求增加汽车数量，而不设置停车场，弄得街道胡同两旁都成了停车场真是反差。

游乐园里有亭台、楼阁、古堡、溪流、雪山、瀑布等园林山水，园内各游乐厅、馆五花八门，真是眼花缭乱，看不过来，我年纪大，也不愿一个厅一个馆都进，选择了一个太空旅游节目，坐在椅子上戴上特别的眼镜，椅子不动，人就飞上天了，结果椅子忽一震动，弄得我腰疼了好几天，这种乐园好像是“儿童心目中的天堂”，对像我这样的老人，逛一次足矣。

园内有各种游乐的交通工具、吊车、马车都有，园内有古城镇，说有57个游乐点，一般游客只停留一天，也玩不过来，园内有餐厅、商店、戏院、咖啡屋，吃、喝、玩一条龙，服务项目周全，让你“充满期待”的进去，“高高兴兴”的出来，让你花了一把钱也不心疼。

3. 拉斯维加斯

这座大赌城，印象最深刻的是各种各样不同建筑风格，不同国家模式的大酒店，令人目不暇接，在中心广场观看音乐喷泉盛典，水柱光柱翻飞跳动，呈一派美景。各酒店随便进，都有赌场，都有商店，商品琳琅满目。进入威尼斯人大酒店“更仿佛真到了威尼斯”，我没去过意大利，我老伴去过，她说，这蓝天白云游船在小河中穿行，场面真有点身临其境。

4. 科罗拉多大峡谷

大峡谷属于内华达山脉，地壳变动形成南峡和西峡，长280英里，悬崖深1200米，临峡向下看，真有点眼晕，看沟底也有人走动。

5. 华盛顿

进入华盛顿似曾相识，因为电视台常有白宫、五角大楼画面。

真的到了白宫，看到周围有警察但戒备不严，白宫草坪前让人拍照，高耸的华盛顿纪念碑，林肯纪念堂和杰克逊纪念堂，国会山大厦，美国国务院都在广场的四周，看到林肯纪念堂使我联想毛主席纪念堂模式与其相似，后来到希腊雅典看到希腊神庙又知道林肯纪念堂设计师原来是仿照了希腊古神庙建筑风格，都是一大排柱子，纪念堂附近有两处纪念墙，一边是朝鲜战争一边是越南战争，上边刻着战场死亡战士的名字，还有朝鲜战争的场面。广场周边的美国航空博物馆，美国国家艺术馆，都有很多人，美国中小学生一群一群，我曾看过美国小学 5 年级的课本，有一课讲要在华盛顿广场建一座第二次世界大战的纪念馆，美国对中小学生进行爱国主义教育抓得实在。

6. 纽约

由华盛顿到纽约在纽约只停留两天，看了联合国总部大楼、被毁的世贸中心大楼、自由女神像、华尔街中国城。我们登上帝国大厦，远眺了全纽约的市景，进入纽约港映入眼帘的就是 152 英尺高的自由女神像，右臂握着火炬，左臂抱着一本美国《独立宣言》被认为是美利坚民族的标志，此女神据称是法国送给美国的礼物，1874 年设计，1884 年完工。

在美国我记得登上了博物馆里的航空母舰，爬上爬下，费不少时间，想起来看博物馆收获挺大，美国由月球上取回来一块石头，也镶在一个框架里供人参观。

到了华尔街，来到纽约证券交易所看了那尊铜牛，又到洛克菲罗广场和时代广场，最近听说，我国花大钱在广场做广告不知会起多大作用。

由纽约去了西点军校，军校在纽约北边 80 千米，军校像个公园，没有铁丝网和卫兵，对外开放，任人参观，校内有宽大草坪，据介绍这是学生操练和检阅的场所，校内有军事博物馆，还有历次战役的纪念品，军校的学员，学制 4 年，入学前要有正规军、后备军的推荐书，许多美军领导人都是西点军校的毕业生，像艾森豪威尔。

该校 1778 年建校，历史悠久，参观西点军校，有消息说，西点学生学雷锋，但我们参观时未见雷锋的画面，也没有人提到雷锋的信息。

7. 费城

到了费城，参观了费城历史博物馆，18 世纪费城是起草和签署独立宣言的地方，美国宪法草案也是在费城起草和签署的。据介绍华盛顿在此度过不少岁月。

向北走到了尼亚加拉大瀑布，我从加拿大一侧从南向北看过这个大瀑布，这次是从美国一侧由北向南看这个大瀑布，大瀑布位于北美尼亚加拉河上，宽 1240 米，落差 51 米，在美国一侧宽 300 米，在加拿大一侧宽 800 米，流量每秒 6000 立方米，瀑布声闻数里，水沫飞腾，景色壮观，在加拿大参观时曾穿雨衣坐船转了一圈，在美国只能在岸上看。

加 拿 大

1995 年和 2007 年两次去加拿大都是洽谈矿山工程项目，靠北极有一座柔赤拜铁矿，储量大，靠深水港，新兴铸管公司、中国远大集团、武钢都在加拿大拉布拉多地区有项目。在与柔赤拜铁矿公司 CEO 洽谈时，我指出其矿山靠海港，吃水深，可停靠 Cape. Size 大船，并估算年产成品矿 1000 万吨，矿山开发资金要在 15 亿美元以上，老外十分惊讶！说老先生穿透力强，我心想世界上大露天矿看了不少，铁矿石大海港我几乎都去看过，你还不一定有我这个经历呢，我从心里没把他放在心上。

我也指明，柔赤拜靠北极，冰冻行船每年只能有半年时间，此矿开发需要时日。但该矿已上市，中国人一介入股票马上就提升，但没想到2008年金融危机该矿股票下跌不少，现在又略有回升了。

在加拿大到温哥华停两天，主要在多伦多活动，参观了多伦多体育馆、多伦多大学，登上了CN塔，两次都去了尼亚加拉大瀑布。

多伦多体育馆上边有盖，可以打开，若下雨也可关闭。功能比鸟巢还高一等，鸟巢原设计也有大屋顶，可以开放或封闭，后来为省钱取消了此功能。

CN塔高纵入云，乘电梯直上，113层到塔顶，远眺市容和安大略湖，上边有旋转餐厅，我们上去观光，停留一会儿就下来了，没在旋转餐厅用餐。

中午吃饭，看到一家印度餐馆大家进去吃了一顿，加拿大的印度饭与新加坡比差远了，印度饭被西化了。

在多伦多也出过一次笑话，1995年第一次到加拿大，我与中钢燕德顺经理等候冶金工业部吴溪淳副部长。我们先到两天，心想好不容易来到加拿大，得抓紧时间走一走，看一看。我俩出去看到一个牌子"rent car"字样，我前去联系说"想租一辆车"，加拿大小姐说："好，看看你们护照和驾照，办手续，"我说："我不会开车，没驾照，想请一位司机帮助开车"，加拿大小姐说："我们只租车，没有司机，"我说："我想既租车又请司机，"加拿大小姐笑了。"想租车还请司机，那你们找Taxi好了，Taxi不是有车又有司机吗?"弄得我十分尴尬。

墨西哥

2007年去墨西哥匆匆忙忙去，匆匆忙忙回，在墨西哥只停留一周。

我们是去探讨购买墨西哥铁矿的，想看看他们的铁矿资源，开发状况，物流条件以及有关法律法规，该铁矿赋在地表以上300米，用汽车开拓，修了盘山公路，矿石岩石都用汽车运到山下地表，矿石破碎筛分成为成品矿，粗中细破碎及筛分都在地表，露天作业没有厂房，矿石质量很好，我方与墨方商定贸易协议，但海港不能停大船只能用巴拿马型船运矿，在洽谈中我建议他们研究改用平硐溜井开拓，矿石直接用重力放矿，墨方表示此设想方案很好，但对此他们表示不熟悉，我说你们可以到中国矿山看看。

我们是在靠近美国的一个墨西哥机场降落的，先到矿山，之后到了墨西哥城，此为世界人口最多的城市，除广场建筑比较典雅外，大部分街道陈旧，其实墨西哥盛产石油、天然气、金、铝、铜矿产生产总值居拉丁美洲第一位，但从公交车出租车和人们的服装上看，却像第三世界，早晨上班族在路旁买一杯饮料一块糕点，一边走一边吃，北京街头也有此种景象，但人家这杯饮料，北京可没有，我观察每杯饮料都是现加工的。顾客自己挑选水果，然后放在榨浆机里，一开电门哗啦哗啦响转起来就磨成了，不加任何添加剂，挺新鲜的，街道两旁多是个体户商店，门脸不大，一家挨着一家，与我国相近似。

墨西哥靠近美国，经济发展水平差距大，众多墨西哥人越境到美国，因为是越境在美国得不到正式工作岗位，美国官方对此也视而不见，历史上美国欺负墨西哥，1847年攻打墨西哥，逼墨西哥割让55%土地给美国，如今美国的加利福尼亚州，内华达州、犹他州、亚利桑那州、新墨西哥州、科罗拉多州和怀俄明州七个州52.9万平方千米土地当年都曾是墨西哥的地盘，现在墨西哥人到这七个州去算偷渡了，唉，真理在哪儿呀!

在墨西哥我们去参观了闻名于世的玛雅文化，每人买一顶草帽，同行的宋将菊女士还买了手工织品，如同我国少数民族织的那种手工制作的窗帘之类的装饰品，价格昂贵，样子很好看，一看就能看出是异国风情。

越　南

从1958~2005年，到越南去了8次，1958和1959年在越南每年待半年，1960年待1个月，1961~1962年待一年多，1964年待半年。1992和1993年又去越南西贡市，每次两周时间，2005年在广西北海参加河北省矿山会议，又去越南5日游，去了海防、下龙湾和河内。

1958年我国政府决定帮助越南建一座年产钢10万吨的钢铁厂，为此由北京钢铁设计院，鞍山矿山院与鞍山焦化院组建工作组赴越南考察，选择厂址。当时我驻越南代表处代表是中共中央候补委员方毅同志。

我被委任为矿山总负责人，现在称总设计师，不只负责铁矿，还要寻找辅助原料，为此跑遍了越南北方各省。

1958年，我国大跃进，我们在越南也跃进，倡导建立了一座1立方米小高炉，建成后，炼不出铁水，闹出了笑话，把方毅同志急坏了。

经过7年的准备和施工，1964年越南槟榔寨铁矿投产，一号高炉也陆续投产，但没过几年，越南战争爆发，矿山和钢厂都被美国飞机炸毁了。

累计8次去越南在越南共停留两年半时间，特别是1960~1961年，中国是三年困难时期，到越南可享受专家待遇，也是一幸事，当时的制度是出国开证明，在国外期间按天数计算国内扣除粮食供应额度，在越南出国期间，国内工资照发，国外补贴半个月工资为零花钱。

20世纪五六十年代越方对中方专家十分友好，为援助越南，我曾见过胡志明主席，当然是众多人一起见的，并获得越南政府颁发的荣誉奖章，在国内被授予出国援外人员乙等奖。

越南地处东南亚，面积33万平方千米，比我国云南省小一点，人口7500万，而云南人口为4000万，越南气候宜人，适于农作物生长，他们的大米出口，记得有一年传说朝鲜缺120万吨大米，当年越南正好出口120万吨大米。

河内庙宇很多，均写汉字，说明受中国文化的影响很深，但古迹中也有“对抗中国王朝”的记载，河内还剑湖，导游都不好意思向中国游人讲其涵义，传说古时为抗中国王朝，一将军路过此湖，湖内一巨龟浮出水面，背上一把剑，它对将军说，请你拿这把剑去前线，得胜还乡之后将军又到湖边，巨龟又浮出水面，要回了这把剑，从而湖名取名“还剑湖”。其实也无所谓，越南还有“二征庙”也是说古代有姐妹二人去前线“抗入侵者”，周恩来总理访问越南时，还专门去“二征庙”参观呢!

在越南期间多次去下龙湾休假，下龙湾是越南北方海上胜景，我们曾多次游下龙湾，及至2005年又去一次算是last time。

下龙湾让我通俗解说就是海上桂林，山奇水秀，在碧波万顷的海面上，石灰岩岛屿若繁星密布，尖峰耸峙，似千仞圈屏，巍峨宫殿，又像窈窕美女，垂钓渔翁，在海面上点点渔舟悠然穿行在岩山之间，时隐时现，碧空与风帆相映，平添许多诗情画意。

能到下龙湾一游，是很难得的，但2005年随河北省诸多小矿点老板会后到下龙湾，他们中有些人却对此景不感兴趣，而在船上热衷于“诈金花”，真让人莫明其妙。

1992年与1993年我随冶金工业部副部长王汝林，中冶集团总经理王承义去越南，是为帮助建钢厂，南越缺铁矿资源，钢厂只能是先建轧钢厂，动用废钢资源，越南废钢主要是越战期间美国留下许多军品，但越南政策灵活，留在哪个省的军品如大炮坦克之类，那个省可以自行处理，我们了解各省废钢大部分已处理了。新建一座钢厂，无废钢可用，项目只好暂停。在西贡市看了市郊的地道战遗迹，进入地道战巷道，曲曲折折，巷道很长，有多个出口。与中国地道战抗日一样，今天看来实乃奇迹也。

在胡志明市，越方安排我们出海游，登上旅游船，进入南海走一趟，在船上吃一顿海鲜，游人可以登台演唱。一细看，原来船上的人大部分是台湾人，大陆的人只有我们几个，台湾男女青年人纷纷上台演唱，“阿里山的姑娘美如水”，我听后就议论“美如水”这是怎么提法。

老挝

2005年11月与中国地质科学院的专家一起去老挝，洽谈开矿和建厂问题。老挝面积23万平方千米，与广西壮族自治区面积一样大，但广西有4500万人，老挝只有500万人，老挝矿产资源丰富，已发现有铜、铁、锡、铅、锌、金、钨、锰等。铁矿资源一直没有开发，所用钢材均靠进口。

我们赴老挝就是想帮助他们开发川矿省的普阮铁矿，并在川矿建一座年产钢15万吨的小型钢铁厂。

川矿省省委书记和省长在他们家里盛情接待了中国专家组，因为那天正是星期天，去会见之前，我们商量先去见省长呢，还是先去见省委书记呢？他们与中国一样的规矩，书记权力比省长大，经老挝朋友指点，先去省长家后去书记家。

川矿省长和书记都住在一个房区，每家一栋小楼上下两层，我目测每栋小楼面积240平方米左右。省长很热情，自己泡茶，拿出硬果招待我们，看样子家里没有请保姆，接待完之后出来，他说要去打高尔夫球，握手告别，他自己开着车就走了，我看后备厢有高尔夫球杆，开的车在中国也就是值12~15万元的轿车，省委书记家住的房子，与省长一模一样，相距200米左右，到书记家也是书记自己动手倒茶，值得一提的是省长书记住宅如同鞍山市台町房区。地市级干部的住宅，周围没有警卫。与我国不一样，1990年我去过四川省委书记家串门，他女儿是我院职工，去回访看望他，去他家过几道岗，警卫打电话由书记亲自接我才进去。老挝川矿省委书记讲话挺实在，说老挝落后，工业不发达，开发铁矿如果出售到中国，运输也不方便，需经过越南，由海防装船出口，因此想就地建一座小型钢铁厂，一般建筑钢材就可自己解决了。

老挝人信佛教，庙宇多，小孩子很多都得先当和尚，在万象市看到了一个“景观”，一座庙宇，腾出地方做旅馆，接待泰国游客，游客中中老年男女众多，那天早晨我们去逛庙，正赶上早餐，游客们在院子里围着桌子用餐，小和尚穿着黄色与我国和尚服装相似的道袍，小和尚充当服务员，来回跑，为游客端送咖啡，此乃别的地方看不到的景观。老挝5～6岁小女孩，见着中国人笑嘻嘻的样子，挺可爱，我很友好的拍拍小女孩的头，语言不通，她也表示出欢喜的样子，后来，我阅读老挝的书刊，才发现过去在老挝习惯上千万不能摸小女孩的脑袋，这是一大“忌”今天开放了，此“忌”才不那么紧了。

这次去老挝同行的有国土资源部郑州研究所的张克仁所长，与我同岁，他是早期硕士研究生，我国著名选矿专家，他是协会进步奖评委，这几年经常在一起开会，评审项目评审科技进步奖，2006年还一同讨论澳大利亚中信泰富SINO工程，28微米细粒矿选矿，2005年我们同去老挝，没想到2010年他就“先走了”，真是的。

在万象还碰到上海的一对志愿者，他俩是一对年轻夫妇，受上海团市委指派到老挝教中文，算是志愿者，很受老挝欢迎，工作一年一轮换。

老挝历史悠久，有很多名胜古迹，琅勃拉邦城镇就是世界自然与文化遗产，可惜时间紧，我们未能去看。

印度尼西亚

印尼在我的脑子里印象很深，1955年万隆会议，郑振铎飞机失事，周总理脱险，还有印尼共产党，1966年被镇压，印尼共产党总书记艾甘地被害，死了几十万人。1995年和2006年有机会两次赴印尼才对印尼有实体印象。

1995年随同大连市代表团访印尼，主要是拟在印尼建一座火力发电厂和水泥厂，我们鞍山冶金设计院下属有电力设计分院，在辽宁省各地设计了几十座小型5万千瓦机组电厂，也为大连市设计过电厂，因此让我们到印尼，主要想法是中方供应设备。接待方后台是印尼籍华人，由印尼人出面，对水泥厂我院承担石灰石矿原料开发，水泥厂设计由南京水泥设计院承担，项目谈的比较顺利，印方招待我们很热情，领我们到雅加达、万隆和巴厘岛做了游览，雅加达市中心高楼大厦，灯红酒绿，一片繁荣，可与世界接轨，但郊区却是很贫穷，一条窄的土路，两边都是一排排平房，没有下水道，土路两边是明渠下水道，脏水也不流动，粪便漂在上面，臭气熏天，城里城外两个世界。印尼华人富人多，掌控经济命脉，有的场面十分让人吃惊，有一次接待方招待我们在一家大餐馆吃海鲜，偌大餐馆，我观察几乎都是华人，极少看到当地的印尼人，有一年轻华裔妇人，带一小孩要了一桌子海鲜，我以为她饭后会将剩余饭菜打包带回家，没想到一桌子海鲜，挑几样，吃几口，结完账就走了，以前听说印尼“反华”，我看这架势，华人自己的所作所为曾为印尼“反华”制造了舆论。

在雅加达去了野生动物园，很开眼界，各种野生动物在宽旷原野奔跑，我们坐在汽车里观看，不能下车，谁下车被野生动物咬伤咬死，自己负责。

在雅加达还去了据说类似迪斯尼乐园的公园，里边人潮汹涌，大人小孩聚集在一起做游戏，十分乐趣。

有一天，去了万隆，此乃避暑胜地，景色秀丽，清静幽雅，四季如春，我们参观了召开万隆会议的独立大厦，还看了当年周总理在万隆会议期间住的宾馆，印象很深，在印尼还去了巴厘岛，大家很开心，一者在火山喷发的附近照相留影，二者在巴厘岛游泳，很惬意，巴厘岛火山只能远观，不可近看，谁知道它什么时候一发脾气喷出岩流来。

我们第一次赴印尼，对电厂和水泥厂项目谈的很顺利，项目是谈成了，但中方业主后来换了人，不是大连市，而被华能集团给抢走了。

2006 年再去印尼，由雅加达直飞苏门答腊岛，看一座铁矿，此行是陪澳洲朋友去的，他在那里得到了采矿权，对印尼的铁矿早就听说过，有资源，但大多数没经过勘探，我们去的矿山也是如此，到矿山做了野外勘查，看到了铁矿露头，铁矿为磁铁矿，能吸住随身携带的磁块，品位比较高，看样子像是接触交代型铁矿床，但此矿未经过预查，更未进行普查，只凭肉眼也不好估计矿床的规模有多大，此矿床要是生在我国，个体户很早就动手了，而在印尼就得按程序办事，商议澳大利亚朋友可委托印尼方实施开采，边采边探，采出矿石化验。若达到出口标准，可向中方出口。

矿山位于农村，我们去矿山路过苏门答腊小镇，看到中小学生，尤其是几岁至十几岁的女学生，个个穿白绸长袍包着头，如同西方修女模样，表情文雅，个个像小大人，没有一个女孩嬉戏，我们议论，咱们这样年纪小女孩爱在一起相互打闹，让他们穿长袍那样憋屈，她才不干呢！由苏门答腊回到雅加达，本想再到市里逛一逛，1995 年到 2006 年过去 12 年了，想再看看雅加达的变化，但一打听说进城会塞车，印尼塞车可不是一般的塞一会儿，一塞有时两个小时不动地方，连撒尿都没地方，我们害怕耽误时间，影响晚上登机回京的大事，就放弃了进城一游的念头。

蒙　古

2011 年两次走进蒙古国近邻，此行是随开滦煤矿工作组去的，同行的有中国冶金矿山企业协会常务副会长教授高工雷平喜。

蒙古国前政府总理和前国防部长因竞选失败让位，他们两人组建了蒙古青年矿业投资公司，已掌握几座铁矿煤矿铅锌矿的探矿权和采矿权。开滦香港公司出面与他们合作合资在蒙古开矿，我们前去是对项目情况帮助评估，到达乌兰巴托次日就受到现任政府总理的接见，相当于温总理在人民大会堂接见某代表团，蒙方对我们接待规格很高。

十多年前，经营秦皇岛野生动物园李老板在蒙古承包工程，获得伊罗河铁矿矿权，该项目曾由中国国际工程咨询公司评审，评审后组织专家组成员赴蒙古现场考察，那次我没敢去，原因是此前包钢经理张国忠告诉我，他去蒙古到现场只能坐汽车去，坐苏联吉普，不密封，外边多少土，车里有多少土，且公路崎岖不平，颠簸的厉害，实在难受，受其警告，我未敢成行。张经理曾几次率团去蒙古考察，有一次蒙方在矿山专门烤全羊接待，现场烤全羊中方人员都很震惊，当众蒙方人员拉过来一头活羊，当众砍掉头，掏出内脏，之后将烧的炙热的石头子儿从脖子口塞进去，再倒进酱油、香油、盐、花椒大料之类佐料，再将口塞上，把全羊举架起来烤，等于里外都加热，烤熟后用碱水一泡，刮去外皮毛，羊皮刷白，之后将羊肚子里的石头子倒出来，因为现场没有水洗手，就用石头子洗手，每人手中拿两三个石头子，此时石头子还挺热，但已不烫手，在手中滚滚之后扔掉，就算洗手了，每个人可以手捧烤羊肉大吃大喝起来，一边吃肉一边喝酒，热闹极了，中蒙双方人员都兴奋异常，待回到乌兰巴托市才发现只顾吃烤全羊，采集的矿样忘带回来了。

2011 年我去蒙古，又先电话征求老朋友退休的张国忠经理意见，他比我大三岁，早已退休，但一直参加蒙古国开矿，他告诉我，他虽心脏搭桥又已五次去蒙古，如今蒙古已大变样，坐汽车去现场会有美国悍马大吉普接送，受张总鼓励我毅然前往。

2011 年两次走进蒙古国收获挺大，已专门写了短文“走进蒙古国”，准备在矿业文集中发表。

新 加 坡

去过好几次新加坡，都是路过，在新加坡没有正式的项目谈判任务。

第一次是 1985 年 1 月由澳大利亚回北京，与我们合作设计的哈默斯利公司安排我们在新加坡转机，可以在新加坡玩两天，一出机场，看到他们公路旁绿树遮天，非常干净，很是羡慕，到城里住五星级宾馆，第二天吃早餐有个场所可以自己加工制作，饭店已准备好了锅碗灶具，配有各种佐料和做菜的原料，鱼虾肉蛋，各种蔬菜应有尽有，挺有意思，白天我们一行六人去海洋馆等处游览，海洋馆面积很大，场馆很多，看到大海龟还可以喂食，6 个人兴趣各异。有的爱看这个，有的爱看那个，走着走着我就掉队了，我是组长与组员分开了，真让人着急，当时是 1985 年，还没有手机呢，也没有办法互相联络，好在每人兜里都有点美元，也不会有什么麻烦。在新加坡吃了一顿典型的印度饭，这也是好奇，新加坡除华人马来人，印度人也很多，我们大胆进入一家较大的印度餐馆，服务员都是印度人，态度热情，操英语，先为每位铺上一块大叶子，菜饭都放在叶子上，没有碗也没有筷子，用手抓着吃，这是第一次吃印度饭，后来 2007 年第二次到加拿大，我们也选择吃一回印度饭，加拿大印度饭比新加坡就西化了。后来再去新加坡也就是到海边几个景点走走看看，今天想起来新加坡城市很美，很优雅，高楼大厦，很现代化，但新加坡讲英语，实在上不了档次，发音太不顺当，不准确，这个国家全方位外交，一方面向中国示好，另一面却与台湾往来，一方面强调要与中国保持良好关系，另一面却又倒向美国，好像今天我们得研究如何适应新加坡类型的双边关系。

马来西亚

2010 年 5 月与长沙矿冶研究院院长助理、选矿研究所所长陈雯教授一起去马来西亚看一座铁矿，矿山距马六甲市汽车行驶不到一小时，我俩都是头一次到马来西亚，看到他们城市和农村与越南新加坡有相似之处，生活水平比我们好得多，农村好像许多家都有汽车停在门口，马来西亚不缺汽油，2009 年马来西亚 GDP 总值排第 47 位，人均 GDP 为 1090 美元。

马六甲海峡是各国关注的地方，据称众多海轮都驶往中国，我国年进口铁矿石 6.8 亿吨，按 10 万吨船计算每天驶往中国的运矿船有 20 ~ 30 艘，中国每年还进口石油两亿吨，大豆 5000 万吨，钾肥 1000 万吨，干散货船密集驶往中国，难怪人家说中国崛起了。

我们到吉隆坡和马六甲市看到这个东南亚国家，天时地利，艳阳高照，碧海晴天，空气温润，气候宜人，鸟语花香，柔美清静，感到挺滋润。

马六甲市受中国文化影响很深，市内有三保山为纪念郑和下西洋而命名，三保山麓有三保公庙，建于 1795 年，郑和在此凿井称三保井，为防兵祸，居民筑起高 4 米的围墙保护三保井，至今井水清澈。

马来西亚铁矿属于预查阶段，待勘探后，有望合作开发，马来西亚还盛产红土镍矿，向中国销售。总的印象马来西亚是个日子比较好过的国家，华裔居民势力很大，与印尼相似，对华裔人也有限制，企业的一把手要马来人担当。

土耳其

2008年去了一趟土耳其，我们鞍山冶金设计院在土耳其设计的球团厂要开工。我们更要引进土耳其铬铁矿，我们此行去要看铁矿。

在土耳其除到矿山外，只去了伊斯坦布尔。这是土耳其最大的城市。土耳其算是亚洲国家，但其国土面积有3.1%在欧洲，算是跨两大洲的国家，伊斯坦布尔有一座大桥号称是欧亚大桥，北滨黑海，南临地中海，欧亚大桥附近鸽子很多，一群一群，不怕人，我们靠拢群鸽，背景是欧亚大桥照了相，我把这张照片镶了框至今还摆在家里。

泰国

去越南访问，回京前，应邀去了泰国，到了曼谷和芭堤雅。

1. 曼谷

为泰国首都，位于湄公河下游，市内河道纵横，水上集市繁荣，泰国信佛教，市内有大小寺庙300多所，以大王宫玉佛寺最有名。我们在曼谷停留两天，看了大王宫玉佛寺和三保公庙。大王宫，相当于北京故宫，规模很大，有三座宫殿，一座寺庙，宫殿不很高，风格据称是暹罗式，围墙全是白色，庭园绿草如茵，树影婆娑，远看大王宫，只见金色和绿色鱼鳞状琉璃瓦殿顶，大王宫是泰国国王登基加冕的地方。

大王宫东北还有玉佛寺，是泰国曼谷王族举行宗教仪典的场所，玉佛寺建筑堂皇宏伟，屋宇旁榭，高塔长廊，玲珑剔透，金玉璀璨，高耸挺拔，玉佛寺集中了泰国寺庙的特点，曼谷的三保公庙是为纪念中国航海家郑和而建的，郑和下西洋对东南亚各国影响很深，马来西亚有三保山，因为明朝1431年钦定郑和为“三保太监”，故马来西亚马六甲市有三保山，泰国曼谷有三保公庙。

想来明朝海军鼎盛时期有舰船3800艘，郑和下西洋共七次，最多时率27000人，舰船200多艘，船舶中有宝船、马船、坐船、战船、水船等不同类型，宝船长151.18米，宽61.8米，船有4层，锚重几千斤，要动用200人才能起航，一艘船装千人，如“明史兵法”记载，“宝船高大如楼，底尖上阔，可容千人”。

郑和下西洋，振奋国威，外交各国友谊，意义重大，据称，当时全欧洲海军力量也无法与中国比。

如今美国航母在我国周边转悠，论实力赶不上郑和，郑和还是麻将创始人，当年郑和乘木制舰船率27000人航海，官兵寂寞，在船上就玩起来水桶和绳子，也有输赢，玩时还观看天气要知道后来麻将中一饼二饼，应称之为一筒二筒，一条、两条、三条这是绳子的数量，一万、两万、三万，这是输赢多少计量单位，东、南、西、北风，那是观气象，看主导风向，风平浪静才能玩。

2. 芭堤雅

泰国芭堤雅被称为“东方夏威夷”，芭堤雅海滩依山傍海，风光旖旎，我们一行人在海边逐个欣赏海滨周围的建筑物，真是风格各异，有一栋大楼像一艘轮船，与我国城镇建筑物火柴盒式格局相比，芭堤雅的建筑风格都很新颖。

在芭堤雅，我们观看一场人妖表演的音乐会，人妖挺可怜，本来是男人身，经过复杂的技术处理注射性激素，以改变嗓音及外貌，使小男孩变成了女孩，长大了，身着艳丽多彩服饰轻歌曼舞，成为泰国一道独特的风景。香港回归那年由西双版纳到缅甸一日游看到缅甸一侧也有人妖表演，人妖歌舞水平挺高，很受人欢迎，与人妖可以合影拍照，照一张交 10 元人民币，芭堤雅中国游客多，也真有人去与人妖合影。

韩 国

2004 年《中国矿业》杂志社在山东烟台召开理事会，会后组织各位理事到韩国考察四天。

由烟台乘船，晚上上船，第二天早上到达仁川，仁川位于汉江河口南侧，是韩国第二大港，朝鲜战争时，美军在此登陆，使中朝军队遭受极大损失，在仁川看到矗立着麦克阿瑟的塑像，心里难忍愤恨之情。仁川是韩国旅游名城，有很多景观，由仁川乘汽车到达汉城，参观了景福宫，此乃朝鲜王宫，富丽堂皇，十分典雅，宫内迎春花盛开，花香扑鼻，使人陶醉。

在参观战争纪念馆后，则感受不同，这里展示了大韩民族，五千年对外抗争的历史资料和展品，其中还展示了朝鲜战争期间，韩国军队由中国志愿军朝鲜人民军手中夺得的武器，作为战利品摆在那里。

韩国导游领我去了运动场，此处原为汉城的垃圾场，经过土地绿化形成了一个林木茂密，百花争艳的运动中心，亚运会，奥运会都在这里举行，我们沿汉江去板门店，看到汉江江面，与长江比，不算太宽，但竟架有 19 座桥，实令人惊讶。板门店是签订停战协定的场所，不让我们进去，只在远处观望。

去韩国走一趟，实有感触：

（1）爱国心强，人们热爱本国产的汽车，对进口车不感兴趣，不似我国国人以坐进口车为荣；

（2）环境保护意识强，在韩国没见着用一次性木筷子，都用不锈钢筷子，而我国一年用大量木材加工一次性筷子，日本还专门进口中国木筷子，有一回我去美国归途在日本转机，在机场停几个小时，吃饭时见到用木筷子，据说皆由中国进口，可恨的是日本由中国一年进口几亿双筷子，日本环保意识强，筷子用完了都回收，然后做成纸浆，再转回来出口，卖给中国，我们还当好东西，高价买回来，做成纸浆用于印制报纸。

生产周期循环模式是：森林砍伐—破坏中国生态环境—向日本出口筷子—日本用一次性木筷子—用后作为废品回收—加工成纸浆—向中国出口—中国傻帽买日本纸浆—加工成纸—印制报纸出刊，日本之聪明，能不服？

（3）服务业发达，商品品种多，质量好，服务员态度好，让人感到舒服。旅游者愿意花钱买韩国的东西，与服务员态度好不无关系。联想到，在俄罗斯远东和蒙古国，韩国人少，但韩国商品多，而中国人多但在俄蒙中国商品少，很值得我们思考。

南 非

2005年，赴南非考察库博公司锡兴铁矿，此乃与巴西、澳大利亚露天矿相同的大型铁矿公司，日产铁矿石10万吨，露天开采，生产直接还原块矿，高炉块矿和烧结粉矿，矿石品质好，一般人总认为非洲落后，工业不发达，其实情况各异，南非锡兴铁矿的生产工艺、技术装备与巴西、澳大利亚露天铁矿相似，机械化、自动化程度高，特别是摩电电动轮汽车和夹持式陡角38°三明治皮带，是我第一次看到实物，1981年我由美国《World Mining》杂志翻译一篇文章《南非锡兴铁矿的摩电汽车》在《国外金属矿山》1981年第二期发表，那时只知这个事，这次亲自到矿山看到了实物，非常高兴。2010年，我参加评审包钢白云鄂博铁矿主矿和东矿技术改造设计方案，就建议不用胶带机应考虑采用摩电汽车，因为白云矿种和岩种分采分运，胶带很不方便，用摩电汽车则很实用，曾建议包钢组团去南非考察。

锡兴铁矿，年产3800万吨，矿产品经861千米轨距1065毫米的铁路运到靠好望角的萨尔丹哈港出口，此港吃水深，可停靠20.5万吨运矿船。

参观海港，先到南非第二大城市开普敦。南非长期是荷兰、英国的殖民地，城市建筑多是欧式楼宇，据称建筑材料都来自荷兰，我们参观了过去的总督官邸、大教堂、钟楼，还爬上城西的特布尔山，海拔1082米，山顶平整如桌，故又称桌山（特布尔中译名为桌），山峰延绵平展，气象巍然，我年纪大是坐缆车上去的。

乘船游好望角是主要节目，大家都知道好望角是大西洋和印度洋分水界，欧洲的船到东方亚洲在没有苏伊士运河前都得绕好望角，有了苏伊士运河，每年绕道好望角的船仍然很多，据称有4万艘，可称是世界上最繁忙的海上通道，好望角是葡萄牙探险家迪亚士，1486年发现的，航船从里斯本出发，沿非洲西海岸南行，去找一条通往“黄金之国”印度的航线，当船驶到大西洋和印度洋会合处的水城时，狂风大作，风雨交加，巨大的海浪将船推到一个无名岬角，才免遭灭顶之灾，迪亚士将此处取名“风暴角”，1497年葡萄牙又一名探险家达迦玛率领远洋航船成功绕过此角到达“黄金之国”印度西南海岸，然后满载黄金丝绸回到里斯本，葡萄牙国王高兴，将“风暴角”改名“好望角”，此名沿用至今。

好望角海水清澈，我们吃了好望角鲍鱼，据说这里鲍鱼没有污染，是世界上最佳的。

在好望角爬到一个山丘顶端瞭望，西看是大西洋，东看是印度洋，此处专门有个牌子，写明好望角，专供游人照相留念，我们也顺序为之。至今此照片夹在画册中，每次翻阅，忆想当年，也正好兑现我的预言“First time and last time,”一生也只一次也。

在南非到约翰内斯堡，住在五星级太阳城酒店，也是赌场，据介绍此处原来是个矿山废石场，经过覆土绿化恢复了生态环境，今日变成了景色宜人的好地方。

南非过去受荷兰，英国统治，黑人当权后，与赞比亚津巴布韦“过左”的政府不同。允许白人继续在工厂、企业充当白领，以至担当CEO，因此经济发展好，“过左”政府将白人赶出去，或不让白人当权，经济反而下滑，南非规定外资企业中，黑人要占26%股份，譬如中方收购一座矿山，其中：股权黑人占26%，但黑人朋友又没钱投入，那中方只好给他垫上，以后企业盈利，黑人按股权分红，此分红款逐步抵消干股的份额资金。

津巴布韦

1991年和2003年两次去津巴布韦，头一次与北京钢铁设计院院长王定武，外事部长刘光宇等去检查我们两院津巴布韦钢铁厂专家组的工作，奉冶金工业部之命，1991年北京院鞍山院两院和宝钢专家组帮助津巴布韦钢铁厂进行技术改造，两个设计院的人都住在津钢，在一起吃住，由我院派一名厨师，为中方人员做饭，生活尚好。至1991年我们去的时候，他们已在津国工作近一年时间了。

工作上鞍山矿院负责津钢原料和冶炼前工程，北京院和宝钢负责厂内工程，鞍山院工作内容具体进行得很顺利，而钢厂内工作复杂得多，记得主要矛盾还是发生在中方专家组内部，宝钢专家热衷于推广计算机技术，这在大方向上是对的，很受津方欢迎，而我看当时津钢钢材轧机，还基本是手工操作，几个黑人抬着从加热炉出来的小方坯热坯向轧辊里送料，技术非常落后，我对轧钢是外行，但我老伴是鞍钢小型厂电气高级工程师。我常去小型厂参观，当时小型厂与今天高速线材轧机没法比，但机械化程度还是比较高的，我和王定武院长刘光宇（刘是我的同班同学）交谈，建议先推广张明山反围盘之类行之有效的实用技术，计算机对老黑有点太超前，但此类建议钢铁设计院赞成而宝钢人员不同意。

1991年津巴布韦经济状况是很好的，津钢CEO是白人，津方安排我们去维多利亚大瀑布参观，并举行几次宴会，津方钢厂CEO及副手招待中方专家。津巴布韦曾长期受英国统治，是英联邦成员，后来由于其行动与英国不同步，而停止英联邦成员资格，哈拉雷的津巴布韦大学教材和考试题都是来自英剑桥大学，足见其间关系甚深，中国一直支持津巴布韦独立，因此独立后对我十分友好。

津钢派车送我们到维多利亚大瀑布，走了好几百千米，司机是黑人，到了目的地，黑人司机把车钥匙就交给北京院的小王了，他交代他去玩了，用车你们自己开吧，他知道小王会开车有驾照，第二天上车他们仍让小王开车，他说他昨天一夜没睡觉，由他开车太危险，由小王开安全，真没招，小王只好充当驾驶员。

维多利亚瀑布是津国的旅游区，游人很多。据称：大瀑布是19世纪英国传教士利文斯通来此探险发现的，当时以英国女王维多利亚命名，至今仍沿用此称呼，故叫维多利亚大瀑布。

瀑布源于赞比亚河，河水东流，流进峡谷，从岩石顶端，万斛流泉倾泻而下，形成巨大瀑布，落差105米，宽1600米，每秒流量1400立方米。

雨季流量15000立方米，瀑布附近建有一座桥，跨过赞比亚与津巴布韦国界，桥中有一条白线视为国界线，过此白线等于出国，要办签证手续，由桥凭栏俯望，滚滚河水翻腾咆哮，势若山呼海啸，令人生畏，瀑布下迤西一带，林木茂密。

我们是由津巴布韦一侧过桥的，忽然想进入赞比亚一日游，去赞比亚算是由津巴布韦出国，我们有护照好办，但司机是津巴布韦人，没有护照。如何过关呢？

小王突发奇想，认为有清凉油作礼物，过关的事可以摆平，但还别说小王真的把事情搞定了，开车跨桥到了赞比亚，1991年赞比亚穷，津巴布韦富，如同今日新义州和丹东的差别，现在情况变了，赞比亚比津巴布韦要好些。津巴布韦后来也执行了赶走白人的政策，经济上不去，物价飞涨，吃一顿饭，交货币就得一大包，现在索性用美元支付了。一个受美英制裁的国家竟然以美元作为本国货币使用也真让人生奇，据说使用美元还挺顺行。

埃 及

1997年，由巴西回国中途转机，时间允许，我们就转道希腊和埃及，到开罗停二天，开罗算是世界名城，但一下飞机就感觉到了第三世界，街道马路崎岖不平，建筑物陈旧，市容不干净，市民穿着不时尚，好像都没穿新衣，我们住的三星级旅馆，中午在宾馆餐厅吃一顿饭，因是伊斯兰，餐厅充满膻味，咽不下去，后来几顿饭都去了肯德基和麦当劳，在北京当成垃圾食品，到开罗变成了首选，进肯德基一看，桌子板凳前台跟世界各地肯德基模式完全相同，味道也相似，也挺适应。

在开罗，观看了金字塔，还在念小学时我就知道埃及有金字塔，前边有一头狮身人面像，当人们经过时，要回答问题。小时候四条腿行走，长大了两条腿行走，到老了，三条腿行走，此为谁？答对了可以过去，答错了就可能被吃掉。这次到金字塔真的站在狮身人面像前了，它也没有向我们提问题。

金字塔其工程量赶不上我们万里长城，但工程难度比长城更难，胡夫金字塔占地5.3万平方米，高146.5米，底边长230.6米，共用230万块巨石堆砌而成，每块重2.5吨，最大的一块重160吨，金字塔石块总重684.8万吨。用巨石石块堆砌而成，巨石之间并无任何黏着物，彼此之间紧密相连，相间无缝，最薄的小刀也难以插进，传说我们修长城，在陡峭山峰上砌筑，大型砖块是用羊驮上去的，而号称世界七大奇迹之一的金字塔巨大石块如何采集，如何搬运，又如何堆砌成金字塔，至今仍是一个谜。

在金字塔旅游区，有许多商贩，招揽生意，让游人骑骆驼照相留念，我们三人中钢集团燕德顺经理外事司翻译英国海归派小杨和我都骑上骆驼照相，骆驼先是趴在地上，让人骑上，之后骆驼站起来，小贩给照相，没想到照完相，小贩牵着骆驼拉着我们三人围着几座金字塔转，结束时要了好几十美金，比当初说照相多花不少。

到开罗自然想起开罗宣言，1943年12月1日，中、美、英三国发表开罗宣言。

三国表示对日作战的目的在于制止和惩罚日本的侵略，决不为自身图利，亦无扩张领土之意，剥夺日本自第二次世界大战开始后，在太平洋上夺得或占领一切岛屿，把侵占中国的领土例如东北、台湾、澎湖列岛等归还中华民国，把日本从它用武力或贪欲所攫取的所有土地上驱逐出境。坚持日本无条件投降。

其实开罗会议罗斯福、蒋介石、丘吉尔三巨头（斯大林没来开罗，后承认开罗宣言）意见并不一致，英国坏，英国提出“将满洲里、台湾、澎湖改成必须由日本放弃，不写归还中华民国”，理由是宣言草案前面已写明“日本夺自中国之土地”，“后边写放弃，归还中国是不言而喻的”，美国原来提出“日本背信弃义，窃取中国领土，特别是东北、台湾”，在英国坚持下美方让步，宣言去掉了、“背信弃义”、“理所当然”的词组，“特别是”改为“例如”，如果按英国版本日本放弃后归谁？等于台湾地位未定论，所以说开罗宣言，美国对中国是友好的。

“开发矿业”题词联想

焦玉书

（鞍山冶金设计研究总院）

2000年2月20日

世纪之交，千禧之年，2000年2月17日是毛泽东主席“开发矿业”题词50周年，我有幸应国家经贸委、国土资源部、中国矿业联合会的邀请专程赴京参加了纪念活动。2月17日上午参加在政协礼堂举行的新闻发布会，晚上出席在人民大会堂举办的《走向辉煌》大型文艺晚会，隆重纪念这一矿业界具有伟大历史和现实意义的日子。

1950年2月17日是中国农历庚寅年初一，正在苏联访问的毛泽东主席在周恩来总理陪同下，接见了我国驻苏联大使馆工作人员和留学生，毛泽东发表了热情洋溢的讲话，并为留学生题词，老一代无产阶级革命家任弼时同志的侄子任湘当时正在苏联学习，任湘学习地质学，毛泽东主席为他题写了“开发矿业”四个大字，这代表了党中央发出的伟大号召。

50年来，在毛主席“开发矿业”题词的鼓舞下，我国矿业作为工业的基础获得了飞跃发展，参加此项纪念活动，使我浮想联翩，感情激荡，从1954年我走进重工业部矿山设计院的大门从事矿山设计至今已46年，加上在校学习4年，今年从事矿业也正好50年，半个世纪，矿业发展历历在目。

回顾历史，中华民族从诞生之日起就从事矿产资源的开发利用，历史学家将人类历史划分为旧石器时代、新石器时代、青铜器时代、铁器时代，都是以利用矿产为特征。远在200万年前，中华民族的祖先“巫山人”能用石料制作石器工具；公元前2600年的夏代，人们即已使用铜器。炼铁则始于公元前6~7世纪的春秋时期，那时的炼铁方法称为块炼铁，即在较低的冶炼温度下，将铁矿石固态还原成海绵铁，再锻打成铁块。公元前650年，冶铸生铁用于生产，我们比欧洲要早1800~1900年。在历史上我国矿业活动曾有过几度辉煌，但在近代，我们的矿业落后了。1949年新中国成立时，年产煤仅有3200万吨，铁矿石只有59万吨，钢15.8万吨，50年后的今天，年产煤为9.8亿吨，铁矿石为2.5亿吨，钢为1.24亿吨，矿业为农业提供了70%的生产资料，为工业提供了80%的工业原料，为国民经济发展提供了95%的能源。现在我国已拥有以国有大中型企业为主，多种经济并存的矿业开发体系，其中铁矿石产量（按原矿计量）和粗钢产量均跃居世界第一位，从而在世纪之交，我国正由钢铁大国走向钢铁强国的道路。

今日之成就，来之不易，这是党中央的正确领导、几代矿业职工为之奋斗的结果。

我们敬佩地质尖兵，他们生活在边远荒僻的山区，山之高、水之深、暑之热、冬之冷，他们常年爬山越岭，是他们为我国找到了171种矿产，是他们发现了大油田，是他们发现了天然气，是他们为钢铁企业提供了500亿吨铁矿石资源储量，地质人员引为骄傲，为人民立下了不朽功勋。

记得20世纪50年代初勘探包头白云鄂博铁矿，那真是与天斗，与地斗，还得与兽斗，地质人员受狼和一种号称“草上飞”的蛇的威胁，1978年又在白云西矿开展地质大会战，更是地质界的一支凯歌，隆冬严寒，本是地质队休整的季节，那年他们受领导派遣，硬是把几十台钻机搬到山上，在冰天雪地上开钻，工作的难度和生活的艰苦，令我永生记忆。

在野外，那个年代没有电视机，只有矿石收音机和无线电收音机，业余生活很单调，文娱活动也不多，人们都住在帐篷里，到了晚上早早入睡。记得有一次在河北省517地质队，我与地质人员同住一帐篷，熄灯就寝之后，竟然听到两个地质人员下盲棋，红先黑后，一个说当头炮，一个说飞相，接着棋语对弈，那车五平四，炮八平五，马五进四，两个人躺在床上，黄河为界，互相拼杀，似铜锣鸣，似战鼓响，别有一番风趣，我真折服他们的记忆力和适应艰苦寂寞环境的能力。

冶金矿山有今日之辉煌，是因为有一代接一代在矿山战斗奉献的矿山英雄们，马万水工程队可以说是他们当中杰出的代表。1957年我在宣化龙烟铁矿设计组，一期工程正在开掘标高1072m大平硐，由马万水领衔，那时他已获得全国劳动模范的光荣称号，时年20多岁。建国初期，他们掘进队是在干式凿岩的条件下，手工作业，创下了一个又一个新纪录的。1950年6月，手工作业平巷掘进，实现独头掘进月进尺23.7m；1951年6月，平巷掘进又实现独头掘进月进尺51m；1957年10月，多机凿岩平巷掘进创造了独头月进尺151.1m新纪录，由于劳累过度，又经受干打眼，受粉尘污染，马万水工程队的工人们都留下了矽肺病的病造。当时龙烟铁矿是冶金系统的重点矿山，宣化铁厂、石景山钢铁厂（现称首钢）和唐山钢铁厂等都是靠龙烟铁矿提供矿石原料，宣化龙烟铁矿对冶金工业的奉献真有点像老解放区对国家的奉献，在20世纪五六十年代，龙烟对冶金工业发展有特殊的功劳。1996年，我再访龙烟，当年马万水工程队老队员因矽肺病多已仙逝，现在龙烟开采多年，铁矿资源枯竭，庞家堡已闭坑，5000名矿山职工靠近北庄铁矿年产17万吨铁精矿维持生活，自产铁精矿成本高达376元/吨，而进口矿到厂价为268元/吨，即使如此，宣钢没忘记老工人，仍以267元/吨的售价收购并承担亏损。

今日，我们进入市场经济的氛围，马万水工程队仍是开发矿业的模范，毛主席“开发矿业”题词鼓舞着他们前进，一代又一代的马万水工程队队员，像南京路上好八连、雷锋班一样，活跃在冶金矿山。他们适应市场竞争，组建了马万水井巷工程公司，1987年，又完成了机械化掘进斜坡道工程1663.1m，获冶金工业部优秀工程奖。现在马万水工程队正驰骋在祖国东北、大西北的矿区。

2000年4月27日，攀钢矿业公司经理谷风宝在全国冶金矿山工作会议说得好，“看到今日矿山的成就，我们要向战斗在矿山的英雄们致敬，更要怀念牺牲的战友”，听了他的发言，我又一次回忆起1957年龙烟铁矿坑下火灾。那次火灾源于漏电，使井下木支护起火，火势蔓延很快，坑内烟雾弥漫。我的同学，时任龙烟铁矿坑长的李映勋、刘之栋、杨文昌和郭连元，临危不惧，下井抢救遇难矿工，他们均因烟气中毒，昏倒在井下，后杨文昌、郭连元获救苏醒过来，死里逃生，而李映勋、刘之栋却不幸牺牲。1996年我和杨文昌、郭连元专程见了刘之栋的女儿，她是刘之栋遇难后出生的，我们一起到墓地悼念，我和老杨、老郭已是两鬓染霜的矿业退伍老兵，在李映勋、刘之栋墓前留下挽联：

红石山上铭志英雄浩气　千秋万代

桑干河水流载烈士精神　永世长存

挽联寄托我们老同学的哀思，今天，我国年产铁矿石2.5亿吨了，我们永远怀念为实现2.5亿吨产量而牺牲的所有矿山职工们。

再联想南芬铁矿，它的成长可以说是我国矿山发展的缩影。1956年，南芬属于156项工程，由苏联列宁格勒矿山设计院承担设计，矿山用露天开采，年产470万吨，用钢绳冲击钻穿孔，C3－3型$3m^3$电铲装矿，用MA3－525型载重25t汽车运输，溜井放矿。投产后发现MA3－525型汽车当时在苏联是新产品，使用后出车率不高。1960年苏联撤退专家，突然中断供应备品备件，使出车率更加降低，眼看生产要停顿，为了渡过难关，本钢南芬铁矿与鞍山矿山设计院共同研究上盘岩石改用铁路运输，为此进行了10年过渡设计，我被指定为设计总负责人，我们在南芬铁矿调研总结经验，在现场工作了半年多的时间。

当时正值3年困难时期，现在提3年困难，当作历史来说，可在那时，人们是凭思想觉悟支撑过来的，尤其是矿工，每月粮食定量只有几十斤，菜肉短缺，吃不饱同样日夜奋战在高山上。3年困难时期，全国每年铁矿石产量只有2500万吨左右，南芬铁矿产量几乎占全国产量的20%～25%。

改革开放后，南芬逐步发展，先与西方建立了联系，委托美国凯萨公司进行了概念设计，之后，由鞍山矿山设计院编制了1000万吨扩建设计。我们以南芬铁矿设计为目标，总结出中国特色的设计经验。

（1）深露天矿分期开采，在南芬铁矿就分为4期开采，露天底标高分别为+466m、+190m、+70m和－50m。这对全境界开采理论是一次飞跃。

（2）陡帮开采，通过倾斜分条和组合台阶，将工作帮坡面角提高到25°～35°，对缓帮作业来说是一次升华。

（3）间断连续运输，由破碎机、胶带机和排土机组成，在南芬矿，上盘岩石采用间断连续运输与全汽车运输相比，20年总投入多22.4%，经营费则少22%～38%，劳动生产率提高52%。

现在南芬铁矿采用牙轮钻穿孔，7.6～$15m^3$电铲装载，32t和154t汽车运输，与齐大山铁矿水厂铁矿一样，代表了我国露天矿现代化作业水平。

联想三线建设，比今天西部大开发还鼓舞人心。记得1964年，中央决定加强大三线建设，西北兴建酒钢，西南兴建攀钢。毛主席指示，三线建设要抓紧，不然他老人家睡不好觉。为此，鞍山矿山设计院组建了酒钢设计队，奔赴嘉峪关，老院长付守凡亲自蹲点，我被指定任设计队队长，几十人的队伍进驻祁连山系的镜铁山，当年全国学大庆，我们以大庆人为榜样，自带行李，自建$262m^2$干打垒房子，住在标高2640m的山沟里，开始了标高4020m黑沟铁矿和标高3127m桦树沟铁矿的现场设计，为加快进度，边设计边施工。冶金工业部将马万水工程队成建制调到镜铁山，我们又相聚大西北，一场大会战就这样开始了，祁连山脉镜铁山，地形地貌如同现在有关登山电影所描绘的景观，山峰林立，白雪皑皑，终年不融，山沟有一条北大河，河水滔滔，我们进山之前，这个山沟无人居住过。高原地形，其特点是气候干燥，空气稀薄，心跳加快，我在鞍山脉搏70次/min，在镜铁山2640m标高安静状况下，脉搏87次/min，我曾9次攀登标高4020m顶峰，心跳都在200次以上。中国科学院生理研究所和心理研究所曾在镜铁山专门对人体进行测验，后来按他们的科研成果实行了每天6小时工作制。环境恶劣，生活艰苦，更锻炼了人们的意志。

镜铁山是一座坑内矿，生产规模为500万吨/年，为赶超世界先进水平，全部按瑞典模式设计，采用自行设备，用端部放矿分段崩落采矿法，主平巷运输用底卸式矿车，掘进用梭式矿车，打天井用Alimak天井掘进机，提升用多绳卷扬，放矿用箕斗机械放矿后改用溜井放矿。

镜铁山坑内矿设计，在20世纪60年代可以说比50年代设备更新了一代，接近了当时的世界先进水平。

镜铁山矿主要设备均由瑞典AtlasCopco公司和Asia公司引进，用汇1000万美元。后来这些设备在国内都扎了根，对提高我国坑内开采水平起到了巨大的推动作用。

三线建设大会战，使迄今为止全国规模最大、海拔最高的坑内矿诞生了，这是20世纪60年代自行设计、自行施工的大型坑内矿，经过30年生产实践证明，镜铁山建设是成功的。

同期，长沙矿山设计院组建了攀枝花设计队，在金沙江畔开始了朱家包包和兰尖铁矿设计。我们在西北，他们在西南，两个设计队竞赛式地工作了4~5年。对攀枝花的环境，一位工程师曾编有顺口溜：一怕麻风；二怕狼；三怕横渡金沙江；四怕地震塌了房。这充分道出了环境之艰苦，过硬的设计、施工队伍，硬是在金沙江边建起了一座钢城，建成了两座矿山。朱家包包铁矿为加快施工进度，山头搞了一次大爆破，上千吨炸药轰的一声炸开了山头，这是冶金矿山系统一次著名的大爆破。如今西部大开发，攀钢、酒钢将会发挥重要作用，对国家作出更大的贡献。

联想20世纪80年代和90年代，我国钢铁工业飞速发展，1996年粗钢产量突破1亿吨，连续几年钢产量居世界第一位，铁矿石产量也相应增长，达到2.5亿吨，也跃居世界第一位。今天我国已成为铁矿石生产大国，但按钢铁用户要求，矿石自给率只有70%，因此每年不得不大量进口富铁矿，进口铁矿石采用一般贸易方式进口不如到国外投资开矿，因此，“开发矿业”不仅在国内开，20世纪80年代还跑到国外去开了。1984年，国家计委和冶金工业部决定去澳大利亚投资开矿，选定哈默斯利公司恰那铁矿为合资开矿对象，设计规模1000万吨/年，投资两亿美元，我受命担任了恰那铁矿设计组中方经理，与澳方合作设计，有机会进一步掌握了西方矿山先进技术。至今恰那铁矿已生产十多年，年生产1000万吨，职工不足100人。20世纪90年代，又几次赴巴西与淡水河谷公司，和巴西联合矿业公司合作洽谈合资开发卡拉加斯铁矿和卡堡厦维尔铁矿，我担任设计组副组长和中方项目总设计师。澳、巴两国都有得天独厚的铁矿资源，矿石品位高，都是富铁矿，开采条件好，剥采比0.5t/t。实践证明，到国外开矿可以锁定国外铁矿资源，为我所用，建立稳定的铁矿石供应基地，同时，有利可图，能获得利润，在国外投资开矿还开辟了窗口可以派人去学习国外的先进经验。

为了推动国内矿开发和到境外投资开矿，1995年，在我从事矿山设计40周年的时候，在矿业界朋友鼓励下，在各级领导支持下撰写了《世界采矿技术的发展与中国铁矿增产的途径》技术专著，有73万字，由东北大学出版社出版。原中共冶金工业部党组副书记、副部长，现任宝钢集团公司董事长徐大铨、中国金属学会采矿学会副理事长潘咏文为该书作序。该专著出版后，原冶金工业部副部长、国家冶金局局长、现任国家经贸委副主任王万宾专门来信表示祝贺：

玉书同志：

您好！大作收到，甚为欣幸，当认真拜读学习。谢谢！

大铨副部长在序言中说，您的钻研精神很值得称赞，确实说得很好。我想，在拜读您的大作获得很多知识的同时，我们应当从中学习中国知识分子中杰出代表的对知识的孜孜追求和对事业的执著奉献精神。

新春来临，谨致以节日的祝愿：

祝您身体健康，全家欢乐。

此致

敬礼！

王万宾

一九九六年二月十二日

中国冶金建设集团公司也专门发来贺电，表示祝贺：

贺　电

冶金工业部鞍山冶金设计研究院并焦玉书同志：

在焦玉书矿业文集《世界采矿技术的发展与中国铁矿增产的途径》一书举行首发式之际，中国冶金建设集团公司谨表示最热烈的祝贺。

焦玉书同志从事矿山设计工作40年，为繁荣矿业，努力钻研，结合设计工作，撰写了几十篇论文，为促进冶金矿山事业的发展，发挥了重要作用。

希望焦玉书同志以及鞍山冶金设计研究院的专家学者们，为迎接2000年，为钢铁工业再上新台阶，继续努力拼搏，取得更多的成绩。

中国冶金建设集团公司（印章）

一九九五年十一月十日

该专著出版受到矿业同行专家们的欢迎和领导的重视，内心十分欣慰，感到充实了许多。

联想今天很快要加入WTO，我国铁矿业将面临更严峻的挑战。没有加入WTO，我国一些独立矿山企业已经受到了进口矿的冲击，联合企业矿山如鞍钢、本钢、首钢、宣钢所属矿山自产矿的到厂价已经超过了进口矿的到厂价，加入WTO后，进口矿将更势不可挡。为此，大力提高国产矿竞争力，降低生产成本已成为我国铁矿可持续发展的迫切问题。

1999年，国家冶金工业局发展规划司和中国冶金矿山企业协会组织开展了《中国冶金矿山可持续发展问题与对策》的研究，我有幸参加了此项工作，受益匪浅，为了促进提高国产矿竞争力，特将研究成果汇总，由冶金工业出版社出版《中国冶金矿山可持续发展战略研究》专著，我有幸担任此专著主编，并将我最近写的几篇论文收录此书，感到很欣慰。此书的出版得到了中国矿业联合会、中国冶金矿山企业协会和中国金属学会采矿学会的大力支持，朱训会长、董稼祥理事长、蔡美峰理事长为本书写了序文，鞍钢、本钢、马钢、攀钢、酒钢、首钢、武钢、太钢、包钢、鲁中、海南、梅山、邯邢局、山西、河北冶金矿山公司等矿业公司经理都结合自己的矿情，撰写了专题论文，提出了矿山可持续发展的对策，这是《中国冶金矿山可持续发展战略研究》专著的重要内容，此书的出版受到矿业界朋友们的热烈欢迎。

今天，我们纪念毛主席“开发矿业”题词50周年，尽管加入WTO，中国矿业受到进口矿的竞争，但我们要看到我们的优势，看到我们的成就。从全国来看，各种矿产品生产矿山有近20万座，其中：国有矿山近万座，乡镇集体矿山和个体矿点加上中外合资矿点近19万座。今天，原煤、钨、锑、锌、铁矿石、镁、锡、稀土、萤石、重晶石、滑石、石墨等矿产产量均居世界第一位，我国已进入矿业大国行列。在经济全球化的今天，面向未来，我们仍要走自己的路，坚持实行两种资源两个市场的总方针，以新的成果，迎接矿业强国和钢铁强国的到来。

作者简介：

焦玉书，教授级高级工程师，原冶金工业部鞍山黑色冶金矿山设计研究院院长，中国矿业联合会常务理事，《中国矿业》杂志总编辑。

矿业散文

走进蒙古国

——会见蒙古国政府总理巴图宝力道

焦玉书

（鞍山冶金设计研究总院）

2011 年 1 月 30 日

跨进 2011 年，于 1 月 20 日走进蒙古国，访问了我们的近邻，此行是应蒙古国青年矿业开发公司董事长，前蒙古国国防部长苏努木毕勒先生的盛情邀请前来对乌兰巴托市北 80km 的苏宁杭盖铁矿进行考察的，前来访问的有中国冶金矿山企业协会常务副会长雷平喜先生，开滦（香港）国际贸易公司副经理张亚蔚女士。我是以中国冶金矿山企业协会顾问、中国资深矿业专家的身份参加考察组来访的。

出于中蒙友好，蒙古国政府总理 1 月 21 日接见了考察组成员，我们来到苏赫巴尔特广场国会大厦（相当于我国天安门广场人民大会堂）会见蒙古国政府总理，交谈了蒙古国铁矿业开发问题，巴图宝力道总理热情对我说，您近八十岁高龄，在零下 35℃的严寒季节，前来我国访问，帮助我们开发铁矿，我们非常感谢。

蒙古国实行民主政治体制，四年一改选，选民选上就担任总理、部长，立即成为政府首长，主持国家政务，落选后的原总理部长们退休，就变成了“老百姓”，不保留原岗位待遇，退休的总理部长们当然也不闲着，一般转为企业家，他们当选之前都是有钱的人，退役后就继续做生意或主持原有企业生产。前政府总理恩和赛汉先生与前国防部苏努木毕勒先生退役后就一起组建了蒙古国青年矿业开发公司，致力于开发蒙古国的煤矿与铁矿，在访问中前总理恩和赛汉向我们介绍达尔汗的铁矿磁力异常，让我们震撼的是退役的总理如同普通的地质人员向我们讲述矿区地质状况、矿产磁力探矿的成果，征询我们对下一步地质勘查的意见，毫不显示他过去是政府高官的身份，我更注意观察到左右没有警卫。

1 月 21 日，现任蒙古国政府总理会见的当晚，前国防部长在他家里举行晚宴。我们前去赴宴，观察他的宅院，是两层小楼，建筑面积 1600m^2，院内有车库存七辆车，我们先后坐过他的车有奔驰 S550、美国悍马大吉普、原装凌志、陆地巡洋舰大吉普，都是进口高档车，住宅是两层楼，二层是卧室、书房，一层是餐厅、会客室、桑拿间、按摩间、美容室，还有游乐间，赌博的牌桌，一应俱全，室内摆设、电视、音响等诸多电气装置，均产自韩国，室内壁炉产自德国。家庭服务人员有 7 人。

第二天，他在其任董事长的啤酒厂再次宴请我们，顺便参观了啤酒厂生产工艺，发现其设备均从德国引进，酿啤酒用的啤酒花也由德国进口，该厂年产啤酒 1000 吨，居蒙古国第二位，啤酒厂以成吉思汗命名，蒙古国政府高官国宴或重要活动均饮用成吉思汗厂啤酒。年产 1000t 产量不算大，但可别忘了蒙古国只有 270 万人，城里人就有 120 多万人，占全国人口的50%。

看了前国防部长的住宅和他的啤酒厂，又感到虽然他不像我国退役的国防部长有特殊照顾，但与普通老百姓也大不一样，他儿子刚由美国留学归来，辅佐他掌控企业。

蒙古国面积156.6万平方公里，人口270万，是世界人口密度最小的国家，西北库苏古尔湖靠近俄罗斯的贝加尔湖，湖水有3800亿立方米，水深265m，渔产丰富，所以蒙古虽为内陆国家，可每餐都有鱼。

蒙古国盛产煤、铁、铜、金、萤石、钨、锡、磷、铅等，物产丰富，2010年向中国出口煤1600万吨，铁矿石260万吨。蒙古国是牧民为主的国家，据称拥有马、牛、羊等共4000多万头，我深深有感触，这个古老又年轻的国家自然条件太好了，再奋斗几年相信他们生活会有大变化。

蒙古国人民对我国十分友好，抗美援朝时期，为支援朝鲜战争，竟然把蒙古国最著名的1911年落成的甘丹寺供奉的观世音铜佛捐献出来，请前苏联帮助做成子弹抗美援朝，当时子弹真的做成了，也捐献给朝鲜战场了，但做子弹的材料却不是观世音铜佛的铜做的，高25m、重20t的巨大观世音铜佛，却被精明的俄罗斯人收藏于列宁格勒（今圣彼得堡）的博物馆至今。我们到甘丹寺朝圣，发现现在矗立在甘丹寺内的观世音铜佛是用蒙古国国内外的佛教信徒捐献的善款建造的，建于1996年，身高仍然25m，铸铜重20t，气宇非凡。甘丹寺建于1838年，寺庙金碧辉煌，庄严肃穆，寺中有蒙古活佛哲布尊丹巴居住过的宫殿。

乌兰巴托是蒙古国首都，如今已全盘西化，固有观念在年轻人中已荡然无存，政府高官过去都是由留苏归来娶俄罗斯媳妇的人担任，现在几乎仍然全是留学派人员，但大部分为西方留学生，少数是留俄归来的人，政府机关每人办公桌前都是电脑。

乌兰巴托夜生活十分活跃，晚10时开始，酒吧、咖啡馆、迪厅喧嚣刺激，我们被安排住进SUNJIN GRAND HOTEL，它是温家宝总理访问蒙古国时住过的宾馆，晚上看到着夏装的年轻女孩在舞厅活动，室外零下35℃，她们在室内竟然袒胸露背，反差极大。我们在宾馆吃早饭，偶尔也吃晚饭，竟然都是西餐，想要手抓羊肉都没有。

蒙古传统的饮食分为白食与黑食，白食是奶食，黑食是肉食，好多菜名如白菜、咸菜、包子、馒头、醋与中国音同，可以直接称呼，蒙古最拿手的是烤全羊、蒸羊背、手抓肉，羊肉面条、奶茶，蔬菜很少，也挺贵。我们在蒙古期间，传统蒙食只享受两次，其余都是吃西餐与韩国饭。

蒙古的音乐挺好听，坐车到矿山几小时路途很长，司机放音乐，歌声美极了，临别大家都买了影碟，回国后可自由欣赏。蒙古电视有几十个频道，BBC、CNN、HBO、俄罗斯、日本、韩国频道在宾馆房间里都能收，但中国电视频道，只偶尔出现，如有排球赛中央五套频道才显出来。

乌兰巴托的市容建筑，至今还保留着许多俄罗斯风格，城市以米黄乳白色为基本格调，蒙古式与俄罗斯式建筑并存，最为特别的是一座座蒙古包，像洁白无瑕的玉石镶嵌在富有现代化气息的高层楼宇之间，它时刻提醒人们注意，这里是蒙古游牧王国的国度。乌兰巴托市内马路坑坑洼洼，汽车行驶让人很不舒服，要在中国早就翻修了。前些年这里轿车很少，如今已车水马龙，堵车现象与北京齐名，这恐怕是新兴国家的通病，印尼雅加达市内堵车一堵就一两个小时不动地方，人们想撒尿都找不到地方，有人提出要带尿不湿。

更让我们惊奇的是建筑物大标语牌都是俄文，仔细一看，字母是俄文，而不像俄文字，原来蒙古国过去受苏联控制多年，文字改成拼音了，用俄文字母拼蒙语，因此蒙古国文字与我国蒙古族人用的蒙文完全不一样，蒙文用俄文字母拼音，如同汉语拼音，人们掌握快，没有文盲，认识字母就能看报看书，可是改成拼音后，如同中国拼音一样，用拼音是有“音”而没有了“文化”。

蒙古国自然风光传奇，早就听说过，蒙古拥有原生态环境，阿尔泰山巍峨的雪峰，杭盖山苍翠的森林，色楞河清澈河水，库苏古尔湖剔透的涟漪，莫嫩草原碧绿的原野，乌布斯湖周围神秘的湿地，蒙古南部的大戈壁，金的沙漠，陡峭的山崖，一切都是恢弘、宽广、美丽，自然很可异，我们 1 月份到访蒙古，乘车到矿山只见到了茫茫白雪覆盖的群山，也算是探险考察吧！在自然美景中陶醉，算起来，从 1958 年赴越南援建槟榔寨铁矿至今已去了五大洲 30 个国家，其中 1997 年退休前去了 13 个国家，退休后去了 17 个国家，共 8 次赴越南、澳大利亚；4 次去俄罗斯、巴西；两次去英国、加拿大、美国、津巴布韦、瑞典、印尼、新加坡；其他去过一次的有墨西哥、德国、比利时、荷兰、芬兰、乌克兰、韩国、老挝、泰国、马来西亚、土耳其和蒙古。

我十年前参加过中国国际工程咨询公司组织对蒙古国图木尔泰和伊罗河铁矿的评审，当时组织出国，去蒙古现场考察，我顾虑去矿山要坐苏联吉普颠簸十多小时，未敢前往。这次也有朋友劝我严寒季节不要去，后考虑蒙古国这些年变化了，去矿山坐美国悍马吉普非常舒适，住宿是国际标准五星级饭店，室外零下 35℃，室内 24℃，考虑受邀恳切，今年虽近 80 岁，身体还适应，又与老朋友原包钢总经理 83 岁高龄张国忠同志电话商谈，他说：“我心脏搭桥，都去蒙古国 7 次了，你可以去看看，”我曾认真学习过他写的在矿山杂志发表的《蒙古国铁矿资源报告》，受国忠兄的鼓励，毅然走进了蒙古国，离京前我也做了防寒准备，本来我儿子曾为我在意大利买有大皮袄，这几年在京居住，也用不着穿，就一直存在鞍山家里，这次临行前也不便去取，只好又买了厚羽绒服，从衣柜里找出“相思鸟”牌内胆为蚕丝的厚衬衣，加上长毛围巾，全副寒装，结果到矿山勘查，在雪山上站立，还挺适应，身体未有异常。回到北京，想一想走进蒙古国的感受，让人惊叹的是蒙古国保持着世界上独有的原生态，自然环境优美呈一幅多彩的画卷。

夜宿祁连山❶

焦玉书

（鞍山冶金设计研究总院）

1991 年 7 月

腾身转觉三天近，

举足回看万岭低。

——李白：《别山僧》

1966 年，冶金工业部鞍山矿山设计院老院长付守凡率酒钢矿山设计队驻甘肃镜铁山搞现场设计。红五月学大庆，付院长提出上山露营，体察环境。我是设计队长兼总设计师，担负此任，程振荣、罗士桢同志愿为伍，三人行，同登祁连山，夜宿雪线以上的黑沟顶峰。此峰海拔 4020 米，是祁连山中麓，铁矿赋存其中。平原正是红杏出墙的季节，可这里却是山冻不流云，雪花大如掌。我们肩负测量器具和老羊皮袄，凌晨起程，沿中路攀登，起步仰望，高峰对峙，巍峨峻岭，悬崖如削，谷壑幽深，真是地拔双崖起，天余一线青。古人云：泰山天下雄，华山天下险，黄山天下奇，依我观祁连山集“雄”、“险”、“奇”于一身。振荣、士桢爬山在前，我殿后。山道陡峭险峻，怪石嶙峋，遇陡坡，我力不从心，他俩时而手拉助之，时而放绳牵之，过一峰又一岭，高山反应，心跳如击鼓，不得不半小时一休息。到标高 3600 米之上，进入了雪线，白雪皑皑，景色洞明，日照之，如亮银晃耀曙光中。此冰雪自古至今，千百年来未曾消融。雪山之上生长雪莲花，形似牡丹，乃补药，专治妇人不孕之症，世人云：菊花乃花之隐逸者，牡丹乃花之宝贵者，而雪莲花乃世上珍奇花也。遗憾的是遍寻所到之处，终未逢倩影。

历时 7 个小时，攀登到 4020 米雪山顶峰，更觉举头红日近，回首白云低。环顾左右，群峰如仙掌插云，森严嵯峨。在山顶晚 8 时仍如白昼，我们进入了一个天光、雪色交相辉映、玲珑剔透的晶莹世界。在顶峰发现了一个山洞，恰好作为宿营地。每隔两小时测风向，测温度，观气象变化。入夜，风力大，气温低，老羊皮袄抵不住风寒，联想将来矿山工人之苦，又想高山作业，发动机出力急剧降低，电机绝缘也要升级，机械部件又易损伤……对开矿条件认识加深，确定了采场迎主导风向推进，以使工人稍避风寒。这时，饥肠辘辘，幸有老院长临行前馈赠的佳酿、罐头等“进口”应急品果腹。不禁想到昔日长征战士过雪山、草地、煮树皮、熬皮带充饥的情景，于是更加深了怀念老前辈的情谊。

次日破晓，竞看日出，那一轮喷薄欲出的初阳，融光赫赫，顿时千峰万壑有如火发，

❶ 这是焦玉书为《冶金报》写的一篇散文，曾在 1991 年 7 月 30 日《冶金报》上发表，获《冶金报》散文征文一等奖。

顷刻上焚天衢，逐退群星，敛匿残月，壮丽景象胜泰山旭日东升。

中午沿东路下山，顺观地形地貌，探察皮带斜井及溜井位置，至大本营用了 3 个小时。大本营靠北大河，是我院设计师们自己动手盖的干打垒式建筑。大家伏身图板，日夜闻听河水滔滔声，迅湍风雷。北大河水系刚融化的雪水，水深及膝，清澈见底，水冷流急。即使如此，还可以看到小鱼畅游其中。

逢《冶金报》征文，再忆当年攀登黑沟标高 4020m 顶峰，高寒艰险，夜宿祁连山难忘，乃冠平生。

玉佛苑记[1]

焦玉书

（鞍山冶金设计研究总院）

2000年4月20日

鞍山东山风景区兴建一座玉佛苑花园，这里丛林茂密，山雾缭绕，浮云飘逸，一派仙境。玉佛苑实是玉佛寺，它以玉佛阁为主体，由三洞式山门、玉带桥、荷花池、花果岛组成，加上毗邻罗汉堂，各具特色的风格建筑，互相映衬，相得益彰。

玉佛阁坐东朝西，建筑高大雄伟，恢宏古朴，飞檐画栋，雕刻精细，彩饰富丽，金碧辉煌，气势夺人。玉佛阁内四壁有释迦牟尼佛祖壁画，彩绘工精，构图严谨，玲珑剔透。当初兴建玉佛寺时，鞍山市领导曾让我牵头设计，我叔祖父是工匠出身的高级古建筑师，曾建庙多座，技艺高超，但绝技失传，我未继承，设计我未敢应允，后委托曲阜古建筑设计院承担。

玉佛阁内供奉石雕佛，此为由岫岩县运来一整块重260.76吨的岫岩玉雕刻而成。岫岩玉通体翠绿、透明、晶莹，正与和田玉、独山玉、青田石、寿山石和鸡血石竞争“中国国石”称号，观和田玉细腻温润、白如羊脂；独山玉乃南阳翡翠，色泽艳丽、浓浅兼备；青田石色彩绚丽，价比黄金；寿山石质地脂润，柔若肌肤，嫩如春笋；鸡血石色泽鲜红，中国独有。但唯岫岩玉历史悠久，储量丰富，精品细化，玉佛阁石雕正是这居冠之中国国石。此巨石正面雕刻释迦牟尼佛祖，背面雕刻观世音菩萨。释迦牟尼原为古印度人，生活时代与我国孔子同时，他出家修行，后成佛祖，释迦牟尼为梵文Sakvamuni的音译，意译应是“能仁”、“能忍”、“能儒”、“能寂”，释迦牟尼流行的称呼是如来佛，“如来”是梵文Tathagara的意译，指“事物的真相、宇宙万有之本体”。《诚实论》（卷一）载：“如来者，乘如实道来成正觉，故曰如来。”观世音为佛国诸菩萨之首，观世音是我国古代佛经翻译家创造出来的一个名号，观世音是梵文Avalokiresvara的意译，按佛经云，神通广大的观世音，众生受苦受难时称颂其名，就会“观”到其音，而立刻前往解救，声音不用听，而一“观”即知，是观世音的“绝活儿”，应属于特异功能，显示观世音菩萨大慈大悲和神通无边。玉佛阁内供奉的释迦牟尼佛祖和观世音菩萨由岫岩县老艺人所雕，佛雕眉目清秀，姿态端庄，它集七色为一体，色彩斑斓，光泽瑰丽，此玉雕在雕琢过程中曾出现诸多奇迹，显现了“佛面天成”的佛缘和“宏大悟真”的佛法，龙凤飞舞于佛前，普陀隐现观音后，都属于玉文化和佛文化的交融，游人进庙虔诚朝圣，迎神之喜，避神之怒，祈福避祸，但求吉利，而静观佛祖和菩萨玉雕，显圣于世，造福人生，实令人惊叹，

---

[1] 2000年4月25至28日，全国冶金矿山工作会议在鞍山召开，本文为迎接全国冶金矿山工作会议而作，此文发表于2000年6月3日《中国矿业报》和2000年6月21日《中国冶金报》。

钦佩之至，流连忘返。

吾等从事矿业，爱爬山，曾到过普陀山普济寺（供奉观世音）、五台山殊像寺（供奉文殊）、峨眉山万年寺（供奉普贤）、九华山天台寺（供奉地藏王），四大佛山驰名于世，千百年为国人公认。如今鞍山新建了玉佛寺，且有赵朴初题词，建议中国佛教协会将鞍山东山西麓的玉佛寺列为第五大佛山，吾友人有欲来朝圣者乎！及至钢都，吾愿尽地主之谊，而分享其乐。

鞍山今非昔比，它不仅是现代化钢都，更是风景秀丽的新城。十里青山，环境幽雅，很吸引人。我曾描绘鞍山有八景：峦峰仙壑、玉佛慧海、千山叠翠、龙泉演梵、东山沐浴、龙宫温泉、美塔浮云、钢水飞虹。玉佛慧海即指新建的玉佛苑，该景观1997年被选入吉尼斯世界之最。峦峰仙壑是指神话般鞍山的来历，相传鞍山原为一整体山脉，中间并无沟谷，唐朝白袍将军薛仁贵出山海关，路过辽南旧堡，见大山挡路，遂伸手拦腰摸了一把，将鞍山山脉掏成深谷，从而形成东鞍山、西鞍山两峰对峙的鞍形之山（Saddle Mountain）。早年修建沈（阳）大（连）铁路，在此未掘隧道，应归功薛仁贵挥手所成仙壑，伙夫将军力大无比有神功，每餐食粮八斗，他在鞍山有四个传说，一是“首山上了马”，一下子踩平了一个山头；二是“鞍山摸一把”，造成东西鞍山呈鞍山之山；三是“窟窿山做顿饭”，其灶坑直径达30米，即今鞍山党校后山之水池；四是“千山射一箭”，由千山龙泉寺西阁射出，箭头落入黄海水域，恰似今日之中程导弹；薛仁贵真乃一神人也。设想矿业界若聘他为帅，工艺革新，采矿可省去采装运生产工序，劳动生产率会永远保持世界领先。

忆幼时曾读陶渊明《桃花源记》、范仲淹《岳阳楼记》、苏轼《石钟山记》，今仿古人草拟数言，凑成短文，写了《玉佛苑记》，目的在于宣传鞍山，歌颂钢都，欢迎来鞍山参加全国冶金矿山工作会议的矿业界朋友，意在吸引众多宾客，扩大鞍山的开发。

鞍山八景❶

焦玉书

（鞍山冶金设计研究总院）

2000年1月5日

楔　　子

老北京有燕京八景之说，那是几百年前，金代在北京建都时，章宗皇帝选定的。燕京八景是指："居庸叠翠"、"玉泉垂虹"、"太液秋风"、"琼岛春荫"、"蓟门飞雨"、"西山积雪"、"卢沟晓月"和"雨台西照"。到明朝，"蓟门飞雨"改为"蓟门烟树"，到清朝，"西门积雪"改为"西山晴雪"。

1986年，为扩展旅游资源，北京市又选评出北京十六景，即"天安日丽"、"紫禁夕晖"、"燕塞雄关"、"白塔堆云"、"颐和慧海"、"园丘清音"、"香山红叶"、"十渡浮峦"、"盘古遗火"、"幽峡流碧"、"大钟声远"、"龙潭漱玉"、"明陵落照"、"卢沟狮醒"、"慕田古蝶"、"红楼大观"。

正　　文

吾生于天津，而学在北京，工作在辽宁，生活在鞍山已有45年，鞍山对我可算是第二故乡，有着深厚的感情。鞍山坐落在美丽富饶的辽东半岛中部，历史悠久，西汉时期开始冶铁，历代鼓铸不断，现在的鞍钢是在世界上排第20位的大型钢铁公司。鞍山有丰富的矿藏，工农业发达，建国以来已为祖国繁荣作出了巨大贡献。如今的鞍山，不仅是现代的钢都，还是风景秀丽的新城。千山风景区、东山风景区、汤岗子温泉、十里青山环境幽雅，生活在鞍山很有优越感。我爬过五岳高山，到过四大佛山，在国内外到过很多古城和新兴城市，比较起来，鞍山并不逊色，首都北京古时归纳有八景，现今列有十六景，古都西安有关中八景，鞍山也有很多景，今怀着热爱第二故乡之情，仿古人为鞍山列出八大景点，以此吸引宾客，扩大鞍山的开发。

（1）峦峰仙壑。指东西鞍山，东鞍山西鞍山两峰对峙，中夹深壑，鞍山为鞍形之山，英文名字叫Saddle Mountain。古时相传东西鞍山原为一整体山脉，中间并无沟谷，唐代白袍将军薛仁贵出山海关，路过辽南旧堡，见大山挡路，遂伸手拦腰摸了一把，将鞍山山脉掏成深谷，就把一个整体山脉变成了两座山，形成峙峰相对，这就是东西鞍山的由来。早

❶ 鉴于北京有16景，关中有8景，重庆有10景，2000年1月5日焦玉书描述鞍山也有8景，此文是焦玉书以鞍山市人民政府咨询委员名义，提出来的提案。

年修建沈大铁路，在此未掘隧道，应归功薛仁贵挥手所成仙壑，伙夫将军力大无比有神功，每餐食粮八斗，他在鞍山有四个传说，“首山上了马”，一个山头踩平了；“鞍山摸一把”，造成东西鞍山呈鞍形之山；“窟窿山做顿饭”其灶坑直径30m，即今鞍山市党校后山之水池，传说是薛仁贵灶坑；“千山射一箭”，由千山龙泉寺西阁射出，箭头落入黄海水域，恰似今日之中程导弹。薛仁贵真乃一神人也。

（2）玉佛慧海。鞍山二一九公园兴建了玉佛寺，以玉佛阁为主体，由三洞式山门，玉带桥、荷花池、花果岛组成，加上毗邻罗汉堂、各具特色的风格建筑，互相映衬，相得益彰。玉佛阁供奉玉雕佛，系由秀岫岩县运来一整块重260．76吨的岫岩玉雕刻而成，正面雕刻释迦牟尼佛祖，背面雕刻观世音菩萨。巨大浮图，显圣于世，造福人生。

（3）千山叠翠。千山是我国东北三大名山之一，古称千华山，民间俗称“千朵莲花山”，山中奇峰迭起，怪石嶙峋，合沓攒奇，山上丛林茂密，竞丽错绮，千山实有999座山峰，散落五寺、八庵、九宫、十二观，山山有名，峰峰有说，层林叠嶂，龙涎滴水，烟霞云雾，一派仙境，乃芙蓉叠翠莲花山也。

（4）龙泉演梵。千山五大禅林中，龙泉寺居冠，龙泉寺四周峰抱峦拥，林茂石秀，后山坡有一泉水，唐太宗李世民过此，饮泉水，觉甘洌清甜，特赐名龙泉，寺乃取其名。龙泉寺有大雄宝殿、天王殿、韦驮殿、龙王庙等，王尔烈书屋即在龙泉寺西阁。

（5）东山沐浴。东山位于鞍山城东，山形不高，但丛林茂密，空气新鲜。山上尤以槐树盛名，每年五月，白色槐树花，布满全山，气味芬芳，蜜蜂采蜜忙。人们多在五月下旬购鲜蜜，现在一年四季早晚都有众游人登山，享受森林沐浴。

（6）龙宫温泉。汤岗子温泉疗养院距鞍山市15公里，始建于唐朝，清代建有龙宫浴池，温泉水含有氡、铀、镭等元素，富有医疗价值，能治百病，现今龙宫已进行扩建，重新装修，对外开放，接待宾客。

（7）美塔浮云。在辽宁镁矿公司大力支持下，在鞍山东山顶峰修建了一座瞭望塔（Lookout Tower），登上瞭望塔可以俯览全城，鞍钢高炉群、国际大酒店、环球大酒店等高层建筑、鞍山商业区、居民区、交通要道、绿化地尽收眼底。

（8）钢水飞虹。鞍钢炼铁厂，炼钢厂出铁出钢时，铁水如龙，钢花四溅，彩虹飞舞，记者们介绍鞍钢都摄此镜头。钢水飞虹代表了鞍钢生产的主旋律。

我们生活在鞍山，真乃一幸事。

再观鞍山八景，更顿觉生辉。

巴西赏月

焦玉书

甲戌年中秋节于巴西卡拉加斯[1]

中秋佳节
皓月当空
仰望嫦娥奔月景[2]
立密林深处[3]
夜阑京城恋乡情
桑巴舞曲共鸣[4]

皎洁的夜晚
月亮流出光华
光华溢满天空
长伴云衢千里明
无渡银河彻底清
仙籁不再寂无声
看：月中华人在采矿
^{3}H 带回地球用[5]
人间何愁能源罄
有人说：还是西方好，东方中国穷
不！ EAST OR WEST
HOME IS BEST

说到西
说到东
只有祖国最温馨

不信么？
看：
西方经济未回升

世界不安宁
非洲有战事
塞尔维亚炮声隆
还有魑魅狂吠声

喜看神州
龙腾虎跃
卢沟狮醒[6]
亿万百姓
倾泻整个的心
豪情满怀奔前程
麦穗、花朵、孩子欢笑声
晨曦旭日放光明
请相信：
祖国会富的
且无顶[7]

注：

[1] 卡拉加斯（Carajas）：位于巴西东北帕拉州，属热带林区，距赤道很近，淡水河谷公司卡拉亚斯铁矿就赋存于卡拉亚斯密林深处。1994年7月~1995年1月，作者有机会参加中巴合资铁矿可行性研究工作组，任工程总设计师，即在卡拉加斯地区工作。1994年9月20日是中秋佳节，夜晚中方人员一起赏月。

[2] 仰望：卡拉雅斯靠近赤道，太阳月亮似在头顶，赏月得仰望。

[3] 密林深处：1995年1月，以国家计委主任陈锦华为团长的中国政府代表团访问卡拉卡斯，1995年1月24日人民日报发表了题为《密林探宝》的报喜通讯，介绍南美洲卡拉卡斯森林矿区。

[4] 桑巴舞：巴西最著名的民间舞蹈，深受人民喜爱，每到狂欢节男女老少都随乐曲声翩翩起舞。

[5] ^{3}H(氦3)：^{3}H是月球上富有的宇宙燃料。日本曾估计全世界能源总需求达3.3×10^{20}J，其中90%来自碳类燃料，每年生成$CO_2$180亿吨，从而招致地球暖化和酸雨等环境问题，将来石油资源也要枯竭，1993年据考察过^{3}H储量的威廉威尔克斯说：“地球上^{3}H只有100kg，大部分是核弹头中的氚衰变而产生的，而月球表面岩石中则有宇宙燃料^{3}H 100万吨。1t ^{3}H与重氢核聚变反应产生能量为6×10^{17}J，6t ^{3}H可满足日本一年的电耗，25t ^{3}H可满足美国一年的能耗，以^{3}H为原料的核聚变更清洁，效率更高，美国日本都已宣布要把^{3}H带回地球。”此处为寓意。

[6] 卢沟狮醒：引自新北京十六景，寓意东方巨人齐心协力建设有中国特色社会主义。

老北京有燕京八景，那是好几百年前，金代在北京建都时，章宗皇帝选定的。燕京八景是指：“居庸叠翠”、“玉泉垂虹”、“太液秋风”、“琼岛春荫”、“蓟门飞雨”、“西山积雪”、“卢沟晓月”和“雨台夕照”。到明朝，“蓟门飞雪”改为“蓟门烟树”，到清朝，“西山积雪”改为“西山晴雪”。

1986年，北京又评选出新北京十六景，包括“天安日丽”、“紫禁夕晖”、“燕塞雄关”、“白塔堆云”、“颐和慧海”、“园丘清音”、“香山红叶”、“十渡浮峦”、“盘古遗火”、“幽峡流碧”、“大钟声远”、“龙潭漱玉”、“明陵落照”、“卢沟狮醒”、“慕田古蝶”、“红楼大观”，古时“卢沟晓月”今改为“卢沟狮醒”。

［7］中国会富的，富贵且无顶：此意引自曲阜孔庙孔府大门对联，孔府大门对联为清乾隆进士纪晓岚所撰写：

上联：与国咸休，安富尊荣公府第

下联：同天并老，文章道德圣人家

上联安富尊荣语又引自《孟子·尽心上》“金子居是国也，其君用之，则安富尊荣”后来传说，后代有人将对联“富”写成“富”，“宀”上边去掉一点，写成“冖”，寓意富贵无顶也。

下联“章”字写成“章”寓意孔家文章通天。

七　律

——贺矿山友人婚礼

焦玉书

金屋帐暖蜡灯红，
麝薰微度秀芙蓉。
云鬓花颜春酒绿，
画眉深浅墨正浓。

长宵共叙迈答玲[1]，
满园金色映彩虹。
并蒂莲戏双蝶舞，
天保九如[2]日月升。

注：

［1］迈答玲：英文 My Darling 的中文音译，意为我亲爱的心上人。

［2］天保九如：《诗·小雅·天保》“天保定尔，以莫不兴。如山如阜，如冈如陵，如川方至，以莫不增。……如月之升，如南山之寿，不骞不崩，如松柏之茂，无不尔或承。”连用九个“如”字，祝颂福寿绵长。

北京该是啥模样？

焦玉书

（鞍山冶金设计研究总院）

2011 年 6 月 20 日

我在辽宁鞍山，在冶金工业部鞍山冶金设计研究总院工作 55 年，但在北京上学，工作后又常来北京，因此对北京是非常了解的。天坛、地坛、先农坛、东四、西单、鼓楼前，青少年时代的记忆，对古老的北京印象极深。

1948年西直门

2007年12月西直门西环广场

如今新北京，二环、三环、四环、五环高楼林立，车水马龙，众多员工上班下班早晚挤在往返于城郊之间的交通车辆中，自驾车400多万辆，四环五环都塞车，北京成了这个模样，让人惊叹！

其实北京当年并不是这么规划的，若按梁思成先生设想，北京不至于成今天这个模样。1949年10月10日，在中山公园召开的《中苏友好协会》成立大会上，作为协会常务委员的梁思成教授亲眼目睹了21位苏联友人（其中包括市政专家）被欢迎的场景，以阿希拉莫夫为组长的市政专家被安排帮助研究北京的市政建设，草拟北京城市规划方案。对北京城市发展，中国专家与苏联专家意见一直存在严重分歧，苏联专家把莫斯科以克里姆林宫为中心向四周辐射发展的城市规划作为蓝本，搬到中国，提出了北京单一中心城市的发展模式。

新中国首都北京，建国初期百废待兴，其中一个重要任务就是确定城市中心区位置，当时拟订了两个方案可供选择，一是行政中心在旧城基础上发展，理由是旧城本来就是故都，行政中心放在旧城，似乎顺理成章，二是主张在西郊（现公主坟一带）另立行政中心，建设新北京城。

北京旧城是个水平城市，在大片低矮的四合院民居中间有节奏地矗立着故宫、景山、钟鼓楼、天坛等各个城门楼标志性建筑，城市空间平缓开阔，天际轮廓错落有致，这是北京特有的景观，主张在西郊另立行政中心，建新北京目的在于能保留旧城风貌。

如果在旧城建立行政中心，把众多新建筑高楼大厦，挤入风格完整的旧城区，欲与故宫等古建筑争高，就破坏了古都北京的原有景观。

主张西郊另建新北京城的是梁思成与陈占祥教授，1950年2月，梁、陈二位建筑大师共同提出了《关于中央人民政府行政中心区位置的建议》，梁思成致信当时的北京市长聂荣臻，提出首都建设必须“慎始”，1949年3月人民日报社曾想在东交民巷建办公楼，就被梁思成与中国学者共同给阻止住了，而在1949年10月1日梁思成被邀参加开国大典，站在天安门城楼上，苏联专家也应邀在天安门上观礼，从城楼上清晰可见东长安街南侧东交民巷操场，苏联专家当即提出在那里建设政府办公楼的规划意见。在旧城建行政中心，还是在城外西郊建行政中心，中国专家与苏联专家产生严重分歧。

要知道建国初期，苏联专家意见被奉若神明，在建筑领域苏联专家“专政”色彩极浓，甚至因反对苏联专家意见，受批判或定“右派”者都大有人在。再加上毛泽东主席也主张拆除旧城墙，向封建皇权挑战，于是北京建设就按照苏联专家“莫斯科”模式进行改造了。

如今二环、三环、四环加上放射性支线与莫斯科地下铁线路模式非常相似，可是1960年莫斯科规划弊端显现，为解决莫斯科城市功能过于复杂而带来的交通、生活问题，莫斯科早把原有单中心结构改成了多中心结构了，并将连接市郊森林的楔形绿带渗入城市中心，莫斯科规划都优化更新了，可是直到今天北京却仍然沿着前苏联专家确定的北京单一模式发展，此乃被我国建筑界形象称为“摊大饼”。现在这块大饼，越摊越大，市中心建筑密度越来越密，人口也随之剧增，最新公布数据显示，北京常住人口已达1972万。与市中心不断“聚焦”相呼应的住宅区无序蔓延，城市居民每天上下班不得不花很长时间奔走在家庭与单位之间，北京市民上下班通勤时间为1~2小时，现在北京道路、公交等设施都在超负荷运转。

最近青年学者方可曾在《北京城会被迫迁都吗?》一文中提到“今天人们已清楚看见北京行政中心放在旧城带来的后果，不能不感叹梁思成先生当年的远见卓识，短短几十年，今天北京市区面积已摊到旧城的7倍以上，如果当初在西郊另建新城，等于新建几个旧城的面积，可见梁思成的主张，不仅是行政中心选址问题，而是涉及北京远景发展战略的大问题，历史画了一个圈，如今又回到了原点”。

我之所以关注北京城区的发展战略，是感叹我国城市建设的“老八股”。京城、省城、县城都一个模样，没有民族特色，没有地方应有的色彩。我梦幻北京旧城保留下来了，拥挤的胡同居民都迁出城外，旧区修缮一新，西郊现代化京城建起来了，世界观光者来京旅游，能享受古都风情，该是什么滋味？如今让观光者都住五星级大宾馆，看起来也挺气派，可别忘了这些观光者自己的国家此类宾馆比比皆是，到中国仍住这种房子，并没有新鲜感。

这些年我出国机会较多，去过30个国家，可以说走遍了五大洲，最近又去了马来西亚和蒙古国，我曾四次去俄国列宁格勒（圣彼得堡），发现该市是保留旧城另建新城区的，西班牙马德里市也是新城区旧城区分开建的。再看巴黎，该市有古城保护规划，$105km^2$ 内是古城范围，古城内城市建设主要侧重环境绿化和美化，对现代建筑控制很严，允许兴建的在设计上必须与古城整体风貌和谐统一，因此巴黎旧城很少有新建的高层建筑，而现代化的城市新区建在34km外的拉德方斯。江泽民同志任职时，对我国大小城镇建筑风格一律火柴盒模式，十分担忧，曾派几十名建筑师赴巴黎学习，建筑师们学习参观后写出了报告，但我国大小城市面貌木已成舟，更新为时已晚，民族特色只好先放一边了。

我不明白，当年苏联城市建筑专家是通晓世界信息的，他们自己把列宁格勒市新旧城分开建，为什么到中国来硬把北京搞成新区旧区混在一起呢？

十年前五星级豪华的王府饭店建成使用时，周围居民都拥挤在一起住，用的是旱厕所，大鼻子洋客人住王府饭店真是看到了“中国是发展中国家”。

好了，如今尽管“三座门”、“东四牌楼”、“西四牌楼”等没有了，总还保留前门、天安门、德胜门几座标志性建筑，可让孩子们知道，老北京的模样。

魔幻报告文学：

诸葛亮李白在京相会纪实[1]

焦玉书

（鞍山冶金设计研究总院）

2009年9月20日

一天，诸葛亮和李白在北京鸟巢相遇，两人同是为参观鸟巢和水立方而来，多年不见，偶尔相遇，甚是高兴，李白主动邀诸葛先生到亚运村的“万龙洲”酒家欢聚，诸葛要了一杯苹果醋，李白则要饮五星的红星二锅头，诸葛云：“此酒听说一瓶要500元呀！”李白答：“是贵点，可这是十年佳酿，65度老白干好喝呀，实话跟你说，我们年轻的时候，条件差，没享受到，如今咱们都老了，生活条件好了，该享受就享受”。

二人举杯问盏，觥筹交错。

李白问诸葛：“来京何干？”

孔明曰：“我这次来北京是应邀参加国庆观礼来了，顺便参加CCTV民族器乐大奖赛，第一轮我已过关，获小组第一名，这次大赛管、弦和打击乐器都有，项目很全，选手们水平都很高。”

李白曰：“您弹琴可以击退司马懿二十万兵，还怕那几个丫头小伙子选手竞争？”

孔明答：“情况不同呀！一弹琴我就想起空城计太危险了，到今天我还提心吊胆呀。那天，我坐于城楼之上，左有一童子，手捧宝剑，右有一童女，手执麈尾，我装成笑容可掬的样子，焚香操琴，竟吓退了司马懿二十万大军。司马如果采取毛泽东的军事战略战术，派一个侦察连进城探虚实，或者采取林彪攻长春围而不打战术，我就完蛋了，也参加不上本届CCTV大奖赛了，观礼也观不成了，今日也见不到你了。再者我弹琴，司马能闻其声，按此距离他若派强弓手向我射箭，我也会受伤致死的，司马貌似聪明实乃愚也。”

李白曰：“你最后一轮到底获奖没有？”

孔明曰：“最后一轮我弹了一曲《罗密欧与朱丽叶》，令众评委惊赞，但考我两道题有一题让我为难了。”

李白：“考问你什么题？”

孔明：“第一题《孔圣人弟子若干？结婚者几人？光棍几人?》，此题我答对了，你还记得有一句‘童者五六人，冠者六七人’名句吧！即孔子大弟子有七十二人，婚者（六七）四十二人，未婚者（五六）三十人。第二题《新中国六十年华诞股市呈牛市熊市动态分析?》这题我没得满分，现今比我们那个年代太复杂了，竟把“牛”和“熊”来比，我一时蒙了，“牛”属于生产力，是创造财富的，“熊”乃宠物仅供观赏，我想国庆节快

---

[1] 我写此魔幻报告文学《诸葛亮、李白在京相会纪实》主要依据国家刊物“半月谈”登的一篇短文，叙述诸葛亮申请晋级，李白晋级这一段是我参照刘继兴的BLOG情节，自己加进去的。

到了应该答“牛”呀，再者我国 GDP 已超德国，向日本 GDP5 万亿美金靠拢，外汇储备已超 2 万亿美元，人民储蓄达 54 万亿人民币，今年 1 ~7 月发贷款 7.3 万亿人民币，均居世界之冠，这不很“牛”嘛，第二题评委只给我一半分数，他们认为没讲透，因而总榜次我只得铜牌。”

李白曰：“你凭自己的才能参赛，得铜牌也应知足，”李白接着说：“你有机会登上天安门城楼参加阅兵太好了，北京第一次阅兵是 1909 年八国联军搞的，洋鬼子在北京耀武扬威，想起来我就憋气，今年阅兵排练我在网上已经先看到了。全是国产武器，信息化高科技，品种齐全，杀伤力大，绚烂辉煌，真过瘾。长志气！”

接着李白点菜，征求诸葛亮意见，问吃什么鱼，服务员介绍说有老鼠斑 850 元/斤，东星斑 850 元/斤，老虎斑 380 元/斤，桂鱼 88 元/斤，鲈鱼 58 元/斤，李白向服务员说：“要一条老鼠斑，一斤半一条的。”诸葛亮阻挡说：“太贵了，以前咱们吃长江的鱼，鲥鱼是最好的鱼，鱼鳞都不能刮掉一起吃，今天怎么冒出这么多斑来了？”李白说：“过去我在安徽铜陵采矿时能经常吃到长江的鲥鱼，如今建三峡大坝自然生态破坏了，鲥鱼、鲟鱼、白鳍豚都没有了，一条白鳍豚长 2m 重 100 ~200kg，白鳍豚没有了，太可惜了。说起三峡工程，官方虽然是肯定的，认为解决了上海华东供电，其实是得不偿失，三峡工程投资 2039 亿元，建 70 万千瓦机组 26 台，总装机容量 1820 万千瓦，移民 200 万人，三峡项目是听张光斗教授一派当权者推荐决定的。清华大学黄万里教授曾极力反对，未能奏效。我国水利水电专业在清华大学以张光斗教授为首是一派，以黄万里教授为首是一派，1954 ~1956 年建黄河三门峡电站时，苏联专家和张光斗教授主张建，而黄万里教授则极力反对，反对的理由是建三门峡电站要建三门峡水库，需占地 325 万亩，移民 87 万人，且水库建成后，渭河流域要出现水害，人民受损。当时政治环境黄教授充当反对派，于是次年被定为右派分子，此后我国水利水电界行政和技术当权者皆为张先生这一派人，张光斗老师号称弟子三千，三峡项目决策就仍是张先生本人和他这一派专家极力推荐的。大概是 1998 年黄河洪水泛滥，渭河流域受淹，损失极为惨重，大家这才又想起清华大学的黄先生，说当时如果听黄万里先生的话就好了。原国家水利电力部曾正式承认当年建三门峡工程决策是错误的。后来结合建小浪底电站对三门峡水库不得不亡羊补牢。为此，媒体访问了清华黄万里先生，黄已年老耄耋，得知此信息，心情倍感欣慰。”

孔明曰：“其实多建几座核电站就能取代三峡工程，瞿塘峡、巫峡和西陵峡白帝城原生态也能保留。国家已确定在浙江三门建一座大型核电站，一期工程上 6 台 100 万千瓦核电机组，二期再上 6 台 100 万千瓦机组共 1200 万千瓦，容量与三峡水电站相当，，三门核电站总投资约 2184 亿元与三峡工程基本相同，要是以核电取代三峡水电该有多好呀！”

“掌握一座核电站容易，而掌握一座三峡水电有多难呀！我看电力系统决策者脑袋真是缺一根筋。”

李白曰：“有了三峡大坝，不但鱼没了，生态破坏了，地质灾害增多了，行船困难了，更遗憾的是三峡风光也变味了。”

李白曰：“领导担心电力不足，又怕能源短缺，其实用不着恐慌，月球上有氦 3 (^{3}H)，1 吨氦 3 与重氢核聚变反应产生能量 6×10^{17}J，我们神舟九号飞船马上就可以上月球了，带回 6 吨氦$_3$ 就够全国一年的电耗。”

孔明曰：“真是能者劳，智者忧，无能者无所求。我们别操心发电的事了，还是挑一条鱼吧！我都有点饿了，老鼠斑太贵，一斤鱼相当400斤大米的价钱，够一个人一年口粮，咱们省点花，就要一条桂鱼，这种鱼是不吃鱼食，而是吃小鱼长大的，鱼吃鱼呀，真狠，还有我年纪比你大，今天我作东我买单。”李白曰：“这可使不得，还是我买单，你是政府官员，属于公务员，我是开矿的企业家算是老百姓，如今时尚都是公务员做东，企业老板埋单。不瞒你说，我主业开矿副业才是写诗，矿产品都销售给扬州的冶炼厂，今天咱们饭钱，要开发票让扬州工厂给报销，有句俗话，吃自己时以“素”为主，吃老板时以“鲜”为主，吃公家时以“贵”为主，今天你想吃什么就要什么，不用客气。”诸葛亮惊愕？你怎么还开矿？

李白答：“老兄不知，我乃一矿主，专门从事矿业，众人传说我是诗仙，其实写诗乃副业呀！我不但采矿，加工后我还得把矿产品由铜陵芜湖水运到扬州销售。来来往往一路山山水水，自然风光，饮酒助兴，情趣甚浓就写几首。”

诸葛云：“听说一年一度技术晋级要开始了，人事部门已发了通知，既然你专门从事采矿，建议你去申请晋级采矿工程师吧！”

李白曰：“可以考虑，我要是申请晋级采矿工程师，我也建议你去申请晋级机械工程师，你的木牛流马就在今天也算是高科技呀！今日的运输工具，都耗油。木牛流马运送粮草，不烧油，而是靠太阳能驱动，实属环保型车辆，你发明利用太阳能比西方早1800年，你不但可以晋级高级工程师，还可以申请专利，说不定将来有可能获取诺贝尔奖。”

按人事部门规定，技术晋级均得填写晋级申请报告，交两篇省部级刊物刊登的论文，同时还得参加外语考试。

诸葛、李白二人，商定后即分头准备。

话说机械组晋级考评委员会主任是刘备，采矿组晋级考评委员会主任是杜甫，机械组考评委员会开会那一天，邀请诸葛先生到会宣讲论文并答辩，诸葛论文题目是“木牛流马的设计与应用”。诸葛汇报说：“时年在长安、汉中、渭水一带与司马懿对阵；当时粮米在剑阁，人夫牛马，搬运不便，我蕴谋多时，令在西川收买大木，教人制造木牛流马，搬运粮米，甚是便利，牛马皆不水食，可以昼夜运转不绝。”当时众人皆惊曰：“自古至今，未闻有木牛流马之事，丞相有何妙法造此奇物?”我答曰：“我已有设计图纸，可照此加工制造。”众将拜伏曰：“丞相乃神人也!”我汇报了木牛流马的结构：方腹曲头，一脚四足，头入领中，舌着于腹。载多而行少，独行者数十里，群行者二十里。曲者为牛头，双者为牛脚，横者为牛领，转者牛足，覆者为背，方者为牛腹，垂者为牛舌，曲者为牛肋，刻者为牛齿，立者为牛角，细者为牛鞅，摄者为牛鞦轴。牛仰双辕，人行六尺，牛行四步。每牛载十人所食一月之粮，人不大劳，牛不饮食。

我还给出木牛流马的各部件尺寸，相当于今日之设备平面图、剖面图，各机械零件详图。木牛流马加工完成后，宛然如活者一般，上山下岭，各尽其便，众军见之，无不欣喜，我令右将军高翔，引一千兵驾着木牛流马，自剑阁直抵祁山大寨，往来搬运粮草，供蜀兵之用。

后不慎木牛流马被司马懿夺去六匹，司马见此物甚佳，命仿造一千匹。我即令王平派兵追杀，指示王平，待魏兵溃散后，将司马懿的上千匹木牛流马口内舌头扭转后马上撤出，待魏兵复出后，他们再驱动木牛流马时则均不能行动，此时你再向魏兵冲杀，魏兵退后，你们把木牛流马舌头再扭过来，则大批木牛流马马上可以长驱大行，魏军见状必疑为怪兽，必大败而逃。司马的木牛流马为我所获，木牛流马使我战胜了司马懿。对于木牛流马的结构，与今日的战车功能相似，但木牛流马不用柴油，以太阳能为动力，此车由于知识产权所限，不便公布细节，但其使用效果确有实战战绩为证。众评委早读过《三国演义》对此略知一二，但均不善其详，评委打分，去掉了一个最高分，去掉了一个最低分，众评委给孔明论文打了98分。

但人事主管则持异议，因为一者检查诸葛没有大学本科文凭，不符合晋级要求的基本条件，二者外语考试不及格，没能过关。此两条乃否决票，不符合晋级要求，但鉴于诸葛先生的业绩特推荐诸葛去申请高级政工师。

孔明又赶写了政工组要求的论文，题目是“七擒孟获”，论文主要内容：我（孔明）在成都繁忙，事无大小，皆亲自从公决断，两川之民乐太平，夜不闭户，路不拾遗，又幸连年大熟，老幼鼓腹讴歌，米满仓广，财盈府库。但建兴三年，南蛮王孟获大起蛮兵十万，犯境侵略，我令众将擒获，赵子龙攻之，孟获慌忙弃了马匹，奔锦带山小路而逃，而遇魏延伏击，被活捉来见我，我想对少数民族首领南蛮王孟获要掌握政策，故杀牛宰羊，设宴在寨，在寨中我安排了七重围子手，刀枪剑戟，灿若霜雪，又执御赐黄金钺斧，曲柄伞盖，前后羽葆鼓吹，左右排开御林军，布列十分严整，以显武威。

我下令，先将孟获之蛮兵，押解来见，我坐于帐上，蛮兵纷纷攘攘，解到无数，我当即令尽解其缚，并谕曰：“汝等皆好百姓，不幸被孟获所拘，今受惊吓，汝等父母妻子倚门而望，今放汝等回去，以安你父母妻子之心。”言毕，各赐酒食米粮而遣之，蛮兵皆感恩，泣拜而去。俟后令武士押孟获。我问获，“吾今擒汝，汝心服否?”获曰：“山僻路狭，误遭汝手，如何肯服?”我见他不服曰：“汝既不服，放汝去，若何?”获曰：“汝放我回去，再整军马，共决雌雄，若能再擒吾，吾方服也。”我当即令解其缚，赐以酒食，给予鞍马，差人送出路，经望本寨而去。

俟后孟获果然又来犯，如是二擒孟获，捉了放，放了再捉，至第七次擒孟获，获垂泪言曰：“七擒七纵，自古未尝有也，吾虽化外之人，颇知礼仪，直如此无羞耻乎?”孟获同兄弟妻子宗党人，皆匍匐跪于帐下，肉袒谢罪曰：“丞相天威，南人不复反矣”，我问他：“公今服乎?”获泣谢曰：“某子子孙孙皆感载生之恩，安得不服!”我乃请孟获上帐，设宴庆贺，就令永为洞主，孟获宗党及诸蛮兵无不感激，皆欣然跳跃而去。后人评论：

羽扇纶巾拥碧幢，
七擒妙策制蛮王。
至今溪洞传威德，
为选高原立庙堂。

考评委员们对诸葛先生之论文，给予极高的评价，认为论文体现了以人为本建立和谐社会之宗旨，体现了民族大团结的精神，也体现了文武之道。联想早年王震将军入疆，行文武之道，分裂分子谁敢动?但人事主管又表异议，称政工晋级也得有大学本科文凭，也得外语过关，今诸葛先生欠此两条，只得今后努力再取了。

诸葛很不高兴，恰遇周瑜，本想向他叙述此情，又想当年三气周公瑾，他会不会记仇，让他知道负面信息，反被他解恨耻笑，但当时又未能遇故知，只得向他坦真言。周瑜学习“韬光养晦”外交，又常听CCTV百家讲坛讲座，如于丹“论语心得”，易中天“品三国”，钱文忠“三字经”等，性格大变，他很同情孔明，很温情的劝说：“俗话说喜伤心，怒伤肺，气伤肝，你要想开点，当年你三次气我，我都没放在心上，今天你晋级未如愿，也不要计较。这件事古今中外都有，当年隋唐到清代的科举考试，报名者众多，文考八股文，武考骑射，文科只录取状元、榜眼、探花三个名额，其他人都落选。外国也有实例，17 世纪英国人劳埃德他当了一辈子海员，自退休后创建了劳氏造船规范和劳氏船级社，贡献可大了，但终生没能升任船长，他也不生气。”

“劳埃德全名叫爱德华·劳埃德（Lloyd），一辈子航海，经验颇多，退休后在伦敦港开了一家咖啡馆，他的顾客多为到港的海员，都是一边喝咖啡，一边谈论行船遇到的险情以及脱险的经历，劳埃德乃有心之人，他总是把听的有关船舶的信息加以整理，印刷成册，以帮助光顾咖啡馆的航海界人士交流信息，此情发生在公元 1760 年，后来咖啡馆的客人一起创建了船舶认证机构，公元 1834 年该机构更名组建了《英国劳氏船级社(LLOYD'S REGISTER)》，并出版了第一部船舶检验入级规范，现在全世界的大型船舶都要向劳氏船级社登记保险。登记的船海上出事才有人营救，出事了可以领到保险金，当然登记保险要交一大笔钱。今天中国船队入级英国劳氏船级社的船队总吨数 324 万吨，中国 44 个船厂新造或正在造的船有 350 艘，都是英国劳氏船级社的订单，现在海轮设计，都要执行劳埃德规范。可是劳埃德先生一辈子在海上行船，只是普通海员，没晋升为船长，如今船级社是世界巨商，劳埃德退休早，也没有机会享受到高薪的年薪制，中国平安保险的董事长一年年薪 6000 万人民币，按劳埃德的贡献给这个数也不算多，可劳埃德没赶上，他也从不计较。”

周公又介绍说：袁隆平是水稻专家，他的发明，使水稻增产，可解决 9000 万人吃饭问题，贡献多大呀，国务院授予他国家级科学发明奖，奖励 500 万元（个人得 50 万元），但他申请中国科学院院士时，却因“植物基因”没讲透，外语水平不够而落选。中国工程院同情袁隆平，授予中国工程院院士，但袁氏似乎不领情，坚持申请中科院院士，中科院又表示“你已经是工程院院士了，与科学院院士同级，就不必再做科学院院士了。”可袁隆平说，很多人具有双院士头衔，为什么我就不能成为双院士呢？

美国科学院鉴于袁氏贡献，特授予袁隆平为美国科学院外籍院士，实令中国科学院十分尴尬。

劳埃德和袁隆平的经历，对孔明触动很大。

一天，孔明又遇见了蒋干，向他叙述此情。

蒋干进言：“老兄为何不早说，此事行动晚矣，文凭嘛，过去可到中关村寻取，现在不行了，外语嘛可找省部级刊物编辑部开证明，证明你有翻译文章刊载过，还有你必须去拜访考评委员会主任刘备。后事如何，可想而知矣。”

再说李白，李白申请晋级采矿工程师，撰写的论文题目是：“铁矿和铜矿资源开发利用与发展前景”。文中谈及唐朝时的矿业政策是凡天下出铜铁州府，听人私采，官收其税。唐朝全国有铁矿产地 104 处，分布在 17 个省，包括安徽省 2 处，李白即在安徽采铁采铜，铁年产量 270 万斤，李白预测中国在 2008 年钢产量 5 亿吨，铁矿石产量突破 8 亿吨，人均钢产量与人均粮食产量相等，居世界第一位。李白预测准确，显示其从事矿业基本功扎实，技术熟练，且对市场经济研究造诣极深，能文能武矣。

考评委员会讨论李白晋级申请报告时，对其是否从事过矿业提出质疑，对此李白当场进行了答辩、答疑。

李白自称：我出生在西域中亚碎叶（今巴尔喀什湖南面的楚河流域）并非富家子弟，我的生活也并不是靠卖诗稿为生，而是靠矿业为生，我主业是采矿，开采铁矿和铜矿，我既是矿业主又是从事矿产品的商人，有诗为证：

唐 李白

我爱铜官乐，
千年未拟还；
要需问袖舞，
佛尽五松山。

唐 李白

鸡鸣发黄山，
暝投虾湖宿。

唐 李白

宿虾湖

提携采铜客，
结荷水边沐；
半夜四天开，
星河粲人目；
明晨大楼去，
岗陇多起伏；
当与持斧翁，
前溪伐云木。

唐 李白

采铅清溪滨，
明登大楼山。

这些诗句都说明我是从事矿业的，诗中的地名就是现今的安徽省铜陵市和贵池一带。

李白不但采矿，还自行销售，当时江苏扬州是销售聚集地，其作用相当于今天的上海，昔日扬州“舟樯栉比，车谷鳞集”，手工业发达，所产铜镜久负盛名。矿石的熔铸和制品都在扬州完成，李白只出售铁铜原矿初级产品。

李白称：我押运矿石由安徽铜陵、芜湖、马鞍山到扬州，人在旅途，观山景水色，颇多诗兴夜赏月饮酒赋诗，为盛唐增添了魅力。

评委们对李白一手抓采矿，一手抓写诗，两手抓与两手硬，表示崇敬，考虑李白是亲自动手在炎热夏季，还能亲至“铜井炎炉”与工人同劳动，一致同意破格晋级李白为采矿工程师，行政级别，享受副处级调研员待遇，并同意为他申报国务院政府特殊津贴，李白幸甚矣。

诸葛亮和李白历史上记载他们生活在不同朝代，诸葛亮生于公元181年，山东人，李白生于公元701年，其实差也，孔明李白出生年代是不同，但均热心求仙之道，崇尚佛祖释迦牟尼和观世音，乃“能仁”、“能忍”、“能儒”、“能寂”，此四能正是梵文Sakyamuni释迦牟尼佛祖名的意译，观世音为佛诸菩萨之首是梵文Avalokitesvara的意译，孔明与李白对佛教“宏在悟真”。因而成为赵朴初的好友，赵朴初授诸葛先生和李白“宽心谣”：

“日出东海落西山，愁也一天，喜也一天。遇事不钻牛角尖，人也舒坦，心也舒坦。每人领取谋生钱，多也喜欢，少也喜欢。少荤多素日三餐，粗也香甜，细也香甜。新旧衣服不挑拣，好也御寒，赖也御寒。常与知己聊聊天，古也谈谈，今也谈谈。全家老少互慰勉，贫也相安，富也相安。早晚操劳勤锻炼，忙也乐观，闲也乐观。心宽体健养天年，不是神仙，胜似神仙。”

诸葛、李白照此操练，且注意保健，饮食上学习日本“宁吃四两鱼，不吃半斤肉，要是没有鱼和肉，就得吃黄豆”。平常还吃点营养药，常吃蜂胶、螺旋藻、卵磷脂、深海鱼油，还有心脏保健Q10，诸葛与李白坚持晨练，散散步，打太极，晚游泳洗桑拿。

日常他俩经常分别参加一些社会活动，一次李白参加了评“国石”活动，还担任了评委，对岫岩玉、和田玉、独山玉、青田石、寿山石和鸡血石进行了评比，按要求李白写了评估报告，称：岫岩玉，通体翠绿、透明、晶莹；和田玉，细腻温润，白如羊脂；独田玉乃南阳翡翠，色泽艳丽，浓浅兼备；青田石，色彩绚丽，价比黄金；寿山石，质地脂润，柔若肌肤，嫩如春笋；鸡血石，色泽鲜红，中国独有。

岫岩有人事先向李白打了招呼，于是李白投了岫岩玉一票，诸葛先生经常被邀请做报告，证券公司和“基金”组织都请孔明对市场变化预测给予指导。

孔明、李白体会到，年纪大了，参加一些社会活动做些工作，勤动脑，此乃长寿所必需也。况且，年纪大了，还经常被邀请，也显示自己的社会价值，自我慰矣。

又一天诸葛、李白二人聚会于美国连锁店星巴克STARBUCKS COFFEE咖啡厅，这一次还是李白买单，诸葛说：“我过去只知喝茶，对咖啡这玩意一窍不通。”李白说，咖啡为世界著名饮料，发现在中东，咖啡树最早源于埃塞俄比亚，星巴克店又是美国最有名的连锁店，过去北京故宫都有分店，后迫于群众压力被轰出来了，咖啡新颖，你来尝尝，李白拿菜单给孔明看，让他挑。

星巴克咖啡品种价格 （人民币/杯）

咖啡名称	普　通	中	大
焦糖玛奇朵	24	27	30
拿铁咖啡	19	22	25
卡布奇诺	19	22	25
摩卡咖啡	22	25	28
美式咖啡	15	18	20

李白要了一杯卡布奇诺，为孔明要了一杯摩卡咖啡。李白还拿了巧克力粉，奶精和糖包，让孔明添。李白说：这些都是辅料，不收费，如同饺子馆的蒜泥和醋一样。

李白问孔明：“你爱喝什么茶？”

孔明曰：“我喝茶分季节不同，春饮花茶驱寒邪，夏饮绿茶解暑气，秋饮青茶（乌龙茶）可生津，冬饮红茶健身体。”

李白说：“明年我去浙江，为你寻一斤龙井供你享用。”

二人谈了养生之道，说要向巴西人学习，南美洲巴西男女都活得轻松，他们有谚语：

“幸福就在他身边，因为他有健康的体魄；有病了幸福仍在他身边，因为他的心脏还在跳动；病逝了幸福还在他身边，因为他在世界上生活过，”所以巴西人从不愁。比较起来，我们中国人显得活得太累，一天想事太多，应该向巴西人学，要知足常乐，要从实际出发，不攀比，不计较，看别人拿几十万年薪不生气，看别人下海挣钱坐“宝马”“奔驰”吃山珍海味，不羡慕。

观世音菩萨，神通广大，众生活动，一观便知，显示大慈大悲神通无边，他得知诸葛李白为人诚恳，具奉献精神，便与释迦牟尼商议，打报告向玉皇大帝请示获批准后，收其二人为仙，从而长生不老，永生康健，活动频繁。

这就是为什么出现了本文开头描述他俩虽出生年代不同，而能在京相遇的场面。

现在我们奔向小康，矿产品呈高位需求，矿协顾问 Mr Jiao 陪同杨秘会见了李白，请他对“中国大型露天矿袁家村铁矿建设项目”给予技术支持，李白说：“我年龄老化从事第一线工作已有困难，只能做些技术咨询。如今开矿工程浩大，我建议你们找薛仁贵，伙头将军薛仁贵力大无比有神功，每餐食粮八斗，当年在辽宁八掛沟（今鞍山市），去海城有一高山挡住，他用手一刨就挖出一道大山沟，而形成了东鞍山、西鞍山，有他帮助采矿，可以不用牙轮钻和电铲，生产效率高，成本低，核心竞争力强。”经李白推荐，薛将军担任了袁家村铁矿副矿长，专门负责施工，仙人参与采矿，前程似锦矣！

奥运联想

——昨天与今天

焦玉书

（鞍山冶金设计研究总院）

2012年8月20日

2008年北京奥运期间，不巧我正在美国旧金山和洛杉矶，从而失去了国内观赛的机会。在美国，对北京奥运只有NBC电视台有转播权，但它没直播开幕式，之后也主要播美国运动员的活动。而我国CCTV－4台对外没有转播权，只能播点消息。因此，在美国真是急得要命。不过从网上能看到不少国内外动态以及对北京奥运的评论，心稍感满足，回国后看了光盘才算补上了这一课。

北京奥运检验中国的力量，51块金牌。居世界之冠，令外国人惊叹！我们心里痛快！

2012年伦敦奥运会，一直弥漫着中美两国激烈争斗的氛围，我国获得38块金牌，居世界第二，又一次让世界刮目相看。

2008年我国钢产量5亿吨，GDP产值居世界第三位，到2012年时间过去了四年，钢产量达到6.8亿吨，GDP产值上升居世界第二位，奥运金牌也居第二位，世界华人高兴。

1949年，毛主席高呼："中国人民站起来了！"应该说，今天，我们在世界面前才真的站起来了。

80年前，1932年洛杉矶第10届奥运会，中国只有刘长春一个人去参加[1]，此乃中国奥运第一人，当时缺经费，还是张学良赞助8000银元才得以成行，他坐邮轮由上海转日本去美国，路过日本，日本竟然让刘长春代表满洲国去，遭刘长春斥责，予以拒绝，刘到洛杉矶受到万名华侨华人欢迎，但因多日坐船，旅途疲劳，在运动场上未得奖牌。西方媒体画一幅漫画，一副担架抬着一个鸡蛋行进，讽刺中国是东亚病夫。

今天，我们奥运金牌总数在2008年居第一位，世界华人欢呼，扬眉吐气。但不能忘记1932年刘长春受辱，更不能忘记过去世界"列强"侵略中国的历史，近代世界"列强"曾逼迫中国签了35项不平等条约，使我国沦为半殖民地半封建社会。据不完全统计，不平等条约有35项，见表1。

根据不平等条约，外国"列强"侵略者取得了治外法权，包括以下几项：

（1）被迫开放通商口岸。

（2）允许外国兵舰停泊在中国通航港口。

（3）外国商船可以在长江口往来。

[1] 刘长春（1909～1983年），大连人，著名短跑运动员，曾取得100米10秒07的佳绩。1932年洛杉矶奥运会，刘长春100米成绩11秒，居第五位，刘长春曾在大连工学院任教30多年，育有一子刘鸿图现任大连理工大学教授。

(4) 压低中国关税，外国干涉进口税率。

(5) 扩大领事裁判权。

(6) 允许天主教入内地自由传教。

(7) 准许外国招募华工出国。

表1 中国近代不平等条约

序号	名 称	序号	名 称
1	南京条约	19	中法和约
2	虎门条约	20	中英会议藏印条约
3	望厦条约	21	中英会议藏印条款
4	中俄伊犁塔尔巴哈台通商章程	22	中国马关条约
5	中美天津条约	23	中国中俄密约
6	中法天津条约	24	中日通商行船条约
7	中英天津条约	25	中德胶澳租界条约
8	中英北京条约	26	中俄旅大租界地条约
9	中俄北京条约	27	订租威海卫专条
10	中德通商条约	28	展拓香港界址条约
11	中法北京条约	29	辛丑条约
12	中俄瑷珲条约	30	中日会议东三省事宜正约
13	中俄勘分西北界约记	31	广州湾租界条约
14	中俄天津条约	32	中英《续订藏印条约》
15	中日北京条约	33	满洲里条约
16	上海英法美租界地章程	34	中俄蒙协约
17	中英烟台条约	35	民四条约
18	中俄改订条约和陆地通商章程		

(8) 片面最惠国待遇。

根据不平等条约，我们向世界"列强"赔了巨额赔款，想一想，那个年代满清王朝人民都生活在水深火热之中，却拿出那么多银子给了"洋人"侵略者。此仇大恨，岂能忘记？近代中国受侵略对"列强"赔款见表2。

表2 近代中国受侵略对"列强"赔款

时 间	不平等条约	赔款数额
1840年第一次鸦片战争	1842年《南京条约》	2100万银元
1860年第二次鸦片战争	中英中法《北京条约》	1600万银元
1874年琉球事件	中日《北京专条》	50万两库平银

续表2

时　　间	不平等条约	赔款数额
1876年马嘉理事件	中英《烟台条约》	20万两关平银
1881年伊犁事件	中俄《改订条约》	900万银卢布
1895年甲午战争	《马关条约》 《辽南条约》	23150万两库平银
1901年八国联军	《辛丑各国和约》	45000万两关平银
1906年拉萨事件	中英《续订藏印条约》	250万银卢布

今天，侵略中国的“列强”不但不悔过，反而对中国的和平崛起怀着嫉妒之心，百般挑剔，更企图支持反华势力，制造事端，妄图乱我中华，我们要警惕呀！我们一定要团结，劲儿往一处使，为中华复兴大业奋力拼搏，迎逆流而上，攀登高峰，阔步前进。

跋

2012年，伦敦奥运会我国获得38块金牌，奥运冠军获奖感言，一般都是高兴地宣布实现了奥运梦想，一感谢父母，二感谢教练，三感谢国家的培养。

今天《世界铁矿资源开发实践》由冶金工业出版社出版了。我也高兴地宣布，实现了我历史性的宿愿，我要特别感谢中国矿业联合会和中国冶金矿山企业协会，特别感谢矿业界朋友们的大力支持与帮助。

今年我年逾八旬，有些朋友提议，要为我搞点活动，我是矿山行业普通一兵，在矿山战线耕耘60年。想来如果能请学会、协会领导，矿山企业、科研院所、高等院校领导、资深专家学者们围绕我国铁矿业今后的发展战略，写出有力的著作，汇集成册，出一本书，以示国人，贡献社会，那将对我国冶金矿山发展是有力的支撑，这才是我年满八十岁最理想的纪念。

今天，众多专家学者精心设计，精心研究，总结经验，根据自己的研究成果和工作成就，各写出了有创意的论文，汇集取名《世界铁矿资源开发实践》出版了。中国矿业联合会名誉会长、原全国政协秘书长、原地质矿产部部长朱训同志为本书写了序言，在此，我再一次对矿业界朋友们表示衷心的感谢。

本文集汇集了中国工程院古德生院士、于润沧院士，余永富院士，中国矿联副会长武警少将崔德文，中国矿联副会长、总工程师、中国矿联高级资政委员会总干事长刘玉强，原冶金部矿山司副司长、中国冶金矿山企业协会首席顾问董稼祥，中国矿业联合会高级资政、中国冶金矿山企业协会顾问邢新田以及鞍钢、首钢、河北钢铁集团、大台沟矿业公司、中国冶金矿业总公司、中钢协、中矿协、中钢集团、武钢、攀钢、马钢、本钢、包钢、太钢、酒钢、鲁中、邯邢矿业、梅山、大红山矿业公司、河北冶金矿山管理办公室、中国国际工程咨询公司、冶金工业规划研究院、中冶北方工程技术有限公司、马鞍山矿山研究院、长沙矿冶研究院、中冶建筑研究总院、中国冶金矿业鞍山冶金设计研究院有限责任公司、国家安全生产监督管理总局、北科大、东北大学、辽宁科技大学、河北联大等单位领导、著名专家、教授等撰写的专题论文，内容涵盖国内外矿业发展战略，国内外矿山最新生产技术成就，国内外矿山采矿选矿工艺、技术、设备、材料各个领域的科研新成果和综合利用、节能减排、安全环保，绿色矿山建设新经验。

本文集采用了最新信息，发表了河北钢铁集团、鞍钢、首钢、马钢、鲁中、武钢、邯邢矿业、规划院等单位编制的矿山可持续发展战略规划，论述了国内外铁矿业发展目标，当前一些企业根据新形势正在制订或修订“十二五”发展规划，可以从本书发表的文章中吸取经验。

我国正在实施找矿突破战略行动，各企业怎样突破？到哪里去找矿？如何保证2015年铁矿资源量增加200亿吨，本书发表了有关论著，可从这些技术专著中找答案。

“十二五”期间，为抵御进口矿的竞争，我国要加大国产矿生产规模，一是扩建现有矿山，二是要兴建新矿山。本书全面系统介绍了我国大型露天矿南芬、水厂、司家营露天矿和选矿厂，系统介绍了我国大型井下矿梅山、大红山和镜铁山铁矿的生产系统。我国老矿如何挖潜，如何扩大生产规模，执行什么技术路线，可从本书中上述相关论著中找答案，做对比。

本书全面系统介绍了正在建设的现代化袁家村露天矿生产系统和准备建设的大台沟铁矿深井开采技术方案。我国新建铁矿项目要实现生产工艺智能化，要建设成为21世纪现代化、资源节约型和环境友好型的绿色矿山，本书介绍的袁家村和大台沟铁矿可作为参考。

本书全面系统地介绍了国际现代化生产矿山澳大利亚恰那铁矿和FMG露天矿，全面系统介绍了正在建设的年产8000万吨、规模最大、智能化的澳大利亚中信泰富SINO铁矿，中钢集团澳洲中西部公司Weld Range露天矿，西非塞拉利昂现代化矿山唐克里里铁矿。我国要加大"走出去"步伐，加大权益进口矿规模，如何回避风险，确保收益，如何掌握国际市场动向，如何才能取得矿价话语权，如何建立中国铁矿资源战略保障体系，本书相关论著对这些问题都作出了回答。

今后矿山建设要实现综合利用，节能减排，安全环保，建设绿色矿山，本书相关文章，对此专题作了详细论述。

本书还发表了矿业界老同志写的矿山往事，对我国60年矿山生产建设作了历史性的总结，回顾矿山往事，启迪未来。

相信本文集出版，对我国铁矿业发展，对建立中国铁矿资源战略保障体系会起到很大的支撑作用。

本文集出版还要感谢冶金工业出版社的照顾，非常迅速地安排了本文集编辑出版。

回想1989年由我主编，由33名专家学者撰写的《金属矿山露天开采》专著，有205万字，上下两册都是冶金工业出版社出版的。当时，美国出版了《露天采矿学》，苏联出版了《铁矿露天开采》技术专著，我不服气，于是就以冶金部鞍山黑色冶金矿山设计院为主编单位，秦皇岛矿山设计院、鞍钢、本钢、东北工学院、马鞍山矿山研究院、北京钢铁学院和鞍山钢铁学院等单位参加，联合写出了《金属矿山露天开采》技术专著。该专著经由北京钢铁学院采矿系技术审查，书稿完成后，是由时任冶金部矿山司总工程师董稼祥同志毅然大胆批准，才得以出版的，对此一直铭记在心。至今，很多那个年代毕业的大学生，如今很多已成为著名的专家学者，他们与我见面时常说，写毕业论文时都参考了你主编的《金属矿山露天开采》一书，每听此言，备感欣慰。

2005年，由我主编，由35名各矿山公司领导和矿业界专家学者撰写的《中国冶金矿山可持续发展战略研究》，有101万字，也是由冶金工业出版社出版发行的。

事隔7年，2012年冶金工业出版社又安排出版《世界铁矿资源开发实践》，该文集撰写高级顾问是董稼祥，雷平喜，顾问杨家声，主编焦玉书，副主编姜圣才，王靖文。

多年来，冶金工业出版社几次出版了我主编的专著，对此深表谢意。

最后，想说明，本文集可能有许多不当之处，希望大家批评指正。

焦玉书

2012年8月20日